에듀윌과 함께 시작하면,
당신도 합격할 수 있습니다!

대학 진학 후 진로를 고민하다 1년 만에
서울시 행정직 9급, 7급에 모두 합격한 대학생

직장생활과 병행하며 7개월간 공부해
국가공무원 세무직에 당당히 합격한 51세 직장인까지

누구나 합격할 수 있습니다.
시작하겠다는 '다짐' 하나면 충분합니다.

마지막 페이지를 덮으면,

에듀윌과 함께
공무원 합격이 시작됩니다.

70개월 베스트셀러 1위 에듀윌 공무원 교재

기초부터 확실하게 기본 이론

기본서
국어 독해

기본서
국어 문법

기본서
영어 독해

기본서
영어 문법

기본서
한국사

기본서
행정학

기본서
행정법총론

다양한 출제 유형 대비 문제집

단원별 기출&예상 문제집
국어

단원별 기출&예상 문제집
한국사

단원별 기출&예상 문제집
행정학

단원별 기출&예상 문제집
행정법총론

* YES24 수험서 자격증 공무원 베스트셀러 1위 (2017년 3월, 2018년 4월~6월, 8월, 2019년 4월, 6월~12월, 2020년 1월~12월, 2021년 1월~12월, 2022년 1월~12월, 2023년 1월~12월, 2024년 1월~7월, 9월~10월 월별 베스트, 매월 1위 교재는 다름)
* YES24 국내도서 해당분야 월별, 주별 베스트 기준

출제경향 파악 기출문제집

9급공무원 기출문제집
영어

9급공무원 기출문제집
한국사

9급공무원 기출문제집
행정학

9급공무원 기출문제집
행정법총론

7급공무원 시험 대비 PSAT 교재

민간경력자
PSAT 기출문제집

7급공무원
PSAT 기출문제집

영어 집중 영단어 교재

영어 빈출 VOCA

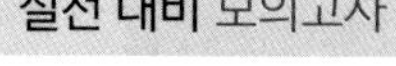

실전 대비 모의고사

기출 품은 모의고사
국어

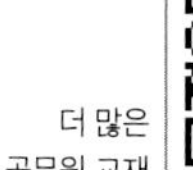
더 많은
공무원 교재

* 교재 이미지는 변경될 수 있습니다.

eduwill

1초 합격예측
모바일 성적분석표

1초 안에 '클릭' 한 번으로 성적을 확인하실 수 있습니다!

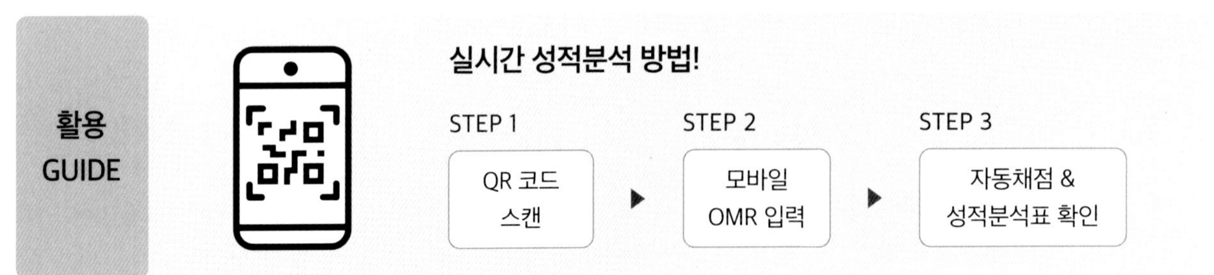

STEP 1

QR 코드 스캔

- 교재의 QR 코드를 모바일로 스캔 후 에듀윌 회원 로그인
- QR 코드 하단의 바로가기 주소로도 접속 가능

STEP 2

모바일 OMR 입력

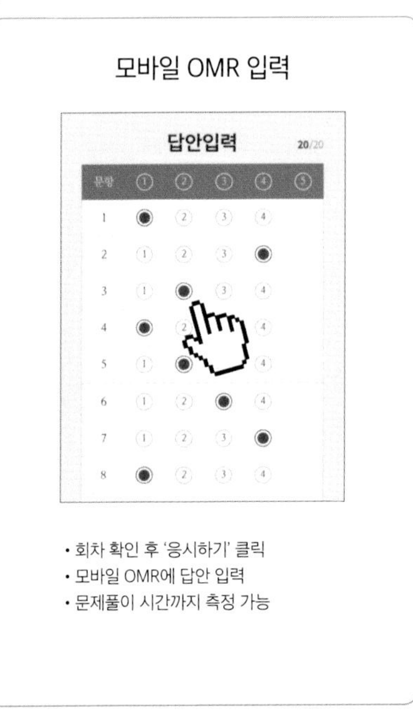

- 회차 확인 후 '응시하기' 클릭
- 모바일 OMR에 답안 입력
- 문제풀이 시간까지 측정 가능

STEP 3

자동채점 & 성적분석표 확인

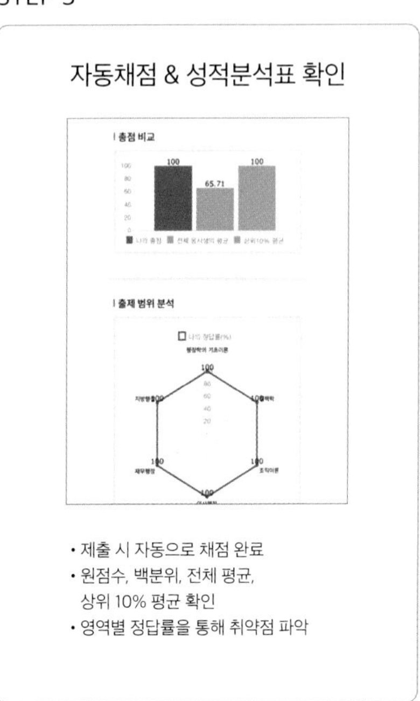

- 제출 시 자동으로 채점 완료
- 원점수, 백분위, 전체 평균, 상위 10% 평균 확인
- 영역별 정답률을 통해 취약점 파악

※ 본 서비스는 에듀윌 공무원 교재(연도별, 회차별 문항이 수록된 교재)를 구입하는 분에게 제공됨.

공무원, 에듀윌을 선택해야 하는 이유

합격자 수 수직 상승

2,100%

명품 강의 만족도

99%

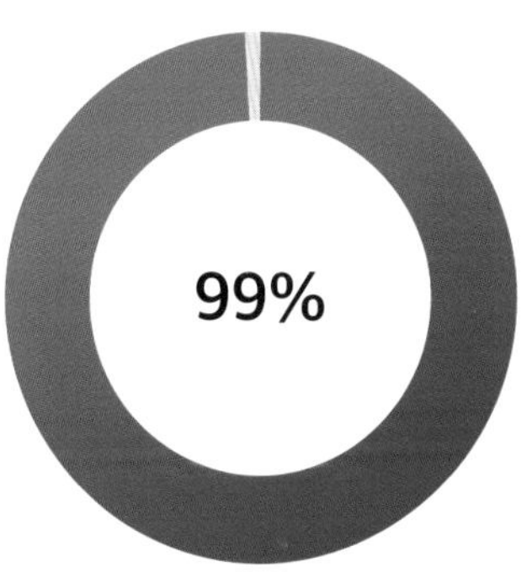

공무원

베스트셀러 1위

70개월(5년 10개월)

5년 연속 공무원 교육

1위

* 2017/2022 에듀윌 공무원 과정 최종 환급자 수 기준 * 9급공무원 대표 교수진 2023년 7월 ~ 2024년 4월 강의 만족도 평균(배영표, 헤더진, 한유진, 이광호, 김용철)
* YES24 수험서 자격증 공무원 베스트셀러 1위 (2017년 3월, 2018년 4월~6월, 8월, 2019년 4월, 6월~12월, 2020년 1월~12월, 2021년 1월~12월, 2022년 1월~12월, 2023년 1월~12월, 2024년 1월~7월, 9월~10월 월별 베스트, 매월 1위 교재는 다름)
* 2023, 2022, 2021 대한민국 브랜드만족도 7·9급공무원 교육 1위 (한경비즈니스) / 2020, 2019 한국브랜드만족지수 7·9급공무원 교육 1위 (주간동아, G밸리뉴스)

eduwill

1위 에듀윌만의 체계적인 합격 커리큘럼

원하는 시간과 장소에서 온라인 강의

① 업계 최초! 기억 강화 시스템 적용
② 과목별 테마특강, 기출문제 해설강의 무료 제공
③ 초보 수험생 필수 기초강의와 합격필독서 무료 제공

쉽고 빠른 합격의 첫걸음 합격필독서 무료 신청

최고의 학습 환경과 빈틈 없는 학습 관리 직영 학원

① 현장 강의와 온라인 강의를 한번에
② 확실한 합격관리 시스템, 아케르
③ 완벽 몰입이 가능한 프리미엄 학습 공간

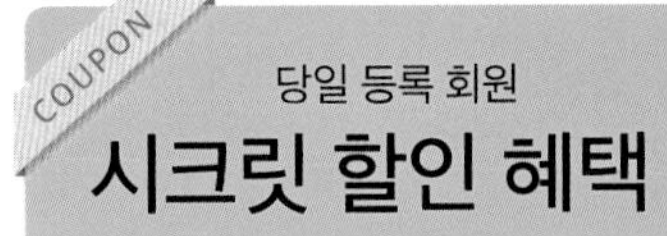

합격전략 설명회 신청 시 당일 등록 수강 할인권 제공

친구 추천 이벤트

"친구 추천하고 한 달 만에 920만원 받았어요"

친구 1명 추천할 때마다 현금 10만원 제공
추천 참여 횟수 무제한 반복 가능

※ *a*o*h**** 회원의 2021년 2월 실제 리워드 금액 기준
※ 해당 이벤트는 예고 없이 변경되거나 종료될 수 있습니다.

친구 추천 이벤트 바로가기

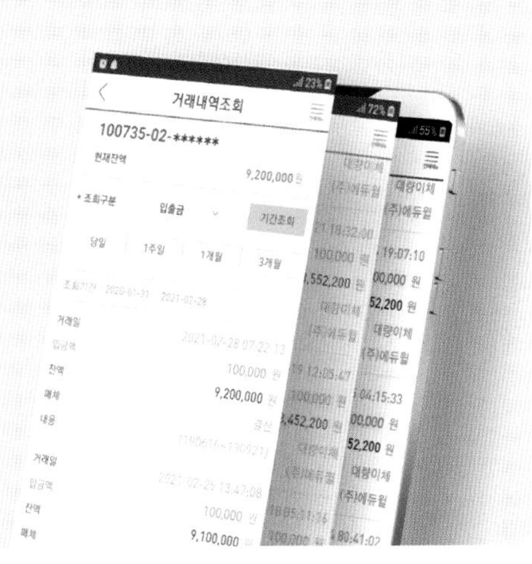

* 2023 대한민국 브랜드만족도 7·9급공무원 교육 1위 (한경비즈니스)

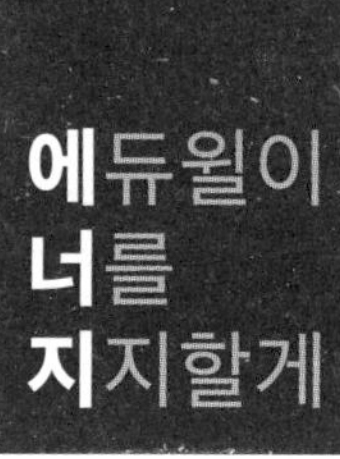

ENERGY

처음에는 당신이 원하는 곳으로
갈 수는 없겠지만,
당신이 지금 있는 곳에서
출발할 수는 있을 것이다.

– 작자 미상

국가공무원 7급 공채 PSAT,

에듀윌에서

전략적으로 준비하십시오.

2025

에듀윌 7급공무원 PSAT 기출문제집

언어논리 · 상황판단 · 자료해석

Public
Service
Aptitude
Test

집필진

안바라
- 중앙대학교 국어국문학과 졸업
- 이화여자대학교 교육대학원 외국어로서의 한국어교육 졸업
- 현) 고려대학교 한국어센터 한국어 강사
- 〈에듀윌 PSAT 단기완성 기본서 언어논리〉 감수
- 〈스스로 배우는 교과 속 어휘〉(교육부) 집필
- 〈중학교 국어 1,2,3〉, 〈고등학교 국어 상,하〉 검정 교과서 및 교사용 지도서, e-book 개발

임현아
- 고려대학교 국어교육학과 졸업
- 전) 서울 배재고등학교 국어 교사
- 에듀윌 PSAT, 공기업 NCS, 대기업 직무 적성검사 집필

윤은주
- 동국대학교 국어국문학과 졸업
- 현) 서울시교육청 소속 독서교육전문가 위원
- 전) 서일중학교 국어 교사
- 에듀윌 PSAT, 공기업 NCS, 대기업 직무 적성검사 집필

기노혁
- 한양대학교 철학과 졸업
- 한양대학교 교육대학원 국어교육 전공 졸업
- 한양대학교 일반대학원 국어교육 전공 박사 수료
- 현) 경화여자 English Business 고등학교 교사
- 〈에듀윌 공무원 국어 문법 단권화 요약노트〉, 〈에듀윌 공기업 NCS 통합 기본서〉, 〈에듀윌 한국전력공사 NCS 봉투모의고사〉, 〈EBS 수능특강 국어 영역 독서〉 집필

김매실
- 고려대학교 에너지환경대학원 재학
- 현) SOC분야 중앙공기업 재직
- 행정고시 5급 PSAT 다수 합격
- 에듀윌 PSAT, 공기업 NCS, 대기업 직무 적성검사 집필

이슬비
- 서울대학교 작물생명과학과 졸업
- 가천대학교 약학과 졸업
- 〈에듀윌 PSAT형 NCS 수리 문제해결 자원관리능력 대비 자료해석 실전 380제〉, 〈에듀윌 공기업 NCS 통합 봉투모의고사〉 집필
- 〈에듀윌 PSAT 단기완성 기본서 자료해석〉, 〈시작부터 뻥 뚫리는 피셋입문〉 감수

박상현
- 인하대학교 수학과 졸업
- 현) 인하대학교 과학영재교육센터 강사
- 에듀윌 PSAT, 공기업 NCS, 대기업 직무 적성검사 집필

이연우
- 동국대학교 수학과 졸업
- 에듀윌 PSAT, 공기업 NCS, 대기업 직무 적성검사 집필

감수진

차선우
- 서울대학교 법학부 졸업
- 고려대학교 법학전문대학원 졸업
- 현) 에듀윌 PSAT 언어논리 전임 강사
- 전) 메가로스쿨 언어이해 및 면접 전임
- 〈에듀윌 PSAT 단기완성 기본서 언어논리〉, 〈시작부터 뻥 뚫리는 피셋입문〉 집필

전아라
- 현) 에듀윌 PSAT 상황판단 전임 강사
- 전) 메가스터디 대입적성 수학 강사

강현민
- 현) 에듀윌 PSAT 자료해석 전임 강사
- 전) 메가스터디 대입적성 수학 강사

강호균
- 현) 에듀윌 PSAT 자료해석 전임 강사
- 현) 합격의 법학원 PSAT 자료해석 강사
- 전) 부산가톨릭대 NCS 직업기초능력 강사

홍일호
- 현) 에듀윌 PSAT 언어논리 전임 강사
- 전) 메가스터디 대입적성 국어 강사

박효빈
- 한국외국어대학교 행정학과 졸업
- 위포트 공기업/대기업 취업 수험서, 7급 공무원 PSAT 수험서 개발

김민환
- 동국대학교 국어교육과, 수학교육과 졸업
- 시대고시기획 대기업 취업 수험서 개발
- 코앱(KOAP) 출제연구원

최소운
- 동덕여자대학교 국어국문학과 졸업
- 〈에듀윌 7 · 9급공무원 기본서 국어〉, 〈에듀윌 9급공무원 기출문제집 국어〉 등 다수 국어 교재 감수

김응주
- 고려대학교 영어영문과 졸업
- 〈에듀윌 PSAT 단기완성 기본서 상황판단〉, 〈시작부터 뻥 뚫리는 피셋입문〉 등 다수 상황판단 영역 교재 감수

김대환
- 서울과학기술대학교 산업공학과 졸업
- 〈에듀윌 코레일 한국철도공사 NCS 봉투모의고사〉, 〈에듀윌 지역농협 6급 NCS 모의고사〉 등 다수 NCS 수리영역 교재 감수

교재에 들어가며

INTRO

PSAT(Public Service Aptitude Test, 공직적격성평가)는 공직자에게 필요한 이해력, 논리적 · 비판적 사고능력, 분석 및 정보추론능력, 상황판단능력 등 종합적 사고력을 평가하는 시험으로 언어논리, 상황판단, 자료해석의 세 영역에서 출제됩니다. 언어논리는 글의 이해, 표현, 추론, 비판과 논리적 사고 등의 능력을 검정하는 영역이며, 상황판단은 상황의 이해, 추론과 분석, 문제해결, 판단과 의사결정 등의 능력을 검정하는 영역입니다. 또한 자료해석은 수치자료의 정리와 이해, 처리와 응용계산, 분석과 정보추출 등의 능력을 검정하는 영역이라고 할 수 있습니다.

국가직 7급 공개경쟁채용 제1차 필기시험인 PSAT는 2021년도에 도입되었고, 문항 수는 영역별로 25문항입니다. 2022년부터는 언어논리와 상황판단을 묶어 1교시(120분 진행), 자료해석을 2교시(60분 진행)로 치르고 있습니다. 단순 계산 시, 1문항당 약 2분 30초, OMR 카드 마킹까지 포함한다면 2분 안팎의 길지 않은 시간이 주어집니다.

〈에듀윌 7급공무원 PSAT 기출문제집〉은 출제 경향을 완벽하게 파악할 수 있는 분석서이자 실전 연습이 가능한 실전서, 학습의 방향을 전략적으로 접근하도록 도와주는 전략서입니다.

1. 기출분석과 유형분석 기반의 분석서

정답에 대한 해설만을 담은 단순한 기출문제집이 아닙니다. 최근 4개년(2024~2021) 국가공무원 7급 PSAT 기출문제뿐만 아니라 인사혁신처에서 제공한 7급 PSAT 모의평가까지 철저하게 분석한 기출분석과 유형분석 기반의 기출문제집입니다. 이를 통해 7급 PSAT의 문항 유형과 출제 경향 파악이 가능합니다.

2. 실전 문제풀이가 가능한 실전서

실제 시험지와 같은 디자인, 반복 사용 가능한 OMR 카드를 제공합니다. 빠르고 정확하게, 실전처럼 문제풀이 연습이 가능한 기출문제집입니다.

3. 접근전략과 취약유형을 빠르게 파악하는 전략서

전 회차, 전 영역, 전 문항을 꼼꼼하게 분석하여 유형을 뽑아내고, 유형별 접근전략을 수록하였습니다. 회차별 취약유형을 분석하고 약점은 빠르게 극복할 수 있도록 취약유형 분석표를 제공합니다. 또한 1~3회독 가이드라인을 제시하고, [기출문제편]뿐만 아니라 [분석해설편]에도 기출문제를 반복 수록함으로써 자동 2회독이 가능하게 하였습니다. 이를 통해 보다 효과적인 기출 회독이 가능합니다.

7급 국가직 공개경쟁채용시험

채용 절차

제1차 시험(PSAT)	제2차 시험(전문과목)	제3차 시험(면접)
종합적 사고력 평가	실제 직무수행에 필요한 전문지식 평가	공무원으로서 갖춰야 할 기본자세, 공공성 등을 심층 평가
선발예정인원의 10배수	선발예정인원의 1.5배수	최종 합격자 결정

※ 제1차, 제2차 시험에서 과락(만점의 40% 미만) 과목이 있을 경우 불합격 처리됨
※ 제2차 전문과목은 직렬별로 상이함
※ 제3차 면접 시험에서 불합격한 수험생에 대해서는 다음 회의 불합격한 동일 시험에 한정하여 제1차 시험(PSAT) 면제
※ 2022년도, 2021년도 시험에서는 제1차 시험(PSAT)에서 7배수로 합격자를 선발하였음

평가 영역 평가 항목 문항 수 시험 시간

평가 영역	평가 항목	문항 수	시험 시간
언어논리	글의 이해, 표현, 추론, 비판과 논리적 사고	25문항	120분
상황판단	상황의 이해, 추론과 분석, 문제해결, 판단과 의사결정	25문항	
자료해석	수치자료의 정리와 이해, 처리와 응용계산, 분석과 정보추출	25문항	60분

※ 2022년부터 7급 국가직 공채 시험은 5 · 7급 민경채 PSAT와 동일한 문제로 출제되고 있음
※ 2022년 시험부터 1교시에는 언어논리 영역과 상황판단 영역이 동시에 치러지며, 2교시에는 자료해석 영역이 치러짐

영어 · 한국사 대체 시험의 인정기준

시험	인정범위	기준점수
영어능력 검정시험	2020.1.1. 이후 실시된 시험으로서, 제1차 시험 시행예정일 전날까지 점수(등급)가 발표된 시험으로 한정하며 기준점수 이상으로 확인된 시험만 인정됨	• TOEFL: PBT 530점 이상, IBT 71점 이상 • TOEIC: 700점 이상 • TEPS: 340점 이상 • G-TELP: 65점 이상(LEVEL 2) • FLEX: 625점 이상 ※ 외무영사직렬은 기준점수가 상이하므로 시험공고 참고
한국사능력 검정시험	제1차 시험 시행예정일 전날까지 점수(등급)가 발표된 시험으로 한정하며 기준점수 이상으로 확인된 시험만 인정됨	2급 이상(국사편찬위원회)

※ 영어능력검정시험 인정범위와 관련된 추가 내용은 반드시 공고문을 확인해야 함
※ 2023년부터 한국사능력검정시험의 성적 인정기간(기존 5년)이 폐지됨

PSAT, 절대 고득점을 받는 시험이 아닙니다
한정된 시간 내에 일정 점수에만 도달하면 됩니다

FAQ
(출처: 사이버국가고시센터 채용시험 종합 안내)

Q1. 원서접수 시 따로 유의해야 할 사항들이 있는가?

[사이버국가고시센터] – [원서접수] – [응시원서 확인] 화면에서 결제 여부가 '접수/결제완료'라고 표기되어 있다면 응시원서가 제대로 접수된 것이다. 참고로, 접수기간이 종료된 후에는 어떠한 경우에도 추가 접수가 불가능하며, 응시직렬, 응시지역, 선택과목, 지방인재 여부 등에 대한 수정 또한 불가능하니 원서접수 시에 신중하게 선택해야 한다.

Q2. 응시원서를 제출한 이후, 연락처가 바뀌었다면 어떻게 해야 하는가?

주소, 휴대전화번호, 전자우편 등의 정보는 원서접수기간 종료 후라도 언제든지 [사이버국가고시센터]의 [개인정보 수정] 메뉴에서 본인이 직접 수정 가능하다. 그러나 성명, 주민등록번호 등의 필수 인적정보는 수험생이 임의로 변경할 수 없다.

Q3. 원서접수 이후 개명이 될 것 같은데 어떻게 해야 하는가?

- 원서접수 전에 개명을 했고 주민등록에도 새 성명을 사용하고 있으면 원서제출을 새 성명으로 할 수 있다. 2019년 7월부터 [사이버국가고시센터] 회원정보 중 성명 직접 변경이 가능하며, [마이페이지] – [개인정보수정] 화면에서 맨 아래의 [개명신청]을 클릭한다.
- 원서제출에 사용하는 성명은 주민등록에 있는 성명을 사용한다. 개명에 관한 법원의 결정통지를 받았다고 하더라도 개명신고(법원 전자가족관계등록시스템 또는 시(구)·읍·면에 신고)를 하지 않아 주민등록에 새 성명으로 개명되지 않았다면 이전 성명을 원서에 사용해야 한다.
- 원서제출 이후 개명신고가 처리된 경우에는 먼저, 필기시험장에는 새 신분증과 성명정정을 확인할 수 있는 주민등록초본을 지참해야 한다. (시험 중 본인확인 시간에 감독관에게 설명 후, 초본 제시) 합격자의 성명은 합격자 발표 이후 정정할 수 있다.
- 합격자 발표 이후 면접시험일까지도 시험장에서 사용하는 응시자 관리표 등에는 성명정정이 반영되지 않을 수 있으며, 이 경우에 대비하여 면접시험 등 최종시험까지는 시험장에서 새 신분증 외에 주민등록초본을 반드시 지참해야 한다.

Q4. 가산점 등록기간은 언제인가? 증빙서류를 제출해야 되는가?

필기시험 '전일'까지 가산점 대상 자격을 취득했다면 가산점 등록기간 내(필기시험일을 포함하여 3일) [사이버국가고시센터]에 가산점을 신청해야 한다. 또한 수험생이 입력한 내용을 토대로 인사혁신처가 관계기관에 직접 가산점 부여조건을 조회·확인하므로 별도의 증빙서류를 제출할 필요가 없다.

이 책의 구성

STRUCTURE

기출분석과 유형분석 기반의 분석서

영역별 기출분석 & 접근전략

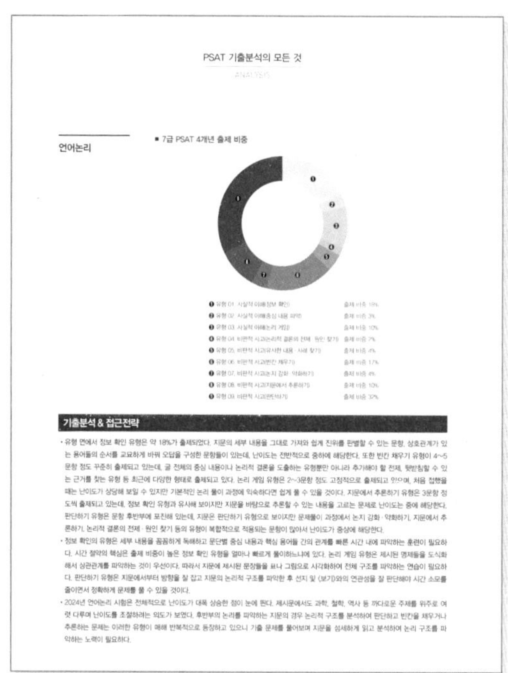

- 최근 4개년(2024~2021) 국가직 7급 PSAT 및 인사혁신처 모의평가를 분석하여 출제 비중 및 출제 경향 제시
- 전 회차 기출분석 기반의 영역별 접근전략 제시

영역별 유형분석

PSAT 유형의 모든 것

PATTERN

언어논리

상황판단

자료해석

- 쉽고 빠르게 유형을 파악할 수 있도록 영역별 유형을 정리하고, 유형에 대한 학습전략 수록

기출분석과 유형분석 기반의 분석서입니다
실전 문제풀이가 가능한 실전서입니다
접근전략과 취약유형을 빠르게 파악하는 전략서입니다

실전 문제풀이가 가능한 실전서

기출문제편

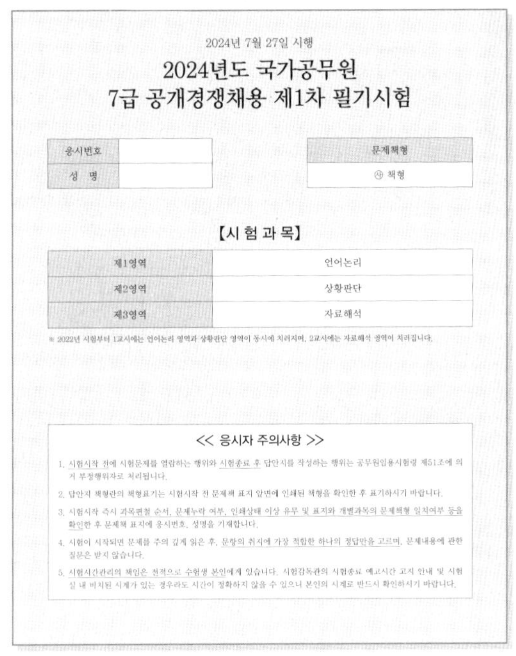
2024년 7월 27일 시행

2024년도 국가공무원
7급 공개경쟁채용 제1차 필기시험

응시번호	
성 명	

문제책형
㉮ 책형

【시 험 과 목】

제1영역	언어논리
제2영역	상황판단
제3영역	자료해석

※ 2022년 시험부터 1교시에는 언어논리 영역과 상황판단 영역이 동시에 치러지며, 2교시에는 자료해석 영역이 치러집니다.

<< 응시자 주의사항 >>

1. 시험시작 전에 시험문제를 열람하는 행위와 시험종료 후 답안지를 작성하는 행위는 공무원임용시험령 제51조에 의거 부정행위자로 처리됩니다.
2. 답안지 책형란의 책형표기는 시험시작 전 문제책 표지 앞면에 인쇄된 책형을 확인한 후 표기하시기 바랍니다.
3. 시험시작 즉시 과목편철 순서, 문제누락 여부, 인쇄상태 이상 유무 및 표지와 개별과목의 문제책형 일치여부 등을 확인한 후 문제책 표지에 응시번호, 성명을 기재합니다.
4. 시험이 시작되면 문제를 주의 깊게 읽은 후, 문항의 취지에 가장 적합한 하나의 정답만을 고르며, 문제내용에 관한 질문은 받지 않습니다.
5. 시험시간관리의 책임은 전적으로 수험생 본인에게 있습니다. 시험감독관의 시험종료 예고시간 고지 안내 및 시험실 내 비치된 시계가 있는 경우라도 시간이 정확하지 않을 수 있으니 본인의 시계로 반드시 확인하시기 바랍니다.

2024년도 국가공무원 7급 공채 등 필기시험 | 언어논리 영역 | ㉮ 책형 | 1쪽

제1영역 언어논리

1초 합격예측! 모바일 성적결과분석표 발급 서비스

QR 코드로 접속하여 문제 풀이 시간을 측정하고 자동채점 & 성적결과분석 서비스를 통해 지금 바로 실력을 점검해 보세요.
◀ https://eduwill.kr/d24e

풀이 시간 • 시작 ___시 ___분 ~ 종료 ___시 ___분 • 총 ___분

문 1. 다음 글의 내용과 부합하는 것은?

① 한성전기회사가 경인철도회사보다 먼저 설립되었다.
② 전차 노선의 시작점은 원래 서대문이었으나 나중에 남대문으로 바뀌었다.
③ 한성전기회사가 전차 노선을 부설하는 데 부족한 자금은 미국인 콜브란이 빌려주었다.
④ 서울 시내에 처음으로 전차 노선을 부설한 회사는 황실이 주도해 농상공부가 설립하였다.
⑤ 서울 시내에서 전기등 설치 사업을 벌인 한미전기회사는 김두승과 이근배의 출자로 설립되었다.

20 • 7급 PSAT 기출문제집 • 기출문제편

• 연도별 > 영역별 기출문제 수록
• 실제 시험지와 유사한 디자인으로 구성하여 실전처럼 문제풀이 가능
• 컴퓨터용 사인펜으로 마킹&지우개로 지워지는 OMR 카드 제공

접근전략과 취약유형을 빠르게 파악하는 전략서

영역별 성적 & 취약유형 분석표

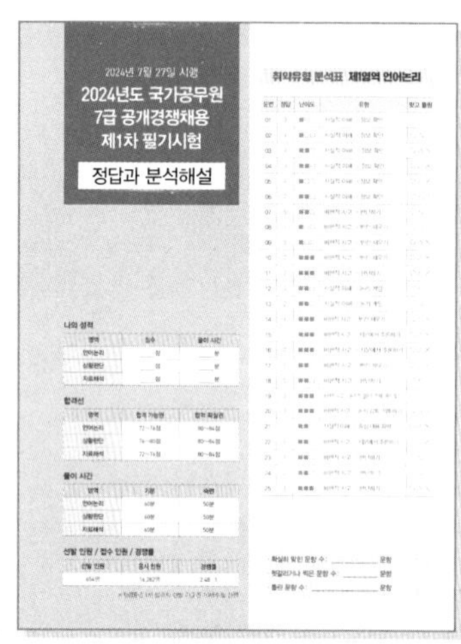

- 연도별 · 영역별 성적 확인&취약유형 파악 및 보완
  - 나의 성적: 나의 점수와 풀이 시간을 기재하여 성적과 풀이 시간 관리 가능
  - 합격선: 연도별 난이도를 고려하여 합격 가능권과 확실권으로 구분하여 합격선 제시
  - 풀이 시간: 기본과 숙련으로 구분하여 적정 풀이 시간 제시
  - 선발 인원/응시 인원/경쟁률: 연도별 국가공무원 7급 PSAT 원서 접수 결과 자료에 기반하여 제시
  - 취약유형 분석표: 전 문항의 맞고 틀림을 기재하여 현재 실력 점검 및 취약유형 파악과 보완 가능

기출 총평 & 문항별 정답률 및 선지별 선택률

- 기출분석을 통한 연도별 출제 경향과 출제 비중 파악
  - 기출 총평: 연도별 · 영역별로 상세한 기출 총평을 수록하여 출제 경향 파악
  - 문항별 정답률 및 선지별 선택률: 실제 수험생의 정답률, 선지별 선택률을 통해 본인의 학습 수준 파악
  - 출제 비중: 영역별로 출제 비중을 그래프로 정리하여 한눈에 확인

자동 2회독 & 상세한 분석해설

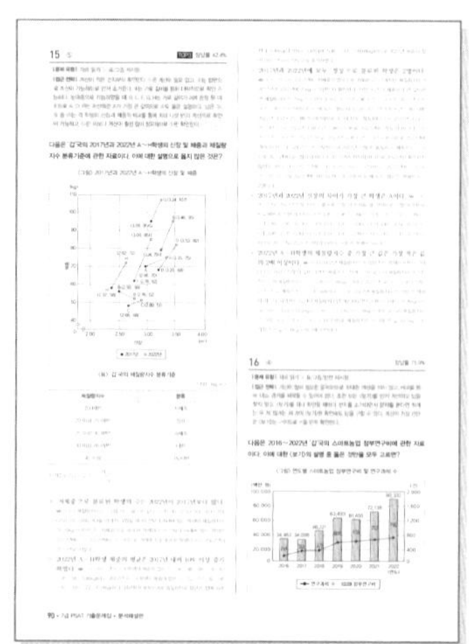

- [분석해설편]에 전 문항을 반복 수록하여 자동 2회독 효과 &상세한 분석해설
  - 정답률 TOP 3: 정답률이 가장 낮은 TOP 3 문항 파악
  - 접근전략: 유형에 대한 해설과 출제 의도를 포함한 문항별 접근전략 제시
  - 선지 분석: 정답뿐 아니라 오답까지 전 문항, 모든 선지에 대한 분석해설 수록

무료 합격팩

고난도 대비 모의고사 (PDF)

• 고난도 대비를 위한 영역별 문제와 분석해설 수록
 – 5급 공채 PSAT, 5·7급 민간경력자 PSAT 시험의 영역별 고난도 25 문항을 엄선한 기출 재구성 모의고사 수록
 – 전 문항, 모든 선택지 분석해설 제공

▶ 부가학습자료 바로가기

• 고난도 대비를 위한 영역별 문제와 분석해설 수록
 – 5급 공채 PSAT, 5·7급 민간경력자 PSAT 시험의 영역별 고난도 25 문항을 엄선한 기출 재구성 모의고사 수록
 – 전 문항, 모든 선택지 분석해설 제공

※ 교재 표지 뒷면 우측 하단의 ISBN을 입력하여 교재 구매 인증 후 이용 가능

국가직 7급 PSAT 최신 3개년 무료 해설강의

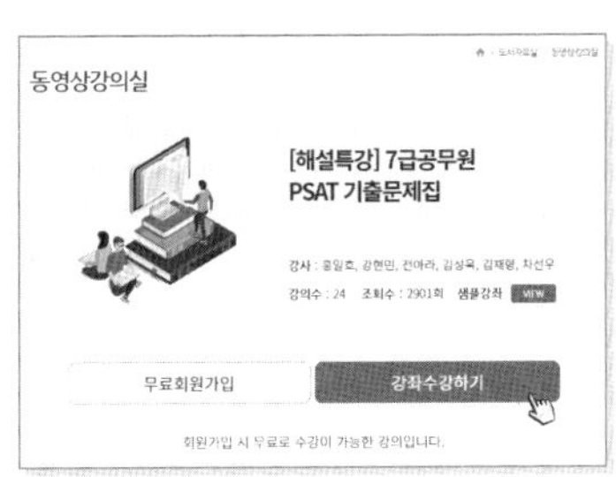

• 국가직 7급 PSAT 해설강의 무료 제공
 – 최신 3개년(2024~2022) 기출문제 해설강의 제공

▶ 무료 해설강의 바로가기

※ 해설강의 수강 방법: 에듀윌 도서몰(http://book.eduwill.net) ▶ 동영상 강의실 or 상단의 QR 코드를 스캔하여 수강

1초 합격예측! 모바일 성적분석표

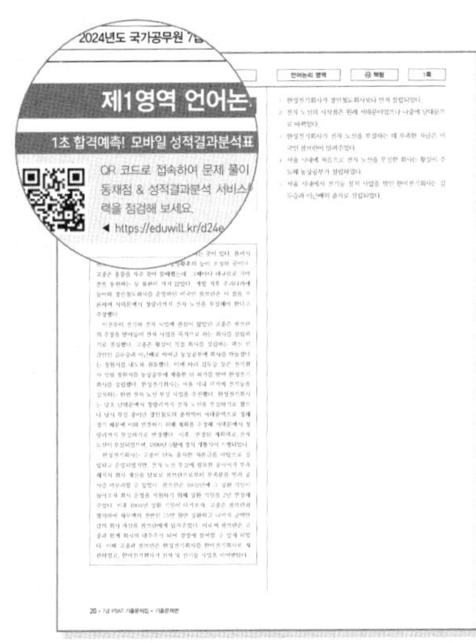

• 모바일 OMR을 이용한 자동채점&성적분석표 확인
• 문제풀이 시간 자동 측정(시험 종료 시 자동 알림)
• 원점수, 백분위, 전체 평균, 상위 10% 평균을 확인하여 자신의 위치 파악
• 영역별 정답률을 통해 취약점 파악

※ 사용 방법: 기출문제 상단의 QR 코드 스캔 or 바로가기 주소 입력 ▶ 에듀윌 로그인 ▶ 응시하기 ▶ 시작

이 책의 100% 활용법

METHOD OF USE

■ 1회독: 시간 내 문제풀이&취약유형 파악에 중점

1. 문제풀이	• [기출문제편] 맨 앞에 있는 QR코드를 활용하여 문제풀이를 시작합니다. • 제한된 시간 안에 문제를 풀이합니다. • 문제풀이 시간에는 OMR 마킹 시간까지 포함되어야 합니다.
↓	
2. 모바일 성적분석표 확인	• OMR 채점 결과는 답안제출 버튼을 누른 즉시 바로 확인할 수 있습니다. • OMR 채점 결과, 모바일 성적분석표가 발급되며, 경쟁자와 나의 위치를 확인할 수 있습니다.
↓	
3. 취약유형 파악	• 모바일 성적분석표의 영역별 정답률을 통해 나의 취약유형을 확인합니다. 그리고 [분석해설편]의 취약유형 분석표에서 헷갈려서 틀린 문제와 몰라서 틀린 문제를 표시합니다. • 헷갈려서 틀린 문제와 몰라서 틀린 문제를 다시 풀이합니다. 다시 풀이할 때에는 왜 틀렸는지에 집중하여 풀이합니다. • 필요한 경우 기본서로 돌아가 해당 유형 풀이 방법을 복습합니다.

■ 2회독: 시간 내 문제풀이&취약유형 보완에 중점

1. 문제풀이	• [기출문제편] 맨 앞에 있는 QR 코드를 활용하여 문제풀이를 시작합니다. • 제한된 시간 안에 문제를 풀이합니다. • 문제풀이 시간에는 OMR 마킹 시간까지 포함되어야 합니다.
↓	
2. 모바일 성적분석표 확인	• OMR 채점 결과는 답안제출 버튼을 누른 즉시 바로 확인할 수 있습니다. • OMR 채점 결과, 모바일 성적분석표가 발급되며, 경쟁자와 나의 위치를 확인할 수 있습니다. • 1회독 점수와 2회독 점수를 비교합니다.
↓	
3. 취약유형 보완	• 모바일 성적분석표의 영역별 정답률을 통해 나의 취약유형을 확인합니다. 그리고 [분석해설편]의 취약유형 분석표에서 헷갈려서 틀린 문제와 몰라서 틀린 문제를 표시합니다. • 1회독과 2회독에서 틀린 문제를 비교합니다. • 1회독과 2회독에서 반복해서 틀린 문제의 유형은 반드시 기본서로 돌아가 해당 유형의 풀이 방법을 복습합니다.
↓	
4. 오답노트	• 2회독부터는 헷갈려서 틀린 문제와 몰라서 틀린 문제를 오답노트에 작성합니다. • 오답노트 작성 시, 틀린 이유를 기재하고, 옳은 정답과 그 이유, 문항 접근 전략을 기재합니다.

■ 3회독: 취약유형 완벽 보완에 중점

1. 틀린 문제 선별적 풀이	• 문항별 제한 시간을 두고 틀린 문제만 선별하여 풀이합니다. • 문항별 풀이 시간은 2~3분이 적절합니다.
↓	
2. 취약유형 점검	• 채점 후, 틀린 문제는 왜 틀렸는지에 집중하여 해설을 확인합니다. • 필요시 기본서로 돌아가 해당 유형의 풀이 방법을 복습합니다.
↓	
3. 오답노트	• 3회독 시 추가로 틀린 문제를 오답노트에 작성합니다. • 오답노트 작성 시, 틀린 이유를 기재하고, 옳은 정답과 그 이유, 문항 접근 전략을 기재합니다. • 오답노트를 반복 학습하고, 완전히 파악된 유형과 문제는 오답노트에서 과감히 삭제합니다.

PSAT 유형의 모든 것

PATTERN

언어논리

사실적 이해	유형 01. 정보 확인	지문과 선지의 내용이 일치하는지 여부를 확인하는 유형으로, 비교적 난이도가 쉬운 편이므로 단시간에 내용을 파악할 수 있어야 한다.
	유형 02. 중심 내용 파악	지문의 주제를 파악하는 유형으로, 글의 내용을 종합적으로 이해하고 글 전체를 포괄하는 핵심 내용을 찾아야 한다.
	유형 03. 논리 게임	제시된 조건을 바탕으로 참·거짓을 판별하는 유형으로, 여러 명제를 도식화하고 해당 명제의 역, 이, 대우를 도출해 조건들 간의 관계를 파악할 수 있어야 한다.
비판적 사고	유형 04. 논리적 결론의 전제·원인 찾기	지문에 제시되지 않은 전제나 원인을 추론하는 유형으로, 지문의 전반적인 흐름을 파악하여 결론을 도출하기 위해 추가해야 할 전제를 찾아야 한다.
	유형 05. 유사한 내용·사례 찾기	지문에 등장하는 특정 내용의 의미를 묻거나 구체적인 사례를 찾는 유형으로, 해당 내용의 앞뒤 맥락을 바탕으로 선지의 내용이 조건에 충족되는지 판단해야 한다.
	유형 06. 빈칸 채우기	빈칸에 들어갈 말을 찾는 문제 유형으로, 지문의 논리적 흐름을 이해하고 빈칸 앞뒤 문장을 연결할 수 있는 선지를 찾아야 한다.
	유형 07. 논지 강화·약화하기	지문의 논지를 강화하거나 약화하는 선지를 찾는 유형으로, 글의 논지를 파악하여 이를 지지하는 견해인지 반박하는 견해인지를 판별해야 한다.
	유형 08. 지문에서 추론하기	지문의 논리 흐름에 따라 추론할 수 있는 내용을 고르는 유형으로, 논리적 비약 없이 지문의 내용을 바탕으로 타당하게 추론한 내용을 찾아야 한다.
	유형 09. 판단하기	지문의 내용에 대한 평가나 비판, 분석으로 적절한 것을 고르는 유형으로, 제시된 평가 기준이나 비판의 관점을 파악하고 이에 따라 적절히 서술하고 있는지 판단해야 한다.

상황판단

제시문형	유형 01. 정보확인	다양한 제시문을 바탕으로 해당 내용의 옳고 그름을 판단하거나 다양한 상황에 적용하는 문제 유형이다. 글을 정확하고 빠르게 읽는 독해 능력이 필수적으로 요구된다.
	유형 02. 분석추론	제시문에서 주어진 조건, 정보 등을 분석하고, 이를 특정한 상황에 적용함으로써 발생하는 결과, 문제점을 추론하는 문제 유형이다.
법조문형	유형 03. 규정확인	주어진 규정이나 법조문의 내용을 올바르게 해석하고 판단할 수 있는지를 묻는 유형이다.
	유형 04. 규정적용	주어진 규정이나 법조문의 내용을 올바르게 해석한 후 다양한 사례와 상황에 적용하고, 비교할 수 있는지를 묻는 유형이다. 예외로 규정하거나 조건으로 제시되는 내용들을 놓치지 않고 파악해야 한다.
연산 추론형	유형 05. 수리계산	주어진 수식, 공식을 통해 점수, 금액 등을 산출하거나 주어진 조건, 상황에서의 확률, 결괏값을 구하는 문제 유형이다.
	유형 06. 대입비교	주어진 지침, 규칙 등을 활용하여 값을 도출하고 그 값을 비교·대입하거나 추론하는 유형으로, 값을 계산한 후에 추가 과정을 통해 정답을 찾아야 하므로 정확한 수치를 구해야 한다.
퍼즐형	유형 07. 논리퀴즈	일부분만 제시된 규칙, 조건들을 종합적·논리적으로 짜맞추어 부합하는 상황, 결과를 도출해 내는 유형이다.
	유형 08. 수리퀴즈	불확실한 규칙, 조건들을 통해 경우의 수를 따지는 과정에서 산술적인 계산이나 응용이 요구되는 유형이다.
	유형 09. 게임·규칙	경기, 투표, 대회, 퍼즐, 토너먼트의 규칙, 결정 기준 등이 제시되고, 이를 이용하여 결과를 추론하는 유형이다.
	유형 10. 최댓값·최솟값 도출	여러 예외, 제약 조건을 이용하여 특정 목적을 달성하기 위한 최댓값, 최솟값을 도출하는 유형이다.

자료해석

자료 읽기	유형 01. 표/그림/빈칸 제시형	〈표〉, 〈그림〉, 빈칸이 1개 혹은 그 이상으로 복합적으로 제시되어 이를 정확하게 분석하여 문제를 해결할 수 있는 능력을 파악하는 유형이다. 〈표〉나 〈그림〉의 수치의 크기를 비교하거나 증감방향 등을 묻는 문제가 출제된다.
자료 읽기/추론	유형 02. 계산형	〈표〉나 〈그림〉 아래 별도의 계산식을 함께 제시하여 이를 이용하거나 응용하여 수치를 파악하는 유형이다. 연도별 수치의 변화를 분석하거나 대상 간의 수치 비교를 묻는 문제가 출제된다.
	유형 03. 매칭형	제시된 〈조건〉을 통해 자료의 내용을 분석하여 이에 알맞은 항목끼리 짝을 이룬 것을 찾는 유형이다. 제시된 〈조건〉을 모두 파악하지 않고 일부분만 파악해도 선지에 제시된 항목의 짝을 찾을 수 있으므로 제시된 〈조건〉에서 먼저 파악 가능한 내용을 찾는 것이 관건이다. 〈조건〉 대신 〈보고서〉를 바탕으로 대상을 매칭하는 문제가 새롭게 출제되었다. 기존 매칭형 전략을 사용하되 〈보고서〉의 핵심 내용만 확인하는 연습이 필요하다.
자료 추론	유형 04. 추가로 필요한 자료 찾기	일반적으로 〈표〉, 〈그림〉 등과 함께 〈보고서〉가 제시되고, 〈보고서〉의 내용 중 제시된 〈표〉나 〈그림〉 이외에 〈보고서〉의 내용을 파악하기 위해 추가로 필요한 자료를 찾는 유형이다.
자료 변환응용	유형 05. 표/그림 전환형	〈표〉나 〈그림〉 형식의 자료를 제시하고, 이를 다른 유형인 〈표〉나 〈그림〉으로 전환하여 나타냈는지를 파악하는 유형이다. 단순하게 〈표〉나 〈그림〉의 수치를 형식적으로 달리 표현하거나 기존에 제시된 자료를 응용하여 수치를 별도로 계산하여 전환하는 것으로 출제된다.
	유형 06. 자료/보고서 전환형	일반적으로 〈보고서〉가 제시되고 이를 작성하기 위해 사용한 〈표〉나 〈그림〉을 찾거나, 〈표〉나 〈그림〉을 제시하고 이를 〈보고서〉로 작성한 내용의 옳고 그름을 판단하는 유형이다.

PSAT 기출분석의 모든 것

ANALYSIS

언어논리

■ 7급 PSAT 4개년 출제 비중

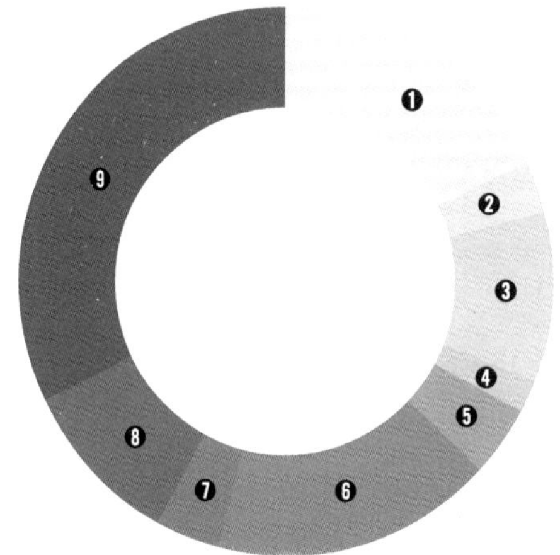

❶ 유형 01. 사실적 이해(정보 확인)	출제 비중 18%
❷ 유형 02. 사실적 이해(중심 내용 파악)	출제 비중 3%
❸ 유형 03. 사실적 이해(논리 게임)	출제 비중 10%
❹ 유형 04. 비판적 사고(논리적 결론의 전제 · 원인 찾기)	출제 비중 2%
❺ 유형 05. 비판적 사고(유사한 내용 · 사례 찾기)	출제 비중 4%
❻ 유형 06. 비판적 사고(빈칸 채우기)	출제 비중 17%
❼ 유형 07. 비판적 사고(논지 강화 · 약화하기)	출제 비중 4%
❽ 유형 08. 비판적 사고(지문에서 추론하기)	출제 비중 10%
❾ 유형 09. 비판적 사고(판단하기)	출제 비중 32%

기출분석 & 접근전략

- 유형 면에서 정보 확인 유형은 약 18%가 출제되었다. 지문의 세부 내용을 그대로 가져와 쉽게 진위를 판별할 수 있는 문항, 상호관계가 있는 용어들의 순서를 교묘하게 바꿔 오답을 구성한 문항들이 있는데, 난이도는 전반적으로 중하에 해당한다. 또한 빈칸 채우기 유형이 4~5문항 정도 꾸준히 출제되고 있는데, 글 전체의 중심 내용이나 논리적 결론을 도출하는 유형뿐만 아니라 추가해야 할 전제, 뒷받침할 수 있는 근거를 찾는 유형 등 최근에 다양한 형태로 출제되고 있다. 논리 게임 유형은 2~3문항 정도 고정적으로 출제되고 있으며, 처음 접했을 때는 난이도가 상당해 보일 수 있지만 기본적인 논리 풀이 과정에 익숙하다면 쉽게 풀 수 있을 것이다. 지문에서 추론하기 유형은 3문항 정도씩 출제되고 있는데, 정보 확인 유형과 유사해 보이지만 지문을 바탕으로 추론할 수 있는 내용을 고르는 문제로 난이도는 중에 해당한다. 판단하기 유형은 문항 후반부에 포진해 있는데, 지문은 판단하기 유형으로 보이지만 문제풀이 과정에서 논지 강화 · 약화하기, 지문에서 추론하기, 논리적 결론의 전제 · 원인 찾기 등의 유형이 복합적으로 적용되는 문항이 많아서 난이도가 중상에 해당한다.
- 정보 확인의 유형은 세부 내용을 꼼꼼하게 독해하고 문단별 중심 내용과 핵심 용어들 간의 관계를 빠른 시간 내에 파악하는 훈련이 필요하다. 시간 절약의 핵심은 출제 비중이 높은 정보 확인 유형을 얼마나 빠르게 풀이하느냐에 있다. 논리 게임 유형은 제시된 명제들을 도식화해서 상관관계를 파악하는 것이 우선이다. 따라서 지문에 제시된 문장들을 표나 그림으로 시각화하여 전체 구조를 파악하는 연습이 필요하다. 판단하기 유형은 지문에서부터 방향을 잘 잡고 지문의 논리적 구조를 파악한 후 선지 및 〈보기〉와의 연관성을 잘 판단해야 시간 소모를 줄이면서 정확하게 문제를 풀 수 있을 것이다.
- 2024년 언어논리 시험은 전체적으로 난이도가 대폭 상승한 점이 눈에 띈다. 제시문에서도 과학, 철학, 역사 등 까다로운 주제를 위주로 여럿 다루며 난이도를 조절하려는 의도가 보였다. 후반부의 논리를 파악하는 지문의 경우 논리적 구조를 분석하여 판단하고 빈칸을 채우거나 추론하는 문제는 이러한 유형이 매해 반복적으로 등장하고 있으니 기출 문제를 풀어보며 지문을 섬세하게 읽고 분석하여 논리 구조를 파악하는 노력이 필요하다.

기출분석과 유형분석 기반으로
학습의 방향을 전략적으로 설정할 수 있습니다

상황판단

■ 7급 PSAT 4개년 출제 비중

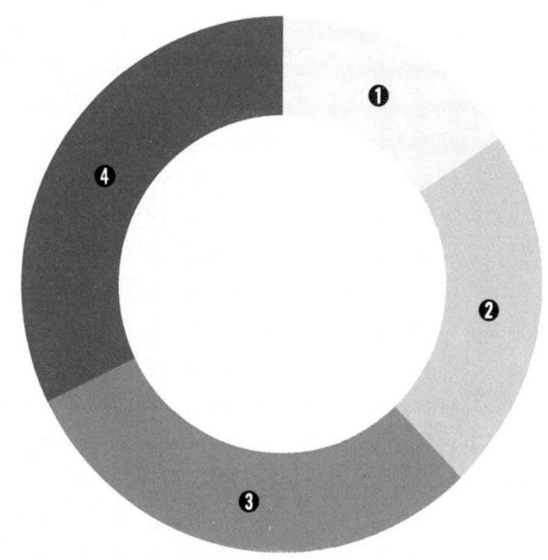

❶ 유형 01. 제시문형	출제 비중 16%
❷ 유형 02. 법조문형	출제 비중 22%
❸ 유형 03. 연산추론형	출제 비중 30%
❹ 유형 04. 퍼즐형	출제 비중 32%

기출분석 & 접근전략

- 상황판단 영역에서는 시행 초기 제시문형의 출제 비중이 40%가 넘는 경우가 있을 정도로 큰 비중을 차지했는데 점점 네 유형의 편차가 줄어드는 경향이 나타나고 있다. 특히 2022년에는 전년에 비해 법조문형의 출제 비중이 줄면서 그 이후 각 유형이 비교적 고른 분포를 보이는 경향이 확연해졌다. 실제 공직 사회에서 벌어질 만한 상황들을 빠르고 정확하게 판단해야 하는 문항과 문제해결능력을 확인하는 문항이 제시되는 흐름은 앞으로도 지속될 것으로 예상되는데, 이는 문항의 난이도를 통해 변별력을 주기보다는 상황을 빠르고 정확하게 판단하는 것이 실제 직무능력에 중요하기 때문이라고 파악된다. 제시된 글의 내용을 빠르고 정확하게 판단하고 선지의 내용과 비교하여 정오를 판별할 수 있는 훈련이 요구되며, 다양한 문제 해결 방법을 연습해 난도 높은 문제에 대비할 필요가 있다.
- 유형별 접근전략을 살펴보면, 제시문형은 글을 읽으며 내용을 빠르고 정확하게 파악하는 것이 중요하다. 제시된 글을 먼저 읽다 보면 중간에 내용 흐름을 놓치거나 어떤 내용들이 제시될 것인지 예상하며 읽기가 어렵다. 따라서 선지를 먼저 확인해 지문에서 파악해야 할 요소를 눈에 익힌 뒤 글을 읽는 것이 내용을 파악하는 데 용이하다. 법조문형은 다양한 조건과 예외 사항들에 따라 구체적 해석이나 상황 적용 방법이 달라지는 것에 유의하며 문항을 해결해야 한다. 연산추론형은 전문적인 수학적 지식이 요구되는 것이 아니기 때문에 계산에서의 사소한 실수를 줄이기 위한 노력이 필요하고, 문항에서 묻고 있는 유형에 따라 선지의 내용을 거꾸로 대입하며 선지의 옳고 그름을 판단하는 것이 시간을 효율적으로 사용하는 방법이 될 수 있다. 퍼즐형은 규칙이나 논리적인 사고의 기본적인 내용들을 제시해 주기 때문에, 해당 내용을 바탕으로 문항을 풀어나가면 어렵지 않게 해결할 수 있는 경우가 많다.
- 2024년 상황판단 영역은 전년도에 비하여 법조문형 및 제시문 문항이 줄었고, 연산추론형과 퍼즐형 문항이 늘어났다. 상황판단 영역의 평균 점수는 계속해서 상승하는 추세이므로 앞으로도 이러한 추세는 유지될 것으로 보인다. 최근 상황판단의 출제 경향을 볼 때, 본 기출문제집을 통해 과년도 기출문제를 완벽히 분석한다면 향후 PSAT 상황판단 영역 시험 대비에 큰 도움이 될 것이다.

자료해석

■ 7급 PSAT 4개년 출제 비중

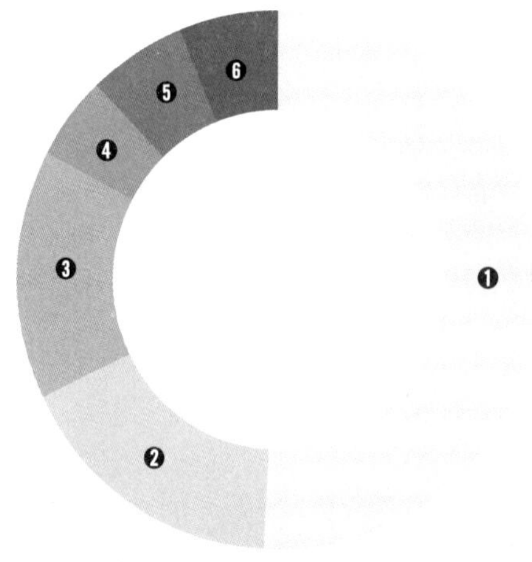

❶ 유형 01. 자료 읽기(표/그림/빈칸 제시형)	출제 비중 51%
❷ 유형 02. 자료 읽기/추론(계산형)	출제 비중 17%
❸ 유형 03. 자료 읽기/추론(매칭형)	출제 비중 15%
❹ 유형 04. 자료 추론(추가로 필요한 자료 찾기)	출제 비중 5%
❺ 유형 05. 자료 변환응용(표/그림 전환형)	출제 비중 6%
❻ 유형 06. 자료 변환응용(자료/보고서 전환형)	출제 비중 6%

기출분석 & 접근전략

- 14개년 기출문제를 분석해 보면, 표/그림/빈칸 제시형인 자료 읽기 유형이 50%가 넘게 출제되어 가장 큰 비중을 차지하고 있으며, 뒤를 이어 자료 읽기/추론 계산형 17%, 자료 읽기/추론 매칭형 문제의 출제비중이 15%, 추가로 필요한 자료 찾기, 표/그림 전환형, 자료/보고서 전환형 문제가 약 5~6% 정도로 꾸준히 출제되고 있다.
- 매년 출제 경향은 조금씩 다를 수 있으나 답을 찾아가는 과정은 동일하다. 자료해석 영역을 공부할 때 계산기로 문제를 풀듯 정석적으로 계산을 하는 것보다는 유사한 수치로 어림잡아 계산하거나 곱하고, 나누는 수의 비교를 통해 대소관계를 파악하는 연습이 반드시 필요하다.
- 계산형 문항은 복잡한 식들이 여러 개 제시되고, 해당 식들을 이용하여 여러 번의 계산을 거친 뒤 답을 도출해야 한다. 그러나 이렇게 정석적으로 풀이하지 않아도 미리 주어진 식들을 변형하여 최종 답을 구하기 위한 식을 도출해낼 수 있다면 문제를 빠르게 해결할 수 있다. 무작정 주어진 값을 식에 대입하지 말고, 각 식들의 연관성을 파악하고 식을 변형한 뒤, 대입해야 하는 수들의 대소에 따라 최종적으로 구하고자 하는 값의 대소가 어떻게 변화하는지 파악한 다음 문제풀이를 시작해야 한다. 또한 시험에 출제된 〈보고서〉 형태의 매칭형 문제는 읽어내야 할 지문이 길다는 압박이 있으나 실제로 문제풀이를 하기 위해서는 일부 문장만이 필요한 경우가 많다. 문제를 풀기 위해 읽어야 할 문장을 먼저 파악하고, 그중 계산이 간단한 문장부터 읽어내는 연습이 필요하다.
- 2024년 자료해석 시험에서는 표/그림/빈칸 제시형의 자료 읽기 문제의 비중이 52%로 전년 대비 다소 높게 출제되었고, 계산형 문제의 비중은 4%로 전년도 비중(28%)보다 큰 폭으로 감소한 대신 매칭형 문제의 비중이 증가하였다. 이 외에 전반적인 문제 유형 및 난이도는 이전 연도와 비슷한 수준으로 출제되었다. 따라서 이전 연도 기출 문제를 반드시 확인하고 접근할 필요가 있으며, 기출 문제를 해결함으로써 문제 해결 시간을 단축해야 한다.

이 책의 차례

CONTENTS

시험 시간표

<table>
<tr><th colspan="2">시험시간</th><th>진행단계 및
시험과목</th><th>진행방식</th></tr>
<tr><td colspan="2">~12:50</td><td>시험실 입실</td><td>• 오후 12시 50분까지 시험실에 입실한다.
※ 시험실은 12시 이후 개방된다.
• 지정된 좌석에 앉아 시험 감독관의 지시에 따른다.</td></tr>
<tr><td>12:50~13:30</td><td>40분</td><td>응시자 교육 및
문제책 배부</td><td>• 시험시간, 답안지 작성요령 등의 시험 관련 유의사항이 안내 방송되므로 주의 깊게 청취한다.
• 신분증, 컴퓨터용 사인펜, 수정테이프, 필기도구를 제외한 소지품을 가방에 넣고, 가방을 교실 앞에 둔다.
• 답안지를 받으면 상단에 인쇄된 성명, 응시번호, 생년월일이 응시자 본인정보와 일치하는지 확인하며, 인쇄되지 않은 답안지를 교부받은 경우라면 본인의 응시표를 확인 후 직접 기재한다.
• 감독관 지시에 따라 문제책 앞면에 인쇄된 책형을 확인한 후, 답안지 책형란에 해당 책형을 표기한다.
※ 시험 시작 전 시험지에 손을 대거나 답안을 작성하면 부정행위로 간주될 수 있다.</td></tr>
<tr><td colspan="2">1교시</td><td rowspan="2">언어논리 영역,
상황판단 영역</td><td rowspan="2">시험이 시작되면 문제책 편철과 문제책의 과목명이 답안지와 일치하는지 여부, 문제 누락 · 파손 등 문제책 인쇄상태를 확인한다.
※ 1교시에는 2개 과목(언어논리 영역, 상황판단 영역)이 1개의 문제책으로 합본되어 같이 배부되며, 과목별 문제풀이 시간은 구분되지 않는다.
※ 시험 중 화장실 사용은 가능하다. 다만, 본인확인과 답안작성 등 시험 진행을 위해 화장실 사용 시간대 및 횟수를 제한한다.
– 사용 시간: 1교시 13:50~15:20, 2교시 16:50~17:20
– 사용 횟수: 교시별 1회
– 단, 화장실 사용 시간대 · 횟수 외에 화장실 사용 시 재입실 불가</td></tr>
<tr><td>13:30~15:30</td><td>120분</td></tr>
<tr><td>15:30~16:00</td><td>30분</td><td>휴식 및 입실</td><td>휴식한 후 오후 4시까지 입실하여 시험 감독관의 지시에 따른다.</td></tr>
<tr><td>16:00~16:30</td><td>30분</td><td>응시자 교육 및
문제책 배부</td><td>시험 관련 유의사항을 듣고, 소지품 검사 및 답안지 배부 등의 절차가 진행된다.</td></tr>
<tr><td colspan="2">2교시</td><td rowspan="2">자료해석 영역</td><td rowspan="2">시험이 시작되면 문제책 편철과 문제책의 과목명이 답안지와 일치하는지 여부, 문제 누락 · 파손 등 문제책 인쇄상태를 확인한다.</td></tr>
<tr><td>16:30~17:30</td><td>60분</td></tr>
</table>

※ 시험 진행방식은 변경될 수 있으므로 시험 전 반드시 시행처의 응시자 주의사항을 확인하시기 바랍니다.

2024년 7월 27일 시행

2024년도 국가공무원
7급 공개경쟁채용 제1차 필기시험

응시번호	
성 명	

문제책형
㈓ 책형

【시 험 과 목】

제1영역	언어논리
제2영역	상황판단
제3영역	자료해석

※ 2022년 시험부터 1교시에는 언어논리 영역과 상황판단 영역이 동시에 치러지며, 2교시에는 자료해석 영역이 치러집니다.

<< 응시자 주의사항 >>

1. 시험시작 전에 시험문제를 열람하는 행위와 시험종료 후 답안지를 작성하는 행위는 공무원임용시험령 제51조에 의거 부정행위자로 처리됩니다.
2. 답안지 책형란의 책형표기는 시험시작 전 문제책 표지 앞면에 인쇄된 책형을 확인한 후 표기하시기 바랍니다.
3. 시험시작 즉시 과목편철 순서, 문제누락 여부, 인쇄상태 이상 유무 및 표지와 개별과목의 문제책형 일치여부 등을 확인한 후 문제책 표지에 응시번호, 성명을 기재합니다.
4. 시험이 시작되면 문제를 주의 깊게 읽은 후, 문항의 취지에 가장 적합한 하나의 정답만을 고르며, 문제내용에 관한 질문은 받지 않습니다.
5. 시험시간관리의 책임은 전적으로 수험생 본인에게 있습니다. 시험감독관의 시험종료 예고시간 고지 안내 및 시험실 내 비치된 시계가 있는 경우라도 시간이 정확하지 않을 수 있으니 본인의 시계로 반드시 확인하시기 바랍니다.

제1영역 언어논리

풀이 시간	• 시작: ____시 ____분 ~ 종료: ____시 ____분 • 총 : ____분

문 1. 다음 글의 내용과 부합하는 것은?

현재 서울의 청량리 근처에는 홍릉이라는 곳이 있다. 을미사변으로 일본인들에게 시해된 명성황후의 능이 조성된 곳이다. 고종은 홍릉을 자주 찾아 참배했는데, 그때마다 대규모로 가마꾼을 동원하는 등 불편이 작지 않았다. 개항 직후 우리나라에 들어와 경인철도회사를 운영하던 미국인 콜브란은 이 점을 거론하며 서대문에서 청량리까지 전차 노선을 부설해야 한다고 주장했다.

이전부터 전기와 전차 사업에 관심이 많았던 고종은 콜브란의 주장을 받아들여 전차 사업을 목적으로 하는 회사를 설립하기로 결심했다. 고종은 황실이 직접 회사를 설립하는 대신 민간인인 김두승과 이근배로 하여금 농상공부에 회사를 만들겠다는 청원서를 내도록 권유했다. 이에 따라 김두승 등은 전기회사 설립 청원서를 농상공부에 제출한 뒤 허가를 받아 한성전기회사를 설립했다. 한성전기회사는 서울 시내 각지에 전기등을 설치하는 한편 전차 노선 부설 사업을 추진했다. 한성전기회사는 당초 남대문에서 청량리까지 전차 노선을 부설하기로 했으나 당시 부설 중이던 경인철도의 종착역이 서대문역으로 정해졌기 때문에 이와 연결하기 위해 계획을 수정해 서대문에서 청량리까지 부설하기로 변경했다. 이후, 변경된 계획대로 전차 노선이 부설되었으며, 1899년 5월에 정식 개통식이 거행되었다.

한성전기회사는 고종이 단독 출자한 자본금을 바탕으로 설립되고 운영되었지만, 전차 노선 부설에 필요한 공사비가 부족해지자 회사 재산을 담보로 콜브란으로부터 부족분을 빌려 공사를 마무리할 수 있었다. 콜브란은 1902년에 그 상환 기일이 돌아오자 회사 운영을 지원하기 위해 상환 기일을 2년 연장해 주었다. 이후 1904년 상환 기일이 다가오자, 고종은 콜브란과 협의하여 채무액의 절반인 75만 원만 상환하고 나머지 금액만큼의 회사 자산을 콜브란에게 넘겨주었다. 이로써 콜브란은 고종과 함께 회사의 대주주가 되어 경영에 참여할 수 있게 되었다. 이때 고종과 콜브란은 한성전기회사를 한미전기회사로 재편하였고, 한미전기회사가 전차 및 전기등 사업을 이어받았다.

① 한성전기회사가 경인철도회사보다 먼저 설립되었다.
② 전차 노선의 시작점은 원래 서대문이었으나 나중에 남대문으로 바뀌었다.
③ 한성전기회사가 전차 노선을 부설하는 데 부족한 자금은 미국인 콜브란이 빌려주었다.
④ 서울 시내에 처음으로 전차 노선을 부설한 회사는 황실이 주도해 농상공부가 설립하였다.
⑤ 서울 시내에서 전기등 설치 사업을 벌인 한미전기회사는 김두승과 이근배의 출자로 설립되었다.

문 2. 다음 글에서 알 수 있는 것은?

사고(史庫)는 실록을 비롯한 국가의 귀중한 문헌을 보관하는 곳이었으므로 아무나 열 수 없었고, 반드시 중앙 정부에서 파견된 사관이 여는 것이 원칙이었다. 하지만 사관은 그 수가 얼마 되지 않아 사관만으로는 실록 편찬이나 사고의 도서 관리에 관한 모든 일을 담당하기에 벅찼다. 이에 중종 때에 사관을 보좌하기 위해 중앙과 지방에 겸직사관을 여러 명 두었다.

사고에 보관된 도서는 해충이나 곰팡이 피해를 입을 수 있었으므로 관리가 필요했다. 당시 도서를 보존, 관리하는 가장 효과적인 방법은 포쇄였다. 포쇄란 책을 서가에서 꺼내 바람과 햇볕에 일정 시간 노출시켜 책에 생길 수 있는 해충이나 곰팡이 등을 방지하거나 제거하는 것을 말한다. 사고 도서의 포쇄는 3년마다 정기적으로 실시되었다.

사고 도서의 포쇄를 위해서는 사고를 열어 책을 꺼내야 했고, 이 과정에서 귀중한 도서가 분실되거나 훼손될 수 있었다. 따라서 책임 있는 관리가 이 일을 맡아야 했고, 그래서 중앙 정부에서 사관을 파견토록 되어 있었다. 그런데 중종 14년 중종은 사관을 보내는 것은 비용이 많이 드는 등의 폐단이 있다고 하며, 지방 사고의 경우 지방 거주 겸직사관에게 포쇄를 맡기는 것이 효율적이라고 주장했다. 이에 대해 사고 관리의 책임 관청이었던 춘추관이 반대했다. 춘추관은 정식 사관이 아닌 겸직사관에게 포쇄를 맡기는 것은 문헌 보관의 일을 가벼이 볼 수 있는 계기가 될 거라고 주장했다. 그러나 중종은 이 의견을 따르지 않고 사고 도서의 포쇄를 겸직사관에게 맡겼다. 하지만 중종 23년에는 춘추관의 주장에 따라 사관을 파견하는 것으로 결정되었다.

포쇄 때는 반드시 포쇄 상황을 기록한 포쇄형지안이 작성되었다. 포쇄형지안에는 사고를 여닫을 때 이를 책임진 사람의 이름, 사고에서 꺼낸 도서의 목록, 포쇄에 사용한 약품 등을 자세하게 기록했다. 포쇄 때마다 포쇄형지안을 철저하게 작성하여, 사고에 보관된 문헌의 분실이나 훼손을 방지하고 책임 소재를 명확하게 함으로써 귀중한 문헌이 후세에 제대로 전달되도록 했다.

① 겸직사관은 포쇄의 전문가 중에서 선발되어 포쇄의 효율성이 높았다.
② 중종은 포쇄를 위해 사관을 파견하면 문헌이 훼손되는 폐단이 생긴다고 주장했다.
③ 춘추관은 겸직사관이 사고의 관리 책임을 맡으면 문헌 보관의 일을 경시할 수 있게 된다고 하며 겸직사관의 폐지를 주장했다.
④ 사고 도서의 포쇄 상황을 기록한 포쇄형지안은 3년마다 정기적으로 작성되었다.
⑤ 도서에 피해를 입히는 해충을 막기 위해 사고 안에 약품을 살포했다.

문 3. 다음 글에서 알 수 있는 것은?

미국 헌법의 전문은 "우리 미합중국의 사람들은"이라는 구절로 시작한다. 여기서 '사람들'에 해당하는 대한민국 헌법상의 용어는 헌법 제정 주체로서의 '국민'이다. 대한민국 헌법의 전문은 "유구한 역사와 전통에 빛나는 우리 대한국민은"으로 시작한다. 이 구절들에서 '사람들'과 '국민'은 맥락상 동일한 의미를 지닌다. 그러나 이 단어들의 사전적 의미 사이에는 간극이 크다. '사람'은 보편적 인간을, '국민'은 국가의 구성원을 의미하기 때문이다. 그래서 '인민'이 '국민'보다 더 적절한 표현이라는 주장이 종종 제기되는데, 사실 대한민국의 제헌헌법 초안에서는 이 단어가 사용되었다.

대한민국 역사에서 '인민'은 개화기부터 통용된 자연스러운 말이며 정부 수립 전까지의 헌법 관련 문헌들 대부분에 빈번히 등장한다. 법학자 유진오가 기초한 제헌헌법의 초안도 "유구한 역사와 전통에 빛나는 우리들 조선 인민은"으로 시작한다. 그러나 '인민'은 공산당의 용어인데 어째서 그러한 말을 쓰려고 하느냐는 공박을 당했고, '인민'은 결국 제정된 제헌헌법에서 '국민'으로 대체되었다.

이에 유진오는 '인민'이 예부터 흔히 사용되어 온 말로 '국민'으로 환원될 수 없는 의미를 지니며, 미국 헌법에서도 국적을 가진 자들로 한정될 수 없는 경우에 '사람들'이 사용되었다고 지적했다. 또한 '국민'은 국가의 구성원이라는 점이 강조된 국가 우월적 표현이기 때문에, 국가조차도 함부로 침범할 수 없는 자유와 권리의 주체로서의 보편적 인간까지 함의하기에는 적절하지 못하다고 비판했다.

'인민'이 모두 '국민'으로 대체되면서 대한민국 헌법에서 혼란의 여지가 생긴 것은 사실이다. '국민'이 국적을 가진 자뿐만 아니라 천부인권을 지니는 보편적 인간까지 지칭하게 되었기 때문이다. 예를 들어 대한민국으로 여행을 온 외국인은 전자에 해당하지 않지만 후자에 속하는 것이 명백하다. 따라서 선거권, 사회권 등 국적을 기반으로 하는 권리까지 주어지는 것은 아니지만, 헌법상의 평등권, 자유권 등 기본적 인권은 보장되는 것이다. 이에 향후 헌법 개정이 있다면 그 기회에 보편적 인간을 의미하는 경우의 '국민'을 '사람들'로 바꾸자는 제안도 있다.

① 대한민국 역사에서 '인민'은 분단 후 공산주의 사상이 금기시되면서 사용되기 시작한 말이다.
② 대한민국으로 여행을 온 외국인은 대한민국 헌법상의 자유권을 보장받지 못한다.
③ 미국 헌법에서 '사람들'은 보편적 인간이 아니라 미국 국적을 가진 자를 의미한다.
④ 법학자 유진오는 '국민'이 보편적 인간을 의미하기에는 적절하지 않다고 비판했다.
⑤ 대한민국 제헌헌법에서는 '인민'이 사용되었으나 비판을 받아 이후의 개정을 통해 헌법에서 삭제되었다.

문 4. 다음 글에서 알 수 있는 것은?

필사문화와 초기 인쇄문화에서 독서는 대개 한 사람이 자신이 속한 집단 내에서 다른 사람들에게 책을 읽어서 들려주는 사회적 활동을 의미했다. 개인이 책을 소유하고 혼자 눈으로 읽는 묵독과 같은 오늘날의 독서 방식은 당시 대다수 사람에게 익숙한 일이 아니었다. 근대 초기만 해도 문맹률이 높았기 때문에 공동체적 독서와 음독이 지속되었다.

'공동체적 독서'는 하나의 읽을거리를 가족이나 지역·직업공동체가 공유하는 것을 의미한다. 이는 같은 책을 여러 사람이 돌려 읽는 윤독이 이루어졌을 뿐 아니라, 구연을 통하여 특정 공간에 모인 사람들이 책의 내용을 공유했음을 알려준다. 여기에는 도시와 농촌의 여염집 사랑방이나 안방에서 소규모로 이루어진 가족 구성원들의 독서, 도시와 촌락의 장시에서 주로 이루어진 구연을 통한 독서가 포함된다. 공동체적 독서의 목적은 독서에 참여한 사람들로 하여금 책의 사상과 정서에 공감하게 하는 데 있다.

음독은 '소리 내어 읽음'이라는 의미로서 낭송, 낭독, 구연을 포함한다. 낭송은 혼자서 책을 읽으며 암기와 감상을 위하여 읊조리는 행위를, 낭독은 다른 사람들에게 들려주기 위하여 보다 큰 소리로 책을 읽는 행위를 의미한다. 이에 비해 구연은 좀 더 큰 규모의 청중을 상대로 하며 책을 읽는 행위가 연기의 차원으로 높아진 것을 일컫는다. 이런 점에서 볼 때 음독은 공동체적 독서와 긴밀한 연관을 가질 수밖에 없지만, 음독이 꼭 공동체적 독서라고는 할 수 없다.

전근대 사회에서는 개인적 독서의 경우에도 묵독보다는 낭송이 더 일반적인 독서 형태였다. 그렇다고 해서 도식적으로 공동체적 독서와 음독을 전근대 사회의 독서 형태라 간주하고, 개인적 독서를 근대 이후의 독서 형태라 보는 것은 곤란하다. 현대 사회에서도 필요에 따라 공동체적 독서와 음독이 많이 행해지며, 반대로 전근대 사회에서도 지배계급이나 식자층의 독서는 자주 묵독으로 이루어졌을 것이기 때문이다. 다만 '공동체적 독서'에서 '개인적 독서'로의 이행은 전근대 사회에서 근대 사회로 이행하는 과정에서 확인되는 독서 문화의 추이라고 볼 수 있다.

① 필사문화를 통해 묵독이 유행하기 시작했다.
② 전근대 사회에서 낭송은 공동체적 독서를 의미한다.
③ 공동체적 독서와 개인적 독서 모두 현대사회에서 행해지는 독서 형태이다.
④ 근대 초기 식자층의 독서 방식이었던 음독은 높은 문맹률로 인해 생겨났다.
⑤ 근대 사회에서 윤독은 주로 도시와 촌락의 장시에서 이루어진 독서 형태였다.

문 5. 다음 글에서 알 수 없는 것은?

의학적 원리만을 놓고 볼 때 '인두법'과 '우두법'은 전혀 차이가 없다. 둘 다 두창을 이미 앓은 개체에서 미량의 딱지나 고름을 취해서 앓지 않은 개체에게 접종하는 방식이다. 그렇지만 인두법 저작인 정약용의 『종두요지』와 우두법 저작인 지석영의 『우두신설』을 비교하면 접종대상자의 선정, 사후 관리, 접종 방식 등 세부적인 측면에서 적지 않은 차이가 발견된다.

먼저, 접종대상자의 선정 과정을 보면 인두법이 훨씬 까다롭다. 접종대상자는 반드시 생후 12개월이 지난 건강한 아이여야 했다. 중병을 앓고 얼마 되지 않은 아이, 몸이 허약한 아이, 위급한 증세가 있는 아이는 제외되었다. 이렇게 접종대상자의 몸 상태에 세심하게 신경을 쓰는 까닭은 비록 소량이라고 하더라도 사람에게서 취한 두(痘)의 독이 강력했기 때문이다. 한편, 『우두신설』에서는 생후 70～100일 정도의 아이를 접종대상자로 하며, 아이의 몸 상태에 특별히 신경을 쓰지 않는다. 이는 우두의 독력이 인두보다 약한 데서 기인한다. 우두법은 접종 시기를 크게 앞당김으로써 두창 감염에 따른 위험을 줄였고, 아이의 몸 상태에 크게 좌우되지 않는다는 장점이 있었다.

인두와 우두의 독력 차이로 사후 관리 또한 달랐음을 위 저작들에서 발견할 수 있다. 정약용은 접종 후에 나타나는 각종 후유증을 치료하기 위한 처방을 상세히 기재하고 있는 데 반해, 지석영은 그런 처방을 매우 간략하게 제시하거나 전혀 언급하지 않는다.

접종 방식의 차이도 두드러진다. 『종두요지』의 대표적인 접종 방식으로 두의 딱지를 말려 코 안으로 불어넣는 한묘법, 두의 딱지를 적셔 코 안에 접종하는 수묘법이 있다. 한묘법은 위험성이 높아서 급하게 효과를 보려고 할 때만 쓴 반면, 수묘법은 일반적으로 통용되었고 안전성 면에서도 보다 좋은 방법이었다. 이에 반해 우두 접종은 의료용 칼을 사용해서 팔뚝 부위에 일부러 흠집을 내어 접종했다. 종래의 인두법에서 코의 점막에 불어넣거나 묻혀서 접종하는 방식은 기도를 통한 발병 위험이 매우 높았기 때문이다.

① 우두법은 접종을 시작할 수 있는 나이가 인두법보다 더 어리다.
② 인두 접종 방식 가운데 수묘법이 한묘법보다 일반적으로 통용되는 접종 방식이었다.
③ 『종두요지』에는 접종 후에 나타나는 후유증을 치료하기 위한 처방이 제시되어 있었다.
④ 인두법은 의료용 칼을 사용하여 팔뚝 부위에 흠집을 낸 후 접종하는 방식이었다.
⑤ 『우두신설』에 따르면 몸이 허약한 아이에게도 접종할 수 있었다.

문 6. 다음 글에서 알 수 있는 것은?

과학자가 고안한 새로운 이론이 과학적 진보에 기여하는지를 평가할 때, 다음의 세 가지 조건이 고려된다.

첫째는 통합적 설명 조건이다. 새로운 이론은 여러 현상들을 통합하여 설명할 수 있는 단순한 개념 틀을 제공해야 한다. 예컨대 뉴턴의 새로운 이론은 오랫동안 서로 다르다고 여겨졌던 지상계의 운동과 천상계의 운동을 단지 몇 가지 개념을 통해 설명할 방법을 제시하였다. 하지만 통합적 설명 조건만을 만족한다고 해서 과학적 진보에 기여한다고 보기는 어렵다.

둘째는 새로운 현상의 예측 조건이다. 새로운 이론은 기존의 이론이 예측할 수 없는 새로운 현상을 예측해야 한다. 새로운 현상을 예측하면, 과학자들은 그 예측이 맞는지 확인하기 위해 다양한 반증 시도를 하게 된다. 그 과정에서 과학자들은 기존에 관심을 두지 않았던 영역을 탐구하게 되고 새로운 관측 방법을 개발한다. 통합적 설명 조건을 만족하면서 동시에 새로운 현상을 예측하여 반증 시도를 허용하는 이론이 과학적 진보에 기여하게 되는 것이다.

셋째는 통과 조건이다. 이 조건은 위 두 조건을 모두 만족하는 이론이 제시한 새로운 예측이 실제 관측이나 실험 결과에 들어맞아야 한다는 것을 뜻한다. 혹자는 통과 조건을 만족하지 못하고 반증된 이론은 실패한 이론이고 과학적 진보에 기여하지 못한다고 생각하지만, 그렇지 않다. 그런 이론도 새로운 이론을 고안하도록 과학자를 추동하는 역할을 하기 때문이다. 따라서 통과 조건을 만족하지 못하더라도 통합적 설명 조건과 새로운 현상의 예측 조건을 모두 만족하는 이론은 과학적 진보에 기여하는 것으로 평가할 수 있다.

① 단순하면서 통합적인 개념 틀을 제공하는 이론은 통과 조건을 만족한다.
② 통과 조건을 만족하지 못하더라도 과학적 진보에 기여하는 이론이 있을 수 있다.
③ 반증된 이론은 과학자들이 새로운 이론을 고안하도록 추동하는 역할을 하지 못한다.
④ 새로운 현상의 예측 조건을 만족하지 못하는 이론은 통합적 설명 조건을 만족하지 못한다.
⑤ 통합적 설명 조건과 새로운 현상의 예측 조건 중 하나만 만족하는 이론도 과학적 진보에 기여한다.

문 7. 다음 글의 ㉠~㉤을 문맥에 맞게 수정한 것으로 가장 적절한 것은?

『논어』「자한」편 첫 문장은 일반적으로 "공자께서는 이익, 천명, 인(仁)에 대해서 드물게 말씀하셨다."라고 해석된다. 그런데『논어』 전체에서 인이 총 106회 언급되었다는 사실과 이 문장 안에 포함된 '드물게(罕)'라는 말은 상충하는 것처럼 보인다. 이러한 충돌을 해결하기 위한 시도는 크게 두 가지 방향에서 이루어졌다. 먼저 해당 한자의 의미를 ㉠기존과 다르게 해석하여 이 문장에 대한 일반적 해석을 변경하는 방식으로 이를 해결하려는 시도가 있다. 하지만 이와 다른 방식으로 충돌을 해결할 수 있다고 믿었던 이들도 있다. 그들은 이 문장의 일반적 해석을 바꾸지 않고 다음과 같은 방법들로 문제를 풀려고 시도했다.

첫째, 어떤 이들은 정도를 나타내는 표현이 상대성을 가질 수 있다는 점에 주목했다. 사실, '드물게'라는 것이 과연 어느 정도의 횟수를 의미하는지는 분명하지 않다. '드물다'는 표현은 동일 선상에 있는 다른 것과의 비교를 염두에 둔 것이다. 따라서 ㉡인이 106회 언급되었다고 해도 다른 것에 비해서는 드물다고 평가할 수 있다.

둘째, 다른 이들은 텍스트의 형성 과정에 주목했다.『논어』는 발화자와 기록자가 서로 다른데, 공자 사후 공자의 제자들은 각자가 기억하는 스승의 말이나 스승에 대한 그간의 기록을 모아서『논어』를 편찬하였다. 이를 염두에 둔다면 다음과 같은 상황을 상상할 수 있다. 공자는 인에 대해 실제로 드물게 말했다. 공자가 인을 중시하면서도 그에 대해 드물게 언급하다 보니 제자들이 자주 물을 수밖에 없었다. 그 대화의 결과들을 끌어모은 것이『논어』인 까닭에,『논어』에는 ㉢인에 대한 기록이 많아질 수밖에 없었다.

셋째, ㉣이 문장을 기록한 제자의 개별적 특성에 주목했던 이들도 있다. 즉, 다른 제자들은 인에 대해 여러 차례 들었지만, 이 문장의 기록자만 드물게 들었을 수 있다. 공자는 질문하는 제자가 어떤 사람인지에 따라 각 제자에게 주는 가르침을 달리했다. 그렇다면 '드물게'는 이 문장을 기록한 제자의 어떤 특성 때문에 나타난 결과일 수 있다.

넷째, 어떤 이들은 시간의 변수를 도입했다. 기록자가 공자의 가르침을 돌아보면서 ㉤이 문장을 기록한 시점 이후에 공자는 정말로 인에 대해 드물게 말했는지도 모른다. 그리고 그 뒤 어느 시점부터 공자가 빈번하게 인에 대해 설파하기 시작했으며,『논어』에 보이는 인에 대한 106회의 언급은 그 결과일 수 있다.

① ㉠을 "기존과 동일하게 해석하여 이 문장에 대한 일반적 해석을 준수하는 방식"으로 고친다.
② ㉡을 "인이 106회 언급되었다면 다른 어떤 것에 비해서도 드물다고 평가할 수 없다"로 고친다.
③ ㉢을 "인에 대한 기록이 적어질 수밖에 없었다"로 고친다.
④ ㉣을 "『논어』를 편찬한 공자 제자들의 공통적 특성"으로 고친다.
⑤ ㉤을 "이 문장을 기록했던 시점까지"로 고친다.

문 8. 다음 글의 (가)와 (나)에 들어갈 말을 짝지은 것으로 가장 적절한 것은?

> 오늘날 우리는 끊임없이 무엇인가를 전시하고 이에 대한 주변인의 반응을 기다린다. 특히 전시의 공간이 온라인 플랫폼으로 확장되면서 우리의 삶 자체가 전시물이 되는 시대에 살고 있다. 전시된 삶에 공감하는 익명의 사람들은 '좋아요' 버튼을 누른다. '좋아요'의 수가 많을수록 전시된 콘텐츠의 가치가 높아진다. 이제 얼마나 많은 수의 '좋아요'를 확보하느냐가 관건이 된다.
>
> 그러다 보니 우리는 손에 잡히지 않지만 눈으로 확인할 수 있는 누군가의 '좋아요'를 좇게 된다. '좋아요'는 전시된 콘텐츠에 대한 공감의 표현 방식이었지만, 어느 순간 관계가 역전되어 '좋아요'를 얻기 위해 콘텐츠를 가상 공간에 전시하기 시작한다. 이제 우리는 '좋아요'를 많이 얻을 수 있는 콘텐츠를 만들어내는 데 최선의 노력을 기울이게 된다.
>
> 이 관계의 역전은 문제를 일으킨다. '좋아요'의 선택을 받기 위해 노력하다 보면 어느 순간 현실에 존재하는 '나'가 사라지고 만다. 타인이 좋아할 만한 일상과 콘텐츠를 선별하거나 심지어 만들어서라도 전시하기 때문이다. [(가)]. 타인의 '좋아요'를 얻기 위해 현실에 존재하는 내가 사라지고 마는 아이러니를 직면하는 순간이다.
>
> '좋아요'의 공동체 안에서는 타자도 존재하지 않는다. 이 공동체는 '좋아요'를 매개로 모인 서로 '같음'을 공유하는 사람들로 구성된다. 그래서 같은 것을 좋아하고 긍정하는 '좋아요'의 공동체 안에서 각자의 '다름'은 점차 사라진다. [(나)]. 이제 공동체에서 그러한 타자를 환대하거나 그의 말을 경청하려는 사람은 점점 줄어들고, '다름'은 '좋아요'가 용납하지 않는 별개의 언어가 된다.
>
> '좋아요'는 그 특유의 긍정성 덕분에 뿌리치기 힘든 유혹으로 다가온다. 하지만 '좋아요'에 함몰되는 순간 나와 타자를 동시에 잃어버릴 수 있다. 우리는 '좋아요'를 거부하는 타자들을 인정하고 그들의 말에 귀를 기울여야 한다. 이렇게 '좋아요'가 축출한 '다름'의 언어를 되찾아오기 시작할 때 '좋아요'의 아이러니에서 벗어날 수 있을 것이다.

① (가): '좋아요'를 얻기 위해 현실의 나와 다른 전시용 나를 제작하는 셈이다
   (나): '좋아요'를 거부하고 다른 의견을 내는 사람은 불편한 대상이자 배제의 대상이 된다
② (가): '좋아요'를 얻기 위해 현실의 나와 다른 전시용 나를 제작하는 셈이다
   (나): '좋아요'의 공동체에서는 어떠한 갈등이나 의견 대립도 발생하지 않는다
③ (가): '좋아요'를 얻기 위해 나의 내면과 사생활까지도 타인에게 적극적으로 개방한다
   (나): '좋아요'를 거부하고 다른 의견을 내는 사람은 불편한 대상이자 배제의 대상이 된다
④ (가): '좋아요'를 얻기 위해 나의 내면과 사생활까지도 타인에게 적극적으로 개방한다
   (나): '좋아요'의 공동체에서는 어떠한 갈등이나 의견 대립도 발생하지 않는다
⑤ (가): '좋아요'를 얻기 위해 현실의 내가 가진 매력적 콘텐츠를 더욱 많이 발굴하는 것이다
   (나): '좋아요'의 공동체에서는 어떠한 갈등이나 의견 대립도 발생하지 않는다

문 9. 다음 글의 빈칸에 들어갈 내용으로 가장 적절한 것은?

> 여행가들은 종종 여행으로 세계에 대한 새로운 지식을 얻었을 뿐만 아니라 차별과 편견을 제거할 수 있었다고 말한다. 이 깨달음은 신경과학자들 덕분에 사실로 입증되었다. 신경과학자들은 여행이 뇌의 전측대상피질(ACC)을 자극한다는 것을 알아냈다. ACC는 자신이 가진 세계 모델을 기초로 앞으로 들어올 지각 정보의 기대치를 결정하고 새로 들어오는 지각 정보들을 추적한다. 새로 들어온 정보가 기대치에 맞지 않으면 ACC는 경보를 발령하고, 이 정보에 대한 판단을 지연시켜 새로운 정보를 분석할 시간을 제공한다. 정보에 대한 판단이 지연되면, 그에 대한 말과 행동 또한 미뤄진다. ACC의 경보가 발령되면 우리는 어색함을 느끼고 멈칫한다. 결국 ACC는 주변 환경을 더 면밀히 관찰하라고 촉구한다.
>
> 우리의 뇌는 의식적으로든 반사적으로든 끊임없이 판단을 내린다. 이와 관련하여 인지과학자들은 판단을 늦출수록 판단의 정확성이 높아진다는 사실을 발견했다. 오랜 시간을 들여 더 많은 관련 정보를 파악하는 것이 정확한 판단의 핵심이기 때문이다. 최후의 순간까지 정보에 대한 판단을 유보할수록 정확한 판단을 내릴 가능성이 커진다.
>
> 낯선 장소를 방문할 때 우리는 늘 어색함을 느낀다. 음식, 지리, 날씨 등 모든 게 기존의 세계 모델과 일치하지 않기 때문이다. 여행은 ACC를 자극하고, ACC의 경보 발령으로 우리는 신속한 판단이나 반사적 행동을 자제하게 된다. 따라서 더 이질적인 문화를 경험하면, 우리의 뇌는 [ ].

① ACC를 덜 활성화시킨다
② 더 적은 정보를 처리한다
③ 주변 환경에 더 친숙해진다
④ 기존의 세계 모델을 더 확신한다
⑤ 정보에 대한 판단을 더 지연시킨다

문 10. 다음 글의 빈칸에 들어갈 내용으로 가장 적절한 것은?

갑은 이번에 들어온 신입 사원 민철에 대해서 '그는 결혼하지 않았다.'라는 정보와 '그는 비혼이다.'라는 정보를 획득했다. 한편 을은 민철에 대해서 '그는 결혼하지 않았다.'라는 정보와 '그에게는 아이가 있다.'라는 정보를 획득했다. 갑이 획득한 정보 집합과 을이 획득한 정보 집합 중에서 무엇이 더 정합적인가? 다르게 말해 어떤 집합 내 정보들이 서로 더 잘 들어맞는가? 갑의 정보 집합이 더 정합적이라고 여기는 것이 상식적이다.

그렇다면 이런 정보 집합의 정합성은 어떻게 측정할 수 있을까? 그 방법 중 하나인 C는 확률을 이용해 그 정합성의 정도, 즉 정합도를 측정한다. 여러 정보로 이루어진 정보 집합 S가 있다고 해보자. 방법 C에 따르면, S의 정합도는 [　　　　] 으로 정의된다.

그 정의에 따라 정합도를 측정하면, 위 갑과 을이 획득한 정보 집합의 정합성을 우리의 상식에 맞춰 비교할 수 있다. 갑이 획득한 정보에서 '그가 결혼하지 않았으며 비혼일 확률'과 '그가 결혼하지 않았거나 비혼일 확률'은 모두 '그가 비혼일 확률'과 같다. 왜냐하면 결혼하지 않았다는 것과 비혼이라는 것은 서로 같은 말이기 때문이다. 따라서 방법 C에 따르면 갑이 획득한 정보 집합의 정합도는 1이다.

한편, '그가 결혼하지 않았으며 아이가 있을 확률'은 '그가 결혼하지 않았거나 아이가 있을 확률'보다 낮다. 왜냐하면 그가 결혼하지 않았거나 아이가 있는 경우에 비해, 그가 결혼하지 않고 아이가 있는 경우는 드물기 때문이다. 따라서 방법 C에 따르면 을의 정보 집합의 정합도는 1보다 작다. 이런 식으로 방법 C는 갑의 정보 집합의 정합도가 을의 정보 집합의 정합도보다 크다고 말해 준다. 그리고 그 점에서 갑의 정보 집합이 을의 정보 집합보다 더 정합적이라고 판단한다. 이는 우리 상식에 부합하는 결과이다.

① S의 정보 중 적어도 하나가 참일 확률을 S의 모든 정보가 참일 확률로 나눈 값
② S의 모든 정보가 참일 확률을 S의 정보 중 적어도 하나가 참일 확률로 나눈 값
③ S의 정보 중 기껏해야 하나가 참일 확률을 S의 모든 정보가 참일 확률로 나눈 값
④ S의 모든 정보가 참일 확률을 S의 정보 중 기껏해야 하나가 참일 확률로 나눈 값
⑤ S의 정보 중 기껏해야 하나가 참일 확률을 S의 정보 중 적어도 하나가 참일 확률로 나눈 값

문 11. 다음 글의 ㉠을 이끌어 내기 위해 추가해야 할 전제로 가장 적절한 것은?

우리는 보고, 듣고, 냄새를 맡는 등 지각적 경험을 한다. 우리가 지각적 경험이 가능한 이유는 이러한 지각을 야기하는 원인이 존재하기 때문이다. 나는 ㉠신의 마음이 바로 나의 지각을 야기하는 원인임을 논증을 통해 보이고자 한다.

이 세상에 존재하는 모든 것은 지각되는 것이고, 그러한 지각을 야기하는 원인이 존재한다. 그러한 원인이 존재한다면 그 원인은 내 마음속 관념이거나 나의 마음이거나 나 이외의 다른 마음 중 하나일 것이다. 하지만 나의 지각을 야기하는 원인은 내 마음속 관념이 아니다. 왜냐하면 지각이 관념의 원인이 될 수는 있지만 관념이 지각을 야기할 수는 없기 때문이다.

나의 지각을 야기하는 원인은 내 마음도 아니다. 왜냐하면 내 마음이 내 지각의 원인이라면 나는 내가 지각하는 바를 조종할 수 있어야 한다. 예를 들어, 내가 내 앞의 빨간 사과를 보고 있다고 해보자. 나는 이 사과를 빨간색으로 지각할 수밖에 없다. 아무리 내가 이 사과 색깔을 빨간색 대신 노란색으로 지각하려고 안간힘을 쓰더라도 이를 내 마음대로 바꿀 수는 없다. 그러므로 나의 지각을 야기하는 원인은 나 이외의 다른 마음이다.

나 이외의 다른 마음은 나 이외의 다른 사람의 마음이거나 사람이 아닌 다른 존재의 마음이다. 다른 사람의 마음이 내 지각을 야기하는 원인이 될 수 없다. 그들이 내가 지각하는 바를 조종할 수는 없기 때문이다. 그러므로 나의 지각을 야기하는 원인은 사람이 아닌 다른 존재의 마음이다.

① 내 마음속 관념이 곧 신이다.
② 사람과 신 이외에 마음을 지닌 존재는 없다.
③ 신의 마음은 나의 마음을 야기하는 원인이다.
④ 감각기관을 통한 지각적 경험은 신뢰할 수 있다.
⑤ 나 이외의 다른 마음만이 내가 지각하는 바를 조종할 수 있다.

문 12. 다음 글의 내용이 참일 때 반드시 참인 것은?

A부서에서는 새로 시작된 프로젝트에 다섯 명의 주무관 가은, 나은, 다은, 라은, 마은의 참여 여부를 점검하고 있다. 주무관들의 업무 전문성을 고려할 때, 다음과 같은 예측을 할 수 있었고 그 예측들은 모두 옳은 것으로 밝혀졌다.

○ 가은이 프로젝트에 참여하면 나은과 다은도 프로젝트에 참여한다.
○ 나은이 프로젝트에 참여하지 않으면 라은이 프로젝트에 참여한다.
○ 가은이 프로젝트에 참여하거나 마은이 프로젝트에 참여한다.

① 가은이 프로젝트에 참여하지 않으면 나은이 프로젝트에 참여한다.
② 다은이 프로젝트에 참여하면 마은이 프로젝트에 참여한다.
③ 다은이 프로젝트에 참여하거나 마은이 프로젝트에 참여한다.
④ 라은이 프로젝트에 참여하면 마은이 프로젝트에 참여한다.
⑤ 라은이 프로젝트에 참여하거나 마은이 프로젝트에 참여한다.

문 13. 다음 글의 내용이 참일 때 반드시 참인 것은?

가훈은 모든 게임에서 2인 1조로 다른 조를 상대해야 한다. 게임은 구슬치기, 징검다리 건너기, 줄다리기, 설탕 뽑기 순으로 진행되며 다른 게임은 없다. 이에 가훈은 남은 참가자 갑, 을, 병, 정, 무 중 각각의 게임에 적합한 서로 다른 인물을 한 명씩 선택하여 조를 구성할 계획을 세웠다. 게임의 총괄 진행자는 가훈의 선택에 대해 다음과 같이 예측하였다.

○ 갑은 설탕 뽑기에 선택되고 무는 징검다리 건너기에 선택된다.
○ 을이 구슬치기에 선택되거나 정이 줄다리기에 선택된다.
○ 을은 구슬치기에 선택되지 않고 무는 징검다리 건너기에 선택되지 않는다.
○ 병은 어떤 게임에도 선택되지 않고 정은 줄다리기에 선택된다.
○ 무가 징검다리 건너기에 선택되거나 정이 줄다리기에 선택되지 않는다.

가훈의 조 구성 결과 이 중 네 예측은 옳고 나머지 한 예측은 그른 것으로 밝혀졌다.

① 갑이 어느 게임에도 선택되지 않았다.
② 을이 구슬치기에 선택되었다.
③ 병이 줄다리기에 선택되었다.
④ 정이 징검다리 건너기에 선택되었다.
⑤ 무가 설탕 뽑기에 선택되었다.

문 14. 다음 글의 빈칸에 들어갈 말로 적절한 것은?

문 주무관과 공 주무관은 하나의 팀을 이루어 문공 팀 제안서를 제출하였다. 이와 관련하여 공 주무관은 자신이 수집, 정리한 인사 관련 정보를 문 주무관과 다음과 같이 공유하였다. "강 주무관이 업무 평가에서 S등급을 받았다고 가정하면, 남 주무관이 업무 평가에서 S등급을 받은 경우 문공 팀 제안서가 폐기될 것입니다. 그런데 문공 팀 제안서가 폐기되는 일과 도 주무관이 전보 발령 대상이 되는 일, 둘 중 적어도 하나는 일어날 것입니다. 강 주무관과 남 주무관 둘 중 적어도 한 사람은 S등급을 받은 것이 분명합니다. 그런데 강 주무관만 S등급을 받고 남 주무관은 못 받는 그런 일은 없습니다. 다행히도, 문공 팀 제안서가 폐기되지 않고 심층 검토될 예정이라는 소식입니다."

그러나 공 주무관이 공유한 정보를 살펴보던 문 주무관은 자신이 입수한 정보를 공유하면서 공 주무관에게 말하였다. "공 주무관님, 그런데 조금 전 확인된 바로, (   ). 그렇다고 보면, 공 주무관님이 말씀하신 정보는 내적 일관성이 없고 따라서 전부 참일 수는 없습니다. 어딘가 최소한 한 군데는 잘못된 정보라는 말이지요. 지금으로선 어느 부분이 문제인지 알 수 없으니, 수고스럽더라도 어느 부분에 문제가 있는지 다시 확인해주셔야 하겠습니다."

① 남 주무관은 업무 평가에서 S등급을 받았습니다
② 강 주무관은 업무 평가에서 S등급을 받지 못했습니다
③ 도 주무관이 전보 발령 대상이 아닌 경우, 문공 팀 제안서가 폐기됩니다
④ 남 주무관이 업무 평가에서 S등급을 받은 경우, 도 주무관은 전보 발령 대상이 아닙니다
⑤ 강 주무관이 업무 평가에서 S등급을 받은 경우, 남 주무관도 업무 평가에서 S등급을 받습니다

문 15. 다음 글에서 추론할 수 있는 것만을 〈보기〉에서 모두 고르면?

종이와 같이 전류가 흐르지 않는 성질을 가진 물질을 절연체라 한다. 절연체는 전기적으로 중성이며 전하를 띠지 않는다. 그러나 어떤 상황에서는 전하 사이에 작용하는 힘인 전기력에 의한 운동이 가능하다. 어떻게 이러한 절연체의 운동이 가능한가를 알아보자.

절연체는 전기적으로 중성이지만 그 안에는 무수히 많은 전하가 존재한다. 다만, 음전하와 양전하가 똑같은 숫자로 존재하며 물체에 균일하게 분포되어 있다. 이들에게 외부의 전하가 작용할 때 발생하는 전기력인 척력과 인력이 서로 상쇄되어 아무런 힘이 작용하지 않을 것처럼 보인다.

그런데 외부에서 전기력이 작용하면 절연체 내부의 전하들은 개별적으로 그 힘에 반응한다. 가령, 양으로 대전된 물체에 의해서 절연체에 전기력이 작용하는 경우, 절연체 내부의 음전하는 대전된 물체 방향으로 끌려가는 힘인 인력을 받고, 양전하는 밀려나는 힘인 척력을 받는다.

절연체 내부의 전하들은 이러한 전기력에 의해 미세하게 이동할 수 있는데, 음전하는 양으로 대전된 물체와 가까워지는 방향으로, 양전하는 멀어지는 방향으로 이동하게 된다. 그 결과 대전된 물체의 양전하와 절연체의 음전하 간의 인력이 대전된 물체의 양전하와 절연체의 양전하 간의 척력보다 커져 절연체는 대전된 물체 방향으로 끌려가게 된다. 전기력은 전하 간 거리가 멀수록 작아지는 특성이 있기 때문이다. 다만 절연체의 무게가 충분히 작아야만 이러한 전기력이 절연체의 무게를 극복하고 절연체를 끌어당길 수 있다.

〈보기〉

ㄱ. 절연체 내부 전하의 위치는 절연체 외부의 영향에 의해서 변할 수 있다.

ㄴ. 대전된 물체는 절연체 내 음전하와 양전하의 구성 비율을 변화시킬 수 있다.

ㄷ. 음으로 대전된 물체를 특정 무게 이하의 절연체에 가까이 함으로써 절연체를 밀어내는 것이 가능하다.

① ㄱ

② ㄴ

③ ㄱ, ㄷ

④ ㄴ, ㄷ

⑤ ㄱ, ㄴ, ㄷ

문 16. 다음 글에서 추론할 수 있는 것은?

사람의 근육 운동은 근육 세포의 수축과 이완이 반복되면서 일어나며, 근육 세포의 수축과 이완이 정상적으로 일어나지 않으면 근육 마비가 일어난다. 근육 세포의 수축과 이완은 근육 세포와 인접해 있는 운동 신경 세포에서 아세틸콜린의 방출을 조절함으로써 일어날 수 있다.

운동 신경 세포에 작용하는 신호에 의해 운동 신경 세포에서 아세틸콜린이 방출된다. 방출된 아세틸콜린은 근육 세포의 막에 있는 아세틸콜린 결합 단백질에 결합하고 이 근육 세포가 수축되게 한다. 뇌의 운동피질에서 유래한 신호가 운동 신경 세포에 작용하여 이와 같은 현상을 일으킬 수 있다.

운동 신경 세포에서 아세틸콜린의 방출은 운동 신경 세포와 접하고 있는 억제성 신경 세포에 의해서도 조절될 수 있다. 억제성 신경 세포는 글리신을 방출하는데, 이 글리신은 운동 신경 세포에 작용하여 아세틸콜린의 방출을 막음으로써 근육 세포가 이완되게 한다.

사람의 근육 운동에 영향을 미치는 물질 중에는 보툴리눔 독소와 파상풍 독소가 있다. 두 독소는 각각 병원균인 보툴리눔균과 파상풍균이 분비하는 독성 단백질이다. 보툴리눔 독소는 운동 신경 세포에 작용하여 아세틸콜린이 방출되는 것을 막아 근육 세포가 이완된 상태로 있게 하여 근육 마비를 일으킨다. 파상풍 독소는 억제성 신경 세포에 작용하여 글리신이 방출되는 것을 막아 근육 세포가 수축된 상태로 있게 하여 근육 마비를 일으킨다.

① 근육 세포의 막에는 글리신 결합 단백질이 있다.

② 보툴리눔 독소는 근육 세포의 수축이 일어나지 않게 하여 근육 마비를 일으킨다.

③ 운동 신경 세포에서 방출된 아세틸콜린은 억제성 신경 세포에서 글리신의 방출을 막는다.

④ 뇌의 운동피질에서 유래된 신호는 운동 신경 세포에서 아세틸콜린의 방출을 막아서 근육의 수축을 일으킨다.

⑤ 파상풍 독소는 운동 신경 세포에서 방출된 아세틸콜린이 근육 세포의 막에 있는 결합 단백질에 결합할 수 없게 한다.

문 17. 다음 글의 (가)와 (나)에 들어갈 말을 짝지은 것으로 가장 적절한 것은?

> 진공 상태에서 금속이나 반도체 물질에 높은 전압을 가하면 그 표면에서 전자가 방출된다. 방출된 전자가 형광체에 충돌하면 빛이 발생하는데, 이 빛을 이용하여 디스플레이를 만들 수 있다. 이런 디스플레이를 만들기 위해, 금속이나 반도체 물질로 만들어진 원기둥 형태의 나노 구조체가 기판에 고밀도로 존재하도록 제작하는 기술이 개발되고 있다.
>
> 고밀도의 나노 구조체가 있는 기판을 제작하려는 것은 나노 구조체의 밀도가 높을수록 단위 면적당 더 많은 양의 전자가 방출될 것이라는 가설 H1에 근거하고 있다. 그러나 기판의 단위 면적당 방출되는 전자의 양은 나노 구조체의 밀도가 일정 수준 이상으로 높아지면 오히려 줄어들게 될 것이라는 가설 H2를 주장하는 과학자들의 수가 많아지고 있다. 이는 나노 구조체가 너무 조밀하게 모여 있으면 나노 구조체 각각에 가해지는 실제 전압이 오히려 감소한다는 사실에 기반을 두고 있다.
>
> 과학자 L은 가설 H1과 가설 H2를 확인하기 위한 원기둥 형태의 금속 재질의 나노 구조체 X가 있는 기판을 제작하였다. 이 기판에 동일 거리에서 동일 전압을 가하여 다음의 실험을 수행하였다.
>
> 〈실험〉
>
> 실험 1: X가 있는 기판 A와 A보다 면적이 두 배이고 X의 개수가 네 배인 기판 B를 제작하였다. 이때 단위 면적당 방출된 전자의 양은 기판 A와 기판 B가 같았다.
>
> 실험 2: 단위 면적당 방출된 전자의 양은, 기판 C에 10,000개의 X가 있을 때보다 20,000개의 X가 있을 때 더 많았고, 기판 C에 20,000개의 X가 있을 때보다 30,000개의 X가 있을 때 더 적었다.
>
> 두 실험 중 실험 1은 가설 H1을 [(가)], 실험 2는 가설 H2를 [(나)].

	(가)	(나)
①	강화하고	강화한다
②	강화하고	약화한다
③	약화하지 않고	약화한다
④	약화하고	약화한다
⑤	약화하고	강화한다

문 18. 다음 글의 실험 결과를 가장 잘 설명하는 것은?

> 광검출기는 빛을 흡수하고 이를 전기 신호인 광전류로 변환하여 빛의 세기를 측정하는 장치로, 얼마나 넓은 범위의 세기를 측정할 수 있는지가 광검출기의 성능을 결정하는 주요 지표이다.
>
> 광검출기에서는 빛이 조사되지 않아도 열에너지의 유입 등 외부 요인에 의해 미세한 전류가 발생할 수 있는데, 이러한 전류를 암전류라 한다. 그런데 어떤 광검출기에 세기가 매우 작은 빛이 입력되어 암전류보다 작은 광전류가 발생한다면, 발생한 전류가 암전류에 의한 것인지 빛의 조사에 의한 것인지 구분할 수 없다. 따라서 이 빛의 세기는 이 광검출기에서 측정할 수 없다.
>
> 한편, 광검출기에는 광포화 현상이 발생하는데, 이는 광전류의 크기가 빛의 세기에 따라 증가하다가 특정 세기 이상의 빛이 입력되어도 광전류의 크기가 더 이상 증가하지 않고 일정하게 유지되는 것을 뜻한다. 광포화가 일어나기 위한 빛의 최소 세기를 광포화점이라 하고, 광검출기는 광포화점 이상의 세기를 갖는 서로 다른 빛에 대해서는 각각의 세기를 측정할 수 없다. 결국, 어떤 광검출기가 측정할 수 있는 빛의 최소 세기를 결정하는 암전류의 크기와 빛의 최대 세기를 결정하는 광포화점의 크기는 광검출기의 성능을 결정하는 주요 지표이다.
>
> 한 과학자는 세기가 서로 다른 빛 A~D를 이용하여 광검출기 I과 II의 성능 비교 실험을 하였다. 이때 빛의 세기는 A>B>C이며 D>C이다. 광검출기 I과 II로 A~D 각각의 빛의 세기를 측정할 수 있는 경우를 ○, 측정할 수 없는 경우를 ×로 정리하여 실험 결과를 아래 표에 나타내었다.

광검출기 \ 빛	A	B	C	D
I	○	○	×	×
II	×	○	×	○

① 두 광검출기가 각각 검출할 수 있는 빛의 최소 세기는 I과 II가 같고, 광포화점은 I이 II보다 작다.

② 두 광검출기가 각각 검출할 수 있는 빛의 최소 세기는 I이 II보다 크고, 광포화점은 I이 II보다 작다.

③ 두 광검출기가 각각 검출할 수 있는 빛의 최소 세기는 I이 II보다 작고, 광포화점은 I이 II보다 작다.

④ 두 광검출기가 각각 검출할 수 있는 빛의 최소 세기는 I이 II보다 작고, 광포화점은 I이 II보다 크다.

⑤ 두 광검출기가 각각 검출할 수 있는 빛의 최소 세기는 I이 II보다 크고, 광포화점은 I이 II보다 크다.

[19～20] 다음 글을 읽고 물음에 답하시오.

우리가 임의의 명제 p를 지지하는 증거를 지니면 p에 대한 우리의 믿음은 인식적으로 정당화되고, p를 지지하는 증거를 지니지 않으면 p에 대한 우리의 믿음은 인식적으로 정당화되지 않는다. p에 대한 믿음이 인식적으로 정당화된 상황에서 p를 믿는 것은 우리의 인식적 의무일까? p를 믿는 것이 우리의 인식적 의무라면 이와 관련해 발생하는 문제는 없을까? 이 질문들과 관련해 의무론 논제, 비의지성 논제, 자유주의 논제를 고려해보자.

○ 의무론 논제: ㉠만약 우리가 p를 믿는다는 것이 인식적으로 정당화된다면 그것을 믿어야 하고, 만약 우리가 p를 믿는다는 것이 인식적으로 정당화되지 않는다면 그것을 믿어야 하는 것은 아니다. 즉 우리가 p를 믿어야 한다는 것은 우리가 p를 믿는다는 것이 인식적으로 정당화되기 위한 필요충분조건이다. 이것이 의무론 논제라 불리는 이유는 '우리가 p를 믿어야 한다.'는 것을 인식적 의무로 간주하기 때문이다.

○ 비의지성 논제: ㉡우리가 p를 믿는다는 것은 자유롭게 선택할 수 있는 것이 아니다. 즉 믿음은 선택의 대상이 아니다. 예를 들어, 갑이 창 밖에 있는 나무를 바라보며 창 밖에 나무가 있다는 것을 믿는다고 해보자. 이때 갑이 이를 믿지 않으려고 해도 그는 그럴 수 없다.

○ 자유주의 논제: ㉢만약 우리가 p를 믿는다는 것이 자유롭게 선택할 수 있는 것이 아니라면, 우리에게 p를 믿어야 할 인식적 의무는 없다. 예를 들어, 창 밖에 나무가 있다는 갑의 믿음이 비의지적이라면, 갑에게는 창 밖에 나무가 있다는 것을 믿어야 할 인식적 의무가 없다.

그런데 의무론 논제, 비의지성 논제, 자유주의 논제를 모두 받아들이면 ㉣우리가 p를 믿는다는 것은 인식적으로 정당화되지 않는다는 받아들이기 힘든 결론을 얻는다. 왜 그러한가? 이 논증은 다음과 같이 구성된다. 우선 우리가 p를 믿는다는 것이 자유롭게 선택할 수 있는 것이 아니라고, 즉 우리의 p에 대한 믿음이 비의지적이라고 하자. 그렇다면 자유주의 논제에 따라, 우리에게 p를 믿어야 할 인식적 의무는 없다. 그리고 의무론 논제에 따라, 우리가 p를 믿는다는 것은 인식적으로 정당화되지 않는다. 이러한 결론을 거부하려면 위 세 논제 중 적어도 하나를 거부해야 한다.

철학자 A는 자유주의 논제와 비의지성 논제는 받아들이면서 의무론 논제를 거부하여 위 논증의 결론을 거부한다. A에 따르면 위 논증에서 우리에게 p를 믿어야 할 인식적 의무가 없다는 것은 성립하지만, 우리에게 인식적 의무가 없더라도 그 믿음이 인식적으로 정당화될 수 있는 그런 경우가 있다. 위 예처럼 창밖에 나무가 있다는 것을 믿어야 할 인식적 의무가 없더라도, 창 밖의 나무를 실제로 보고 있다는 것으로부터 그 믿음은 충분히 인식적으로 정당화될 수 있다. 따라서 위 논증의 결론은 거부된다.

철학자 B는 의무론 논제와 비의지성 논제는 받아들이면서 자유주의 논제를 거부하여 위 논증의 결론을 거부한다. B에 따르면 위 논증에서 우리의 p에 대한 믿음이 비의지적이더라도 그 믿음에 대한 인식적 의무는 있을 수 있다. 비유적으로 생각해 보자. 돈이 없어서 빚을 갚을지 말지에 대해 선택의 여지가 없다고 하더라도 빚을 갚아야 한다는 의무는 있다. B에 따르면 이러한 방식으로 비의지적인 믿음에 대한 인식적 의무에 대해 말할 수 있다.

문 19. 위 글의 ㉠～㉣에 대한 분석으로 적절한 것만을 〈보기〉에서 모두 고르면?

〈보기〉

ㄱ. ㉠과 ㉢만으로는 ㉣이 도출되지 않는다.

ㄴ. ㉡의 부정으로부터 ㉢의 부정이 도출된다.

ㄷ. ㉢과 "'지금 비가 오고 있다.'를 믿는다는 것이 비의지적이다."라는 전제로부터 "우리에게 '지금 비가 오고 있다.'를 믿어야 할 인식적 의무가 없다."는 것이 도출된다.

① ㄱ
② ㄴ
③ ㄱ, ㄷ
④ ㄴ, ㄷ
⑤ ㄱ, ㄴ, ㄷ

문 20. 위 글에 대한 평가로 적절한 것만을 〈보기〉에서 모두 고르면?

〈보기〉

ㄱ. "우리가 p를 믿는다는 것은 자유롭게 선택할 수 있는 것이다."는 것이 사실이면, 철학자 A의 입장은 약화된다.

ㄴ. "우리에게 p를 믿어야 할 인식적 의무가 있다면 우리의 p에 대한 믿음이 인식적으로 정당화된다."는 것이 사실이면, 철학자 B의 입장은 강화된다.

ㄷ. "우리가 p를 믿는다는 것이 자유롭게 선택할 수 있는 것이 아니더라도 우리에게 p를 믿어야 할 인식적 의무가 있다."는 것이 사실이면, 철학자 A와 B의 입장은 약화된다.

① ㄱ
② ㄷ
③ ㄱ, ㄴ
④ ㄴ, ㄷ
⑤ ㄱ, ㄴ, ㄷ

문 21. 다음 대화의 ㉠으로 적절한 것만을 〈보기〉에서 모두 고르면?

갑: 현재 지방자치단체들에서는 아동학대 피해자들을 위해 아동보호 전문기관과 연계하여 적극적인 보호조치를 취하는 대응체계를 구축하고 있는데요. 그럼에도 불구하고 아동학대로부터 제대로 보호받지 못하는 피해자들이 여전히 많은 이유는 무엇일까요?
을: 제 생각에는 신속한 보호조치가 미흡한 것 같습니다. 현행 대응체계에서는 신고가 접수된 이후부터 실제 아동학대로 판단되어 보호조치가 취해지기까지 긴 시간이 소요됩니다. 신고를 해 놓고 보호조치를 기다리는 동안 또다시 학대를 받는 아동이 많은 것은 아닐까요?
병: 글쎄요. 저는 다른 이유가 있다고 생각합니다. 현행 대응체계에서는 일단 아동학대 신고가 접수되면 실제 아동학대로 판단될 수 있는 사례인지를 조사합니다. 그 결과 아동학대로 판단되지 않은 사례에 대해서는 보호조치가 취해지지 않는데요. 당장은 직접적인 학대 정황이 포착되지 않아 아동학대로 판단되지 않았으나, 실제로는 아동학대였던 경우가 많았을 것이라고 생각합니다.
정: 옳은 지적이긴 합니다. 하지만 저는 더 근본적인 문제가 있다고 생각합니다. 아동학대가 가까운 친인척에 의해 발생한다는 점, 그리고 피해자가 아동이라는 점 등으로 인해 신고 자체가 어려운 경우가 많습니다. 애당초 신고를 하기 어려우니 보호조치가 취해질 가능성 또한 낮은 것이지요.
갑: 모두들 좋은 의견 감사합니다. 오늘 회의에서 제시하신 의견을 뒷받침할 수 있는 ㉠자료 조사를 수행해 주세요.

〈보기〉

ㄱ. 을의 주장을 뒷받침하기 위해, 신고가 접수된 시점과 아동학대 판단 후 보호조치가 시행된 시점 사이에 아동학대가 재발한 사례의 수를 조사한다.
ㄴ. 병의 주장을 뒷받침하기 위해, 아동학대로 판단되지 않은 신고 사례 가운데 보호조치가 취해지지 않은 사례가 차지하는 비중을 조사한다.
ㄷ. 정의 주장을 뒷받침하기 위해, 아동학대 피해자 가운데 친인척과 동거하지 않으며 보호조치를 받지 못한 사례의 수를 조사한다.

① ㄱ
② ㄴ
③ ㄱ, ㄷ
④ ㄴ, ㄷ
⑤ ㄱ, ㄴ, ㄷ

문 22. 다음 글에서 추론할 수 있는 것은?

현재 갑국의 소매업자가 상품을 판매할 수 있는 방식을 정리하면 〈표〉와 같다.

〈표〉 판매 유형 및 방법에 따른 구분

유형 \ 방법	주문 방법	결제 방법	수령 방법
대면	영업장 방문	영업장 방문	영업장 방문
예약 주문	온라인	영업장 방문	영업장 방문
스마트 오더	온라인	온라인	영업장 방문
완전 비대면	온라인	온라인	배송

갑국은 주류에 대하여 국민 건강 증진 및 청소년 보호를 이유로 스마트 오더 및 완전 비대면 방식으로 판매하는 것을 금지해 왔다. 단, 전통주 제조자가 관할 세무서장의 사전 승인을 받은 경우, 그리고 음식점을 운영하는 음식업자가 주문받은 배달음식과 함께 소량의 주류를 배달하는 경우에 예외적으로 주류의 완전 비대면 판매가 가능했다.

그러나 IT 기술 발전으로 인터넷 상점이나 휴대전화 앱 등을 이용한 재화 및 서비스의 구매 비중이 커져 주류 판매 관련 규제도 변해야 한다는 각계의 요청이 있었다. 이에 갑국 국세청은 관련 고시를 최근 개정하여 주류 소매업자가 이전과 다른 방식으로 주류를 판매하는 것도 허용했다.

이전에는 슈퍼마켓, 편의점 등을 운영하는 주류 소매업자는 대면 및 예약 주문 방식으로만 주류를 판매할 수 있었다. 그러나 개정안에 따르면 주류 소매업자가 스마트 오더 방식으로도 소비자에게 주류를 판매할 수 있게 되었다. 다만 완전 비대면 판매는 이전처럼 예외적인 경우에만 허용된다.

① 고시 개정과 무관하게 음식업자는 주류만 완전 비대면으로 판매할 수 있다.
② 고시 개정 이전에는 슈퍼마켓을 운영하는 주류 소매업자는 온라인으로 주류 주문을 받을 수 없었다.
③ 고시 개정 이전에는 주류를 구매하는 소비자는 반드시 영업장을 방문하여 상품을 대면으로 수령해야 했다.
④ 고시 개정 이전에는 편의점을 운영하는 주류 소매업자는 주류 판매 대금을 온라인으로 결제받을 수 없었다.
⑤ 고시 개정 이후에는 전통주를 구매하는 소비자는 전통주 제조자의 영업장에 방문하여 주류를 구입할 수 없다.

문 23. 다음 글의 〈표〉에 대한 판단으로 적절한 것만을 〈보기〉에서 모두 고르면?

갑 부처는 민감정보 및 대규모 개인정보를 처리하는 공공기관에 대해 매년 「공공기관 개인정보 보호수준 평가」(이하 '보호수준 평가')를 실시한다. 갑 부처는 공공기관의 개인정보 보호 업무에 대한 관심도와 관리 수준을 평가하여 우수기관은 표창하고 취약기관에는 과태료를 부과할 수 있다.

보호수준 평가는 접근권한 관리, 암호화 조치, 접속기록 점검의 총 세 항목에 대해서 이루어진다. 각 항목에 대해 '상', '중', '하' 중 하나의 등급을 부여하며, 평가 대상 기관이 세 항목 모두 하 등급을 받으면 취약기관으로 지정된다. 평가 대상 기관이 두 항목에서 하 등급을 받는다면, 그것만으로는 취약기관으로 지정되지 않는다. 그러나 하 등급을 받은 항목의 수가 2년 연속 둘이라면, 그 기관은 취약기관으로 지정된다.

우수기관으로 지정되기 위해서는 당해 연도와 전년도에 각각 둘 이상의 항목에서 상 등급을 받고 당해 연도에는 하 등급을 받은 항목이 없어야 한다.

A기관과 B기관은 2023년과 2024년에 보호수준 평가를 받았으며, 각 항목에 대한 평가 결과는 〈표〉와 같다.

〈표〉 2023년과 2024년 보호수준 평가 결과

기관	연도 \ 항목	접근권한 관리	암호화 조치	접속기록 점검
A	2023	㉠	중	㉡
	2024	㉢	하	상
B	2023	㉣	상	하
	2024	중	㉤	㉥

〈보기〉

ㄱ. ㉠과 ㉢이 다르면 A기관은 2024년에 우수기관으로도 취약기관으로도 지정되지 않는다.

ㄴ. ㉤과 ㉥이 모두 '하'라면 B기관은 2024년에 취약기관으로 지정된다.

ㄷ. 2024년에 A기관은 취약기관으로 지정되었고 B기관은 우수기관으로 지정되었다면, ㉡과 ㉣은 같지 않다.

① ㄱ
② ㄴ
③ ㄱ, ㄷ
④ ㄴ, ㄷ
⑤ ㄱ, ㄴ, ㄷ

문 24. 다음 갑~무의 대화에 대한 분석으로 적절하지 않은 것은?

갑: 2017년부터 우리 A시에 주민등록을 하여 거주해 오는 주민이 출산 직후인 2024년 4월 22일에 출산장려금과 산후관리비의 지원을 신청했습니다. 그런데 그 주민은 2023년 8월 30일부터 2023년 9월 8일까지 다른 지역으로 주민등록을 옮겨서 거주한 일이 있어서, 지원 대상이 될 수 없다고 통보하자 민원을 제기했습니다.

을: 안타까운 일이군요. 민원인은 요건상의 기간 중에 배우자의 직장 문제로 열흘 정도 다른 지역에 계셨을 뿐, 줄곧 우리 A시에 살고 계십니다.

갑: 「A시 산후관리비 및 출산장려금 지원에 관한 조례」(이하 'A시 조례') ㉠제3조의 산후관리비 지원 자격 요건은 "출산일 기준으로 12개월 전부터 신청일 현재까지 계속하여 A시에 주민등록을 둔 산모"라고 규정합니다. 어쩔 수 없습니다.

을: ㉡제7조의 출산장려금 지원 자격 요건은 제3조에서와 동일하게 규정되어 있는데 "계속하여"라는 문구는 없습니다. 그러니 출산장려금은 지급했어야 하는 것 아닙니까?

병: 그것도 또한 계속성을 요구한다고 해석해야 합니다. 우리와 인접한 B시의 「B시 출산장려금 지원 조례」(이하 'B시 조례') ㉢제2조의 출산장려금 지원 자격 요건은 A시 조례 제7조와 같은 취지와 형식의 문구로 되어 있으면서 계속성을 명시합니다. 다른 지방자치단체들의 조례도 마찬가지입니다.

정: 그러나 B시 조례를 잘 보면 출산 전 주민등록의 기간은 우리의 절반밖에 되지 않습니다. 이 점을 고려하면, 둘을 동일 선상에 놓고 보아서는 안 됩니다.

무: 판례를 고려하여 해석하는 것이 적절해 보입니다. 갱신되거나 반복된 근로계약에서는 그 사이 일부 공백 기간이 있더라도 근로관계의 계속성을 인정해야 한다는 판결이 있습니다. 근로자를 보호하는 취지인데요, 자녀를 두는 가정을 보호하려는 A시 조례의 두 지원 사업은 그와 일맥상통합니다. 계속성은 유연하게 해석합시다.

① 갑은 민원인이 ㉠을 갖추었는지 여부에 대한 판단에서 병과는 같고 무와는 다르다.
② 을은 ㉠에 관한 조항에 나오는 "계속하여"라는 문구의 의미를 갑, 병과 달리 이해한다.
③ 병은 ㉢에서처럼 주민등록의 계속성을 명시하는 것이 ㉡과 같은 경우보다 일반적이라고 이해한다.
④ 정은 조문의 해석에서 ㉢에서의 주민등록 기간이 ㉡에서와 다르다는 점을 고려할 수 있다고 본다.
⑤ 무는 ㉠과 관련하여 일시적인 단절이 있어도 계속성의 요건이 충족될 수 있다고 본다.

문 25. 다음 글의 〈논쟁〉에 대한 분석으로 적절한 것만을 〈보기〉에서 모두 고르면?

K국의 「형법」 제7조(이하 '현행 조항')는 다음과 같다.

> 제7조 죄를 지어 외국에서 형의 전부 또는 일부가 집행된 사람에 대해서는 선고하는 형을 감경 또는 면제할 수 있다.

최근 K국 의회에서는 현행 조항에서 "할 수 있다"의 문구를 "해야 한다"(이하 '개정 문구')로 개정하려 한다. 이에 대하여 갑과 을이 논쟁한다.

〈논쟁〉

쟁점 1: 갑은, 이중처벌 금지의 원칙에 따르면 외국에서 받은 형 집행은 K국에서 반드시 반영되어야 하는 것인데도 현행 조항은 법관이 그것을 아예 반영하지 않을 수 있는 재량까지 부여하기 때문에 어떻게든 개정은 해야 한다고 주장한다. 그러나 을은, 현행 조항은 이중처벌 금지의 원칙과 무관하기 때문에 개정 문구가 타당한지를 따질 것도 없이 그 원칙을 개정의 논거로 삼을 수 없다고 주장한다.

쟁점 2: 갑은, 현행 조항은 신체의 자유를 과도하게 제한하는 위헌적 조문이라서 향후 국민 기본권의 침해를 피할 수 없으므로 개정이 필요하다고 주장한다. 그러나 을은, 현재 K국 법원은 법률상의 재량을 합리적으로 행사하여 위헌의 사례 없이 사실상 개정 문구대로 운영하므로 현행 조항을 유지해도 된다고 맞선다.

〈보기〉

ㄱ. 쟁점 1과 관련하여, 을은 이중처벌 금지가 하나의 범죄행위에 대해 동일한 국가가 형벌권을 거듭 행사해서는 안 된다는 의미라고 해석하는 것이라면, 갑과 을 사이의 주장 불일치를 설명할 수 있다.

ㄴ. 쟁점 2와 관련하여, 갑은 현행 조항으로 말미암아 헌법상 신체의 자유가 침해될 것이라고 전망하지만, 을은 그러한 전망에 동의하지 않는다.

ㄷ. '외국에서 형의 집행을 받은 피고인에게 K국 법원이 형을 선고할 때에는 이미 집행된 형량을 공제해야 한다.'는 내용으로 K국 의회가 현행 조항을 개정한다면, 갑과 을은 개정에 반대할 것이다.

① ㄱ
② ㄷ
③ ㄱ, ㄴ
④ ㄴ, ㄷ
⑤ ㄱ, ㄴ, ㄷ

※ 수고하셨습니다.

※ 기출문제편 맨 마지막에 있는 OMR 카드에 마킹을 하세요.

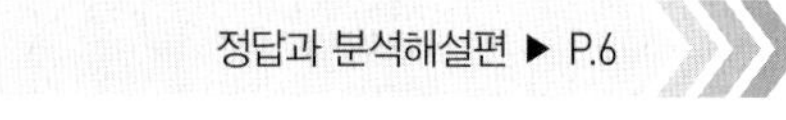
정답과 분석해설편 ▶ P.6

제2영역 상황판단

1초 합격예측! 모바일 성적결과분석표 발급 서비스

QR 코드로 접속하여 문제 풀이 시간을 측정하고, 자동채점 & 성적결과분석 서비스를 통해 지금 바로 실력을 점검해 보세요.
◀ https://eduwill.kr/S24e

풀이 시간	• 시작: ____시 ____분 ~ 종료: ____시 ____분 • 총 : ____분

문 1. 다음 글을 근거로 판단할 때 옳은 것은?

> 제00조 ① A부장관은 클라우드컴퓨팅(cloud computing)에 관한 정책의 효과적인 수립·시행에 필요한 산업 현황과 통계를 확보하기 위한 실태조사(이하 '실태조사'라 한다)를 할 수 있다.
> ② A부장관은 실태조사를 위하여 필요한 경우에는 클라우드컴퓨팅서비스 제공자나 그 밖의 관련 기관 또는 단체에 자료의 제출이나 의견의 진술 등을 요청할 수 있다.
> ③ A부장관은 클라우드컴퓨팅의 발전과 이용 촉진 및 이용자 보호와 관련된 중앙행정기관(이하 '관계 중앙행정기관'이라 한다)의 장이 요구하는 경우 실태조사 결과를 통보하여야 한다.
> ④ A부장관은 실태조사를 할 때에는 다음 각 호의 사항을 내용에 포함하여야 한다.
> 1. 클라우드컴퓨팅 관련 기업 현황 및 시장 규모
> 2. 클라우드컴퓨팅기술 및 클라우드컴퓨팅서비스의 이용·보급 현황
> 3. 클라우드컴퓨팅 산업의 인력 현황 및 인력 수요 전망
> 4. 클라우드컴퓨팅 관련 연구개발 및 투자 규모
>
> ⑤ 실태조사는 현장조사, 서면조사, 통계조사 및 문헌조사 등의 방법으로 실시하되, 효율적인 실태조사를 위하여 필요한 경우에는 정보통신망 및 전자우편 등의 전자적 방식으로 실시할 수 있다.
>
> 제00조 ① 관계 중앙행정기관의 장은 클라우드컴퓨팅기술 및 클라우드컴퓨팅서비스에 관한 연구개발사업을 추진할 수 있다.
> ② 관계 중앙행정기관의 장은 기업·연구기관 등에 제1항에 따른 연구개발사업을 수행하게 하고 그 사업 수행에 드는 비용의 전부 또는 일부를 지원할 수 있다.
>
> 제00조 국가와 지방자치단체는 클라우드컴퓨팅기술 및 클라우드컴퓨팅서비스의 발전과 이용 촉진을 위하여 조세감면을 할 수 있다.

① 실태조사는 전자적 방식으로 실시하는 것을 원칙으로 하되, 필요한 경우 현장조사, 서면조사 등의 방법으로 실시할 수 있다.
② 클라우드컴퓨팅기술 및 클라우드컴퓨팅서비스의 발전과 이용 촉진을 위하여 지방자치단체가 조세감면을 할 수는 없다.
③ A부장관은 실태조사의 내용에 클라우드컴퓨팅 산업의 인력 현황을 포함해야 하지만, 인력 수요에 대한 전망을 포함시킬 필요는 없다.
④ A부장관은 관계 중앙행정기관의 장에게 실태조사 결과를 요구할 수 있고, 이 경우 관계 중앙행정기관의 장은 그 결과를 A부장관에게 통보하여야 한다.
⑤ 관계 중앙행정기관의 장이 연구기관에 클라우드컴퓨팅기술 및 클라우드컴퓨팅서비스에 관한 연구개발사업을 수행하게 한 경우, 그 사업 수행에 드는 비용을 지원할 수 있다.

문 2. 다음 글을 근거로 판단할 때 옳은 것은?

제00조 이 법에서 사용하는 용어의 뜻은 다음과 같다.
1. "산림병해충"이란 산림에 있는 식물과 산림이 아닌 지역에 있는 수목에 해를 끼치는 병과 해충을 말한다.
2. "예찰"이란 산림병해충이 발생할 우려가 있거나 발생한 지역에 대하여 발생 여부, 발생 정도, 피해 상황 등을 조사하거나 진단하는 것을 말한다.
3. "방제"란 산림병해충이 발생하지 아니하도록 예방하거나, 이미 발생한 산림병해충을 약화시키거나 제거하는 모든 활동을 말한다.

제00조 ① 산림소유자는 산림병해충이 발생할 우려가 있거나 발생하였을 때에는 예찰·방제에 필요한 조치를 하여야 한다.
② 산림청장, 시·도지사, 시장·군수·구청장 또는 지방산림청장은 산림병해충이 발생할 우려가 있거나 발생하였을 때에는 예찰·방제에 필요한 조치를 할 수 있다.
③ 시·도지사, 시장·군수·구청장 또는 지방산림청장(이하 '시·도지사 등'이라 한다)은 산림병해충이 발생할 우려가 있거나 발생하였을 때에는 산림소유자, 산림관리자, 산림사업 종사자, 수목의 소유자 또는 판매자 등에게 다음 각 호의 조치를 하도록 명할 수 있다. 이 경우 명령을 받은 자는 특별한 사유가 없으면 명령에 따라야 한다.
1. 산림병해충이 있는 수목이나 가지 또는 뿌리 등의 제거
2. 산림병해충이 발생할 우려가 있거나 발생한 산림용 종묘, 베어낸 나무, 조경용 수목 등의 이동 제한이나 사용 금지
3. 산림병해충이 발생할 우려가 있거나 발생한 종묘·토양의 소독

④ 시·도지사 등은 제3항 제2호에 따라 산림용 종묘, 베어낸 나무, 조경용 수목 등의 이동 제한이나 사용 금지를 명한 경우에는 그 내용을 해당 기관의 게시판 및 인터넷 홈페이지 등에 10일 이상 공고하여야 한다.
⑤ 시·도지사 등은 제3항 각 호의 조치이행에 따라 발생한 농약대금, 인건비 등의 방제비용을 예산의 범위에서 지원할 수 있다.

① 산림병해충이 발생하지 않도록 예방하는 활동은 방제에 해당하지 않는다.
② 산림병해충이 발생할 우려가 있는 경우, 수목의 판매자는 예찰에 필요한 조치를 하여야 한다.
③ 산림병해충 발생으로 인한 조치 명령을 이행함에 따라 발생한 인건비는 시·도지사 등의 지원 대상이 아니다.
④ 산림병해충이 발생한 종묘에 대해 관할 구청장이 소독을 명한 경우, 그 내용을 구청 게시판 및 인터넷 홈페이지에 10일 이상 공고하여야 한다.
⑤ 산림병해충이 발생하여 관할 지방산림청장이 해당 수목의 소유자에게 수목 제거를 명령하였더라도, 특별한 사유가 있으면 그 명령에 따르지 않을 수 있다.

문 3. 다음 글을 근거로 판단할 때 옳은 것은?

제00조 ① 게임물의 윤리성 및 공공성을 확보하고 사행심 유발 또는 조장을 방지하며 청소년을 보호하고 불법 게임물의 유통을 방지하기 위하여 ○○ 관리위원회(이하 '위원회'라 한다)를 둔다.
② 위원회는 위원장 1명을 포함한 9명 이내의 위원으로 구성하되, 위원장은 상임으로 한다.
③ 위원회의 위원은 문화예술·문화산업·청소년·법률·교육·정보통신·역사 분야에 종사하는 사람으로서 게임산업·아동 또는 청소년에 대한 전문성과 경험이 있는 사람 중에서 관련 단체의 장이 추천하는 사람을 A부장관이 위촉하며, 위원장은 위원 중에서 호선한다.
④ 위원장 및 위원의 임기는 3년으로 한다.

제00조 ① 위원회는 법인으로 한다.
② 위원회는 A부장관의 인가를 받아 주된 사무소의 소재지에서 설립등기를 함으로써 성립한다.

제00조 ① 위원회의 업무 및 회계에 관한 사항을 감사하기 위하여 위원회에 감사 1인을 둔다.
② 감사는 A부장관이 임명하며, 상임으로 한다.
③ 감사의 임기는 3년으로 한다.

① 감사와 위원의 임기는 다르다.
② 위원장과 감사는 상임으로 한다.
③ 위원장은 A부장관이 위원 중에서 지명한다.
④ 위원회는 감사를 포함하여 9명으로 구성하여야 한다.
⑤ 위원회는 A부장관의 인가 여부와 관계없이 주된 사무소의 소재지에서 설립등기를 함으로써 성립할 수 있다.

문 4. 다음 글과 〈상황〉을 근거로 판단할 때, 제사주재자를 옳게 짝지은 것은?

> 사망한 사람의 제사를 주재하는 사람(이하 '제사주재자'라 한다)은 사망한 사람의 공동상속인들 간 협의에 의해 정하는 것이 원칙이다. 다만 공동상속인들 사이에 협의가 이루어지지 않을 때, 누구를 제사주재자로 결정할 것인지 문제가 된다.
>
> 종전 대법원 판례는, 제사주재자의 지위를 유지할 수 없는 특별한 사정이 없는 한 사망한 사람의 직계비속으로서 장남(장남이 이미 사망한 경우에는 장손자)이 제사주재자가 되고, 공동상속인들 중 아들이 없는 경우에는 장녀가 제사주재자가 된다고 하였다. 이 판례에 대해, 사망한 사람에게 아들, 손자가 있다는 이유만으로 여성 상속인이 자신의 의사와 무관하게 제사주재자가 되지 못한다는 점에서 양성평등의 원칙에 어긋난다는 비판이 있었다.
>
> 이를 반영해서 최근 대법원은 연령을 기준으로 하여 제사주재자가 결정되는 것으로 판례를 변경하였다. 즉, 공동상속인들 사이에 협의가 이루어지지 않으면, 제사주재자의 지위를 유지할 수 없는 특별한 사정이 없는 한 사망한 사람의 직계비속 가운데 남녀를 불문하고 최근친(最近親) 중 연장자가 제사주재자가 된다고 하였다.

〈상황〉

> 甲과 乙은 혼인하여 자녀 A(딸), B(아들), C(아들)를 두었다. B는 혼인하여 자녀 D(아들)가 있고, A와 C는 자녀가 없다. B는 2023. 5. 1. 43세로 사망하였고, 甲은 2024. 5. 1. 사망하였다. 2024. 6. 1. 현재 甲의 공동상속인인 乙(73세), A(50세), C(40세), D(20세)는 각자 자신이 甲의 제사주재자가 되겠다고 다투고 있다. 이들에게는 제사주재자의 지위를 유지할 수 없는 특별한 사정이 없다.

	종전 대법원 판례	최근 대법원 판례
①	A	C
②	C	A
③	C	乙
④	D	A
⑤	D	乙

문 5. 다음 글을 근거로 판단할 때 옳은 것은?

> 자기조절력은 스스로 목표를 설정하고 그 목표를 달성하기 위해 집념과 끈기를 발휘하는 능력을 말한다. 또한 자기조절력은 자기 자신의 감정을 잘 조절하는 능력이기도 하며, 내가 나를 존중하는 능력이기도 하다. 자기조절을 하기 위해서는 도달하고 싶으나 아직 구현되지 않은 나의 미래 상태를 현재 나의 상태와 구별해 낼 수 있어야 한다. 자기조절력의 하위 요소로는 자기절제와 목표달성 등이 있다. 이러한 하위 요소들은 신경망과도 관련이 있는 것으로 알려져 있다.
>
> 우선 자기절제는 충동을 통제하고, 일상적이고도 전형적인 혹은 자동적인 행동을 분명한 의도를 바탕으로 억제하는 것이다. 이처럼 특정한 의도를 갖고 자신의 행동이나 생각을 의식적으로 억제하거나 마음먹은 대로 조절하는 능력은 복외측전전두피질과 내측전전두피질을 중심으로 한 신경망과 관련이 깊다.
>
> 한편 목표달성을 위해서는 두 가지 능력이 필요하다. 첫 번째는 자기 자신에 집중할 수 있는 능력이다. 나 자신에 집중하기 위해서는 끊임없이 자신을 되돌아보며 현재 나의 상태를 알아차리는 자기참조과정이 필요하다. 자기참조과정에 주로 관여하는 것은 내측전전두피질을 중심으로 후방대상피질과 설전부를 연결하는 신경망이다. 두 번째는 자신이 도달하고자 하는 대상에 집중할 수 있는 능력이다. 특정 대상에 주의를 집중하는 데 필요한 뇌 부위는 배외측전전두피질로 알려져 있다. 배외측전전두피질은 주로 내측전전두피질과 연결되어 작동한다. 내측전전두피질과 배외측전전두피질 간의 기능적 연결성이 강할수록 목표를 위해 에너지를 집중하고 지속적인 노력을 쏟아부을 수 있는 능력이 높아진다.

① 자기조절을 위해서는 현재 나의 상태와 아직 구현되지 않은 나의 미래 상태를 구분할 수 있어야 한다.
② 내측전전두피질과 배외측전전두피질 간의 기능적 연결성이 약할수록 목표를 위한 집중력이 높아진다.
③ 목표달성을 위해서는 일상적이고 전형적인 행동을 강화하는 능력이 필요하다.
④ 자신이 도달하고자 하는 대상에 집중하는 과정을 자기참조과정이라 한다.
⑤ 자기조절력은 자기절제의 하위 요소이다.

문 6. 다음 글을 근거로 판단할 때, 보이지 않는 숫자를 모두 합한 값은?

甲~丁은 매일 최대한 많이 걷기로 하고 특정 시간에 만나서 각자의 걸음 수와 그 합을 기록하였다. 그 기록한 걸음 수의 합은 199,998걸음이었다. 그런데 수명이 다 된 펜으로 각자의 걸음 수를 쓴 탓이었는지 다음날에 보니 아래와 같이 다섯 개의 숫자(□)가 보이지 않았다.

甲:	□	5	7	0	1
乙:	8	4	□	9	8
丙:	8	3	□	□	4
丁:	□	6	7	1	5

① 13
② 14
③ 15
④ 16
⑤ 17

문 7. 다음 글을 근거로 판단할 때, 〈보기〉에서 옳은 것만을 모두 고르면?

甲은 아래 3가지 색의 공을 〈조건〉에 따라 3개의 상자에 나누어 모두 담으려고 한다.

색	무게(g)	개수
빨강	30	3
노랑	40	2
파랑	50	2

〈조건〉

○ 각 상자에는 100g을 초과해 담을 수 없다.
○ 각 상자에는 적어도 2가지 색의 공을 담아야 한다.

〈보기〉

ㄱ. 빨간색 공은 모두 서로 다른 상자에 담기게 된다.
ㄴ. 각 상자에 담긴 공 무게의 합은 서로 다르다.
ㄷ. 빨간색 공이 담긴 상자에는 파란색 공이 담기지 않는다.
ㄹ. 3개의 상자 중에서 공 무게의 합이 가장 작은 상자에는 파란색 공이 담기게 된다.

① ㄱ, ㄴ
② ㄱ, ㄷ
③ ㄴ, ㄷ
④ ㄴ, ㄹ
⑤ ㄷ, ㄹ

문 8. 다음 글을 근거로 판단할 때, A사가 투자할 작품만을 모두 고르면?

○ A사는 투자할 작품을 결정하려고 한다. 작품별 기본점수 등 현황은 다음과 같다.

작품 \ 현황	기본 점수 (점)	스태프 인원 (명)	장르	감독의 최근 2개 작품 흥행 여부 (개봉연도)	
성묘	70	55	판타지	성공 (2009)	실패 (2015)
서울의 겨울	85	45	액션	실패 (2018)	실패 (2020)
만날 결심	75	50	추리	실패 (2020)	성공 (2022)
빅 포레스트	65	65	멜로	성공 (2011)	성공 (2018)

○ 최종점수는 작품별 기본점수에 아래 기준에 따른 점수를 가감해 산출한다.

기준	가감 점수
스태프 인원이 50명 미만	감점 10점
장르가 판타지	가점 10점
감독의 최근 2개 작품이 모두 흥행 성공	가점 10점
감독의 직전 작품이 흥행 실패	감점 10점

○ 최종점수가 75점 이상인 작품에 투자한다.

① 성묘, 만날 결심
② 성묘, 빅 포레스트
③ 서울의 겨울, 만날 결심
④ 만날 결심, 빅 포레스트
⑤ 서울의 겨울, 빅 포레스트

[9～10] 다음 글을 읽고 물음에 답하시오.

암호 기술은 일반적인 문장(평문)을 해독 불가능한 암호문으로 변환하거나, 암호문을 해독 가능한 평문으로 변환하기 위한 원리, 수단, 방법 등을 취급하는 기술을 말한다. 이 암호 기술은 암호화와 복호화로 구성된다. 암호화는 평문을 암호문으로 변환하는 것이며, 반대로 암호문에서 평문으로 변환하는 것은 복호화라 한다.

암호 기술에서 사용되는 알고리즘, 즉 암호 알고리즘은 대상 메시지를 재구성하는 방법이다. 암호 알고리즘에는 메시지의 각 원소를 다른 원소에 대응시키는 '대체'와 메시지의 원소들을 재배열하는 '치환'이 있다. 예를 들어 대체는 각 문자를 다른 문자나 기호로 일대일로 대응시키는 것이고, 치환은 단어, 어절 등의 순서를 바꾸는 것이다.

암호 알고리즘에서는 보안을 강화하기 위해 키(key)를 사용하기도 한다. 키는 암호가 작동하는 데 필요한 값이다. 송신자와 수신자가 같은 키를 사용하면 대칭키 방식이라 하고, 다른 키를 사용하면 비대칭키 방식이라 한다. 대칭키 방식은 동일한 키로 상자를 열고 닫는 것이고, 비대칭키 방식은 서로 다른 키로 상자를 열고 닫는 것이다. 비대칭키 방식의 경우에는 수신자가 송신자의 키를 몰라도 자신의 키만 알면 복호화가 가능하다. 그리고 비대칭키 방식은 서로 다른 키를 사용하기 때문에, 키의 유출 염려가 덜해 조금 더 보안성이 높다고 알려져 있다.

한편 암호 알고리즘에 사용하기 위해 만들 수 있는 키의 수는 키를 구성하는 비트(bit)의 수에 따른다. 비트는 0과 1을 표현할 수 있는 가장 작은 단위인데, 예를 들어 8비트로 만들 수 있는 키의 수는 2^8, 즉 256개이다. 키를 구성하는 비트의 수가 많으면 많을수록 모든 키를 체크하는 데 시간이 오래 걸려 보안성이 높아진다. 256개 정도의 키는 컴퓨터로 짧은 시간에 모두 체크할 수 있으나, 100비트로 구성된 키가 사용되었다면 체크해야 할 키의 수가 2^{100}개에 달해 초당 100만 개의 키를 체크할 수 있는 컴퓨터를 사용하더라도 상당히 많은 시간이 걸릴 것이다.

56비트로 구성된 키를 사용하여 만든 암호 알고리즘에는 DES(Data Encryption Standard)가 있다. 그런데 오늘날 컴퓨팅 기술의 발전으로 인해 DES는 더 이상 안전하지 않아, DES보다는 DES를 세 번 적용한 삼중 DES(triple DES)나 그 뒤를 이은 AES(Advanced Encryption Standard)를 사용하고 있다.

문 9. 윗글을 근거로 판단할 때, 〈보기〉에서 옳은 것만을 모두 고르면?

〈보기〉

ㄱ. 복호화를 통하여 암호문을 평문으로 변환할 수 있다.
ㄴ. 비대칭키 방식의 경우, 수신자는 송신자의 키를 알아야 암호를 해독할 수 있다.
ㄷ. 대체는 단어, 어절 등의 순서를 바꾸는 것이다.
ㄹ. 삼중 DES 알고리즘은 DES 알고리즘보다 안전성이 높다.

① ㄱ, ㄴ
② ㄱ, ㄹ
③ ㄴ, ㄷ
④ ㄴ, ㄹ
⑤ ㄷ, ㄹ

문 10. 윗글과 〈상황〉을 근거로 판단할 때, (가)에 해당하는 수는?

〈보기〉

2^{56}개의 키를 1초에 모두 체크할 수 있는 컴퓨터의 가격이 1,000,000원이다. 컴퓨터의 체크 속도가 2배가 될 때마다 컴퓨터는 10만 원씩 비싸진다. 60비트로 만들 수 있는 키를 1초에 모두 체크할 수 있는 컴퓨터의 최소 가격은 [(가)] 원이다.

① 1,100,000
② 1,200,000
③ 1,400,000
④ 1,600,000
⑤ 2,000,000

문 11. 다음 글을 근거로 판단할 때 옳은 것은?

제00조 ① A부장관은 김치산업의 활성화를 위한 제조기술 및 김치와 어울리는 식문화 보급을 위하여 필요한 전문인력을 양성할 수 있다.
② A부장관은 제1항에 따른 전문인력 양성을 위하여 대학·연구소 등 적절한 시설과 인력을 갖춘 기관·단체를 전문인력 양성기관으로 지정·관리할 수 있다.
③ A부장관은 제2항에 따라 지정된 전문인력 양성기관에 대하여 예산의 범위에서 그 양성에 필요한 경비를 지원할 수 있다.
④ A부장관은 김치산업 전문인력 양성기관이 다음 각 호의 어느 하나에 해당하는 경우에는 지정을 취소하거나 6개월 이내의 범위에서 기간을 정하여 업무의 전부 또는 일부를 정지할 수 있다. 다만, 제1호에 해당하는 경우에는 지정을 취소하여야 한다.
1. 거짓이나 그 밖의 부정한 방법으로 지정을 받은 경우
2. 지정받은 사항을 위반하여 업무를 행한 경우
3. 지정기준에 적합하지 아니하게 된 경우

제00조 ① 국가는 김치종주국의 위상제고, 김치의 연구·전시·체험 등을 위하여 세계 김치연구소를 설립하여야 한다.
② 국가와 지방자치단체는 세계 김치연구소의 효율적인 운영·관리를 위하여 필요한 경비를 예산의 범위에서 지원할 수 있다.

제00조 ① 국가와 지방자치단체는 김치산업의 육성, 김치의 수출 경쟁력 제고 및 해외시장 진출 활성화를 위하여 김치의 대표상품을 홍보하거나 해외시장을 개척하는 개인 또는 단체에 대하여 필요한 지원을 할 수 있다.
② A부장관은 김치의 품질향상과 국가 간 교역을 촉진하기 위하여 김치의 국제규격화를 추진하여야 한다.

① 김치산업 전문인력 양성기관으로 지정된 기관이 부정한 방법으로 지정을 받은 경우, A부장관은 그 지정을 취소하여야 한다.
② A부장관은 김치의 품질향상과 국가 간 교역을 촉진하기 위하여 김치의 국제규격화는 지양하여야 한다.
③ A부장관은 적절한 시설을 갖추지 못한 대학이라도 전문인력 양성을 위하여 해당 대학을 김치산업 전문인력 양성기관으로 지정할 수 있다.
④ 국가와 지방자치단체는 김치종주국의 위상제고를 위해 세계 김치연구소를 설립하여야 한다.
⑤ 지방자치단체가 김치의 해외시장 개척을 지원함에 있어서 개인은 그 지원대상이 아니다.

문 12. 다음 글을 근거로 판단할 때, 인쇄에 필요한 A4용지의 장수는?

甲주무관은 〈인쇄 규칙〉에 따라 문서 A～D를 각 1부씩 인쇄하였다.

〈인쇄 규칙〉

○ 문서는 A4용지에 인쇄한다.
○ A4용지 한 면에 2쪽씩 인쇄한다. 단, 중요도가 상에 해당하는 보도자료는 A4용지 한 면에 1쪽씩 인쇄한다.
○ 단면 인쇄를 기본으로 한다. 단, 중요도가 하에 해당하는 문서는 양면 인쇄한다.
○ 한 장의 A4용지에는 한 종류의 문서만 인쇄한다.

종류	유형	쪽수	중요도
A	보도자료	2	상
B	보도자료	34	중
C	보도자료	5	하
D	설명자료	3	상

① 11장
② 12장
③ 22장
④ 23장
⑤ 24장

문 13. 다음 글을 근거로 판단할 때 옳은 것은?

> 이름 뒤에 성이 오는 보통의 서양식 작명법과 달리, A국에서는 별도의 성을 사용하지 않고 이름 뒤에 '부칭(父稱)'이 오도록 작명을 한다. 부칭은 이름을 붙이는 대상자의 아버지 이름에 접미사를 붙여서 만든다. 아들의 경우 그 아버지의 이름 뒤에 s와 손(son)을 붙이고, 딸의 경우 s와 도티르(dottir)를 붙여 '~의 아들' 또는 '~의 딸'이라는 의미를 가지는 부칭을 만든다. 예를 들어, 욘 스테파운손(Jon Stefansson)의 아들 피얄라르(Fjalar)는 '피얄라르 욘손(Fjalar Jonsson)', 딸인 카트린(Katrin)은 '카트린 욘스도티르(Katrin Jonsdottir)'가 되는 식이다.
>
> 같은 사회적 집단에 속해 있는 사람끼리 이름과 부칭이 같으면 할아버지의 이름까지 써서 작명하기도 한다. 예를 들어, 욘 토르손이라는 사람이 한 집단에 두 명 있는 경우에는 욘 토르손 아이나르소나르(Jon Thorsson Einarssonar)와 욘 토르손 스테파운소나르(Jon Thorsson Stefanssonar)와 같이 구분한다. 전자의 경우 '아이나르의 아들인 토르의 아들인 욘'을, 후자의 경우 '스테파운의 아들인 토르의 아들인 욘'을 의미한다.
>
> 한편 공식적인 자리에서 A국 사람들은 이름을 부르거나 이름과 부칭을 함께 부르며, 부칭만으로 서로를 부르지는 않는다. 또한 A국에서는 부칭이 아닌 이름의 영어 알파벳 순서로 정렬하여 전화번호부를 발행한다.

① 피얄라르 토르손 아이나르소나르(Fjalar Thorsson Einarssonar)로 불리는 사람의 할아버지의 부칭을 알 수 있다.

② 피얄라르 욘손(Fjalar Jonsson)은 공식적인 자리에서 욘손으로 불린다.

③ A국의 전화번호부에는 피얄라르 욘손(Fjalar Jonsson)의 아버지의 이름이 토르 아이나르손(Thor Einarsson)보다 먼저 나올 것이다.

④ 스테파운(Stefan)의 아들 욘(Jon)의 부칭과 손자 피얄라르(Fjalar)의 부칭은 같을 것이다.

⑤ 욘 스테파운손(Jon Stefansson)의 아들과 욘 토르손(Jon Thorsson)의 딸은 동일한 부칭을 사용할 것이다.

문 14. 다음 글과 〈상황〉을 근거로 판단할 때, 〈보기〉에서 옳은 것만을 모두 고르면?

> 甲국은 국내 순위 1~10위 선수 10명 중 4명을 국가대표로 선발하고자 한다. 국가대표는 국내 순위가 높은 선수가 우선 선발되나, A, B, C팀 소속 선수가 최소한 1명씩은 포함되어야 한다.

〈상황〉

> ○ 국내 순위 1~10위 중 공동 순위는 없다.
> ○ 선수 10명 중 4명은 A팀, 3명은 B팀, 3명은 C팀 소속이다.
> ○ C팀 선수 중 국내 순위가 가장 낮은 선수가 A팀 선수 중 국내 순위가 가장 높은 선수보다 국내 순위가 높다.
> ○ B팀 소속 선수 3명의 국내 순위는 각각 2위, 5위, 8위이다.

〈보기〉

> ㄱ. 국내 순위 1위 선수의 소속팀은 C팀이다.
> ㄴ. A팀 소속 선수 중 국내 순위가 가장 낮은 선수는 9위이다.
> ㄷ. 국가대표 중 국내 순위가 가장 낮은 선수는 7위이다.
> ㄹ. 국내 순위 3위 선수와 4위 선수는 같은 팀이다.

① ㄱ, ㄴ

② ㄱ, ㄷ

③ ㄱ, ㄹ

④ ㄴ, ㄷ

⑤ ㄴ, ㄹ

문 15. 다음 글을 근거로 판단할 때, Q를 100리터 생산하는 데 드는 최소 비용은?

○ 화학약품 Q를 생산하려면 A와 B를 2:1의 비율로 혼합해야 한다. 이 혼합물을 가공하면 B와 같은 부피의 Q가 생산된다. 예를 들어, A 2리터와 B 1리터를 혼합하여 가공하면 Q 1리터가 생산된다.
○ A는 원료 X와 Y를 1:2의 비율로 혼합하여 만든다. 이 혼합물을 가공하면 X와 같은 부피의 A가 생산된다. 예를 들어, X 1리터와 Y 2리터를 혼합하여 가공하면 A 1리터가 생산된다.
○ B는 원료 Z와 W를 혼합하여 만들거나, Z나 W만 사용하여 만든다. Z와 W를 혼합하여 가공하면 혼합비율에 관계없이 원료 절반 부피의 B가 생산된다. 예를 들어, Z와 W를 1리터씩 혼합하여 가공하면 B 1리터가 생산된다. 두 재료를 혼합하지 않고 Z나 W만 사용하여 가공하는 경우에도 마찬가지로 원료 절반 부피의 B가 생산된다.
○ 각 원료의 리터당 가격은 다음과 같다. 원료비 이외의 비용은 발생하지 않는다.

원료	X	Y	Z	W
가격(만 원/리터)	1	2	4	3

① 1,200만 원
② 1,300만 원
③ 1,400만 원
④ 1,500만 원
⑤ 1,600만 원

문 16. 다음 글과 〈상황〉을 근거로 판단할 때, 〈보기〉에서 옳은 것만을 모두 고르면?

두 선수가 맞붙어 승부를 내는 스포츠 경기가 있다. 이 경기는 개별 게임으로 이루어져 있으며, 한 게임의 승부가 결정되면 그 게임의 승자는 1점을 얻고 패자는 점수를 얻지 못한다. 무승부는 없다. 개별 게임을 반복적으로 진행하여 한 선수의 점수가 다른 선수보다 2점 많아지면 그 선수가 경기의 승자가 되고 경기가 종료된다.

〈상황〉

두 선수 甲과 乙이 맞붙어 이 경기를 치른 결과, n번째 게임을 끝으로 甲이 경기의 승자가 되고 경기가 종료되었다. 단, $n>3$이다.

〈보기〉

ㄱ. n이 홀수인 경우가 있다.
ㄴ. (n−1)번째 게임에서 乙이 이겼을 수도 있다.
ㄷ. (n−2)번째 게임 종료 후 두 선수의 점수는 같았다.
ㄹ. (n−3)번째 게임에서 乙이 이겼을 수도 있다.

① ㄱ
② ㄷ
③ ㄱ, ㄴ
④ ㄴ, ㄹ
⑤ ㄷ, ㄹ

문 17. 다음 글과 〈상황〉을 근거로 판단할 때, 甲이 치른 3경기의 순위를 모두 합한 수는?

10명의 선수가 참여하는 경기가 있다. 현재까지 3경기가 치러졌다. 참여한 선수에게는 매 경기의 순위에 따라 다음과 같이 점수를 부여한다.

순위	점수	순위	점수
1	100	6	8
2	50	7	6
3	30	8	4
4	20	9	2
5	10	10	1

만약 어떤 순위에 공동 순위가 나온다면, 그 순위를 포함하여 공동 순위자의 수만큼 이어진 순위 각각에 따른 점수의 합을 공동 순위자에게 동일하게 나누어 부여한다. 예를 들어 공동 3위가 3명이면, 공동 3위 각각에게 부여되는 점수는 (30+20+10) ÷ 3으로 20이다. 이 경우 그다음 순위는 6위가 된다.

〈상황〉

○ 甲은 3경기에서 총 157점을 획득하였으며, 공동 순위는 한 번 기록하였다.
○ 치러진 3경기에서 공동 순위가 4명 이상인 경우는 없었다.

① 8
② 9
③ 10
④ 11
⑤ 12

문 18. 다음 글을 근거로 판단할 때 옳지 않은 것은?

인터넷 장애로 인해 甲~丁은 '메일', '공지', '결재', '문의' 중 접속할 수 없는 메뉴가 각자 1개 이상 있다. 다음은 이에 관한 甲~丁의 대화이다.

甲: 나는 결재를 포함한 2개 메뉴에만 접속할 수 없고, 乙, 丙, 丁은 모두 이 2개 메뉴에 접속할 수 있어.
乙: 丙이나 丁이 접속하지 못하는 메뉴는 나도 전부 접속할 수 없어.
丙: 나는 문의에 접속해서 이번 오류에 대해 질문했어.
丁: 나는 공지에 접속할 수 없고, 丙은 공지에 접속할 수 있어.

① 甲은 공지에 접속할 수 없다.
② 乙은 메일에 접속할 수 없다.
③ 乙은 2개의 메뉴에 접속할 수 있다.
④ 丁은 문의에 접속할 수 있다.
⑤ 甲과 丙이 공통으로 접속할 수 있는 메뉴가 있다.

문 19. 다음 글을 근거로 판단할 때, 1층 바닥면에서 2층 바닥면까지의 높이는?

1층 바닥면과 2층 바닥면이 계단으로 연결된 건물이 있다. A가 1층 바닥면에 서 있고, B가 2층 바닥면에 서 있을 때, A의 머리 끝과 B의 머리 끝의 높이 차이는 240cm이다. A와 B가 위치를 서로 바꾸는 경우, A와 B의 머리 끝의 높이 차이는 220cm이다. A와 B의 키는 1층 바닥면에서 2층 바닥면까지의 높이보다 크지 않다.

① 210cm
② 220cm
③ 230cm
④ 240cm
⑤ 250cm

문 20. 다음 글을 근거로 판단할 때, 가장 많은 액수를 지급받을 예술단체의 배정액은?

□□부는 2024년도 예술단체 지원사업 예산 4억 원을 배정하려 한다. 지원 대상이 되는 예술단체의 선정 및 배정액 산정·지급 방법은 다음과 같다.

○ 2023년도 기준 인원이 30명 미만이거나 운영비가 1억 원 미만인 예술단체를 선정한다.
○ 사업분야가 공연인 단체의 배정액은 '(운영비 × 0.2) + (사업비 × 0.5)'로 산정한다.
○ 사업분야가 교육인 단체의 배정액은 '(운영비 × 0.5) + (사업비 × 0.2)'로 산정한다.
○ 인원이 많은 단체부터 순차적으로 지급한다. 다만 예산 부족으로 산정된 금액 전부를 지급할 수 없는 단체에는 예산 잔액을 배정액으로 한다.
○ 2023년도 기준 예술단체(A ~ D) 현황은 다음과 같다.

단체	인원(명)	사업분야	운영비(억 원)	사업비(억 원)
A	30	공연	1.8	5.5
B	28	교육	2.0	4.0
C	27	공연	3.0	3.0
D	33	교육	0.8	5.0

① 8,000만 원
② 1억 1,000만 원
③ 1억 4,000만 원
④ 1억 8,000만 원
⑤ 2억 1,000만 원

문 21. 다음 글과 〈대화〉를 근거로 판단할 때, 직무교육을 이수하지 못한 사람만을 모두 고르면?

甲 ~ 丁은 월요일부터 금요일까지 5일 동안 실시되는 직무교육을 받게 되었다. 교육장소에는 2 × 2로 배열된 책상이 있었으며, 앞줄에 2명, 뒷줄에 2명을 각각 나란히 앉게 하였다. 교육기간 동안 자리 이동은 없었다. 교육 첫째 날과 마지막 날은 4명 모두 교육을 받았다. 직무교육을 이수하기 위해서는 4일 이상 교육을 받아야 한다.

〈대화〉

甲: 교육 둘째 날에 내 바로 앞사람만 결석했어.
乙: 교육 둘째 날에 나는 출석했어.
丙: 교육 셋째 날에 내 바로 뒷사람만 결석했어.
丁: 교육 넷째 날에 내 바로 앞사람과 나만 교육을 받았어.

① 乙
② 丙
③ 甲, 丙
④ 甲, 丁
⑤ 乙, 丁

문 22. 다음 글을 근거로 판단할 때, (가)에 해당하는 수는?

A공원의 다람쥐 열 마리는 각자 서로 다른 개수의 도토리를 모았는데, 한 다람쥐가 모은 도토리는 최소 1개부터 최대 10개까지였다. 열 마리 다람쥐는 두 마리씩 쌍을 이루어 그날 모은 도토리 일부를 함께 먹었다. 도토리를 모으고 먹는 이런 모습은 매일 동일하게 반복됐다. 이때 도토리를 먹는 방법은 정해져 있었다. 한 쌍의 다람쥐는 각자가 그날 모은 도토리 개수를 비교해서 그 차이 값에 해당하는 개수의 도토리를 함께 먹는다. 예를 들면, 1개의 도토리를 모은 다람쥐와 9개의 도토리를 모은 다람쥐가 쌍을 이루면 이 두 마리는 8개의 도토리를 함께 먹는다.

열 마리의 다람쥐를 이틀 동안 관찰한 결과, '첫째 날 각 쌍이 먹은 도토리 개수'는 모두 동일했고, '둘째 날 각 쌍이 먹은 도토리 개수'도 모두 동일했다. 하지만 '첫째 날 각 쌍이 먹은 도토리 개수'와 '둘째 날 각 쌍이 먹은 도토리 개수'는 서로 달랐고, 그 차이는 (가) 개였다.

① 1
② 2
③ 3
④ 4
⑤ 5

문 23. 다음 글을 근거로 판단할 때, 처음으로 물탱크가 가득 차는 날은?

> 신축 A아파트에는 용량이 10,000리터인 빈 물탱크가 있다. 관리사무소는 입주민의 입주 시작일인 3월 1일 00:00부터 이 물탱크에 물을 채우려고 한다. 관리사무소는 매일 00:00부터 00:10까지 물탱크에 물을 900리터씩 채운다. 전체 입주민의 1일 물 사용량은 3월 1일부터 3월 5일까지 300리터, 3월 6일부터 3월 10일까지 500리터, 3월 11일부터는 계속 700리터이다. 3월 15일에는 아파트 외벽 청소를 위해 청소업체가 물탱크의 물 1,000리터를 추가로 사용한다. 물을 채우는 시간이라도 물탱크가 가득 차면 물 채우기를 중지하고, 물을 채우는 시간에는 물을 사용할 수 없다.

① 4월 4일
② 4월 6일
③ 4월 7일
④ 4월 9일
⑤ 4월 10일

문 24. 다음 글을 근거로 판단할 때, 〈보기〉에서 옳은 것만을 모두 고르면?

> 甲～丁은 6문제로 구성된 직무능력시험 문제를 풀었다.
>
> ○ 정답을 맞힌 경우, 문제마다 기본점수 1점과 난이도에 따른 추가점수를 부여한다.
>
> ○ 추가점수는 다음 식에 따라 결정한다.
>
> $$\text{추가점수}=\frac{\text{해당 문제를 틀린 사람의 수}}{\text{해당 문제를 맞힌 사람의 수}}$$
>
> ○ 6문제의 기본점수와 추가점수를 모두 합한 총합 점수가 5점 이상인 사람이 합격한다.
>
> 甲～丁이 6문제를 푼 결과는 다음과 같고, 5번과 6번 문제의 결과는 찢어져 알 수가 없다.
>
> (○: 정답, ×: 오답)

구분	1번	2번	3번	4번	5번	6번
甲	○	×	○	○		
乙	○	×	○	×		
丙	○	○	×	×		
丁	×	○	○	×		
정답률(%)	75	50	75	25	50	50

〈보기〉

ㄱ. 甲이 최종적으로 받을 수 있는 최대 점수는 $\frac{32}{3}$점이다.
ㄴ. 1～4번 문제에서 받은 점수의 합은 乙이 가장 낮다.
ㄷ. 4명 모두가 합격할 수는 없다.
ㄹ. 4명이 받은 점수의 총합은 24점이다.

① ㄱ, ㄷ
② ㄴ, ㄷ
③ ㄴ, ㄹ
④ ㄱ, ㄴ, ㄷ
⑤ ㄱ, ㄴ, ㄹ

문 25. 다음 〈상황〉을 근거로 판단할 때, 〈보기〉에서 옳은 것만을 모두 고르면?

〈상황〉

○ 테니스 선수 랭킹은 매달 1일 발표되며, 발표 전날로부터 지난 1년간 선수들이 각종 대회에 참가하여 획득한 점수의 합(이하 '총점수'라 한다)이 높은 순으로 순위가 매겨진다.

○ 매년 12월에는 챔피언십 대회(매년 12월 21일~25일)만 개최된다. 이 대회에는 당해 12월 1일 기준으로 랭킹 1~4위의 선수만 참가한다.

○ 매년 챔피언십 대회의 순위에 따른 획득 점수 및 2023년 챔피언십 대회 전후 랭킹은 아래와 같다. 단, 챔피언십 대회에서 공동 순위는 없다.

챔피언십 대회 성적	점수
우승	2000
준우승	1000
3위	500
4위	250

〈2023년 12월 1일〉

랭킹	선수	총점수
1위	A	7500
2위	B	7000
3위	C	6500
4위	D	5000
⋮	⋮	⋮

⇨

〈2024년 1월 1일〉

랭킹	선수	총점수
1위	C	7500
2위	B	7250
3위	D	7000
4위	A	6000
⋮	⋮	⋮

○ 총점수에는 지난 1년간 획득한 점수만 산입되므로, 〈2024년 1월 1일〉의 총점수에는 2022년 챔피언십 대회에서 획득한 점수는 빠지고, 2023년 챔피언십 대회에서 획득한 점수가 산입되었다.

〈보기〉

ㄱ. 2022년 챔피언십 대회 우승자는 A였다.
ㄴ. 2023년 챔피언십 대회 4위는 B였다.
ㄷ. 2023년 챔피언십 대회 우승자는 C였다.
ㄹ. 2022년 챔피언십 대회 3위는 D였다.

① ㄱ, ㄴ
② ㄱ, ㄷ
③ ㄴ, ㄷ
④ ㄴ, ㄹ
⑤ ㄱ, ㄴ, ㄹ

※ 수고하셨습니다.
※ 기출문제편 맨 마지막에 있는 OMR 카드에 마킹을 하세요.

정답과 분석해설편 ▶ P.20

제3영역 자료해석

풀이 시간	• 시작: ____시 ____분 ~ 종료: ____시 ____분 • 총 : ____분

문 1. 다음 〈표〉는 2023년 도시 A~E의 '갑' 감염병 현황에 관한 자료이다. 이를 근거로 치명률이 가장 높은 도시와 가장 낮은 도시를 바르게 연결한 것은?

〈표〉 2023년 도시 A~E의 '갑' 감염병 현황

(단위: 명)

구분 도시	환자 수	사망자 수
A	300	16
B	20	1
C	50	2
D	100	6
E	200	9

※치명률(%) = $\frac{\text{사망자 수}}{\text{환자 수}} \times 100$

	가장 높은 도시	가장 낮은 도시
①	A	C
②	A	E
③	D	B
④	D	C
⑤	D	E

문 2. 다음 〈그림〉은 2023년 A~C구 공사 건수 및 평균 공사비를 나타낸 자료이다. 이를 근거로 계산한 2023년 A~C구 전체 공사의 평균 공사비는?

〈그림〉 2023년 A~C구 공사 건수 및 평균 공사비

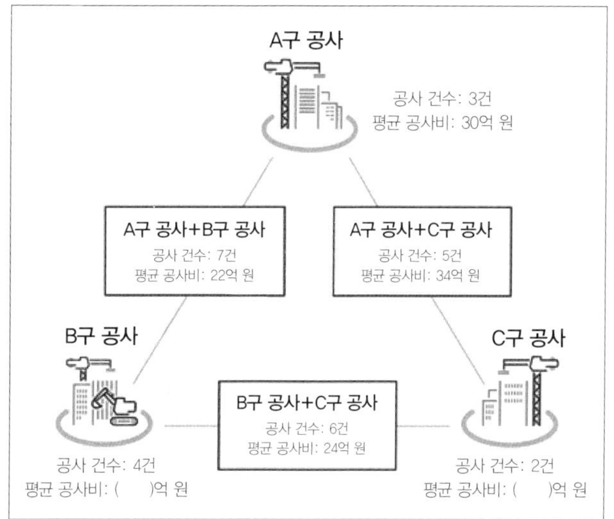

① 26억 원
② 27억 원
③ 28억 원
④ 29억 원
⑤ 30억 원

문 3. 다음 〈보고서〉는 '갑'시 시민의 2023년 문화예술교육 수강 현황에 관한 자료이다. 〈보고서〉를 작성하는 데 사용되지 않은 자료는?

〈보고서〉

'갑'시 시민 1,000명을 대상으로 2023년 한 해 동안의 문화예술교육 수강 현황을 조사한 결과, 316명이 수강 경험이 있다고 응답하였다. 문화예술교육 수강 경험이 있는 응답자가 가장 많이 수강한 상위 5개 분야는 기타를 제외하고 영화, 사진, 음악, 공예, 미술 순이었다. 문화예술교육 수강자의 평균 지출 비용은 38만 8천 원이었는데, 연령대별로는 40대가 48만 4천 원으로 가장 많았다. 또한 문화예술교육 수강자의 동반자 유형 구성을 살펴보면, '혼자(동반자 없음)' 수강한 비율은 50% 이상이었고, '친구 및 연인'과 함께 수강한 비율은 18.4%였다. 문화예술교육 인지 경로는 '인터넷 검색'이 33.2%로 가장 높았고, 다음으로 '주변 지인'이 19.0%였다. 수강한 문화예술교육의 교육방식은 '예술적 기량 향상을 위한 강습'이 27.5%로 가장 높았다. 문화예술교육 수강 장소별 만족도는 미술관이 가장 높았고, 그 다음으로 박물관, 공연장, 지역문화재단의 순이었다.

① 문화예술교육 수강 경험 유무 및 수강 분야 구성비

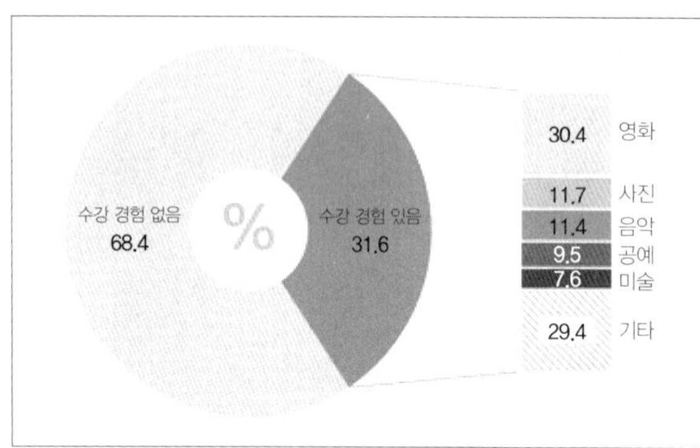

② 문화예술교육 수강자의 연령대별 평균 지출 비용

(단위: 만 원)

연령대	20대 이하	30대	40대	50대	60대 이상	전체
평균 지출 비용	36.8	46.9	48.4	39.5	19.9	38.8

③ 문화예술교육 수강자의 동반자 유형 구성비

(단위: %)

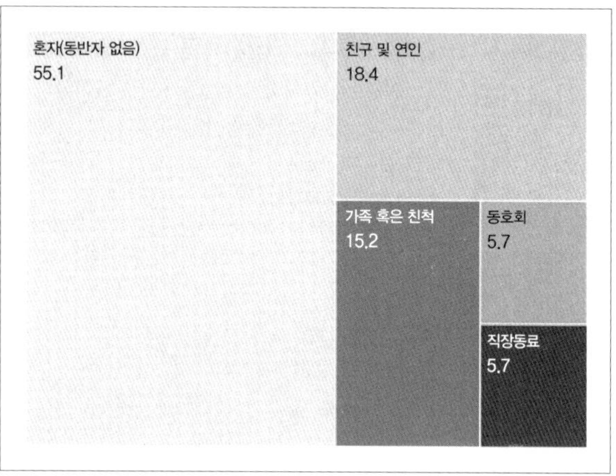

④ 문화예술교육 인지 경로 상위 5개 비율

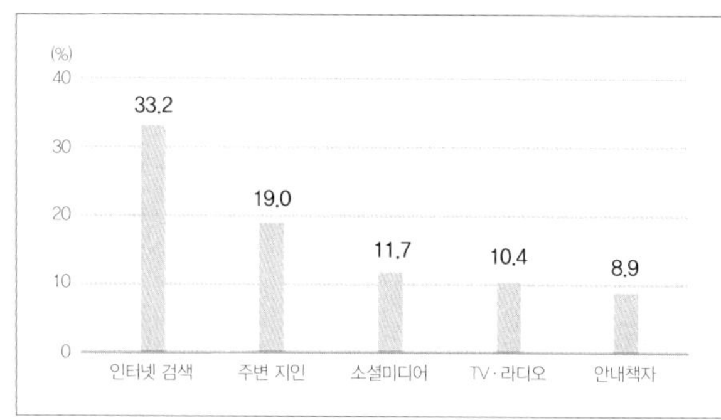

⑤ 문화예술교육 수강 이유 상위 5개 비율

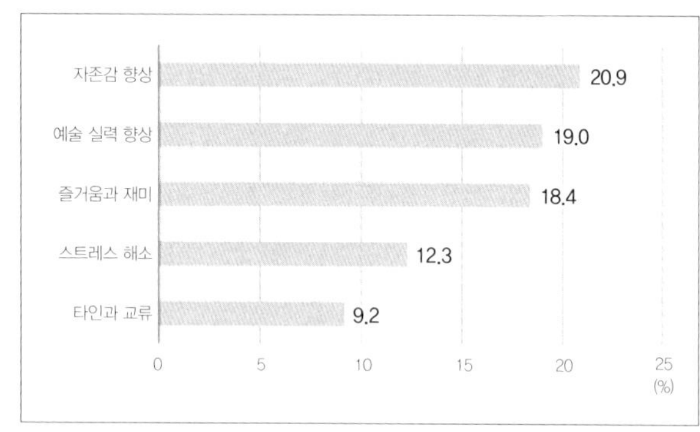

문 4. 다음은 2023년 '갑'국의 연근해 어선 감척지원금 산정에 관한 자료이다. 이를 근거로 어선 A～D 중 산정된 감척지원금이 가장 많은 어선과 가장 적은 어선을 바르게 연결한 것은?

〈정보〉

○ 감척지원금=어선 잔존가치+(평년수익액×3)+(선원 수×선원당 월 통상임금 고시액×6)
○ 선원당 월 통상임금 고시액: 5백만 원/명

〈표〉 감척지원금 신청 어선 현황

(단위: 백만 원, 명)

어선	어선 잔존가치	평년수익액	선원 수
A	170	60	6
B	350	80	8
C	200	150	10
D	50	40	3

	가장 많은 어선	가장 적은 어선
①	A	B
②	A	C
③	B	A
④	B	D
⑤	C	D

문 5. 다음은 2022년과 2023년 '갑'국 주택소유통계에 관한 자료이다. 제시된 〈표〉와 〈정보〉 이외에 〈보고서〉를 작성하기 위해 추가로 필요한 자료만을 〈보기〉에서 모두 고르면?

〈표〉 2022년과 2023년 주택소유 가구 수

(단위: 만 가구)

연도	2022	2023
주택소유 가구 수	1,146	1,173

〈정보〉

$$\text{가구 주택소유율(\%)} = \frac{\text{주택소유 가구 수}}{\text{가구 수}} \times 100$$

〈보고서〉

'갑'국의 주택 수는 2022년 1,813만 호에서 2023년 1,853만 호로 2.2% 증가하였다. 개인소유 주택 수는 2022년 1,569만 호에서 2023년 1,597만 호로 1.8% 증가하였다. 주택소유 가구 수는 2022년 1,146만 가구에서 2023년 1,173만 가구로 2.4% 증가하였지만, 가구 주택소유율은 2022년 56.3%에서 2023년 56.0%로 감소하였다. 2023년 지역별 가구 주택소유율을 살펴보면, 상위 3개 지역은 A(64.4%), B(63.0%), C(61.0%)로 나타났다.

〈보기〉

ㄱ. 2019～2023년 '갑'국 주택 수 및 개인소유 주택 수

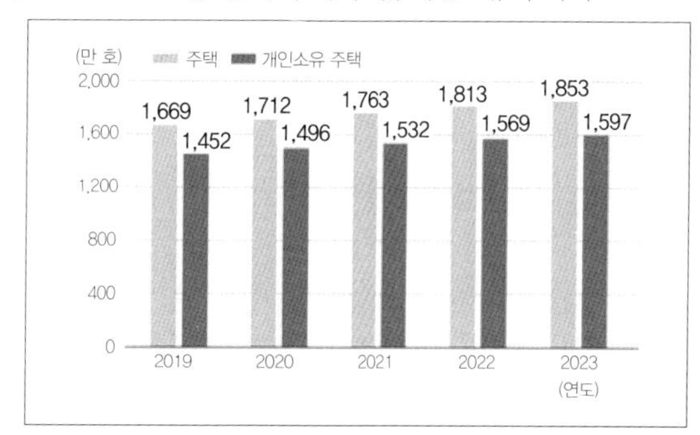

ㄴ. 2022년과 2023년 '갑'국 가구 수

(단위: 만 가구)

연도	2022	2023
가구 수	2,034	2,093

ㄷ. 2023년 '갑'국 지역별 가구 주택소유율 상위 3개 지역

(단위: %)

지역	A	B	C
가구 주택소유율	64.4	63.0	61.0

ㄹ. 2023년 '갑'국 가구주 연령대별 가구 주택소유율

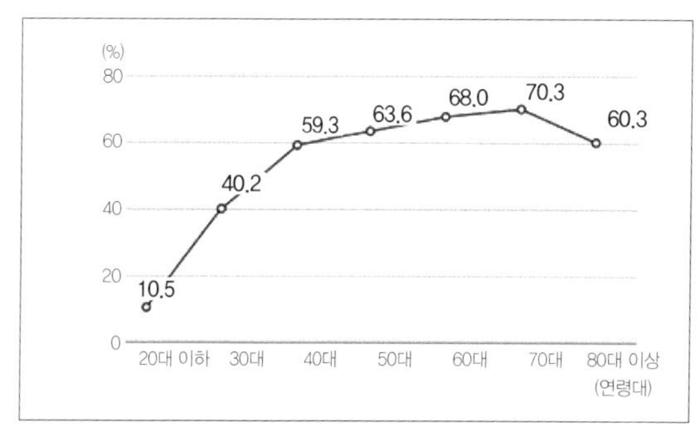

① ㄱ, ㄴ
② ㄱ, ㄹ
③ ㄴ, ㄷ
④ ㄴ, ㄹ
⑤ ㄱ, ㄴ, ㄷ

문 6. 다음은 '갑'국이 구매를 고려 중인 A~E전투기의 제원과 평가방법에 관한 자료이다. 이를 근거로 A~E 중 '갑'국이 구매할 전투기를 고르면?

〈표〉 A~E전투기의 평가항목별 제원

(단위: 마하, 개, km, 억 달러)

평가항목 \ 전투기	A	B	C	D	E
최고속력	3.0	1.5	2.5	2.0	2.7
미사일 탑재 수	12	14	9	10	8
항속거리	1,400	800	1,200	1,250	1,500
가격	1.4	0.8	0.9	0.7	1.0
공중급유	가능	가능	불가능	가능	불가능
자체수리	불가능	가능	불가능	가능	가능

〈평가방법〉

○ 평가항목 중 최고속력, 미사일 탑재 수, 항속거리, 가격은 평가항목별로 전투기 간 상대평가를 하여 가장 우수한 전투기부터 5점, 4점, 3점, 2점, 1점 순으로 부여한다.
○ 최고속력은 높을수록, 미사일 탑재 수는 많을수록, 항속거리는 길수록, 가격은 낮을수록 전투기가 우수하다고 평가한다.
○ 평가항목 중 공중급유와 자체수리는 평가항목별로 '가능'이면 1점, '불가능'이면 0점을 부여한다.
○ '갑'국은 평가항목 점수의 합이 가장 큰 전투기를 구매한다. 단, 동점일 경우 그중에서 가격이 가장 낮은 전투기를 구매한다.

① A
② B
③ C
④ D
⑤ E

문 7. 다음 〈표〉는 2023년 '갑'국에서 배달대행과 퀵서비스 업종에 종사하는 운전자 실태에 관한 자료이다. 제시된 〈표〉 이외에 〈보고서〉를 작성하기 위해 추가로 필요한 자료만을 〈보기〉에서 모두 고르면?

〈표 1〉 운전자 연령대 구성비 및 평균 연령

(단위: %, 세)

업종 \ 구분	연령대					평균 연령
	20대 이하	30대	40대	50대	60대 이상	
배달대행	40.0	36.1	17.8	5.4	0.7	33.2
퀵서비스	0.0	3.1	14.1	36.4	46.4	57.8

〈표 2〉 이륜자동차 운전 경력 및 서비스 제공 경력의 평균

(단위: 년)

구분 \ 업종	배달대행	퀵서비스
이륜자동차 운전 경력	7.4	19.8
서비스 제공 경력	2.8	13.7

〈표 3〉 일평균 근로시간 및 배달건수

(단위: 시간, 건)

구분 \ 업종	배달대행	퀵서비스
근로시간	10.8	9.8
운행시간	8.5	6.1
운행 외 시간	2.3	3.7
배달건수	41.5	15.1

〈보고서〉

'갑'국에서 배달대행과 퀵서비스 업종에 종사하는 운전자 실태를 조사한 결과는 다음과 같다. 두 업종 모두 이륜자동차를 이용하여 유사한 형태의 서비스를 제공하지만, 운전자 특성에는 큰 차이가 있었다. 우선, 운전자 평균 연령은 퀵서비스가 57.8세로 배달대행 33.2세보다 높았다. 이는 배달대행은 30대 이하 운전자 비중이 전체의 70% 이상이지만 퀵서비스는 50대 이상 운전자가 전체의 80% 이상을 차지하기 때문이다. 운전자의 이륜자동차 운전 경력의 평균과 서비스 제공 경력의 평균도 각각 퀵서비스가 배달대행에 비해 10년 이상 길었다. 한편, 운전자가 배달대행이나 퀵서비스 시장에 진입하기 위해서는 이륜자동차 구입 비용이 소요되는데, 신차와 중고차 구입 각각에서 배달대행이 퀵서비스보다 평균 구입 비용이 높았다. 또한, 운행시간과 운행 외 시간을 합한 일평균 근로시간은 배달대행이 퀵서비스보다 1.0시간 길었고, 월평균 근로일수도 배달대행이 퀵서비스보다 3일 이상 많은 것으로 나타났다.

〈보기〉

ㄱ. 이륜자동차 운전 경력 구성비

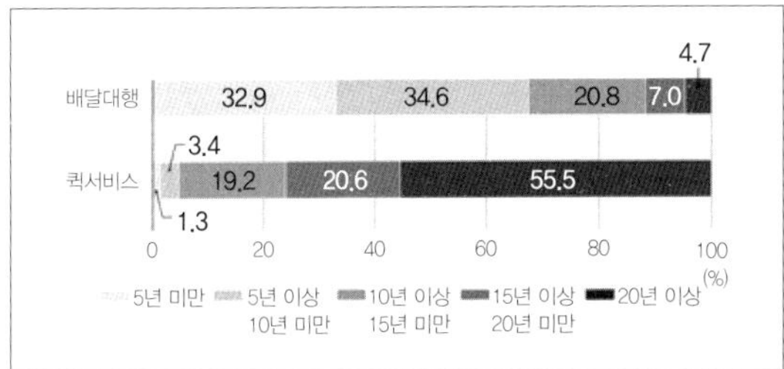

ㄴ. 서비스 제공 경력 구성비

(단위: %)

경력 / 업종	5년 미만	5년 이상 10년 미만	10년 이상 15년 미만	15년 이상 20년 미만	20년 이상	전체
배달대행	81.9	15.8	2.3	0.0	0.0	100
퀵서비스	14.8	11.3	26.8	14.1	33.0	100

ㄷ. 배달대행 및 퀵서비스 시장 진입을 위한 이륜자동차 평균 구입 비용

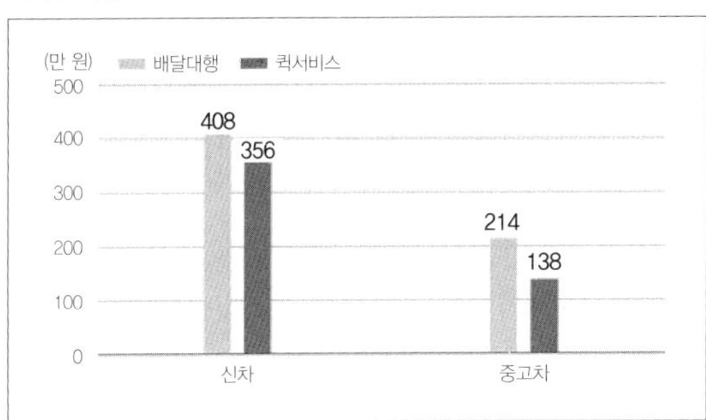

ㄹ. 월평균 근로일수

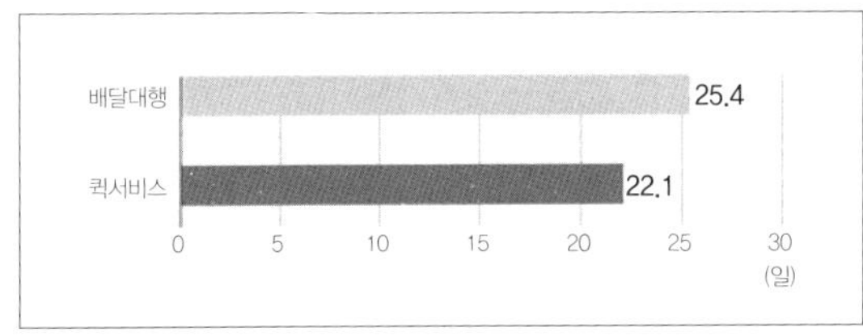

① ㄱ, ㄴ

② ㄴ, ㄷ

③ ㄷ, ㄹ

④ ㄱ, ㄴ, ㄹ

⑤ ㄱ, ㄷ, ㄹ

문 8. 다음은 2023년 '갑'국 주요 10개 업종의 특허출원 현황에 관한 자료이다. 이를 근거로 A~C에 해당하는 업종을 바르게 연결한 것은?

〈표〉 주요 10개 업종의 기업규모별 특허출원건수 및 특허출원기업 수

(단위: 건, 개)

구분 / 업종	기업규모별 특허출원건수			특허출원 기업 수
	대기업	중견기업	중소기업	
A	25,234	1,575	4,730	1,725
전기장비	6,611	501	3,265	1,282
기계	1,314	1,870	5,833	2,360
출판	204	345	8,041	2,550
자동차	5,460	1,606	1,116	617
화학제품	2,978	917	2,026	995
의료	52	533	2,855	1,019
B	18	115	3,223	1,154
건축	113	167	2,129	910
C	29	7	596	370

※기업규모는 '대기업', '중견기업', '중소기업'으로만 구분됨.

〈정보〉

○ '중소기업' 특허출원건수가 해당 업종 전체 기업 특허출원건수의 90% 이상인 업종은 '연구개발', '전문서비스', '출판'이다.

○ '대기업' 특허출원건수가 '중견기업'과 '중소기업' 특허출원건수 합의 2배 이상인 업종은 '전자부품', '자동차'이다.

○ 특허출원기업당 특허출원건수는 '연구개발'이 '전문서비스'보다 많다.

	A	B	C
①	연구개발	전자부품	전문서비스
②	전자부품	연구개발	전문서비스
③	전자부품	전문서비스	연구개발
④	전문서비스	연구개발	전자부품
⑤	전문서비스	전자부품	연구개발

문 9. 다음 〈표〉는 2018~2023년 짜장면 가격 및 가격지수와 짜장면 주재료 품목의 판매단위당 가격에 관한 자료이다. 이에 대한 설명으로 옳은 것은?

〈표 1〉 2018~2023년 짜장면 가격 및 가격지수

(단위: 원)

구분 \ 연도	2018	2019	2020	2021	2022	2023
가격	5,011	5,201	5,276	5,438	6,025	( )
가격지수	95.0	98.6	100	103.1	114.2	120.6

※가격지수는 2020년 짜장면 가격을 100으로 할 때, 해당 연도 짜장면 가격의 상대적인 값임.

〈표 2〉 2018~2023년 짜장면 주재료 품목의 판매단위당 가격

(단위: 원)

품목	판매단위 \ 연도	2018	2019	2020	2021	2022	2023
춘장	14kg	26,000	27,500	27,500	33,000	34,500	34,500
식용유	900mL	3,890	3,580	3,980	3,900	4,600	5,180
밀가루	1kg	1,280	1,280	1,280	1,190	1,590	1,880
설탕	1kg	1,630	1,680	1,350	1,790	1,790	1,980
양파	2kg	2,250	3,500	5,000	8,000	5,000	6,000
청오이	2kg	4,000	8,000	8,000	10,000	10,000	15,000
돼지고기	600g	10,000	10,000	10,000	13,000	15,000	13,000

※ 짜장면 주재료 품목은 제시된 7개뿐임.

① 짜장면 가격지수가 80.0이면 짜장면 가격은 4,000원 이하이다.

② 2023년 짜장면 가격은 2018년에 비해 20% 이상 상승하였다.

③ 2018년에 비해 2023년 판매단위당 가격이 2배 이상인 짜장면 주재료 품목은 1개이다.

④ 2020년에 식용유 1,800mL, 밀가루 2kg, 설탕 2kg의 가격 합계는 15,000원 이상이다.

⑤ 매년 판매단위당 가격이 상승한 짜장면 주재료 품목은 2개 이상이다.

문 10. 다음 〈표〉는 2017~2023년 '갑'국의 '어린이 안전 체험 교실' 사업 운영 현황에 관한 자료이다. 이를 바탕으로 작성한 〈보고서〉의 A~C에 해당하는 내용을 바르게 연결한 것은?

〈표〉 2017~2023년 '어린이 안전 체험 교실' 사업 운영 현황

(단위: 개, 회, 명)

연도 \ 구분	참여 자치 단체 수	운영 횟수	교육 참여 어린이 수	교육 참여 학부모 수	자원 봉사자 수
2017	9	11	10,265	6,700	2,083
2018	15	30	73,060	19,465	1,600
2019	14	38	55,780	15,785	2,989
2020	18	35	58,680	13,006	2,144
2021	19	39	61,380	11,660	2,568
2022	17	38	59,559	9,071	2,406
2023	18	40	72,261	8,619	2,071

〈보고서〉

안전 체험 시설이 없는 지역으로 찾아가는 '어린이 안전 체험 교실' 사업이 2017년부터 2023년까지 운영되었다. 해당 기간 동안 참여 자치 단체 수, 운영 횟수 등이 변화하였는데 그중 참여 자치 단체 수와 교육 참여 [A] 수의 전년 대비 증감 방향은 매년 같았다.

2021년은 사업 기간 중 참여 자치 단체 수가 가장 많았던 해로 2020년보다 운영 횟수와 교육 참여 어린이 수가 늘었다. 운영 횟수당 교육 참여 어린이 수는 2021년이 2020년보다 [B].

본 사업에 자원봉사자도 꾸준히 참여하였다. 2019년에는 사업 기간 중 가장 많은 자원봉사자가 참여하였다. 자원봉사자당 교육 참여 어린이 수는 2019년이 2017년보다 [C].

	A	B	C
①	어린이	많았다	많았다
②	어린이	적었다	많았다
③	어린이	적었다	적었다
④	학부모	많았다	적었다
⑤	학부모	적었다	적었다

문 11. 다음 〈표〉는 2019~2023년 '갑'국의 항공편 지연 및 결항에 관한 자료이다. 이에 대한 〈보기〉의 설명 중 옳은 것만을 모두 고르면?

〈표 1〉 2019~2023년 항공편 지연 현황

(단위: 편)

분기	월	국내선 2019	국내선 2020	국내선 2021	국내선 2022	국내선 2023	국제선 2019	국제선 2020	국제선 2021	국제선 2022	국제선 2023
1	1	0	0	0	0	0	1	0	0	1	0
	2	0	0	0	0	0	0	0	0	0	2
	3	0	0	0	0	0	6	0	0	0	0
2	4	0	0	0	0	0	0	0	2	0	1
	5	1	0	0	0	0	5	0	0	1	0
	6	0	0	0	0	0	0	0	10	11	1
3	7	40	0	0	3	68	53	23	11	83	55
	8	3	0	0	3	1	27	58	61	111	50
	9	0	0	0	0	161	7	48	46	19	368
4	10	0	93	0	23	32	21	45	44	98	72
	11	0	0	0	1	0	0	0	0	5	11
	12	0	0	0	0	0	2	1	6	0	17
전체		44	93	0	30	262	122	175	180	329	577

〈표 2〉 2019~2023년 항공편 결항 현황

(단위: 편)

분기	월	국내선 2019	국내선 2020	국내선 2021	국내선 2022	국내선 2023	국제선 2019	국제선 2020	국제선 2021	국제선 2022	국제선 2023
1	1	0	0	0	0	0	0	0	0	0	0
	2	0	0	0	0	0	0	0	0	0	14
	3	0	0	0	0	0	0	0	0	0	0
2	4	1	0	0	0	0	0	0	0	0	0
	5	6	0	0	0	0	10	0	0	0	0
	6	0	0	0	0	0	0	0	0	1	0
3	7	311	0	0	187	507	93	11	5	162	143
	8	62	0	0	1,008	115	39	11	71	127	232
	9	0	0	4	0	1,351	16	30	42	203	437
4	10	0	85	0	589	536	4	48	49	112	176
	11	0	0	0	0	0	0	0	0	0	4
	12	0	0	0	0	0	0	4	4	0	22
전체		380	85	4	1,784	2,509	162	104	171	605	1,028

〈보기〉

ㄱ. 2022년 3분기 국제선 지연 편수는 전년 동기 대비 100편 이상 증가하였다.

ㄴ. 2023년 9월의 결항 편수는 국내선이 국제선의 3배 이상이다.

ㄷ. 매년 1월과 3월에는 항공편 결항이 없었다.

① ㄱ

② ㄷ

③ ㄱ, ㄴ

④ ㄴ, ㄷ

⑤ ㄱ, ㄴ, ㄷ

문 12. 다음 〈표〉는 2022학년도 '갑'대학교 졸업생의 취업 및 진학 현황에 관한 자료이다. 이에 대한 설명으로 옳지 않은 것은?

〈표〉 2022학년도 '갑'대학교 졸업생의 취업 및 진학 현황

(단위: 명, %)

계열 \ 구분	졸업생 수	취업자 수	취업률	진학자 수	진학률
A	800	500	( )	60	7.5
B	700	400	57.1	50	7.1
C	500	200	40.0	40	( )
전체	2,000	1,100	55.0	150	7.5

※ 1) 취업률(%) = $\frac{\text{취업자 수}}{\text{졸업생 수}} \times 100$

2) 진학률(%) = $\frac{\text{진학자 수}}{\text{졸업생 수}} \times 100$

3) 진로 미결정 비율(%) = 100 − (취업률 + 진학률)

① 취업률은 A계열이 B계열보다 높다.

② 진로 미결정 비율은 B계열이 C계열보다 낮다.

③ 진학자 수만 계열별로 20%씩 증가한다면, 전체의 진학률은 10% 이상이 된다.

④ 취업자 수만 계열별로 10%씩 증가한다면, 전체의 취업률은 60% 이상이 된다.

⑤ 진학률은 A~C계열 중 C계열이 가장 높다.

문 13. 다음 〈그림〉은 오이와 고추의 재배방식별 파종, 정식, 수확 가능 시기에 관한 자료이다. 이에 대한 설명으로 옳지 않은 것은?

〈그림〉 오이와 고추의 재배방식별 파종, 정식, 수확 가능 시기

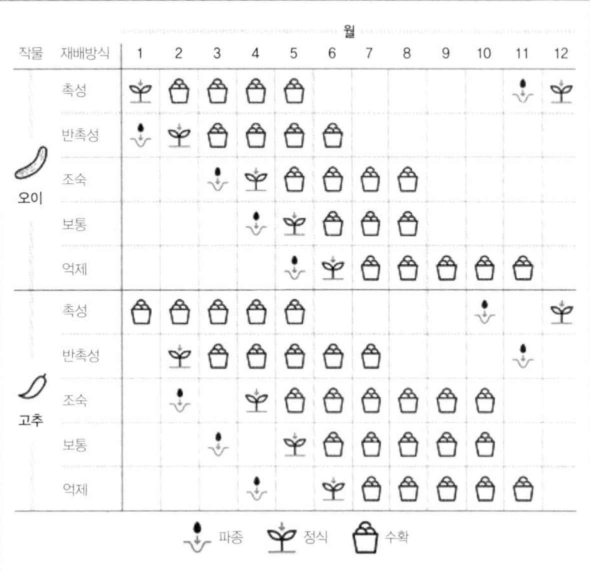

① '촉성' 재배방식에서 정식이 가능한 달의 수는 오이가 고추보다 많다.

② 고추의 각 재배방식에서 파종 가능 시기와 정식 가능 시기의 차이는 1개월 이상이다.

③ 오이는 고추보다 정식과 수확이 모두 가능한 달의 수가 더 많다.

④ 고추의 경우, 수확이 가능한 재배방식의 수는 7월이 가장 많다.

⑤ 오이의 재배방식 중 수확이 가능한 달의 수가 가장 적은 것은 '보통'이다.

문 14. 다음 〈표〉는 2019～2023년 '갑'국의 양식 품목별 면허어업 건수에 관한 자료이다. 이에 대한 설명으로 옳은 것은?

〈표〉 2019～2023년 양식 품목별 면허어업 건수

(단위: 건)

양식 품목 \ 연도	2019	2020	2021	2022	2023
김	781	837	853	880	812
굴	1,292	1,314	1,317	1,293	1,277
새고막	1,076	1,093	1,096	1,115	1,121
바지락	570	587	576	582	565
미역	802	920	898	882	678
전체	4,521	4,751	4,740	4,752	4,453

※ 양식 품목은 '김', '굴', '새고막', '바지락', '미역'뿐임.

① '김' 면허어업 건수는 매년 증가한다.

② '굴'과 '새고막'의 면허어업 건수 합은 매년 전체의 50% 이상이다.

③ '바지락' 면허어업 건수의 전년 대비 증가율은 2020년이 2022년보다 낮다.

④ '미역' 면허어업 건수는 2023년이 2020년보다 많다.

⑤ 2023년에 면허어업 건수가 전년 대비 증가한 양식 품목은 2개이다.

문 15. 다음은 2019~2022년 우리나라의 원산지별 목재펠릿 수입량에 관한 자료이다. 이를 근거로 A~E국 중 우리나라에 해당하는 국가를 고르면?

〈보고서〉

목재펠릿은 작은 원통형으로 성형한 목재 연료로, 재생 가능한 청정에너지원이며 바이오매스 발전에 사용되고 있다. 2022년 기준 국내 목재펠릿 이용량의 84%가 수입산으로, 전체 수입량은 전년 대비 10% 이상 증가하였다. 매년 전체 목재펠릿 수입량의 절반 이상이 베트남산으로, 베트남에 대한 과도한 의존이 지속되고 있다. 2021년부터 충청남도 서산과 당진에 있는 바이오매스 발전소에 캐나다산 목재펠릿을 공급하면서 캐나다산 목재펠릿 수입이 증가하여 2022년 캐나다산 목재펠릿 수입량은 2019년 대비 30배 이상이 되었다. 또한, 2022년에는 유럽 시장에 수출길이 막힌 러시아산 목재펠릿의 수입량이 크게 증가하여 2022년 기준 러시아산이 우리나라 목재펠릿 수입량 2위를 차지하였다. 인도네시아산 목재펠릿 수입량은 2019년 이후 꾸준히 증가해 2022년에는 말레이시아산 목재펠릿 수입량을 추월하였다.

〈표 1〉 2019~2021년 우리나라의 원산지별 목재펠릿 수입량

(단위: 천 톤)

원산지 / 연도	베트남	말레이시아	캐나다	인도네시아	러시아	기타	전체
2019	1,941	520	11	239	99	191	3,001
2020	1,912	508	52	303	165	64	3,004
2021	2,102	406	329	315	167	39	3,358

〈표 2〉 2022년 A~E국의 원산지별 목재펠릿 수입량

(단위: 천 톤)

원산지 / 국가	베트남	말레이시아	캐나다	인도네시아	러시아	기타	전체
A	2,201	400	348	416	453	102	3,920
B	2,245	453	346	400	416	120	3,980
C	2,264	416	400	346	453	106	3,985
D	2,022	322	346	416	400	40	3,546
E	2,010	346	322	400	416	142	3,636

① A
② B
③ C
④ D
⑤ E

문 16. 다음 〈표〉는 2017~2022년 '갑'시 공공한옥시설의 유형별 현황에 관한 자료이다. 이에 대한 〈보기〉의 설명 중 옳은 것만을 모두 고르면?

〈표〉 2017~2022년 '갑'시 공공한옥시설의 유형별 현황

(단위: 개소)

연도 / 유형	2017	2018	2019	2020	2021	2022
문화전시시설	8	8	10	11	12	12
전통공예시설	14	14	11	10	( )	9
주민이용시설	3	3	5	6	8	8
주거체험시설	0	0	1	3	4	( )
한옥숙박시설	2	2	( )	0	0	0
전체	27	27	28	30	34	34

※ 공공한옥시설의 유형은 '문화전시시설', '전통공예시설', '주민이용시설', '주거체험시설', '한옥숙박시설'로만 구분됨.

〈보기〉

ㄱ. '전통공예시설'과 '한옥숙박시설'의 전년 대비 증감 방향은 매년 같다.
ㄴ. 전체 공공한옥시설 중 '문화전시시설'의 비율은 매년 20% 이상이다.
ㄷ. 2020년 대비 2022년 공공한옥시설의 유형별 증가율은 '주거체험시설'이 '주민이용시설'의 2배이다.
ㄹ. '한옥숙박시설'이 '주거체험시설'보다 많은 해는 2017년과 2018년뿐이다.

① ㄱ, ㄴ
② ㄴ, ㄷ
③ ㄴ, ㄹ
④ ㄱ, ㄷ, ㄹ
⑤ ㄴ, ㄷ, ㄹ

문 17. 다음 〈그림〉은 2015~2023년 '갑'국의 해외직접투자 규모와 최저개발국 직접투자 비중에 관한 자료이다. 이에 대한 설명으로 옳은 것은?

〈그림〉 해외직접투자 규모와 최저개발국 직접투자 비중

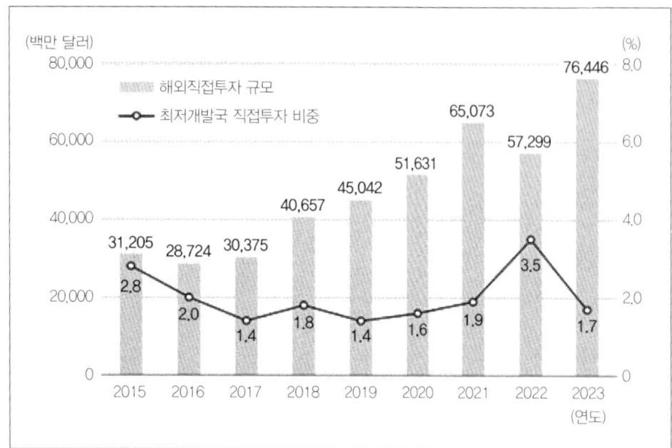

※최저개발국 직접투자 비중(%) = $\frac{\text{최저개발국 직접투자 규모}}{\text{해외직접투자 규모}} \times 100$

① 최저개발국 직접투자 규모는 2023년이 2015년보다 크다.
② 2021년 최저개발국 직접투자 비중은 전년보다 감소하였다.
③ 2018년 최저개발국 직접투자 규모는 10억 달러 이상이다.
④ 2023년 해외직접투자 규모는 전년 대비 40% 이상 증가하였다.
⑤ 2017년에 해외직접투자 규모와 최저개발국 직접투자 비중 모두 전년 대비 증가하였다.

문 18. 다음 〈표〉는 '갑'국의 가맹점 수 기준 상위 5개 편의점 브랜드 현황에 관한 자료이다. 이에 대한 〈보기〉의 설명 중 옳은 것만을 모두 고르면?

〈표〉 가맹점 수 기준 상위 5개 편의점 브랜드 현황

(단위: 개, 천 원/개, 천 원/m²)

순위	브랜드	가맹점 수	가맹점당 매출액	가맹점 면적당 매출액
1	A	14,737	583,999	26,089
2	B	14,593	603,529	32,543
3	C	10,294	465,042	25,483
4	D	4,082	414,841	12,557
5	E	787	559,684	15,448

※ 가맹점 면적당 매출액(천 원/m^2) = $\frac{\text{해당 브랜드 전체 가맹점 매출액의 합}}{\text{해당 브랜드 전체 가맹점 면적의 합}}$

〈보기〉

ㄱ. '갑'국의 전체 편의점 가맹점 수가 5만 개라면 편의점 브랜드 수는 최소 14개이다.
ㄴ. A~E 중, 가맹점당 매출액이 가장 큰 브랜드가 전체 가맹점 매출액의 합도 가장 크다.
ㄷ. A~E 중, 해당 브랜드 전체 가맹점 면적의 합이 가장 작은 편의점 브랜드는 E이다.

① ㄱ
② ㄴ
③ ㄷ
④ ㄴ, ㄷ
⑤ ㄱ, ㄴ, ㄷ

문 19. 다음 〈표〉는 2023년 '갑'시 소각시설 현황에 관한 자료이다. 이에 대한 설명으로 옳은 것은?

〈표〉 2023년 '갑'시 소각시설 현황

(단위: 톤/일, 톤, 명)

소각시설	시설용량	연간소각실적	관리인원
전체	2,898	689,052	314
A	800	163,785	66
B	48	12,540	34
C	750	169,781	75
D	400	104,176	65
E	900	238,770	74

※시설용량은 1일 가동 시 소각할 수 있는 최대량임.

① '연간소각실적'이 많은 소각시설일수록 '관리인원'이 많다.
② '시설용량' 대비 '연간소각실적' 비율이 가장 높은 소각시설은 E이다.
③ '연간소각실적'은 A가 D의 1.5배 이하이다.
④ C의 '시설용량'은 전체 '시설용량'의 30% 이상이다.
⑤ B의 2023년 가동 일수는 250일 미만이다.

[20～21] 다음 〈표〉는 2019～2023년 '갑'국 및 A지역의 식량작물 생산 현황에 관한 자료이다. 다음 물음에 답하시오.

〈표 1〉 2019～2023년 식량작물 생산량

(단위: 톤)

구분 \ 연도	2019	2020	2021	2022	2023
'갑'국 전체	4,397,532	4,374,899	4,046,574	4,456,952	4,331,597
A지역 전체	223,472	228,111	203,893	237,439	221,271
미곡	153,944	150,901	127,387	155,501	143,938
맥류	270	369	398	392	201
잡곡	29,942	23,823	30,972	33,535	30,740
두류	9,048	10,952	9,560	10,899	10,054
서류	30,268	42,066	35,576	37,112	36,338

〈표 2〉 2019～2023년 식량작물 생산 면적

(단위: ha)

구분 \ 연도	2019	2020	2021	2022	2023
'갑'국 전체	924,470	924,291	906,106	905,034	903,885
A지역 전체	46,724	47,446	46,615	47,487	46,542
미곡	29,006	28,640	28,405	28,903	28,708
맥류	128	166	177	180	98
잡곡	6,804	6,239	6,289	6,883	6,317
두류	5,172	5,925	5,940	5,275	5,741
서류	5,614	6,476	5,804	6,246	5,678

※A지역 식량작물은 미곡, 맥류, 잡곡, 두류, 서류뿐임.

문 20. 위 〈표〉에 대한 설명으로 옳지 않은 것은?

① 2023년 식량작물 생산량의 전년 대비 감소율은 A지역 전체가 '갑'국 전체보다 낮다.
② 2019년 대비 2023년 생산량 증감률이 가장 큰 A지역 식량작물은 맥류이다.
③ 미곡은 매년 A지역 전체 식량작물 생산 면적의 절반 이상을 차지한다.
④ 2023년 생산 면적당 생산량이 가장 많은 A지역 식량작물은 서류이다.
⑤ A지역 전체 식량작물 생산량과 A지역 전체 식량작물 생산 면적의 전년 대비 증감 방향은 매년 같다.

문 21. 위 〈표〉를 이용하여 작성한 〈보기〉의 자료 중 옳은 것만을 모두 고르면?

〈보기〉

ㄱ. 2020～2023년 '갑'국 전체 식량작물 생산 면적의 전년 대비 감소량

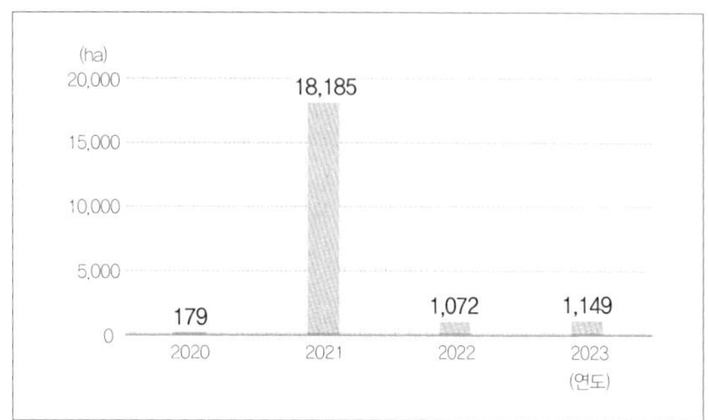

ㄴ. 연도별 A지역 잡곡, 두류, 서류 생산량

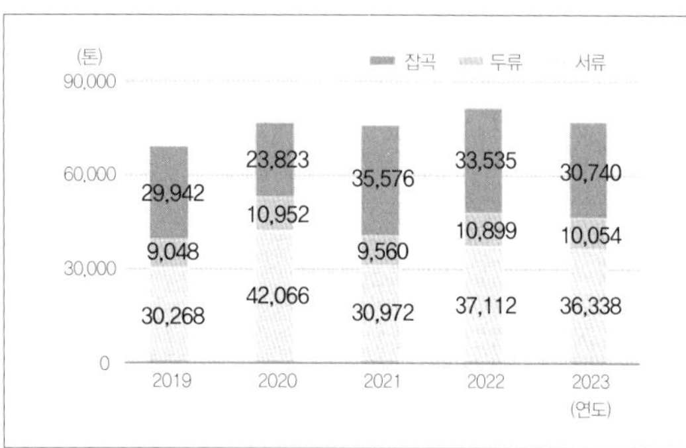

ㄷ. 2019년 대비 연도별 A지역 맥류 생산 면적 증가율

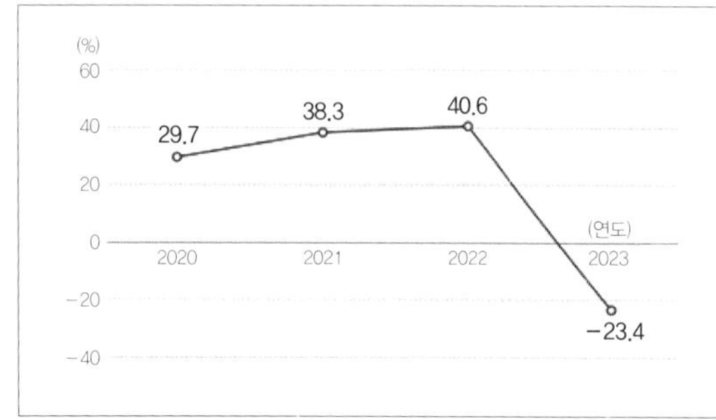

ㄹ. 2023년 A지역 식량작물 생산량 구성비

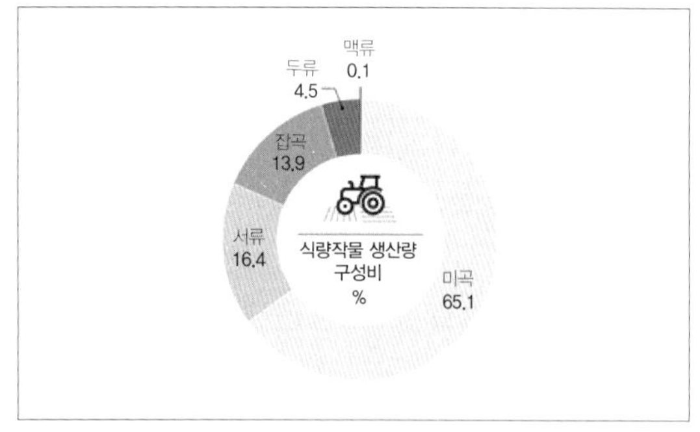

① ㄱ, ㄴ
② ㄱ, ㄷ
③ ㄴ, ㄹ
④ ㄱ, ㄷ, ㄹ
⑤ ㄴ, ㄷ, ㄹ

문 22. 다음 〈표〉는 2022년 3월 기준 '갑'시 A~L동의 지방소멸위험지수 및 지방소멸위험 수준에 관한 자료이다. 이에 대한 설명으로 옳지 않은 것은?

〈표 1〉 2022년 3월 기준 '갑'시 A~L동의 지방소멸위험지수

(단위: 명)

동	총인구	65세 이상 인구	20~39세 여성 인구	지방소멸 위험지수
A	14,056	2,790	1,501	0.54
B	23,556	3,365	( )	0.88
C	29,204	3,495	3,615	1.03
D	21,779	3,889	2,614	0.67
E	11,224	2,300	1,272	( )
F	16,792	2,043	2,754	1.35
G	19,163	2,469	3,421	1.39
H	27,146	4,045	4,533	1.12
I	23,813	2,656	4,123	( )
J	29,649	5,733	3,046	0.53
K	36,326	7,596	3,625	( )
L	15,226	2,798	1,725	0.62

※ 지방소멸위험지수 $= \frac{\text{20~39세 여성 인구}}{\text{65세 이상 인구}}$

〈표 2〉 지방소멸위험 수준

지방소멸위험지수	지방소멸위험 수준
1.5 이상	저위험
1.0 이상 1.5 미만	보통
0.5 이상 1.0 미만	주의
0.5 미만	위험

① 지방소멸위험 수준이 '주의'인 동은 5곳이다.
② '20~39세 여성 인구'는 B동이 G동보다 적다.
③ 지방소멸위험지수가 가장 높은 동의 '65세 이상 인구'는 해당 동 '총인구'의 10% 이상이다.
④ '총인구'가 가장 많은 동은 지방소멸위험지수가 가장 낮다.
⑤ 지방소멸위험 수준이 '보통'인 동의 '총인구' 합은 90,000명 이상이다.

문 23. 다음 〈표〉는 2023년 '갑'국의 생활계 폐기물 처리실적에 관한 자료이다. 이에 대한 설명으로 옳은 것은?

〈표〉 2023년 처리방법별, 처리주체별 생활계 폐기물 처리실적

(단위: 만 톤)

처리주체 \ 처리방법	재활용	소각	매립	기타	합
공공	403	447	286	7	1,143
자가	14	5	1	1	21
위탁	870	113	4	119	1,106
계	1,287	565	291	127	2,270

① 전체 처리실적 중 '매립'의 비율은 15% 이상이다.
② 기타를 제외하고, 각 처리방법에서 처리실적은 '공공'이 '위탁'보다 많다.
③ 각 처리주체에서 '매립'의 비율은 '공공'이 '자가'보다 높다.
④ 처리주체가 '위탁'인 생활계 폐기물 중 '재활용'의 비율은 75% 이하이다.
⑤ '소각' 처리 생활계 폐기물 중 '공공'의 비율은 90% 이상이다.

문 24. 다음 자료는 2020～2023년 우리나라 시도 행정심판위원회 사건 처리 현황이다. 이에 대한 〈보고서〉의 설명 중 옳은 것만을 모두 고르면?

〈표〉 2020～2022년 시도 행정심판위원회 인용률

(단위: %)

시도 \ 연도	2020	2021	2022
서울	18.4	15.9	16.3
부산	22.6	15.9	12.8
대구	35.9	39.9	38.4
인천	33.3	36.0	38.1
광주	22.2	30.6	36.0
대전	28.1	47.7	35.8
울산	33.0	38.1	50.9
세종	7.7	16.7	0.0
경기	23.3	19.6	22.3
강원	21.4	14.1	18.2
충북	23.6	28.5	24.3
충남	26.7	19.9	23.1
전북	31.7	34.0	22.1
전남	36.2	34.5	23.8
경북	10.6	23.3	22.9
경남	18.5	25.7	12.4
제주	31.6	25.3	26.2

※ 인용률(%) = $\frac{\text{인용 건수}}{\text{처리 건수}} \times 100$

〈그림〉 2022년과 2023년 시도 행정심판위원회 처리 건수 상위 5개 시도 현황

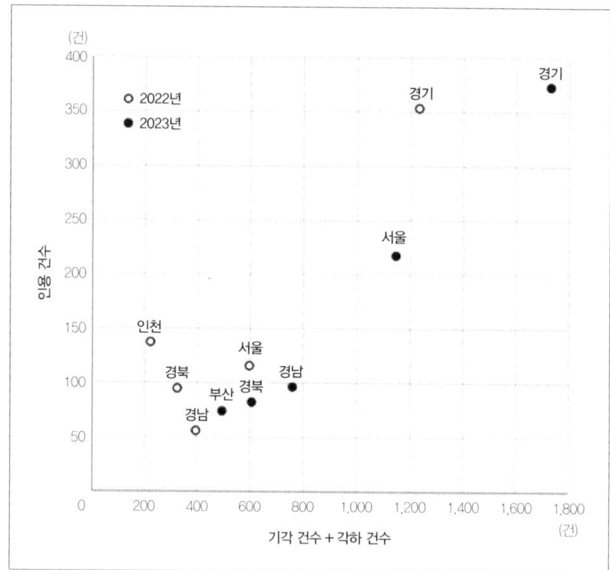

※ 처리 건수 = 인용 건수 + 기각 건수 + 각하 건수

〈보고서〉

2023년 우리나라 시도 행정심판위원회 처리 건수 상위 5개 시도는 경기, 서울, 경남, 경북, 부산이었다. 2022년에는 인천이 처리 건수 362건으로 상위 5개 시도에 속했으나, 2023년 부산에 자리를 넘겨주었다. 또한, ㉠2023년 처리 건수 상위 5개 시도의 처리 건수는 각각 전년 대비 증가하였다. 인용 건수를 살펴보면, ㉡2023년 처리 건수가 가장 많은 시도의 2023년 인용 건수는 2022년 인용률이 가장 높은 시도의 2022년 인용 건수의 1.5배 이상이다. 인용률을 살펴보면, ㉢2020년부터 2023년까지 인용률이 매년 감소한 시도는 3개이다.

① ㄱ

② ㄴ

③ ㄷ

④ ㄱ, ㄴ

⑤ ㄱ, ㄴ, ㄷ

문 25. 다음 〈표〉는 A회사 전체 임직원 100명의 직급별 인원과 시간당 임금에 관한 자료이다. 이에 대한 〈보기〉의 설명 중 옳은 것만을 모두 고르면?

〈표〉 A회사의 직급별 임직원 수와 시간당 임금

(단위: 명, 원)

직급 \ 구분	임직원 수	시간당 임금					
		평균	최저	Q1	중간값	Q3	최고
공장 관리직	4	25,000	15,000	15,000	25,000	30,000	( )
공장 생산직	52	21,500	12,000	20,500	23,500	26,500	31,000
본사 임원	8	( )	24,000	25,600	48,000	48,000	55,000
본사 직원	36	22,000	11,500	16,800	23,500	27,700	29,000

※ 1) 해당 직급 임직원의 시간당 임금을 낮은 값부터 순서대로 나열하여 4등분한 각 집단을 나열 순서에 따라 1분위, 2분위, 3분위, 4분위로 정함.
2) Q1과 Q3은 각각 1분위와 3분위에 속한 값 중 가장 높은 값임.
3) 해당 직급 임직원 수가 짝수인 경우, 중간값은 2분위에 속한 값 중 가장 높은 값과 3분위에 속한 값 중 가장 낮은 값의 평균임.

〈보기〉

ㄱ. 공장 관리직의 '시간당 임금' 최고액은 35,000원이다.
ㄴ. '시간당 임금'이 같은 본사 임원은 3명 이상이다.
ㄷ. 본사 임원의 '시간당 임금' 평균은 40,000원 이상이다.
ㄹ. '시간당 임금'이 23,000원 이상인 임직원은 50명 미만이다.

① ㄱ, ㄴ
② ㄱ, ㄹ
③ ㄴ, ㄷ
④ ㄷ, ㄹ
⑤ ㄱ, ㄴ, ㄷ

※ 수고하셨습니다.
※ 기출문제편 맨 마지막에 있는 OMR 카드에 마킹을 하세요.

정답과 분석해설편 ▶ P.32

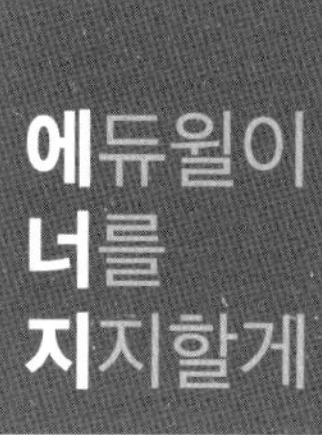

ENERGY

할 수 있다고 믿는
사람은 그렇게 되고

할 수 없다고 믿는
사람 역시 그렇게 된다.

– 샤를 드 골(Charles De Gaulle)

2023년 7월 22일 시행

2023년도 국가공무원 7급 공개경쟁채용 제1차 필기시험

응시번호	
성 명	

문제책형
㉮ 책형

【시 험 과 목】

제1영역	언어논리
제2영역	상황판단
제3영역	자료해석

※ 2022년 시험부터 1교시에는 언어논리 영역과 상황판단 영역이 동시에 치러지며, 2교시에는 자료해석 영역이 치러집니다.

<< 응시자 주의사항 >>

1. 시험시작 전에 시험문제를 열람하는 행위와 시험종료 후 답안지를 작성하는 행위는 공무원임용시험령 제51조에 의거 부정행위자로 처리됩니다.
2. 답안지 책형란의 책형표기는 시험시작 전 문제책 표지 앞면에 인쇄된 책형을 확인한 후 표기하시기 바랍니다.
3. 시험시작 즉시 과목편철 순서, 문제누락 여부, 인쇄상태 이상 유무 및 표지와 개별과목의 문제책형 일치여부 등을 확인한 후 문제책 표지에 응시번호, 성명을 기재합니다.
4. 시험이 시작되면 문제를 주의 깊게 읽은 후, 문항의 취지에 가장 적합한 하나의 정답만을 고르며, 문제내용에 관한 질문은 받지 않습니다.
5. 시험시간관리의 책임은 전적으로 수험생 본인에게 있습니다. 시험감독관의 시험종료 예고시간 고지 안내 및 시험실 내 비치된 시계가 있는 경우라도 시간이 정확하지 않을 수 있으니 본인의 시계로 반드시 확인하시기 바랍니다.

제1영역 언어논리

1초 합격예측! 모바일 성적결과분석표 발급 서비스

QR 코드로 접속하여 문제 풀이 시간을 측정하고, 자동채점 & 성적결과분석 서비스를 통해 지금 바로 실력을 점검해 보세요.
◀ https://eduwill.kr/DXkf

풀이 시간	• 시작: ____시 ____분 ~ 종료: ____시 ____분 • 총 : ____분

문 1. 다음 글에서 알 수 있는 것은?

> 고려 정부는 범죄를 예방하고 사회질서를 유지하기 위하여 여러 가지 방책을 마련하였다. 특히, 수도인 개경은 국왕을 위시하여 정부 관료 등 주요 인사들이 거주하고 있을 뿐 아니라 중요 기관이 밀집된 가장 핵심적인 곳이었다. 그래서 고려 정부는 개경의 중요한 기관과 거점을 지키기 위한 군사 조직을 두었다. 도성 안의 관청과 창고를 지키는 간수군, 도성의 여러 성문을 방어하는 위숙군, 시장이나 시가의 주요 장소에 배치되는 검점군이 그것이다. 간수군을 포함한 이들 세 군사 조직은 본연의 업무뿐 아니라 순찰을 비롯한 도성 안의 치안 활동까지 담당하였다.
>
> 하지만 개경의 도시화가 진전됨에 따라 전문적인 치안 기구의 필요성이 증대되었다. 이에 성종은 개경 시내를 순찰하고 검문을 실시하는 전문적인 치안 조직인 순검군을 조직하였다. 순검군의 설치는 도성을 방위하고 국왕을 지키는 군대의 기능과 도성의 치안 유지를 위한 경찰의 기능이 분리되고 전문화된 것을 의미한다. 기존 군사 조직은 본연의 업무만을 담당하게 되었으며, 순검군은 치안과 질서 유지를 위하여 도성 안에서 순찰 활동, 도적 체포, 비행이나 불법을 저지르는 사람에 대한 단속 등의 활동을 담당하게 되었다.
>
> 그런데 범죄 행위나 정치적 음모, 범죄자의 도피 등은 주로 야간에 많이 일어났다. 이에 정부는 야간 통행을 금지하고 날이 저물면 성문을 닫게 하였으며, 급한 공무나 질병, 출생 등 부득이한 경우에만 사전 신고를 받고 야간에 통행하도록 하였다. 야간 통행이 금지되는 매일 저녁부터 새벽까지 도성 내를 순찰하는 활동, 즉 야경은 순검군의 중요한 업무가 되었다. 순검군은 도성 내의 군사 조직인 간수군, 위숙군, 검점군과 함께 개경의 안전을 책임지는 핵심적인 역할을 수행하였던 것이다.

① 개경은 고려의 다른 어떤 지역보다 범죄 행위가 많이 발생한 곳이었다.
② 순검군이 설치된 이후에도 도성의 성문을 지키는 임무는 위숙군에게 있었다.
③ 야간에 급한 용무로 시내를 통행하려는 사람은 먼저 시가지를 담당하는 검점군에 신고를 하였다.
④ 순검군은 야간 통행이 금지되는 저녁부터 새벽 시간까지 순찰 활동을 하며 성문 방어에도 투입되었다.
⑤ 순검군의 설치 이후에 간수군을 비롯한 개경의 세 군사 조직은 군대의 기능과 경찰의 기능을 모두 수행하였다.

문 2. 다음 글의 내용과 부합하는 것은?

> 고려 숙종 9년에 여진이 고려 동북면에 있는 정주성을 공격하였다. 고려는 윤관을 보내 여진을 막게 하였으며, 윤관이 이끄는 군대는 정주성 북쪽의 벽등수라는 곳에서 여진과 싸워 이겼다. 이에 여진은 사신을 보내 화의를 요청하였고, 고려는 이를 받아들였다. 그러나 윤관은 전투 과정에서 여진의 기병을 만나 고전하였기 때문에 대책을 세워야 한다고 생각하고, 숙종의 허락을 받아 별무반을 창설하였다. 별무반에는 기병인 신기군과 보병인 신보군, 적의 기병을 활로 막아내는 경궁군 등 다양한 부대가 편성되어 있었다.
>
> 윤관은 숙종의 뒤를 이은 예종 2년에 별무반을 이끌고 여진 정벌에 나섰다. 그는 정주성 북쪽으로 밀고 올라가 여진의 영주, 웅주, 복주, 길주를 점령하고 그곳에 성을 쌓았다. 이듬해 윤관은 정예 병사 8,000여 명을 이끌고 가한촌이라는 곳으로 나아갔다. 그런데 가한촌은 병목 지형이어서 병력을 지휘하기 어려웠다. 여진은 이러한 지형을 이용하여 길 양쪽에 매복하고 있다가 고려군을 기습하였다. 이때 윤관은 큰 위기를 맞이하였지만 멀리서 이를 본 척준경이 10여 명의 결사대를 이끌고 분전한 덕분에 영주로 탈출할 수 있었다. 이후 윤관은 여진의 끈질긴 공격을 물리치면서 함주, 공험진, 의주, 통태진, 평융진에도 성을 쌓아 총 9개의 성을 완성하였다. 윤관이 별무반을 이끌고 출정한 후 여진 지역에 쌓은 성이 모두 9개였기 때문에 그 지역을 동북 9성이라고 부른다.
>
> 하지만 여진은 이후 땅을 되찾기 위하여 여러 차례 웅주와 길주 등을 공격하였다. 윤관이 이끄는 고려군은 가까스로 이를 물리쳤지만, 여진이 성을 둘러싸고 길을 끊는 바람에 고립되는 일이 잦았다. 고려는 윤관 외에도 오연총 등을 파견하여 동북 9성에 대한 방비를 강화하였지만, 전투가 거듭될수록 병사들이 계속 희생되었고 물자 소비도 점점 많아졌다. 그래서 예종 4년에 여진이 자세를 낮추며 강화를 요청했을 때 고려는 이를 받아들이고 여진에 동북 9성 지역을 돌려주기로 하였다.

① 고려는 동북 9성을 방어하는 과정에서 병사들이 계속 희생되고 물자 소비도 늘어났기 때문에 여진의 강화 요청을 받아들였다.
② 오연총은 웅주에 있던 윤관이 여진군에 의해 고립된 사실을 알고 길주로부터 출정하여 그를 구출하였다.
③ 윤관은 여진군과의 끈질긴 전투 끝에 가한촌을 점령하고 그곳에 성을 쌓아 동북 9성을 완성하였다.
④ 척준경은 가한촌 전투에서 패배한 고려군을 이끌고 길주로 후퇴하였다.
⑤ 예종이 즉위하고 다음 해에 신기군과 신보군, 경궁군이 창설되었다.

문 3. 다음 글의 핵심 논지로 가장 적절한 것은?

우리는 보통 먹거리의 생산에 대해서는 책임을 묻는 것이 자연스럽다고 생각하면서도 먹거리의 소비는 책임져야 하는 행위로 생각하지 않는다. 우리는 무엇을 먹을 때 좋아하고 익숙한 것 그리고 싸고, 빠르고, 편리한 것을 찾아서 먹을 뿐이다. 그런데 먹는 일에도 윤리적 책임이 동반된다고 생각해 볼 수 있지 않을까?

먹는 행위를 두고 '잘 먹었다' 혹은 '잘 먹는다'고 말할 때 '잘'을 평가하는 기준은 무엇일까? 신체가 요구하는 영양분을 골고루 섭취하는 것은 생물학적 차원에서 잘 먹는 것이고, 섭취하는 음식을 통해 다양한 감각들을 만족시키며 개인의 취향을 계발하는 것은 문화적인 차원에서 잘 먹는 것이다. 그런데 이 경우들의 '잘'은 윤리적 의미를 띠고 있는 것 같지 않다. 이 두 경우는 먹는 행위를 개인적 경험의 차원으로 축소하기 때문이다.

'잘 먹는다'는 것의 윤리적 차원은 우리의 먹는 행위가 그저 개인적 차원에서 일어나는 일이 아니라, 다른 사람들, 동물들, 식물들, 서식지, 토양 등과 관계를 맺는 행위임을 인식하기 시작할 때 비로소 드러난다. 오늘날 먹거리의 전 지구적인 생산·유통·소비 체계 속에서, 우리는 이들을 경제적 자원으로만 간주하는 특정한 방식으로 이들과 관계를 맺고 있다. 그러한 관계의 방식은 공장식 사육, 심각한 동물 학대, 농약과 화학비료 사용에 따른 토양과 물의 오염, 동식물의 생존에 필수적인 서식지 파괴, 전통적인 농민 공동체의 파괴, 불공정한 노동 착취 등을 동반한다.

우리가 무엇을 어떻게 먹는가 하는 것은 결국 우리가 그런 관계망에 속한 인간이나 비인간 존재를 어떻게 대우하고 있는가를 드러내며, 불가피하게 이러한 관계망의 형성이나 유지 혹은 변화에 기여하게 된다. 우리의 먹는 행위에 따라 이런 관계망의 모습은 바뀔 수도 있다. 그렇기에 이러한 관계들은 먹는 행위를 윤리적 반성의 대상으로 끌어 올린다.

① 윤리적으로 잘 먹기 위해서는 육식을 지양해야 한다.
② 먹는 행위에 대해서도 윤리적 차원을 고려하여야 한다.
③ 건강 증진이나 취향 만족을 위한 먹는 행위는 개인적 차원의 평가 대상일 뿐이다.
④ 먹는 행위는 동물, 식물, 토양 등의 비인간 존재와 인간 사이의 관계를 만들어낸다.
⑤ 먹는 행위를 평가할 때에는 먹거리의 소비자보다 생산자의 윤리적 책임을 더 고려하여야 한다.

문 4. 다음 글의 핵심 논지로 가장 적절한 것은?

지방분권화 시대를 맞아 지역의 균형 발전과 경제 활성화를 함께 도모할 수 있는 방안으로 지역문화콘텐츠의 역할이 강조되고 있다. 이와 관련하여 생태환경, 문화재, 유적지 등의 지역자원을 이용해 지역에 생명을 불어넣고 지역의 특화된 가치를 창출하는 사례가 늘고 있다. 지역문화콘텐츠의 성공은 지역 산업의 동력이 될 뿐 아니라 지역민의 문화향유권 확장에 이바지한다는 점에서도 주목할 만하다.

그러나 지역문화콘텐츠의 전망이 밝기만 한 것은 아니다. 지역 내부의 문제로 우수한 문화자원이 빛을 보지 못하거나 특정 축제를 서로 자기 지역에 유치하기 위한 과잉 경쟁으로 지방자치단체가 몸살을 앓기도 한다. 또한, 불필요한 시설과 인프라 구축, 유사한 콘텐츠의 양산 및 미흡한 활용 등의 문제로 지역 예산을 헛되이 낭비한 사례도 적지 않다.

이러한 문제들이 많아지자, ○○부는 유사·중복 축제 행사를 통폐합하는 지방재정법 시행령과 심사 규칙 개정안을 내놓았다. 이 개정안은 특색 없는 콘텐츠를 정리하고 경쟁력 있는 콘텐츠 개발을 장려하는 것이 주목적이다. 하지만 이러한 방식만으로는 지역문화콘텐츠의 성공을 기대하기 어렵다.

그동안 지역문화 정책과 사업이 새로운 콘텐츠를 발굴·제작하는 데만 주력해 온 탓에 향유의 지속성 측면을 고려하지 못했다. 이로 인해, 관련 사업은 일부 향유자만을 대상으로 하거나 단발적인 제작 지원에 그쳐 지역민의 문화자원 향유가 지속되는 데 어려움이 있었다. 향유자에 초점을 둔 실효성 있는 정책을 실현하려면, 향유의 지속성까지 염두에 두어야 한다. 콘텐츠와 향유자를 잇고, 향유자의 향유 경험을 지속시킬 때 콘텐츠는 영속할 수 있다. 향유자에 의한 콘텐츠의 공유와 확산이 활발하게 이루어지는 향유, 아울러 향유자가 콘텐츠의 소비·매개·재생산의 주체가 되는 향유를 위한 방안이 개발되어야 한다. 이러한 방안을 통해 이미 만들어진 우수한 지역문화콘텐츠의 생명력을 연장하고 콘텐츠 향유의 활성화를 꾀할 수 있다.

① 중앙정부와 지방자치단체의 협력을 통해 지역문화콘텐츠의 경쟁력을 강화해야 한다.
② 새로운 콘텐츠의 발굴과 제작을 통해 지역문화콘텐츠의 생명력을 연장하고 활성화해야 한다.
③ 지역문화콘텐츠를 향유자와 연결하고 향유자의 향유 경험을 지속하게 할 방안을 마련해야 한다.
④ 지역문화콘텐츠 향유자 스스로 자신이 콘텐츠의 소비·매개·재생산의 주체임을 인식해야 한다.
⑤ 지역문화콘텐츠가 지역 산업의 발전과 지역민의 문화 향유 기회 확대에 기여할 수 있도록 중앙정부의 경제적 지원이 증대되어야 한다.

문 5. 다음 글의 내용과 부합하지 않는 것은?

정부는 공공사업 수립·추진 과정에서 사회적 갈등이 예상되는 경우 갈등영향분석을 통해 해결책을 마련하여야 한다. 갈등은 다양한 요인 및 양태 그리고 복잡한 이해관계를 갖고 있다. 따라서 갈등영향분석의 실시 여부는 공공사업의 규모, 유형, 사업 관련 이해집단의 분포 등 다양한 지표들을 고려하여 판단하여야 한다.

갈등영향분석 실시 여부의 대표적인 판단 지표 중 하나는 실시 대상 사업의 경제적 규모이다. 해당 사업을 수행하는 기관장은 예비타당성 조사 실시 기준인 총사업비를 판단 지표로 활용하여 갈등영향분석의 실시 여부를 판단하되, 그 경제적 규모가 실시 기준 이상이라도 갈등 발생 여지가 없거나 미미한 경우에는 갈등관리심의위원회 심의를 거쳐 갈등영향분석을 실시하지 않을 수 있다.

실시 대상 사업의 유형도 갈등영향분석 실시 여부의 판단 지표가 된다. 쓰레기 매립지, 핵폐기물처리장 등 기피 시설의 입지 선정은 지역사회 갈등을 유발하는 대표적 유형이다. 이러한 사업 유형은 경제적 규모와 관계없이 반드시 갈등영향분석이 이루어져야 한다. 해당 사업을 수행하는 기관장은 대상 시설이 기피 시설인지 여부를 판단할 때, 단독으로 판단하지 말고 지역 주민 관점에서 검토할 수 있도록 민간 갈등관리전문가 등의 자문을 거쳐야 한다.

갈등영향분석을 시행하기로 결정했다면, 해당 사업을 수행하는 기관장 주관으로, 갈등관리심의위원회의 자문을 거쳐 해당 사업과 관련된 주요 이해당사자들이 중립적이라고 인정하는 전문가가 갈등영향분석서를 작성하여야 한다. 이렇게 작성된 갈등영향분석서는 반드시 모든 이해당사자들의 회람 후에 해당 기관장에게 보고되고 갈등관리심의위원회에서 심의되어야 한다.

① 정부가 갈등영향분석 실시 여부를 판단할 때 예비타당성 조사 실시 기준인 총사업비를 판단 지표로 활용한다.
② 기피 시설 여부를 판단할 때 해당 사업을 수행하는 기관장이 별도 절차 없이 단독으로 판단해서는 안 된다.
③ 갈등영향분석서는 정부가 주관하여 중립적 전문가의 자문하에 해당 기관장이 작성하여야 한다.
④ 갈등영향분석서를 작성한 후에는 이해당사자가 회람하는 절차가 있어야 한다.
⑤ 갈등관리심의위원회는 갈등영향분석 실시 여부의 판단에 관여할 수 있다.

문 6. 다음 글에서 알 수 있는 것은?

○○시 교육청은 초·중학교 기초학력 부진학생의 기초학력 향상을 위해 3단계의 체계적인 지원체계를 구축하였다. 이는 학습 사각지대에 놓여있는 학생들을 조기에 발견하고, 학생 여건과 특성에 맞는 서비스를 제공하여 기초학력 부진을 해결하기 위한 조치이다.

1단계 지원은 기초학력 부진 판정을 받은 모든 학생을 대상으로 하며, 해당 학생에 대한 지도는 학교 내에서 담임교사가 담당한다. 학교 내에서 교사가 특별학습 프로그램을 진행하는 것이다.

2단계 지원은 기초학력 부진 판정을 받은 학생 중 복합적인 요인으로 어려움을 겪는 것으로 판정된 학생인 복합요인 기초학력 부진학생을 대상으로 권역학습센터에서 이루어진다. 권역학습센터는 권역별 1곳씩 총 5곳에 설치되어 있으며, 이곳에서 학습멘토 프로그램을 운영한다. 이 프로그램에 참여하는 지원 인력은 ○○시의 인증을 받은 학습상담사이며, 기초학력 부진 학생의 학습멘토 역할을 담당하게 된다.

3단계 지원은 복합요인 기초학력 부진학생 중 주의력결핍 과잉행동장애 또는 난독증 등의 문제로 학습에 어려움을 겪는 학생을 대상으로 ○○시 학습종합클리닉센터에서 이루어진다. ○○시 학습종합클리닉센터는 교육청 차원에서 지역사회 교육 전문가를 초빙하여 해당 학생들을 위한 전문학습클리닉 프로그램을 운영한다. 이에 더해 소아정신과 전문의 등으로 이루어진 의료지원단을 구성하여 의료적 도움을 줄 수 있도록 한다.

① ○○시 학습종합클리닉센터는 ○○시에 총 5곳이 설치되어 있다.
② 기초학력 부진학생으로 판정된 학생은 학습멘토 프로그램에 참여할 수 없다.
③ 복합요인 기초학력 부진학생으로 판정된 학생 중 의료지원단의 의료적 도움을 받는 학생이 있을 수 있다.
④ 학습멘토 프로그램 및 전문학습클리닉 프로그램에 참여하는 지원 인력은 ○○시의 인증을 받지 않아도 된다.
⑤ 난독증이 있는 학생은 기초학력 부진 판정을 받지 않았더라도 ○○시 학습종합클리닉센터에서 운영하는 프로그램에 참여할 수 있다.

문 7. 다음 대화의 ㉠에 따라 〈안내〉를 수정한 것으로 적절하지 않은 것은?

갑: 지금부터 회의를 시작하겠습니다. 이 자리는 A시 시민안전보험의 안내문을 함께 검토하기 위한 자리입니다. A시 시민안전보험의 내용을 시민들에게 효과적으로 전달하기 위해서 수정 및 보완이 필요한 부분이 있다면 자유롭게 말씀해 주시기 바랍니다.
을: 시민안전보험의 혜택을 누릴 수 있는 대상이 더 정확하게 표현되면 좋겠습니다. 단순히 A시에서 생활하는 사람이 아닌 A시에 주민으로 등록한 사람이라는 점이 명확하게 드러나야 한다고 생각합니다.
병: 2024년도부터는 시민안전보험의 보장 항목이 기존의 8종에서 10종으로 확대되었습니다. 보장 항목을 안내하면서 새롭게 추가된 두 가지 항목인 개 물림 사고와 사회재난 사망 사고를 포함하면 좋겠습니다.
정: 시민안전보험의 보험 기간뿐만 아니라 청구 기간에 대한 정보도 필요합니다. 보험 기간 내에 발생한 사고에 대해서 사고 발생 시점을 기준으로 할 때 보험금을 언제까지 청구할 수 있는지에 대한 안내가 추가되면 좋을 것 같습니다.
무: 보험금을 어디로 그리고 어떻게 청구할 수 있는지에 대한 구체적 정보도 부족합니다. 시민안전보험에 관심을 가진 시민이라면 연락처 정보만으로는 부족하다고 여길 것 같습니다. 안내문에 보험금 청구에 필요한 대표적인 서류들을 제시하면 어떨까요?
갑: 좋은 의견을 개진해 주셔서 감사합니다. 참고로 최근 민간 기업과의 업무 협약을 통해 A시 누리집뿐만 아니라 코리아톡 앱을 통해서도 A시 시민안전보험에 관한 정보를 확인할 수 있게 되어 이 점 역시 이번에 안내할 계획입니다. 그럼 ㉠오늘 회의에서 논의된 내용을 반영하여 안내문을 수정하도록 하겠습니다. 감사합니다.

〈안내〉

우리 모두의 안전은 2024년 A시 시민안전보험 가입으로!

○ 가입 대상: A시 구성원 누구나
○ 보험 기간: 2024. 1. 1. ~ 2024. 12. 31.
○ 보장 항목: 대중교통 이용 중 상해·후유장애 등 총 8종의 사고 보장
○ 청구 방법: B보험사 통합상담센터로 문의
○ 참고 사항: 자세한 관련 내용은 A시 누리집을 통해서도 확인 가능

① 가입 대상을 ‘A시에 주민으로 등록한 사람 누구나’로 수정한다.
② 보험 기간을 ‘2024. 1. 1. ~ 2024. 12. 31.(보험 기간 내 사고발생일로부터 3년 이내 보험금 청구 가능)’로 수정한다.
③ 보장 항목을 ‘대중교통 이용 중 상해·후유장애, 개 물림 사고, 사회재난 사망 사고 등 총 10종의 사고 보장’으로 수정한다.
④ 청구 방법을 ‘청구 절차 및 필요 서류는 B보험사 통합상담센터(Tel. 15×× - ××××)로 문의’로 수정한다.
⑤ 참고 사항을 ‘자세한 관련 내용은 A시 누리집 및 코리아톡 앱을 통해서도 확인 가능’으로 수정한다.

문 8. 다음 대화의 ㉠으로 적절한 것만을 〈보기〉에서 모두 고르면?

> 갑: 최근 전동킥보드, 전동휠 등 개인형 이동장치 사고가 급증하고 있습니다. 도대체 무엇 때문에 이러한 현상이 나타나는 것일까요? 이에 대해 여러분은 어떤 의견을 가지고 있나요?
> 을: 원동기 면허만 있으면 19세 미만 미성년자도 개인형 이동장치를 이용할 수 있습니다. 하지만 원동기 면허가 없는 사람들도 많이 이용하고 있습니다. 안전 의식이 부족한 이용자가 증가해 사고가 더 많이 발생하는 것이지요.
> 병: 저는 개인형 이동장치의 경음기 부착 여부가 사고 발생 확률에 유의미한 영향을 미친다고 생각합니다. 현재 상당수의 개인형 이동장치는 경고음을 낼 수 있는 경음기가 부착되어 있지 않기 때문에 개인형 이동장치가 빠른 속도로 달려와도 주변에서 이를 인지하지 못하는 경우가 많습니다. 이것이 사고가 발생하는 주요한 원인이라고 생각합니다.
> 정: 저는 개인형 이동장치를 이용할 수 있는 인프라가 부족하다는 점이 가장 큰 원인이라고 생각합니다. 개인형 이동장치 이용자들은 안전한 운행이 가능한 도로를 원하고 있으나, 그러한 개인형 이동장치 전용도로를 갖춘 지역은 드뭅니다. 이처럼 인프라 수요를 공급이 따라가지 못해 사고가 발생하는 것입니다.
> 갑: 여러분 좋은 의견 제시해 주셔서 감사합니다. 그렇다면 말씀하신 의견을 검증하기 위해 ㉠필요한 자료를 조사해 주세요.

〈보기〉

ㄱ. 미성년자 중 원동기 면허 취득 비율과 19세 이상 성인 중 원동기 면허 취득 비율

ㄴ. 경음기가 부착된 개인형 이동장치 1대당 평균 사고 발생 건수와 경음기가 부착되지 않은 개인형 이동장치 1대당 평균 사고 발생 건수

ㄷ. 개인형 이동장치 등록 대수가 가장 많은 지역의 개인형 이동장치 사고 발생 건수와 개인형 이동장치 등록 대수가 가장 적은 지역의 개인형 이동장치 사고 발생 건수

① ㄱ
② ㄴ
③ ㄱ, ㄷ
④ ㄴ, ㄷ
⑤ ㄱ, ㄴ, ㄷ

문 9. 다음 글의 (가)와 (나)에 들어갈 말을 적절하게 짝지은 것은?

> 갑은 국민 개인의 삶의 질을 1부터 10까지의 수치로 평가하고 이 수치를 모두 더해 한 국가의 행복 정도를 정량화한다. 예를 들어, 삶의 질이 모두 5인 100명의 국민으로 구성된 국가의 행복 정도는 500이다.
>
> 갑은 이제 국가의 행복 정도가 클수록 더 행복한 국가라고 하면서 어느 국가가 더 행복한 국가인지까지도 서로 비교하고 평가할 수 있다고 주장한다. 하지만 갑의 주장은 받아들이기 어렵다. 행복한 국가라면 그 국가의 대다수 국민이 높은 삶의 질을 누리고 있다고 보는 것이 일반적인 직관인데, 이 직관과 충돌하는 결론이 나오기 때문이다. 예를 들어, A국과 B국의 행복 정도를 비교하는 다음의 경우를 생각해 보자. [(가)]. B국에서 가장 높은 삶의 질을 지닌 국민이 A국에서 가장 낮은 삶의 질을 지닌 국민보다 삶의 질 수치가 낮다. 그러면 갑은 [(나)]. 그러나 이러한 결론에 동의할 사람은 거의 없을 것이다.

① (가): A국의 행복 정도가 B국의 행복 정도보다 더 크지만
(나): B국이 A국보다 더 행복한 국가라고 말해야 할 것이다
② (가): A국의 행복 정도가 B국의 행복 정도보다 더 크지만
(나): A국이 B국보다 더 행복한 국가라고 말해야 할 것이다
③ (가): A국의 행복 정도와 B국의 행복 정도가 같지만
(나): B국이 A국보다 더 행복한 국가라고 말해야 할 것이다
④ (가): B국의 행복 정도가 A국의 행복 정도보다 더 크지만
(나): B국이 A국보다 더 행복한 국가라고 말해야 할 것이다
⑤ (가): B국의 행복 정도가 A국의 행복 정도보다 더 크지만
(나): A국이 B국보다 더 행복한 국가라고 말해야 할 것이다

문 10. 다음 글의 (가)와 (나)에 들어갈 말을 〈보기〉에서 골라 적절하게 짝지은 것은?

고대 철학자 A가 궁극적인 목적으로 삼았던 것은 행복한 삶이었다. 그런데 A가 가진 행복 개념은 현대인들이 가지고 있는 행복 개념과 다소 차이가 있다. 우리가 일상적으로 '행복'이라는 말을 사용할 때는 단순히 주관적 심리 상태를 지칭하는 경우가 많다. 하지만 A는 행복이 주관적 심리 상태만으로는 충분하지 않고, 그런 심리 상태를 뒷받침하는 객관적 조건이 반드시 갖추어져 있어야 한다고 생각했다. 요컨대, A가 사용한 행복 개념에 따르면, (가). 그러나 A는 행복이 주관적 심리 상태만으로는 충분하지 않다고 하더라도, 주관적 심리 상태가 행복의 필수 조건임은 부정할 수 없다고 보았다. 따라서 A에게는 (나).

〈보기〉

ㄱ. 자신이 행복하다고 느끼고 있으면서도 행복하지 않은 경우란 있을 수 없다

ㄴ. 자신이 행복하다고 느끼고 있으면서도 행복하지 않은 경우가 있을 수 있다

ㄷ. 자신이 행복하지 않다고 느끼고 있으면서도 행복한 경우란 있을 수 없다

	(가)	(나)
①	ㄱ	ㄴ
②	ㄱ	ㄷ
③	ㄴ	ㄱ
④	ㄴ	ㄷ
⑤	ㄷ	ㄴ

문 11. 다음 글에서 추론할 수 있는 것만을 〈보기〉에서 모두 고르면?

진수는 병원에서 급성 중이염을 진단 받고, 항생제 투여 결과 이틀 만에 크게 호전되었다. 진수의 중이염 증상이 빠르게 호전된 것을 '항생제 투여 때문'이라고 답하는 것은 자연스러운 설명이다. 그런데 이것이 좋은 설명이 되려면, 그러한 증상의 치유에 항생제의 투여가 관련되어 있음을 보여 줄 필요가 있다.

확률의 차이는 이러한 관련성을 보여 주는 한 가지 방식이다. 예컨대 급성 중이염 증상에 대해 항생제 투여 없이 그대로 자연 치유에 맡기는 경우, 그 증상이 치유될 확률이 20%라고 하자. 이를 기준으로 삼아서 항생제 투여가 급성 중이염의 치유에 대해 갖는 긍정적 효과와 부정적 효과를 구분할 수 있다. 가령 항생제 투여를 할 경우에 그 확률이 80%라면, 이는 항생제 투여가 급성 중이염의 치유에 긍정적 효과가 있음을 보여 주는 것이다. 거꾸로, 급성 중이염의 치유를 위해 개발 과정에 있는 신약을 투여했더니 그 확률이 10%라는 조사 결과가 있다면, 이는 신약 투여가 급성 중이염의 치유에 부정적 효과가 있음을 보여 주는 것이다. 물론 두 경우 모두, 급성 중이염의 치유에 투여된 약 이외의 다른 요인이 개입하지 않았다는 점이 보장되어야 한다.

〈보기〉

ㄱ. 투여된 약이 증상의 치유에 어떠한 효과도 없다는 것을 보이기 위해서는, 약을 투여하더라도 증상이 치유될 확률에 변화가 없을 뿐 아니라 약의 투여 이외의 다른 요인이 개입되지 않았다는 것이 밝혀져야 한다.

ㄴ. 투여된 약이 증상의 치유에 긍정적인 효과가 있다는 것을 보이기 위해서는 증상이 치유될 확률이 약의 투여 이전보다 이후에 더 높아지는 것을 보이는 것으로 충분하다.

ㄷ. 약 투여 이외의 다른 요인이 개입되지 않았다고 전제할 경우에, 투여된 약이 증상의 치유에 긍정적인 효과가 없다는 것을 보이기 위해서는 증상이 치유될 확률이 약의 투여 이전보다 이후에 더 낮아지는 것을 보이는 것이 필요하다.

① ㄱ
② ㄴ
③ ㄱ, ㄷ
④ ㄴ, ㄷ
⑤ ㄱ, ㄴ, ㄷ

문 12. 다음 갑~정의 논쟁에 대한 분석으로 적절한 것만을 〈보기〉에서 모두 고르면?

갑: 우리는 보통 인간이나 동물이 어떤 특성을 지니고 있어서 그에 부합하는 도덕적 지위를 갖는다고 생각한다. 의식이 바로 그런 특성이다. 나는 인공지능 로봇도 같은 방식으로 그 도덕적 지위를 결정해야 한다고 생각한다. 그래서 우리는 그런 로봇에게 의식이 있는지를 따져 봐야 할 것이다. 나는 인공지능 로봇이 의식을 갖는다고 생각한다.

을: 도덕적 지위를 결정하는 기준에 대해서는 나도 갑과 생각이 같다. 하지만 나는 바로 그런 이유에서 인공지능 로봇에게 도덕적 지위를 부여할 수 없다고 생각한다. 로봇은 기계이므로 의식을 갖는 것이 가능하지 않기 때문이다.

병: 나는 인공지능 로봇에게 의식이 있는지 없는지가 그것에게 도덕적 지위를 부여하느냐 마느냐를 결정하는 근거가 될 수 없다고 생각한다. 인공지능 로봇에게 의식이 있을 수도 있겠지만, 인간의 필요에 의해서 만든 도구적 존재에게 도덕적 지위를 부여하는 것은 말이 안 된다.

정: 어떤 존재의 도덕적 지위는 우리가 그 존재와 어떤 관계를 맺고 있는지에 따라 결정된다. 우리가 로봇과 가족이나 친구와 같은 유의미한 관계를 맺고 있다면, 인공지능 로봇이 의식을 갖지 않는 경우라 해도, 로봇에게 도덕적 지위를 부여해야 한다.

〈보기〉

ㄱ. 을과 정은 인공지능 로봇에게는 의식이 없다고 생각한다.

ㄴ. 인공지능 로봇에게 의식이 있어도 도덕적 지위를 부여할 수 없다고 생각하는 사람이 있다.

ㄷ. 인공지능 로봇에게 실제로 의식이 있다고 밝혀진다면, 네 명 중 한 명은 인공지능 로봇에게 도덕적 지위를 부여해야 하는가에 대한 입장을 바꿔야 한다.

① ㄱ
② ㄴ
③ ㄱ, ㄷ
④ ㄴ, ㄷ
⑤ ㄱ, ㄴ, ㄷ

문 13. 다음 글에서 추론할 수 있는 것만을 〈보기〉에서 모두 고르면?

○○부는 올여름 폭염으로 국가적 전력 부족 사태가 예상됨에 따라 '공공기관 에너지 절약 세부 실천대책'을 발표하였다. 이에 따르면 공공기관은 냉방설비를 가동할 때 냉방 온도를 25℃ 이상으로 설정하여야 한다. 또한 14~17시에는 불필요한 전기 사용을 자제하여야 한다.

○○부는 추가적으로, 예비전력을 기준으로 전력수급 위기단계를 준비단계(500만kW 미만 400만kW 이상), 관심단계(400만kW 미만 300만kW 이상), 주의단계(300만kW 미만 200만kW 이상), 경계단계(200만kW 미만 100만kW 이상), 심각단계(100만kW 미만) 순의 5단계로 설정하였다. 전력수급 상황에 따라 위기단계가 통보되면 공공기관은 아래 〈표〉에 따라 각 위기단계의 조치 사항을 이행하여야 한다. 이때의 조치 사항에는 그 전 위기단계까지의 조치 사항이 포함되어야 한다.

〈표〉 전력수급 위기단계별 조치 사항

위기단계	조치 사항
준비단계	실내조명과 승강기 사용 자제
관심단계	냉방 온도 28℃ 이상으로 조정
주의단계	냉방기 사용 중지, 실내조명 50% 이상 소등
경계단계	필수 기기를 제외한 모든 사무기기 전원 차단
심각단계	실내조명 완전 소등, 승강기 가동 중지

다만 장애인 승강기는 전력수급 위기단계와 관계없이 상시 가동하여야 한다. 또한 의료기관, 아동 및 노인 등 취약계층 보호시설은 냉방 온도 제한 예외 시설로서 자체적으로 냉방 온도를 설정하여 운영할 수 있다.

〈보기〉

ㄱ. 예비전력이 50만kW일 때 모든 공공기관은 실내조명을 완전 소등하여야 하며, 예비전력이 180만kW일 때는 50% 이상 소등하여야 한다.

ㄴ. 취약계층 보호시설에 해당하지 않는 공공기관은 예비전력이 280만kW일 때 냉방 온도를 24℃로 설정할 수 없으나, 예비전력이 750만kW일 때는 설정할 수 있다.

ㄷ. 전력수급 위기단계가 심각단계일 때 취약계층 보호시설에 해당하는 공공기관은 장애인 승강기를 가동할 수 있으나 취약계층 보호시설에 해당하지 않는 공공기관은 장애인 승강기 가동을 중지하여야 한다.

① ㄱ
② ㄷ
③ ㄱ, ㄴ
④ ㄴ, ㄷ
⑤ ㄱ, ㄴ, ㄷ

문 14. 다음 글의 내용이 참일 때, 반드시 참인 것만을 〈보기〉에서 모두 고르면?

> 갑은 〈공직 자세 교육과정〉, 〈리더십 교육과정〉, 〈글로벌 교육과정〉, 〈직무 교육과정〉, 〈전문성 교육과정〉의 다섯 개 과정으로 이루어진 공직자 교육 프로그램에 참여할 것을 고려하고 있다. 갑이 〈공직 자세 교육과정〉을 이수한다면 〈리더십 교육과정〉도 이수한다. 또한 갑이 〈글로벌 교육과정〉을 이수한다면 〈직무 교육과정〉과 〈전문성 교육과정〉도 모두 이수한다. 그런데 갑은 〈리더십 교육과정〉을 이수하지 않거나 〈전문성 교육과정〉을 이수하지 않는다.

〈보기〉

ㄱ. 갑은 〈공직 자세 교육과정〉을 이수하지 않거나 〈글로벌 교육과정〉을 이수하지 않는다.

ㄴ. 갑이 〈직무 교육과정〉을 이수하지 않는다면 〈글로벌 교육과정〉도 이수하지 않는다.

ㄷ. 갑은 〈공직 자세 교육과정〉을 이수하지 않는다.

① ㄱ
② ㄷ
③ ㄱ, ㄴ
④ ㄴ, ㄷ
⑤ ㄱ, ㄴ, ㄷ

문 15. 다음 글에서 갑이 새롭게 입수한 '정보'로 적절한 것은?

> 월요일부터 목요일까지 하루에 한 차례씩 시험 출제 회의가 열렸다. 회의에 참석한 시험위원들에 관한 자료를 정리하던 주무관 갑은 다음의 사실을 파악하였다.
>
> ○ 월요일에 참석한 시험위원은 모두 수요일에도 참석했다.
> ○ 화요일에 참석한 시험위원은 누구도 수요일에는 참석하지 않았다.
> ○ 수요일에 참석한 시험위원 중 적어도 한 사람은 목요일에도 참석했다.
>
> 갑은 이 사실에 새롭게 입수한 '정보'를 더하여 "월요일에는 참석하지 않았지만 목요일에는 참석한 시험위원이 적어도 한 사람은 있다."는 것을 알아내었다.

① 월요일에 참석하지 않은 시험위원이 적어도 한 사람은 있다.
② 화요일에 참석하지 않은 시험위원이 적어도 한 사람은 있다.
③ 수요일에 참석한 시험위원 중 적어도 한 사람은 목요일에 참석하지 않았다.
④ 목요일에는 참석하지 않았지만 월요일에는 참석한 시험위원이 적어도 한 사람은 있다.
⑤ 월요일에 참석한 시험위원 중에는 목요일에 참석한 시험위원은 없다.

문 16. 다음 글의 내용이 참일 때, 반드시 참인 것만을 〈보기〉에서 모두 고르면?

> 국제해양환경회의에 5명의 대표자가 참석하여 A, B, C, D 4개 정책을 두고 토론회를 열었다. 대표자들은 모두 각 정책에 대해 찬반 중 하나의 입장을 분명하게 표명했으며, 각자 하나 이상의 정책에 찬성하고 하나 이상의 정책에 반대한 것으로 드러났다. 그들의 입장을 정리한 결과는 다음과 같다.
>
> ○ A에 찬성하는 대표자는 2명이다.
> ○ A에 찬성하는 대표자는 모두 B에 찬성한다.
> ○ B에 찬성하는 대표자 중에 C에 찬성하는 사람과 반대하는 사람은 동수이다.
> ○ B와 D에 모두 찬성하는 대표자는 아무도 없다.
> ○ D에 찬성하는 대표자는 2명이다.
> ○ D에 찬성하는 대표자는 모두 C에 찬성한다.

〈보기〉

ㄱ. 3개 정책에 반대하는 대표자가 있다.

ㄴ. B에 찬성하는 대표자는 2명이다.

ㄷ. C에 찬성하는 대표자가 가장 많다.

① ㄱ
② ㄴ
③ ㄱ, ㄷ
④ ㄴ, ㄷ
⑤ ㄱ, ㄴ, ㄷ

문 17. 다음 글에서 추론할 수 있는 것만을 〈보기〉에서 모두 고르면?

포유동물의 발생 과정에서 폐는 가장 늦게 그 기능을 발휘하는 기관 중 하나이다. 폐 내부의 폐포는 숨을 들이마시면 부풀어 오르는데 이때 폐포로 들어온 공기와 폐포를 둘러싸고 있는 모세혈관의 혈액 사이에 기체교환이 일어난다. 즉 공기 중의 산소를 혈액으로 전달하고 혈액에 있는 이산화탄소가 폐포 내에 있는 공기로 배출된다. 폐포가 정상적으로 기능을 발휘하려면 폐포가 접촉해도 서로 들러붙지 않도록 하는 충분한 양의 계면 활성제가 필요하다. 폐포 세포가 분비하는 이 계면 활성제는 임신 기간이 거의 끝날 때쯤, 즉 사람의 경우 임신 약 34주째쯤, 충분히 폐포에 분비되어 비로소 호흡할 수 있는 폐가 형성된다.

태아의 폐가 정상 기능을 하게 되면 곧이어 출산이 일어난다. 쥐 실험을 통해 호흡이 가능한 폐의 형성과 출산이 어떻게 연동되는지 확인되었다. 임신한 실험 쥐의 출산일이 다가오면, 쥐의 태아 폐포에서는 충분한 양의 계면 활성제가 분비되고 그 중 일부가 양수액으로 이동하여 양수액에 있는 휴면 상태의 대식세포를 활성화시킨다. 활성화된 대식세포는 양수액에서 모태 쥐의 자궁 근육 안으로 이동하여, 자궁 근육 안에서 물질 A를 분비하게 한다. 물질 A는 비활성 상태의 효소 B에 작용하여 그것을 활성 상태로 바꾸고 활성화된 효소 B는 자궁 근육 안에서 물질 C가 만들어지게 하는데, 물질 C는 효소 B가 없으면 만들어지지 않는다. 이렇게 만들어진 물질 C가 일정 수준의 농도가 되면 자궁 근육을 수축하게 하여 쥐의 출산이 일어나게 하는데, 물질 C가 일정 수준의 농도에 이르지 않으면 자궁 근육의 수축이 일어나지 않는다.

〈보기〉

ㄱ. 태아 시기 쥐의 폐포에서 물질 A가 충분히 발견되지 않는다면, 그 쥐의 폐는 정상적으로 기능을 발휘할 수 없다.
ㄴ. 임신 초기부터 효소 B가 모두 제거된 상태로 유지된 암쥐는 출산 시기가 되어도 자궁 근육의 수축이 일어나지 않는다.
ㄷ. 출산을 며칠 앞둔 암쥐의 자궁 근육에 물질 C를 주입하여 물질 C가 일정 수준의 농도에 이르게 되면 출산이 유도된다.

① ㄱ
② ㄴ
③ ㄱ, ㄷ
④ ㄴ, ㄷ
⑤ ㄱ, ㄴ, ㄷ

문 18. 다음 글에서 추론할 수 없는 것은?

물속에서 눈을 뜨면 물체를 뚜렷하게 볼 수 없다. 이는 공기에 대한 각막의 상대 굴절률이 물에 대한 각막의 상대 굴절률과 달라서 물속에서는 상이 망막에 선명하게 맺히기 힘들기 때문이다. 그런데 수경을 쓰면 빛이 공기에서 각막으로 굴절되어 망막에 들어오므로 상이 망막에 선명하게 맺혀서 물체를 뚜렷하게 볼 수 있다.

초기 형태의 수경은 덮개 형태의 두 부분으로 구성되어 있고 두 부분은 각각 오른쪽 눈과 왼쪽 눈을 덮고 있다. 한쪽 부분 안의 공기량이 약 7.5mL인 이 수경을 쓸 경우 3m 이상 잠수하면 결막 출혈이 생길 수 있다. 이런 현상은 다음과 같은 이유로 나타난다. 잠수를 하면 몸은 물의 압력인 수압을 받게 되는데, 수압은 잠수 깊이가 깊어질수록 커진다. 잠수 시 수압에 의해 신체가 압박되어 신체의 부피가 줄어들면서 체내 압력이 커져 수압과 같아지게 되는 반면, 수경 내부 공기의 부피는 변하지 않으므로 수경 내의 공기압인 수경 내압은 변하지 않는다. 이때 체내 압력이 수경 내압보다 일정 수준 이상 커지면 안구 안팎에 큰 압력 차이가 나타나 눈의 혈관이 압력차를 견디지 못하고 파열되어 결막 출혈이 일어난다. 초기 형태의 수경을 사용하던 해녀들은 깊이 잠수해 들어갈 때 흔히 이러한 결막 출혈을 경험하였다.

이러한 문제를 극복할 수 있도록 만들어진 수경 '부글래기'는 기존 수경에 공기가 담긴 고무주머니를 추가한 것인데 이 고무주머니는 수경 내부와 연결되어 있다. 이 수경은 잠수 시 수압에 의해 고무주머니가 압축되면, 고무주머니 내의 공기가 수압과 수경 내압이 같아질 때까지 수경 내로 이동하여 안구 안팎에 압력 차이가 나타나는 것을 막아 잠수 시 나타날 수 있는 결막 출혈을 방지한다. 우리나라에서는 모슬포 지역의 해녀들이 부글래기를 사용한 적이 있다.

오늘날 해녀들은 '큰눈' 또는 '왕눈'으로 불리는, 눈뿐만 아니라 코까지 덮는 수경을 사용한다. 이런 수경을 쓰면 잠수 시 수압에 의하여 폐가 압축되어 수압과 수경 내압이 같아질 때까지 폐의 공기가 기도와 비강을 거쳐 수경 내로 들어온다. 따라서 잠수 시 결막 출혈이 일어나지 않는다.

① 부글래기를 쓰고 잠수하면 빛이 공기에서 각막으로 굴절되어 망막에 들어와 물체를 뚜렷하게 볼 수 있다.
② 수경 내압은 큰눈을 쓰고 잠수했을 때보다 초기 형태의 수경을 쓰고 잠수했을 때가 더 크다.
③ 잠수 시 결막 출혈을 방지할 수 있는 수경이 모슬포 지역에서 사용된 적이 있다.
④ 왕눈을 쓰고 잠수하면 수경 내압과 체내 압력이 같아진다.
⑤ 체내 압력은 잠수하기 전보다 잠수했을 때가 더 크다.

문 19. 다음 글의 〈실험〉의 결과를 가장 잘 설명하는 것은?

소자 X는 전류가 흐르게 되면 빛을 발생시키는 반도체 소자로, p형 반도체와 n형 반도체가 접합된 구조를 가지고 있다. X에 전류가 흐르게 되면, p형 반도체 부분에 정공이 주입되고 n형 반도체 부분에 전자가 주입된다. 이때 p형 반도체와 n형 반도체의 접합 부분에서는 정공과 전자가 서로 만나 광자, 즉 빛이 발생한다. 그런데 X에 주입되는 모든 정공과 전자가 빛을 발생시키지는 않는다. 어떤 정공과 전자는 서로 만나지 못하기도 하고, 어떤 정공과 전자는 서로 만나더라도 빛을 발생시키지 못한다. 내부 양자효율은 주입된 정공－전자 쌍 중 광자로 변환된 것의 비율을 의미한다. 예를 들어, X에 정공－전자 100쌍이 주입되었을 때 이 소자 내부에서 60개의 광자가 발생하였다면, 내부 양자효율은 0.6으로 계산된다. 이는 X의 성능을 나타내는 중요한 지표 중 하나로, X의 불순물 함유율에 의해서만 결정되고, 불순물 함유율이 낮을수록 내부 양자효율은 높아진다.

X의 성능을 나타내는 또 하나의 지표로 외부 양자효율이 있다. 외부 양자효율은 X 내에서 발생한 광자가 X 외부로 방출되는 정도와 관련된 지표이다. X 내에서 발생한 광자가 X를 벗어나는 과정에서 일부는 반사되어 외부로 나가지 못한다. X 내에서 발생한 광자 중 X 외부로 벗어난 광자의 비율이 외부 양자효율로, 예를 들어 X 내에서 발생한 광자가 100개인데 40개의 광자만이 X 외부로 방출되었다면, 외부 양자효율은 0.4인 것이다. 외부 양자효율은 X의 굴절률에 의해서만 결정되며, 굴절률이 클수록 외부 양자효율은 낮아진다. 같은 개수의 정공－전자 쌍이 주입될 경우, X에서 방출되는 광자의 개수는 외부 양자효율과 내부 양자효율을 곱한 값이 클수록 많아진다.

한 연구자는 X의 세 종류 A, B, C에 대해 다음과 같은 실험을 수행하였다. A와 B의 굴절률은 서로 같았지만, 모두 C의 굴절률보다는 작았다.

〈실험〉

같은 개수의 정공－전자 쌍이 주입되는 회로에 A, B, C를 각각 연결하고 방출되는 광자의 개수를 측정하였다. 실험 결과, 방출되는 광자의 개수는 A가 가장 많았고 B와 C는 같았다.

① 불순물 함유율은 B가 가장 높고, A가 가장 낮다.
② 불순물 함유율은 C가 가장 높고, A가 가장 낮다.
③ 내부 양자효율은 C가 가장 높고, A가 가장 낮다.
④ 내부 양자효율은 A가 B보다 높고, C가 B보다 높다.
⑤ 내부 양자효율은 C가 A보다 높고, C가 B보다 높다.

문 20. 다음 글의 논증에 대한 평가로 적절한 것만을 〈보기〉에서 모두 고르면?

사람의 특징 중 하나는 옷을 입는다는 것이다. 그렇다면 사람은 언제부터 옷을 입기 시작했을까? 사람이 옷을 입기 시작한 시점을 추정하기 위해 몇몇 생물학자들은 사람에 기생하는 이에 주목하였다. 사람을 숙주로 삼아 기생하는 이에는 두 종이 있는데, 하나는 옷에서 살아가며 사람 몸에서 피를 빨아 먹는 '사람 몸니'이고 다른 하나는 사람 두피에서 피를 빨아 먹으며 사는 '사람 머릿니'이다.

사람 몸니가 의복류에 적응한 것을 볼 때, 그것들은 아마 사람이 옷을 입기 시작했던 무렵에 사람 머릿니에서 진화적으로 분기되었을 것이다. 생물의 DNA 염기서열은 시간이 지나면서 조금씩 무작위적으로 변하는데 특정한 서식 환경에서 특정한 염기서열이 선택되면서 해당 서식 환경에 적응한 새로운 종이 생겨난다. 그러므로 현재 사람 몸니와 사람 머릿니의 염기서열의 차이를 이용하여 두 종의 이가 공통 조상에서 분기된 시점을 추정할 수 있다. 이를 위해 우선 두 종의 염기서열을 분석하여 두 종 간의 염기서열에 차이가 나는 비율을 산출한다. 그러나 이것만으로 두 종이 언제 분기되었는지 결정할 수는 없다.

사람 몸니와 사람 머릿니의 분기 시점을 추정하기 위해 침팬지의 털에서 사는 침팬지 이와 사람 머릿니를 이용할 수 있다. 우선 침팬지 이와 사람 머릿니의 염기서열을 비교하여 두 종 간의 염기서열에 차이가 나는 비율을 산출한다. 침팬지와 사람이 공통 조상에서 분기되면서 침팬지 이와 사람 머릿니도 공통 조상에서 분기되었다고 볼 수 있고, 화석학적 증거에 따르면 침팬지와 사람의 분기 시점이 약 550만 년 전이므로, 침팬지 이와 사람 머릿니 사이의 염기서열 차이는 550만 년 동안 누적된 변화로 볼 수 있다. 이로부터 1만 년당 이의 염기서열이 얼마나 변화하는지 계산할 수 있다. 이렇게 계산된 이의 염기서열의 변화율을 사람 머릿니와 사람 몸니의 염기서열의 차이에 적용하면, 사람이 옷을 입기 시작한 시점을 설득력 있게 추정할 수 있다. 연구 결과, 사람이 옷을 입기 시작한 시점은 약 12만 년 전 이후인 것으로 추정된다.

〈보기〉

ㄱ. 염기서열의 변화가 일정한 속도로 축적되는 것이 사실이라면 이 논증은 강화된다.

ㄴ. 침팬지 이와 사람 머릿니의 염기서열의 차이가 사람 몸니와 사람 머릿니의 염기서열의 차이보다 작다면 이 논증은 약화된다.

ㄷ. 염기서열 비교를 통해 침팬지와 사람의 분기 시점이 침팬지 이와 사람 머릿니의 분기 시점보다 50만 년 뒤였음이 밝혀진다면, 이 논증은 약화된다.

① ㄴ
② ㄷ
③ ㄱ, ㄴ
④ ㄱ, ㄷ
⑤ ㄱ, ㄴ, ㄷ

※ 다음 글을 읽고 물음에 답하시오. [문 21. ~ 문 22.]

공리주의에 따르면, 행복은 쾌락의 총량에서 고통의 총량을 뺀 값으로 수치화하여 나타낼 수 있고, 어떤 행위에 대한 도덕적 판단은 그 행위가 산출하는 행복의 증감에 의존하고, 더 큰 행복을 낳는 선택을 하는 것이 옳은 행위이다.

공리주의자 A는 한 개체로 인한 행복의 증감을 다른 개체로 인한 행복의 증감으로 대체할 수 있다는 대체가능성 논제를 받아들여, 육식이 도덕적으로 옳은 행위가 될 수 있다고 주장한다. 예를 들어, 닭고기를 먹는 일은 닭에게 죽음을 발생시키지만, 더 많은 닭의 탄생에도 기여한다. 태어나는 닭의 수를 고려하면 육식을 위한 도축은 거기 연루된 고통까지 고려하더라도 닭 전체의 행복의 총량을 증진한다. 왜냐하면 한 동물이 일생 동안 누릴 쾌락의 총량은 고통의 총량보다 크기 때문이다.

공리주의자 B는 A의 주장이 틀렸다고 비판한다. A가 받아들이는 대체가능성 논제가 존재하지 않는 대상의 고통과 쾌락을 도덕적 판단의 근거로 삼기 때문이다.

이에 A는 두 여인의 임신에 관한 다음의 사고실험을 토대로 B의 주장을 반박한다. 갑은 임신 3개월 때 의사로부터 태아에게 심각하지만 쉽게 치유 가능한 건강 문제가 있다는 진단을 받았다. 갑이 부작용 없는 약 하나만 먹으면 아이의 건강 문제는 사라진다. 을은 의사로부터 만일 지금 임신하면 아이가 심각한 건강 문제를 갖게 되지만, 3개월 후에 임신하면 아무런 문제가 없을 것이라는 진단을 받았다. 이 상황에서 갑은 약을 먹지 않아서, 을은 기다리지 않고 임신해서 둘 다 심각한 건강 문제를 가진 아이를 낳았다고 하자. B의 주장에 따르면 둘 사이에는 중요한 차이가 있다. 갑의 경우에는 태어난 아이에게 해악을 끼쳤다고 할 수 있는 반면, 을의 경우는 그렇지 않다. 을이 태어난 아이에게 해악을 끼쳤다고 평가하려면 그 아이가 건강하게 태어날 수도 있었다는 전제가 필요한데, 만일 을이 3개월을 기다려 임신했다면 그 아이가 아닌 다른 아이가 잉태되었을 것이기 때문이다. 그러나 A에 따르면, 갑과 마찬가지로 을도 도덕적 잘못을 저질렀다는 것이 일반적인 직관이므로 이에 반하는 B의 주장은 수용하기 어렵다.

A는 B의 주장을 수용하기 어려운 이유를 미래세대에 대한 도덕적 책임 문제에서도 찾을 수 있다고 말한다. 만일 현세대가 지금과 같은 삶의 방식을 고수한다면, 온난화가 가속되어 지구 환경은 나빠질 것이다. 그 결과 미래세대의 고통이 증가되었다면 현세대는 이에 대한 도덕적 책임이 있다는 것이 일반적인 직관이다. 그러나 B의 주장에 따르면 그렇게 평가할 수 없다. 왜냐하면 현세대가 미래세대를 고려하여 기존과 다른 삶의 방식을 취하게 되면, 현세대가 기존 방식을 고수했을 때와는 다른 구성원으로 이루어진 미래세대가 생겨나기 때문이다. 그래서 을이 태어난 아이에게 잘못을 저질렀다고 말할 수 없는 것과 마찬가지로, 현세대도 미래세대가 겪는 고통에 대해 도덕적 책임이 없다고 말해야 한다. 그러나 A가 보기에 ㉠이는 수용하기 어렵다.

문 21. 위 글에 대한 분석으로 적절한 것만을 〈보기〉에서 모두 고르면?

〈보기〉

ㄱ. A의 주장에 따르면, 을의 행위는 도덕적으로 옳은 행위가 아니다.

ㄴ. 갑의 행위에 대한 B의 도덕적 평가는 대체가능성 논제의 수용 여부에 따라 달라지지 않는다.

ㄷ. B의 주장에 따르면, 을의 행위에 대한 도덕적 평가를 할 때 잉태되지 않은 존재의 쾌락이나 고통을 고려해서는 안 된다.

① ㄱ
② ㄷ
③ ㄱ, ㄴ
④ ㄴ, ㄷ
⑤ ㄱ, ㄴ, ㄷ

문 22. 위 글의 ㉠에 대한 평가로 적절한 것만을 〈보기〉에서 모두 고르면?

〈보기〉

ㄱ. 미래세대 구성원이 달라질 경우 미래세대가 누릴 행복의 총량이 변한다면, ㉠은 약화되지 않는다.

ㄴ. 아직 현실에 존재하지 않는다는 이유로 미래세대를 도덕적 고려에서 배제하는 것이 불합리하다면, ㉠은 약화된다.

ㄷ. 일반적인 직관에 반하는 결론이 도출된다고 해도 그러한 직관이 옳은지의 여부가 별도로 평가되어야 한다면, ㉠은 약화된다.

① ㄱ
② ㄴ
③ ㄱ, ㄷ
④ ㄴ, ㄷ
⑤ ㄱ, ㄴ, ㄷ

문 23. 다음 글의 〈표〉에 대한 판단으로 적절한 것만을 〈보기〉에서 모두 고르면?

주무관 갑은 국민이 '적극행정 국민신청'을 하는 경우, '적극행정 국민신청제'의 두 기준을 충족하는지 검토한다. 이때 두 기준을 모두 충족한 신청안에만 적극행정 담당자를 배정하고, 두 기준 중 하나라도 충족하지 못한 신청안은 반려한다.

우선 신청안에 대해 '신청인이 같은 내용으로 민원이나 국민제안을 제출한 적이 있는지 여부'를 기준으로 하여 '제출한 적 있음'과 '제출한 적 없음'을 판단한다. 그리고 '신청인이 이전에 제출한 민원의 거부 또는 국민제안의 불채택 사유가 근거 법령의 미비나 불명확에 해당하는지 여부'를 기준으로 '해당함'과 '해당하지 않음'을 판단한다. 각각의 기준에서 '제출한 적 있음'과 '해당함'을 충족하는 신청안에만 적극행정 담당자가 배정된다.

최근에 접수된 안건 (가)는 신청인이 같은 내용의 민원을 제출한 적이 있으나, 근거 법령의 미비나 불명확 때문이 아니라 민원의 내용이 사인(私人) 간의 권리관계에 관한 것이어서 거부되었다. (나)는 신청인이 같은 내용의 국민제안을 제출한 적이 있으나, 근거 법령이 불명확하다는 이유로 불채택되었다. (다)는 신청인이 같은 내용으로 민원을 제출한 적이 있으나 근거 법령의 미비를 이유로 거부되었다. (라)는 신청인이 같은 내용으로 민원이나 국민제안을 제출한 적이 없었다.

접수된 안건 (가)~(라)에 대해 두 기준 및 그것의 충족 여부를 위의 내용을 바탕으로 다음과 같은 형식의 〈표〉로 나타내었다.

〈표〉 적극행정 국민신청안 처리 현황

기준 \ 안건	(가)	(나)	(다)	(라)
A	㉠	㉡	㉢	㉣
B	㉤	㉥	㉦	㉧

〈보기〉

ㄱ. A에 '신청인이 같은 내용의 민원이나 국민제안을 제출한 적이 있는지 여부'가 들어가면 ㉠과 ㉡이 같다.

ㄴ. ㉠과 ㉢이 서로 다르다면, B에 '신청인이 이전에 제출한 민원의 거부 또는 국민제안의 불채택 사유가 근거 법령의 미비나 불명확에 해당하는지 여부'가 들어간다.

ㄷ. ㉤과 ㉥이 같다면 ㉦과 ㉧이 같다.

① ㄱ
② ㄴ
③ ㄱ, ㄷ
④ ㄴ, ㄷ
⑤ ㄱ, ㄴ, ㄷ

문 24. 다음 대화의 빈칸에 들어갈 말로 가장 적절한 것은?

갑: 안녕하세요. 저는 A도의회 사무처에 근무하는 ○○○입니다. 「재난안전법」 제25조의2 제5항에 따라, 재난 상황에 대비하여 기능연속성계획을 수립해야 한다는 말씀을 듣고 문의드립니다. A도의회도 기능연속성계획을 수립해야 하는지, 만일 수립해야 한다면 그 업무는 A도의회 의장의 업무인지 궁금합니다.

을: 「재난안전법」상 기능연속성계획을 수립하도록 규정된 기관에는 재난관리책임기관인 중앙행정기관·지방자치단체, 그리고 국회·법원·헌법재판소·중앙선거관리위원회가 있습니다. 재난관리책임기관에서는 해당 기관의 장인 장관이나 시·도지사가, 국회·법원·헌법재판소·중앙선거관리위원회에서는 해당 기관의 행정사무를 처리하는 조직의 장이 기능연속성계획을 수립해야 합니다.

갑: 그러면 도의회는 성격상 유사한 의결기관인 국회의 경우에 준하여 도의회 사무처장이 기능연속성계획을 수립하면 될까요?

을: 도의회가 국회와 같은 의결기관이기는 하지만 국회에 준하여 판단해서는 안 됩니다. 「재난안전법」은 재난관리책임기관을 제3조 제5호의 각 목에서 규정하고 있습니다. 가목에서는 중앙행정기관 및 지방자치단체를, 그리고 나목에서는 지방행정기관·공공기관·공공단체 및 재난관리의 대상이 되는 중요 시설의 관리기관 등으로서 대통령령으로 정하는 기관을 규정하고 있습니다. 그리고 「지방자치법」 제37조에 따르면 "지방자치단체에 주민의 대의기관인 의회를 둔다."라고 규정하여 도의회는 지방자치단체의 기관이기 때문에 도의회는 그 자체로 「재난안전법」에 명시된 재난관리책임기관이 아닙니다.

갑: 그렇다면 도의회에 관한 기능연속성계획은 수립되지 않아도 되는 것인가요?

을: 재난 발생 상황에서도 도의회가 연속성 있게 수행할 필요가 있는 핵심 기능이 있다고 판단되는지가 관건이겠습니다. 「재난안전법」상 그것을 판단할 권한은 해당 지방자치단체의 장에게 있습니다.

갑: 예, 그러면 ________________.

① 재난 상황이 발생하면 A도의회의 핵심 기능 유지를 위해 A도지사의 판단을 거쳐 신속하게 기능연속성계획을 수립해야 하겠군요
② A도의회는 재난 발생 시에도 수행해야 할 핵심 기능이 있기에 자체적으로 기능연속성계획을 수립해야 하겠군요
③ A도의회는 재난관리책임기관이므로 A도의회 의장이 재난에 대비한 기능연속성계획을 수립해야 하겠군요
④ A도의회는 국회 같은 차원의 의결기능을 갖고 있지 않으므로 기능연속성계획을 수립할 일이 없겠군요
⑤ A도의회에 관한 기능연속성계획이 수립되어야 하는지 여부는 A도지사의 판단에 따라 결정되겠군요

문 25. 다음 글의 ㉠의 내용으로 적절한 것만을 〈보기〉에서 모두 고르면?

> A시에 주민등록을 두고 거주하는 갑은 B시 관내에 있는 고등학교에, B시에 주민등록을 두고 거주하는 을은 A시 관내에 있는 고등학교에 신입생으로 입학하게 되었다. 갑과 을이 입학할 예정인 고등학교는 모두 교복을 입는 학교이다. 갑과 을은 A시와 B시에서 교복 구입비 지원사업을 시행하는 것을 확인하고, 교복 구입비 지원을 받을 수 있을 것으로 기대하였다. 그러나 확인 결과, 둘 중 한 명은 A시와 B시 어느 곳에서도 교복 구입비 지원을 받을 수 없다는 문제가 드러났다. A시와 B시는 ㉠이 학생의 문제를 해결하기 위해 조례의 일부를 개정하려 한다.
>
> 「A시 교복 지원 조례」
> 제2조(정의) 이 조례에서 사용하는 용어의 뜻은 다음과 같다.
> 1. "학교"란 「초·중등교육법」 제2조에 따른 학교 중 A시 관내 중·고등학교를 말한다.
>
> 제4조(지원대상) 교복 구입비 지원대상은 다음 각 호의 어느 하나에 해당하는 사람으로 한다.
> 1. 교복을 입는 학교에 신입생으로 입학하는 1학년 학생
> 2. 다른 시·도 또는 국외에서 제1호의 학교로 전입학하거나 편입학한 학생
>
> 「B시 교복 지원 조례」
> 제2조(정의) 이 조례에서 사용하는 용어의 정의는 다음과 같다.
> 1. "학교"란 「초·중등교육법」 제2조 규정에 해당하는 학교를 말한다.
>
> 제4조(지원대상) ① 교복 구입비 지원대상은 B시에 주민등록이 되어 있고, 중·고등학교에 입학하는 학생을 대상으로 한다.
> ② 제1항에 따른 입학생은 당해년도 신입생으로 한다.

〈보기〉

ㄱ. 「A시 교복 지원 조례」 제2조 제1호의 '학교 중 A시 관내 중·고등학교'를 '학교'로, 제4조 제1호의 '교복을 입는 학교에 신입생으로 입학하는 1학년 학생'을 'A시에 주민등록이 되어 있고, 교복을 입는 A시 관내 학교에 입학하는 신입생'으로 개정한다.

ㄴ. 「A시 교복 지원 조례」 제4조 제1호의 '교복을 입는 학교에 신입생으로 입학하는 1학년 학생'을 'A시에 주민등록이 되어 있고, 교복을 입는 학교에 신입생으로 입학하는 1학년 학생'으로 개정한다.

ㄷ. 「B시 교복 지원 조례」 제4조 제1항의 'B시에 주민등록이 되어 있고, 중·고등학교에 입학하는 학생'을 'B시 관내 중·고등학교에 입학하는 학생'으로 개정한다.

① ㄱ
② ㄷ
③ ㄱ, ㄴ
④ ㄴ, ㄷ
⑤ ㄱ, ㄴ, ㄷ

※ 수고하셨습니다.
※ 기출문제편 맨 마지막에 있는 OMR 카드에 마킹을 하세요.

정답과 분석해설편 ▶ P.52 

제2영역 상황판단

1초 합격예측! 모바일 성적결과분석표 발급 서비스

QR 코드로 접속하여 문제 풀이 시간을 측정하고, 자동채점 & 성적결과분석 서비스를 통해 지금 바로 실력을 점검해 보세요.

◀ https://eduwill.kr/vXkf

풀이 시간	• 시작: ____시 ____분 ~ 종료: ____시 ____분 • 총 : ____분

문 1. 다음 글을 근거로 판단할 때 옳은 것은?

> 제00조(정의) 이 법에서 사용하는 용어의 정의는 다음과 같다.
> 1. "천문업무"란 우주에 대한 관측업무와 그에 따른 부대업무를 말한다.
> 2. "천문역법"이란 천체운행의 계산을 통하여 산출되는 날짜와 천체의 출몰시각 등을 정하는 방법을 말한다.
> 3. "윤초"란 지구자전속도의 불규칙성으로 인하여 발생하는 세계시와 세계협정시의 차이가 1초 이내로 되도록 보정하여주는 것을 말한다.
> 4. "그레고리력"이란 1년의 길이를 365.2425일로 정하는 역법체계로서 윤년을 포함하는 양력을 말한다.
> 5. "윤년"이란 그레고리력에서 여분의 하루인 2월 29일을 추가하여 1년 동안 날짜의 수가 366일이 되는 해를 말한다.
> 6. "월력요항"이란 관공서의 공휴일, 기념일, 24절기 등의 자료를 표기한 것으로 달력 제작의 기준이 되는 자료를 말한다.
>
> 제00조(천문역법) ① 천문역법을 통하여 계산되는 날짜는 양력인 그레고리력을 기준으로 하되, 음력을 병행하여 사용할 수 있다.
> ② 과학기술정보통신부장관은 천문역법의 원활한 관리를 위하여 윤초의 결정을 관장하는 국제기구가 결정·통보한 윤초를 언론매체나 과학기술정보통신부 인터넷 홈페이지 등을 통하여 지체 없이 발표하여야 한다.
> ③ 과학기술정보통신부장관은 한국천문연구원으로부터 필요한 자료를 제출받아 매년 6월 말까지 다음 연도의 월력요항을 작성하여 관보에 게재하여야 한다.

① 그레고리력은 윤년을 제외하는 양력을 말한다.

② 달력 제작의 기준이 되는 자료인 월력요항에는 24절기가 표기된다.

③ 과학기술정보통신부장관은 세계시와 세계협정시를 고려하여 윤초를 결정한다.

④ 천문역법을 통해 계산되는 날짜는 음력을 사용할 수 없고, 양력인 그레고리력을 기준으로 한다.

⑤ 과학기술정보통신부장관은 한국천문연구원으로부터 자료를 제출받아 매년 6월 말까지 그해의 월력요항을 작성하여 관보에 게재하여야 한다.

문 2. 다음 글을 근거로 판단할 때 옳은 것은?

> 제00조(법 적용의 기준) ① 새로운 법령 등은 법령 등에 특별한 규정이 있는 경우를 제외하고는 그 법령 등의 효력 발생 전에 완성되거나 종결된 사실관계 또는 법률관계에 대해서는 적용되지 아니한다.
> ② 당사자의 신청에 따른 처분은 법령 등에 특별한 규정이 있거나 처분 당시의 법령 등을 적용하기 곤란한 특별한 사정이 있는 경우를 제외하고는 처분 당시의 법령 등에 따른다.
>
> 제00조(처분의 효력) 처분은 권한이 있는 기관이 취소 또는 철회하거나 기간의 경과 등으로 소멸되기 전까지는 유효한 것으로 통용된다. 다만, 무효인 처분은 처음부터 그 효력이 발생하지 아니한다.
>
> 제00조(위법 또는 부당한 처분의 취소) ① 행정청은 위법 또는 부당한 처분의 전부나 일부를 소급하여 취소할 수 있다. 다만, 당사자의 신뢰를 보호할 가치가 있는 등 정당한 사유가 있는 경우에는 장래를 향하여 취소할 수 있다.
> ② 행정청은 제1항에 따라 당사자에게 권리나 이익을 부여하는 처분을 취소하려는 경우에는 취소로 인하여 당사자가 입게 될 불이익을 취소로 달성되는 공익과 비교·형량(衡量)하여야 한다. 다만, 다음 각 호의 어느 하나에 해당하는 경우에는 그러하지 아니하다.
> 1. 거짓이나 그 밖의 부정한 방법으로 처분을 받은 경우
> 2. 당사자가 처분의 위법성을 알고 있었거나 중대한 과실로 알지 못한 경우

① 새로운 법령 등은 법령 등에 특별한 규정이 있는 경우에는 그 법령 등의 효력 발생 전에 종결된 법률관계에 대해 적용될 수 있다.

② 무효인 처분의 경우 그 처분의 효력이 소멸되기 전까지는 유효한 것으로 통용된다.

③ 행정청은 부당한 처분의 일부는 소급하여 취소할 수 있으나 전부를 소급하여 취소할 수는 없다.

④ 당사자의 신청에 따른 처분은 처분 당시의 법령 등을 적용하기 곤란한 특별한 사정이 있는 경우에도 처분 당시의 법령 등에 따른다.

⑤ 당사자가 부정한 방법으로 자신에게 이익이 부여되는 처분을 받아 행정청이 그 처분을 취소하고자 하는 경우, 취소로 인해 당사자가 입게 될 불이익과 취소로 달성되는 공익을 비교·형량하여야 한다.

문 3. 다음 글을 근거로 판단할 때 옳은 것은?

> 제00조(조직 등) ① 자율방범대에는 대장, 부대장, 총무 및 대원을 둔다.
> ② 경찰서장은 자율방범대장이 추천한 사람을 자율방범대원으로 위촉할 수 있다.
> ③ 경찰서장은 자율방범대원이 이 법을 위반하여 파출소장이 해촉을 요청한 경우에는 해당 자율방범대원을 해촉해야 한다.
> 제00조(자율방범활동 등) ① 자율방범대는 다음 각 호의 활동(이하 '자율방범활동'이라 한다)을 한다.
> 1. 범죄예방을 위한 순찰 및 범죄의 신고, 청소년 선도 및 보호
> 2. 시·도경찰청장, 경찰서장, 파출소장이 지역사회의 안전을 위해 요청하는 활동
>
> ② 자율방범대원은 자율방범활동을 하는 때에는 자율방범활동 중임을 표시하는 복장을 착용하고 자율방범대원의 신분을 증명하는 신분증을 소지해야 한다.
> ③ 자율방범대원은 경찰과 유사한 복장을 착용해서는 안 되며, 경찰과 유사한 도장이나 표지 등을 한 차량을 운전해서는 안 된다.
> 제00조(금지의무) ① 자율방범대원은 자율방범대의 명칭을 사용하여 다음 각 호의 어느 하나에 해당하는 행위를 해서는 안 된다.
> 1. 기부금품을 모집하는 행위
> 2. 영리목적으로 자율방범대의 명의를 사용하는 행위
> 3. 특정 정당 또는 특정인의 선거운동을 하는 행위
>
> ② 제1항 제3호를 위반한 자에 대해서는 3년 이하의 징역 또는 600만 원 이하의 벌금에 처한다.

① 파출소장은 자율방범대장이 추천한 사람을 자율방범대원으로 위촉할 수 있다.
② 자율방범대원이 범죄예방을 위한 순찰을 하는 경우, 경찰과 유사한 복장을 착용할 수 있다.
③ 자율방범대원이 영리목적으로 자율방범대의 명의를 사용한 경우, 3년 이하의 징역에 처한다.
④ 자율방범대원이 청소년 선도활동을 하는 경우, 자율방범활동 중임을 표시하는 복장을 착용하면 자율방범대원의 신분을 증명하는 신분증을 소지하지 않아도 된다.
⑤ 자율방범대원이 자율방범대의 명칭을 사용하여 기부금품을 모집했고 이를 이유로 파출소장이 그의 해촉을 요청한 경우, 경찰서장은 해당 자율방범대원을 해촉해야 한다.

문 4. 다음 글과 <상황>을 근거로 판단할 때 옳은 것은?

> 제○○조(허가신청) ① 대기관리권역에서 총량관리대상 오염물질을 배출량 기준을 초과하여 배출하는 사업장을 설치하거나 이에 해당하는 사업장으로 변경하려는 자는 환경부장관으로부터 사업장 설치의 허가를 받아야 한다. 허가받은 사항을 변경하는 경우에도 같다.
> ② 제1항의 허가 또는 변경허가를 받으려는 자는 사업장의 설치 또는 변경의 허가신청서를 환경부장관에게 제출하여야 한다.
> 제□□조(허가제한) 환경부장관은 제○○조 제1항에 따른 설치 또는 변경의 허가신청을 받은 경우, 그 사업장의 설치 또는 변경으로 인하여 지역배출허용총량의 범위를 초과하게 되면 이를 허가하여서는 아니 된다.
> 제△△조(허가취소 등) ① 사업자가 거짓이나 그 밖의 부정한 방법으로 제○○조 제1항에 따른 허가 또는 변경허가를 받은 경우, 환경부장관은 그 허가 또는 변경허가를 취소할 수 있다.
> ② 환경부장관은 다음 각 호의 자에 대하여 해당 사업장의 폐쇄를 명할 수 있다.
> 1. 거짓이나 그 밖의 부정한 방법으로 제○○조 제1항에 따른 허가 또는 변경허가를 받은 자
> 2. 제○○조 제1항에 따른 허가 또는 변경허가를 받지 아니하고 사업장을 설치·운영하는 자
>
> 제◇◇조(벌칙) 다음 각 호의 어느 하나에 해당하는 자는 7년 이하의 징역 또는 2억 원 이하의 벌금에 처한다.
> 1. 제○○조 제1항에 따른 허가 또는 변경허가를 받지 아니하고 사업장을 설치하거나 변경한 자
> 2. 제△△조 제2항에 따른 사업장폐쇄명령을 위반한 자

<상황>

> 甲~戊는 대기관리권역에서 총량관리대상 오염물질을 배출량 기준을 초과하여 배출하는 사업장을 설치하려 한다.

① 甲이 사업장 설치의 허가를 받은 경우, 이후 허가받은 사항을 변경하는 때에는 별도의 허가가 필요없다.
② 乙이 허가를 받지 않고 사업장을 설치한 경우, 7년의 징역과 2억 원의 벌금에 처한다.
③ 丙이 허가를 받지 않고 사업장을 설치·운영한 경우, 환경부장관은 해당 사업장의 폐쇄를 명할 수 있다.
④ 丁이 사업장 설치의 허가를 신청한 경우, 그 설치로 인해 지역배출허용총량의 범위를 초과하더라도 환경부장관은 이를 허가할 수 있다.
⑤ 戊가 사업장 설치의 허가를 부정한 방법으로 받은 경우에도 환경부장관은 그 허가를 취소할 수 없다.

문 5. 다음 글을 근거로 판단할 때 옳은 것은?

> 두부의 주재료는 대두(大豆)라는 콩이다. 50여 년 전만 해도, 모내기가 끝나는 5월쯤 대두의 씨앗을 심어 벼 베기가 끝나는 10월쯤 수확했다. 두부를 만들기 위해서 먼저 콩을 물에 불리는데, 겨울이면 하루 종일, 여름이면 반나절 정도 물에 담가 둬야 한다. 콩을 적당히 불린 후 맷돌로 콩을 간다. 물을 조금씩 부어가며 콩을 갈면 맷돌 가운데에서 하얀색의 콩비지가 거품처럼 새어 나온다. 이 콩비지를 솥에 넣고 약한 불로 끓인다. 맷돌에서 막 갈려 나온 콩비지에서는 식물성 단백질에서 나는 묘한 비린내가 나는데, 익히면 이 비린내는 없어진다. 함지박 안에 삼베나 무명으로 만든 주머니를 펼쳐 놓고, 끓인 콩비지를 주머니에 담는다. 콩비지가 다 식기 전에 주머니의 입을 양쪽으로 묶고 그 사이에 나무 막대를 꽂아 돌리면서 마치 탕약 짜듯이 콩물을 빼낸다. 이 콩물을 두유라고 한다. 콩에 함유된 단백질은 두유에 녹아 있다.
>
> 두부는 두유를 응고시킨 음식이다. 두유의 응고를 위해 응고제가 필요한데, 예전에는 응고제로 간수를 사용했다. 간수의 주성분은 염화마그네슘이다. 두유에 함유된 식물성 단백질은 염화마그네슘을 만나면 응고된다. 두유에 간수를 넣고 잠시 기다리면 응고된 하얀 덩어리와 물로 분리된다. 하얀 덩어리는 주머니에 옮겨 담는다. 응고가 아직 다 되지 않았기 때문에 덩어리를 싼 주머니에서는 물이 흘러나온다. 함지박 위에 널빤지를 올리고 그 위에 입을 단단히 묶은 주머니를 올려놓는다. 또 다른 널빤지를 주머니 위에 얹고 무거운 돌을 올려놓는다. 이렇게 한참을 누르고 있으면 주머니에서 물이 빠져나오고 덩어리는 굳어져 두부의 모양을 갖추게 된다.

① 50여 년 전에는 5월쯤 그해 수확한 대두로 두부를 만들 수 있었다.
② 콩비지를 염화마그네슘으로 응고시키면 두부와 두유가 나온다.
③ 익힌 콩비지에서는 식물성 단백질로 인해서 비린내가 난다.
④ 간수는 두유에 함유된 식물성 단백질을 응고시키는 성질이 있다.
⑤ 여름에 두부를 만들기 위해서는 콩을 하루 종일 물에 담가둬야 한다.

문 6. 다음 글을 근거로 판단할 때, 처방에 따라 아기에게 더 먹여야 하는 해열시럽의 양은?

> 아기가 열이 나서 부모는 처방에 따라 해열시럽 4mL를 먹여야 하는데, 아기가 약 먹기를 거부했다. 부모는 꾀를 내어 배즙 4mL와 해열시럽 4mL를 균일하게 섞어 주었지만 아기는 맛이 이상했는지 4분의 1만 먹었다. 부모는 아기가 남긴 것 전부와 사과즙 50mL를 다시 균일하게 섞어 주었다. 아기는 그 절반을 먹더니 더 이상 먹지 않았다.

① 1.5mL
② 1.6mL
③ 2.0mL
④ 2.4mL
⑤ 2.5mL

문 7. 다음 글을 근거로 판단할 때, 甲주무관이 이용할 주차장은?

> ○ 甲주무관은 출장 중 총 11시간(09:00~20:00) 동안 요금이 가장 저렴한 주차장 한 곳을 이용하고자 한다.
> ○ 甲주무관의 자동차는 중형차이며, 3종 저공해차량이다.
> ○ 주차요금은 기본요금과 추가요금을 합산하여 산정하고, 할인대상인 경우 주차요금에 대하여 할인이 적용된다.
> ○ 일 주차권이 있는 주차장의 경우, 甲은 주차요금과 일 주차권 중 더 저렴한 것을 선택한다.
> ○ 주차장별 요금에 대한 정보는 아래와 같다.

구분	기본요금 (최초 1시간)	추가요금 (이후 30분마다)	비고
A주차장	2,000원	1,000원	-
B주차장	3,000원	1,500원	- 경차 전용 주차장 - 저공해차량 30% 할인
C주차장	3,000원	1,750원	- 경차 50% 할인 - 일 주차권 20,000원(당일 00:00~24:00 이용 가능)
D주차장	5,000원	700원	-
E주차장	5,000원	1,000원	- 경차, 저공해차량(1, 2종) 50% 할인 - 저공해차량(3종) 20% 할인 - 18:00~익일 07:00 무료

① A주차장
② B주차장
③ C주차장
④ D주차장
⑤ E주차장

문 8. 다음 글과 〈상황〉을 근거로 판단할 때, 2023년 현재 甲~戊 중 청년자산형성적금에 가입할 수 있는 사람은?

A국은 청년의 자산형성을 돕기 위해 비과세 혜택을 부여하는 청년자산형성적금을 운영하고 있다.

청년자산형성적금은 가입일이 속한 연도를 기준으로 직전과세년도의 근로소득과 사업소득의 합이 5,000만 원 이하인 청년이 가입할 수 있다. 단, 직전과세년도에 근로소득과 사업소득이 모두 없는 사람과 직전 2개년도 중 한 번이라도 금융소득종합과세 대상자였던 사람은 가입할 수 없다.

청년은 19~34세인 사람을 의미한다. 단, 군복무기간은 나이를 계산할 때 포함하지 않는다. 예를 들어, 3년간 군복무를 한 36세인 사람은 군복무기간 3년을 제외하면 33세이므로 청년에 해당한다.

〈상황〉

이름	나이	직전과세년도 소득		최근 금융소득 종합과세 해당년도	군복무 기간
		근로소득	사업소득		
甲	20세	0원	0원	없음	없음
乙	36세	0원	5,000만 원	없음	없음
丙	29세	3,500만 원	1,000만 원	2022년	2년
丁	35세	4,500만 원	0원	2020년	2년
戊	27세	4,000만 원	1,500만 원	2021년	없음

① 甲
② 乙
③ 丙
④ 丁
⑤ 戊

※ 다음 글을 읽고 물음에 답하시오. [문 9. ~ 문 10.]

향수를 만드는 데 사용되는 향료는 천연향료와 합성향료로 나눌 수 있다. 천연향료에는 꽃, 잎, 열매 등의 원료에서 추출한 식물성 향료와 사향, 용연향 등의 동물성 향료가 있다. 합성향료는 채취하기 어렵거나 소량 생산되는 천연향료의 성분을 화학적으로 합성한 것이다. 오늘날 향수의 대부분은 천연향료와 합성향료를 배합하여 만들어진다.

천연향료는 다양한 방법을 통해 얻을 수 있는데, 다음 3가지 방법이 대표적이다. 첫째, 가장 널리 쓰이는 방법은 수증기 증류법이다. 이는 향수 원료에 수증기를 통과시켜서 농축된 향의 원액인 향유를 추출하는 방법이다. 이 방법은 원료를 고온으로 처리하기 때문에 열에 약한 성분이 파괴된다는 단점이 있으나, 한꺼번에 많은 양을 값싸게 얻을 수 있다는 장점이 있다. 둘째, 압착법은 과일 껍질 등과 같은 원료를 압착해서 향유를 얻는 방법이다. 열에 비교적 강하며 물에 잘 녹지 않는 향료에는 수증기 증류법이 이용되지만, 감귤류처럼 열에 약한 것에는 압착법이 이용된다. 셋째, 흡수법은 지방과 같은 비휘발성 용매를 사용하여 향유를 추출하는 방법이다. 원료가 고가이고 향유의 함유량이 적으며 열에 약하고 물에 잘 녹는 경우에는 흡수법이 이용된다.

한편, A국에서 판매되는 향수는 EDC, EDT, EDP, Parfum으로 나뉜다. 이는 부향률, 즉 향료의 함유량 정도에 따른 구분이다. 향수는 부향률이 높을수록 향이 강하고 지속시간이 길다. 먼저 EDC(Eau De Cologne)는 부향률이 2~5%로 지속시간이 1~2시간이다. 향의 지속시간이 가장 짧고 잔향이 거의 없으며, 향이 가볍고 산뜻하다. EDT(Eau De Toilette)는 부향률이 5~15%로 3~5시간 지속되며 일반적으로 가장 많이 사용된다. EDP(Eau De Parfum)는 부향률이 15~20%로 5~8시간 지속된다. 풍부한 향을 가지고 있으며, 오랜 시간 향이 유지되는 것을 선호하는 사람들에게 알맞다. Parfum은 부향률이 20~30%로 8~10시간 지속되며, 가장 향이 강하고 오래간다.

문 9. 윗글을 근거로 판단할 때 옳은 것은?

① EDP의 부향률이 EDC의 부향률보다 높다.
② 흡수법은 많은 양의 향유를 값싸게 얻을 수 있는 방법이다.
③ 오늘날 많이 사용되는 향수의 대부분은 식물성 천연향료로 만들어진다.
④ 고가이고 향유의 함유량이 적은 원료에서 향유를 추출하고자 할 때는 흡수법보다는 압착법이 이용된다.
⑤ 부향률이 높은 향수일수록 향이 오래 지속되므로, 부향률이 가장 높은 향수가 일반적으로 가장 많이 사용된다.

문 10. 윗글과 〈대화〉를 근거로 판단할 때, 甲~戊 중 가장 늦은 시각까지 향수의 향이 남아 있는 사람은?

〈대화〉

甲: 나는 오늘 오후 4시에 향수를 뿌렸어. 내 향수에는 EDC라고 적혀 있었어.

乙: 난 오늘 오전 9시 30분에 향수를 뿌렸는데, 우리 중 내가 뿌린 향수의 향이 가장 강해.

丙: 내 향수의 부향률은 18%라고 적혀 있네. 나는 甲보다 5시간 전에 향수를 뿌렸어.

丁: 난 오늘 오후 2시에 戊와 함께 향수 가게에 들렀어. 난 가자마자 EDT라고 적힌 향수를 뿌렸고, 戊는 나보다 1시간 뒤에 EDP라고 적힌 걸 뿌렸어.

① 甲
② 乙
③ 丙
④ 丁
⑤ 戊

문 11. 다음 글을 근거로 판단할 때 옳은 것은?

제○○조(해수욕장의 구역) 관리청은 해수욕장을 이용하는 용도에 따라 물놀이구역과 수상레저구역으로 구분하여 관리·운영하여야 한다. 다만, 해수욕장 이용이나 운영에 상당한 불편을 초래하거나 효율성을 떨어뜨린다고 판단되는 경우에는 그러하지 아니하다.

제□□조(해수욕장의 개장기간 등) ① 관리청은 해수욕장의 특성이나 여건 등을 고려하여 해수욕장의 개장기간 및 개장시간을 정할 수 있다. 이 경우 관리청은 해수욕장협의회의 의견을 듣고, 미리 관계 행정기관의 장과 협의하여야 한다.
② 관리청은 해수욕장 이용자의 안전 확보나 해수욕장의 환경보전 등을 위하여 필요한 경우에는 해수욕장의 개장기간 또는 개장시간을 제한할 수 있다. 이 경우 제1항 후단을 준용한다.

제△△조(해수욕장의 관리·운영 등) ① 해수욕장은 관리청이 직접 관리·운영하여야 한다.
② 관리청은 제1항에도 불구하고 해수욕장의 효율적인 관리·운영을 위하여 필요한 경우 관할 해수욕장 관리·운영업무의 일부를 위탁할 수 있다.
③ 관리청은 제2항에 따라 해수욕장 관리·운영업무를 위탁하려는 경우 지역번영회·어촌계 등 지역공동체 및 공익법인 등을 수탁자로 우선 지정할 수 있다.
④ 제2항 및 제3항에 따라 수탁자로 지정받은 자는 위탁받은 관리·운영업무의 전부 또는 일부를 재위탁하여서는 아니 된다.

제◇◇조(과태료) ① 다음 각 호의 어느 하나에 해당하는 자에게는 500만 원 이하의 과태료를 부과한다.
1. 거짓이나 부정한 방법으로 제△△조에 따른 수탁자로 지정받은 자
2. 제△△조 제4항을 위반하여 위탁받은 관리·운영업무의 전부 또는 일부를 재위탁한 자
② 제1항에 따른 과태료는 관리청이 부과·징수한다.

① 관리청은 해수욕장의 효율적인 관리·운영을 위하여 필요한 경우, 관할 해수욕장 관리·운영업무의 전부를 위탁할 수 있다.
② 관리청은 해수욕장을 운영함에 있어 그 효율성이 떨어진다고 판단하더라도 물놀이구역과 수상레저구역을 구분하여 관리·운영하여야 한다.
③ 관리청이 해수욕장 관리·운영업무를 위탁하려는 경우, 공익법인을 수탁자로 우선 지정할 수 있으나 지역공동체를 수탁자로 우선 지정할 수는 없다.
④ 관리청으로부터 해수욕장 관리·운영업무를 위탁받은 공익법인이 이를 타 기관에 재위탁한 경우, 관리청은 그 공익법인에 대해 300만 원의 과태료를 부과할 수 있다.
⑤ 관리청은 해수욕장의 개장기간 및 개장시간을 정함에 있어 해수욕장의 특성이나 여건 등을 고려해야 하나, 관계 행정기관의 장과 협의할 필요는 없다.

문 12. 다음 글을 근거로 판단할 때 옳은 것은?

제○○조(119구조견교육대의 설치·운영 등) ① 소방청장은 체계적인 구조견 양성·교육훈련 및 보급 등을 위하여 119구조견교육대를 설치·운영하여야 한다.
② 119구조견교육대는 중앙119구조본부의 단위조직으로 한다.
③ 119구조견교육대가 관리하는 견(犬)은 다음 각 호와 같다.
1. 훈련견: 구조견 양성을 목적으로 도입되어 훈련 중인 개
2. 종모견: 훈련견 번식을 목적으로 보유 중인 개
제□□조(훈련견 교육 및 평가 등) ① 119구조견교육대는 관리하는 견에 대하여 입문 교육, 정기 교육, 훈련견 교육 등을 실시한다.
② 훈련견 평가는 다음 각 호의 평가로 구분하여 실시하고 각 평가에서 정한 요건을 모두 충족한 경우 합격한 것으로 본다.
1. 기초평가: 훈련견에 대한 기본평가
가. 생후 12개월 이상 24개월 이하일 것
나. 기초평가 기준에 따라 총점 70점 이상을 득점하고, 수의검진 결과 적합판정을 받을 것
2. 중간평가: 양성 중인 훈련견의 건강, 성품 변화, 발전 가능성 및 임무 분석 등의 판정을 위해 실시하는 평가
가. 훈련 시작 12개월 이상일 것
나. 중간평가 기준에 따라 총점 70점 이상을 득점하고, 수의진료소견 결과 적합판정을 받을 것
다. 공격성 보유, 능력 상실 등의 결격사유가 없을 것
③ 훈련견 평가 중 어느 하나라도 불합격한 훈련견은 유관기관 등 외부기관으로 관리전환할 수 있다.
제△△조(종모견 도입) 훈련견이 종모견으로 도입되기 위해서는 제□□조 제2항에 따른 훈련견 평가에 모두 합격하여야 하며, 다음 각 호의 요건을 갖추어야 한다.
1. 순수한 혈통일 것
2. 생후 20개월 이상일 것
3. 원친(遠親) 번식에 의한 견일 것

① 중앙119구조본부의 장은 구조견 양성 및 교육훈련 등을 위하여 119구조견교육대를 설치하여야 한다.
② 원친 번식에 의한 생후 20개월인 순수한 혈통의 훈련견은 훈련견 평가결과에 관계없이 종모견으로 도입될 수 있다.
③ 기초평가 기준에 따라 총점 80점을 득점하고, 수의검진 결과 적합판정을 받은 훈련견은 생후 15개월에 종모견으로 도입될 수 있다.
④ 생후 12개월에 훈련을 시작해 반년이 지난 훈련견이 결격사유 없이 중간평가 기준에 따라 총점 75점을 득점하고, 수의진료소견 결과 적합판정을 받는다면 중간평가에 합격한 것으로 본다.
⑤ 기초평가에서 합격했더라도 결격사유가 있어 중간평가에 불합격한 훈련견은 유관기관으로 관리전환할 수 있다.

문 13. 다음 글을 근거로 판단할 때, ㉠에 해당하는 수는?

○ 산타클로스는 연간 '착한 일 횟수'와 '울음 횟수'에 따라 어린이 甲~戊에게 선물 A, B 중 하나를 주거나 아무것도 주지 않는다.
○ 산타클로스가 선물을 나눠주는 방식은 다음과 같다. 어린이별로 ('착한 일 횟수' × 5) − ('울음 횟수' × ㉠)의 값을 계산한다. 그 값이 10 이상이면 선물 A를 주고, 0 이상 10 미만이면 선물 B를 주며, 그 값이 음수면 선물을 주지 않는다. 이때, ㉠은 자연수이다.
○ 이 방식을 적용한 결과, 甲~戊 중 1명이 선물 A를 받았고, 3명이 선물 B를 받았으며, 1명은 선물을 받지 못했다.
○ 甲~戊의 연간 '착한 일 횟수'와 '울음 횟수'는 아래와 같다.

구분	착한 일 횟수	울음 횟수
甲	3	3
乙	3	2
丙	2	3
丁	1	0
戊	1	3

① 1
② 2
③ 3
④ 4
⑤ 5

문 14. 다음 글을 근거로 판단할 때, 甲이 작성한 보고서 한 건의 쪽수의 최댓값은?

A회사 직원인 甲은 근무일마다 동일한 쪽수의 보고서를 한 건씩 작성한다. 甲은 작성한 보고서를 회사의 임원들 각각에게 당일 출력하여 전달한다. 甲은 A회사에 1개월 전 입사하였으며 총 근무일은 20일을 초과하였다. 甲이 현재까지 출력한 총량은 1,000쪽이며, 임원은 2명 이상이다.

① 5
② 8
③ 10
④ 20
⑤ 40

문 15. 다음 글을 근거로 판단할 때, A～E 중 한 명만 화상강의 시스템에 접속해 있던 시각으로 가능한 것은?

○ 어제 9:00부터 9:30까지 진행된 수업시간 중 학생 A～E가 화상강의 시스템에 접속해 있던 시간은 아래와 같다.

학생	A	B	C	D	E
시간(분)	13	15	17	21	25

○ 학생들의 접속 횟수는 각 1회였다.
○ A와 C가 접속해 있던 시간은 서로 겹치지 않았다.

① 9:04
② 9:10
③ 9:15
④ 9:21
⑤ 9:24

문 16. 다음 글을 근거로 판단할 때, 甲이 만든 비밀번호 각 자리의 숫자를 모두 곱한 값은?

○ 甲은 1, 2, 3, 4 중에서 숫자를 골라 네 자리 비밀번호를 만들었다.
○ 비밀번호 각 자리의 숫자를 '모두 더한 값'과 '모두 곱한 값'이 같았다.

① 8
② 9
③ 10
④ 12
⑤ 16

문 17. 다음 글과 〈상황〉을 근거로 판단할 때, 甲에게 배정되는 금액은?

A부서는 소속 직원에게 원격지 전보에 따른 이전여비를 지원한다. A부서는 다음과 같은 지침에 따라 지원액을 배정하고자 한다.

○ 지원액 배정 지침
 – 이전여비 지원 예산 총액: 160만 원
 – 심사를 통해 원격지 전보에 해당하는 신청자만 배정대상자로 함
 – 예산 한도 내에서 지원 가능한 최대의 금액 배정
 – 배정대상자 신청액의 합이 지원 예산 총액을 초과할 경우에는 각 배정대상자의 '신청액 대비 배정액 비율'이 모두 같도록 삭감하여 배정

〈상황〉

다음은 이전여비 지원을 신청한 A부서 직원 甲～戊의 신청액과 원격지 전보 해당 여부이다.

구분	이전여비 신청액(원)	원격지 전보 해당 여부
甲	700,000	해당
乙	400,000	해당하지 않음
丙	500,000	해당
丁	300,000	해당
戊	500,000	해당

① 525,000원
② 560,000원
③ 600,000원
④ 620,000원
⑤ 630,000원

문 18. 다음 글과 〈상황〉을 근거로 판단할 때, 甲~戊 중 사업자로 선정되는 업체는?

△△부처는 □□사업에 대하여 용역 입찰공고를 하고, 각 입찰업체의 제안서를 평가하여 사업자를 선정하려 한다.

○ 제안서 평가점수는 입찰가격 평가점수(20점 만점)와 기술능력 평가점수(80점 만점)로 이루어진다.
○ 입찰가격 평가점수는 각 입찰업체가 제시한 가격에 따라 산정한다.
○ 기술능력 평가점수는 다음과 같은 방식으로 산정한다.
 - 5명의 평가위원이 평가한다.
 - 각 평가위원의 평가결과에서 최고점수와 최저점수를 제외한 나머지 3명의 점수를 산술평균하여 산정한다. 이때 최고점수가 복수인 경우 하나를 제외하며, 최저점수가 복수인 경우도 마찬가지이다.
○ 기술능력 평가점수에서 만점의 85% 미만의 점수를 받은 업체는 선정에서 제외한다.
○ 입찰가격 평가점수와 기술능력 평가점수를 합산한 점수가 가장 높은 업체를 선정한다. 이때 동점이 발생할 경우, 기술능력 평가점수가 가장 높은 업체를 선정한다.

〈상황〉

○ □□사업의 입찰에 참여한 업체는 甲~戊이다.
○ 각 업체의 입찰가격 평가점수는 다음과 같다.

(단위: 점)

구분	甲	乙	丙	丁	戊
평가점수	13	20	15	14	17

○ 각 업체의 기술능력에 대한 평가위원 5명의 평가결과는 다음과 같다.

(단위: 점)

구분	甲	乙	丙	丁	戊
A위원	68	65	73	75	65
B위원	68	73	69	70	60
C위원	68	62	69	65	60
D위원	68	65	65	65	70
E위원	72	65	69	75	75

① 甲
② 乙
③ 丙
④ 丁
⑤ 戊

문 19. 다음 글을 근거로 판단할 때, 甲~戊 중 금요일과 토요일의 초과근무 인정시간의 합이 가장 많은 근무자는?

○ A기업에서는 근무자가 출근시각과 퇴근시각을 입력하면 초과근무 '실적시간'과 '인정시간'이 분 단위로 자동 계산된다.
 - 실적시간은 근무자의 일과시간(월~금, 09:00~18:00)을 제외한 근무시간을 말한다.
 - 인정시간은 실적시간에서 개인용무시간을 제외한 근무시간을 말한다. 하루 최대 인정시간은 월~금요일은 4시간이며, 토요일은 2시간이다.
 - 재택근무를 하는 경우 실적시간을 인정하지 않는다.
○ A기업 근무자 甲~戊의 근무현황은 다음과 같다.

구분	금요일			토요일	
	출근시각	퇴근시각	비고	출근시각	퇴근시각
甲	08:55	20:00	-	10:30	13:30
乙	08:00	19:55	-	-	-
丙	09:00	21:30	개인용무시간 (19:00~19:30)	13:00	14:30
丁	08:30	23:30	재택근무	-	-
戊	07:00	21:30	-	-	-

① 甲
② 乙
③ 丙
④ 丁
⑤ 戊

문 20. 다음 글을 근거로 판단할 때, 〈보기〉에서 甲의 시험과목별 점수로 옳은 것만을 모두 고르면?

○○국제교육과정 중에 있는 사람은 수료시험에서 5개 과목(A~E) 평균 60점 이상을 받고 한 과목도 과락(50점 미만)이 아니어야 수료할 수 있다.

甲은 수료시험에서 5개 과목 평균 60점을 받았으나 2개 과목이 과락이어서 ○○국제교육과정을 수료하지 못했다. 甲이 돌려받은 답안지에 점수는 기재되어 있지 않았고, 각 문항에 아래와 같은 표시만 되어 있었다. 이는 국적이 서로 다른 각 과목 강사가 자신의 국가에서 사용하는 방식으로 정답·오답 표시만 해놓은 결과였다.

과목	문항									
	1	2	3	4	5	6	7	8	9	10
A	○	○	×	○	×	○	×	○	○	○
B	V	×	V	V	V	×	V	×	V	V
C	/	○	○	○	○	/	/	○	/	○
D	○	○	V	V	V	○	○	V	V	V
E	/	/	/	/	×	×	/	/	/	/

※ 모든 과목은 각 10문항이며, 각 문항별 배점은 10점이다.

〈보기〉

	시험과목	점수
ㄱ.	A	70
ㄴ.	B	30
ㄷ.	C	60
ㄹ.	D	40
ㅁ.	E	80

① ㄱ, ㄴ
② ㄱ, ㄷ
③ ㄱ, ㄹ, ㅁ
④ ㄴ, ㄷ, ㄹ
⑤ ㄴ, ㄷ, ㅁ

문 21. 다음 글을 근거로 판단할 때, 식목일의 요일은?

다음은 가원이의 어느 해 일기장에서 서로 다른 요일의 일기를 일부 발췌하여 날짜순으로 나열한 것이다.

(1) 4월 5일 ○요일
오늘은 식목일이다. 동생과 한 그루의 사과나무를 심었다.

(2) 4월 11일 ○요일
오늘은 아빠와 뒷산에 가서 벚꽃을 봤다.

(3) 4월 □□일 수요일
나는 매주 같은 요일에만 데이트를 한다. 오늘 데이트도 즐거웠다.

(4) 4월 15일 ○요일
오늘은 친구와 미술관에 갔다. 작품들이 멋있었다.

(5) 4월 □□일 ○요일
내일은 대청소를 하는 날이어서 오늘은 휴식을 취했다.

(6) 4월 □□일 ○요일
나는 매달 마지막 일요일에만 대청소를 한다. 그래서 오늘 대청소를 했다.

① 월요일
② 화요일
③ 목요일
④ 금요일
⑤ 토요일

문 22. 다음 글을 근거로 판단할 때, 〈보기〉에서 옳은 것만을 모두 고르면?

> ○ 엘리베이터 안에는 각 층을 나타내는 버튼만 하나씩 있다.
> ○ 버튼을 한 번 누르면 해당 층에 가게 되고, 다시 누르면 취소된다. 취소된 버튼을 다시 누를 수 있다.
> ○ 1층에 계속해서 정지해 있던 빈 엘리베이터에 처음으로 승객 7명이 탔다.
> ○ 승객들이 버튼을 누른 횟수의 합은 10이며, 1층에서만 눌렀다.
> ○ 승객 3명은 4층에서, 2명은 5층에서 내렸다. 나머지 2명은 6층 이상의 서로 다른 층에서 내렸다.
> ○ 1층 외의 층에서 엘리베이터를 탄 승객은 없으며, 엘리베이터는 승객이 타거나 내린 층에서만 정지했다.

〈보기〉

ㄱ. 각 승객은 1개 이상의 버튼을 눌렀다.
ㄴ. 5번 누른 버튼이 있다면, 2번 이상 누른 다른 버튼이 있다.
ㄷ. 4층 버튼을 가장 많이 눌렀다.
ㄹ. 승객이 내리지 않은 층의 버튼을 누른 사람은 없다.

① ㄱ
② ㄴ
③ ㄱ, ㄷ
④ ㄴ, ㄹ
⑤ ㄷ, ㄹ

문 23. 다음 글을 근거로 판단할 때 옳은 것은?

> A~E 간에 갖고 있는 상대방의 연락처에 대한 정보는 다음과 같다.
> ○ A는 3명의 연락처를 갖고 있는데, 그중 2명만 A의 연락처를 갖고 있다. 그런데 A의 연락처를 갖고 있는 사람은 총 3명이다.
> ○ B는 2명의 연락처를 갖고 있는데, 그 2명을 제외한 2명만 B의 연락처를 갖고 있다.
> ○ C는 A의 연락처만 갖고 있는데, A도 C의 연락처를 갖고 있다.
> ○ D는 2명의 연락처를 갖고 있다.
> ○ E는 B의 연락처만 갖고 있다.

① A는 B의 연락처를 갖고 있다.
② B는 D의 연락처를 갖고 있다.
③ C의 연락처를 갖고 있는 사람은 3명이다.
④ D의 연락처를 갖고 있는 사람은 A뿐이다.
⑤ E의 연락처를 갖고 있는 사람은 2명이다.

문 24. 다음 글을 근거로 판단할 때, ㉠에 들어갈 내용으로 옳은 것은?

> 시계수리공 甲은 고장 난 시계 A를 수리하면서 실수로 시침과 분침을 서로 바꾸어 조립하였다. 잘못 조립한 것을 모르고 있던 甲은 A에 전지를 넣어 작동시킨 후, A를 실제 시각인 정오로 맞추고 작업을 마무리하였다. 그랬더니 A의 시침은 정상일 때의 분침처럼, 분침은 정상일 때의 시침처럼 움직였다. 그 후 A가 처음으로 실제 시각을 가리킨 때는 [㉠] 사이였다.

① 오후 12시 55분 0초부터 오후 1시 정각
② 오후 1시 정각부터 오후 1시 5분 0초
③ 오후 1시 5분 0초부터 오후 1시 10분 0초
④ 오후 1시 10분 0초부터 오후 1시 15분 0초
⑤ 오후 1시 15분 0초부터 오후 1시 20분 0초

문 25. 다음 글을 근거로 판단할 때 옳은 것은?

제○○조(정의) 이 법에서 사용하는 용어의 뜻은 다음과 같다.
1. "한부모가족"이란 모자가족 또는 부자가족을 말한다.
2. "모(母)" 또는 "부(父)"란 다음 각 목의 어느 하나에 해당하는 자로서 아동인 자녀를 양육하는 자를 말한다.
   가. 배우자와 사별 또는 이혼하거나 배우자로부터 유기된 자
   나. 정신이나 신체의 장애로 장기간 노동능력을 상실한 배우자를 가진 자
   다. 교정시설·치료감호시설에 입소한 배우자 또는 병역복무 중인 배우자를 가진 자
   라. 미혼자
3. "아동"이란 18세 미만(취학 중인 경우에는 22세 미만을 말하되, 병역의무를 이행하고 취학 중인 경우에는 병역의무를 이행한 기간을 가산한 연령 미만을 말한다)의 자를 말한다.

제□□조(지원대상자의 범위) ① 이 법에 따른 지원대상자는 제○○조 제1호부터 제3호까지의 규정에 해당하는 자로 한다.
② 제1항에도 불구하고 부모가 사망하거나 그 생사가 분명하지 아니한 아동을 양육하는 조부 또는 조모는 이 법에 따른 지원대상자가 된다.

제△△조(복지 급여 등) ① 국가나 지방자치단체는 지원대상자의 복지 급여 신청이 있으면 다음 각 호의 복지 급여를 실시하여야 한다.
1. 생계비
2. 아동교육지원비
3. 아동양육비

② 이 법에 따른 지원대상자가 다른 법령에 따라 지원을 받고 있는 경우에는 그 범위에서 이 법에 따른 급여를 실시하지 아니한다. 다만, 제1항 제3호의 아동양육비는 지급할 수 있다.
③ 제1항 제3호의 아동양육비를 지급할 때에 다음 각 호의 어느 하나에 해당하는 경우에는 예산의 범위에서 추가적인 복지 급여를 실시하여야 한다.
1. 미혼모나 미혼부가 5세 이하의 아동을 양육하는 경우
2. 34세 이하의 모 또는 부가 아동을 양육하는 경우

① 5세인 자녀를 홀로 양육하는 자가 지원대상자가 되기 위해서는 미혼자여야 한다.
② 배우자와 사별한 자가 18개월간 병역의무를 이행한 22세의 대학생 자녀를 양육하는 경우, 지원대상자가 될 수 없다.
③ 부모의 생사가 불분명한 6세인 손자를 양육하는 조모에게는 복지 급여 신청이 없어도 생계비를 지급하여야 한다.
④ 30세인 미혼모가 5세인 자녀를 양육하는 경우, 아동양육비를 지급할 때 추가적인 복지 급여를 실시할 수 없다.
⑤ 지원대상자가 다른 법령에 따른 지원을 받고 있는 경우에도 국가나 지방자치단체는 아동양육비를 지급할 수 있다.

※ 수고하셨습니다.
※ 기출문제편 맨 마지막에 있는 OMR 카드에 마킹을 하세요.

정답과 분석해설편 ▶ P.67 

제3영역 자료해석

1초 합격예측! 모바일 성적결과분석표 발급 서비스

QR 코드로 접속하여 문제 풀이 시간을 측정하고, 자동채점 & 성적결과분석 서비스를 통해 지금 바로 실력을 점검해 보세요.

◀ https://eduwill.kr/1Xkf

풀이 시간	• 시작: ____시 ____분 ~ 종료: ____시 ____분 • 총 : ____분

문 1. 다음 〈그림〉은 '갑' 지역의 리조트 개발 후보지 A~E의 지리정보 조사 결과이다. 이를 근거로 A~E 중 〈입지조건〉을 모두 만족하는 리조트 개발 후보지를 고르면?

〈그림〉 리조트 개발 후보지 A~E의 지리정보 조사 결과

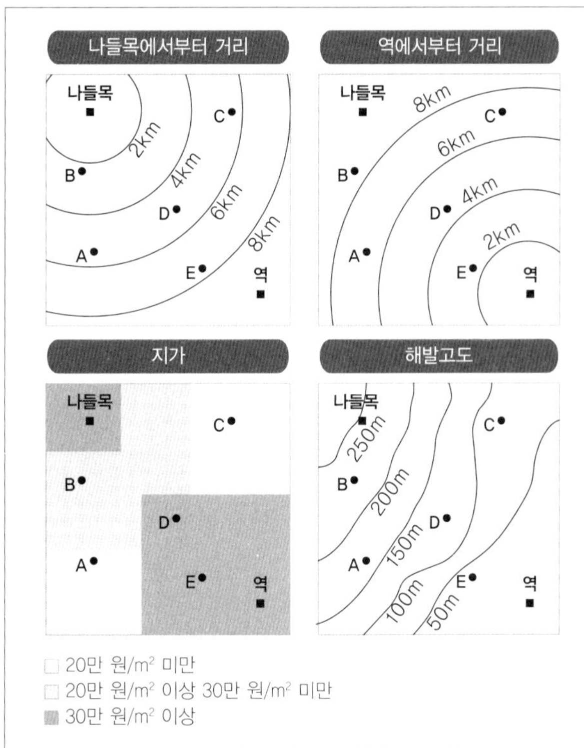

〈입지조건〉

○ 나들목에서부터 거리가 6km 이내인 장소
○ 역에서부터 거리가 8km 이내인 장소
○ 지가가 30만 원/m^2 미만인 장소
○ 해발고도가 100m 이상인 장소

① A ② B ③ C
④ D ⑤ E

문 2. 다음 〈표〉는 4월 5일부터 4월 11일까지 종합병원 A의 날짜별 진료 실적에 관한 자료이다. 4월 7일의 진료의사 1인당 진료환자 수는?

〈표〉 종합병원 A의 날짜별 진료 실적

(단위: 명)

구분 날짜	진료의사 수	진료환자 수	진료의사 1인당 진료환자 수
4월 5일	23	782	34
4월 6일	26	988	38
4월 7일	( )	580	( )
4월 8일	25	700	28
4월 9일	30	1,050	35
4월 10일	15	285	19
4월 11일	4	48	12
계	143	4,433	-

① 20
② 26
③ 29
④ 32
⑤ 38

문 3. 다음 〈표〉는 2022년 '갑'국 주요 수입 농산물의 수입경로별 수입량에 관한 자료이다. 이를 근거로 육로수입량 비중을 농산물별로 비교할 때, 육로수입량 비중이 가장 큰 농산물은?

〈표〉 2022년 '갑'국 주요 수입 농산물의 수입경로별 수입량

(단위: 톤)

수입경로 / 농산물	육로	해상	항공
콩	2,593	105,340	246,117
건고추	2,483	78,437	86,097
땅콩	2,260	8,219	26,146
참깨	2,024	12,986	76,812
팥	2,020	7,102	42,418

※ 1) 농산물별 수입량
= 농산물별 육로수입량 + 농산물별 해상수입량 + 농산물별 항공수입량

2) 농산물별 육로수입량 비중(%) = $\frac{\text{농산물별 육로수입량}}{\text{농산물별 수입량}} \times 100$

① 건고추
② 땅콩
③ 참깨
④ 콩
⑤ 팥

문 4. 다음 〈표〉는 '갑'시 공공정책 홍보사업에 입찰한 A～F 홍보업체의 온라인 홍보매체 운영현황에 관한 자료이다. 이를 근거로 A～F홍보업체 중 〈선정방식〉에 따라 홍보업체를 고르면?

〈표〉 A～F홍보업체의 온라인 홍보매체 운영현황

(단위: 만 명)

구분 / 홍보업체	미디어채널 구독자 수	SNS 팔로워 수	공공정책 홍보경력
A	90	50	유
B	180	0	무
C	50	80	유
D	80	60	무
E	100	40	무
F	60	45	유

〈선정방식〉

○ 공공정책 홍보경력이 있는 홍보업체 중 인지도가 가장 높은 1곳과 공공정책 홍보경력이 없는 홍보업체 중 인지도가 가장 높은 1곳을 각각 선정함
○ 홍보업체 인지도 =
(미디어채널 구독자 수 × 0.4) + (SNS 팔로워 수 × 0.6)

① A, D
② A, E
③ B, C
④ B, F
⑤ C, D

문 5. 다음은 2013～2022년 '갑'국 국방연구소가 출원한 지식재산권에 관한 자료이다. 제시된 〈표〉 이외에 〈보고서〉를 작성하기 위해 추가로 필요한 자료만을 〈보기〉에서 모두 고르면?

〈표〉 2013～2022년 '갑'국 국방연구소의 특허 출원 건수

(단위: 건)

구분 \ 연도	2013	2014	2015	2016	2017	2018	2019	2020	2021	2022
국내 출원	287	368	385	458	514	481	555	441	189	77
국외 출원	34	17	9	26	21	13	21	16	2	3

〈보고서〉

'갑'국 국방연구소는 국방에 필요한 무기와 국방과학기술을 연구·개발하면서 특허, 상표권, 실용신안 등 관련 지식재산권을 출원하고 있다.

2013～2022년 '갑'국 국방연구소가 출원한 연도별 특허 건수는 2017년까지 매년 증가하였고, 2019년 이후에는 매년 감소하였다. 2013～2022년 국외 출원 특허 건수를 대상 국가별로 살펴보면, 미국에 출원한 특허가 매년 가장 많았다.

2013～2022년 '갑'국 국방연구소는 2015년에만 상표권을 출원하였으며, 그중 국외 출원은 없었다. 또한, 2016년부터 2년마다 1건씩 총 4건의 실용신안을 국내 출원하였다.

〈보기〉

ㄱ. '갑'국 국방연구소의 연도별 전체 특허 출원 건수

(단위: 건)

연도	2013	2014	2015	2016	2017	2018	2019	2020	2021	2022
전체	321	385	394	484	535	494	576	457	191	80

ㄴ. '갑'국 국방연구소의 국외 출원 대상 국가별 특허 출원 건수

(단위: 건)

대상 국가 \ 연도	2013	2014	2015	2016	2017	2018	2019	2020	2021	2022
독일	1	1	1	0	0	0	0	0	0	0
미국	26	15	8	18	20	11	16	15	2	3
일본	0	1	0	2	0	0	1	1	0	0
영국	0	0	0	5	1	1	0	0	0	0
프랑스	7	0	0	0	0	0	0	0	0	0
호주	0	0	0	0	0	0	3	0	0	0
기타	0	0	0	1	0	1	1	0	0	0
계	34	17	9	26	21	13	21	16	2	3

ㄷ. '갑'국 국방연구소의 연도별 상표권 출원 건수

(단위: 건)

구분 \ 연도	2013	2014	2015	2016	2017	2018	2019	2020	2021	2022
국내 출원	0	0	2	0	0	0	0	0	0	0
국외 출원	0	0	0	0	0	0	0	0	0	0

ㄹ. '갑'국 국방연구소의 연도별 실용신안 출원 건수

(단위: 건)

구분 \ 연도	2013	2014	2015	2016	2017	2018	2019	2020	2021	2022
국내 출원	0	0	0	1	0	1	0	1	0	1
국외 출원	0	0	0	0	0	0	0	0	0	0

① ㄱ, ㄴ
② ㄱ, ㄷ
③ ㄴ, ㄷ
④ ㄷ, ㄹ
⑤ ㄴ, ㄷ, ㄹ

문 6. 다음 〈표〉는 2022년 A～E국의 연구개발 세액감면 현황에 관한 자료이다. 이에 대한 〈보기〉의 설명 중 옳은 것만을 모두 고르면?

〈표〉 2022년 A～E국의 연구개발 세액감면 현황

(단위: 백만 달러, %)

구분 \ 국가	연구개발 세액감면액	GDP 대비 연구개발 세액감면액 비율	연구개발 총지출액 대비 연구개발 세액감면액 비율
A	3,613	0.20	4.97
B	12,567	0.07	2.85
C	2,104	0.13	8.15
D	4,316	0.16	10.62
E	6,547	0.13	4.14

〈보기〉

ㄱ. GDP는 C국이 E국보다 크다.

ㄴ. 연구개발 총지출액이 가장 큰 국가는 B국이다.

ㄷ. GDP 대비 연구개발 총지출액 비율은 A국이 B국보다 높다.

① ㄱ

② ㄴ

③ ㄷ

④ ㄴ, ㄷ

⑤ ㄱ, ㄴ, ㄷ

문 7. 다음 〈표〉는 2013～2022년 '갑'국의 농업진흥지역 면적에 관한 자료이다. 이에 대한 〈보고서〉의 설명 중 옳은 것만을 모두 고르면?

〈표〉 2013～2022년 '갑'국의 농업진흥지역 면적

(단위: 만ha)

구분 \ 연도	전체 농지	농업진흥지역		
			논	밭
2013	180.1	91.5	76.9	14.6
2014	175.9	81.5	71.6	9.9
2015	171.5	80.7	71.0	9.7
2016	173.0	80.9	71.2	9.7
2017	169.1	81.1	71.4	9.7
2018	167.9	81.0	71.3	9.7
2019	164.4	78.0	67.9	10.1
2020	162.1	77.7	67.9	9.8
2021	159.6	77.8	68.2	9.6
2022	158.1	77.6	68.7	8.9

〈보고서〉

'갑'국은 우량농지를 보전하고 농지이용률을 높인다는 취지로 농업진흥지역을 지정하고 있다. 그러나, ㉠2014년부터 2022년까지 매년 농업진흥지역 면적은 전체 농지 면적의 50% 이하에 그치고 있다. 또한, ㉡같은 기간 농업진흥지역 면적은 매년 감소하여, 농업기반이 취약해지는 것으로 분석된다.

농업진흥지역 면적은 2013년 91.5만ha에서 2022년 77.6만ha로 15% 이상 감소했으며, 이는 같은 기간 전체 농지 면적의 감소율보다 크다. 한편, ㉢농업진흥지역 면적에서 밭 면적이 차지하는 비중은 2013년 이후 매년 15% 이하이다.

① ㄱ

② ㄴ

③ ㄱ, ㄴ

④ ㄱ, ㄷ

⑤ ㄴ, ㄷ

문 8. 다음은 '갑'군의 농촌관광 사업에 관한 〈방송뉴스〉이다. 〈방송뉴스〉의 내용과 부합하는 자료는?

〈방송뉴스〉

앵커: 농촌경제 활성화를 위하여 ○○부가 추진해오고 있는 농촌관광 사업이 있습니다. 최근 감염병으로 인해 농촌관광 사업도 큰 어려움을 겪고 있다고 합니다. □□□기자가 어려움을 겪고 있는 농촌관광 사업에 대해 보도합니다.

기자: …(중략)… '갑'군은 농촌의 소득 다변화를 위하여 다양한 농촌관광 사업을 추진했습니다. 하지만 감염병 확산으로 2020년 '갑'군의 농촌관광 방문객 수와 매출액이 크게 줄었습니다. 농촌체험마을은 2020년 방문객 수와 매출액이 2019년에 비해 75% 이상 감소하였습니다. 농촌민박도 2020년 방문객 수와 매출액이 전년과 비교하여 30% 이상 줄어들었습니다. 다만, 농촌융복합사업장은 2020년 방문객 수와 매출액이 전년과 비교해 줄어든 비율이 농촌체험마을보다는 작았습니다.

①

(단위: 명, 천 원)

구분	농촌체험마을		농촌민박		농촌융복합사업장	
연도	방문객 수	매출액	방문객 수	매출액	방문객 수	매출액
2019	1,118	12,280	2,968	98,932	395	6,109
2020	266	3,030	2,035	67,832	199	1,827

②

(단위: 명, 천 원)

구분	농촌체험마을		농촌민박		농촌융복합사업장	
연도	방문객 수	매출액	방문객 수	매출액	방문객 수	매출액
2019	1,118	12,320	2,968	98,932	395	6,109
2020	266	3,180	2,035	67,832	199	1,827

③

(단위: 명, 천 원)

구분	농촌체험마을		농촌민박		농촌융복합사업장	
연도	방문객 수	매출액	방문객 수	매출액	방문객 수	매출액
2019	1,118	12,280	2,968	98,932	395	6,309
2020	266	3,030	2,035	67,832	199	1,290

④

(단위: 명, 천 원)

구분	농촌체험마을		농촌민박		농촌융복합사업장	
연도	방문객 수	매출액	방문객 수	매출액	방문객 수	매출액
2019	1,118	12,320	2,968	96,932	395	6,309
2020	266	3,180	2,035	70,069	199	1,290

⑤

(단위: 명, 천 원)

구분	농촌체험마을		농촌민박		농촌융복합사업장	
연도	방문객 수	매출액	방문객 수	매출액	방문객 수	매출액
2019	1,118	12,280	2,968	96,932	395	6,109
2020	266	3,030	2,035	70,069	199	1,827

문 9. 다음 〈그림〉은 2020년과 2021년 '갑'국의 농림축수산물 종류별 수출입량에 관한 자료이다. 이에 대한 〈보기〉의 설명 중 옳은 것만을 모두 고르면?

〈그림〉 2020년과 2021년 농림축수산물 종류별 수출입량

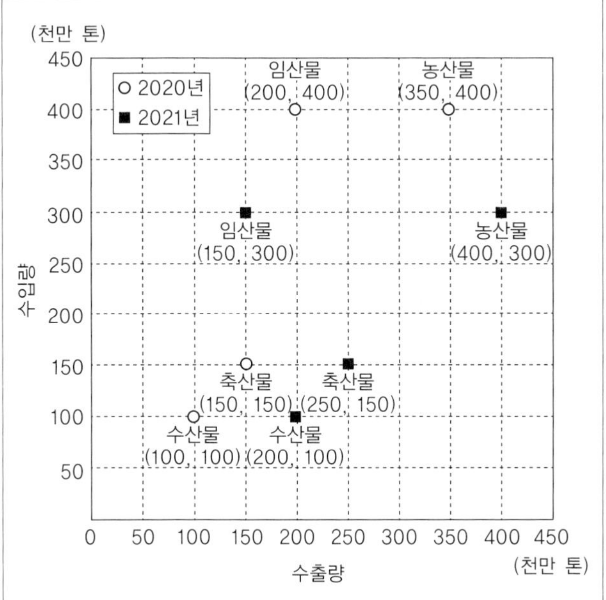

※ 농림축수산물 종류는 농산물, 임산물, 축산물, 수산물로만 구분됨

〈보기〉

ㄱ. 2021년 농산물, 축산물, 수산물의 수출량은 각각 전년 대비 증가하였다.

ㄴ. 2021년 농림축수산물 총수입량은 전년 대비 증가하였다.

ㄷ. 수출량 대비 수입량 비율이 가장 높은 농림축수산물 종류는 2020년과 2021년이 같다.

ㄹ. 2021년 수출량의 전년 대비 증가율은 축산물이 가장 높다.

① ㄱ, ㄴ

② ㄱ, ㄷ

③ ㄱ, ㄹ

④ ㄴ, ㄷ

⑤ ㄴ, ㄹ

문 10. 다음 〈표〉는 조선왕조실록에 수록된 1401~1418년의 이상 기상 및 자연재해 발생 건수에 관한 자료이다. 이에 대한 〈보기〉의 설명 중 옳은 것만을 모두 고르면?

〈표〉 1401~1418년 이상 기상 및 자연재해 발생 건수

(단위: 건)

연도＼유형	천둥번개	큰비	벼락	폭설	큰바람	우박	한파 및 이상 고온	서리	짙은 안개	황충 피해	가뭄 및 홍수	지진 및 해일	전체
1401	2	1	6	0	2	8	3	7	5	1	3	1	39
1402	3	0	5	3	1	3	5	0	( )	2	2	2	41
1403	7	13	12	3	1	3	2	3	9	0	4	0	57
1404	1	18	0	0	1	4	2	0	3	0	0	0	29
1405	8	27	0	6	7	9	5	4	0	5	1	2	74
1406	4	( )	11	3	1	3	3	10	1	0	2	0	59
1407	4	14	8	4	1	3	4	2	2	3	4	0	49
1408	0	4	3	1	1	3	1	0	( )	3	0	0	23
1409	4	7	6	5	2	8	3	2	4	0	2	0	43
1410	14	14	5	1	2	6	1	1	5	2	6	1	58
1411	3	11	6	1	2	6	1	3	1	0	9	1	44
1412	4	8	4	2	5	6	2	0	3	2	2	0	38
1413	5	20	4	3	6	1	0	2	1	5	5	0	52
1414	5	21	7	3	3	3	5	5	0	0	6	0	58
1415	9	18	9	1	3	2	3	2	3	3	2	2	57
1416	5	11	5	1	5	2	0	3	4	1	3	0	40
1417	0	9	5	1	7	4	3	6	1	7	3	0	46
1418	5	17	0	0	6	2	0	2	0	3	3	1	39
합	83	( )	96	38	56	76	43	52	64	37	57	10	846

〈보기〉

ㄱ. 연도별 전체 발생 건수 상위 2개 연도의 발생 건수 합은 하위 2개 연도의 발생 건수 합의 3배 이상이다.

ㄴ. '큰 비'가 가장 많이 발생한 해에는 '우박'도 가장 많이 발생했다.

ㄷ. 1401~1418년 동안의 발생 건수 합 상위 5개 유형은 '천둥번개', '큰 비', '벼락', '우박', '짙은 안개'이다.

ㄹ. 1402년에 가장 많이 발생한 유형은 1408년에도 가장 많이 발생했다.

① ㄱ, ㄴ
② ㄱ, ㄷ
③ ㄴ, ㄹ
④ ㄷ, ㄹ
⑤ ㄴ, ㄷ, ㄹ

문 11. 다음 〈표〉는 위원회 회의참석수당 지급규정에 대한 자료이다. 이를 근거로 〈회의〉의 (가)~(라) 중 총지급액이 가장 큰 회의와 세 번째로 큰 회의를 바르게 연결한 것은?

〈표 1〉 위원회 회의참석수당 지급규정

(단위: 천 원/인)

구분		전체위원회		조정위원회		전문위원회	기타위원회
		전체회의	소위	전체회의	소위		
안건검토비	위원장	300	250	200	150	200	150
	위원	250	200	150	100	150	100
회의참석비		회의시간이 2시간 미만인 경우 150 회의시간이 2시간 이상인 경우 200					
교통비		교통비 지급규정에 따라 정액 지급					

※1) 총지급액은 위원장과 위원의 회의참석수당 합임
2) 위원(장) 회의참석수당 = 위원(장) 안건검토비 + 회의참석비 + 교통비

〈표 2〉 교통비 지급규정

(단위: 천 원/인)

회의개최장소	1급지	2급지	3급지	4급지
교통비	12	16	25	30

※ 교통비는 회의개최장소의 등급에 따라 지급하고, 회의개최장소는 1~4급지로 구분됨

〈회의〉

(가) 1급지에서 개최되고 위원장 1인과 위원 2인이 참석하며, 회의시간이 1시간인 전체위원회 소위
(나) 2급지에서 개최되고 위원장 1인과 위원 2인이 참석하며, 회의시간이 3시간인 조정위원회 전체회의
(다) 3급지에서 개최되고 위원장 1인과 위원 2인이 참석하며, 회의시간이 1시간인 전문위원회
(라) 4급지에서 개최되고 위원장 1인과 위원 2인이 참석하며, 회의시간이 4시간인 기타 위원회

	총지급액이 가장 큰 회의	총지급액이 세 번째로 큰 회의
①	(나)	(가)
②	(나)	(다)
③	(나)	(라)
④	(라)	(나)
⑤	(라)	(다)

문 12. 다음은 '갑'국의 특허 출원인 A~E의 IT 분야 등록특허별 피인용 횟수에 관한 자료이다. 이를 근거로 영향력 지수가 가장 큰 출원인과 기술력 지수가 가장 작은 출원인을 바르게 연결한 것은?

〈표〉 '갑'국의 특허 출원인 A~E의 IT 분야 등록특허별 피인용 횟수

(단위: 회)

특허 출원인	등록특허	피인용 횟수
A	A1	3
	A2	25
B	B1	1
	B2	3
	B3	20
C	C1	3
	C2	2
	C3	10
	C4	5
	C5	6
D	D1	12
	D2	21
	D3	15
E	E1	6
	E2	56
	E3	4
	E4	12

※ A~E는 IT 분야 외 등록특허가 없음

〈정보〉

○ 해당 출원인의 영향력 지수 = $\frac{\text{해당 출원인의 피인용도 지수}}{\text{IT 분야 전체 등록특허의 피인용도 지수}}$

○ 해당 출원인의 기술력 지수 = 해당 출원인의 영향력 지수 × 해당 출원인의 등록특허 수

○ 해당 출원인의 피인용도 지수 = $\frac{\text{해당 출원인의 등록특허 피인용 횟수의 합}}{\text{해당 출원인의 등록특허 수}}$

○ IT 분야 전체 등록특허의 피인용도 지수 = $\frac{\text{IT 분야 전체의 등록특허 피인용 횟수의 합}}{\text{IT 분야 전체의 등록특허 수}}$

	영향력 지수가 가장 큰 출원인	기술력 지수가 가장 작은 출원인
①	A	B
②	D	A
③	D	C
④	E	B
⑤	E	C

문 13. 다음 〈표〉는 2018~2022년 '갑'국의 양자기술 분야별 정부 R&D 투자금액에 관한 자료이다. 〈표〉를 이용하여 작성한 자료로 옳지 않은 것은?

〈표〉 양자기술 분야별 정부 R&D 투자금액

(단위: 백만 원)

분야 \ 연도	2018	2019	2020	2021	2022	합
양자컴퓨팅	61	119	200	285	558	1,223
양자내성암호	102	209	314	395	754	1,774
양자통신	110	192	289	358	723	1,672
양자센서	77	106	125	124	209	641
계	350	626	928	1,162	2,244	5,310

※ 양자기술은 양자컴퓨팅, 양자내성암호, 양자통신, 양자센서 분야로만 구분됨

① 2019~2022년 양자통신 분야 정부 R&D 투자금액의 전년 대비 증가율

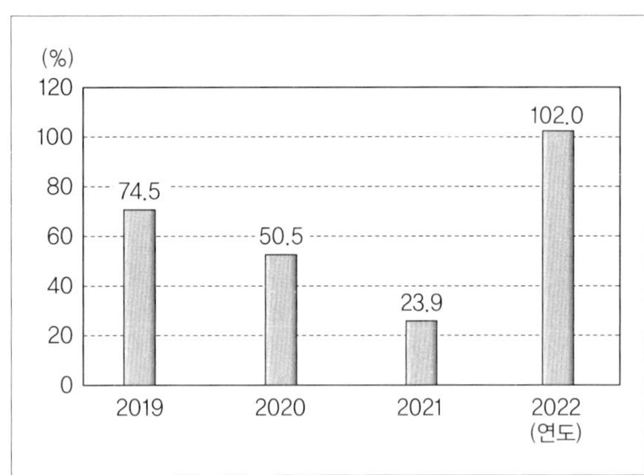

② 연도별 양자컴퓨팅, 양자통신 분야 정부 R&D 투자금액

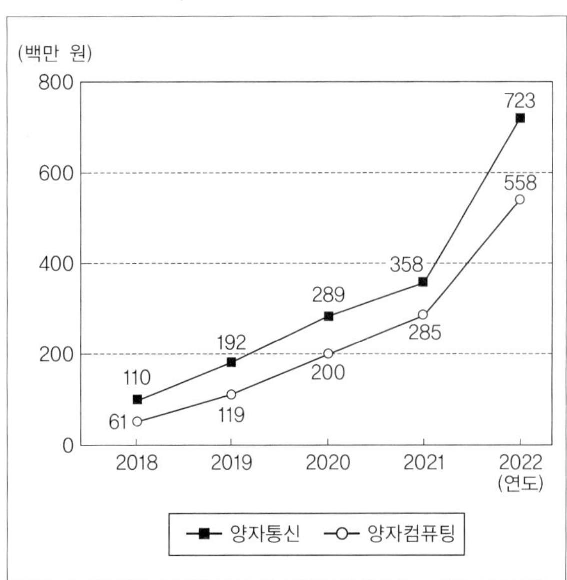

③ 2018~2022년 양자기술 정부 R&D 총투자금액의 분야별 구성비

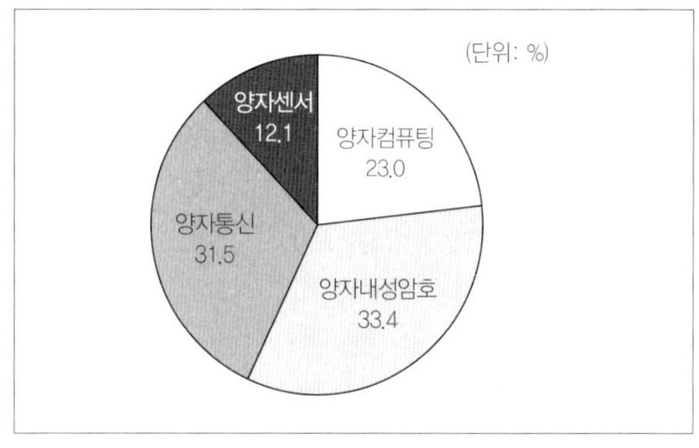

④ 연도별 양자내성암호 분야 정부 R&D 투자금액 대비 양자센서 분야 정부 R&D 투자금액 비율

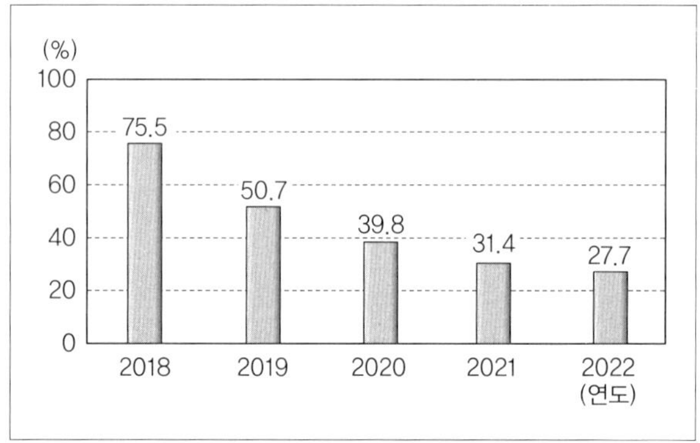

⑤ 2018~2022년 양자기술 정부 R&D 투자금액의 분야별 비중

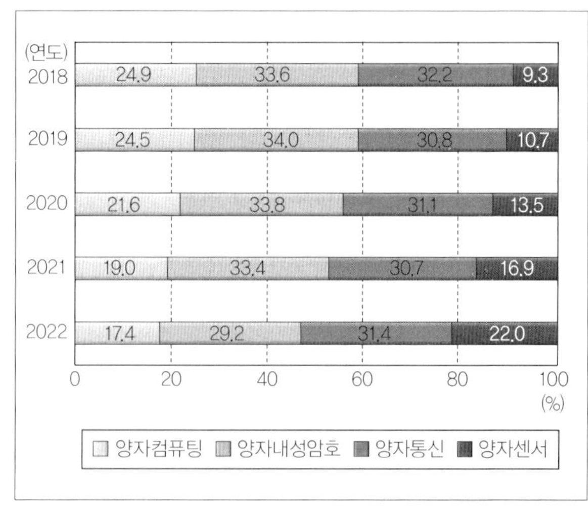

문 14. 다음 〈표〉는 2017～2022년 '갑'국의 병해충 발생면적에 관한 자료이다. 이에 대한 〈보기〉의 설명 중 옳은 것만을 모두 고르면?

〈표〉 2017～2022년 '갑'국의 병해충 발생면적

(단위: ha)

병해충 \ 연도	2017	2018	2019	2020	2021	2022
흰불나방	35,964	32,235	29,325	29,332	28,522	32,627
솔잎혹파리	35,707	38,976	( )	27,530	27,638	20,840
솔껍질깍지벌레	4,043	7,718	6,380	5,024	3,566	3,497
참나무시들음병	1,733	1,636	1,576	1,560	1,240	( )
전체	77,447	( )	69,812	63,446	60,966	58,451

〈보기〉

ㄱ. 2019～2022년 발생면적이 매년 감소한 병해충은 '솔껍질깍지벌레'뿐이다.

ㄴ. 전체 병해충 발생면적이 전년 대비 증가한 해는 2018년뿐이다.

ㄷ. 2019년 '솔잎혹파리' 발생면적은 2022년 '참나무시들음병' 발생면적의 30배 이상이다.

ㄹ. 2022년 병해충 발생면적의 전년 대비 증가율은 '참나무시들음병'이 '흰불나방'보다 낮다.

① ㄱ

② ㄷ

③ ㄱ, ㄴ

④ ㄷ, ㄹ

⑤ ㄱ, ㄴ, ㄹ

문 15. 다음은 '갑'국의 2017년과 2022년 A～H학생의 신장 및 체중과 체질량지수 분류기준에 관한 자료이다. 이에 대한 설명으로 옳지 않은 것은?

〈그림〉 2017년과 2022년 A～H학생의 신장 및 체중

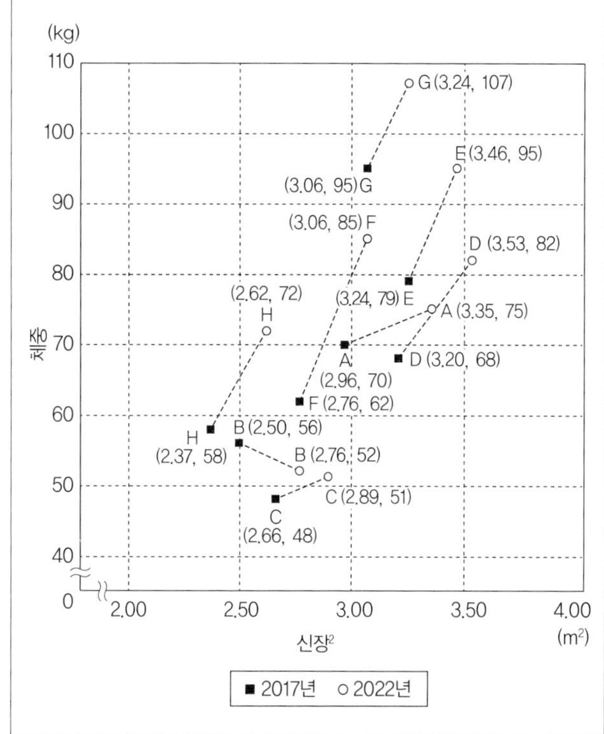

〈표〉 '갑'국의 체질량지수 분류기준

(단위: kg/m²)

체질량지수	분류
20 미만	저체중
20 이상 25 미만	정상
25 이상 30 미만	과체중
30 이상 40 미만	비만
40 이상	고도비만

※ 체질량지수(kg/m²) = $\frac{\text{체중}}{\text{신장}^2}$

① '저체중'으로 분류된 학생의 수는 2022년이 2017년보다 많다.

② 2022년 A～H학생 체중의 평균은 2017년 대비 10% 이상 증가하였다.

③ 2017년과 2022년에 모두 '정상'으로 분류된 학생은 2명이다.

④ 2017년과 2022년 신장의 차이가 가장 큰 학생은 A이다.

⑤ 2022년 A～H학생의 체질량지수 중 가장 큰 값은 가장 작은 값의 2배 이상이다.

문 16. 다음은 2016 ~ 2022년 '갑'국의 스마트농업 정부연구비에 관한 자료이다. 이에 대한 〈보기〉의 설명 중 옳은 것만을 모두 고르면?

〈그림〉 연도별 스마트농업 정부연구비 및 연구과제 수

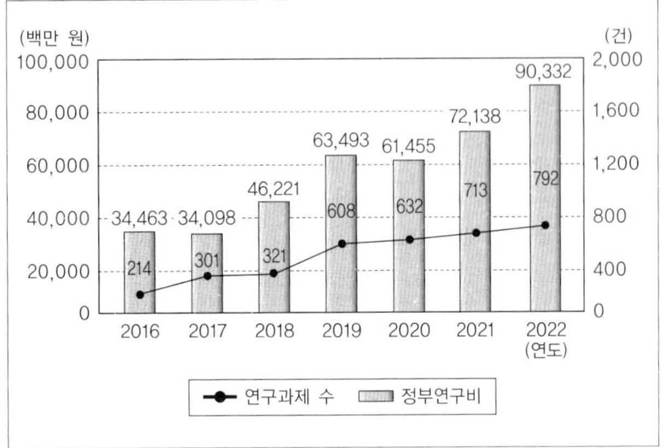

〈표〉 연도별·분야별 스마트농업 정부연구비

(단위: 백만 원)

분야 \ 연도	2016	2017	2018	2019	2020	2021	2022	전체
데이터기반구축	3,520	4,583	8,021	10,603	11,677	16,581	18,226	73,211
자동화설비기기	27,082	19,975	23,046	25,377	22,949	24,330	31,383	(　)
융합연구	3,861	9,540	15,154	27,513	26,829	31,227	40,723	(　)

※ 스마트농업은 데이터기반구축, 자동화설비기기, 융합연구 분야로만 구분됨

〈보기〉

ㄱ. 스마트농업의 연구과제당 정부연구비가 가장 많은 해는 2016년이다.

ㄴ. 전체 정부연구비가 가장 많은 스마트농업 분야는 '자동화설비기기'이다.

ㄷ. 스마트농업 정부연구비의 전년 대비 증가율이 가장 높은 해는 2022년이다.

ㄹ. 2019년 대비 2022년 정부연구비 증가율이 가장 높은 스마트농업 분야는 '데이터기반구축'이다.

① ㄱ, ㄴ
② ㄱ, ㄷ
③ ㄷ, ㄹ
④ ㄱ, ㄴ, ㄹ
⑤ ㄴ, ㄷ, ㄹ

문 17. 다음 〈표〉는 A지역 산불피해 복구에 대한 국비 및 지방비 지원금액에 관한 자료이다. 이에 대한 〈보기〉의 설명 중 옳은 것만을 모두 고르면?

〈표 1〉 A지역 산불피해 복구에 대한 지원항목별, 재원별 지원금액

(단위: 천만 원)

지원항목 \ 재원	국비	지방비	합
산림시설 복구	32,594	9,000	41,594
주택 복구	5,200	1,800	7,000
이재민 구호	2,954	532	3,486
상·하수도 복구	10,930	260	11,190
농경지 복구	1,540	340	1,880
생계안정 지원	1,320	660	1,980
기타	520	0	520
전체	55,058	(　)	(　)

〈표 2〉 A지역 산불피해 복구에 대한 부처별 국비 지원금액

(단위: 천만 원)

부처	행정안전부	산림청	국토교통부	환경부	보건복지부	그 외	전체
지원금액	2,930	33,008	(　)	9,520	350	240	55,058

〈보기〉

ㄱ. 기타를 제외하고, 국비 지원금액 대비 지방비 지원금액 비율이 가장 높은 지원항목은 '주택 복구'이다.

ㄴ. 산림청의 '산림시설 복구' 지원금액은 1,000억 원 이상이다.

ㄷ. 국토교통부의 지원금액은 전체 국비 지원금액의 20% 이상이다.

ㄹ. 전체 지방비 지원금액은 '상·하수도 복구' 국비 지원금액보다 크다.

① ㄱ, ㄴ
② ㄱ, ㄷ
③ ㄴ, ㄷ
④ ㄴ, ㄹ
⑤ ㄷ, ㄹ

문 18. 다음 〈표〉는 2022년도 '갑'국의 운전면허 종류별 응시자 및 합격자 수에 관한 자료이다. 이에 대한 설명으로 옳은 것은?

〈표〉 '갑'국의 운전면허 종류별 응시자 및 합격자 수

(단위: 명)

종류 \ 구분	응시자	남자	여자	합격자	남자	여자
전체	71,976	56,330	15,646	44,012	33,150	10,862
1종	29,507	( )	1,316	16,550	15,736	814
대형	4,199	4,149	50	995	991	4
보통	24,388	23,133	1,255	15,346	14,536	810
특수	920	909	11	209	209	0
2종	( )	( )	14,330	27,462	17,414	10,048
보통	39,312	25,047	14,265	26,289	16,276	10,013
소형	1,758	1,753	5	350	349	1
원동기	1,399	1,339	60	823	789	34

※ 합격률(%) $= \frac{\text{합격자 수}}{\text{응시자 수}} \times 100$

① 2종 면허 응시자 수는 1종 면허 응시자 수의 2배 이상이다.
② 전체 합격률은 60% 미만이다.
③ 1종 보통 면허 합격률은 2종 보통 면허 합격률보다 높다.
④ 1종 면허 남자 응시자 수는 2종 면허 남자 응시자 수보다 많다.
⑤ 1종 대형 면허 여자 합격률은 2종 소형 면허 여자 합격률보다 높다.

문 19. 다음 〈표〉는 2022년 A～E국의 국방비와 GDP, 군병력, 인구에 관한 자료이다. 이에 대한 〈보기〉의 설명 중 옳은 것만을 모두 고르면?

〈표〉 2022년 A～E국의 국방비와 GDP, 군병력, 인구

(단위: 억 달러, 만 명)

국가 \ 구분	국방비	GDP	군병력	인구
A	8,010	254,645	133	33,499
B	195	13,899	12	4,722
C	502	16,652	60	5,197
D	320	20,120	17	6,102
E	684	30,706	20	6,814

〈보기〉

ㄱ. 국방비가 가장 많은 국가의 국방비는 A～E국 국방비 합의 80% 이상이다.
ㄴ. 인구 1인당 GDP는 B국이 C국보다 크다.
ㄷ. 국방비가 많은 국가일수록 GDP 대비 국방비 비율이 높다.
ㄹ. 군병력 1인당 국방비는 A국이 D국의 3배 이상이다.

① ㄱ, ㄴ
② ㄱ, ㄹ
③ ㄴ, ㄷ
④ ㄱ, ㄷ, ㄹ
⑤ ㄴ, ㄷ, ㄹ

문 20. 다음은 '갑'국의 건설공사 안전관리비에 관한 자료이다. 이에 대한 〈보기〉의 설명 중 옳은 것만을 모두 고르면?

〈표〉 '갑'국의 건설공사 종류 및 대상액별 안전관리비 산정 기준

대상액	5억 원 미만	5억 원 이상 50억 원 미만		50억 원 이상
공사 종류 \ 구분	요율(%)	요율(%)	기초액(천 원)	요율(%)
일반건설공사(갑)	2.93	1.86	5,350	1.97
일반건설공사(을)	3.09	1.99	5,500	2.10
중건설공사	3.43	2.35	5,400	2.46
철도·궤도신설공사	2.45	1.57	4,400	1.66
특수 및 기타 건설공사	1.85	1.20	3,250	1.27

〈안전관리비 산정 방식〉

○ 대상액이 5억 원 미만 또는 50억 원 이상인 경우,
안전관리비 = 대상액 × 요율

○ 대상액이 5억 원 이상 50억 원 미만인 경우,
안전관리비 = 대상액 × 요율 + 기초액

〈보기〉

ㄱ. 대상액이 10억 원인 경우, 안전관리비는 '일반건설공사(을)'가 '중건설공사'보다 적다.

ㄴ. 대상액이 4억 원인 경우, '일반건설공사(갑)'와 '철도·궤도신설공사'의 안전관리비 차이는 200만 원 이상이다.

ㄷ. '특수 및 기타 건설공사' 안전관리비는 대상액이 100억 원인 경우가 대상액이 10억 원인 경우의 10배 이상이다.

① ㄱ
② ㄴ
③ ㄱ, ㄷ
④ ㄴ, ㄷ
⑤ ㄱ, ㄴ, ㄷ

문 21. 다음 〈표〉는 '갑'국 재외국민의 5개 지역별 투표 결과에 관한 자료이다. 이에 대한 〈보기〉의 설명 중 옳은 것만을 모두 고르면?

〈표〉 재외국민 지역별 투표 결과

(단위: 개소, 명, %)

지역 \ 구분	제20대 선거				제19대 선거	
	투표소 수	선거인 수	투표자 수	투표율	투표자 수	투표율
아주	( )	110,818	78,051	70.4	106,496	74.0
미주	62	( )	50,440	68.7	68,213	71.7
유럽	47	32,591	25,629	( )	36,170	84.9
중동	21	6,818	5,658	83.0	8,210	84.9
아프리카	21	2,554	2,100	82.2	2,892	85.4
전체	219	226,162	161,878	71.6	221,981	75.3

※ 1) 투표율(%) = $\frac{\text{투표자 수}}{\text{선거인 수}} \times 100$

2) '아주'는 '중동'을 제외한 아시아 및 오세아니아 지역을 의미함

〈보기〉

ㄱ. 제20대 선거에서 투표소 수는 '아주'가 '중동'의 4배 이상이다.

ㄴ. 제20대 선거에서 투표율이 가장 높은 지역과 가장 낮은 지역의 투표율 차이는 15%p 이상이다.

ㄷ. 제20대 선거에서 투표소당 선거인 수는 '미주'가 '유럽'보다 많다.

ㄹ. 제20대 선거와 제19대 선거의 선거인 수 차이가 큰 지역부터 순서대로 나열하면 '아주', '미주', '유럽', '중동', '아프리카' 순이다.

① ㄱ
② ㄹ
③ ㄷ, ㄹ
④ ㄱ, ㄴ, ㄷ
⑤ ㄴ, ㄷ, ㄹ

문 22. 다음 〈표〉는 2017~2021년 '갑'국의 해양사고 유형별 발생 건수와 인명피해 인원 현황이다. 〈표〉와 〈조건〉을 근거로 A~E에 해당하는 유형을 바르게 연결한 것은?

〈표 1〉 2017~2021년 해양사고 유형별 발생 건수

(단위: 건)

연도＼유형	A	B	C	D	E
2017	258	65	29	96	160
2018	250	46	38	119	162
2019	244	110	61	132	228
2020	277	108	69	128	203
2021	246	96	54	149	174

〈표 2〉 2017~2021년 해양사고 유형별 인명피해 인원

(단위: 명)

연도＼유형	A	B	C	D	E
2017	35	20	25	3	60
2018	19	25	1	0	52
2019	10	19	0	16	52
2020	8	25	2	8	79
2021	9	27	3	3	76

※ 해양사고 유형은 '안전사고', '전복', '충돌', '침몰', '화재폭발' 중 하나로만 구분됨

〈조건〉

○ 2017~2019년 동안 '안전사고' 발생 건수는 매년 증가한다.
○ 2020년 해양사고 발생 건수 대비 인명피해 인원의 비율이 두 번째로 높은 유형은 '전복'이다.
○ 해양사고 발생 건수는 매년 '충돌'이 '전복'의 2배 이상이다.
○ 2017~2021년 동안의 해양사고 인명피해 인원 합은 '침몰'이 '안전사고'의 50% 이하이다.
○ 2020년과 2021년의 해양사고 인명피해 인원 차이가 가장 큰 유형은 '화재폭발'이다.

	A	B	C	D	E
①	충돌	전복	침몰	화재폭발	안전사고
②	충돌	전복	화재폭발	안전사고	침몰
③	충돌	침몰	전복	화재폭발	안전사고
④	침몰	전복	안전사고	화재폭발	충돌
⑤	침몰	충돌	전복	안전사고	화재폭발

문 23. 다음 〈표〉는 2017~2022년 '갑'시의 택시 위법행위 유형별 단속건수에 관한 자료이다. 이에 대한 설명으로 옳은 것은?

〈표〉 2017~2022년 '갑'시의 택시 위법행위 유형별 단속건수

(단위: 건)

연도＼유형	승차거부	정류소 정차 질서문란	부당 요금	방범등 소등위반	사업구역 외 영업	기타	전체
2017	( )	1,110	125	1,001	123	241	4,166
2018	1,694	701	301	( )	174	382	4,131
2019	1,991	1,194	441	825	554	349	5,354
2020	717	1,128	51	769	2,845	475	( )
2021	130	355	40	1,214	1,064	484	( )
2022	43	193	268	( )	114	187	2,067

① 위법행위 단속건수 상위 2개 유형은 2017년과 2018년이 같다.
② '부당요금' 단속건수 대비 '승차거부' 단속건수 비율이 가장 높은 연도는 2017년이다.
③ 전체 단속건수가 가장 많은 연도는 2020년이다.
④ 전체 단속건수 중 '방범등 소등위반' 단속건수가 차지하는 비중은 매년 감소한다.
⑤ 2017년 '승차거부' 단속건수는 2022년 '방범등 소등위반' 단속건수보다 적다.

※ 다음 〈표〉는 '갑'국의 2022년 4～6월 A～D정유사의 휘발유와 경유 가격에 관한 자료이다. 다음 물음에 답하시오. [문 24. ～문 25.]

〈표〉 정유사별 휘발유와 경유 가격

(단위: 원/L)

유종 / 월 / 정유사	휘발유			경유		
	4	5	6	4	5	6
A	1,840	1,825	1,979	1,843	1,852	2,014
B	1,795	1,849	1,982	1,806	1,894	2,029
C	1,801	1,867	2,006	1,806	1,885	2,013
D	1,807	1,852	1,979	1,827	1,895	2,024

※ 가격은 해당 월의 정유사별 공시가임

문 24. 위 〈표〉에 대한 설명으로 옳은 것은?

① 휘발유와 경유의 가격 차이가 가장 큰 정유사는 매월 같다.
② 4월에 휘발유 가격보다 경유 가격이 낮은 정유사는 1개이다.
③ 5월 휘발유 가격이 가장 높은 정유사는 5월 경유 가격도 가장 높다.
④ 각 정유사의 경유 가격은 매월 높아졌다.
⑤ 각 정유사의 5월과 6월 가격 차이는 경유가 휘발유보다 크다.

문 25. 위 〈표〉와 다음 〈정보〉를 근거로 〈보기〉의 설명 중 옳은 것만을 모두 고르면?

〈정보〉

○ 가격 = 원가 + 유류세 + 부가가치세
○ 4월 유류세는 원가의 50%임
○ 부가가치세는 원가와 유류세를 합한 금액의 10%임

〈보기〉

ㄱ. 5월 B의 휘발유 유류세가 원가의 40%라면, 5월 B의 휘발유 원가는 1,300원/L 이상이다.
ㄴ. 5월 C의 경유 원가가 전월과 같다면, 5월 C의 경유 유류세는 600원/L 이상이다.
ㄷ. 6월 D의 경유 유류세가 4월과 같은 금액이라면, 6월 D의 경유 유류세는 원가의 50% 이상이다.

① ㄱ
② ㄴ
③ ㄷ
④ ㄱ, ㄴ
⑤ ㄴ, ㄷ

※ 수고하셨습니다.
※ 기출문제편 맨 마지막에 있는 OMR 카드에 마킹을 하세요.

정답과 분석해설편 ▶ P.80

2022년 7월 23일 시행

2022년도 국가공무원
7급 공개경쟁채용 제1차 필기시험

응시번호	
성　명	

문제책형
㉮ 책형

【시 험 과 목】

제1영역	언어논리
제2영역	상황판단
제3영역	자료해석

※ 2022년 시험부터 1교시에는 언어논리 영역과 상황판단 영역이 동시에 치러지며, 2교시에는 자료해석 영역이 치러집니다.

<< 응시자 주의사항 >>

1. 시험시작 전에 시험문제를 열람하는 행위와 시험종료 후 답안지를 작성하는 행위는 공무원임용시험령 제51조에 의거 부정행위자로 처리됩니다.
2. 답안지 책형란의 책형표기는 시험시작 전 문제책 표지 앞면에 인쇄된 책형을 확인한 후 표기하시기 바랍니다.
3. 시험시작 즉시 과목편철 순서, 문제누락 여부, 인쇄상태 이상 유무 및 표지와 개별과목의 문제책형 일치여부 등을 확인한 후 문제책 표지에 응시번호, 성명을 기재합니다.
4. 시험이 시작되면 문제를 주의 깊게 읽은 후, 문항의 취지에 가장 적합한 하나의 정답만을 고르며, 문제내용에 관한 질문은 받지 않습니다.
5. 시험시간관리의 책임은 전적으로 수험생 본인에게 있습니다. 시험감독관의 시험종료 예고시간 고지 안내 및 시험실 내 비치된 시계가 있는 경우라도 시간이 정확하지 않을 수 있으니 본인의 시계로 반드시 확인하시기 바랍니다.

제1영역 언어논리

1초 합격예측! 모바일 성적결과분석표 발급 서비스

QR 코드로 접속하여 문제 풀이 시간을 측정하고, 자동채점 & 성적결과분석 서비스를 통해 지금 바로 실력을 점검해 보세요.
◀ http://eduwill.kr/ho3j

풀이 시간	•시작: ____시 ____분 ~ 종료: ____시 ____분 •총 : ____분

문 1. 다음 글의 내용과 부합하는 것은?

979년 송 태종은 거란을 공격하러 가는 길에 고려에 원병을 요청했다. 거란은 고려가 참전할 수도 있다는 염려에서 크게 동요했다. 하지만 고려는 송 태종의 요청에 응하지 않았다. 이후 거란은 송에 보복할 기회를 엿보는 한편, 송과 다시 싸우기 전에 고려를 압박해 앞으로도 송을 군사적으로 돕지 않겠다는 약속을 받아내고자 했다.

당시 거란과 고려 사이에는 압록강이 있었는데, 그 하류 유역에는 여진족이 살고 있었다. 이 여진족은 발해의 지배를 받았었지만, 발해가 거란에 의해 멸망한 후에는 어느 나라에도 속하지 않은 채 독자적 세력을 이루고 있었다. 거란은 이 여진족이 사는 땅을 여러 차례 침범해 대군을 고려로 보내는 데 적합한 길을 확보했다. 이후 993년에 거란 장수 소손녕은 군사를 이끌고 고려에 들어와 몇 개의 성을 공격했다. 이때 소손녕은 "고구려 옛 땅은 거란의 것인데 고려가 감히 그 영역을 차지하고 있으니 군사를 일으켜 그 땅을 찾아가고자 한다."라는 내용의 서신을 보냈다. 이 서신이 오자 고려 국왕 성종과 대다수 대신은 "옛 고구려의 영토에 해당하는 땅을 모두 내놓아야 군대를 거두겠다는 뜻이 아니냐?"라며 놀랐다. 하지만 서희는 소손녕이 보낸 서신의 내용은 핑계일 뿐이라고 주장했다. 그는 고려가 병력을 동원해 거란을 치는 일이 없도록 하겠다는 언질을 주면 소손녕이 철군할 것이라고 말했다. 이렇게 논의가 이어지고 있을 때 안융진에 있는 고려군이 소손녕과 싸워 이겼다는 보고가 들어왔다.

패배한 소손녕은 진군을 멈추고 협상을 원한다는 서신을 보내왔다. 이 서신을 받은 성종은 서희를 보내 협상하게 했다. 소손녕은 서희가 오자 "실은 고려가 송과 친하고 우리와는 소원하게 지내고 있어 침입하게 되었다."라고 했다. 이에 서희는 압록강 하류의 여진족 땅을 고려가 지배할 수 있게 묵인해 준다면, 거란과 국교를 맺을 뿐 아니라 거란과 송이 싸울 때 송을 군사적으로 돕지 않겠다는 뜻을 내비쳤다. 이 말을 들은 소손녕은 서희의 요구를 수용하기로 하고 퇴각했다. 이후 고려는 북쪽 국경 너머로 병력을 보내 압록강 하류의 여진족 땅까지 밀고 들어가 영토를 넓혔으며, 그 지역에 강동 6주를 두었다.

① 거란은 압록강 유역에 살던 여진족이 고려의 백성이라고 주장하였다.
② 여진족은 발해의 지배에서 벗어나기 위해 거란과 함께 고려를 공격하였다.
③ 소손녕은 압록강 유역의 여진족 땅을 빼앗아 강동 6주를 둔 후 그곳을 고려에 넘겼다.
④ 고려는 압록강 하류 유역에 있는 여진족의 땅으로 세력을 확대한 거란을 공격하고자 송 태종과 군사동맹을 맺었다.
⑤ 서희는 고려가 거란에 군사적 적대 행위를 하지 않겠다고 약속하면 소손녕이 군대를 이끌고 돌아갈 것이라고 보았다.

문 2. 다음 글에서 알 수 있는 것은?

세종이 즉위한 이듬해 5월에 대마도의 왜구가 충청도 해안에 와서 노략질하는 일이 벌어졌다. 이 왜구는 황해도 해주 앞바다에도 나타나 조선군과 교전을 벌인 후 명의 땅인 요동반도 방향으로 북상했다. 세종에게 왕위를 물려주고 상왕으로 있던 태종은 이종무에게 "북상한 왜구가 본거지로 되돌아가기 전에 대마도를 정벌하라!"라고 명했다. 이에 따라 이종무는 군사를 모아 대마도 정벌에 나섰다.

남북으로 긴 대마도에는 섬을 남과 북의 두 부분으로 나누는 중간에 아소만이라는 곳이 있는데, 이 만의 초입에 두지포라는 요충지가 있었다. 이종무는 이곳을 공격한 후 귀순을 요구하면 대마도주가 응할 것이라 보았다. 그는 6월 20일 두지포에 상륙해 왜인 마을을 불사른 후 계획대로 대마도주에게 서신을 보내 귀순을 요구했다. 하지만 대마도주는 이에 반응을 보이지 않았다. 분노한 이종무는 대마도주를 사로잡아 항복을 받아내기로 하고, 니로라는 곳에 병력을 상륙시켰다. 하지만 그곳에서 조선군은 매복한 적의 공격으로 크게 패했다. 이에 이종무는 군사를 거두어 거제도 견내량으로 돌아왔다.

이종무가 견내량으로 돌아온 다음 날, 태종은 요동반도로 북상했던 대마도의 왜구가 그곳으로부터 남하하던 도중 충청도에서 조운선을 공격했다는 보고를 받았다. 이 사건이 일어난 지 며칠 지나지 않았음을 알게 된 태종은 왜구가 대마도에 당도하기 전에 바다에서 격파해야 한다고 생각하고, 이종무에게 그들을 공격하라고 명했다. 그런데 이 명이 내려진 후에 새로운 보고가 들어왔다. 대마도의 왜구가 요동반도에 상륙했다가 크게 패배하는 바람에 살아남은 자가 겨우 300여 명에 불과하다는 것이었다. 이 보고를 접한 태종은 대마도주가 거느린 병사가 많이 죽어 그 세력이 꺾였으니 그에게 다시금 귀순을 요구하면 응할 것으로 판단했다. 이에 그는 이종무에게 내린 출진 명령을 취소하고, 측근 중 적임자를 골라 대마도주에게 귀순을 요구하는 사신으로 보냈다. 이 사신을 만난 대마도주는 고심 끝에 조선에 귀순하기로 했다.

① 해주 앞바다에 나타나 조선군과 싸운 대마도의 왜구가 요동반도를 향해 북상한 뒤 이종무의 군대가 대마도로 건너갔다.
② 조선이 왜구의 본거지인 대마도를 공격하기로 하자 명의 군대도 대마도까지 가서 정벌에 참여하였다.
③ 이종무는 세종이 대마도에 보내는 사절단에 포함되어 대마도를 여러 차례 방문하였다.
④ 태종은 대마도 정벌을 준비하였지만, 세종의 반대로 뜻을 이루지 못하였다.
⑤ 조선군이 대마도주를 사로잡기 위해 상륙하였다가 패배한 곳은 견내량이다.

문 3. 다음 글에서 알 수 없는 것은?

인간에 대한 혐오의 감정을 긍정적으로 바라보는 인식을 바탕으로, 이를 사회 안정의 도구로 활용해야 한다거나 법적 판단의 근거로 삼아야 한다는 주장은 영미법의 오래된 역사에서 그리 낯설지 않다. 그러나 혐오의 감정이 특정 개인과 집단을 배척하기 위한 강력한 무기로 이용되었다는 사실을 고려하면 이러한 주장이 얼마나 그릇된 것인지 이해할 수 있다.

일반적으로 우리는 분비물이나 배설물, 악취 등에 대해 그리고 시체와 같이 부패하고 퇴화하는 것들에 대해 혐오의 감정을 갖는다. 인간은 타자를 공격하는 데 이러한 오염물의 이미지를 사용한다. 이때 혐오는 특정 집단을 오염물인 것처럼 취급하고 자신은 오염되지 않은 쪽에 속함으로써 얻게 되는 심리적인 우월감 및 만족감과 연결되어 있다. 역사적으로 볼 때 이런 과정을 거쳐 오염물로 취급된 집단 중 하나가 유대인이다.

중세 이후 반유대주의 세력이 유대인에게 부여한 부정적 이미지는 점액성, 악취, 부패, 불결함과 같은 혐오스러운 것들과 결부되어 있다. 히틀러는 유대인을 깨끗하고 건강한 독일 민족의 몸속에 숨겨진, 썩어 가는 시체 속의 구더기라고 표현했다. 혐오스러운 적대자를 설정함으로써 자신의 야욕을 달성하려 했던 것이다. 불행하게도 대다수의 독일인은 이러한 야만적인 정치적 선동에 동의를 표했다. 심지어 유대인을 암세포, 종양, 세균 등으로 묘사하면서 이들을 비인간적 존재로 전락시키는 의학적 담론이 유행하기도 했다. 비인간적으로 묘사되는 유대인의 이미지는 나치가 만든 허상이었음에도 불구하고, 유대인과 연관된 혐오의 이미지는 아이들이 보는 당대의 동화 속에 담겨 있을 정도로 널리 퍼져 있었다.

① 혐오는 정치적 선동의 도구로 이용되지 않았다.
② 개인뿐만 아니라 집단도 혐오의 대상이 될 수 있다.
③ 혐오의 대상이 되는 집단은 비인간적으로 묘사되기도 한다.
④ 혐오의 감정을 법적 판단의 근거로 삼아야 한다는 입장이 있었다.
⑤ 인간에 대한 혐오의 감정은 타자를 혐오함으로써 주체가 얻을 수 있는 심리적인 만족감과 연관되어 있다.

문 4. 다음 글에서 알 수 없는 것은?

'계획적 진부화'는 의도적으로 수명이 짧은 제품이나 서비스를 생산함으로써 소비자들이 새로운 제품을 구매하도록 유도하는 마케팅 전략 중 하나이다. 여기에는 단순히 부품만 교체하는 것이 가능함에도 불구하고 새로운 제품을 구매하도록 유도하는 것도 포함된다.

계획적 진부화의 이유는 무엇일까? 첫째, 기업이 기존 제품의 가격을 인상하기 곤란한 경우, 신제품을 출시한 뒤 여기에 인상된 가격을 매길 수 있기 때문이다. 특히 제품의 기능은 거의 변함없이 디자인만 약간 개선한 신제품을 내놓고 가격을 인상하는 경우도 쉽게 볼 수 있다. 둘째, 중고품 시장에서 거래되는 기존 제품과의 경쟁을 피할 수 있기 때문이다. 자동차처럼 사용 기간이 긴 제품의 경우, 기업은 동일 유형의 제품을 팔고 있는 중고품 판매 업체와 경쟁해야만 한다. 그러나 기업이 새로운 제품을 출시하면, 중고품 시장에서 판매되는 기존 제품은 진부화되고 그 경쟁력도 하락한다. 셋째, 소비자들의 취향이 급속히 변화하는 상황에서 계획적 진부화로 소비자들의 만족도를 높일 수 있기 때문이다. 전통적으로 제품의 사용 기간을 결정짓는 요인은 기능적 특성이나 노후화·손상 등 물리적 특성이 주를 이루었지만, 최근에는 심리적 특성에도 많은 영향을 받고 있다. 이처럼 소비자들의 요구가 다양해지고 그 변화 속도도 빨라지고 있어, 기업들은 이에 대응하기 위해 계획적 진부화를 수행하기도 한다.

기업들은 계획적 진부화를 통해 매출을 확대하고 이익을 늘릴 수 있다. 기존 제품이 사용 가능한 상황에서도 신제품에 대한 소비자들의 수요를 자극하면 구매 의사가 커지기 때문이다. 반면, 기존 제품을 사용하는 소비자 입장에서는 크게 다를 것 없는 신제품 구입으로 불필요한 지출과 실질적인 손실이 발생할 수 있다는 점에서 계획적 진부화는 부정적으로 인식된다. 또한 환경이나 생태를 고려하는 거시적 관점에서도, 계획적 진부화는 소비자들에게 제공하는 가치에 비해 에너지나 자원의 낭비가 심하다는 비판을 받고 있다.

① 계획적 진부화로 소비자들은 불필요한 지출을 할 수 있다.
② 계획적 진부화는 기존 제품과 동일한 중고품의 경쟁력을 높인다.
③ 계획적 진부화는 소비자들의 요구에 대응하기 위하여 수행되기도 한다.
④ 계획적 진부화를 통해 기업은 기존 제품보다 비싼 신제품을 출시할 수 있다.
⑤ 계획적 진부화로 인하여 제품의 실제 사용 기간은 물리적으로 사용 가능한 수명보다 짧아질 수 있다.

문 5. 다음 글에서 알 수 없는 것은?

재화나 용역 중에는 비경합적이고 비배제적인 방식으로 소비되는 것들이 있다. 먼저 재화나 용역이 비경합적으로 소비된다는 말은, 그것에 대한 누군가의 소비가 다른 사람의 소비 가능성을 줄어들게 하지 않는다는 것을 뜻한다. 예컨대 10개의 사탕이 있는데 내가 8개를 먹어 버리면 다른 사람이 그 사탕을 소비할 가능성은 그만큼 줄어들게 된다. 반면에 라디오 방송 서비스 같은 경우는 내가 그것을 이용한다고 해서 다른 사람의 소비 가능성이 줄어들게 되지 않는다는 점에서 비경합적이다.

재화나 용역이 비배제적으로 소비된다는 말은, 그것이 공급되었을 때 누군가 그 대가를 지불하지 않았다고 해서 그 사람이 그 재화나 용역을 소비하지 못하도록 배제할 수 없다는 것을 뜻한다. 이러한 의미에서 국방 서비스는 비배제적으로 소비된다. 정부가 국방 서비스를 제공받는 모든 국민에게 그 비용을 지불하도록 하는 정책을 채택했다고 하자. 이때 어떤 국민이 이런 정책에 불만을 표하며 비용 지불을 거부한다고 해도 정부는 그를 국방 서비스의 수혜에서 배제하기 어렵다. 설령 그를 구속하여 감옥에 가두더라도 그는 국방 서비스의 수혜자 범위에서 제외되지 않는다.

비경합적이고 비배제적인 방식으로 소비되는 재화와 용역의 생산과 배분이 시장에서 제대로 이루어질 수 있을까? 국방의 예를 이어나가 보자. 대부분의 국민은 자신의 생명과 재산을 보호받고자 하는 욕구가 있고 국방 서비스에 대한 수요도 있기 마련이다. 그러나 만약 국방 서비스를 시장에서 생산하여 판매한다면, 경제적으로 합리적인 국민은 국방 서비스를 구매하지 않을 것이다. 왜냐하면 다른 이가 구매하는 국방 서비스에 자신도 무임승차할 수 있기 때문이다. 결과적으로 국방 서비스는 과소 생산되는 문제가 발생하고, 그 피해는 모든 국민에게 돌아가게 될 것이다. 따라서 이와 같은 유형의 재화나 용역을 사회적으로 필요한 만큼 생산하기 위해서는 국가가 개입해야 하기에 이런 재화나 용역에는 공공재라는 이름을 붙이는 것이다.

① 유료 공연에서 일정한 돈을 지불하지 않은 사람의 공연장 입장을 차단한다면, 그 공연은 배제적으로 소비될 수 있다.
② 국방 서비스를 소비하는 모든 국민에게 그 비용을 지불하도록 한다면, 그 서비스는 비경합적으로 소비될 수 없다.
③ 이용할 수 있는 수가 한정된 여객기 좌석은 경합적으로 소비될 수 있다.
④ 무임승차를 쉽게 방지할 수 없는 재화나 용역은 과소 생산될 수 있다.
⑤ 라디오 방송 서비스는 여러 사람이 비경합적으로 소비할 수 있다.

문 6. 다음 글의 핵심 논지로 가장 적절한 것은?

독일 통일을 지칭하는 '흡수 통일'이라는 용어는 동독이 일방적으로 서독에 흡수되었다는 인상을 준다. 그러나 통일 과정에서 동독 주민들이 보여준 행동을 고려하면 흡수 통일은 오해의 여지를 주는 용어일 수 있다.

1989년에 동독에서는 지방선거 부정 의혹을 둘러싼 내부 혼란이 발생했다. 그 과정에서 체제에 환멸을 느낀 많은 동독 주민들이 서독으로 탈출했고, 동독 곳곳에서 개혁과 개방을 주장하는 시위의 물결이 일어나기 시작했다. 초기 시위에서 동독 주민들은 여행·신앙·언론의 자유를 중심에 둔 내부 개혁을 주장했지만 이후 "우리는 하나의 민족이다!"라는 구호와 함께 동독과 서독의 통일을 요구하기 시작했다. 그렇게 변화하는 사회적 분위기 속에서 1990년 3월 18일에 동독 최초이자 최후의 자유총선거가 실시되었다.

동독 자유총선거를 위한 선거운동 과정에서 서독과 협력하는 동독 정당들이 생겨났고, 이들 정당의 선거운동에 서독 정당과 정치인들이 적극적으로 유세 지원을 하기도 했다. 초반에는 서독 사민당의 지원을 받으며 점진적 통일을 주장하던 동독 사민당이 우세했지만, 실제 선거에서는 서독 기민당의 지원을 받으며 급속한 통일을 주장하던 독일동맹이 승리하게 되었다. 동독 주민들이 자유총선거에서 독일동맹을 선택한 것은 그들 스스로 급속한 통일을 지지한 것이라고 할 수 있다. 이후 동독은 서독과 1990년 5월 18일에 「통화·경제·사회보장동맹의 창설에 관한 조약」을, 1990년 8월 31일에 「통일조약」을 체결했고, 마침내 1990년 10월 3일에 동서독 통일을 이루게 되었다.

이처럼 독일 통일의 과정에서 동독 주민들의 주체적인 참여를 확인할 수 있다. 독일 통일을 단순히 흡수 통일이라고 부른다면, 통일 과정에서 중요한 역할을 담당했던 동독 주민들을 배제한다는 오해를 불러일으킬 수 있다. 독일 통일의 과정을 온전히 이해하기 위해서는 동독 주민들의 활동에도 주목할 필요가 있다.

① 자유총선거에서 동독 주민들은 점진적 통일보다 급속한 통일을 지지하는 모습을 보여주었다.
② 독일 통일은 동독이 일방적으로 서독에 흡수되었다는 점에서 흔히 흡수 통일이라고 부른다.
③ 독일 통일은 분단국가가 합의된 절차를 거쳐 통일을 이루었다는 점에서 의의가 있다.
④ 독일 통일 전부터 서독의 정당은 물론 개인도 동독의 선거에 개입할 수 있었다.
⑤ 독일 통일의 과정에서 동독 주민들의 주체적 참여가 큰 역할을 하였다.

문 7. 다음 글의 (가)와 (나)에 들어갈 말을 적절하게 나열한 것은?

서양 사람들은 옛날부터 신이 자연 속에 진리를 감추어 놓았다고 믿고 그 진리를 찾기 위해 노력했다. 그들은 숨겨진 진리가 바로 수학이며 자연물 속에 비례의 형태로 숨어 있다고 생각했다. 또한 신이 자연물에 숨겨 놓은 수많은 진리 중에서도 인체 비례야말로 가장 아름다운 진리의 정수로 여겼다. 그래서 서양 사람들은 예로부터 이러한 신의 진리를 드러내기 위해서 완벽한 인체를 구현하는 데 몰두했다. 레오나르도 다빈치의 「인체 비례도」를 보면, 원과 정사각형을 배치하여 사람의 몸을 표현하고 있다. 가장 기본적인 기하 도형이 인체 비례와 관련 있다는 점에 착안하였던 것이다. 르네상스 시대 건축가들은 이러한 기본 기하 도형으로 건축물을 디자인하면 ((가)) 위대한 건물을 지을 수 있다고 생각했다.

건축에서 미적 표준으로 인체 비례를 활용하는 조형적 안목은 서양뿐 아니라 동양에서도 찾을 수 있다. 고대부터 중국이나 우리나라에서도 인체 비례를 건축물 축조에 활용하였다. 불국사의 청운교와 백운교는 3:4:5 비례의 직각삼각형으로 이루어져 있다. 이와 같은 비례로 건축하는 것을 '구고현(勾股弦)법'이라 한다. 뒤꿈치를 바닥에 대고 무릎을 직각으로 구부린 채 누우면 바닥과 다리 사이에 삼각형이 이루어지는데, 이것이 구고현법의 삼각형이다. 짧은 변인 구(勾)는 넓적다리에, 긴 변인 고(股)는 장딴지에 대응하고, 빗변인 현(弦)은 바닥의 선에 대응한다. 이 삼각형은 고대 서양에서 신성불가침의 삼각형이라 불렀던 것과 동일한 비례를 가지고 있다. 동일한 비례를 아름다움의 기준으로 삼았다는 점에서 ((나))는 것을 알 수 있다.

① (가): 인체 비례에 숨겨진 신의 진리를 구현한
(나): 조형미에 대한 동서양의 안목이 유사하였다
② (가): 신의 진리를 넘어서는 인간의 진리를 구현한
(나): 인체 실측에 대한 동서양의 계산법이 동일하였다
③ (가): 인체 비례에 숨겨진 신의 진리를 구현한
(나): 건축물에 대한 동서양의 공간 활용법이 유사하였다
④ (가): 신의 진리를 넘어서는 인간의 진리를 구현한
(나): 조형미에 대한 동서양의 안목이 유사하였다
⑤ (가): 인체 비례에 숨겨진 신의 진리를 구현한
(나): 인체 실측에 대한 동서양의 계산법이 동일하였다

문 8. 다음 글의 ㉠~㉤에서 문맥에 맞지 않는 곳을 찾아 적절하게 수정한 것은?

반세기 동안 지속되던 냉전 체제가 1991년을 기점으로 붕괴되면서 동유럽 체제가 재편되었다. 동유럽에서는 연방에서 벗어나 많은 국가들이 독립하였다. 이 국가들은 자연스럽게 자본주의 시장경제를 받아들였는데, 이후 몇 년 동안 공통적으로 극심한 경제 위기를 경험하게 되었다. 급기야 IMF(국제통화기금)의 자금 지원을 받게 되는데, 이는 ㉠갑작스럽게 외부로부터 도입한 자본주의 시스템에 적응하는 일이 결코 쉽지 않다는 점을 보여준다.

이 과정에서 해당 국가 국민의 평균 수명이 급격하게 줄어들었는데, 이는 같은 시기 미국, 서유럽 국가들의 평균 수명이 꾸준히 늘었다는 것과 대조적이다. 이러한 현상에 대해 ㉡자본주의 시스템 도입을 적극적으로 지지했던 일부 경제학자들은 오래전부터 이어진 ㉢동유럽 지역 남성들의 과도한 음주와 흡연, 폭력과 살인 같은 비경제적 요소를 주된 원인으로 꼽았다. 즉 경제 체제의 변화와는 관련이 없다는 것이다.

이러한 주장에 의문을 품은 영국의 한 연구자는 해당 국가들의 건강 지표가 IMF의 자금 지원 전후로 어떻게 달라졌는지를 살펴보았다. 여러 사회적 상황을 고려하여 통계 모형을 만들고, ㉣IMF의 자금 지원을 받은 국가와 다른 기관에서 자금 지원을 받은 국가를 비교하였다. 같은 시기 독립한 동유럽 국가 중 슬로베니아만 유일하게 IMF가 아닌 다른 기관에서 돈을 빌렸다. 이때 두 곳의 차이는, IMF는 자금을 지원받은 국가에게 경제와 관련된 구조조정 프로그램을 실시하게 한 반면, 슬로베니아를 지원한 곳은 그렇게 하지 않았다는 점이다. IMF 구조조정 프로그램을 실시한 국가들은 ㉤실시 이전부터 결핵 발생률이 크게 증가했던 것으로 나타났다. 그러나 슬로베니아는 같은 기간에 오히려 결핵 사망률이 감소했다. IMF 구조조정 프로그램의 실시 여부는 국가별 결핵 사망률과 일정한 상관관계가 있었던 것이다.

① ㉠을 "자본주의 시스템을 갖추지 않고 지원을 받는 일"로 수정한다.
② ㉡을 "자본주의 시스템 도입을 적극적으로 반대했던"으로 수정한다.
③ ㉢을 "수출입과 같은 국제 경제적 요소"로 수정한다.
④ ㉣을 "IMF의 자금 지원 직후 경제 성장률이 상승한 국가와 하락한 국가"로 수정한다.
⑤ ㉤을 "실시 이후부터 결핵 사망률이 크게 증가했던 것"으로 수정한다.

문 9. 다음 글에서 추론할 수 없는 것은?

감염병 우려로 인해 △△시험 관리본부가 마련한 대책은 다음과 같다. 먼저 모든 수험생을 확진, 자가격리, 일반 수험생의 세 유형으로 구분한다. 그리고 수험생 유형별로 시험 장소를 안내하고 마스크 착용 규정을 준수하도록 한다.

〈표〉 수험생 유형과 증상에 따른 시험장의 구분

수험생	시험장	증상	세부 시험장
확진 수험생	생활치료센터	유·무 모두	센터장이 지정한 센터 내 장소
자가격리 수험생	특별 방역 시험장	유	외부 차단 1인용 부스
		무	회의실
일반 수험생	최초 공지한 시험장	유	소형 강의실
		무	중대형 강의실

모든 시험장에 공통적으로 적용되는 마스크 착용 규정은 다음과 같다. 첫째, 모든 수험생은 입실부터 퇴실 시점까지 의무적으로 마스크를 착용해야 한다. 둘째, 마스크는 KF99, KF94, KF80의 3개 등급만 허용한다. 마스크 등급을 표시하는 숫자가 클수록 방역 효과가 크다. 셋째, 마스크 착용 규정에서 특정 등급의 마스크 의무 착용을 명시한 경우, 해당 등급보다 높은 등급의 마스크 착용은 가능하지만 낮은 등급의 마스크 착용은 허용되지 않는다.

시험장에 따라 달리 적용되는 마스크 착용 규정은 다음과 같다. 첫째, 생활치료센터에서는 각 센터장이 내린 지침을 의무적으로 따라야 한다. 둘째, 특별 방역 시험장에서는 KF99 마스크를 의무적으로 착용해야 한다. 셋째, 소형 강의실과 중대형 강의실에서는 각각 KF99와 KF94 마스크 착용을 권장하지만 의무 사항은 아니다.

① 일반 수험생 중 유증상자는 KF80 마스크를 착용하고 시험을 치를 수 없다.
② 일반 수험생 중 무증상자는 KF80 마스크를 착용하고 시험을 치를 수 있다.
③ 자가격리 수험생 중 유증상자는 KF99 마스크를 착용하고 시험을 치를 수 있다.
④ 자가격리 수험생 중 무증상자는 KF94 마스크를 착용하고 시험을 치를 수 없다.
⑤ 확진 수험생은 생활치료센터장이 허용하는 경우 KF80 마스크를 착용하고 시험을 치를 수 있다.

문 10. 다음 글의 〈표〉를 수정한 것으로 적절한 것만을 〈보기〉에서 모두 고르면?

○○부는 철새로 인한 국내 야생 조류 및 가금류 조류인플루엔자(Avian Influenza, AI) 바이러스 감염 확산 여부를 추적 조사하고 있다. AI 바이러스는 병원성 정도에 따라 고병원성과 저병원성 AI 바이러스로 구분한다. 발표 자료에 따르면, 2020년 10월 25일 충남 천안시에서는 야생 조류 분변에서 고병원성 AI 바이러스가 검출되었으며 이는 2018년 2월 1일 충남 아산시에서 검출된 이래 2년 8개월 만의 검출 사례였다.

최근 야생 조류 고병원성 AI 바이러스 검출 사례는 2020년 10월 25일부터 11월 21일까지 경기도에서 3건, 충남에서 2건이 발표되었고, 가금류 고병원성 AI 바이러스 검출 사례는 전국에서 총 3건이 발표되었다. 같은 기간에 야생 조류 저병원성 AI 바이러스 검출 후 발표된 사례는 전국에 총 8건이다. 또한 채집된 의심 야생 조류의 분변 검사 결과, 고병원성·저병원성 AI 바이러스 모두에 해당하지 않아 바이러스 미분리로 분류된 사례는 총 7건이다. 야생 조류 AI 바이러스 검출 현황은 고병원성 AI, 저병원성 AI, 검사 중으로 분류하고 바이러스 미분리는 야생 조류 AI 바이러스 검출 현황에 포함하지 않는다. 야생 조류 AI 바이러스가 검출되고 나서 고병원성 여부를 확인하기 위해 정밀 검사를 하는 데 상당한 기간이 소요되므로, 아직 검사 중인 것이 9건이다. 그중 하나인 제주도 하도리의 경우 11월 22일 고병원성 AI 바이러스 검출 여부를 발표할 예정이다.

○○부 주무관 갑은 2020년 10월 25일부터 11월 21일까지 발표된 야생 조류 AI 바이러스 검출 현황을 아래와 같이 〈표〉로 작성하였으나 검출 현황을 적절히 반영하지 않아 수정이 필요하다.

〈표〉 야생 조류 AI 바이러스 검출 현황

(기간: 2020년 10월 25일~2020년 11월 21일)

고병원성 AI	저병원성 AI	검사 중	바이러스 미분리
8건	8건	9건	7건

〈보기〉

ㄱ. 고병원성 AI 항목의 "8건"을 "5건"으로 수정한다.

ㄴ. 검사 중 항목의 "9건"을 "8건"으로 수정한다.

ㄷ. "바이러스 미분리" 항목을 삭제한다.

① ㄱ
② ㄴ
③ ㄱ, ㄷ
④ ㄴ, ㄷ
⑤ ㄱ, ㄴ, ㄷ

문 11. 다음 글의 A~C에 대한 평가로 적절한 것만을 〈보기〉에서 모두 고르면?

인간 존엄성은 모든 인간이 단지 인간이기 때문에 갖는 것으로서, 인간의 숭고한 도덕적 지위나 인간에 대한 윤리적 대우의 근거로 여겨진다. 다음은 인간 존엄성 개념에 대한 A~C의 비판이다.

A: 인간 존엄성은 그 의미가 무엇인지에 대해 사람마다 생각이 달라서 불명료할 뿐 아니라 무용한 개념이다. 가령 존엄성은 존엄사를 옹호하거나 반대하는 논증 모두에서 각각의 주장을 정당화하는 데 사용된다. 어떤 이는 존엄성이란 말을 '자율성의 존중'이라는 뜻으로, 어떤 이는 '생명의 신성함'이라는 뜻으로 사용한다. 결국 쟁점은 존엄성이 아니라 자율성의 존중이나 생명의 가치에 관한 문제이며, 존엄성이란 개념 자체는 그 논의에서 실질적으로 중요한 기여를 하지 않는다.

B: 인간의 권리에 대한 문서에서 존엄성이 광범위하게 사용되는 것은 기독교 신학과 같이 인간 존엄성을 언급하는 많은 종교적 문헌의 영향으로 보인다. 이러한 종교적 뿌리는 어떤 이에게는 가치 있는 것이지만, 다른 이에겐 그런 존엄성 개념을 의심할 근거가 되기도 한다. 특히 존엄성을 신이 인간에게 부여한 독특한 지위로 생각함으로써 인간이 스스로를 지나치게 높게 보도록 했다는 점은 비판을 받아 마땅하다. 이는 인간으로 하여금 인간이 아닌 종과 환경에 대해 인간 자신들이 원하는 것을 마음대로 해도 된다는 오만을 낳았다.

C: 인간 존엄성은 인간이 이성적 존재임을 들어 동물이나 세계에 대해 인간 중심적인 견해를 옹호해 온 근대 휴머니즘의 유산이다. 존엄성은 인간종이 그 자체로 다른 종이나 심지어 환경 자체보다 더 큰 가치가 있다고 생각하는 종족주의의 한 표현에 불과하다. 인간 존엄성은 우리가 서로를 가치 있게 여기도록 만들기도 하지만, 인간 외의 다른 존재에 대해서는 그 대상이 인간이라면 결코 용납하지 않았을 폭력적 처사를 정당화하는 근거로 활용된다.

〈보기〉

ㄱ. 많은 논란에도 불구하고 존엄사를 인정한 연명의료결정법의 시행은 A의 주장을 약화시키는 사례이다.

ㄴ. C의 주장은 화장품의 안전성 검사를 위한 동물실험의 금지를 촉구하는 캠페인의 근거로 활용될 수 있다.

ㄷ. B와 C는 인간에게 특권적 지위를 부여하는 인간 중심적인 생각을 비판한다는 점에서 공통적이다.

① ㄱ
② ㄷ
③ ㄱ, ㄴ
④ ㄴ, ㄷ
⑤ ㄱ, ㄴ, ㄷ

문 12. 다음 글의 〈논증〉에 대한 분석으로 적절한 것만을 〈보기〉에서 모두 고르면?

우리는 죽음이 나쁜 것이라고 믿는다. 죽고 나면 우리가 존재하지 않기 때문이다. 루크레티우스는 우리가 존재하지 않기 때문에 죽음이 나쁜 것이라면 우리가 태어나기 이전의 비존재도 나쁘다고 말해야 한다고 생각했다. 그러나 우리는 태어나기 이전에 우리가 존재하지 않았다는 사실에 대해서 애석해 하지 않는다. 따라서 루크레티우스는 죽음 이후의 비존재에 대해서도 애석해 할 필요가 없다고 주장했다. 다음은 이러한 루크레티우스의 주장을 반박하는 논증이다.

〈논증〉

우리는 죽음의 시기가 뒤로 미루어짐으로써 더 오래 사는 상황을 상상해 볼 수 있다. 예를 들어, 50살에 교통사고로 세상을 떠난 누군가를 생각해 보자. 그 사고가 아니었다면 그는 70살이나 80살까지 더 살 수도 있었을 것이다. 그렇다면 50살에 그가 죽은 것은 그의 인생에 일어날 수 있는 여러 가능성 중에 하나였다. 그런데 ㉠내가 더 일찍 태어나는 것은 상상할 수 없다. 물론, 조산이나 제왕절개로 내가 조금 더 일찍 세상에 태어날 수도 있었을 것이다. 하지만 여기서 고려해야 할 것은 나의 존재의 시작이다. 나를 있게 하는 것은 특정한 정자와 난자의 결합이다. 누군가는 내 부모님이 10년 앞서 임신할 수 있었다고 주장할 수도 있다. 그러나 그랬다면 내가 아니라 나의 형제가 태어났을 것이다. 그렇기 때문에 '더 일찍 태어났더라면'이라고 말해도 그것이 실제로 내가 더 일찍 태어났을 가능성을 상상한 것은 아니다. 나의 존재는 내가 수정된 바로 그 특정 정자와 난자의 결합에 기초한다. 그러므로 ㉡내가 더 일찍 태어나는 일은 불가능하다. 나의 사망 시점은 달라질 수 있지만, 나의 출생 시점은 그렇지 않다. 그런 의미에서 출생은 내 인생 전체를 놓고 볼 때 하나의 필연적인 사건이다. 결국 죽음의 시기를 뒤로 미뤄 더 오래 사는 것은 가능하지만, 출생의 시기를 앞당겨 더 오래 사는 것은 불가능하다. 따라서 내가 더 일찍 태어나지 않은 것은 나쁜 일이 될 수 없다. 즉 죽음 이후와는 달리 ㉢태어나기 이전의 비존재는 나쁘다고 말할 수 없다.

〈보기〉

ㄱ. 냉동 보관된 정자와 난자가 수정되어 태어난 사람의 경우를 고려하면, ㉠은 거짓이다.

ㄴ. ㉠에 "어떤 사건이 가능하면, 그것의 발생을 상상할 수 있다."라는 전제를 추가하면, ㉡을 이끌어 낼 수 있다.

ㄷ. ㉢에 "태어나기 이전의 비존재가 나쁘다면, 내가 더 일찍 태어나는 것이 가능하다."라는 전제를 추가하면, ㉡의 부정을 이끌어 낼 수 있다.

① ㄱ ② ㄷ
③ ㄱ, ㄴ ④ ㄴ, ㄷ
⑤ ㄱ, ㄴ, ㄷ

※ 다음 글을 읽고 물음에 답하시오. [문 13. ~ 문 14.]

인간은 지구상의 생명이 대량 멸종하는 사태를 맞이하고 있지만, 다른 한편으로는 실험실에서 인공적으로 새로운 생명체를 창조하고 있다. 이런 상황에서, 자연적으로 존재하는 종을 멸종으로부터 보존해야 한다는 생물 다양성의 보존 문제를 어떤 시각으로 바라보아야 할까? A는 생물 다양성을 보존해야 한다고 주장한다. 이를 위해 A는 다음과 같은 도구적 정당화를 제시한다. 우리는 의학적, 농업적, 경제적, 과학적 측면에서 이익을 얻기를 원한다. '생물 다양성 보존'은 이를 위한 하나의 수단으로 간주될 수 있다. 바로 그 수단이 우리가 원하는 이익을 얻는 최선의 수단이라는 것이 A의 첫 번째 전제이다. 그리고 (가) 는 것이 A의 두 번째 전제이다. 이 전제들로부터 우리에게는 생물 다양성을 보존할 의무와 필요성이 있다는 결론이 나온다.

이에 대해 B는 생물 다양성 보존이 우리가 원하는 이익을 얻는 최선의 수단이 아님을 지적한다. 특히 합성 생물학은 자연에 존재하는 DNA, 유전자, 세포 등을 인공적으로 합성하고 재구성해 새로운 생명체를 창조하는 것을 목표로 한다. B는 우리가 원하는 이익을 얻고자 한다면, 자연적으로 존재하는 생명체들을 대상으로 보존에 애쓰는 것보다는 합성 생물학을 통해 원하는 목표를 더 합리적이고 체계적으로 성취할 수 있을 것이라고 주장한다. 인공적인 생명체의 창조가 우리가 원하는 이익을 얻는 더 좋은 수단이므로, 생물 다양성 보존을 지지하는 도구적 정당화는 설득력을 잃는다는 것이다. 그래서 B는 A가 제시하는 도구적 정당화에 근거하여 생물 다양성을 보존하자고 주장하는 것은 옹호될 수 없다고 말한다.

한편 C는 모든 종은 보존되어야 한다고 주장하면서 생물 다양성 보존을 옹호한다. C는 대상의 가치를 평가할 때 그 대상이 갖는 도구적 가치와 내재적 가치를 구별한다. 대상의 도구적 가치란 그것이 특정 목적을 달성하는 데 얼마나 쓸모가 있느냐에 따라 인정되는 가치이며, 대상의 내재적 가치란 그 대상이 그 자체로 본래부터 갖고 있다고 인정되는 고유한 가치를 말한다. C에 따르면 생명체는 단지 도구적 가치만을 갖는 것이 아니다. 생명체를 오로지 도구적 가치로만 평가하는 것은 생명체를 그저 인간의 목적을 위해 이용되는 수단으로 보는 인간 중심적 태도이지만, C는 그런 태도는 받아들일 수 없다고 본다. 생명체의 내재적 가치 또한 인정해야 한다는 것이다. 그 생명체들이 속한 종 또한 그 쓸모에 따라서만 가치가 있는 것이 아니다. 그리고 내재적 가치를 지니는 것은 모두 보존되어야 한다. 이로부터 모든 종은 보존되어야 한다는 결론에 다다른다. 왜냐하면 (나) 때문이다.

문 13. 위 글의 (가)와 (나)에 들어갈 내용을 적절하게 나열한 것은?

① (가): 어떤 것이 우리가 원하는 이익을 얻는 최선의 수단이라면 우리에게는 그것을 실행할 의무와 필요성이 있다
(나): 생명체의 내재적 가치는 종의 다양성으로부터 비롯되기
② (가): 어떤 것이 우리가 원하는 이익을 얻는 최선의 수단이 아니라면 우리에게는 그것을 실행할 의무와 필요성이 없다
(나): 생명체의 내재적 가치는 종의 다양성으로부터 비롯되기
③ (가): 어떤 것이 우리가 원하는 이익을 얻는 최선의 수단이라면 우리에게는 그것을 실행할 의무와 필요성이 있다
(나): 모든 종은 그 자체가 본래부터 고유의 가치를 지니기
④ (가): 어떤 것이 우리가 원하는 이익을 얻는 최선의 수단이 아니라면 우리에게는 그것을 실행할 의무와 필요성이 없다
(나): 모든 종은 그 자체가 본래부터 고유의 가치를 지니기
⑤ (가): 우리에게 이익을 제공하는 수단 가운데 생물 다양성의 보존보다 더 나은 수단은 없다
(나): 모든 종은 그 자체가 본래부터 고유의 가치를 지니기

문 14. 위 글에 대한 분석으로 적절한 것만을 〈보기〉에서 모두 고르면?

〈보기〉

ㄱ. A는 생물 다양성을 보존해야 한다고 주장하지만, B는 보존하지 않아도 된다고 주장한다.
ㄴ. B는 A의 두 전제가 참이더라도 A의 결론이 반드시 참이 되지는 않는다고 비판한다.
ㄷ. 자연적으로 존재하는 생명체가 도구적 가치를 가지느냐에 대한 A와 C의 평가는 양립할 수 있다.

① ㄱ
② ㄷ
③ ㄱ, ㄴ
④ ㄴ, ㄷ
⑤ ㄱ, ㄴ, ㄷ

문 15. 다음 논쟁에 대한 분석으로 적절한 것만을 〈보기〉에서 모두 고르면?

갑: 입증은 증거와 가설 사이의 관계에 대한 것이다. 내가 받아들이는 입증에 대한 입장은 다음과 같다. 증거 발견 후 가설의 확률 증가분이 있다면, 증거가 가설을 입증한다. 즉 증거 발견 후 가설이 참일 확률에서 증거 발견 전 가설이 참일 확률을 뺀 값이 0보다 크다면, 증거가 가설을 입증한다. 예를 들어보자. 사건 현장에서 용의자 X의 것과 유사한 발자국이 발견되었다. 그럼 발자국이 발견되기 전보다 X가 해당 사건의 범인일 확률은 높아질 것이다. 그렇다면 발자국 증거는 X가 범인이라는 가설을 입증한다. 그리고 증거 발견 후 가설의 확률 증가분이 클수록, 증거가 가설을 입증하는 정도가 더 커진다.

을: 증거가 가설이 참일 확률을 높인다고 하더라도, 그 증거가 해당 가설을 입증하지 못할 수 있다. 가령, X에게 강력한 알리바이가 있다고 해보자. 사건이 일어난 시간에 사건 현장과 멀리 떨어져 있는 X의 모습이 CCTV에 포착된 것이다. 그러면 발자국 증거가 X가 범인일 확률을 높인다고 하더라도, 그가 범인일 확률은 여전히 높지 않을 것이다. 그럼에도 불구하고 갑의 입장은 이러한 상황에서 발자국 증거가 X가 범인이라는 가설을 입증한다고 보게 만드는 문제가 있다. 이 문제는 내가 받아들이는 입증에 대한 다음 입장을 통해 해결될 수 있다. 증거 발견 후 가설의 확률 증가분이 있고 증거 발견 후 가설이 참일 확률이 1/2보다 크다면, 그리고 그런 경우에만 증거가 가설을 입증한다. 가령, 발자국 증거가 X가 범인일 확률을 높이더라도 증거 획득 후 확률이 1/2보다 작다면 발자국 증거는 X가 범인이라는 가설을 입증하지 못한다.

〈보기〉

ㄱ. 갑의 입장에서, 증거 발견 후 가설의 확률 증가분이 없다면 그 증거가 해당 가설을 입증하지 못한다.
ㄴ. 을의 입장에서, 어떤 증거가 주어진 가설을 입증할 경우 그 증거 획득 이전 해당 가설이 참일 확률은 1/2보다 크다.
ㄷ. 갑의 입장에서 어떤 증거가 주어진 가설을 입증하는 정도가 작더라도, 을의 입장에서 그 증거가 해당 가설을 입증할 수 있다.

① ㄴ
② ㄷ
③ ㄱ, ㄴ
④ ㄱ, ㄷ
⑤ ㄱ, ㄴ, ㄷ

문 16. 다음 글에서 추론할 수 있는 것은?

> 국제표준도서번호(ISBN)는 전세계에서 출판되는 각종 도서에 부여하는 고유한 식별 번호이다. 2007년부터는 13자리의 숫자로 구성된 ISBN인 ISBN－13이 부여되고 있지만, 2006년까지 출판된 도서에는 10자리의 숫자로 구성된 ISBN인 ISBN－10이 부여되었다.
>
> ISBN－10은 네 부분으로 되어 있다. 첫 번째 부분은 책이 출판된 국가 또는 언어 권역을 나타내며 1～5자리를 가질 수 있다. 예를 들면, 대한민국은 89, 영어권은 0, 프랑스어권은 2, 중국은 7 그리고 부탄은 99936을 쓴다. 두 번째 부분은 국가별 ISBN 기관에서 그 국가에 있는 각 출판사에 할당한 번호를 나타낸다. 세 번째 부분은 출판사에서 그 책에 임의로 붙인 번호를 나타낸다. 마지막 네 번째 부분은 확인 숫자이다. 이 숫자는 0에서 10까지의 숫자 중 하나가 되는데, 10을 써야 할 때는 로마 숫자인 X를 사용한다. 부여된 ISBN－10이 유효한 것이라면 이 ISBN－10의 열 개 숫자에 각각 순서대로 10, 9, …, 2, 1의 가중치를 곱해서 각 곱셈의 값을 모두 더한 값이 반드시 11로 나누어 떨어져야 한다. 예를 들어, 어떤 책에 부여된 ISBN－10인 '89－89422－42－6'이 유효한 것인지 검사해 보자. (8×10)+(9×9)+(8×8)+(9×7)+(4×6)+(2×5)+(2×4)+(4×3)+(2×2)+(6×1)=352이고, 이 값은 11로 나누어 떨어지기 때문에 이 ISBN－10은 유효한 번호이다. 만약 어떤 ISBN－10의 숫자 중 어느 하나를 잘못 입력했다면 서점에 있는 컴퓨터는 즉시 오류 메시지를 화면에 보여줄 것이다.

① ISBN－10의 첫 번째 부분에 있는 숫자가 같으면 같은 나라에서 출판된 책이다.
② 임의의 책의 ISBN－10에 숫자 3자리를 추가하면 그 책의 ISBN－13을 얻는다.
③ ISBN－10이 '0－285－00424－7'인 책은 해당 출판사에서 424번째로 출판한 책이다.
④ ISBN－10의 두 번째 부분에 있는 숫자가 같은 서로 다른 두 권의 책은 동일한 출판사에서 출판된 책이다.
⑤ 확인 숫자 앞의 아홉 개의 숫자에 정해진 가중치를 곱하여 합한 값이 11의 배수인 ISBN－10이 유효하다면 그 확인 숫자는 반드시 0이어야 한다.

문 17. 다음 글의 내용이 참일 때, 갑이 반드시 수강해야 할 과목은?

> 갑은 A～E 과목에 대해 수강신청을 준비하고 있다. 갑이 수강하기 위해 충족해야 하는 조건은 다음과 같다.
>
> ○ A를 수강하면 B를 수강하지 않고, B를 수강하지 않으면 C를 수강하지 않는다.
> ○ D를 수강하지 않으면 C를 수강하고, A를 수강하지 않으면 E를 수강하지 않는다.
> ○ E를 수강하지 않으면 C를 수강하지 않는다.

① A
② B
③ C
④ D
⑤ E

문 18. 다음 글의 내용이 참일 때, 반드시 참인 것만을 〈보기〉에서 모두 고르면?

> △△처에서는 채용 후보자들을 대상으로 A, B, C, D 네 종류의 자격증 소지 여부를 조사하였다. 그 결과 다음과 같은 사실이 밝혀졌다.
>
> ○ A와 D를 둘 다 가진 후보자가 있다.
> ○ B와 D를 둘 다 가진 후보자는 없다.
> ○ A나 B를 가진 후보자는 모두 C는 가지고 있지 않다.
> ○ A를 가진 후보자는 모두 B는 가지고 있지 않다는 것은 사실이 아니다.

〈보기〉

ㄱ. 네 종류 중 세 종류의 자격증을 가지고 있는 후보자는 없다.
ㄴ. 어떤 후보자는 B를 가지고 있지 않고, 또 다른 후보자는 D를 가지고 있지 않다.
ㄷ. D를 가지고 있지 않은 후보자는 누구나 C를 가지고 있지 않다면, 네 종류 중 한 종류의 자격증만 가지고 있는 후보자가 있다.

① ㄱ
② ㄷ
③ ㄱ, ㄴ
④ ㄴ, ㄷ
⑤ ㄱ, ㄴ, ㄷ

문 19. 다음 글의 내용이 참일 때, 반드시 참인 것만을 〈보기〉에서 모두 고르면?

신입사원을 대상으로 민원, 홍보, 인사, 기획 업무에 대한 선호를 조사하였다. 조사 결과 민원 업무를 선호하는 신입사원은 모두 홍보 업무를 선호하였지만, 그 역은 성립하지 않았다. 모든 업무 중 인사 업무만을 선호하는 신입사원은 있었지만, 민원 업무와 인사 업무를 모두 선호하는 신입사원은 없었다. 그리고 넷 중 세 개 이상의 업무를 선호하는 신입사원도 없었다. 신입사원 갑이 선호하는 업무에는 기획 업무가 포함되어 있었으며, 신입사원 을이 선호하는 업무에는 민원 업무가 포함되어 있었다.

〈보기〉

ㄱ. 어떤 업무는 갑도 을도 선호하지 않는다.

ㄴ. 적어도 두 명 이상의 신입사원이 홍보 업무를 선호한다.

ㄷ. 조사 대상이 된 업무 중에, 어떤 신입사원도 선호하지 않는 업무는 없다.

① ㄱ

② ㄷ

③ ㄱ, ㄴ

④ ㄴ, ㄷ

⑤ ㄱ, ㄴ, ㄷ

문 20. 다음 글에서 추론할 수 있는 것만을 〈보기〉에서 모두 고르면?

식물의 잎에 있는 기공은 대기로부터 광합성에 필요한 이산화탄소를 흡수하는 통로이다. 기공은 잎에 있는 세포 중 하나인 공변세포의 부피가 커지면 열리고 부피가 작아지면 닫힌다.

그렇다면 무엇이 공변세포의 부피에 변화를 일으킬까? 햇빛이 있는 낮에, 햇빛 속에 있는 청색광이 공변세포에 있는 양성자 펌프를 작동시킨다. 양성자 펌프의 작동은 공변세포 밖에 있는 칼륨이온과 염소이온이 공변세포 안으로 들어오게 한다. 공변세포 안에 이 이온들의 양이 많아짐에 따라 물이 공변세포 안으로 들어오고, 그 결과로 공변세포의 부피가 커져서 기공이 열린다. 햇빛이 없는 밤이 되면, 공변세포에 있는 양성자 펌프가 작동하지 않고 공변세포 안에 있던 칼륨이온과 염소이온은 밖으로 빠져나간다. 이에 따라 공변세포 안에 있던 물이 밖으로 나가면서 세포의 부피가 작아져서 기공이 닫힌다.

공변세포의 부피는 식물이 겪는 수분스트레스 반응에 의해 조절될 수도 있다. 식물 안의 수분량이 줄어듦으로써 식물이 수분스트레스를 받는다. 수분스트레스를 받은 식물은 호르몬 A를 분비한다. 호르몬 A는 공변세포에 있는 수용체에 결합하여 공변세포 안에 있던 칼륨이온과 염소이온이 밖으로 빠져나가게 한다. 이에 따라 공변세포 안에 있던 물이 밖으로 나가면서 세포의 부피가 작아진다. 결국 식물이 수분스트레스를 받으면 햇빛이 있더라도 기공이 열리지 않는다.

또한 기공의 여닫힘은 미생물에 의해 조절되기도 한다. 예를 들면, 식물을 감염시킨 병원균 α는 공변세포의 양성자 펌프를 작동시키는 독소 B를 만든다. 이 독소 B는 공변세포의 부피를 늘려 기공이 닫혀 있어야 하는 때에도 열리게 하고, 결국 식물은 물을 잃어 시들게 된다.

〈보기〉

ㄱ. 한 식물의 동일한 공변세포 안에 있는 칼륨이온의 양은, 햇빛이 있는 낮에 햇빛의 청색광만 차단하는 필름으로 식물을 덮은 경우가 덮지 않은 경우보다 적다.

ㄴ. 수분스트레스를 받은 식물에 양성자 펌프의 작동을 못하게 하면 햇빛이 있는 낮에 기공이 열린다.

ㄷ. 호르몬 A를 분비하는 식물이 햇빛이 있는 낮에 보이는 기공 개폐 상태와 병원균 α에 감염된 식물이 햇빛이 없는 밤에 보이는 기공 개폐 상태는 다르다.

① ㄱ

② ㄴ

③ ㄱ, ㄷ

④ ㄴ, ㄷ

⑤ ㄱ, ㄴ, ㄷ

문 21. 다음 글의 ㉠과 ㉡에 대한 평가로 적절한 것만을 〈보기〉에서 모두 고르면?

진화론에 따르면 개체는 배우자 선택에 있어서 생존과 번식에 유리한 개체를 선호할 것으로 예측된다. 그런데 생존과 번식에 유리한 능력은 한 가지가 아니므로 합리적 선택은 단순하지 않다. 예를 들어 배우자 후보 α와 β가 있는데, 사냥 능력은 α가 우수한 반면, 위험 회피 능력은 β가 우수하다고 하자. 이 경우 개체는 더 중요하다고 판단하는 능력에 기초하여 배우자를 선택하는 것이 합리적이다. 이를테면 사냥 능력에 가중치를 둔다면 α를 선택하는 것이 합리적이라는 것이다. 그런데 α와 β보다 사냥 능력은 떨어지나 위험 회피 능력은 β와 α의 중간쯤 되는 새로운 배우자 후보 γ가 나타난 경우를 생각해 보자. 이때 개체는 애초의 판단 기준을 유지할 수도 있고 변경할 수도 있다. 즉 애초의 판단 기준에 따르면 선택이 바뀔 이유가 없음에도 불구하고, 새로운 후보의 출현에 의해 판단 기준이 바뀌어 위험 회피 능력이 우수한 β를 선택할 수 있다.

한 과학자는 동물의 배우자 선택에 있어 새로운 배우자 후보가 출현하는 경우, ㉠애초의 판단 기준을 유지한다는 가설과 ㉡판단 기준에 변화가 발생한다는 가설을 검증하기 위해 다음과 같은 실험을 수행하였다.

〈실험〉

X 개구리의 경우, 암컷은 두 가지 기준으로 수컷을 고르는데, 수컷의 울음소리 톤이 일정할수록 선호하고 울음소리 빈도가 높을수록 선호한다. 세 마리의 수컷 A~C는 각각 다른 소리를 내는데, 울음소리 톤은 C가 가장 일정하고 B가 가장 일정하지 않다. 울음소리 빈도는 A가 가장 높고 C가 가장 낮다. 과학자는 A~C의 울음소리를 발정기의 암컷으로부터 동일한 거리에 있는 서로 다른 위치에서 들려주었다. 상황 1에서는 수컷 두 마리의 울음소리만을 들려주었으며, 상황 2에서는 수컷 세 마리의 울음소리를 모두 들려주고 각 상황에서 암컷이 어느 쪽으로 이동하는지 비교하였다. 암컷은 들려준 울음소리 중 가장 선호하는 쪽으로 이동한다.

〈보기〉

ㄱ. 상황 1에서 암컷에게 들려준 소리가 A, B인 경우 암컷이 A로, 상황 2에서는 C로 이동했다면, ㉠은 강화되지 않지만 ㉡은 강화된다.

ㄴ. 상황 1에서 암컷에게 들려준 소리가 B, C인 경우 암컷이 B로, 상황 2에서는 A로 이동했다면, ㉠은 강화되지만 ㉡은 강화되지 않는다.

ㄷ. 상황 1에서 암컷에게 들려준 소리가 A, C인 경우 암컷이 C로, 상황 2에서는 A로 이동했다면, ㉠은 강화되지 않지만 ㉡은 강화된다.

① ㄱ ② ㄷ
③ ㄱ, ㄴ ④ ㄴ, ㄷ
⑤ ㄱ, ㄴ, ㄷ

문 22. 다음 글의 ㉠과 ㉡에 대한 평가로 적절한 것만을 〈보기〉에서 모두 고르면?

18세기에는 빛의 본성에 관한 두 이론이 경쟁하고 있었다. ㉠입자이론은 빛이 빠르게 운동하고 있는 아주 작은 입자들의 흐름으로 구성되어 있다고 설명한다. 이에 따르면, 물속에서 빛이 굴절하는 것은 물이 빛을 끌어당기기 때문이며, 공기 중에서는 이런 현상이 발생하지 않기 때문에 결과적으로 물속에서의 빛의 속도가 공기 중에서보다 더 빠르다. 한편 ㉡파동이론은 빛이 매질을 통하여 파동처럼 퍼져 나간다는 가설에 기초한다. 이에 따르면, 물속에서 빛이 굴절하는 것은 파동이 전파되는 매질의 밀도가 달라지기 때문이며, 밀도가 높아질수록 파동의 속도는 느려지므로 결과적으로 물속에서의 빛의 속도가 공기 중에서보다 더 느리다.

또한 파동이론에 따르면 빛의 색깔은 파장에 따라 달라진다. 공기 중에서는 파장에 따라 파동의 속도가 달라지지 않지만, 물속에서는 파장에 따라 파동의 속도가 달라진다. 반면 입자이론에 따르면 공기 중에서건 물속에서건 빛의 속도는 색깔에 따라 달라지지 않는다.

두 이론을 검증하기 위해 다음과 같은 실험이 고안되었다. 두 빛이 같은 시점에 발진하여 경로 1 또는 경로 2를 통과한 뒤 빠른 속도로 회전하는 평면거울에 도달한다. 두 개의 경로에서 빛이 진행하는 거리는 같으나, 경로 1에서는 물속을 통과하고, 경로 2에서는 공기만을 통과한다. 평면거울에서 반사된 빛은 반사된 빛이 향하는 방향에 설치된 스크린에 맺힌다. 평면거울에 도달한 빛 중 속도가 빠른 빛은 먼저 도달하고 속도가 느린 빛은 나중에 도달하게 되는데, 평면거울이 빠르게 회전하고 있으므로 먼저 도달한 빛과 늦게 도달한 빛은 반사 각도에 차이가 생기게 된다. 따라서 두 빛이 서로 다른 속도를 가진다면 반사된 두 빛이 도착하는 지점이 서로 달라지며, 더 빨리 평면거울에 도달한 빛일수록 스크린의 오른쪽에, 더 늦게 도달한 빛일수록 스크린의 왼쪽에 맺히게 된다.

〈보기〉

ㄱ. 색깔이 같은 두 빛이 각각 경로 1과 2를 통과했을 때, 경로 1을 통과한 빛이 경로 2를 통과한 빛보다 스크린의 오른쪽에 맺힌다면 ㉠은 강화되고 ㉡은 약화된다.

ㄴ. 색깔이 다른 두 빛 중 하나는 경로 1을, 다른 하나는 경로 2를 통과했을 때, 경로 1을 통과한 빛이 경로 2를 통과한 빛보다 스크린의 왼쪽에 맺힌다면 ㉠은 약화되고 ㉡은 강화된다.

ㄷ. 색깔이 다른 두 빛이 모두 경로 1을 통과했을 때, 두 빛이 스크린에 맺힌 위치가 다르다면 ㉠은 약화되고 ㉡은 강화된다.

① ㄱ ② ㄴ
③ ㄱ, ㄷ ④ ㄴ, ㄷ
⑤ ㄱ, ㄴ, ㄷ

문 23. 다음 대화의 빈칸에 들어갈 내용으로 가장 적절한 것은?

> 갑: 2022년에 A보조금이 B보조금으로 개편되었다고 들었습니다. 2021년에 A보조금을 수령한 민원인이 B보조금의 신청과 관련하여 문의하였습니다. 민원인이 중앙부처로 바로 연락하였다는데 B보조금 신청 자격을 알 수 있을까요?
> 을: B보조금 신청 자격은 A보조금과 같습니다. 해당 지자체에 농업경영정보를 등록한 농업인이어야 하고 지급 대상 토지도 해당 지자체에 등록된 농지 또는 초지여야 합니다.
> 갑: 네. 민원인의 자격 요건에 변동 사항은 없다는 것을 확인했습니다. 그 외에 다른 제한 사항은 없을까요?
> 을: 대상자 및 토지 요건을 모두 충족하더라도 전년도에 A보조금을 부정한 방법으로 수령했다고 판정된 경우에는 B보조금을 신청할 수가 없어요. 다만 부정한 방법으로 수령했다고 해당 지자체에서 판정하더라도 수령인은 일정 기간 동안 중앙부처에 이의를 제기할 수 있습니다. 이의 제기 심의 기간에는 수령인이 부정한 방법으로 수령하지 않은 것으로 봅니다.
> 갑: 우리 중앙부처의 2021년 A보조금 부정 수령 판정 현황이 어떻게 되죠?
> 을: 2021년 A보조금 부정 수령 판정 이의 제기 신청 기간은 만료되었습니다. 부정 수령 판정이 총 15건이 있었는데, 그중 11건에 대한 이의 제기 신청이 들어왔고 1건은 심의 후 이의 제기가 받아들여져 인용되었습니다. 9건은 이의 제기가 받아들여지지 않아 기각되었고 나머지 1건은 아직 이의 제기 심의 절차가 진행 중입니다.
> 갑: 그렇다면 제가 추가로 [   ]만 확인하고 나면 다른 사유를 확인하지 않고서도 민원인이 현재 B보조금 신청 자격이 되는지를 바로 알 수 있겠네요.

① 민원인의 부정 수령 판정 여부, 민원인의 이의 제기 여부, 이의 제기 심의 절차 진행 중인 건이 민원인이 제기한 건인지 여부
② 민원인의 부정 수령 판정 여부, 민원인의 이의 제기 여부, 이의 제기 기각 건에 민원인이 제기한 건이 포함되었는지 여부
③ 민원인의 농업인 및 농지 등록 여부, 민원인의 이의 제기 여부, 이의 제기 심의 절차 진행 중인 건의 심의 완료 여부
④ 민원인의 부정 수령 판정 여부, 민원인의 이의 제기 여부, 이의 제기 인용 건이 민원인이 제기한 건인지 여부
⑤ 민원인의 농업인 및 농지 등록 여부, 민원인의 부정 수령 판정 여부, 민원인의 이의 제기 여부

문 24. 다음 대화의 빈칸에 들어갈 내용으로 가장 적절한 것은?

> 갑: 안녕하십니까? 저는 공립학교인 A고등학교 교감입니다. 우리 학교의 교육 방침을 명확히 밝히는 조항을 학교 규칙(이하 '학칙')에 새로 추가하려고 합니다. 이때 준수해야 할 것이 무엇입니까?
> 을: 네. 학교에서 학칙을 제정하고자 할 때에는 「초·중등교육법」(이하 '교육법')에 어긋나지 않는 범위에서 제정이 이루어져야 합니다.
> 갑: 그렇군요. 그래서 교육법 제8조 제1항의 학교의 장은 '법령'의 범위에서 학칙을 제정할 수 있다는 규정에 근거해서 학칙을 만들고 있습니다. 그런데 최근 우리 도(道) 의회에서 제정한 「학생인권조례」의 내용을 보니, 우리 학교에서 만들고 있는 학칙과 어긋나는 것이 있습니다. 이러한 경우에 법적 판단은 어떻게 됩니까?
> 을: [   ].
> 갑: 교육법 제8조 제1항에서는 '법령'이라는 용어를 사용하고, 제10조 제2항에서는 '조례'라는 용어를 사용하고 있으니 교육법에서는 법령과 조례를 구분하는 것으로 보입니다.
> 을: 그것은 다른 문제입니다. 교육법 제10조 제2항의 조례는 법령의 위임을 받아 제정되는 위임 입법입니다. 제8조 제1항에서의 법령에는 조례가 포함된다고 해석하고 있으며, 이 경우에 제10조 제2항의 조례와는 그 성격이 다르다고 할 수 있습니다.
> 갑: 교육법 제8조 제1항은 초·중등학교 운영의 자율과 책임을 위한 것인데 이러한 조례로 인해서 오히려 학교 교육과 운영이 침해당하는 것 아닙니까?
> 을: 교육법 제8조 제1항의 목적은 학교의 자율과 책임을 당연히 존중하는 것입니다. 다만 학칙을 제정할 때에도 국가나 지자체에서 반드시 지킬 것을 요구하는 최소한의 한계를 법령의 범위라는 말로 표현한 것입니다. 더욱이 학생들의 학습권, 개성을 실현할 권리 등은 헌법에서 보장된 기본권에서 나오고 교육법 제18조의4에서도 학생의 인권을 보장하도록 규정하고 있습니다. 최근 「학생인권조례」도 이러한 취지에서 제정되었습니다.

① 학칙의 제정을 통하여 학교 운영의 자율과 책임뿐 아니라 학생들의 학습권과 개성을 실현할 권리가 제한될 수 있습니다
② 법령에 조례가 포함된다고 해석할 여지는 없지만 교육법의 체계상 「학생인권조례」를 따라야 합니다
③ 교육법 제10조 제2항에 따라 조례는 입법 목적이나 취지와 관계없이 법령에 포함됩니다
④ 「학생인권조례」에는 교육법에 어긋나는 규정이 있지만 학칙은 이 조례를 따라야 합니다
⑤ 법령의 범위에 있는 「학생인권조례」의 내용에 반하는 학칙은 교육법에 저촉됩니다

문 25. 다음 글의 〈논쟁〉에 대한 분석으로 적절한 것만을 〈보기〉에서 모두 고르면?

갑과 을은 △△국 「주거법」 제○○조의 해석에 대해 논쟁하고 있다. 그 조문은 다음과 같다.

> 제○○조(비거주자의 구분) ① 다음 각 호에 해당하는 △△국 국민은 비거주자로 본다.
> 1. 외국에서 영업활동에 종사하고 있는 사람
> 2. 2년 이상 외국에 체재하고 있는 사람. 이 경우 일시 귀국하여 3개월 이내의 기간 동안 체재한 경우 그 기간은 외국에 체재한 기간에 포함되는 것으로 본다.
> 3. 외국인과 혼인하여 배우자의 국적국에 6개월 이상 체재하는 사람
>
> ② 국내에서 영업활동에 종사하였거나 6개월 이상 체재하였던 외국인으로서 출국하여 외국에서 3개월 이상 체재 중인 사람의 경우에도 비거주자로 본다.

〈논쟁〉

쟁점 1: △△국 국민인 A는 일본에서 2년 1개월째 학교에 다니고 있다. A는 매년 여름방학과 겨울방학 기간에 일시 귀국하여 2개월씩 체재하였다. 이에 대해, 갑은 A가 △△국 비거주자로 구분된다고 주장하는 반면, 을은 그렇지 않다고 주장한다.

쟁점 2: △△국과 미국 국적을 모두 보유한 복수 국적자 B는 △△국 C법인에서 임원으로 근무하였다. B는 올해 C법인의 미국 사무소로 발령받아 1개월째 영업활동에 종사 중이다. 이에 대해, 갑은 B가 △△국 비거주자로 구분된다고 주장하는 반면, 을은 그렇지 않다고 주장한다.

쟁점 3: △△국 국민인 D는 독일 국적의 E와 결혼하여 독일에서 체재 시작 직후부터 5개월째 길거리 음악 연주를 하고 있다. 이에 대해, 갑은 D가 △△국 비거주자로 구분된다고 주장하는 반면, 을은 그렇지 않다고 주장한다.

〈보기〉

ㄱ. 쟁점 1과 관련하여, 일시 귀국하여 체재한 '3개월 이내의 기간'이 귀국할 때마다 체재한 기간의 합으로 확정된다면, 갑의 주장은 옳고 을의 주장은 그르다.

ㄴ. 쟁점 2와 관련하여, 갑은 B를 △△국 국민이라고 생각하지만 을은 외국인이라고 생각하기 때문이라고 하면, 갑과 을 사이의 주장 불일치를 설명할 수 있다.

ㄷ. 쟁점 3과 관련하여, D의 길거리 음악 연주가 영업활동이 아닌 것으로 확정된다면, 갑의 주장은 그르고 을의 주장은 옳다.

① ㄱ ② ㄷ
③ ㄱ, ㄴ ④ ㄴ, ㄷ
⑤ ㄱ, ㄴ, ㄷ

※ 수고하셨습니다.

※ 기출문제편 맨 마지막에 있는 OMR 카드에 마킹을 하세요.

정답과 분석해설편 ▶ P.98 

제2영역 상황판단

1초 합격예측! 모바일 성적결과분석표 발급 서비스

QR 코드로 접속하여 문제 풀이 시간을 측정하고, 자동채점 & 성적결과분석 서비스를 통해 지금 바로 실력을 점검해 보세요.
◀ http://eduwill.kr/qC3j

풀이 시간	• 시작: ____시 ____분 ~ 종료: ____시 ____분 • 총 : ____분

문 1. 다음 글을 근거로 판단할 때 옳은 것은?

> 제00조 재해경감 우수기업(이하 '우수기업'이라 한다)이란 재난으로부터 피해를 최소화하기 위한 재해경감활동으로 우수기업 인증을 받은 기업을 말한다.
> 제00조 ① 우수기업으로 인증받고자 하는 기업은 A부 장관에게 신청하여야 한다.
> ② A부 장관은 제1항에 따라 신청한 기업의 재해경감활동에 대하여 다음 각 호의 기준에 따라 평가를 실시하고 우수기업으로 인증할 수 있다.
> 1. 재난관리 전담조직을 갖출 것
> 2. 매년 1회 이상 종사자에게 재난관리 교육을 실시할 것
> 3. 재해경감활동 비용으로 총 예산의 5% 이상 할애할 것
> 4. 방재관련 인력을 총 인원의 2% 이상 갖출 것
> ③ 제2항 각 호의 충족 여부는 매년 1월 말을 기준으로 평가하며, 모든 요건을 갖춘 경우 우수기업으로 인증한다. 다만 제3호의 경우 최초 평가에 한하여 해당 기준을 3개월 내에 충족할 것을 조건으로 인증할 수 있다.
> ④ 제3항에서 정하는 평가 및 인증에 소요되는 비용은 신청하는 사가 부담한다.
> 제00조 A부 장관은 인증받은 우수기업을 6개월마다 재평가하여 다음 각 호의 어느 하나에 해당하는 때에는 인증을 취소할 수 있다. 다만 제1호의 경우에는 인증을 취소하여야 한다.
> 1. 거짓이나 그 밖의 부정한 방법으로 인증을 받은 경우
> 2. 인증 평가기준에 미달되는 경우
> 3. 양도·양수·합병 등에 의하여 인증받은 요건이 변경된 경우

① 처음 우수기업 인증을 받고자 하는 甲기업이 총 예산의 4%를 재해경감활동 비용으로 할애하였다면, 다른 모든 기준을 충족하였더라도 우수기업으로 인증받을 여지가 없다.
② A부 장관이 乙기업을 평가하여 2022. 2. 25. 우수기업으로 인증한 경우, A부 장관은 2022. 6. 25.까지 재평가를 해야 한다.
③ 丙기업이 우수기업 인증을 신청하는 경우, 인증에 소요되는 비용은 A부 장관이 부담한다.
④ 丁기업이 재난관리 전담조직을 갖춘 것처럼 거짓으로 신청서를 작성하여 우수기업으로 인증을 받은 경우라도, A부 장관은 인증을 취소하지 않을 수 있다.
⑤ 우수기업인 戊기업이 己기업을 흡수합병하면서 재평가 당시 일시적으로 방재관련 인력이 총 인원의 1.5%가 되었더라도, A부 장관은 戊기업의 인증을 취소하지 않을 수 있다.

문 2. 다음 글과 〈상황〉을 근거로 판단할 때, 김가을의 가족관계등록부에 기록해야 하는 내용이 아닌 것은?

> 제○○조 ① 가족관계등록부는 전산정보처리조직에 의하여 입력·처리된 가족관계 등록사항에 관한 전산정보자료를 제□□조의 등록기준지에 따라 개인별로 구분하여 작성한다.
> ② 가족관계등록부에는 다음 사항을 기록하여야 한다.
> 1. 등록기준지
> 2. 성명·본·성별·출생연월일 및 주민등록번호
> 3. 출생·혼인·사망 등 가족관계의 발생 및 변동에 관한 사항
> 제□□조 출생을 사유로 처음 등록을 하는 경우에는 등록기준지를 자녀가 따르는 성과 본을 가진 부 또는 모의 등록기준지로 한다.

〈상황〉

> 경기도 과천시 ☆☆로 1-11에 거주하는 김여름(金海 김씨)과 박겨울(密陽 박씨) 부부 사이에 2021년 10월 10일 경기도 수원시 영통구 소재 병원에서 남자아이가 태어났다. 이 부부는 태어난 아이의 이름을 김가을로 하고 과천시 ▽▽주민센터에 출생신고를 하였다. 김여름의 등록기준지는 부산광역시 남구 ◇◇로 2-22이며, 박겨울은 서울특별시 마포구 △△로 3-33이다.

① 서울특별시 마포구 △△로 3-33
② 부산광역시 남구 ◇◇로 2-22
③ 2021년 10월 10일
④ 金海
⑤ 남

문 3. 다음 글을 근거로 판단할 때 옳은 것은?

제00조 정비사업이란 도시기능을 회복하기 위하여 정비구역에서 정비사업시설을 정비하거나 주택 등 건축물을 개량 또는 건설하는 주거환경개선사업, 재개발사업, 재건축사업 등을 말한다.
제00조 특별자치시장·특별자치도지사·시장·군수·구청장(이하 '시장 등'이라 한다)은 노후불량건축물이 밀집하는 구역에 대하여 정비계획에 따라 정비구역을 지정할 수 있다.
제00조 시장 등이 아닌 자가 정비사업을 시행하려는 경우에는 토지 등 소유자로 구성된 조합을 설립해야 한다.
제00조 ① 시장 등이 아닌 사업시행자가 정비사업 공사를 완료한 때에는 시장 등의 준공인가를 받아야 한다.
② 제1항에 따라 준공인가신청을 받은 시장 등은 지체 없이 준공검사를 실시해야 한다.
③ 시장 등은 제2항에 따른 준공검사를 실시한 결과 정비사업이 인가받은 사업시행 계획대로 완료되었다고 인정되는 때에는 준공인가를 하고 공사의 완료를 해당 지방자치단체의 공보에 고시해야 한다.
④ 시장 등은 직접 시행하는 정비사업에 관한 공사가 완료된 때에는 그 완료를 해당 지방자치단체의 공보에 고시해야 한다.
제00조 ① 정비구역의 지정은 공사완료의 고시가 있은 날의 다음 날에 해제된 것으로 본다.
② 제1항에 따른 정비구역의 해제는 조합의 존속에 영향을 주지 않는다.

① 甲특별자치시장이 직접 정비사업을 시행하려는 경우에는 토지 등 소유자로 구성된 조합을 설립해야 한다.
② A도 乙군수가 직접 시행하는 정비사업에 관한 공사가 완료된 때에는 A도지사에게 준공인가신청을 해야 한다.
③ 丙시장이 사업시행자 B의 정비사업에 관해 준공인가를 하면, 토지 등 소유자로 구성된 조합은 해산된다.
④ 丁시장이 사업시행자 C의 정비사업에 관해 공사완료를 고시하면, 정비구역의 지정은 고시한 날 해제된다.
⑤ 戊시장이 직접 시행하는 정비사업에 관한 공사가 완료된 때에는 그 완료를 戊시의 공보에 고시해야 한다.

문 4. 다음 글을 근거로 판단할 때 옳은 것은?

제00조 ① 선박이란 수상 또는 수중에서 항행용으로 사용하거나 사용할 수 있는 배 종류를 말하며 그 구분은 다음 각 호와 같다.
1. 기선: 기관(機關)을 사용하여 추진하는 선박과 수면비행선박(표면효과 작용을 이용하여 수면에 근접하여 비행하는 선박)
2. 범선: 돛을 사용하여 추진하는 선박
3. 부선: 자력(自力) 항행능력이 없어 다른 선박에 의하여 끌리거나 밀려서 항행되는 선박
② 소형선박이란 다음 각 호의 어느 하나에 해당하는 선박을 말한다.
1. 총톤수 20톤 미만인 기선 및 범선
2. 총톤수 100톤 미만인 부선
제00조 ① 매매계약에 의한 선박 소유권의 이전은 계약당사자 사이의 양도합의만으로 효력이 생긴다. 다만 소형선박 소유권의 이전은 계약당사자 사이의 양도합의와 선박의 등록으로 효력이 생긴다.
② 선박의 소유자(제1항 단서의 경우에는 선박의 매수인)는 선박을 취득(제1항 단서의 경우에는 매수)한 날부터 60일 이내에 선적항을 관할하는 지방해양수산청장에게 선박의 등록을 신청하여야 한다. 이 경우 총톤수 20톤 이상인 기선과 범선 및 총톤수 100톤 이상인 부선은 선박의 등기를 한 후에 선박의 등록을 신청하여야 한다.
③ 지방해양수산청장은 제2항의 등록신청을 받으면 이를 선박원부(船舶原簿)에 등록하고 신청인에게 선박국적증서를 발급하여야 한다.
제00조 선박의 등기는 등기할 선박의 선적항을 관할하는 지방법원, 그 지원 또는 등기소를 관할 등기소로 한다.

① 총톤수 80톤인 부선의 매수인 甲이 선박의 소유권을 취득하기 위해서는 매도인과 양도합의를 하고 선박을 등록해야 한다.
② 총톤수 100톤인 기선의 소유자 乙이 선박의 등기를 하기 위해서는 먼저 관할 지방해양수산청장에게 선박의 등록을 신청해야 한다.
③ 총톤수 60톤인 기선의 소유자 丙은 선박을 매수한 날부터 60일 이내에 해양수산부장관에게 선박의 등록을 신청해야 한다.
④ 총톤수 200톤인 부선의 소유자 丁이 선적항을 관할하는 등기소에 선박의 등기를 신청하면, 등기소는 丁에게 선박국적증서를 발급해야 한다.
⑤ 총톤수 20톤 미만인 범선의 매수인 戊가 선박의 등록을 신청하면, 관할 법원은 이를 선박원부에 등록하고 戊에게 선박국적증서를 발급해야 한다.

문 5. 다음 글을 근거로 판단할 때 옳은 것은?

> 조선 시대 쌀의 종류에는 가을철 논에서 수확한 벼를 가공한 흰색 쌀 외에 밭에서 자란 곡식을 가공함으로써 얻게 되는 회색 쌀과 노란색 쌀이 있었다. 회색 쌀은 보리의 껍질을 벗긴 보리쌀이었고, 노란색 쌀은 조의 껍질을 벗긴 좁쌀이었다.
>
> 남부 지역에서는 보리가 특히 중요시되었다. 가을 곡식이 바닥을 보이기 시작하는 봄철, 농민들의 희망은 들판에 넘실거리는 보리뿐이었다. 보리가 익을 때까지는 주린 배를 움켜쥐고 생활할 수밖에 없었고, 이를 보릿고개라 하였다. 그것은 보리를 수확하는 하지, 즉 낮이 가장 길고 밤이 가장 짧은 시기까지 지속되다가 사라지는 고개였다. 보리 수확기는 여름이었지만 파종 시기는 보리 종류에 따라 달랐다. 가을철에 파종하여 이듬해 수확하는 보리는 가을보리, 봄에 파종하여 그해 수확하는 보리는 봄보리라고 불렀다.
>
> 적지 않은 농부들은 보리를 수확하고 그 자리에 다시 콩을 심기도 했다. 이처럼 같은 밭에서 1년 동안 보리와 콩을 교대로 경작하는 방식을 그루갈이라고 한다. 그렇지만 모든 콩이 그루갈이로 재배된 것은 아니었다. 콩 수확기는 가을이었으나, 어떤 콩은 봄철에 파종해야만 제대로 자랄 수 있었고 어떤 콩은 여름에 심을 수도 있었다. 한편 조는 보리, 콩과 달리 모두 봄에 심었다. 그래서 봄철 밭에서는 보리, 콩, 조가 함께 자라는 것을 볼 수 있었다.

① 흰색 쌀과 여름에 심는 콩은 서로 다른 계절에 수확했다.
② 봄보리의 재배 기간은 가을보리의 재배 기간보다 짧았다.
③ 흰색 쌀과 회색 쌀은 논에서 수확된 곡식을 가공한 것이었다.
④ 남부 지역의 보릿고개는 가을 곡식이 바닥을 보이는 하지가 지나면서 더 심해졌다.
⑤ 보리와 콩이 함께 자라는 것은 볼 수 있었지만, 조가 이들과 함께 자라는 것은 볼 수 없었다.

문 6. 다음 글을 근거로 판단할 때, 〈보기〉에서 옳은 것만을 모두 고르면?

> 甲의 자동차에 장착된 내비게이션 시스템은 목적지까지 운행하는 도중 대안경로를 제안하는 경우가 있다. 이때 이 시스템은 기존경로와 비교하여 남은 거리와 시간이 어떻게 달라지는지 알려준다. 즉 목적지까지의 잔여거리(A)가 몇 km 증가·감소하는지, 잔여시간(B)이 몇 분 증가·감소하는지 알려준다. 甲은 기존경로와 대안경로 중 출발지부터 목적지까지의 평균속력이 더 높을 것으로 예상되는 경로를 항상 선택한다.

〈보기〉

ㄱ. A가 증가하고 B가 감소하면 甲은 항상 대안경로를 선택한다.
ㄴ. A와 B가 모두 증가하면 甲은 항상 대안경로를 선택한다.
ㄷ. A와 B가 모두 감소할 때 甲이 대안경로를 선택하는 경우가 있다.
ㄹ. A가 감소하고 B가 증가할 때 甲이 대안경로를 선택하는 경우가 있다.

① ㄱ, ㄴ
② ㄱ, ㄷ
③ ㄴ, ㄷ
④ ㄴ, ㄹ
⑤ ㄷ, ㄹ

문 7. 다음 글을 근거로 판단할 때 옳은 것은?

甲은 정기모임의 간식을 준비하기 위해 과일 가게에 들렀다. 甲이 산 과일의 가격과 수량은 아래 표와 같다. 과일 가게 사장이 준 영수증을 보니, 총 228,000원이어야 할 결제 금액이 총 237,300원이었다.

구분	사과	귤	복숭아	딸기
1상자 가격(원)	30,700	25,500	14,300	23,600
구입 수량(상자)	2	3	3	2

① 한 과일이 2상자 더 계산되었다.
② 두 과일이 각각 1상자 더 계산되었다.
③ 한 과일이 1상자 더 계산되고, 다른 한 과일이 1상자 덜 계산되었다.
④ 한 과일이 1상자 더 계산되고, 다른 두 과일이 각각 1상자 덜 계산되었다.
⑤ 두 과일이 각각 1상자 더 계산되고, 다른 두 과일이 각각 1상자 덜 계산되었다.

문 8. 다음 글과 <상황>을 근거로 판단할 때, 甲~戊 중 휴가지원사업에 참여할 수 있는 사람만을 모두 고르면?

<2023년 휴가지원사업 모집 공고>

□ 사업 목적
○ 직장 내 자유로운 휴가문화 조성 및 국내 여행 활성화
□ 참여 대상
○ 중소기업·비영리민간단체·사회복지법인·의료법인 근로자. 단, 아래 근로자는 참여 제외
– 병·의원 소속 의사
– 회계법인 및 세무법인 소속 회계사·세무사·노무사
– 법무법인 소속 변호사·변리사
○ 대표 및 임원은 참여 대상에서 제외하나, 아래의 경우는 참여 가능
– 중소기업 및 비영리민간단체의 임원
– 사회복지법인의 대표 및 임원

<상황>

甲~戊의 재직정보는 아래와 같다.

구분	직장명	직장 유형	비고
간호사 甲	A병원	의료법인	근로자
노무사 乙	B회계법인	중소기업	근로자
사회복지사 丙	C복지센터	사회복지법인	대표
회사원 丁	D물산	대기업	근로자
의사 戊	E재단	비영리민간단체	임원

① 甲, 丙
② 甲, 戊
③ 乙, 丁
④ 甲, 丙, 戊
⑤ 乙, 丙, 丁

※ 다음 글을 읽고 물음에 답하시오. [문 9. ~ 문 10.]

'국민참여예산제도'는 국가 예산사업의 제안, 심사, 우선순위 결정과정에 국민을 참여케 함으로써 예산에 대한 국민의 관심도를 높이고 정부 재정운영의 투명성을 제고하기 위한 제도이다. 이 제도는 정부의 예산편성권과 국회의 예산심의·의결권 틀 내에서 운영된다.

국민참여예산제도는 기존 제도인 국민제안제도나 주민참여예산제도와 차이점을 지닌다. 먼저 '국민제안제도'가 국민들이 제안한 사항에 대해 관계부처가 채택 여부를 결정하는 방식이라면, 국민참여예산제도는 국민의 제안 이후 사업심사와 우선순위 결정과정에도 국민의 참여를 가능하게 함으로써 국민의 역할을 확대하는 방식이다. 또한 '주민참여예산제도'가 지방자치단체의 사무를 대상으로 하는 반면, 국민참여예산제도는 중앙정부가 재정을 지원하는 예산사업을 대상으로 한다.

국민참여예산제도에서는 3～4월에 국민사업제안과 제안사업 적격성 검사를 실시하고, 이후 5월까지 각 부처에 예산안을 요구한다. 6월에는 예산국민참여단을 발족하여 참여예산 후보사업을 압축한다. 7월에는 일반국민 설문조사와 더불어 예산국민참여단 투표를 통해 사업선호도 조사를 한다. 이러한 과정을 통해 선호순위가 높은 후보사업은 국민참여예산사업으로 결정되며, 8월에 재정정책자문회의의 논의를 거쳐 국무회의에서 정부예산안에 반영된다. 정부예산안은 국회에 제출되며, 국회는 심의·의결을 거쳐 12월까지 예산안을 확정한다.

예산국민참여단은 일반국민을 대상으로 전화를 통해 참여의사를 타진하여 구성한다. 무작위로 표본을 추출하되 성·연령·지역별 대표성을 확보하는 통계적 구성방법이 사용된다. 예산국민참여단원은 예산학교를 통해 국가재정에 대한 교육을 이수한 후, 참여예산 후보사업을 압축하는 역할을 맡는다. 예산국민참여단이 압축한 후보사업에 대한 일반국민의 선호도는 통계적 대표성이 확보된 표본을 대상으로 한 설문을 통해, 예산국민참여단의 사업선호도는 오프라인 투표를 통해 조사한다.

정부는 2017년에 2018년도 예산을 편성하면서 국민참여예산제도를 시범 도입하였는데, 그 결과 6개의 국민참여예산사업이 선정되었다. 2019년도 예산에는 총 39개 국민참여예산사업에 대해 800억 원이 반영되었다.

문 9. 윗글을 근거로 판단할 때 옳은 것은?

① 국민제안제도에서는 중앙정부가 재정을 지원하는 예산사업의 우선순위를 국민이 정할 수 있다.
② 국민참여예산사업은 국회 심의·의결 전에 국무회의에서 정부예산안에 반영된다.
③ 국민참여예산제도는 정부의 예산편성권 범위 밖에서 운영된다.
④ 참여예산 후보사업은 재정정책자문회의의 논의를 거쳐 제안된다.
⑤ 예산국민참여단의 사업선호도 조사는 전화설문을 통해 이루어진다.

문 10. 윗글과 〈상황〉을 근거로 판단할 때, 甲이 보고할 수치를 옳게 짝지은 것은?

〈상황〉

2019년도 국민참여예산사업 예산 가운데 688억 원이 생활밀착형사업 예산이고 나머지는 취약계층지원사업 예산이었다. 2020년도 국민참여예산사업 예산 규모는 2019년도에 비해 25% 증가했는데, 이 중 870억 원이 생활밀착형사업 예산이고 나머지는 취약계층지원사업 예산이었다. 국민참여예산제도에 관한 정부부처 담당자 甲은 2019년도와 2020년도 각각에 대해 국민참여예산사업 예산에서 취약계층지원사업 예산이 차지한 비율을 보고하려고 한다.

	2019년도	2020년도
①	13%	12%
②	13%	13%
③	14%	13%
④	14%	14%
⑤	15%	14%

문 11. 다음 글을 근거로 판단할 때, 네 번째로 보고되는 개정안은?

△△처에서 소관 법규 개정안 보고회를 개최하고자 한다. 보고회는 아래와 같은 기준에 따라 진행한다.

○ 법규 체계 순위에 따라 법－시행령－시행규칙의 순서로 보고한다. 법규 체계 순위가 같은 개정안이 여러 개 있는 경우 소관 부서명의 가나다순으로 보고한다.
○ 한 부서에서 보고해야 하는 개정안이 여럿인 경우, 해당 부서의 첫 번째 보고 이후 위 기준에도 불구하고 그 부서의 나머지 소관 개정안을 법규 체계 순위에 따라 연달아 보고한다.
○ 이상의 모든 기준과 무관하게 보고자가 국장인 경우 가장 먼저 보고한다.

보고 예정인 개정안은 다음과 같다.

개정안명	소관 부서	보고자
A법 개정안	예산담당관	甲사무관
B법 개정안	기획담당관	乙과장
C법 시행령 개정안	기획담당관	乙과장
D법 시행령 개정안	국제화담당관	丙국장
E법 시행규칙 개정안	예산담당관	甲사무관

① A법 개정안
② B법 개정안
③ C법 시행령 개정안
④ D법 시행령 개정안
⑤ E법 시행규칙 개정안

문 12. 다음 글과 〈상황〉을 근거로 판단할 때, 甲이 선택할 사업과 받을 수 있는 지원금을 옳게 짝지은 것은?

○○군은 집수리지원사업인 A와 B를 운영하고 있다. 신청자는 하나의 사업을 선택하여 지원받을 수 있다. 수리 항목은 외부(방수, 지붕, 담장, 쉼터)와 내부(단열, 설비, 창호)로 나누어진다.

〈사업 A의 지원기준〉

○ 외부는 본인부담 10%를 제외한 나머지 소요비용을 1,250만 원 한도 내에서 전액 지원
○ 내부는 지원하지 않음

〈사업 B의 지원기준〉

○ 담장과 쉼터는 둘 중 하나의 항목만 지원하며, 각각 300만 원과 50만 원 한도 내에서 소요비용 전액 지원
○ 담장과 쉼터를 제외한 나머지 항목은 내·외부와 관계없이 본인부담 50%를 제외한 나머지 소요비용을 1,200만 원 한도 내에서 전액 지원

〈상황〉

甲은 본인 집의 창호와 쉼터를 수리하고자 한다. 소요비용은 각각 500만 원과 900만 원이다. 甲은 사업 A와 B 중 지원금이 더 많은 사업을 선택하여 신청하려고 한다.

	사업	지원금
①	A	1,250만 원
②	A	810만 원
③	B	1,250만 원
④	B	810만 원
⑤	B	300만 원

문 13. 다음 글을 근거로 판단할 때, 〈보기〉에서 옳은 것만을 모두 고르면?

이번 주 甲의 요일별 기본업무량은 다음과 같다.

요일	월	화	수	목	금
기본업무량	60	50	60	50	60

甲은 기본업무량을 초과하여 업무를 처리한 날에 '칭찬'을, 기본업무량 미만으로 업무를 처리한 날에 '꾸중'을 듣는다. 정확히 기본업무량만큼 업무를 처리한 날에는 칭찬도 꾸중도 듣지 않는다.

이번 주 甲은 방식1~방식3 중 하나를 선택하여 업무를 처리한다.

방식1: 월요일에 100의 업무량을 처리하고, 그다음 날부터는 매일 전날 대비 20 적은 업무량을 처리한다.

방식2: 월요일에 0의 업무량을 처리하고, 그다음 날부터는 매일 전날 대비 30 많은 업무량을 처리한다.

방식3: 매일 60의 업무량을 처리한다.

〈보기〉

ㄱ. 방식1을 선택할 경우 화요일에 꾸중을 듣는다.

ㄴ. 어느 방식을 선택하더라도 수요일에는 칭찬도 꾸중도 듣지 않는다.

ㄷ. 어느 방식을 선택하더라도 칭찬을 듣는 날수는 동일하다.

ㄹ. 칭찬을 듣는 날수에서 꾸중을 듣는 날수를 뺀 값을 최대로 하려면 방식2를 선택하여야 한다.

① ㄱ, ㄷ

② ㄱ, ㄹ

③ ㄴ, ㄷ

④ ㄴ, ㄹ

⑤ ㄴ, ㄷ, ㄹ

문 14. 다음 글을 근거로 판단할 때, 〈보기〉에서 옳은 것만을 모두 고르면?

○○부의 甲국장은 직원 연수 프로그램을 마련하기 위하여 乙주무관에게 직원 1,000명 전원을 대상으로 연수 희망 여부와 희망 지역에 대한 의견을 수렴할 것을 요청하였다. 이에 따라 乙은 설문조사를 실시하였고, 甲과 乙은 그 결과에 대해 대화를 나누고 있다.

甲: 설문조사는 잘 시행되었나요?

乙: 예, 직원 1,000명 모두 연수 희망 여부에 대해 응답하였습니다. 연수를 희망하는 응답자는 43%였으며, 남자직원의 40%와 여자직원의 50%가 연수를 희망하는 것으로 나타났습니다.

甲: 연수 희망자 전원이 희망 지역에 대해 응답했나요?

乙: 예, A지역과 B지역 두 곳 중에서 희망하는 지역을 선택하라고 했더니 B지역을 희망하는 비율이 약간 더 높았습니다. 그리고 연수를 희망하는 여자직원 중 B지역 희망 비율은 연수를 희망하는 남자직원 중 B지역 희망 비율의 2배인 80%였습니다.

〈보기〉

ㄱ. 전체 직원 중 남자직원의 비율은 50%를 넘는다.

ㄴ. 연수 희망자 중 여자직원의 비율은 40%를 넘는다.

ㄷ. A지역 연수를 희망하는 직원은 200명을 넘지 않는다.

ㄹ. B지역 연수를 희망하는 남자직원은 100명을 넘는다.

① ㄱ, ㄷ

② ㄴ, ㄷ

③ ㄴ, ㄹ

④ ㄱ, ㄴ, ㄹ

⑤ ㄱ, ㄷ, ㄹ

문 15. 다음 글을 근거로 판단할 때, 〈보기〉에서 甲이 지원금을 받는 경우만을 모두 고르면?

○ 정부는 자영업자를 지원하기 위하여 2020년 대비 2021년의 이익이 감소한 경우 이익 감소액의 10%를 자영업자에게 지원금으로 지급하기로 하였다.
○ 이익은 매출액에서 변동원가와 고정원가를 뺀 금액으로, 자영업자 甲의 2020년 이익은 아래와 같이 계산된다.

구분	금액	비고
매출액	8억 원	판매량(400,000단위) × 판매가격(2,000원)
변동원가	6.4억 원	판매량(400,000단위) × 단위당 변동원가(1,600원)
고정원가	1억 원	판매량과 관계없이 일정함
이익	0.6억 원	8억 원 − 6.4억 원 − 1억 원

〈보기〉

ㄱ. 2021년의 판매량, 판매가격, 단위당 변동원가, 고정원가는 모두 2020년과 같았다.
ㄴ. 2020년에 비해 2021년에 판매가격을 5% 인하하였고, 판매량, 단위당 변동원가, 고정원가는 2020년과 같았다.
ㄷ. 2020년에 비해 2021년에 판매량은 10% 증가하고 고정원가는 5% 감소하였으나, 판매가격과 단위당 변동원가는 2020년과 같았다.
ㄹ. 2020년에 비해 2021년에 판매가격을 5% 인상했음에도 불구하고 판매량이 25% 증가하였고, 단위당 변동원가와 고정원가는 2020년과 같았다.

① ㄴ
② ㄹ
③ ㄱ, ㄴ
④ ㄴ, ㄷ
⑤ ㄷ, ㄹ

문 16. 다음 글과 〈상황〉을 근거로 판단할 때 옳지 않은 것은?

□□시는 부서 성과 및 개인 성과에 따라 등급을 매겨 직원들에게 성과급을 지급하고 있다.

○ 부서 등급과 개인 등급은 각각 S, A, B, C로 나뉘고, 등급별 성과급 산정비율은 다음과 같다.

성과 등급	S	A	B	C
성과급 산정비율(%)	40	20	10	0

○ 작년까지 부서 등급과 개인 등급에 따른 성과급 산정비율의 산술평균을 연봉에 곱해 직원의 성과급을 산정해왔다.
성과급 = 연봉 × {(부서 산정비율 + 개인 산정비율)/2}
○ 올해부터 부서 등급과 개인 등급에 따른 성과급 산정비율 중 더 큰 값을 연봉에 곱해 성과급을 산정하도록 개편하였다.
성과급 = 연봉 × max{부서 산정비율, 개인 산정비율}

※ max{a, b} = a와 b 중 더 큰 값

〈상황〉

작년과 올해 □□시 소속 직원 甲~丙의 연봉과 성과 등급은 다음과 같다.

구분	작년			올해		
	연봉 (만 원)	성과 등급		연봉 (만 원)	성과 등급	
		부서	개인		부서	개인
甲	3,500	S	A	4,000	A	S
乙	4,000	B	S	4,000	S	A
丙	3,000	B	A	3,500	C	B

① 甲의 작년 성과급은 1,050만 원이다.
② 甲과 乙의 올해 성과급은 동일하다.
③ 甲~丙 모두 작년 대비 올해 성과급이 증가한다.
④ 올해 연봉과 성과급의 합이 가장 작은 사람은 丙이다.
⑤ 작년 대비 올해 성과급 상승률이 가장 큰 사람은 乙이다.

문 17. 다음 글을 근거로 판단할 때 옳은 것은?

甲부처 신입직원 선발시험은 전공, 영어, 적성 3개 과목으로 이루어진다. 3개 과목 합계 점수가 높은 사람순으로 정원까지 합격한다. 응시자는 7명(A ~ G)이며, 7명의 각 과목 성적에 대해서는 다음과 같은 사실이 알려졌다.

○ 전공시험 점수: A는 B보다 높고, B는 E보다 높고, C는 D보다 높다.
○ 영어시험 점수: E는 F보다 높고, F는 G보다 높다.
○ 적성시험 점수: G는 B보다도 높고 C보다도 높다.

합격자 선발 결과, 전공시험 점수가 일정 점수 이상인 응시자는 모두 합격한 반면 그 점수에 달하지 않은 응시자는 모두 불합격한 것으로 밝혀졌고, 이는 영어시험과 적성시험에서도 마찬가지였다.

① A가 합격하였다면, B도 합격하였다.
② G가 합격하였다면, C도 합격하였다.
③ A와 B가 합격하였다면, C와 D도 합격하였다.
④ B와 E가 합격하였다면, F와 G도 합격하였다.
⑤ B가 합격하였다면, B를 포함하여 적어도 6명이 합격하였다.

문 18. 다음 글을 근거로 판단할 때, 〈보기〉에서 옳은 것만을 모두 고르면?

○ 甲과 乙이 아래와 같은 방식으로 농구공 던지기 놀이를 하였다.
  – 甲과 乙은 각 5회씩 도전하고, 합계 점수가 더 높은 사람이 승리한다.
  – 2점 슛과 3점 슛을 자유롭게 선택하여 도전할 수 있으며, 성공하면 해당 점수를 획득한다.
  – 5회의 도전 중 4점 슛 도전이 1번 가능한데, '4점 도전'이라고 외친 후 뒤돌아서서 슛을 하여 성공하면 4점을 획득하고, 실패하면 1점을 잃는다.
○ 甲과 乙의 던지기 결과는 다음과 같았다.

(성공: ○, 실패: ×)

구분	1회	2회	3회	4회	5회
甲	○	×	○	○	○
乙	○	○	×	×	○

〈보기〉

ㄱ. 甲의 합계 점수는 8점 이상이었다.
ㄴ. 甲이 3점 슛에 2번 도전하였고 乙이 승리하였다면, 乙은 4점 슛에 도전하였을 것이다.
ㄷ. 4점 슛뿐만 아니라 2점 슛, 3점 슛에 대해서도 실패 시 1점을 차감하였다면, 甲이 승리하였을 것이다.

① ㄱ
② ㄴ
③ ㄱ, ㄴ
④ ㄱ, ㄷ
⑤ ㄴ, ㄷ

문 19. 다음 글을 근거로 판단할 때, A군 양봉농가의 최대 수는?

> ○ A군청은 양봉농가가 안정적으로 꿀을 생산할 수 있도록 양봉농가 간 거리가 12km 이상인 경우에만 양봉을 허가하고 있다.
> ○ A군은 반지름이 12km인 원 모양의 평지이며 군 경계를 포함한다.
> ○ A군의 외부에는 양봉농가가 존재하지 않는다.
>
> ※ 양봉농가의 면적은 고려하지 않음

① 5개
② 6개
③ 7개
④ 8개
⑤ 9개

문 20. 다음 글을 근거로 판단할 때, ㉠에 해당하는 수는?

> 甲: 그저께 나는 만 21살이었는데, 올해 안에 만 23살이 될 거야.
> 乙: 올해가 몇 년이지?
> 甲: 올해는 2022년이야.
> 乙: 그러면 네 주민등록번호 앞 6자리의 각 숫자를 모두 곱하면 [㉠]이구나.
> 甲: 그래, 맞아!

① 0
② 81
③ 486
④ 648
⑤ 2,916

문 21. 다음 글과 〈상황〉을 근거로 판단할 때, 올해 말 A검사국이 인사부서에 증원을 요청할 인원은?

> 농식품 품질 검사를 수행하는 A검사국은 매년 말 다음과 같은 기준에 따라 인사부서에 인력 증원을 요청한다.
>
> ○ 다음 해 A검사국의 예상 검사 건수를 모두 검사하는 데 필요한 최소 직원 수에서 올해 직원 수를 뺀 인원을 증원 요청한다.
> ○ 직원별로 한 해 동안 수행할 수 있는 최대 검사 건수는 매년 정해지는 '기준 검사 건수'에서 아래와 같이 차감하여 정해진다.
>   - 국장은 '기준 검사 건수'의 100%를 차감한다.
>   - 사무 처리 직원은 '기준 검사 건수'의 100%를 차감한다.
>   - 국장 및 사무 처리 직원을 제외한 모든 직원은 매년 근무 시간 중에 품질 검사 교육을 이수해야 하므로, '기준 검사 건수'의 10%를 차감한다.
>   - 과장은 '기준 검사 건수'의 50%를 추가 차감한다.

〈상황〉

> ○ 올해 A검사국에는 국장 1명, 과장 9명, 사무 처리 직원 10명을 포함하여 총 100명의 직원이 있다.
> ○ 내년에도 국장, 과장, 사무 처리 직원의 수는 올해와 동일하다.
> ○ 올해 '기준 검사 건수'는 100건이나, 내년부터는 검사 품질 향상을 위해 90건으로 하향 조정한다.
> ○ A검사국의 올해 검사 건수는 현 직원 모두가 한 해 동안 수행할 수 있는 최대 검사 건수와 같다.
> ○ 내년 A검사국의 예상 검사 건수는 올해 검사 건수의 120%이다.

① 10명
② 14명
③ 18명
④ 21명
⑤ 28명

문 22. 다음 글을 근거로 판단할 때, 〈보기〉에서 옳은 것만을 모두 고르면?

○ 甲, 乙, 丙 세 사람은 25개 문제(1～25번)로 구성된 문제집을 푼다.
○ 1회차에는 세 사람 모두 1번 문제를 풀고, 2회차부터는 직전 회차 풀이 결과에 따라 풀 문제가 다음과 같이 정해진다.
 - 직전 회차가 정답인 경우: 직전 회차의 문제 번호에 2를 곱한 후 1을 더한 번호의 문제
 - 직전 회차가 오답인 경우: 직전 회차의 문제 번호를 2로 나누어 소수점 이하를 버린 후 1을 더한 번호의 문제
○ 풀 문제의 번호가 25번을 넘어갈 경우, 25번 문제를 풀고 더 이상 문제를 풀지 않는다.
○ 7회차까지 문제를 푼 결과, 세 사람이 맞힌 정답의 개수는 같았고 한 사람이 같은 번호의 문제를 두 번 이상 푼 경우는 없었다.
○ 4, 5회차를 제외한 회차별 풀이 결과는 아래와 같다.

(정답: ○, 오답: ×)

구분	1	2	3	4	5	6	7
甲	○	○	×			○	×
乙	○	○	○			×	○
丙	○	×	○			○	×

〈보기〉

ㄱ. 甲과 丙이 4회차에 푼 문제 번호는 같다.
ㄴ. 4회차에 정답을 맞힌 사람은 2명이다.
ㄷ. 5회차에 정답을 맞힌 사람은 없다.
ㄹ. 乙은 7회차에 9번 문제를 풀었다.

① ㄱ, ㄴ
② ㄱ, ㄷ
③ ㄴ, ㄷ
④ ㄴ, ㄹ
⑤ ㄷ, ㄹ

문 23. 다음 글을 근거로 판단할 때 옳지 않은 것은?

△△팀원 7명(A～G)은 새로 부임한 팀장 甲과 함께 하는 환영식사를 계획하고 있다. 모든 팀원은 아래 조건을 전부 만족시키며 甲과 한 번씩만 식사하려 한다.

○ 함께 식사하는 총 인원은 4명 이하여야 한다.
○ 단둘이 식사하지 않는다.
○ 부팀장은 A, B뿐이며, 이 둘은 함께 식사하지 않는다.
○ 같은 학교 출신인 C, D는 함께 식사하지 않는다.
○ 입사 동기인 E, F는 함께 식사한다.
○ 신입사원 G는 부팀장과 함께 식사한다.

① A는 E와 함께 환영식사에 참석할 수 있다.
② B는 C와 함께 환영식사에 참석할 수 있다.
③ C는 G와 함께 환영식사에 참석할 수 있다.
④ D가 E와 함께 환영식사에 참석하는 경우, C는 부팀장과 함께 환영식사에 참석하게 된다.
⑤ G를 포함하여 총 4명이 함께 환영식사에 참석하는 경우, F가 참석하는 환영식사의 인원은 총 3명이다.

문 24. 다음 글을 근거로 판단할 때, ㉠에 해당하는 수는?

甲과 乙은 같은 층의 서로 다른 사무실에서 근무하고 있다. 각 사무실은 일직선 복도의 양쪽 끝에 위치하고 있으며, 두 사람은 복도에서 항상 자신만의 일정한 속력으로 걷는다.

甲은 약속한 시각에 乙에게 서류를 직접 전달하기 위해 자신의 사무실을 나섰다. 甲은 乙의 사무실에 도착하여 서류를 전달하고 곧바로 자신의 사무실로 돌아올 계획이었다.

한편 甲을 기다리고 있던 乙에게 甲의 사무실 쪽으로 가야 할 일이 생겼다. 그래서 乙은 甲이 도착하기로 약속한 시각보다 [㉠]분 일찍 자신의 사무실을 나섰다. 乙은 출발한 지 4분 뒤 복도에서 甲을 만나 서류를 받았다. 서류 전달 후 곧바로 사무실로 돌아온 甲은 원래 예상했던 시각보다 2분 일찍 사무실로 복귀한 사실을 알게 되었다.

① 2
② 3
③ 4
④ 5
⑤ 6

문 25. 다음 글과 〈상황〉을 근거로 판단할 때 옳은 것은?

제00조 ① 재외공관에 근무하는 공무원(이하 '재외공무원'이라 한다)이 공무로 일시귀국하고자 하는 경우에는 장관의 허가를 받아야 한다.

② 공관장이 아닌 재외공무원이 공무 외의 목적으로 일시귀국하려는 경우에는 공관장의 허가를, 공관장이 공무 외의 목적으로 일시귀국하려는 경우에는 장관의 허가를 받아야 한다. 다만 재외공무원 또는 그 배우자의 직계존·비속이 사망하거나 위독한 경우에는 공관장이 아닌 재외공무원은 공관장에게, 공관장은 장관에게 각각 신고하고 일시귀국할 수 있다.

③ 재외공무원이 공무 외의 목적으로 일시귀국할 수 있는 기간은 연 1회 20일 이내로 한다. 다만 다음 각 호의 어느 하나에 해당하는 경우에는 이를 일시귀국의 횟수 및 기간에 산입하지 아니한다.

1. 재외공무원의 직계존·비속이 사망하거나 위독하여 일시귀국하는 경우
2. 재외공무원 또는 그 동반가족의 치료를 위하여 일시귀국하는 경우

④ 제2항에도 불구하고 다음 각 호의 어느 하나에 해당하는 경우에는 장관의 허가를 받아야 한다.

1. 재외공무원이 연 1회 또는 20일을 초과하여 공무 외의 목적으로 일시귀국하려는 경우
2. 재외공무원이 일시귀국 후 국내 체류기간을 연장하는 경우

〈상황〉

A국 소재 대사관에는 공관장 甲을 포함하여 총 3명의 재외공무원(甲～丙)이 근무하고 있다. 아래는 올해 1월부터 7월 현재까지 甲～丙의 일시귀국 현황이다.

○ 甲: 공무상 회의 참석을 위해 총 2회(총 25일)
○ 乙: 동반자녀의 관절 치료를 위해 총 1회(치료가 더 필요하여 국내 체류기간 1회 연장, 총 17일)
○ 丙: 직계존속의 회갑으로 총 1회(총 3일)

① 甲은 일시귀국 시 장관에게 신고하였을 것이다.
② 甲은 배우자의 직계존속이 위독하여 올해 추가로 일시귀국하기 위해서는 장관의 허가를 받아야 한다.
③ 乙이 직계존속의 회갑으로 인해 올해 3일간 추가로 일시귀국하기 위해서는 장관의 허가를 받아야 한다.
④ 乙이 공관장의 허가를 받아 일시귀국하였더라도 국내 체류기간을 연장하였을 때에는 장관의 허가를 받았을 것이다.
⑤ 丙이 자신의 혼인으로 인해 올해 추가로 일시귀국하기 위해서는 공관장의 허가를 받아야 한다.

※ 수고하셨습니다.

※ 기출문제편 맨 마지막에 있는 OMR 카드에 마킹을 하세요.

정답과 분석해설편 ▶ P.113

제3영역 자료해석

풀이 시간	• 시작: ____시 ____분 ~ 종료: ____시 ____분 • 총 : ____분

문 1. 다음 〈그림〉은 2021년 7월 '갑'지역의 15세 이상 인구를 대상으로 한 경제활동인구조사 결과를 정리한 자료이다. 〈그림〉의 A, B에 해당하는 값을 바르게 나열한 것은?

〈그림〉 2021년 7월 경제활동인구조사 결과

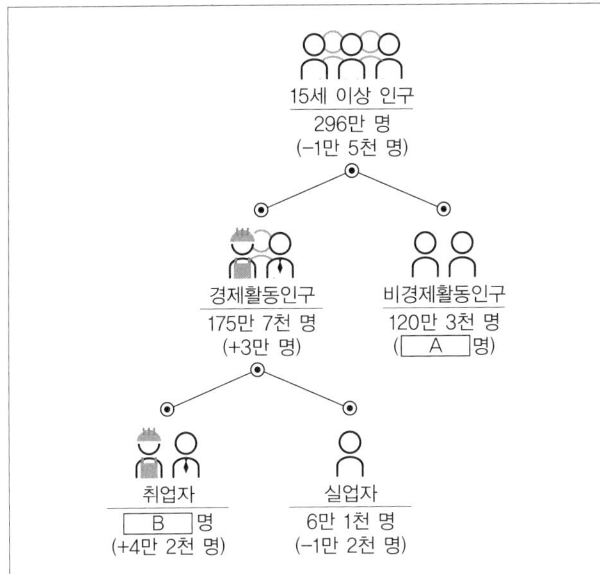

※ ( )는 2020년 7월 대비 증감 인구수임

	A	B
①	−4만 5천	169만 6천
②	−4만 5천	165만 4천
③	−1만 2천	172만 7천
④	−1만 2천	169만 6천
⑤	+4만 2천	172만 7천

문 2. 다음 〈표〉는 2017~2021년 '갑'국의 청구인과 피청구인에 따른 특허심판 청구건수에 관한 자료이다. 이에 대한 〈보기〉의 설명 중 옳은 것만을 모두 고르면?

〈표〉 청구인과 피청구인에 따른 특허심판 청구건수

(단위: 건)

청구인 / 피청구인 / 연도	내국인		외국인	
	내국인	외국인	내국인	외국인
2017	765	270	204	172
2018	889	1,970	156	119
2019	795	359	191	72
2020	771	401	93	230
2021	741	213	152	46

〈보기〉

ㄱ. 2019년 청구인이 내국인인 특허심판 청구건수의 전년 대비 감소율은 50% 이상이다.

ㄴ. 2021년 피청구인이 내국인인 특허심판 청구건수는 피청구인이 외국인인 특허심판 청구건수의 3배 이상이다.

ㄷ. 2017년 내국인이 외국인에게 청구한 특허심판 청구건수는 2020년 외국인이 외국인에게 청구한 특허심판 청구건수보다 많다.

① ㄱ

② ㄷ

③ ㄱ, ㄴ

④ ㄴ, ㄷ

⑤ ㄱ, ㄴ, ㄷ

문 3. 다음 〈보고서〉는 2018~2021년 '갑'국의 생활밀접업종 현황에 대한 자료이다. 〈보고서〉의 내용과 부합하지 않는 자료는?

〈보고서〉

생활밀접업종은 소매, 음식, 숙박, 서비스 등과 같이 일상생활과 밀접하게 관련된 재화 또는 용역을 공급하는 업종이다. 생활밀접업종 사업자 수는 2021년 현재 2,215천 명으로 2018년 대비 10% 이상 증가하였다. 2018년 대비 2021년 생활밀접업종 중 73개 업종에서 사업자 수가 증가하였는데, 이 중 스포츠시설운영업이 가장 높은 증가율을 기록하였고 펜션·게스트하우스, 애완용품점이 그 뒤를 이었다.

그러나 혼인건수와 출생아 수가 줄어드는 사회적 현상은 관련 업종에도 직접 영향을 미친 것으로 나타났다. 산부인과 병·의원 사업자 수는 2018년 이후 매년 감소하였다. 또한, 2018년 이후 예식장과 결혼상담소의 사업자 수도 각각 매년 감소하는 것으로 나타났다.

한편 복잡한 현대사회에서 전문직에 대한 수요는 꾸준히 증가하고 있다. 생활밀접업종을 소매, 음식, 숙박, 병·의원, 전문직, 교육, 서비스의 7개 그룹으로 분류했을 때 전문직 그룹의 2018년 대비 2021년 사업자 수 증가율이 17.6%로 가장 높았다.

① 생활밀접업종 사업자 수

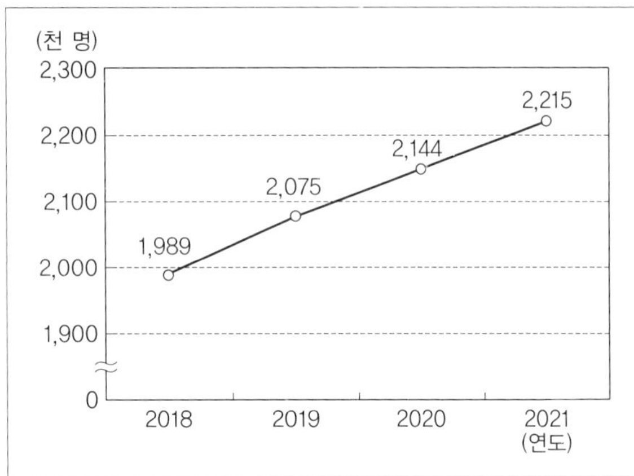

② 2018년 대비 2021년 생활밀접업종 사업자 수 증가율 상위 10개 업종

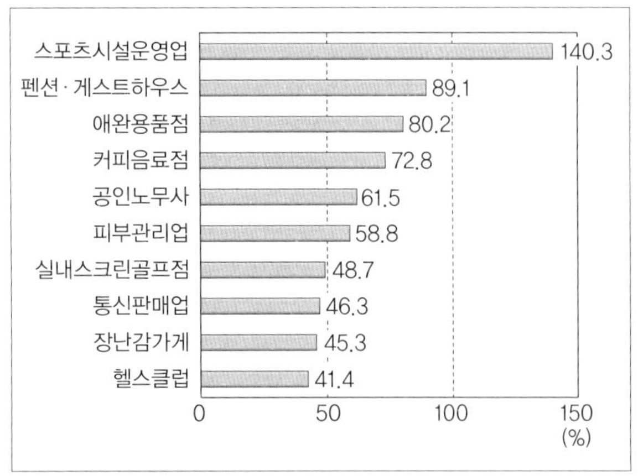

③ 주요 진료과목별 병·의원 사업자 수

(단위: 명)

진료과목 \ 연도	2018	2019	2020	2021
신경정신과	1,270	1,317	1,392	1,488
가정의학과	2,699	2,812	2,952	3,057
피부과·비뇨의학과	3,267	3,393	3,521	3,639
이비인후과	2,259	2,305	2,380	2,461
안과	1,485	1,519	1,573	1,603
치과	16,424	16,879	17,217	17,621
일반외과	4,282	4,369	4,474	4,566
성형외과	1,332	1,349	1,372	1,414
내과·소아과	10,677	10,861	10,975	11,130
산부인과	1,726	1,713	1,686	1,663

④ 예식장 및 결혼상담소 사업자 수

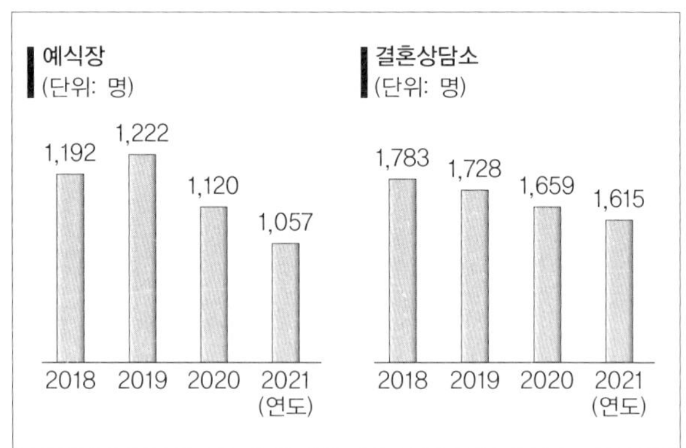

⑤ 2018년 대비 2021년 생활밀접업종의 7개 그룹별 사업자 수 증가율

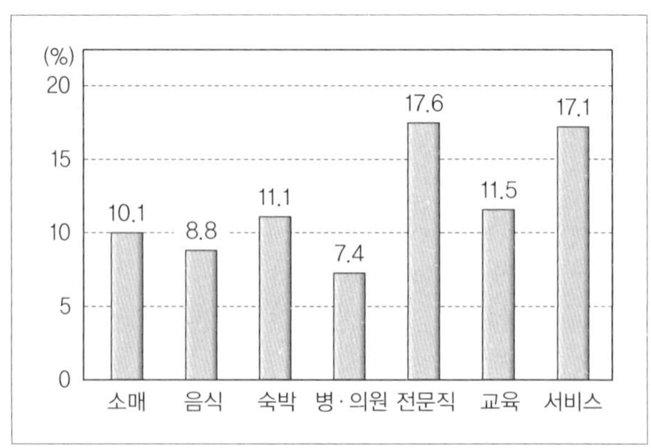

문 4. 다음 〈표〉는 '갑'국 A위원회의 24～26차 회의 심의결과에 관한 자료이다. 이에 대한 〈보기〉의 설명 중 옳은 것만을 모두 고르면?

〈표〉 A위원회의 24～26차 회의 심의결과

위원 \ 회차 / 동의 여부	24 동의	24 부동의	25 동의	25 부동의	26 동의	26 부동의
기획재정부장관	○		○		○	
교육부장관	○			○	○	
과학기술정보통신부장관	○		○			○
행정안전부장관	○			○	○	
문화체육관광부장관	○			○	○	
농림축산식품부장관		○	○		○	
산업통상자원부장관		○		○		○
보건복지부장관	○		○		○	
환경부장관		○	○			○
고용노동부장관		○		○	○	
여성가족부장관	○		○		○	
국토교통부장관	○		○		○	
해양수산부장관	○		○		○	
중소벤처기업부장관		○	○			○
문화재청장	○		○		○	
산림청장	○			○	○	

※ 1) A위원회는 〈표〉에 제시된 16명의 위원으로만 구성됨
2) A위원회는 매 회차 개최 시 1건의 안건만을 심의함

〈보기〉

ㄱ. 24～26차 회의의 심의안건에 모두 동의한 위원은 6명이다.
ㄴ. 심의안건에 부동의한 위원 수는 매 회차 증가하였다.
ㄷ. 전체 위원의 $\frac{2}{3}$ 이상이 동의해야 심의안건이 의결된다면, 24～26차 회의의 심의안건은 모두 의결되었다.

① ㄱ
② ㄴ
③ ㄱ, ㄷ
④ ㄴ, ㄷ
⑤ ㄱ, ㄴ, ㄷ

문 5. 다음 〈표〉는 1990년대 이후 A～E도시의 시기별 및 자본금액별 창업 건수에 관한 자료이고, 〈보고서〉는 A～E 중 한 도시의 창업 건수에 관한 설명이다. 이를 근거로 판단할 때, 〈보고서〉의 내용에 부합하는 도시는?

〈표〉 A～E도시의 시기별 및 자본금액별 창업 건수

(단위: 건)

도시 \ 시기 / 자본금액	1990년대 1천만 원 미만	1990년대 1천만 원 이상	2000년대 1천만 원 미만	2000년대 1천만 원 이상	2010년대 1천만 원 미만	2010년대 1천만 원 이상	2020년 이후 1천만 원 미만	2020년 이후 1천만 원 이상
A	198	11	206	32	461	26	788	101
B	46	0	101	5	233	4	458	16
C	12	2	19	17	16	17	76	14
D	27	3	73	34	101	24	225	27
E	4	0	25	0	53	3	246	7

〈보고서〉

이 도시의 시기별 및 자본금액별 창업 건수는 다음과 같은 특징이 있다. 첫째, 1990년대 이후 모든 시기에서 자본금액 1천만 원 미만 창업 건수가 자본금액 1천만 원 이상 창업 건수보다 많다. 둘째, 자본금액 1천만 원 미만 창업 건수와 1천만 원 이상 창업 건수의 차이는 2010년대가 2000년대의 2배 이상이다. 셋째, 2020년 이후 전체 창업 건수는 1990년대 전체 창업 건수의 10배 이상이다. 넷째, 2020년 이후 전체 창업 건수 중 자본금액 1천만 원 이상 창업 건수의 비중은 3% 이상이다.

① A
② B
③ C
④ D
⑤ E

문 6. 다음 〈표〉는 '갑'국의 원료곡종별 및 등급별 가공단가와 A～C지역의 가공량에 관한 자료이다. 이에 대한 〈보기〉의 설명 중 옳은 것만을 모두 고르면?

〈표 1〉 원료곡종별 및 등급별 가공단가

(단위: 천 원/톤)

원료곡종＼등급	1등급	2등급	3등급
쌀	118	109	100
현미	105	97	89
보리	65	60	55

〈표 2〉 A～C지역의 원료곡종별 및 등급별 가공량

(단위: 톤)

지역	원료곡종＼등급	1등급	2등급	3등급	합계
A	쌀	27	35	25	87
	현미	43	20	10	73
	보리	5	3	7	15
B	쌀	23	25	55	103
	현미	33	25	21	79
	보리	9	9	5	23
C	쌀	30	35	20	85
	현미	30	37	25	92
	보리	8	30	2	40
전체	쌀	80	95	100	275
	현미	106	82	56	244
	보리	22	42	14	78

※ 가공비용 = 가공단가 × 가공량

〈보기〉

ㄱ. A지역의 3등급 쌀 가공비용은 B지역의 2등급 현미 가공비용보다 크다.

ㄴ. 1등급 현미 전체의 가공비용은 2등급 현미 전체 가공비용의 2배 이상이다.

ㄷ. 3등급 쌀과 3등급 보리의 가공단가가 각각 90천 원/톤, 50천 원/톤으로 변경될 경우, 지역별 가공비용 총액 감소폭이 가장 작은 지역은 A이다.

① ㄱ

② ㄷ

③ ㄱ, ㄴ

④ ㄱ, ㄷ

⑤ ㄴ, ㄷ

문 7. 다음 〈표〉는 재해위험지구 '갑', '을', '병'지역을 대상으로 정비사업 투자의 우선순위를 결정하기 위한 자료이다. '편익', '피해액', '재해발생위험도' 3개 평가 항목 점수의 합이 큰 지역일수록 우선순위가 높다. 이에 대한 〈보기〉의 설명 중 옳은 것만을 모두 고르면?

〈표 1〉 '갑'～'병'지역의 평가 항목별 등급

지역＼평가 항목	편익	피해액	재해발생위험도
갑	C	A	B
을	B	D	A
병	A	B	C

〈표 2〉 평가 항목의 등급별 배점

(단위: 점)

등급＼평가 항목	편익	피해액	재해발생위험도
A	10	15	25
B	8	12	17
C	6	9	10
D	4	6	0

〈보기〉

ㄱ. '재해발생위험도' 점수가 높은 지역일수록 우선순위가 높다.

ㄴ. 우선순위가 가장 높은 지역과 가장 낮은 지역의 '피해액' 점수 차이는 '재해발생위험도' 점수 차이보다 크다.

ㄷ. '피해액' 점수와 '재해발생위험도' 점수의 합이 가장 큰 지역은 '갑'이다.

ㄹ. '갑'지역의 '편익' 등급이 B로 변경되면, 우선순위가 가장 높은 지역은 '갑'이다.

① ㄱ, ㄴ

② ㄱ, ㄷ

③ ㄴ, ㄹ

④ ㄱ, ㄷ, ㄹ

⑤ ㄴ, ㄷ, ㄹ

문 8. 다음 〈그림〉은 2017 ~ 2021년 '갑'국의 반려동물 사료 유형별 특허 출원건수에 관한 자료이다. 이에 대한 〈보기〉의 설명 중 옳은 것만을 모두 고르면?

〈그림〉 반려동물 사료 유형별 특허 출원건수

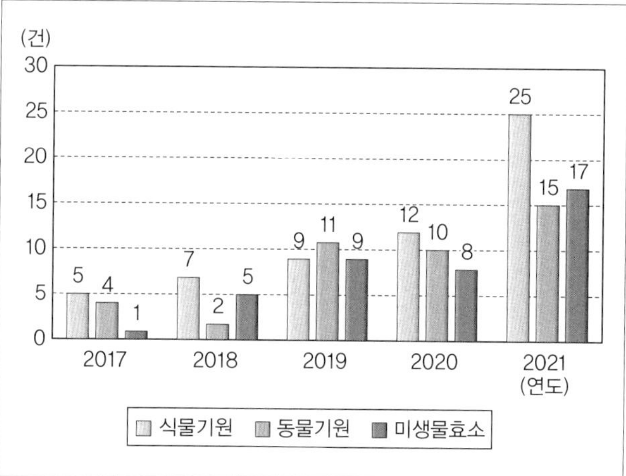

※ 반려동물 사료 유형은 식물기원, 동물기원, 미생물효소로만 구분함

〈보기〉

ㄱ. 2017 ~ 2021년 동안의 특허 출원건수 합이 가장 작은 사료 유형은 '미생물효소'이다.

ㄴ. 연도별 전체 특허 출원건수 대비 각 사료 유형의 특허 출원건수 비율은 '식물기원'이 매년 가장 높다.

ㄷ. 2021년 특허 출원건수의 전년 대비 증가율이 가장 높은 사료 유형은 '식물기원'이다.

① ㄱ

② ㄷ

③ ㄱ, ㄴ

④ ㄱ, ㄷ

⑤ ㄴ, ㄷ

문 9. 다음 〈표〉는 2019년과 2020년 지역별 전체주택 및 빈집 현황에 관한 자료이다. 이를 바탕으로 작성한 〈보고서〉의 A ~ C에 해당하는 내용을 바르게 나열한 것은?

〈표〉 2019년과 2020년 지역별 전체주택 및 빈집 현황

(단위: 호, %)

연도 / 구분 / 지역	2019			2020		
	전체주택	빈집	빈집비율	전체주택	빈집	빈집비율
서울특별시	2,953,964	93,402	3.2	3,015,371	96,629	3.2
부산광역시	1,249,757	109,651	8.8	1,275,859	113,410	8.9
대구광역시	800,340	40,721	5.1	809,802	39,069	4.8
인천광역시	1,019,365	66,695	6.5	1,032,774	65,861	6.4
광주광역시	526,161	39,625	7.5	538,275	41,585	7.7
대전광역시	492,797	29,640	6.0	496,875	26,983	5.4
울산광역시	391,596	33,114	8.5	394,634	30,241	7.7
세종특별자치시	132,257	16,437	12.4	136,887	14,385	10.5
경기도	4,354,776	278,815	6.4	4,495,115	272,358	6.1
강원도	627,376	84,382	13.4	644,023	84,106	13.1
충청북도	625,957	77,520	12.4	640,256	76,877	12.0
충청남도	850,525	107,609	12.7	865,008	106,430	12.3
전라북도	724,524	91,138	12.6	741,221	95,412	12.9
전라남도	787,816	121,767	15.5	802,043	122,103	15.2
경상북도	1,081,216	143,560	13.3	1,094,306	139,770	12.8
경상남도	1,266,739	147,173	11.6	1,296,944	150,982	11.6
제주특별자치도	241,788	36,566	15.1	246,451	35,105	14.2
전국	18,126,954	1,517,815	8.4	18,525,844	1,511,306	8.2

※ 빈집비율(%) $= \frac{\text{빈집}}{\text{전체주택}} \times 100$

〈보고서〉

2020년 우리나라 전체주택 수는 전년 대비 39만 호 이상 증가하였으나 빈집 수는 6천 호 이상 감소하여 빈집비율은 전년 대비 감소하였다. 특히 세종특별자치시의 빈집비율이 가장 큰 폭으로 감소하였다.

하지만 2020년에는 [A]개 지역에서 빈집 수가 전년 대비 증가하였고, 전년 대비 빈집비율이 가장 큰 폭으로 증가한 지역은 [B]였다. 빈집비율이 가장 높은 지역과 가장 낮은 지역의 빈집비율 차이는 2019년에 비해 2020년이 [C]하였다.

	A	B	C
①	5	광주광역시	감소
②	5	전라북도	증가
③	6	광주광역시	증가
④	6	전라북도	증가
⑤	6	전라북도	감소

문 10. 다음 〈표〉와 〈보고서〉는 2021년 '갑'국의 초등돌봄교실에 관한 자료이다. 제시된 〈표〉 이외에 〈보고서〉를 작성하기 위해 추가로 필요한 자료만을 〈보기〉에서 모두 고르면?

〈표 1〉 2021년 초등돌봄교실 이용학생 현황

(단위: 명, %)

구분 \ 학년		1	2	3	4	5	6	합
오후돌봄교실	학생 수	124,000	91,166	16,421	7,708	3,399	2,609	245,303
	비율	50.5	37.2	6.7	3.1	1.4	1.1	100.0
저녁돌봄교실	학생 수	5,215	3,355	772	471	223	202	10,238
	비율	50.9	32.8	7.5	4.6	2.2	2.0	100.0

〈표 2〉 2021년 지원대상 유형별 오후돌봄교실 이용학생 현황

(단위: 명, %)

구분 \ 지원대상 유형		우선지원대상					일반지원대상	합
		저소득층	한부모	맞벌이	기타	소계		
오후돌봄교실	학생 수	23,066	6,855	174,297	17,298	221,516	23,787	245,303
	비율	9.4	2.8	71.1	7.1	90.3	9.7	100.0

〈보고서〉

2021년 '갑'국의 초등돌봄교실 이용학생은 오후돌봄교실 245,303명, 저녁돌봄교실 10,238명이다. 오후돌봄교실의 경우 2021년 기준 전체 초등학교의 98.9%가 참여하고 있다.

오후돌봄교실의 우선지원대상은 저소득층 가정, 한부모 가정, 맞벌이 가정, 기타로 구분되며, 맞벌이 가정이 전체 오후돌봄교실 이용학생의 71.1%로 가장 많고 다음으로 저소득층 가정이 9.4%로 많다.

저녁돌봄교실의 경우 17시부터 22시까지 운영하고 있으나, 19시를 넘는 늦은 시간까지 이용하는 학생 비중은 11.2%에 불과하다. 2021년 현재 저녁돌봄교실 이용학생은 1~2학년이 8,570명으로 전체 저녁돌봄교실 이용학생의 83.7%를 차지한다.

초등돌봄교실 담당인력은 돌봄전담사, 현직교사, 민간위탁업체로 다양하다. 담당인력 구성은 돌봄전담사가 10,237명으로 가장 많고, 다음으로 현직교사 1,480명, 민간위탁업체 565명 순이다. 그중 돌봄전담사는 무기계약직이 6,830명이고 기간제가 3,407명이다.

〈보기〉

ㄱ. 연도별 오후돌봄교실 참여 초등학교 수 및 참여율

(단위: 개, %)

구분 \ 연도	2016	2017	2018	2019	2020	2021
학교 수	5,652	5,784	5,938	5,972	5,998	6,054
참여율	96.0	97.3	97.3	96.9	97.0	98.9

ㄴ. 2021년 저녁돌봄교실 이용학생의 이용시간별 분포

(단위: 명, %)

구분 \ 이용시간	17~18시	17~19시	17~20시	17~21시	17~22시	합
이용학생 수	6,446	2,644	1,005	143	0	10,238
비율	63.0	25.8	9.8	1.4	0.0	100.0

ㄷ. 2021년 저녁돌봄교실 이용학생의 학년별 분포

(단위: 명, %)

구분 \ 학년	1~2	3~4	5~6	합
이용학생 수	8,570	1,243	425	10,238
비율	83.7	12.1	4.2	100.0

ㄹ. 2021년 초등돌봄교실 담당인력 현황

(단위: 명, %)

구분	돌봄전담사			현직교사	민간위탁업체	합
	무기계약직	기간제	소계			
인력	6,830	3,407	10,237	1,480	565	12,282
비율	55.6	27.7	83.3	12.1	4.6	100.0

① ㄱ, ㄴ
② ㄱ, ㄷ
③ ㄷ, ㄹ
④ ㄱ, ㄴ, ㄹ
⑤ ㄴ, ㄷ, ㄹ

문 11. 다음 〈표〉는 2016～2020년 '갑'국의 해양사고 심판 현황이다. 이에 대한 〈보기〉의 설명 중 옳은 것만을 모두 고르면?

〈표〉 2016～2020년 해양사고 심판현황

(단위: 건)

구분 \ 연도	2016	2017	2018	2019	2020
전년 이월	96	100	( )	71	89
해당 연도 접수	226	223	168	204	252
심판대상	322	( )	258	275	341
재결	222	233	187	186	210

※ '심판대상' 중 '재결'되지 않은 건은 다음 연도로 이월함

〈보기〉

ㄱ. '심판대상' 중 '전년 이월'의 비중은 2018년이 2016년보다 높다.

ㄴ. 다음 연도로 이월되는 건수가 가장 많은 연도는 2016년이다.

ㄷ. 2017년 이후 '해당 연도 접수' 건수의 전년 대비 증가율이 가장 높은 연도는 2020년이다.

ㄹ. '재결' 건수가 가장 적은 연도에는 '해당 연도 접수' 건수도 가장 적다.

① ㄱ, ㄴ

② ㄱ, ㄷ

③ ㄴ, ㄷ

④ ㄴ, ㄹ

⑤ ㄷ, ㄹ

문 12. 다음 〈표〉는 '갑'주무관이 해양포유류 416종을 4가지 부류(A～D)로 나눈 후 2022년 기준 국제자연보전연맹(IUCN) 적색 목록 지표에 따라 분류한 자료이다. 이를 근거로 작성한 〈보고서〉의 A, B에 해당하는 해양포유류 부류를 바르게 연결한 것은?

〈표〉 해양포유류의 IUCN 적색 목록 지표별 분류 현황

(단위: 종)

지표 \ 해양포유류 부류	A	B	C	D	합
절멸종(EX)	3	–	2	8	13
야생절멸종(EW)	–	–	–	2	2
심각한위기종(CR)	–	–	–	15	15
멸종위기종(EN)	11	1	–	48	60
취약종(VU)	7	2	8	57	74
위기근접종(NT)	2	–	–	38	40
관심필요종(LC)	42	2	1	141	186
자료부족종(DD)	2	–	–	24	26
미평가종(NE)	–	–	–	–	0
계	67	5	11	333	416

〈보고서〉

국제자연보전연맹(IUCN)의 적색 목록(Red List)은 지구 동식물종의 보전 상태를 나타내며, 각 동식물종의 보전 상태는 9개의 지표 중 1개로만 분류된다. 이 중 심각한위기종(CR), 멸종위기종(EN), 취약종(VU) 3개 지표 중 하나로 분류되는 동식물종을 멸종우려종(threatened species)이라 한다.

조사대상 416종의 해양포유류를 '고래류', '기각류', '해달류 및 북극곰', '해우류' 4가지 부류로 나눈 후, IUCN의 적색 목록 지표에 따라 분류해 보면 전체 조사대상의 약 36%가 멸종우려종에 속하고 있다. 특히, 멸종우려종 중 '고래류'가 차지하는 비중은 80% 이상이다. 또한 '해달류 및 북극곰'은 9개의 지표 중 멸종우려종 또는 관심필요종(LC)으로만 분류된 것으로 나타났다.

한편 해양포유류에 대한 과학적인 이해가 부족하여 26종은 자료부족종(DD)으로 분류되고 있다. 다만 '해달류 및 북극곰'과 '해우류'는 자료부족종(DD)으로 분류된 종이 없다.

	A	B
①	고래류	기각류
②	고래류	해우류
③	기각류	해달류 및 북극곰
④	기각류	해우류
⑤	해우류	해달류 및 북극곰

문 13. 다음 〈표〉와 〈조건〉은 공유킥보드 운영사 A～D의 2022년 1월 기준 대여요금제와 대여방식이고 〈보고서〉는 공유킥보드 대여요금제 변경 이력에 관한 자료이다. 〈보고서〉에서 (다)에 해당하는 값은?

〈표〉 공유킥보드 운영사 A～D의 2022년 1월 기준 대여요금제

(단위: 원)

구분 \ 운영사	A	B	C	D
잠금해제료	0	250	750	1,600
분당대여료	200	150	120	60

〈조건〉

○ 대여요금 = 잠금해제료 + 분당대여료 × 대여시간
○ 공유킥보드 이용자는 공유킥보드 대여시간을 분단위로 미리 결정하고 운영사 A～D의 대여요금을 산정한다.
○ 공유킥보드 이용자는 산정된 대여요금이 가장 낮은 운영사의 공유킥보드를 대여한다.

〈보고서〉

2022년 1월 기준 대여요금제에 따르면 운영사 (가) 는 이용자의 대여시간이 몇 분이더라도 해당 대여시간에 대해 운영사 A～D 중 가장 낮은 대여요금을 제공하지 못하는 것으로 나타났다. 자사 공유킥보드가 1대도 대여되지 않고 있음을 확인한 운영사 (가) 는 2월부터 잠금해제 이후 처음 5분간 분당대여료를 면제하는 것으로 대여요금제를 변경하였다.

운영사 (나) 가 2월 기준 대여요금제로 운영사 A～D의 대여요금을 재산정한 결과, 이용자의 대여시간이 몇 분이더라도 해당 대여시간에 대해 운영사 A～D 중 가장 낮은 대여요금을 제공하지 못하는 것을 파악하였다. 이에 운영사 (나) 는 3월부터 분당대여료를 50원 인하하는 것으로 대여요금제를 변경하였다.

그 결과 대여시간이 20분일 때, 3월 기준 대여요금제로 산정된 운영사 (가) 와 (나) 의 공유킥보드 대여요금 차이는 (다) 원이다.

① 200
② 250
③ 300
④ 350
⑤ 400

문 14. 다음 〈보고서〉는 2021년 '갑'국 사교육비 조사결과에 대한 자료이다. 〈보고서〉의 내용과 부합하지 않는 자료는?

〈보고서〉

2021년 전체 학생 수는 532만 명으로 전년보다 감소하였지만, 사교육비 총액은 23조 4천억 원으로 전년 대비 20% 이상 증가하였다. 또한, 사교육의 참여율과 주당 참여시간도 전년 대비 증가한 것으로 나타났다.

2021년 전체 학생의 1인당 월평균 사교육비는 전년 대비 20% 이상 증가하였고, 사교육 참여학생의 1인당 월평균 사교육비 또한 전년 대비 6% 이상 증가하였다. 2021년 전체 학생 중 월평균 사교육비를 20만 원 미만 지출한 학생의 비중은 전년 대비 감소하였으나, 60만 원 이상 지출한 학생의 비중은 전년 대비 증가한 것으로 나타났다.

한편, 2021년 방과후학교 지출 총액은 4,434억 원으로 2019년 대비 50% 이상 감소하였으며, 방과후학교 참여율 또한 28.9%로 2019년 대비 15.0%p 이상 감소하였다.

① 전체 학생 수와 사교육비 총액

(단위: 만 명, 조 원)

구분 \ 연도	2020	2021
전체 학생 수	535	532
사교육비 총액	19.4	23.4

② 사교육의 참여율과 주당 참여시간

(단위: %, 시간)

구분 \ 연도	2020	2021
참여율	67.1	75.5
주당 참여시간	5.3	6.7

③ 학생 1인당 월평균 사교육비

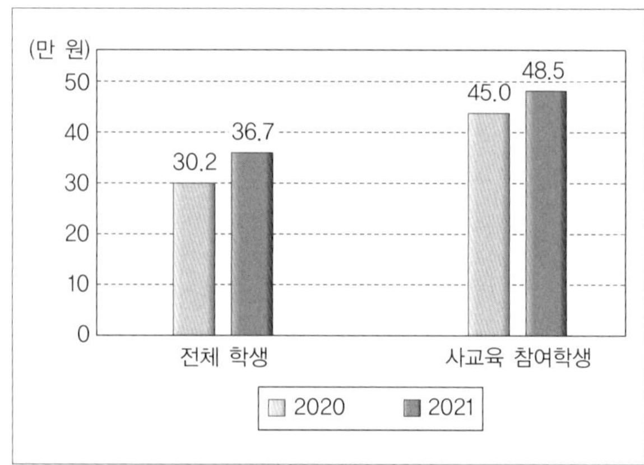

④ 전체 학생의 월평균 사교육비 지출 수준에 따른 분포

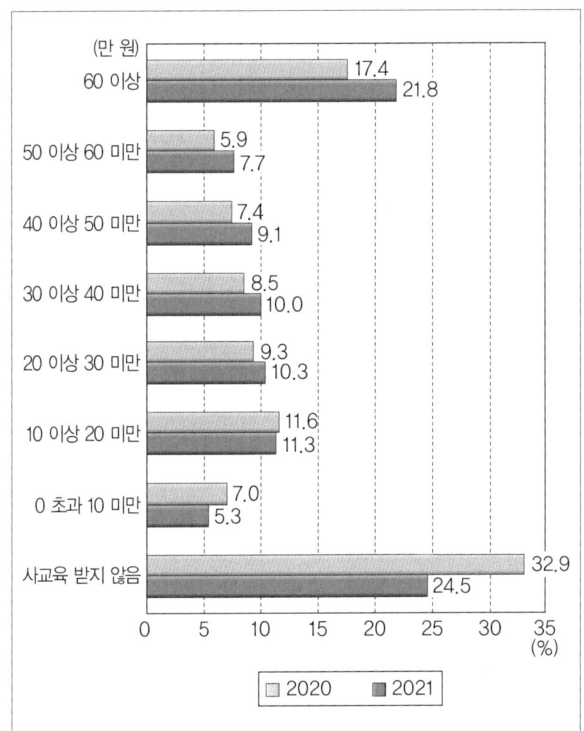

⑤ 방과후학교의 지출 총액과 참여율

(단위: 억 원, %)

구분 \ 연도	2019	2021
지출 총액	8,250	4,434
참여율	48.4	28.9

문 15. 다음 〈표〉는 '갑'국의 학교급별 여성 교장 수와 비율을 1980년부터 5년마다 조사한 자료이다. 이에 대한 설명으로 옳은 것은?

〈표〉 학교급별 여성 교장 수와 비율

(단위: 명, %)

학교급	초등학교		중학교		고등학교	
조사연도 \ 구분	여성 교장 수	비율	여성 교장 수	비율	여성 교장 수	비율
1980	117	1.8	66	3.6	47	3.4
1985	122	1.9	98	4.9	60	4.0
1990	159	2.5	136	6.3	64	4.0
1995	222	3.8	181	7.6	66	3.8
2000	490	8.7	255	9.9	132	6.5
2005	832	14.3	330	12.0	139	6.4
2010	1,701	28.7	680	23.2	218	9.5
2015	2,058	34.5	713	24.3	229	9.9
2020	2,418	40.3	747	25.4	242	10.4

※ 1) 학교급별 여성 교장 비율(%) $= \frac{\text{학교급별 여성 교장 수}}{\text{학교급별 전체 교장 수}} \times 100$

2) 교장이 없는 학교는 없으며, 각 학교의 교장은 1명임

① 2000년 이후 중학교 여성 교장 비율은 매년 증가한다.

② 초등학교 수는 2020년이 1980년보다 많다.

③ 고등학교 남성 교장 수는 1985년이 1990년보다 많다.

④ 1995년 초등학교 수는 같은 해 중학교 수와 고등학교 수의 합보다 많다.

⑤ 초등학교 여성 교장 수는 2020년이 2000년의 5배 이상이다.

문 16. 다음 〈표〉는 도지사 선거 후보자 A와 B의 TV 토론회 전후 '가'~'마'지역 유권자의 지지율에 대한 자료이고, 〈보고서〉는 이 중 한 지역의 지지율 변화를 분석한 자료이다. 〈보고서〉의 내용에 해당하는 지역을 '가'~'마' 중에서 고르면?

〈표〉 도지사 선거 후보자 TV 토론회 전후 지지율

(단위: %)

시기 / 후보자 / 지역	TV 토론회 전		TV 토론회 후	
	A	B	A	B
가	38	52	50	46
나	28	40	39	41
다	31	59	37	36
라	35	49	31	57
마	29	36	43	41

※ 1) 도지사 선거 후보자는 A와 B뿐임
2) 응답자는 '후보자 A 지지', '후보자 B 지지', '지지 후보자 없음' 중 하나만 응답하고, 무응답은 없음

〈보고서〉

도지사 선거 후보자 TV 토론회를 진행하기 전과 후에 실시한 이 지역의 여론조사 결과, 도지사 후보자 지지율 변화는 다음과 같다. TV 토론회 전에는 B후보자에 대한 지지율이 A후보자보다 10%p 이상 높게 집계되어 B후보자가 선거에 유리한 것으로 보였으나, TV 토론회 후에는 지지율 양상에 변화가 있는 것으로 분석된다.

TV 토론회 후 '지지 후보자 없음'으로 응답한 비율이 줄어 TV 토론회가 그동안 어떤 후보자에 투표할지 고민하던 유권자의 선택에 영향을 미친 것으로 판단된다. 또한, A후보자에 대한 지지율 증가폭이 B후보자보다 큰 것으로 나타나 TV 토론회를 통해 A후보자의 강점이 더 잘 드러났던 것으로 분석된다. 그러나 TV 토론회 후 두 후보자간 지지율 차이가 3%p 이내에 불과하여 이 지역에서 선거의 결과는 예측하기 어렵다.

① 가
② 나
③ 다
④ 라
⑤ 마

문 17. 다음 〈그림〉은 '갑'공업단지 내 8개 업종 업체 수와 업종별 스마트시스템 도입률 및 고도화율에 관한 자료이다. 이에 대한 〈보기〉의 설명 중 옳은 것만을 모두 고르면?

〈그림 1〉 업종별 업체 수

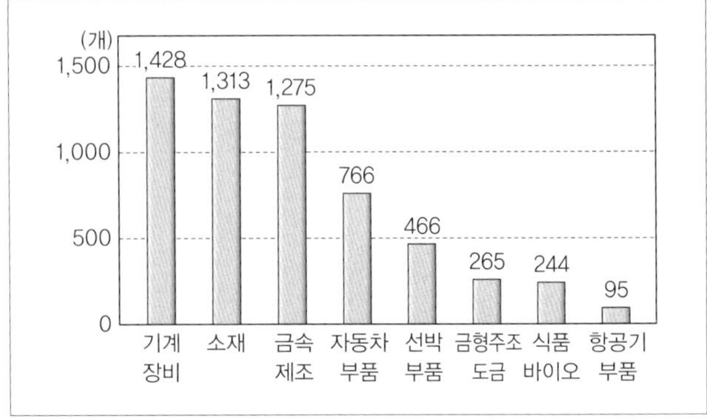

〈그림 2〉 업종별 스마트시스템 도입률 및 고도화율

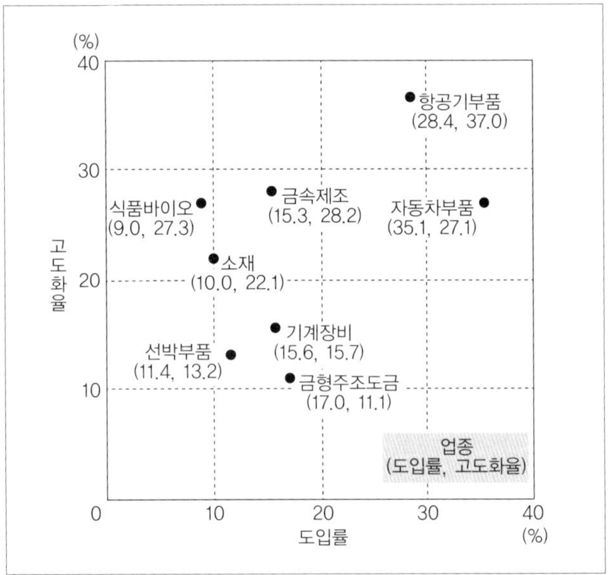

※ 1) 도입률(%) = $\frac{\text{업종별 스마트시스템 도입 업체 수}}{\text{업종별 업체 수}} \times 100$

2) 고도화율(%) = $\frac{\text{업종별 스마트시스템 고도화 업체 수}}{\text{업종별 스마트시스템 도입 업체 수}} \times 100$

〈보기〉

ㄱ. 스마트시스템 도입 업체 수가 가장 많은 업종은 '자동차부품'이다.

ㄴ. 고도화율이 가장 높은 업종은 스마트시스템 고도화 업체 수도 가장 많다.

ㄷ. 업체 수 대비 스마트시스템 고도화 업체 수가 가장 높은 업종은 '항공기부품'이다.

ㄹ. 도입률이 가장 낮은 업종은 고도화율도 가장 낮다.

① ㄱ, ㄴ ② ㄱ, ㄷ ③ ㄱ, ㄹ
④ ㄴ, ㄷ ⑤ ㄴ, ㄹ

문 18. 다음 〈표〉는 운전자 A~E의 정지시거 산정을 위해 '갑'시험장에서 측정한 자료이다. 〈표〉와 〈정보〉에 근거하여 맑은 날과 비 오는 날의 운전자별 정지시거를 바르게 연결한 것은?

〈표〉 운전자 A~E의 정지시거 산정을 위한 자료

(단위: m/초, 초, m)

구분 운전자	자동차	운행속력	반응시간	반응거리	마찰계수	
					맑은 날	비 오는 날
A	가	20	2.0	40	0.4	0.1
B	나	20	2.0	( )	0.4	0.2
C	다	20	1.6	( )	0.8	0.4
D	나	20	2.4	( )	0.4	0.2
E	나	20	1.4	( )	0.4	0.2

〈정보〉

○ 정지시거 = 반응거리 + 제동거리

○ 반응거리 = 운행속력 × 반응시간

○ 제동거리 = $\frac{(\text{운행속력})^2}{2 \times \text{마찰계수} \times g}$

(단, g는 중력가속도이며 10m/초^{2}으로 가정함)

	운전자	맑은 날 정지시거[m]	비 오는 날 정지시거[m]
①	A	120	240
②	B	90	160
③	C	72	82
④	D	98	158
⑤	E	78	128

문 19. 다음 〈표〉와 〈그림〉은 '갑'국 8개 어종의 2020년 어획량에 관한 자료이다. 이에 대한 〈보기〉의 설명 중 옳은 것만을 모두 고르면?

〈표〉 8개 어종의 2020년 어획량

(단위: 톤)

어종	갈치	고등어	광어	멸치	오징어	전갱이	조기	참다랑어
어획량	20,666	64,609	5,453	26,473	23,703	19,769	23,696	482

〈그림〉 8개 어종 2020년 어획량의 전년비 및 평년비

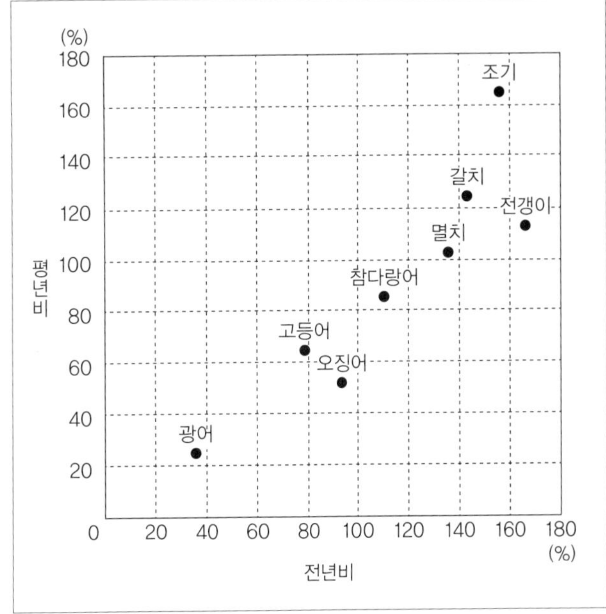

※ 1) 전년비(%) = $\frac{\text{2020년 어획량}}{\text{2019년 어획량}} \times 100$

2) 평년비(%) = $\frac{\text{2020년 어획량}}{\text{2011~2020년 연도별 어획량의 평균}} \times 100$

〈보기〉

ㄱ. 8개 어종 중 2019년 어획량이 가장 많은 어종은 고등어이다.

ㄴ. 8개 어종 각각의 2019년 어획량은 해당 어종의 2011~2020년 연도별 어획량의 평균보다 적다.

ㄷ. 2021년 갈치 어획량이 2020년과 동일하다면, 갈치의 2011~2021년 연도별 어획량의 평균은 2011~2020년 연도별 어획량의 평균보다 크다.

① ㄱ

② ㄴ

③ ㄱ, ㄷ

④ ㄴ, ㄷ

⑤ ㄱ, ㄴ, ㄷ

문 20. 다음 〈표〉는 2021년 A시에서 개최된 철인3종경기 기록이다. 이에 대한 〈보기〉의 설명 중 옳은 것만을 모두 고르면?

〈표〉 A시 개최 철인3종경기 기록

(단위: 시간)

종합기록 순위	국적	종합	수영	T1	자전거	T2	달리기
1	러시아	9:22:28	0:48:18	0:02:43	5:04:50	0:02:47	3:23:50
2	브라질	9:34:36	0:57:44	0:02:27	5:02:30	0:01:48	3:30:07
3	대한민국	9:37:41	1:04:14	0:04:08	5:04:21	0:03:05	3:21:53
4	대한민국	9:42:03	1:06:34	0:03:33	5:11:01	0:03:33	3:17:22
5	대한민국	9:43:50	( )	0:03:20	5:00:33	0:02:14	3:17:24
6	일본	9:44:34	0:52:01	0:03:28	5:25:59	0:02:56	3:20:10
7	러시아	9:45:06	1:08:32	0:03:55	5:07:46	0:03:02	3:21:51
8	독일	9:46:48	1:03:49	0:03:53	4:59:20	0:03:00	( )
9	영국	( )	1:07:01	0:03:37	5:07:07	0:03:55	3:26:27
10	중국	9:48:18	1:02:28	0:03:29	5:16:09	0:03:47	3:22:25

※ 1) 기록 '1:01:01'은 1시간 1분 1초를 의미함

2) 'T1', 'T2'는 각각 '수영'에서 '자전거', '자전거'에서 '달리기'로 전환하는 데 걸리는 시간임

3) 경기 참가 선수는 10명뿐이고, 기록이 짧을수록 순위가 높음

〈보기〉

ㄱ. '수영'기록이 한 시간 이하인 선수는 'T2'기록이 모두 3분 미만이다.

ㄴ. 종합기록 순위 2~10위인 선수 중, 종합기록 순위가 한 단계 더 높은 선수와의 '종합'기록 차이가 1분 미만인 선수는 3명뿐이다.

ㄷ. '달리기'기록 상위 3명의 국적은 모두 대한민국이다.

ㄹ. 종합기록 순위 10위인 선수의 '수영'기록 순위는 '수영'기록과 'T1'기록의 합산 기록 순위와 다르다.

① ㄱ, ㄴ

② ㄱ, ㄷ

③ ㄷ, ㄹ

④ ㄱ, ㄴ, ㄹ

⑤ ㄴ, ㄷ, ㄹ

문 21. 다음 〈표〉는 제품 A~E의 제조원가에 관한 자료이다. 제품 A~E 중 매출액이 가장 작은 제품은?

〈표〉 제품 A~E의 고정원가, 변동원가율, 제조원가율

(단위: 원, %)

구분 \ 제품	고정원가	변동원가율	제조원가율
A	60,000	40	25
B	36,000	60	30
C	33,000	40	30
D	50,000	20	10
E	10,000	50	10

※ 1) 제조원가 = 고정원가 + 변동원가

2) 고정원가율(%) = $\frac{\text{고정원가}}{\text{제조원가}} \times 100$

3) 변동원가율(%) = $\frac{\text{변동원가}}{\text{제조원가}} \times 100$

4) 제조원가율(%) = $\frac{\text{제조원가}}{\text{매출액}} \times 100$

① A

② B

③ C

④ D

⑤ E

※ 다음 〈표〉는 2018～2020년 '갑'국 방위산업의 매출액 및 종사자 수에 관한 자료이다. 다음 물음에 답하시오. [문 22. ～ 문 23.]

〈표 1〉 2018～2020년 '갑'국 방위산업의 국내외 매출액

(단위: 억 원)

구분 \ 연도	2018	2019	2020
총매출액	136,493	144,521	153,867
국내 매출액	116,502	(　)	(　)
국외 매출액	19,991	21,048	17,624

〈표 2〉 2020년 '갑'국 방위산업의 기업유형별 매출액 및 종사자 수

(단위: 억 원, 명)

기업유형 \ 구분	총매출액	국내 매출액	국외 매출액	종사자 수
대기업	136,198	119,586	16,612	27,249
중소기업	17,669	16,657	1,012	5,855
전체	153,867	(　)	17,624	33,104

〈표 3〉 2018～2020년 '갑'국 방위산업의 분야별 매출액

(단위: 억 원)

분야 \ 연도	2018	2019	2020
항공유도	41,984	45,412	49,024
탄약	24,742	21,243	25,351
화력	20,140	20,191	21,031
함정	18,862	25,679	20,619
기동	14,027	14,877	18,270
통신전자	14,898	15,055	16,892
화생방	726	517	749
기타	1,114	1,547	1,931
전체	136,493	144,521	153,867

〈표 4〉 2018～2020년 '갑'국 방위산업의 분야별 종사자 수

(단위: 명)

분야 \ 연도	2018	2019	2020
A	9,651	10,133	10,108
B	6,969	6,948	6,680
C	3,996	4,537	4,523
D	3,781	3,852	4,053
E	3,988	4,016	3,543
화력	3,312	3,228	3,295
화생방	329	282	228
기타	583	726	674
전체	32,609	33,722	33,104

※ '갑'국 방위산업 분야는 기타를 제외하고 항공유도, 탄약, 화력, 함정, 기동, 통신전자, 화생방으로만 구분함

문 22. 위 〈표〉에 근거한 〈보기〉의 설명 중 옳은 것만을 모두 고르면?

〈보기〉

ㄱ. 방위산업의 국내 매출액이 가장 큰 연도에 방위산업 총매출액 중 국외 매출액 비중이 가장 작다.

ㄴ. '기타'를 제외하고, 2018년 대비 2020년 매출액 증가율이 가장 낮은 방위산업 분야는 '탄약'이다.

ㄷ. 2020년 방위산업의 기업유형별 종사자당 국외 매출액은 대기업이 중소기업의 4배 이상이다.

ㄹ. 2020년 '항공유도' 분야 대기업 국내 매출액은 14,500억 원 이상이다.

① ㄱ, ㄴ

② ㄱ, ㄷ

③ ㄴ, ㄹ

④ ㄷ, ㄹ

⑤ ㄱ, ㄴ, ㄹ

문 23. 위 〈표〉와 다음 〈보고서〉를 근거로 '항공유도'에 해당하는 방위산업 분야를 〈표 4〉의 A～E 중에서 고르면?

〈보고서〉

2018년 대비 2020년 '갑'국 방위산업의 총매출액은 약 12.7% 증가하였으나 방위산업 전체 종사자 수는 약 1.5% 증가하는 데 그쳤다. '기타'를 제외한 7개 분야에 대해 이를 구체적으로 분석하면 다음과 같다.

2018년 대비 2020년 방위산업 분야별 매출액은 모두 증가하였으나 종사자 수는 '통신전자', '함정', '항공유도' 분야만 증가하고 나머지 분야는 감소한 것으로 나타났다. 2018～2020년 동안 매출액과 종사자 수 모두 매년 증가한 방위산업 분야는 '통신전자'뿐이고, '탄약'과 '화생방' 분야는 종사자 수가 매년 감소하였다. 특히, '기동' 분야는 2018년 대비 2020년 매출액 증가율이 방위산업 분야 중 가장 높았지만 종사자 수는 가장 많이 감소하였다. 2018년 대비 2020년 '함정' 분야 매출액 증가율은 방위산업 전체 매출액 증가율보다 낮았으나 종사자 수는 방위산업 분야 중 가장 많이 증가하였다. 이에 따라 방위산업의 분야별 종사자당 매출액 순위에도 변동이 있었다. 2018년에는 '화력' 분야의 종사자당 매출액이 가장 컸고, 다음으로 '함정', '항공유도' 순으로 컸다. 한편, 2020년에는 '화력' 분야의 종사자당 매출액이 가장 컸고, 다음으로 '기동', '항공유도' 순으로 컸다.

① A
② B
③ C
④ D
⑤ E

문 24. 다음 〈표〉는 2021년 국가 A～D의 국내총생산, 1인당 국내총생산, 1인당 이산화탄소 배출량에 관한 자료이다. 이를 근거로 국가 A～D를 이산화탄소 총배출량이 가장 적은 국가부터 순서대로 바르게 나열한 것은?

〈표〉 국가별 국내총생산, 1인당 국내총생산, 1인당 이산화탄소 배출량

(단위: 달러, 톤CO_2eq.)

구분 \ 국가	국내총생산	1인당 국내총생산	1인당 이산화탄소 배출량
A	20조 4,941억	62,795	16.6
B	4조 9,709억	39,290	9.1
C	1조 6,194억	31,363	12.4
D	13조 6,082억	9,771	7.0

※ 1) 1인당 국내총생산 $= \frac{\text{국내총생산}}{\text{총인구}}$

2) 1인당 이산화탄소 배출량 $= \frac{\text{이산화탄소 총배출량}}{\text{총인구}}$

① A, C, B, D
② A, D, C, B
③ C, A, D, B
④ C, B, A, D
⑤ D, B, C, A

문 25. 다음 〈표〉는 2019~2021년 '갑'국의 장소별 전기차 급속충전기 수에 관한 자료이다. 이에 대한 〈보기〉의 설명 중 옳은 것만을 모두 고르면?

〈표〉 장소별 전기차 급속충전기 수

(단위: 대)

구분	장소 \ 연도	2019	2020	2021
다중이용시설	쇼핑몰	807	1,701	2,701
	주유소	125	496	( )
	휴게소	( )	( )	2,099
	문화시설	757	1,152	1,646
	체육시설	272	498	604
	숙박시설	79	146	227
	여객시설	64	198	378
	병원	27	98	152
	소계	2,606	5,438	8,858
일반시설	공공시설	1,595	( )	( )
	주차전용시설	565	898	1,275
	자동차정비소	119	303	375
	공동주택	( )	102	221
	기타	476	499	522
	소계	2,784	4,550	6,145
전체		5,390	9,988	15,003

〈보기〉

ㄱ. 전체 급속충전기 수 대비 '다중이용시설' 급속충전기 수의 비율은 매년 증가한다.

ㄴ. '공공시설' 급속충전기 수는 '주차전용시설'과 '쇼핑몰' 급속충전기 수의 합보다 매년 많다.

ㄷ. '기타'를 제외하고, 2019년 대비 2021년 급속충전기 수의 증가율이 가장 큰 장소는 '주유소'이다.

ㄹ. 급속충전기 수는 '휴게소'가 '문화시설'보다 매년 많다.

① ㄱ, ㄴ
② ㄱ, ㄷ
③ ㄱ, ㄹ
④ ㄴ, ㄷ
⑤ ㄴ, ㄹ

※ 수고하셨습니다.

※ 기출문제편 맨 마지막에 있는 OMR 카드에 마킹을 하세요.

정답과 분석해설편 ▶ P.126 

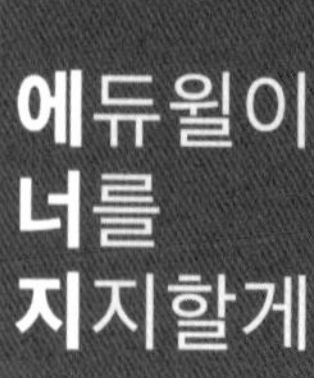

ENERGY

냉정하고 열기와 성급함이 없는 것은 훌륭한 자질이다.

– 랠프 왈도 에머슨(Ralph Waldo Emerson)

2021년 7월 10일 시행

2021년도 국가공무원 7급 공개경쟁채용 제1차 필기시험

응시번호	
성 명	

문제책형
㉯ 책형

【시 험 과 목】

제1영역	언어논리
제2영역	자료해석
제3영역	상황판단

※ 2024년도~2022년도 시험과 2021년도 시험의 진행방식이 상이하므로 문제를 풀기 전 확인하시기 바랍니다.

<< 응시자 주의사항 >>

1. 시험시작 전에 시험문제를 열람하는 행위와 시험종료 후 답안지를 작성하는 행위는 공무원임용시험령 제51조에 의거 부정행위자로 처리됩니다.
2. 답안지 책형란의 책형표기는 시험시작 전 문제책 표지 앞면에 인쇄된 책형을 확인한 후 표기하시기 바랍니다.
3. 시험시작 즉시 과목편철 순서, 문제누락 여부, 인쇄상태 이상 유무 및 표지와 개별과목의 문제책형 일치여부 등을 확인한 후 문제책 표지에 응시번호, 성명을 기재합니다.
4. 시험이 시작되면 문제를 주의 깊게 읽은 후, 문항의 취지에 가장 적합한 하나의 정답만을 고르며, 문제내용에 관한 질문은 받지 않습니다.
5. 시험시간관리의 책임은 전적으로 수험생 본인에게 있습니다. 시험감독관의 시험종료 예고시간 고지 안내 및 시험실 내 비치된 시계가 있는 경우라도 시간이 정확하지 않을 수 있으니 본인의 시계로 반드시 확인하시기 바랍니다.
6. 시험시간은 영역별 60분씩입니다.

제1영역 언어논리

1초 합격예측! 모바일 성적결과분석표 발급 서비스

QR 코드로 접속하여 문제 풀이 시간을 측정하고, 자동채점 & 성적결과분석 서비스를 통해 지금 바로 실력을 점검해 보세요.

◀ http://eduwill.kr/4bmF

풀이 시간	• 시작 : ____시 ____분 ~ 종료: ____시 ____분 • 총 : ____분

문 1. 다음 글에서 알 수 있는 것은?

> 우리나라 국기인 태극기에는 태극 문양과 4괘가 그려져 있는데, 중앙에 있는 태극 문양은 만물이 음양 조화로 생장한다는 것을 상징한다. 또 태극 문양의 좌측 하단에 있는 이괘는 불, 우측 상단에 있는 감괘는 물, 좌측 상단에 있는 건괘는 하늘, 우측 하단에 있는 곤괘는 땅을 각각 상징한다. 4괘가 상징하는 바는 그것이 처음 만들어질 때부터 오늘날까지 변함이 없다.
>
> 태극 문양을 그린 기는 개항 이전에도 조선 수군이 사용한 깃발 등 여러 개가 있는데, 태극 문양과 4괘만 사용한 기는 개항 후에 처음 나타났다. 1882년 5월 조미수호조규 체결을 위한 전권대신으로 임명된 이응준은 회담 장소에 내걸 국기가 없어 곤란해 하다가 회담 직전 태극 문양을 활용해 기를 만들고 그것을 회담장에 걸어두었다. 그 기에 어떤 문양이 담겼는지는 오랫동안 알려지지 않았다. 그런데 2004년 1월 미국 어느 고서점에서 미국 해군부가 조미수호조규 체결 한 달 후에 만든 『해상 국가들의 깃발들』이라는 책이 발견되었다. 이 책에는 이응준이 그린 것으로 짐작되는 '조선의 기'라는 이름의 기가 실려 있다. 그 기의 중앙에는 태극 문양이 있으며 네 모서리에 괘가 하나씩 있는데, 좌측 상단에 감괘, 우측 상단에 건괘, 좌측 하단에 곤괘, 우측 하단에 이괘가 있다.
>
> 조선이 국기를 공식적으로 처음 정한 것은 1883년의 일이다. 1882년 9월에 고종은 박영효를 수신사로 삼아 일본에 보내면서, 그에게 조선을 상징하는 기를 만들어 사용해 본 다음 귀국하는 즉시 제출하게 했다. 이에 박영효는 태극 문양이 가운데 있고 4개의 모서리에 각각 하나씩 괘가 있는 기를 만들어 사용한 후 그것을 고종에게 바쳤다. 고종은 이를 조선 국기로 채택하고 통리교섭사무아문으로 하여금 각국 공사관에 배포하게 했다. 이 기는 일본에 의해 강제 병합되기까지 국기로 사용되었는데, 언뜻 보기에 『해상 국가들의 깃발들』에 실린 '조선의 기'와 비슷하다. 하지만 자세히 보면 두 기는 서로 다르다. 조선 국기 좌측 상단에 있는 괘가 '조선의 기'에는 우측 상단에 있고, '조선의 기'의 좌측 상단에 있는 괘는 조선 국기의 우측 상단에 있다. 또 조선 국기의 좌측 하단에 있는 괘는 '조선의 기'의 우측 하단에 있고, '조선의 기'의 좌측 하단에 있는 괘는 조선 국기의 우측 하단에 있다.

① 미국 해군부는 통리교섭사무아문이 각국 공사관에 배포한 국기를 『해상 국가들의 깃발들』에 수록하였다.

② 조미수호조규 체결을 위한 회담 장소에서 사용하고자 이응준이 만든 기는 태극 문양이 담긴 최초의 기다.

③ 통리교섭사무아문이 배포한 기의 우측 상단에 있는 괘와 '조선의 기'의 좌측 하단에 있는 괘가 상징하는 것은 같다.

④ 오늘날 태극기의 우측 하단에 있는 괘와 고종이 조선 국기로 채택한 기의 우측 하단에 있는 괘는 모두 땅을 상징한다.

⑤ 박영효가 그린 기의 좌측 상단에 있는 괘는 물을 상징하고 이응준이 그린 기의 좌측 상단에 있는 괘는 불을 상징한다.

문 2. 다음 대화의 빈칸에 들어갈 내용으로 가장 적절한 것은?

갑: 국회에서 법률들을 제정하거나 개정할 때, 법률에서 조례를 제정하여 시행하도록 위임하는 경우가 있습니다. 그리고 이런 위임에 따라 지방자치단체에서는 조례를 새로 제정하게 됩니다. 각 지방자치단체가 법률의 위임에 따라 몇 개의 조례를 제정했는지 집계하여 '조례 제정 비율'을 계산하는데, 이 지표는 작년에 이어 올해도 지방자치단체의 업무 평가 기준에 포함되었습니다.

을: 그렇군요. 그 평가 방식이 구체적으로 어떻게 되고, A시의 작년 평가 결과는 어땠는지 말씀해 주세요.

갑: 먼저 그 해 1월 1일부터 12월 31일까지 법률에서 조례를 제정하도록 위임한 사항이 몇 건인지 확인한 뒤, 그중 12월 31일까지 몇 건이나 조례로 제정되었는지로 평가합니다. 작년에는 법률에서 조례를 제정하도록 위임한 사항이 15건이었는데, 그중 A시에서 제정한 조례는 9건으로 그 비율은 60%였습니다.

을: 그러면 올해는 조례 제정 상황이 어떻습니까?

갑: 1월 1일부터 7월 10일 현재까지 법률에서 조례를 제정하도록 위임한 사항은 10건인데, A시는 이 중 7건을 조례로 제정하였으며 조례로 제정하기 위하여 입법 예고 중인 것은 2건입니다. 현재 시의회에서 조례로 제정되기를 기다리며 계류 중인 것은 없습니다.

을: 모든 조례는 입법 예고를 거친 뒤 시의회에서 제정되므로, 현재 입법 예고 중인 2건은 입법 예고 기간이 끝나야만 제정될 수 있겠네요. 이 2건의 제정 가능성은 예상할 수 있나요?

갑: 어떤 조례는 신속히 제정되기도 합니다. 그러나 때로는 시의회가 계속 파행하기도 하고 의원들의 입장에 차이가 커 공전될 수도 있기 때문에 현재 시점에서 조례 제정 가능성을 단정하기는 어렵습니다.

을: 그러면 A시의 조례 제정 비율과 관련하여 알 수 있는 것은 무엇이 있을까요?

갑: A시는 [　　　　　　　　　　]

① 현재 조례로 제정하기 위하여 입법 예고가 필요한 것이 1건입니다.
② 올 한 해의 조례 제정 비율이 작년보다 높아집니다.
③ 올 한 해 총 9건의 조례를 제정하게 됩니다.
④ 현재 시점을 기준으로 평가를 받으면 조례 제정 비율이 90%입니다.
⑤ 올 한 해 법률에서 조례를 제정하도록 위임 받은 사항이 작년보다 줄어듭니다.

문 3. 다음 글의 A～C에 대한 판단으로 가장 적절한 것은?

정책 네트워크는 다원주의 사회에서 정책 영역에 따라 실질적인 정책 결정권을 공유하고 있는 집합체이다. 정책 네트워크는 구성원 간의 상호 의존성, 외부로부터 다른 사회 구성원들의 참여 가능성, 의사결정의 합의 효율성, 지속성의 특징을 고려할 때 다음 세 가지 모형으로 분류될 수 있다.

모형 \ 특징	상호 의존성	외부 참여 가능성	합의 효율성	지속성
A	높음	낮음	높음	높음
B	보통	보통	보통	보통
C	낮음	높음	낮음	낮음

A는 의회의 상임위원회, 행정 부처, 이익집단이 형성하는 정책 네트워크로서 안정성이 높아 마치 소정부와 같다. 행정부 수반의 영향력이 작은 정책 분야에서 집중적으로 나타나는 형태이다. A에서는 참여자 간의 결속과 폐쇄적 경계를 강조하며, 배타성이 매우 강해 다른 이익집단의 참여를 철저하게 배제하는 것이 특징이다.

B는 특정 정책과 관련해 이해관계를 같이하는 참여자들로 구성된다. B가 특정 이슈에 대해 유기적인 연계 속에서 기능하면, 전통적인 관료제나 A의 방식보다 더 효과적으로 정책 목표를 달성할 수 있다. B의 주요 참여자는 정치인, 관료, 조직화된 이익집단, 전문가 집단이며, 정책 결정은 주요 참여자 간의 합의와 협력에 의해 일어난다.

C는 특정 이슈를 중심으로 이해관계나 전문성을 가진 이익집단, 개인, 조직으로 구성되고, 참여자는 매우 자율적이고 주도적인 행위자이며 수시로 변경된다. 배타성이 강한 A만으로 정책을 모색하면 정책 결정에 영향을 미칠 수 있는 C와 같은 개방적 참여자들의 네트워크를 놓치기 쉽다. C는 관료제의 영향력이 작고 통제가 약한 분야에서 주로 작동하는데, 참여자가 많아 합의가 어려워 결국 정부가 위원회나 청문회를 활용하여 의견을 조정하려는 경우가 종종 발생한다.

① 외부 참여 가능성이 높은 모형은 관료제의 영향력이 작고 통제가 약한 분야에서 나타나기 쉽다.
② 상호 의존성이 보통인 모형에서는 배타성이 강해 다른 이익집단의 참여를 철저하게 배제한다.
③ 합의 효율성이 높은 모형이 가장 효과적으로 정책 목표를 달성할 수 있다.
④ A에 참여하는 이익집단의 정책 결정 영향력이 B에 참여하는 이익집단의 정책 결정 영향력보다 크다.
⑤ C에서는 참여자의 수가 많아질수록 네트워크의 지속성이 높아진다.

문 4. 다음 글에서 추론할 수 있는 것만을 〈보기〉에서 모두 고르면?

> 두 입자만으로 이루어지고 이들이 세 가지의 양자 상태 1, 2, 3 중 하나에만 있을 수 있는 계(system)가 있다고 하자. 여기서 양자 상태란 입자가 있을 수 있는 구별 가능한 어떤 상태를 지시하며, 입자는 세 가지 양자 상태 중 하나에 반드시 있어야 한다. 이때 그 계에서 입자들이 어떻게 분포할 수 있는지 경우의 수를 세는 문제는, 각 양자 상태에 대응하는 세 개의 상자 [1|2|3]에 두 입자가 있는 경우의 수를 세는 것과 같다. 경우의 수는 입자들끼리 서로 구별 가능한지와 여러 개의 입자가 하나의 양자 상태에 동시에 있을 수 있는지에 따라 달라진다.
>
> 두 입자가 구별 가능하고, 하나의 양자 상태에 여러 개의 입자가 있을 수 있다고 가정하자. 이것을 'MB 방식'이라고 부르며, 두 입자는 각각 a, b로 표시할 수 있다. a가 1의 양자 상태에 있는 경우는 [ab| |], [a|b|], [a| |b]의 세 가지이고, a가 2의 양자 상태에 있는 경우와 a가 3의 양자 상태에 있는 경우도 각각 세 가지이다. 그러므로 MB 방식에서 경우의 수는 9이다.
>
> 두 입자가 구별되지 않고, 하나의 양자 상태에 여러 개의 입자가 있을 수 있다고 가정하자. 이것을 'BE 방식'이라고 부른다. 이때에는 두 입자 모두 a로 표시하게 되므로 [aa| |], [|aa|], [| |aa], [a|a|], [a| |a], [|a|a]가 가능하다. 그러므로 BE 방식에서 경우의 수는 6이다.
>
> 두 입자가 구별되지 않고, 하나의 양자 상태에 하나의 입자만 있을 수 있다고 가정하자. 이것을 'FD 방식'이라고 부른다. 여기에서는 BE 방식과 달리 하나의 양자 상태에 두 개의 입자가 동시에 있는 경우는 허용되지 않으므로 [a|a|], [a| |a], [|a|a]만 가능하다. 그러므로 FD 방식에서 경우의 수는 3이다.
>
> 양자 상태의 가짓수가 다를 때에도 MB, BE, FD 방식 모두 위에서 설명한 대로 입자들이 놓이게 되고, 이때 경우의 수는 달라질 수 있다.

〈보기〉

ㄱ. 두 개의 입자에 대해, 양자 상태가 두 가지이면 BE 방식에서 경우의 수는 2이다.

ㄴ. 두 개의 입자에 대해, 양자 상태의 가짓수가 많아지면 FD 방식에서 두 입자가 서로 다른 양자 상태에 각각 있는 경우의 수는 커진다.

ㄷ. 두 개의 입자에 대해, 양자 상태가 두 가지 이상이면 경우의 수는 BE 방식에서보다 MB 방식에서 언제나 크다.

① ㄱ　　② ㄷ

③ ㄱ, ㄴ　　④ ㄴ, ㄷ

⑤ ㄱ, ㄴ, ㄷ

문 5. 다음 글에서 추론할 수 있는 것은?

> 생쥐가 새로운 소리 자극을 받으면 이 자극 신호는 뇌의 시상에 있는 청각시상으로 전달된다. 청각시상으로 전달된 자극 신호는 뇌의 편도에 있는 측핵으로 전달된다. 측핵에 전달된 신호는 편도의 중핵으로 전달되고, 중핵은 신체의 여러 기관에 전달할 신호를 만들어서 반응이 일어나게 한다.
>
> 연구자 K는 '공포' 또는 '안정'을 학습시켰을 때 나타나는 신경생물학적 특징을 탐구하기 위해 두 개의 실험을 수행했다.
>
> 첫 번째 실험에서 공포를 학습시켰다. 이를 위해 K는 생쥐에게 소리 자극을 준 뒤에 언제나 공포를 일으킬 만한 충격을 가하여, 생쥐에게 이 소리가 충격을 예고한다는 것을 학습시켰다. 이렇게 학습된 생쥐는 해당 소리 자극을 받으면 방어적인 행동을 취했다. 이 생쥐의 경우, 청각시상으로 전달된 소리 자극 신호는 학습을 수행하기 전 상태에서 전달되는 것보다 훨씬 센 강도의 신호로 증폭되어 측핵으로 전달된다. 이 증폭된 강도의 신호는 중핵을 거쳐 신체의 여러 기관에 전달되고 이는 학습된 공포 반응을 일으킨다.
>
> 두 번째 실험에서는 안정을 학습시켰다. 이를 위해 K는 다른 생쥐에게 소리 자극을 준 뒤에 항상 어떤 충격도 주지 않아서, 생쥐에게 이 소리가 안정을 예고한다는 것을 학습시켰다. 이렇게 학습된 생쥐는 이 소리를 들어도 방어적인 행동을 전혀 취하지 않았다. 이 경우 소리 자극 신호를 받은 청각시상에서 만들어진 신호가 측핵으로 전달되는 것이 억제되기 때문에 측핵에 전달된 신호는 매우 미약해진다. 대신 청각시상은 뇌의 선조체에서 반응을 일으킬 수 있는 자극 신호를 만들어서 선조체에 전달한다. 선조체는 안정 상태와 같은 긍정적이고 좋은 느낌을 느낄 수 있게 하는 것에 관여하는 뇌 영역인데, 선조체에서 반응이 세게 나타나면 안정감을 느끼게 되어 학습된 안정 반응을 일으킨다.

① 중핵에서 만들어진 신호의 세기가 강한 경우에는 학습된 안정 반응이 나타난다.

② 학습된 공포 반응을 일으키지 않는 소리 자극은 선조체에서 약한 반응이 일어나게 한다.

③ 학습된 공포 반응을 일으키는 소리 자극은 청각시상에서 선조체로 전달되는 자극 신호를 억제한다.

④ 학습된 안정 반응을 일으키는 청각시상에서 받는 소리 자극 신호는 학습된 공포 반응을 일으키는 청각시상에서 받는 소리 자극 신호보다 약하다.

⑤ 학습된 안정 반응을 일으키는 경우와 학습된 공포 반응을 일으키는 경우 모두, 청각시상에서 측핵으로 전달되는 신호의 세기가 학습하기 전과 달라진다.

문 6. 다음 글의 빈칸에 들어갈 내용으로 가장 적절한 것은?

민간 문화 교류 증진을 목적으로 열리는 국제 예술 공연의 개최가 확정되었다. 이번 공연이 민간 문화 교류 증진을 목적으로 열린다면, 공연 예술단의 수석대표는 정부 관료가 맡아서는 안 된다. 만일 공연이 민간 문화 교류 증진을 목적으로 열리고 공연 예술단의 수석대표는 정부 관료가 맡아서는 안 된다면, 공연 예술단의 수석대표는 고전음악 지휘자나 대중음악 제작자가 맡아야 한다. 현재 정부 관료 가운데 고전음악 지휘자나 대중음악 제작자는 없다. 예술단에 수석대표는 반드시 있어야 하며 두 사람 이상이 공동으로 맡을 수도 있다. 전체 세대를 아우를 수 있는 사람이 아니라면 수석대표를 맡아서는 안 된다. 전체 세대를 아우를 수 있는 사람이 극히 드물기에, 위에 나열된 조건을 다 갖춘 사람은 모두 수석대표를 맡는다.

누가 공연 예술단의 수석대표를 맡을 것인가와 더불어, 참가하는 예술인이 누구인가도 많은 관심의 대상이다. 그런데 아이돌 그룹 A가 공연 예술단에 참가하는 것은 분명하다. 왜냐하면 만일 갑이나 을이 수석대표를 맡는다면 A가 공연 예술단에 참가하는데, [   ] 때문이다.

① 갑은 고전음악 지휘자이며 전체 세대를 아우를 수 있기
② 갑이나 을은 대중음악 제작자 또는 고전음악 지휘자이기
③ 갑과 을은 둘 다 정부 관료가 아니며 전체 세대를 아우를 수 있기
④ 을이 대중음악 제작자가 아니라면 전체 세대를 아우를 수 없을 것이기
⑤ 대중음악 제작자나 고전음악 지휘자라면 누구나 전체 세대를 아우를 수 있기

문 7. 다음 글의 내용이 참일 때, 반드시 참인 것만을 〈보기〉에서 모두 고르면?

A 기술원 해수자원화기술 연구센터는 2014년 세계 최초로 해수전지 원천 기술을 개발한 바 있다. 연구센터는 해수전지 상용화를 위한 학술대회를 열었는데 학술대회로 연구원들이 자리를 비운 사이 누군가 해수전지 상용화를 위한 핵심 기술이 들어 있는 기밀 자료를 훔쳐 갔다. 경찰은 수사 끝에 바다, 다은, 은경, 경아를 용의자로 지목해 학술대회 당일의 상황을 물으며 이들을 심문했는데 이들의 답변은 아래와 같았다.

바다: 학술대회에서 발표된 상용화 아이디어 중 적어도 하나는 학술대회에 참석한 모든 사람들의 관심을 받았어요. 다은은 범인이 아니에요.

다은: 학술대회에 참석한 사람들은 누구나 학술대회에서 발표된 하나 이상의 상용화 아이디어에 관심을 가졌어요. 범인은 은경이거나 경아예요.

은경: 학술대회에 참석한 몇몇 사람은 학술대회에서 발표된 상용화 아이디어 중 적어도 하나에 관심이 있었어요. 경아는 범인이 아니에요.

경아: 학술대회에 참석한 모든 사람들이 어떤 상용화 아이디어에도 관심이 없었어요. 범인은 바다예요.

수사 결과 이들은 각각 참만을 말하거나 거짓만을 말한 것으로 드러났다. 그리고 네 명 중 한 명만 범인이었다는 것이 밝혀졌다.

〈보기〉

ㄱ. 바다와 은경의 말이 모두 참일 수 있다.
ㄴ. 다은과 은경의 말이 모두 참인 것은 가능하지 않다.
ㄷ. 용의자 중 거짓말한 사람이 단 한 명이면, 은경이 범인이다.

① ㄱ
② ㄴ
③ ㄱ, ㄷ
④ ㄴ, ㄷ
⑤ ㄱ, ㄴ, ㄷ

문 8. 다음 글의 내용이 참일 때, 반드시 참인 것만을 〈보기〉에서 모두 고르면?

최근 두 주 동안 직원들은 다음 주에 있을 연례 정책 브리핑을 준비해 왔다. 브리핑의 내용과 진행에 관해 알려진 바는 다음과 같다. 개인건강정보 관리 방식 변경에 관한 가안이 정책제안에 포함된다면, 보건정보의 공적 관리에 관한 가안도 정책제안에 포함될 것이다. 그리고 정책제안을 위해 구성되었던 국민건강 2025팀이 재편된다면, 앞에서 언급한 두 개의 가안이 모두 정책제안에 포함될 것이다. 개인건강정보 관리 방식 변경에 관한 가안이 정책제안에 포함되고 국민건강 2025팀 리더인 최 팀장이 다음 주 정책 브리핑을 총괄한다면, 프레젠테이션은 국민건강 2025팀의 팀원인 손공정씨가 맡게 될 것이다. 그런데 보건정보의 공적 관리에 관한 가안이 정책제안에 포함될 경우, 국민건강 2025팀이 재편되거나 다음 주 정책 브리핑을 위해 준비한 보도자료가 대폭 수정될 것이다. 한편, 직원들 사이에서는, 최 팀장이 다음 주 정책 브리핑을 총괄하면 팀원 손공정씨가 프레젠테이션을 담당한다는 말이 돌았는데 그 말은 틀린 것으로 밝혀졌다.

〈보기〉

ㄱ. 개인건강정보 관리 방식 변경에 관한 가안과 보건정보의 공적 관리에 관한 가안 중 어느 것도 정책제안에 포함되지 않는다.

ㄴ. 국민건강 2025팀은 재편되지 않고, 이 팀의 최 팀장이 다음 주 정책 브리핑을 총괄한다.

ㄷ. 보건정보의 공적 관리에 관한 가안이 정책제안에 포함된다면, 다음 주 정책 브리핑을 위해 준비한 보도자료가 대폭 수정될 것이다.

① ㄱ
② ㄴ
③ ㄱ, ㄷ
④ ㄴ, ㄷ
⑤ ㄱ, ㄴ, ㄷ

문 9. 다음 글의 내용이 참일 때, 반드시 참인 것은?

A, B, C, D를 포함해 총 8명이 학회에 참석했다. 이들에 관해서 알려진 정보는 다음과 같다.

○ 아인슈타인 해석, 많은 세계 해석, 코펜하겐 해석, 보른 해석 말고도 다른 해석들이 있고, 학회에 참석한 이들은 각각 하나의 해석만을 받아들인다.
○ 상태 오그라듦 가설을 받아들이는 이들은 모두 5명이고, 나머지는 이 가설을 받아들이지 않는다.
○ 상태 오그라듦 가설을 받아들이는 이들은 코펜하겐 해석이나 보른 해석을 받아들인다.
○ 코펜하겐 해석이나 보른 해석을 받아들이는 이들은 상태 오그라듦 가설을 받아들인다.
○ B는 코펜하겐 해석을 받아들이고, C는 보른 해석을 받아들인다.
○ A와 D는 상태 오그라듦 가설을 받아들인다.
○ 아인슈타인 해석을 받아들이는 이가 있다.

① 적어도 한 명은 많은 세계 해석을 받아들인다.
② 만일 보른 해석을 받아들이는 이가 두 명이면, A와 D가 받아들이는 해석은 다르다.
③ 만일 A와 D가 받아들이는 해석이 다르다면, 적어도 두 명은 코펜하겐 해석을 받아들인다.
④ 만일 오직 한 명만이 많은 세계 해석을 받아들인다면, 아인슈타인 해석을 받아들이는 이는 두 명이다.
⑤ 만일 코펜하겐 해석을 받아들이는 이가 세 명이면, A와 D 가운데 적어도 한 명은 보른 해석을 받아들인다.

문 10. 다음 글의 〈실험 결과〉에서 추론할 수 있는 것은?

연구자 K는 동물의 뇌 구조 변화가 일어나는 방식을 규명하기 위해 다음의 실험을 수행했다. 실험용 쥐를 총 세 개의 실험군으로 나누었다. 실험군 1의 쥐에게는 운동은 최소화하면서 학습을 시키는 '학습 위주 경험'을 하도록 훈련시켰다. 실험군 2의 쥐에게는 특별한 기술을 학습할 필요 없이 수행할 수 있는 쳇바퀴 돌리기를 통해 '운동 위주 경험'을 하도록 훈련시켰다. 실험군 3의 쥐에게는 어떠한 학습이나 운동도 시키지 않았다.

〈실험 결과〉

○ 뇌 신경세포 한 개당 시냅스의 수는 실험군 1의 쥐에서 크게 증가했고 실험군 2와 3의 쥐에서는 거의 변하지 않았다.
○ 뇌 신경세포 한 개당 모세혈관의 수는 실험군 2의 쥐에서 크게 증가했고 실험군 1과 3의 쥐에서는 거의 변하지 않았다.
○ 실험군 1의 쥐에서는 대뇌 피질의 지각 영역에서 구조 변화가 나타났고, 실험군 2의 쥐에서는 대뇌 피질의 운동 영역과 더불어 운동 활동을 조절하는 소뇌에서 구조 변화가 나타났다. 실험군 3의 쥐에서는 뇌 구조 변화가 거의 나타나지 않았다.

① 대뇌 피질의 구조 변화는 학습 위주 경험보다 운동 위주 경험에 더 큰 영향을 받는다.
② 학습 위주 경험은 뇌의 신경세포당 시냅스의 수에, 운동 위주 경험은 뇌의 신경세포당 모세혈관의 수에 영향을 미친다.
③ 학습 위주 경험과 운동 위주 경험은 뇌의 특정 부위에 있는 신경세포의 수를 늘려 그 부위의 뇌 구조를 변하게 한다.
④ 특정 형태의 경험으로 인해 뇌의 특정 영역에 발생한 구조 변화가 뇌의 신경세포당 모세혈관 또는 시냅스의 수를 변화시킨다.
⑤ 뇌가 영역별로 특별한 구조를 갖는 것이 그 영역에서 신경세포당 모세혈관 또는 시냅스의 수를 변화시켜 특정 형태의 경험을 더 잘 수행할 수 있게 한다.

문 11. 다음 글의 〈실험 결과〉에 대한 판단으로 적절한 것만을 〈보기〉에서 모두 고르면?

박쥐 X가 잡아먹을 수컷 개구리의 위치를 찾기 위해 사용하는 방법에는 두 가지가 있다. 하나는 수컷 개구리의 울음소리를 듣고 위치를 찾아내는 '음탐지' 방법이다. 다른 하나는 X가 초음파를 사용하여, 울음소리를 낼 때 커졌다 작아졌다 하는 울음주머니의 움직임을 포착하여 위치를 찾아내는 '초음파탐지' 방법이다. 울음주머니의 움직임이 없으면 이 방법으로 수컷 개구리의 위치를 찾을 수 없다.

〈실험〉

한 과학자가 수컷 개구리를 모방한 두 종류의 로봇개구리를 제작했다. 로봇개구리 A는 수컷 개구리의 울음소리를 내고, 커졌다 작아졌다 하는 울음주머니도 가지고 있다. 로봇개구리 B는 수컷 개구리의 울음소리만 내고, 커졌다 작아졌다 하는 울음주머니는 없다. 같은 수의 A 또는 B를 크기는 같지만 서로 다른 환경의 세 방 안에 같은 위치에 두었다. 세 방의 환경은 다음과 같다.

○ 방 1: 로봇개구리 소리만 들리는 환경
○ 방 2: 로봇개구리 소리뿐만 아니라, 로봇개구리가 있는 곳과 다른 위치에서 로봇개구리 소리와 같은 소리가 추가로 들리는 환경
○ 방 3: 로봇개구리 소리뿐만 아니라, 로봇개구리가 있는 곳과 다른 위치에서 로봇개구리 소리와 전혀 다른 소리가 추가로 들리는 환경

각 방에 같은 수의 X를 넣고 실제로 로봇개구리를 잡아먹기 위해 공격하는 데 걸리는 평균 시간을 측정했다. X가 로봇개구리의 위치를 빨리 알아낼수록 공격하는 데 걸리는 시간은 짧다.

〈실험 결과〉

○ 방 1: A를 넣은 경우는 3.4초였고 B를 넣은 경우는 3.3초로 둘 사이에 유의미한 차이는 없었다.
○ 방 2: A를 넣은 경우는 8.2초였고 B를 넣은 경우는 공격하지 않았다.
○ 방 3: A를 넣은 경우는 3.4초였고 B를 넣은 경우는 3.3초로 둘 사이에 유의미한 차이는 없었다.

〈보기〉

ㄱ. 방 1과 2의 〈실험 결과〉는, X가 음탐지 방법이 방해를 받는 환경에서는 초음파탐지 방법을 사용한다는 가설을 강화한다.
ㄴ. 방 2와 3의 〈실험 결과〉는, X가 소리의 종류를 구별할 수 있다는 가설을 강화한다.
ㄷ. 방 1과 3의 〈실험 결과〉는, 수컷 개구리의 울음소리와 전혀 다른 소리가 들리는 환경에서는 X가 초음파탐지 방법을 사용한다는 가설을 강화한다.

① ㄱ ② ㄷ
③ ㄱ, ㄴ ④ ㄴ, ㄷ
⑤ ㄱ, ㄴ, ㄷ

문 12. 다음 글에 대한 분석으로 적절한 것만을 〈보기〉에서 모두 고르면?

'자연화'란 자연과학의 방법론에 따라 자연과학이 수용하는 존재론을 토대 삼아 연구를 수행한다는 의미이다. 심리학을 자연과학의 하나라고 생각하는 철학자 A는, 인식론의 자연화를 주장하기 위해 다음의 〈논증〉을 제시하였다.

〈논증〉

(1) 전통적 인식론은 적어도 다음의 두 가지 목표를 가진다. 첫째, 세계에 관한 믿음을 정당화하는 것이고, 둘째, 세계에 관한 믿음을 나타내는 문장을 감각 경험을 나타내는 문장으로 번역하는 것이다.
(2) 전통적 인식론은 첫째 목표도 달성할 수 없고 둘째 목표도 달성할 수 없다.
(3) 만약 전통적 인식론이 이 두 가지 목표 중 어느 하나라도 달성할 수가 없다면, 전통적 인식론은 폐기되어야 한다.
(4) 전통적 인식론은 폐기되어야 한다.
(5) 만약 전통적 인식론이 폐기되어야 한다면, 인식론자는 전통적 인식론 대신 심리학을 연구해야 한다.
(6) 인식론자는 전통적 인식론 대신 심리학을 연구해야 한다.

〈보기〉

ㄱ. 전통적 인식론의 목표에 (1)의 '두 가지 목표' 외에 "세계에 관한 믿음이 형성되는 과정을 규명하는 것"이 추가된다면, 위 논증에서 (6)은 도출되지 않는다.
ㄴ. (2)를 "전통적 인식론은 첫째 목표를 달성할 수 없거나 둘째 목표를 달성할 수 없다."로 바꾸어도 위 논증에서 (6)이 도출된다.
ㄷ. (4)는 논증 안의 어떤 진술들로부터 나오는 결론일 뿐만 아니라 논증 안의 다른 진술의 전제이기도 하다.

① ㄱ
② ㄷ
③ ㄱ, ㄴ
④ ㄴ, ㄷ
⑤ ㄱ, ㄴ, ㄷ

문 13. 다음 글에 대한 분석으로 적절한 것만을 〈보기〉에서 모두 고르면?

어떤 사람이 당신에게 다음과 같이 제안했다고 하자. 당신은 호화 여행을 즐기게 된다. 다만 먼저 10만 원을 내야 한다. 여기에 하나의 추가 조건이 있다. 그것은 제안자의 말인 아래의 (1)이 참이면 그는 10만 원을 돌려주지 않고 약속대로 호화 여행은 제공하는 반면, (1)이 거짓이면 그는 10만 원을 돌려주고 약속대로 호화 여행도 제공한다는 것이다.

(1) 나는 당신에게 10만 원을 돌려주거나 ⓐ 당신은 나에게 10억 원을 지불한다.

당신은 이 제안을 받아들였고 10만 원을 그에게 주었다.

이때 어떤 결과가 따를지 검토해 보자. (1)은 참이거나 거짓일 것이다. (1)이 거짓이라고 가정해 보자. 그러면 추가 조건에 따라 그는 당신에게 10만 원을 돌려준다. 또한 가정상 (1)이 거짓이므로, ㉠ 그는 당신에게 10만 원을 돌려주지 않는다. 결국 (1)이 거짓이라고 가정하면 그는 당신에게 10만 원을 돌려준다는 것과 돌려주지 않는다는 것이 모두 성립한다. 이는 가능하지 않다. 따라서 ㉡ (1)은 참일 수밖에 없다. 그런데 (1)이 참이라면 추가 조건에 따라 그는 당신에게 10만 원을 돌려주지 않는다. 따라서 ⓐ가 반드시 참이어야 한다. 즉, ㉢ 당신은 그에게 10억 원을 지불한다.

〈보기〉

ㄱ. ㉠을 추론하는 데는 'A이거나 B'의 형식을 가진 문장이 거짓이면 A도 B도 모두 반드시 거짓이라는 원리가 사용되었다.
ㄴ. ㉡을 추론하는 데는 어떤 가정 하에서 같은 문장의 긍정과 부정이 모두 성립하는 경우 그 가정의 부정은 반드시 참이라는 원리가 사용되었다.
ㄷ. ㉢을 추론하는 데는 'A이거나 B'라는 형식의 참인 문장에서 A가 거짓인 경우 B는 반드시 참이라는 원리가 사용되었다.

① ㄱ
② ㄷ
③ ㄱ, ㄴ
④ ㄴ, ㄷ
⑤ ㄱ, ㄴ, ㄷ

문 17. 다음 글의 ㉠~㉢에 들어갈 내용에 대한 설명으로 가장 적절한 것은?

○○도는 2022년부터 '공공 기관 통합 채용' 시스템을 운영하여 공공 기관의 채용에 대한 체계적 관리와 비리 발생 예방을 도모할 계획이다. 기존에는 ○○도 산하 공공 기관들이 채용 전(全) 과정을 각기 주관하여 시행하였으나, 2022년부터는 ○○도가 채용 과정에 참여하기로 하였다. ○○도와 산하 공공 기관들이 '따로, 또 같이'하는 통합 채용을 통해 채용 과정의 투명성을 확보하고 기관별 특성에 맞는 인재 선발을 용이하게 하려는 것이다.

○○도는 채용 공고와 원서 접수를 하고 필기시험을 주관한다. 나머지 절차는 ○○도 산하 공공 기관이 주관하여 서류 심사 후 면접시험을 거쳐 합격자를 발표한다. 기존 채용 절차에서 서류 심사에 이어 필기시험을 치던 순서를 맞바꾸었는데, 이는 지원자에게 응시 기회를 확대 제공하기 위해서이다. 절차 변화에 대한 지원자의 혼란을 줄이기 위해 기존의 나머지 채용 절차는 그대로 유지하였다. 또 ○○도는 기존의 필기시험 과목인 영어·한국사·일반상식을 국가직무능력표준 기반 평가로 바꾸어 기존과 달리 실무 능력을 평가해서 인재를 선발할 수 있도록 제도를 보완하였다. ○○도는 이런 통합 채용 절차를 알기 쉽게 기존 채용 절차와 개선 채용 절차를 비교해서 도표로 나타내었다.

① 개선 이후 ㉠에 해당하는 기관이 주관하는 채용 업무의 양은 이전과 동일할 것이다.
② ㉠과 같은 주관 기관이 들어가는 것은 ㉥이 아니라 ㉤이다.
③ ㉡과 ㉧에는 같은 채용 절차가 들어간다.
④ ㉢과 ㉦에서 지원자들이 평가받는 능력은 같다.
⑤ ㉣을 주관하는 기관과 ㉨을 주관하는 기관은 다르다.

문 18. 다음 글의 〈표〉에 대한 판단으로 적절한 것만을 〈보기〉에서 모두 고르면?

법제처 주무관 갑은 지방자치단체를 대상으로 조례 입안을 지원하고 있다. 갑은 지방자치단체가 조례 입안 지원 신청을 하는 경우, 두 가지 기준에 따라 나누어 신청 안들을 정리하고 있다. 해당 조례안의 입법 예고를 완료하였는지 여부를 기준으로 '완료'와 '미완료'로 나누고, 과거에 입안을 지원하였던 조례안 중에 최근에 접수된 조례안과 내용이 유사한 사례가 있는지를 판단하여 유사 사례 '있음'과 '없음'으로 나눈다. 유사 사례가 존재하지 않는 경우에만 갑은 팀장인 을에게 그 접수된 조례안의 주요 내용을 보고해야 한다.

최근 접수된 조례안 (가)는 지난 분기에 지원하였던 조례안과 많은 부분 유사한 내용을 담고 있다. 입법 예고는 현재 진행 중이다. 조례안 (나)의 경우는 입법 예고가 완료된 후에 접수되었고, 그 주요 내용이 지난해에 지원한 조례안의 주요 내용과 유사하다. 조례안 (다)는 주요 내용이 기존에 지원하였던 조례안과 유사성이 전혀 없는 새로운 내용을 규정하고 있으며, 입법 예고가 진행되지 않았다.

이상의 내용을 다음과 같은 형식으로 나타낼 수 있다.

〈표〉 입안 지원 신청 조례안별 분류

기준 \ 조례안	(가)	(나)	(다)
A	㉠	㉡	㉢
B	㉣	㉤	㉥

〈보기〉

ㄱ. A에 유사 사례의 유무를 따지는 기준이 들어가면, ㉣과 ㉥이 같다.
ㄴ. B에 따라 을에 대한 갑의 보고 여부가 결정된다면, ㉠과 ㉢은 같다.
ㄷ. ㉣과 ㉤이 같으면, ㉠과 ㉡이 같다.

① ㄱ
② ㄷ
③ ㄱ, ㄴ
④ ㄴ, ㄷ
⑤ ㄱ, ㄴ, ㄷ

문 19. 다음 대화의 ㉠으로 적절한 것만을 〈보기〉에서 모두 고르면?

> 갑: 우리 지역 장애인의 체육 활동을 지원하기 위한 '장애인 스포츠 강좌 지원사업'의 집행 실적이 저조하다고 합니다. 지원 바우처를 제대로 사용하지 못하고 있다는 의미인데요. 비장애인을 대상으로 하는 '일반 스포츠 강좌 지원사업'은 인기가 많아 예산이 금방 소진된다고 합니다. 과연 어디에 문제점이 있는 것일까요?
>
> 을: 바우처를 수월하게 사용하려면 사용 가능한 가맹 시설이 많이 있어야 합니다. 우리 지역의 '장애인 스포츠 강좌 지원사업' 가맹 시설은 10개소이며 '일반 스포츠 강좌 지원사업' 가맹 시설은 300개소입니다. 그런데 장애인들은 비장애인들에 비해 바우처를 사용하기 훨씬 어렵습니다. 혹시 장애인의 수에 비해 장애인 대상 가맹 시설의 수가 비장애인의 경우보다 턱없이 적어서 그런 것 아닐까요?
>
> 병: 글쎄요, 제 생각은 조금 다릅니다. 바우처 지원액이 너무 적은 것은 아닐까요? 장애인을 대상으로 하는 스포츠 강좌는 보조인력 비용 등 추가 비용으로 인해, 비장애인 대상 강좌보다 수강료가 높을 수 있습니다. 바우처를 사용한다 해도 자기 부담금이 여전히 크다면 장애인들은 스포츠 강좌를 이용하기 어려울 것입니다.
>
> 정: 하지만 제가 보기엔 장애인들의 주요 연령대가 사업에서 제외된 것 같습니다. 현재 본 사업의 대상 연령은 만 12세에서 만 49세까지인데, 장애인 인구의 고령자 인구 비율이 비장애인 인구에 비해 높다는 사실을 고려하면, 대상 연령의 상한을 적어도 만 64세까지 높여야 한다고 생각합니다.
>
> 갑: 모두들 좋은 의견 감사합니다. 오늘 회의에서 논의된 내용을 확인하기 위해 ㉠ 필요한 자료를 조사해 주세요.

〈보기〉

ㄱ. 장애인 및 비장애인 각각의 인구 대비 '스포츠 강좌 지원사업' 가맹 시설 수

ㄴ. 장애인과 비장애인 각각 '스포츠 강좌 지원사업'에 참여하기 위해 본인이 부담해야 하는 금액

ㄷ. 만 50세에서 만 64세까지의 장애인 중 스포츠 강좌 수강을 희망하는 인구와 만 50세에서 만 64세까지의 비장애인 중 스포츠 강좌 수강을 희망하는 인구

① ㄴ

② ㄷ

③ ㄱ, ㄴ

④ ㄱ, ㄷ

⑤ ㄱ, ㄴ, ㄷ

문 20. 다음 글에서 추론할 수 있는 것만을 〈보기〉에서 모두 고르면?

> 갑: 조(粗)출생률은 인구 1천 명당 출생아 수를 의미합니다. 조출생률은 인구 규모가 상이한 지역이나 시점 간의 출산 수준을 간편하게 비교할 때 유용한 지표입니다. 예를 들어, 2016년에 세종시보다 인구 규모가 훨씬 큰 경기도의 출생아 수는 10만 5천 명으로 세종시의 3천 명보다 많지만, 조출생률은 경기도가 8.4명이고 세종시는 14.6명입니다. 출산 수준은 세종시가 더 높다는 의미입니다.
>
> 을: 그렇군요. 그럼 합계 출산율은 무엇인가요?
>
> 갑: 합계 출산율은 여성 한 명이 평생 동안 낳을 것으로 예상되는 출생아 수를 의미합니다. 여성이 실제 평생 동안 낳은 아이 수를 측정하는 것은 가임 기간 35년이 지나야 산출할 수 있다는 문제가 있습니다. 이에 비해 합계 출산율은 여성 1명이 출산 가능한 시기를 15세부터 49세까지로 가정하고 그 사이의 각 연령대 출산율을 모두 합해서 얻습니다. 15～19세 연령대 출산율은 한 해 동안 15～19세 여성에게서 태어난 출생아 수를 15～19세 여성의 수로 나눈 수치인데, 15～19세부터 45～49세까지 7개 구간 각각의 연령대 출산율을 모두 합한 것이 합계 출산율입니다. 합계 출산율은 한 여성이 가임 기간 내내 특정 시기의 연령대 출산율 패턴을 그대로 따른다는 가정을 전제로 산출하므로 실제 출산 현실과 차이가 있을 수 있습니다.
>
> 을: 그렇다면 조출생률과 합계 출산율을 구별하는 이유가 뭐죠?
>
> 갑: 조출생률과 달리 합계 출산율은 성비 및 연령 구조에 따른 출산 수준의 차이를 표준화할 수 있는 장점이 있습니다. 예를 들어, 이스라엘의 합계 출산율은 3.0인 반면 남아프리카공화국은 2.5가량입니다. 하지만 조출생률은 거의 비슷하지요. 이것은 남아프리카공화국의 경우 전체 인구 대비 젊은 여성의 비율이 이스라엘보다 높기 때문입니다.

〈보기〉

ㄱ. 조출생률을 계산할 때는 전체 인구 대비 여성의 비율은 고려하지 않는다.

ㄴ. 두 나라가 인구 수와 조출생률에 차이가 없다면 각 나라의 합계 출산율에는 차이가 없다.

ㄷ. 합계 출산율은 한 명의 여성이 일생 동안 출산한 출생아의 수를 집계한 자료를 바탕으로 산출한다.

① ㄱ

② ㄴ

③ ㄱ, ㄷ

④ ㄴ, ㄷ

⑤ ㄱ, ㄴ, ㄷ

※ 다음 글을 읽고 물음에 답하시오. [문 21. ~ 문 22.]

미국의 일부 주에서 판사는 형량을 결정하거나 가석방을 허가하는 판단의 보조 자료로 양형 보조 프로그램 X를 활용한다. X는 유죄가 선고된 범죄자를 대상으로 그 사람의 재범 확률을 추정하여 그 결과를 최저 위험군을 뜻하는 1에서 최고 위험군을 뜻하는 10까지의 위험 지수로 평가한다.

2016년 A는 X를 활용하는 플로리다 주 법정에서 선고받았던 7천여 명의 초범들을 대상으로 X의 예측 결과와 석방 후 2년간의 실제 재범 여부를 조사했다. 이 조사 결과를 토대로 한 ㉠ A의 주장은 X가 흑인과 백인을 차별한다는 것이다. 첫째 근거는 백인의 경우 위험 지수 1로 평가된 사람이 가장 많고 10까지 그 비율이 차츰 감소한 데 비하여 흑인의 위험 지수는 1부터 10까지 고르게 분포되었다는 관찰 결과이다. 즉 고위험군으로 분류된 사람의 비율이 백인보다 흑인이 더 크다는 것이었다. 둘째 근거는 예측의 오류와 관련된 것이다. 2년 이내 재범을 (가) 사람 중에서 (나)으로 잘못 분류되었던 사람의 비율은 흑인의 경우 45%인 반면 백인은 23%에 불과했고, 2년 이내 재범을 (다) 사람 중에서 (라)으로 잘못 분류되었던 사람의 비율은 흑인의 경우 28%인 반면 백인은 48%로 훨씬 컸다. 종합하자면, 재범을 저지른 사람이든 그렇지 않은 사람이든, 흑인은 편파적으로 고위험군으로 분류된 반면 백인은 편파적으로 저위험군으로 분류된 것이다.

X를 개발한 B는 A의 주장을 반박하는 논문을 발표하였다. B는 X의 목적이 재범 가능성에 대한 예측의 정확성을 높이는 것이며, 그 정확성에는 인종 간에 차이가 나타나지 않는다고 주장했다. B에 따르면, 예측의 정확성을 판단하는 데 있어 중요한 것은 고위험군으로 분류된 사람 중 2년 이내 재범을 저지른 사람의 비율과 저위험군으로 분류된 사람 중 2년 이내 재범을 저지르지 않은 사람의 비율이다. B는 전자의 비율이 백인 59%, 흑인 63%, 후자의 비율이 백인 71%, 흑인 65%라고 분석하고, 이 비율들은 인종 간에 유의미한 차이를 드러내지 않는다고 주장했다. 또 B는 X에 의해서 고위험군 혹은 저위험군으로 분류되기 이전의 흑인과 백인의 재범률, 즉 흑인의 기저재범률과 백인의 기저재범률 간에는 이미 상당한 차이가 있었으며, 이런 애초의 차이가 A가 언급한 예측의 오류 차이를 만들어 냈다고 설명한다. 결국 ㉡ B의 주장은 X가 편파적으로 흑인과 백인의 위험 지수를 평가하지 않는다는 것이다.

하지만 기저재범률의 차이로 인종 간 위험 지수의 차이를 설명하여, X가 인종차별적이라는 주장을 반박하는 것은 잘못이다. 기저재범률에는 미국 사회의 오래된 인종차별적 특징, 즉 흑인이 백인보다 범죄자가 되기 쉬운 사회 환경이 반영되어 있기 때문이다. 처음 범죄를 저질러서 재판을 받아야 하는 흑인을 생각해 보자. 그의 위험 지수를 판정할 때 사용되는 기저재범률은 그와 전혀 상관없는 다른 흑인들이 만들어 낸 것이다. 그런 기저재범률이 전혀 상관없는 사람의 형량이나 가석방 여부에 영향을 주는 것은 잘못이다. 더 나아가 이런 식으로 위험 지수를 평가받아 형량이 정해진 흑인들은 더 오랜 기간 교도소에 있게 될 것이며, 향후 재판받을 흑인들의 위험 지수를 더욱 높이는 결과를 가져오게 될 것이다. 따라서 ㉢ X의 지속적인 사용은 미국 사회의 인종차별을 고착화한다.

문 21. 위 글의 (가)~(라)에 들어갈 말을 적절하게 나열한 것은?

	(가)	(나)	(다)	(라)
①	저지르지 않은	고위험군	저지른	저위험군
②	저지르지 않은	고위험군	저지른	고위험군
③	저지르지 않은	저위험군	저지른	저위험군
④	저지른	고위험군	저지르지 않은	저위험군
⑤	저지른	저위험군	저지르지 않은	고위험군

문 22. 위 글의 ㉠~㉢에 대한 평가로 적절한 것만을 〈보기〉에서 모두 고르면?

〈보기〉

ㄱ. 강력 범죄자 중 위험지수가 10으로 평가된 사람의 비율이 흑인과 백인 사이에 차이가 없다면, ㉠은 강화된다.

ㄴ. 흑인의 기저재범률이 높을수록 흑인에 대한 X의 재범 가능성 예측이 더 정확해진다면, ㉡은 약화된다.

ㄷ. X가 특정 범죄자의 재범률을 평가할 때 사용하는 기저재범률이 동종 범죄를 저지른 사람들로부터 얻은 것이라면, ㉢은 강화되지 않는다.

① ㄱ

② ㄷ

③ ㄱ, ㄴ

④ ㄴ, ㄷ

⑤ ㄱ, ㄴ, ㄷ

문 23. 다음 글의 빈칸에 들어갈 내용으로 가장 적절한 것은?

갑: 안녕하십니까. 저는 시청 토목정책과에 근무합니다. 부정 청탁을 받은 때는 신고해야 한다고 들었습니다.

을: 예, 「부정청탁 및 금품 등 수수의 금지에 관한 법률」(이하 '청탁금지법')에서는, 공직자가 부정 청탁을 받았을 때는 명확히 거절 의사를 표현해야 하고, 그랬는데도 상대방이 이후에 다시 동일한 부정 청탁을 해 온다면 소속 기관의 장에게 신고해야 한다고 규정합니다.

갑: '금품 등'에는 접대와 같은 향응도 포함되지요?

을: 물론이지요. 청탁금지법에 따르면, 공직자는 동일인으로부터 명목에 상관없이 1회 100만 원 혹은 매 회계연도에 300만 원을 초과하는 금품이나 접대를 받을 수 없습니다. 직무 관련성이 있는 경우에는 100만 원 이하라도 대가성 여부와 관계없이 처벌을 받습니다.

갑: '동일인'이라 하셨는데, 여러 사람이 청탁을 하는 경우는 어떻게 되나요?

을: 받는 사람을 기준으로 하여 따지게 됩니다. 한 공직자에게 여러 사람이 동일한 부정 청탁을 하며 금품을 제공하려 하였을 때에도 이들의 출처가 같다고 볼 수 있다면 '동일인'으로 해석됩니다. 또한 여러 행위가 계속성 또는 시간적·공간적 근접성이 있다고 판단되면, 합쳐서 1회로 간주될 수 있습니다.

갑: 실은, 연초에 있었던 지역 축제 때 저를 포함한 우리 시청 직원 90명은 행사에 참여한다는 차원으로 장터에 들러 1인당 8천 원씩을 지불하고 식사를 했는데, 이후에 그 식사는 X 회사 사장인 A의 축제 후원금이 1인당 1만 2천 원씩 들어간 것이라는 사실을 알게 되었습니다. 이에 대하여는 결국 대가성 있는 접대도 아니고 직무 관련성도 없는 것으로 확정되었으며, 추가된 식사비도 축제 주최 측에 돌려주었습니다. 그리고 이달 초에는 Y 회사의 임원인 B가 관급 공사 입찰을 도와달라고 청탁하면서 100만 원을 건네려 하길래 거절한 적이 있습니다. 그런데 어제는 고교 동창인 C가 찾아와 X회사 공장 부지의 용도 변경에 힘써 달라며 200만 원을 주려고 해서 단호히 거절하였습니다.

을: 그러셨군요. 말씀하신 것을 바탕으로 설명드리겠습니다.

[   ]

① X 회사로부터 받은 접대는 시간적·공간적 근접성으로 보아 청탁금지법을 위반한 향응을 받은 것이 됩니다.

② Y 회사로부터 받은 제안의 내용은 청탁금지법상의 금품이라고는 할 수 없지만 향응에는 포함될 수 있습니다.

③ 청탁금지법상 A와 C는 동일인으로서 부정 청탁을 한 것이 됩니다.

④ 직무 관련성이 없다면 B와 C가 제시한 금액은 청탁금지법상의 허용 한도를 벗어나지 않습니다.

⑤ 현재는 청탁금지법상 C의 청탁을 신고할 의무가 생기지 않지만, C가 같은 청탁을 다시 한다면 신고해야 합니다.

문 24. 다음 글의 ㉠에 해당하는 내용으로 가장 적절한 것은?

A 시에 거주하면서 1세, 2세, 4세의 세 자녀를 기르는 갑은 육아를 위해 집에서 15km 떨어진 키즈 카페인 B 카페에 자주 방문한다. B 카페는 지역 유일의 키즈 카페라서 언제나 50여 구획의 주차장이 꽉 찰 정도로 성업 중이다. 최근 자동차를 교체하게 된 갑은 친환경 추세에 부응하여 전기차로 구매하였는데, B 카페는 전기차 충전시설이 없었다. 세 자녀를 돌보느라 거주지에서의 자동차 충전 시기를 놓치는 때가 많은 갑은 이러한 불편함을 호소하며 B 카페에 전기차 충전시설 설치를 요청하였다. 하지만 B 카페는, 충전시설을 설치하고 싶지만 비용이 문제라서 A 시의 「환경 친화적 자동차의 보급 및 이용 활성화를 위한 조례」(이하 '조례')에 따른 지원금이라도 받아야 간신히 설치할 수 있는 상황인데, 아래의 조문에서 보듯이 B 카페는 그에 해당하지 않는다고 설명하였다.

「환경 친화적 자동차의 보급 및 이용 활성화를 위한 조례」

제9조(충전시설 설치대상) ① 주차단위구획 100개 이상을 갖춘 다음 각호의 시설은 전기자동차 충전시설을 설치하여야 한다.
1. 판매·운수·숙박·운동·위락·관광·휴게·문화시설
2. 500세대 이상의 아파트, 근린생활시설, 기숙사

② 시장은 제1항의 설치대상에 대하여는 설치비용의 반액을 지원하여야 한다.

③ 시장은 제1항의 설치대상에 해당하지 않는 사업장에 대하여도 전기자동차 충전시설의 설치를 권고할 수 있다.

갑은 영유아와 같이 보호가 필요한 이들이 많이 이용하는 키즈 카페 등과 같은 사업장에도 전기차 충전시설의 설치를 지원해 줄 수 있는 근거를 조례에 마련해 달라는 민원을 제기하였다. 갑의 민원을 검토한 A 시 의회는 관련 규정의 보완이 필요하다고 인정하여, ㉠ 조례 제9조를 개정하였고, B 카페는 이에 근거한 지원금을 받아 전기차 충전시설을 설치하게 되었다.

① 제1항 제3호로 "다중이용시설(극장, 음식점, 카페, 주점 등 불특정다수인이 이용하는 시설을 말한다)"을 신설
② 제1항 제3호로 "교통약자(장애인·고령자·임산부·영유아를 동반한 사람, 어린이 등 일상생활에서 이동에 불편을 느끼는 사람을 말한다)를 위한 시설"을 신설
③ 제4항으로 "시장은 제2항에 따른 지원을 할 때 교통약자(장애인·고령자·임산부·영유아를 동반한 사람, 어린이 등 일상생활에서 이동에 불편을 느끼는 사람을 말한다)를 위한 시설을 우선적으로 지원하여야 한다."를 신설
④ 제4항으로 "시장은 제3항의 권고를 받아들이는 사업장에 대하여는 설치비용의 60퍼센트를 지원하여야 한다."를 신설
⑤ 제4항으로 "시장은 전기자동차 충전시설의 의무 설치대상으로서 조기 설치를 희망하는 사업장에는 설치 비용의 전액을 지원할 수 있다."를 신설

문 25. 다음 글의 〈논쟁〉에 대한 분석으로 적절한 것만을 〈보기〉에서 모두 고르면?

> 갑과 을은 「위원회의 운영에 관한 규정」 제8조에 대한 해석을 놓고 논쟁하고 있다. 그 조문은 다음과 같다.
>
> 제8조(위원장 및 위원) ① 위원장은 위촉된 위원들 중에서 투표로 선출한다.
> ② 위원장과 위원은 한 차례만 연임할 수 있다.
> ③ 위원장의 사임 등으로 보선된 위원장의 임기는 전임 위원장 임기의 남은 기간으로 한다.
>
> 〈논쟁〉
>
> 쟁점 1: A는 위원을 한 차례 연임하던 중 그 임기의 마지막 해에 위원장으로 선출되어, 2년에 걸쳐 위원장으로 활동하고 있다. 이에 대해, 갑은 A가 규정을 어기고 있다고 주장하지만, 을은 그렇지 않다고 주장한다.
>
> 쟁점 2: B가 위원장을 한 차례 연임하여 활동하던 중에 연임될 때의 투표 절차가 적법하지 않다는 이유로 위원장의 직위가 해제되었는데, 이후의 보선에 B가 출마하였다. 이에 대해, 갑은 B가 선출되면 규정을 어기게 된다고 주장하지만, 을은 그렇지 않다고 주장한다.
>
> 쟁점 3: C는 위원장을 한 차례 연임하였고, 다음 위원장으로 선출된 D는 임기 만료 직전에 사퇴하였는데, 이후의 보선에 C가 출마하였다. 이에 대해, 갑은 C가 선출되면 규정을 어기게 된다고 주장하지만, 을은 그렇지 않다고 주장한다.

〈보기〉

ㄱ. 쟁점 1과 관련하여, 갑은 위원으로서의 임기가 종료되면 위원장으로서의 자격도 없는 것으로 생각하지만, 을은 위원장이 되는 경우에는 그 임기나 연임 제한이 새롭게 산정된다고 생각하기 때문이라고 하면, 갑과 을 사이의 주장 불일치를 설명할 수 있다.
ㄴ. 쟁점 2와 관련하여, 갑은 위원장이 부적법한 절차로 당선되었더라도 그것이 연임 횟수에 포함된다고 생각하지만, 을은 그렇지 않다고 생각하기 때문이라고 하면, 갑과 을 사이의 주장 불일치를 설명할 수 있다.
ㄷ. 쟁점 3과 관련하여, 위원장 연임 제한의 의미가 '단절되는 일 없이 세 차례 연속하여 위원장이 되는 것만을 막는다'는 것으로 확정된다면, 갑의 주장은 옳고, 을의 주장은 그르다.

① ㄱ
② ㄷ
③ ㄱ, ㄴ
④ ㄴ, ㄷ
⑤ ㄱ, ㄴ, ㄷ

※ 수고하셨습니다.
※ 기출문제편 맨 마지막에 있는 OMR 카드에 마킹을 하세요.

정답과 분석해설편 ▶ P.146 

제2영역 자료해석

1초 합격예측! 모바일 성적결과분석표 발급 서비스

QR 코드로 접속하여 문제 풀이 시간을 측정하고, 자동채점 & 성적결과분석 서비스를 통해 지금 바로 실력을 점검해 보세요.

◀ http://eduwill.kr/5bmF

풀이 시간	• 시작 : ____시 ____분 ~ 종료: ____시 ____분 • 총 : ____분

문 1. 다음 〈표〉와 〈보고서〉는 2019년 전국 안전체험관과 생활안전에 관한 자료이다. 제시된 〈표〉 이외에 〈보고서〉를 작성하기 위해 추가로 이용한 자료만을 〈보기〉에서 모두 고르면?

〈표〉 2019년 전국 안전체험관 규모별 현황

(단위: 개소)

전체	대형		중형		소형
	일반	특성화	일반	특성화	
473	25	7	5	2	434

〈보고서〉

2019년 생활안전 통계에 따르면 전국 473개소의 안전체험관이 운영 중인 것으로 확인되었다. 전국 안전체험관을 규모별로 살펴보면, 대형이 32개소, 중형이 7개소, 소형이 434개소였다. 이 중 대형 안전체험관은 서울이 가장 많고 경북, 충남이 그 뒤를 이었다.

전국 안전사고 사망자 수는 2015년 이후 매년 감소하다가 2018년에는 증가하였다. 교통사고 사망자 수는 2015년 이후 매년 줄어들었고, 특히 2018년에 전년 대비 11.2% 감소하였다.

2019년 분야별 지역안전지수 1등급 지역을 살펴보면 교통사고 분야는 서울, 경기, 화재 분야는 광주, 생활안전 분야는 경기, 부산으로 나타났다.

〈보기〉

ㄱ. 연도별 전국 교통사고 사망자 수

(단위: 명)

연도	2015	2016	2017	2018
사망자 수	4,380	4,019	3,973	3,529

ㄴ. 분야별 지역안전지수 4년 연속(2015~2018년) 1등급, 5등급 지역(시·도)

등급 \ 분야	교통사고	화재	범죄	생활안전	자살
1등급	서울, 경기	–	세종	경기	경기
5등급	전남	세종	제주	제주	부산

ㄷ. 연도별 전국 안전사고 사망자 수

(단위: 명)

연도	2015	2016	2017	2018
사망자 수	31,582	30,944	29,545	31,111

ㄹ. 2018년 지역별 안전체험관 수

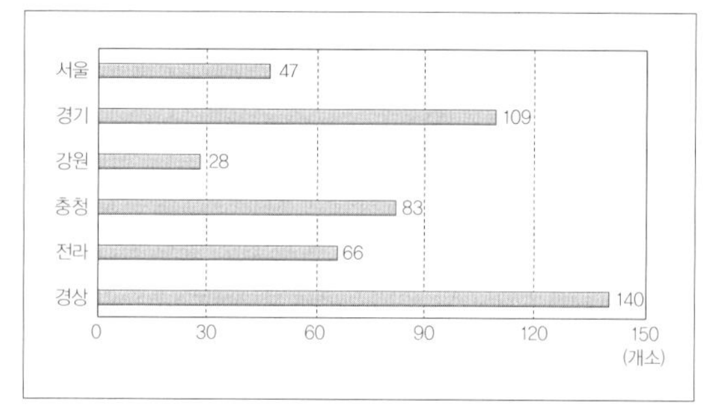

① ㄱ, ㄴ

② ㄱ, ㄷ

③ ㄴ, ㄹ

④ ㄱ, ㄷ, ㄹ

⑤ ㄴ, ㄷ, ㄹ

문 2. 다음 〈표〉는 아프리카연합이 주도한 임무단의 평화유지활동에 관한 자료이다. 이를 바탕으로 작성한 〈보고서〉의 설명 중 옳지 않은 것은?

〈표〉 임무단의 평화유지활동(2021년 5월 기준)

(단위: 명)

임무단	파견지	활동 기간	주요 임무	파견 규모
부룬디 임무단	부룬디	2003. 4.~ 2004. 6.	평화협정 이행 지원	3,128
수단 임무단	수단	2004. 10.~ 2007. 12.	다르푸르 지역 정전 감시	300
코모로 선거감시 지원 임무단	코모로	2006. 3.~ 2006. 6.	코모로 대통령 선거 감시	462

소말리아 임무단	소말리아	2007. 1.~ 현재	구호 활동 지원	6,000
코모로 치안 지원 임무단	코모로	2007. 5.~ 2008. 10.	앙주앙 섬 치안 지원	350
다르푸르 지역 임무단	수단	2007. 7.~ 현재	민간인 보호	6,000
우간다 임무단	우간다	2012. 3.~ 현재	반군 소탕작전	3,350
말리 임무단	말리	2012. 12.~ 2013. 7.	정부 지원	1,450
중앙아프리카 공화국 임무단	중앙아프리카 공화국	2013. 12.~ 2014. 9.	안정 유지	5,961

〈보고서〉

아프리카연합은 아프리카 지역 분쟁 해결 및 평화 구축을 위하여 2021년 5월 현재까지 9개의 임무단을 구성하고 평화유지 활동을 주도하였다. ㉠ 평화유지활동 중 가장 오랜 기간 동안 활동한 임무단은 '소말리아 임무단'이다. 이 임무는 소말리아 과도 연방정부가 아프리카연합에 평화유지군을 요청한 것을 계기로 시작되어 현재에 이르고 있다. 한편, ㉡ '코모로 선거감시 지원 임무단'은 가장 짧은 기간 동안 활동하였다. 2006년 코모로는 대통령 선거를 앞두고 아프리카연합에 지원을 요청하였고 같은 해 3월 시작된 평화유지활동은 선거가 끝난 6월에 임무가 종료되었다.

㉢ 아프리카연합이 현재까지 평화유지활동을 위해 파견한 임무단의 총규모는 25,000명 이상이며, 현재 활동 중인 임무단의 규모는 소말리아 6,000명, 수단 6,000명, 우간다 3,350명으로 총 15,000여 명이다.

아프리카연합은 아프리카 내의 문제를 자체적으로 해결하기 위해 다양한 임무단 활동을 활발히 수행하였다. 특히 ㉣ 수단과 코모로에서는 각각 2개의 임무단이 활동하였다.

현재 평화유지활동을 수행 중인 임무단은 3개이지만 ㉤ 2007년 10월 기준 평화유지활동을 수행 중이었던 임무단은 5개였다.

① ㉠
② ㉡
③ ㉢
④ ㉣
⑤ ㉤

문 3. 다음 〈그림〉은 2014~2020년 연말 기준 '갑'국의 국가채무 및 GDP에 관한 자료이다. 이에 대한 〈보기〉의 설명 중 옳은 것만을 모두 고르면?

〈그림 1〉 GDP 대비 국가채무 및 적자성채무 비율 추이

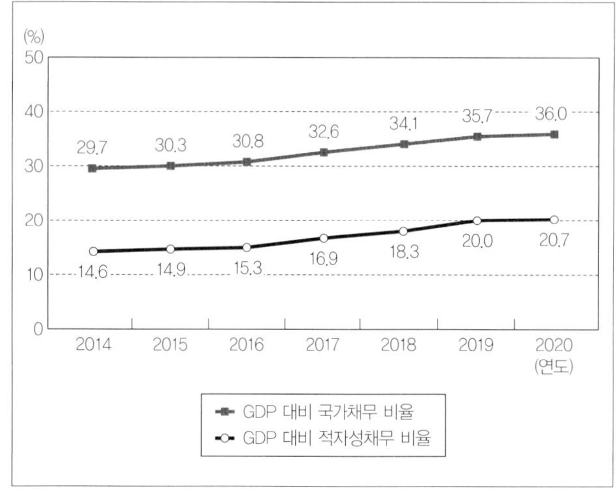

※ 국가채무 = 적자성채무 + 금융성채무

〈그림 2〉 GDP 추이

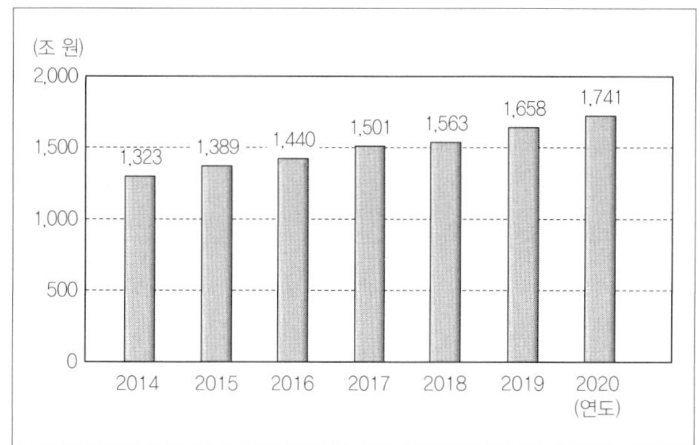

〈보기〉

ㄱ. 2020년 국가채무는 2014년의 1.5배 이상이다.
ㄴ. GDP 대비 금융성채무 비율은 매년 증가한다.
ㄷ. 적자성채무는 2019년부터 300조 원 이상이다.
ㄹ. 금융성채무는 매년 국가채무의 50% 이상이다.

① ㄱ, ㄴ
② ㄱ, ㄷ
③ ㄴ, ㄹ
④ ㄱ, ㄷ, ㄹ
⑤ ㄴ, ㄷ, ㄹ

문 4. 다음 〈표〉는 최근 이사한 100가구의 이사 전후 주택 규모에 관한 조사 결과이다. 이에 대한 〈보기〉의 설명 중 옳은 것만을 모두 고르면?

〈표〉 이사 전후 주택 규모 조사 결과

(단위: 가구)

이사 후 \ 이사 전	소형	중형	대형	합
소형	15	10	( )	30
중형	( )	30	10	( )
대형	5	10	15	( )
계	( )	( )	( )	100

※ 주택 규모는 '소형', '중형', '대형'으로만 구분하며, 동일한 주택 규모는 크기도 같음

〈보기〉

ㄱ. 주택 규모가 이사 전 '소형'에서 이사 후 '중형'으로 달라진 가구는 없다.

ㄴ. 이사 전후 주택 규모가 달라진 가구 수는 전체 가구 수의 50% 이하이다.

ㄷ. 주택 규모가 '대형'인 가구 수는 이사 전이 이사 후보다 적다.

ㄹ. 이사 후 주택 규모가 커진 가구 수는 이사 후 주택 규모가 작아진 가구 수보다 많다.

① ㄱ, ㄴ
② ㄱ, ㄷ
③ ㄴ, ㄹ
④ ㄷ, ㄹ
⑤ ㄱ, ㄴ, ㄷ

문 5. 다음 〈그림〉은 A사 플라스틱 제품의 제조공정도이다. 1,000kg의 재료가 '혼합' 공정에 투입되는 경우, '폐기 처리' 공정에 전달되어 투입되는 재료의 총량은 몇 kg인가?

〈그림〉 A사 플라스틱 제품의 제조공정도

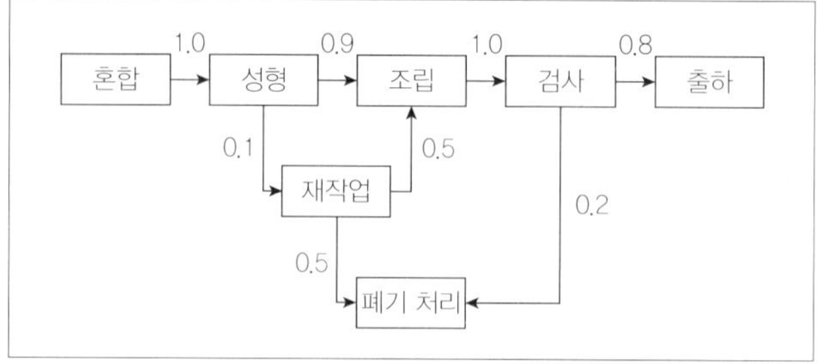

※ 제조공정도 내 수치는 직진율$\left(=\frac{\text{다음 공정에 전달되는 재료의 양}}{\text{해당 공정에 투입되는 재료의 양}}\right)$을 의미함. 예를 들어, 가 →(0.2) 나 는 해당 공정 '가'에 100kg의 재료가 투입되면 이 중 20kg(=100kg × 0.2)의 재료가 다음 공정 '나'에 전달되어 투입됨을 의미함

① 50
② 190
③ 230
④ 240
⑤ 280

문 6. 다음 〈그림〉은 12개 국가의 수자원 현황에 관한 자료이며, A~H는 각각 특정 국가를 나타낸다. 〈그림〉과 〈조건〉을 근거로 판단할 때, 국가명을 알 수 없는 것은?

〈그림〉 12개 국가의 수자원 현황

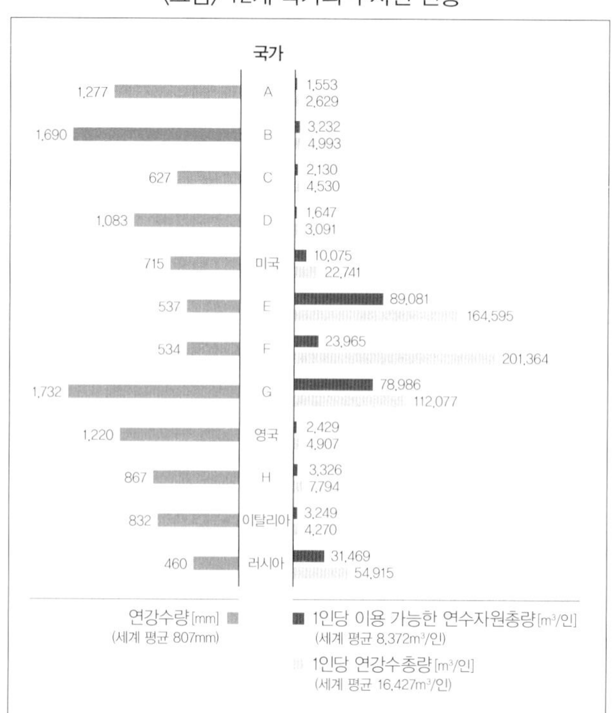

〈조건〉

○ '연강수량'이 세계 평균의 2배 이상인 국가는 일본과 뉴질랜드이다.
○ '연강수량'이 세계 평균보다 많은 국가 중 '1인당 이용 가능한 연수자원총량'이 가장 적은 국가는 대한민국이다.
○ '1인당 연강수총량'이 세계 평균의 5배 이상인 국가를 '연강수량'이 많은 국가부터 나열하면 뉴질랜드, 캐나다, 호주이다.
○ '1인당 이용 가능한 연수자원총량'이 영국보다 적은 국가 중 '1인당 연강수총량'이 세계 평균의 25% 이상인 국가는 중국이다.
○ '1인당 이용 가능한 연수자원총량'이 6번째로 많은 국가는 프랑스이다.

① B　② C
③ D　④ E
⑤ F

문 7. 다음 〈표〉는 학생 '갑'~'무'의 중간고사 3개 과목 점수에 관한 자료이다. 이에 대한 〈보기〉의 설명 중 옳은 것만을 모두 고르면?

〈표〉 '갑'~'무'의 중간고사 3개 과목 점수

(단위: 점)

학생	갑	을	병	정	무
과목 \ 성별	남	여	( )	여	남
국어	90	85	60	95	75
영어	90	85	100	65	100
수학	75	70	85	100	100

〈보기〉

ㄱ. 국어 평균 점수는 80점 이상이다.
ㄴ. 3개 과목 평균 점수가 가장 높은 학생과 가장 낮은 학생의 평균 점수 차이는 10점 이하이다.
ㄷ. 국어, 영어, 수학 점수에 각각 0.4, 0.2, 0.4의 가중치를 곱한 점수의 합이 가장 큰 학생은 '정'이다.
ㄹ. '갑'~'무'의 성별 수학 평균 점수는 남학생이 여학생보다 높다.

① ㄱ, ㄷ　② ㄱ, ㄹ
③ ㄴ, ㄷ　④ ㄱ, ㄷ, ㄹ
⑤ ㄴ, ㄷ, ㄹ

문 8. 다음 〈표〉는 2021~2027년 시스템반도체 중 인공지능반도체의 세계 시장 규모 전망이다. 이에 대한 〈보기〉의 설명 중 옳은 것만을 모두 고르면?

〈표〉 시스템반도체 중 인공지능반도체의 세계 시장 규모 전망

(단위: 억 달러, %)

구분 \ 연도	2021	2022	2023	2024	2025	2026	2027
시스템반도체	2,500	2,310	2,686	2,832	( )	3,525	( )
인공지능반도체	70	185	325	439	657	927	1,179
비중	2.8	8.0	( )	15.5	19.9	26.3	31.3

〈보기〉

ㄱ. 인공지능반도체 비중은 매년 증가한다.
ㄴ. 2027년 시스템반도체 시장 규모는 2021년보다 1,000억 달러 이상 증가한다.
ㄷ. 2022년 대비 2025년의 시장 규모 증가율은 인공지능반도체가 시스템반도체의 5배 이상이다.

① ㄷ　② ㄱ, ㄴ
③ ㄱ, ㄷ　④ ㄴ, ㄷ
⑤ ㄱ, ㄴ, ㄷ

문 9. 다음 〈표〉는 A～H 지역의 화물 이동 현황에 관한 자료이다. 이에 대한 〈보기〉의 설명 중 옳은 것만을 모두 고르면?

〈표〉 화물의 지역 내, 지역 간 이동 현황

(단위: 개)

출발 지역 \ 도착 지역	A	B	C	D	E	F	G	H	합
A	65	121	54	52	172	198	226	89	977
B	56	152	61	55	172	164	214	70	944
C	29	47	30	22	62	61	85	30	366
D	24	61	30	37	82	80	113	45	472
E	61	112	54	47	187	150	202	72	885
F	50	87	38	41	120	188	150	55	729
G	78	151	83	73	227	208	359	115	1,294
H	27	66	31	28	94	81	116	46	489
계	390	797	381	355	1,116	1,130	1,465	522	6,156

※ 출발 지역과 도착 지역이 동일한 경우는 해당 지역 내에서 화물이 이동한 것임

〈보기〉

ㄱ. 도착 화물보다 출발 화물이 많은 지역은 3개이다.

ㄴ. 지역 내 이동 화물이 가장 적은 지역은 도착 화물도 가장 적다.

ㄷ. 지역 내 이동 화물을 제외할 때, 출발 화물과 도착 화물의 합이 가장 작은 지역은 출발 화물과 도착 화물의 차이도 가장 작다.

ㄹ. 도착 화물이 가장 많은 지역은 출발 화물 중 지역 내 이동 화물의 비중도 가장 크다.

① ㄱ, ㄴ
② ㄱ, ㄷ
③ ㄴ, ㄷ
④ ㄴ, ㄹ
⑤ ㄱ, ㄷ, ㄹ

문 10. 다음 〈표〉와 〈대화〉는 4월 4일 기준 지자체별 자가격리자 및 모니터링 요원에 관한 자료이다. 〈표〉와 〈대화〉를 근거로 C와 D에 해당하는 지자체를 바르게 나열한 것은?

〈표〉 지자체별 자가격리자 및 모니터링 요원 현황(4월 4일 기준)

(단위: 명)

구분		A	B	C	D
내국인	자가격리자	9,778	1,287	1,147	9,263
	신규 인원	900	70	20	839
	해제 인원	560	195	7	704
외국인	자가격리자	7,796	508	141	7,626
	신규 인원	646	52	15	741
	해제 인원	600	33	5	666
모니터링 요원		10,142	710	196	8,898

※ 해당일 기준 자가격리자 = 전일 기준 자가격리자 + 신규 인원 – 해제 인원

〈대화〉

갑: 감염병 확산에 대응하기 위한 회의를 시작합시다. 오늘은 대전, 세종, 충북, 충남의 4월 4일 기준 자가격리자 및 모니터링 요원 현황을 보기로 했는데, 각 지자체의 상황이 어떤가요?

을: 4개 지자체 중 세종을 제외한 3개 지자체에서 4월 4일 기준 자가격리자가 전일 기준 자가격리자보다 늘어났습니다.

갑: 모니터링 요원의 업무 부담과 관련된 통계 자료도 있나요?

을: 4월 4일 기준으로 대전, 세종, 충북은 모니터링 요원 대비 자가격리자의 비율이 1.8 이상입니다.

갑: 지자체에 모니터링 요원을 추가로 배치해야 할 것 같습니다. 자가격리자 중 외국인이 차지하는 비중이 4개 지자체 가운데 대전이 가장 높으니, 외국어 구사가 가능한 모니터링 요원을 대전에 우선 배치하는 방향으로 검토해 봅시다.

	C	D
①	충북	충남
②	충북	대전
③	충남	충북
④	세종	대전
⑤	대전	충북

문 11. 다음 〈그림〉과 〈조건〉은 직장인 '갑'~'병'이 마일리지 혜택이 있는 알뜰교통카드를 사용하여 출근하는 방법 및 교통비에 관한 자료이다. 이에 근거하여 월간 출근 교통비를 많이 지출하는 직장인부터 순서대로 나열하면?

〈그림〉 직장인 '갑'~'병'의 출근 방법 및 교통비 관련 정보

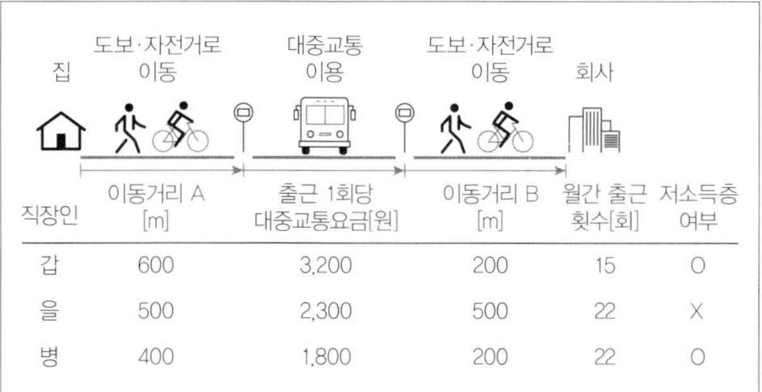

직장인	이동거리 A [m]	출근 1회당 대중교통요금[원]	이동거리 B [m]	월간 출근 횟수[회]	저소득층 여부
갑	600	3,200	200	15	O
을	500	2,300	500	22	X
병	400	1,800	200	22	O

〈조건〉

○ 월간 출근 교통비 = {출근 1회당 대중교통요금 − (기본 마일리지 + 추가 마일리지) × $\left(\frac{\text{마일리지 적용거리}}{800}\right)$} × 월간 출근 횟수

○ 기본 마일리지는 출근 1회당 대중교통요금에 따라 다음과 같이 지급함

출근 1회당 대중교통요금	2천 원 이하	2천 원 초과 3천 원 이하	3천 원 초과
기본 마일리지 (원)	250	350	450

○ 추가 마일리지는 저소득층에만 다음과 같이 지급함

출근 1회당 대중교통요금	2천 원 이하	2천 원 초과 3천 원 이하	3천 원 초과
추가 마일리지 (원)	100	150	200

○ 마일리지 적용거리(m)는 출근 1회당 도보·자전거로 이동한 거리의 합이며 최대 800m까지만 인정함

① 갑, 을, 병
② 갑, 병, 을
③ 을, 갑, 병
④ 을, 병, 갑
⑤ 병, 을, 갑

문 12. 다음 〈그림〉은 개발원조위원회 29개 회원국 중 공적개발원조액 상위 15개국과 국민총소득 대비 공적개발원조액 비율 상위 15개국 자료이다. 이에 대한 〈보기〉의 설명 중 옳은 것만을 모두 고르면?

〈그림 1〉 공적개발원조액 상위 15개 회원국

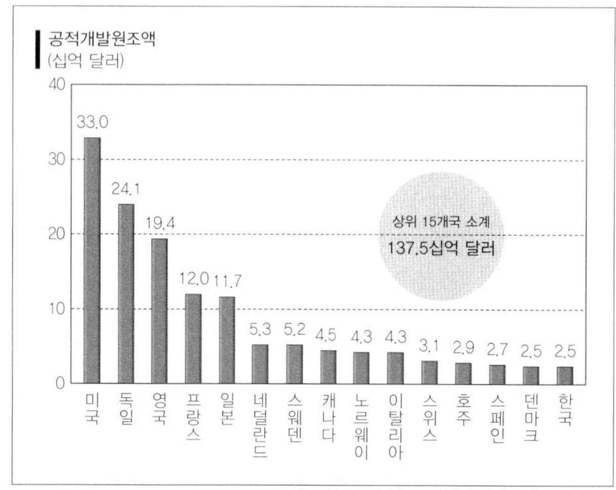

〈그림 2〉 국민총소득 대비 공적개발원조액 비율 상위 15개 회원국

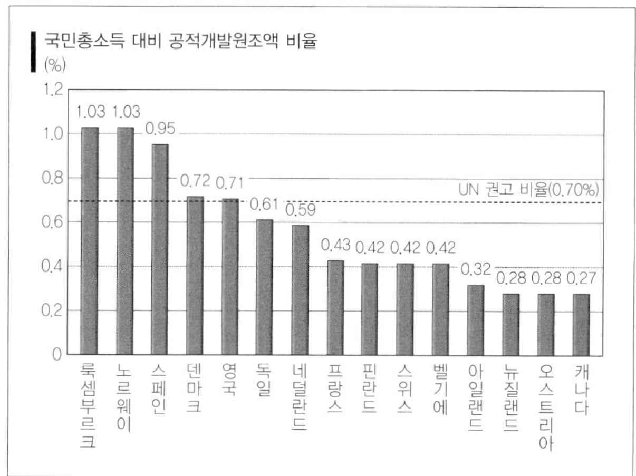

〈보기〉

ㄱ. 국민총소득 대비 공적개발원조액 비율이 UN 권고 비율보다 큰 국가의 공적개발원조액 합은 250억 달러 이상이다.

ㄴ. 공적개발원조액 상위 5개국의 공적개발원조액 합은 개발원조위원회 29개 회원국 공적개발원조액 합의 50% 이상이다.

ㄷ. 독일이 공적개발원조액만 30억 달러 증액하면 독일의 국민총소득 대비 공적개발원조액 비율은 UN 권고 비율 이상이 된다.

① ㄱ
② ㄷ
③ ㄱ, ㄴ
④ ㄴ, ㄷ
⑤ ㄱ, ㄴ, ㄷ

문 13. 다음 〈표〉는 '갑'국의 2020년 농업 생산액 현황 및 2021～2023년의 전년 대비 생산액 변화율 전망치에 관한 자료이다. 이에 대한 〈보기〉의 설명 중 옳은 것만을 모두 고르면?

〈표〉 농업 생산액 현황 및 변화율 전망치

(단위: 십억 원, %)

구분	2020년 생산액	전년 대비 생산액 변화율 전망치		
		2021년	2022년	2023년
농업	50,052	0.77	0.02	1.38
재배업	30,270	1.50	−0.42	0.60
축산업	19,782	−0.34	0.70	2.57
소	5,668	3.11	0.53	3.51
돼지	7,119	−3.91	0.20	1.79
닭	2,259	1.20	−2.10	2.82
달걀	1,278	5.48	3.78	3.93
우유	2,131	0.52	1.12	0.88
오리	1,327	−5.58	5.27	3.34

※ 축산업은 소, 돼지, 닭, 달걀, 우유, 오리의 6개 세부 항목으로만 구성됨

〈보기〉

ㄱ. 2021년 '오리' 생산액 전망치는 1.2조 원 이상이다.

ㄴ. 2021년 '돼지' 생산액 전망치는 같은 해 '농업' 생산액 전망치의 15% 이상이다.

ㄷ. '축산업' 중 전년 대비 생산액 변화율 전망치가 2022년보다 2023년이 낮은 세부 항목은 2개이다.

ㄹ. 2020년 생산액 대비 2022년 생산액 전망치의 증감폭은 '재배업'이 '축산업'보다 크다.

① ㄱ, ㄴ
② ㄱ, ㄷ
③ ㄴ, ㄹ
④ ㄱ, ㄷ, ㄹ
⑤ ㄴ, ㄷ, ㄹ

문 14. 다음 〈그림〉은 2020년 기준 A 공제회 현황에 관한 자료이다. 이에 대한 설명으로 옳지 않은 것은?

〈그림〉 2020년 기준 A 공제회 현황

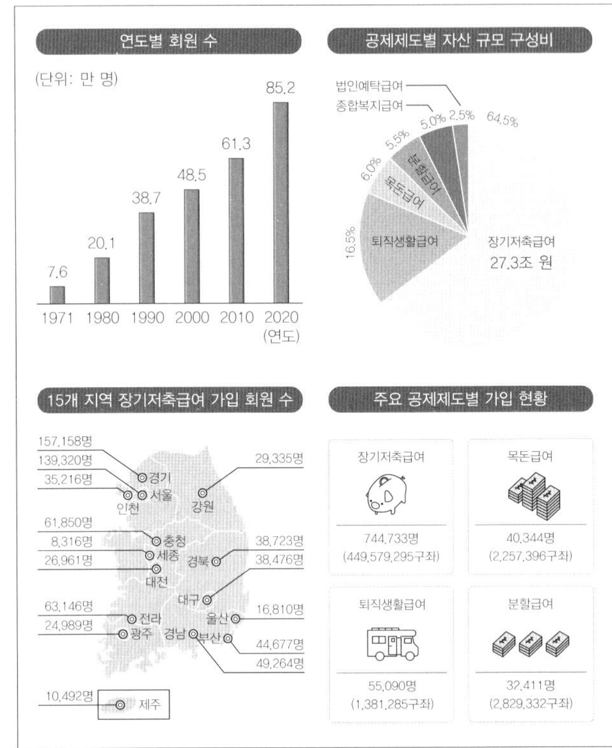

※ 1) 공제제도는 장기저축급여, 퇴직생활급여, 목돈급여, 분할급여, 종합복지급여, 법인예탁급여로만 구성됨
2) 모든 회원은 1개 또는 2개의 공제제도에 가입함

① 장기저축급여 가입 회원 수는 전체 회원의 85% 이하이다.
② 공제제도의 총자산 규모는 40조 원 이상이다.
③ 자산 규모 상위 4개 공제제도 중 2개의 공제제도에 가입한 회원은 2만 명 이상이다.
④ 충청의 장기저축급여 가입 회원 수는 15개 지역 평균 장기저축급여 가입 회원 수보다 많다.
⑤ 공제제도별 1인당 구좌 수는 장기저축급여가 분할급여의 5배 이상이다.

문 15. 다음은 국내 광고산업에 관한 문화체육관광부의 보도자료이다. 이에 부합하지 않는 자료는?

문화체육관광부 **보도자료** 사람이 있는 문화

보도일시	배포 즉시 보도해 주시기 바랍니다.		
배포일시	2020. 2. XX.	담당부서	□□□□국
담당과장	○○○ (044-203-○○○○)	담당자	사무관 △△△ (044-203-○○○○)

2018년 국내 광고산업 성장세 지속

○ 문화체육관광부는 국내 광고사업체의 현황과 동향을 조사한 '2019년 광고산업조사(2018년 기준)' 결과를 발표했다.

○ 이번 조사 결과에 따르면 2018년 기준 광고산업 규모는 17조 2,119억 원(광고사업체 취급액* 기준)으로, 전년 대비 4.5% 이상 증가했고, 광고사업체당 취급액 역시 증가했다.

* 광고사업체 취급액은 광고주가 매체(방송국, 신문사 등)와 매체 외 서비스에 지불하는 비용 전체(수수료 포함)임

– 업종별로 살펴보면 광고대행업이 6조 6,239억 원으로 전체 취급액의 38% 이상을 차지했으나, 취급액의 전년 대비 증가율은 온라인광고대행업이 16% 이상으로 가장 높다.

○ 2018년 기준 광고사업체의 매체 광고비* 규모는 11조 362억 원(64.1%), 매체 외 서비스 취급액은 6조 1,757억 원(35.9%)으로 조사됐다.

* 매체 광고비는 방송매체, 인터넷매체, 옥외광고매체, 인쇄매체 취급액의 합임

– 매체 광고비 중 방송매체 취급액은 4조 266억 원으로 가장 큰 비중을 차지하고 있으며, 그 다음으로 인터넷매체, 옥외광고매체, 인쇄매체 순으로 나타났다.

– 인터넷매체 취급액은 3조 8,804억 원으로 전년 대비 6% 이상 증가했다. 특히, 모바일 취급액은 전년 대비 20% 이상 증가하여 인터넷 광고시장의 성장세를 이끌었다.

– 한편, 간접광고(PPL) 취급액은 전년 대비 14% 이상 증가하여 1,270억 원으로 나타났으며, 그중 지상파TV와 케이블TV 간 비중의 격차는 5%p 이하로 조사됐다.

① 광고사업체 취급액 현황(2018년 기준)

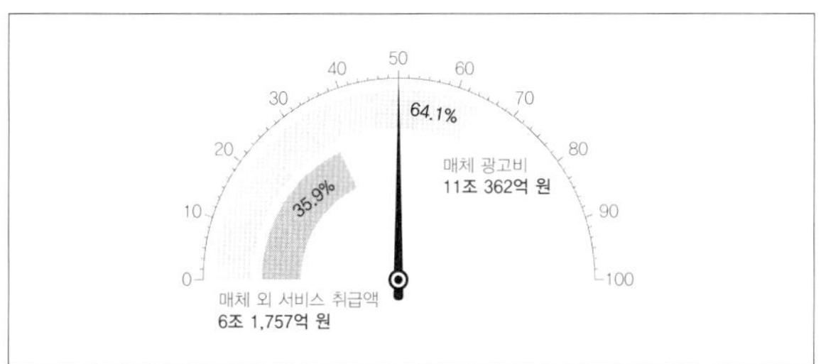

② 인터넷매체(PC, 모바일) 취급액 현황

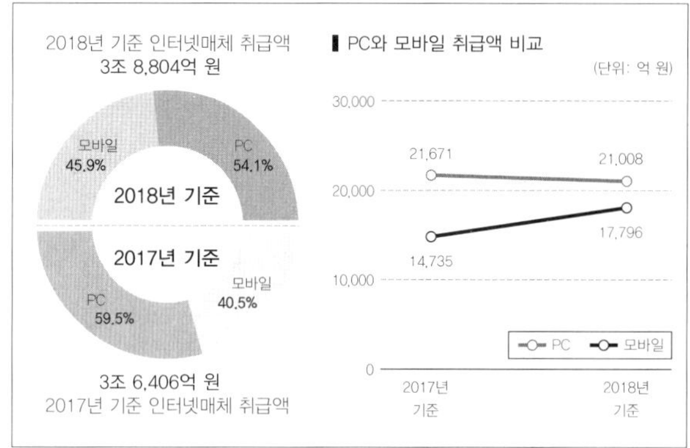

③ 간접광고(PPL) 취급액 현황

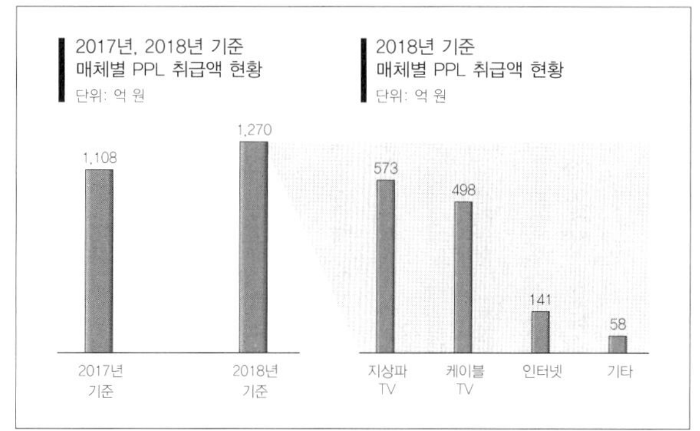

④ 업종별 광고사업체 취급액 현황

(단위: 개소, 억 원)

업종 \ 구분	2018년 조사 (2017년 기준)		2019년 조사 (2018년 기준)	
	사업체 수	취급액	사업체 수	취급액
전체	7,234	164,133	7,256	172,119
광고대행업	1,910	64,050	1,887	66,239
광고제작업	1,374	20,102	1,388	20,434
광고전문서비스업	1,558	31,535	1,553	33,267
인쇄업	921	7,374	921	8,057
온라인광고대행업	780	27,335	900	31,953
옥외광고업	691	13,737	607	12,169

⑤ 매체별 광고사업체 취급액 현황(2018년 기준)

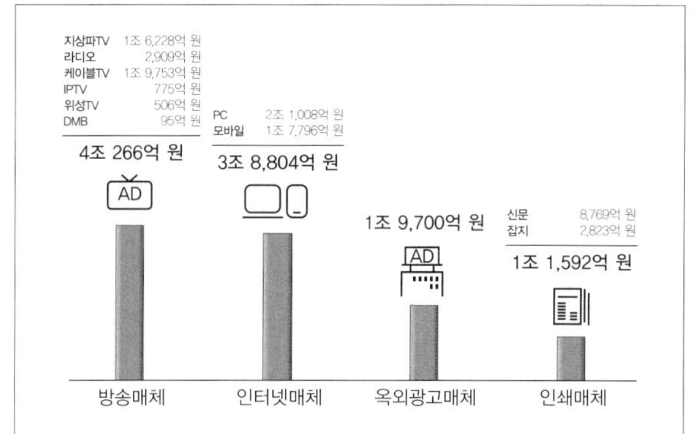

문 16. 다음 〈그림〉은 2020년 '갑'시의 교통사고에 관한 자료이다. 이에 대한 〈보기〉의 설명 중 옳은 것만을 모두 고르면?

〈그림 1〉 2020년 월별 교통사고 사상자

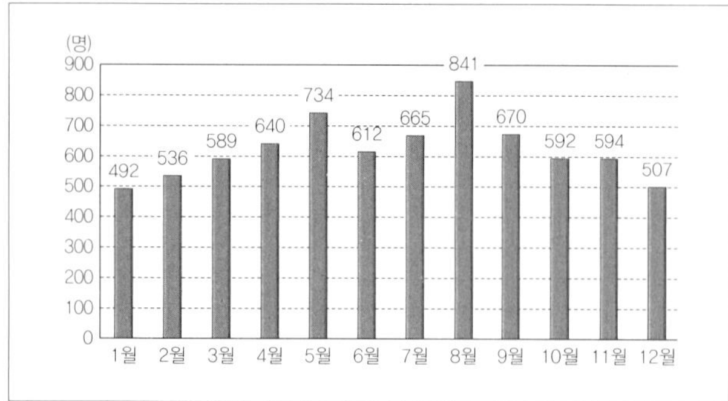

〈그림 2〉 2020년 월별 교통사고 건수

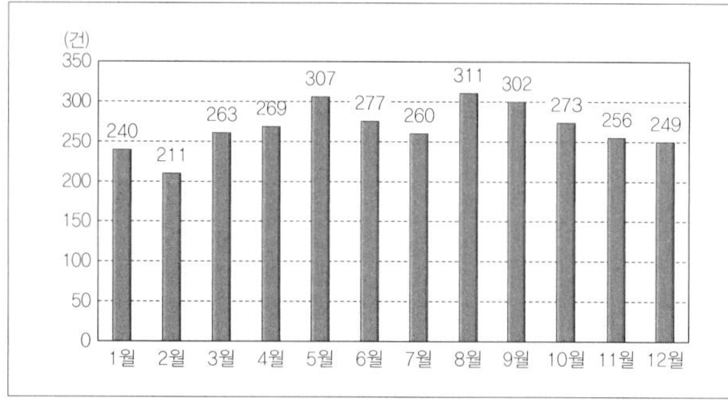

〈그림 3〉 2020년 교통사고 건수의 사고원인별 구성비

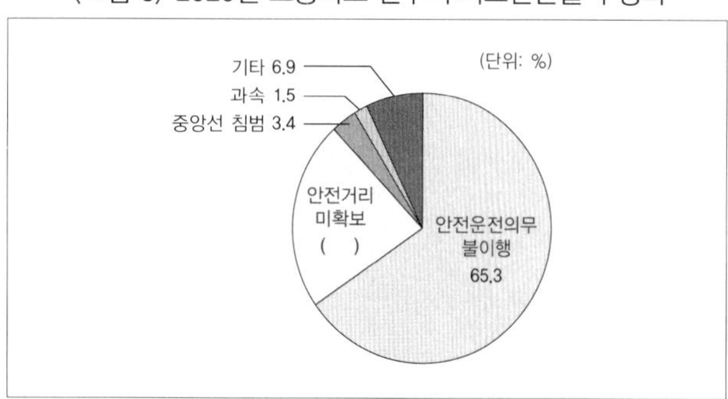

〈보기〉

ㄱ. 월별 교통사고 사상자는 가장 적은 달이 가장 많은 달의 60% 이하이다.

ㄴ. 2020년 교통사고 건당 사상자는 1.9명 이상이다.

ㄷ. '안전거리 미확보'가 사고원인인 교통사고 건수는 '중앙선 침범'이 사고원인인 교통사고 건수의 7배 이상이다.

ㄹ. 사고원인이 '안전운전의무 불이행'인 교통사고 건수는 2,000건 이하이다.

① ㄱ, ㄴ
② ㄱ, ㄷ
③ ㄴ, ㄷ
④ ㄷ, ㄹ
⑤ ㄱ, ㄴ, ㄹ

문 17. 다음 〈표〉와 〈정보〉는 A ~ J 지역의 지역발전 지표에 관한 자료이다. 이를 근거로 '가' ~ '라'에 들어갈 수 있는 값으로만 나열한 것은?

〈표〉 A～J 지역의 지역발전 지표

(단위: %, 개)

지표 / 지역	재정 자립도	시가화 면적 비율	10만 명당 문화시설 수	10만 명당 체육시설 수	주택 노후화율	주택 보급률	도로 포장률
A	83.8	61.2	4.1	111.1	17.6	105.9	92.0
B	58.5	24.8	3.1	(다)	22.8	93.6	98.3
C	65.7	35.7	3.5	103.4	13.5	91.2	97.4
D	48.3	25.3	4.3	128.0	15.8	96.6	100.0
E	(가)	20.7	3.7	133.8	12.2	100.3	99.0
F	69.5	22.6	4.1	114.0	8.5	91.0	98.1
G	37.1	22.9	7.7	110.2	20.5	103.8	91.7
H	38.7	28.8	7.8	102.5	19.9	(라)	92.5
I	26.1	(나)	6.9	119.2	33.7	102.5	89.6
J	32.6	21.3	7.5	113.0	26.9	106.1	87.9

〈정보〉

○ 재정자립도가 E보다 높은 지역은 A, C, F임

○ 시가화 면적 비율이 가장 낮은 지역은 주택노후화율이 가장 높은 지역임

○ 10만 명당 문화시설 수가 가장 적은 지역은 10만 명당 체육시설 수가 네 번째로 많은 지역임

○ 주택보급률이 도로포장률보다 낮은 지역은 B, C, D, F임

	가	나	다	라
①	58.6	20.9	100.9	92.9
②	60.8	19.8	102.4	92.5
③	63.5	20.1	115.7	92.0
④	65.2	20.3	117.1	92.6
⑤	65.8	20.6	118.7	93.7

문 18. 다음 〈표〉는 '갑'국 대학 기숙사 수용 및 기숙사비 납부 방식에 관한 자료이다. 이에 대한 〈보고서〉의 설명 중 옳은 것만을 모두 고르면?

〈표 1〉 2019년과 2020년 대학 기숙사 수용 현황

(단위: 명, %)

대학 유형 \ 연도·구분		2020 수용 가능 인원	2020 재학생 수	2020 수용률	2019 수용 가능 인원	2019 재학생 수	2019 수용률
전체(196개교)		354,749	1,583,677	22.4	354,167	1,595,436	22.2
설립 주체	국공립(40개교)	102,025	381,309	26.8	102,906	385,245	26.7
	사립(156개교)	( )	1,202,368	21.0	251,261	1,210,191	20.8
소재지	수도권(73개교)	122,099	672,055	18.2	119,940	676,479	( )
	비수도권(123개교)	232,650	911,622	25.5	234,227	918,957	25.5

※ 수용률(%) = $\frac{\text{수용 가능 인원}}{\text{재학생 수}} \times 100$

〈표 2〉 2020년 대학 기숙사비 납부 방식 현황

(단위: 개교)

대학 유형 \ 납부 방식·기숙사 유형		카드납부 가능 직영	카드납부 가능 민자	카드납부 가능 공공	카드납부 가능 합계	현금분할납부 가능 직영	현금분할납부 가능 민자	현금분할납부 가능 공공	현금분할납부 가능 합계
전체(196개교)		27	20	0	47	43	25	9	77
설립 주체	국공립(40개교)	20	17	0	37	18	16	0	34
	사립(156개교)	7	3	0	10	25	9	9	43
소재지	수도권(73개교)	3	2	0	5	16	8	4	28
	비수도권(123개교)	24	18	0	42	27	17	5	49

※ 각 대학은 한 가지 유형의 기숙사만 운영함

〈보고서〉

2020년 대학 기숙사 수용률은 22.4%로, 2019년의 22.2%에 비해 증가하였지만 여전히 20%대 초반에 그쳤다. 대학 유형별 기숙사 수용률은 사립대학보다는 국공립대학이 높고, 수도권대학보다는 비수도권대학이 높았다. 한편, ㉠ 2019년 대비 2020년 대학 유형별 기숙사 수용률은 국공립대학보다 사립대학이, 비수도권대학보다 수도권대학이 더 큰 폭으로 증가하였다.

2020년 대학 기숙사 수용 가능 인원의 변화를 설립 주체별로 살펴보면, ㉡ 국공립대학은 전년 대비 800명 이상 증가하였으나, 사립대학은 전년 대비 1,400명 이상 감소하였다. 소재지별로 살펴보면 수도권 대학의 기숙사 수용 가능 인원은 2019년 119,940명에서 2020년 122,099명으로 2,100명 이상 증가하였으나, 비수도권 대학은 2019년 234,227명에서 2020년 232,650명으로 1,500명 이상 감소하였다.

2020년 대학 기숙사비 납부 방식을 살펴보면, ㉢ 전체 대학 중 기숙사비 카드납부가 가능한 대학은 37.9%에 불과하였다. 이를 기숙사 유형별로 자세히 보면, ㉣ 카드납부가 가능한 공공기숙사는 없었고, 현금분할납부가 가능한 공공기숙사도 사립대학 9개교뿐이었다.

① ㄱ　　② ㄱ, ㄴ

③ ㄱ, ㄹ　　④ ㄷ, ㄹ

⑤ ㄴ, ㄷ, ㄹ

문 19. 다음 〈조건〉과 〈표〉는 2018 ~ 2020년 '가'부서 전체 직원 성과급에 관한 자료이다. 이를 근거로 판단할 때, '가'부서 전체 직원의 2020년 기본 연봉의 합은?

〈조건〉

○ 매년 각 직원의 기본 연봉은 변동 없음

○ 성과급은 전체 직원에게 각 직원의 성과등급에 따라 매년 1회 지급함

○ 성과급 = 기본 연봉 × 지급비율

○ 성과등급별 지급비율 및 인원수

구분 \ 성과등급	S	A	B
지급비율	20%	10%	5%
인원수	1명	2명	3명

〈표〉 2018 ~ 2020년 '가'부서 전체 직원 성과급

(단위: 백만 원)

직원 \ 연도	2018	2019	2020
갑	12.0	6.0	3.0
을	5.0	20.0	5.0
병	6.0	3.0	6.0
정	6.0	6.0	12.0
무	4.5	4.5	4.5
기	6.0	6.0	12.0

① 430백만 원　　② 460백만 원

③ 490백만 원　　④ 520백만 원

⑤ 550백만 원

문 20. 다음 〈표〉는 '갑'국 하수처리장의 1일 하수처리용량 및 지역등급별 방류수 기준이고, 〈그림〉은 지역등급 및 36개 하수처리장 분포이다. 이에 근거한 〈보기〉의 설명 중 옳은 것만을 모두 고르면?

〈표〉 하수처리장 1일 하수처리용량 및 지역등급별 방류수 기준

(단위: mg/L)

1일 하수처리용량	항목 / 지역등급	생물학적 산소요구량	화학적 산소요구량	총질소	총인
$500m^3$ 이상	Ⅰ	5 이하	20 이하	20 이하	0.2 이하
	Ⅱ	5 이하	20 이하	20 이하	0.3 이하
	Ⅲ	10 이하	40 이하	20 이하	0.5 이하
	Ⅳ	10 이하	40 이하	20 이하	2.0 이하
$50m^3$ 이상 $500m^3$ 미만	Ⅰ ~ Ⅳ	10 이하	40 이하	20 이하	2.0 이하
$50m^3$ 미만	Ⅰ ~ Ⅳ	10 이하	40 이하	40 이하	4.0 이하

〈그림〉 지역등급 및 하수처리장 분포

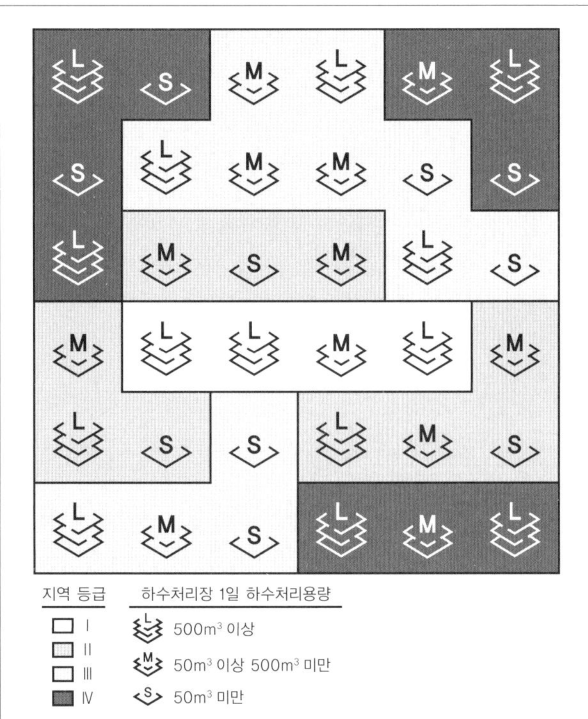

〈보기〉

ㄱ. 방류수의 생물학적 산소요구량 기준이 '5mg/L 이하'인 하수처리장 수는 5개이다.

ㄴ. 1일 하수처리용량 $500m^3$ 이상인 하수처리장 수는 1일 하수처리용량 $50m^3$ 미만인 하수처리장 수의 1.5배 이상이다.

ㄷ. Ⅱ등급 지역에서 방류수의 총인 기준이 '0.3mg/L 이하'인 하수처리장의 1일 하수처리용량 합은 최소 $1,000m^3$이다.

ㄹ. 방류수의 총질소 기준이 '20mg/L 이하'인 하수처리장 수는 방류수의 화학적 산소요구량 기준이 '20mg/L 이하'인 하수처리장 수의 5배 이상이다.

① ㄱ, ㄴ
② ㄱ, ㄷ
③ ㄴ, ㄹ
④ ㄱ, ㄷ, ㄹ
⑤ ㄴ, ㄷ, ㄹ

문 21. 다음 〈표〉는 직원 '갑'~'무'에 대한 평가자 A~E의 직무평가 점수이다. 이에 대한 〈보기〉의 설명 중 옳은 것만을 모두 고르면?

〈표〉 직원 '갑'~'무'에 대한 평가자 A~E의 직무평가 점수

(단위: 점)

직원 \ 평가자	A	B	C	D	E	종합점수
갑	91	87	( )	89	95	89.0
을	89	86	90	88	( )	89.0
병	68	76	( )	74	78	( )
정	71	72	85	74	( )	77.0
무	71	72	79	85	( )	78.0

※ 1) 직원별 종합점수는 해당 직원이 평가자 A~E로부터 부여받은 점수 중 최댓값과 최솟값을 제외한 점수의 평균임
2) 각 직원은 평가자 A~E로부터 각각 다른 점수를 부여받았음
3) 모든 평가자는 1~100점 중 1점 단위로 점수를 부여하였음

〈보기〉

ㄱ. '을'에 대한 직무평가 점수는 평가자 E가 가장 높다.

ㄴ. '병'의 종합점수로 가능한 최댓값과 최솟값의 차이는 5점 이상이다.

ㄷ. 평가자 C의 '갑'에 대한 직무평가 점수는 '갑'의 종합점수보다 높다.

ㄹ. '갑'~'무'의 종합점수 산출시, 부여한 직무평가 점수가 한 번도 제외되지 않은 평가자는 없다.

① ㄱ
② ㄱ, ㄹ
③ ㄴ, ㄷ
④ ㄱ, ㄴ, ㄹ
⑤ ㄴ, ㄷ, ㄹ

※ 다음 〈표 1〉과 〈표 2〉는 '갑'국 A~E 5개 도시의 지난 30년 월평균 지상 10m 기온과 월평균 지표면 온도이고, 〈표 3〉과 〈표 4〉는 도시별 설계적설하중과 설계기본풍속이다. 다음 물음에 답하시오. [문 22. ~ 문 23.]

〈표 1〉 도시별 월평균 지상 10m 기온

(단위: ℃)

월 \ 도시	A	B	C	D	E
1	−2.5	1.6	−2.4	−4.5	−2.3
2	−0.3	3.2	−0.5	−1.8	−0.1
3	5.2	7.4	4.5	4.2	5.1
4	12.1	13.1	10.7	11.4	12.2
5	17.4	17.6	15.9	16.8	17.2
6	21.9	21.1	15.9	16.8	21.3
7	25.9	25.0	24.0	24.5	24.4
8	25.4	25.7	24.9	24.3	25.0
9	20.8	21.2	20.7	18.9	19.7
10	14.4	15.9	14.5	12.1	13.0
11	6.9	9.6	7.2	4.8	6.1
12	−0.2	4.0	0.6	−1.7	−0.1

〈표 2〉 도시별 월평균 지표면 온도

(단위: ℃)

월 \ 도시	A	B	C	D	E
1	−2.4	2.7	−1.2	−2.7	0.3
2	−0.3	4.8	0.8	−0.7	2.8
3	5.6	9.3	6.3	4.8	8.7
4	13.4	15.7	13.4	12.6	16.3
5	19.7	20.8	19.4	19.1	22.0
6	24.8	24.2	24.5	24.4	25.9
7	26.8	27.7	26.8	26.9	28.4
8	27.4	28.5	27.5	27.0	29.0
9	22.5	19.6	22.8	21.4	23.5
10	14.8	17.9	15.8	13.5	16.9
11	6.2	10.8	7.5	5.3	8.6
12	−0.1	4.7	1.1	−0.7	2.1

〈표 3〉 도시별 설계적설하중

(단위: kN/m^2)

도시	A	B	C	D	E
설계적설하중	0.5	0.5	0.7	0.8	2.0

〈표 4〉 도시별 설계기본풍속

(단위: m/s)

도시	A	B	C	D	E
설계기본풍속	30	45	35	30	40

문 22. 위 〈표〉를 근거로 〈보기〉의 설명 중 옳은 것만을 모두 고르면?

〈보기〉

ㄱ. '월평균 지상 10m 기온'이 가장 높은 달과 '월평균 지표면 온도'가 가장 높은 달이 다른 도시는 A뿐이다.

ㄴ. 2월의 '월평균 지상 10m 기온'은 영하이지만 '월평균 지표면 온도'가 영상인 도시는 C와 E이다.

ㄷ. 1월의 '월평균 지표면 온도'가 A~E 도시 중 가장 낮은 도시의 설계적설하중은 5개 도시 평균 설계적설하중보다 작다.

ㄹ. 설계기본풍속이 두 번째로 큰 도시는 8월의 '월평균 지상 10m 기온'도 A~E 도시 중 두 번째로 높다.

① ㄱ, ㄴ
② ㄴ, ㄷ
③ ㄴ, ㄹ
④ ㄷ, ㄹ
⑤ ㄱ, ㄷ, ㄹ

문 23. 폭설피해 예방대책으로 위 〈표 3〉에 제시된 도시별 설계적설하중을 수정하고자 한다. 〈규칙〉에 따라 수정하였을 때, A~E 도시 중 설계적설하중 증가폭이 두 번째로 큰 도시와 가장 작은 도시를 바르게 연결한 것은?

〈규칙〉

단계 1: 각 도시의 설계적설하중을 50% 증가시킨다.

단계 2: '월평균 지상 10m 기온'이 영하인 달이 3개 이상인 도시만 단계 1에 의해 산출된 값을 40% 증가시킨다.

단계 3: 설계기본풍속이 40m/s 이상인 도시만 단계 1~2를 거쳐 산출된 값을 20% 감소시킨다.

단계 4: 단계 1~3을 거쳐 산출된 값을 수정된 설계적설하중으로 한다. 단, $1.0kN/m^2$ 미만인 경우 $1.0kN/m^2$으로 한다.

	두 번째로 큰 도시	가장 작은 도시
①	A	B
②	A	C
③	B	D
④	D	B
⑤	D	C

문 24. 다음 〈표〉는 2017년과 2018년 '갑'국에 운항하는 항공사의 운송실적 및 피해구제 현황에 관한 자료이다. 〈표〉를 이용하여 작성한 그래프로 옳지 않은 것은?

〈표 1〉 2017년과 2018년 국적항공사의 노선별 운송실적

(단위: 천 명)

국적항공사		국내선 2017	국내선 2018	국제선 2017	국제선 2018
대형 항공사	태양항공	7,989	6,957	18,925	20,052
	무지개항공	5,991	6,129	13,344	13,727
저비용 항공사	알파항공	4,106	4,457	3,004	3,610
	에어세종	0	0	821	1,717
	청렴항공	3,006	3,033	2,515	2,871
	독도항공	4,642	4,676	5,825	7,266
	참에어	3,738	3,475	4,859	5,415
	동해항공	2,935	2,873	3,278	4,128
합계		32,407	31,600	52,571	58,786

〈표 2〉 2017년 피해 유형별 항공사의 피해구제 접수 건수 비율

(단위: %)

항공사 \ 피해 유형	취소환불 위약금	지연 결항	정보제공 미흡	수하물 지연 파손	초과 판매	기타	합계
국적항공사	57.14	22.76	5.32	6.81	0.33	7.64	100.00
외국적항공사	49.06	27.77	6.89	6.68	1.88	7.72	100.00

〈표 3〉 2018년 피해 유형별 항공사의 피해구제 접수 건수

(단위: 건)

항공사 \ 피해 유형		취소 환불 위약금	지연 결항	정보 제공 미흡	수하물 지연 파손	초과 판매	기타	합계	전년 대비 증가
대형 항공사	태양항공	31	96	0	7	0	19	153	13
	무지개항공	20	66	0	5	0	15	106	−2
저비용 항공사	알파항공	9	9	0	1	0	4	23	−6
	에어세종	19	10	2	1	0	12	44	7
	청렴항공	12	33	3	4	0	5	57	16
	독도항공	34	25	3	9	0	27	98	−35
	참에어	33	38	0	6	0	8	85	34
	동해항공	19	32	1	10	0	10	72	9
국적항공사		177	309	9	43	0	100	638	36
외국적항공사		161	201	11	35	0	78	486	7

① 2017년 피해 유형별 외국적항공사의 피해구제 접수 건수 대비 국적항공사의 피해구제 접수 건수 비

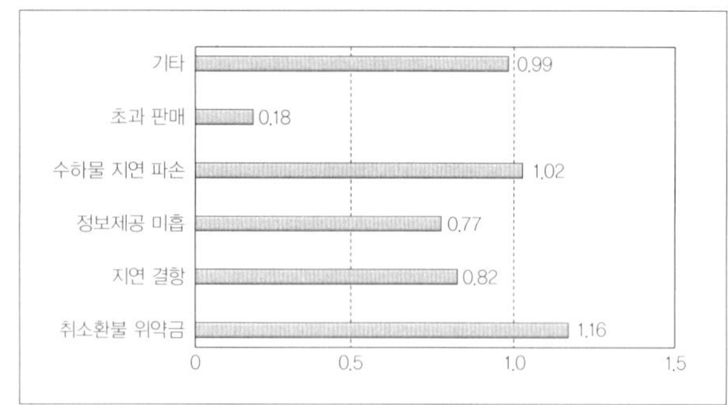

② 2017년 국적항공사별 피해구제 접수 건수 비중

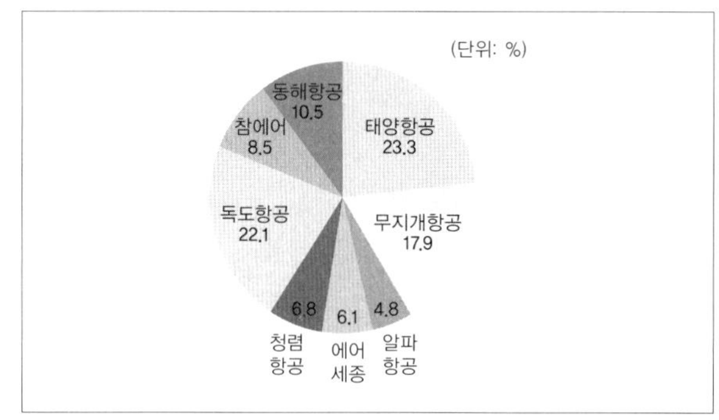

③ 2017년 피해 유형별 국적항공사의 피해구제 접수 건수

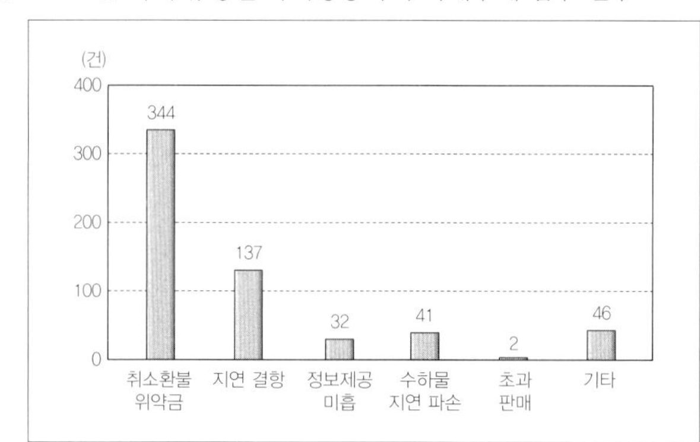

④ 2017년 대비 2018년 저비용 국적항공사의 전체 노선 운송실적 증가율

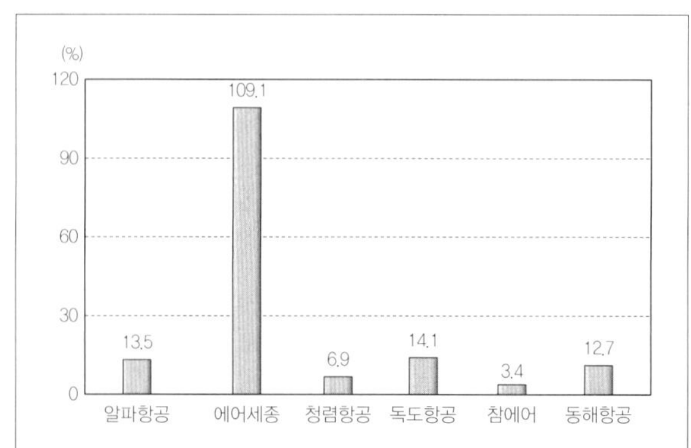

⑤ 대형 국적항공사의 전체 노선 운송실적 대비 피해구제 접수 건수 비

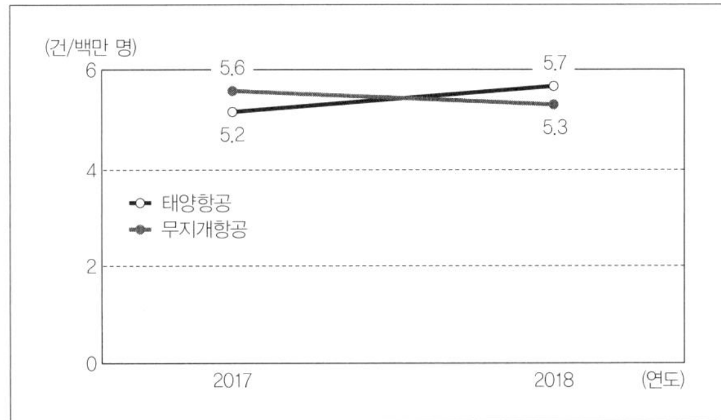

문 25. 다음 〈표〉는 2011～2020년 산불 건수 및 산불 가해자 검거 현황과 2020년 산불 원인별 가해자 검거 현황에 관한 자료이다. 이에 대한 〈보기〉의 설명 중 옳은 것만을 모두 고르면?

〈표 1〉 2011～2020년 산불 건수 및 산불 가해자 검거 현황

(단위: 건, %)

연도＼구분	산불 건수	가해자 검거 건수	검거율
2011	277	131	47.3
2012	197	73	(　)
2013	296	137	46.3
2014	492	167	33.9
2015	623	240	38.5
2016	391	(　)	(　)
2017	692	305	(　)
2018	496	231	46.6
2019	653	239	36.6
2020	620	246	39.7
계	(　)	1,973	(　)

〈표 2〉 2020년 산불 원인별 산불 건수 및 가해자 검거 현황

(단위: 건, %)

산불 원인＼구분	산불 건수	가해자 검거 건수	검거율
입산자 실화	(　)	32	(　)
논밭두렁 소각	49	45	(　)
쓰레기 소각	65	(　)	(　)
담뱃불 실화	75	17	22.7
성묘객 실화	9	6	(　)
어린이 불장난	1	1	100.0
건축물 실화	54	33	61.1
기타	150	52	34.7
전체	(　)	246	39.7

※ 1) 산불 1건은 1개의 산불 원인으로만 분류함
2) 가해자 검거 건수는 해당 산불 발생 연도를 기준으로 집계함
3) 검거율(%) = $\frac{\text{가해자 검거 건수}}{\text{산불 건수}} \times 100$

〈보기〉

ㄱ. 2011～2020년 연평균 산불 건수는 500건 이하이다.

ㄴ. 산불 건수가 가장 많은 연도의 검거율은 산불 건수가 가장 적은 연도의 검거율보다 높다.

ㄷ. 2020년에는 기타를 제외하고 산불 건수가 적은 산불 원인일수록 검거율이 높다.

ㄹ. 2020년 전체 산불 건수 중 입산자 실화가 원인인 산불 건수의 비율은 35%이다.

① ㄱ, ㄴ
② ㄴ, ㄹ
③ ㄷ, ㄹ
④ ㄱ, ㄴ, ㄷ
⑤ ㄱ, ㄴ, ㄹ

※ 수고하셨습니다.
※ 기출문제편 맨 마지막에 있는 OMR 카드에 마킹을 하세요.

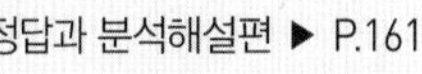
정답과 분석해설편 ▶ P.161

제3영역 상황판단

1초 합격예측! 모바일 성적결과분석표 발급 서비스

QR 코드로 접속하여 문제 풀이 시간을 측정하고, 자동채점 & 성적결과분석 서비스를 통해 지금 바로 실력을 점검해 보세요.
◀ http://eduwill.kr/1bmF

풀이 시간	• 시작 : ___시 ___분 ~ 종료: ___시 ___분 • 총 : ___분

문 1. 다음 글과 〈상황〉을 근거로 판단할 때 옳은 것은?

제00조 ① 다음 각 호의 어느 하나에 해당하는 사람은 주민등록지의 시장(특별시장·광역시장은 제외하고 특별자치도지사는 포함한다. 이하 같다)·군수 또는 구청장에게 주민등록번호(이하 '번호'라 한다)의 변경을 신청할 수 있다.
1. 유출된 번호로 인하여 생명·신체에 위해를 입거나 입을 우려가 있다고 인정되는 사람
2. 유출된 번호로 인하여 재산에 피해를 입거나 입을 우려가 있다고 인정되는 사람
3. 성폭력피해자, 성매매피해자, 가정폭력피해자로서 유출된 번호로 인하여 피해를 입거나 입을 우려가 있다고 인정되는 사람

② 제1항의 신청 또는 제5항의 이의신청을 받은 주민등록지의 시장·군수·구청장(이하 '시장 등'이라 한다)은 ○○부의 주민등록번호변경위원회(이하 '변경위원회'라 한다)에 번호변경 여부에 관한 결정을 청구해야 한다.

③ 주민등록지의 시장 등은 변경위원회로부터 번호변경 인용결정을 통보받은 경우에는 신청인의 번호를 다음 각 호의 기준에 따라 지체 없이 변경하고 이를 신청인에게 통지해야 한다.
1. 번호의 앞 6자리(생년월일) 및 뒤 7자리 중 첫째 자리는 변경할 수 없음
2. 제1호 이외의 나머지 6자리는 임의의 숫자로 변경함

④ 제3항의 번호변경 통지를 받은 신청인은 주민등록증, 운전면허증, 여권, 장애인등록증 등에 기재된 번호의 변경을 위해서는 그 번호의 변경을 신청해야 한다.

⑤ 주민등록지의 시장 등은 변경위원회로부터 번호변경 기각결정을 통보받은 경우에는 그 사실을 신청인에게 통지해야 하며, 신청인은 통지를 받은 날부터 30일 이내에 그 시장 등에게 이의신청을 할 수 있다.

〈상황〉

甲은 주민등록번호 유출로 인해 재산상 피해를 입게 되자 주민등록번호 변경신청을 하였다. 甲의 주민등록지는 A광역시 B구이고, 주민등록번호는 980101-23456□□이다.

① A광역시장이 주민등록번호변경위원회에 甲의 주민등록번호 변경 여부에 관한 결정을 청구해야 한다.
② 주민등록번호변경위원회는 번호변경 인용결정을 하면서 甲의 주민등록번호를 다른 번호로 변경할 수 있다.
③ 주민등록번호변경위원회의 번호변경 인용결정이 있는 경우, 甲의 주민등록번호는 980101-45678□□으로 변경될 수 있다.
④ 甲의 주민등록번호가 변경된 경우, 甲이 운전면허증에 기재된 주민등록번호를 변경하기 위해서는 변경신청을 해야 한다.
⑤ 甲은 번호변경 기각결정을 통지받은 날부터 30일 이내에 주민등록번호변경위원회에 이의신청을 할 수 있다.

문 2. 다음 글을 근거로 판단할 때 옳은 것은?

제00조 ① 각 중앙관서의 장은 그 소관 물품관리에 관한 사무를 소속 공무원에게 위임할 수 있고, 필요하면 다른 중앙관서의 소속 공무원에게 위임할 수 있다.
② 제1항에 따라 각 중앙관서의 장으로부터 물품관리에 관한 사무를 위임받은 공무원을 물품관리관이라 한다.
제00조 ① 물품관리관은 물품수급관리계획에 정하여진 물품에 대하여는 그 계획의 범위에서, 그 밖의 물품에 대하여는 필요할 때마다 계약담당공무원에게 물품의 취득에 관한 필요한 조치를 할 것을 청구하여야 한다.
② 계약담당공무원은 제1항에 따른 청구가 있으면 예산의 범위에서 해당 물품을 취득하기 위한 필요한 조치를 하여야 한다.
제00조 물품은 국가의 시설에 보관하여야 한다. 다만 물품관리관이 국가의 시설에 보관하는 것이 물품의 사용이나 처분에 부적당하다고 인정하거나 그 밖에 특별한 사유가 있으면 국가 외의 자의 시설에 보관할 수 있다.
제00조 ① 물품관리관은 물품을 출납하게 하려면 물품출납공무원에게 출납하여야 할 물품의 분류를 명백히 하여 그 출납을 명하여야 한다.
② 물품출납공무원은 제1항에 따른 명령이 없으면 물품을 출납할 수 없다.
제00조 ① 물품출납공무원은 보관 중인 물품 중 사용할 수 없거나 수선 또는 개조가 필요한 물품이 있다고 인정하면 그 사실을 물품관리관에게 보고하여야 한다.
② 물품관리관은 제1항에 따른 보고에 의하여 수선이나 개조가 필요한 물품이 있다고 인정하면 계약담당공무원이나 그 밖의 관계 공무원에게 그 수선이나 개조를 위한 필요한 조치를 할 것을 청구하여야 한다.

① 물품출납공무원은 물품관리관의 명령이 없으면 자신의 재량으로 물품을 출납할 수 없다.
② A중앙관서의 장이 그 소관 물품관리에 관한 사무를 위임하고자 할 경우, B중앙관서의 소속 공무원에게는 위임할 수 없다.
③ 계약담당공무원은 물품을 국가의 시설에 보관하는 것이 그 사용이나 처분에 부적당하다고 인정하는 경우, 그 물품을 국가 외의 자의 시설에 보관할 수 있다.
④ 물품수급관리계획에 정해진 물품 이외의 물품이 필요한 경우, 물품관리관은 필요할 때마다 물품출납공무원에게 물품의 취득에 관한 필요한 조치를 할 것을 청구해야 한다.
⑤ 물품출납공무원은 보관 중인 물품 중 수선이 필요한 물품이 있다고 인정하는 경우, 계약담당공무원에게 수선에 필요한 조치를 할 것을 청구해야 한다.

문 3. 다음 글을 근거로 판단할 때 옳은 것은?

제○○조 ① 누구든지 법률에 의하지 아니하고는 우편물의 검열·전기통신의 감청 또는 통신사실확인자료의 제공을 하거나 공개되지 아니한 타인 상호간의 대화를 녹음 또는 청취하지 못한다.
② 다음 각 호의 어느 하나에 해당하는 자는 1년 이상 10년 이하의 징역과 5년 이하의 자격정지에 처한다.
1. 제1항에 위반하여 우편물의 검열 또는 전기통신의 감청을 하거나 공개되지 아니한 타인 상호간의 대화를 녹음 또는 청취한 자
2. 제1호에 따라 알게 된 통신 또는 대화의 내용을 공개하거나 누설한 자
③ 누구든지 단말기기 고유번호를 제공하거나 제공받아서는 안 된다. 다만 이동전화단말기 제조업체 또는 이동통신사업자가 단말기의 개통처리 및 수리 등 정당한 업무의 이행을 위하여 제공하거나 제공받는 경우에는 그러하지 아니하다.
④ 제3항을 위반하여 단말기기 고유번호를 제공하거나 제공받은 자는 3년 이하의 징역 또는 1천만 원 이하의 벌금에 처한다.
제□□조 제○○조의 규정에 위반하여, 불법검열에 의하여 취득한 우편물이나 그 내용, 불법감청에 의하여 지득(知得) 또는 채록(採錄)된 전기통신의 내용, 공개되지 아니한 타인 상호간의 대화를 녹음 또는 청취한 내용은 재판 또는 징계절차에서 증거로 사용할 수 없다.

① 甲이 불법검열에 의하여 취득한 乙의 우편물은 징계절차에서 증거로 사용할 수 있다.
② 甲이 乙과 정책용역을 수행하면서 乙과의 대화를 녹음한 내용은 재판에서 증거로 사용할 수 없다.
③ 甲이 乙과 丙 사이의 공개되지 않은 대화를 녹음하여 공개한 경우, 1천만 원의 벌금에 처해질 수 있다.
④ 이동통신사업자 甲이 乙의 단말기를 개통하기 위하여 단말기기 고유번호를 제공받은 경우, 1년의 징역에 처해질 수 있다.
⑤ 甲이 乙과 丙 사이의 우편물을 불법으로 검열한 경우, 2년의 징역과 3년의 자격정지에 처해질 수 있다.

문 4. 다음 글과 〈지원대상 후보 현황〉을 근거로 판단할 때, 기업 F가 받는 지원금은?

□□부는 2021년도 중소기업 광고비 지원사업 예산 6억 원을 기업에 지원하려 하며, 지원대상 선정 및 지원금 산정 방법은 다음과 같다.

○ 2020년도 총매출이 500억 원 미만인 기업만 지원하며, 우선 지원대상 사업분야는 백신, 비대면, 인공지능이다.
○ 우선 지원대상 사업분야 내 또는 우선 지원대상이 아닌 사업분야 내에서는 '소요 광고비 × 2020년도 총매출'이 작은 기업부터 먼저 선정한다.
○ 지원금 상한액은 1억 2,000만 원이나, 해당 기업의 2020년도 총매출이 100억 원 이하인 경우 상한액의 2배까지 지원할 수 있다. 단, 지원금은 소요 광고비의 2분의 1을 초과할 수 없다.
○ 위의 지원금 산정 방법에 따라 예산 범위 내에서 지급 가능한 최대 금액을 예산이 소진될 때까지 지원대상 기업에 순차로 배정한다.

〈지원대상 후보 현황〉

기업	2020년도 총매출(억 원)	소요 광고비 (억 원)	사업분야
A	600	1	백신
B	500	2	비대면
C	400	3	농산물
D	300	4	인공지능
E	200	5	비대면
F	100	6	의류
G	30	4	백신

① 없음
② 8,000만 원
③ 1억 2,000만 원
④ 1억 6,000만 원
⑤ 2억 4,000만 원

문 5. 다음 글의 ㉠과 ㉡에 해당하는 수를 옳게 짝지은 것은?

甲담당관: 우리 부서 전 직원 57명으로 구성되는 혁신조직을 출범시켰으면 합니다.
乙주무관: 조직은 어떻게 구성할까요?
甲담당관: 5~7명으로 구성된 10개의 소조직을 만들되, 5명, 6명, 7명 소조직이 각각 하나 이상 있었으면 합니다. 단, 각 직원은 하나의 소조직에만 소속되어야 합니다.
乙주무관: 그렇게 할 경우 5명으로 구성되는 소조직은 최소 (㉠)개, 최대 (㉡)개가 가능합니다.

	㉠	㉡
①	1	5
②	3	5
③	3	6
④	4	6
⑤	4	7

문 6. 다음 글을 근거로 판단할 때, 甲이 통합력에 투입해야 하는 노력의 최솟값은?

○ 업무역량은 기획력, 창의력, 추진력, 통합력의 4가지 부문으로 나뉜다.
○ 부문별 업무역량 값을 수식으로 나타내면 다음과 같다.

부문별 업무역량 값
= (해당 업무역량 재능 × 4) + (해당 업무역량 노력 × 3)
※ 재능과 노력의 값은 음이 아닌 정수이다.

○ 甲의 부문별 업무역량의 재능은 다음과 같다.

기획력	창의력	추진력	통합력
90	100	110	60

○ 甲은 통합력의 업무역량 값을 다른 어떤 부문의 값보다 크게 만들고자 한다. 단, 甲이 투입 가능한 노력은 총 100이며 甲은 가능한 노력을 남김없이 투입한다.

① 67
② 68
③ 69
④ 70
⑤ 71

문 7. 다음 글을 근거로 판단할 때, 마지막에 송편을 먹었다면 그 직전에 먹은 떡은?

> 원 쟁반의 둘레를 따라 쑥떡, 인절미, 송편, 무지개떡, 팥떡, 호박떡이 순서대로 한 개씩 시계방향으로 놓여 있다. 이 떡을 먹는 순서는 다음과 같은 규칙에 따른다. 특정한 떡을 시작점(첫 번째)으로 하여 시계방향으로 떡을 세다가 여섯 번째에 해당하는 떡을 먹는다. 떡을 먹고 나면 시계방향으로 이어지는 바로 다음 떡이 새로운 시작점이 된다. 이 과정을 반복하여 떡이 한 개 남게 되면 마지막으로 그 떡을 먹는다.

① 무지개떡
② 쑥떡
③ 인절미
④ 팥떡
⑤ 호박떡

문 8. 다음 글을 근거로 판단할 때, 甲이 구매하려는 두 상품의 무게로 옳은 것은?

> ○○마트에서는 쌀 상품 A~D를 판매하고 있다. 상품 무게는 A가 가장 무겁고, B, C, D 순서대로 무게가 가볍다. 무게 측정을 위해 서로 다른 두 상품을 저울에 올린 결과, 각각 35kg, 39kg, 44kg, 45kg, 50kg, 54kg으로 측정되었다. 甲은 가장 무거운 상품과 가장 가벼운 상품을 제외하고 두 상품을 구매하기로 하였다.

※ 상품 무게(kg)의 값은 정수이다.

① 19kg, 25kg
② 19kg, 26kg
③ 20kg, 24kg
④ 21kg, 25kg
⑤ 22kg, 26kg

문 9. 다음 글을 근거로 판단할 때, A 괘종시계가 11시 정각을 알리기 위한 마지막 종을 치는 시각은?

> A 괘종시계는 매시 정각을 알리기 위해 매시 정각부터 일정한 시간 간격으로 해당 시의 수만큼 종을 친다. 예를 들어 7시 정각을 알리기 위해서는 7시 정각에 첫 종을 치기 시작하여 일정한 시간 간격으로 총 7번의 종을 치는 것이다. 이 괘종시계가 정각을 알리기 위해 2번 이상 종을 칠 때, 종을 치는 시간 간격은 몇 시 정각을 알리기 위한 것이든 동일하다. A 괘종시계가 6시 정각을 알리기 위한 마지막 6번째 종을 치는 시각은 6시 6초이다.

① 11시 11초
② 11시 12초
③ 11시 13초
④ 11시 14초
⑤ 11시 15초

문 10. 다음 글을 근거로 판단할 때, 현재 시점에서 두 번째로 많은 양의 일을 한 사람은?

> A부서 주무관 5명(甲~戊)은 오늘 해야 하는 일의 양이 같다. 오늘 업무 개시 후 현재까지 한 일을 비교해 보면 다음과 같다.
>
> 甲은 丙이 아직 하지 못한 일의 절반에 해당하는 양의 일을 했다. 乙은 丁이 남겨 놓고 있는 일의 2배에 해당하는 양의 일을 했다. 丙은 자신이 현재까지 했던 일의 절반에 해당하는 일을 남겨 놓고 있다. 丁은 甲이 남겨 놓고 있는 일과 동일한 양의 일을 했다. 戊는 乙이 남겨 놓은 일의 절반에 해당하는 양의 일을 했다.

① 甲
② 乙
③ 丙
④ 丁
⑤ 戊

문 11. 다음 글과 〈대화〉를 근거로 판단할 때, 丙이 받을 수 있는 최대 성과점수는?

○ A과는 과장 1명과 주무관 4명(甲～丁)으로 구성되어 있으며, 주무관의 직급은 甲이 가장 높고, 乙, 丙, 丁 순으로 낮아진다.
○ A과는 프로젝트를 성공적으로 마친 보상으로 성과점수 30점을 부여받았다. 과장은 A과에 부여된 30점을 자신을 제외한 주무관들에게 분배할 계획을 세우고 있다.
○ 과장은 주무관들의 요구를 모두 반영하여 성과점수를 분배하려 한다.
○ 주무관들이 받는 성과점수는 모두 다른 자연수이다.

〈대화〉

甲: 과장님이 주시는 대로 받아야죠. 아! 그렇지만 丁보다는 제가 높아야 합니다.
乙: 이번 프로젝트 성공에는 제가 가장 큰 기여를 했으니, 제가 가장 높은 성과점수를 받아야 합니다.
丙: 기여도를 고려했을 때, 제 경우에는 상급자보다는 낮게 받고 하급자보다는 높게 받아야 합니다.
丁: 저는 내년 승진에 필요한 최소 성과점수인 4점만 받겠습니다.

① 6
② 7
③ 8
④ 9
⑤ 10

문 12. 다음 글을 근거로 판단할 때, 아기 돼지 삼형제와 각각의 집을 옳게 짝지은 것은?

○ 아기 돼지 삼형제는 엄마 돼지로부터 독립하여 벽돌집, 나무집, 지푸라기집 중 각각 다른 한 채씩을 선택하여 짓는다.
○ 벽돌집을 지을 때에는 벽돌만 필요하지만, 나무집은 나무와 지지대가, 지푸라기집은 지푸라기와 지지대가 재료로 필요하다. 지지대에 소요되는 비용은 집의 면적과 상관없이 나무집의 경우 20만 원, 지푸라기집의 경우 5만 원이다.
○ 재료의 1개당 가격 및 집의 면적 $1m^2$당 필요 개수는 아래와 같다.

구분	벽돌	나무	지푸라기
1개당 가격(원)	6,000	3,000	1,000
$1m^2$당 필요 개수	15	20	30

○ 첫째 돼지 집의 면적은 둘째 돼지 집의 2배이고, 셋째 돼지 집의 3배이다. 삼형제 집의 면적의 총합은 $11m^2$이다.
○ 모두 집을 짓고 나니, 둘째 돼지 집을 짓는 재료 비용이 가장 많이 들었다.

	첫째	둘째	셋째
①	벽돌집	나무집	지푸라기집
②	벽돌집	지푸라기집	나무집
③	나무집	벽돌집	지푸라기집
④	지푸라기집	벽돌집	나무집
⑤	지푸라기집	나무집	벽돌집

문 13. 다음 〈A기관 특허대리인 보수 지급 기준〉과 〈상황〉을 근거로 판단할 때, 甲과 乙이 지급받는 보수의 차이는?

〈A기관 특허대리인 보수 지급 기준〉

○ A기관은 특허출원을 특허대리인(이하 '대리인')에게 의뢰하고, 이에 따라 특허출원 건을 수임한 대리인에게 보수를 지급한다.
○ 보수는 착수금과 사례금의 합이다.
○ 착수금은 대리인이 작성한 출원서의 내용에 따라 〈착수금 산정 기준〉의 세부항목을 합산하여 산정한다. 단, 세부항목을 합산한 금액이 140만 원을 초과할 경우 착수금은 140만 원으로 한다.

〈착수금 산정 기준〉

세부항목	금액(원)
기본료	1,200,000
독립항 1개 초과분(1개당)	100,000
종속항(1개당)	35,000
명세서 20면 초과분(1면당)	9,000
도면(1도당)	15,000

※ 독립항 1개 또는 명세서 20면 이하는 해당 항목에 대한 착수금을 산정하지 않는다.

○ 사례금은 출원한 특허가 '등록결정'된 경우 착수금과 동일한 금액으로 지급하고, '거절결정'된 경우 0원으로 한다.

〈상황〉

○ 특허대리인 甲과 乙은 A기관이 의뢰한 특허출원을 각각 1건씩 수임하였다.
○ 甲은 독립항 1개, 종속항 2개, 명세서 14면, 도면 3도로 출원서를 작성하여 특허를 출원하였고, '등록결정'되었다.
○ 乙은 독립항 5개, 종속항 16개, 명세서 50면, 도면 12도로 출원서를 작성하여 특허를 출원하였고, '거절결정'되었다.

① 2만 원
② 8만 5천 원
③ 123만 원
④ 129만 5천 원
⑤ 259만 원

문 14. 다음 글과 〈상황〉을 근거로 판단할 때, 〈보기〉에서 옳은 것만을 모두 고르면?

□□부서는 매년 △△사업에 대해 사업자 자격 요건 재허가 심사를 실시한다.

○ 기본심사 점수에서 감점 점수를 뺀 최종심사 점수가 70점 이상이면 '재허가', 60점 이상 70점 미만이면 '허가 정지', 60점 미만이면 '허가 취소'로 판정한다.
  - 기본심사 점수: 100점 만점으로, ㉮~㉱의 4가지 항목(각 25점 만점) 점수의 합으로 한다. 단, 점수는 자연수이다.
  - 감점 점수: 과태료 부과의 경우 1회당 2점, 제재 조치의 경우 경고 1회당 3점, 주의 1회당 1.5점, 권고 1회당 0.5점으로 한다.

〈상황〉

2020년 사업자 A~C의 기본심사 점수 및 감점 사항은 아래와 같다.

사업자	기본심사 항목별 점수			
	㉮	㉯	㉰	㉱
A	20	23	17	?
B	18	21	18	?
C	23	18	21	16

사업자	과태료 부과 횟수	제재 조치 횟수		
		경고	주의	권고
A	3	–	–	6
B	5	–	3	2
C	4	1	2	–

〈보기〉

ㄱ. A의 ㉱ 항목 점수가 15점이라면 A는 재허가를 받을 수 있다.
ㄴ. B의 허가가 취소되지 않으려면 B의 ㉱ 항목 점수가 19점 이상이어야 한다.
ㄷ. C가 2020년에 과태료를 부과받은 적이 없다면 판정 결과가 달라진다.
ㄹ. 기본심사 점수와 최종심사 점수 간의 차이가 가장 큰 사업자는 C이다.

① ㄱ
② ㄴ
③ ㄱ, ㄴ
④ ㄴ, ㄷ
⑤ ㄷ, ㄹ

문 15. 다음 글과 〈상황〉을 근거로 판단할 때, 수질검사빈도와 수질기준을 둘 다 충족한 검사지점만을 모두 고르면?

□□법 제00조(수질검사빈도와 수질기준) ① 기초자치단체의 장인 시장·군수·구청장은 다음 각 호의 구분에 따라 지방상수도의 수질검사를 실시하여야 한다.

1. 정수장에서의 검사
   가. 냄새, 맛, 색도, 탁도(濁度), 잔류염소에 관한 검사: 매일 1회 이상
   나. 일반세균, 대장균, 암모니아성 질소, 질산성 질소, 과망간산칼륨 소비량 및 증발잔류물에 관한 검사: 매주 1회 이상
   단, 일반세균, 대장균을 제외한 항목 중 지난 1년간 검사를 실시한 결과, 수질기준의 10퍼센트를 초과한 적이 없는 항목에 대하여는 매월 1회 이상
2. 수도꼭지에서의 검사
   가. 일반세균, 대장균, 잔류염소에 관한 검사: 매월 1회 이상
   나. 정수장별 수도관 노후지역에 대한 일반세균, 대장균, 암모니아성 질소, 동, 아연, 철, 망간, 잔류염소에 관한 검사: 매월 1회 이상
3. 수돗물 급수과정별 시설(배수지 등)에서의 검사
   일반세균, 대장균, 암모니아성 질소, 동, 수소이온 농도, 아연, 철, 잔류염소에 관한 검사: 매 분기 1회 이상

② 수질기준은 아래와 같다.

항목	기준	항목	기준
대장균	불검출/100mL	일반세균	100CFU/mL 이하
잔류염소	4mg/L 이하	질산성 질소	10mg/L 이하

〈상황〉

甲시장은 □□법 제00조에 따라 수질검사를 실시하고 있다. 甲시 관할의 검사지점(A～E)은 이전 검사에서 매번 수질기준을 충족하였고, 이번 수질검사에서 아래와 같은 결과를 보였다.

검사지점	검사대상	검사결과	검사빈도
정수장 A	잔류염소	2mg/L	매일 1회
정수장 B	질산성 질소	11mg/L	매일 1회
정수장 C	일반세균	70CFU/mL	매월 1회
수도꼭지 D	대장균	불검출/100mL	매주 1회
배수지 E	잔류염소	2mg/L	매주 1회

※ 제시된 검사대상 외의 수질검사빈도와 수질기준은 모두 충족한 것으로 본다.

① A, D
② B, D
③ A, D, E
④ A, B, C, E
⑤ A, C, D, E

문 16. 다음 글과 〈상황〉을 근거로 판단할 때 옳은 것은?

○ 민원의 종류
법정민원(인가·허가 등을 신청하거나 사실·법률관계에 관한 확인 또는 증명을 신청하는 민원), 질의민원(법령·제도 등에 관하여 행정기관의 설명·해석을 요구하는 민원), 건의민원(행정제도의 개선을 요구하는 민원), 기타민원(그 외 상담·설명 요구, 불편 해결을 요구하는 민원)으로 구분함

○ 민원의 신청
문서(전자문서를 포함, 이하 같음)로 해야 하나, 기타민원은 구술 또는 전화로 가능함

○ 민원의 접수
민원실에서 접수하고, 접수증을 교부하여야 함(단, 기타민원, 우편 및 전자문서로 신청한 민원은 접수증 교부를 생략할 수 있음)

○ 민원의 이송
접수한 민원이 다른 행정기관의 소관인 경우, 접수된 민원문서를 지체 없이 소관 기관에 이송하여야 함

○ 처리결과의 통지
접수된 민원에 대한 처리결과를 민원인에게 문서로 통지하여야 함(단, 기타민원의 경우와 통지에 신속을 요하거나 민원인이 요청하는 경우, 구술 또는 전화로 통지할 수 있음)

○ 반복 및 중복 민원의 처리
민원인이 동일한 내용의 민원(법정민원 제외)을 정당한 사유 없이 3회 이상 반복하여 제출한 경우, 2회 이상 그 처리결과를 통지하였다면 그 후 접수되는 민원에 대하여는 바로 종결 처리할 수 있음

〈상황〉

○ 甲은 인근 공사장 소음으로 인한 불편 해결을 요구하는 민원을 A시에 제기하려고 한다.
○ 乙은 자신의 영업허가를 신청하는 민원을 A시에 제기하려고 한다.

① 甲은 구술 또는 전화로 민원을 신청할 수 없다.
② 乙은 전자문서로 민원을 신청할 수 없다.
③ 甲이 신청한 민원이 다른 행정기관 소관 사항인 경우라도, A시는 해당 민원을 이송 없이 처리할 수 있다.
④ A시는 甲이 신청한 민원에 대한 처리결과를 전화로 통지할 수 있다.
⑤ 乙이 동일한 내용의 민원을 이미 2번 제출하여 처리결과를 통지받았으나 정당한 사유 없이 다시 신청한 경우, A시는 해당 민원을 바로 종결 처리할 수 있다.

문 17. 다음 글과 〈상황〉을 근거로 판단할 때 옳지 않은 것은?

제00조 ① 건축물을 건축하거나 대수선하려는 자는 특별자치시장·특별자치도지사 또는 시장·군수·구청장의 허가를 받아야 한다. 다만 21층 이상의 건축물이나 연면적 합계 10만 제곱미터 이상인 건축물을 특별시나 광역시에 건축하려면 특별시장이나 광역시장의 허가를 받아야 한다.

② 허가권자는 제1항에 따른 허가를 받은 자가 다음 각 호의 어느 하나에 해당하면 허가를 취소하여야 한다. 다만 제1호에 해당하는 경우로서 정당한 사유가 있다고 인정되면 1년의 범위에서 공사의 착수기간을 연장할 수 있다.

1. 허가를 받은 날부터 2년 이내에 공사에 착수하지 아니한 경우
2. 제1호의 기간 이내에 공사에 착수하였으나 공사의 완료가 불가능하다고 인정되는 경우

제00조 ① ○○부 장관은 국토관리를 위하여 특히 필요하다고 인정하거나 주무부장관이 국방, 문화재보존, 환경보전 또는 국민경제를 위하여 특히 필요하다고 인정하여 요청하면 허가권자의 건축허가나 허가를 받은 건축물의 착공을 제한할 수 있다.

② 특별시장·광역시장·도지사(이하 '시·도지사'라 한다)는 지역계획이나 도시·군계획에 특히 필요하다고 인정하면 시장·군수·구청장의 건축허가나 허가를 받은 건축물의 착공을 제한할 수 있다.

③ ○○부 장관이나 시·도지사는 제1항이나 제2항에 따라 건축허가나 건축허가를 받은 건축물의 착공을 제한하려는 경우에는 주민의견을 청취한 후 건축위원회의 심의를 거쳐야 한다.

④ 제1항이나 제2항에 따라 건축허가나 건축물의 착공을 제한하는 경우 제한기간은 2년 이내로 한다. 다만 1회에 한하여 1년 이내의 범위에서 제한기간을 연장할 수 있다.

〈상황〉

甲은 20층의 연면적 합계 5만 제곱미터인 건축물을, 乙은 연면적 합계 15만 제곱미터인 건축물을 각각 A광역시 B구에 신축하려고 한다.

① 甲은 B구청장에게 건축허가를 받아야 한다.
② 甲이 건축허가를 받은 경우에도 A광역시장은 지역계획에 특히 필요하다고 인정하면 일정한 절차를 거쳐 甲의 건축물 착공을 제한할 수 있다.
③ B구청장은 주민의견을 청취한 후 건축위원회의 심의를 거쳐 건축허가를 받은 乙의 건축물 착공을 제한할 수 있다.
④ 乙이 건축허가를 받은 날로부터 2년 이내에 정당한 사유 없이 공사에 착수하지 않은 경우, A광역시장은 건축허가를 취소하여야 한다.
⑤ 주무부장관이 문화재보존을 위하여 특히 필요하다고 인정하여 요청하는 경우, ○○부 장관은 건축허가를 받은 乙의 건축물에 대해 최대 3년간 착공을 제한할 수 있다.

문 18. 다음 글을 근거로 판단할 때 옳지 않은 것은?

제00조 ① 정보공개심의회(이하 '심의회'라 한다)는 다음 각 호의 구분에 따라 10인 이내의 위원으로 구성한다.

1. 내부 위원: 위원장 1인(○○실장)과 각 부서의 정보공개담당관 중 지명된 3인
2. 외부 위원: 관련분야 전문가 중에서 총 위원수의 3분의 1 이상 위촉

② 위원은 특정 성별이 다른 성별의 2분의 1 이하가 되지 않도록 한다.

③ 위원장을 비롯한 내부 위원의 임기는 그 직위에 재직하는 기간으로 하며, 외부 위원의 임기는 2년으로 하되 2회에 한하여 연임할 수 있다.

④ 심의회는 위원장이 소집하고, 회의는 위원장을 포함한 재적위원 3분의 2 이상의 출석으로 개의하고 출석위원 3분의 2 이상의 찬성으로 의결한다.

⑤ 위원은 부득이한 이유로 참석할 수 없는 경우에는 서면으로 의견을 제출할 수 있다. 이 경우 해당 위원은 심의회에 출석한 것으로 본다.

① 외부 위원의 최대 임기는 6년이다.
② 정보공개심의회는 최소 6명의 위원으로 구성된다.
③ 정보공개심의회 내부 위원이 모두 여성일 경우, 정보공개심의회는 7명의 위원으로 구성될 수 있다.
④ 정보공개심의회가 8명의 위원으로 구성되면, 위원 3명의 찬성으로 의결되는 경우가 있다.
⑤ 위원장을 포함한 위원 5명이 직접 출석하여 이들 모두 안건에 찬성하고, 위원 2명이 부득이한 이유로 서면으로 의견을 제출한 경우, 제출된 서면 의견에 상관없이 해당 안건은 찬성으로 의결된다.

문 19. 다음 글을 근거로 판단할 때, 〈보기〉에서 옳은 것만을 모두 고르면?

2021년에 적용되는 ○○인재개발원의 분반 허용 기준은 아래와 같다.

○ 분반 허용 기준
- 일반강의:직전 2년 수강인원의 평균이 100명 이상이거나, 그 2년 중 1년의 수강인원이 120명 이상
- 토론강의:직전 2년 수강인원의 평균이 60명 이상이거나, 그 2년 중 1년의 수강인원이 80명 이상
- 영어강의:직전 2년 수강인원의 평균이 30명 이상이거나, 그 2년 중 1년의 수강인원이 50명 이상
- 실습강의:직전 2년 수강인원의 평균이 20명 이상

○ 이상의 기준에도 불구하고 직전년도 강의만족도 평가점수가 90점 이상이었던 강의는 위에서 기준으로 제시한 수강인원의 90% 이상이면 분반을 허용한다.

〈보기〉

ㄱ. 2019년과 2020년의 수강인원이 각각 100명과 80명이고 2020년 강의만족도 평가점수가 85점인 일반강의 A는 분반이 허용된다.

ㄴ. 2019년과 2020년의 수강인원이 각각 10명과 45명인 영어강의 B의 분반이 허용되지 않는다면, 2020년 강의만족도 평가점수는 90점 미만이었을 것이다.

ㄷ. 2019년 수강인원이 20명이고 2020년 강의만족도 평가점수가 92점인 실습강의 C의 분반이 허용되지 않는다면, 2020년 강의의 수강인원은 15명을 넘지 않았을 것이다.

① ㄴ
② ㄷ
③ ㄱ, ㄴ
④ ㄱ, ㄷ
⑤ ㄴ, ㄷ

문 20. 다음 글과 〈상황〉을 근거로 판단할 때, 〈사업 공모 지침 수정안〉의 밑줄 친 ㉮~㉲ 중 '관계부처 협의 결과'에 부합한 것만을 모두 고르면?

○ '대학 캠퍼스 혁신파크 사업'을 담당하는 A주무관은 신청 조건과 평가지표 및 배점을 포함한 〈사업 공모 지침 수정안〉을 작성하였다. 평가지표는 Ⅰ~Ⅳ의 지표와 그 하위 지표로 구성되어 있다.

〈사업 공모 지침 수정안〉

㉮ □ 신청 조건

최소 1만m^2 이상의 사업부지 확보. 단, 사업부지에는 건축물이 없어야 함

□ 평가지표 및 배점

평가지표	배점	
	현행	수정
㉯ Ⅰ. 개발 타당성	20	25
- 개발계획의 합리성	10	10
- 관련 정부사업과의 연계가능성	5	10
- 학습여건 보호 가능성	5	5
㉰ Ⅱ. 대학의 사업 추진 역량과 의지	10	15
- 혁신파크 입주기업 지원 방안	5	5
- 사업 전담조직 및 지원체계	5	5
- 대학 내 주체 간 합의 정도	-	5
㉱ Ⅲ. 기업 유치 가능성	10	10
- 기업의 참여 가능성	7	3
- 참여 기업의 재무건전성	3	7
㉲ Ⅳ. 시범사업 조기 활성화 가능성	10	삭제
- 대학 내 주체 간 합의 정도	5	이동
- 부지 조기 확보 가능성	5	삭제
합계	50	50

〈상황〉

A주무관은 〈사업 공모 지침 수정안〉을 작성한 후 뒤늦게 '관계부처 협의 결과'를 전달받았다. 그 내용은 다음과 같다.

○ 대학이 부지를 확보하는 것이 쉽지 않으므로 신청 사업부지 안에 건축물이 포함되어 있어도 신청 허용
○ 도시재생뉴딜사업, 창업선도대학 등 '관련 정부사업과의 연계가능성' 평가비중 확대
○ 시범사업 기간이 종료되었으므로 시범사업 조기 활성화와 관련된 평가지표를 삭제하되 '대학 내 주체 간 합의 정도'는 타 지표로 이동하여 계속 평가
○ 논의된 내용 이외의 하위 지표의 항목과 배점은 사업의 안정성을 위해 현행 유지

① ㉮, ㉯
② ㉮, ㉱
③ ㉯, ㉱
④ ㉰, ㉲
⑤ ㉯, ㉰, ㉲

문 21. 다음 글과 〈대화〉를 근거로 판단할 때, ㉠에 들어갈 丙의 대화내용으로 옳은 것은?

> 주무관 丁은 다음과 같은 사실을 알고 있다.
> ○ 이번 주 개업한 A식당은 평일 '점심(12시)'과 '저녁(18시)'으로만 구분해 운영되며, 해당 시각 이전에 예약할 수 있다.
> ○ 주무관 甲～丙은 A식당에 이번 주 월요일부터 수요일까지 서로 겹치지 않게 예약하고 각자 한 번씩 다녀왔다.

〈대화〉

> 甲: 나는 이번 주 乙의 방문후기를 보고 예약했어. 음식이 정말 훌륭하더라!
> 乙: 그렇지? 나도 나중에 들었는데 丙은 점심 할인도 받았대. 나도 다음에는 점심에 가야겠어.
> 丙: 월요일은 개업일이라 사람이 많을 것 같아서 피했어.
> [㉠]
> 丁: 너희 모두의 말을 다 들어보니, 각자 식당에 언제 갔는지를 정확하게 알겠다!

① 乙이 다녀온 바로 다음날 점심을 먹었지.
② 甲이 먼저 점심 할인을 받고 나에게 알려준 거야.
③ 甲이 우리 중 가장 늦게 갔었구나.
④ 월요일에 갔던 사람은 아무도 없구나.
⑤ 같이 가려고 했더니 이미 다들 먼저 다녀왔더군.

문 22. 다음 글과 〈상황〉을 근거로 판단할 때, 날씨 예보 앱을 설치한 잠재 사용자의 총수는?

> 내일 비가 오는지를 예측하는 날씨 예보시스템을 개발한 A청은 다음과 같은 날씨 예보 앱의 '사전테스트전략'을 수립하였다.
> ○ 같은 날씨 변화를 경험하는 잠재 사용자의 전화번호를 개인의 동의를 얻어 확보한다.
> ○ 첫째 날에는 잠재 사용자를 같은 수의 두 그룹으로 나누어, 한쪽은 "비가 온다"로 다른 한쪽에는 "비가 오지 않는다"로 메시지를 보낸다.
> ○ 둘째 날에는 직전일에 보낸 메시지와 날씨가 일치한 그룹을 다시 같은 수의 두 그룹으로 나누어, 한쪽은 "비가 온다"로 다른 한쪽에는 "비가 오지 않는다"로 메시지를 보낸다.
> ○ 이후 날에도 같은 작업을 계속 반복한다.
> ○ 보낸 메시지와 날씨가 일치하지 않은 잠재 사용자를 대상으로도 같은 작업을 반복한다. 즉, 직전일에 보낸 메시지와 날씨가 일치하지 않은 잠재 사용자를 같은 수의 두 그룹으로 나누어, 한쪽은 "비가 온다"로 다른 한쪽에는 "비가 오지 않는다"로 메시지를 보낸다.

〈상황〉

> A청은 사전테스트전략대로 200,000명의 잠재 사용자에게 월요일부터 금요일까지 5일간 메시지를 보냈다. 받은 메시지와 날씨가 3일 연속 일치한 경우, 해당 잠재 사용자는 날씨 예보 앱을 그날 설치한 후 제거하지 않았다.

① 12,500명
② 25,000명
③ 37,500명
④ 43,750명
⑤ 50,000명

※ 다음 글을 읽고 물음에 답하시오. [문 23. ~ 문 24.]

○ 국가는 지방자치단체인 시·군·구의 인구, 지리적 여건, 생활권·경제권, 발전가능성 등을 고려하여 통합이 필요한 지역에 대하여는 지방자치단체 간 통합을 지원해야 한다.

○ △△위원회(이하 '위원회')는 통합대상 지방자치단체를 발굴하고 통합방안을 마련한다. 지방자치단체의 장, 지방의회 또는 주민은 인근 지방자치단체와의 통합을 위원회에 건의할 수 있다. 단, 주민이 건의하는 경우에는 해당 지방자치단체의 주민투표권자 총수의 50분의 1 이상의 연서(連書)가 있어야 한다. 지방자치단체의 장, 지방의회 또는 주민은 위원회에 통합을 건의할 때 통합대상 지방자치단체를 관할하는 특별시장·광역시장 또는 도지사(이하 '시·도지사')를 경유해야 한다. 이 경우 시·도지사는 접수받은 통합건의서에 의견을 첨부하여 지체 없이 위원회에 제출해야 한다. 위원회는 위의 건의를 참고하여 시·군·구 통합방안을 마련해야 한다.

○ □□부 장관은 위원회가 마련한 시·군·구 통합방안에 따라 지방자치단체 간 통합을 해당 지방자치단체의 장에게 권고할 수 있다. □□부 장관은 지방자치단체 간 통합권고안에 관하여 해당 지방의회의 의견을 들어야 한다. 그러나 □□부 장관이 필요하다고 인정하여 해당 지방자치단체의 장에게 주민투표를 요구하여 실시한 경우에는 그렇지 않다. 지방자치단체의 장은 시·군·구 통합과 관련하여 주민투표의 실시 요구를 받은 때에는 지체 없이 이를 공표하고 주민투표를 실시해야 한다.

○ 지방의회 의견청취 또는 주민투표를 통하여 지방자치단체의 통합의사가 확인되면 '관계지방자치단체(통합대상 지방자치단체 및 이를 관할하는 특별시·광역시 또는 도)'의 장은 명칭, 청사 소재지, 지방자치단체의 사무 등 통합에 관한 세부사항을 심의하기 위하여 공동으로 '통합추진공동위원회'를 설치해야 한다.

○ 통합추진공동위원회의 위원은 관계지방자치단체의 장 및 그 지방의회가 추천하는 자로 한다. 통합추진공동위원회를 구성하는 각각의 관계지방자치단체 위원 수는 다음에 따라 산정한다. 단, 그 결과값이 자연수가 아닌 경우에는 소수점 이하의 수를 올림한 값을 관계지방자치단체 위원 수로 한다.

> 관계지방자치단체 위원 수 = [(통합대상 지방자치단체 수) × 6 + (통합대상 지방자치단체를 관할하는 특별시·광역시 또는 도의 수) × 2 + 1] ÷ (관계지방자치단체 수)

○ 통합추진공동위원회의 전체 위원 수는 위에 따라 산출된 관계지방자치단체 위원 수에 관계지방자치단체 수를 곱한 값이다.

문 23. 윗글을 근거로 판단할 때 옳은 것은?

① □□부 장관이 요구하여 지방자치단체의 통합과 관련한 주민투표가 실시된 경우에는 통합권고안에 대해 지방의회의 의견을 청취하지 않아도 된다.
② 지방의회가 의결을 통해 다른 지방자치단체와의 통합을 추진하고자 한다면 통합건의서는 시·도지사를 경유하지 않고 △△위원회에 직접 제출해야 한다.
③ 주민투표권자 총수가 10만 명인 지방자치단체의 주민들이 다른 인근 지방자치단체와의 통합을 △△위원회에 건의하고자 할 때, 주민 200명의 연서가 있으면 가능하다.
④ 통합추진공동위원회의 위원은 □□부 장관과 관계지방자치단체의 장이 추천하는 자로 한다.
⑤ 지방자치단체의 장은 해당 지방자치단체의 통합을 △△위원회에 건의할 때, 지방의회의 의결을 거쳐야 한다.

문 24. 윗글과 〈상황〉을 근거로 판단할 때, '통합추진공동위원회'의 전체 위원 수는?

〈상황〉

甲도가 관할하는 지방자치단체인 A군과 B군, 乙도가 관할하는 지방자치단체인 C군, 그리고 丙도가 관할하는 지방자치단체인 D군은 관련 절차를 거쳐 하나의 지방자치단체로 통합을 추진하고 있다. 현재 관계지방자치단체장은 공동으로 '통합추진공동위원회'를 설치하고자 한다.

① 42명
② 35명
③ 32명
④ 31명
⑤ 28명

문 25. 다음 글과 〈상황〉을 근거로 판단할 때, 괄호 안의 ㉠과 ㉡에 해당하는 것을 옳게 짝지은 것은?

○ 행정구역분류코드는 다섯 자리 숫자로 구성되어 있다.
○ 행정구역분류코드의 '처음 두 자리'는 광역자치단체인 시·도를 의미하는 고유한 값이다.
○ '그 다음 두 자리'는 광역자치단체인 시·도에 속하는 기초자치단체인 시·군·구를 의미하는 고유한 값이다. 단, 광역자치단체인 시에 속하는 기초자치단체는 군·구이다.
○ '마지막 자리'에는 해당 시·군·구가 기초자치단체인 경우 0, 자치단체가 아닌 경우 0이 아닌 임의의 숫자를 부여한다.
○ 광역자치단체인 시에 속하는 구는 기초자치단체이며, 기초자치단체인 시에 속하는 구는 자치단체가 아니다.

〈상황〉

○○시의 A구와 B구 중 B구의 행정구역분류코드의 첫 네 자리는 1003이며, 다섯 번째 자리는 알 수 없다.

甲은 ○○시가 광역자치단체인지 기초자치단체인지 모르는 상황에서, A구의 행정구역분류코드는 ○○시가 광역자치단체라면 (㉠), 기초자치단체라면 (㉡)이/가 가능하다고 판단하였다.

	㉠	㉡
①	10020	10021
②	10020	10033
③	10033	10034
④	10050	10027
⑤	20030	10035

※ 수고하셨습니다.

※ 기출문제편 맨 마지막에 있는 OMR 카드에 마킹을 하세요.

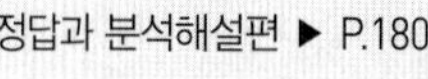

정답과 분석해설편 ▶ P.180

실패가 두려워서
새로운 시도를 거부해서는 안 된다.

서글픈 인생은
"할 수 있었는데"
"할 뻔했는데"
"해야 했는데"
라는 세 마디로 요약된다.

– 루이스 E. 분(Louis E. Boone)

2020년 11월 23일 시행

2020년도 국가공무원 7급 PSAT 모의평가

응시번호	
성　명	

문제책형
–

【시 험 과 목】

제1영역	언어논리
제2영역	자료해석
제3영역	상황판단

※ 2024년도～2022년도 시험과 모의평가 시험의 진행방식이 상이하므로 문제를 풀기 전 확인하시기 바랍니다.

<< 응시자 주의사항 >>

1. 시험시작 전에 시험문제를 열람하는 행위와 시험종료 후 답안지를 작성하는 행위는 공무원임용시험령 제51조에 의거 부정행위자로 처리됩니다.
2. 답안지 책형란의 책형표기는 시험시작 전 문제책 표지 앞면에 인쇄된 책형을 확인한 후 표기하시기 바랍니다.
3. 시험시작 즉시 과목편철 순서, 문제누락 여부, 인쇄상태 이상 유무 및 표지와 개별과목의 문제책형 일치여부 등을 확인한 후 문제책 표지에 응시번호, 성명을 기재합니다.
4. 시험이 시작되면 문제를 주의 깊게 읽은 후, 문항의 취지에 가장 적합한 하나의 정답만을 고르며, 문제내용에 관한 질문은 받지 않습니다.
5. 시험시간관리의 책임은 전적으로 수험생 본인에게 있습니다. 시험감독관의 시험종료 예고시간 고지 안내 및 시험실 내 비치된 시계가 있는 경우라도 시간이 정확하지 않을 수 있으니 본인의 시계로 반드시 확인하시기 바랍니다.
6. 시험시간은 영역별 60분씩입니다.

제1영역 언어논리

1초 합격예측! 모바일 성적결과분석표 발급 서비스

QR 코드로 접속하여 문제 풀이 시간을 측정하고, 자동채점 & 성적결과분석 서비스를 통해 지금 바로 실력을 점검해 보세요.

◀ http://eduwill.kr/MbmF

풀이 시간	• 시작 : ____시 ____분 ~ 종료: ____시 ____분 • 총 : ____분

문 1. 다음 글에서 알 수 있는 것은?

3·1운동 직후 상하이에 모여든 독립운동가들은 임시정부를 만들기 위한 첫걸음으로 조소앙이 기초한 대한민국임시헌장을 채택했다. 대한민국임시헌장을 기초할 때 조소앙은 국호를 '대한민국'으로 하고 정부 명칭도 '대한민국 임시정부'로 하자고 했다. 그 제안이 받아들여졌기 때문에 대한민국임시헌장 제1조에 "대한민국은 민주공화제로 함."이라는 문구가 담기게 된 것이다.

'대한민국'이란 한국인들이 만든 '민국'이라는 뜻이다. 여기서 '민국'이란 국민이 주인인 나라라는 의미가 담긴 용어다. 조소앙은 3·1운동이 일어나기 전, 대한제국 황제가 국민의 동의 없이 마음대로 국권을 일제에 넘겼다고 말하면서 국민은 국권을 포기한 적이 없다고 밝힌 대동단결선언을 발표한 적이 있다. 이 선언에는 "구한국 마지막 날은 신한국 최초의 날"이라는 문구가 담겨 있다. '신한국'이란 말 그대로 '새로운 한국'을 의미한다. 조소앙은 대한제국을 대신할 '새로운 한국'이란 다름 아닌 한국 국민이 주인인 나라라고 말했다.

조소앙의 주장은 대한민국 임시정부에 참여한 독립운동가들로부터 열렬한 지지를 받았다. 독립운동가들은 황제나 일본 제국주의자들이 지배하는 나라가 아니라 국민이 주권을 가진 나라를 만들어야 한다는 데 뜻을 모았다. 1941년에 대한민국 임시정부는 이러한 의지를 보다 선명하게 드러낸 건국강령을 발표하기도 했다. 1948년에 소집된 제헌국회도 대한민국임시헌장에 담긴 정신을 계승했다. 잘 알려진 것처럼 제헌국회는 제헌헌법을 만들었는데, 이 헌법에 우리나라의 명칭을 '대한민국'이라고 한 내용이 있다.

① 대한민국 임시정부는 건국강령을 통해 대한민국임시헌장을 공포했다.

② 조소앙은 대한민국 임시정부의 요청을 받아들여 대동단결선언을 만들었다.

③ 대한민국임시헌장이 공포되기 전에는 '한국'이라는 명칭을 사용한 독립운동가가 없었다.

④ 제헌국회는 대한제국의 정치 제도를 계승하기 위해 '대한민국'이라는 국호를 사용했다.

⑤ 대한민국 임시정부를 만드는 데 참여한 독립운동가들은 민주공화제를 받아들이는 데 합의했다.

문 2. 다음 글에서 알 수 있는 것은?

인조가 남한산성에서 청군에 포위되어 있을 때, 신하들은 척화론과 주화론으로 나뉘어 서로 대립했다. 척화론을 주장한 김상헌은 청에 항복하는 것은 있을 수 없는 일이라며 끝까지 저항하자고 했다. 그는 중화인 명을 버리고 오랑캐와 화의를 맺는 일은 군신의 의리를 버리는 것이라고 말했다. 그와 달리 주화론을 주장한 최명길은 "나아가 싸워 이길 수도 없고 물러나 지킬 수도 없으면 타협하는 수밖에 없다."라고 했다. 그는 명을 섬겨야 한다는 김상헌의 주장에는 동의하지만, 그보다 나라를 보존하는 것이 우선이라고 말했다. 나라가 없어지면 명을 섬기는 것도 불가능하므로 일단 항복한 후 후일을 기약하자는 것이었다.

주화론과 척화론 사이에서 고심하던 인조는 결국 최명길의 입장을 받아들여 청에 항복하는 길을 선택했다. 청군이 물러난 후에 척화론자들은 국왕이 항복의 수모를 당한 것이 모두 주화론자들 탓이라며 비난했다. 그들은 주화론자들을 배신자라고 공격하는 한편 김상헌을 절개 있는 인물이라고 추켜세웠다.

인조 때에는 척화론을 주장했던 사람들이 정국을 주도하지 못했기 때문에 주화론을 내세웠던 사람들이 정계에서 쫓겨나가는 일은 벌어지지 않았다. 그러나 인조의 뒤를 이은 효종이 청에 복수하겠다는 북벌론을 내세우고, 예전에 척화론을 주장했던 자들을 중용하면서 최명길의 편에 섰던 사람들의 입지가 좁아졌다. 효종에 의해 등용되어 정계에 진출할 수 있었던 송시열은 인조가 남한산성에 피신해 있을 때 주화론을 주장했던 사람들과 그 후손들을 정계에서 배제해야 한다고 했다. 송시열 사후에 나타난 노론 세력은 최명길의 주장에 동조했던 사람들의 후손이 요직에 오르지 못하게 막았다. 이는 송시열의 뜻에 따른 것이었다. 이로써 김상헌의 가문인 안동 김씨들은 정계의 요직을 차지할 수 있었다.

① 최명길은 중화 중심의 세계관에서 벗어나야 한다는 생각에서 주화론을 주장했다.

② 효종은 송시열의 주장에 따라 청군의 항복 요구를 받아들이지 않기로 결정했다.

③ 김상헌은 명에 대한 군신의 의리를 지켜야 한다고 주장하면서 주화론에 맞섰다.

④ 인조는 청에 항복한 후 척화론을 받아들여 주화론자들을 정계에서 내쫓았다.

⑤ 노론 세력은 주화론을 받아들여야 한다고 인조를 설득했으나 뜻을 이루지 못했다.

문 3. 다음 글의 논지로 가장 적절한 것은?

사람들은 보통 질병이라고 하면 병균이나 바이러스를 떠올리고, 병에 걸리는 것은 개인적 요인 때문이라고 생각하곤 한다. 어떤 사람이 바이러스에 노출되었다면 그 사람이 평소에 위생 관리를 철저히 하지 않았기 때문이라고 여기는 것이다. 이는 발병 책임을 전적으로 질병에 걸린 사람에게 묻는 생각이다. 꾸준히 건강을 관리하지 않은 사람이나 비만, 허약 체질인 사람이 더 쉽게 병균에 노출된다고 생각하는 경향도 강하다. 그러나 발병한 사람들 전체를 고려하면, 성별, 계층, 직업 등의 사회적 요인에 따라 건강 상태나 질병 종류 및 그 심각성 등이 다르게 나타난다. 따라서 어떤 질병의 성격을 파악할 때 질병의 발생이 개인적 요인뿐만 아니라 계층이나 직업 등의 요인과도 관련될 수 있음을 고려해야 한다.

질병에 대처할 때도 사회적 요인을 고려해야 한다. 물론 어떤 사람들에게는 질병으로 인한 고통과 치료에 대한 부담이 가장 심각한 문제일 수 있다. 그러나 또 다른 사람들에게는 질병에 대한 사회적 편견과 낙인이 오히려 더 심각한 문제일 수 있다. 그들에게는 그러한 편견과 낙인이 더 큰 고통을 안겨 주기 때문이다. 질병이 나타나는 몸은 개인적 영역이면서 동시에 가족이나 직장과도 연결된 사회적인 것이다. 질병의 치료 역시 개인의 문제만으로 그치지 않고 가족과 사회의 문제로 확대되곤 한다. 나의 질병은 내 삶의 위기이자 가족의 근심거리가 되며 나아가 회사와 지역사회에도 긴장을 조성하기 때문이다. 요컨대 질병의 치료가 개인적 영역을 넘어서서 사회적 영역과 관련될 수밖에 없다는 것은 질병의 대처 과정에서 사회적 요인을 반드시 고려해야 한다는 점을 잘 보여준다.

① 병균이나 바이러스로 인한 신체적 이상 증상은 가정이나 지역사회에 위기를 야기할 수 있기에 중요한 사회적 문제이다.
② 한 사람의 몸은 개인적 영역인 동시에 사회적 영역이기에 발병의 책임을 질병에 걸린 사람에게만 묻는 것은 옳지 않다.
③ 질병으로 인한 신체적 고통보다 질병에 대한 사회적 편견으로 인한 고통이 더 크므로 이에 대한 사회적 대책이 필요하다.
④ 질병의 성격을 파악하고 질병에 대처하기 위해서는 사회적인 측면을 고려해야 한다.
⑤ 질병의 치료를 위해서는 개인적 차원보다 사회적 차원의 노력이 더 중요하다.

문 4. 다음 글의 빈칸에 들어갈 내용으로 가장 적절한 것은?

어떤 사람이 오존층을 파괴하는 냉각제를 사용하는 경우를 고려해보자. 오존층 파괴로 인해 무수히 많은 사람이 해악을 입었다고 하더라도, 이 한 사람의 행위가 어떤 특정 개인에게 미친 해악은 매우 미미하다고 말할 수 있을 것이다. 이때 그 사람은 그다지 죄책감을 느끼지 않을 수 있고, 따라서 자신에게 도덕적 책임이 있다는 것을 쉽게 인정하지 않을 수 있다. 이는 다음과 같은 사례를 통해 잘 설명된다.

〈사례〉

가난한 마을에 갑훈을 포함한 산적 100명이 들이닥쳐 약탈을 저질렀다. 을훈을 포함한 주민 100명에게는 각각 콩 100알씩이 있었는데 산적들은 각자 주민 한 명을 맡아 그 사람의 콩을 몽땅 빼앗았다. 그 결과 모든 주민이 굶주리게 되었다. 이때 갑훈이 콩을 빼앗은 상대가 을훈이었다. 각자가 특정 개인에게 큰 해악을 입혔다는 사실에 죄책감을 느낀 산적들은 두 번째 약탈에서는 방법을 바꾸기로 하였다. 갑훈을 포함한 산적 100명은 이번에는 각자가 을훈을 포함한 모든 주민 100명에게서 각각 콩 한 알씩만 빼앗기로 했다. 콩 한 알의 손실은 미미한 해악에 지나지 않으므로 이번에는 어떤 산적도 특정 주민에게 큰 고통을 준 것은 아니었다. 결과적으로 모든 주민은 이번에도 굶주리게 되었지만, 산적들은 별로 죄책감을 느끼지 않았다.

하지만 이른바 '공범 원리'를 받아들이는 사람들은, 타인의 악행에 가담한 경우 결과에 얼마나 영향을 주었는지와 무관하게 도덕적 책임이 있다고 주장한다. 냉각제의 집단적 사용에서 한 사람의 가담 여부가 특정 개인에게 단지 미미한 해악만을 보탠 것이라서 별로 죄책감이 느껴지지 않는다고 하더라도, 그 사람은 단지 그 해악의 공범이라는 이유만으로 그에 따른 도덕적 책임을 져야 한다는 것이다. 그러므로 '공범 원리'에 따른다면, __________

① 갑훈은 두 번째 저지른 약탈 행위에 대해서 더 큰 죄책감을 느껴야 한다.
② 전체 해악의 크기가 커질수록 해악에 가담한 사람들의 도덕적 책임도 커진다.
③ 첫 번째 약탈과 두 번째 약탈에서 갑훈이 을훈에게 입힌 해악에는 차이가 없다.
④ 갑훈에게 도덕적 책임이 있다는 점에서 첫 번째 약탈과 두 번째 약탈은 차이가 없다.
⑤ 두 차례 약탈에서 갑훈이 빼앗은 전체 콩알의 수가 같기 때문에 갑훈이 져야 할 도덕적 책임에는 차이가 없다.

문 5. 다음 글에서 알 수 있는 것은?

갑: 사전연명의료의향서를 제출하여 연명의료 거부 의사를 표명한 사람에 대해서 병원이 연명의료를 실행하지 않는다는 제도가 2018년 2월부터 도입되었습니다. 이 제도 도입 후에 실제로 사전연명의료의향서를 내는 사람이 날로 늘어나고, 민원을 제기하는 사람도 많아지는 것 같습니다. 어떤 민원들이 들어오고 있습니까?

을: 자신이 사는 곳에 사전연명의료의향서를 접수하는 곳이 없어 불편하다는 민원이 많았습니다. 연명의료 전문 상담사의 수가 적어 접수 현장에서 너무 오래 기다렸다고 불만을 표시하는 사람도 많습니다. 이러한 민원에 대응해 2020년 1월 1일부터 전화로 상담을 예약할 수 있는 시스템을 도입해 지금까지 원활하게 운영하고 있으며, 2020년 4월 1일부터 전국 모든 보건소에서 사전연명의료의향서를 받도록 조치했습니다. 더 말씀드리자면, 어떤 사람은 연명의료 전문 상담사로부터 상담을 받지 않아도 사전연명의료의향서를 낼 수 있게 해달라고 요청했습니다.

갑: 연명의료를 거부하는 것은 중대한 사안이니 신중히 사전연명의료의향서를 작성하게 해야 합니다. 지금까지 한 것처럼 연명의료 전문 상담사의 상담을 받게 하는 조치를 유지해 주시기 바랍니다. 한 가지 더 확인하고자 합니다. 전국 모든 보건소에서 사전연명의료의향서를 받기로 했지만, 연명의료 전문 상담사를 모든 보건소에 배치할 수 있는 것은 아니라고 합니다. 혹시 그에 대한 대책을 마련했습니까?

을: 연명의료 전문 상담사 배치가 어려운 보건소의 직원들을 대상으로 연명의료 관련 기본 필수교육을 실시하고, 그 교육을 이수한 직원이 민원인에게 연명의료에 대해 간단히 설명하게 할 방침입니다. 민원인들이 보건소 직원으로부터 설명을 들은 후 그 자리에서 전화로 연명의료 전문 상담사로부터 구체적인 내용을 상담받을 수 있도록 하겠습니다.

① 2018년 2월부터 전국 모든 보건소에서 연명의료 전문 상담사가 사전연명의료의향서를 접수하기 시작했다.
② 2020년 4월부터 연명의료를 실행하지 않고자 하는 병원은 보건소에 사전연명의료의향서를 제출해야 한다.
③ 연명의료를 받고자 하는 사람은 주소지 관할 보건소가 지정한 연명의료 전문 상담사로부터 기본 필수교육을 받아야 한다.
④ 사전연명의료의향서 접수기관이 있는 곳의 거주자 중 연명의료 전문 상담사의 상담을 받으려는 사람은 전화 예약 시스템을 이용해야 한다.
⑤ 연명의료 거부 의사가 있는 사람이 연명의료 전문 상담사의 상담을 받지 않은 상태에서 작성한 사전연명의료의향서는 받아들여지지 않는다.

문 6. 다음 대화의 빈칸에 들어갈 내용으로 가장 적절한 것은?

갑: 아시는 바와 같이 코로나 19로 인한 위기 상황 속에서 어려움을 겪는 국민의 생계를 지원하기 위해 정부가 지난 5월에 전 국민을 대상으로 긴급재난지원금을 지급했습니다. 그런데 정부는 코로나 19로 영업이 어려워진 소상공인 및 자영업자, 생계가 어려운 가구 등을 대상으로 지원금을 다시금 지급하기로 8월에 결정했습니다. 이 소식을 듣고 지원금 수령 가능 여부를 문의하는 민원인들이 많습니다. 문구점을 운영하는 A씨는 소상공인 및 자영업자에게 주는 지원금을 신청할 수 있는지 문의했습니다.

을: 이번에는 소상공인 및 자영업자의 일부, 생계 위기 가구 등에 지원금을 주게 되어 있습니다. 사회적 거리두기 2단계의 실시로 출입이 금지된 집합금지 및 집합제한업종의 자영업자는 특별한 증빙서류 없이 소상공인 및 자영업자 대상 지원금을 받을 수 있습니다. 또 사회적 거리두기 2.5단계부터 운영이 제한된 수도권의 카페나 음식점 등도 집합제한업종에 해당하여 지원금을 받을 수 있습니다. 집합금지 및 집합제한업종에 속하지 않더라도 연 매출 4억 원 이하라는 사실을 증명할 수 있는 자료와 함께 코로나 19 확산으로 매출이 감소했음을 증빙하는 자료를 제출하면 지원금을 받을 수도 있습니다. A씨가 운영하는 가게가 집합금지 및 집합제한업종에 해당하는지 확인하셨습니까?

갑: 네, A씨가 운영하는 문구점은 집합금지 및 집합제한업종에 해당하지 않는 것으로 확인되었습니다.

을: 그렇다면 제가 말씀드린 내용을 바탕으로 A씨에게 적절한 답변을 해주시기 바랍니다.

갑: 잘 알겠습니다. 민원인 A씨에게 (   ) 고 말씀 드리겠습니다.

① 문구점은 일반 업종에 해당하지 않으므로 긴급재난지원금을 신청할 수 없다
② 지난 5월에 긴급재난지원금을 받았다는 사실을 증명하는 서류를 제출해야 한다
③ 문구점은 집합금지 및 집합제한업종에 해당하지 않는 것으로 확인되었기 때문에 지원금을 받을 수 없다
④ 사회적 거리두기 2.5단계부터 운영이 제한되거나 금지된 업종이 아니면 긴급재난지원금을 받을 수 없다
⑤ 연 매출 4억 원에 미치지 못하고 코로나 19로 매출이 감소한 자영업자라면 증빙서류를 갖추어 신청할 수 있다

문 7. 다음 대화의 ㉠에 따라 〈계획안〉을 수정한 것으로 적절하지 않은 것은?

갑: 지금부터 회의를 시작하겠습니다. 이 자리는 '보고서 작성법 특강'의 개최계획 검토를 위한 자리입니다. 특강을 성공적으로 개최하기 위해서 어떻게 해야 하는지 각자의 의견을 자유롭게 말씀해주시기 바랍니다.

을: 특강 참석 대상을 명확하게 정하고 그에 따라 개최 일시가 조정되었으면 좋겠습니다. 주중에 계속 근무하는 현직 공무원인 경우, 아무래도 주말에는 특강 참석률이 저조합니다. 특강을 평일에 개최하되 참석 시간을 근무시간으로 인정해 준다면 참석률이 높아질 것 같습니다.

병: 공무원이 되기 위해 준비하고 있는 예비공무원들에게는 서울이 더 낫겠지만, 중앙부처 소속 공무원에게는 세종시가 접근성이 더 좋습니다. 특강 참석 대상이 누구인가에 따라 장소를 조정할 필요가 있습니다.

정: 주제가 너무 막연하게 표현되어 있습니다. 보고서의 형식이나 내용은 누구에게 보고하느냐에 따라 크게 달라집니다. 보고 대상이 명시적으로 드러날 수 있도록 주제를 더 구체적으로 표현하면 좋겠습니다.

무: 특강과 관련된 정보가 부족합니다. 강의에 관심이 있는 사람이라면 별도 비용이 있는지, 있다면 구체적으로 금액은 어떠한지 등이 궁금할 겁니다.

갑: 얼마 전에 비슷한 특강이 서울에서 개최되었으니 이번 특강은 현직 중앙부처 소속 공무원을 대상으로 진행하도록 하겠습니다. 참고로 특강 수강 비용은 무료입니다. ㉠ 오늘 회의에서 논의된 내용을 반영하여 특강 계획을 수정하도록 하겠습니다. 감사합니다.

〈계획안〉

보고서 작성법 특강

○ 주제: 보고서 작성 기법

○ 일시: 2021. 11. 6.(토) 10:00 ~ 12:00

○ 장소: 정부서울청사 본관 5층 대회의실

○ 대상: 현직 공무원 및 공무원을 꿈꾸는 누구나

① 주제를 '효율적 정보 제시를 위한 보고서 작성 기법'으로 변경한다.

② 일시를 '2021. 11. 10.(수) 10:00 ~ 12:00(특강 참여 시 근무시간으로 인정)'으로 변경한다.

③ 장소를 '정부세종청사 6동 대회의실'로 변경한다.

④ 대상을 '보고서 작성 능력을 키우고 싶은 현직 중앙부처 공무원'으로 변경한다.

⑤ 특강을 듣기 위한 별도 부담 비용이 없다고 안내하는 항목을 추가한다.

문 8. 다음 글의 〈표〉에 대한 판단으로 옳은 것만을 〈보기〉에서 모두 고르면?

우리 몸에는 세 종류의 중요한 근육이 있는데 이것들은 서로 다른 두 기준에 따라 각각 두 종류로 분류될 수 있다. 두 기준은 근육을 구성하는 근섬유에 줄무늬가 있는지의 여부와 근육의 움직임을 우리가 의식적으로 통제할 수 있는지의 여부이다.

세 종류의 중요한 근육 중 뼈대근육은 우리가 의식적으로 통제하여 사용할 수 있기 때문에 수의근이라고 하며 뼈에 부착되어 있다. 이 근육에 있는 근섬유에는 줄무늬가 있어서 줄무늬근으로 분류된다. 뼈대근육은 달리기, 들어 올리기와 같은 신체적 동작을 일으킨다. 우리가 신체적 운동을 통해 발달시키고자 하는 근육이 바로 뼈대근육이다.

뼈대근육과 다른 종류로서 내장근육이 있는데, 이 근육은 소화기관, 혈관, 기도에 있는 근육으로서 의식적인 통제하에 있는 것이 아니다. 내장근육에 있는 근섬유에는 줄무늬가 없어서 민무늬근으로 분류된다. 위나 다른 소화기관에 있는 근육은 꿈틀운동을 일으킨다. 혈관에 있는 근육은 혈관의 직경을 변화시켜서 피의 흐름을 촉진시킨다. 기도에 있는 근육은 기도의 직경을 변화시켜서 공기의 움직임을 촉진시킨다.

심장근육은 심장에서만 발견되는데 심장근육에 있는 근섬유에는 줄무늬가 있다. 심장근육은 심장벽을 구성하고 있고 심장을 수축시키는 역할을 하는데, 이 근육은 우리가 의식적으로 통제할 수 있는 것이 아니기 때문에 불수의근으로 분류된다.

지금까지 기술한 내용을 정리하면 다음과 같다.

〈표〉 근육의 종류와 특징

기준 \ 종류	뼈대근육	내장근육	심장근육
A	㉠	㉡	㉢
B	㉣	㉤	㉥

〈보기〉

ㄱ. ㉡과 ㉢이 같은 특징이라면, A에는 근섬유에 줄무늬가 있는지를 따지는 기준이 들어간다.

ㄴ. ㉣과 ㉥이 다른 특징이라면, B에는 근육의 움직임을 의식적으로 통제할 수 있는지를 따지는 기준이 들어간다.

ㄷ. ㉠에 '수의근'이 들어간다면, ㉤에는 '민무늬근'이 들어가야 한다.

① ㄱ

② ㄷ

③ ㄱ, ㄴ

④ ㄴ, ㄷ

⑤ ㄱ, ㄴ, ㄷ

문 9. 다음 글의 ㉠~㉤에 대한 설명으로 가장 적절한 것은?

세균은 산소에 대한 요구성과 내성에 따라 구분된다. '절대 호기성 세균'은 산소에 대한 내성이 있고 대사 과정에서 산소 호흡을 하기 때문에 산소의 농도가 높은 곳에서 잘 자랄 수 있다. 반면에 '미세 호기성 세균'은 산소 호흡을 하지만 산소에 대한 내성이 '절대 호기성 세균'보다 낮아서 '절대 호기성 세균'이 살아가는 환경의 산소 농도보다 낮은 농도의 산소에서만 살 수 있다. 두 종류의 세균은 모두 산소를 이용하는 호흡이 필수적이므로 산소가 없거나 너무 낮은 농도에서는 살 수 없다. '통성 세균'은 산소에 대한 내성이 있고, 산소가 있는 곳에서는 산소 호흡을 하고 산소가 없거나 너무 낮은 농도에서는 산소 호흡 대신 발효 과정을 통해 에너지를 만들어낼 수 있기 때문에 산소가 있는 환경과 없는 환경 모두에서 자랄 수 있다. 그러나 산소 호흡이 발효 과정보다 많은 에너지를 만들어내기 때문에 산소 농도가 높은 환경에서 더 잘 자란다. '혐기성 세균'은 산소 호흡을 할 수 없는 세균으로 발효 과정만을 통해 에너지를 만들어낸다. '혐기성 세균'은 산소에 대한 내성을 가지고 있어 산소가 있어도 자랄 수 있는 '내기 혐기성 세균'과 산소에 대한 내성이 없어 일정 농도 이상의 산소에 노출되면 사멸하는 '절대 혐기성 세균'으로 나뉜다. '내기 혐기성 세균'의 생장은 산소 농도와는 무관하다.

티오글리콜레이트 배양액을 담고 있는 시험관에서 배양액의 위쪽은 공기와 접하고 있어 산소가 충분하다. 시험관 배양액의 산소 농도는 시험관 아래쪽으로 갈수록 감소하며, 시험관의 맨 아래쪽에는 산소가 거의 없다. 아래 그림은 티오글리콜레이트 배양액을 담고 있는 5개의 시험관(㉠~㉤)에 '절대 호기성 세균', '미세 호기성 세균', '통성 세균', '내기 혐기성 세균', '절대 혐기성 세균' 중 하나를 배양한 결과를 나타내며, 각 시험관에는 서로 다른 세균이 배양되었다. 그림에서 검은색 점 각각은 살아있는 하나의 세균을 나타낸다.

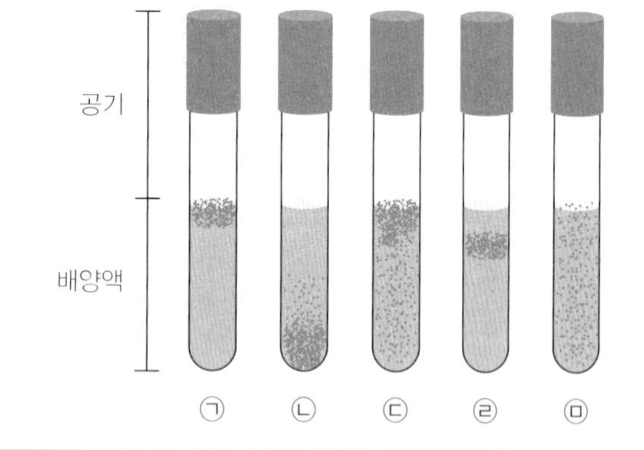

① ㉠은 '통성 세균'이 자란 시험관이다.
② ㉡에서 자란 세균은 발효 과정으로 에너지를 만들어 낸다.
③ ㉢에서 자란 세균은 산소에 대한 내성이 없다.
④ ㉣에서 자란 세균은 산소 호흡을 할 수 없다.
⑤ ㉣과 ㉤은 모두 '혐기성 세균'이 자란 시험관이다.

문 10. 다음 글의 ㉠과 ㉡에 들어갈 진술로 가장 적절한 것은?

A학파의 가장 큰 특징은 토지 문제를 토지 시장에 국한시키지 않고 경제 전체의 흐름과 밀접하게 연결해서 파악한다는 점이다. A학파의 주장에 따르면, 토지 문제는 이용의 효율에만 관련되는 단순한 문제가 아니라 경제 성장, 실업, 물가 등의 거시경제적 변수를 함께 고려해야만 하는 복잡한 문제이다. 그런 점에서 A학파는 토지 문제가 경기 변동과 직결될 뿐만 아니라 사회 정의와도 관련되는 것이라고 주장한다.

이와 달리 B학파는 다른 모든 종류의 상품과 마찬가지로 토지 문제 역시 수요·공급의 법칙에 따라 시장이 자율적으로 조정하도록 맡겨 두면 된다고 주장한다. B학파의 관점에 따르면, [㉠] 토지는 귀금속, 주식, 채권, 은행 예금만큼이나 좋은 투자 대상이다. 부동산의 자본 이득이 충분히 클 경우, 좋은 투자 대상이 되어 막대한 자금이 금융권으로부터 부동산 시장으로 흘러 들어간다. 반대로 자본 이득이 떨어지면 부동산에 투입되었던 자금이 금융권을 통해 회수되어 다른 시장으로 흘러 들어간다. 이와 같이 부동산의 자본 이득은 부동산 시장과 금융권 사이의 연결고리 역할을 한다.

A학파는 B학파와 달리 상품 투자와 토지 투자를 엄격히 구분한다. 상품 투자는 해당 상품의 가격을 상승시켜 상품 공급을 증가시킨다. 공급 증가는 다시 상품 투자의 억제 요인으로 작용하기 때문에 상품 투자에는 내재적 한계가 있기 마련이다. 그러나 [㉡] 그러므로 토지 투자의 경우에는 지가 상승이 투자를 조장하고 투자는 지가 상승을 더욱 부채질하는 악순환이 반복된다. A학파는 이런 악순환의 결과로 토지를 포함한 부동산 가격에 거품이 잔뜩 끼게 된다고 주장한다.

① ㉠: 토지에 대한 투자는 상품 투자의 일종으로 이해된다.
　 ㉡: 토지 공급은 한정되어 있으므로 토지 투자는 상품 투자의 경우와는 달리 제어장치가 없다.
② ㉠: 토지에 대한 투자는 상품 투자의 일종으로 이해된다.
　 ㉡: 토지 투자는 다른 상품의 생산 비용을 상승시켜 상품의 가격 상승으로 이어진다.
③ ㉠: 토지에 대한 투자는 상품 생산의 수단으로 활용된다.
　 ㉡: 토지 공급은 한정되어 있으므로 토지 투자는 상품 투자의 경우와는 달리 제어장치가 없다.
④ ㉠: 토지 투자와 상품 투자는 거시경제적인 관점에서 상호 보완적 역할을 수행한다.
　 ㉡: 토지 투자는 다른 상품의 생산 비용을 상승시켜 상품의 가격 상승으로 이어진다.
⑤ ㉠: 토지 투자와 상품 투자는 거시경제적인 관점에서 상호 보완적 역할을 수행한다.
　 ㉡: 토지 공급은 한정되어 있으므로 토지 투자는 상품 투자의 경우와는 달리 제어장치가 없다.

문 11. 다음 글로부터 추론할 수 있는 것은?

사람의 혈액은 적혈구, 백혈구, 혈소판처럼 혈액 내에 존재하는 세포인 혈구 성분과 이러한 혈구 성분을 제외한 나머지 액상 성분인 혈장으로 나뉜다. 사람의 혈액을 구별하는 대표적인 방법은 혈액의 성분을 기준으로 삼는 ABO형 방법이다. 이에 따르면, 혈액은 적혈구의 표면에 붙어 있는 응집원과 혈장에 들어 있는 응집소의 유무 또는 종류를 기준으로 다음 표와 같이 구분할 수 있다.

혈액형	응집원	응집소
A	A형 응집원	응집소 β
B	B형 응집원	응집소 α
AB	A형 응집원 및 B형 응집원	없음
O	없음	응집소 α 및 응집소 β

이때, A형 응집원이 응집소 α와 결합하거나 B형 응집원이 응집소 β와 결합하면, 응집 반응이 일어난다. 이 반응은 혈액의 응고를 일으키는데, 혈액이 응고되면 혈액의 정상적인 흐름이 방해되어 심각한 문제가 발생할 수 있다. 혈액의 이러한 특성을 활용하면 수혈도를 작성할 수 있다.

① A형 응집원만을 선택적으로 제거한 A형 적혈구를 B형인 사람에게 수혈해도 응집 반응이 일어나지 않는다.
② B형 응집원만을 선택적으로 제거한 AB형 적혈구를 A형인 사람에게 수혈하면 응집 반응이 일어난다.
③ 응집소를 선택적으로 제거한 O형 혈장을 A형인 사람에게 수혈해도 응집 반응이 일어나지 않는다.
④ AB형인 사람은 어떤 혈액을 수혈 받아도 응집 반응이 일어나지 않는다.
⑤ O형인 사람은 어떤 적혈구를 수혈 받아도 응집 반응이 일어나지 않는다.

문 12. 다음 글의 ㉠을 이끌어내기 위해 추가해야 할 전제로 가장 적절한 것은?

A국에서는 교육 제도 개선을 추진하고 있다. 이와 관련하여 현재 거론되고 있는 방안 중 다음 네 조건을 모두 충족시키는 방안이 있다면, 정부는 그 방안을 추진해야 한다. 첫째, 공정한 기회 균등과 교육의 수월성을 함께 이룩할 수 있는 방안이어야 한다. 둘째, 신뢰할 수 있는 설문조사에서 가장 많은 국민이 선호하는 방안으로 선택한 것이어야 한다. 셋째, 정부의 기존 교육 재정만으로 실행될 수 있는 방안이어야 한다. 넷째, 가계의 교육 부담을 줄일 수 있는 방안이어야 한다.

현재 거론되고 있는 방안들 중 선호하는 것에 대하여 국민 2,000명을 대상으로 한 설문조사 결과, 300명이 대학교 평준화 도입을 꼽았고, 400명이 고등학교 자체 평가 확대를 꼽았으며, 600명이 대입 정시 확대와 수시 축소를 꼽았고, 700명이 고교 평준화 강화를 꼽았다. 이 설문조사는 표본을 치우치지 않게 잡아 신뢰할 수 있다.

현재 거론된 방안들 가운데 정부의 기존 교육 재정만으로 실행될 수 없는 것은 대학교 평준화 도입 방안뿐이다. 대입 정시 확대와 수시 축소 방안은 가계의 교육 부담을 감소시키지 못하지만 다른 방안들은 그렇지 않다. 고교 평준화 강화 방안은 공정한 기회 균등을 이룰 수 있는 방안임이 분명하다. 따라서 ㉠ 정부는 고교 평준화 강화 방안을 추진해야 한다.

① 고교 평준화 강화는 가장 많은 국민이 선호하는 방안이다.
② 고교 평준화 강화는 교육의 수월성을 이룩할 수 있는 방안이다.
③ 고교 평준화 강화는 가계의 교육 부담을 줄일 수 있는 방안이다.
④ 고교 평준화 강화는 정부의 기존 교육 재정만으로도 실행될 수 있는 방안이다.
⑤ 정부가 고교 평준화 강화 방안을 추진하지 않아도 된다면, 그 방안은 공정한 기회 균등과 교육의 수월성을 함께 이룩할 수 없는 방안이다.

※ 다음 글을 읽고 물음에 답하시오. [문 13. ~문 14.]

개정 근로기준법이 적용되면서 일명 '52시간 근무제'에 사람들이 큰 관심을 보였다. 하지만 개정 근로기준법에는 1주 최대 근로시간을 52시간으로 규정하는 조문이 명시적으로 추가된 것이 아니다. 다만, 기존 근로기준법에 "1주'란 휴일을 포함한 7일을 말한다'는 문장 하나가 추가되었을 뿐이다. 이 문장이 말하는 바는 상식처럼 보이는데, 이를 추가해서 어떻게 52시간 근무제를 확보할 수 있었을까?

월요일에서 금요일까지 1일 8시간씩 소정근로시간 동안 일하는 근로자를 생각해보자. 여기서 '소정근로시간'이란 근로자가 사용자와 합의하여 정한 근로시간을 말한다. 사실 기존 근로기준법에서도 최대 근로시간은 52시간으로 규정되어 있는 것처럼 보인다. 1일의 최대 소정근로시간이 8시간, 1주의 최대 소정근로시간이 40시간이고, 연장근로는 1주에 12시간까지만 허용되어 있으므로, 이를 단순 합산하면 총 52시간이 되기 때문이다. 그러나 기존 근로기준법에서는 최대 근로시간이 68시간이었다. 이는 휴일근로의 성격을 무엇으로 보느냐에 달려 있다. 기존 근로기준법에서 휴일근로는 소정근로도 아니고 연장근로도 아닌 것으로 간주되었다. 그래서 소정근로 40시간과 연장근로 12시간을 시키고 나서 추가로 휴일근로를 시키더라도 법 위반이 아니었다.

그런데 일요일은 휴일이지만, 토요일은 휴일이 아니라 근로의무가 없는 휴무일이기에 특별한 규정이 없는 한 근로를 시킬 수가 없다. 따라서 기존 근로기준법하에서 더 근로를 시키고 싶던 기업들은 단체협약 등으로 '토요일을 휴일로 한다'는 특별규정을 두는 일종의 꼼수를 쓰는 경우가 많았다. 이렇게 되면 토요일과 일요일, 2일 간 휴일근로를 추가로 시킬 수 있기에 최대 근로시간이 늘어나게 된다. 이것이 기존 판례의 입장이었다.

개정 근로기준법과 달리 왜 기존 판례는 [   ] 그 이유는 연장근로를 소정근로의 연장으로 보았고, 1주의 최대 소정근로시간을 정할 때 기준이 되는 1주를 5일에 입각하여 보았기 때문이다. 즉, 1주 중 소정근로일을 월요일부터 금요일까지의 5일로 보았기에 이 기간에 하는 근로만이 근로기준법상 소정근로시간의 한도에 포함된다고 본 것이다. 다만 이 입장에 따르더라도, 연장근로가 아닌 한 1일의 근로시간은 8시간을 초과할 수 없다고 기존 근로기준법에 규정되어 있기 때문에, 이미 52시간을 근로한 근로자에게 휴일에 1일 8시간을 넘는 근로를 시킬 수 없다. 그 결과 휴일근로로 가능한 시간은 16시간이 되어, 1주 68시간이 최대 근로시간이 된 것이다.

문 13. 위 글의 빈칸에 들어갈 내용으로 가장 적절한 것은?

① 휴일근로가 연장근로가 아니라고 보았을까?
② 토요일에 연장근로를 할 수 있다고 보았을까?
③ 1주의 최대 소정근로시간을 40시간으로 인정하였을까?
④ 1일의 최대 소정근로시간은 8시간을 초과할 수 없다고 보았을까?
⑤ 휴일에는 근로자의 합의가 없는 한 연장근로를 할 수 없다고 보았을까?

문 14. 위 글의 내용을 바르게 적용한 사람만을 〈보기〉에서 모두 고르면?

〈보기〉

갑: 개정 근로기준법에 의하면, 1주 중 3일 동안 하루 15시간씩 일한 사람의 경우, 총 근로시간이 45시간으로 52시간보다 적으니 법에 어긋나지 않아.

을: 개정 근로기준법에 의하면, 월요일부터 목요일까지 매일 10시간씩 일한 사람의 경우, 금요일에 허용되는 최대 근로시간은 12시간이야.

병: 기존 근로기준법에 의하면, 일요일 12시간을 일했으면 12시간 전부가 휴일근로시간이지, 연장근로시간이 아니야.

① 갑
② 을
③ 갑, 병
④ 을, 병
⑤ 갑, 을, 병

문 15. 다음 글의 내용이 참일 때, 반드시 참인 것은?

갑돌과 정순은 매일 커피를 마시는 흡연자이다. 을순과 병돌은 매년 치석을 없앤다. 그리고 치아의 색깔에 관한 다음의 사실이 알려져 있다.

○ 치석을 매년 없애지 않고 매일 커피를 마시는 사람의 경우, 그의 이가 노랄 확률은 60% 이상이다.
○ 치석을 매년 없애지 않는 흡연자의 경우, 그의 이가 노랄 확률은 80% 이상이다.
○ 치석을 매년 없애지 않고 매일 커피를 마시는 흡연자의 경우, 그의 이가 노랄 확률은 90% 이상이다.
○ 치석을 매년 없애는 사람의 경우, 그의 이가 노랄 확률은 그의 커피 섭취 및 흡연 여부와 무관하게 20% 미만이다.

① 갑돌의 이가 노랄 확률은 80% 이상이다.
② 을순의 이가 노랗지 않을 확률은 80% 미만이다.
③ 병돌이 흡연자라면, 그의 이가 노랄 확률은 20% 이상이다.
④ 병돌이 매일 커피를 마신다면, 그의 이가 노랄 확률은 20% 이상이다.
⑤ 정순이 치석을 매년 없애지 않는다면, 그의 이가 노랄 확률은 90% 이상이다.

문 16. 다음 글의 내용이 참일 때, 반드시 참인 것만을 〈보기〉에서 모두 고르면?

인접한 지방자치단체인 ○○군을 △△시에 통합하는 안건은 △△시의 5개 구인 A, B, C, D, E 중 3개 구 이상의 찬성으로 승인된다. 안건에 관한 입장은 찬성하거나 찬성하지 않거나 둘 중 하나이다. 각 구의 입장은 다음과 같다.

○ A가 찬성한다면 B와 C도 찬성한다.
○ C는 찬성하지 않는다.
○ D가 찬성한다면 A와 E 중 한 개 이상의 구는 찬성한다.

〈보기〉

ㄱ. B가 찬성하지 않는다면, 안건은 승인되지 않는다.
ㄴ. B가 찬성하는 경우 E도 찬성한다면, 안건은 승인된다.
ㄷ. E가 찬성하지 않는다면, D도 찬성하지 않는다.

① ㄱ
② ㄴ
③ ㄱ, ㄷ
④ ㄴ, ㄷ
⑤ ㄱ, ㄴ, ㄷ

문 17. 다음 글의 내용이 참일 때, 반드시 참인 것만을 〈보기〉에서 모두 고르면?

일반행정 직렬 주무관으로 새로 채용된 갑진, 을현, 병천은 행정안전부, 고용노동부, 보건복지부에 한 명씩 배치되는 것으로 정해졌다. 가인, 나운, 다은, 라연은 배치 결과를 궁금해 하며 다음과 같이 예측했는데, 이 중 한 명의 예측만 틀렸음이 밝혀졌다.

가인: 을현은 행정안전부에, 병천은 보건복지부에 배치될 거야.
나운: 을현이 행정안전부에 배치되면, 갑진은 고용노동부에 배치될 거야.
다은: 을현이 행정안전부에 배치되지 않으면, 병천이 행정안전부에 배치될 거야.
라연: 갑진은 고용노동부에, 병천은 행정안전부에 배치될 거야.

〈보기〉

ㄱ. 갑진은 고용노동부에 배치된다.
ㄴ. 을현은 행정안전부에 배치된다.
ㄷ. 라연의 예측은 틀렸다.

① ㄱ
② ㄴ
③ ㄱ, ㄷ
④ ㄴ, ㄷ
⑤ ㄱ, ㄴ, ㄷ

문 18. 다음 글의 ㉠에 대한 판단으로 적절한 것만을 〈보기〉에서 모두 고르면?

어떤 회사가 소비자들을 A부터 H까지 8개의 동질적인 집단으로 나누어, 이들을 대상으로 마케팅 활동의 효과를 살펴보는 실험을 하였다. 마케팅 활동은 구매 전 활동과 구매 후 활동으로 구성되는데, 구매 전 활동에는 광고와 할인 두 가지가 있고 구매 후 활동은 사후 서비스 한 가지뿐이다. 구매 전 활동이 끝난 뒤 구매율을 평가하고, 구매 후 활동까지 모두 마친 뒤 구매 전과 구매 후의 마케팅 활동을 종합하여 마케팅 만족도를 평가하였다. 구매율과 마케팅 만족도는 모두 a, b, c, d로 평가하였는데, a가 가장 높고 d로 갈수록 낮다. 이 회사가 수행한 ㉠ 실험의 결과는 다음과 같다.

○ A와 B를 대상으로는 구매 전 활동을 실시하지 않았는데 구매율은 d였다. 이 중 A에 대해서는 사후 서비스를 하였고 B에 대해서는 하지 않았는데, 마케팅 만족도는 각각 c와 d였다.
○ C와 D를 대상으로 구매 전 활동 중 광고만 하였더니 구매율은 c였다. 이 중 C에 대해서는 사후 서비스를 하였고 D에 대해서는 하지 않았는데, 마케팅 만족도는 각각 b와 c였다.
○ E와 F를 대상으로 구매 전 활동 중 할인 기회만 제공하였더니 구매율은 b였다. 이 중 E에 대해서는 사후 서비스를 하였고 F에 대해서는 하지 않았는데, 마케팅 만족도는 모두 b였다.
○ G와 H를 대상으로 구매 전 활동으로 광고와 함께 할인 기회를 제공하였더니 구매율은 b였다. 이 중 G에 대해서는 사후 서비스를 하였고 H에 대해서는 하지 않았는데, 마케팅 만족도는 각각 a와 b였다.

〈보기〉

ㄱ. 할인 기회를 제공한 경우가 제공하지 않은 경우보다 구매율이 높다.
ㄴ. 광고를 할 때, 사후 서비스를 한 경우가 하지 않은 경우보다 마케팅 만족도가 낮지 않다.
ㄷ. 사후 서비스를 하지 않을 때, 광고를 한 경우가 하지 않은 경우보다 마케팅 만족도가 높다.

① ㄱ
② ㄷ
③ ㄱ, ㄴ
④ ㄴ, ㄷ
⑤ ㄱ, ㄴ, ㄷ

문 19. 다음 글의 갑~병의 견해에 대한 분석으로 적절한 것만을 〈보기〉에서 모두 고르면?

우리는 'A라는 성질을 가진 대상이 모두 B라는 성질을 가진다.'고 주장할 때 'A는 모두 B이다.'라는 형식의 진술 U를 사용한다. A라는 성질을 가진 대상이 존재할 때, U가 언제 참이고 언제 거짓인지에 대한 어떤 의견 차이도 없다. 즉 A라는 성질을 가진 대상이 존재할 때, 그 대상들이 모두 B라는 성질을 가진다면 U는 참이고, 그 대상들 중 B라는 성질을 가지지 않는 대상이 있다면 U는 거짓이다. 하지만 A라는 성질을 가진 대상이 존재하지 않을 때, U가 언제 참이고 언제 거짓인지를 둘러싸고 여러 견해가 있다.

갑: U는 'A이면서 B가 아닌 대상은 하나도 없다.'는 주장으로 이해해야 한다. 만약 A인 대상이 존재하지 않는다면, A이면서 B가 아닌 대상은 당연히 존재하지 않는다. 따라서 A인 대상이 존재하지 않는 경우, U는 참이다.

을: U에는 'A이면서 B가 아닌 대상은 하나도 없다.'는 주장과 더불어 'A인 대상이 존재한다.'는 주장까지 담겨 있다. 그러므로 A인 대상이 존재하지 않는다면, 후자의 주장이 거짓이 되므로 U 역시 거짓이다.

병: A인 대상이 존재하지 않는다는 사실만 갖고 U가 참이라거나 거짓이라고 말해서는 안 된다. 오히려 A인 대상이 존재해야 한다는 것은 U를 참이나 거짓으로 판단하기 위해 먼저 성립해야 할 조건이다. 그러므로 A인 대상이 존재하지 않는다면, 이 조건을 충족하지 못한 것이므로 U는 참도 거짓도 아니다.

〈보기〉

ㄱ. 갑과 을은 'A인 대상이 존재하지만 B인 대상이 존재하지 않는다면, U는 거짓이다.'라는 것에 동의한다.
ㄴ. 을과 병은 'U가 참이라면, A인 대상이 존재한다.'는 것에 동의한다.
ㄷ. 갑과 병은 'U가 거짓이라면, A인 대상이 존재한다.'는 것에 동의한다.

① ㄱ
② ㄷ
③ ㄱ, ㄴ
④ ㄴ, ㄷ
⑤ ㄱ, ㄴ, ㄷ

문 20. 다음 글의 내용을 적용한 것으로 가장 적절한 것은?

> 연역논증은 전제를 통해 결론이 참이라는 사실을 100% 보장하려는 논증인데, 이 가운데 결론의 참을 100% 보장하는 논증을 '타당한 논증'이라 한다. 반면 귀납논증은 전제를 통해 결론을 개연적으로 뒷받침하려는 논증이다. 귀납논증 중에는 뒷받침하는 정도가 강한 것도 있고 약한 것도 있다. 귀납논증은 형식의 측면에서도 여러 가지로 분류될 수 있는데, 이 중 우리가 자주 쓰는 귀납논증은 다음과 같은 것이다.
>
> ○ 보편적 일반화: 유형 I에 속하는 n개의 개체를 조사해 보니 이들 모두에서 속성 P를 발견하였다. 따라서 유형 I에 속하는 모든 개체들은 속성 P를 가질 것이다.
>
> ○ 통계적 일반화: 유형 I에 속하는 n개의 개체를 조사해 보니 이들 가운데 m개에서 속성 P를 발견하였다. 따라서 유형 I에 속하는 모든 개체 중 m/n이 속성 P를 가질 것이다. 단, m/n은 0보다 크고 1보다 작다.
>
> ○ 통계적 삼단논법: 유형 I에 속하는 개체 중 m/n에서 속성 P를 발견하였다. 개체 α는 유형 I에 속한다. 따라서 개체 α는 속성 P를 가질 것이다. 단, m/n은 0보다 크고 1보다 작다.
>
> ○ 유비추론: 유형 I에 속하는 개체 α가 속성 P_1, P_2, P_3을 갖고, 유형 II에 속하는 개체 β도 똑같이 속성 P_1, P_2, P_3을 갖는다. 개체 α가 속성 P_4를 가진다는 사실이 발견되었다. 따라서 개체 β는 속성 P_4를 가질 것이다.

① '우리나라 공무원 중 여행과 음악을 모두 좋아하는 이들의 비율은 전체의 80%를 넘지 않는다. 따라서 우리나라 공무원 중 여행을 좋아하는 이들의 비율은 전체의 80%를 넘지 않을 것이다.'는 타당한 논증으로 분류된다.

② '우리나라 전체 공무원 중 100명을 조사해 보니 이들은 업무의 70% 이상을 효과적으로 수행하고 있다. 따라서 우리나라 전체 공무원들은 업무의 70% 이상을 효과적으로 수행하고 있을 것이다.'는 보편적 일반화로 분류된다.

③ '우리나라 공무원 중 30%가 운동을 좋아한다. 따라서 우리나라 20대 공무원 중 30%는 운동을 좋아할 것이다.'는 통계적 일반화로 분류된다.

④ '해외연수를 다녀온 공무원의 95%가 정부 정책을 지지한다. 공무원 갑은 정부 정책을 지지하고 있다. 따라서 갑은 해외연수를 다녀왔을 것이다.'는 통계적 삼단논법으로 분류된다.

⑤ '임신과 출산으로 태어난 을과 그를 복제하여 만든 병은 유전자와 신경 구조가 똑같다. 따라서 을과 병은 둘 다 80세 이상 살 것이다.'는 유비추론으로 분류된다.

문 21. 다음 글의 실험 결과가 강화하는 것만을 〈보기〉에서 모두 고르면?

> 한 연구진은 자극 X가 뇌에 미치는 영향을 밝히기 위한 실험을 수행하였다. 그들은 자극 X가 있는 환경에서 성장한 동물과 자극 X가 없는 환경에서 성장한 동물을 비교했을 때 뇌에 차이가 있을 것이라고 추측했다.
>
> 실험을 위해 동일한 조건의 연구용 쥐 100마리를 절반씩 나누어 각각 A와 B 그룹으로 배정하였다. A 그룹의 쥐는 자극 X에 노출된 반면, B 그룹의 쥐는 자극 X에 노출되지 않았다. 자극 X를 제외한 다른 조건은 두 그룹에서 동일하였다. 일정 기간이 지나고 두 그룹 쥐의 뇌에 대해서 부위별로 무게 측정과 화학 분석이 이루어졌다. 그 결과 A 그룹의 쥐는 B 그룹의 쥐와 다른 점을 보여주었다.
>
> 두 그룹에서 나타난 가장 두드러진 차이점은 전체 뇌 무게에 대한 대뇌피질의 무게 비율이었다. 대뇌피질은 경험에 반응하고 운동, 기억, 학습, 감각적 입력을 관장하는 뇌의 한 부위이다. A 그룹 쥐의 대뇌피질은 B 그룹 쥐의 대뇌피질보다 더 무겁고 더 치밀했지만, 뇌의 나머지 부위의 무게에는 차이가 없었다.
>
> 또한 B 그룹의 쥐의 뇌보다 A 그룹의 쥐의 뇌에서는 크기가 큰 신경세포뿐만 아니라 신경교세포도 더 많이 발견되었다. 신경교세포는 뇌의 신경세포를 성장시켜 크기를 키우는 역할을 하는 세포이다. 세포의 DNA에 대한 RNA의 비율은 세포가 성장하지 않을 때보다 세포가 성장하여 크기가 커질 때 높아진다. 두 그룹의 쥐의 뇌를 분석한 결과, DNA에 대한 RNA의 비율이 높아진 뇌 신경세포가 B 그룹보다 A 그룹에 더 많이 있다는 사실이 확인되었다. A 그룹의 쥐의 뇌에서는 신경전달물질 α가 더 많이 분비되었는데, 신경전달물질 α의 양은 A 그룹 쥐의 뇌보다 B 그룹 쥐의 뇌에서 약 30% 이상 더 적은 것으로 확인되었다.

〈보기〉

ㄱ. 자극 X가 있으면 없을 때보다 신경교세포의 수와 신경전달물질의 분비량이 많아진다.

ㄴ. 자극 X가 있으면 없을 때보다 전체 뇌 무게에 대한 대뇌피질의 무게 비율이 높아지고 대뇌피질이 촘촘해진다.

ㄷ. 자극 X가 없으면 있을 때보다 뇌 신경세포의 크기와 수가 늘어난다.

① ㄱ

② ㄷ

③ ㄱ, ㄴ

④ ㄴ, ㄷ

⑤ ㄱ, ㄴ, ㄷ

문 22. 다음 글의 ㉠을 강화하는 것만을 〈보기〉에서 모두 고르면?

1977년 캐나다의 실험에서 연구진은 인공 조미료 사카린이 인간에게 암을 일으킬 수 있는지를 밝히려고 약 200마리의 쥐를 사용해 실험했다. 실험 결과가 발표되자 그 활용의 타당성에 관해 비판이 제기되었다. 투여된 사카린의 양이 쥐가 먹는 음식의 5%로 너무 많다는 것이었다. 인간에게 그 양은 음료수 800병에 함유된 사카린 양인데, 누가 하루에 음료수를 800병이나 마시겠느냐는 비판이었다.

일리가 없는 말은 아니지만 ㉠ 이것은 합당한 비판이 아니다. 물론 인간에게 적용할 실험 결과를 얻으려면 인간이 사카린에 노출되는 상황을 그대로 재현하여 실험하는 것이 바람직하다. 그러나 일상적인 환경에서 대개의 발암물질은 유효성이 아주 낮아서 수천 명 중 한 명 정도의 비율로만 그 효과를 확인할 수 있다. 발암물질의 유효성은 몸에 해당 물질을 받아들인 개체들 가운데 암에 걸리는 개체의 비율에 의존하는데, 이 비율이 낮을수록 발암물질의 유효성이 낮아진다. 물론 발암물질의 유효성이 낮아도 그 피해는 클 수 있다. 예를 들어 유효성이 매우 낮은 경우라도, 관련 모집단이 수천만 명이라면 그로 인해 암에 걸리는 사람은 수만 명에 이를 수 있다. 이런 상황에서 발암물질의 효과를 확인하려는 동물 실험은 최소한 수만 마리의 쥐를 이용한 실험을 해야 유의미한 결과를 얻을 수 있다. 하지만 그렇게 많은 쥐를 이용해서 실험하는 것은 불가능하다.

이럴 때 택하는 전형적인 전략은 실험 대상의 수를 줄이고 발암물질의 투여량을 늘리는 것이다. 예를 들어 어떤 발암물질을 통상적인 수준에서 투여한다면 200마리의 쥐 가운데 암이 발생한 것은 거의 없을 것이다. 하지만 그 발암물질을 전체 음식의 5%로 늘리게 되면 200마리의 쥐 가운데에서도 암이 발생한 쥐의 수는 제법 늘어나게 될 것이다. 이렇게 발암물질의 투여량을 늘리면 실험 대상의 수를 줄이더라도 유의미한 실험 결과를 확보할 수 있는 것이다. 결국 사카린과 암 사이의 인과관계를 밝히려 한 1977년 실험과 그 활용의 타당성에 근본적인 잘못이 있다고 할 수 없다.

〈보기〉

ㄱ. 인간이든 쥐든 암이 발생하는 사례의 수는 발암물질의 섭취량에 비례한다.

ㄴ. 쥐에게 다량 투입하였을 때 암을 일으킨 물질 중에는 인간에게 발암물질이 아닌 것이 있다.

ㄷ. 발암물질의 유효성이 클수록 더 많은 수의 실험 대상을 확보해야 유의미한 실험 결과를 얻을 수 있다.

① ㄱ
② ㄷ
③ ㄱ, ㄴ
④ ㄴ, ㄷ
⑤ ㄱ, ㄴ, ㄷ

문 23. 다음 논쟁을 분석한 것으로 적절한 것만을 〈보기〉에서 모두 고르면?

A: 종 차별주의란 인간 종이 다른 생물 종과 생김새가 다르다는 이유만으로 특별한 대우를 받아야 한다는 주장이다. 이런 종 차별주의가 옳지 않다는 주장은 모든 종을 동등하게 대우해야 한다는 종 평등주의가 옳다는 말과 같다. 하지만 종 평등주의는 너무나 비상식적인 견해이다.

B: 종 차별주의를 거부하는 것과 종 평등주의를 받아들이는 것은 별개다. 모든 생명체를 동등하게 대우해야 한다는 종 평등주의는 이웃 사람을 죽이는 것이 그른 만큼 양배추를 뽑아 버리는 것도 그르다는 것을 암시한다. 그러나 양배추는 신경계와 뇌가 없으므로 어떠한 경험을 할 수도 어떠한 의식을 가질 수도 없다. 그런 양배추를 뽑아 버리는 것이, 의식을 가지고 높은 수준의 경험을 누리는 이웃 사람을 죽이는 행위와 같을 수 없다. 종 차별주의에 대한 거부는 생김새가 아닌 의식에 의한 차별적 대우를 부정하지 않는다.

C: 의식에 의한 차별이 정당하다는 주장이 옳다면, 각 인간이 가진 가치도 달라야 한다. 왜냐하면 인간마다 의식적 경험의 정도가 다르기 때문이다. 그러나 모든 인간이 동일한 존엄성과 무한한 생명 가치를 가진다는 것은 거부할 수 없는 윤리의 대전제이다. 따라서 의식을 이용하여 종 사이의 차별을 정당화한다면 이런 윤리의 대전제를 부정할 수밖에 없다.

〈보기〉

ㄱ. A는 종 차별주의와 종 평등주의가 서로 모순된다고 보지만 B는 그렇지 않다.

ㄴ. B와 C는 모든 인간이 동일한 존엄성과 무한한 생명 가치를 가진다는 견해에 동의한다.

ㄷ. C는 인간과 인간이 아닌 것 사이의 차별적 대우를 정당화하는 근거가 있다는 것에 동의하지만, A는 그렇지 않다.

① ㄱ
② ㄴ
③ ㄱ, ㄷ
④ ㄴ, ㄷ
⑤ ㄱ, ㄴ, ㄷ

문 24. 다음 글의 ㉠의 내용으로 가장 적절한 것은?

2020년 7월 2일이 출산 예정일이었던 갑은 2020년 6월 28일 아이를 출산하여, 2020년 7월 10일에 ○○구 건강관리센터 산모·신생아 건강관리 서비스를 신청하였다. 2020년 1월 1일에 ○○구에 주민등록이 된 이후 갑은 주민등록지를 변경하지 않았으며, 실제로 ○○구에 거주하였다. 갑의 신청을 검토한 ○○구는 「○○구 산모·신생아 건강관리 지원에 관한 조례」(이하 "조례"라 한다)와 「○○구 건강관리센터 운영규정」(이하 "운영규정"이라 한다)이 불일치한다는 문제를 발견하였다. 이에 ㉠ 운영규정과 조례 중 무엇도 위반하지 않고 갑이 30만 원 이하의 본인 부담금만으로 해당 서비스를 이용할 수 있도록 조례 또는 운영규정을 일부 개정하였다.

「○○구 산모·신생아 건강관리 지원에 관한 조례」

제8조(산모·신생아 건강관리 지원) ① 구청장은 출산 예정일 또는 출산일을 기준으로 6개월 전부터 계속하여 ○○구에 주민등록을 두고 있는 산모와 출산 예정일 또는 출산일을 기준으로 1년 전부터 계속하여 ○○구를 국내 체류지로 하여 외국인 등록을 하고 ○○구에 체류하는 외국인 산모에게 산모·신생아 건강관리 서비스를 제공할 수 있다.

② 구청장은 제1항에 따른 서비스의 본인 부담금을 이용금액 기준에 따라 30만 원 한도 내에서 서비스 수급자에게 부과할 수 있다.

「○○구 건강관리센터 운영규정」

제21조(산모·신생아 건강관리 지원) ① 다음 각 호의 어느 하나에 해당하는 사람은 산모·신생아 건강관리 서비스를 이용할 수 있다.

1. 출산일을 기준으로 6개월 전부터 계속하여 ○○구에 주민등록을 두고 실제로 ○○구에 거주하고 있는 산모
2. 출산일을 기준으로 6개월 전부터 ○○구를 국내 체류지로 하여 외국인 등록을 하고 실제로 ○○구에 체류하고 있는 외국인 산모

② 제1항에 따른 서비스를 이용하는 경우 서비스 수급자에게 본인 부담금이 부과될 수 있다. 그 산정은 「○○구 산모·신생아 건강관리 지원에 관한 조례」의 기준에 따른다.

① 운영규정 제21조 제3항과 조례 제8조 제3항으로 '신청일은 출산일 기준 10일을 경과할 수 없다.'를 신설한다.
② 운영규정 제21조 제1항의 '실제로 ○○구에 거주하고'와 '실제로 ○○구에 체류하고'를 삭제한다.
③ 운영규정 제21조 제2항의 '본인 부담금'을 '30만 원 이하의 본인 부담금'으로 개정한다.
④ 운영규정 제21조 제1항의 '출산일'을 모두 '출산 예정일 또는 출산일'로 개정한다.
⑤ 조례 제8조 제1항의 '1년'을 '6개월'로 개정한다.

문 25. 다음 글의 〈논쟁〉에 대한 분석으로 적절한 것만을 〈보기〉에서 모두 고르면?

갑과 을은 M국의 손해사정을 업으로 하는 법인 A, B의 「보험업법」 위반 여부에 대해 논쟁하고 있다. 이 논쟁은 「보험업법」의 일부 규정 속 손해사정사가 상근인지 여부, 그리고 각 법인의 손해사정사가 상근인지 여부가 불분명함에서 비롯되었다. 해당 법의 일부 조항은 다음과 같다.

「보험업법」

제○○조(손해사정업의 영업기준) ① 손해사정을 업으로 하려는 법인은 2명 이상의 상근 손해사정사를 두어야 한다. 이 경우 총리령으로 정하는 손해사정사의 구분에 따라 수행할 업무의 종류별로 1명 이상의 상근 손해사정사를 두어야 한다.

② 제1항에 따른 법인이 지점 또는 사무소를 설치하려는 경우에는 각 지점 또는 사무소별로 총리령으로 정하는 손해사정사의 구분에 따라 수행할 업무의 종류별로 1명 이상의 손해사정사를 두어야 한다.

〈논쟁〉

쟁점 1: 법인 A는 총리령으로 정하는 손해사정사의 구분에 따른 업무의 종류가 4개이고 각 종류마다 2명의 손해사정사를 두고 있는데, 갑은 법인 A가 「보험업법」 제○○조 제1항을 어기고 있다고 주장하지만 을은 그렇지 않다고 주장한다.

쟁점 2: 법인 B의 지점 및 사무소 각각은 총리령으로 정하는 손해사정사의 구분에 따른 업무의 종류가 2개씩이고 각 종류마다 1명의 손해사정사를 두고 있는데, 갑은 법인 B가 「보험업법」 제○○조 제2항을 어기고 있다고 주장하지만 을은 그렇지 않다고 주장한다.

〈보기〉

ㄱ. 쟁점 1과 관련하여, 법인 A에는 비상근 손해사정사가 2명 근무하고 있지만 이들이 수행하는 업무의 종류가 다르다는 사실이 밝혀진다면 갑의 주장은 옳지만 을의 주장은 옳지 않다.

ㄴ. 쟁점 2와 관련하여, 법인 B의 지점에 근무하는 손해사정사가 비상근일 경우에, 갑은 제○○조 제2항의 '손해사정사'가 반드시 상근이어야 한다고 생각하지만 을은 비상근이어도 무방하다고 생각한다는 사실은 법인 B에 대한 갑과 을 사이의 주장 불일치를 설명할 수 있다.

ㄷ. 법인 A 및 그 지점 또는 사무소에 근무하는 손해사정사와 법인 B 및 그 지점 또는 사무소에 근무하는 손해사정사가 모두 상근이라면, 을의 주장은 쟁점 1과 쟁점 2 모두에서 옳지 않다.

① ㄱ
② ㄴ
③ ㄱ, ㄷ
④ ㄴ, ㄷ
⑤ ㄱ, ㄴ, ㄷ

※ 수고하셨습니다.
※ 기출문제편 맨 마지막에 있는 OMR 카드에 마킹을 하세요.

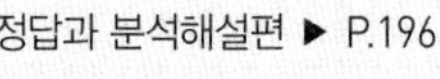
정답과 분석해설편 ▶ P.196

제2영역 자료해석

1초 합격예측! 모바일 성적결과분석표 발급 서비스

QR 코드로 접속하여 문제 풀이 시간을 측정하고, 자동채점 & 성적결과분석 서비스를 통해 지금 바로 실력을 점검해 보세요.

◀ http://eduwill.kr/FGmF

풀이 시간	• 시작 : ____시 ____분 ~ 종료: ____시 ____분 • 총 : ____분

문 1. 다음 〈보고서〉는 2019년 '갑'시의 5대 축제(A~E)에 관한 조사 결과이다. 이에 부합하지 않는 자료는?

〈보고서〉

'갑'시의 5대 축제를 분석·평가한 결과, 우수축제로 선정된 A 축제는 관람객 수, 인지도, 콘텐츠 영역에서 B 축제보다 높은 점수를 받았으나 경제적 효과 영역에서는 B 축제보다 낮은 점수를 받았다. 한편, 5대 축제의 관람객 만족도를 보면, 먹거리 만족도가 매년 떨어지고 있고 2019년에는 살거리 만족도도 2018년보다 낮아져 대책 마련이 시급하다는 평가도 있다.

설문조사에 따르면 축제 관련 정보 획득 매체는 연령대별로 차이를 보였다. 20대 이하와 30~40대는 각각 인터넷을 통해 정보를 획득한 관람객 수가 가장 많았다. 반면, 50대 이상은 현수막을 통해 정보를 획득한 관람객 수가 가장 많아 관람객의 연령대별 맞춤형 홍보 전략이 필요하다는 것을 보여준다.

축제로 인한 경제적 효과도 중요한 분석 대상이다. D 축제의 경우 취업자 수와 고용인 수 모두 가장 적지만, 고용인 1인당 취업자 수는 가장 많았다. 관람객 1인당 총지출액에서 숙박비의 비중이 가장 높은 축제는 C 축제이고 먹거리 비용의 비중이 가장 높은 축제는 E 축제이다.

① 5대 축제별 취업자 수와 고용인 수

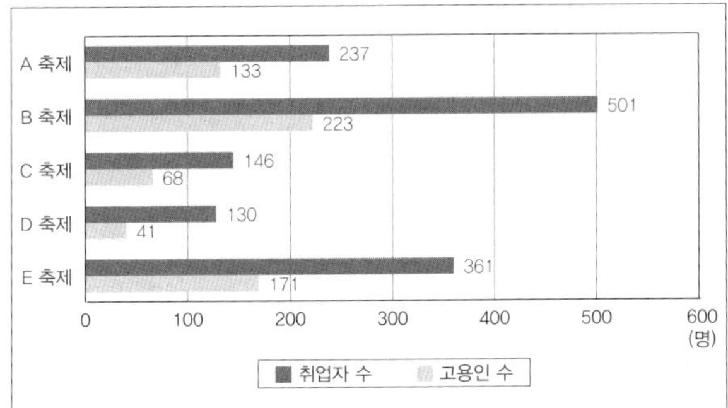

② 5대 축제의 관람객 만족도

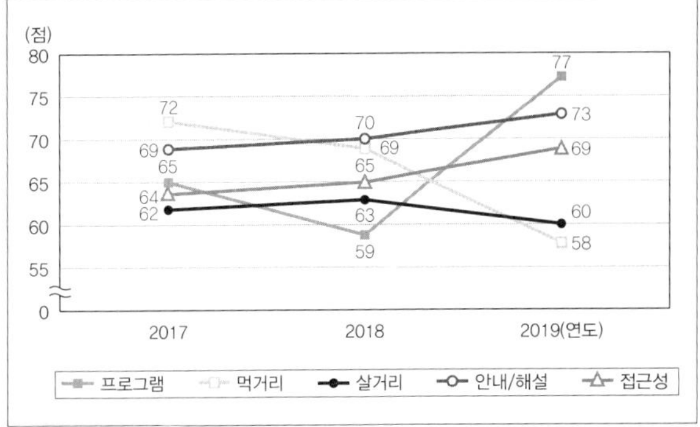

③ 5대 축제별 관람객 1인당 지출액

(단위: 원)

구분 \ 축제	A	B	C	D	E
숙박비	22,514	9,100	27,462	3,240	4,953
먹거리 비용	18,241	19,697	15,303	8,882	20,716
왕복 교통비	846	1,651	9,807	1,448	810
상품 구입비	17,659	4,094	6,340	3,340	411
기타	9	48	102	255	1,117
총지출액	59,269	34,590	59,014	17,165	28,007

④ A, B 축제의 영역별 평가점수

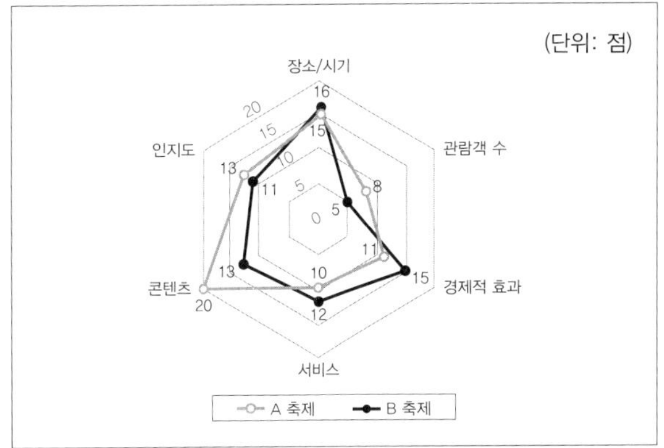

⑤ 관람객의 연령대별 5대 축제 관련 정보 획득 매체

(단위: %)

연령대 \ 매체	TV	인터넷	신문	현수막	기타
20대 이하	22.0	58.6	10.8	17.5	11.5
30~40대	25.4	35.0	16.5	18.0	9.0
50대 이상	35.0	20.2	21.0	29.5	8.0
전체	26.0	41.5	15.1	20.1	9.8

※ 중복응답 가능함

문 2. 다음 〈표〉는 2019년 10월 첫 주 '갑' 편의점의 간편식 A~F의 판매량에 관한 자료이다. 〈표〉와 〈조건〉을 이용하여 간편식 B, E의 판매량을 바르게 나열한 것은?

〈표〉 간편식 A~F의 판매량

(단위: 개)

간편식	A	B	C	D	E	F	평균
판매량	95	( )	( )	( )	( )	43	70

〈조건〉

○ A와 C의 판매량은 같다.
○ B와 D의 판매량은 같다.
○ E의 판매량은 D보다 23개 적다.

	B	E
①	70	47
②	70	57
③	83	47
④	83	60
⑤	85	62

문 3. 다음 〈표〉는 2015~2019년 '갑'국의 가스사고 현황에 관한 자료이다. 이에 대한 〈보기〉의 설명 중 옳은 것만을 모두 고르면?

〈표 1〉 원인별 사고건수

(단위: 건)

원인 \ 연도	2015	2016	2017	2018	2019
사용자 취급부주의	41	41	41	38	31
공급자 취급부주의	23	16	22	26	29
제품노후	4	12	19	12	18
고의사고	21	16	16	12	9
타공사	2	6	4	8	7
자연재해	12	9	5	3	3
시설미비	18	20	11	23	24
전체	121	120	118	122	121

〈표 2〉 사용처별 사고건수

(단위: 건)

사용처 \ 연도	2015	2016	2017	2018	2019
주택	48	50	39	42	47
식품접객업소	21	10	27	14	20
특수허가업소	14	14	16	16	12
공급시설	3	7	5	5	6
차량	4	5	4	5	6
제1종 보호시설	3	8	6	8	5
공장	9	6	7	6	4
다중이용시설	0	0	0	0	1
야외	19	20	14	26	20
전체	121	120	118	122	121

〈보기〉

ㄱ. 2015년 대비 2019년 사고건수의 증가율은 '공급자 취급부주의'가 '시설미비'보다 작다.
ㄴ. '주택'과 '차량'의 연도별 사고건수 증감 방향은 같다.
ㄷ. 2016년에는 사고건수 기준 상위 2가지 원인에 의한 사고건수의 합이 나머지 원인에 의한 사고건수의 합보다 적다.
ㄹ. 전체 사고건수에서 '주택'이 차지하는 비중은 매년 35% 이상이다.

① ㄱ, ㄴ
② ㄱ, ㄹ
③ ㄴ, ㄷ
④ ㄱ, ㄷ, ㄹ
⑤ ㄴ, ㄷ, ㄹ

문 4. 다음 〈표〉는 2015~2019년 A~D 지역의 해양수질, 해조류 군집 및 해양 저서동물 출현종수에 관한 자료이다. 이에 대한 설명으로 옳지 않은 것은?

〈표 1〉 A~D 지역의 해양수질

(단위: mg/L)

측정항목	지역＼연도	2015	2016	2017	2018	2019
용존 산소량 (DO)	A	8.22	8.13	7.95	8.40	7.60
	B	8.18	8.23	8.12	8.60	8.10
	C	10.20	8.06	8.73	8.10	8.50
	D	7.51	6.97	7.39	8.43	8.35
화학적 산소 요구량 (COD)	A	1.73	1.38	1.19	1.54	1.34
	B	1.38	1.40	1.26	1.47	1.54
	C	2.35	2.29	1.71	1.59	1.69
	D	0.96	0.82	0.70	1.30	1.59
총질소 (Total-N)	A	0.16	0.14	0.16	0.15	0.12
	B	0.16	0.13	0.20	0.15	0.12
	C	0.45	0.51	0.68	0.11	0.08
	D	0.20	0.06	0.05	0.57	0.07

※ 해양수질 등급은 아래 기준으로 판정함
- 1등급은 DO가 7.50mg/L 이상이고 COD는 1.00mg/L 이하이며 Total-N이 0.30mg/L 이하인 경우임
- 2등급은 1등급에 해당하지 않으면서 DO가 2.00mg/L 이상이고 COD는 2.00mg/L 이하이며 Total-N이 0.60mg/L 이하인 경우임
- 등급 외는 1, 2등급에 해당하지 않는 경우임

〈표 2〉 A~D 지역의 해조류 군집 및 해양 저서동물 출현종수

(단위: 개)

항목	지역＼연도	2015	2016	2017	2018	2019
해조류 군집 출현종수	A	108	77	46	48	48
	B	102	77	49	49	52
	C	26	27	28	29	27
	D	102	136	199	86	87
해양 저서동물 출현종수	A	147	79	126	134	153
	B	90	73	128	142	141
	C	112	34	58	85	102
	D	175	351	343	303	304

① 2015~2019년 A와 B 지역의 총질소(Total-N)의 연간 증감 방향은 매년 동일하다.
② 2016년 B 지역은 해조류 군집 출현종수의 전년 대비 증감률이 해양 저서동물 출현종수의 전년 대비 증감률보다 크다.
③ 2019년에는 해양 저서동물 출현종수가 가장 많은 지역이 총질소(Total-N)가 가장 낮다.
④ 2015년에 해양수질이 1등급인 지역은 D가 유일하다.
⑤ A와 C 지역의 해양수질은 2015년부터 2017년까지 2등급으로 일정하다.

문 5. 다음 〈그림〉과 〈표〉는 2018~2019년 '갑'국의 월별 최대전력수요와 전력수급현황에 관한 자료이다. 이에 대한 설명으로 옳은 것은?

〈그림〉 '갑'국의 월별 최대전력수요

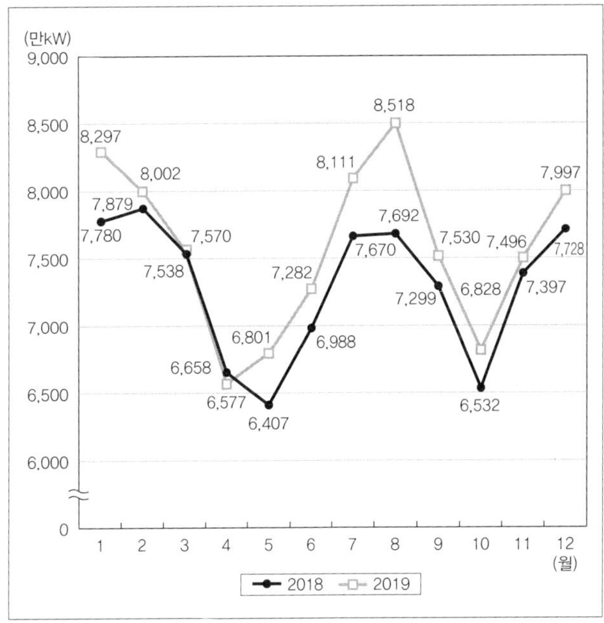

〈표〉 '갑'국의 전력수급현황

(단위: 만kW)

구분＼시기	2018년 2월	2019년 8월
최대전력수요	7,879	8,518
전력공급능력	8,793	9,240

※ 1) 공급예비력 = 전력공급능력 − 최대전력수요

2) 공급예비율(%) = $\frac{\text{공급예비력}}{\text{최대전력수요}} \times 100$

① 공급예비력은 2018년 2월이 2019년 8월보다 작다.
② 공급예비율은 2018년 2월이 2019년 8월보다 낮다.
③ 2019년 1~12월 동안 최대전력수요의 월별 증감 방향은 2018년과 동일하다.
④ 해당 연도 1~12월 중 최대전력수요가 가장 큰 달과 가장 작은 달의 최대전력수요 차이는 2018년이 2019년보다 작다.
⑤ 2019년 최대전력수요의 전년동월 대비 증가율이 가장 높은 달은 1월이다.

문 6. 다음 〈표〉는 2018년 '갑'국 A~E 지역의 산사태 위험인자 현황에 관한 자료이다. 〈평가 방법〉에 근거하여 산사태 위험점수가 가장 높은 지역과 가장 낮은 지역을 바르게 나열한 것은?

〈표〉 A~E 지역의 산사태 위험인자 현황

위험인자 \ 지역	A	B	C	D	E
경사길이(m)	180	220	150	80	40
모암	화성암	퇴적암	변성암(편마암)	변성암(천매암)	변성암(편마암)
경사위치	중하부	중상부	중하부	상부	중상부
사면형	상승사면	복합사면	하강사면	복합사면	평형사면
토심(cm)	160	120	70	110	80
경사도(°)	30	20	25	35	55

〈평가 방법〉

○ 산사태 위험인자의 평가점수는 다음과 같다.

위험인자 \ 평가점수	0점	10점	20점	30점
경사길이(m)	50 미만	50 이상 100 미만	100 이상 200 미만	200 이상
모암	퇴적암	화성암	변성암(천매암)	변성암(편마암)
경사위치	하부	중하부	중상부	상부
사면형	상승사면	평형사면	하강사면	복합사면
토심(cm)	20 미만	20 이상 100 미만	100 이상 150 미만	150 이상
경사도(°)	40 이상	30 이상 40 미만	25 이상 30 미만	25 미만

○ 개별 지역의 산사태 위험점수는 6개 위험인자에 대한 평가점수의 합임

	가장 높은 지역	가장 낮은 지역
①	B	A
②	B	E
③	D	A
④	D	C
⑤	D	E

문 7. 다음 〈표〉는 '갑' 회사 구내식당의 월별 이용자 수 및 매출액에 관한 자료이고, 〈보고서〉는 '갑' 회사 구내식당 가격 인상에 관한 내부검토 자료이다. '2019년 1월의 이용자 수 예측'에 대한 그래프로 〈표〉와 〈보고서〉의 내용에 부합하는 것은?

〈표〉 2018년 '갑' 회사 구내식당의 월별 이용자 수 및 매출액

(단위: 명, 천 원)

월 \ 구분	특선식		일반식		총매출액
	이용자 수	매출액	이용자 수	매출액	
7	901	5,406	1,292	5,168	10,574
8	885	5,310	1,324	5,296	10,606
9	914	5,484	1,284	5,136	10,620
10	979	5,874	1,244	4,976	10,850
11	974	5,844	1,196	4,784	10,628
12	952	5,712	1,210	4,840	10,552

※ 총매출액은 특선식 매출액과 일반식 매출액의 합임

〈보고서〉

2018년 12월 현재 회사 구내식당은 특선식(6,000원)과 일반식(4,000원)의 두 가지 메뉴를 판매하고 있다. 2018년 11월부터 구내식당 총매출액이 감소하고 있어 지난 2년 동안 동결되었던 특선식과 일반식 중 한 가지 메뉴의 가격을 2019년 1월부터 1,000원 인상할지를 검토하였다.

메뉴 가격에 변동이 없을 경우, 일반식 이용자와 특선식 이용자의 수가 모두 2018년 12월에 비해 감소하여 2019년 1월의 총매출액은 2018년 12월보다 감소할 것으로 예측된다.

특선식 가격만을 1,000원 인상하여 7,000원으로 할 경우, 특선식 이용자 수는 2018년 7월 이후 최저치 이하로 감소하지만, 가격 인상의 영향 등으로 총매출액은 2018년 10월 이상으로 증가할 것으로 예측된다.

일반식 가격만을 1,000원 인상하여 5,000원으로 할 경우, 일반식 이용자 수는 2018년 12월 대비 10% 이상 감소하며, 특선식 이용자 수는 2018년 10월보다 증가하지는 않으리라 예측된다.

①
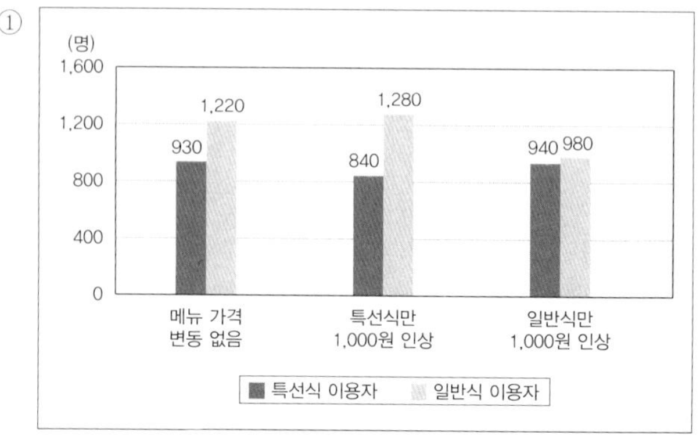

②
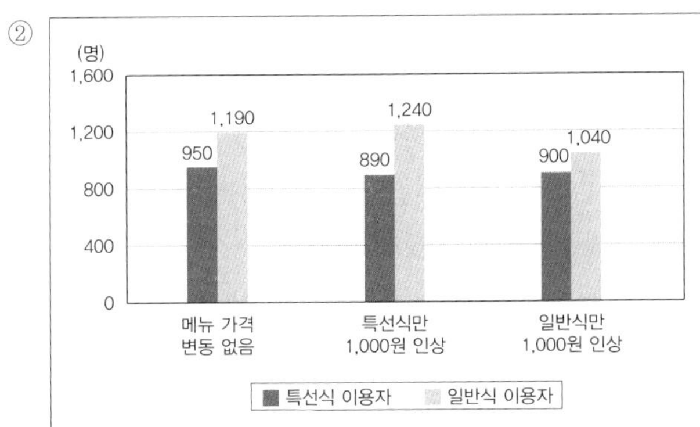

③
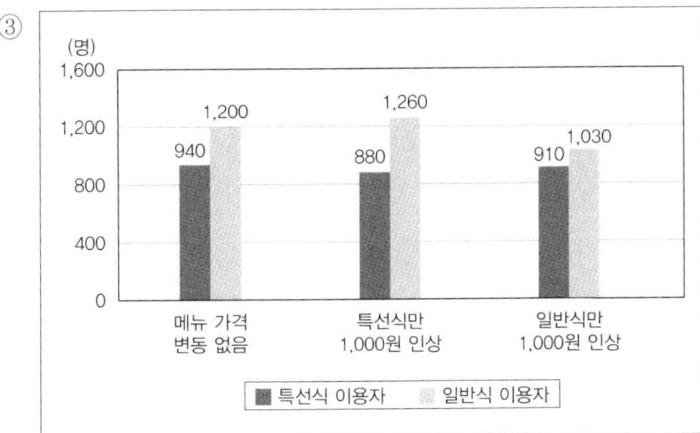

④
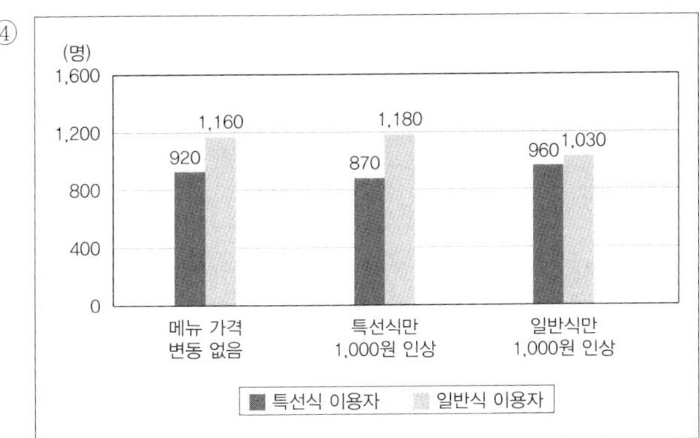

⑤
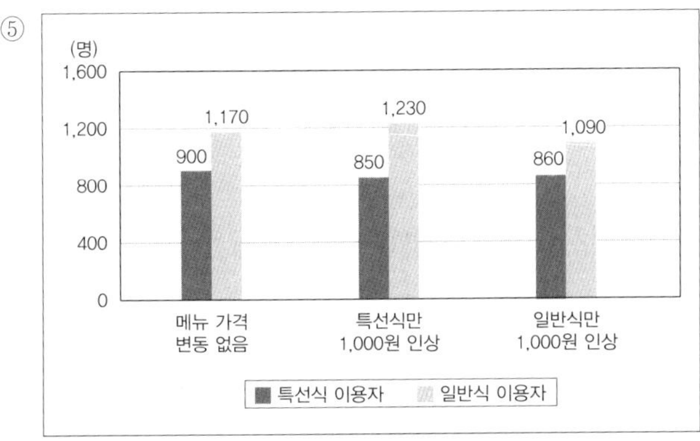

문 8. 다음 〈표〉는 '갑'시에서 주최한 10km 마라톤 대회에 참가한 선수 A～D의 구간별 기록이다. 이에 대한 〈보기〉의 설명 중 옳은 것만을 모두 고르면?

〈표〉 선수 A～D의 10km 마라톤 대회 구간별 기록

구간 \ 선수	A	B	C	D
0～1km	5분 24초	5분 44초	6분 40초	6분 15초
1～2km	5분 06초	5분 42초	5분 27초	6분 19초
2～3km	5분 03초	5분 50초	5분 18초	6분 00초
3～4km	5분 00초	6분 18초	5분 15초	5분 54초
4～5km	4분 57초	6분 14초	5분 24초	5분 35초
5～6km	5분 10초	6분 03초	5분 03초	5분 27초
6～7km	5분 25초	5분 48초	5분 14초	6분 03초
7～8km	5분 18초	5분 39초	5분 29초	5분 24초
8～9km	5분 10초	5분 33초	5분 26초	5분 11초
9～10km	5분 19초	5분 03초	5분 36초	5분 15초
계	51분 52초	(　　)	54분 52초	57분 23초

※ 1) A～D는 출발점에서 동시에 출발하여 휴식 없이 완주함
2) A～D는 각 구간 내에서 일정한 속도로 달림

〈보기〉

ㄱ. 출발 후 6km 지점을 먼저 통과한 선수부터 나열하면 A, C, D, B 순이다.

ㄴ. B의 10km 완주기록은 60분 이상이다.

ㄷ. 3～4km 구간에서 B는 C에게 추월당한다.

ㄹ. A가 10km 지점을 통과한 순간, D는 7～8km 구간을 달리고 있다.

① ㄱ, ㄴ
② ㄱ, ㄷ
③ ㄱ, ㄹ
④ ㄴ, ㄷ
⑤ ㄷ, ㄹ

문 9. 다음 〈그림〉은 OECD 회원국 중 5개국의 2018년 가정용, 산업용 전기요금 지수를 나타낸 것이다. 이에 대한 〈보기〉의 설명 중 옳은 것만을 모두 고르면?

〈그림〉 OECD 회원국 중 5개국의 가정용, 산업용 전기요금 지수

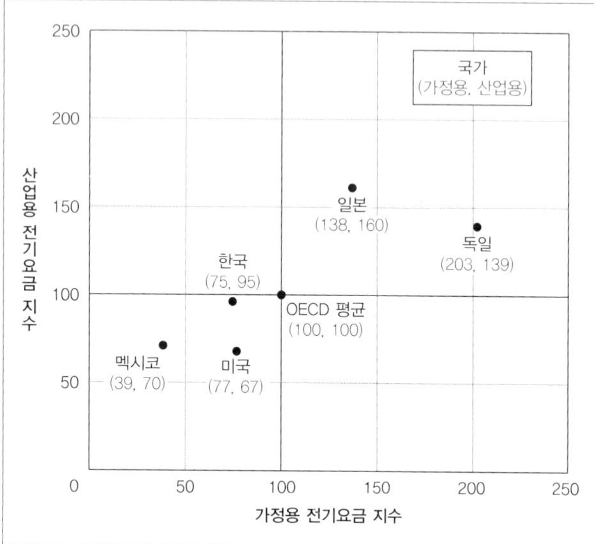

※ 1) OECD 각 국가의 전기요금은 100kWh당 평균 금액($)임

2) 가정용(산업용) 전기요금 지수 = $\frac{\text{해당 국가의 가정용(산업용) 전기요금}}{\text{OECD 평균 가정용(산업용) 전기요금}} \times 100$

3) 2018년 한국의 가정용, 산업용 전기요금은 100kWh당 각각 $120, $95임

〈보기〉

ㄱ. 산업용 전기요금은 일본이 가장 비싸고 가정용 전기요금은 독일이 가장 비싸다.

ㄴ. OECD 평균 전기요금은 가정용이 산업용의 1.5배 이상이다.

ㄷ. 가정용 전기요금이 한국보다 비싼 국가는 산업용 전기요금도 한국보다 비싸다.

ㄹ. 일본은 산업용 전기요금이 가정용 전기요금보다 비싸다.

① ㄱ, ㄴ

② ㄱ, ㄷ

③ ㄴ, ㄹ

④ ㄷ, ㄹ

⑤ ㄱ, ㄴ, ㄹ

문 10. 다음 〈표〉는 2014~2018년 공공기관 신규채용 합격자 현황에 관한 자료이다. 이를 이용하여 작성한 그래프로 옳지 않은 것은?

〈표 1〉 공공기관 신규채용 합격자 현황

(단위: 명)

합격자 \ 연도	2014	2015	2016	2017	2018
전체	17,601	19,322	20,982	22,547	33,832
여성	7,502	7,664	8,720	9,918	15,530

〈표 2〉 공공기관 유형별 신규채용 합격자 현황

(단위: 명)

유형	합격자 \ 연도	2014	2015	2016	2017	2018
공기업	전체	4,937	5,823	5,991	6,805	9,070
	여성	1,068	1,180	1,190	1,646	2,087
준정부기관	전체	5,055	4,892	6,084	6,781	9,847
	여성	2,507	2,206	2,868	3,434	4,947
기타 공공기관	전체	7,609	8,607	8,907	8,961	14,915
	여성	3,927	4,278	4,662	4,838	8,496

※ 공공기관은 공기업, 준정부기관, 기타 공공기관으로만 구성됨

① 공공기관 유형별 신규채용 합격자 현황

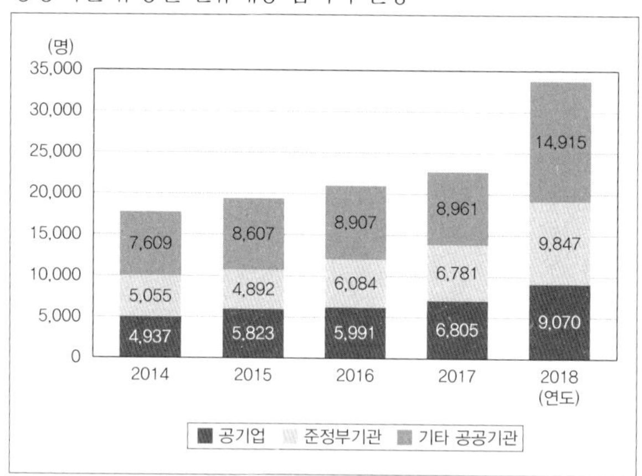

② 2016년 공공기관 유형별 신규채용 남성 합격자 현황

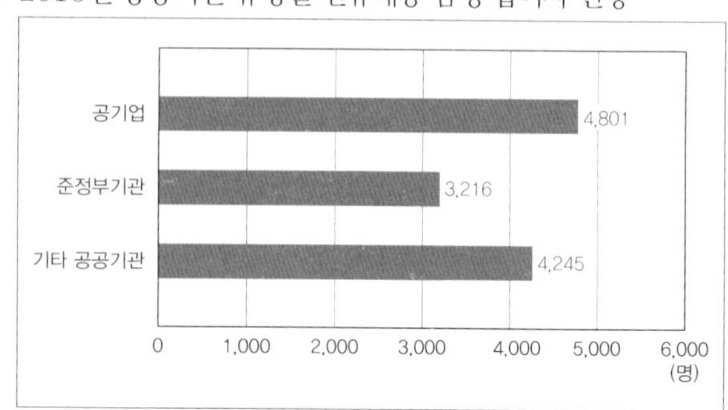

③ 공공기관 유형별 신규채용 합격자 중 여성 비중

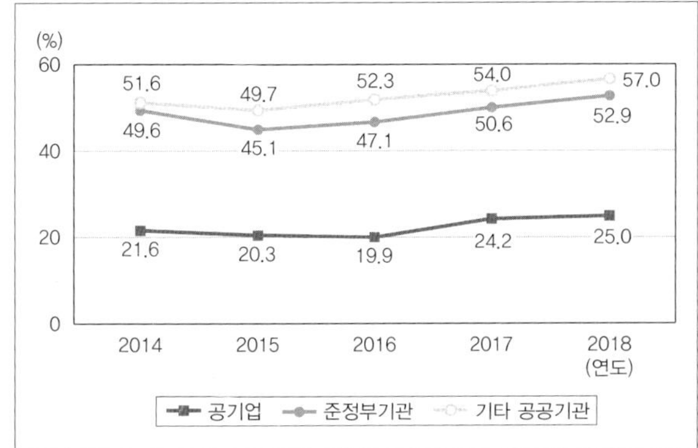

④ 공공기관 신규채용 합격자의 전년 대비 증가율

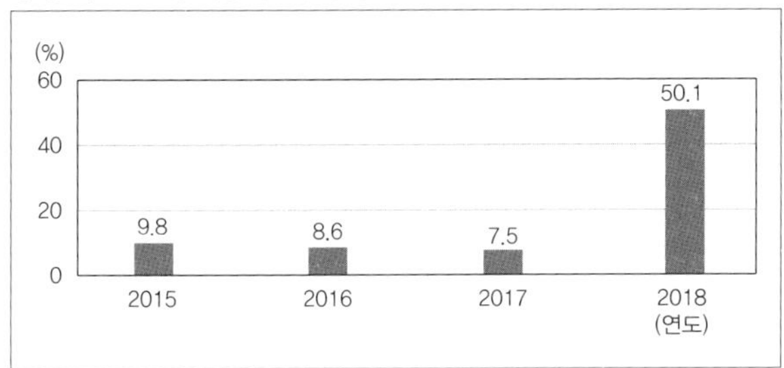

⑤ 2018년 공공기관 신규채용 합격자의 공공기관 유형별 구성비

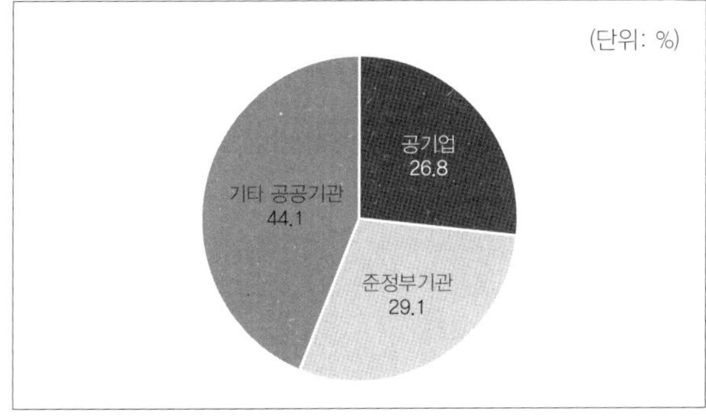

문 11. 다음 〈표〉는 2019년 기관 A~D 소속 퇴직예정공직자의 재취업을 위한 직무관련성 심사결과에 대한 자료이다. 〈표〉와 〈조건〉을 근거로 A~D에 해당하는 기관을 바르게 나열한 것은?

〈표〉 직무관련성 심사결과

(단위: 건)

구분 기관	관련 있음	관련 없음	각하	전체
A	8	33	4	45
B	17	77	3	97
C	99	350	59	508
D	0	9	0	9

〈조건〉

○ 우주청의 전체 심사결과 중 '관련 없음'의 비중은 혁신청의 전체 심사결과 중 '관련 없음'의 비중보다 작다.
○ 기관별 전체 심사결과 중 '관련 없음'의 비중은 문화청이 가장 크다.
○ '각하' 건수는 과학청이 혁신청보다 많다.
○ '관련 없음' 대비 '관련 있음' 건수의 비는 과학청이 우주청보다 높다.

	A	B	C	D
①	과학청	문화청	혁신청	우주청
②	과학청	혁신청	우주청	문화청
③	문화청	혁신청	우주청	과학청
④	우주청	혁신청	과학청	문화청
⑤	혁신청	우주청	과학청	문화청

문 12. 다음 〈그림〉은 가구 A~L의 2020년 1월 주거비와 식비, 필수생활비에 관한 자료이다. 이에 대한 설명으로 옳은 것은?

〈그림 1〉 가구 A~L의 주거비와 식비

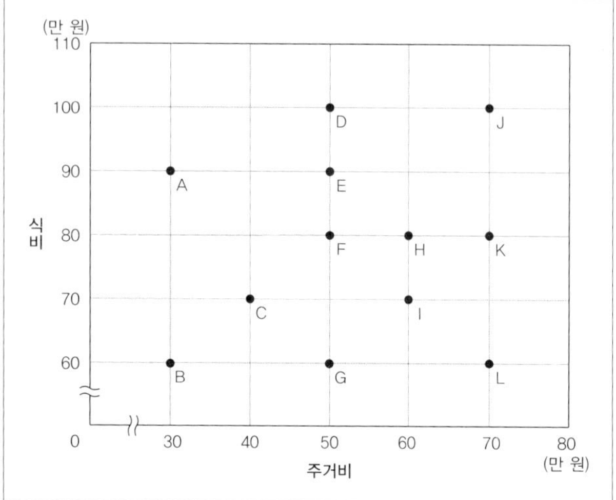

〈그림 2〉 가구 A~L의 식비와 필수생활비

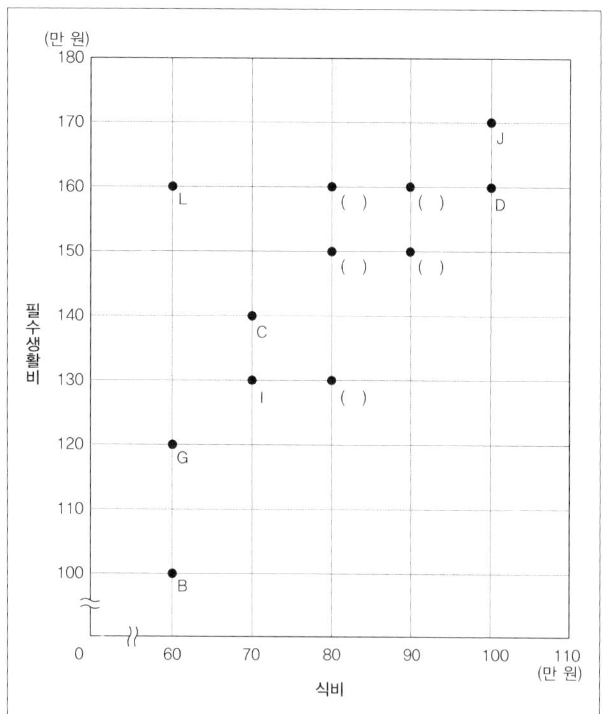

※ 필수생활비 = 주거비 + 식비 + 의복비

① 의복비는 가구 A가 가구 B보다 작다.
② 의복비가 0원인 가구는 1곳이다.
③ 주거비가 40만 원 이하인 가구의 의복비는 각각 10만 원 이상이다.
④ 식비 하위 3개 가구 의복비의 합은 60만 원 이상이다.
⑤ 식비가 80만 원이면서 필수생활비가 130만 원인 가구는 K이다.

문 13. 다음 〈그림〉은 추락사고가 발생한 항공기 800대의 사고 발생 시점과 사고 원인을 정리한 자료이다. 이에 대한 〈보기〉의 설명 중 옳은 것만을 모두 고르면?

〈그림〉 항공기 추락사고의 사고 발생 시점과 사고 원인

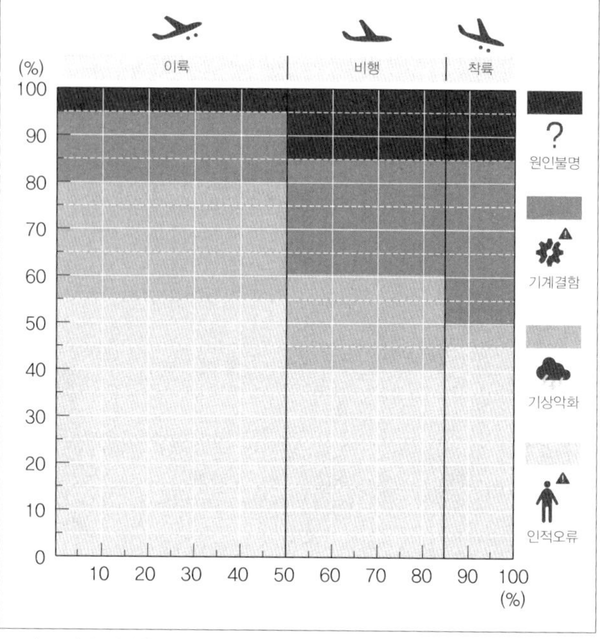

※ 사고 발생 시점은 이륙, 비행, 착륙 중 하나이며, 사고 원인은 인적오류, 기상악화, 기계결함, 원인불명 중 하나임

〈보기〉

ㄱ. 이륙 중에 인적오류로 추락한 항공기 수는 착륙 중에 원인불명으로 추락한 항공기 수의 12배 이상이다.
ㄴ. 비행 중에 원인불명으로 추락한 항공기 수는 착륙 중에 기계결함으로 추락한 항공기 수보다 많다.
ㄷ. 비행 중에 인적오류로 추락한 항공기 수는 이륙 중에 기계결함으로 추락한 항공기 수보다 56대 더 많다.
ㄹ. 기계결함으로 추락한 항공기 수는 추락사고가 발생한 항공기 수의 20% 이상이다.

① ㄱ, ㄴ
② ㄱ, ㄷ
③ ㄱ, ㄹ
④ ㄴ, ㄷ
⑤ ㄷ, ㄹ

문 14. 다음 〈표〉는 '갑'국의 2020년 3월 1～15일 기상상황과 드론 비행 및 촬영 허가신청 결과에 관한 자료이다. 〈표〉와 〈조건〉에 근거한 〈보기〉의 설명으로 옳은 것만을 모두 고르면?

〈표〉 기상상황과 드론 비행 및 촬영 허가신청 결과

날짜 ＼ 구분/항목	기상상황			허가신청 결과	
	지자기지수	풍속(m/s)	날씨	비행	촬영
3월 1일	1	3	🌧	불허	불허
3월 2일	2	2	☼	불허	불허
3월 3일	3	3	☁	허가	허가
3월 4일	4	1	🌧	허가	허가
3월 5일	5	7	☁	허가	허가
3월 6일	5	12	☁	허가	허가
3월 7일	5	5	☼	허가	허가
3월 8일	4	3	☼	허가	허가
3월 9일	6	6	☼	허가	허가
3월 10일	3	4	☁	허가	불허
3월 11일	4	3	☁	허가	불허
3월 12일	2	2	☼	허가	허가
3월 13일	2	13	☼	허가	허가
3월 14일	3	5	🌧	허가	허가
3월 15일	1	3	☼	허가	허가

〈조건〉

○ 기상상황 항목별 드론 비행 및 촬영 기준

항목 ＼ 구분	비행	촬영
지자기지수	5 미만	10 미만
풍속(m/s)	10 미만	5 미만
날씨	☼ 또는 ☁	☼ 또는 ☁

○ 기상상황 항목별 비행 기준을 모두 충족하고 비행 허가신청 결과가 '허가'일 때, 비행에 적합함

○ 기상상황 항목별 촬영 기준을 모두 충족하고 촬영 허가신청 결과가 '허가'일 때, 촬영에 적합함

○ 기상상황 항목별 비행 및 촬영 기준을 모두 충족하고 비행 및 촬영 허가신청 결과가 모두 '허가'일 때, 항공촬영에 적합함

〈보기〉

ㄱ. 비행에 적합한 날은 총 6일이다.

ㄴ. 촬영에 적합한 날은 총 5일이다.

ㄷ. 항공촬영에 적합한 날은 총 4일이다.

① ㄱ
② ㄷ
③ ㄱ, ㄴ
④ ㄱ, ㄷ
⑤ ㄴ, ㄷ

문 15. 다음 〈표〉는 산림경영단지 A～E의 임도 조성 현황에 관한 자료이다. 이 경우 면적이 가장 넓은 산림경영단지는?

〈표〉 산림경영단지 A～E의 임도 조성 현황

(단위: %, km, km/ha)

산림경영단지 ＼ 구분	작업임도 비율	간선임도 길이	임도 밀도
A	30	70	15
B	20	40	10
C	30	35	20
D	50	20	10
E	40	60	20

※ 1) 임도 길이(km) = 작업임도 길이 + 간선임도 길이

2) 작업임도 비율(%) = $\frac{\text{작업임도 길이}}{\text{임도 길이}} \times 100$

3) 간선임도 비율(%) = $\frac{\text{간선임도 길이}}{\text{임도 길이}} \times 100$

4) 임도 밀도(km/ha) = $\frac{\text{임도 길이}}{\text{산림경영단지 면적}}$

① A
② B
③ C
④ D
⑤ E

문 16. 다음 〈표〉는 2019년 '갑'국 국회의원선거의 당선자 수에 관한 자료이다. 이에 대한 〈보기〉의 설명 중 옳은 것만을 모두 고르면?

〈표〉 '갑'국 국회의원선거의 당선자 수

(단위: 명)

권역 \ 정당	A	B	C	D	E	합
가	48	( )	0	1	7	65
나	2	( )	( )	0	0	( )
기타	55	98	2	1	4	160
전체	105	110	25	2	11	253

※ '갑'국의 정당은 A ~ E만 존재함

〈보기〉

ㄱ. E 정당 전체 당선자 중 '가' 권역 당선자가 차지하는 비중은 60% 이상이다.

ㄴ. 당선자 수의 합은 '가' 권역이 '나' 권역의 3배 이상이다.

ㄷ. C 정당 전체 당선자 중 '나' 권역 당선자가 차지하는 비중은 A 정당 전체 당선자 중 '가' 권역 당선자가 차지하는 비중의 2배 이상이다.

ㄹ. B 정당 당선자 수는 '나' 권역이 '가' 권역보다 많다.

① ㄱ, ㄴ

② ㄱ, ㄷ

③ ㄴ, ㄷ

④ ㄴ, ㄹ

⑤ ㄷ, ㄹ

문 17. 다음 〈표〉는 소프트웨어 경쟁력 종합점수 산출을 위한 영역별 가중치와 소프트웨어 경쟁력 종합순위 1 ~ 10위 국가의 영역별 순위 및 원점수에 관한 자료이다. 이에 대한 설명으로 옳지 않은 것은?

〈표 1〉 소프트웨어 경쟁력 종합점수 산출을 위한 영역별 가중치

영역	환경	인력	혁신	성과	활용
가중치	0.15	0.20	0.25	0.15	0.25

〈표 2〉 소프트웨어 경쟁력 평가대상 국가 중 종합순위 1 ~ 10위 국가의 영역별 순위 및 원점수

(단위: 점)

종합순위	종합점수	국가	환경		인력		혁신		성과		활용	
			순위	원점수	순위	원점수	순위	원점수	순위	원점수	순위	원점수
1	72.41	미국	1	67.1	1	89.6	1	78.5	2	54.8	2	66.3
2	47.04	중국	28	20.9	8	35.4	2	66.9	18	11.3	1	73.6
3	41.48	일본	6	50.7	10	34.0	3	44.8	19	10.5	7	57.2
4	( )	호주	5	51.6	6	37.9	7	33.1	22	9.2	3	62.8
5	( )	캐나다	17	37.7	15	29.5	4	42.9	16	13.3	6	57.6
6	38.35	스웨덴	9	42.6	5	38.9	8	28.1	3	26.5	10	52.7
7	38.12	영국	12	40.9	3	46.3	12	20.3	6	23.3	8	56.6
8	( )	프랑스	11	41.9	2	53.6	11	22.5	15	13.8	11	49.3
9	( )	핀란드	10	42.5	14	30.5	10	22.6	4	24.9	4	59.4
10	( )	한국	2	62.9	19	27.5	5	41.5	25	6.7	21	41.1

※ 1) 점수가 높을수록 순위가 높음

2) 영역점수 = 영역 원점수 × 영역 가중치

3) 종합점수는 5개 영역점수의 합임

① 종합순위가 한국보다 낮은 국가 중에 '성과' 영역 원점수가 한국의 8배 이상인 국가가 있다.

② 종합순위 3 ~ 10위 국가의 종합점수 합은 320점 이하이다.

③ 소프트웨어 경쟁력 평가대상 국가는 28개국 이상이다.

④ 한국은 5개 영역점수 중 '혁신' 영역점수가 가장 높다.

⑤ 일본의 '활용' 영역 원점수가 중국의 '활용' 영역 원점수로 같아지면 국가별 종합순위는 바뀐다.

문 18. 다음 〈표〉는 2019년 주요 7개 지역(A ~ G)의 재해 피해 현황이다. 이에 대한 설명으로 옳지 않은 것은?

〈표〉 2019년 주요 7개 지역의 재해 피해 현황

지역 \ 구분	피해액 (천 원)	행정면적 (km^2)	인구 (명)	1인당 피해액(원)
전국	187,282,994	100,387	51,778,544	3,617
A	2,898,417	1,063	2,948,542	983
B	2,883,752	10,183	12,873,895	224
C	3,475,055	10,540	3,380,404	1,028
D	7,121,830	16,875	1,510,142	4,716
E	24,482,562	8,226	2,116,770	11,566
F	86,648,708	19,031	2,691,706	32,191
G	(　　)	7,407	1,604,432	36,199

※ 피해밀도(원/km^2) = $\frac{\text{피해액}}{\text{행정면적}}$

① G 지역의 피해액은 전국 피해액의 35% 이하이다.
② 주요 7개 지역을 합친 지역의 1인당 피해액은 나머지 전체 지역의 1인당 피해액보다 크다.
③ D 지역과 F 지역을 합친 지역의 1인당 피해액은 전국 1인당 피해액의 5배 이상이다.
④ 피해밀도는 A 지역이 B 지역의 9배 이상이다.
⑤ 주요 7개 지역 중 피해밀도가 가장 낮은 지역은 D 지역이다.

문 19. 다음 〈표〉는 A사에서 실시한 철근강도 평가 샘플 수 및 합격률에 관한 자료이다. 이에 대한 설명으로 옳은 것은?

〈표〉 철근강도 평가 샘플 수 및 합격률

(단위: 개, %)

구분 \ 종류		SD400	SD500	SD600	전체
샘플 수		35	(　)	25	(　)
평가 항목별 합격률	항복강도	100.0	95.0	92.0	96.0
	인장강도	100.0	100.0	88.0	(　)
최종 합격률		100.0	(　)	84.0	(　)

※ 1) 평가한 철근 종류는 SD400, SD500, SD600뿐임
2) 항복강도와 인장강도 평가에서 모두 합격한 샘플만 최종 합격임
3) 합격률(%) = $\frac{\text{합격한 샘플 수}}{\text{샘플 수}} \times 100$
4) 평가 결과는 합격 또는 불합격임

① SD500 샘플 수는 50개 이상이다.
② 인장강도 평가에서 합격한 SD600 샘플은 항복강도 평가에서도 모두 합격하였다.
③ 항복강도 평가에서 불합격한 SD500 샘플 수는 4개이다.
④ 최종 불합격한 전체 샘플 수는 5개 이하이다.
⑤ 항복강도 평가에서 불합격한 SD600 샘플 수는 최종 불합격한 SD500 샘플 수와 같다.

문 20. 다음 〈표〉는 2015년 와인 생산량 및 소비량 상위 8개국 현황에 관한 자료이다. 이에 대한 〈보기〉의 설명 중 옳은 것만을 모두 고르면?

〈표 1〉 2015년 와인 생산량 상위 8개국 현황

(단위: 천 L, %)

구분 / 국가	2015년 생산량	구성비	2013년 생산량 대비 증가율
이탈리아	4,950	17.4	−8.3
프랑스	4,750	16.7	12.8
스페인	3,720	13.1	−18.0
미국	2,975	10.4	−4.5
아르헨티나	1,340	4.7	−10.7
칠레	1,290	4.5	0.8
호주	1,190	4.2	−3.3
남아프리카공화국	1,120	3.9	22.4
계	21,335	74.9	−3.8

〈표 2〉 2015년 와인 소비량 상위 8개국 현황

(단위: 천 L, %)

구분 / 국가	2015년 생산량	구성비	2013년 생산량 대비 증가율
미국	3,320	13.3	6.5
프랑스	2,720	10.9	−3.5
이탈리아	2,050	8.2	−5.9
독일	2,050	8.2	1.0
중국	1,600	6.4	−8.4
영국	1,290	5.2	1.6
아르헨티나	1,030	4.1	−0.4
스페인	1,000	4.0	2.0
계	15,060	60.2	−0.8

※ 1) 구성비는 세계 와인 생산(소비)량에서 각 국가 생산(소비)량이 차지하는 비율임
2) 구성비와 증가율은 소수 둘째 자리에서 반올림한 값임

〈보기〉

ㄱ. 2015년 와인 생산량 상위 8개국 중 와인 소비량이 생산량보다 많은 국가는 1개이다.

ㄴ. 2015년 와인 생산량 상위 8개국만 와인 생산량이 각각 10%씩 증가했다면, 2015년 세계 와인 생산량은 30,000천 L 이상이었을 것이다.

ㄷ. 2015년 중국 와인 소비량은 같은 해 세계 와인 생산량의 6% 미만이다.

ㄹ. 2013년 스페인 와인 생산량은 같은 해 영국 와인 소비량의 3배 미만이다.

① ㄱ, ㄷ ② ㄴ, ㄹ
③ ㄷ, ㄹ ④ ㄱ, ㄴ, ㄷ
⑤ ㄱ, ㄴ, ㄹ

문 21. 다음 〈표〉는 2017년 부산항 해운항만산업 사업실적에 관한 자료이다. 이에 대한 〈보고서〉의 내용 중 업종 A~D에 해당하는 사업체 수의 합은?

〈표〉 2017년 부산항 해운항만산업 사업실적

(단위: 억 원, 개)

구분 / 업종	매출액	영업비용	영업이익	사업체 수
여객운송업	957	901	56	18
화물운송업	58,279	56,839	1,440	359
대리중개업	62,276	59,618	2,658	1,689
창고업	14,480	13,574	906	166
하역업	15,298	12,856	2,442	65
항만부대업	14,225	13,251	974	323
선용품공급업	58,329	54,858	3,471	1,413
수리업	8,275	7,493	782	478
전체	232,119	219,390	12,729	4,511

※ 영업이익률(%) = $\frac{\text{영업이익}}{\text{매출액}} \times 100$

〈보고서〉

2017년 부산항 해운항만산업 전체 매출액은 232,119억 원이다. 업종별로 보면, 매출액은 대리중개업이 가장 많고, 영업이익은 [A]이 가장 많다.

2017년 부산항 해운항만산업 전체의 영업이익률은 약 5.5%이다. [B]을 제외한 모든 업종이 10% 이하의 영업이익률을 기록하여 해운항만산업 고도화를 통한 부가가치 증대의 필요성을 보여준다.

2017년 부산항 해운항만산업 전체의 사업체당 매출액은 51억 원 이상이다. [C]은 사업체당 매출액이 부산항 해운항만산업 전체의 사업체당 매출액보다 적지만, 사업체당 영업이익이 3억 원을 초과한다. 반면, [D]은 부산항 해운항만산업 업종 중 사업체당 영업비용과 사업체당 매출액이 모두 가장 적다.

① 1,032 ② 1,967
③ 2,232 ④ 2,279
⑤ 3,333

문 22. 다음 〈표〉는 제품 A ~ E의 회수 시점의 평가 항목별 품질 상태를 나타낸 자료이다. 〈정보〉에 근거하여 재사용 또는 폐기까지의 측정 및 가공 작업에 소요되는 비용이 가장 적은 제품과 가장 많은 제품을 바르게 나열한 것은?

〈표〉 제품 A ~ E의 회수 시점의 평가 항목별 품질 상태

평가 항목 / 제품	오염도	강도	치수
A	12	11	12
B	6	8	8
C	5	11	7
D	5	3	8
E	10	9	12

〈정보〉

○ 제품 품질 측정 및 가공 작업 공정

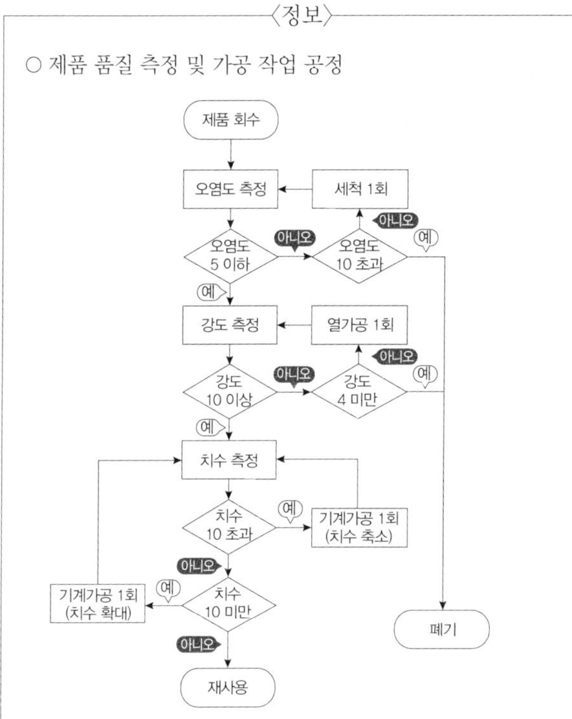

○ 단위작업별 내용 및 1회당 비용

(단위: 천 원)

단위작업	내용		비용
측정 작업	오염도 측정		5
	강도 측정		10
	치수 측정		2
가공 작업	세척		5
	열가공		50
	기계가공	치수 확대	20
		치수 축소	10

※ 세척 1회 시 오염도 1 감소, 열가공 1회 시 강도 1 증가, 기계가공 1회 시 치수 1만큼 확대 또는 축소됨

	비용이 가장 적은 제품	비용이 가장 적은 제품
①	A	B
②	A	C
③	C	E
④	D	B
⑤	D	C

문 23. 다음 〈그림〉은 '갑'국의 2003 ~ 2019년 교통사고 현황에 관한 자료이다. 이를 근거로 2003년 인구와 2019년 인구 1만 명당 교통사고 건수를 바르게 나열한 것은?

〈그림 1〉 교통사고 건수 및 교통사고 사망자 수

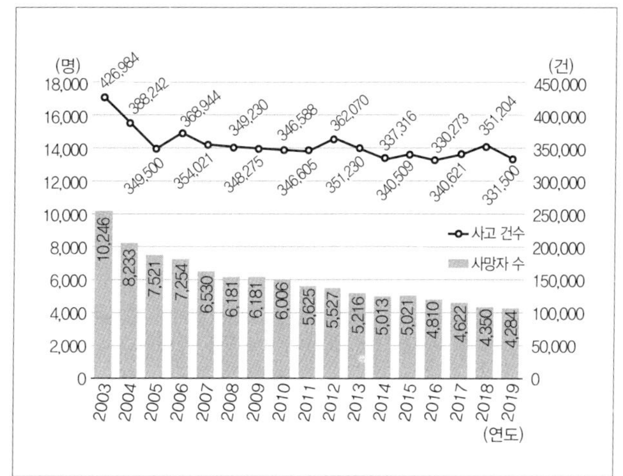

〈그림 2〉 인구 10만 명당 교통사고 사망자 수

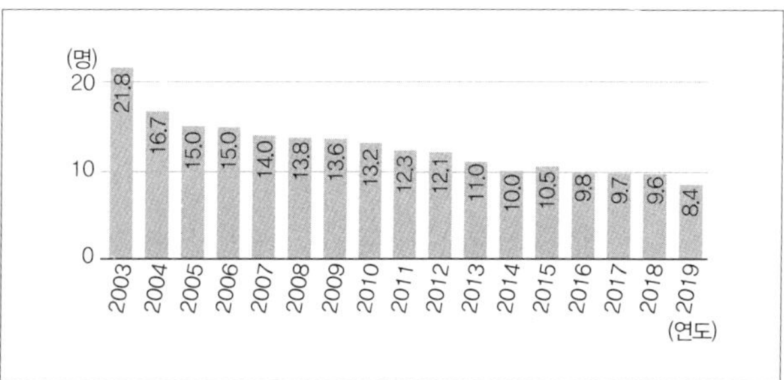

	2003년 인구(백만 명)	2019년 인구 1만 명당 교통사고 건수(건)
①	44	65
②	44	650
③	47	65
④	47	650
⑤	49	65

※ 다음 〈그림〉과 〈표〉는 세계 및 국내 조선업 현황에 대한 자료이다. 다음 물음에 답하시오. [문 24. ~ 문 25.]

〈그림〉 세계 조선업 수주량 추이

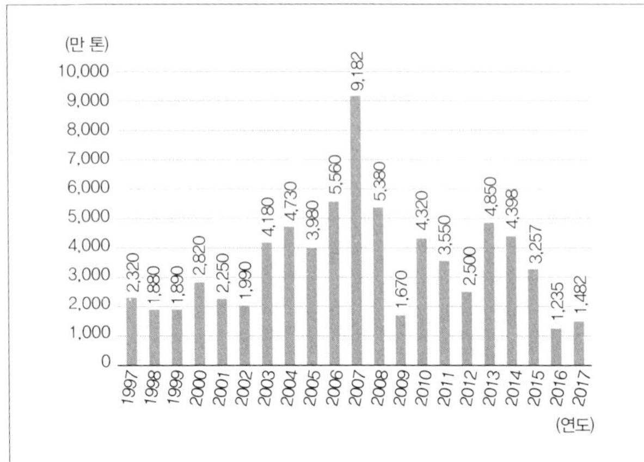

〈표 1〉 2014～2017년 국내 조선업 수주량 및 수주잔량

(단위: 만 톤, %)

구분 연도	수주량	전년 대비 증가율	수주잔량	전년 대비 증가율
2014	1,286	−30.1	3,302	−1.6
2015	1,066	(　)	3,164	−4.2
2016	221	(　)	2,043	(　)
2017	619	(　)	1,761	−13.8

※ 해당 연도 수주잔량 = 전년도 수주잔량 + 해당 연도 수주량 − 해당 연도 건조량

〈표 2〉 2014～2016년 국내 조선기자재업체 기업 규모별 업체 수 및 이자보상배율이 1 미만인 업체 비율

(단위: 개, %)

기업 규모	업체 수 \ 연도	2014	2015	2016
대형	20	15.0	20.0	25.0
중형	35	25.7	17.1	34.3
소형	96	19.8	28.1	38.5
전체	151	20.5	24.5	35.8

※ 1) 2014년 이후 기업 규모별 업체 수는 변화 없음
2) 비율은 소수 둘째 자리에서 반올림한 값임

문 24. 제시된 〈그림〉과 〈표〉 이외에 〈보고서〉를 작성하기 위해 추가로 필요한 자료만을 〈보기〉에서 모두 고르면?

〈보고서〉

세계 조선업 경기는 최악의 부진에서 벗어나는 모습이다. 2016년 세계 조선업의 수주량은 1997년 이후 최저치였다. 2017년 한국은 중국을 밀어내고 수주량 1위를 차지했는데, 이는 2012년 중국에 1위 자리를 내어준 이후 6년 만이다. 3대 조선강국으로 분류되는 일본은 자국 발주 확대에도 불구하고 세계 수주량의 5.8%까지 비중이 하락하였다.

2016년 국내 조선업은 전년대비 79.3% 감소한 수주량을 기록하면서 유례없는 수주절벽을 경험하였다. 그리고 수주량 급감의 영향으로 2016년 수주잔량은 2,043만 톤까지 줄어든 것으로 조사되었다. 2014～2016년 3년간 국내 조선업 평균 건조량이 약 1,295만 톤이었음을 고려하면 수주잔량은 2년 치 미만 일감에 불과한 것으로 나타나 우려는 더욱 커졌다.

2017년 국내 대형 조선사는 해양플랜트 수주량 증가에 힘입어 실적이 개선되고 있다. 그러나 국내 중소형 조선사는 여전히 부진에서 벗어나지 못하고 있으며 국내 조선기자재업체의 실적 회복도 어려울 것으로 전망된다.

〈보기〉

ㄱ. 2010～2017년 세계 조선업 수주량의 국가별 점유율
ㄴ. 2014～2016년 국내 조선업 건조량
ㄷ. 2014～2016년 중국 조선기자재업체 실적
ㄹ. 2010～2017년 국내 조선사 규모별 해양플랜트 수주량

① ㄱ, ㄴ
② ㄱ, ㄷ
③ ㄱ, ㄹ
④ ㄴ, ㄷ
⑤ ㄴ, ㄹ

문 25. 위 〈표〉에 근거한 〈보기〉의 설명 중 옳은 것만을 모두 고르면?

〈보기〉

ㄱ. 2014~2016년 중 국내 조선업 건조량이 가장 적은 해는 2016년이다.

ㄴ. 2014년 이후 국내 조선업 수주량의 전년 대비 증감률이 가장 큰 해는 2017년이다.

ㄷ. 2014년 이자보상배율이 1미만인 국내 조선기자재업체 수는 중형이 대형의 3배이다.

ㄹ. 이자보상배율이 1미만인 국내 조선기자재업체 수의 2015년 대비 2016년 증감폭이 가장 큰 기업 규모는 중형이다.

① ㄱ, ㄴ

② ㄴ, ㄷ

③ ㄴ, ㄹ

④ ㄷ, ㄹ

⑤ ㄱ, ㄷ, ㄹ

※ 수고하셨습니다.

※ 기출문제편 맨 마지막에 있는 OMR 카드에 마킹을 하세요.

정답과 분석해설편 ▶ P.210

제3영역 상황판단

1초 합격예측! 모바일 성적결과분석표 발급 서비스

QR 코드로 접속하여 문제 풀이 시간을 측정하고, 자동채점 & 성적결과분석 서비스를 통해 지금 바로 실력을 점검해 보세요.

◀ http://eduwill.kr/VGmF

풀이 시간	• 시작 : ____시 ____분 ~ 종료: ____시 ____분 • 총 : ____분

문 1. 다음 글과 〈상황〉을 근거로 판단할 때 옳은 것은?

제00조(적용범위) 이 규정은 중앙행정기관, 광역자치단체(광역자치단체와 기초자치단체 공동주관 포함)가 국제행사를 개최하기 위하여 10억 원 이상의 국고지원을 요청하는 경우에 적용한다.

제00조(정의) "국제행사"라 함은 5개국 이상의 국가에서 외국인이 참여하고, 총 참여자 중 외국인 비율이 5% 이상(총 참여자 200만 명 이상은 3% 이상)인 국제회의·체육행사·박람회·전시회·문화행사·관광행사 등을 말한다.

제00조(국고지원의 제외) 국제행사 중 다음 각 호에 해당하는 행사는 국고지원의 대상에서 제외된다. 이 경우 제외되는 시기는 다음 각 호 이후 최초 개최되는 행사의 해당 연도부터로 한다.

1. 매년 1회 정기적으로 개최하는 국제행사로서 국고지원을 7회 받은 경우
2. 그 밖의 주기로 개최하는 국제행사로서 국고지원을 3회 받은 경우

제00조(타당성조사, 전문위원회 검토의 대상 등) ① 국고지원의 타당성조사 대상은 국제행사의 개최에 소요되는 총 사업비가 50억 원 이상인 국제행사로 한다.

② 국고지원의 전문위원회 검토 대상은 국제행사의 개최에 소요되는 총 사업비가 50억 원 미만인 국제행사로 한다.

③ 제1항에도 불구하고 국고지원 비율이 총 사업비의 20% 이내인 경우 타당성조사를 전문위원회 검토로 대체할 수 있다.

〈상황〉

甲광역자치단체는 2021년에 제6회 A박람회를 국고지원을 받아 개최할 예정이다. A박람회는 매년 1회 총 250만 명이 참여하는 행사로서 20여 개국에서 8만 명 이상의 외국인들이 참여해 왔다. 2021년에도 동일한 규모의 행사가 예정되어 있다. 한편 2020년에 5번째로 국고지원을 받은 A박람회의 총 사업비는 40억 원이었으며, 이 중 국고지원 비율은 25%였다.

① 2021년에 총 250만 명의 참여자 중 외국인 참여자가 감소하여 6만 명이 되더라도 A박람회는 국제행사에 해당된다.

② 2021년에 A박람회가 예정대로 개최된다면, A박람회는 2022년에 국고지원의 대상에서 제외된다.

③ 2021년 총 사업비가 52억 원으로 증가하고 국고지원은 8억 원을 요청한다면, A박람회는 타당성조사 대상이다.

④ 2021년 총 사업비가 60억 원으로 증가하고 국고지원은 전년과 동일한 금액을 요청한다면, A박람회는 전문위원회 검토를 받을 수 있다.

⑤ 2021년 甲광역자치단체와 乙기초자치단체가 공동주관하여 전년과 동일한 총 사업비로 A박람회를 개최한다면, A박람회는 타당성조사 대상이다.

문 2. 다음 글을 근거로 판단할 때 옳은 것은?

제○○조(진흥기금의 징수) ① 영화위원회(이하 "위원회"라 한다)는 영화의 발전 및 영화·비디오물산업의 진흥을 위하여 영화상영관에 입장하는 관람객에 대하여 입장권 가액의 100분의 5의 진흥기금을 징수한다. 다만, 직전 연도에 제△△조 제1호에 해당하는 영화를 연간 상영일수의 100분의 60 이상 상영한 영화상영관에 입장하는 관람객에 대해서는 그러하지 아니하다.
② 영화상영관 경영자는 관람객으로부터 제1항의 규정에 따른 진흥기금을 매월 말일까지 징수하여 해당 금액을 다음 달 20일까지 위원회에 납부하여야 한다.
③ 위원회는 영화상영관 경영자가 제2항에 따라 관람객으로부터 수납한 진흥기금을 납부기한까지 납부하지 아니하였을 때에는 체납된 금액의 100분의 3에 해당하는 금액을 가산금으로 부과한다.
④ 위원회는 제2항에 따른 진흥기금 수납에 대한 위탁 수수료를 영화상영관 경영자에게 지급한다. 이 경우 수수료는 제1항에 따른 진흥기금 징수액의 100분의 3을 초과할 수 없다.
제△△조(전용상영관에 대한 지원) 위원회는 청소년 관객의 보호와 영화예술의 확산 등을 위하여 다음 각 호의 어느 하나에 해당하는 영화를 연간 상영일수의 100분의 60 이상 상영하는 영화상영관을 지원할 수 있다.
1. 애니메이션영화·단편영화·예술영화·독립영화
2. 제1호에 해당하지 않는 청소년관람가영화
3. 제1호 및 제2호에 해당하지 않는 국내영화

① 영화상영관 A에서 직전 연도에 연간 상영일수의 100분의 60 이상 청소년관람가 애니메이션영화를 상영한 경우 진흥기금을 징수한다.
② 영화상영관 경영자 B가 8월분 진흥기금 60만 원을 같은 해 9월 18일에 납부하는 경우, 가산금을 포함하여 총 61만 8천 원을 납부하여야 한다.
③ 관람객 C가 입장권 가액과 그 진흥기금을 합하여 영화상영관에 지불하는 금액이 12,000원이라고 할 때, 지불 금액 중 진흥기금은 600원이다.
④ 연간 상영일수가 매년 200일인 영화상영관 D에서 직전 연도에 단편영화를 40일, 독립영화를 60일 상영했다면 진흥기금을 징수하지 않는다.
⑤ 영화상영관 경영자 E가 7월분 진흥기금과 그 가산금을 합한 금액인 103만 원을 같은 해 8월 30일에 납부한 경우, 위원회는 E에게 최대 3만 원의 수수료를 지급할 수 있다.

문 3. 다음 글과 〈상황〉을 근거로 판단할 때 옳은 것은?

민사소송의 1심을 담당하는 법원으로는 지방법원과 지방법원지원(이하 "그 지원"이라 한다)이 있다. 지방법원과 그 지원이 재판을 담당하는 관할구역은 지역별로 정해져 있는데, 피고의 주소지를 관할하는 지방법원 또는 그 지원이 재판을 담당한다. 다만 금전지급청구소송은 원고의 주소지를 관할하는 지방법원 또는 그 지원도 재판할 수 있다.

한편, 지방법원이나 그 지원의 재판사무의 일부를 처리하기 위해서 그 관할구역 안에 시법원 또는 군법원(이하 "시·군법원"이라 한다)이 설치되어 있는 경우가 있다. 시·군법원은 지방법원 또는 그 지원이 재판하는 사건 중에서 소송물가액이 3,000만 원 이하인 금전지급청구소송을 전담하여 재판한다. 즉, 이러한 소송의 경우 원고 또는 피고의 주소지를 관할하는 시·군법원이 있으면 지방법원과 그 지원은 재판할 수 없고 시·군법원만이 재판한다.

※ 소송물가액: 원고가 승소하면 얻게 될 경제적 이익을 화폐 단위로 평가한 것

〈상황〉

○ 甲은 乙에게 빌려준 돈을 돌려받기 위해 소송물가액 3,000만 원의 금전지급청구의 소(이하 "A청구"라 한다)와 乙에게서 구입한 소송물가액 1억 원의 고려청자 인도청구의 소(이하 "B청구"라 한다)를 각각 1심 법원에 제기하려고 한다.
○ 甲의 주소지는 김포시이고 乙의 주소지는 양산시이다. 이들 주소지와 관련된 법원명과 그 관할구역은 다음과 같다.

법원명	관할구역
인천지방법원	인천광역시
인천지방법원 부천지원	부천시, 김포시
김포시법원	김포시
울산지방법원	울산광역시, 양산시
양산시법원	양산시

① 인천지방법원 부천지원은 A청구를 재판할 수 있다.
② 인천지방법원은 A청구를 재판할 수 있다.
③ 양산시법원은 B청구를 재판할 수 있다.
④ 김포시법원은 B청구를 재판할 수 있다.
⑤ 울산지방법원은 B청구를 재판할 수 있다.

문 4. 다음 글과 〈상황〉을 근거로 판단할 때 옳은 것은?

발명에 대해 특허권이 부여되기 위해서는 다음의 두 가지 요건 모두를 충족해야 한다.

첫째, 발명은 지금까지 세상에 없는 새로운 것, 즉 신규성이 있는 발명이어야 한다. 이미 누구나 알고 있는 발명에 대해서 독점권인 특허권을 부여하는 것은 부당하기 때문이다. 이때 발명이 신규인지 여부는 특허청에의 특허출원 시점을 기준으로 판단한다. 따라서 신규의 발명이라도 그에 대한 특허출원 전에 발명 내용이 널리 알려진 경우라든지, 반포된 간행물에 게재된 경우에는 특허출원 시점에는 신규성이 상실되었기 때문에 특허권이 부여되지 않는다. 그러나 발명자가 자발적으로 위와 같은 신규성을 상실시키는 행위를 하고 그날로부터 12개월 이내에 특허를 출원하면 신규성이 상실되지 않은 것으로 취급된다. 이를 '신규성의 간주'라고 하는데, 신규성을 상실시킨 행위를 한 발명자가 특허출원한 경우에만 신규성이 있는 것으로 간주된다.

둘째, 여러 명의 발명자가 독자적인 연구를 하던 중 우연히 동일한 발명을 완성하였다면, 발명의 완성 시기에 관계없이 가장 먼저 특허청에 특허출원한 발명자에게만 특허권이 부여된다. 이처럼 가장 먼저 출원한 발명자에게만 특허권이 부여되는 것을 '선출원주의'라고 한다. 따라서 특허청에 선출원된 어떤 발명이 신규성 상실로 특허권이 부여되지 못한 경우, 동일한 발명에 대한 후출원은 선출원주의로 인해 특허권이 부여되지 않는다.

〈상황〉

○ 발명자 甲, 乙, 丙은 각각 독자적인 연구개발을 수행하여 동일한 A발명을 완성하였다.
○ 甲은 2020. 3. 1. A발명을 완성하였지만 그 발명 내용을 비밀로 유지하다가 2020. 9. 2. 특허출원을 하였다.
○ 乙은 2020. 4. 1. A발명을 완성하자 2020. 6. 1. 간행되어 반포된 학술지에 그 발명 내용을 논문으로 게재한 후, 2020. 8. 1. 특허출원을 하였다.
○ 丙은 2020. 7. 1. A발명을 완성하자마자 바로 당일에 특허출원을 하였다.

① 甲이 특허권을 부여받는다.
② 乙이 특허권을 부여받는다.
③ 丙이 특허권을 부여받는다.
④ 甲, 乙, 丙이 모두 특허권을 부여받는다.
⑤ 甲, 乙, 丙 중 어느 누구도 특허권을 부여받지 못한다.

문 5. 다음 글과 〈상황〉을 근거로 판단할 때, 〈보기〉에서 옳은 것만을 모두 고르면?

제00조 ① "주택담보노후연금보증"이란 주택소유자가 주택에 저당권을 설정하고 금융기관으로부터 제2항에서 정하는 연금 방식으로 노후생활자금을 대출(이하 "주택담보노후연금대출"이라 한다)받음으로써 부담하는 금전채무를 주택금융공사가 보증하는 행위를 말한다. 이 경우 주택소유자 또는 주택소유자의 배우자는 60세 이상이어야 한다.

② 제1항의 연금 방식이란 다음 각 호의 어느 하나에 해당하는 방식을 말한다.

1. 주택소유자가 생존해 있는 동안 노후생활자금을 매월 지급받는 방식
2. 주택소유자가 선택하는 일정한 기간 동안 노후생활자금을 매월 지급받는 방식
3. 제1호 또는 제2호의 어느 하나의 방식과, 주택소유자가 다음 각 목의 어느 하나의 용도로 사용하기 위하여 일정한 금액(단, 주택담보노후연금대출 한도의 100분의 50 이내의 금액으로 한다)을 지급받는 방식을 결합한 방식

가. 해당 주택을 담보로 대출받은 금액 중 잔액을 상환하는 용도
나. 해당 주택의 임차인에게 임대차보증금을 반환하는 용도

〈상황〉

A주택의 소유자 甲(61세)은 A주택에 저당권을 설정하여 주택담보노후연금보증을 통해 노후생활자금을 대출받고자 한다. 甲의 A주택에 대한 주택담보노후연금대출 한도액은 3억 원이다.

〈보기〉

ㄱ. 甲은 A주택의 임차인에게 임대차보증금을 반환하는 용도로 1억 원을 지급받고, 생존해 있는 동안 노후생활자금을 매월 지급받을 수 있다.
ㄴ. 甲의 배우자의 연령이 60세 이상이어야 주택담보노후연금보증을 통해 노후생활자금을 대출받을 수 있다.
ㄷ. 甲은 A주택을 담보로 대출받은 금액 중 잔액을 상환하는 용도로 1억 5천만 원을 지급받고, 향후 10년간 노후생활자금을 매월 지급받을 수 있다.

① ㄱ
② ㄴ
③ ㄱ, ㄷ
④ ㄴ, ㄷ
⑤ ㄱ, ㄴ, ㄷ

문 6. 다음 글과 〈상황〉을 근거로 판단할 때 옳은 것은?

제00조(지역개발 신청 동의 등) ① 지역개발 신청을 하기 위해서는 지역개발을 하고자 하는 지역의 총 토지면적의 3분의 2 이상에 해당하는 토지의 소유자의 동의 및 지역개발을 하고자 하는 지역의 토지의 소유자 총수의 2분의 1 이상의 동의를 받아야 한다.

② 지역개발 신청을 하기 위해서 필요한 동의자의 수는 다음 각 호의 기준에 따라 산정한다.

1. 토지는 지적도 상 1필의 토지를 1개의 토지로 한다.
2. 1개의 토지를 여러 명이 공동소유하는 경우에는 다른 공동소유자들을 대표하는 대표 공동소유자 1인만을 해당 토지의 소유자로 본다.
3. 1인이 여러 개의 토지를 소유하고 있는 경우에는 소유하는 토지의 수와 무관하게 1인으로 본다.
4. 지역개발을 하고자 하는 지역에 국유지가 있는 경우 국유지도 포함하여 토지면적을 산정하고, 그 토지의 재산관리청을 토지 소유자로 본다.

〈상황〉

○ X지역은 100개의 토지로 이루어져 있고, 토지면적 합계가 총 6km^{2}이다.
○ 동의자 수 산정 기준에 따라 산정된 X지역 토지의 소유자는 모두 82인(이하 "동의대상자"라 한다)이고, 이 중에는 국유지 재산관리청 2인이 포함되어 있다.
○ 甲은 X지역에 토지 2개를 소유하고 있고, 해당 토지면적 합계는 X지역 총 토지면적의 4분의 1이다.
○ 乙은 X지역에 토지 10개를 소유하고 있고, 해당 토지면적 합계는 총 2km^{2}이다.
○ 丙, 丁, 戊, 己는 X지역에 토지 1개를 공동소유하고 있고, 해당 토지면적은 1km^{2}이다.

① 乙이 동의대상자 31인의 동의를 얻으면 지역개발 신청을 위한 X지역 토지의 소유자 총수의 2분의 1 이상의 동의 조건은 갖추게 된다.
② X지역에 대한 지역개발 신청에 甲～己 모두 동의한 경우, 나머지 동의대상자 중 38인의 동의를 얻으면 신청할 수 있다.
③ X지역에 토지 2개 이상을 소유하는 자는 甲, 乙뿐이다.
④ X지역의 1필의 토지면적은 0.06km^{2}로 모두 동일하다.
⑤ X지역 안에 있는 국유지의 면적은 1.5km^{2}이다.

문 7. 다음 글과 〈상황〉을 근거로 판단할 때, 甲～丁 가운데 근무계획이 승인될 수 있는 사람만을 모두 고르면?

〈유연근무제〉

□ 개념
 ○ 주 40시간을 근무하되, 근무시간을 유연하게 관리하여 1주일에 5일 이하로 근무하는 제도
□ 복무관리
 ○ 점심 및 저녁시간 운영
  – 근무 시작과 종료 시각에 관계없이 점심시간은 12:00～13:00, 저녁시간은 18:00～19:00의 각 1시간으로 하고 근무시간으로는 산정하지 않음
 ○ 근무시간 제약
  – 근무일의 경우, 1일 최대 근무시간은 12시간으로 하고 최소 근무시간은 4시간으로 함
  – 하루 중 근무시간으로 인정하는 시간대는 06:00～24:00로 한정함

〈상황〉

다음은 甲～丁이 제출한 근무계획을 정리한 것이며 위의 〈유연근무제〉에 부합하는 근무계획만 승인된다.

직원 \ 요일	월	화	수	목	금
甲	08:00 ～ 18:00	08:00 ～ 18:00	09:00 ～ 13:00	08:00 ～ 18:00	08:00 ～ 18:00
乙	08:00 ～ 22:00	08:00 ～ 22:00	–	08:00 ～ 22:00	08:00 ～ 12:00
丙	08:00 ～ 24:00	08:00 ～ 24:00	–	08:00 ～ 22:00	–
丁	06:00 ～ 16:00	08:00 ～ 22:00	–	09:00 ～ 21:00	09:00 ～ 18:00

① 乙
② 甲, 丙
③ 甲, 丁
④ 乙, 丙
⑤ 乙, 丁

문 8. 다음 글을 근거로 판단할 때, ㉠과 ㉡에 들어갈 수를 옳게 짝지은 것은?

> 올림픽은 원칙적으로 4년에 한 번씩 개최되는 세계 최대 규모의 스포츠 대회이다. 제1회 하계 올림픽은 1896년 그리스 아테네에서, 제1회 동계 올림픽은 1924년 프랑스 샤모니에서 개최되었다. 그런데 두 대회의 차수(次數)를 계산하는 방식은 서로 다르다.
>
> 올림픽 사이의 기간인 4년을 올림피아드(Olympiad)라 부르는데, 하계 올림픽의 차수는 올림피아드를 기준으로 계산한다. 이전 대회부터 하나의 올림피아드만큼 시간이 흐르면 올림픽 대회 차수가 하나씩 올라가게 된다. 대회가 개최되지 못해도 올림피아드가 사라지는 것은 아니기 때문에 대회 차수에는 영향을 미치지 않는다. 실제로 하계 올림픽은 제1·2차 세계대전으로 세 차례(1916년, 1940년, 1944년) 개최되지 못하였는데, 1912년 제5회 스톡홀름 올림픽 다음으로 1920년에 벨기에 안트베르펜에서 개최된 올림픽은 제7회 대회였다. 마찬가지로 1936년 제11회 베를린 올림픽 다음으로 개최된 1948년 런던 올림픽은 제(㉠)회 대회였다. 반면에 동계 올림픽의 차수는 실제로 열린 대회만으로 정해진다. 동계 올림픽은 제2차 세계대전으로 두 차례(1940년, 1944년) 열리지 못하였는데, 1936년 제4회 동계 올림픽 다음 대회인 1948년 동계 올림픽은 제5회 대회였다. 이후 2020년 전까지 올림픽이 개최되지 않은 적은 없다.
>
> 1992년까지 동계·하계 올림픽은 같은 해 치러졌으나 그 이후로는 IOC 결정에 따라 분리되어 2년 격차로 개최되었다. 1994년 노르웨이 릴레함메르에서 열린 동계 올림픽 대회는 이 결정에 따라 처음으로 하계 올림픽에 2년 앞서 치러진 대회였다. 이를 기점으로 동계 올림픽은 지금까지 4년 주기로 빠짐없이 개최되고 있다.
>
> 대한민국은 1948년 런던 하계 올림픽에 처음 출전하여, 1976년 제21회 몬트리올 하계 올림픽과 1992년 제(㉡)회 알베르빌 동계 올림픽에서 각각 최초로 금메달을 획득하였다.

	㉠	㉡
①	12	16
②	12	21
③	14	16
④	14	19
⑤	14	21

문 9. 다음 글을 근거로 판단할 때, 〈보기〉에서 옳은 것만을 모두 고르면?

> 기상예보는 일기예보와 기상특보로 구분할 수 있다. 일기예보는 단기예보, 중기예보, 장기예보 등 시간에 따른 것이고, 기상특보는 주의보, 경보 등 기상현상의 정도에 따른 것이다.
>
> 일기예보 중 가장 짧은 기간을 예보하는 단기예보는 3시간 예보와 일일예보로 나뉜다. 3시간 예보는 오늘과 내일의 날씨를 예보하며, 매일 0시 발표부터 시작하여 3시간 간격으로 1일 8회 발표한다. 일일예보는 오늘과 내일, 모레의 날씨를 1일 단위(0시~24시)로 예보하며 매일 5시, 11시, 17시, 23시에 발표한다. 다음으로 중기예보에는 주간예보와 1개월 예보가 있다. 주간예보는 일일예보를 포함하여 일일예보가 예보한 기간의 다음 날부터 5일간의 날씨를 추가로 예보하며 매일 발표한다. 1개월 예보는 앞으로 한 달간의 기상전망을 발표한다. 마지막으로 장기예보는 계절예보로서 봄, 여름, 가을, 겨울의 각 계절별 기상전망을 발표한다.
>
> 기상특보는 주의보와 경보로 나뉜다. 주의보는 재해가 일어날 가능성이 있는 경우에, 경보는 중대한 재해가 예상될 때 발표하는 것이다. 주의보가 발표된 후 기상현상의 경과가 악화된다면 경보로 승격 발표되기도 한다. 또한 기상특보의 기준은 지역마다 다를 수도 있다. 대설주의보의 예보 기준은 24시간 신(新)적설량이 대도시일 때 5cm 이상, 일반지역일 때 10cm 이상, 울릉도일 때 20cm 이상이다. 대설경보의 예보 기준은 24시간 신적설량이 대도시일 때 20cm 이상, 일반지역일 때 30cm 이상, 울릉도일 때 50cm 이상이다.

〈보기〉

ㄱ. 월요일에 발표되는 주간예보에는 그 다음 주 월요일의 날씨가 포함된다.

ㄴ. 일일예보의 발표 시각과 3시간 예보의 발표 시각은 겹치지 않는다.

ㄷ. 오늘 23시에 발표된 일일예보는 오늘 5시에 발표된 일일예보보다 18시간 더 먼 미래의 날씨까지 예보한다.

ㄹ. 대도시 A의 대설경보 예보 기준은 울릉도의 대설주의보 예보 기준과 같다.

① ㄱ, ㄴ
② ㄱ, ㄷ
③ ㄷ, ㄹ
④ ㄱ, ㄴ, ㄹ
⑤ ㄴ, ㄷ, ㄹ

문 10. 다음 글과 〈사무용품 배분방법〉을 근거로 판단할 때, 11월 1일 현재 甲기관의 직원 수는?

> 甲기관은 사무용품 절약을 위해 〈사무용품 배분방법〉으로 한 달 동안 사용할 네 종류(A, B, C, D)의 사무용품을 매월 1일에 배분한다. 이에 따라 11월 1일에 네 종류의 사무용품을 모든 직원에게 배분하였다. 甲기관이 배분한 사무용품의 개수는 총 1,050개였다.

〈사무용품 배분방법〉

○ A는 1인당 1개씩 배분한다.
○ B는 2인당 1개씩 배분한다.
○ C는 4인당 1개씩 배분한다.
○ D는 8인당 1개씩 배분한다.

① 320명 ② 400명
③ 480명 ④ 560명
⑤ 640명

문 11. 다음 글을 근거로 판단할 때, 예약할 펜션과 워크숍 비용을 옳게 짝지은 것은?

> 甲은 팀 워크숍을 추진하기 위해 펜션을 예약하려 한다. 팀원은 총 8명으로 한 대의 렌터카로 모두 같이 이동하여 워크숍에 참석한다. 워크숍 기간은 1박 2일이며, 甲은 워크숍 비용을 최소화하고자 한다.
>
> ○ 워크숍 비용은 아래와 같다.
> 워크숍 비용=왕복 교통비+숙박요금
> ○ 교통비는 렌터카 비용을 의미하며, 렌터카 비용은 거리 10km당 1,500원이다.
> ○ 甲은 다음 펜션 중 한 곳을 1박 예약한다.

구분	A 펜션	B 펜션	C 펜션
펜션까지 거리(km)	100	150	200
1박당 숙박요금(원)	100,000	150,000	120,000
숙박기준인원(인)	4	6	8

> ○ 숙박인원이 숙박기준인원을 초과할 경우, A~C 펜션 모두 초과 인원 1인당 1박 기준 10,000원씩 요금이 추가된다.

	예약할 펜션	워크숍 비용
①	A	155,000원
②	A	170,000원
③	B	215,000원
④	C	150,000원
⑤	C	180,000원

문 12. 다음 글을 근거로 판단할 때, 〈보기〉에서 옳은 것만을 모두 고르면?

> ○ 甲국은 매년 X를 100톤 수입한다. 甲국이 X를 수입할 수 있는 국가는 A국, B국, C국 3개국이며, 甲국은 이 중 한 국가로부터 X를 전량 수입한다.
> ○ X의 거래조건은 다음과 같다.

국가	1톤당 단가	관세율	1톤당 물류비
A국	12달러	0%	3달러
B국	10달러	50%	5달러
C국	20달러	20%	1달러

> ○ 1톤당 수입비용은 다음과 같다.
> 1톤당 수입비용=1톤당 단가+(1톤당 단가×관세율)
> +1톤당 물류비
> ○ 특정 국가와 FTA를 체결하면 그 국가에서 수입하는 X에 대한 관세율이 0%가 된다.
> ○ 甲국은 지금까지 FTA를 체결한 A국으로부터만 X를 수입했다. 그러나 최근 A국으로부터 X의 수입이 일시 중단되었다.

〈보기〉

ㄱ. 甲국이 B국과도 FTA를 체결한다면, 기존에 A국에서 수입하던 것과 동일한 비용으로 X를 수입할 수 있다.
ㄴ. C국이 A국과 동일한 1톤당 단가를 제시하였다면, 甲국은 기존에 A국에서 수입하던 것보다 저렴한 비용으로 C국으로부터 X를 수입할 수 있다.
ㄷ. A국으로부터 X의 수입이 다시 가능해졌으나 1톤당 6달러의 보험료가 A국으로부터의 수입비용에 추가된다면, 甲국은 A국보다 B국에서 X를 수입하는 것이 수입비용 측면에서 더 유리하다.

① ㄱ
② ㄴ
③ ㄷ
④ ㄱ, ㄴ
⑤ ㄱ, ㄷ

문 13. 다음 글을 근거로 판단할 때, 올바른 우편번호의 첫자리와 끝자리 숫자의 합은?

> 다섯 자리 자연수로 된 우편번호가 있다. 甲과 乙은 실수로 '올바른 우편번호'에 숫자 2를 하나 추가하여 여섯 자리로 표기하였다. 甲은 올바른 우편번호의 끝자리 뒤에 2를 추가하였고, 乙은 올바른 우편번호의 첫자리 앞에 2를 추가하였다. 그 결과 甲이 잘못 표기한 우편번호 여섯 자리 수는 乙이 잘못 표기한 우편번호 여섯 자리 수의 3배가 되었다.
>
> 올바른 우편번호와 甲과 乙이 잘못 표기한 우편번호는 아래와 같다.
>
> ○ 올바른 우편번호: □□□□□
> ○ 甲이 잘못 표기한 우편번호: □□□□□2
> ○ 乙이 잘못 표기한 우편번호: 2□□□□□

① 11
② 12
③ 13
④ 14
⑤ 15

문 14. 다음 글을 근거로 판단할 때, 甲의 승패 결과는?

> 甲과 乙이 10회 실시한 가위바위보에 대해 다음과 같은 사실이 알려져 있다.
>
> ○ 甲은 가위 6회, 바위 1회, 보 3회를 냈다.
> ○ 乙은 가위 4회, 바위 3회, 보 3회를 냈다.
> ○ 甲과 乙이 서로 같은 것을 낸 적은 10회 동안 한 번도 없었다.

① 7승 3패
② 6승 4패
③ 5승 5패
④ 4승 6패
⑤ 3승 7패

문 15. 다음 글을 근거로 판단할 때, 甲과 인사교류를 할 수 있는 사람만을 모두 고르면?

> ○ 甲은 인사교류를 통해 ○○기관에서 타 기관으로 전출하고자 한다. 인사교류란 동일 직급간 신청자끼리 1:1로 교류하는 제도로서, 각 신청자가 속한 두 기관의 교류 승인 조건을 모두 충족해야 한다.
> ○ 기관별로 교류를 승인하는 조건은 다음과 같다.
> ○○기관: 신청자간 현직급임용년월은 3년 이상 차이나지 않고, 연령은 7세 이상 차이나지 않는 경우
> □□기관: 신청자간 최초임용년월은 5년 이상 차이나지 않고, 연령은 3세 이상 차이나지 않는 경우
> △△기관: 신청자간 최초임용년월은 2년 이상 차이나지 않고, 연령은 5세 이상 차이나지 않는 경우
> ○ 甲(32세)의 최초임용년월과 현직급임용년월은 2015년 9월로 동일하다.
> ○ 甲과 동일 직급인 인사교류 신청자(A～E)의 인사 정보는 다음과 같다.

신청자	연령(세)	현 소속 기관	최초임용년월	현직급임용년월
A	30	□□	2016년 5월	2019년 5월
B	37	□□	2009년 12월	2017년 3월
C	32	△△	2015년 12월	2015년 12월
D	31	△△	2014년 1월	2014년 1월
E	35	△△	2017년 10월	2017년 10월

① A, B
② B, E
③ C, D
④ A, B, D
⑤ C, D, E

문 16. 다음 글을 근거로 판단할 때 옳지 않은 것은?

> 1에서부터 5까지 적힌 카드가 각 2장씩 10장이 있다. 5가 적힌 카드 중 하나를 맨 왼쪽에 놓고, 나머지 9장의 카드를 일렬로 배열하려고 한다. 카드는 왼쪽부터 1장씩 놓는데, 각 카드에 적혀 있는 수는 바로 왼쪽 카드에 적혀 있는 수보다 작거나, 같거나, 1만큼 커야 한다.
>
> 이 규칙에 따라 카드를 다음과 같이 배열하였다.

5	1	2	3	A	3	B	C	D	E

① A로 가능한 수는 2가지이다.
② B는 4이다.
③ C는 5가 아니다.
④ D가 2라면 A, B, C, E를 모두 알 수 있다.
⑤ E는 1이나 2이다.

문 17. 다음 글과 〈상황〉을 근거로 판단할 때, 2021년 포획·채취 금지 고시의 대상이 되는 수산자원은?

매년 A～H 지역에서 포획·채취 금지가 고시되는 수산자원은 아래 〈기준〉에 따른다.

〈기준〉

수산자원	금지기간	금지지역
대구	5월 1일～ 7월 31일	A, B
전어	9월 1일～12월 31일	E, F, G
꽃게	6월 1일～ 7월 31일	A, B, C
소라	3월 1일～ 5월 31일	E, F
	5월 1일～ 6월 30일	D, G
새조개	3월 1일～ 3월 31일	H

〈상황〉

정부는 경제상황을 고려해서 2021년에 한하여 다음 중 어느 하나에 해당하는 경우, 〈기준〉에 따른 포획·채취 금지 고시의 대상에서 제외한다.

○ 소비장려 수산자원: 전어
○ 소비촉진 기간: 4월 1일～7월 31일
○ 지역경제활성화 지역: C, D, E, F

① 대구
② 전어
③ 꽃게
④ 소라
⑤ 새조개

문 18. 다음 글과 〈상황〉을 근거로 판단할 때, A～C 자동차 구매 시 지불 금액을 비교한 것으로 옳은 것은?

○ 甲국은 전기차 및 하이브리드 자동차 보급을 장려하기 위해 다음과 같이 보조금과 세제 혜택을 제공한다.
 – 정부는 차종을 고려하여 자동차 1대 당 보조금을 정액 지급한다. 중형 전기차에 대해서는 1,500만 원, 소형 전기차에 대해서는 1,000만 원, 하이브리드차에 대해서는 500만 원을 지급한다.
 – 정부는 차종을 고려하여 아래 〈기준〉에 따라 세제 혜택을 제공한다. 자동차 구입 시 발생하는 세금은 개별소비세, 교육세, 취득세뿐이며, 개별소비세는 자동차 가격의 10%, 교육세는 2%, 취득세는 5%의 금액이 책정된다.

〈기준〉

구분	개별소비세	교육세	취득세
중형 전기차	비감면	전액감면	전액감면
소형 전기차	전액감면		전액감면
하이브리드차	전액감면		비감면

○ 자동차 구매 시 지불 금액은 다음과 같다.
지불 금액 = 자동차 가격 – 보조금 + 세금

〈상황〉

(단위: 만 원)

자동차	차종	자동차 가격
A	중형 전기차	4,000
B	소형 전기차	3,500
C	하이브리드차	3,500

① A<B<C
② B<A<C
③ B<C<A
④ C<A<B
⑤ C<B<A

문 19. 다음 글을 근거로 판단할 때, △△부가 2021년에 국가인증 농가로 선정할 곳만을 모두 고르면?

○ △△부에서는 2021년 고품질·안전 농식품 생산을 선도하는 국가인증 농가를 3곳 선정하려고 한다. 선정 기준은 다음과 같다.
- 친환경인증을 받으면 30점, 전통식품인증을 받으면 40점을 부여한다. 단, 두 인증을 모두 받은 경우 전통식품인증 점수만을 인정한다.
- (나)와 (다) 지역 농가에는 친환경인증 또는 전통식품인증 유무에 의한 점수와 도농교류 활성화 점수 합의 10%를 가산점으로 부여한다.
- 친환경인증 또는 전통식품인증 유무에 의한 점수, 도농교류 활성화 점수, 가산점을 합산하여 점수가 높은 순으로 선정한다.
- 도농교류 활성화 점수가 50점 미만인 농가는 선정하지 않는다.
- 동일 지역의 농가를 2곳 이상 선정할 수 없다.

○ 2021년 선정후보 농가(A～F) 현황은 다음과 같다.

농가	친환경 인증 유무	전통식품 인증 유무	도농교류 활성화 점수	지역
A	○	○	80	(가)
B	×	○	60	(가)
C	×	○	55	(나)
D	○	○	40	(다)
E	○	×	75	(라)
F	○	○	70	(라)

① A, C, F
② A, D, E
③ A, E, F
④ B, C, E
⑤ B, D, F

문 20. 다음 글을 근거로 판단할 때, <보기>에서 옳은 것만을 모두 고르면?

○ 甲주무관은 A법률 개정안으로 (가), (나), (다) 총 세 가지를 준비하고 있다.
○ 이해관계자, 관계부처, 입법부의 수용가능성 및 국정과제 관련도의 4개 평가항목에 따라 평가점수를 부여하고 평가점수 총합이 가장 높은 개정안을 채택한다. 단, 다음의 사항을 고려한다.
- 평가점수 총합이 동일한 경우, 국정과제 관련도 점수가 가장 높은 개정안을 채택한다.
- 개정안의 개별 평가항목 점수 중 어느 하나라도 2점 미만인 경우, 해당 개정안은 채택하지 않는다.

○ 수용가능성 평가점수를 높일 수 있는 추가 절차는 아래와 같다. 단, 각 절차는 개정안마다 최대 2회 진행할 수 있다.
- 이해관계자 수용가능성: 관계자간담회 1회당 1점 추가
- 관계부처 수용가능성: 부처간회의 1회당 2점 추가
- 입법부 수용가능성: 국회설명회 1회당 0.5점 추가

○ 수용가능성 평가항목별 점수를 높일 수 있는 추가 절차를 진행하지 않은 상태에서 개정안별 평가점수는 아래와 같다.

〈A법률 개정안 평가점수〉

개정안	수용가능성			국정과제 관련도	총합
	이해관계자	관계부처	입법부		
(가)	5	3	1	4	13
(나)	3	4	3	3	13
(다)	4	3	3	2	12

<보기>

ㄱ. 추가 절차를 진행하지 않는 경우, (나)가 채택된다.
ㄴ. 3개 개정안 모두를 대상으로 입법부 수용가능성을 높이는 절차를 최대한 진행하는 경우, (가)가 채택된다.
ㄷ. (나)에 대한 부처간회의를 1회 진행하고 (다)에 대한 관계자간담회를 2회 진행하는 경우, (다)가 채택된다.

① ㄱ
② ㄷ
③ ㄱ, ㄴ
④ ㄴ, ㄷ
⑤ ㄱ, ㄴ, ㄷ

문 21. 다음 글을 근거로 판단할 때, 〈보기〉에서 옳은 것만을 모두 고르면?

○ △△부는 적극행정 UCC 공모전에 참가한 甲~戊의 영상을 심사한다.
○ 총 점수는 UCC 조회수 등급에 따른 점수와 심사위원 평가점수의 합이고, 총 점수가 높은 순위에 따라 3위까지 수상한다.
○ UCC 조회수 등급에 따른 점수는 조회수에 따라 5등급(A, B, C, D, E)으로 나누어 부여된다. 최상위 A를 10점으로 하며 인접 등급 간의 점수 차이는 0.3점이다.
○ 심사위원 평가점수는 심사위원 (가)~(마)가 각각 부여한 점수(1~10의 자연수)에서 최고점 및 최저점을 제외한 3개 점수의 평균으로 계산한다. 이때 최고점이 복수인 경우에는 그중 한 점수만 제외하여 계산한다. 최저점이 복수인 경우에도 이와 동일하다.
○ 심사 결과는 다음과 같다.

개정안	조회수 등급	심사위원별 평가점수				
		(가)	(나)	(다)	(라)	(마)
甲	B	9	(㉠)	7	8	7
乙	B	9	8	7	7	7
丙	A	8	7	(㉡)	10	5
丁	B	5	6	7	7	7
戊	C	6	10	10	7	7

〈보기〉

ㄱ. ㉠이 5점이라면 乙의 총 점수가 甲의 총 점수보다 높다.
ㄴ. 丁은 ㉠과 ㉡에 상관없이 수상하지 못한다.
ㄷ. 戊는 조회수 등급을 D로 받았더라도 수상한다.
ㄹ. ㉠>㉡이면 甲의 총 점수가 丙의 총 점수보다 높다.

① ㄱ, ㄴ
② ㄱ, ㄷ
③ ㄴ, ㄷ
④ ㄴ, ㄹ
⑤ ㄷ, ㄹ

문 22. 다음 글과 〈상황〉을 근거로 판단할 때, 〈보기〉에서 옳은 것만을 모두 고르면?

甲국에서는 4개 기관(A~D)에 대해 전기, 후기 두 번의 평가를 실시하고 있다. 전기평가에서 낮은 점수를 받은 기관이 후기평가를 포기하는 것을 막기 위해 다음과 같은 최종평가점수 산정 방식을 사용하고 있다.

최종평가점수 = Max[0.5 × 전기평가점수 + 0.5 × 후기평가점수, 0.2 × 전기평가점수 + 0.8 × 후기평가점수]

여기서 사용한 Max[X, Y]는 X와 Y 중 큰 값을 의미한다. 즉, 전기평가점수와 후기평가점수의 가중치를 50:50으로 하여 산정한 점수와 20:80으로 하여 산정한 점수 중 더 높은 것이 해당 기관의 최종평가점수이다.

〈상황〉

4개 기관의 전기평가점수(100점 만점)는 다음과 같다.

기관	A	B	C	D
전기평가점수	60	70	90	80

4개 기관의 후기평가점수(100점 만점)는 모두 자연수이고, C기관의 후기평가점수는 70점이다. 최종평가점수를 통해 확인된 기관 순위는 1등부터 4등까지 A-B-D-C 순이며 동점인 기관은 없다.

〈보기〉

ㄱ. A기관의 후기평가점수는 B기관의 후기평가점수보다 최소 3점 높다.
ㄴ. B기관의 후기평가점수는 83점일 수 있다.
ㄷ. A기관과 D기관의 후기평가점수 차이는 5점일 수 있다.

① ㄱ
② ㄴ
③ ㄱ, ㄴ
④ ㄱ, ㄷ
⑤ ㄴ, ㄷ

※ 다음 글을 읽고 물음에 답하시오. [문 23. ~ 문 24.]

독립운동가 김우전 선생은 일제강점기 광복군으로 활약한 인물로, 광복군의 무전통신을 위한 한글 암호를 만든 것으로 유명하다. 1922년 평안북도 정주 태생인 선생은 일본에서 대학에 다니던 중 재일학생 민족운동 비밀결사단체인 '조선민족 고유문화유지계몽단'에 가입했다. 1944년 1월 일본군에 징병돼 중국으로 파병됐지만 같은 해 5월 말 부대를 탈출해 광복군에 들어갔다.

1945년 3월 미 육군 전략정보처는 일본이 머지않아 패망할 것으로 보아 한반도 진공작전을 계획하고 중국에서 광복군과 함께 특수훈련을 하고 있었다. 이 시기에 선생은 한글 암호인 W－K(우전킴) 암호를 만들었다. W－K 암호는 한글의 자음과 모음, 받침을 구분하여 만들어진 암호체계이다. 자음과 모음을 각각 두 자리 숫자로, 받침은 자음을 나타내는 두 자리 숫자의 앞에 '00'을 붙여 네 자리로 표시한다.

W－K 암호체계에서 자음은 '11～29'에, 모음은 '30～50'에 순서대로 대응된다. 받침은 자음 중 ㄱ～ㅎ을 이용하여 '0011'부터 '0024'에 순서대로 대응된다. 예를 들어 '김'은 W－K 암호로 변환하면 'ㄱ'은 11, 'ㅣ'는 39, 받침 'ㅁ'은 0015이므로 '11390015'가 된다. 같은 방식으로 '1334001114390016'은 '독립'으로, '13402430001213340011143900161530001217 42'는 '대한독립만세'로 해독된다. 모든 숫자를 붙여 쓰기 때문에 상당히 길지만 네 자리씩 끊어 읽으면 된다.

하지만 어렵사리 만든 W－K 암호는 결국 쓰이지 못했다. 작전 준비가 한창이던 1945년 8월 일본이 갑자기 항복했기 때문이다. 이 암호에 대한 기록은 비밀에 부쳐져 미국 국가기록원에 소장되었다가 1988년 비밀이 해제되어 세상에 알려졌다.

※ W－K 암호체계에서 자음의 순서는 ㄱ, ㄴ, ㄷ, ㄹ, ㅁ, ㅂ, ㅅ, ㅇ, ㅈ, ㅊ, ㅋ, ㅌ, ㅍ, ㅎ, ㄲ, ㄸ, ㅃ, ㅆ, ㅉ 이고, 모음의 순서는 ㅏ, ㅑ, ㅓ, ㅕ, ㅗ, ㅛ, ㅜ, ㅠ, ㅡ, ㅣ, ㅐ, ㅒ, ㅔ, ㅖ, ㅘ, ㅙ, ㅚ, ㅝ, ㅞ, ㅟ, ㅢ 이다.

문 23. 윗글을 근거로 판단할 때, 〈보기〉에서 옳은 것만을 모두 고르면?

〈보기〉

ㄱ. 김우전 선생은 일본군에 징병되었을 때 무전통신을 위해 W－K 암호를 만들었다.

ㄴ. W－K 암호체계에서 한글 단어를 변환한 암호문의 자릿수는 4의 배수이다.

ㄷ. W－K 암호체계에서 '183000152400'은 한글 단어로 해독될 수 없다.

ㄹ. W－K 암호체계에서 한글 '궤'는 '11363239'로 변환된다.

① ㄱ, ㄴ
② ㄴ, ㄷ
③ ㄷ, ㄹ
④ ㄱ, ㄴ, ㄹ
⑤ ㄱ, ㄷ, ㄹ

문 24. 윗글과 다음 〈조건〉을 근거로 판단할 때, '3·1운동!'을 옳게 변환한 것은?

〈조건〉

숫자와 기호를 표현하기 위하여 W－K 암호체계에 다음의 규칙이 추가되었다.

○ 1～9의 숫자는 차례대로 '51～59', 0은 '60'으로 변환하고, 끝에 '00'을 붙여 네 자리로 표시한다.
○ 온점(.)은 '70', 가운뎃점(·)은 '80', 느낌표(!)는 '66', 물음표(?)는 '77'로 변환하고, 끝에 '00'을 붙여 네 자리로 표시한다.

① 530080005100183600121334001866 00
② 530080005100183600121335001866 00
③ 530070005100183600121334001877 00
④ 53700051183600121334001766 00
⑤ 53800051183600121335001777 00

문 25. 다음 글과 〈대화〉를 근거로 판단할 때, 乙~丁의 소속 과와 과 총원을 옳게 짝지은 것은?

○ A부서는 제1과부터 제4과까지 4개 과, 총 35명으로 구성되어 있다.
○ A부서 각 과 총원은 과장 1명을 포함하여 7명 이상이며, 그 수가 모두 다르다.
○ A부서에 '부여'된 내선번호는 7001번부터 7045번이다.
○ 제1과~제4과 순서대로 연속된 오름차순의 내선번호가 부여되는데, 각 과에는 해당 과 총원 이상의 내선번호가 부여된다.
○ 모든 직원은 소속 과의 내선번호 중 서로 다른 번호 하나를 각자 '배정'받는다.
○ 각 과 과장에게 배정된 내선번호는 해당 과에 부여된 내선번호 중에 제일 앞선다.
○ 甲~丁은 모두 A부서의 서로 다른 과 소속이다.

〈대화〉

甲: 홈페이지에 내선번호 알림을 새로 해야겠네요. 저희 과는 9명이고, 부여된 내선번호는 7016~7024번입니다.
乙: 甲주무관님 과는 총원과 내선번호 개수가 같네요. 저희 과 총원이 제일 많은데, 내선번호는 그보다 4개 더 있어요.
丙: 저희 과는 총원보다 내선번호가 3개 더 많아요. 아, 丁주무관님! 제 내선번호는 7034번이고, 저희 과장님 내선번호는 7025번이에요.
丁: 저희 과장님 내선번호 끝자리와 丙주무관님 과의 과장님 내선번호 끝자리가 동일하네요.

	직원	소속 과	과 총원
①	乙	제1과	10명
②	乙	제4과	11명
③	丙	제3과	8명
④	丁	제1과	7명
⑤	丁	제4과	8명

※ 수고하셨습니다.

※ 기출문제편 맨 마지막에 있는 OMR 카드에 마킹을 하세요.

정답과 분석해설편 ▶ P.228 

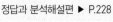

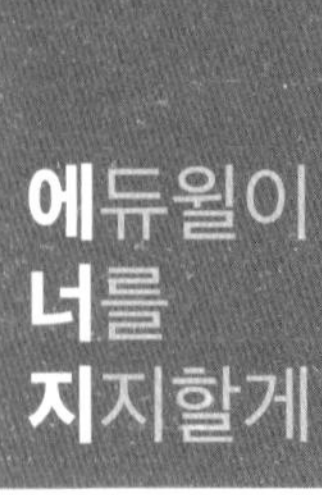

ENERGY

끝이 좋아야 시작이 빛난다.

– 마리아노 리베라(Mariano Rivera)

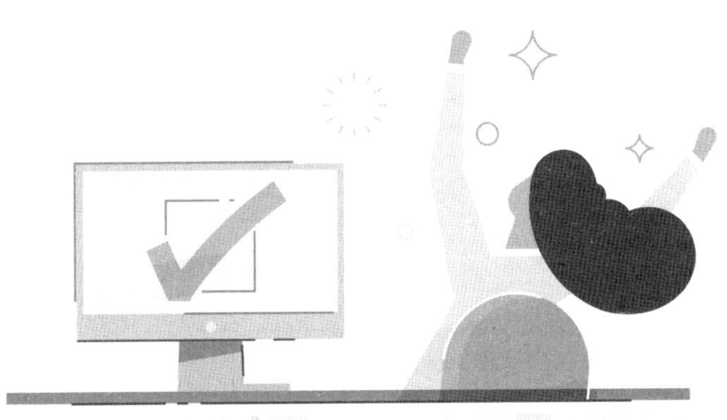

여러분의 작은 소리
에듀윌은 크게 듣겠습니다.

본 교재에 대한 여러분의 목소리를 들려주세요.
공부하시면서 어려웠던 점, 궁금한 점,
칭찬하고 싶은 점, 개선할 점, 어떤 것이라도 좋습니다.

에듀윌은 여러분께서 나누어 주신 의견을
통해 끊임없이 발전하고 있습니다.

에듀윌 도서몰 book.eduwill.net
- 부가학습자료 및 정오표: 에듀윌 도서몰 → 도서자료실
- 교재 문의: 에듀윌 도서몰 → 문의하기 → 교재(내용, 출간) / 주문 및 배송

2025 에듀윌 7급공무원 PSAT 기출문제집

발 행 일	2025년 1월 5일 초판
편 저 자	안바라, 임현아, 윤은주, 기노혁, 김매실, 이슬비, 박상현, 이연우
펴 낸 이	양형남
펴 낸 곳	(주)에듀윌
I S B N	979-11-360-3512-7
등록번호	제25100-2002-000052호
주 소	08378 서울특별시 구로구 디지털로34길 55 코오롱싸이언스밸리 2차 3층

www.eduwill.net

대표전화 1600-6700

국가공무원 7급 공개경쟁채용 제1차 필기시험 답안지

컴퓨터용 흑색사인펜만 사용

책 형

【필적감정용 기재】
*아래 예시문을 옮겨 적으시오
본인은 ○○○(응시자성명)임을 확인함

성 명	
자필성명	
응시직렬	
응시지역	
시험장소	

응 시 번 호							
	⓪	⓪	⓪	⓪	⓪	⓪	⓪
	①	①	①	①	①	①	①
	②	②	②	②	②	②	②
	③	③	③	③	③	③	③
④	④	④	④	④	④	④	④
⑤	⑤	⑤	⑤	⑤	⑤	⑤	⑤
	⑥	⑥	⑥	⑥	⑥	⑥	⑥
	⑦	⑦	⑦	⑦	⑦	⑦	⑦
	⑧	⑧	⑧	⑧	⑧	⑧	⑧
	⑨	⑨	⑨	⑨	⑨	⑨	⑨

생 년 월 일					
⓪	⓪	⓪	⓪	⓪	⓪
	①	①	①	①	①
	②		②	②	②
	③		③	③	③
	④		④		④
	⑤		⑤		⑤
⑥	⑥		⑥		⑥
⑦	⑦		⑦		⑦
⑧	⑧		⑧		⑧
⑨	⑨		⑨		⑨

※시험감독관 서명
(성명을 정자로 기재하시기 바랍니다.)

1~10번					
1	①	②	③	④	⑤
2	①	②	③	④	⑤
3	①	②	③	④	⑤
4	①	②	③	④	⑤
5	①	②	③	④	⑤
6	①	②	③	④	⑤
7	①	②	③	④	⑤
8	①	②	③	④	⑤
9	①	②	③	④	⑤
10	①	②	③	④	⑤

11~20번					
11	①	②	③	④	⑤
12	①	②	③	④	⑤
13	①	②	③	④	⑤
14	①	②	③	④	⑤
15	①	②	③	④	⑤
16	①	②	③	④	⑤
17	①	②	③	④	⑤
18	①	②	③	④	⑤
19	①	②	③	④	⑤
20	①	②	③	④	⑤

21~25번					
21	①	②	③	④	⑤
22	①	②	③	④	⑤
23	①	②	③	④	⑤
24	①	②	③	④	⑤
25	①	②	③	④	⑤

※ 컴퓨터용 사인펜으로 마킹하고 지우개로 지워서 사용하세요!

✂ 자르는 선

2025

에듀윌 7급공무원 PSAT 기출문제집

언어논리·상황판단·자료해석

분석해설편

eduwill

2025

에듀윌 7급공무원

PSAT 기출문제집

언어논리·상황판단·자료해석

7급공무원 PSAT 기출문제집　빠르게 확인하는 정답

2024	언어논리								
문1	③	문2	④	문3	④	문4	③	문5	④
문6	②	문7	⑤	문8	①	문9	⑤	문10	②
문11	②	문12	③	문13	②	문14	④	문15	①
문16	②	문17	⑤	문18	⑤	문19	③	문20	③
문21	①	문22	④	문23	③	문24	②	문25	③

2024	상황판단								
문1	⑤	문2	⑤	문3	②	문4	④	문5	①
문6	②	문7	④	문8	④	문9	②	문10	③
문11	①	문12	④	문13	③	문14	③	문15	⑤
문16	⑤	문17	②	문18	①	문19	③	문20	④
문21	③	문22	④	문23	②	문24	⑤	문25	①

2024	자료해석								
문1	④	문2	①	문3	⑤	문4	⑤	문5	⑤
문6	④	문7	③	문8	②	문9	②	문10	②
문11	④	문12	③	문13	③	문14	②	문15	①
문16	⑤	문17	①	문18	④	문19	②	문20	①
문21	④	문22	①	문23	③	문24	④	문25	⑤

2023	언어논리								
문1	②	문2	①	문3	②	문4	③	문5	③
문6	③	문7	④	문8	②	문9	④	문10	④
문11	①	문12	④	문13	①	문14	③	문15	⑤
문16	⑤	문17	④	문18	②	문19	④	문20	⑤
문21	⑤	문22	③	문23	①	문24	⑤	문25	②

2023	상황판단								
문1	②	문2	①	문3	⑤	문4	③	문5	④
문6	①	문7	⑤	문8	④	문9	①	문10	⑤
문11	④	문12	⑤	문13	②	문14	④	문15	①
문16	①	문17	②	문18	④	문19	③	문20	③
문21	②	문22	②	문23	④	문24	③	문25	⑤

2023	자료해석								
문1	①	문2	③	문3	②	문4	③	문5	⑤
문6	④	문7	①	문8	①	문9	②	문10	⑤
문11	③	문12	④	문13	⑤	문14	③	문15	⑤
문16	④	문17	④	문18	④	문19	②	문20	①
문21	③	문22	①	문23	③	문24	④	문25	②

2022	언어논리								
문1	⑤	문2	①	문3	①	문4	②	문5	②
문6	⑤	문7	①	문8	⑤	문9	①	문10	③
문11	④	문12	⑤	문13	③	문14	②	문15	②
문16	⑤	문17	④	문18	③	문19	④	문20	③
문21	④	문22	⑤	문23	②	문24	⑤	문25	④

2022	상황판단								
문1	⑤	문2	①	문3	⑤	문4	①	문5	②
문6	②	문7	③	문8	④	문9	②	문10	③
문11	①	문12	②	문13	③	문14	⑤	문15	①
문16	③	문17	④	문18	②	문19	③	문20	③
문21	⑤	문22	④	문23	①	문24	④	문25	④

2022	자료해석								
문1	①	문2	⑤	문3	④	문4	①	문5	②
문6	①	문7	④	문8	①	문9	⑤	문10	④
문11	②	문12	③	문13	③	문14	⑤	문15	④
문16	②	문17	②	문18	⑤	문19	③	문20	①
문21	③	문22	⑤	문23	①	문24	④	문25	②

2021	언어논리								
문1	④	문2	①	문3	①	문4	④	문5	⑤
문6	①	문7	③	문8	④	문9	③	문10	②
문11	③	문12	④	문13	⑤	문14	②	문15	④
문16	⑤	문17	③	문18	③	문19	③	문20	①
문21	①	문22	②	문23	⑤	문24	④	문25	③

2021	자료해석								
문1	②	문2	⑤	문3	②	문4	①	문5	④
문6	③	문7	④	문8	⑤	문9	⑤	문10	②
문11	③	문12	③	문13	④	문14	①	문15	③
문16	①	문17	④	문18	③	문19	③	문20	④
문21	②	문22	②	문23	⑤	문24	①	문25	⑤

2021	상황판단								
문1	④	문2	①	문3	⑤	문4	④	문5	④
문6	①	문7	①	문8	③	문9	②	문10	③
문11	②	문12	⑤	문13	③	문14	④	문15	③
문16	④	문17	③	문18	④	문19	⑤	문20	⑤
문21	②	문22	⑤	문23	①	문24	②	문25	②

모의평가	언어논리								
문1	⑤	문2	③	문3	④	문4	④	문5	⑤
문6	⑤	문7	①	문8	④	문9	②	문10	①
문11	①	문12	②	문13	①	문14	②	문15	⑤
문16	③	문17	①	문18	③	문19	⑤	문20	②
문21	③	문22	①	문23	①	문24	④	문25	②

모의평가	자료해석								
문1	⑤	문2	①	문3	①	문4	⑤	문5	④
문6	②	문7	③	문8	②	문9	①	문10	③
문11	④	문12	③	문13	③	문14	④	문15	①
문16	②	문17	⑤	문18	⑤	문19	⑤	문20	④
문21	④	문22	①	문23	③	문24	③	문25	②

모의평가	상황판단								
문1	④	문2	⑤	문3	⑤	문4	⑤	문5	③
문6	②	문7	①	문8	③	문9	④	문10	④
문11	②	문12	⑤	문13	②	문14	④	문15	③
문16	③	문17	⑤	문18	②	문19	①	문20	③
문21	③	문22	①	문23	②	문24	①	문25	⑤

2025

에듀윌 7급공무원 PSAT 기출문제집

언어논리·상황판단·자료해석 | 분석해설편

2024년 7월 27일 시행

2024년도 국가공무원 7급 공개경쟁채용 제1차 필기시험

정답과 분석해설

나의 성적

영역	점수	풀이 시간
언어논리	____점	____분
상황판단	____점	____분
자료해석	____점	____분

합격선

영역	합격 가능권	합격 확실권
언어논리	72~76점	80~84점
상황판단	76~80점	80~84점
자료해석	72~76점	80~84점

풀이 시간

영역	기본	숙련
언어논리	60분	50분
상황판단	60분	50분
자료해석	60분	50분

선발 인원 / 접수 인원 / 경쟁률

선발 인원	응시 인원	경쟁률
654명	16,282명	2.48 : 1

※경쟁률은 1차 합격자 선발 기준인 10배수로 산정

취약유형 분석표 제1영역 언어논리

문번	정답	난이도	유형	맞고 틀림
01	③	■□□	사실적 이해 > 정보 확인	○ △ ✕
02	④	■□□	사실적 이해 > 정보 확인	○ △ ✕
03	④	■■□	사실적 이해 > 정보 확인	○ △ ✕
04	③	■■□	사실적 이해 > 정보 확인	○ △ ✕
05	④	■□□	사실적 이해 > 정보 확인	○ △ ✕
06	②	■■□	사실적 이해 > 정보 확인	○ △ ✕
07	⑤	■■□	비판적 사고 > 판단하기	○ △ ✕
08	①	■□□	비판적 사고 > 빈칸 채우기	○ △ ✕
09	⑤	■□□	비판적 사고 > 빈칸 채우기	○ △ ✕
10	②	■■■	비판적 사고 > 빈칸 채우기	○ △ ✕
11	②	■■■	비판적 사고 > 판단하기	○ △ ✕
12	③	■■□	사실적 이해 > 논리 게임	○ △ ✕
13	②	■■□	사실적 이해 > 논리 게임	○ △ ✕
14	④	■■■	비판적 사고 > 빈칸 채우기	○ △ ✕
15	①	■■■	비판적 사고 > 지문에서 추론하기	○ △ ✕
16	②	■■■	비판적 사고 > 지문에서 추론하기	○ △ ✕
17	⑤	■■□	비판적 사고 > 빈칸 채우기	○ △ ✕
18	⑤	■■□	비판적 사고 > 판단하기	○ △ ✕
19	③	■■■	비판적 사고 > 논리적 결론의 전제·원인 찾기	○ △ ✕
20	③	■■■	비판적 사고 > 논지 강화·약화하기	○ △ ✕
21	①	■■□	사실적 이해 > 중심 내용 파악	○ △ ✕
22	④	■■□	비판적 사고 > 지문에서 추론하기	○ △ ✕
23	③	■■□	비판적 사고 > 판단하기	○ △ ✕
24	②	■■□	비판적 사고 > 판단하기	○ △ ✕
25	③	■■■	비판적 사고 > 판단하기	○ △ ✕

· 확실히 맞힌 문항 수: ____________ 문항

· 헷갈리거나 찍은 문항 수: ____________ 문항

· 틀린 문항 수: ____________ 문항

취약유형 분석표 제2영역 상황판단

문번	정답	난이도	유형	맞고 틀림
01	⑤	■■□	법조문형 > 규정확인	○ △ ×
02	⑤	■■■	법조문형 > 규정적용	○ △ ×
03	②	■■□	법조문형 > 규정확인	○ △ ×
04	④	■■□	법조문형 > 규정적용	○ △ ×
05	①	■□□	제시문형 > 정보확인	○ △ ×
06	②	■□□	연산추론형 > 수리계산	○ △ ×
07	④	■□□	퍼즐형 > 수리퀴즈	○ △ ×
08	④	■■□	연산추론형 > 대입비교	○ △ ×
09	②	■□□	제시문형 > 분석추론	○ △ ×
10	③	■■■	연산추론형 > 대입비교	○ △ ×
11	①	■■□	법조문형 > 규정적용	○ △ ×
12	④	■■□	연산추론형 > 수리계산	○ △ ×
13	③	■■■	제시문형 > 분석추론	○ △ ×
14	③	■■□	퍼즐형 > 게임·규칙	○ △ ×
15	⑤	■■□	퍼즐형 > 최댓값·최솟값 도출	○ △ ×
16	⑤	■■■	퍼즐형 > 게임·규칙	○ △ ×
17	②	■■□	연산추론형 > 수리계산	○ △ ×
18	①	■■■	퍼즐형 > 논리퀴즈	○ △ ×
19	③	■□□	연산추론형 > 수리계산	○ △ ×
20	④	■■□	연산추론형 > 수리계산	○ △ ×
21	③	■■□	퍼즐형 > 논리퀴즈	○ △ ×
22	④	■□□	연산추론형 > 대입비교	○ △ ×
23	②	■■■	연산추론형 > 수리계산	○ △ ×
24	⑤	■■■	퍼즐형 > 수리퀴즈	○ △ ×
25	①	■■□	퍼즐형 > 게임·규칙	○ △ ×

· 확실히 맞힌 문항 수: ____________ 문항
· 헷갈리거나 찍은 문항 수: ____________ 문항
· 틀린 문항 수: ____________ 문항

취약유형 분석표 제3영역 자료해석

문번	정답	난이도	유형	맞고 틀림
01	④	■□□	자료 읽기/추론 > 매칭형	○ △ ×
02	①	■■□	자료 읽기/추론 > 계산형	○ △ ×
03	⑤	■■□	자료 변환응용 > 표/그림 전환형	○ △ ×
04	⑤	■□□	자료 읽기/추론 > 매칭형	○ △ ×
05	⑤	■■■	자료 추론 > 추가로 필요한 자료 찾기	○ △ ×
06	④	■□□	자료 읽기/추론 > 매칭형	○ △ ×
07	③	■■□	자료 추론 > 추가로 필요한 자료 찾기	○ △ ×
08	②	■□□	자료 읽기/추론 > 매칭형	○ △ ×
09	②	■■■	자료 읽기 > 표 제시형	○ △ ×
10	②	■■□	자료 읽기/추론 > 매칭형	○ △ ×
11	④	■□□	자료 읽기 > 표 제시형	○ △ ×
12	③	■■■	자료 읽기 > 표/빈칸 제시형	○ △ ×
13	③	■■□	자료 읽기 > 표/그림 제시형	○ △ ×
14	②	■□□	자료 읽기 > 표 제시형	○ △ ×
15	①	■□□	자료 읽기/추론 > 매칭형	○ △ ×
16	⑤	■□□	자료 읽기 > 표 제시형	○ △ ×
17	①	■□□	자료 읽기 > 표/그림 제시형	○ △ ×
18	④	■■■	자료 읽기 > 표 제시형	○ △ ×
19	②	■■■	자료 읽기 > 표 제시형	○ △ ×
20	①	■■■	자료 읽기 > 표 제시형	○ △ ×
21	④	■■■	자료 변환응용 > 표/그림 전환형	○ △ ×
22	①	■□□	자료 읽기 > 표/빈칸 제시형	○ △ ×
23	③	■□□	자료 읽기 > 표 제시형	○ △ ×
24	④	■■■	자료 변환응용 > 자료/보고서 전환형	○ △ ×
25	⑤	■■■	자료 읽기 > 표/빈칸 제시형	○ △ ×

· 확실히 맞힌 문항 수: ____________ 문항
· 헷갈리거나 찍은 문항 수: ____________ 문항
· 틀린 문항 수: ____________ 문항

2024 | 제1영역 언어논리(㉳ 책형)

▎기출 총평

2024년 언어논리 시험은 전체적으로 난도가 대폭 상승한 점이 눈에 띈다. 제시문에서도 과학, 철학, 역사 등 까다로운 주제를 여럿 다루며 난이도를 조절하려는 의도가 보였다. 특히 후반부로 갈수록 조건이 많고 쟁점이 여럿인 제시문을 정확히 이해할 수 있어야 했고, 비판적 사고를 활용해야 하는 문제가 나와 문제를 푸는 데 걸리는 시간을 지연시켰다. 초반부에 나온, 사실적 이해를 바탕으로 지문의 내용과 선지를 단순 비교하는 '하' 수준의 문제도 전측대상피질, 사고(史庫), 인두법과 우두법 등 생소한 주제를 여럿 활용하여 낯설게 했다. 이 때문에 전체적으로 '하' 수준 문제의 비중이 줄고 '중~중상' 수준 문제의 비중이 늘었다고 체감하였을 것이다. 후반후에 나온 논리를 파악하는 지문의 경우, 논리적 구조를 분석하여 판단하고 빈칸을 채우거나 추론하는 문제는 이러한 유형이 매해 반복적으로 등장하고 있으므로 기출 문제를 풀어보며 지문을 섬세하게 읽고 분석하여 논리 구조를 파악하는 노력이 필요하다. 평소 언어 논리 기출 문제의 유형을 적절히 파악하고 정확한 독해를 위해 꾸준히 노력한다면 문제 풀이에 많은 도움이 될 것이다.

▎문항 분석

문번	정답	난이도	유형
01	③	■□□	사실적 이해 > 정보 확인
02	④	■□□	사실적 이해 > 정보 확인
03	④	■■□	사실적 이해 > 정보 확인
04	③	■■□	사실적 이해 > 정보 확인
05	④	■□□	사실적 이해 > 정보 확인
06	②	■■□	사실적 이해 > 정보 확인
07	⑤	■■□	비판적 사고 > 판단하기
08	①	■□□	비판적 사고 > 빈칸 채우기
09	⑤	■□□	비판적 사고 > 빈칸 채우기
10	②	■■■	비판적 사고 > 빈칸 채우기
11	②	■■■	비판적 사고 > 판단하기
12	③	■■□	사실적 이해 > 논리 게임
13	②	■■□	사실적 이해 > 논리 게임

문번	정답	난이도	유형
14	④	■■■	비판적 사고 > 빈칸 채우기
15	①	■■■	비판적 사고 > 지문에서 추론하기
16	②	■■■	비판적 사고 > 지문에서 추론하기
17	⑤	■■□	비판적 사고 > 빈칸 채우기
18	⑤	■■□	비판적 사고 > 판단하기
19	③	■■■	비판적 사고 > 논리적 결론의 전제 · 원인 찾기
20	③	■■■	비판적 사고 > 논지 강화 · 약화하기
21	①	■■□	사실적 이해 > 중심 내용 파악
22	④	■■□	비판적 사고 > 지문에서 추론하기
23	③	■■□	비판적 사고 > 판단하기
24	②	■■□	비판적 사고 > 판단하기
25	③	■■■	비판적 사고 > 판단하기

※ 해당 회차는 1초 합격예측 서비스의 데이터 누적 기간이 충분하지 않아 '정답률 및 선지별 선택률' 기재를 생략하였습니다.

▎출제 비중

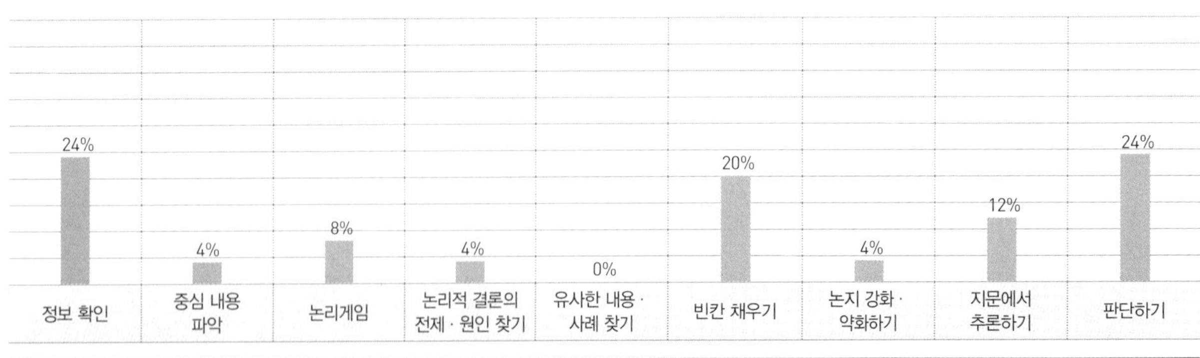

기출문제편 P.20									
01	③	02	④	03	④	04	③	05	④
06	②	07	⑤	08	①	09	⑤	10	②
11	②	12	③	13	②	14	④	15	①
16	②	17	⑤	18	⑤	19	③	20	③
21	①	22	④	23	③	24	②	25	③

01 ③

난이도 ■□□

| 문제 유형 | 사실적 이해 > 정보 확인

| 접근 전략 | 한성전기회사의 설립과 운영 과정을 중심으로 서술하고 있다. 글의 흐름에 따라 지문의 내용을 빠르게 읽고 내용을 파악하는 연습이 필요하다. 핵심어 또는 핵심 문장에 밑줄을 그으면서 선지와 비교하면 어렵지 않게 정답을 찾아낼 수 있다. 선지가 글의 흐름에 따라 나열되어 있어 난도는 낮은 편이다.

다음 글의 내용과 부합하는 것은?

현재 서울의 청량리 근처에는 홍릉이라는 곳이 있다. 을미사변으로 일본인들에게 시해된 명성황후의 능이 조성된 곳이다. 고종은 홍릉을 자주 찾아 참배했는데, 그때마다 대규모로 가마꾼을 동원하는 등 불편이 작지 않았다. 개항 직후 우리나라에 들어와 경인철도회사를 운영하던 미국인 콜브란은 이 점을 거론하며 서대문에서 청량리까지 전차 노선을 부설해야 한다고 주장했다. ▶1문단

이전부터 전기와 전차 사업에 관심이 많았던 고종은 콜브란의 주장을 받아들여 전차 사업을 목적으로 하는 회사를 설립하기로 결심했다. 고종은 황실이 직접 회사를 설립하는 대신 민간인인 김두승과 이근배로 하여금 농상공부에 회사를 만들겠다는 청원서를 내도록 권유했다. 이에 따라 김두승 등은 전기회사 설립 청원서를 농상공부에 제출한 뒤 허가를 받아 한성전기회사를 설립했다. 한성전기회사는 서울 시내 각지에 전기등을 설치하는 한편 전차 노선 부설 사업을 추진했다. 한성전기회사는 당초 남대문에서 청량리까지 전차 노선을 부설하기로 했으나 당시 부설 중이던 경인철도의 종착역이 서대문역으로 정해졌기 때문에 이와 연결하기 위해 계획을 수정해 서대문에서 청량리까지 부설하기로 변경했다. 이후, 변경된 계획대로 전차 노선이 부설되었으며, 1899년 5월에 정식 개통식이 거행되었다. ▶2문단

한성전기회사는 고종이 단독 출자한 자본금을 바탕으로 설립되고 운영되었지만, 전차 노선 부설에 필요한 공사비가 부족해지자 회사 재산을 담보로 콜브란으로부터 부족분을 빌려 공사를 마무리할 수 있었다. 콜브란은 1902년에 그 상환 기일이 돌아오자 회사 운영을 지원하기 위해 상환 기일을 2년 연장해주었다. 이후 1904년 상환 기일이 다가오자, 고종은 콜브란과 협의하여 채무액의 절반인 75만 원만 상환하고 나머지 금액만큼의 회사 자산을 콜브란에게 넘겨주었다. 이로써 콜브란은 고종과 함께 회사의 대주주가 되어 경영에 참여할 수 있게 되었다. 이때 고종과 콜브란은 한성전기회사를 한미전기회사로 재편하였고, 한미전기회사가 전차 및 전기등 사업을 이어받았다. ▶3문단

① 한성전기회사가 경인철도회사보다 먼저 설립되었다. ➡ (X) 1문단을 보면 경인철도회사를 운영하던 콜브란이 전차 노선을 부설해야 한다고 주장하여 고종이 한성전기회사를 설립하여 운영하였으므로, 한성전기회사보다 경인철도회사가 먼저 설립되었다는 것을 알 수 있다.

② 전차 노선의 시작점은 원래 서대문이었으나 나중에 남대문으로 바뀌었다. ➡ (X) 2문단에서 당초 남대문에서 청량리까지 전차 노선을 부설하기로 했으나 나중에 계획을 변경하여 서대문에서 청량리까지 부설하기로 변경했다고 하였다.

③ 한성전기회사가 전차 노선을 부설하는 데 부족한 자금은 미국인 콜브란이 빌려주었다. ➡ (O) 3문단에서 한성전기회사가 전차 노선 부설에 필요한 공사비가 부족해지자 콜브란으로부터 부족분을 빌려 공사를 마무리했다는 내용을 확인할 수 있다.

④ 서울 시내에 처음으로 전차 노선을 부설한 회사는 황실이 주도해 농상공부가 설립하였다. ➡ (X) 2문단에서 고종이 민간인 김두승과 이근배로 하여금 농상공부에 회사를 만들겠다는 청원서를 내도록 하였고, 김두승 등에 허가를 받아 한성전기회사를 설립했다는 것을 확인할 수 있다.

⑤ 서울 시내에서 전기등 설치 사업을 벌인 한미전기회사는 김두승과 이근배의 출자로 설립되었다. ➡ (X) 3문단에서 한성전기회사는 김두승과 이근배가 아닌 고종이 단독 출자한 자본금을 바탕으로 설립되고 운영되다가 콜브란의 자본금을 빌려 공동으로 회사의 경영에 참여하였고, 한미전기회사가 전차 및 전기등 사업을 이어받았다고 하였다.

02 ④

난이도 ■□□

| 문제 유형 | 사실적 이해 > 정보 확인

| 접근 전략 | 조선시대 사고(史庫) 도서의 보존 관리와 관련된 책임 문제와 효율성 문제를 중심으로 서술하고 있다. 생소한 단어인 '포쇄'가 자주 등장하는데, 비교적 쉬운 문장으로 서술되어 있어 이해하는 데 어려움은 없을 것으로 보인다. 반복되는 핵심 키워드를 중심으로 글의 내용과 선지를 비교하며 소거한다.

다음 글에서 알 수 있는 것은?

사고(史庫)는 실록을 비롯한 국가의 귀중한 문헌을 보관하는 곳이었으므로 아무나 열 수 없었고, 반드시 중앙 정부에서 파견된 사관이 여는 것이 원칙이었다. 하지만 사관은 그 수가 얼마 되지 않아 사관만으로는 실록 편찬이나 사고의 도서 관리에 관한 모든 일을 담당하기에 벅찼다. 이에 중종 때에 사관을 보좌하기 위해 중앙과 지방에 겸직사관을 여러 명 두었다. ▶1문단

사고에 보관된 도서는 해충이나 곰팡이 피해를 입을 수 있었으므로 관리가 필요했다. 당시 도서를 보존, 관리하는 가장 효과적인 방법은 포쇄였다. 포쇄란 책을 서가에서 꺼내 바람과 햇볕에 일정 시간 노출시켜 책에 생길 수 있는 해충이나 곰팡이 등을 방지하거나 제거하는 것을 말한다. 사고 도서의 포쇄는 3년마다 정기적으로 실시되었다. ▶2문단

사고 도서의 포쇄를 위해서는 사고를 열어 책을 꺼내야 했고, 이 과정에서 귀중한 도서가 분실되거나 훼손될 수 있었다. 따라서 책임 있는 관리가 이 일을 맡아야 했고, 그래서 중앙 정부에서 사관을 파견토록 되어 있었다. 그런데 중종 14년 중종은 사관을 보내는 것은 비용이 많이 드는 등의 폐단이 있다고 하며, 지방 사고의 경우 지방 거주 겸직사관에게 포쇄를 맡기는 것이 효율적이라고 주장했다. 이에 대해 사고 관리의 책임 관청이었던 춘추관이 반대했다. 춘추관은 정식 사관이 아닌 겸직사관에게 포쇄를 맡기는 것은 문헌 보관의 일을 가벼이 볼 수 있는 계기가 될 거라고 주장했다. 그러나 중종은 이 의견을 따르지 않고 사고 도서의 포쇄를 겸직사관에게 맡겼다. 하지만 중종 23년에는 춘추관의 주장에 따라 사관을 파견하는 것으로 결정되었다. ▶3문단

포쇄 때는 반드시 포쇄 상황을 기록한 포쇄형지안이 작성되었다. 포쇄형지안에는 사고를 여닫을 때 이를 책임진 사람의 이름, 사고에서 꺼낸 도서의 목록, 포쇄에 사용한 약품 등을 자세하게 기록했다. 포쇄 때마다 포쇄형지안을 철저하게 작성하여, 사고에 보관된 문헌의 분실이나 훼손을 방지하고 책임 소재를 명확하게 함으로써 귀중한 문헌이 후세에 제대로 전달되도록 했다. ▶4문단

① 겸직사관은 포쇄의 전문가 중에서 선발되어 포쇄의 효율성이 높았다. ➡ (X) 1문단에서 중종 때에 사관을 보좌하기 위해 중앙과 지방에 겸직사관을 여러 명 두었다고 하였다. 포쇄는 책임 있는 관리자인 정식 사관이 맡아서 했던 일이므로 겸직사관은 포쇄의 전문가 중에 선발된 것이라 보기 어렵다.

② 중종은 포쇄를 위해 사관을 파견하면 문헌이 훼손되는 폐단이 생긴다고 주장했다. ➠ (X) 3문단에서 중종은 사관을 보내는 것이 비용이 많이 들기 때문에 지방 사고의 경우에는 지방 거주 겸직사관에게 포쇄를 맡기자고 주장했다. 그러므로 중종이 포쇄를 위해 사관을 파견하면 문헌이 훼손되는 폐단이 생긴다고 주장했다는 것은 적절하지 않다.

③ 춘추관은 겸직사관이 사고의 관리 책임을 맡으면 문헌 보관의 일을 경시할 수 있게 된다고 하며 겸직사관의 폐지를 주장했다. ➠ (X) 3문단에서 춘추관은 정식 사관이 아닌 겸직사관에게 포쇄를 맡기는 것은 문헌 보관의 일을 가벼이 볼 수 있는 계기가 될 것이라 주장하여 반대했다. 그러나 겸직사관의 폐지를 주장했다는 언급은 찾아볼 수 없다.

④ 사고 도서의 포쇄 상황을 기록한 포쇄형지안은 3년마다 정기적으로 작성되었다. ➠ (O) 2문단에서 사고 도서의 포쇄는 3년마다 정기적으로 실시되었다고 하였으므로 3년마다 포쇄 때 정기적으로 포쇄 상황을 기록한 포쇄형지안이 작성되었다는 것을 알 수 있다.

⑤ 도서에 피해를 입히는 해충을 막기 위해 사고 안에 약품을 살포했다. ➠ (X) 2문단에서 사고에 보관된 도서는 해충이나 곰팡이의 피해를 입을 수 있기 때문에 서가에서 꺼내 바람과 햇볕에 일정 시간 노출시켜 책에 생길 수 있는 해충이나 곰팡이 등을 방지하거나 제거하는 포쇄를 정기적으로 실시했다는 것을 알 수 있다. 그러나 도서에 피해를 입히는 해충을 막기 위해 사고 안에 약품을 살포했다는 내용은 확인할 수 없다.

03 ④

난이도 ■■□

| 문제 유형 | 사실적 이해 > 정보 확인

| 접근 전략 | 대한민국 헌법에 사용된 '국민'과 '인민'이라는 용어의 역사적 배경과 그에 따른 의미 차이, 현재의 혼란을 해결하기 위한 제안을 서술하고 있다. 중심 내용에 밑줄 긋고 '인민'과 '국민' 키워드의 의미를 파악하여 선지의 가부를 판단한다.

다음 글에서 알 수 있는 것은?

미국 헌법의 전문은 "우리 미합중국의 사람들은"이라는 구절로 시작한다. 여기서 '사람들'에 해당하는 대한민국 헌법상의 용어는 헌법 제정 주체로서의 '국민'이다. 대한민국 헌법의 전문은 "유구한 역사와 전통에 빛나는 우리 대한국민은"으로 시작한다. 이 구절들에서 '사람들'과 '국민'은 맥락상 동일한 의미를 지닌다. 그러나 이 단어들의 사전적 의미 사이에는 간극이 크다. '사람'은 보편적 인간을, '국민'은 국가의 구성원을 의미하기 때문이다. 그래서 '인민'이 '국민'보다 더 적절한 표현이라는 주장이 종종 제기되는데, 사실 대한민국의 제헌헌법 초안에서는 이 단어가 사용되었다. ▶1문단

대한민국 역사에서 '인민'은 개화기부터 통용된 자연스러운 말이며 정부 수립 전까지의 헌법 관련 문헌들 대부분에 빈번히 등장한다. 법학자 유진오가 기초한 제헌헌법의 초안도 "유구한 역사와 전통에 빛나는 우리들 조선 인민은"으로 시작한다. 그러나 '인민'은 공산당의 용어인데 어째서 그러한 말을 쓰려고 하느냐는 공박을 당했고, '인민'은 결국 제정된 제헌헌법에서 '국민'으로 대체되었다. ▶2문단

이에 유진오는 '인민'이 예부터 흔히 사용되어 온 말로 '국민'으로 환원될 수 없는 의미를 지니며, 미국 헌법에서도 국적을 가진 자들로 한정될 수 없는 경우에 '사람들'이 사용되었다고 지적했다. 또한 '국민'은 국가의 구성원이라는 점이 강조된 국가 우월적 표현이기 때문에, 국가조차도 함부로 침범할 수 없는 자유와 권리의 주체로서의 보편적 인간까지 함의하기에는 적절하지 못하다고 비판했다. ▶3문단

'인민'이 모두 '국민'으로 대체되면서 대한민국 헌법에서 혼란의 여지가 생긴 것은 사실이다. '국민'이 국적을 가진 자뿐만 아니라 천부인권을 지니는 보편적 인간까지 지칭하게 되었기 때문이다. 예를 들어 대한민국으로 여행을 온 외국인은 전자에 해당하지 않지만 후자에 속하는 것이 명백하다. 따라서 선거권, 사회권 등 국적을 기반으로 하는 권리까지 주어지는 것은 아니지만, 헌법상의 평등권, 자유권 등 기본적 인권은 보장되는 것이다. 이에 향후 헌법 개정이 있다면 그 기회에 보편적 인간을 의미하는 경우의 '국민'을 '사람들'로 바꾸자는 제안도 있다. ▶4문단

① 대한민국 역사에서 '인민'은 분단 후 공산주의 사상이 금기시되면서 사용되기 시작한 말이다. ➠ (X) 2문단에서 '인민'은 개화기부터 통용된 자연스러운 말이며 정부 수립 전까지의 헌법 관련 문헌들 대부분에 빈번히 등장한 말이라고 하였다. 그러므로 분단 후 공산주의 사상이 금기시되면서 사용되기 시작한 말이라는 것은 적절하지 않다.

② 대한민국으로 여행을 온 외국인은 대한민국 헌법상의 자유권을 보장받지 못한다. ➠ (X) 4문단에서 대한민국으로 여행 온 외국인은 국적을 기반으로 하는 권리까지 주어지는 것은 아니지만, 헌법상의 평등권, 자유권 등 기본적 인권은 보장된다고 하였다. 그러므로 여행을 온 외국인이 대한민국 헌법상의 자유권을 보장받지 못한다는 것은 적절하지 않다.

③ 미국 헌법에서 '사람들'은 보편적 인간이 아니라 미국 국적을 가진 자를 의미한다. ➠ (X) 3문단에서 미국 헌법에서 국적을 가진 자들로 한정될 수 없는 경우에 '사람들' 용어를 사용했다고 언급하였으므로 '사람들'은 미국 국적을 가진 자가 아닌 보편적 인간을 의미한다.

④ 법학자 유진오는 '국민'이 보편적 인간을 의미하기에는 적절하지 않다고 비판했다. ➠ (O) 3문단에서 유진오가 '국민'이 국가조차도 함부로 침범할 수 없는 자유와 권리의 주체로서의 보편적 인간까지 함의하기에는 적절하지 못하다고 비판했다고 하였으므로 지문에서 확인할 수 있는 내용이다.

⑤ 대한민국 제헌헌법에서는 '인민'이 사용되었으나 비판을 받아 이후의 개정을 통해 헌법에서 삭제되었다. ➠ (X) 2문단에서 '인민'은 공산당의 용어라며 공박을 당했고 그로 인해 '인민'은 제헌헌법에서 '국민'으로 대체되었다고 언급하였으므로, 개정을 통해 헌법에서 삭제되었다는 내용은 적절하지 않다.

04 ③

난이도 ■■□

| 문제 유형 | 사실적 이해 > 정보 확인

| 접근 전략 | 독서의 형태가 공동체 중심에서 개인 중심으로 변화하는 과정을 설명하며, 이 변화가 전근대와 근대 사회 간의 독서 문화의 추이임을 다루고 있다. 글의 주요 내용을 파악하고 핵심 정보를 바탕으로 각 선지가 이 내용과 일치하는지를 검토하여 판단한다.

다음 글에서 알 수 있는 것은?

필사문화와 초기 인쇄문화에서 독서는 대개 한 사람이 자신이 속한 집단 내에서 다른 사람들에게 책을 읽어서 들려주는 사회적 활동을 의미했다. 개인이 책을 소유하고 혼자 눈으로 읽는 묵독과 같은 오늘날의 독서 방식은 당시 대다수 사람에게 익숙한 일이 아니었다. 근대 초기만 해도 문맹률이 높았기 때문에 공동체적 독서와 음독이 지속되었다. ▶1문단

'공동체적 독서'는 하나의 읽을거리를 가족이나 지역·직업공동체가 공유하는 것을 의미한다. 이는 같은 책을 여러 사람이 돌려 읽는 윤독이 이루어졌을 뿐 아니라, 구연을 통하여 특정 공간에 모인 사람들이 책의 내용을 공유했음을 알려준다. 여기에는 도시와 농촌의 여염집 사랑방이나 안방에서 소규모로 이루어진 가족 구성원들의 독서, 도시와 촌락의 장시에서 주로 이루어진 구연을 통한 독서가 포함된다. 공동체적 독서의 목적은 독서에 참여한 사람들로 하여금 책의 사상과 정서에 공감하게 하는 데 있다. ▶2문단

음독은 '소리 내어 읽음'이라는 의미로서 낭송, 낭독, 구연을 포함한다. 낭송은 혼자서 책을 읽으며 암기와 감상을 위하여 읊조리는 행위를, 낭독은 다른 사람들에게 들려주기 위하여 보다 큰 소리로 책을 읽는 행위를 의미한다. 이에 비해 구연은 좀 더 큰 규모의 청중을 상대로 하며 책을 읽는 행위가 연기의 차원으로 높아진 것을 일컫는다. 이런 점에서 볼 때 음독은 공동체적 독서와 긴밀한 연관을 가질 수밖에 없지만, 음독이 꼭 공동체적 독서라고는 할 수 없다. ▶3문단

전근대 사회에서는 개인적 독서의 경우에도 묵독보다는 낭송이 더 일반적인 독서 형태였다. 그렇다고 해서 도식적으로 공동체적 독서와 음독을 전근대 사회의 독서 형태라 간주하고, 개인적 독서를 근대 이후의 독서 형태라 보는 것은 곤란하다. 현대 사회에서도 필요에 따라 공동체적 독서와 음독이 많이 행해지며, 반대로 전근대 사회에서도 지배계급이나 식자층의 독서는 자주 묵독으로 이루어졌을 것이기 때문이다. 다만 '공동체적 독서'에서 '개인적 독서'로의 이행은 전근대 사회에서 근대 사회로 이행하는 과정에서 확인되는 독서 문화의 추이라고 볼 수 있다. ▶4문단

① 필사문화를 통해 묵독이 유행하기 시작했다. ➡ (X) 1문단에서 필사문화와 초기 인쇄문화에서 독서는 집단 내에서 다른 사람들에게 책을 읽어서 들려주는 사회적 활동을 의미했다고 하였다. 그러므로 공동체적 독서와 음독이 지속되었다는 것을 알 수 있으므로 필사문화를 통해 묵독이 유행하기 시작했다고 볼 수 없다.

② 전근대 사회에서 낭송은 공동체적 독서를 의미한다. ➡ (X) 3문단에서 낭송, 낭독, 구연을 포함한 음독이 꼭 공동체적 독서라고 할 수 없다고 언급하며, 이어지는 4문단에서 공동체적 독서와 음독을 전근대 사회의 독서형태라고 간주하고, 개인적 독서를 근대 이후의 독서 형태라 보는 것은 곤란하다고 설명하고 있으므로 전근대 사회에서 낭송은 공동체적 독서를 의미한다고 보기 어렵다.

③ 공동체적 독서와 개인적 독서 모두 현대사회에서 행해지는 독서 형태이다. ➡ (O) 4문단에서 현대 사회에서도 필요에 따라 공동체적 독서와 음독이 많이 행해지며, 공동체적 독서에서 개인적 독서로의 이행은 전근대 사회에서 근대 사회로 이행하는 과정에서 확인되는 독서 문화의 추이라고 설명하고 있으므로 적절하다.

④ 근대 초기 식자층의 독서 방식이었던 음독은 높은 문맹률로 인해 생겨났다. ➡ (X) 1문단에서 근대 초기에 문맹률이 높았기 때문에 공동체적 독서와 음독이 지속되었다고 하였는데, 음독을 지배계급이나 식자층의 독서라고 보기는 어렵다.

⑤ 근대 사회에서 윤독은 주로 도시와 촌락의 장시에서 이루어진 독서 형태였다. ➡ (X) 2문단에서 도시와 촌락의 장시에서 주로 이루어진 독서 형태는 구연이었음을 알 수 있다.

05 ④ 난이도 ■□□

| 문제 유형 | 사실적 이해 > 정보 확인

| 접근 전략 | 인두법과 우두법의 의학적 차이점을 다룬 글이며, 구체적으로는 두 가지 접종 방법의 접종대상자 선정, 사후 관리, 접종 방식에서의 차이점 등을 설명하고 있다. 주어진 글의 세부 사항을 정확히 분석하여 선지와 일치하는지 여부를 판단하는 것이 중요하다.

다음 글에서 알 수 없는 것은?

의학적 원리만을 놓고 볼 때 '인두법'과 '우두법'은 전혀 차이가 없다. 둘 다 두창을 이미 앓은 개체에서 미량의 딱지나 고름을 취해서 앓지 않은 개체에게 접종하는 방식이다. 그렇지만 인두법 저작인 정약용의 『종두요지』와 우두법 저작인 지석영의 『우두신설』을 비교하면 접종대상자의 선정, 사후 관리, 접종 방식 등 세부적인 측면에서 적지 않은 차이가 발견된다. ▶1문단

먼저, 접종대상자의 선정 과정을 보면 인두법이 훨씬 까다롭다. 접종대상자는 반드시 생후 12개월이 지난 건강한 아이여야 했다. 중병을 앓고 얼마 되지 않은 아이, 몸이 허약한 아이, 위급한 증세가 있는 아이는 제외되었다. 이렇게 접종대상자의 몸 상태에 세심하게 신경을 쓰는 까닭은 비록 소량이라고 하더라도 사람에게서 취한 두(痘)의 독이 강력했기 때문이다. 한편, 『우두신설』에서는 생후 70～100일 정도의 아이를 접종대상자로 하며, 아이의 몸 상태에 특별히 신경을 쓰지 않는다. 이는 우두의 독력이 인두보다 약한 데서 기인한다. 우두법은 접종 시기를 크게 앞당김으로써 두창 감염에 따른 위험을 줄였고, 아이의 몸 상태에 크게 좌우되지 않는다는 장점이 있었다. ▶2문단

인두와 우두의 독력 차이로 사후 관리 또한 달랐음을 위 저작들에서 발견할 수 있다. 정약용은 접종 후에 나타나는 각종 후유증을 치료하기 위한 처방을 상세히 기재하고 있는 데 반해, 지석영은 그런 처방을 매우 간략하게 제시하거나 전혀 언급하지 않는다. ▶3문단

접종 방식의 차이도 두드러진다. 『종두요지』의 대표적인 접종 방식으로 두의 딱지를 말려 코 안으로 불어넣는 한묘법, 두의 딱지를 적셔 코 안에 접종하는 수묘법이 있다. 한묘법은 위험성이 높아서 급하게 효과를 보려고 할 때만 쓴 반면, 수묘법은 일반적으로 통용되었고 안전성 면에서도 보다 좋은 방법이었다. 이에 반해 우두 접종은 의료용 칼을 사용해서 팔뚝 부위에 일부러 흠집을 내어 접종했다. 종래의 인두법에서 코의 점막에 불어넣거나 묻혀서 접종하는 방식은 기도를 통한 발병 위험이 매우 높았기 때문이다. ▶4문단

① 우두법은 접종을 시작할 수 있는 나이가 인두법보다 더 어리다. ➡ (O) 2문단에서 인두 접종대상자는 생후 12개월이 지난 건강한 아이이고, 우두 접종대상자는 생후 70～100일 정도의 아이라고 하였으므로, 우두법이 인두법보다 접종할 수 있는 나이가 더 어리다는 것을 알 수 있다.

② 인두 접종 방식 가운데 수묘법이 한묘법보다 일반적으로 통용되는 접종 방식이었다. ➡ (O) 4문단에서 인두 접종 방식 가운데 위험성이 높은 한묘법보다 수묘법이 일반적으로 통용되었고, 안전성 면에서도 보다 좋은 방법이었다고 하였다.

③ 『종두요지』에는 접종 후에 나타나는 후유증을 치료하기 위한 처방이 제시되어 있었다. ➡ (O) 3문단에서 정약용은 각종 후유증을 치료하기 위한 처방을 상세히 기재하였다고 했으므로, 『종두요지』에 후유증을 치료하기 위한 처방이 제시되어 있다는 것을 알 수 있다.

④ 인두법은 의료용 칼을 사용하여 팔뚝 부위에 흠집을 낸 후 접종하는 방식이었다. ➡ (X) 4문단에서 의료용 칼을 사용해서 팔뚝 부위에 흠집을 내어 접종하는 방식은 우두 접종인 것을 알 수 있다.

⑤ 『우두신설』에 따르면 몸이 허약한 아이에게도 접종할 수 있었다. ➡ (O) 2문단에서 우두법은 아이의 몸 상태에 크게 좌우되지 않는다는 장점이 있다고 하였으므로, 몸이 허약한 아이에게도 접종할 수 있다는 것을 알 수 있다.

06 ② 난이도 ■■□

| 문제 유형 | 사실적 이해 > 정보 확인

| 접근 전략 | 과학적 진보에 기여하는 이론의 평가 기준을 다룬 글로, 이론이 통합적 설명을 제공하고 새로운 현상을 예측하며, 예측이 실제로 맞는 경우 과학적 진보에 기여한다고 평가할 수 있지만, 예측이 맞지 않더라도 그 이론이 새로운 연구를 촉진하는 역할을 할 수 있다고 말하고 있다. 세 가지의 조건의 특성을 잘 살펴보며 선지의 가부를 판단한다.

다음 글에서 알 수 있는 것은?

과학자가 고안한 새로운 이론이 과학적 진보에 기여하는지를 평가할 때, 다음의 세 가지 조건이 고려된다. ▶1문단

첫째는 통합적 설명 조건이다. 새로운 이론은 여러 현상들을 통합하여 설명할 수 있는 단순한 개념 틀을 제공해야 한다. 예컨대 뉴턴의 새로운 이론은 오랫동안 서로 다르다고 여겨졌던 지상계의 운동과 천상계의 운동을 단지 몇 가지 개념을 통해 설명할 방법을 제시하였다. 하지만 통합적 설명 조건만을 만족한다고 해서 과학적 진보에 기여한다고 보기는 어렵다. ▶2문단

둘째는 새로운 현상의 예측 조건이다. 새로운 이론은 기존의 이론이 예측할 수 없는 새로운 현상을 예측해야 한다. 새로운 현상을 예측하면, 과학자들은 그 예측이 맞는지 확인하기 위해 다양한 반증 시도를 하게 된다. 그 과정에서 과학자들은 기존에 관심을 두지 않았던 영역을 탐구하게 되고 새로운 관측 방법을 개발한다. 통합적 설명 조건을 만족하면서 동시에 새로운 현상을 예측하여 반증 시도를 허용하는 이론이 과학적 진보에 기여하게 되는 것이다. ▶3문단

셋째는 통과 조건이다. 이 조건은 위 두 조건을 모두 만족하는 이론이 제시한 새로운 예측이 실제 관측이나 실험 결과에 들어맞아야 한다는 것을 뜻한다. 혹자는 통과 조건을 만족하지 못하고 반증된 이론은 실패한 이론이고 과학적 진보에 기여하지 못한다고 생각하지만, 그렇지 않다. 그런 이론도 새로운 이론을 고안하도록 과학자를 추동하는 역할을 하기 때문이다. 따라서 통과 조건을 만족하지 못하더라도 통합적 설명 조건과 새로운 현상의 예측 조건을 모두 만족하는 이론은 과학적 진보에 기여하는 것으로 평가할 수 있다. ▶4문단

① 단순하면서 통합적인 개념 틀을 제공하는 이론은 통과 조건을 만족한다. ➡ (X) 통합적 설명 조건과 통과 조건은 서로 다른 기준이므로, 단순하면서 통합적인 개념 틀을 제공하는 이론이 통과 조건을 만족한다고 할 수 없다.

② 통과 조건을 만족하지 못하더라도 과학적 진보에 기여하는 이론이 있을 수 있다. ➡ (O) 4문단에서 통과 조건을 만족하지 못하더라도 통합적 설명 조건과 새로운 현상의 예측 조건을 모두 만족하는 이론은 과학적 진보에 기여하는 것으로 평가할 수 있다고 설명하고 있으므로 적절하다.

③ 반증된 이론은 과학자들이 새로운 이론을 고안하도록 추동하는 역할을 하지 못한다. ➡ (X) 4문단에서 통과 조건을 만족하지 못하고 반증된 이론은 새로운 이론을 고안하도록 과학자를 추동하는 역할을 한다고 하였으므로 틀린 내용이다.

④ 새로운 현상의 예측 조건을 만족하지 못하는 이론은 통합적 설명 조건을 만족하지 못한다. ➡ (X) 새로운 현상의 예측 조건을 만족하지 못한다고 해서 통합적 설명 조건을 만족하지 못하는 것은 아니다.

⑤ 통합적 설명 조건과 새로운 현상의 예측 조건 중 하나만 만족하는 이론도 과학적 진보에 기여한다. ➡ (X) 3문단에서 통합적 설명 조건을 만족하면서 동시에 새로운 현상을 예측하여 반증 시도를 허용하는 이론이 과학적 진보에 기여하게 된다고 하였으므로, 과학적 진보에 기여하기 위해서는 두 조건을 모두 만족해야 한다.

07 ⑤

난이도 ■■□

| 문제 유형 | 비판적 사고 > 판단하기

| 접근 전략 | 글의 문맥 분석을 통해 글의 흐름에 맞지 않은 부분을 찾아 적절하게 수정했는지의 여부를 확인하는 유형의 문제이다. ㉠~㉤이 문장의 서술 흐름을 놓치지 않고 적합한지 여부를 판단하는 것이 중요하다. 문맥에서 무엇을 설명하는지 명확하게 이해한다면 어렵지 않게 풀 수 있다.

다음 글의 ㉠~㉤을 문맥에 맞게 수정한 것으로 가장 적절한 것은?

『논어』 「자한」편 첫 문장은 일반적으로 "공자께서는 이익, 천명, 인(仁)에 대해서 드물게 말씀하셨다."라고 해석된다. 그런데 『논어』 전체에서 인이 총 106회 언급되었다는 사실과 이 문장 안에 포함된 '드물게(罕)'라는 말은 상충하는 것처럼 보인다. 이러한 충돌을 해결하기 위한 시도는 크게 두 가지 방향에서 이루어졌다. 먼저 해당 한자의 의미를 ㉠기존과 다르게 해석하여 이 문장에 대한 일반적 해석을 변경하는 방식으로 이를 해결하려는 시도가 있다. 하지만 이와 다른 방식으로 충돌을 해결할 수 있다고 믿었던 이들도 있다. 그들은 이 문장의 일반적 해석을 바꾸지 않고 다음과 같은 방법들로 문제를 풀려고 시도했다. ▶1문단

첫째, 어떤 이들은 정도를 나타내는 표현이 상대성을 가질 수 있다는 점에 주목했다. 사실, '드물게'라는 것이 과연 어느 정도의 횟수를 의미하는지는 분명하지 않다. '드물다'는 표현은 동일 선상에 있는 다른 것과의 비교를 염두에 둔 것이다. 따라서 ㉡인이 106회 언급되었다고 해도 다른 것에 비해서는 드물다고 평가할 수 있다. ▶2문단

둘째, 다른 이들은 텍스트의 형성 과정에 주목했다. 『논어』는 발화자와 기록자가 서로 다른데, 공자 사후 공자의 제자들은 각자가 기억하는 스승의 말이나 스승에 대한 그간의 기록을 모아서 『논어』를 편찬하였다. 이를 염두에 둔다면 다음과 같은 상황을 상상할 수 있다. 공자는 인에 대해 실제로 드물게 말했다. 공자가 인을 중시하면서도 그에 대해 드물게 언급하다 보니 제자들이 자주 물을 수밖에 없었다. 그 대화의 결과들을 끌어모은 것이 『논어』인 까닭에, 『논어』에는 ㉢인에 대한 기록이 많아질 수밖에 없었다. ▶3문단

셋째, ㉣이 문장을 기록한 제자의 개별적 특성에 주목했던 이들도 있다. 즉, 다른 제자들은 인에 대해 여러 차례 들었지만, 이 문장의 기록자만 드물게 들었을 수 있다. 공자는 질문하는 제자가 어떤 사람인지에 따라 각 제자에게 주는 가르침을 달리했다. 그렇다면 '드물게'는 이 문장을 기록한 제자의 어떤 특성 때문에 나타난 결과일 수 있다. ▶4문단

넷째, 어떤 이들은 시간의 변수를 도입했다. 기록자가 공자의 가르침을 돌아보면서 ㉤이 문장을 기록한 시점 이후에 공자는 정말로 인에 대해 드물게 말했는지도 모른다. 그리고 그 뒤 어느 시점부터 공자가 빈번하게 인에 대해 설파하기 시작했으며, 『논어』에 보이는 인에 대한 106회의 언급은 그 결과일 수 있다. ▶5문단

① ㉠을 "기존과 동일하게 해석하여 이 문장에 대한 일반적 해석을 준수하는 방식"으로 고친다. ➡ (X) 기존 해석을 변경하는 방식으로 고쳐야 하므로 일반적 해석을 준수하는 방식으로 고치는 것은 적절하지 않다.

② ㉡을 "인이 106회 언급되었다면 다른 어떤 것에 비해서도 드물다고 평가할 수 없다"로 고친다. ➡ (X) '드물다고 평가할 수 없다'는 것은 상충된 문제를 그대로 방치하는 논리이므로 적절한 수정이 아니다.

③ ㉢을 "인에 대한 기록이 적어질 수밖에 없었다"로 고친다. ➡ (X) 지문에서는 인에 대한 기록이 많아졌다는 점을 설명하고 있으므로 기록이 적어졌다는 내용은 부적절하다.

④ ㉣을 "『논어』를 편찬한 공자 제자들의 공통적 특성"으로 고친다. ➡ (X) 개별 제자의 특성을 언급하고 있으므로 공통적 특성으로 고치는 것은 적절하지 않다.

⑤ ㉤을 "이 문장을 기록했던 시점까지"로 고친다. ➡ (O) '그리고 그 뒤'를 통해 문장이 기록된 시점 이후 공자의 가르침이 변화했을 가능성을 고려하고 있으므로 "이 문장을 기록했던 시점까지"로 고치는 것이 적절하다.

08 ①

난이도 ■□□

| 문제 유형 | 비판적 사고 > 빈칸 채우기

| 접근 전략 | 이 글의 핵심 주제는 '좋아요' 버튼을 통해 형성된 온라인 전시 문화와 그로 인해 발생되는 문제이다. 주어진 글의 맥락을 정확히 이해하고, (가)와 (나)에 들어갈 적절한 문장을 글의 내용과 일치시키는 것이 중요하다.

다음 글의 (가)와 (나)에 들어갈 말을 짝지은 것으로 가장 적절한 것은?

오늘날 우리는 끊임없이 무엇인가를 전시하고 이에 대한 주변인의 반응을 기다린다. 특히 전시의 공간이 온라인 플랫폼으로 확장되면서 우리의 삶 자체가 전시물이 되는 시대에 살고 있다. 전시된 삶에 공감하는 익명의 사람들은 '좋아요' 버튼을 누른다. '좋아요'의 수가 많을수록 전시된 콘텐츠의 가치가 높아진다. 이제 얼마나 많은 수의 '좋아요'를 확보하느냐가 관건이 된다. ▶1문단

그러다 보니 우리는 손에 잡히지 않지만 눈으로 확인할 수 있는 누군가의 '좋아요'를 좇게 된다. '좋아요'는 전시된 콘텐츠에 대한 공감의 표현 방식이었지만, 어느 순간 관계가 역전되어 '좋아요'를 얻기 위해 콘텐츠를 가상 공간에 전시하기 시작한다. 이제 우리는 '좋아요'를 많이 얻을 수 있는 콘텐츠를 만들어내는 데 최선의 노력을 기울이게 된다. ▶2문단

이 관계의 역전은 문제를 일으킨다. '좋아요'의 선택을 받기 위해 노력하다 보면 어느 순간 현실에 존재하는 '나'가 사라지고 만다. 타인이 좋아할 만한 일상과 콘텐츠를 선별하거나 심지어 만들어서라도 전시하기 때문이다. (가) . 타인의 '좋아요'를 얻기 위해 현실에 존재하는 내가 사라지고 마는 아이러니를 직면하는 순간이다. ▶3문단

'좋아요'의 공동체 안에서는 타자도 존재하지 않는다. 이 공동체는 '좋아요'를 매개로 모인 서로 '같음'을 공유하는 사람들로 구성된다. 그래서 같은 것을 좋아하고 긍정하는 '좋아요'의 공동체 안에서 각자의 '다름'은 점차 사라진다. (나) . 이제 공동체에서 그러한 타자를 환대하거나 그의 말을 경청하려는 사람은 점점 줄어들고, '다름'은 '좋아요'가 용납하지 않는 별개의 언어가 된다. ▶4문단

'좋아요'는 그 특유의 긍정성 덕분에 뿌리치기 힘든 유혹으로 다가온다. 하지만 '좋아요'에 함몰되는 순간 나와 타자를 동시에 잃어버릴 수 있다. 우리는 '좋아요'를 거부하는 타자들을 인정하고 그들의 말에 귀를 기울여야 한다. 이렇게 '좋아요'가 축출한 '다름'의 언어를 되찾아오기 시작할 때 '좋아요'의 아이러니에서 벗어날 수 있을 것이다. ▶5문단

① (가): '좋아요'를 얻기 위해 현실의 나와 다른 전시용 나를 제작하는 셈이다
(나): '좋아요'를 거부하고 다른 의견을 내는 사람은 불편한 대상이자 배제의 대상이 된다 ➡ (○) (가)는 현실의 나는 사라지고 전시용 나만 남는다는 의미를 잘 전달하고, (나)는 '다름'을 인정하지 않고 배제의 대상이 된다는 내용이 문맥 흐름상 적합하다.

② (가): '좋아요'를 얻기 위해 현실의 나와 다른 전시용 나를 제작하는 셈이다
(나): '좋아요'의 공동체에서는 어떠한 갈등이나 의견 대립도 발생하지 않는다 ➡ (×) (가)는 현실의 나는 사라지고 전시용 나만 남는다는 의미를 잘 전달하지만, (나)의 바로 뒤에 이어지는 '그러한 타자'를 감안하면 타자에 대해 설명하는 선지 ①이 더 적절하다.

③ (가): '좋아요'를 얻기 위해 나의 내면과 사생활까지도 타인에게 적극적으로 개방한다
(나): '좋아요'를 거부하고 다른 의견을 내는 사람은 불편한 대상이자 배제의 대상이 된다 ➡ (×) (가)에서 나의 내면과 사생활의 개방은 주요 논점이 아니므로 적절하지 않다.

④ (가): '좋아요'를 얻기 위해 나의 내면과 사생활까지도 타인에게 적극적으로 개방한다
(나): '좋아요'의 공동체에서는 어떠한 갈등이나 의견 대립도 발생하지 않는다 ➡ (×) (가)에서 나의 내면과 사생활의 개방은 주요 논점이 아니므로 적절하지 않으며, (나)의 바로 뒤에 이어지는 '그러한 타자'를 감안하면 타자에 대해 설명하는 선지 ①이 더 적절하다.

⑤ (가): '좋아요'를 얻기 위해 현실의 내가 가진 매력적 콘텐츠를 더욱 많이 발굴하는 것이다
(나): '좋아요'의 공동체에서는 어떠한 갈등이나 의견 대립도 발생하지 않는다 ➡ (×) (가)에서 매력적 콘텐츠 발굴에 대한 언급은 적절하지 않으며, (나)의 바로 뒤에 이어지는 '그러한 타자'를 감안하면 타자에 대해 설명하는 선지 ①이 더 적절하다.

09 ⑤ 난이도 ■□□

| 문제 유형 | 비판적 사고 > 빈칸 채우기

| 접근 전략 | 여행이 ACC를 자극하고 이로 인해 새로운 정보에 대한 판단을 지연시키는 과정을 설명하고 있다. 이 글의 핵심 내용과 빈칸의 역할을 파악하여 선지가 글의 내용과 일치하는지 확인함으로써 가장 적절한 내용을 선택하여 빈칸을 완성한다.

다음 글의 빈칸에 들어갈 내용으로 가장 적절한 것은?

여행가들은 종종 여행으로 세계에 대한 새로운 지식을 얻었을 뿐만 아니라 차별과 편견을 제거할 수 있었다고 말한다. 이 깨달음은 신경과학자들 덕분에 사실로 입증되었다. 신경과학자들은 여행이 뇌의 전측대상피질(ACC)을 자극한다는 것을 알아냈다. ACC는 자신이 가진 세계 모델을 기초로 앞으로 들어올 지각 정보의 기대치를 결정하고 새로 들어오는 지각 정보들을 추적한다. 새로 들어온 정보가 기대치에 맞지 않으면 ACC는 경보를 발령하고, 이 정보에 대한 판단을 지연시켜 새로운 정보를 분석할 시간을 제공한다. 정보에 대한 판단이 지연되면, 그에 대한 말과 행동 또한 미뤄진다. ACC의 경보가 발령되면 우리는 어색함을 느끼고 멈칫한다. 결국 ACC는 주변 환경을 더 면밀히 관찰하라고 촉구한다. ▶1문단

우리의 뇌는 의식적으로든 반사적으로든 끊임없이 판단을 내린다. 이와 관련하여 인지과학자들은 판단을 늦출수록 판단의 정확성이 높아진다는 사실을 발견했다. 오랜 시간을 들여 더 많은 관련 정보를 파악하는 것이 정확한 판단의 핵심이기 때문이다. 최후의 순간까지 정보에 대한 판단을 유보할수록 정확한 판단을 내릴 가능성이 커진다. ▶2문단

낯선 장소를 방문할 때 우리는 늘 어색함을 느낀다. 음식, 지리, 날씨 등 모든 게 기존의 세계 모델과 일치하지 않기 때문이다. 여행은 ACC를 자극하고, ACC의 경보 발령으로 우리는 신속한 판단이나 반사적 행동을 자제하게 된다. 따라서 더 이질적인 문화를 경험하면, 우리의 뇌는 ______.
▶3문단

① ACC를 덜 활성화시킨다 ➡ (×) 신경과학자들은 여행이 뇌의 ACC를 자극한다는 것을 알아냈다. 여행은 ACC를 자극하고, ACC의 경보 발령으로 신속한 판단이나 반사적 행동을 자제하게 되므로 더 이질적인 문화를 경험하면 ACC는 활성화 된다.

② 더 적은 정보를 처리한다 ➡ (×) 새로 들어온 정보가 기대치에 맞지 않으면, ACC는 경보를 발령하고 정보에 대한 판단을 지연시켜 정보를 분석할 시간을 제공한다. 오랜 시간을 들여 더 많은 관련 정보를 파악하는 것이 정확한 판단의 핵심이기 때문이라고 언급하고 있으므로 이질적인 문화를 경험하면 우리의 뇌가 더 적은 정보를 처리한다는 것은 적절하지 않다.

③ 주변 환경에 더 친숙해진다 ➡ (×) ACC의 경보가 발령되면 우리는 어색함을 느끼고 멈칫해 주변 환경을 더 면밀히 관찰하라고 촉구한다. 그러므로 환경에 더 친숙해진다는 것은 적절하지 않다.

④ 기존의 세계 모델을 더 확신한다 ➡ (×) ACC는 기존의 세계 모델과 일치하지 않기 때문에 자신이 가진 세계 모델을 기초로 앞으로 들어올 지각 정보의 기대치를 결정하고 새로 들어오는 지각 정보들을 추적하므로 기존의 모델을 더 확신한다는 내용은 맞지 않는다.

⑤ 정보에 대한 판단을 더 지연시킨다 ➡ (○) ACC가 경보를 발령하면 판단을 지연시켜 정보에 대한 분석을 면밀하게 만든다고 하였으므로 빈칸에 들어갈 내용으로 가장 적절하다.

10 ② 난이도 ■■■

| 문제 유형 | 비판적 사고 > 빈칸 채우기

| 접근 전략 | 이 문제를 풀기 위해서는 정보 집합의 정합도를 확률적으로 정의하는 방법을 이해하고 적용하는 것이 중요하다.

다음 글의 빈칸에 들어갈 내용으로 가장 적절한 것은?

갑은 이번에 들어온 신입 사원 민철에 대해서 '그는 결혼하지 않았다.'라는 정보와 '그는 비혼이다.'라는 정보를 획득했다. 한편 을은 민철에 대해서 '그는 결혼하지 않았다.'라는 정보와 '그에게는 아이가 있다.'라는 정보를 획득했다. 갑이 획득한 정보 집합과 을이 획득한 정보 집합 중에서 무엇이 더 정합적인가? 다르게 말해 어떤 집합 내 정보들이 서로 더 잘 들어맞는가? 갑의 정보 집합이 더 정합적이라고 여기는 것이 상식적이다. ▶1문단

그렇다면 이런 정보 집합의 정합성은 어떻게 측정할 수 있을까? 그 방법 중 하나인 C는 확률을 이용해 그 정합성의 정도, 즉 정합도를 측정한다. 여러 정보로 이루어진 정보 집합 S가 있다고 해보자. 방법 C에 따르면, S의 정합도는 ______으로 정의된다. ▶2문단

그 정의에 따라 정합도를 측정하면, 위 갑과 을이 획득한 정보 집합의 정합성을 우리의 상식에 맞춰 비교할 수 있다. 갑이 획득한 정보에서 '그가 결

혼하지 않았으며 비혼일 확률'과 '그가 결혼하지 않았거나 비혼일 확률'은 모두 '그가 비혼일 확률'과 같다. 왜냐하면 결혼하지 않았다는 것과 비혼이라는 것은 서로 같은 말이기 때문이다. 따라서 방법 C에 따르면 갑이 획득한 정보 집합의 정합도는 1이다. ▶3문단

한편, '그가 결혼하지 않았으며 아이가 있을 확률'은 '그가 결혼하지 않았거나 아이가 있을 확률'보다 낮다. 왜냐하면 그가 결혼하지 않았거나 아이가 있는 경우에 비해, 그가 결혼하지 않고 아이가 있는 경우는 드물기 때문이다. 따라서 방법 C에 따르면 을의 정보 집합의 정합도는 1보다 작다. 이런 식으로 방법 C는 갑의 정보 집합의 정합도가 을의 정보 집합의 정합도보다 크다고 말해 준다. 그리고 그 점에서 갑의 정보 집합이 을의 정보 집합보다 더 정합적이라고 판단한다. 이는 우리 상식에 부합하는 결과이다. ▶4문단

① S의 정보 중 적어도 하나가 참일 확률을 S의 모든 정보가 참일 확률로 나눈 값 ➡ (X) 정합도의 정의와 맞지 않으므로 적절하지 않다.

② S의 모든 정보가 참일 확률을 S의 정보 중 적어도 하나가 참일 확률로 나눈 값 ➡ (O) 위 글에서 정보 집합의 정합성을 측정할 때, C는 확률을 이용해 정합도를 측정한다. 지문에서 제공하는 정보를 통해 방법 C를 알아내어 S의 정합도 원칙을 찾는 것이 중요하다.

- 3문단 갑이 획득한 정보: '그가 결혼하지 않았으며 비혼일 확률'(AND) = '그가 결혼하지 않았거나 비혼일 확률'(OR)은 결혼하지 않았다는 것은 비혼이라는 것과 같은 말이기 때문에 같이 획득한 정보 집합의 정합도 1
- 4문단 을이 획득한 정보: '그가 결혼하지 않았으며 아이가 있을 확률'(AND) < '그가 결혼하지 않았거나 아이가 있을 확률'(OR)은 그가 결혼하지 않고 아이가 있는 경우보다 드물기 때문에 획득한 정보 집합의 정합도 < 1

방법 C에 따라, 갑의 정보 집합의 정합도가 을의 정보 집합의 정합도보다 크다는 것을 알 수 있다.

을의 정보 집합의 정합도가 1보다 작으려면 분자 < 분모이므로 분자에는 AND의 정보가 분모에는 OR의 정보가 와야 한다.

보기에서 적어도 참일 확률은 OR, S의 모든 정보가 AND이므로 4문단에서 알아낸 방법 C에 따라, S의 정합도는 ②번 S의 모든 정보가 참일 확률(AND) / 정보 중 적어도 하나가 참일 확률(OR)로 나눈 값으로 정의된다.

③ S의 정보 중 기껏해야 하나가 참일 확률을 S의 모든 정보가 참일 확률로 나눈 값 ➡ (X) 정합도의 정의와 맞지 않으므로 적절하지 않다.

④ S의 모든 정보가 참일 확률을 S의 정보 중 기껏해야 하나가 참일 확률로 나눈 값 ➡ (X) 정합도의 정의와 맞지 않으므로 적절하지 않다.

⑤ S의 정보 중 기껏해야 하나가 참일 확률을 S의 정보 중 적어도 하나가 참일 확률로 나눈 값 ➡ (X) 정합도의 정의와 맞지 않으므로 적절하지 않다.

11 ②

난이도 ■■■

| 문제 유형 | 비판적 사고 > 판단하기

| 접근 전략 | 주어진 글의 논리적 구조를 이해하고 ㉠에 적절한 전제를 추가하여 논증을 완성하는 문제이다. 논증의 흐름을 파악하는 것이 중요하고, 논리적 결론을 도출하는 데 필요한 전제를 찾는 연습이 필요하다.

다음 글의 ㉠을 이끌어 내기 위해 추가해야 할 전제로 가장 적절한 것은?

우리는 보고, 듣고, 냄새를 맡는 등 지각적 경험을 한다. 우리가 지각적 경험이 가능한 이유는 이러한 지각을 야기하는 원인이 존재하기 때문이다. 나는 ㉠신의 마음이 바로 나의 지각을 야기하는 원인임을 논증을 통해 보이고자 한다. ▶1문단

이 세상에 존재하는 모든 것은 지각되는 것이고, 그러한 지각을 야기하는 원인이 존재한다. 그러한 원인이 존재한다면 그 원인은 내 마음속 관념이거나 나의 마음이거나 나 이외의 다른 마음 중 하나일 것이다. 하지만 나의 지각을 야기하는 원인은 내 마음속 관념이 아니다. 왜냐하면 지각이 관념의 원인이 될 수는 있지만 관념이 지각을 야기할 수는 없기 때문이다. ▶2문단

나의 지각을 야기하는 원인은 내 마음도 아니다. 왜냐하면 내 마음이 내 지각의 원인이라면 나는 내가 지각하는 바를 조종할 수 있어야 한다. 예를 들어, 내가 내 앞의 빨간 사과를 보고 있다고 해보자. 나는 이 사과를 빨간색으로 지각할 수밖에 없다. 아무리 내가 이 사과 색깔을 빨간색 대신 노란색으로 지각하려고 안간힘을 쓰더라도 이를 내 마음대로 바꿀 수는 없다. 그러므로 나의 지각을 야기하는 원인은 나 이외의 다른 마음이다. ▶3문단

나 이외의 다른 마음은 나 이외의 다른 사람의 마음이거나 사람이 아닌 다른 존재의 마음이다. 다른 사람의 마음이 내 지각을 야기하는 원인이 될 수 없다. 그들이 내가 지각하는 바를 조종할 수는 없기 때문이다. 그러므로 나의 지각을 야기하는 원인은 사람이 아닌 다른 존재의 마음이다. ▶4문단

① 내 마음속 관념이 곧 신이다. ➡ (X) 관념이 신이라는 것을 주장하지만 원인으로서 신의 마음을 도출하는 데 관계성이 없으므로 소거한다.

② 사람과 신 이외에 마음을 지닌 존재는 없다. ➡ (O) 사람들이 아닌 존재 중 마음을 지닌 존재가 없다면 신이 유일한 원인일 수밖에 없다고 이야기하므로 전제로 가장 적절하다.

③ 신의 마음은 나의 마음을 야기하는 원인이다. ➡ (X) 신이 내 마음을 야기한다고 주장하지만 나의 지각을 야기하는 원인으로 신의 역할을 논증하는 것이므로 적절하지 않다.

④ 감각기관을 통한 지각적 경험은 신뢰할 수 있다. ➡ (X) 지각의 신뢰성에 관한 내용으로, 지각의 원인에 대한 논증과는 관련 없으므로 소거한다.

⑤ 나 이외의 다른 마음만이 내가 지각하는 바를 조종할 수 있다. ➡ (X) 나의 지각을 조종할 수 있는 원인의 범위를 제한하는 내용이므로 적절하지 않다

12 ③

난이도 ■■□

| 문제 유형 | 사실적 이해 > 논리 게임

| 접근 전략 | 조건을 바탕으로 선지 중에서 반드시 참인 진술을 찾는 문제이다. 이를 해결하기 위해서는 조건을 논리적으로 분석하고 선지들을 검토하는 것이 중요하다. 평소 조건 추리 문제에 대한 학습을 충분히 하였다면 접근 방식을 쉽게 찾아낼 수 있다.

다음 글의 내용이 참일 때 반드시 참인 것은?

A부서에서는 새로 시작된 프로젝트에 다섯 명의 주무관 가은, 나은, 다은, 라은, 마은의 참여 여부를 점검하고 있다. 주무관들의 업무 전문성을 고려할 때, 다음과 같은 예측을 할 수 있었고 그 예측들은 모두 옳은 것으로 밝혀졌다.

○ 가은이 프로젝트에 참여하면 나은과 다은도 프로젝트에 참여한다.
○ 나은이 프로젝트에 참여하지 않으면 라은이 프로젝트에 참여한다.
○ 가은이 프로젝트에 참여하거나 마은이 프로젝트에 참여한다.

→ 내용을 정리하면 다음과 같다.

· $G \rightarrow (N \land D)$
· $\sim N \rightarrow L$
· $G \lor M$

① 가은이 프로젝트에 참여하지 않으면 나은이 프로젝트에 참여한다. ➡ (X) $\sim G \rightarrow N$ 가은이 참여하지 않는다고 해서 반드시 나은이 참여한다고 할 수 없다.

② 다은이 프로젝트에 참여하면 마은이 프로젝트에 참여한다. ➡ (X) $D \rightarrow M$ 다은이 프로젝트에 참여한다고 해서 반드시 마은이 참여한다고 할 수 없다.

③ 다은이 프로젝트에 참여하거나 마은이 프로젝트에 참여한다. ➡ (O) $D \lor M$ 가은이 참여하는 경우에는 $G \rightarrow (N \land D)$에 따라 다은이 프로젝트에

참여한다. 가은이 참여하지 않는 경우에는 G∨M에 의해 마은이 참여한다. 따라서 D∨M은 항상 참이다.

④ 라은이 프로젝트에 참여하면 마은이 프로젝트에 참여한다. ➡ (X) L → M 라은이 프로젝트에 참여한다고 해서 반드시 마은이 참여한다고 할 수 없다.

⑤ 라은이 프로젝트에 참여하거나 마은이 프로젝트에 참여한다. ➡ (X) L∨M 첫 번째 예측에 의해 가은, 나은, 다은만 프로젝트에 참여할 수도 있으므로 반드시 참은 아니다.

13 ②

난이도 ■■□

| 문제 유형 | 사실적 이해 > 논리 게임

| 접근 전략 | 제시된 조건들의 내용과 관계를 바탕으로 지문에서 요구하고 있는 바를 찾는 문제 유형이다. 이 경우 서로 모순되는 문장을 찾고 여기에 다른 문장들을 더하여 모순되는 내용을 제외시키며 참인 문장을 골라내는 노력이 필요하다. 특히 '~하고(AND)'와 '~거나(OR)'를 잘 구분하여 '~하고'의 경우 모든 조건이 부합해야 하지만 '~거나'의 경우는 한 쪽만 부합해도 되는 것임을 확인하고 헷갈리지 않는 것이 중요하다. 특히 다양한 조건들 속에서 부정 표현을 놓치기 쉬우므로 잘 표시해 두는 것이 문제 풀이에 도움이 된다.

다음 글의 내용이 참일 때 반드시 참인 것은?

가훈은 모든 게임에서 2인 1조로 다른 조를 상대해야 한다. 게임은 구슬치기, 징검다리 건너기, 줄다리기, 설탕 뽑기 순으로 진행되며 다른 게임은 없다. 이에 가훈은 남은 참가자 갑, 을, 병, 정, 무 중 각각의 게임에 적합한 서로 다른 인물을 한 명씩 선택하여 조를 구성할 계획을 세웠다. 게임의 총괄 진행자는 가훈의 선택에 대해 다음과 같이 예측하였다.

○ 갑은 설탕 뽑기에 선택되고 무는 징검다리 건너기에 선택된다.
○ 을이 구슬치기에 선택되거나 정이 줄다리기에 선택된다.
○ 을은 구슬치기에 선택되지 않고 무는 징검다리 건너기에 선택되지 않는다.
○ 병은 어떤 게임에도 선택되지 않고 정은 줄다리기에 선택된다.
○ 무가 징검다리 건너기에 선택되거나 정이 줄다리기에 선택되지 않는다.

가훈의 조 구성 결과 이 중 네 예측은 옳고 나머지 한 예측은 그른 것으로 밝혀졌다.

→ 1번째 예측과 3번째 예측은 무의 징검다리 건너기 선택 부분에서 서로 모순되므로 두 예측 중 하나는 그른 예측이다. 더불어 2번째 예측과 3번째 예측은 을의 구슬치기 선택 부분에서 서로 모순되므로 두 예측 중 하나는 그른 예측이다. 따라서 3번째 예측이 그른 것이 될 경우 1번째 예측과 2번째 예측이 모두 옳은 예측이 된다.
3번째 예측을 그른 것으로 하고 나머지 1, 2, 4, 5번째 예측을 모두 종합하면 구슬치기에는 을, 징검다리 건너기에는 무, 줄다리기에는 정, 설탕 뽑기에는 갑이 선택되었고, 병은 아무 게임에도 선택되지 않았다.

① 갑이 어느 게임에도 선택되지 않았다. ➡ (X) 갑은 설탕 뽑기에 선택되었다.
② 을이 구슬치기에 선택되었다. ➡ (O) 을은 구슬치기에 선택되었다.
③ 병이 줄다리기에 선택되었다. ➡ (X) 병은 어떤 게임에도 선택되지 않았다.
④ 정이 징검다리 건너기에 선택되었다. ➡ (X) 정은 줄다리기에 선택되었다.
⑤ 무가 설탕 뽑기에 선택되었다. ➡ (X) 무는 징검다리 건너기에 선택되었다.

14 ④

난이도 ■■■

| 문제 유형 | 비판적 사고 > 빈칸 채우기

| 접근 전략 | 지문에 나타난 정보를 나열하여 선지의 참과 거짓을 하나하나 따져보아야 한다. 특히 공 주무관에 대한 여러 정보가 나열되어 있으므로 끊어가면서 정리하여 독해하는 노력이 필요하다. 더불어 두 일 중 하나는 일어나는 것, 적어도 한 일은 일어나는 것 등 다양한 표현이 등장하므로 섬세하게 독해해야 한다.

다음 글의 빈칸에 들어갈 말로 적절한 것은?

문 주무관과 공 주무관은 하나의 팀을 이루어 문공 팀 제안서를 제출하였다. 이와 관련하여 공 주무관은 자신이 수집, 정리한 인사 관련 정보를 문 주무관과 다음과 같이 공유하였다. "강 주무관이 업무 평가에서 S등급을 받았다고 가정하면, 남 주무관이 업무 평가에서 S등급을 받은 경우 문공 팀 제안서가 폐기될 것입니다. 그런데 문공 팀 제안서가 폐기되는 일과 도 주무관이 전보 발령 대상이 되는 일, 둘 중 적어도 하나는 일어날 것입니다. 강 주무관과 남 주무관 둘 중 적어도 한 사람은 S등급을 받은 것이 분명합니다. 그런데 강 주무관만 S등급을 받고 남 주무관은 못 받는 그런 일은 없습니다. 다행히도, 문공 팀 제안서가 폐기되지 않고 심층 검토될 예정이라는 소식입니다."

그러나 공 주무관이 공유한 정보를 살펴보던 문 주무관은 자신이 입수한 정보를 공유하면서 공 주무관에게 말하였다. "공 주무관님, 그런데 조금 전 확인된 바로, [ ]. 그렇다고 보면, 공 주무관님이 말씀하신 정보는 내적 일관성이 없고 따라서 전부 참일 수는 없습니다. 어딘가 최소한 한 군데는 잘못된 정보라는 말이지요. 지금으로선 어느 부분이 문제인지 알 수 없으니, 수고스럽더라도 어느 부분에 문제가 있는지 다시 확인해주셔야 하겠습니다."

→ 공 주무관의 인사 관련 정보를 정리하면 아래와 같다.
1. 강 주무관이 S등급을 받은 경우 문공 팀 제안서가 폐기된다.
2. 문공 팀 제안서가 폐기되는 일이나 도 주무관이 전보 발령 대상이 되는 일 중 하나는 일어난다.
3. 강 주무관과 남 주무관 둘 중 적어도 한 사람은 S등급을 받는다.
4. 강 주무관만 S등급을 받고 남 주무관은 못 받는 일은 없다.
5. 문공 팀 제안서가 폐기되지 않는다.

따라서 문공 팀 제안서가 폐기되지 않으므로 강 주무관이 업무 평가에서 S등급을 받지 못하고, 문공 팀 제안서가 폐기되는 일이 일어나지 않으니 도 주무관이 전보 발령 대상이 되는 일이 일어날 것이다. 그런데 강 주무관과 남 주무관 중 한 사람은 S등급을 받으므로 남 주무관이 S등급을 받는다. 이에 남 주무관이 S등급을 받은 경우 도 주무관이 전보 발령 대상이 아니라는 것이 확인되면 정보의 내적 일관성이 없는 것이 확인된다.

① 남 주무관은 업무 평가에서 S등급을 받았습니다 ➡ (X) 남 주무관이 업무 평가에서 S등급을 받은 것을 유추할 수 있다.
② 강 주무관은 업무 평가에서 S등급을 받지 못했습니다 ➡ (X) 강 주무관이 업무 평가에서 S등급을 받지 못한 것을 유추할 수 있다.
③ 도 주무관이 전보 발령 대상이 아닌 경우, 문공 팀 제안서가 폐기됩니다 ➡ (X) 도 주무관이 전보 발령 대상이 되는 것과 문공 팀 제안서가 폐기되는 것은 적어도 하나가 참이므로, 도 주무관이 전보 발령 대상이 아니면 문공 팀 제안서가 폐기된다.
④ 남 주무관이 업무 평가에서 S등급을 받은 경우, 도 주무관은 전보 발령 대상이 아닙니다 ➡ (O) 남 주무관이 업무 평가에서 S등급을 받은 경우, 도 주무관이 전보 발령 대상이 아님은 공 주무관의 인사 관련 정보에서 유추할 수 없다.
⑤ 강 주무관이 업무 평가에서 S등급을 받은 경우, 남 주무관도 업무 평가에서 S등급을 받습니다 ➡ (X) 지문에서 강 주무관만 S등급을 받고 남 주무관은 못 받는 일은 없다는 정보에 의거하여 강 주무관이 업무 평가에서 S등급을 받은 경우, 남 주무관도 업무 평가에서 S등급을 받는다는 것을 알 수 있다.

15 ①

난이도 ■■■

| 문제 유형 | 비판적 사고 > 지문에서 추론하기

| 접근 전략 | 지문을 읽고 추론할 수 있는 내용을 찾는 문제는 대부분 〈보기〉를 먼저 읽고 지문을 읽는 것이 문제 풀이 시간 단축에 유리하다. 특히 생소한 개념이 많은 과학 지문의 경우 작동 원리와 각각의 개념을 명확히 이해해야 문제를 해결할 수 있다.

다음 글에서 추론할 수 있는 것만을 〈보기〉에서 모두 고르면?

종이와 같이 전류가 흐르지 않는 성질을 가진 물질을 절연체라 한다. 절연체는 전기적으로 중성이며 전하를 띠지 않는다. 그러나 어떤 상황에서는 전하 사이에 작용하는 힘인 전기력에 의한 운동이 가능하다. 어떻게 이러한 절연체의 운동이 가능한가를 알아보자. ▶1문단

절연체는 전기적으로 중성이지만 그 안에는 무수히 많은 전하가 존재한다. 다만, 음전하와 양전하가 똑같은 숫자로 존재하며 물체에 균일하게 분포되어 있다. 이들에게 외부의 전하가 작용할 때 발생하는 전기력인 척력과 인력이 서로 상쇄되어 아무런 힘이 작용하지 않을 것처럼 보인다. ▶2문단

그런데 외부에서 전기력이 작용하면 절연체 내부의 전하들은 개별적으로 그 힘에 반응한다. 가령, 양으로 대전된 물체에 의해서 절연체에 전기력이 작용하는 경우, 절연체 내부의 음전하는 대전된 물체 방향으로 끌려가는 힘인 인력을 받고, 양전하는 밀려나는 힘인 척력을 받는다. ▶3문단

절연체 내부의 전하들은 이러한 전기력에 의해 미세하게 이동할 수 있는데, 음전하는 양으로 대전된 물체와 가까워지는 방향으로, 양전하는 멀어지는 방향으로 이동하게 된다. 그 결과 대전된 물체의 양전하와 절연체의 음전하 간의 인력이 대전된 물체의 양전하와 절연체의 양전하 간의 척력보다 커져 절연체는 대전된 물체 방향으로 끌려가게 된다. 전기력은 전하 간 거리가 멀수록 작아지는 특성이 있기 때문이다. 다만 절연체의 무게가 충분히 작아야만 이러한 전기력이 절연체의 무게를 극복하고 절연체를 끌어당길 수 있다. ▶4문단

〈보기〉

ㄱ. 절연체 내부 전하의 위치는 절연체 외부의 영향에 의해서 변할 수 있다. → (O) 4문단에서 절연체 내부의 전하들은 외부의 전기력에 의해 미세하게 이동할 수 있다고 하였으므로 적절하다.

ㄴ. 대전된 물체는 절연체 내 음전하와 양전하의 구성 비율을 변화시킬 수 있다. → (X) 3문단에서 양으로 대전된 물체에 의해 절연체에 전기력이 작용하면 절연체 내 음전하는 인력을 받고, 양전하는 척력을 받는다고 하였으나 구성 비율을 변화시킬 수 있다는 추론은 적절하지 않다.

ㄷ. 음으로 대전된 물체를 특정 무게 이하의 절연체에 가까이함으로써 절연체를 밀어내는 것이 가능하다. → (X) 4문단에서 양으로 대전된 물체는 절연체 내부의 음전하와는 가까워지는 방향으로, 양전하와는 멀어지는 방향으로 이동하며, 절연체는 대전된 물체 방향으로 끌려가게 된다고 하였으므로 적절하지 않다.

① ㄱ ➡ (O)
② ㄴ ➡ (X)
③ ㄱ, ㄷ ➡ (X)
④ ㄴ, ㄷ ➡ (X)
⑤ ㄱ, ㄴ, ㄷ ➡ (X)

16 ②

난이도 ■■■

| 문제 유형 | 비판적 사고 > 지문에서 추론하기

| 접근 전략 | 생소한 개념을 설명한 글을 읽고 정보의 일치, 불일치를 확인하는 문제이다. 특히 과학 지문에서는 근육 세포의 수축과 이완의 과정, 작용 기전 등이 매우 중요하므로 이러한 과정을 정확히 이해하는지를 물어보기 때문에 선지에서 언급된 내용이 나오는 부분을 꼼꼼하게 읽어내야 한다. 선지를 먼저 읽는 것이 문제 풀이 때 시간을 절약하기 유리하다.

다음 글에서 추론할 수 있는 것은?

사람의 근육 운동은 근육 세포의 수축과 이완이 반복되면서 일어나며, 근육 세포의 수축과 이완이 정상적으로 일어나지 않으면 근육 마비가 일어난다. 근육 세포의 수축과 이완은 근육 세포와 인접해 있는 운동 신경 세포에서 아세틸콜린의 방출을 조절함으로써 일어날 수 있다. ▶1문단

운동 신경 세포에 작용하는 신호에 의해 운동 신경 세포에서 아세틸콜린이 방출된다. 방출된 아세틸콜린은 근육 세포의 막에 있는 아세틸콜린 결합 단백질에 결합하고 이 근육 세포가 수축되게 한다. 뇌의 운동피질에서 유래한 신호가 운동 신경 세포에 작용하여 이와 같은 현상을 일으킬 수 있다. ▶2문단

운동 신경 세포에서 아세틸콜린의 방출은 운동 신경 세포와 접하고 있는 억제성 신경 세포에 의해서도 조절될 수 있다. 억제성 신경 세포는 글리신을 방출하는데, 이 글리신은 운동 신경 세포에 작용하여 아세틸콜린의 방출을 막음으로써 근육 세포가 이완되게 한다. ▶3문단

사람의 근육 운동에 영향을 미치는 물질 중에는 보툴리눔 독소와 파상풍 독소가 있다. 두 독소는 각각 병원균인 보툴리눔균과 파상풍균이 분비하는 독성 단백질이다. 보툴리눔 독소는 운동 신경 세포에 작용하여 아세틸콜린이 방출되는 것을 막아 근육 세포가 이완된 상태로 있게 하여 근육 마비를 일으킨다. 파상풍 독소는 억제성 신경 세포에 작용하여 글리신이 방출되는 것을 막아 근육 세포가 수축된 상태로 있게 하여 근육 마비를 일으킨다. ▶4문단

① 근육 세포의 막에는 글리신 결합 단백질이 있다. ➡ (X) 2문단에서 근육 세포의 막에는 아세틸콜린 결합 단백질이 있다고 하였으므로, 근육 세포의 막에는 글리신 결합 단백질이 있다는 것은 올바른 추론이 아니다.

② 보툴리눔 독소는 근육 세포의 수축이 일어나지 않게 하여 근육 마비를 일으킨다. ➡ (O) 4문단에서 보툴리눔 독소는 운동 신경 세포에 작용하여 아세틸콜린의 방출을 막아 근육 세포가 이완된 상태로 있게 하여 근육 마비를 일으킨다고 했으므로 근육 세포의 수축이 일어나지 않게 한다는 추론을 할 수 있다.

③ 운동 신경 세포에서 방출된 아세틸콜린은 억제성 신경 세포에서 글리신의 방출을 막는다. ➡ (X) 3문단에서 억제성 신경 세포가 글리신을 방출하고, 이 글리신이 운동 신경 세포에 작용한다고 하였으므로 운동 신경 세포의 막에 글리신 결합 단백질이 있다고 추론할 수 있다. 따라서 아세틸콜린이 글리신의 방출을 막는다는 것은 올바른 추론이 아니다.

④ 뇌의 운동피질에서 유래된 신호는 운동 신경 세포에서 아세틸콜린의 방출을 막아서 근육의 수축을 일으킨다. ➡ (X) 2문단에서 근육의 수축을 일으키는 과정을 설명하는데, 운동 신경 세포에서 아세틸콜린이 방출되어 근육의 수축을 일으킨다고 하였으므로 아세틸콜린의 방출을 막아서 근육의 수축을 일으킨다는 것은 올바른 추론이 아니다.

⑤ 파상풍 독소는 운동 신경 세포에서 방출된 아세틸콜린이 근육 세포의 막에 있는 결합 단백질에 결합할 수 없게 한다. ➡ (X) 4문단에서 파상풍 독소는 억제성 신경 세포에 작용하여 글리신이 방출되는 것을 막아 근육 세포가 수축된 상태로 있게 하여 근육 마비를 일으킨다고 하였으므로, 아세틸콜린이 근육 세포의 막에 있는 결합 단백질에 결합할 수 없게 한다는 추론은 옳지 않다.

17 ⑤

난이도 ■■□

| 문제 유형 | 비판적 사고 > 빈칸 채우기

| 접근 전략 | 〈실험〉은 앞에서 설명하는 가설을 확인하기 위해 정교하게 짠 것으로, 지문의 내용과 긴밀하게 연관지어 실험의 내용을 분석해야 한다. 특히 가설을 정확하게 이해하고 문제를 풀어야 실수 없이 정답을 도출할 수 있다.

다음 글의 (가)와 (나)에 들어갈 말을 짝지은 것으로 가장 적절한 것은?

진공 상태에서 금속이나 반도체 물질에 높은 전압을 가하면 그 표면에서 전자가 방출된다. 방출된 전자가 형광체에 충돌하면 빛이 발생하는데, 이 빛을 이용하여 디스플레이를 만들 수 있다. 이런 디스플레이를 만들기 위해, 금속이나 반도체 물질로 만들어진 원기둥 형태의 나노 구조체가 기판에 고밀도로 존재하도록 제작하는 기술이 개발되고 있다. ▶1문단

고밀도의 나노 구조체가 있는 기판을 제작하려는 것은 나노 구조체의 밀도가 높을수록 단위 면적당 더 많은 양의 전자가 방출될 것이라는 가설 H1에 근거하고 있다. 그러나 기판의 단위 면적당 방출되는 전자의 양은 나노 구조체의 밀도가 일정 수준 이상으로 높아지면 오히려 줄어들게 될 것이라는 가설 H2를 주장하는 과학자들의 수가 많아지고 있다. 이는 나노 구조체가 너무 조밀하게 모여 있으면 나노 구조체 각각에 가해지는 실제 전압이 오히려 감소한다는 사실에 기반을 두고 있다. ▶2문단

과학자 L은 가설 H1과 가설 H2를 확인하기 위한 원기둥 형태의 금속 재질의 나노 구조체 X가 있는 기판을 제작하였다. 이 기판에 동일 거리에서 동일 전압을 가하여 다음의 실험을 수행하였다. ▶3문단

〈실험〉

실험 1: X가 있는 기판 A와 A보다 면적이 두 배이고 X의 개수가 네 배인 기판 B를 제작하였다. 이때 단위 면적당 방출된 전자의 양은 기판 A와 기판 B가 같았다.

실험 2: 단위 면적당 방출된 전자의 양은, 기판 C에 10,000개의 X가 있을 때보다 20,000개의 X가 있을 때 더 많았고, 기판 C에 20,000개의 X가 있을 때보다 30,000개의 X가 있을 때 더 적었다.

두 실험 중 실험 1은 가설 H1을 [(가)], 실험 2는 가설 H2를 [(나)].

	(가)	(나)	
①	강화하고	강화한다	➡ (X)
②	강화하고	약화한다	➡ (X)
③	약화하지 않고	약화한다	➡ (X)
④	약화하고	약화한다	➡ (X)
⑤	약화하고	강화한다	➡ (O)

지문에서 가설 H1은 나노 구조체의 밀도가 높을수록 단위 면적당 방출된 전자의 양이 많을 것이라 주장하고, 가설 H2는 나노 구조체의 밀도가 일정 수준 이상으로 높아지면 단위 면적당 방출된 전자의 양이 오히려 줄어들어 실제 전압이 감소할 것이라고 주장한다. 이에 실험 1은 기판 A와 면적은 2배, 나노 구조체 X의 개수는 4배로 밀도를 높인 기판 B를 비교했을 때 방출된 전자의 양은 둘이 같았다는 실험 결과를 도출하여, 나노 구조체의 밀도가 높을수록 단위 면적당 방출된 전자의 양이 많을 것이라는 가설 H1을 약화한다. 실험 2는 하나의 기판에 10,000개의 나노 구조체가 있을 때보다 20,000개의 나노 구조체가 있을 때가 방출된 전자의 양이 더 늘었고 오히려 30,000개의 나노 구조체가 있을 때 20,000개의 나노 구조체가 있을 때보다 방출된 전자의 양이 더 줄었다는 실험 결과를 도출하면서 나노 구조체의 밀도가 일정 수준 이상이 되면 오히려 방출되는 전자의 양은 줄 것이라는 가설 H2를 강화한다.

18 ⑤

난이도 ■■□

| 문제 유형 | 비판적 사고 > 판단하기

| 접근 전략 | 과학 지문은 개념을 정확히 이해해야 문제를 해결할 수 있다. 이 지문에서는 빛의 최소 세기를 결정하는 암전류의 크기와 빛의 최대 세기를 결정하는 광포화점의 크기를 설명하고 있으므로 둘의 차이를 명확히 알아야 실험 결과를 이해할 수 있다. 실험은 지문의 내용을 바탕으로 정교하게 짠 것이므로 실험 내용을 지문의 내용과 긴밀하게 연관지어 이해해야 한다. 이 지문처럼 빛의 세기가 기호로 제시된 경우에는 구체적인 숫자를 넣어서 문제를 해결하는 것이 바람직하다.

다음 글의 실험 결과를 가장 잘 설명하는 것은?

광검출기는 빛을 흡수하고 이를 전기 신호인 광전류로 변환하여 빛의 세기를 측정하는 장치로, 얼마나 넓은 범위의 세기를 측정할 수 있는지가 광검출기의 성능을 결정하는 주요 지표이다. ▶1문단

광검출기에서는 빛이 조사되지 않아도 열에너지의 유입 등 외부 요인에 의해 미세한 전류가 발생할 수 있는데, 이러한 전류를 암전류라 한다. 그런데 어떤 광검출기에 세기가 매우 작은 빛이 입력되어 암전류보다 작은 광전류가 발생한다면, 발생한 전류가 암전류에 의한 것인지 빛의 조사에 의한 것인지 구분할 수 없다. 따라서 이 빛의 세기는 이 광검출기에서 측정할 수 없다. ▶2문단

한편, 광검출기에는 광포화 현상이 발생하는데, 이는 광전류의 크기가 빛의 세기에 따라 증가하다가 특정 세기 이상의 빛이 입력되어도 광전류의 크기가 더 이상 증가하지 않고 일정하게 유지되는 것을 뜻한다. 광포화가 일어나기 위한 빛의 최소 세기를 광포화점이라 하고, 광검출기는 광포화점 이상의 세기를 갖는 서로 다른 빛에 대해서는 각각의 세기를 측정할 수 없다. 결국, 어떤 광검출기가 측정할 수 있는 빛의 최소 세기를 결정하는 암전류의 크기와 빛의 최대 세기를 결정하는 광포화점의 크기는 광검출기의 성능을 결정하는 주요 지표이다. ▶3문단

한 과학자는 세기가 서로 다른 빛 A~D를 이용하여 광검출기 I과 II의 성능 비교 실험을 하였다. 이때 빛의 세기는 A>B>C이며 D>C이다. 광검출기 I과 II로 A~D 각각의 빛의 세기를 측정할 수 있는 경우를 ○, 측정할 수 없는 경우를 × 로 정리하여 실험 결과를 아래 표에 나타내었다.

광검출기 \ 빛	A	B	C	D
I	○	○	×	×
II	×	○	×	○

▶4문단

① 두 광검출기가 각각 검출할 수 있는 빛의 최소 세기는 I과 II가 같고, 광포화점은 I이 II보다 작다. ➡ (X)

② 두 광검출기가 각각 검출할 수 있는 빛의 최소 세기는 I이 II보다 크고, 광포화점은 I이 II보다 작다. ➡ (X)

③ 두 광검출기가 각각 검출할 수 있는 빛의 최소 세기는 I이 II보다 작고, 광포화점은 I이 II보다 작다. ➡ (X)

④ 두 광검출기가 각각 검출할 수 있는 빛의 최소 세기는 I이 II보다 작고, 광포화점은 I이 II보다 크다. ➡ (X)

⑤ 두 광검출기가 각각 검출할 수 있는 빛의 최소 세기는 I이 II보다 크고, 광포화점은 I이 II보다 크다. ➡ (O) 빛의 세기는 A>B>C이며 D>C이므로 A, B, C를 각각 4, 3, 1로, D를 2로 생각하고 실험 결과를 보기로 한다. 실험 결과에 따르면 광검출기 I과 II는 모두 빛의 세기가 가장 작은 C는 측정하지 못했고, 그 다음으로 큰 D는 광검출기 II만 측정 가능했다. 이에 검출할 수 있는 빛의 최소 세기는 광검출기 I이 광검출기 II보다 커서 최소 세기를 측정할 때에는 광검출기 I의 성능이 떨어진다. 또한 빛의 세기가 가장 큰 A는 광검출기 I로는 측정 가능했으나 광검출기 II로는 측정이 불가했으므로 검출할 수 있는 빛의 최대 세기는 I이 II

보다 커서 최대 세기를 측정할 때에는 I 의 성능이 더 좋은 것을 알 수 있다.

※ 다음 글을 읽고 물음에 답하시오. [문 19.~문 20.]

우리가 임의의 명제 p를 지지하는 증거를 지니면 p에 대한 우리의 믿음은 인식적으로 정당화되고, p를 지지하는 증거를 지니지 않으면 p에 대한 우리의 믿음은 인식적으로 정당화되지 않는다. p에 대한 믿음이 인식적으로 정당화된 상황에서 p를 믿는 것은 우리의 인식적 의무일까? p를 믿는 것이 우리의 인식적 의무라면 이와 관련해 발생하는 문제는 없을까? 이 질문들과 관련해 의무론 논제, 비의지성 논제, 자유주의 논제를 고려해보자. ▶1문단

○ 의무론 논제: ㉠만약 우리가 p를 믿는다는 것이 인식적으로 정당화된다면 그것을 믿어야 하고, 만약 우리가 p를 믿는다는 것이 인식적으로 정당화되지 않는다면 그것을 믿어야 하는 것은 아니다. 즉 우리가 p를 믿어야 한다는 것은 우리가 p를 믿는다는 것이 인식적으로 정당화되기 위한 필요충분조건이다. 이것이 의무론 논제라 불리는 이유는 '우리가 p를 믿어야 한다.'는 것을 인식적 의무로 간주하기 때문이다.

○ 비의지성 논제: ㉡우리가 p를 믿는다는 것은 자유롭게 선택할 수 있는 것이 아니다. 즉 믿음은 선택의 대상이 아니다. 예를 들어, 갑이 창 밖에 있는 나무를 바라보며 창 밖에 나무가 있다는 것을 믿는다고 해보자. 이때 갑이 이를 믿지 않으려고 해도 그는 그럴 수 없다.

○ 자유주의 논제: ㉢만약 우리가 p를 믿는다는 것이 자유롭게 선택할 수 있는 것이 아니라면, 우리에게 p를 믿어야 할 인식적 의무는 없다. 예를 들어, 창 밖에 나무가 있다는 갑의 믿음이 비의지적이라면, 갑에게는 창 밖에 나무가 있다는 것을 믿어야 할 인식적 의무가 없다. ▶2문단

그런데 의무론 논제, 비의지성 논제, 자유주의 논제를 모두 받아들이면 ㉣우리가 p를 믿는다는 것은 인식적으로 정당화되지 않는다는 받아들이기 힘든 결론을 얻는다. 왜 그러한가? 이 논증은 다음과 같이 구성된다. 우선 우리가 p를 믿는다는 것이 자유롭게 선택할 수 있는 것이 아니라고, 즉 우리의 p에 대한 믿음이 비의지적이라고 하자. 그렇다면 자유주의 논제에 따라, 우리에게 p를 믿어야 할 인식적 의무는 없다. 그리고 의무론 논제에 따라, 우리가 p를 믿는다는 것은 인식적으로 정당화되지 않는다. 이러한 결론을 거부하려면 위 세 논제 중 적어도 하나를 거부해야 한다. ▶3문단

철학자 A는 자유주의 논제와 비의지성 논제는 받아들이면서 의무론 논제를 거부하여 위 논증의 결론을 거부한다. A에 따르면 위 논증에서 우리에게 p를 믿어야 할 인식적 의무가 없다는 것은 성립하지만, 우리에게 인식적 의무가 없더라도 그 믿음이 인식적으로 정당화될 수 있는 그런 경우가 있다. 위 예처럼 창 밖에 나무가 있다는 것을 믿어야 할 인식적 의무가 없더라도, 창 밖의 나무를 실제로 보고 있다는 것으로부터 그 믿음은 충분히 인식적으로 정당화될 수 있다. 따라서 위 논증의 결론은 거부된다. ▶4문단

철학자 B는 의무론 논제와 비의지성 논제는 받아들이면서 자유주의 논제를 거부하여 위 논증의 결론을 거부한다. B에 따르면 위 논증에서 우리의 p에 대한 믿음이 비의지적이더라도 그 믿음에 대한 인식적 의무는 있을 수 있다. 비유적으로 생각해 보자. 돈이 없어서 빚을 갚을지 말지에 대해 선택의 여지가 없다고 하더라도 빚을 갚아야 한다는 의무는 있다. B에 따르면 이러한 방식으로 비의지적인 믿음에 대한 인식적 의무에 대해 말할 수 있다. ▶5문단

19 ③ 난이도 ■■■

| 문제 유형 | 비판적 사고 > 논리적 결론의 전제·원인 찾기

| 접근 전략 | 철학 지문의 경우 논리의 흐름을 적절히 파악해야 한다. 따라서 전제와 결론을 잘 따지고 논리적으로 결론이 도출되는 과정을 중심으로 독해한다.

위 글의 ㉠~㉣에 대한 분석으로 적절한 것만을 〈보기〉에서 모두 고르면?

〈보기〉

ㄱ. ㉠과 ㉢만으로는 ㉣이 도출되지 않는다. → (O) 5문단에 따르면 ㉠과 ㉢만으로는 ㉣이 도출되지 않고 ㉡이 필요함을 알 수 있다.

ㄴ. ㉡의 부정으로부터 ㉢의 부정이 도출된다. → (X) ㉡을 부정하면 ㉢의 부정이 도출된다는 분석은 적절하지 않다. 철학자 B에 따르면 비의지성 논제를 부정하더라도 비의지적인 믿음에 대한 인식적 의무는 존재하기 때문이다.

ㄷ. ㉢과 "'지금 비가 오고 있다.'를 믿는다는 것이 비의지적이다."라는 전제로부터 "우리에게 '지금 비가 오고 있다.'를 믿어야 할 인식적 의무가 없다."는 것이 도출된다. → (O) 5문단에 따르면 ㉢과 "지금 비가 오고 있다.'를 믿는 것이 비의지적이다."라는 전제로부터 '지금 비가 오고 있다.'를 믿어야 할 인식적 의무가 없다. 자유주의 논제를 받아들여 결론을 도출하게 된다.

① ㄱ ➡ (X)
② ㄴ ➡ (X)
③ ㄱ, ㄷ ➡ (O)
④ ㄴ, ㄷ ➡ (X)
⑤ ㄱ, ㄴ, ㄷ ➡ (X)

20 ③ 난이도 ■■■

| 문제 유형 | 비판적 사고 > 논지 강화·약화하기

| 접근 전략 | 철학 지문의 경우 철학자마다 고유한 자신의 논리가 있으므로 이러한 논리의 흐름을 적절히 파악해야 한다. 따라서 전제와 결론을 잘 따지고 논리적으로 결론이 도출되는 과정을 중심으로 독해한다.

위 글에 대한 평가로 적절한 것만을 〈보기〉에서 모두 고르면?

〈보기〉

ㄱ. "우리가 p를 믿는다는 것은 자유롭게 선택할 수 있는 것이다."는 것이 사실이면, 철학자 A의 입장은 약화된다. → (O) 철학자 A는 비의지성 논제를 받아들이고 있으므로 "우리가 p를 믿는다는 것은 자유롭게 선택할 수 있는 것이다."라는 것이 사실이면, 비의지성 논제와 반대되므로 A의 입장은 약화된다.

ㄴ. "우리에게 p를 믿어야 할 인식적 의무가 있다면 우리의 p에 대한 믿음이 인식적으로 정당화된다."는 것이 사실이면, 철학자 B의 입장은 강화된다. → (O) 철학자 B는 의무론 논제를 받아들이고 있으므로 "우리에게 p를 믿어야 할 인식적 의무가 있다면 우리의 p에 대한 믿음이 인식적으로 정당화된다."라는 것이 사실이면 의무론 논제와 일맥상통하므로 B의 입장은 강화된다.

ㄷ. "우리가 p를 믿는다는 것이 자유롭게 선택할 수 있는 것이 아니더라도 우리에게 p를 믿어야 할 인식적 의무가 있다."는 것이 사실이면, 철학자 A와 B의 입장은 약화된다. → (X) "우리가 p를 믿는다는 것이 자유롭게 선택할 수 있는 것이 아니더라도 우리에게 p를 믿어야 할 인식적 의무가 있다."라는 것이 사실이면, 우리에게 p를 믿어야 할 인식적 의무는 없다는 자유주의 논제를 거부하는 B의 입장은 약화되지 않는다.

① ㄱ ➡ (X)
② ㄷ ➡ (X)
③ ㄱ, ㄴ ➡ (O)
④ ㄴ, ㄷ ➡ (X)
⑤ ㄱ, ㄴ, ㄷ ➡ (X)

21 ① 난이도 ■■□

| 문제 유형 | 사실적 이해 > 중심 내용 파악

| 접근 전략 | 대화문이 지문으로 제시된 경우에는 대화의 주제와 쟁점, 각 발화자들의 입장을 정리하면서 읽어야 한다. 아동학대의 피해자가 많은 이유에 대하여 세 사람이 각자 다른 주장을 하고 있으므로 각 주장의 중심 내용을 빠르게 파악하고 〈보기〉의 적절성을 판단하여야 한다.

다음 대화의 ㉠으로 적절한 것만을 〈보기〉에서 모두 고르면?

갑: 현재 지방자치단체들에서는 아동학대 피해자들을 위해 아동보호 전문기관과 연계하여 적극적인 보호조치를 취하는 대응체계를 구축하고 있는데요. 그럼에도 불구하고 아동학대로부터 제대로 보호받지 못하는 피해자들이 여전히 많은 이유는 무엇일까요?

을: 제 생각에는 신속한 보호조치가 미흡한 것 같습니다. 현행 대응체계에서는 신고가 접수된 이후부터 실제 아동학대로 판단되어 보호조치가 취해지기까지 긴 시간이 소요됩니다. 신고를 해 놓고 보호조치를 기다리는 동안 또다시 학대를 받는 아동이 많은 것은 아닐까요?

병: 글쎄요. 저는 다른 이유가 있다고 생각합니다. 현행 대응체계에서는 일단 아동학대 신고가 접수되면 실제 아동학대로 판단될 수 있는 사례인지를 조사합니다. 그 결과 아동학대로 판단되지 않은 사례에 대해서는 보호조치가 취해지지 않는데요. 당장은 직접적인 학대 정황이 포착되지 않아 아동학대로 판단되지 않았으나, 실제로는 아동학대였던 경우가 많았을 것이라고 생각합니다.

정: 옳은 지적이긴 합니다. 하지만 저는 더 근본적인 문제가 있다고 생각합니다. 아동학대가 가까운 친인척에 의해 발생한다는 점, 그리고 피해자가 아동이라는 점 등으로 인해 신고 자체가 어려운 경우가 많습니다. 애당초 신고를 하기 어려우니 보호조치가 취해질 가능성 또한 낮은 것이지요.

갑: 모두들 좋은 의견 감사합니다. 오늘 회의에서 제시하신 의견을 뒷받침할 수 있는 ㉠자료 조사를 수행해 주세요.

〈보기〉

ㄱ. 을의 주장을 뒷받침하기 위해, 신고가 접수된 시점과 아동학대 판단 후 보호조치가 시행된 시점 사이에 아동학대가 재발한 사례의 수를 조사한다. → (O) 을은 아동학대의 피해자가 줄지 않는 이유로 신속한 보호조치의 미흡함을 주장하고 있다. 이에 아동학대 신고가 접수된 시점과 아동학대 판단 후 보호조치가 시행된 시점 사이에 보호조치가 시행되지 않아 아동학대가 재발한 사례가 타당한 근거가 될 수 있다.

ㄴ. 병의 주장을 뒷받침하기 위해, 아동학대로 판단되지 않은 신고 사례 가운데 보호조치가 취해지지 않은 사례가 차지하는 비중을 조사한다. → (X) 병은 아동학대의 피해자가 줄지 않는 이유로 직접적인 학대 정황이 포착되지 않아 아동학대로 판단되지 않은 경우가 많음을 주장하고 있다. 아동학대로 판단되지 않은 신고 사례는 모두 보호조치가 취해지지 않으므로 타당한 근거가 될 수 없다.

ㄷ. 정의 주장을 뒷받침하기 위해, 아동학대 피해자 가운데 친인척과 동거하지 않으며 보호조치를 받지 못한 사례의 수를 조사한다. → (X) 정은 아동학대의 피해자가 줄지 않는 이유로 가까운 친인척에 의해 학대가 일어나 신고 자체가 어렵다고 주장하고 있다. 친인척과의 동거 여부가 친인척에 의한 아동학대의 필요조건이라고 단정할 수 없으므로 타당한 근거가 될 수 없다.

① ㄱ ➡ (O)
② ㄴ ➡ (X)
③ ㄱ, ㄷ ➡ (X)
④ ㄴ, ㄷ ➡ (X)
⑤ ㄱ, ㄴ, ㄷ ➡ (X)

22 ④ 난이도 ■■□

| 문제 유형 | 비판적 사고 > 지문에서 추론하기

| 접근 전략 | 〈표〉와 함께 글이 제시되는 지문은 〈표〉가 지문의 내용을 뒷받침하므로 〈표〉를 유심히 읽어내야 한다. 〈표〉에서 판매 유형 및 방법에 따른 구분을 보여주고 있으므로 글만으로는 설명되지 않는 여러 정보를 알 수 있다.

다음 글에서 추론할 수 있는 것은?

현재 갑국의 소매업자가 상품을 판매할 수 있는 방식을 정리하면 〈표〉와 같다.

〈표〉 판매 유형 및 방법에 따른 구분

유형 \ 방법	주문 방법	결제 방법	수령 방법
대면	영업장 방문	영업장 방문	영업장 방문
예약 주문	온라인	영업장 방문	영업장 방문
스마트 오더	온라인	온라인	영업장 방문
완전 비대면	온라인	온라인	배송

▶1문단

갑국은 주류에 대하여 국민 건강 증진 및 청소년 보호를 이유로 스마트 오더 및 완전 비대면 방식으로 판매하는 것을 금지해 왔다. 단, 전통주 제조자가 관할 세무서장의 사전 승인을 받은 경우, 그리고 음식점을 운영하는 음식업자가 주문받은 배달 음식과 함께 소량의 주류를 배달하는 경우에 예외적으로 주류의 완전 비대면 판매가 가능했다. ▶2문단

그러나 IT 기술 발전으로 인터넷 상점이나 휴대전화 앱 등을 이용한 재화 및 서비스의 구매 비중이 커져 주류 판매 관련 규제도 변해야 한다는 각계의 요청이 있었다. 이에 갑국 국세청은 관련 고시를 최근 개정하여 주류 소매업자가 이전과 다른 방식으로 주류를 판매하는 것도 허용했다. ▶3문단

이전에는 슈퍼마켓, 편의점 등을 운영하는 주류 소매업자는 대면 및 예약 주문 방식으로만 주류를 판매할 수 있었다. 그러나 개정안에 따르면 주류 소매업자가 스마트 오더 방식으로도 소비자에게 주류를 판매할 수 있게 되었다. 다만 완전 비대면 판매는 이전처럼 예외적인 경우에만 허용된다. ▶4문단

① 고시 개정과 무관하게 음식업자는 주류만 완전 비대면으로 판매할 수 있다. ➡ (X) 2문단에서 고시 개정 전에 음식업자는 주문받은 배달 음식과 함께 소량의 주류를 완전 비대면으로 판매가 가능했다고 하였으므로 잘못된 추론이다.

② 고시 개정 이전에는 슈퍼마켓을 운영하는 주류 소매업자는 온라인으로 주류 주문을 받을 수 없었다. ➡ (X) 〈표〉에 따르면 고시 개정 전에 주류 소매업자는 온라인으로 주류 주문을 받을 수 있었으므로 잘못된 추론이다.

③ 고시 개정 이전에는 주류를 구매하는 소비자는 반드시 영업장을 방문하여 상품을 대면으로 수령해야 했다. ➡ (X) 〈표〉와 2문단에 따르면 고시 개정 전에 소비자는 전통주를 구매하는 경우나 배달 음식과 함께 소량의 주류를 구매하는 경우 영업장을 방문하지 않고도 배송받을 수 있었으므로 잘못된 추론이다.

④ 고시 개정 이전에는 편의점을 운영하는 주류 소매업자는 주류 판매 대금을 온라인으로 결제받을 수 없었다. ➡ (O) 4문단에서 고시 개정 이전에는 편의점을 운영하는 주류 소매업자는 대면 및 예약 주문 방식으로만 주류를 판매할 수 있었다고 하였다. 〈표〉를 참고하면 대면 및 예약 주문 방식은 결제 방법이 영업장을 방문하는 수밖에 없으므로 판매 대금을 온라인으로 결제받을 수 없었다는 것은 옳은 추론이다.

⑤ 고시 개정 이후에는 전통주를 구매하는 소비자는 전통주 제조자의 영업장에 방문하여 주류를 구입할 수 없다. ➡ (X) 3문단에서 갑국 국세청은 관련 고시를 최근 개정하여 주류 소매업자가 이전과 다른 방식으로 주류를 판매하는 것도 허용했다고 하였다. 기존에 전통주는 영업장을 방문하여 대면으로

구매가 가능했으므로 고시 개정 이후에도 영업점 방문을 통한 대면 구매는 가능하다. 이에 잘못된 추론이다.

23 ③

난이도 ■■□

| 문제 유형 | 비판적 사고 > 판단하기

| 접근 전략 | 우수기관 또는 취약기관으로 지정되는 기준이 매우 복잡하게 나와 있으므로 이러한 기준을 정확히 파악하는 것이 중요하다. 더불어 〈보기〉에서 추가로 제시되는 조건을 활용해 〈표〉의 빈칸을 추론할 수 있으므로 〈보기〉를 먼저 읽고 지문에 해당하는 부분을 발췌하여 읽는 것이 문제 풀이에 유리하다.

다음 글의 〈표〉에 대한 판단으로 적절한 것만을 〈보기〉에서 모두 고르면?

갑 부처는 민감정보 및 대규모 개인정보를 처리하는 공공기관에 대해 매년 「공공기관 개인정보 보호수준 평가」(이하 '보호수준 평가')를 실시한다. 갑 부처는 공공기관의 개인정보 보호 업무에 대한 관심도와 관리 수준을 평가하여 우수기관은 표창하고 취약기관에는 과태료를 부과할 수 있다.

보호수준 평가는 접근권한 관리, 암호화 조치, 접속기록 점검의 총 세 항목에 대해서 이루어진다. 각 항목에 대해 '상', '중', '하' 중 하나의 등급을 부여하며, 평가 대상 기관이 세 항목 모두 하 등급을 받으면 취약기관으로 지정된다. 평가 대상 기관이 두 항목에서 하 등급을 받는다면, 그것만으로는 취약기관으로 지정되지 않는다. 그러나 하 등급을 받은 항목의 수가 2년 연속 둘이라면, 그 기관은 취약기관으로 지정된다.

우수기관으로 지정되기 위해서는 당해 연도와 전년도에 각각 둘 이상의 항목에서 상 등급을 받고 당해 연도에는 하 등급을 받은 항목이 없어야 한다.

A기관과 B기관은 2023년과 2024년에 보호수준 평가를 받았으며, 각 항목에 대한 평가 결과는 〈표〉와 같다.

〈표〉 2023년과 2024년 보호수준 평가 결과

기관	항목 / 연도	접근권한 관리	암호화 조치	접속기록 점검
A	2023	㉠	중	㉡
	2024	㉢	하	상
B	2023	㉣	상	하
	2024	중	㉤	㉥

〈보기〉

ㄱ. ㉠과 ㉢이 다르면 A기관은 2024년에 우수기관으로도 취약기관으로도 지정되지 않는다. → (O) A기관의 2023년과 2024년의 접근권한 관리 항목의 평가 결과가 다르다면 2024년 ㉢이 '상'으로 평가받을 경우 둘 이상의 항목에서 '상' 등급을 받고 여기에 당해 연도에는 '하' 등급을 받은 항목이 없어야 하지만, 이미 암호화 조치 항목에서 '하'를 받았기 때문에 우수기관으로 지정되지 않는다. 또한 2023년에 ㉠에서 '하' 등급을 받았더라도 ㉠과 ㉢이 다르다는 조건에 의해 2023년에는 ㉢에서 '하' 등급을 받지 않았기 때문에 '하' 등급을 받은 항목의 수가 2년 연속 둘이 되지 않아 취약기관으로도 지정되지 않는다. 이에 적절한 판단이다.

ㄴ. ㉤과 ㉥이 모두 '하'라면 B기관은 2024년에 취약기관으로 지정된다. → (X) ㉤과 ㉥이 모두 '하'라고 해도 ㉣을 알 수 없기 때문에 B기관이 두 항목에서 2년 연속 '하' 등급을 받았는지 알 수 없다. 따라서 2024년에 취약기관으로 지정된다고 판단하기 어렵다.

ㄷ. 2024년에 A기관은 취약기관으로 지정되었고 B기관은 우수기관으로 지정되었다면, ㉡과 ㉣은 같지 않다. → (O) 2024년에 A기관이 취약기관으로 지정되었다면 ㉠, ㉡, ㉢은 모두 '하'를 받았을 것으로 추론할 수 있다. 더불어 B기관이 2024년에 우수기관으로 지정되었다면, ㉣은 전년도에 둘 이상의 항목에서 '상' 등급을 받았어야 하므로 '상'으로 유추할 수 있다. 따라서 ㉡과 ㉣은 같지 않다는 판단은 적절하다.

① ㄱ ➡ (X)
② ㄴ ➡ (X)
③ ㄱ, ㄷ ➡ (O)
④ ㄴ, ㄷ ➡ (X)
⑤ ㄱ, ㄴ, ㄷ ➡ (X)

24 ②

난이도 ■■□

| 문제 유형 | 비판적 사고 > 판단하기

| 접근 전략 | 찬반이 나뉘는, 의견이 두 갈래로 갈리는 글에서는 의견이 같은 사람끼리 묶어서 지문을 빠른 시간에 정리하는 방식의 풀이가 필요하다. 글에서 갑과 병은 민원인이 산후관리비 및 출산관리비 지원 자격 요건에 부합하지 않는다고 생각하며, 을과 정, 무는 모두 민원인이 출산장려금의 지원 자격 요건에 부합한다고 생각한다.

다음 갑~무의 대화에 대한 분석으로 적절하지 않은 것은?

갑: 2017년부터 우리 A시에 주민등록을 하여 거주해 오는 주민이 출산 직후인 2024년 4월 22일에 출산장려금과 산후관리비의 지원을 신청했습니다. 그런데 그 주민은 2023년 8월 30일부터 2023년 9월 8일까지 다른 지역으로 주민등록을 옮겨서 거주한 일이 있어서, 지원 대상이 될 수 없다고 통보하자 민원을 제기했습니다.

을: 안타까운 일이군요. 민원인은 요건상의 기간 중에 배우자의 직장 문제로 열흘 정도 다른 지역에 계셨을 뿐, 줄곧 우리 A시에 살고 계십니다.

갑: 「A시 산후관리비 및 출산장려금 지원에 관한 조례」(이하 'A시 조례') ㉠제3조의 산후관리비 지원 자격 요건은 "출산일 기준으로 12개월 전부터 신청일 현재까지 계속하여 A시에 주민등록을 둔 산모"라고 규정합니다. 어쩔 수 없습니다.

을: ㉡제7조의 출산장려금 지원 자격 요건은 제3조에서와 동일하게 규정되어 있는데 "계속하여"라는 문구는 없습니다. 그러니 출산장려금은 지급했어야 하는 것 아닙니까?

병: 그것도 또한 계속성을 요구한다고 해석해야 합니다. 우리와 인접한 B시의 「B시 출산장려금 지원 조례」(이하 'B시 조례') ㉢제2조의 출산장려금 지원 자격 요건은 A시 조례 제7조와 같은 취지와 형식의 문구로 되어 있으면서 계속성을 명시합니다. 다른 지방자치단체들의 조례도 마찬가지입니다.

정: 그러나 B시 조례를 잘 보면 출산 전 주민등록의 기간은 우리의 절반밖에 되지 않습니다. 이 점을 고려하면, 둘을 동일 선상에 놓고 보아서는 안 됩니다.

무: 판례를 고려하여 해석하는 것이 적절해 보입니다. 갱신되거나 반복된 근로계약에서는 그 사이 일부 공백 기간이 있더라도 근로관계의 계속성을 인정해야 한다는 판결이 있습니다. 근로자를 보호하는 취지인데요, 자녀를 두는 가정을 보호하려는 A시 조례의 두 지원 사업은 그와 일맥상통합니다. 계속성은 유연하게 해석합시다.

① 갑은 민원인이 ㉠을 갖추었는지 여부에 대한 판단에서 병과는 같고 무와는 다르다. ➡ (O) 갑과 병은 민원인이 산후관리비 및 출산관리비 지원 자격 요건에 부합하지 않는다고 생각하며, 무는 민원인이 출산장려금의 지원 자격 요건에 부합한다고 생각하고 있으므로 적절한 분석이다.

② 을은 ㉠에 관한 조항에 나오는 "계속하여"라는 문구의 의미를 갑, 병과 달리 이해한다. ➡ (X) 을은 '계속하여'라는 문구의 의미를 갑, 병과 동일하게 이해하고 있으므로 달리 이해하고 있다는 것은 적절하지 않은 분석이다.

③ 병은 ㉢에서처럼 주민등록의 계속성을 명시하는 것이 ㉡과 같은 경우보다 일반적이라고 이해한다. ➡ (O) 병은 다른 지방자치단체들의 조례도 마찬가지로 주민등록의 계속성을 요구한다고 해석해야 한다고 주장하고 있기 때문에 적절한 분석이다.

④ 정은 조문의 해석에서 ㉢에서의 주민등록 기간이 ㉡에서와 다르다는 점을 고려할 수 있다고 본다. ➡ (O) 정은 B시 조례는 출산 전 주민등록의 기간이 A시의 절반밖에 되지 않는다고 지적하며 ㉢에서의 주민등록 기간이 ㉡에서와는 다르다고 의견을 제시하므로 적절한 분석이다.

⑤ 무는 ㉠과 관련하여 일시적인 단절이 있어도 계속성의 요건이 충족될 수 있다고 본다. ➡ (O) 무는 근로계약을 예로 들며 ㉠과 관련해서도 민원인에게 일부 공백 기간이 있더라도 계속성을 인정해야 한다며 요건이 충족될 수 있다고 말하기 때문에 적절한 분석이다.

25 ③

난이도 ■■■

| 문제 유형 | 비판적 사고 > 판단하기

| 접근 전략 | 갑과 을이 논쟁하고 있는 제시문에서 〈논쟁〉을 벌이고 있는 쟁점을 먼저 판단하여야 문제 풀이에 유리하다.

다음 글의 〈논쟁〉에 대한 분석으로 적절한 것만을 〈보기〉에서 모두 고르면?

K국의 「형법」 제7조(이하 '현행 조항')는 다음과 같다.

> 제7조 죄를 지어 외국에서 형의 전부 또는 일부가 집행된 사람에 대해서는 선고하는 형을 감경 또는 면제할 수 있다.

최근 K국 의회에서는 현행 조항에서 "할 수 있다"의 문구를 "해야 한다"(이하 '개정 문구')로 개정하려 한다. 이에 대하여 갑과 을이 논쟁한다.

〈논쟁〉

쟁점 1: 갑은, 이중처벌 금지의 원칙에 따르면 외국에서 받은 형 집행은 K국에서 반드시 반영되어야 하는 것인데도 현행 조항은 법관이 그것을 아예 반영하지 않을 수 있는 재량까지 부여하기 때문에 어떻게든 개정은 해야 한다고 주장한다. 그러나 을은, 현행 조항은 이중처벌 금지의 원칙과 무관하기 때문에 개정 문구가 타당한지를 따질 것도 없이 그 원칙을 개정의 논거로 삼을 수 없다고 주장한다.

쟁점 2: 갑은, 현행 조항은 신체의 자유를 과도하게 제한하는 위헌적 조문이라서 향후 국민 기본권의 침해를 피할 수 없으므로 개정이 필요하다고 주장한다. 그러나 을은, 현재 K국 법원은 법률상의 재량을 합리적으로 행사하여 위헌의 사례 없이 사실상 개정 문구대로 운영하므로 현행 조항을 유지해도 된다고 맞선다.

〈보기〉

ㄱ. 쟁점 1과 관련하여, 을은 이중처벌 금지가 하나의 범죄행위에 대해 동일한 국가가 형벌권을 거듭 행사해서는 안 된다는 의미라고 해석하는 것이라면, 갑과 을 사이의 주장 불일치를 설명할 수 있다.
→ (O) 쟁점 1에 대하여 을은 하나의 범죄 행위에 대해 외국에서 형벌권을 행사하고 K국에서도 형벌권을 행사해서는 안 된다는 의미로 이중처벌 금지를 해석하고 있으며, 갑은 이중처벌 금지의 원칙에 따르면 외국에서 받은 형 집행이 그대로 K국에서 반영되어야 하는데 이 형이 제대로 반영하지 않을 수도 있다고 생각하기 때문에 을과 주장이 불일치한다.

ㄴ. 쟁점 2와 관련하여, 갑은 현행 조항으로 말미암아 헌법상 신체의 자유가 침해될 것이라고 전망하지만, 을은 그러한 전망에 동의하지 않는다. → (O) 쟁점 2에 대하여 갑은 현행 조항을 신체의 자유를 과도하게 제한하는 위헌적 조문이라고 생각하지만, 을은 현재 K국은 위헌의 사례 없이 사실상 개정 문구대로 운영하므로 현행 조항을 유지해도 된다고 맞서기 때문에 갑의 전망에 동의하지 않는다고 볼 수 있다.

ㄷ. '외국에서 형의 집행을 받은 피고인에게 K국 법원이 형을 선고할 때에는 이미 집행된 형량을 공제해야 한다.'는 내용으로 K국 의회가 현행 조항을 개정한다면, 갑과 을은 개정에 반대할 것이다.
→ (X) K국 의회가 현행 조항을 개정 문구로 개정한다면, 갑은 개정에 찬성하지만 을은 개정에 반대할 것이다.

① ㄱ ➡ (X)
② ㄷ ➡ (X)
③ ㄱ, ㄴ ➡ (O)
④ ㄴ, ㄷ ➡ (X)
⑤ ㄱ, ㄴ, ㄷ ➡ (X)

2024 | 제2영역 상황판단(㉳ 책형)

기출 총평

2024년 상황판단 영역은 전년도에 비하여 법조문형 및 제시문 문항이 줄었고, 연산추론형과 퍼즐형 문항이 늘어났다. 연산추론형 문항은 내용을 빠르게 파악하고 정보를 구조화하여 적용하는 능력을 테스트하는 문항 중심으로 출제되었다. 각 문항에서 상황과 조건을 상세하게 풀어 설명하고, 적용 예시를 보여주는 등의 방식으로 수험자의 이해를 도우며 난이도를 조절하고 있다. 퍼즐형 문항은 역, 대우 등을 적용하는 논리형식이 출제되지 않았으며 게임·규칙 유형이 늘어났다. 전반적으로 사고력, 정보수집능력, 순발력 등 업무수행에 필요한 능력을 평가하는 PSAT의 목적에 부합하도록 출제되었다고 본다.

법조문형, 제시문형 문항은 정보확인을 통한 내용 파악이 중심으로 예년과 유사하게 출제되었다. 연산추론형 문항은 문항이 길지만 주어진 조건들을 정리하여 적용하면 답을 비교적 쉽게 찾을 수 있는 경우가 대부분이었다. 문장이나 표에서 제시한 정보는 대부분 모두 활용되므로 놓치지 않도록 주의를 기울여야 한다. 퍼즐형 문항 역시 명확하게 주어진 1개의 명제를 중심으로 다른 조건들을 하나씩 적용해 나가면 답을 찾을 수 있다. 문항의 길이는 확연히 늘어났으나 문제 접근성이 좋아져, 체감 난도는 작년 대비 약간 낮았을 것으로 보인다.

문항 분석

문번	정답	난이도	유형
01	⑤	■■□	법조문형 > 규정확인
02	⑤	■■■	법조문형 > 규정적용
03	②	■■□	법조문형 > 규정확인
04	④	■■□	법조문형 > 규정적용
05	①	■□□	제시문형 > 정보확인
06	②	■□□	연산추론형 > 수리계산
07	④	■□□	퍼즐형 > 수리퀴즈
08	④	■■□	연산추론형 > 대입비교
09	②	■□□	제시문형 > 분석추론
10	③	■■■	연산추론형 > 대입비교
11	①	■■□	법조문형 > 규정적용
12	④	■■□	연산추론형 > 수리계산
13	③	■■■	제시문형 > 분석추론

문번	정답	난이도	유형
14	③	■■□	퍼즐형 > 게임·규칙
15	⑤	■■□	퍼즐형 > 최댓값·최솟값 도출
16	⑤	■■■	퍼즐형 > 게임·규칙
17	②	■■□	연산추론형 > 수리계산
18	①	■■■	퍼즐형 > 논리퀴즈
19	③	■□□	연산추론형 > 수리계산
20	④	■■□	연산추론형 > 수리계산
21	③	■■□	퍼즐형 > 논리퀴즈
22	④	■□□	연산추론형 > 대입비교
23	②	■■■	연산추론형 > 수리계산
24	⑤	■■■	퍼즐형 > 수리퀴즈
25	①	■■□	퍼즐형 > 게임·규칙

※ 해당 회차는 1초 합격예측 서비스의 데이터 누적 기간이 충분하지 않아 '정답률 및 선지별 선택률' 기재를 생략하였습니다.

출제 비중

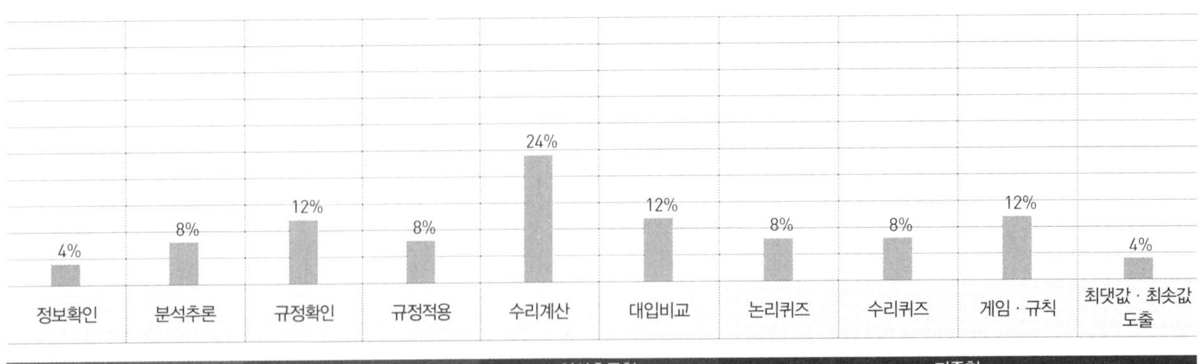

기출문제편 P.33

01	⑤	02	⑤	03	②	04	④	05	①
06	②	07	④	08	④	09	②	10	③
11	①	12	④	13	③	14	③	15	⑤
16	⑤	17	②	18	①	19	③	20	④
21	③	22	④	23	②	24	⑤	25	①

01 ⑤

난이도 ■■□

| 문제 유형 | 법조문형 > 규정확인

| 접근 전략 | 법령 문제는 법령 행사의 주체, 법령 적용 대상에 유의하여 문제를 풀어야 한다. 특히 다수의 주체가 나오는 경우 보고를 하는 쪽과 받는 쪽을 혼동하도록 하여 선지의 난도를 높이는 경우가 있으니 이를 특별히 유의하여야 한다. 각각의 주체들이 할 수 있는 것들이 모두 다르므로 꼼꼼하게 읽으며 옳지 않은 판단을 골라야 한다. 대부분 선지의 단어나 어구의 표현이 제시문에 그대로 나타나 있으므로 선지를 먼저 읽고 제시문의 해당 부분을 찾아서 옳고 그름을 판단하면 문제 풀이 시간을 줄일 수 있다.

다음 글을 근거로 판단할 때 옳은 것은?

제00조 ① A부장관은 클라우드컴퓨팅(cloud computing)에 관한 정책의 효과적인 수립·시행에 필요한 산업 현황과 통계를 확보하기 위한 실태조사(이하 '실태조사'라 한다)를 할 수 있다.

② A부장관은 실태조사를 위하여 필요한 경우에는 클라우드컴퓨팅서비스 제공자나 그 밖의 관련 기관 또는 단체에 자료의 제출이나 의견의 진술 등을 요청할 수 있다.

③ A부장관은 클라우드컴퓨팅의 발전과 이용 촉진 및 이용자 보호와 관련된 중앙행정기관(이하 '관계 중앙행정기관'이라 한다)의 장이 요구하는 경우 실태조사 결과를 통보하여야 한다.

④ A부장관은 실태조사를 할 때에는 다음 각 호의 사항을 내용에 포함하여야 한다.

1. 클라우드컴퓨팅 관련 기업 현황 및 시장 규모
2. 클라우드컴퓨팅기술 및 클라우드컴퓨팅서비스의 이용·보급 현황
3. 클라우드컴퓨팅 산업의 인력 현황 및 인력 수요 전망
4. 클라우드컴퓨팅 관련 연구개발 및 투자 규모

⑤ 실태조사는 현장조사, 서면조사, 통계조사 및 문헌조사 등의 방법으로 실시하되, 효율적인 실태조사를 위하여 필요한 경우에는 정보통신망 및 전자우편 등의 전자적 방식으로 실시할 수 있다.

제00조 ① 관계 중앙행정기관의 장은 클라우드컴퓨팅기술 및 클라우드컴퓨팅서비스에 관한 연구개발사업을 추진할 수 있다.

② 관계 중앙행정기관의 장은 기업·연구기관 등에 제1항에 따른 연구개발사업을 수행하게 하고 그 사업 수행에 드는 비용의 전부 또는 일부를 지원할 수 있다.

제00조 국가와 지방자치단체는 클라우드컴퓨팅기술 및 클라우드컴퓨팅서비스의 발전과 이용 촉진을 위하여 조세감면을 할 수 있다.

① 실태조사는 전자적 방식으로 실시하는 것을 원칙으로 하되, 필요한 경우 현장조사, 서면조사 등의 방법으로 실시할 수 있다. ➡ (X) 첫 번째 조 제5항에서 실태조사는 현장조사, 서면조사, 통계조사 및 문헌조사 등의 방법으로 실시하되, 효율적인 실태조사를 위하여 필요한 경우에는 전자적 방식으로 실시할 수 있다고 밝히고 있으므로 전자적 방식으로 실시하는 것이 원칙이라는 것은 옳지 않은 판단이다.

② 클라우드컴퓨팅기술 및 클라우드컴퓨팅서비스의 발전과 이용 촉진을 위하여 지방자치단체가 조세감면을 할 수는 없다. ➡ (X) 세 번째 조에서 클라우드컴퓨팅기술 및 클라우드컴퓨팅서비스의 발전과 이용 촉진을 위하여 국가와 지방자치단체는 조세감면을 할 수 있다고 밝히고 있으므로 옳지 않은 판단이다.

③ A부장관은 실태조사의 내용에 클라우드컴퓨팅 산업의 인력 현황을 포함해야 하지만, 인력 수요에 대한 전망을 포함시킬 필요는 없다. ➡ (X) 첫 번째 조 제4항 제3호에서 실태조사를 할 때에는 클라우드컴퓨팅 산업의 인력 현황 및 인력 수요 전망을 내용에 포함하여야 한다고 하였으므로 인력 수요에 대한 전망을 포함시킬 필요가 없다는 것은 옳지 않은 판단이다.

④ A부장관은 관계 중앙행정기관의 장에게 실태조사 결과를 요구할 수 있고, 이 경우 관계 중앙행정기관의 장은 그 결과를 A부장관에게 통보하여야 한다. ➡ (X) 첫 번째 조 제3항에서 A부장관은 관계 중앙행정기관의 장이 요구하면 실태조사 결과를 통보하여야 한다고 하였으므로 관계 중앙행정기관의 장이 A부장관에게 통보하여야 한다는 것은 옳지 않은 판단이다.

⑤ 관계 중앙행정기관의 장이 연구기관에 클라우드컴퓨팅기술 및 클라우드컴퓨팅서비스에 관한 연구개발사업을 수행하게 한 경우, 그 사업 수행에 드는 비용을 지원할 수 있다. ➡ (O) 두 번째 조 제2항에서 관계 중앙행정기관의 장은 연구기관에 제1항에 따른 연구개발사업을 수행하게 하고 그 사업 수행에 드는 비용의 전부 또는 일부를 지원할 수 있다고 밝히고 있으므로 옳은 판단이다.

02 ⑤

난이도 ■■■

| 문제 유형 | 법조문형 > 규정적용

| 접근 전략 | 법령 문제는 법령 행사의 주체, 법령 적용 대상에 유의하여 문제를 풀어야 한다. 특히 이 문항의 경우 제시문과 선지의 길이가 모두 길고 선지가 틀린 부분이 상대적으로 작아 답을 찾기 어려우므로 꼼꼼하고 정확하게 읽어야 한다. 선지에 사용된 단어와 표현이 그대로 제시문에 사용되는 경우가 빈번하므로 제시문을 먼저 읽기보다는 선지를 먼저 읽고 제시문의 해당 부분을 찾아 발췌독하여 문제를 해결하는 것이 훨씬 문제 풀이 시간을 단축할 수 있다. 특히 법령 문제의 경우 문제 풀이에 필요 없는 법령은 없으며 하부항목이 있는 조항은 꼭 출제된다는 점을 명심해야 한다.

다음 글을 근거로 판단할 때 옳은 것은?

제00조 이 법에서 사용하는 용어의 뜻은 다음과 같다.

1. "산림병해충"이란 산림에 있는 식물과 산림이 아닌 지역에 있는 수목에 해를 끼치는 병과 해충을 말한다.
2. "예찰"이란 산림병해충이 발생할 우려가 있거나 발생한 지역에 대하여 발생 여부, 발생 정도, 피해 상황 등을 조사하거나 진단하는 것을 말한다.
3. "방제"란 산림병해충이 발생하지 아니하도록 예방하거나, 이미 발생한 산림병해충을 약화시키거나 제거하는 모든 활동을 말한다.

제00조 ① 산림소유자는 산림병해충이 발생할 우려가 있거나 발생하였을 때에는 예찰·방제에 필요한 조치를 하여야 한다.

② 산림청장, 시·도지사, 시장·군수·구청장 또는 지방산림청장은 산림병해충이 발생할 우려가 있거나 발생하였을 때에는 예찰·방제에 필요한 조치를 할 수 있다.

③ 시·도지사, 시장·군수·구청장 또는 지방산림청장(이하 '시·도지사 등'이라 한다)은 산림병해충이 발생할 우려가 있거나 발생하였을 때에는 산림소유자, 산림관리자, 산림사업 종사자, 수목의 소유자 또는 판매자 등에게 다음 각 호의 조치를 하도록 명할 수 있다. 이 경우 명령을 받은 자는 특별한 사유가 없으면 명령에 따라야 한다.

1. 산림병해충이 있는 수목이나 가지 또는 뿌리 등의 제거
2. 산림병해충이 발생할 우려가 있거나 발생한 산림용 종묘, 베어낸 나무, 조경용 수목 등의 이동 제한이나 사용 금지

3. 산림병해충이 발생할 우려가 있거나 발생한 종묘·토양의 소독
④ 시·도지사 등은 제3항 제2호에 따라 산림용 종묘, 베어낸 나무, 조경용 수목 등의 이동 제한이나 사용 금지를 명한 경우에는 그 내용을 해당 기관의 게시판 및 인터넷 홈페이지 등에 10일 이상 공고하여야 한다.
⑤ 시·도지사 등은 제3항 각 호의 조치이행에 따라 발생한 농약대금, 인건비 등의 방제비용을 예산의 범위에서 지원할 수 있다.

① 산림병해충이 발생하지 않도록 예방하는 활동은 방제에 해당하지 않는다. ➠ (X) 첫 번째 조 제3호에서 '방제'의 범위에 산림병해충이 발생하지 않도록 예방하는 활동이 포함되므로 옳지 않은 판단이다.
② 산림병해충이 발생할 우려가 있는 경우, 수목의 판매자는 예찰에 필요한 조치를 하여야 한다. ➠ (X) 두 번째 조 제1항에서 산림소유자는 산림병해충이 발생할 우려가 있으면 예찰에 필요한 조치를 하여야 한다고 밝히고 있으므로 옳지 않은 판단이다.
③ 산림병해충 발생으로 인한 조치 명령을 이행함에 따라 발생한 인건비는 시·도지사 등의 지원 대상이 아니다. ➠ (X) 두 번째 조 제5항에서 시·도지사 등은 조치이행에 따라 발생한 인건비 등의 방제비용을 예산의 범위에서 지원할 수 있다고 밝히고 있으므로 지원 대상이 아니라는 것은 옳지 않은 판단이다.
④ 산림병해충이 발생한 종묘에 대해 관할 구청장이 소독을 명한 경우, 그 내용을 구청 게시판 및 인터넷 홈페이지에 10일 이상 공고하여야 한다. ➠ (X) 두 번째 조 제4항에서 산림병해충이 일어나 이동 제한이나 사용 금지를 명한 경우 해당 기관의 게시판 및 인터넷 홈페이지에 10일 이상 공고하여야 한다고 밝히고 있으므로 소독을 명한 경우, 그 내용을 구청 게시판에 공고해야 한다는 것은 옳지 않은 판단이다.
⑤ 산림병해충이 발생하여 관할 지방산림청장이 해당 수목의 소유자에게 수목 제거를 명령하였더라도, 특별한 사유가 있으면 그 명령에 따르지 않을 수 있다. ➠ (O) 두 번째 조 제3항에서 명령을 받은 자는 특별한 사유가 없으면 명령에 따라야 한다고 하였으므로 특별한 사유가 있으면 명령에 따르지 않을 수 있다고 판단할 수 있다.

03 ②

난이도 ■■□

| 문제 유형 | 법조문형 > 규정확인

| 접근 전략 | 짧은 제시문과 선지로 출제되었지만 위촉, 호선, 인가 등 실생활에서 잘 쓰지 않는 표현이 자주 사용되어 난이도를 올리고 있다. 독해를 방해하는 생소한 단어가 나왔을 때는 앞뒤 문맥을 활용하면 대략적인 의미를 유추할 수 있다. 선지의 표현이 거의 그대로 제시문에 나타나므로 선지에서 등장하는 부분을 찾아 읽어 문제를 푸는 것이 시간 단축에 유리하다.

다음 글을 근거로 판단할 때 옳은 것은?

제00조 ① 게임물의 윤리성 및 공공성을 확보하고 사행심 유발 또는 조장을 방지하며 청소년을 보호하고 불법 게임물의 유통을 방지하기 위하여 ○○관리위원회(이하 '위원회'라 한다)를 둔다.
② 위원회는 위원장 1명을 포함한 9명 이내의 위원으로 구성하되, 위원장은 상임으로 한다.
③ 위원회의 위원은 문화예술·문화산업·청소년·법률·교육·정보통신·역사 분야에 종사하는 사람으로서 게임산업·아동 또는 청소년에 대한 전문성과 경험이 있는 사람 중에서 관련 단체의 장이 추천하는 사람을 A부장관이 위촉하며, 위원장은 위원 중에서 호선한다.
④ 위원장 및 위원의 임기는 3년으로 한다.
제00조 ① 위원회는 법인으로 한다.
② 위원회는 A부장관의 인가를 받아 주된 사무소의 소재지에서 설립등기를 함으로써 성립한다.
제00조 ① 위원회의 업무 및 회계에 관한 사항을 감사하기 위하여 위원회에 감사 1인을 둔다.
② 감사는 A부장관이 임명하며, 상임으로 한다.
③ 감사의 임기는 3년으로 한다.

① 감사와 위원의 임기는 다르다. ➠ (X) 첫 번째 조 제4항과 세 번째 조 제3항에 감사와 위원의 임기는 3년이라고 각각 명시되어 있으므로 감사와 위원의 임기는 다르다는 것은 옳지 않은 판단이다.
② 위원장과 감사는 상임으로 한다. ➠ (O) 첫 번째 조 제2항에서는 위원장을, 세 번째 조 제2항에서는 감사를 상임으로 한다고 명시하고 있으므로 이는 옳은 판단이다.
③ 위원장은 A부장관이 위원 중에서 지명한다. ➠ (X) 첫 번째 조 제3항에서 위원장은 위원 중에서 호선(조직의 구성원들이 그 가운데에서 사람을 뽑음)한다고 되어 있으므로 A부장관이 지명한다는 것은 옳지 않은 판단이다.
④ 위원회는 감사를 포함하여 9명으로 구성하여야 한다. ➠ (X) 첫 번째 조 제2항에서 위원회는 위원장 1명을 포함한 9명 이내의 위원으로 구성한다고 명시하고 있으므로 감사를 포함하여 9명으로 구성하여야 한다는 판단은 옳지 않다.
⑤ 위원회는 A부장관의 인가 여부와 관계없이 주된 사무소의 소재지에서 설립등기를 함으로써 성립할 수 있다. ➠ (X) 두 번째 조 제2항에서 위원회는 A부장관의 인가를 받아 주된 사무소의 소재지에서 설립등기를 함으로써 성립한다고 명시하고 있으므로 인가 여부와 관계없다는 판단은 옳지 않다.

04 ④

난이도 ■■□

| 문제 유형 | 법조문형 > 규정적용

| 접근 전략 | 종전 대법원 판례와 최근 대법원 판례를 비교하는 문제로 두 판례의 가장 큰 차이점을 이해해야 한다. 문제에 제시된 상황은 문제를 내기 위해 출제자가 정교하게 짜놓은 상황이므로 여기에서 나타난 쟁점을 먼저 파악한 후 제시문을 독해하면 제시문을 이해하는 것이 훨씬 수월하다. 제사주재자를 결정하는데 가족들 간의 합의가 도출되지 않는 상황으로 남녀, 연령 등의 기준의 변화를 잘 읽어내야 한다. 직계비속이란 직계인 아랫사람을 뜻하는 말로 친자녀, 친손자, 친손녀를 일컫는다. 이 문제에서는 직계비속이란 단어의 의미를 모르면 문제 해결에 큰 어려움이 생긴다. 종전 대법원 판례에 따르면 사망한 사람의 직계비속으로서 장남과 장손자, 그후에는 장녀 순으로 제사주재자가 되며, 최근 대법원 판례에 따르면 연령을 기준으로 사망한 사람의 직계비속 중에 남녀 불문 최근친 중 연장자가 제사주재자가 된다고 하였다.

다음 글과 〈상황〉을 근거로 판단할 때, 제사주재자를 옳게 짝지은 것은?

사망한 사람의 제사를 주재하는 사람(이하 '제사주재자'라 한다)은 사망한 사람의 공동상속인들 간 협의에 의해 정하는 것이 원칙이다. 다만 공동상속인들 사이에 협의가 이루어지지 않을 때, 누구를 제사주재자로 결정할 것인지 문제가 된다. ▶1문단

종전 대법원 판례는, 제사주재자의 지위를 유지할 수 없는 특별한 사정이 없는 한 사망한 사람의 직계비속으로서 장남(장남이 이미 사망한 경우에는 장손자)이 제사주재자가 되고, 공동상속인들 중 아들이 없는 경우에는 장녀가 제사주재자가 된다고 하였다. 이 판례에 대해, 사망한 사람에게 아들, 손자가 있다는 이유만으로 여성 상속인이 자신의 의사와 무관하게 제사주재자가 되지 못한다는 점에서 양성평등의 원칙에 어긋난다는 비판이 있었다. ▶2문단

이를 반영해서 최근 대법원은 연령을 기준으로 하여 제사주재자가 결정되는 것으로 판례를 변경하였다. 즉, 공동상속인들 사이에 협의가 이루어지지 않으면, 제사주재자의 지위를 유지할 수 없는 특별한 사정이 없는 한 사망한 사람의 직계비속 가운데 남녀를 불문하고 최근친(最近親) 중 연장자가 제사주재자가 된다고 하였다. ▶3문단

〈상황〉

甲과 乙은 혼인하여 자녀 A(딸), B(아들), C(아들)를 두었다. B는 혼인하여 자녀 D(아들)가 있고, A와 C는 자녀가 없다. B는 2023. 5. 1. 43세로 사망하였고, 甲은 2024. 5. 1. 사망하였다. 2024. 6. 1. 현재 甲의 공동상속인인 乙(73세), A(50세), C(40세), D(20세)는 각자 자신이 甲의 제사주재자가 되겠다고 다투고 있다. 이들에게는 제사주재자의 지위를 유지할 수 없는 특별한 사정이 없다.

	종전 대법원 판례	최근 대법원 판례
①	A	C

➡ (X) 종전 대법원 판례에 따르면 A는 여성 상속인으로서 제사주재자가 될 수 없다. 최근 대법원 판례에 따르면 A가 제사주재자가 되려는 의지가 있기에는 직계비속 중 연장자가 아니므로 제사주재자가 될 수 없다. A가 제사주재자가 되려는 의지가 있기에 "C"는 직계비속 중 연장자가 아니므로 제사주재자가 될 수 없다.

② C　　A ➡ (X) 종전 대법원 판례에 따르면 C는 장남이 아니므로 제자주재자가 될 수 없다. 최근 대법원 판례에 따르면 A는 직계비속 중 연장자이므로 제사주재자가 될 수 있다.

③ C　　乙 ➡ (X) 종전 대법원 판례에 따르면 C는 장남이 아니므로 제자주재자가 될 수 없다. 최근 대법원 판례에 따르면 乙은 직계비속이 아니므로 제사주재자가 될 수 없다.

④ D　　A ➡ (O) 종전 대법원 판례에 따르면 D는 장남의 아들인 장손자이므로 제사주재자가 될 수 있다. 최근 대법원 판례에 따르면 A는 직계비속 중 연장자이므로 제사주재자가 될 수 있다.

⑤ D　　乙 ➡ (X) 종전 대법원 판례에 따르면 D는 장남의 아들인 장손자이므로 제사주재자가 될 수 있다. 최근 대법원 판례에 따르면 乙은 직계비속이 아니므로 제사주재자가 될 수 없다.

05 ①

난이도 ■□□

| 문제 유형 | 제시문형 > 정보확인

| 접근 전략 | 제시문형 문제의 전형적인 형태로 제시문의 문단 구성을 우선 파악하여 각 문단에서 말하는 내용을 알고 선지를 먼저 읽고 제시문을 자세히 읽어 문제풀이 시간을 단축할 수 있다. 특히 선지에서 제시문의 표현을 모두 그대로 사용하고 있기에 제시문에서 해당 부분을 빠르게 찾을 수 있다. 하위 요소와 상위 요소가 나오는 글에서는 서로 순서를 바꾸어 선지로 구성하는 경우가 많으므로 둘의 상하 관계를 잘 파악하여야 한다.

다음 글을 근거로 판단할 때 옳은 것은?

자기조절력은 스스로 목표를 설정하고 그 목표를 달성하기 위해 집념과 끈기를 발휘하는 능력을 말한다. 또한 자기조절력은 자기 자신의 감정을 잘 조절하는 능력이기도 하며, 내가 나를 존중하는 능력이기도 하다. 자기조절을 하기 위해서는 도달하고 싶으나 아직 구현되지 않은 나의 미래 상태를 현재 나의 상태와 구별해 낼 수 있어야 한다. 자기조절력의 하위 요소로는 자기절제와 목표달성 등이 있다. 이러한 하위 요소들은 신경망과도 관련이 있는 것으로 알려져 있다. ▶1문단

우선 자기절제는 충동을 통제하고, 일상적이고도 전형적인 혹은 자동적인 행동을 분명한 의도를 바탕으로 억제하는 것이다. 이처럼 특정한 의도를 갖고 자신의 행동이나 생각을 의식적으로 억제하거나 마음먹은 대로 조절하는 능력은 복외측전전두피질과 내측전전두피질을 중심으로 한 신경망과 관련이 깊다. ▶2문단

한편 목표달성을 위해서는 두 가지 능력이 필요하다. 첫 번째는 자기 자신에 집중할 수 있는 능력이다. 나 자신에 집중하기 위해서는 끊임없이 자신을 되돌아보며 현재 나의 상태를 알아차리는 자기참조과정이 필요하다. 자기참조과정에 주로 관여하는 것은 내측전전두피질을 중심으로 후방대상피질과 설전부를 연결하는 신경망이다. 두 번째는 자신이 도달하고자 하는 대상에 집중할 수 있는 능력이다. 특정 대상에 주의를 집중하는 데 필요한 뇌 부위는 배외측전전두피질로 알려져 있다. 배외측전전두피질은 주로 내측전전두피질과 연결되어 작동한다. 내측전전두피질과 배외측전전두피질 간의 기능적 연결성이 강할수록 목표를 위해 에너지를 집중하고 지속적인 노력을 쏟아 부을 수 있는 능력이 높아진다. ▶3문단

① 자기조절을 위해서는 현재 나의 상태와 아직 구현되지 않은 나의 미래 상태를 구분할 수 있어야 한다. ➡ (O) 1문단에서 자기조절을 하기 위해서는 도달하고 싶으나 아직 구현되지 않은 나의 미래 상태를 현재 나의 상태와 구별해 낼 수 있어야 한다고 하였다.

② 내측전전두피질과 배외측전전두피질 간의 기능적 연결성이 약할수록 목표를 위한 집중력이 높아진다. ➡ (X) 3문단에서 내측전전두피질과 배외측전전두피질 간의 기능적 연결성이 강할수록 목표를 위해 에너지를 집중하고 노력을 쏟아 부을 수 있는 능력이 높아진다고 하였다.

③ 목표달성을 위해서는 일상적이고 전형적인 행동을 강화하는 능력이 필요하다. ➡ (X) 3문단에서 목표달성을 위해서는 자기 자신에 집중할 수 있는 능력과 자신이 도달하고자 하는 대상에 집중할 수 있는 능력이 필요하다고 하였다.

④ 자신이 도달하고자 하는 대상에 집중하는 과정을 자기참조과정이라 한다. ➡ (X) 3문단에서 자기참조과정이란 자신을 되돌아보며 현재 자신의 상태를 알아차리는 것이라고 하였다.

⑤ 자기조절력은 자기절제의 하위 요소이다. ➡ (X) 1문단에서 자기절제가 자기조절력의 하위 요소라고 하였다.

06 ②

난이도 ■□□

| 문제 유형 | 연산추론형 > 수리계산

| 접근 전략 | 수치 정보가 정확히 주어진 부분부터 계산을 시작한다. □의 총합을 구하는 문제이므로 각 □의 정확한 숫자를 알아낼 필요가 없다.

다음 글을 근거로 판단할 때, 보이지 않는 숫자를 모두 합한 값은?

甲～丁은 매일 최대한 많이 걷기로 하고 특정 시간에 만나서 각자의 걸음 수와 그 합을 기록하였다. 그 기록한 걸음 수의 합은 199,998걸음이었다. 그런데 수명이 다 된 펜으로 각자의 걸음 수를 쓴 탓이었는지 다음날에 보니 아래와 같이 다섯 개의 숫자(□)가 보이지 않았다.

甲:	□	5	7	0	1
乙:	8	4	□	9	8
丙:	8	3	□	□	4
丁:	□	6	7	1	5

① 13 ➡ (X)

② 14 ➡ (O) 甲～丁의 걸음 수의 합이 199,998걸음이 되는지 비교하며 계산한다. 일의 자리 합은 18(=1+8+4+5)이므로 1을 십의 자리로 올린다. 십의 자리는 9가 되어야 한다. (0+9+□+1)+1에서 9가 남으려면 "□=8"이어야 한다. 십의 자리 합계는 총 19가 되며, 다시 1을 백의 자리로 올린다. 백의 자리는 9가 되어야 하며, (7+□+□+7)+1에서 9가 남으려면 "□+□는 4"가 된다. 백의 자리는 총 19가 되며, 1을 천의 자리로 올린다. 천의 자리 합은 (5+4+3+6)+1=19이며, 만의 자리에 1을 올린다. 만의 자리의 합 (□+8+8+□)+1도 19가 되어야 하므로, 이때의 "□+□는 2"이다. 따라서 다섯 개의 □를 모두 합하면 8+4+2=14임을 알 수 있다.

③ 15 ➡ (X)

④ 16 ➡ (X)

⑤ 17 ➡ (X)

07 ④

난이도 ■□□

| 문제 유형 | 퍼즐형 > 수리퀴즈

| 접근 전략 | 주어진 조건 중 변동될 수 없는 조건을 찾아 추론을 시작하여야 한다. 최대 100g, 2가지 색 이상의 조건을 확인하여, 50g의 비중을 가진 파란색 공부터 검토하는 것이 좋다. 이를 기준으로 다른 조건을 1개씩 적용하면서 가능성을 검토해 나간다.

다음 글을 근거로 판단할 때, 〈보기〉에서 옳은 것만을 모두 고르면?

甲은 아래 3가지 색의 공을 〈조건〉에 따라 3개의 상자에 나누어 모두 담으려고 한다.

색	무게(g)	개수
빨강	30	3
노랑	40	2
파랑	50	2

〈조건〉

○ 각 상자에는 100g을 초과해 담을 수 없다.

○ 각 상자에는 적어도 2가지 색의 공을 담아야 한다.

➠ 3개의 상자에 각각 100g을 초과하여 담을 수 없고, 적어도 2가지 색의 공이 담겨야 한다. 파란색 공은 1개에 50g이므로 1상자에 1개만 담을 수 있다. 다음으로 무게가 큰 노란색은 개당 40g이므로 파란색 공과 함께 담을 때 총 90g의 첫 번째 박스를 만들 수 있다. 만약 노랑색, 파란색 공을 각 1개씩 한 번 더 담아 두 번째 박스를 만든다면, 빨간색 공은 나머지 1박스에 모두 담겨야 하므로 조건에 부합하지 않는다. 따라서 두 번째 박스는 파란색 공 1개에 빨간색 공 1개가 더 담기며, 총 80g이 된다. 그리고 남은 노란색 공 1개와 빨간색 공 2개를 함께 담으면 총 100g이며, 세 번째 박스가 완성된다.

〈보기〉

ㄱ. 빨간색 공은 모두 서로 다른 상자에 담기게 된다. → (X) 빨간색 공은 두 번째, 세 번째 박스에만 담겨 있다.

ㄴ. 각 상자에 담긴 공 무게의 합은 서로 다르다. → (O) 첫 번째 박스는 90g, 두 번째 박스는 80g, 세 번째 박스는 100g이다.

ㄷ. 빨간색 공이 담긴 상자에는 파란색 공이 담기지 않는다. → (X) 두 번째 박스에 파란색 공과 빨간색 공이 함께 담겨 있다.

ㄹ. 3개의 상자 중에서 공 무게의 합이 가장 작은 상자에는 파란색 공이 담기게 된다. → (O) 무게가 가장 가벼운 두 번째 박스에 파란색 공이 담겨 있다.

① ㄱ, ㄴ ➠ (X)
② ㄱ, ㄷ ➠ (X)
③ ㄴ, ㄷ ➠ (X)
④ ㄴ, ㄹ ➠ (O)
⑤ ㄷ, ㄹ ➠ (X)

08 ④

난이도 ■■□

| 문제 유형 | 연산추론형 > 대입비교

| 접근 전략 | 가감 점수 표를 정확히 파악하여, 상단의 현황표에 적용한다. 가감점의 폭이 10점으로 동일하므로 계산 중 상호 혼동하지 않도록 주의한다.

다음 글을 근거로 판단할 때, A사가 투자할 작품만을 모두 고르면?

○ A사는 투자할 작품을 결정하려고 한다. 작품별 기본점수 등 현황은 다음과 같다.

작품 \ 현황	기본 점수 (점)	스태프 인원 (명)	장르	감독의 최근 2개 작품 흥행 여부 (개봉연도)	
성묘	70	55	판타지	성공 (2009)	실패 (2015)
서울의 겨울	85	45	액션	실패 (2018)	실패 (2020)
만날 결심	75	50	추리	실패 (2020)	성공 (2022)
빅 포레스트	65	65	멜로	성공 (2011)	성공 (2018)

○ 최종점수는 작품별 기본점수에 아래 기준에 따른 점수를 가감해 산출한다.

기준	가감 점수
스태프 인원이 50명 미만	감점 10점
장르가 판타지	가점 10점
감독의 최근 2개 작품이 모두 흥행 성공	가점 10점
감독의 직전 작품이 흥행 실패	감점 10점

○ 최종점수가 75점 이상인 작품에 투자한다.

① 성묘, 만날 결심 ➠ (X)
② 성묘, 빅 포레스트 ➠ (X)
③ 서울의 겨울, 만날 결심 ➠ (X)
④ 만날 결심, 빅 포레스트 ➠ (O) 스태프 인원이 50명 미만인 영화는 서울의 겨울 1개이며 10점 감점된다. 장르가 판타지인 영화는 성묘이며 10점 가점된다. 감독의 최근 2개 작품이 모두 흥행에 성공한 것은 빅 포레스트만 해당되며 10점 가점된다. 감독의 직전 작품이 흥행에 실패한 것은 성묘와 서울의 겨울이며 각 10점 감점된다. 이와 같은 가감점을 기본점수와 합하면, 성묘 70점, 서울의 겨울 65점, 만날 결심 75점, 빅 포레스트 75점이 된다. A사 투자기준인 최종점수 75점 이상인 작품은 만날 결심, 빅 포레스트이다.
⑤ 서울의 겨울, 빅 포레스트 ➠ (X)

※ 다음 글을 읽고 물음에 답하시오. [문 9.～문 10.]

암호 기술은 일반적인 문장(평문)을 해독 불가능한 암호문으로 변환하거나, 암호문을 해독 가능한 평문으로 변환하기 위한 원리, 수단, 방법 등을 취급하는 기술을 말한다. 이 암호 기술은 암호화와 복호화로 구성된다. 암호화는 평문을 암호문으로 변환하는 것이며, 반대로 암호문에서 평문으로 변환하는 것은 복호화라 한다. ▶1문단

암호 기술에서 사용되는 알고리즘, 즉 암호 알고리즘은 대상 메시지를 재구성하는 방법이다. 암호 알고리즘에는 메시지의 각 원소를 다른 원소에 대응시키는 '대체'와 메시지의 원소들을 재배열하는 '치환'이 있다. 예를 들어 대체는 각 문자를 다른 문자나 기호로 일대일로 대응시키는 것이고, 치환은 단어, 어절 등의 순서를 바꾸는 것이다. ▶2문단

암호 알고리즘에서는 보안을 강화하기 위해 키(key)를 사용하기도 한다. 키는 암호가 작동하는 데 필요한 값이다. 송신자와 수신자가 같은 키를 사용하면 대칭키 방식이라 하고, 다른 키를 사용하면 비대칭키 방식이라 한다. 대칭키 방식은 동일한 키로 상자를 열고 닫는 것이고, 비대칭키 방식은 서로 다른 키로 상자를 열고 닫는 것이다. 비대칭키 방식의 경우에는 수신자가 송신자의 키를 몰라도 자신의 키만 알면 복호화가 가능하다. 그리고 비대칭키 방식은 서로 다른 키를 사용하기 때문에, 키의 유출 염려가 덜해 조금 더 보안성이 높다고 알려져 있다. ▶3문단

한편 암호 알고리즘에 사용하기 위해 만들 수 있는 키의 수는 키를 구성하는 비트(bit)의 수에 따른다. 비트는 0과 1을 표현할 수 있는 가장 작은 단위인데, 예를 들어 8비트로 만들 수 있는 키의 수는 2^8, 즉 256개이다. 키를 구성하는 비트의 수가 많으면 많을수록 모든 키를 체크하는 데 시간이 오래 걸려 보안성이 높아진다. 256개 정도의 키는 컴퓨터로 짧은 시간에 모두 체크할 수 있으나, 100비트로 구성된 키가 사용되었다면 체크해야 할 키의 수가 2^{100}개에 달해 초당 100만 개의 키를 체크할 수 있는 컴퓨터를 사용하더라도 상당히 많은 시간이 걸릴 것이다. ▶4문단

56비트로 구성된 키를 사용하여 만든 암호 알고리즘에는 DES(Data Encryption Standard)가 있다. 그런데 오늘날 컴퓨팅 기술의 발전으로 인해 DES는 더 이상 안전하지 않아, DES보다는 DES를 세 번 적용한 삼중 DES(triple DES)나 그 뒤를 이은 AES(Advanced Encryption Standard)를 사용하고 있다. ▶5문단

09 ②

난이도 ■□□

| 문제 유형 | 제시문형 > 분석추론

| 접근 전략 | 하나의 제시문으로 두 문제를 풀어야 하는 세트 구성의 문제에서는 대부분 앞의 문제는 글의 내용을 추리하거나 확인하는 문제, 뒤의 문제는 제시문의 내용을 새로운 상황에 적용하는 문제가 출제된다. 이때 뒤의 문제는 제시문의 한 부분만 읽고도 풀이가 가능하며 제시문에서 뒤의 문제를 풀기 위한 부분으로 사용된 부분은 대개 앞의 문제에서는 사용되지 않는다. 제시문의 한 부분으로 두 문제가 출제되면 난이도가 낮아지기 때문이다.

윗글을 근거로 판단할 때, 〈보기〉에서 옳은 것만을 모두 고르면?

〈보기〉

ㄱ. 복호화를 통하여 암호문을 평문으로 변환할 수 있다. → (O) 1문단에서 암호문에서 평문으로 변환하는 것을 복호화라고 한다고 하였다.

ㄴ. 비대칭키 방식의 경우, 수신자는 송신자의 키를 알아야 암호를 해독할 수 있다. → (X) 3문단에서 비대칭키 방식의 경우에는 수신자가 송신자의 키를 몰라도 자신의 키만 알면 복호화가 가능하다고 하였다.

ㄷ. 대체는 단어, 어절 등의 순서를 바꾸는 것이다. → (X) 2문단에서 단어, 어절 등의 순서를 바꾸는 것은 치환이라고 하였다.

ㄹ. 삼중 DES 알고리즘은 DES 알고리즘보다 안전성이 높다. → (O) 5문단에서 오늘날 컴퓨팅 기술의 발전으로 DES 암호 알고리즘은 더 이상 안전하지 않아 삼중 DES 암호 알고리즘을 사용한다고 하였다.

① ㄱ, ㄴ ➡ (X)
② ㄱ, ㄹ ➡ (O)
③ ㄴ, ㄷ ➡ (X)
④ ㄴ, ㄹ ➡ (X)
⑤ ㄷ, ㄹ ➡ (X)

10 ③

난이도 ■■■

| 문제 유형 | 연산추론형 > 대입비교

| 접근 전략 | 제시문의 일부분을 적용하여 해결할 수 있는 정교하게 짜여진 상황이 제시되었으므로 제시문의 내용과 긴밀하게 연관시켜 상황을 이해하여야 문제 풀이가 가능하다. 4문단에서 8비트로 만들 수 있는 키의 수는 2의 8제곱이라고 하였으므로 2의 56비트로 만들 수 있는 키의 수와 2의 60비트로 만들 수 있는 키의 수는 2의 4제곱의 곱만큼 차이가 난다. 따라서 2배마다 10만 원씩 비용이 상승한다고 하였으므로 4번 상승된 1,400,000원이 답이 된다.

윗글과 〈상황〉을 근거로 판단할 때, (가)에 해당하는 수는?

〈보기〉

2^{56}개의 키를 1초에 모두 체크할 수 있는 컴퓨터의 가격이 1,000,000원이다. 컴퓨터의 체크 속도가 2배가 될 때마다 컴퓨터는 10만 원씩 비싸진다. 60비트로 만들 수 있는 키를 1초에 모두 체크할 수 있는 컴퓨터의 최소 가격은 (가) 원이다.

① 1,100,000 ➡ (X)
② 1,200,000 ➡ (X)
③ 1,400,000 ➡ (O) 2의 60제곱은 2의 56제곱에 2의 4제곱만큼 곱해진 수이다. 컴퓨터의 체크 속도가 2배가 될 때마다 컴퓨터는 10만 원씩 비싸지므로 4번 비싸져서 1,400,000원이 된다.
④ 1,600,000 ➡ (X)
⑤ 2,000,000 ➡ (X)

11 ①

난이도 ■■□

| 문제 유형 | 법조문형 > 규정적용

| 접근 전략 | 법조문를 활용한 문제는 제시문을 먼저 읽기보다 선지를 먼저 읽고 해당 부분을 찾아 읽는 발췌독을 하는 것이 풀이 시간 단축에 유리하다. 특히 세부항목이 있는 조항은 반드시 선지에 등장하므로 유의해서 읽어야 한다.

다음 글을 근거로 판단할 때 옳은 것은?

제00조 ① A부장관은 김치산업의 활성화를 위한 제조기술 및 김치와 어울리는 식문화 보급을 위하여 필요한 전문인력을 양성할 수 있다.
② A부장관은 제1항에 따른 전문인력 양성을 위하여 대학·연구소 등 적절한 시설과 인력을 갖춘 기관·단체를 전문인력 양성기관으로 지정·관리할 수 있다.
③ A부장관은 제2항에 따라 지정된 전문인력 양성기관에 대하여 예산의 범위에서 그 양성에 필요한 경비를 지원할 수 있다.
④ A부장관은 김치산업 전문인력 양성기관이 다음 각 호의 어느 하나에 해당하는 경우에는 지정을 취소하거나 6개월 이내의 범위에서 기간을 정하여 업무의 전부 또는 일부를 정지할 수 있다. 다만, 제1호에 해당하는 경우에는 지정을 취소하여야 한다.
1. 거짓이나 그 밖의 부정한 방법으로 지정을 받은 경우
2. 지정받은 사항을 위반하여 업무를 행한 경우
3. 지정기준에 적합하지 아니하게 된 경우

제00조 ① 국가는 김치종주국의 위상제고, 김치의 연구·전시·체험 등을 위하여 세계 김치연구소를 설립하여야 한다.
② 국가와 지방자치단체는 세계 김치연구소의 효율적인 운영·관리를 위하여 필요한 경비를 예산의 범위에서 지원할 수 있다.

제00조 ① 국가와 지방자치단체는 김치산업의 육성, 김치의 수출 경쟁력 제고 및 해외시장 진출 활성화를 위하여 김치의 대표상품을 홍보하거나 해외시장을 개척하는 개인 또는 단체에 대하여 필요한 지원을 할 수 있다.
② A부장관은 김치의 품질향상과 국가 간 교역을 촉진하기 위하여 김치의 국제규격화를 추진하여야 한다.

① 김치산업 전문인력 양성기관으로 지정된 기관이 부정한 방법으로 지정을 받은 경우, A부장관은 그 지정을 취소하여야 한다.
➡ (O) 첫 번째 조 제4항에서 제1호에 해당하는 경우에는 지정을 취소하여야 한다고 명시하고 있으므로 옳은 판단이다.
② A부장관은 김치의 품질향상과 국가 간 교역을 촉진하기 위하여 김치의 국제규격화는 지양하여야 한다. ➡ (X) 세 번째 조 제2항에서 A

부장관은 김치의 품질향상과 국가 간 교역을 촉진하기 위하여 김치의 국제규격화를 추진하여야 한다고 하였으므로 옳지 않은 판단이다.

③ A부장관은 적절한 시설을 갖추지 못한 대학이라도 전문인력 양성을 위하여 해당 대학을 김치산업 전문인력 양성기관으로 지정할 수 있다. ➡ (X) 첫 번째 조 제2항에서 전문인력 양성을 위하여 대학·연구소 등 적절한 시설을 갖춘 기관·단체를 전문인력 양성기관으로 지정한다고 하였으므로 옳지 않은 판단이다.

④ 국가와 지방자치단체는 김치종주국의 위상제고를 위해 세계 김치연구소를 설립하여야 한다. ➡ (X) 두 번째 조 제1항에서 세계 김치연구소는 국가가 설립하여야 한다고 명시하였으므로 지방자치단체가 세계 김치연구소를 설립하여야 한다는 판단은 옳지 않다.

⑤ 지방자치단체가 김치의 해외시장 개척을 지원함에 있어서 개인은 그 지원대상이 아니다. ➡ (X) 세 번째 조 제1항에서 김치의 해외시장을 개척하는 개인에게도 필요한 지원을 할 수 있다고 하였으므로 개인은 지원대상이 아니라는 판단은 옳지 않다.

12 ④

난이도 ■■□

| 문제 유형 | 연산추론형 > 수리계산

| 접근 전략 | 주어진 조건을 정확히 파악하여 적용한다. 언급한 기준에서 벗어나는 요소를 놓치지 않도록 주의한다. 중요도 상과 하, 보도자료만 언급하였으므로 이에 해당하지 않는 문서를 구분해야 한다. 표 안의 정보는 모두 활용되므로 조건을 대입할 때 놓치는 요소가 없도록 주의한다.

다음 글을 근거로 판단할 때, 인쇄에 필요한 A4용지의 장수는?

甲주무관은 〈인쇄 규칙〉에 따라 문서 A~D를 각 1부씩 인쇄하였다.

〈인쇄 규칙〉

○ 문서는 A4용지에 인쇄한다.
○ A4용지 한 면에 2쪽씩 인쇄한다. 단, 중요도가 상에 해당하는 보도자료는 A4용지 한 면에 1쪽씩 인쇄한다.
○ 단면 인쇄를 기본으로 한다. 단, 중요도가 하에 해당하는 문서는 양면 인쇄한다.
○ 한 장의 A4용지에는 한 종류의 문서만 인쇄한다.

종류	유형	쪽수	중요도
A	보도자료	2	상
B	보도자료	34	중
C	보도자료	5	하
D	설명자료	3	상

① 11장 ➡ (X)
② 12장 ➡ (X)
③ 22장 ➡ (X)
④ 23장 ➡ (O) 중요도가 상에 해당하는 보도자료는 A4용지 한 면에 1쪽만 단면 인쇄하는데 A 보도자료는 쪽수가 2이므로 A4용지 2장이 필요하다. 중요도가 하에 해당하는 문서는 한 면에 2쪽씩 양면 인쇄하므로 C 보도자료는 4쪽이 1장에 들어가야 하는데 C 보도자료는 총 5쪽이므로 A4용지 2장이 필요하다. 중요도가 중에 해당하는 B 보도자료는 한 면에 2쪽씩 단면 인쇄하므로 A4용지 17장이 필요하다. D 설명자료는 보도자료가 아니므로 중요도가 상이더라도 한 면에 2쪽씩 단면 인쇄하므로 A4용지 2장이 필요하다. 따라서 인쇄에 필요한 A4용지의 장수는 23장(=2+17+2+2)이다.
⑤ 24장 ➡ (X)

13 ③

난이도 ■■■

| 문제 유형 | 제시문형 > 분석추론

| 접근 전략 | 제시문의 길이가 길고 내용이 다소 복잡하게 보일 수 있으나 각 문단의 내용들이 고르게 선지에 분포되어 있다. 더불어 제시문의 내용을 확실히 이해해야만 풀이가 가능하여 이름과 성 대신 이름과 부칭을 사용하는 문화, 부칭을 붙이는 원리와 예외 상황을 적절히 독해해야 한다. 특히 예외 상황은 꼭 출제되고 있으니 제시문을 읽을 때부터 유의해야 한다.

다음 글을 근거로 판단할 때 옳은 것은?

이름 뒤에 성이 오는 보통의 서양식 작명법과 달리, A국에서는 별도의 성을 사용하지 않고 이름 뒤에 '부칭(父稱)'이 오도록 작명을 한다. 부칭은 이름을 붙이는 대상자의 아버지 이름에 접미사를 붙여서 만든다. 아들의 경우 그 아버지의 이름 뒤에 s와 손(son)을 붙이고, 딸의 경우 s와 도티르(dottir)를 붙여 '~의 아들' 또는 '~의 딸'이라는 의미를 가지는 부칭을 만든다. 예를 들어, 욘 스테파운손(Jon Stefansson)의 아들 피얄라르(Fjalar)는 '피얄라르 욘손(Fjalar Jonsson)', 딸인 카트린(Katrin)은 '카트린 욘스도티르(Katrin Jonsdottir)'가 되는 식이다. ▶1문단

같은 사회적 집단에 속해 있는 사람끼리 이름과 부칭이 같으면 할아버지의 이름까지 써서 작명하기도 한다. 예를 들어, 욘 토르손이라는 사람이 한 집단에 두 명 있는 경우에는 욘 토르손 아이나르소나르(Jon Thorsson Einarssonar)와 욘 토르손 스테파운소나르(Jon Thorsson Stefanssonar)와 같이 구분한다. 전자의 경우 '아이나르의 아들인 토르의 아들인 욘'을, 후자의 경우 '스테파운의 아들인 토르의 아들인 욘'을 의미한다. ▶2문단

한편 공식적인 자리에서 A국 사람들은 이름을 부르거나 이름과 부칭을 함께 부르며, 부칭만으로 서로를 부르지는 않는다. 또한 A국에서는 부칭이 아닌 이름의 영어 알파벳 순서로 정렬하여 전화번호부를 발행한다. ▶3문단

① 피얄라르 토르손 아이나르소나르(Fjalar Thorsson Einarssonar)로 불리는 사람의 할아버지의 부칭을 알 수 있다. ➡ (X) 2문단에서 욘 토르손 아이나르소나르는 아이나르의 아들인 토르의 아들인 욘이라고 설명하므로 피얄라르 토르손 아이나르소나르는 아이나르의 아들인 토르의 아들인 피얄라르를 뜻한다. 따라서 아버지의 부칭까지 알 수 있고 할아버지의 부칭은 알 수 없으므로 옳지 않은 판단이다.

② 피얄라르 욘손(Fjalar Jonsson)은 공식적인 자리에서 욘손으로 불린다. ➡ (X) 3문단에서 공식적인 자리에서 A국 사람들은 이름을 부르거나, 이름과 부칭을 함께 부르고 부칭만으로는 서로를 부르지 않는다고 하였으므로 피얄라르 욘손은 피얄라르 혹은 피얄라르 욘손으로 불리며, 욘손으로 불릴 것이라는 판단은 옳지 않다.

③ A국의 전화번호부에는 피얄라르 욘손(Fjalar Jonsson)의 아버지의 이름이 토르 아이나르손(Thor Einarsson)보다 먼저 나올 것이다. ➡ (O) 3문단에서 전화번호부는 부칭이 아닌 이름의 영어 알파벳 순서로 정렬한다고 하였다. 따라서 피얄라르 욘손의 아버지의 이름인 욘(Jon)이 토르 아이나르손의 이름인 토르(Thor)보다 알파벳 순서가 먼저이므로 전화번호부에 먼저 나올 것이라는 판단은 옳다.

④ 스테파운(Stefan)의 아들 욘(Jon)의 부칭과 손자 피얄라르(Fjalar)의 부칭은 같을 것이다. ➡ (X) 1문단에서 나온 부칭 붙이는 법에 따르면 스테파운의 아들 욘의 부칭은 스테파운손, 손자 피얄라르의 부칭은 욘손이므로 두 사람의 부칭이 같다는 판단은 옳지 않다.

⑤ 욘 스테파운손(Jon Stefansson)의 아들과 욘 토르손(Jon Thorsson)의 딸은 동일한 부칭을 사용할 것이다. ➡ (X) 1문단에서 아들과 딸은 각각 이름 뒤에 s와 손, s와 도티르를 붙인다고 하였으므로 욘 스테파운손의 아들은 욘손, 욘 토르손의 딸은 욘스도티르로 부칭을 사용할 것이다. 따라서 두 사람의 부칭이 동일할 것이라는 판단은 옳지 않다.

14 ③

난이도 ■■□

| 문제 유형 | 퍼즐형 > 게임·규칙

| 접근 전략 | 명확한 조건을 찾아 추론을 시작한다. 이를 기준으로 다른 조건을 1개씩 적용하면서 가능성을 검토해 나간다.

다음 글과 〈상황〉을 근거로 판단할 때, 〈보기〉에서 옳은 것만을 모두 고르면?

甲국은 국내 순위 1~10위 선수 10명 중 4명을 국가대표로 선발하고자 한다. 국가대표는 국내 순위가 높은 선수가 우선 선발되나, A, B, C팀 소속 선수가 최소한 1명씩은 포함되어야 한다.

〈상황〉

○ 국내 순위 1~10위 중 공동 순위는 없다.
○ 선수 10명 중 4명은 A팀, 3명은 B팀, 3명은 C팀 소속이다.
○ C팀 선수 중 국내 순위가 가장 낮은 선수가 A팀 선수 중 국내 순위가 가장 높은 선수보다 국내 순위가 높다.
○ B팀 소속 선수 3명의 국내 순위는 각각 2위, 5위, 8위이다.

➡ B팀 소속 선수 3명의 국내 순위가 확실히 주어져 있으므로 이를 활용한다. C팀 선수 3명 중 꼴찌가 A팀 선수 4명 중 선두보다 순위가 높으므로 1~10위 중 1, 3, 4위는 C팀이며 6, 7, 9, 10위는 A팀임을 알 수 있다.

〈보기〉

ㄱ. 국내 순위 1위 선수의 소속팀은 C팀이다. → (O) 1위 선수의 소속팀은 C팀이다.
ㄴ. A팀 소속 선수 중 국내 순위가 가장 낮은 선수는 9위이다. → (X) A팀 소속 선수 중 국내 순위가 가장 낮은 선수는 10위이다.
ㄷ. 국가대표 중 국내 순위가 가장 낮은 선수는 7위이다. → (X) 국가대표는 반드시 팀별 1명 이상 선발되어야 하므로 A팀 선두인 6위 선수가 포함된다.
ㄹ. 국내 순위 3위 선수와 4위 선수는 같은 팀이다. → (O) 3위, 4위 선수는 모두 C팀 소속이다.

① ㄱ, ㄴ ➡ (X)
② ㄱ, ㄷ ➡ (X)
③ ㄱ, ㄹ ➡ (O)
④ ㄴ, ㄷ ➡ (X)
⑤ ㄴ, ㄹ ➡ (X)

15 ⑤

난이도 ■■□

| 문제 유형 | 퍼즐형 > 최댓값·최솟값 도출

| 접근 전략 | 부피 비율과 가격 조건을 정확히 대입하여 산정한다. 최소 원료비용을 구해야 하므로 같은 부피의 물질을 만들 수 있으면서 가장 적은 비용이 드는 원료 물질을 선택한다.

다음 글을 근거로 판단할 때, Q를 100리터 생산하는 데 드는 최소 비용은?

○ 화학약품 Q를 생산하려면 A와 B를 2:1의 비율로 혼합해야 한다. 이 혼합물을 가공하면 B와 같은 부피의 Q가 생산된다. 예를 들어, A 2리터와 B 1리터를 혼합하여 가공하면 Q 1리터가 생산된다.
○ A는 원료 X와 Y를 1:2의 비율로 혼합하여 만든다. 이 혼합물을 가공하면 X와 같은 부피의 A가 생산된다. 예를 들어, X 1리터와 Y 2리터를 혼합하여 가공하면 A 1리터가 생산된다.
○ B는 원료 Z와 W를 혼합하여 만들거나, Z나 W만 사용하여 만든다. Z와 W를 혼합하여 가공하면 혼합비율에 관계없이 원료 절반 부피의 B가 생산된다. 예를 들어, Z와 W를 1리터씩 혼합하여 가공하면 B 1리터가 생산된다. 두 재료를 혼합하지 않고 Z나 W만 사용하여 가공하는 경우에도 마찬가지로 원료 절반 부피의 B가 생산된다.
○ 각 원료의 리터당 가격은 다음과 같다. 원료비 이외의 비용은 발생하지 않는다.

원료	X	Y	Z	W
가격(만 원/리터)	1	2	4	3

① 1,200만 원 ➡ (X)
② 1,300만 원 ➡ (X)
③ 1,400만 원 ➡ (X)
④ 1,500만 원 ➡ (X)
⑤ 1,600만 원 ➡ (O) Q는 B와 같은 부피만큼만 생산되며, A:B=2:1로 혼합해야 한다. 따라서 Q 100리터를 생산하기 위해서는 A 200리터와 B 100리터가 필요하다. A는 X:Y=1:2 비율로 혼합하며 X와 같은 부피가 생산된다. 따라서 X 200리터와 Y 400리터가 필요하다. X는 리터당 1만 원, Y는 리터당 2만 원이므로 A를 만들기 위해서는 총 1,000만 원의 비용이 발생된다. B는 Z와 W를 혼합하거나 Z, W 한 가지만 써도 된다. 단, 무엇을 쓰든 부피는 절반이 된다. 따라서 B 100리터를 만들기 위해서는 Z나 W 200리터가 필요하다. 이때 하단의 표를 보면 Z는 4(만 원/리터), W는 3(만 원/리터)이므로 W를 사용하는 것이 저렴하다. B를 만들기 위한 비용은 600만 원이 된다. 최종적으로 화학약품 Q를 생산하기 위한 최소 비용은 1,600만 원이다.

16 ⑤

난이도 ■■■

| 문제 유형 | 퍼즐형 > 게임·규칙

| 접근 전략 | 주어진 지문에서 가장 핵심적이고 확정적인 문장을 찾아서 추론을 시작한다. 이 문제에서는 "한 선수의 점수가 다른 선수보다 2점 많아지면 그 선수가 경기의 승자가 되고 경기가 종료된다."에 주목해야 한다. 다른 조건들은 가능성을 담고 있지만, 이 문장은 변동되지 않는 명확한 상황을 제시하고 있기 때문이다.

다음 글과 〈상황〉을 근거로 판단할 때, 〈보기〉에서 옳은 것만을 모두 고르면?

두 선수가 맞붙어 승부를 내는 스포츠 경기가 있다. 이 경기는 개별 게임으로 이루어져 있으며, 한 게임의 승부가 결정되면 그 게임의 승자는 1점을 얻고 패자는 점수를 얻지 못한다. 무승부는 없다. 개별 게임을 반복적으로 진행하여 한 선수의 점수가 다른 선수보다 2점 많아지면 그 선수가 경기의 승자가 되고 경기가 종료된다.

〈상황〉

두 선수 甲과 乙이 맞붙어 이 경기를 치른 결과, n번째 게임을 끝으로 甲이 경기의 승자가 되고 경기가 종료되었다. 단, n>3이다.

→ 승자는 1점, 패자는 0점, 무승부는 없다. 1:1게임을 반복하여 2점 차이가 나면 승자가 결정되는 게임이다. 〈상황〉 조건에서는 甲이 게임의 최종 승자이며 게임은 최소 네 번 이상 진행되었음을 알 수 있다. 이 게임에서 최종 승자가 되려면 반드시 마지막에 두 번 연달아 승리하여야 한다. 그리고 그 전까지는 반드시 짝수 번째 게임 종료 시 동점 상황이 이어져야 게임이 지속될 수 있다.

〈보기〉

ㄱ. n이 홀수인 경우가 있다. → (X) 두 선수가 동점이려면 게임을 짝수 번 해야 하며 이후 두 번을 연달아 이겨야 하므로 게임 횟수인 n은 항상 짝수가 된다.
ㄴ. (n−1)번째 게임에서 乙이 이겼을 수도 있다. → (X) 甲이 마지막 2회를 이겨야 승자가 되므로 (n−1)번째 게임에서는 반드시 甲이 이겨야 한다.
ㄷ. (n−2)번째 게임 종료 후 두 선수의 점수는 같았다. → (O) n번째, (n−1)번째 게임에서 甲이 연속 2회 승리하면서 2점 차로 경기의 승자가 되어야 하므로, (n−2)번째 게임에서는 반드시 동점이 되어야 한다.
ㄹ. (n−3)번째 게임에서 乙이 이겼을 수도 있다. → (O) 누가 승리하든 짝수 번째 게임 종료 시 동점이 된다면, 이어지는 두 게임에서 甲이 두 번 승리하여 승자가 될 수 있다. 따라서 (n−3)번째 게임에서는 乙이 이겼을 수 있다.

① ㄱ ➡ (X)
② ㄷ ➡ (X)
③ ㄱ, ㄴ ➡ (X)
④ ㄴ, ㄹ ➡ (X)
⑤ ㄷ, ㄹ ➡ (O)

17 ②

난이도 ■■□

| 문제 유형 | 연산추론형 > 수리계산
| 접근 전략 | 주어진 상황을 중심으로 지문의 조건을 적용해 나간다. 표에서 순위에 따른 점수를 통해 합계 시 도출될 수 있는 숫자를 추리할 수 있다. 공동 순위를 통한 점수 배분 공식을 통해서 나올 수 있는 숫자도 중요하다.

다음 글과 〈상황〉을 근거로 판단할 때, 甲이 치른 3경기의 순위를 모두 합한 수는?

10명의 선수가 참여하는 경기가 있다. 현재까지 3경기가 치러졌다. 참여한 선수에게는 매 경기의 순위에 따라 다음과 같이 점수를 부여한다.

순위	점수	순위	점수
1	100	6	8
2	50	7	6
3	30	8	4
4	20	9	2
5	10	10	1

만약 어떤 순위에 공동 순위가 나온다면, 그 순위를 포함하여 공동 순위자의 수만큼 이어진 순위 각각에 따른 점수의 합을 공동 순위자에게 동일하게 나누어 부여한다. 예를 들어 공동 3위가 3명이면, 공동 3위 각각에게 부여되는 점수는 (30+20+10)÷3으로 20이다. 이 경우 그다음 순위는 6위가 된다.

〈상황〉

○ 甲은 3경기에서 총 157점을 획득하였으며, 공동 순위는 한 번 기록하였다.
○ 치러진 3경기에서 공동 순위가 4명 이상인 경우는 없었다.

① 8 ➡ (X)
② 9 ➡ (O) 甲은 3경기에서 총 157점을 획득했다. 일의 자리가 7이 될 수 있는 순위는 2가지 경우가 있다. 7위(6점)와 10위(1점)를 기록하여 7점을 얻거나, 공동 6위가 2명이어서 (8점+6점)/2명=7점이 되는 경우이다. 만약 甲이 7위와 10위를 기록하여 7점을 얻었다면 나머지 한 경기에서 150점을 획득해야 한다. 그러나 1위의 점수가 100점이므로 불가능하다. 甲이 한 경기에서 공동 6위를 기록하여 7점을 획득했다면 나머지 두 경기에서 1위(100점), 2위(50점)를 기록하여 총 157점의 점수가 될 수 있다. 따라서 해당 순위를 모두 더한 1+2+6=9가 정답이다.
③ 10 ➡ (X)
④ 11 ➡ (X)
⑤ 12 ➡ (X)

18 ①

난이도 ■■■

| 문제 유형 | 퍼즐형 > 논리퀴즈
| 접근 전략 | 교차되는 여러 조건을 조합하여 주어지지 않은 정보를 알아내는 문제이다. 재빨리 표를 그려서 접근하는 것이 가장 효과적인 전략이다. 확실한 정보를 바탕으로 다른 조건을 하나씩 조합해 나가야 하는데, 이 경우에도 가능성을 좁힐 수 있는 조건부터 적용하는 것이 좋다.

다음 글을 근거로 판단할 때 옳지 않은 것은?

인터넷 장애로 인해 甲~丁은 '메일', '공지', '결재', '문의' 중 접속할 수 없는 메뉴가 각자 1개 이상 있다. 다음은 이에 관한 甲~丁의 대화이다.

甲: 나는 결재를 포함한 2개 메뉴에만 접속할 수 없고, 乙, 丙, 丁은 모두 이 2개 메뉴에 접속할 수 있어.
乙: 丙이나 丁이 접속하지 못하는 메뉴는 나도 전부 접속할 수 없어.
丙: 나는 문의에 접속해서 이번 오류에 대해 질문했어.
丁: 나는 공지에 접속할 수 없고, 丙은 공지에 접속할 수 있어.

→ 위 내용을 표로 정리하면 다음과 같다.

구분	메일	공지	결재	문의
甲	○	○	×	×
乙	×	×	○	○
丙	×	○	○	○
丁	(　)	×	○	○

① 甲은 공지에 접속할 수 없다. ➡ (O) 丙과 丁의 대화를 바탕으로 丙은 문의, 공지에 접속할 수 있고, 丁은 공지에 접속할 수 없음을 알 수 있다. 甲은 결재를 포함한 2개 메뉴에만 접속할 수 없고 乙, 丙, 丁은 접속할 수 있다고 말했다.
丙은 문의, 공지, 결재에 접속할 수 있다. 단, 인터넷 장애로 인해 모든 사람은 접속할 수 없는 메뉴가 각자 1개 이상 있으므로 메일에는 접속할 수 없다.(②, ⑤번)
乙은 丙과 丁이 접속하지 못하는 메뉴는 모두 접속하지 못한다고 말했으므로 메일, 공지에 접속할 수 없다.(②번 보기) 한편, 甲이 접속하지 못하는 2개 메뉴를 乙이 접속할 수 있다고 하였으므로 乙은 2개 이상의 메뉴에 접속할 수 있어야 한다. 따라서 메일과 공지를 제외한 결재, 문의 2개 메뉴에 乙이 접속할 수 있음을 알 수 있다.(③번)
丁도 甲이 접속하지 못하는 2개 메뉴에 접속할 수 있으므로 결재, 문의에 접속할 수 있다.(④, ⑤번)
마지막으로 甲이 접속할 수 없는 2개의 메뉴가 결재, 문의이기 때문에 메일, 공지에는 접속할 수 있다는 사실을 알 수 있다. 따라서 정답은 ①이 된다.
② 乙은 메일에 접속할 수 없다. ➡ (X)
③ 乙은 2개의 메뉴에 접속할 수 있다. ➡ (X)
④ 丁은 문의에 접속할 수 있다. ➡ (X)
⑤ 甲과 丙이 공통으로 접속할 수 있는 메뉴가 있다. ➡ (X)

19 ③

난이도 ■□□

| 문제 유형 | 연산추론형 > 수리계산

| 접근 전략 | 주어진 조건을 공식으로 정리하여 손쉽게 계산할 수 있다. 실제 모습을 그림으로 그려보면 더욱 쉽다.

다음 글을 근거로 판단할 때, 1층 바닥면에서 2층 바닥면까지의 높이는?

1층 바닥면과 2층 바닥면이 계단으로 연결된 건물이 있다. A가 1층 바닥면에 서 있고, B가 2층 바닥면에 서 있을 때, A의 머리 끝과 B의 머리 끝의 높이 차이는 240cm이다. A와 B가 위치를 서로 바꾸는 경우, A와 B의 머리 끝의 높이 차이는 220cm이다. A와 B의 키는 1층 바닥면에서 2층 바닥면까지의 높이보다 크지 않다.

① 210cm ➡ (X)

② 220cm ➡ (X)

③ 230cm ➡ (O) 1층과 2층 사이의 높이를 X라고 할 때, A가 1층 바닥면에 서 있고 B가 2층 바닥면에 서 있는 경우는 X에 B의 키를 더한 총 높이에서 A의 키를 뺀 것에 해당된다. 이 높이가 240cm로 주어져 있으므로 식으로 정리하면 아래와 같다.

(X+B)−A=240cm

A와 B가 위치를 서로 바꾸는 경우는 높이(X)에 A의 키를 더하고 B의 키를 빼야 한다.

(X+A)−B=220cm

두 방정식을 합하여 계산하면 X=230cm임을 알 수 있다.

④ 240cm ➡ (X)

⑤ 250cm ➡ (X)

20 ④

난이도 ■■□

| 문제 유형 | 연산추론형 > 수리계산

| 접근 전략 | 제외 조건부터 적용하여 검토 대상을 정리한다. 이후 산식을 적용하여 금액을 산정해 나간다. 문제에서 주어진 조건들은 대부분 모두 활용되므로 놓치는 조건이 없는지 마지막까지 주의한다.

다음 글을 근거로 판단할 때, 가장 많은 액수를 지급받을 예술단체의 배정액은?

□□부는 2024년도 예술단체 지원사업 예산 4억 원을 배정하려 한다. 지원 대상이 되는 예술단체의 선정 및 배정액 산정·지급 방법은 다음과 같다.

○ 2023년도 기준 인원이 30명 미만이거나 운영비가 1억 원 미만인 예술단체를 선정한다.

○ 사업분야가 공연인 단체의 배정액은 '(운영비 × 0.2)+(사업비 × 0.5)'로 산정한다.

○ 사업분야가 교육인 단체의 배정액은 '(운영비 × 0.5)+(사업비 × 0.2)'로 산정한다.

○ 인원이 많은 단체부터 순차적으로 지급한다. 다만 예산 부족으로 산정된 금액 전부를 지급할 수 없는 단체에는 예산 잔액을 배정액으로 한다.

○ 2023년도 기준 예술단체(A~D) 현황은 다음과 같다.

단체	인원(명)	사업분야	운영비(억 원)	사업비(억 원)
A	30	공연	1.8	5.5
B	28	교육	2.0	4.0
C	27	공연	3.0	3.0
D	33	교육	0.8	5.0

① 8,000만 원 ➡ (X)

② 1억 1,000만 원 ➡ (X)

③ 1억 4,000만 원 ➡ (X)

④ 1억 8,000만 원 ➡ (O) 2023년도 기준 인원이 30명 미만이거나 운영비가 1억 원 미만에 속하지 않는 단체는 A이다. B와 C는 인원, D는 운영비 조건에 해당된다. B와 D는 교육분야이므로 '(운영비 × 0.2)+(사업비 × 0.5)'를 적용하여 배정액을 계산하면 B는 1.8억 원이며, D는 1.4억 원이다. C는 공연분야이므로 '(운영비 × 0.5)+(사업비 × 0.2)'를 적용하여 배정액을 계산하면 2.1억 원이다. 예산은 인원이 많은 단체부터 순차적으로 지급하므로 인원이 33명인 D, 28명인 B, 27명인 C 순으로 배정받게 된다. 이때 예산 부족으로 산정된 금액을 전부 지급할 수 없는 단체는 잔액을 받게 된다. 총예산은 4억 원이므로 D 1.4억 원, B 1.8억 원을 배정하면 0.8억 원이 남고 C는 0.8억 원을 지급받게 된다. 따라서 가장 많은 배정액을 받는 것은 2.1억 원이 산정된 C가 아니라 1.8억 원 전액이 배정된 B이다.

⑤ 2억 1,000만 원 ➡ (X)

21 ③

난이도 ■■□

| 문제 유형 | 퍼즐형 > 논리퀴즈

| 접근 전략 | 위치 정보와 날짜 정보 등을 구분하여 정리하고 추론해 나가야 한다. 대화의 내용을 보면 어느 자리에 앉아있는 사람이 출석 혹은 결석했는지를 주로 논하고 있다. 따라서 위치 정보부터 정리하여 사람을 구분하고, 이후 날짜별로 출결 여부를 파악하는 식의 구조적 사고가 중요하다.

다음 글과 〈대화〉를 근거로 판단할 때, 직무교육을 이수하지 못한 사람만을 모두 고르면?

甲~丁은 월요일부터 금요일까지 5일 동안 실시되는 직무교육을 받게 되었다. 교육장소에는 2 × 2로 배열된 책상이 있었으며, 앞줄에 2명, 뒷줄에 2명을 각각 나란히 앉게 하였다. 교육기간 동안 자리 이동은 없었다. 교육 첫째 날과 마지막 날은 4명 모두 교육을 받았다. 직무교육을 이수하기 위해서는 4일 이상 교육을 받아야 한다.

〈대화〉

甲: 교육 둘째 날에 내 바로 앞사람만 결석했어.
乙: 교육 둘째 날에 나는 출석했어.
丙: 교육 셋째 날에 내 바로 뒷사람만 결석했어.
丁: 교육 넷째 날에 내 바로 앞사람과 나만 교육을 받았어.

① 乙 ➡ (X)

② 丙 ➡ (X)

③ 甲, 丙 ➡ (O) 대화를 살펴보면 甲, 丙, 丁은 앞과 뒤 순서를 말하고 있다. 이를 통해 甲, 丁은 뒷자리이며 丙은 앞자리에 앉아있음을 알 수 있다. 따라서 남은 乙은 앞자리가 된다. 甲은 교육 둘째 날에 내 바로 앞사람만 결석했다고 하였고, 乙은 둘째 날에 출석했다고 하였으므로 둘째 날에 결석한 것은 丙이다. 또한 甲은 丙의 뒷자리에 앉아있다는 것도 알 수 있다. 셋째 날에는 丙의 뒷사람만 결석했으므로 甲이 교육을 받지 않았다. 넷째 날에는 丁의 앞사람과 丁만 교육을 받았다. 丁의 앞사람은 乙이므로 결석한 것은 甲, 丙이다. 교육 첫째 날과 마지막 날은 4명이 모두 교육을 받았으며, 4일 이상 교육을 받아야 이수할 수 있다. 따라서 이수하지 못한 사람은 甲, 丙이다.

④ 甲, 丁 ➡ (X)

⑤ 乙, 丁 ➡ (X)

22 ④

난이도 ■□□

| 문제 유형 | 연산추론형 > 대입비교

| 접근 전략 | 나열된 숫자에서 같은 차이 값이 반복하여 나오기 위한 일정한 패턴을 찾아야 한다.

다음 글을 근거로 판단할 때, (가)에 해당하는 수는?

A공원의 다람쥐 열 마리는 각자 서로 다른 개수의 도토리를 모았는데, 한 다람쥐가 모은 도토리는 최소 1개부터 최대 10개까지였다. 열 마리 다람쥐는 두 마리씩 쌍을 이루어 그날 모은 도토리 일부를 함께 먹었다. 도토리를 모으고 먹는 이런 모습은 매일 동일하게 반복됐다. 이때 도토리를 먹는 방법은 정해져 있었다. 한 쌍의 다람쥐는 각자가 그날 모은 도토리 개수를 비교해서 그 차이 값에 해당하는 개수의 도토리를 함께 먹는다. 예를 들면, 1개의 도토리를 모은 다람쥐와 9개의 도토리를 모은 다람쥐가 쌍을 이루면 이 두 마리는 8개의 도토리를 함께 먹는다. ▶1문단

열 마리의 다람쥐를 이틀 동안 관찰한 결과, '첫째 날 각 쌍이 먹은 도토리 개수'는 모두 동일했고, '둘째 날 각 쌍이 먹은 도토리 개수'도 모두 동일했다. 하지만 '첫째 날 각 쌍이 먹은 도토리 개수'와 '둘째 날 각 쌍이 먹은 도토리 개수'는 서로 달랐고, 그 차이는 [(가)]개였다. ▶2문단

① 1 ➡ (X)

② 2 ➡ (X)

③ 3 ➡ (X)

④ 4 ➡ (O) 한 쌍의 다람쥐가 그날 모은 도토리(1～10개)의 차이 값이 모두 동일한 2가지 경우를 찾는 문제이다.

– 5개 차이 : (1, 6), (2, 7), (3, 8), (4, 9), (5, 10)

– 1개 차이 : (1, 2), (3, 4), (5, 6), (7, 8), (9, 10)

도출한 2가지 경우에 대하여 다시 차이 값을 구해야 하므로 정답은 4(=5−1)이다.

⑤ 5 ➡ (X)

23 ②

난이도 ■■■

| 문제 유형 | 연산추론형 > 수리계산

| 접근 전략 | 지문의 내용은 대부분 모두 활용되므로 모든 조건을 놓치지 않도록 주의해야 한다. 마지막 문장은 구체적인 날짜와 숫자를 제시하지 않지만, 문제를 푸는 데 결정적인 힌트를 제공하고 있다. 물탱크가 가득 차면 채우기를 중지한다는 내용을 통해, 채워지기만 하고 사용되지 않는 날이 있으며 이는 마지막 날이라는 점을 추론해야 한다.

다음 글을 근거로 판단할 때, 처음으로 물탱크가 가득 차는 날은?

신축 A아파트에는 용량이 10,000리터인 빈 물탱크가 있다. 관리사무소는 입주민의 입주 시작일인 3월 1일 00:00부터 이 물탱크에 물을 채우려고 한다. 관리사무소는 매일 00:00부터 00:10까지 물탱크에 물을 900리터씩 채운다. 전체 입주민의 1일 물 사용량은 3월 1일부터 3월 5일까지 300리터, 3월 6일부터 3월 10일까지 500리터, 3월 11일부터는 계속 700리터이다. 3월 15일에는 아파트 외벽 청소를 위해 청소업체가 물탱크의 물 1,000리터를 추가로 사용한다. 물을 채우는 시간이라도 물탱크가 가득 차면 물 채우기를 중지하고, 물을 채우는 시간에는 물을 사용할 수 없다.

① 4월 4일 ➡ (X)

② 4월 6일 ➡ (O) 매일 자정에 물탱크가 900리터씩 일정하게 채워지며, 사용량은 날짜에 따라 변화한다. 1～5일은 300리터, 6～10일은 500리터, 11일부터는 700리터이다. 15일에는 외벽 청소를 위해 1,000리터를 추가로 사용하므로 15일까지의 사용량은 총 (300×5)+(500×5)+(700×5)+1,000=8,500리터이다. 15일간 채워지는 양은 900×15=13,500리터이므로 남는 물의 양은 5,000리터이다. 16일부터는 매일 900리터가 채워지고 700리터가 사용되기 때문에 매일 200리터의 물이 늘어나게 된다.

단, 물탱크가 가득 차면 물 채우기를 중지하고, 물을 채우는 시간에 물이 줄어들지는 않는다. 10,000리터가 가득 채워지게 되는 마지막 날에는 최대 900리터까지 물이 채워진 채로 물이 사용되지 않을 수도 있다. 이를 토대로 남은 5,000리터 중 900리터 미만의 용량, 즉 4,100리터 이상이 채워지는 날을 계산한다. 21일이 소요되며 4,200리터이다. 따라서 16일부터 21일간 매일 200리터씩 총 4,200리터가 채워지고 난 뒤, 다음 날 자정부터 물이 채워지기 시작하여 800리터까지 채워진 시점에 10,000리터의 물탱크가 가득 차게 된다. 소요일수를 더하면 총 37(=15+21+1)일이다. 3월은 31일까지 있으므로 처음으로 물탱크가 가득 차는 날은 4월 6일이다.

③ 4월 7일 ➡ (X)

④ 4월 9일 ➡ (X)

⑤ 4월 10일 ➡ (X)

24 ⑤

난이도 ■■■

| 문제 유형 | 퍼즐형 > 수리퀴즈

| 접근 전략 | 문항별 점수를 모두 계산한 뒤 응시자별로 1～4번까지의 합계를 구한다. 이후 5번과 6번의 경우의 수를 적용하면 된다.

1번, 3번 문항의 추가점수는 1/3이다. 3은 소수점 이하의 숫자로 바꾸어 쓰기 불편한 분모이다. 전체적인 계산을 쉽게 하려면 모든 숫자에 3을 곱하여 문제를 풀고, ㄱ～ㄹ의 〈보기〉를 풀 때만 분모 3을 다시 붙여주면 된다.

다음 글을 근거로 판단할 때, 〈보기〉에서 옳은 것만을 모두 고르면?

甲～丁은 6문제로 구성된 직무능력시험 문제를 풀었다.

○ 정답을 맞힌 경우, 문제마다 기본점수 1점과 난이도에 따른 추가점수를 부여한다.

○ 추가점수는 다음 식에 따라 결정한다.

$$\text{추가점수} = \frac{\text{해당 문제를 틀린 사람의 수}}{\text{해당 문제를 맞힌 사람의 수}}$$

○ 6문제의 기본점수와 추가점수를 모두 합한 총합 점수가 5점 이상인 사람이 합격한다.

甲～丁이 6문제를 푼 결과는 다음과 같고, 5번과 6번 문제의 결과는 찢어져 알 수가 없다.

(○: 정답, ×: 오답)

구분	1번	2번	3번	4번	5번	6번
甲	○	×	○	○		
乙	○	×	○	×		
丙	○	○	×	×		
丁	×	○	○	×		
정답률(%)	75	50	75	25	50	50

→ 기본점수 1점에 난이도에 따라 추가점수가 부여되는 구조이다. 먼저 추가점수를 구하면 1번은 1/3점, 2번은 1점, 3번은 1/3점, 4번은 3점이다. 5번과 6번은 정답률이 50%이므로 추가점수는 1이다. 기본점수와 추가점수를 더하면 1번은 4/3점, 2번은 2점, 3번은 4/3점, 4번은 4점, 5번은 2점, 6번은 2점이다.

〈보기〉

ㄱ. 甲이 최종적으로 받을 수 있는 최대 점수는 $\frac{32}{3}$점이다. → (O) 甲의 1~4번 문제 득점은 20/3(=4/3+4/3+3)이다. 5번과 6번을 모두 맞혔을 경우 4점을 추가로 획득한다. 따라서 최대점수는 32/30이다.

ㄴ. 1~4번 문제에서 받은 점수의 합은 乙이 가장 낮다. → (O) 甲은 20/3점(=4/3+4/3+3), 乙은 8/3점(=4/3+4/3), 丙은 10/3점(=4/3+2), 丁은 10/3점(=4/3+2)이므로 乙의 점수 합이 가장 낮다.

ㄷ. 4명 모두가 합격할 수는 없다. → (X) 甲은 1~4번 문제에서 이미 5점을 넘겼다. 따라서 5번과 6번을 나머지 3명(乙, 丙, 丁)이 맞힌 경우의 수를 계산한다. 총합 점수가 5점 이상이 되기 위해서 필요한 점수는 乙이 7/3점, 丙은 5/3점, 丁은 5/3점이다. 乙이 5~6번을 모두 맞히면 4점(=12/3)을 얻으므로 합격할 수 있다. 丙과 丁은 각각 1문제씩 더 맞히면 2점(=6/3)을 얻을 수 있으므로 합격할 수 있다. 따라서 4명이 모두 합격할 수 있다.

ㄹ. 4명이 받은 점수의 총합은 24점이다. → (O) 1~4번 문제에서 4명이 받은 점수의 합계는 16점{=(20+8+10+10)/3}이다. 5번과 6번은 정답률을 고려했을 때 문제당 2점이며 각각 2명의 정답자가 나온다. 따라서 5~6번 문제에서 나오는 점수의 합계는 8점이 되며, 4명이 받은 점수의 총합은 24점(=16+8)이다.

① ㄱ, ㄷ ➡ (X)
② ㄴ, ㄷ ➡ (X)
③ ㄴ, ㄹ ➡ (X)
④ ㄱ, ㄴ, ㄷ ➡ (X)
⑤ ㄱ, ㄴ, ㄹ ➡ (O)

25 ①

난이도 ■■□

| 문제 유형 | 퍼즐형 > 게임·규칙

| 접근 전략 | 각 시점별 점수에 영향을 주는 요소를 정확히 파악한다. 지문 마지막의 "총점수에는 지난 1년간 획득한 점수만 산입된다."라는 조건에 따라 2024년 1월 1일의 총점이 어떻게 산정되는지 상세하게 설명하고 있다. 이에 따라 선수들의 총점의 변동과 챔피언십 대회 점수를 비교하여 각 선수의 랭킹을 도출하면 된다.

다음 〈상황〉을 근거로 판단할 때, 〈보기〉에서 옳은 것만을 모두 고르면?

〈상황〉

○ 테니스 선수 랭킹은 매달 1일 발표되며, 발표 전날로부터 지난 1년간 선수들이 각종 대회에 참가하여 획득한 점수의 합(이하 '총점수'라 한다)이 높은 순으로 순위가 매겨진다.
○ 매년 12월에는 챔피언십 대회(매년 12월 21일~25일)만 개최된다. 이 대회에는 당해 12월 1일 기준으로 랭킹 1~4위의 선수만 참가한다.
○ 매년 챔피언십 대회의 순위에 따른 획득 점수 및 2023년 챔피언십 대회 전후 랭킹은 아래와 같다. 단, 챔피언십 대회에서 공동 순위는 없다.

챔피언십 대회 성적	점수
우승	2000
준우승	1000
3위	500
4위	250

〈2023년 12월 1일〉

랭킹	선수	총점수
1위	A	7500
2위	B	7000
3위	C	6500
4위	D	5000
⋮	⋮	⋮

⇨

〈2024년 1월 1일〉

랭킹	선수	총점수
1위	C	7500
2위	B	7250
3위	D	7000
4위	A	6000
⋮	⋮	⋮

○ 총점수에는 지난 1년간 획득한 점수만 산입되므로, 〈2024년 1월 1일〉의 총점수에는 2022년 챔피언십 대회에서 획득한 점수는 빠지고, 2023년 챔피언십 대회에서 획득한 점수가 산입되었다.

〈보기〉

ㄱ. 2022년 챔피언십 대회 우승자는 A였다. → (O) 2022년 챔피언십 대회 우승자는 A였다.

ㄴ. 2023년 챔피언십 대회 4위는 B였다. → (O) 2023년 챔피언십 대회 4위는 B였다.

ㄷ. 2023년 챔피언십 대회 우승자는 C였다. → (X) 2023년 챔피언십 대회 우승자는 D였다.

ㄹ. 2022년 챔피언십 대회 3위는 D였다. → (X) 2022년 챔피언십 대회 3위는 D가 아니다. D는 작년에 출전하지 못했다.

① ㄱ, ㄴ ➡ (O) 매년 12월에는 당해 12월 1일 기준으로 랭킹 1~4위의 선수만 챔피언십 대회에 참가하여 점수를 얻을 수 있다. A선수는 총점 7500점에서 6000점이 되어 1500점이 떨어졌다. 챔피언십 대회 성적에 따른 점수표상 올해 3위를 하여 500점을 얻고 작년의 우승점수인 2000점이 빠졌을 경우 1500점이 떨어질 수 있다. B선수는 7,000점에서 7,250점이 되었다. 올해 4위로 250점을 얻었으며 작년에는 챔피언십 대회에 출전하지 못한 경우에 해당된다. C선수는 6,500점에서 7,500점이 되었다. 작년에는 출전하지 못했으나 올해 준우승하였을 때 나올 수 있는 점수이다.
② ㄱ, ㄷ ➡ (X)
③ ㄴ, ㄷ ➡ (X)
④ ㄴ, ㄹ ➡ (X)
⑤ ㄱ, ㄴ, ㄹ ➡ (X)

2024 | 제3영역 자료해석(㉴ 책형)

기출 총평

2024년 자료해석 시험에서는 표/그림/빈칸 제시형의 자료 읽기 문제의 비중이 52%로 전년 대비 다소 높게 출제되었고, 계산형 문제의 비중은 4%로 전년도 비중(28%)보다 큰 폭으로 감소한 대신 매칭형 문제의 비중이 증가하였다. 이 외에 전반적인 문제 유형 및 난이도는 이전 연도와 비슷한 수준으로 출제되었다. 따라서 전반적인 흐름을 파악하기 위해서라도 기출 문제를 반드시 확인하고 접근할 필요가 있으며, 기출 문제를 해결함으로써 문제 해결 시간을 충분히 단축할 수 있다. 총 25문항 중 후반부에 난도가 높은 문항이 다소 포진해 있었지만, 초중반까지는 크게 계산이 요구되거나 복잡한 절차를 거쳐 해결해야 하는 문항이 크게 눈에 띄지 않아 시간을 단축할 수 있었다. 초중반까지는 〈보고서〉가 제시된 형태의 문항에서도 제시된 내용과 표/그림 등의 제목을 정확하게 파악한다면 시간을 많이 할애하지 않고 해결할 수 있었으며, 매칭형 문항 또한 내용이 복잡한 형태는 아니었기에 큰 무리 없이 진행할 수 있었을 것이다. 다만, 주어진 발문과 내용들을 빠르고 정확하게 파악하기 위한 문해력이 반드시 요구되며, 표나 그림 등을 보고 내용을 빠르게 인지할 수 있도록 기출 문제 등 다양한 문항들을 꾸준히 풀어 보며 준비하는 것이 합격의 당락을 결정지을 것으로 판단된다.

문항 분석

문번	정답	난이도	유형
01	④	■□□	자료 읽기/추론 > 매칭형
02	①	■■□	자료 읽기/추론 > 계산형
03	⑤	■■□	자료 변환응용 > 표/그림 전환형
04	⑤	■□□	자료 읽기/추론 > 매칭형
05	⑤	■■■	자료 추론 > 추가로 필요한 자료 찾기
06	④	■□□	자료 읽기/추론 > 매칭형
07	③	■■□	자료 추론 > 추가로 필요한 자료 찾기
08	②	■□□	자료 읽기/추론 > 매칭형
09	②	■■■	자료 읽기 > 표 제시형
10	②	■■□	자료 읽기/추론 > 매칭형
11	④	■□□	자료 읽기 > 표 제시형
12	③	■■■	자료 읽기 > 표/빈칸 제시형
13	③	■■□	자료 읽기 > 표/그림 제시형
14	②	■□□	자료 읽기 > 표 제시형
15	①	■□□	자료 읽기/추론 > 매칭형
16	⑤	■□□	자료 읽기 > 표 제시형
17	①	■□□	자료 읽기 > 표/그림 제시형
18	④	■■■	자료 읽기 > 표 제시형
19	②	■■■	자료 읽기 > 표 제시형
20	①	■■■	자료 읽기 > 표 제시형
21	④	■■■	자료 변환응용 > 표/그림 전환형
22	①	■□□	자료 읽기 > 표/빈칸 제시형
23	③	■□□	자료 읽기 > 표 제시형
24	④	■■■	자료 변환응용 > 자료/보고서 전환형
25	⑤	■■■	자료 읽기 > 표/빈칸 제시형

※ 해당 회차는 1초 합격예측 서비스의 데이터 누적 기간이 충분하지 않아 '정답률 및 선지별 선택률' 기재를 생략하였습니다.

출제 비중

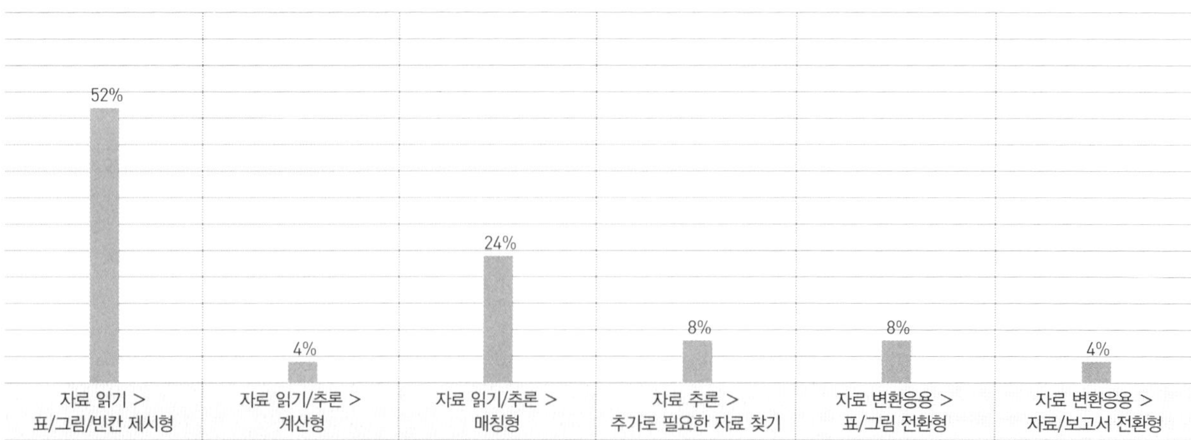

기출문제편 P.45									
01	④	02	①	03	⑤	04	⑤	05	⑤
06	④	07	③	08	②	09	②	10	②
11	④	12	③	13	③	14	②	15	①
16	⑤	17	①	18	④	19	②	20	①
21	④	22	①	23	③	24	④	25	⑤

01 ④

난이도 ■□□

| 문제 유형 | 자료 읽기/추론 > 매칭형

| 접근 전략 | 2023년 5개 도시의 감염병 현황을 바탕으로 치명률이 가장 높은 도시와 가장 낮은 도시를 매칭하는 문제이다. 주석으로 제시된 계산식에 따라 5개 도시의 치명률을 계산하여 비교하면 된다. C도시와 D도시의 치명률을 비교할 때 환자 수는 2배가 되었지만, 사망자 수는 2배를 초과하여 증가하였으므로 D도시의 치명률이 높은 것을 알 수 있다. 이와 같은 방법으로 치명률을 직접 계산하지 않더라도 도시 간 치명률을 쉽게 비교할 수 있다.

다음 〈표〉는 2023년 도시 A~E의 '갑' 감염병 현황에 관한 자료이다. 이를 근거로 치명률이 가장 높은 도시와 가장 낮은 도시를 바르게 연결한 것은?

〈표〉 2023년 도시 A~E의 '갑' 감염병 현황

(단위: 명)

구분 / 도시	환자 수	사망자 수
A	300	16
B	20	1
C	50	2
D	100	6
E	200	9

※치명률(%) = $\frac{\text{사망자 수}}{\text{환자 수}} \times 100$

	가장 높은 도시	가장 낮은 도시	
①	A	C	➡ (X)
②	A	E	➡ (X)
③	D	B	➡ (X)
④	D	C	➡ (O)
⑤	D	E	➡ (X)

주어진 주석의 계산식에 따라 도시별 치명률을 확인하면 다음과 같다.

- A: $\frac{16}{300} \times 100 = \frac{16}{3}(\%)$
- B: $\frac{1}{20} \times 100 = 5(\%)$
- C: $\frac{2}{50} \times 100 = 4(\%)$
- D: $\frac{6}{100} \times 100 = 6(\%)$
- E: $\frac{9}{200} \times 100 = \frac{9}{2}(\%)$

따라서 치명률이 가장 높은 도시는 D이고, 가장 낮은 도시는 C이다.

02 ①

난이도 ■■□

| 문제 유형 | 자료 읽기/추론 > 계산형

| 접근 전략 | 세 지역의 공사 건수와 평균 공사비가 제시되고, 두 지역 간의 공사 건수와 평균 공사비를 제시하면서 최종적으로 세 지역 전체 공사의 평균 공사비를 구하는 문제이다. 평균을 구하는 방법을 이용하여 각 지역에 대한 전체 공사비를 구할 수 있으므로, 이를 이용하여 세 지역의 전체 공사에 대한 평균 공사비를 구할 수 있다.

다음 〈그림〉은 2023년 A~C구 공사 건수 및 평균 공사비를 나타낸 자료이다. 이를 근거로 계산한 2023년 A~C구 전체 공사의 평균 공사비는?

〈그림〉 2023년 A~C구 공사 건수 및 평균 공사비

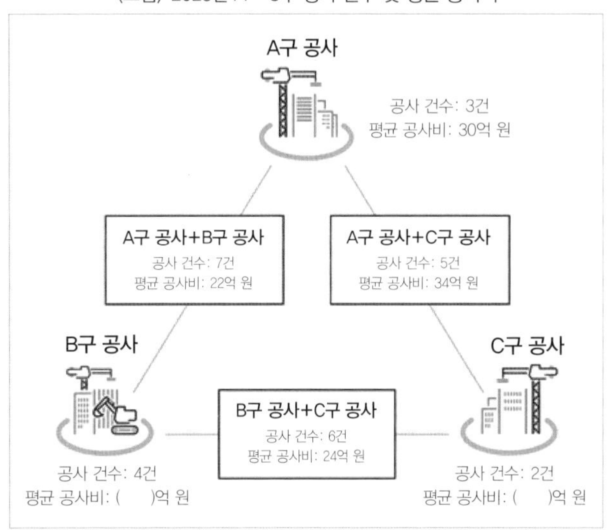

① 26억 원 ➡ (O) A구 공사 3건의 평균 공사비가 30억 원이므로 전체 공사비는 30×3=90(억 원)이다. A구 공사+B구 공사 7건에 대하여 평균 공사비가 22억 원이므로 전체 공사비는 22×7=154(억 원)인데, A구 전체 공사비가 90억 원이므로 B구 전체 공사비는 154−90=64(억 원)이다. B구 공사+C구 공사 6건에 대하여 평균 공사비가 24억 원이므로 전체 공사비는 24×6=144(억 원)인데, B구 전체 공사비가 64억 원이므로 C구 전체 공사비는 144−64=80(억 원)이다.

따라서 A~C구 전체 공사의 평균 공사비는 $\frac{90+64+80}{9} = \frac{234}{9} = 26$(억 원)이다.

② 27억 원 ➡ (X)

③ 28억 원 ➡ (X)

④ 29억 원 ➡ (X)

⑤ 30억 원 ➡ (X)

03 ⑤

난이도 ■■□

| 문제 유형 | 자료 변환응용 > 표/그림 전환형

| 접근 전략 | 2023년 문화예술교육 수강 현황에 관한 〈보고서〉를 제시하고, 선지 중에서 〈보고서〉를 작성하는 데 사용되지 않은 자료를 찾는 문제이다. 이러한 문제를 해결할 때에는 선지의 표/그림에서 제목을 먼저 확인할 필요가 있다. 그리고 보고서의 내용을 읽으며 해당 자료의 필요 여부를 판단한다.

다음 〈보고서〉는 '갑'시 시민의 2023년 문화예술교육 수강 현황에 관한 자료이다. 〈보고서〉를 작성하는 데 사용되지 않은 자료는?

〈보고서〉

'갑'시 시민 1,000명을 대상으로 2023년 한 해 동안의 문화예술교육 수강 현황을 조사한 결과, 316명이 수강 경험이 있다고 응답하였다. 문화예술교육 수강 경험이 있는 응답자가 가장 많이 수강한 상위 5개 분야는 기타를 제외하고 영화, 사진, 음악, 공예, 미술 순이었다. 문화예술교육 수강자의 평균 지출 비용은 38만 8천 원이었는데, 연령대별로는 40대가 48만 4천 원으로 가장 많았다. 또한 문화예술교육 수강자의 동반자 유형 구성을 살펴보면, '혼자(동반자 없음)' 수강한 비율은 50% 이상이었고, '친구 및 연인'과 함께 수강한 비율은 18.4%였다. 문화예술교육 인지 경로는 '인터넷 검색'이 33.2%로 가장 높았고, 다음으로 '주변 지인'이 19.0%였다. 수강한 문화예술교육의 교육방식은 '예술적 기량 향상을 위한 강습'이 27.5%로 가장 높았다. 문화예술교육 수강 장소별 만족도는 미술관이 가장 높았고, 그 다음으로 박물관, 공연장, 지역문화재단의 순이었다.

① 문화예술교육 수강 경험 유무 및 수강 분야 구성비

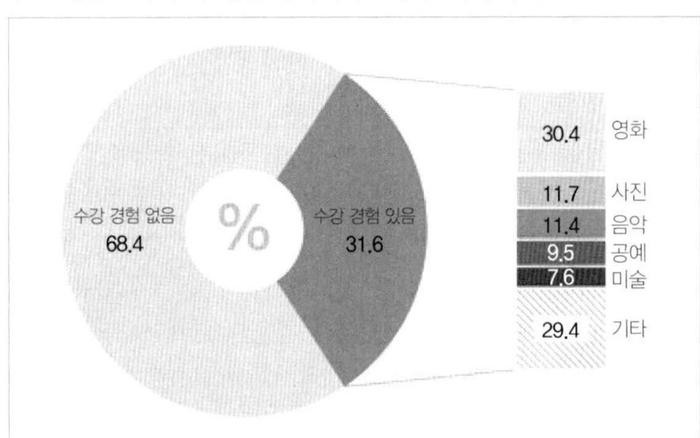

➡ (O) 〈보고서〉에서 '갑'시 시민 1,000명을 대상으로 2023년 한 해 동안의 문화예술교육 수강 현황을 조사한 결과, 316명이 수강 경험이 있다고 응답하였다고 하였다. 주어진 원 그래프에서 '수강 경험 있음'으로 응답한 사람 비율이 31.6%이므로 316명이다. 즉, 주어진 〈보고서〉를 작성하는 데 사용된 자료임을 알 수 있다.

② 문화예술교육 수강자의 연령대별 평균 지출 비용

(단위: 만 원)

연령대	20대 이하	30대	40대	50대	60대 이상	전체
평균 지출 비용	36.8	46.9	48.4	39.5	19.9	38.8

➡ (O) 〈보고서〉에서 문화예술교육 수강자의 평균 지출 비용은 38만 8천 원이었는데, 연령대별로는 40대가 48만 4천 원으로 가장 많았다고 하였다. 주어진 표에서 이와 똑같은 내용이 제시되어 있으므로 주어진 〈보고서〉를 작성하는 데 사용된 자료임을 알 수 있다.

③ 문화예술교육 수강자의 동반자 유형 구성비

(단위: %)

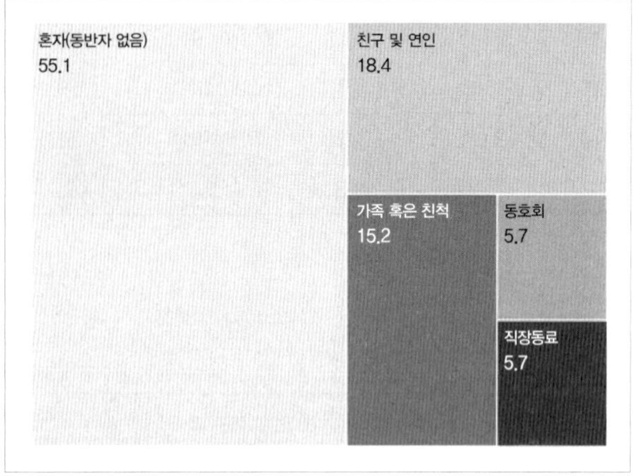

➡ (O) 〈보고서〉에서 문화예술교육 수강자의 동반자 유형 구성을 살펴보면, '혼자(동반자 없음)' 수강한 비율은 50% 이상이었고, '친구 및 연인'과 함께 수강한 비율은 18.4%였다고 하였다. 주어진 그림에서 '혼자(동반자 없음)' 수강한 비율이 55.1%이고 '친구 및 연인'과 함께 수강한 비율이 18.4%이므로 주어진 〈보고서〉를 작성하는 데 사용된 자료임을 알 수 있다.

④ 문화예술교육 인지 경로 상위 5개 비율

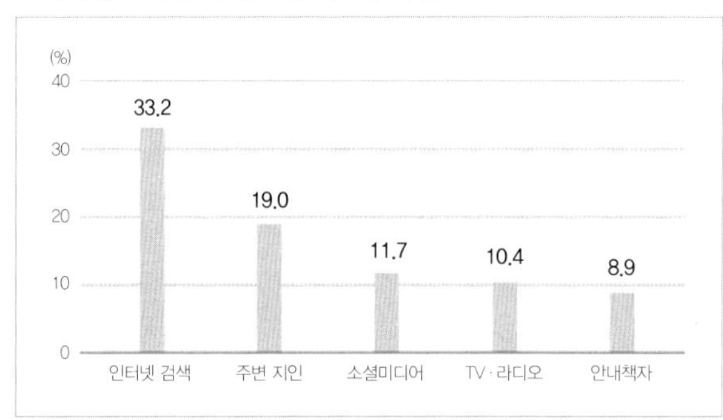

➡ (O) 〈보고서〉에서 문화예술교육 인지 경로는 '인터넷 검색'이 33.2%로 가장 높았고, 다음으로 '주변 지인'이 19.0%였다고 하였다. 주어진 그래프에서도 이와 똑같은 내용이 제시되어 있으므로 〈보고서〉를 작성하는 데 사용된 자료임을 알 수 있다.

⑤ 문화예술교육 수강 이유 상위 5개 비율

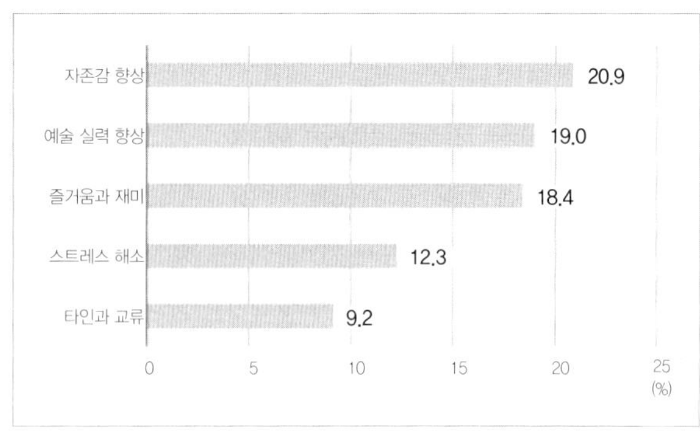

➡ (X) 〈보고서〉에서 수강한 문화예술교육의 교육방식은 '예술적 기량 향상을 위한 강습'이 27.5%로 가장 높았다고 하였다. 그리고 문화예술교육 수강 장소별 만족도는 미술관이 가장 높았고, 그 다음으로 박물관, 공연장, 지역문화재단의 순이었다고 하였다. 그런데 주어진 그래프에서는 수강 이유 상위 5개의 비율이 제시되어 있으므로 〈보고서〉를 작성하는 데 사용되지 않은 자료임을 알 수 있다.

04 ⑤

난이도 ■□□

| 문제 유형 | 자료 읽기/추론 > 매칭형

| 접근 전략 | 2023년 4개 어선에 대하여 잔존가치, 평년수익액, 선원 수를 〈표〉로 제시하고, 〈정보〉를 통해 선원당 월 통상임금 고시액과 〈표〉의 내용을 바탕으로 감척지원금을 구하여 매칭하는 문제이다. 어선별로 감척지원금을 구할 때 〈표〉의 D어선이 어선 잔존가치, 평년수익액, 선원 수가 다른 세 어선에 비해 모두 낮은 것을 확인할 수 있으므로 직접 계산하지 않더라도 감척지원금이 가장 적은 것을 알 수 있다. 비슷한 방법으로 생각할 때, B어선과 C어선의 감척지원금을 구하여 비교하면 감척지원금이 가장 많은 어선을 찾을 수 있다.

다음은 2023년 '갑'국의 연근해 어선 감척지원금 산정에 관한 자료이다. 이를 근거로 어선 A~D 중 산정된 감척지원금이 가장 많은 어선과 가장 적은 어선을 바르게 연결한 것은?

〈정보〉

○ 감척지원금=어선 잔존가치+(평년수익액 × 3)+(선원 수 × 선원당 월 통상임금 고시액 × 6)

○ 선원당 월 통상임금 고시액: 5백만 원/명

〈표〉 감척지원금 신청 어선 현황

(단위: 백만 원, 명)

어선	어선 잔존가치	평년수익액	선원 수
A	170	60	6
B	350	80	8
C	200	150	10
D	50	40	3

→ 주어진 〈정보〉에 따라 어선별로 감축지원금을 구해 보면 다음과 같다.

- A: 170 + 60 × 3 + 6 × 5 × 6 = 530(백만 원)
- B: 350 + 80 × 3 + 8 × 5 × 6 = 830(백만 원)
- C: 200 + 150 × 3 + 10 × 5 × 6 = 950(백만 원)
- D: 50 + 40 × 3 + 3 × 5 × 6 = 260(백만 원)

따라서 감척지원금이 가장 많은 어선은 C이고, 가장 적은 어선은 D이다.

	가장 많은 어선	가장 적은 어선	
①	A	B	➡ (X)
②	A	C	➡ (X)
③	B	A	➡ (X)
④	B	D	➡ (X)
⑤	C	D	➡ (O)

05 ⑤

난이도 ■■■

| 문제 유형 | 자료 추론 > 추가로 필요한 자료 찾기

| 접근 전략 | 2022년과 2023년 주택소유통계에 관한 〈보고서〉를 작성하기 위해 연도별 주택소유 가구 수와 가구 주택소유율을 구하는 계산식 외에 더 필요한 자료를 〈보기〉에서 찾는 문제이다. 〈보기〉에 제시된 추가 자료의 제목을 먼저 확인하고, 〈보고서〉의 내용을 읽으며 각각의 필요성 유무를 판단하면 시간을 조금 더 단축하며 문제를 해결할 수 있다.

다음은 2022년과 2023년 '갑'국 주택소유통계에 관한 자료이다. 제시된 〈표〉와 〈정보〉 이외에 〈보고서〉를 작성하기 위해 추가로 필요한 자료만을 〈보기〉에서 모두 고르면?

〈표〉 2022년과 2023년 주택소유 가구 수

(단위: 만 가구)

연도	2022	2023
주택소유 가구 수	1,146	1,173

〈정보〉

$$\text{가구 주택소유율(\%)} = \frac{\text{주택소유 가구 수}}{\text{가구 수}} \times 100$$

〈보고서〉

'갑'국의 주택 수는 2022년 1,813만 호에서 2023년 1,853만 호로 2.2% 증가하였다. 개인소유 주택 수는 2022년 1,569만 호에서 2023년 1,597만 호로 1.8% 증가하였다. 주택소유 가구 수는 2022년 1,146만 가구에서 2023년 1,173만 가구로 2.4% 증가하였지만, 가구 주택소유율은 2022년 56.3%에서 2023년 56.0%로 감소하였다. 2023년 지역별 가구 주택소유율을 살펴보면, 상위 3개 지역은 A(64.4%), B(63.0%), C(61.0%)로 나타났다.

〈보기〉

ㄱ. 2019~2023년 '갑'국 주택 수 및 개인소유 주택 수

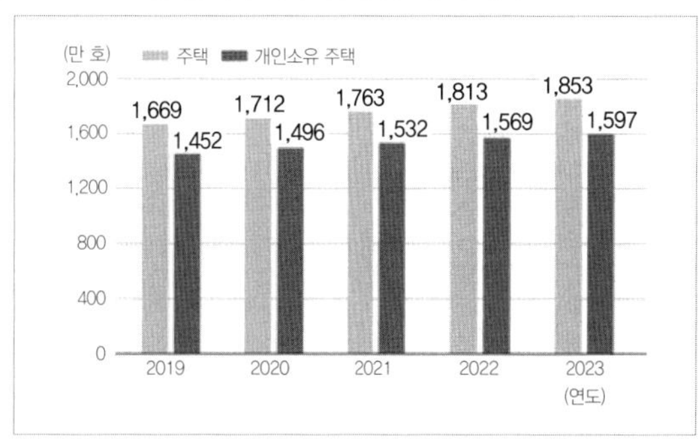

→ (O) 〈보고서〉에 2022년과 2023년 주택 수 및 개인소유 주택 수의 증감에 관한 내용이 제시되어 있지만, 주어진 〈표〉와 〈정보〉에는 이와 관련한 내용이 없으므로 〈보고서〉를 작성하기 위해 필요한 자료이다.

ㄴ. 2022년과 2023년 '갑'국 가구 수

(단위: 만 가구)

연도	2022	2023
가구 수	2,034	2,093

→ (O) 〈보고서〉에 2022년과 2023년 가구 주택소유율의 증감에 관한 내용이 제시되어 있다. 주어진 〈표〉에서 연도별 주택소유 가구 수가 제시되어 있고, 〈정보〉에서 주택소유 가구 수와 가구 수를 이용하여 가구 주택소유율을 구하는 계산식이 제시되어 있으므로 〈보고서〉를 작성하기 위해 '갑'국의 가구 수에 관한 내용이 필요하다.

ㄷ. 2023년 '갑'국 지역별 가구 주택소유율 상위 3개 지역

(단위: %)

지역	A	B	C
가구 주택소유율	64.4	63.0	61.0

→ (O) 〈보고서〉에 2023년 가구 주택소유율 상위 3개 지역에 관한 내용이 제시되어 있지만, 주어진 〈표〉와 〈정보〉에는 이와 관련한 내용이 없으므로 〈보고서〉를 작성하기 위해 필요한 자료이다.

ㄹ. 2023년 '갑'국 가구주 연령대별 가구 주택소유율

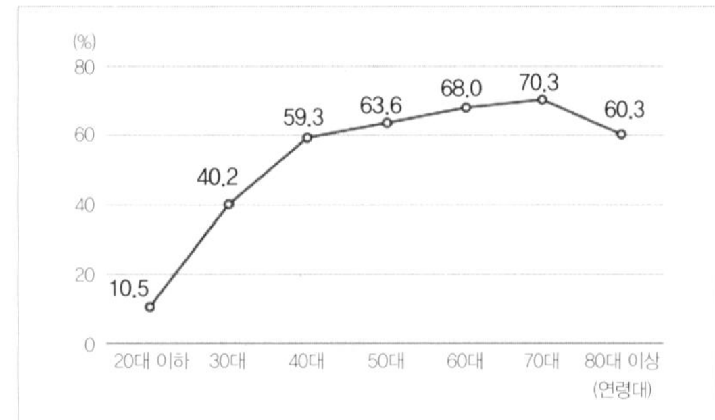

→ (X) 〈보고서〉에 '갑'국 가구주의 연령대별 가구 주택소유율에 관한 내용은 없으므로 〈보고서〉를 작성하기 위해 필요한 자료가 아니다.

① ㄱ, ㄴ ➡ (X)
② ㄱ, ㄹ ➡ (X)
③ ㄴ, ㄷ ➡ (X)
④ ㄴ, ㄹ ➡ (X)
⑤ ㄱ, ㄴ, ㄷ ➡ (O)

06 ④

난이도 ■□□

| 문제 유형 | 자료 읽기/추론 > 매칭형

| 접근 전략 | 5대의 전투기 모델에 대하여 평가항목에 따른 제원을 보고 평가항목별 점수를 구하여 '갑'국이 구매할 전투기를 찾는 문제이다. 5대의 전투기에 대하여 〈평가방법〉에 따라 평가항목별 점수를 표로 나타내어 합계 점수를 구하면 '갑'국이 구매할 전투기를 찾을 수 있다.

다음은 '갑'국이 구매를 고려 중인 A～E전투기의 제원과 평가방법에 관한 자료이다. 이를 근거로 A～E 중 '갑'국이 구매할 전투기를 고르면?

〈표〉 A～E전투기의 평가항목별 제원

(단위: 마하, 개, km, 억 달러)

평가항목 \ 전투기	A	B	C	D	E
최고속력	3.0	1.5	2.5	2.0	2.7
미사일 탑재 수	12	14	9	10	8
항속거리	1,400	800	1,200	1,250	1,500
가격	1.4	0.8	0.9	0.7	1.0
공중급유	가능	가능	불가능	가능	불가능
자체수리	불가능	가능	불가능	가능	가능

〈평가방법〉

○ 평가항목 중 최고속력, 미사일 탑재 수, 항속거리, 가격은 평가항목별로 전투기 간 상대평가를 하여 가장 우수한 전투기부터 5점, 4점, 3점, 2점, 1점 순으로 부여한다.
○ 최고속력은 높을수록, 미사일 탑재 수는 많을수록, 항속거리는 길수록, 가격은 낮을수록 전투기가 우수하다고 평가한다.
○ 평가항목 중 공중급유와 자체수리는 평가항목별로 '가능'이면 1점, '불가능'이면 0점을 부여한다.
○ '갑'국은 평가항목 점수의 합이 가장 큰 전투기를 구매한다. 단, 동점일 경우 그중에서 가격이 가장 낮은 전투기를 구매한다.

① A ➡ (X)
② B ➡ (X)
③ C ➡ (X)
④ D ➡ (O)
⑤ E ➡ (X)

〈평가방법〉에 따라 전투기별 평가항목에 따른 점수를 표로 나타내면 다음과 같다.

평가항목(점) \ 전투기	A	B	C	D	E
최고속력	5	1	3	2	4
미사일 탑재 수	4	5	2	3	1
항속거리	4	1	2	3	5
가격	1	4	3	5	2
공중급유	1	1	0	1	0
자체수리	0	1	0	1	1
합계	15	13	10	15	13

이때, 평가항목 점수의 합이 A와 D전투기가 15점으로 동점이므로, 가격이 더 낮은 D전투기를 구매한다.

07 ③

난이도 ■■□

| 문제 유형 | 자료 추론 > 추가로 필요한 자료 찾기

| 접근 전략 | 2023년 배달대행과 퀵서비스 업종에 종사하는 운전자 실태에 관한 자료가 〈표〉로 제시되고, 〈보고서〉를 작성하기 위해 〈표〉 이외에 추가로 필요한 자료를 〈보기〉에서 찾는 문제이다. 〈보기〉에 제시된 자료의 제목을 먼저 확인하고, 〈보고서〉의 내용을 〈표〉의 내용과 비교하며 확인하여 추가로 필요한 자료인지 판단한다.

다음 〈표〉는 2023년 '갑'국에서 배달대행과 퀵서비스 업종에 종사하는 운전자 실태에 관한 자료이다. 제시된 〈표〉 이외에 〈보고서〉를 작성하기 위해 추가로 필요한 자료만을 〈보기〉에서 모두 고르면?

〈표 1〉 운전자 연령대 구성비 및 평균 연령

(단위: %, 세)

업종 \ 구분	연령대					평균 연령
	20대 이하	30대	40대	50대	60대 이상	
배달대행	40.0	36.1	17.8	5.4	0.7	33.2
퀵서비스	0.0	3.1	14.1	36.4	46.4	57.8

〈표 2〉 이륜자동차 운전 경력 및 서비스 제공 경력의 평균

(단위: 년)

구분 \ 업종	배달대행	퀵서비스
이륜자동차 운전 경력	7.4	19.8
서비스 제공 경력	2.8	13.7

〈표 3〉 일평균 근로시간 및 배달건수

(단위: 시간, 건)

구분 \ 업종	배달대행	퀵서비스
근로시간	10.8	9.8
운행시간	8.5	6.1
운행 외 시간	2.3	3.7
배달건수	41.5	15.1

〈보고서〉

'갑'국에서 배달대행과 퀵서비스 업종에 종사하는 운전자 실태를 조사한 결과는 다음과 같다. 두 업종 모두 이륜자동차를 이용하여 유사한 형태의 서비스를 제공하지만, 운전자 특성에는 큰 차이가 있었다. 우선, 운전자 평균 연령은 퀵서비스가 57.8세로 배달대행 33.2세보다 높았다. 이는 배달대행은 30대 이하 운전자 비중이 전체의 70% 이상이지만 퀵서비스는 50대 이상 운전자가 전체의 80% 이상을 차지하기 때문이다. 운전자의 이륜자동차 운전 경력의 평균과 서비스 제공 경력의 평균도 각각 퀵서비스가 배달대행에 비해 10년 이상 길었다. 한편, 운전자가 배달대행이나 퀵서비스 시장에 진입하기 위해서는 이륜자동차 구입 비용이 소요되는데, 신차와 중고차 구입 각각에서 배달대행이 퀵서비스보다 평균 구입 비용이 높았다. 또한, 운행시간과 운행 외 시간을 합한 일평균 근로시간은 배달대행이 퀵서비스보다 1.0시간 길었고, 월평균 근로일수도 배달대행이 퀵서비스보다 3일 이상 많은 것으로 나타났다.

〈보기〉

ㄱ. 이륜자동차 운전 경력 구성비

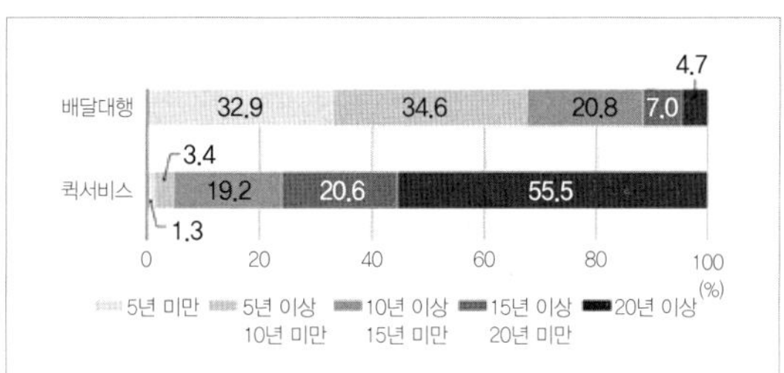

→ (X) 〈보고서〉에서 이륜자동차 운전 경력 구성비에 관한 내용이 제시되어 있지 않으므로 〈보고서〉를 작성하기 위해 필요한 자료가 아니다.

ㄴ. 서비스 제공 경력 구성비

(단위: %)

업종 \ 경력	5년 미만	5년 이상 10년 미만	10년 이상 15년 미만	15년 이상 20년 미만	20년 이상	전체
배달대행	81.9	15.8	2.3	0.0	0.0	100
퀵서비스	14.8	11.3	26.8	14.1	33.0	100

→ (X) 〈보고서〉에서 업종에 따른 서비스 제공 경력 구성비에 관한 내용이 제시되어 있지 않으므로 〈보고서〉를 작성하기 위해 필요한 자료가 아니다.

ㄷ. 배달대행 및 퀵서비스 시장 진입을 위한 이륜자동차 평균 구입 비용

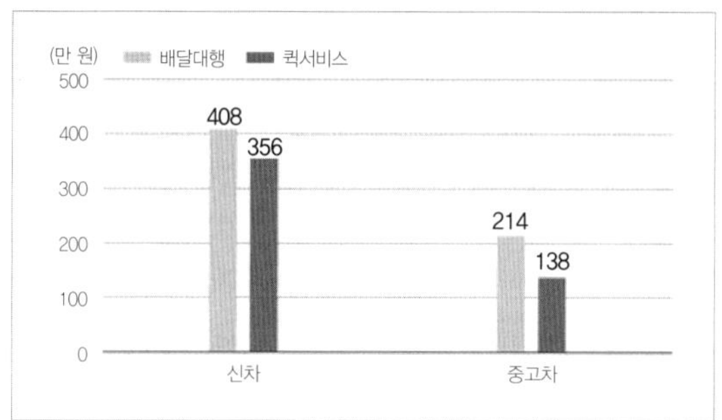

→ (O) 〈보고서〉에서 '운전자가 배달대행이나 퀵서비스 시장에 진입하기 위해서는 이륜자동차 구입 비용이 소요되는데, 신차와 중고차 구입 각각에서 배달대행이 퀵서비스보다 평균 구입 비용이 높았다.'라고 하였다. 그런데 주어진 〈표〉에서는 배달대행 및 퀵서비스 시장 진입을 위한 이륜자동차 평균 구입 비용에 관한 내용이 제시되어 있지 않으므로 〈보고서〉를 작성하기 위해 필요한 자료이다.

ㄹ. 월평균 근로일수

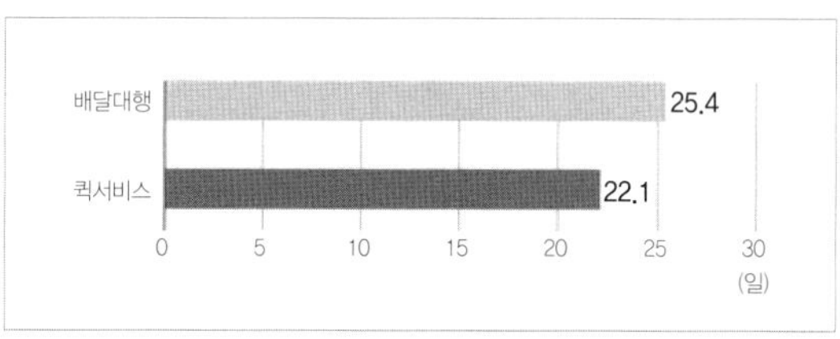

→ (O) 〈보고서〉에서 '운행시간과 운행 외 시간을 합한 일평균 근로시간은 배달대행이 퀵서비스보다 1.0시간 길었고, 월평균 근로일수도 배달대행이 퀵서비스보다 3일 이상 많은 것으로 나타났다.'라고 하였다. 〈표 3〉에서 일평균 근로시간을 제시하고 있지만, 월평균 근로일수에 관한 내용이 제시되어 있지 않으므로 〈보고서〉를 작성하기 위해 필요한 자료이다.

① ㄱ, ㄴ ➡ (X)
② ㄴ, ㄷ ➡ (X)
③ ㄷ, ㄹ ➡ (O)
④ ㄱ, ㄴ, ㄹ ➡ (X)
⑤ ㄱ, ㄷ, ㄹ ➡ (X)

08 ②

난이도 ■□□

| 문제 유형 | 자료 읽기/추론 > 매칭형

| 접근 전략 | 2023년 주요 10개 업종의 특허출원 현황에 관한 자료를 〈표〉로 제시하고, 〈정보〉의 내용을 바탕으로 A~C 업종이 무엇인지 확인하는 문제이다. 주어진 〈표〉의 수치에 집중하지 말고 〈정보〉를 통해 A~C 업종이 무엇인지 추론하는 데 집중하여 〈표〉에서도 필요한 자료만 살피는 것이 중요하다.

다음은 2023년 '갑'국 주요 10개 업종의 특허출원 현황에 관한 자료이다. 이를 근거로 A~C에 해당하는 업종을 바르게 연결한 것은?

〈표〉 주요 10개 업종의 기업규모별 특허출원건수 및 특허출원기업 수

(단위: 건, 개)

업종 \ 구분	기업규모별 특허출원건수			특허출원 기업 수
	대기업	중견기업	중소기업	
A	25,234	1,575	4,730	1,725
전기장비	6,611	501	3,265	1,282
기계	1,314	1,870	5,833	2,360
출판	204	345	8,041	2,550
자동차	5,460	1,606	1,116	617
화학제품	2,978	917	2,026	995
의료	52	533	2,855	1,019
B	18	115	3,223	1,154
건축	113	167	2,129	910
C	29	7	596	370

※기업규모는 '대기업', '중견기업', '중소기업'으로만 구분됨.

〈정보〉

○ '중소기업' 특허출원건수가 해당 업종 전체 기업 특허출원건수의 90% 이상인 업종은 '연구개발', '전문서비스', '출판'이다. → 제시된 〈표〉에서 A, B, C 업종에 대하여 전체 기업 특허출원건수 중 '중소기업' 특허출원건수의 비중을 확인해 본다. 이때, A 업종은 대기업의 특허출원건수가 중견기업 및 중소기업의 특허출원건수보다 많으므로 90% 미만이다. 따라서 B, C 업종은 '연구개발' 또는 '전문서비스'임을 알 수 있다.

○ '대기업' 특허출원건수가 '중견기업'과 '중소기업' 특허출원건수 합의 2배 이상인 업종은 '전자부품', '자동차'이다. → 제시된 〈표〉의 A 업종에서 25,234 > 2 × (1,575 + 4,730) = 12,610이므로 '대기업' 특허출원건수가 '중견기업'과 '중소기업' 특허출원건수 합의 2배 이상이다. 따라서 A 업종은 '전자부품'이다.

○ 특허출원기업당 특허출원건수는 '연구개발'이 '전문서비스'보다 많다. → B, C 업종에 대하여 특허출원기업당 특허출원건수를 비교해 보면 다음과 같다.

• B: $\frac{18+115+3,223}{1,154}$ ≒ 2.9(건/개)

• C: $\frac{29+7+596}{370}$ ≒ 1.7(건/개)

	A	B	C	
①	연구개발	전자부품	전문서비스	➡ (X)
②	전자부품	연구개발	전문서비스	➡ (O)
③	전자부품	전문서비스	연구개발	➡ (X)
④	전문서비스	연구개발	전자부품	➡ (X)
⑤	전문서비스	전자부품	연구개발	➡ (X)

09 ②

난이도 ■■■

| 문제 유형 | 자료 읽기 > 표 제시형

| 접근 전략 | 2018년부터 2023년까지 짜장면 가격 및 가격지수와 짜장면 주재료 품목의 판매단위당 가격에 관한 자료를 바탕으로 옳은 설명을 찾는 문제이다. 선지 중 계산이 필요한 것은 정확하게 계산하여 문제를 해결하기보다는, 대략적인 값을 구하여 비교하는 것이 효율적인 경우가 많다. 예를 들면, 선지 ①에서 2020년 짜장면 가격을 5,200원으로 놓고 계산하거나 선지 ②에서 2023년 짜장면 가격을 구할 때 2020년 짜장면 가격을 5,200원으로 낮춰서 구하면 계산도 간단하고 비교할 때도 용이하다.

다음 〈표〉는 2018～2023년 짜장면 가격 및 가격지수와 짜장면 주재료 품목의 판매단위당 가격에 관한 자료이다. 이에 대한 설명으로 옳은 것은?

〈표 1〉 2018～2023년 짜장면 가격 및 가격지수

(단위: 원)

구분 \ 연도	2018	2019	2020	2021	2022	2023
가격	5,011	5,201	5,276	5,438	6,025	( )
가격지수	95.0	98.6	100	103.1	114.2	120.6

※가격지수는 2020년 짜장면 가격을 100으로 할 때, 해당 연도 짜장면 가격의 상대적인 값임.

〈표 2〉 2018～2023년 짜장면 주재료 품목의 판매단위당 가격

(단위: 원)

품목	판매단위 \ 연도	2018	2019	2020	2021	2022	2023
춘장	14kg	26,000	27,500	27,500	33,000	34,500	34,500
식용유	900mL	3,890	3,580	3,980	3,900	4,600	5,180
밀가루	1kg	1,280	1,280	1,280	1,190	1,590	1,880
설탕	1kg	1,630	1,680	1,350	1,790	1,790	1,980
양파	2kg	2,250	3,500	5,000	8,000	5,000	6,000
청오이	2kg	4,000	8,000	8,000	10,000	10,000	15,000
돼지고기	600g	10,000	10,000	10,000	13,000	15,000	13,000

※ 짜장면 주재료 품목은 제시된 7개뿐임.

① 짜장면 가격지수가 80.0이면 짜장면 가격은 4,000원 이하이다.
➡ (X) 짜장면 가격지수가 80.0일 때 짜장면의 가격은 5,276 × 0.8 = 4,220.8(원)이므로 짜장면의 가격은 4,000원 이상이다.

② 2023년 짜장면 가격은 2018년에 비해 20% 이상 상승하였다.
➡ (O) 2023년 짜장면 가격지수가 120.6이고, 2018년 짜장면 가격은 2020년보다 낮으므로 2023년 짜장면 가격은 2018년 대비 20% 이상 상승하였음을 알 수 있다.

③ 2018년에 비해 2023년 판매단위당 가격이 2배 이상인 짜장면 주재료 품목은 1개이다. ➡ (X) 2018년에 비해 2023년 판매단위당 가격이 2배 이상인 짜장면 주재료 품목은 양파와 청오이로, 총 2개이다.

④ 2020년에 식용유 1,800mL, 밀가루 2kg, 설탕 2kg의 가격 합계는 15,000원 이상이다. ➡ (X) 2020년 식용유 1,800mL의 가격은 3,980 × 2 = 7,960(원), 밀가루 2kg의 가격은 1,280 × 2 = 2,560(원), 설탕 2kg의 가격은 1,350 × 2 = 2,700(원)이다. 따라서 세 품목의 가격 합계는 7,960 + 2,560 + 2,700 = 13,220(원)이므로 15,000원 미만이다.

⑤ 매년 판매단위당 가격이 상승한 짜장면 주재료 품목은 2개 이상이다. ➡ (X) 매년 판매단위당 가격이 상승한 짜장면 주재료 품목은 없다.

10 ②

난이도 ■■□

| 문제 유형 | 자료 읽기/추론 > 매칭형

| 접근 전략 | 2017년부터 2023년까지 '어린이 안전 체험 교실' 사업 운영 현황에 관한 자료를 바탕으로 작성된 〈보고서〉에서 A~C에 해당하는 내용을 찾는 문제이다. 문단별로 내용을 확인하여 A~C에 해당하는 것을 찾으면 된다. 이때, 계산을 되도록 간단하게 하면 시간을 단축하는 데 도움이 될 수 있다. 예를 들어, 자원봉사자당 교육 참여 어린이 수를 구할 때 2019년 자원봉사자 수는 2017년 대비 약 1.5배 정도 증가하였는데, 교육 참여 어린이 수는 5배 이상 증가하였으므로 직접 계산하지 않더라도 2017년 대비 2019년에 자원봉사자당 교육 참여 어린이 수가 증가하였음을 알 수 있다.

다음 〈표〉는 2017~2023년 '갑'국의 '어린이 안전 체험 교실' 사업 운영 현황에 관한 자료이다. 이를 바탕으로 작성한 〈보고서〉의 A~C에 해당하는 내용을 바르게 연결한 것은?

〈표〉 2017~2023년 '어린이 안전 체험 교실' 사업 운영 현황

(단위: 개, 회, 명)

구분 연도	참여 자치 단체 수	운영 횟수	교육 참여		자원 봉사자 수
			어린이 수	학부모 수	
2017	9	11	10,265	6,700	2,083
2018	15	30	73,060	19,465	1,600
2019	14	38	55,780	15,785	2,989
2020	18	35	58,680	13,006	2,144
2021	19	39	61,380	11,660	2,568
2022	17	38	59,559	9,071	2,406
2023	18	40	72,261	8,619	2,071

〈보고서〉

안전 체험 시설이 없는 지역으로 찾아가는 '어린이 안전 체험 교실' 사업이 2017년부터 2023년까지 운영되었다. 해당 기간 동안 참여 자치 단체 수, 운영 횟수 등이 변화하였는데 그중 참여 자치 단체 수와 교육 참여 [A] 수의 전년 대비 증감 방향은 매년 같았다.

→ 2017년부터 2023년까지 참여 자치 단체 수는 전년 대비 [증가 → 감소 → 증가 → 증가 → 감소 → 증가]하였다. 이와 같은 증감을 나타내는 것은 교육 참여 Ⓐ 어린이 수이다.

2021년은 사업 기간 중 참여 자치 단체 수가 가장 많았던 해로 2020년보다 운영 횟수와 교육 참여 어린이 수가 늘었다. 운영 횟수당 교육 참여 어린이 수는 2021년이 2020년보다 [B]. → 운영 횟수당 교육 참여 어린이 수는 2020년에 $\frac{58,680}{35}$ ≒ 1,677(명/회)이고, 2021년에는 $\frac{61,380}{39}$ ≒ 1,574(명/회)이다. 따라서 2021년이 2020년보다 Ⓑ 적었다.

본 사업에 자원봉사자도 꾸준히 참여하였다. 2019년에는 사업 기간 중 가장 많은 자원봉사자가 참여하였다. 자원봉사자당 교육 참여 어린이 수는 2019년이 2017년보다 [C]. → 자원봉사자당 교육 참여 어린이 수는 2017년에 $\frac{10,265}{2,083}$ ≒ 4.9(명당 명)이고, 2019년에는 $\frac{55,780}{2,989}$ ≒ 18.7(명당 명)이다. 따라서 2019년이 2017년보다 Ⓒ 많았다.

	A	B	C	
①	어린이	많았다	많았다	➡ (X)
②	어린이	적었다	많았다	➡ (O)
③	어린이	적었다	적었다	➡ (X)
④	학부모	많았다	적었다	➡ (X)
⑤	학부모	적었다	적었다	➡ (X)

11 ④

난이도 ■□□

| 문제 유형 | 자료 읽기 > 표 제시형

| 접근 전략 | 2019년부터 2023년까지 항공편 지연 및 결항에 관한 자료를 바탕으로 〈보기〉의 설명이 옳은지 확인하는 문제이다. 〈보기〉의 설명 중 ㄷ은 특별한 계산 없이도 바로 옳은 것을 알 수 있으므로 나머지 두 설명이 옳은지의 여부를 판단하는 데 집중하도록 한다.

다음 〈표〉는 2019~2023년 '갑'국의 항공편 지연 및 결항에 관한 자료이다. 이에 대한 〈보기〉의 설명 중 옳은 것만을 모두 고르면?

〈표 1〉 2019~2023년 항공편 지연 현황

(단위: 편)

분기	구분 / 연도 / 월	국내선 2019	국내선 2020	국내선 2021	국내선 2022	국내선 2023	국제선 2019	국제선 2020	국제선 2021	국제선 2022	국제선 2023
1	1	0	0	0	0	0	1	0	0	1	0
	2	0	0	0	0	0	0	0	0	0	2
	3	0	0	0	0	0	6	0	0	0	0
2	4	0	0	0	0	0	0	0	2	0	1
	5	1	0	0	0	0	5	0	0	1	0
	6	0	0	0	0	0	0	0	10	11	1
3	7	40	0	0	3	68	53	23	11	83	55
	8	3	0	0	3	1	27	58	61	111	50
	9	0	0	0	0	161	7	48	46	19	368
4	10	0	93	0	23	32	21	45	44	98	72
	11	0	0	0	1	0	0	0	0	5	11
	12	0	0	0	0	0	2	1	6	0	17
전체		44	93	0	30	262	122	175	180	329	577

〈표 2〉 2019~2023년 항공편 결항 현황

(단위: 편)

분기	구분 / 연도 / 월	국내선					국제선				
		2019	2020	2021	2022	2023	2019	2020	2021	2022	2023
1	1	0	0	0	0	0	0	0	0	0	0
	2	0	0	0	0	0	0	0	0	0	14
	3	0	0	0	0	0	0	0	0	0	0
2	4	1	0	0	0	0	0	0	0	0	0
	5	6	0	0	0	0	10	0	0	0	0
	6	0	0	0	0	0	0	0	0	1	0
3	7	311	0	0	187	507	93	11	5	162	143
	8	62	0	0	1,008	115	39	11	71	127	232
	9	0	0	4	0	1,351	16	30	42	203	437
4	10	0	85	0	589	536	4	48	49	112	176
	11	0	0	0	0	0	0	0	0	0	4
	12	0	0	0	0	0	0	4	4	0	22
전체		380	85	4	1,784	2,509	162	104	171	605	1,028

〈보기〉

ㄱ. 2022년 3분기 국제선 지연 편수는 전년 동기 대비 100편 이상 증가하였다. → (X) 2021년 3분기 국제선 지연 편수는 11 + 61 + 46 = 118(편)이고 2022년 3분기 국제선 지연 편수는 83 + 111 + 19 = 213(편)이다. 따라서 2022년 3분기 국제선 지연 편수는 전년 동기 대비 213 − 118 = 95(편) 증가하였으므로 100편 미만으로 증가하였다.

ㄴ. 2023년 9월의 결항 편수는 국내선이 국제선의 3배 이상이다. → (O) 2023년 9월의 국내선 결항 편수는 1,351편이고 국제선은 437편이다. 이때, 437 × 3 = 1,311 < 1,351이므로 국내선이 국제선의 3배 이상이다.

ㄷ. 매년 1월과 3월에는 항공편 결항이 없었다. → (O) 〈표 2〉에서 매년 1월과 3월에 항공편 결항이 없었음을 확인할 수 있다.

① ㄱ ➡ (X)
② ㄷ ➡ (X)
③ ㄱ, ㄴ ➡ (X)
④ ㄴ, ㄷ ➡ (O)
⑤ ㄱ, ㄴ, ㄷ ➡ (X)

12 ③

난이도 ■■■

| 문제 유형 | 자료 읽기 > 표/빈칸 제시형

| 접근 전략 | 2022학년도 '갑'대학교 졸업생의 취업 및 진학 현황에 관한 자료를 바탕으로 옳지 않은 설명을 찾는 문제이다. 선지 ①, ③, ⑤에서 〈표〉의 빈칸과 관련한 내용을 다루고 있으므로 주석의 계산식을 바탕으로 빈칸에 들어갈 수치를 먼저 구하도록 한다. 이때, 선지 ③이 옳지 않은 것임을 알 수 있으므로 시간을 단축할 수 있다. 한편, 선지 ③과 ④에서 전체의 진학률과 취업률을 구할 때, 선지 및 해설에 제시되어 있는 것처럼 계열별로 증가한 진학자 수 또는 취업자 수를 구하지 않도록 한다. 계열별로 20%씩 진학자 수가 증가하거나 계열별로 10%씩 취업자 수가 증가하였다고 하였으므로 전체 진학자 수인 150명에서 20% 증가분을 계산하고, 전체 취업자 수인 1,100명에서 10% 증가분을 계산하여도 같은 결과를 나타내기 때문이다. 예를 들어, 전체 진학자 수인 150명에서 20%가 증가하면 150 × 1.2 = 180(명)인데, 이는 계열별로 20%씩 진학자 수가 증가한 것으로 계산하여 더한 값인 72 + 60 + 48 = 180(명)과 같다.

다음 〈표〉는 2022학년도 '갑'대학교 졸업생의 취업 및 진학 현황에 관한 자료이다. 이에 대한 설명으로 옳지 않은 것은?

〈표〉 2022학년도 '갑'대학교 졸업생의 취업 및 진학 현황

(단위: 명, %)

구분 / 계열	졸업생 수	취업자 수	취업률	진학자 수	진학률
A	800	500	( )	60	7.5
B	700	400	57.1	50	7.1
C	500	200	40.0	40	( )
전체	2,000	1,100	55.0	150	7.5

※ 1) 취업률(%) = $\frac{\text{취업자 수}}{\text{졸업생 수}} \times 100$

2) 진학률(%) = $\frac{\text{진학자 수}}{\text{졸업생 수}} \times 100$

3) 진로 미결정 비율(%) = 100 − (취업률 + 진학률)

① 취업률은 A계열이 B계열보다 높다. ➡ (O) A계열 취업률은 $\frac{500}{800} \times 100 = 62.5$(%)이므로 B계열 취업률 57.1%보다 높다.

② 진로 미결정 비율은 B계열이 C계열보다 낮다. ➡ (O) B계열의 진로 미결정 비율은 100 − (57.1 + 7.1) = 35.8(%)이다. C계열의 진학률이 $\frac{40}{500} \times 100 = 8$(%)이므로 진로 미결정 비율은 100 − (40 + 8) = 52(%)이다. 따라서 진로 미결정 비율은 B계열이 C계열보다 낮다.

③ 진학자 수만 계열별로 20%씩 증가한다면, 전체의 진학률은 10% 이상이 된다. ➡ (X) 진학자 수가 계열별로 20%씩 증가하면 A계열 진학자 수는 60 × 1.2 = 72(명), B계열 진학자 수는 50 × 1.2 = 60(명), C계열 진학자 수는 40 × 1.2 = 48(명)이다. 따라서 전체의 진학률은 $\frac{72 + 60 + 48}{2{,}000} \times 100 = 9$(%)이므로 10% 미만이다.

④ 취업자 수만 계열별로 10%씩 증가한다면, 전체의 취업률은 60% 이상이 된다. ➡ (O) 취업자 수가 계열별로 10%씩 증가하면 A계열 취업자 수는 500 × 1.1 = 550(명), B계열 취업자 수는 400 × 1.1 = 440(명), C계열 취업자 수는 200 × 1.1 = 220(명)이다. 따라서 전체의 취업률은 $\frac{550 + 440 + 220}{2{,}000} \times 100 = 60.5$(%)이므로 60% 이상이다.

⑤ 진학률은 A~C계열 중 C계열이 가장 높다. ➡ (O) C계열의 진학률이 $\frac{40}{500} \times 100 = 8$(%)이므로 A~C계열 중 진학률이 가장 높은 것은 C계열이다.

13 ③

난이도 ■■□

| 문제 유형 | 자료 읽기 > 표/그림 제시형

| 접근 전략 | 〈그림〉으로 오이와 고추의 재배방식별 파종, 정식, 수확 가능 시기에 관한 자료가 제시되고, 이에 대한 설명으로 옳지 않은 것을 찾는 문제이다. 선지별로 내용이 옳은지 여부를 하나씩 확인하면 되는데, 특별한 계산이 요구되지 않으므로 주어진 〈그림〉과 선지의 내용을 정확하게 비교하여 판단하도록 한다.

다음 〈그림〉은 오이와 고추의 재배방식별 파종, 정식, 수확 가능 시기에 관한 자료이다. 이에 대한 설명으로 옳지 않은 것은?

〈그림〉 오이와 고추의 재배방식별 파종, 정식, 수확 가능 시기

작물	재배방식	1	2	3	4	5	6	7	8	9	10	11	12
오이	촉성	정식	수확	수확	수확	수확						파종	정식
	반촉성	파종	정식	수확	수확	수확	수확						
	조숙			파종	정식	수확	수확	수확	수확				
	보통				파종	정식	수확	수확	수확				
	억제					파종	정식	수확	수확	수확	수확	수확	
고추	촉성	수확	수확	수확	수확	수확					파종		정식
	반촉성		정식	수확	수확	수확	수확	수확				파종	
	조숙		파종		정식	수확	수확	수확	수확	수확	수확		
	보통			파종		정식	수확	수확	수확	수확	수확		
	억제				파종		정식	수확	수확	수확	수확	수확	

(월) 파종 / 정식 / 수확

① '촉성' 재배방식에서 정식이 가능한 달의 수는 오이가 고추보다 많다. ➡ (O) '촉성' 재배방식에서 정식이 가능한 달의 수는 오이가 12월과 1월 두 달이고, 고추가 12월 한 달이므로 오이가 고추보다 많다.

② 고추의 각 재배방식에서 파종 가능 시기와 정식 가능 시기의 차이는 1개월 이상이다. ➡ (O) 고추의 재배방식에 따라 파종 가능 시기와 정식 가능 시기의 차이를 확인해 보면 '촉성'은 2개월, '반촉성'은 3개월, '조숙'은 2개월, '보통'은 2개월, '억제'는 2개월이므로 모두 1개월 이상의 차이를 보인다.

③ 오이는 고추보다 정식과 수확이 모두 가능한 달의 수가 더 많다. ➡ (X) 정식과 수확이 모두 가능한 달은 오이와 고추 모두 2월, 4~6월이므로 두 작물은 서로 4개월로 같다.

④ 고추의 경우, 수확이 가능한 재배방식의 수는 7월이 가장 많다. ➡ (O) 고추는 7월에 '반촉성', '조숙', '보통', '억제'의 4개 재배방식으로 수확이 가능하여 가장 많다.

⑤ 오이의 재배방식 중 수확이 가능한 달의 수가 가장 적은 것은 '보통'이다. ➡ (O) 재배방식에 따라 오이의 수확이 가능한 달의 수를 확인해 보면 '촉성'은 4개월, '반촉성'은 4개월, '조숙'은 4개월, '보통'은 3개월, '억제'는 5개월이므로, 수확이 가능한 달의 수가 가장 적은 것은 '보통'이다.

14 ②

난이도 ■□□

| 문제 유형 | 자료 읽기 > 표 제시형

| 접근 전략 | 2019~2023년 양식 품목별 면허어업 건수에 관한 〈표〉의 내용과 선지의 내용을 비교하여 옳은지 확인한다. 특히 전년 대비 증가율을 구하여 비교하는 분수식에서 일일히 계산할 필요 없이 2020년의 경우 2022년보다 분모는 작고 분자는 크므로 전체 분수식의 값이 크다는 것을 빠르게 판단하도록 한다.

다음 〈표〉는 2019~2023년 '갑'국의 양식 품목별 면허어업 건수에 관한 자료이다. 이에 대한 설명으로 옳은 것은?

〈표〉 2019~2023년 양식 품목별 면허어업 건수

(단위: 건)

양식 품목 \ 연도	2019	2020	2021	2022	2023
김	781	837	853	880	812
굴	1,292	1,314	1,317	1,293	1,277
새고막	1,076	1,093	1,096	1,115	1,121
바지락	570	587	576	582	565
미역	802	920	898	882	678
전체	4,521	4,751	4,740	4,752	4,453

※ 양식 품목은 '김', '굴', '새고막', '바지락', '미역'뿐임.

① '김' 면허어업 건수는 매년 증가한다. ➡ (X) '김' 면허어업 건수는 '2020년 837건 → 2021년 853건 → 2022년 880'건으로 증가하다가 2023년에는 812건으로 880 − 812 = 68(건) 감소했다.

② '굴'과 '새고막'의 면허어업 건수 합은 매년 전체의 50% 이상이다. ➡ (O) 2019~2023년 '굴'과 '새고막'의 면허어업 건수 합을 구하면 다음과 같다.

2019년	2020년	2021년	2022년	2023년
2,368건	2,407건	2,413건	2,408건	2,398건

따라서 매년 '(굴+새고막) × 2 ≥ 전체'이므로 전체의 50% 이상임을 알 수 있다.

③ '바지락' 면허어업 건수의 전년 대비 증가율은 2020년이 2022년보다 낮다. ➡ (X) 2022년 '바지락' 면허어업 건수의 전년 대비 증가율은 $\frac{582-576}{576} \times 100 = \frac{6}{576} \times 100 ≒ 1.0(\%)$이고, 2020년 '바지락' 면허어업 건수의 전년 대비 증가율은 $\frac{587-570}{570} \times 100 = \frac{17}{570} \times 100 ≒ 3.0(\%)$이다. 따라서 '바지락' 면허어업 건수의 전년 대비 증가율은 2020년이 2022년보다 높다.

④ '미역' 면허어업 건수는 2023년이 2020년보다 많다. ➡ (X) 2023년 '미역' 면허어업 건수는 678건으로 2020년 '미역' 면허어업 건수 920건보다 적다.

⑤ 2023년에 면허어업 건수가 전년 대비 증가한 양식 품목은 2개이다. ➡ (X) 2022년 대비 2023년 면허어업 건수가 증가한 양식 품목은 새고막으로, 1개이다.

15 ①

난이도 ■□□

| 문제 유형 | 자료 읽기/추론 > 매칭형

| 접근 전략 | 〈보고서〉의 내용을 뒤에서 앞으로 읽으면서 풀면 후보 국가를 일부 추려서 하나씩 소거할 수 있다.

다음은 2019~2022년 우리나라의 원산지별 목재펠릿 수입량에 관한 자료이다. 이를 근거로 A~E국 중 우리나라에 해당하는 국가를 고르면?

〈보고서〉

목재펠릿은 작은 원통형으로 성형한 목재 연료로, 재생 가능한 청정 에너지원이며 바이오매스 발전에 사용되고 있다. 2022년 기준 국내 목재펠릿 이용량의 84%가 수입산으로, 전체 수입량은 전년 대비 10% 이상 증가하였다. 매년 전체 목재펠릿 수입량의 절반 이상이 베트남산으로, 베트남에 대한 과도한 의존이 지속되고 있다. 2021년부터 충청남도 서산과 당진에 있는 바이오매스 발전소에 캐나다산 목재펠릿을 공급하면서 캐나다산 목재펠릿 수입이 증가하여 2022년 캐나다산 목재펠릿 수입량은 2019년 대비 30배 이상이 되었다. 또한, 2022년에는 유럽 시장에 수출길이 막힌 러시아산 목재펠릿의 수입량이 크게 증가하여 2022년 기준 러시아산이 우리나라 목재펠릿 수입량 2위를 차지하였다. 인도네시아산 목재펠릿 수입량은 2019년 이후 꾸준히 증가해 2022년에는 말레이시아산 목재펠릿 수입량을 추월하였다.

〈표 1〉 2019~2021년 우리나라의 원산지별 목재펠릿 수입량

(단위: 천 톤)

원산지 연도	베트남	말레이시아	캐나다	인도네시아	러시아	기타	전체
2019	1,941	520	11	239	99	191	3,001
2020	1,912	508	52	303	165	64	3,004
2021	2,102	406	329	315	167	39	3,358

〈표 2〉 2022년 A~E국의 원산지별 목재펠릿 수입량

(단위: 천 톤)

원산지 국가	베트남	말레이시아	캐나다	인도네시아	러시아	기타	전체
A	2,201	400	348	416	453	102	3,920
B	2,245	453	346	400	416	120	3,980
C	2,264	416	400	346	453	106	3,985
D	2,022	322	346	416	400	40	3,546
E	2,010	346	322	400	416	142	3,636

① A ➡ (O) 〈보고서〉 내용의 마지막 줄에 '인도네시아산 목재펠릿 수입량은 ~ 2022년에는 말레이시아산 목재펠릿 수입량을 추월'하였으므로, 〈표 2〉에서 해당하는 국가는 A, D, E이다.
2022년에 러시아산 목재펠릿의 수입량이 크게 증가하여 우리나라 목재펠릿 수입량 2위를 차지하였으므로, A, D, E 중 D는 러시아가 2위가 아니므로 제외한다.
캐나다산 목재펠릿 수입이 증가하여 2022년에 2019년 대비 30배 이상이 되었으므로, 〈표 1〉에서 2019년 캐나다산 목재펠릿 수입량(11천 톤)의 30배 이상이려면 330천 톤 이상이어야 한다. 따라서 E가 제외되므로, 우리나라에 해당하는 국가는 A이다.

② B ➡ (X)

③ C ➡ (X)

④ D ➡ (X)

⑤ E ➡ (X)

16 ⑤

난이도 ■□□

| 문제 유형 | 자료 읽기 > 표 제시형

| 접근 전략 | ㄹ을 먼저 확인한 후 ㄷ을 확인한다. ㄷ에서 2020년 대비 2022년 분자 증감폭은 2로 동일한데, 분모가 주민이용시설이 6이어서 주거체험시설 3의 2배이다. 따라서 증가율이 2배임을 알 수 있다. ㄴ에서 2017~2022년 전체 공공한옥시설 중 '문화전시시설'의 비율이 매년 20% 이상이려면, $\frac{\text{문화전시시설}}{\text{전체 공공한옥시설}} \times 100 \geq 20$이어야 하므로 '$5 \times$ 문화전시시설 $\geq$ 전체 공공한옥시설'이어야 한다. 매년 만족하므로 전체 한옥시설 중 '문화전시시설'의 비율은 매년 20% 이상이다. 마지막으로 ㄱ을 확인한다.

다음 〈표〉는 2017~2022년 '갑'시 공공한옥시설의 유형별 현황에 관한 자료이다. 이에 대한 〈보기〉의 설명 중 옳은 것만을 모두 고르면?

〈표〉 2017~2022년 '갑'시 공공한옥시설의 유형별 현황

(단위: 개소)

연도 유형	2017	2018	2019	2020	2021	2022
문화전시시설	8	8	10	11	12	12
전통공예시설	14	14	11	10	( )	9
주민이용시설	3	3	5	6	8	8
주거체험시설	0	0	1	3	4	( )
한옥숙박시설	2	2	( )	0	0	0
전체	27	27	28	30	34	34

※ 공공한옥시설의 유형은 '문화전시시설', '전통공예시설', '주민이용시설', '주거체험시설', '한옥숙박시설'로만 구분됨.

〈보기〉

ㄱ. '전통공예시설'과 '한옥숙박시설'의 전년 대비 증감 방향은 매년 같다. → (X) 2018년~2022년 '전통공예시설'의 전년 대비 증감 방향은 '유지 → 감소 → 감소 → 유지 → 감소'이고, '한옥숙박시설'의 전년 대비 증감 방향은 '유지 → 감소 → 감소 → 유지 → 유지'이다. 따라서 증감 방향은 매년 같다고 말할 수 없다.

ㄴ. 전체 공공한옥시설 중 '문화전시시설'의 비율은 매년 20% 이상이다. → (O) 2017~2022년 전체 공공한옥시설 중 '문화전시시설'의 비율을 구하면 다음과 같다.

2017년	2018년	2019년	2020년	2021년	2022년
약 30%	약 30%	약 36%	약 37%	약 35%	약 35%

ㄷ. 2020년 대비 2022년 공공한옥시설의 유형별 증가율은 '주거체험시설'이 '주민이용시설'의 2배이다. → (O) 2020년 대비 2022년 공공한옥시설의 유형별 증가율은 '주거체험시설'의 경우 $\frac{5-3}{3} \times 100 \fallingdotseq 67(\%)$이고, '주민이용시설'의 경우 $\frac{8-6}{6} \times 100 \fallingdotseq 33(\%)$이므로 '주거체험시설'이 '주민이용시설'의 2배이다.

ㄹ. '한옥숙박시설'이 '주거체험시설'보다 많은 해는 2017년과 2018년뿐이다. → (O) '한옥숙박시설'이 '주거체험시설'보다 많은 해는 2017년(주거체험 0개소, 한옥숙박 2개소)과 2018년(주거체험 0개소, 한옥숙박 2개소)이다.

① ㄱ, ㄴ ➡ (X)

② ㄴ, ㄷ ➡ (X)

③ ㄴ, ㄹ ➡ (X)

④ ㄱ, ㄷ, ㄹ ➡ (X)

⑤ ㄴ, ㄷ, ㄹ ➡ (O)

17 ①

난이도 ■□□

| 문제 유형 | 자료 읽기 > 표/그림 제시형

| 접근 전략 | 선지 ①부터 순서대로 풀이해 보면, 최저개발국 직접투자 규모는 2015년 31,205×0.0280이고, 2023년 76,446×0.0170이다. 해외직접투자 규모가 2배 이상 커졌는데, 비중 관련 수치는 2배 이상이 안 되므로 2023년 계산값이 더 큰 것을 알 수 있다.

다음 〈그림〉은 2015~2023년 '갑'국의 해외직접투자 규모와 최저개발국 직접투자 비중에 관한 자료이다. 이에 대한 설명으로 옳은 것은?

〈그림〉 해외직접투자 규모와 최저개발국 직접투자 비중

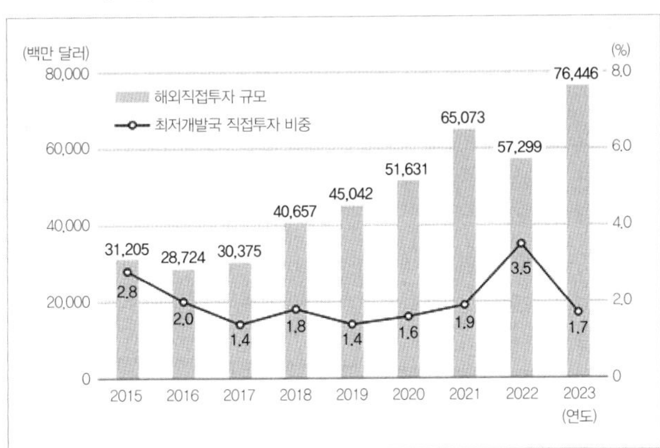

※ 최저개발국 직접투자 비중(%) $= \frac{\text{최저개발국 직접투자 규모}}{\text{해외직접투자 규모}} \times 100$

→ 주석에 따르면, '최저개발국 직접투자 비중(%) $= \frac{\text{최저개발국 직접투자 규모}}{\text{해외직접투자 규모}} \times 100$'이므로 식을 정리하면,

'최저개발국 직접투자 규모 = 해외직접투자 규모 $\times \frac{\text{최저개발국 직접투자 비중(\%)}}{100}$'이다.

따라서 2015~2023년 최저개발국 직접투자 규모를 정리하면 다음과 같다.

(단위: 백만 달러)

2015년	2016년	2017년	2018년	2019년	2020년	2021년	2022년	2023년
약 874	약 574	약 425	약 732	약 631	약 826	약 1,236	약 2,005	약 1,300

① 최저개발국 직접투자 규모는 2023년이 2015년보다 크다. ➠ (O) 2023년 최저개발국 직접투자 규모는 약 1,300백만 달러로, 2015년 최저개발국 직접투자 규모인 약 874백만 달러보다 크다.

② 2021년 최저개발국 직접투자 비중은 전년보다 감소하였다. ➠ (X) 2021년 최저개발국 직접투자 비중은 1.9%로 전년 최저개발국 직접투자 비중인 1.6%보다 0.3%p 증가하였다.

③ 2018년 최저개발국 직접투자 규모는 10억 달러 이상이다. ➠ (X) 2018년 최저개발국 직접투자 규모는 약 732백만 달러=7억 3,200백만 달러로, 10억 달러 미만이다.

④ 2023년 해외직접투자 규모는 전년 대비 40% 이상 증가하였다. ➠ (X) 2023년 해외직접투자 규모는 전년 대비 $\frac{76,446-57,299}{57,299} \times 100 = \frac{19,147}{57,299} \times 100 \fallingdotseq 33(\%)$로, 40% 미만으로 증가하였다.

⑤ 2017년에 해외직접투자 규모와 최저개발국 직접투자 비중 모두 전년 대비 증가하였다. ➠ (X) 해외직접투자 규모는 '2016년 28,724백만 달러 < 2017년 30,375백만 달러'이고, 최저개발국 직접투자 비중은 '2016년 2.0% > 2017년 1.4%'로 전년 대비 감소하였다.

18 ④

난이도 ■■■

| 문제 유형 | 자료 읽기 > 표 제시형

| 접근 전략 | 〈표〉에서 '가맹점당 매출액 $= \frac{\text{매출액}}{\text{가맹점}}$'이고, '가맹점 면적당 매출액 $= \frac{\text{매출액}}{\text{가맹점 면적}}$'이다. ㄴ을 먼저 살펴보면, 전체 가맹점 매출액의 합은 '가맹점 수 × 가맹점당 매출액'이다. 브랜드 A와 브랜드 B의 가맹점 수와 가맹점당 매출액이 가장 높은 편인데 어림잡아 식을 세우면 '147×583'과 '145×603'이다. 비교하면, 가맹점 수가 2 작은데 가맹점당 매출액은 20 커졌으므로 산출되는 전체 값은 더 크다. 그 다음으로 ㄷ을 보면, 브랜드별로 각각 전체 가맹점 매출액의 합을 계산하지 않아도 브랜드 E의 경우 가맹점당 매출액이 B, A 다음으로 크지만, 가맹점 수가 다른 브랜드 대비 현저히 적은 787개이므로 곱하면 산출되는 전체 가맹점 매출액의 합이 가장 작고 가맹점 면적당 매출액(32,543 vs 15,448)은 가맹점 수 비율(4,082 vs 787)만큼의 큰 차이는 없으므로 가맹점 면적의 합은 가장 작은 것을 알 수 있다. 마지막으로 ㄱ을 풀 때 최소 14개임에 유의한다.

다음 〈표〉는 '갑'국의 가맹점 수 기준 상위 5개 편의점 브랜드 현황에 관한 자료이다. 이에 대한 〈보기〉의 설명 중 옳은 것만을 모두 고르면?

〈표〉 가맹점 수 기준 상위 5개 편의점 브랜드 현황

(단위: 개, 천 원/개, 천 원/m^2)

순위	브랜드	가맹점 수	가맹점당 매출액	가맹점 면적당 매출액
1	A	14,737	583,999	26,089
2	B	14,593	603,529	32,543
3	C	10,294	465,042	25,483
4	D	4,082	414,841	12,557
5	E	787	559,684	15,448

※ 가맹점 면적당 매출액(천 원/m^2) $= \frac{\text{해당 브랜드 전체 가맹점 매출액의 합}}{\text{해당 브랜드 전체 가맹점 면적의 합}}$

〈보기〉

ㄱ. '갑'국의 전체 편의점 가맹점 수가 5만 개라면 편의점 브랜드 수는 최소 14개이다. → (X) 상위 5개 편의점 브랜드의 가맹점 수 합은 14,737+14,593+10,294+4,082+787=44,493(개)이다. '갑'국의 전체 편의점 가맹점 중 상위 5개를 제외하면 50,000−44,493=5,507(개)이고, 5위 브랜드 E의 가맹점 수가 787개이므로 6위 브랜드의 가맹점 수는 최대 786개일 수 있다. $\frac{5,507}{786} \fallingdotseq 7.01$이므로, 최소 5+8=13(개)의 편의점 브랜드 수가 존재함을 알 수 있다.

ㄴ. A~E 중, 가맹점당 매출액이 가장 큰 브랜드가 전체 가맹점 매출액의 합도 가장 크다. → (O) 전체 가맹점 매출액의 합은 '가맹점 수 × 가맹점당 매출액'이므로, 가맹점당 매출액이 가장 큰 브랜드인 B와 비슷한 브랜드 A의 전체 가맹점 매출액의 합을 계산해서 비교하면 다음과 같다.

- 브랜드 A: 14,737×583,999=8,606,393,263(천 원)
- 브랜드 B: 14,593×603,529=8,807,298,697(천 원)

따라서 가맹점당 매출액이 가장 큰 브랜드가 전체 가맹점 매출액의 합도 가장 크다.

ㄷ. A~E 중, 해당 브랜드 전체 가맹점 면적의 합이 가장 작은 편의점 브랜드는 E이다. → (O) 브랜드별 전체 가맹점 매출액의 합은 '가맹점 수 × 가맹점당 매출액'이고, 전체 가맹점 면적의 합은 $\frac{\text{전체 가맹점 매출액의 합}}{\text{가맹점 면적당 매출액}}$이므로 계산하면 다음과 같다.

브랜드	전체 가맹점 매출액의 합	전체 가맹점 면적의 합 $\left(=\frac{\text{전체 가맹점 매출액의 합}}{\text{가맹점 면적당 매출액}}\right)$
A	14,737 × 583,999 = 8,606,393,263(천 원)	329,886
B	14,593 × 603,529 = 8,807,298,697(천 원)	270,636
C	10,294 × 465,042 = 4,787,142,348(천 원)	187,856
D	4,082 × 414,841 = 1,693,380,962(천 원)	134,856
E	787 × 559,684 = 440,471,308(천 원)	28,513

따라서 해당 브랜드 전체 가맹점 면적의 합이 가장 작은 편의점 브랜드는 E이다.

① ㄱ ➡ (X)
② ㄴ ➡ (X)
③ ㄷ ➡ (X)
④ ㄴ, ㄷ ➡ (O)
⑤ ㄱ, ㄴ, ㄷ ➡ (X)

19 ②

난이도 ■■■

| 문제 유형 | 자료 읽기 > 표 제시형

| 접근 전략 | 주석에서 '시설용량은 1일 가동 시 소각할 수 있는 최대량'이라고 했으므로, 최대량을 소각하면 일수로 얼마나 걸리는지 구할 수 있다. 순서대로 선지를 풀면, ①에서 연간소각실적과 관리인원 수치를 유사한 것끼리 비교하면 비교적 빠른 해결이 가능하다. C와 E를 통해 연간소각실적이 많다고 해서 관리인원 또한 많다는 설명은 적절하지 않다. 선지 ②를 계산하면 복잡하지만 옳은 선지라는 것을 알 수 있는데, 계산값이 복잡하므로 나머지 ③~⑤를 먼저 풀어서 ②를 도출하는 것도 방법이다.

선지 ③과 ④ 계산 시 각각 'A의 연간소각실적 ≤ D의 연간소각실적 × 1.5'여야 하는데, 163,785톤 > 156,264톤이므로 1.5배보다 크다는 것을, 'C의 시설용량 ≥ 전체 시설용량 × 0.3'이어야 하는데, 750톤/일 < 869.4톤/일이므로 30% 미만임을 알 수 있다.

다음 〈표〉는 2023년 '갑'시 소각시설 현황에 관한 자료이다. 이에 대한 설명으로 옳은 것은?

〈표〉 2023년 '갑'시 소각시설 현황

(단위: 톤/일, 톤, 명)

소각시설	시설용량	연간소각실적	관리인원
전체	2,898	689,052	314
A	800	163,785	66
B	48	12,540	34
C	750	169,781	75
D	400	104,176	65
E	900	238,770	74

※시설용량은 1일 가동 시 소각할 수 있는 최대량임.

① '연간소각실적'이 많은 소각시설일수록 '관리인원'이 많다. ➡ (X)
'연간소각실적'이 많은 소각시설부터 순서대로 나열하면 E, C, A, D, B이고, '관리인원'이 많은 소각시설부터 순서대로 나열하면 C, E, A, D, B이다. 따라서 '연간소각실적'이 많은 소각시설일수록 '관리인원'이 많다고 할 수 없다.

② '시설용량' 대비 '연간소각실적' 비율이 가장 높은 소각시설은 E이다. ➡ (O) 소각시설별로 '시설용량' 대비 '연간소각실적' 비율을 구하여 정리하면 다음과 같다.

A	B	C	D	E
$\frac{163,785}{800} ≒ 205$	$\frac{12,540}{48} ≒ 261$	$\frac{169,781}{750} ≒ 226$	$\frac{104,176}{400} ≒ 260$	$\frac{238,770}{900} ≒ 265$

따라서 해당 비율이 가장 높은 소각시설은 E이다.

③ '연간소각실적'은 A가 D의 1.5배 이하이다. ➡ (X) 소각시설 A의 연간소각실적은 163,785톤으로, 소각시설 D의 $\frac{163,785}{104,176}$ ≒ 1.57(배)로 1.5배 이상이다.

④ C의 '시설용량'은 전체 '시설용량'의 30% 이상이다. ➡ (X) 소각시설 C의 '시설용량'은 750톤/일이며, 전체 '시설용량'인 2,898톤/일의 $\frac{750}{2,898} \times 100$ ≒ 26(%)로 30% 미만이다.

⑤ B의 2023년 가동 일수는 250일 미만이다. ➡ (X) 소각시설 B의 시설용량은 1일 48톤이고, 연간소각실적은 12,540톤이므로 가동 일수는 $\frac{12,540}{48}$ ≒ 261(일) 이상이다.

※ 다음 〈표〉는 2019~2023년 '갑'국 및 A지역의 식량작물 생산 현황에 관한 자료이다. 다음 물음에 답하시오. [문 20.~문 21.]

〈표 1〉 2019~2023년 식량작물 생산량

(단위: 톤)

구분 \ 연도	2019	2020	2021	2022	2023
'갑'국 전체	4,397,532	4,374,899	4,046,574	4,456,952	4,331,597
A지역 전체	223,472	228,111	203,893	237,439	221,271
미곡	153,944	150,901	127,387	155,501	143,938
맥류	270	369	398	392	201
잡곡	29,942	23,823	30,972	33,535	30,740
두류	9,048	10,952	9,560	10,899	10,054
서류	30,268	42,066	35,576	37,112	36,338

〈표 2〉 2019~2023년 식량작물 생산 면적

(단위: ha)

구분 \ 연도	2019	2020	2021	2022	2023
'갑'국 전체	924,470	924,291	906,106	905,034	903,885
A지역 전체	46,724	47,446	46,615	47,487	46,542
미곡	29,006	28,640	28,405	28,903	28,708
맥류	128	166	177	180	98
잡곡	6,804	6,239	6,289	6,883	6,317
두류	5,172	5,925	5,940	5,275	5,741
서류	5,614	6,476	5,804	6,246	5,678

※A지역 식량작물은 미곡, 맥류, 잡곡, 두류, 서류뿐임.

20 ①

난이도 ■■■

| 문제 유형 | 자료 읽기 > 표 제시형

| 접근 전략 | 선지 ①을 먼저 풀면 바로 확인 가능하다. 숫자가 복잡할 때는 어림잡아 자릿수를 맞춰서 식을 세우는 것도 방법인데 전년 대비 감소율을 구하는 분수식에서 A지역 전체와 '갑'국 전체의 분자는 비슷한데, 분모는 237보다 445가 훨씬 크므로 전체 분수값은 작음을 알 수 있다. 따라서 2023년 식량작물 생산량의 전년 대비 감소율은 A지역 전체가 '갑'국 전체보다 높다.

위 〈표〉에 대한 설명으로 옳지 않은 것은?

① 2023년 식량작물 생산량의 전년 대비 감소율은 A지역 전체가 '갑'국 전체보다 낮다. ➡ (X) 2023년 식량작물 생산량의 전년 대비 감소율은 A지역 전체의 경우 $\frac{237,439-221,271}{237,439}\times100 \fallingdotseq 6.8(\%)$이고, '갑'국 전체의 경우 $\frac{4,456,952-4,331,597}{4,456,952}\times100 \fallingdotseq 2.8(\%)$이므로 A지역 전체가 '갑'국 전체보다 높다.

② 2019년 대비 2023년 생산량 증감률이 가장 큰 A지역 식량작물은 맥류이다. ➡ (O) 식량작물별로 2019년 대비 2023년 생산량 증감률을 구하여 정리하면 다음과 같다.

미곡	맥류	잡곡	두류	서류
$\frac{10,006}{153,944}\times100$ ≒ 6.5(%)	$\frac{69}{270}\times100$ ≒ 25.6(%)	$\frac{798}{29,942}\times100$ ≒ 2.7(%)	$\frac{1,006}{9,048}\times100$ ≒ 11.1(%)	$\frac{6,070}{30,268}\times100$ ≒ 20.1(%)

따라서 2019년 대비 2023년 생산량 증감률이 가장 큰 A지역 식량작물은 '맥류'이다.
→ 식량작물별로 2019년 대비 2023년 생산량 증감률 식을 세웠을 때 맥류의 경우 분모가 분자의 4배 미만으로 가장 작다. 따라서 분수 전체의 값은 가장 클 것을 예상할 수 있다.

③ 미곡은 매년 A지역 전체 식량작물 생산 면적의 절반 이상을 차지한다. ➡ (O) A지역 전체 식량작물 생산 면적의 절반을 구하여 미곡의 생산 면적과 비교하면 다음과 같다.

(단위: ha)

생산 면적 \ 연도	2019년	2020년	2021년	2022년	2023년
A지역 전체 ÷ 2	23,362	23,723	23,307.5	23,743.5	23,271
미곡	29,006	28,640	28,405	28,903	28,708

따라서 미곡은 매년 A지역 전체 식량작물 생산 면적의 절반 이상을 차지한다.

④ 2023년 생산 면적당 생산량이 가장 많은 A지역 식량작물은 서류이다. ➡ (O) 식량작물별로 2023년 생산 면적당 생산량을 구하여 정리하면 다음과 같다.

구분	미곡	맥류	잡곡	두류	서류
생산량	143,938	201	30,740	10,054	36,338
생산 면적	28,708	98	6,317	5,741	5,678
생산 면적당 생산량	약 5.0	약 2.1	약 4.9	약 1.8	약 6.4

따라서 2023년 생산 면적당 생산량이 가장 많은 A지역 식량작물은 '서류'이다.

⑤ A지역 전체 식량작물 생산량과 A지역 전체 식량작물 생산 면적의 전년 대비 증감 방향은 매년 같다. ➡ (O) 2020~2023년 A지역 전체 식량작물 생산량 증감 방향은 '증가 → 감소 → 증가 → 감소'이고, A지역 전체 식량작물 생산 면적의 전년 대비 증감 방향은 '증가 → 감소 → 증가 → 감소'로 매년 같다.

21 ④

난이도 ■■■

| 문제 유형 | 자료 변환응용 > 표/그림 전환형

| 접근 전략 | ㄱ은 연도별로 전년 대비 얼마나 변했는지 확인하면 된다. ㄴ은 〈보기〉의 수치와 〈표〉의 수치를 비교하면 빠르게 확인할 수 있다. ㄷ은 증가율 수치를 2020년부터 2023년까지 어림잡아 30%, 40%, 40%, −20%로 바꿔 접근하면 좋다. ㄹ은 해당 비중에 근사한 값으로 나오는지를 확인하는 것이 시간 단축에 용이하다.

위 〈표〉를 이용하여 작성한 〈보기〉의 자료 중 옳은 것만을 모두 고르면?

〈보기〉

ㄱ. 2020~2023년 '갑'국 전체 식량작물 생산 면적의 전년 대비 감소량

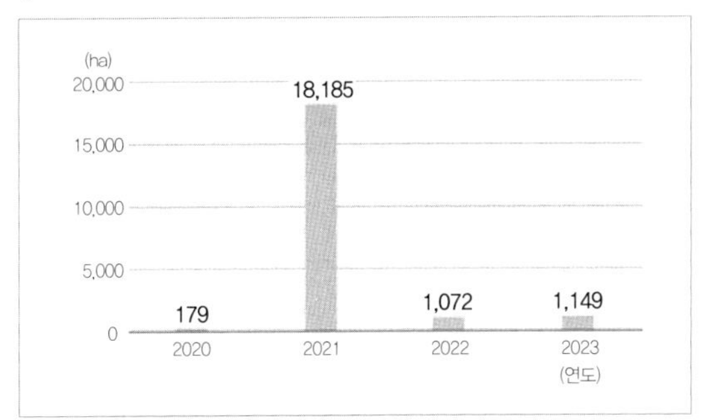

→ (O) 〈표 2〉를 살펴봤을 때 2020~2023년 '갑'국 전체 식량작물 생산 면적의 전년 대비 감소량을 구하면 다음과 같다.

2020년	2021년	2022년	2023년
924,470 −924,291 =179(ha)	924,291 −906,106 =18,185(ha)	906,106 −905,034 =1,072(ha)	905,034 −903,885 =1,149(ha)

ㄴ. 연도별 A지역 잡곡, 두류, 서류 생산량

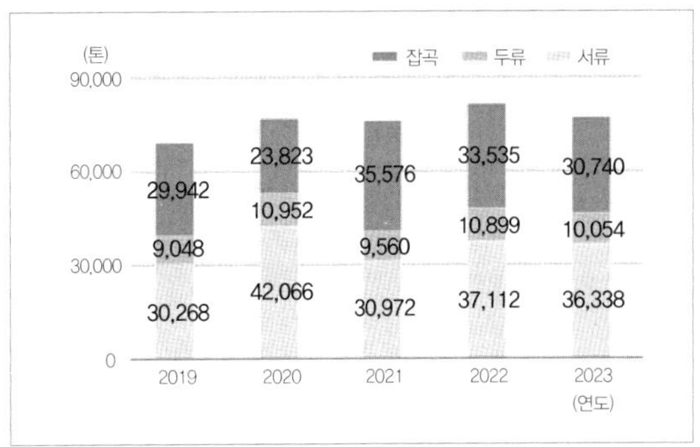

→ (X) 〈표 1〉을 살펴보면 A지역 잡곡, 두류, 서류 생산량에 따른 3가지 식량작물의 생산량은 다음과 같다.

(단위: 톤)

구분	2019년	2020년	2021년	2022년	2023년
잡곡	29,942	23,823	30,972	33,535	30,740
두류	9,048	10,952	9,560	10,899	10,054
서류	30,268	42,066	35,576	37,112	36,338
합계	69,258	76,841	76,108	81,546	77,132

2021년 막대그래프를 보면, 잡곡과 서류 생산량이 서로 바뀌었으므로 〈표〉를 이용하여 작성한 그래프로 옳지 않다.

ㄷ. 2019년 대비 연도별 A지역 맥류 생산 면적 증가율

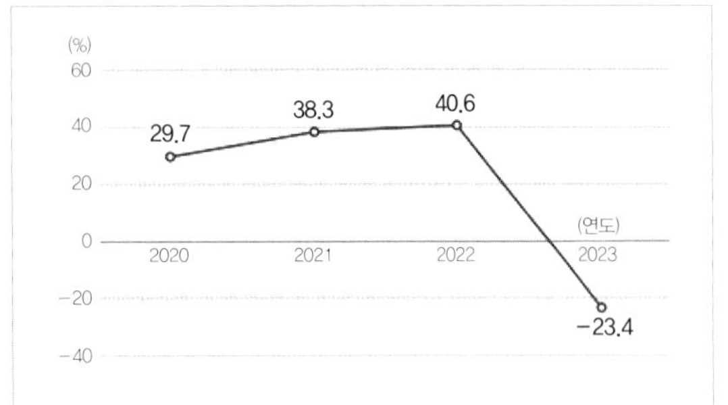

→ (O) 〈표 2〉를 참고하면, 2019년 대비 연도별 A지역 맥류 생산 면적 증가율은 다음과 같다.

- 2020년: $\frac{38}{128}\times 100 \fallingdotseq 29.7(\%)$
- 2021년: $\frac{49}{128}\times 100 \fallingdotseq 38.3(\%)$
- 2022년: $\frac{52}{128}\times 100 \fallingdotseq 40.6(\%)$
- 2023년: $\frac{-30}{128}\times 100 \fallingdotseq -23.4(\%)$

ㄹ. 2023년 A지역 식량작물 생산량 구성비

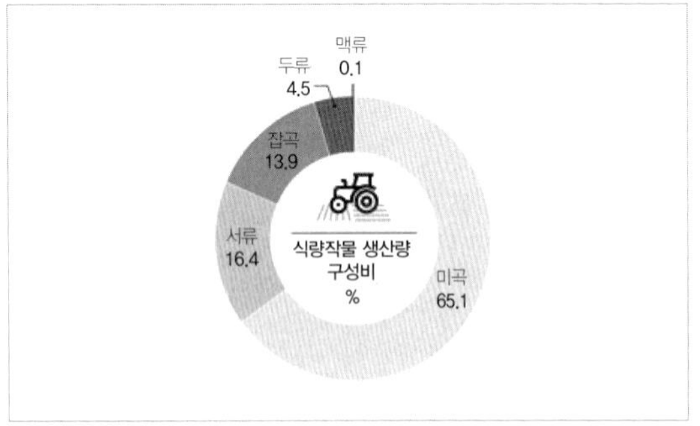

→ (O) 〈표 1〉을 참고하면 2023년 A지역 식량작물 생산량 구성비는 다음과 같다.

미곡	맥류	잡곡	두류	서류
$\frac{143,938}{221,271}\times 100 \fallingdotseq 65.1(\%)$	$\frac{201}{221,271}\times 100 \fallingdotseq 0.1(\%)$	$\frac{30,740}{221,271}\times 100 \fallingdotseq 13.9(\%)$	$\frac{10,054}{221,271}\times 100 \fallingdotseq 4.5(\%)$	$\frac{36,338}{221,271}\times 100 \fallingdotseq 16.4(\%)$

① ㄱ, ㄴ ➡ (X)
② ㄱ, ㄷ ➡ (X)
③ ㄴ, ㄹ ➡ (X)
④ ㄱ, ㄷ, ㄹ ➡ (O)
⑤ ㄴ, ㄷ, ㄹ ➡ (X)

22 ①

난이도 ■□□

| 문제 유형 | 자료 읽기 > 표/빈칸 제시형

| 접근 전략 | 선지를 순서대로 풀면, ①에서 '주의'인 곳은 지방소멸위험지수가 정확히 나와 있는 동부터 알아보면 5곳이므로 구해야 하는 E, I, K 중 한 곳이라도 추가로 나오면 옳지 않은 선지가 된다. E에서 20~39세 여성 인구가 65세 이상 인구의 50% 이상에 해당되기 때문에 5곳이 아님을 알 수 있다.

다음 〈표〉는 2022년 3월 기준 '갑'시 A~L동의 지방소멸위험지수 및 지방소멸위험 수준에 관한 자료이다. 이에 대한 설명으로 옳지 않은 것은?

〈표 1〉 2022년 3월 기준 '갑'시 A~L동의 지방소멸위험지수

(단위: 명)

동	총인구	65세 이상 인구	20~39세 여성 인구	지방소멸 위험지수
A	14,056	2,790	1,501	0.54
B	23,556	3,365	( )	0.88
C	29,204	3,495	3,615	1.03
D	21,779	3,889	2,614	0.67
E	11,224	2,300	1,272	( )
F	16,792	2,043	2,754	1.35
G	19,163	2,469	3,421	1.39
H	27,146	4,045	4,533	1.12
I	23,813	2,656	4,123	( )
J	29,649	5,733	3,046	0.53
K	36,326	7,596	3,625	( )
L	15,226	2,798	1,725	0.62

※지방소멸위험지수 = $\frac{\text{20~39세 여성 인구}}{\text{65세 이상 인구}}$

〈표 2〉 지방소멸위험 수준

지방소멸위험지수	지방소멸위험 수준
1.5 이상	저위험
1.0 이상 1.5 미만	보통
0.5 이상 1.0 미만	주의
0.5 미만	위험

→ 〈표 1〉의 빈칸을 먼저 채우도록 한다. 주석을 참고하면 20~39세 여성 인구는 '지방소멸위험지수 × 65세 이상 인구'이므로 B동의 20~39세 여성 인구는 0.88 × 3,365명 ≒ 2,961(명)이다.

또한, E동, I동, K동의 지방소멸위험지수는 각각 $\frac{1,272}{2,300}\fallingdotseq 0.55$, $\frac{4,123}{2,656}\fallingdotseq 1.55$, $\frac{3,625}{7,596}\fallingdotseq 0.480$이다.

① 지방소멸위험 수준이 '주의'인 동은 5곳이다. ➡ (X) 지방소멸위험 수준이 '주의'인 경우는 〈표 2〉를 참고하면 0.5 이상 1.0 미만인 경우이므로, A동, B동, D동, E동, J동, L동이 해당한다. 따라서 총 6곳이다.

② '20~39세 여성 인구'는 B동이 G동보다 적다. ➡ (O) 20~39세 여성 인구는 B동의 경우 약 2,961명이고, G동의 경우 3,421명이므로 B동이 G동보다 적다.

③ 지방소멸위험지수가 가장 높은 동의 '65세 이상 인구'는 해당 동 '총인구'의 10% 이상이다. ➡ (O) 지방소멸위험지수가 1.55로 가장 높은 I동의 65세 이상 인구는 2,656명이고, 해당 동 총인구 23,813명의 10%는 2,381.3명이다. 따라서 65세 이상 인구가 총인구의 10% 이상이다.

④ '총인구'가 가장 많은 동은 지방소멸위험지수가 가장 낮다. ➡ (O) 총인구가 36,326명으로 가장 많은 K동의 지방소멸위험지수는 0.48로 가장 낮다.

⑤ 지방소멸위험 수준이 '보통'인 동의 '총인구' 합은 90,000명 이상이다. ➡ (O) 지방소멸위험 수준이 '보통'인 경우는 1.0 이상 1.5 미만으로 C동, F동, G동, H동으로 4곳이며 해당 동의 총인구 합은 29,204 + 16,792 + 19,163 + 27,146 = 92,305(명)이다. 따라서 90,000명 이상이다.

23 ③

난이도 ■□□

| 문제 유형 | 자료 읽기 > 표 제시형

| 접근 전략 | 처리방법과 처리주체로 구분되어 처리실적이 한데 모인 자료이므로, 일일이 계산해야 한다. 또한, 선지 ②를 보면 '각 처리방법'이라 나와 있으므로 재활용, 소각, 매립을 모두 살펴봐야 한다. 그리고 선지 ③에서 '각 처리주체'라 나와 있으므로 공공, 자가, 위탁 모두 고려해야 하며 '공공'과 '자가'의 비교를 물어보므로 둘을 비교해야 한다.

다음 〈표〉는 2023년 '갑'국의 생활계 폐기물 처리실적에 관한 자료이다. 이에 대한 설명으로 옳은 것은?

〈표〉 2023년 처리방법별, 처리주체별 생활계 폐기물 처리실적

(단위: 만 톤)

처리방법 처리주체	재활용	소각	매립	기타	합
공공	403	447	286	7	1,143
자가	14	5	1	1	21
위탁	870	113	4	119	1,106
계	1,287	565	291	127	2,270

① 전체 처리실적 중 '매립'의 비율은 15% 이상이다. ➡ (X) 전체 처리실적 2,270만 톤 중 매립 291만 톤이 차지하는 비율은 $\frac{291}{2,270} \times 100 \fallingdotseq 12.8(\%)$로, 15% 미만이다.

② 기타를 제외하고, 각 처리방법에서 처리실적은 '공공'이 '위탁'보다 많다. ➡ (X) 재활용의 경우 '공공' 처리실적은 403만 톤이고, '위탁' 처리실적은 870만 톤으로 '공공'이 '위탁'보다 적다.

③ 각 처리주체에서 '매립'의 비율은 '공공'이 '자가'보다 높다. ➡ (O) 처리주체인 공공의 경우 매립의 비율은 $\frac{286}{1,143} \times 100 \fallingdotseq 25.0(\%)$이고, 자가의 경우 매립의 비율은 $\frac{1}{21} \times 100 \fallingdotseq 4.8(\%)$이다. 따라서 각 처리주체에서 '매립'의 비율은 '공공'이 '자가'보다 높다.

④ 처리주체가 '위탁'인 생활계 폐기물 중 '재활용'의 비율은 75% 이하이다. ➡ (X) 처리주체가 '위탁'인 생활계 폐기물 1,106만 톤 중 재활용 870만 톤이 차지하는 비율은 $\frac{870}{1,106} \times 100 \fallingdotseq 78.7(\%)$로, 75% 이상이다.

⑤ '소각' 처리 생활계 폐기물 중 '공공'의 비율은 90% 이상이다. ➡ (X) '소각' 처리 생활계 폐기물 565만 톤 중 공공 447만 톤이 차지하는 비율은 $\frac{447}{565} \times 100 \fallingdotseq 79.1(\%)$로, 90% 미만이다.

24 ④

난이도 ■■■

| 문제 유형 | 자료 변환응용 > 자료/보고서 전환형

| 접근 전략 | ㉢, ㉡, ㉠ 순으로 풀이하도록 하며, 상위 5개 시도 현황 등 순위 자료가 주어진 경우 범위 정보를 확인하는 문제라는 점에 유의하면 선지를 미리 제거할 수 있다.

다음 자료는 2020～2023년 우리나라 시도 행정심판위원회 사건 처리 현황이다. 이에 대한 〈보고서〉의 설명 중 옳은 것만을 모두 고르면?

〈표〉 2020～2022년 시도 행정심판위원회 인용률

(단위: %)

연도 시도	2020	2021	2022
서울	18.4	15.9	16.3
부산	22.6	15.9	12.8
대구	35.9	39.9	38.4
인천	33.3	36.0	38.1
광주	22.2	30.6	36.0
대전	28.1	47.7	35.8
울산	33.0	38.1	50.9
세종	7.7	16.7	0.0
경기	23.3	19.6	22.3
강원	21.4	14.1	18.2
충북	23.6	28.5	24.3
충남	26.7	19.9	23.1
전북	31.7	34.0	22.1
전남	36.2	34.5	23.8
경북	10.6	23.3	22.9
경남	18.5	25.7	12.4
제주	31.6	25.3	26.2

※ 인용률(%) $= \frac{\text{인용 건수}}{\text{처리 건수}} \times 100$

〈그림〉 2022년과 2023년 시도 행정심판위원회 처리 건수 상위 5개 시도 현황

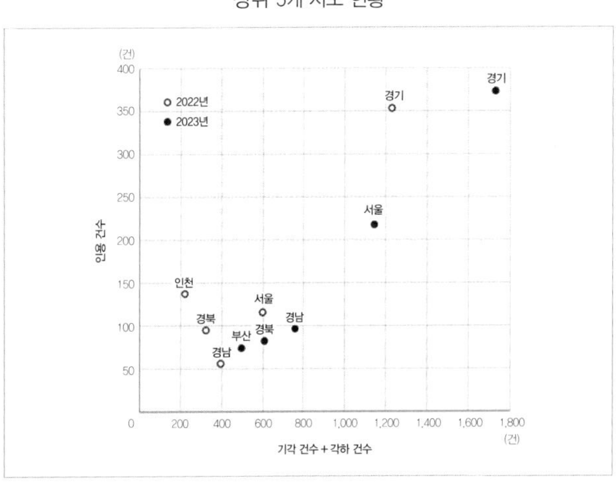

※ 처리 건수 = 인용 건수 + 기각 건수 + 각하 건수

〈보고서〉

2023년 우리나라 시도 행정심판위원회 처리 건수 상위 5개 시도는 경기, 서울, 경남, 경북, 부산이었다. 2022년에는 인천이 처리 건수 362건으로 상위 5개 시도에 속했으나, 2023년 부산에 자리를 넘겨주었다. 또한, ㉠2023년 처리 건수 상위 5개 시도의 처리 건수는 각각 전년 대비 증가하였다. → (O) 경기, 서울, 경남 3개 시도는 모두 처리 건수가 증가하였고(흰색 점이 검은색 점으로 우측+위쪽 이동), 경북은 인용 건수와 '기각 건수+각하 건수'의 좌표의 합을 어림잡아 계산하면 처리 건수는 증가하였음을 알 수 있다. 부산의 처리 건수는 2023년의 경우 570정도인데, 2022년의 경우 2022년 인천의 처리 건수는 약 330보다 적으므로 증가하였음을 알 수 있다. 인용 건수를 살펴보면, ㉡2023년 처리 건수가 가장 많은 시도의 2023년 인용 건수는 2022년 인용률이 가장 높은 시도의 2022년 인용 건수의 1.5배 이상이다. → (O) '처리 건수 = 인용 건수 + 기각 건수 + 각하 건수'인데 인용 건수가 350건보다 많고, (기각 건수 + 각하 건수)가 1,600건보다 많으므로 처리 건수가 가장 많은 시도는 '경기'이다. 2022년 인용률이 가장 높은 시도는 〈표〉를 참고하면 50.9%인 '울산(5위 밖)'이고, 5위인 '인천'의 처리 건수(350건)를 기준으로 보면, 울산'의 인용 건수는 최대 350 × 50.9(%) ≒ 178(건)이다. 2023년 '경기'의 인용 건수는 약 350건이므로 1.5배 이상이다. 인용률을 살펴보면, ㉢2020년부터 2023년까지 인용률이 매년 감소한 시도는 3개이다. → (X) 〈그림〉에서 2023년 인용률에 대해서 상위 5개 시도밖에 나와 있지 않으므로, 매년 감소한 시도가 3개인지는 알 수 없다.

① ㄱ ➡ (X)
② ㄴ ➡ (X)
③ ㄷ ➡ (X)
④ ㄱ, ㄴ ➡ (O)
⑤ ㄱ, ㄴ, ㄷ ➡ (X)

25 ⑤

난이도 ■■■

| 문제 유형 | 자료 읽기 > 표/빈칸 제시형

| 접근 전략 | ㄱ. 'Q2(2분위)와 Q3(3분위)의 평균값 = 중간값 = 25,000원'이므로, Q1(1분위)와 Q4(4분위)의 평균값도 25,000원이면 된다. 따라서 Q1 = 15,000원이므로 Q4는 35,000원임을 알 수 있다.

ㄷ. 평균 40,000원 이상이려면 1분위의 상대적 낮은 시간당 임금이 24,000원이므로 부족분은 16,000원인데, 2분위의 상대적 높은 시간당 임금과 3분위의 상대적 낮은 시간당 임금이 48,000원으로 각각 여유분이 8,000원이 되므로 상쇄된다. '1분위의 상대적 높은 시간당 임금과 2분위의 상대적 낮은 시간당 임금에서의 부족분(28,800원) < 3분위의 상대적 높은 시간당 임금과 4분위의 상대적 높은/낮은 시간당 임금에서의 여유분(31,000원)'이므로 평균은 40,000원 이상이다.

ㄹ이 가장 풀이하기 어렵지만 ㄱ, ㄴ, ㄷ이 옳은 선지이므로 답을 찾는 데 어려움은 없다.

다음 〈표〉는 A회사 전체 임직원 100명의 직급별 인원과 시간당 임금에 관한 자료이다. 이에 대한 〈보기〉의 설명 중 옳은 것만을 모두 고르면?

〈표〉 A회사의 직급별 임직원 수와 시간당 임금

(단위: 명, 원)

구분 / 직급	임직원 수	시간당 임금					
		평균	최저	Q1	중간값	Q3	최고
공장 관리직	4	25,000	15,000	15,000	25,000	30,000	( )
공장 생산직	52	21,500	12,000	20,500	23,500	26,500	31,000
본사 임원	8	( )	24,000	25,600	48,000	48,000	55,000
본사 직원	36	22,000	11,500	16,800	23,500	27,700	29,000

※ 1) 해당 직급 임직원의 시간당 임금을 낮은 값부터 순서대로 나열하여 4등분한 각 집단을 나열 순서에 따라 1분위, 2분위, 3분위, 4분위로 정함.
2) Q1과 Q3은 각각 1분위와 3분위에 속한 값 중 가장 높은 값임.
3) 해당 직급 임직원 수가 짝수인 경우, 중간값은 2분위에 속한 값 중 가장 높은 값과 3분위에 속한 값 중 가장 낮은 값의 평균임.

→ 먼저 주석 1)부터 3)까지를 해석하면 다음과 같다.

주석 1)에 따르면, 예를 들어 '공장 관리직'의 경우 임직원 수가 4명이므로 분위별로 1명이 들어간다는 것을 의미하며, '본사 직원'의 경우 임직원 수가 36명이므로 분위별로 9명이 들어간다는 것을 의미한다. 즉, 4등분했을 때 분위별로 동일한 인원이 들어간다는 것을 의미한다. 그리고 시간당 임금을 '낮은 값'부터 나열하여 1～4분위로 정한다고 했으므로, 1분위가 임금이 가장 낮고 4분위가 임금이 가장 높다.

주석 2)에 따르면, Q1은 1분위에 속한 임직원 중 가장 높은 사람의 임금이고 Q3은 3분위에 속한 임직원 중 가장 높은 사람의 임금을 의미한다.

주석 3)에 따르면, 예를 들어 '본사 임원'의 경우 임직원 수가 8명이므로 분위별 2명이 정해진다. 2분위에 속한 2명(임의 지정 P, Q) 중 임금이 상대적으로 높은 사람을 P라 하면 낮은 사람은 Q이다. 동일 방법으로 3분위에 속한 2명(임의 지정 R, S) 중 임금이 상대적으로 높은 사람을 R이라 하면 낮은 사람은 S이다. 그렇다면 중간값은 P의 임금과 S의 임금의 평균이다.

〈보기〉

ㄱ. 공장 관리직의 '시간당 임금' 최고액은 35,000원이다. → (O) 공장 관리직 임직원은 4명이고 평균이 25,000원이므로 전체임금은 100,000원임을 알 수 있다. 분위당 1명이므로 Q1(1분위) = 15,000원, Q3(3분위) = 30,000원이며, Q2를 x라 할 때 중간값이 25,000원이므로 2분위와 3분위의 평균값이 25,000원이어야 한다. 따라서 Q2(2분위) = 20,000(원)이고, Q4(4분위) = 100,000 − 65,000 = 35,000(원)임을 알 수 있다.

ㄴ. '시간당 임금'이 같은 본사 임원은 3명 이상이다. → (O) 최저=1분위 가장 낮은 임금에 해당=1분위(24,000원)

Q1=1분위 중 가장 높은 임금에 해당=1분위(25,600원)

Q3=3분위 중 가장 높은 임금에 해당=3분위(48,000원)

중간값=48,000원=(2분위 중 가장 높은 임금+3분위 중 가장 낮은 임금)÷2이어야 하는데, 3분위 중 가장 높은 임금에 해당하는 Q3 = 48,000원이므로 3분위 중 가장 낮은 임금은 최대 48,000원이어야 한다. 따라서 2분위 중 가장 높은 임금 또한 평균 48,000원이 되어야 하므로 48,000원이어야 한다.

정리하면, 3분위 중 가장 높은/낮은 임금, 2분위 중 가장 높은 임금 모두 48,000원이므로 적어도 3명은 '시간당 임금'이 같은 것을 알 수 있다.

ㄷ. 본사 임원의 '시간당 임금' 평균은 40,000원 이상이다. → (O) ㄴ에서 구한 임직원의 시간당 임금을 표로 정리하면 다음과 같다.

임금	1분위	2분위	3분위	4분위
상대적 낮음	24,000	( )	48,000	( )
상대적 높음	25,600	48,000	48,000	55,000

2분위의 가장 낮은 시간당 임금을 25,600원, 4분위의 가장 낮은 시간당 임금을 48,000원으로 가정하면, 평균은 40,275원으로 40,000원 이상이다.

ㄹ. '시간당 임금'이 23,000원 이상인 임직원은 50명 미만이다. → (X) 공장 관리직 3분위와 4분위는 모두 23,000원 이상이므로 2명이 해당하고, 본사 임원은 모두 23,000원 이상이므로 8명이 해당한다. 그리고 공장 생산직 중간값(2분위 가장 높은 임금과 3분위 가장 낮은 임금의 평균)이 23,500원이므로 3분위 가장 낮은 임금은 23,500원보다 크다. 따라서 52명 중 절반은 23,000원 이상일 것이므로 최소 26명이 해당한다. 같은 해석으로 본사 직원 임직원 수 36명 중 절반인 18명도 중간값인 23,500원보다는 클 것이므로 최소 18명이 23,000원 이상일 것이다. 따라서 2+8+26+18=54(명) 이상의 '시간당 임금'은 23,000원 이상일 것이다.

① ㄱ, ㄴ ➡ (X)
② ㄱ, ㄹ ➡ (X)
③ ㄴ, ㄷ ➡ (X)
④ ㄷ, ㄹ ➡ (X)
⑤ ㄱ, ㄴ, ㄷ ➡ (O)

2023년 7월 22일 시행

2023년도 국가공무원 7급 공개경쟁채용 제1차 필기시험

정답과 분석해설

나의 성적

영역	점수	풀이 시간
언어논리	____점	____분
상황판단	____점	____분
자료해석	____점	____분

합격선

영역	합격 가능권	합격 확실권
언어논리	72~76점	80~84점
상황판단	76~80점	80~84점
자료해석	72~76점	80~84점

풀이 시간

영역	기본	숙련
언어논리	60분	50분
상황판단	60분	50분
자료해석	60분	50분

선발 인원 / 응시 인원 / 경쟁률

선발 인원	응시 인원	경쟁률
720명	29,086명	4.04 : 1

※경쟁률은 1차 합격자 선발 기준인 10배수로 산정

취약유형 분석표 제1영역 언어논리

문번	정답	정답률	유형	맞고 틀림
01	②	83.8%	사실적 이해 > 정보 확인	○△✕
02	①	93.3%	사실적 이해 > 정보 확인	○△✕
03	②	84.3%	사실적 이해 > 중심 내용 파악	○△✕
04	③	94.3%	사실적 이해 > 중심 내용 파악	○△✕
05	③	87.6%	사실적 이해 > 정보 확인	○△✕
06	③	90.2%	사실적 이해 > 정보 확인	○△✕
07	④	93.5%	사실적 이해 > 정보 확인	○△✕
08	②	91.3%	비판적 사고 > 판단하기	○△✕
09	④	64.7%	비판적 사고 > 빈칸 채우기	○△✕
10	④	68.1%	비판적 사고 > 빈칸 채우기	○△✕
11	①	60.5%	비판적 사고 > 지문에서 추론하기	○△✕
12	④	84.5%	비판적 사고 > 판단하기	○△✕
13	①	66.3%	비판적 사고 > 판단하기	○△✕
14	③	77.4%	비판적 사고 > 판단하기	○△✕
15	⑤	45.8%	비판적 사고 > 판단하기	○△✕
16	⑤	42.9%	사실적 이해 > 논리 게임	○△✕
17	④	69.3%	비판적 사고 > 판단하기	○△✕
18	②	79.4%	비판적 사고 > 지문에서 추론하기	○△✕
19	④	56.1%	비판적 사고 > 판단하기	○△✕
20	⑤	49.1%	비판적 사고 > 논지 강화·약화하기	○△✕
21	⑤	70.8%	비판적 사고 > 판단하기	○△✕
22	③	51.4%	비판적 사고 > 논지 강화·약화하기	○△✕
23	①	78.2%	비판적 사고 > 판단하기	○△✕
24	⑤	77.1%	비판적 사고 > 빈칸 채우기	○△✕
25	②	62.9%	비판적 사고 > 판단하기	○△✕

- 확실히 맞힌 문항 수: ____________ 문항
- 헷갈리거나 찍은 문항 수: __________ 문항
- 틀린 문항 수: __________________ 문항

취약유형 분석표 제2영역 상황판단

문번	정답	정답률	유형	맞고 틀림
01	②	93.5%	법조문형 > 규정확인	○ △ ×
02	①	84.5%	법조문형 > 규정적용	○ △ ×
03	⑤	87.6%	법조문형 > 규정적용	○ △ ×
04	③	90.7%	법조문형 > 규정적용	○ △ ×
05	④	93%	제시문형 > 정보확인	○ △ ×
06	①	89.1%	연산추론형 > 수리계산	○ △ ×
07	⑤	84.9%	연산추론형 > 수리계산	○ △ ×
08	④	91.4%	연산추론형 > 대입비교	○ △ ×
09	①	96.3%	제시문형 > 정보확인	○ △ ×
10	⑤	90.7%	제시문형 > 분석추론	○ △ ×
11	④	92.6%	법조문형 > 규정확인	○ △ ×
12	⑤	90.3%	법조문형 > 규정적용	○ △ ×
13	②	90.7%	퍼즐형 > 논리퀴즈	○ △ ×
14	④	80.1%	퍼즐형 > 최댓값·최솟값 도출	○ △ ×
15	①	88.4%	퍼즐형 > 논리퀴즈	○ △ ×
16	①	86.3%	퍼즐형 > 수리퀴즈	○ △ ×
17	②	84.9%	연산추론형 > 수리계산	○ △ ×
18	④	78.8%	연산추론형 > 수리계산	○ △ ×
19	③	70%	연산추론형 > 수리계산	○ △ ×
20	③	79.7%	연산추론형 > 수리계산	○ △ ×
21	②	51.9%	퍼즐형 > 논리퀴즈	○ △ ×
22	②	52.9%	퍼즐형 > 논리퀴즈	○ △ ×
23	④	45.7%	퍼즐형 > 논리퀴즈	○ △ ×
24	③	55.5%	퍼즐형 > 논리퀴즈	○ △ ×
25	⑤	74.8%	법조문형 > 규정적용	○ △ ×

- 확실히 맞힌 문항 수: ____________ 문항
- 헷갈리거나 찍은 문항 수: ____________ 문항
- 틀린 문항 수: ____________ 문항

취약유형 분석표 제3영역 자료해석

문번	정답	정답률	유형	맞고 틀림
01	①	90.5%	자료 읽기/추론 > 매칭형	○ △ ×
02	③	92.5%	자료 읽기/추론 > 계산형	○ △ ×
03	②	89.3%	자료 읽기/추론 > 계산형	○ △ ×
04	③	86.2%	자료 읽기/추론 > 계산형	○ △ ×
05	⑤	91.8%	자료 추론 > 추가로 필요한 자료 찾기	○ △ ×
06	④	62.7%	자료 읽기 > 표 제시형	○ △ ×
07	①	46.4%	자료 변환응용 > 자료/보고서 전환형	○ △ ×
08	①	80.8%	자료 변환응용 > 표/그림 전환형	○ △ ×
09	②	81.8%	자료 읽기 > 그림 제시형	○ △ ×
10	⑤	83.7%	자료 읽기 > 표/빈칸 제시형	○ △ ×
11	③	57.1%	자료 읽기/추론 > 계산형	○ △ ×
12	④	58%	자료 읽기/추론 > 계산형	○ △ ×
13	⑤	64.7%	자료 변환응용 > 표/그림 전환형	○ △ ×
14	③	73.9%	자료 읽기 > 표/빈칸 제시형	○ △ ×
15	⑤	42.4%	자료 읽기 > 표/그림 제시형	○ △ ×
16	④	75.9%	자료 읽기 > 표/그림/빈칸 제시형	○ △ ×
17	④	72.7%	자료 읽기 > 표/빈칸 제시형	○ △ ×
18	④	64.3%	자료 읽기 > 표/빈칸 제시형	○ △ ×
19	②	69.3%	자료 읽기 > 표 제시형	○ △ ×
20	①	34.4%	자료 읽기/추론 > 계산형	○ △ ×
21	③	63.5%	자료 읽기 > 표/빈칸 제시형	○ △ ×
22	①	68.4%	자료 읽기/추론 > 매칭형	○ △ ×
23	③	58%	자료 읽기 > 표/빈칸 제시형	○ △ ×
24	④	74.3%	자료 읽기 > 표 제시형	○ △ ×
25	②	30.8%	자료 읽기/추론 > 계산형	○ △ ×

- 확실히 맞힌 문항 수: ____________ 문항
- 헷갈리거나 찍은 문항 수: ____________ 문항
- 틀린 문항 수: ____________ 문항

2023 | 제1영역 언어논리(㉧ 책형)

기출 총평

2023년 언어논리 시험은 2~3개 문항을 제외하면 전반적으로 풀이과정을 어렵지 않게 파악할 수 있는 문항으로 출제되었다. 문제 유형은 예년과 비슷한 패턴으로 구성되었으며, 공공기관의 시험 유형에 맞게 공무에 관계된 소재들이 대부분이었다. 과거의 문제 유형을 반복 학습하여 지문을 세심하게 읽어야 하는 문항들과, 반대로 지문을 빠르게 훑어낸 후 선지의 내용을 대입하며 풀어야 하는 문항들을 구분해 낼 수 있는 수험생들이었다면 큰 어려움을 겪지 않았을 것이다. 또한 중·후반부에 다소 난도 높은 문항을 대할 때, 한 문항에 집중하면서 전체 문제풀이 시간을 소모하여 시간 안배에 실패하지 않는지를 짚어볼 필요가 있다. 과감하게 마지막에 해결할 문항을 떼어 놓고 쉬운 것부터 해결하는 지혜가 필요하며, 많은 시간을 투입하고도 틀리는 우를 범하지 않도록 유의해야 한다. 평소에 어렵고 복잡한 지문을 읽는 연습을 충분히 해 두는 것이 언어논리 영역에 대한 두려움을 없애는 방법이 될 것이다.

문항 분석

문번	정답	정답률	유형
01	②	83.8%	사실적 이해 > 정보 확인
02	①	93.3%	사실적 이해 > 정보 확인
03	②	84.3%	사실적 이해 > 중심 내용 파악
04	③	94.3%	사실적 이해 > 중심 내용 파악
05	③	87.6%	사실적 이해 > 정보 확인
06	③	90.2%	사실적 이해 > 정보 확인
07	④	93.5%	사실적 이해 > 정보 확인
08	②	91.3%	비판적 사고 > 판단하기
09	④	64.7%	비판적 사고 > 빈칸 채우기
10	④	68.1%	비판적 사고 > 빈칸 채우기
11	①	60.5%	비판적 사고 > 지문에서 추론하기
12	④	84.5%	비판적 사고 > 판단하기
13	①	66.3%	비판적 사고 > 판단하기

문번	정답	정답률	유형
14	③	77.4%	비판적 사고 > 판단하기
15	⑤	45.8%	비판적 사고 > 판단하기
16	⑤	42.9%	사실적 이해 > 논리 게임
17	④	69.3%	비판적 사고 > 판단하기
18	②	79.4%	비판적 사고 > 지문에서 추론하기
19	④	56.1%	비판적 사고 > 판단하기
20	⑤	49.1%	비판적 사고 > 논지 강화·약화하기
21	⑤	70.8%	비판적 사고 > 판단하기
22	③	51.4%	비판적 사고 > 논지 강화·약화하기
23	①	78.2%	비판적 사고 > 판단하기
24	⑤	77.1%	비판적 사고 > 빈칸 채우기
25	②	62.9%	비판적 사고 > 판단하기

※ 음영 문항은 해당 회차에서 정답률이 가장 낮은 TOP 3 문항입니다.
※ 문항별 정답률 산정 기준: 〈에듀윌 합격예측 풀서비스〉를 통해 수집된 데이터

출제 비중

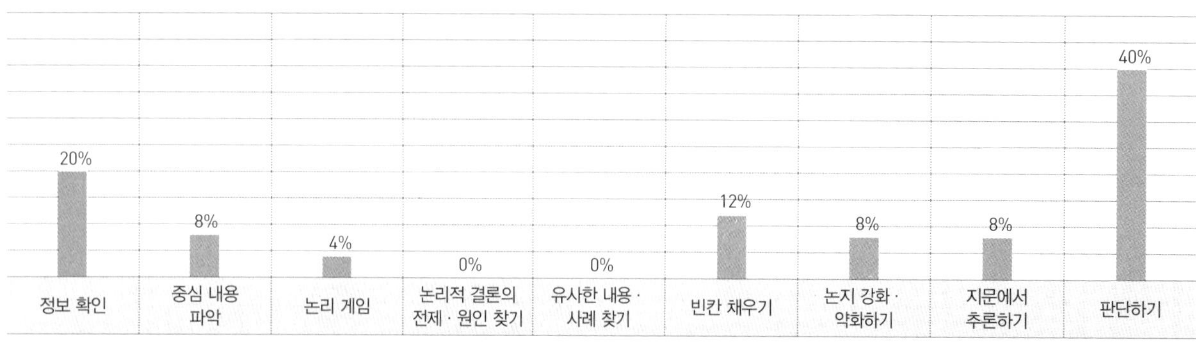

								기출문제편 P.62	
01	②	02	①	03	②	04	③	05	③
06	③	07	④	08	②	09	④	10	④
11	①	12	④	13	①	14	③	15	⑤
16	⑤	17	④	18	②	19	④	20	⑤
21	⑤	22	③	23	①	24	⑤	25	②

01 ② 정답률 83.8%

| 문제 유형 | 사실적 이해 > 정보 확인

| 접근 전략 | 역사적 사실을 서술한 지문에 대해 사실 관계에 부합하는 선지를 찾는 유형의 문제이다. 역사적 사실을 서술한 지문에는 생소한 단어가 자주 등장하므로 쉬운 문장을 이해하는 데에도 다소 어려움을 겪을 수 있지만, 핵심어에 밑줄을 그으며 정독한다면 어렵지 않게 정답을 찾아낼 수 있다.

다음 글에서 알 수 있는 것은?

고려 정부는 범죄를 예방하고 사회질서를 유지하기 위하여 여러 가지 방책을 마련하였다. 특히, 수도인 개경은 국왕을 위시하여 정부 관료 등 주요 인사들이 거주하고 있을 뿐 아니라 중요 기관이 밀집된 가장 핵심적인 곳이었다. 그래서 고려 정부는 개경의 중요한 기관과 거점을 지키기 위한 군사 조직을 두었다. 도성 안의 관청과 창고를 지키는 간수군, 도성의 여러 성문을 방어하는 위숙군, 시장이나 시가의 주요 장소에 배치되는 검점군이 그것이다. 간수군을 포함한 이들 세 군사 조직은 본연의 업무뿐 아니라 순찰을 비롯한 도성 안의 치안 활동까지 담당하였다. ▶1문단

하지만 개경의 도시화가 진전됨에 따라 전문적인 치안 기구의 필요성이 증대되었다. 이에 성종은 개경 시내를 순찰하고 검문을 실시하는 전문적인 치안 조직인 순검군을 조직하였다. 순검군의 설치는 도성을 방위하고 국왕을 지키는 군대의 기능과 도성의 치안 유지를 위한 경찰의 기능이 분리되고 전문화된 것을 의미한다. 기존 군사 조직은 본연의 업무만을 담당하게 되었으며, 순검군은 치안과 질서 유지를 위하여 도성 안에서 순찰 활동, 도적 체포, 비행이나 불법을 저지르는 사람에 대한 단속 등의 활동을 담당하게 되었다. ▶2문단

그런데 범죄 행위나 정치적 음모, 범죄자의 도피 등은 주로 야간에 많이 일어났다. 이에 정부는 야간 통행을 금지하고 날이 저물면 성문을 닫게 하였으며, 급한 공무나 질병, 출생 등 부득이한 경우에만 사전 신고를 받고 야간에 통행하도록 하였다. 야간 통행이 금지되는 매일 저녁부터 새벽까지 도성 내를 순찰하는 활동, 즉 야경은 순검군의 중요한 업무가 되었다. 순검군은 도성 내의 군사 조직인 간수군, 위숙군, 검점군과 함께 개경의 안전을 책임지는 핵심적인 역할을 수행하였던 것이다. ▶3문단

① 개경은 고려의 다른 어떤 지역보다 범죄 행위가 많이 발생한 곳이었다. ➡ (X) 1문단에서 개경에 기관과 거점을 지키기 위한 군사 조직을 둔 이유는 개경이 국왕을 위시하여 정부 관료 등 주요 인사들이 거주하고 있을 뿐 아니라 중요 기관이 밀집된 가장 핵심적인 곳이었기 때문이라고 하였으나, 개경이 고려의 다른 어떤 지역보다 범죄 행위가 많이 발생한 곳인지는 지문을 통해서 알 수 없다.

② 순검군이 설치된 이후에도 도성의 성문을 지키는 임무는 위숙군에게 있었다. ➡ (O) 1문단에 따르면 도성의 여러 성문을 방어하는 것은 군사 조직인 위숙군의 임무였음을 알 수 있다. 2문단에서 전문적인 치안 조직인 순검군의 설치는 도성을 방위하고 국왕을 지키는 군대의 기능과 도성의 치안 유지를 위한 경찰의 기능이 분리되고 전문화된 것을 의미한다고 하였다. 또한 기존 군사 조직은 본연의 업무만을 담당하게 되었으며, 순검군은 치안과 질서 유지 활동을 담당하게 되었다고 하였다. 따라서 도성의 성문을 지키는 임무는 기존 군사 조직인 위숙군에게 있었음을 알 수 있다.

③ 야간에 급한 용무로 시내를 통행하려는 사람은 먼저 시가지를 담당하는 검점군에 신고를 하였다. ➡ (X) 1문단에서 검점군은 시장이나 시가의 주요 장소에 배치되었다고 하였으며, 3문단에서 정부는 야간 통행을 금지하고, 급한 공무나 질병, 출생 등 부득이한 경우에만 사전 신고를 받고 야간에 통행하도록 하였음을 알 수 있다. 그러나 이것만으로 야간에 급한 용무로 시내를 통행하려는 사람은 먼저 시가지를 담당하는 검점군에 신고를 하였는지는 알 수 없다.

④ 순검군은 야간 통행이 금지되는 저녁부터 새벽 시간까지 순찰 활동을 하며 성문 방어에도 투입되었다. ➡ (X) 3문단에서 순검군은 야간 통행이 금지되는 매일 저녁부터 새벽 시간까지 순찰 활동을 하였다고 했으며, 1문단에서 성문을 방어하는 것은 위숙군의 임무라고 하였다. 또한 2문단에서 군사 조직인 위숙군과 치안 조직인 순검군의 기능이 분리되었다고 하였으므로 순검군이 성문 방어에 투입되었다는 것은 적절하지 않다.

⑤ 순검군의 설치 이후에 간수군을 비롯한 개경의 세 군사 조직은 군대의 기능과 경찰의 기능을 모두 수행하였다. ➡ (X) 순검군의 설치는 도성을 방위하고 국왕을 지키는 군대의 기능과 도성의 치안 유지를 위한 경찰의 기능이 분리되고 전문화된 것을 의미한다고 하였다. 또한 기존 군사 조직은 본연의 업무만을 담당하게 되었다고 했으므로 이때 개경의 세 군사 조직이 군대의 기능과 경찰의 기능을 모두 수행한 것은 아니다.

02 ① 정답률 93.3%

| 문제 유형 | 사실적 이해 > 정보 확인

| 접근 전략 | 일정 기간의 사실을 서사적으로 기술한 지문의 문제를 풀 때 우선 지문을 한 번 정독한 후, 재빨리 선지를 읽어 다시 확인해야 하는 부분이 무엇인지를 알아내는 것이 중요하다. 처음 지문을 읽을 때 누가, 언제, 무엇을 하였는지에 대한 부분에 저절로 밑줄을 그을 수 있도록 평소 서사적 지문 독해에 대해 충분히 연습해 둘 필요가 있다.

다음 글의 내용과 부합하는 것은?

고려 숙종 9년에 여진이 고려 동북면에 있는 정주성을 공격하였다. 고려는 윤관을 보내 여진을 막게 하였으며, 윤관이 이끄는 군대는 정주성 북쪽의 벽등수라는 곳에서 여진과 싸워 이겼다. 이에 여진은 사신을 보내 화의를 요청하였고, 고려는 이를 받아들였다. 그러나 윤관은 전투 과정에서 여진의 기병을 만나 고전하였기 때문에 대책을 세워야 한다고 생각하고, 숙종의 허락을 받아 별무반을 창설하였다. 별무반에는 기병인 신기군과 보병인 신보군, 적의 기병을 활로 막아내는 경궁군 등 다양한 부대가 편성되어 있었다. ▶1문단

윤관은 숙종의 뒤를 이은 예종 2년에 별무반을 이끌고 여진 정벌에 나섰다. 그는 정주성 북쪽으로 밀고 올라가 여진의 영주, 웅주, 복주, 길주를 점령하고 그곳에 성을 쌓았다. 이듬해 윤관은 정예 병사 8,000여 명을 이끌고 가한촌이라는 곳으로 나아갔다. 그런데 가한촌은 병목 지형이어서 병력을 지휘하기 어려웠다. 여진은 이러한 지형을 이용하여 길 양쪽에 매복하고 있다가 고려군을 기습하였다. 이때 윤관은 큰 위기를 맞이하였지만 멀리서 이를 본 척준경이 10여 명의 결사대를 이끌고 분전한 덕분에 영주로 탈출할 수 있었다. 이후 윤관은 여진의 끈질긴 공격을 물리치면서 함주, 공험진, 의주, 통태진, 평융진에도 성을 쌓아 총 9개의 성을 완성하였다. 윤관이 별무반을 이끌고 출정한 후 여진 지역에 쌓은 성이 모두 9개였기 때문에 그 지역을 동북 9성이라고 부른다. ▶2문단

하지만 여진은 이후 땅을 되찾기 위하여 여러 차례 웅주와 길주 등을 공격하였다. 윤관이 이끄는 고려군은 가까스로 이를 물리쳤지만, 여진이 성을 둘러싸고 길을 끊는 바람에 고립되는 일이 잦았다. 고려는 윤관 외에도 오연총 등을 파견하여 동북 9성에 대한 방비를 강화하였지만, 전투가 거듭될수록 병사들이 계속 희생되었고 물자 소비도 점점 많아졌다. 그래서 예종 4년에 여진이 자세를 낮추며 강화를 요청했을 때 고려는 이를 받아들이고 여진에 동북 9성 지역을 돌려주기로 하였다. ▶3문단

① 고려는 동북 9성을 방어하는 과정에서 병사들이 계속 희생되고 물자 소비도 늘어났기 때문에 여진의 강화 요청을 받아들였다. ➡ (O) 3문단에서 '고려는 윤관 외에도 오연총 등을 파견하여 동북 9성에 대한 방비를 강화하였지만, 전투가 거듭될수록 병사들이 계속 희생되었고 물자 소비도 점점 많아졌다. 그래서 예종 4년에 여진이 자세를 낮추며 강화를 요청했을 때 고려는 이를 받아들이고 여진에 동북 9성 지역을 돌려주기로 하였다.'고 제시되어 있다.

② 오연총은 웅주에 있던 윤관이 여진군에 의해 고립된 사실을 알고 길주로부터 출정하여 그를 구출하였다. ➡ (X) 3문단에서 웅주와 길주를 공격한 여진에 의해 윤관이 이끄는 고려군이 고립되는 일이 잦았다고 하였다. 하지만 오연총이 길주로부터 출정하여 고립된 윤관을 구출하였는지에 대해서는 알 수 없다.

③ 윤관은 여진군과의 끈질긴 전투 끝에 가한촌을 점령하고 그곳에 성을 쌓아 동북 9성을 완성하였다. ➡ (X) 2문단에서 윤관은 가한촌이라는 곳으로 나아갔으나, 위기를 맞아 척준경의 도움으로 영주로 탈출하였다고 하였다. 이후 윤관은 여진의 끈질긴 공격을 물리치며 가한촌이 아닌, 함주, 공험진, 의주, 통태진, 평융진에도 성을 쌓아 총 9개의 성을 완성하였다고 했으므로 글의 내용에 부합하지 않는다.

④ 척준경은 가한촌 전투에서 패배한 고려군을 이끌고 길주로 후퇴하였다. ➡ (X) 2문단에 '윤관은 큰 위기를 맞이하였지만 멀리서 이를 본 척준경이 10여 명의 결사대를 이끌고 분전한 덕분에 영주로 탈출할 수 있었다.'고 제시되어 있다.

⑤ 예종이 즉위하고 다음 해에 신기군과 신보군, 경궁군이 창설되었다. ➡ (X) 1문단에 따르면, 별무반에는 신기군, 신보군, 경궁군 등 다양한 부대가 편성되어 있으며, 별무반은 예종이 즉위하고 다음 해가 아닌 윤관이 숙종의 허락을 받아 창설한 것임을 알 수 있다.

03 ②

정답률 84.3%

| 문제 유형 | 사실적 이해 > 중심 내용 파악

| 접근 전략 | 특정한 소재에 대하여, 단순한 사실로부터 필자의 독특한 시각에 의한 논점을 이끌어내는 지문이 등장하는 문제이다. 첫 번째 단락에서 필자가 주장하는 바의 요지가 드러난 것으로 추측할 수 있으며, 이후 이에 대한 반전이나 대립 관계가 나타나지 않는지를 살피면서 지문을 읽으면 처음의 핵심 논지가 그대로 유지되고 있음을 어렵지 않게 확인할 수 있다.

다음 글의 핵심 논지로 가장 적절한 것은?

우리는 보통 먹거리의 생산에 대해서는 책임을 묻는 것이 자연스럽다고 생각하면서도 먹거리의 소비는 책임져야 하는 행위로 생각하지 않는다. 우리는 무엇을 먹을 때 좋아하고 익숙한 것 그리고 싸고, 빠르고, 편리한 것을 찾아서 먹을 뿐이다. 그런데 먹는 일에도 윤리적 책임이 동반된다고 생각해 볼 수 있지 않을까? ▶1문단

먹는 행위를 두고 '잘 먹었다' 혹은 '잘 먹는다'고 말할 때 '잘'을 평가하는 기준은 무엇일까? 신체가 요구하는 영양분을 골고루 섭취하는 것은 생물학적 차원에서 잘 먹는 것이고, 섭취하는 음식을 통해 다양한 감각들을 만족시키며 개인의 취향을 계발하는 것은 문화적인 차원에서 잘 먹는 것이다. 그런데 이 경우들의 '잘'은 윤리적 의미를 띠고 있는 것 같지 않다. 이 두 경우는 먹는 행위를 개인적 경험의 차원으로 축소하기 때문이다. ▶2문단

'잘 먹는다'는 것의 윤리적 차원은 우리의 먹는 행위가 그저 개인적 차원에서 일어나는 일이 아니라, 다른 사람들, 동물들, 식물들, 서식지, 토양 등과 관계를 맺는 행위임을 인식하기 시작할 때 비로소 드러난다. 오늘날 먹거리의 전 지구적인 생산·유통·소비 체계 속에서, 우리는 이들을 경제적 자원으로만 간주하는 특정한 방식으로 이들과 관계를 맺고 있다. 그러한 관계의 방식은 공장식 사육, 심각한 동물 학대, 농약과 화학비료 사용에 따른 토양과 물의 오염, 동식물의 생존에 필수적인 서식지 파괴, 전통적인 농민 공동체의 파괴, 불공정한 노동 착취 등을 동반한다. ▶3문단

우리가 무엇을 어떻게 먹는가 하는 것은 결국 우리가 그런 관계망에 속한 인간이나 비인간 존재를 어떻게 대우하고 있는가를 드러내며, 불가피하게 이러한 관계망의 형성이나 유지 혹은 변화에 기여하게 된다. 우리의 먹는 행위에 따라 이런 관계망의 모습은 바뀔 수도 있다. 그렇기에 이러한 관계들은 먹는 행위를 윤리적 반성의 대상으로 끌어 올린다. ▶4문단

① 윤리적으로 잘 먹기 위해서는 육식을 지양해야 한다. ➡ (X) 3문단에서 '잘 먹는다'는 것의 윤리적 차원은 동물을 포함한 몇 가지 요소들과 관계를 맺는 행위임을 인식하기 시작할 때 비로소 드러난다고 하였다. 하지만 이것이 육식을 지양해야 한다는 논리로 발전하고 있지는 않다.

② 먹는 행위에 대해서도 윤리적 차원을 고려하여야 한다. ➡ (O) 1문단 마지막 부분에서 '먹는 일에도 윤리적 책임이 동반된다고 생각해 볼 수 있지 않을까?'라고 한 것이 지문의 화두이며, 이후 '먹는 것'의 윤리적 차원에 대한 의견이 이어지고 있다. 따라서 지문의 핵심 논지로 '먹는 행위에 대해서도 윤리적 차원을 고려하여야 한다.'는 것이 가장 적절하다.

③ 건강 증진이나 취향 만족을 위한 먹는 행위는 개인적 차원의 평가 대상일 뿐이다. ➡ (X) 2문단에서 건강 증진이나 취향 계발을 위해 먹는 행위는 개인적 차원의 평가 대상이라고 언급되어 있으나, 이는 지문의 핵심 논지로 보기 어렵다.

④ 먹는 행위는 동물, 식물, 토양 등의 비인간 존재와 인간 사이의 관계를 만들어낸다. ➡ (X) 먹는 행위가 동물, 식물, 토양 등의 비인간 존재와 인간 사이의 관계를 만들어낸다는 것 역시 핵심 논지를 뒷받침하는 사실일 뿐 그 자체가 핵심 논지는 아니다.

⑤ 먹는 행위를 평가할 때에는 먹거리의 소비자보다 생산자의 윤리적 책임을 더 고려하여야 한다. ➡ (X) 지문의 핵심 논지는 '먹는 행위에 대해서도 윤리적 차원을 고려하여야 한다.'는 것이며, 먹거리의 소비자와 생산자의 윤리적 책임을 구분하거나 어느 일방의 책임에 대한 경중을 논하고 있지는 않다.

04 ③

정답률 94.3%

| 문제 유형 | 사실적 이해 > 중심 내용 파악

| 접근 전략 | 핵심 논지가 후반부에 등장하는 유형의 지문이다. 이러한 유형은 자칫 글의 서두나 전반부에 나타나는 하위 주장을 핵심 논지로 파악하는 실수를 범할 수 있으며, 오답 선지 역시 그 점을 고려하여 구성되어 있다. 그러나 집중력을 갖고 글을 끝까지 읽는다면 필자의 핵심 주장을 쉽게 파악할 수 있다.

다음 글의 핵심 논지로 가장 적절한 것은?

지방분권화 시대를 맞아 지역의 균형 발전과 경제 활성화를 함께 도모할 수 있는 방안으로 지역문화콘텐츠의 역할이 강조되고 있다. 이와 관련하여 생태환경, 문화재, 유적지 등의 지역 자원을 이용해 지역에 생명을 불어넣고 지역의 특화된 가치를 창출하는 사례가 늘고 있다. 지역문화콘텐츠의 성공은 지역 산업의 동력이 될 뿐 아니라 지역민의 문화향유권 확장에 이바지한다는 점에서도 주목할 만하다. ▶1문단

그러나 지역문화콘텐츠의 전망이 밝기만 한 것은 아니다. 지역 내부의 문제로 우수한 문화자원이 빛을 보지 못하거나 특정 축제를 서로 자기 지역에 유치하기 위한 과잉 경쟁으로 지방자치단체가 몸살을 앓기도 한다. 또한, 불필요한 시설과 인프라 구축, 유사한 콘텐츠의 양산 및 미흡한 활용 등의 문제로 지역 예산을 헛되이 낭비한 사례도 적지 않다. ▶2문단

이러한 문제들이 많아지자, ○○부는 유사·중복 축제 행사를 통폐합하는 지방재정법 시행령과 심사 규칙 개정안을 내놓았다. 이 개정안은 특색 없는 콘텐츠를 정리하고 경쟁력 있는 콘텐츠 개발을 장려하는 것이 주목적이다. 하지만 이러한 방식만으로는 지역문화콘텐츠의 성공을 기대하기 어렵다. ▶3문단

그동안 지역문화 정책과 사업이 새로운 콘텐츠를 발굴·제작하는 데만 주력해 온 탓에 향유의 지속성 측면을 고려하지 못했다. 이로 인해, 관련 사업

은 일부 향유자만을 대상으로 하거나 단발적인 제작 지원에 그쳐 지역민의 문화자원 향유가 지속되는 데 어려움이 있었다. 향유자에 초점을 둔 실효성 있는 정책을 실현하려면, 향유의 지속성까지 염두에 두어야 한다. 콘텐츠와 향유자를 잇고, 향유자의 향유 경험을 지속시킬 때 콘텐츠는 영속할 수 있다. 향유자에 의한 콘텐츠의 공유와 확산이 활발하게 이루어지는 향유, 아울러 향유자가 콘텐츠의 소비·매개·재생산의 주체가 되는 향유를 위한 방안이 개발되어야 한다. 이러한 방안을 통해 이미 만들어진 우수한 지역문화콘텐츠의 생명력을 연장하고 콘텐츠 향유의 활성화를 꾀할 수 있다. ▶4문단

① 중앙정부와 지방자치단체의 협력을 통해 지역문화콘텐츠의 경쟁력을 강화해야 한다. ➡ (X) 지역문화콘텐츠의 경쟁력을 강화해야 한다는 것은 핵심 논지인 '지역문화콘텐츠 향유자의 향유 경험을 지속하게 할 방안 마련'을 위한 전제일 뿐, 그 자체가 글의 핵심 논지는 아니다.

② 새로운 콘텐츠의 발굴과 제작을 통해 지역문화콘텐츠의 생명력을 연장하고 활성화해야 한다. ➡ (X) 지역문화콘텐츠의 생명력을 연장하고 활성화해야 한다는 것 역시 당위성을 표현한 언급이며, 이를 위한 구체적인 방안을 제시한 내용에 우선하는 논지가 될 수 없다.

③ 지역문화콘텐츠를 향유자와 연결하고 향유자의 향유 경험을 지속하게 할 방안을 마련해야 한다. ➡ (O) 지문의 전반부에서 지역의 균형 발전과 경제 활성화를 함께 도모할 수 있는 방안으로 지역문화콘텐츠의 역할이 강조된다는 점을 언급하였으며, 이어서 그에 대한 문제점을 지적하고 지문의 후반부에 문제점에 대한 해결 방안을 제시하고 있다. 따라서 지역문화콘텐츠에 대한 향유의 지속성 즉, 지역문화콘텐츠를 향유자와 연결하고 향유자의 향유 경험을 지속하게 할 방안을 마련해야 한다는 것이 핵심 논지로 가장 적절하다.

④ 지역문화콘텐츠 향유자 스스로 자신이 콘텐츠의 소비·매개·재생산의 주체임을 인식해야 한다. ➡ (X) 지역문화콘텐츠 향유자 스스로 자신이 콘텐츠의 소비·매개·재생산의 주체임을 인식해야 한다는 것은 지문에 드러난 주장의 당위적 사실에 해당하며, 이를 위한 구체적 방법인 ③이 핵심 논지가 되어야 한다.

⑤ 지역문화콘텐츠가 지역 산업의 발전과 지역민의 문화 향유 기회 확대에 기여할 수 있도록 중앙정부의 경제적 지원이 증대되어야 한다. ➡ (X) 4문단에서 지역문화 정책과 사업이 일부 향유자만을 대상으로 하거나 단발적인 제작 지원에 그쳐 지역민의 문화자원 향유가 지속되는 데 어려움이 있었다고 하였다. 이는 지문에 드러난 주장이 단순히 지역민의 문화 향유 기회를 확대하기 위해 중앙정부의 경제적 지원이 증대되어야 한다는 점에 그치는 것이 아님을 의미한다.

05 ③

정답률 87.6%

| 문제 유형 | 사실적 이해 > 정보 확인

| 접근 전략 | 이러한 유형의 문제는 지문에서 언급된 내용을 요약하거나, 다른 각도에서 언급함으로써 수험생들의 정확한 이해도를 묻는 경우가 대부분이다. 따라서 지문을 읽으며 행정적인 절차의 진행 주체나 시기, 조건 등을 올바르게 파악하고 선지를 점검하는 것이 문제 해결의 포인트라고 할 수 있다.

다음 글의 내용과 부합하지 않는 것은?

정부는 공공사업 수립·추진 과정에서 사회적 갈등이 예상되는 경우 갈등영향분석을 통해 해결책을 마련하여야 한다. 갈등은 다양한 요인 및 양태 그리고 복잡한 이해관계를 갖고 있다. 따라서 갈등영향분석의 실시 여부는 공공사업의 규모, 유형, 사업 관련 이해집단의 분포 등 다양한 지표들을 고려하여 판단하여야 한다. ▶1문단

갈등영향분석 실시 여부의 대표적인 판단 지표 중 하나는 실시 대상 사업의 경제적 규모이다. 해당 사업을 수행하는 기관장은 예비타당성 조사 실시 기준인 총사업비를 판단 지표로 활용하여 갈등영향분석의 실시 여부를 판단하되, 그 경제적 규모가 실시 기준 이상이라도 갈등 발생 여지가 없거나 미미한 경우에는 갈등관리심의위원회 심의를 거쳐 갈등영향분석을 실시하지 않을 수 있다. ▶2문단

실시 대상 사업의 유형도 갈등영향분석 실시 여부의 판단 지표가 된다. 쓰레기 매립지, 핵폐기물처리장 등 기피 시설의 입지 선정은 지역사회 갈등을 유발하는 대표적 유형이다. 이러한 사업 유형은 경제적 규모와 관계없이 반드시 갈등영향분석이 이루어져야 한다. 해당 사업을 수행하는 기관장은 대상 시설이 기피 시설인지 여부를 판단할 때, 단독으로 판단하지 말고 지역 주민 관점에서 검토할 수 있도록 민간 갈등관리전문가 등의 자문을 거쳐야 한다. ▶3문단

갈등영향분석을 시행하기로 결정했다면, 해당 사업을 수행하는 기관장 주관으로, 갈등관리심의위원회의 자문을 거쳐 해당 사업과 관련된 주요 이해당사자들이 중립적이라고 인정하는 전문가가 갈등영향분석서를 작성하여야 한다. 이렇게 작성된 갈등영향분석서는 반드시 모든 이해당사자들의 회람 후에 해당 기관장에게 보고되고 갈등관리심의위원회에서 심의되어야 한다. ▶4문단

① 정부가 갈등영향분석 실시 여부를 판단할 때 예비타당성 조사 실시 기준인 총사업비를 판단 지표로 활용한다. ➡ (O) 2문단에서 해당 사업을 수행하는 기관장은 예비타당성 조사 실시 기준인 총사업비를 판단 지표로 활용하여 갈등영향분석의 실시 여부를 판단한다고 하였다.

② 기피 시설 여부를 판단할 때 해당 사업을 수행하는 기관장이 별도 절차 없이 단독으로 판단해서는 안 된다. ➡ (O) 3문단에서 해당 사업을 수행하는 기관장은 대상 시설이 기피 시설인지 여부를 판단할 때, 단독으로 판단하지 말고 지역 주민 관점에서 검토할 수 있도록 민간 갈등관리전문가 등의 자문을 거쳐야 한다고 하였다.

③ 갈등영향분석서는 정부가 주관하여 중립적 전문가의 자문하에 해당 기관장이 작성하여야 한다. ➡ (X) 4문단에서 갈등영향분석을 시행하기로 결정했다면, 해당 사업을 수행하는 기관장 주관으로, 갈등관리심의위원회의 자문을 거쳐 해당 사업과 관련된 주요 이해당사자들이 중립적이라고 인정하는 전문가가 갈등영향분석서를 작성하여야 한다고 하였다. 따라서 해당 기관장이 작성해야 한다는 설명은 글의 내용에 부합하지 않는다.

④ 갈등영향분석서를 작성한 후에는 이해당사자가 회람하는 절차가 있어야 한다. ➡ (O) 4문단에서 갈등영향분석서는 반드시 모든 이해당사자들의 회람 후에 해당 기관장에게 보고되어야 한다고 하였다.

⑤ 갈등관리심의위원회는 갈등영향분석 실시 여부의 판단에 관여할 수 있다. ➡ (O) 2문단에서 경제적 규모가 실시 기준 이상이라도 갈등 발생 여지가 없거나 미미한 경우에는 갈등관리심의위원회 심의를 거쳐 갈등영향분석을 실시하지 않을 수 있다고 하였다. 따라서 갈등관리심의위원회는 심의 결과를 통해 갈등영향분석 실시 여부의 판단에 관여할 수 있음을 알 수 있다.

06 ③

정답률 90.2%

| 문제 유형 | 사실적 이해 > 정보 확인

| 접근 전략 | 몇 가지 경우의 상황에 따라 해당되는 조건이나 요소가 상이하게 주어지는 유형의 글이다. 글에서 확인해야 할 점들이 분명하게 드러나므로, 지문을 읽어 내려가며 선지의 구성이 어떤 형태일지 짐작할 수 있어야 하며, 동일한 항목에 대한 서로 다른 내용 즉, 단계별 지원 대상, 지원 장소, 지원 인력, 지원 내용 등을 곧바로 파악, 밑줄을 그을 수 있어야 한다. 비교 항목들이 파악되면 선지의 내용에 대한 참/거짓 여부를 어렵지 않게 판별할 수 있는 난도가 낮은 문제이다.

다음 글에서 알 수 있는 것은?

○○시 교육청은 초·중학교 기초학력 부진학생의 기초학력 향상을 위해 3단계의 체계적인 지원체계를 구축하였다. 이는 학습 사각지대에 놓여있는 학생들을 조기에 발견하고, 학생 여건과 특성에 맞는 서비스를 제공하여 기초학력 부진을 해결하기 위한 조치이다. ▶1문단

1단계 지원은 기초학력 부진 판정을 받은 모든 학생을 대상으로 하며, 해당 학생에 대한 지도는 학교 내에서 담임교사가 담당한다. 학교 내에서 교사가 특별학습 프로그램을 진행하는 것이다. ▶2문단

2단계 지원은 기초학력 부진 판정을 받은 학생 중 복합적인 요인으로 어려움을 겪는 것으로 판정된 학생인 복합요인 기초학력 부진학생을 대상으로 권역학습센터에서 이루어진다. 권역학습센터는 권역별 1곳씩 총 5곳에 설치되어 있으며, 이곳에서 학습멘토 프로그램을 운영한다. 이 프로그램에 참여하는 지원 인력은 ○○시의 인증을 받은 학습상담사이며, 기초학력 부진학생의 학습멘토 역할을 담당하게 된다. ▶3문단

3단계 지원은 복합요인 기초학력 부진학생 중 주의력결핍 과잉행동장애 또는 난독증 등의 문제로 학습에 어려움을 겪는 학생을 대상으로 ○○시 학습종합클리닉센터에서 이루어진다. ○○시 학습종합클리닉센터는 교육청 차원에서 지역사회 교육 전문가를 초빙하여 해당 학생들을 위한 전문학습클리닉 프로그램을 운영한다. 이에 더해 소아정신과 전문의 등으로 이루어진 의료지원단을 구성하여 의료적 도움을 줄 수 있도록 한다. ▶4문단

① ○○시 학습종합클리닉센터는 ○○시에 총 5곳이 설치되어 있다. ➡ (X) ○○시 학습종합클리닉센터는 4문단에서 언급되었으나 몇 곳이 설치되어 있는지는 알 수 없다. 참고로 3문단에서 권역별 1곳씩 총 5곳에 설치되어 있다고 언급한 것은 권역학습센터에 해당한다.

② 기초학력 부진학생으로 판정된 학생은 학습멘토 프로그램에 참여할 수 없다. ➡ (X) 3문단에 따르면, 2단계 지원은 기초학력 부진 판정을 받은 학생 중 복합적인 요인으로 어려움을 겪는 것으로 판정된 학생인 복합요인 기초학력 부진학생을 대상으로 권역학습센터에서 이루어진다고 하였으며, 이곳에서 학습멘토 프로그램을 운영한다고 하였다. 따라서 기초학력 부진학생으로 판정된 학생은 학습멘토 프로그램에 참여할 수 있음을 알 수 있다.

③ 복합요인 기초학력 부진학생으로 판정된 학생 중 의료지원단의 의료적 도움을 받는 학생이 있을 수 있다. ➡ (O) 4문단에 따르면, 3단계 지원은 복합요인 기초학력 부진학생 중 주의력결핍 과잉행동장애 또는 난독증 등의 문제로 학습에 어려움을 겪는 학생을 대상으로 ○○시 학습종합클리닉센터에서 이루어진다고 하였다. ○○시 학습종합클리닉센터에서는 전문학습클리닉 프로그램을 운영하며, 소아정신과 전문의 등으로 구성된 의료지원단의 의료적 도움을 줄 수 있다고 하였다. 따라서 복합요인 기초학력 부진학생으로 판정된 학생 중에서 의료지원단의 의료적 도움을 받는 학생이 있을 수 있음을 알 수 있다.

④ 학습멘토 프로그램 및 전문학습클리닉 프로그램에 참여하는 지원 인력은 ○○시의 인증을 받지 않아도 된다. ➡ (X) 3단계 지원에 해당하는 전문학습클리닉 프로그램에 참여하는 지원 인력이 ○○시의 인증을 받지 않아도 되는지는 지문을 통해 알 수 없으나, 3문단에 따르면 학습멘토 프로그램에 참여하는 지원 인력은 ○○시의 인증을 받은 학습상담사라고 하였다.

⑤ 난독증이 있는 학생은 기초학력 부진 판정을 받지 않았더라도 ○○시 학습종합클리닉센터에서 운영하는 프로그램에 참여할 수 있다. ➡ (X) 4문단에 따르면, ○○시 학습종합클리닉센터에서 운영하는 프로그램은 3단계 지원에 해당하는 것으로 3단계 지원은 복합요인 기초학력 부진학생 중 주의력결핍 과잉행동장애 또는 난독증 등의 문제로 학습에 어려움을 겪는 학생을 대상으로 한다. 따라서 난독증이 있는 학생이라도 기초학력 부진 판정을 받지 않았다면 3단계 지원 대상에 해당되지 않으므로 ○○시 학습종합클리닉센터에서 운영하는 프로그램에 참여할 수 없다.

07 ④

정답률 93.5%

| 문제 유형 | 사실적 이해 > 정보 확인

| 접근 전략 | 지문에 주어진 정보를 읽으며 안내문의 형태와 선지의 구성 등이 어떻게 이루어졌을지 짐작하지 못한다면 합격권에 들기 어렵다고 볼 수 있다. 본 문항과 같은 유형의 문제풀이 시간을 절약하여 다른 문제풀이에 할애할 수 있어야 한다. 발문을 읽고 지문의 모든 문장을 꼼꼼하게 읽을 필요가 없다는 점을 파악하여 가급적 빠르게 정답을 찾는 것이 관건이다.

다음 대화의 ㉠에 따라 〈안내〉를 수정한 것으로 적절하지 않은 것은?

갑: 지금부터 회의를 시작하겠습니다. 이 자리는 A시 시민안전보험의 안내문을 함께 검토하기 위한 자리입니다. A시 시민안전보험의 내용을 시민들에게 효과적으로 전달하기 위해서 수정 및 보완이 필요한 부분이 있다면 자유롭게 말씀해 주시기 바랍니다.

을: 시민안전보험의 혜택을 누릴 수 있는 대상이 더 정확하게 표현되면 좋겠습니다. 단순히 A시에서 생활하는 사람이 아닌 A시에 주민으로 등록한 사람이라는 점이 명확하게 드러나야 한다고 생각합니다.

병: 2024년도부터는 시민안전보험의 보장 항목이 기존의 8종에서 10종으로 확대되었습니다. 보장 항목을 안내하면서 새롭게 추가된 두 가지 항목인 개 물림 사고와 사회재난 사망 사고를 포함하면 좋겠습니다.

정: 시민안전보험의 보험 기간뿐만 아니라 청구 기간에 대한 정보도 필요합니다. 보험 기간 내에 발생한 사고에 대해서 사고 발생 시점을 기준으로 할 때 보험금을 언제까지 청구할 수 있는지에 대한 안내가 추가되면 좋을 것 같습니다.

무: 보험금을 어디로 그리고 어떻게 청구할 수 있는지에 대한 구체적 정보도 부족합니다. 시민안전보험에 관심을 가진 시민이라면 연락처 정보만으로는 부족하다고 여길 것 같습니다. 안내문에 보험금 청구에 필요한 대표적인 서류들을 제시하면 어떨까요?

갑: 좋은 의견을 개진해 주셔서 감사합니다. 참고로 최근 민간 기업과의 업무 협약을 통해 A시 누리집뿐만 아니라 코리아톡 앱을 통해서도 A시 시민안전보험에 관한 정보를 확인할 수 있게 되어 이 점 역시 이번에 안내할 계획입니다. 그럼 ㉠오늘 회의에서 논의된 내용을 반영하여 안내문을 수정하도록 하겠습니다. 감사합니다.

〈안내〉

우리 모두의 안전은 2024년 A시 시민안전보험 가입으로!

○ 가입 대상: A시 구성원 누구나
○ 보험 기간: 2024. 1. 1. ~ 2024. 12. 31.
○ 보장 항목: 대중교통 이용 중 상해·후유장애 등 총 8종의 사고 보장
○ 청구 방법: B보험사 통합상담센터로 문의
○ 참고 사항: 자세한 관련 내용은 A시 누리집을 통해서도 확인 가능

① 가입 대상을 'A시에 주민으로 등록한 사람 누구나'로 수정한다. ➡ (O) '을'은 'A시에 주민으로 등록한 사람이라는 점이 명확하게 드러나야 한다.'고 하였으므로 수정한 것이 적절하다.

② 보험 기간을 '2024. 1. 1. ~ 2024. 12. 31.(보험 기간 내 사고발생일로부터 3년 이내 보험금 청구 가능)'로 수정한다. ➡ (O) '정'은 '보험 기간 내에 발생한 사고에 대해서 사고 발생 시점을 기준으로 할 때 보험금을 언제까지 청구할 수 있는지에 대한 안내가 추가되면 좋을 것 같다.'고 하였으므로 수정한 것이 적절하다.

③ 보장 항목을 '대중교통 이용 중 상해·후유장애, 개 물림 사고, 사회재난 사망 사고 등 총 10종의 사고 보장'으로 수정한다. ➡ (O) '병'은 '보장 항목을 안내하면서 새롭게 추가된 두 가지 항목인 개 물림 사고와 사회재난 사망 사고를 포함하면 좋겠다.'고 하였으므로 수정한 것이 적절하다.

④ 청구 방법을 '청구 절차 및 필요 서류는 B보험사 통합상담센터(Tel. 15×× - ××××)로 문의'로 수정한다. ➡ (X) '무'는 연락처 정

보만으로는 부족하며, 안내문에 보험금 청구에 필요한 대표적인 서류들을 제시하는 것이 좋을 것 같다고 하였다. 따라서 청구 방법에 전화번호를 추가하는 것은 회의에서 논의된 내용이 아니므로 적절하지 않다.

⑤ 참고 사항을 '자세한 관련 내용은 A시 누리집 및 코리아톡 앱을 통해서도 확인 가능'으로 수정한다. ➡ (O) '갑'은 두 번째 발언에서 'A시 누리집뿐만 아니라 코리아톡 앱을 통해서도 A시 시민안전보험에 관한 정보를 확인할 수 있게 되어 이 점 역시 이번에 안내할 계획입니다.'라고 하였으므로 수정한 것이 적절하다.

08 ② 정답률 91.3%

| 문제 유형 | 비판적 사고 > 판단하기

| 접근 전략 | 어떤 주장이 타당하다는 것을 입증하기 위해 필요한 자료가 무엇인지를 알아내는 생소한 유형의 문제로, 논리적인 사고력이 요구된다. 본 문항을 해결하기 위해서는 각자가 주장한 바를 정확히 이해해야 하며, ㄱ～ㄷ의 자료가 주장한 바를 입증하는 데 꼭 필요한 것인지를 판단할 수 있어야 한다.

다음 대화의 ㉠으로 적절한 것만을 〈보기〉에서 모두 고르면?

갑: 최근 전동킥보드, 전동휠 등 개인형 이동장치 사고가 급증하고 있습니다. 도대체 무엇 때문에 이러한 현상이 나타나는 것일까요? 이에 대해 여러분은 어떤 의견을 가지고 있나요?

을: 원동기 면허만 있으면 19세 미만 미성년자도 개인형 이동장치를 이용할 수 있습니다. 하지만 원동기 면허가 없는 사람들도 많이 이용하고 있습니다. 안전 의식이 부족한 이용자가 증가해 사고가 더 많이 발생하는 것이지요.

병: 저는 개인형 이동장치의 경음기 부착 여부가 사고 발생 확률에 유의미한 영향을 미친다고 생각합니다. 현재 상당수의 개인형 이동장치는 경고음을 낼 수 있는 경음기가 부착되어 있지 않기 때문에 개인형 이동장치가 빠른 속도로 달려와도 주변에서 이를 인지하지 못하는 경우가 많습니다. 이것이 사고가 발생하는 주요한 원인이라고 생각합니다.

정: 저는 개인형 이동장치를 이용할 수 있는 인프라가 부족하다는 점이 가장 큰 원인이라고 생각합니다. 개인형 이동장치 이용자들은 안전한 운행이 가능한 도로를 원하고 있으나, 그러한 개인형 이동장치 전용도로를 갖춘 지역은 드뭅니다. 이처럼 인프라 수요를 공급이 따라가지 못해 사고가 발생하는 것입니다.

갑: 여러분 좋은 의견 제시해 주셔서 감사합니다. 그렇다면 말씀하신 의견을 검증하기 위해 ㉠필요한 자료를 조사해 주세요.

〈보기〉

ㄱ. 미성년자 중 원동기 면허 취득 비율과 19세 이상 성인 중 원동기 면허 취득 비율 → (X) '을'은 원동기 면허가 없는 사람들도 원동기를 많이 이용하고 있으며, 안전 의식이 부족한 이용자가 증가해 사고가 더 많이 발생하는 것이라 주장하고 있다. 이는 연령에 관계없이 원동기 면허가 없는 이용자가 문제라는 것이지, 미성년자와 19세 이상 성인 각각의 면허 취득 비율과는 관련 없는 것이므로 ㄱ은 '을'의 의견을 검증하기 위해 필요한 자료가 아니다.

ㄴ. 경음기가 부착된 개인형 이동장치 1대당 평균 사고 발생 건수와 경음기가 부착되지 않은 개인형 이동장치 1대당 평균 사고 발생 건수 → (O) '병'은 경음기 부착 여부를 사고 발생의 주요 원인으로 지목하고 있다. 따라서 경음기가 부착된 개인형 이동장치와 부착되지 않은 개인형 이동장치의 사고 발생 빈도를 확인하는 것으로 '병'의 의견을 검증할 수 있을 것이다. 따라서 ㄴ은 '병'의 의견을 검증하기 위해 필요한 자료이다.

ㄷ. 개인형 이동장치 등록 대수가 가장 많은 지역의 개인형 이동장치 사고 발생 건수와 개인형 이동장치 등록 대수가 가장 적은 지역의 개인형 이동장치 사고 발생 건수 → (X) '정'은 개인형 이동장치의 안전 운행이 가능한 전용도로가 부족하다는 점을 사고 발생의 주요 원인으로 지목하고 있다. 따라서 전용도로가 있는 지역과 없는 지역의 사고 발생 빈도에 관한 자료는 유의미할 것이나, 개인형 이동장치 등록 대수가 가장 많거나 혹은 가장 적은 지역이라는 점 자체는 전용도로 유무와 관계가 있다고 볼 수 없으므로 그러한 지역들의 개인형 이동장치 사고 발생 건수를 확인하는 것은 '정'의 의견을 검증하기 위해 필요한 자료가 아니다.

① ㄱ ➡ (X)
② ㄴ ➡ (O)
③ ㄱ, ㄷ ➡ (X)
④ ㄴ, ㄷ ➡ (X)
⑤ ㄱ, ㄴ, ㄷ ➡ (X)

09 ④ 정답률 64.7%

| 문제 유형 | 비판적 사고 > 빈칸 채우기

| 접근 전략 | 지문을 빨리 읽은 후 거꾸로 선지를 하나씩 대입해 가며 풀 수도 있으며, 앞뒤 맥락에 대한 논리적 사고를 통해 단번에 정답을 알아낼 수도 있다. 관건은 두 비교 국가의 인구수가 다를 수 있음을 얼마나 빨리 간파하느냐이다. 두 번째 문단의 도입부를 읽으면서 인구수가 다른 두 국가의 행복 정도를 단순 비교하는 것은 무의미하다는 점을 인지했다면 문제풀이 접근 전략이 성공적이라고 할 수 있다.

다음 글의 (가)와 (나)에 들어갈 말을 적절하게 짝지은 것은?

갑은 국민 개인의 삶의 질을 1부터 10까지의 수치로 평가하고 이 수치를 모두 더해 한 국가의 행복 정도를 정량화한다. 예를 들어, 삶의 질이 모두 5인 100명의 국민으로 구성된 국가의 행복 정도는 500이다. ▶1문단

갑은 이제 국가의 행복 정도가 클수록 더 행복한 국가라고 하면서 어느 국가가 더 행복한 국가인지까지도 서로 비교하고 평가할 수 있다고 주장한다. 하지만 갑의 주장은 받아들이기 어렵다. 행복한 국가라면 그 국가의 대다수 국민이 높은 삶의 질을 누리고 있다고 보는 것이 일반적인 직관인데, 이 직관과 충돌하는 결론이 나오기 때문이다. 예를 들어, A국과 B국의 행복 정도를 비교하는 다음의 경우를 생각해 보자. [(가)], B국에서 가장 높은 삶의 질을 지닌 국민이 A국에서 가장 낮은 삶의 질을 지닌 국민보다 삶의 질 수치가 낮다. 그러면 갑은 [(나)]. 그러나 이러한 결론에 동의할 사람은 거의 없을 것이다. ▶2문단

① (가): A국의 행복 정도가 B국의 행복 정도보다 더 크지만
(나): B국이 A국보다 더 행복한 국가라고 말해야 할 것이다
➡ (X) 모든 B국 국민 개개인의 삶의 질 수치가 모든 A국 국민 개개인의 삶의 질 수치보다 낮을 경우, A국의 행복 정도가 B국의 행복 정도보다 더 크다면 갑은 A국이 더 행복한 국가라고 말해야 할 것이므로 적절하지 않다.

② (가): A국의 행복 정도가 B국의 행복 정도보다 더 크지만
(나): A국이 B국보다 더 행복한 국가라고 말해야 할 것이다
➡ (X) 모든 B국 국민 개개인의 삶의 질 수치가 모든 A국 국민 개개인의 삶의 질 수치보다 낮을 경우, A국의 행복 정도가 B국의 행복 정도보다 더 크다면 갑은 A국이 더 행복한 국가라고 말해야 할 것이며 그러한 결론에 거의 모든 사람이 동의할 것이므로 이 역시 적절하지 않다.

③ (가): A국의 행복 정도와 B국의 행복 정도가 같지만
(나): B국이 A국보다 더 행복한 국가라고 말해야 할 것이다
➡ (X) 모든 B국 국민 개개인의 삶의 질 수치가 모든 A국 국민 개개인의 삶의 질 수치보다 낮을 경우, 두 국가의 행복 정도가 같다면 갑은 두 국가 중 어느 국가가 더 행복하지 알 수 없다고 말해야 할 것이므로 적절하지 않다.

④ (가): B국의 행복 정도가 A국의 행복 정도보다 더 크지만
(나): B국이 A국보다 더 행복한 국가라고 말해야 할 것이다
➡ (O) B국에서 가장 높은 삶의 질을 지닌 국민이 A국에서 가장 낮은 삶의 질을 지닌 국민보다 삶의 질 수치가 낮다고 하였으므로 이는 모든 B국 국민 개개인의 삶의 질 수치는 모든 A국 국민 개개인의 삶의 질 수치보다 낮다는 것을 의미한다. 그럼에도 불구하고 B국 국민의 많은 인구수 때문에 B국의 행복 정도가 A국의 행복 정도보다 더 크다면(행복 정도 = 개인의 삶의 질 수치 × 인구수), 갑은 B국이 A국보다 더 행복한 국가라고 말해야 할 것이다. 따라서 ④는 (가)와 (나)에 들어갈 말로 적절하다.

⑤ (가): B국의 행복 정도가 A국의 행복 정도보다 더 크지만
(나): A국이 B국보다 더 행복한 국가라고 말해야 할 것이다
➡ (X) 모든 B국 국민 개개인의 삶의 질 수치가 모든 A국 국민 개개인의 삶의 질 수치보다 낮을 경우, B국의 행복 정도가 A국의 행복 정도보다 더 크다면 갑은 B국이 더 행복한 국가라고 말해야 할 것이므로 적절하지 않다.

10 ④ 정답률 68.1%

| 문제 유형 | 비판적 사고 > 빈칸 채우기

| 접근 전략 | 매년 한두 개씩 빠지지 않고 등장하는 유형의 문제이다. 주어진 지문의 길이도 짧고 핵심이 되는 논리관계도 하나이므로, 충분조건과 필요조건의 개념을 명확히 알고 있다면 어렵지 않게 정답을 찾을 수 있다. A의 행복 개념에 따라 ㄱ의 내용이 틀린 말이라는 것을 파악할 수 있어야 하며, 주어진 선지의 구성에 따라 ㄱ~ㄷ의 내용을 대입하면서 오답을 삭제해가는 방법이 가장 적절한 풀이법이다.

다음 글의 (가)와 (나)에 들어갈 말을 〈보기〉에서 골라 적절하게 짝지은 것은?

고대 철학자 A가 궁극적인 목적으로 삼았던 것은 행복한 삶이었다. 그런데 A가 가진 행복 개념은 현대인들이 가지고 있는 행복 개념과 다소 차이가 있다. 우리가 일상적으로 '행복'이라는 말을 사용할 때는 단순히 주관적 심리 상태를 지칭하는 경우가 많다. 하지만 A는 행복이 주관적 심리 상태만으로는 충분하지 않고, 그런 심리 상태를 뒷받침하는 객관적 조건이 반드시 갖추어져 있어야 한다고 생각했다. 요컨대, A가 사용한 행복 개념에 따르면, ((가)). 그러나 A는 행복이 주관적 심리 상태만으로는 충분하지 않다고 하더라도, 주관적 심리 상태가 행복의 필수 조건임은 부정할 수 없다고 보았다. 따라서 A에게는 ((나)).

〈보기〉

ㄱ. 자신이 행복하다고 느끼고 있으면서도 행복하지 않은 경우란 있을 수 없다
ㄴ. 자신이 행복하다고 느끼고 있으면서도 행복하지 않은 경우가 있을 수 있다
ㄷ. 자신이 행복하지 않다고 느끼고 있으면서도 행복한 경우란 있을 수 없다

	(가)	(나)
①	ㄱ	ㄴ

➡ (X) 자신이 행복하다고 느끼는 것은 적어도 주관적 심리 상태라는 조건이 충족된 것이며, 이때 객관적 조건 구비 여부에 따라 그 사람은 행복하다고 느낄 수도, 그렇지 않을 수도 있게 된다. 그러므로 ㄱ은 A의 행복 개념과 맞지 않는다.

② ㄱ ㄷ ➡ (X) 자신이 행복하다고 느끼는 것은 적어도 주관적 심리 상태라는 조건이 충족된 것이며, 이때 객관적 조건 구비 여부에 따라 그 사람은 행복하다고 느낄 수도, 그렇지 않을 수도 있게 된다. 그러므로 ㄱ은 A의 행복 개념과 맞지 않는다.

③ ㄴ ㄱ ➡ (X) 자신이 행복하다고 느끼는 것은 적어도 주관적 심리 상태라는 조건이 충족된 것이며, 이때 객관적 조건 구비 여부에 따라 그 사람은 행복하다고 느낄 수도, 그렇지 않을 수도 있게 된다. 그러므로 ㄱ은 A의 행복 개념과 맞지 않는다.

④ ㄴ ㄷ ➡ (O) (가)와 (나) 사이에서 주관적 심리 상태가 행복의 충분조건이라고 할 수는 없다 하더라도 필수 조건임을 부정할 수는 없다고 하였다. 따라서 (가)에는 주관적 심리 상태로도 충분한 것은 아님을 의미하는 ㄴ이, (나)에는 주관적 심리 상태는 반드시 필요한 것임을 의미하는 ㄷ이 들어가야 논리적인 흐름이 이어진다.

⑤ ㄷ ㄴ ➡ (X) (가)와 (나) 사이에서 주관적 심리 상태가 행복의 충분조건이라고 할 수는 없다 하더라도 필수 조건임을 부정할 수는 없다고 하였다. 따라서 (가)에 ㄷ이, (나)에 ㄴ이 들어간다면, (가)와 (나) 사이에 언급된 말과 앞뒤 문맥이 논리적으로 연결될 수 없다.

11 ① 정답률 60.5%

| 문제 유형 | 비판적 사고 > 지문에서 추론하기

| 접근 전략 | 충분조건과 필요조건의 개념에 대한 이해를 심층적으로 요구하고 있지 않아 지문의 내용만 집중하여 읽는다면 문제풀이가 복잡하지 않은 문제이다. 논리관계를 정확하게 파악하기 위해서는 내용을 분석적으로 이해해야 하므로 평소 지문을 꼼꼼하게 읽는 연습을 해야 한다.

다음 글에서 추론할 수 있는 것만을 〈보기〉에서 모두 고르면?

진수는 병원에서 급성 중이염을 진단 받고, 항생제 투여 결과 이틀 만에 크게 호전되었다. 진수의 중이염 증상이 빠르게 호전된 것을 '항생제 투여 때문'이라고 답하는 것은 자연스러운 설명이다. 그런데 이것이 좋은 설명이 되려면, 그러한 증상의 치유에 항생제의 투여가 관련되어 있음을 보여 줄 필요가 있다. ▶1문단

확률의 차이는 이러한 관련성을 보여 주는 한 가지 방식이다. 예컨대 급성 중이염 증상에 대해 항생제 투여 없이 그대로 자연 치유에 맡기는 경우, 그 증상이 치유될 확률이 20%라고 하자. 이를 기준으로 삼아서 항생제 투여가 급성 중이염의 치유에 대해 갖는 긍정적 효과와 부정적 효과를 구분할 수 있다. 가령 항생제 투여를 할 경우에 그 확률이 80%라면, 이는 항생제 투여가 급성 중이염의 치유에 긍정적 효과가 있음을 보여 주는 것이다. 거꾸로, 급성 중이염의 치유를 위해 개발 과정에 있는 신약을 투여했더니 그 확률이 10%라는 조사 결과가 있다면, 이는 신약 투여가 급성 중이염의 치유에 부정적 효과가 있음을 보여 주는 것이다. 물론 두 경우 모두, 급성 중이염의 치유에 투여된 약 이외의 다른 요인이 개입하지 않았다는 점이 보장되어야 한다. ▶2문단

〈보기〉

ㄱ. 투여된 약이 증상의 치유에 어떠한 효과도 없다는 것을 보이기 위해서는, 약을 투여하더라도 증상이 치유될 확률에 변화가 없을 뿐 아니라 약의 투여 이외의 다른 요인이 개입되지 않았다는 것이 밝혀져야 한다. → (O) 2문단에서는 항생제 투여 없이 자연 치유의 확률이 20%일 경우, 항생제 투여로 치유 확률이 80%가 되었다면 이를 긍정적 효과로, 신약 투여로 치유 확률이 10%가 되었다면 이를 부정적 효과가 있다고 보고 있다. 또한 이 결론을 위해 투여된 약 이외의 다른 요인이 개입되지 않아야 한다는 점을 전제하고 있다. 따라서 투여된 약이 증상의 치유에 어떠한 효과도 없다는 것을 보이기 위해서는, 약을 투여하더라도 증상이 치유될 확률에 변화가 없어야 할 것이며, 전제 조건인 약의 투여 이외의 다른 요인이 개입되지 않았다는 것 역시 밝혀져야 한다는 것은 적절한 추론이라고 할 수 있다.

ㄴ. 투여된 약이 증상의 치유에 긍정적인 효과가 있다는 것을 보이기 위해서는 증상이 치유될 확률이 약의 투여 이전보다 이후에 더 높

아지는 것을 보이는 것으로 충분하다. → (X) 투여된 약이 증상의 치유에 긍정적인 효과가 있다는 것을 보이기 위해서는, 증상이 치유될 확률이 약의 투여 이전보다 약의 투여 이후에 더 높아지는 것을 보이는 것뿐만 아니라, 전제 조건인 약의 투여 이외의 다른 요인이 개입되지 않았다는 것 역시 밝혀져야 한다.

ㄷ. 약 투여 이외의 다른 요인이 개입되지 않았다고 전제할 경우에, 투여된 약이 증상의 치유에 긍정적인 효과가 없다는 것을 보이기 위해서는 증상이 치유될 확률이 약의 투여 이전보다 이후에 더 낮아지는 것을 보이는 것이 필요하다. → (X) 약 투여 이외의 다른 요인이 개입되지 않았다고 전제할 경우에, 투여된 약이 증상의 치유에 긍정적인 효과가 없다는 것을 보이기 위해서는, 증상이 치유될 확률이 약의 투여 이전보다 이후에 더 낮아지는 것을 보이지 않더라도, 약의 투여 이전과 이후에 효과에 변화가 없다는 것을 보이는 것만으로도 충분하다.

① ㄱ ➡ (O)
② ㄴ ➡ (X)
③ ㄱ, ㄷ ➡ (X)
④ ㄴ, ㄷ ➡ (X)
⑤ ㄱ, ㄴ, ㄷ ➡ (X)

12 ④

정답률 84.5%

| 문제 유형 | 비판적 사고 > 판단하기

| 접근 전략 | '의식'과 '도덕적 지위'라는 두 키워드를 놓고 네 명의 입장이 엇갈리고 있다. 각 주장의 조건과 결론에 밑줄을 그어 표시해 두고 ㄱ~ㄷ과 비교해 본다면 어느 분석에 모순이 있는지를 확인할 수 있다. 다만, 각 주장의 동일한 측면과 엇갈리는 측면이 혼재되어 있어 헷갈릴 소지가 있으므로 높은 집중력이 필요하다는 점에서 비교적 난도가 높은 문항으로 분류된다.

다음 갑~정의 논쟁에 대한 분석으로 적절한 것만을 〈보기〉에서 모두 고르면?

갑: 우리는 보통 인간이나 동물이 어떤 특성을 지니고 있어서 그에 부합하는 도덕적 지위를 갖는다고 생각한다. 의식이 바로 그런 특성이다. 나는 인공지능 로봇도 같은 방식으로 그 도덕적 지위를 결정해야 한다고 생각한다. 그래서 우리는 그런 로봇에게 의식이 있는지를 따져 봐야 할 것이다. 나는 인공지능 로봇이 의식을 갖는다고 생각한다.

을: 도덕적 지위를 결정하는 기준에 대해서는 나도 갑과 생각이 같다. 하지만 나는 바로 그런 이유에서 인공지능 로봇에게 도덕적 지위를 부여할 수 없다고 생각한다. 로봇은 기계이므로 의식을 갖는 것이 가능하지 않기 때문이다.

병: 나는 인공지능 로봇에게 의식이 있는지 없는지가 그것에게 도덕적 지위를 부여하느냐 마느냐를 결정하는 근거가 될 수 없다고 생각한다. 인공지능 로봇에게 의식이 있을 수도 있겠지만, 인간의 필요에 의해서 만든 도구적 존재에게 도덕적 지위를 부여하는 것은 말이 안 된다.

정: 어떤 존재의 도덕적 지위는 우리가 그 존재와 어떤 관계를 맺고 있는지에 따라 결정된다. 우리가 로봇과 가족이나 친구와 같은 유의미한 관계를 맺고 있다면, 인공지능 로봇이 의식을 갖지 않는 경우라 해도, 로봇에게 도덕적 지위를 부여해야 한다.

→ 갑~정의 주장을 정리하면 다음과 같다.

- 갑: 로봇은 의식이 있음. 따라서 도덕적 지위를 가짐
- 을: 로봇은 의식이 없음. 따라서 도덕적 지위를 갖지 않음(도덕적 지위 결정 기준은 갑과 동일).
- 병: 의식의 유무는 도덕적 지위 부여의 근거가 되지 않음. 따라서 로봇이 의식이 있을 수도 있으나, 도덕적 지위를 부여할 수는 없음
- 정: 도덕적 지위는 인간과의 관계에 의해 결정됨. 따라서 로봇이 인간과 유의미한 관계를 맺고 있다면 의식을 갖지 않더라도 도덕적 지위를 부여해야 함

〈보기〉

ㄱ. 을과 정은 인공지능 로봇에게는 의식이 없다고 생각한다. → (X) 을은 인공지능 로봇에게 의식이 없다고 생각하지만, 정은 인공지능 로봇과 인간과의 관계에 대한 언급만 했을 뿐, 인공지능 로봇에게 의식이 없다고 단정하지는 않았다.

ㄴ. 인공지능 로봇에게 의식이 있어도 도덕적 지위를 부여할 수 없다고 생각하는 사람이 있다. → (O) 갑은 인공지능 로봇에게 의식이 있으므로 도덕적 지위를 갖는다고 생각하므로 ㄴ에서 언급한 사람이 아니다. 을은 갑과 동일한 도덕적 지위의 결정 기준을 갖고 있으므로 만일 인공지능 로봇에게 의식이 있다면 도덕적 지위를 부여해야 한다고 생각한다. 따라서 을 역시 ㄴ에서 언급한 사람이 아니다. 병은 인공지능 로봇의 의식 유무와 관계없이 도덕적 지위를 부여할 수 없다고 생각하므로 병은 ㄴ에서 언급한 사람에 해당한다. 정은 인간과의 관계 정도가 도덕적 지위 부여의 기준이 된다고 하였으므로 인공지능 로봇에게 의식이 있어도 인간과의 관계가 없다면 도덕적 지위를 부여할 수 없다고 생각한다. 따라서 정 역시 ㄴ에서 언급한 사람에 해당한다.

ㄷ. 인공지능 로봇에게 실제로 의식이 있다고 밝혀진다면, 네 명 중 한 명은 인공지능 로봇에게 도덕적 지위를 부여해야 하는가에 대한 입장을 바꿔야 한다. → (O) 갑은 인공지능 로봇에게 의식이 있다고 생각하므로 ㄷ에서 언급한 사람에서 제외된다. 을은 인공지능 로봇에게 의식이 없다고 생각하므로 만일 실제로 의식이 있다고 밝혀진다면, 도덕적 지위 부여에 대한 자신의 입장을 바꿔야 한다. 그러므로 을은 ㄷ에서 언급한 사람에 해당한다. 병은 인공지능 로봇의 의식 유무가 도덕적 지위 부여의 근거가 되지 않는다고 생각하므로 ㄷ에서 언급한 사람에 해당하지 않는다. 정 역시 인공지능 로봇의 인간과의 관계에 따라 도덕적 지위 부여 여부가 결정되어야 한다고 생각하므로 ㄷ에서 언급한 사람에 해당하지 않는다. 따라서 네 명 중 '을' 한 명만 입장을 바꿔야 하는 사람에 해당함을 알 수 있다.

① ㄱ ➡ (X)
② ㄴ ➡ (X)
③ ㄱ, ㄷ ➡ (X)
④ ㄴ, ㄷ ➡ (O)
⑤ ㄱ, ㄴ, ㄷ ➡ (X)

13 ①

정답률 66.3%

| 문제 유형 | 비판적 사고 > 판단하기

| 접근 전략 | 제시된 정보에 부합하는 행동이 무엇인지를 파악해야 하는 문제이다. 주어진 정보를 명확히 구분하여 이해해야 하며, 예외사항이 있다는 것을 간과해서는 안 된다. 이러한 유형의 문제는 정보에서 주의해야 할 요소가 무엇인지를 파악한 뒤 곧바로 선지의 내용을 확인하며 주어진 정보에 위배되는 점이 없는지를 알아보는 방법으로 접근해야 한다.

다음 글에서 추론할 수 있는 것만을 〈보기〉에서 모두 고르면?

○○부는 올여름 폭염으로 국가적 전력 부족 사태가 예상됨에 따라 '공공기관 에너지 절약 세부 실천대책'을 발표하였다. 이에 따르면 공공기관은 냉방설비를 가동할 때 냉방 온도를 25°C 이상으로 설정하여야 한다. 또한 14~17시에는 불필요한 전기 사용을 자제하여야 한다. **▶1문단**

○○부는 추가적으로, 예비전력을 기준으로 전력수급 위기단계를 준비단계(500만kW 미만 400만kW 이상), 관심단계(400만kW 미만 300만kW 이상), 주의단계(300만kW 미만 200만kW 이상), 경계단계(200만kW 미만 100만kW 이상), 심각단계(100만kW 미만) 순의 5단계로 설정하였다. 전력수급 상황에 따라 위기단계가 통보되면 공공기관은 아래 〈표〉에 따라 각 위

기단계의 조치 사항을 이행하여야 한다. 이때의 조치 사항에는 그 전 위기단계까지의 조치 사항이 포함되어야 한다.

〈표〉 전력수급 위기단계별 조치 사항

위기단계	조치 사항
준비단계	실내조명과 승강기 사용 자제
관심단계	냉방 온도 28℃ 이상으로 조정
주의단계	냉방기 사용 중지, 실내조명 50% 이상 소등
경계단계	필수 기기를 제외한 모든 사무기기 전원 차단
심각단계	실내조명 완전 소등, 승강기 가동 중지

▶2문단

다만 장애인 승강기는 전력수급 위기단계와 관계없이 상시 가동하여야 한다. 또한 의료기관, 아동 및 노인 등 취약계층 보호시설은 냉방 온도 제한 예외 시설로서 자체적으로 냉방 온도를 설정하여 운영할 수 있다. ▶3문단

〈보기〉

ㄱ. 예비전력이 50만kW일 때 모든 공공기관은 실내조명을 완전 소등하여야 하며, 예비전력이 180만kW일 때는 50% 이상 소등하여야 한다. → (O) 예비전력이 50만kW라면 심각단계이다. 심각단계에서는 모든 공공기관은 실내조명을 완전 소등하여야 한다. 예비전력이 180만kW라면 경계단계이다. 실내조명을 50% 이상 소등하는 것은 경계단계 전의 위기단계인 주의단계의 조치 사항이나, '조치 사항에는 그 전 위기단계까지의 조치 사항이 포함되어야 한다.'는 규정에 따라 주의단계의 조치사항이 경계단계에도 포함된다는 것을 알 수 있으므로 적절한 추론이 된다.

ㄴ. 취약계층 보호시설에 해당하지 않는 공공기관은 예비전력이 280만kW일 때 냉방 온도를 24℃로 설정할 수 없으나, 예비전력이 750만kW일 때는 설정할 수 있다. → (X) 취약계층 보호시설에 해당하지 않는 공공기관은 제시된 〈표〉와 관계없이 냉방설비를 가동할 때 냉방 온도를 25℃ 이상으로 설정하여야 한다는 것이 1문단에 제시되어 있다.

ㄷ. 전력수급 위기단계가 심각단계일 때 취약계층 보호시설에 해당하는 공공기관은 장애인 승강기를 가동할 수 있으나 취약계층 보호시설에 해당하지 않는 공공기관은 장애인 승강기 가동을 중지하여야 한다. → (X) 심각단계에서는 승강기 가동이 중지되나, 장애인 승강기는 전력수급 위기단계와 관계없이 상시 가동하여야 한다고 제시되어 있다. 따라서 장애인 승강기가 취약계층 보호시설에 해당하는 공공기관에 설치된 것인지 혹은 취약계층 보호시설에 해당하지 않는 공공기관에 설치된 것인지 여부에 관계없이 모든 장애인 승강기는 심각단계에서도 가동하여야 한다.

① ㄱ ➡ (O)
② ㄷ ➡ (X)
③ ㄱ, ㄴ ➡ (X)
④ ㄴ, ㄷ ➡ (X)
⑤ ㄱ, ㄴ, ㄷ ➡ (X)

14 ③

정답률 77.4%

| 문제 유형 | 비판적 사고 > 판단하기

| 접근 전략 | 주어진 정보를 도식화하여 명제 간의 관계를 정리하면 어렵지 않게 정답을 찾을 수 있다. 긴 과정명을 짧게 줄여 자신만 알아볼 수 있는 말로 표현하는 것이 문제풀이 요령이며, '그리고'와 '또는'을 구분하여 기호화할 수 있어야 한다.

다음 글의 내용이 참일 때, 반드시 참인 것만을 〈보기〉에서 모두 고르면?

갑은 〈공직 자세 교육과정〉, 〈리더십 교육과정〉, 〈글로벌 교육과정〉, 〈직무 교육과정〉, 〈전문성 교육과정〉의 다섯 개 과정으로 이루어진 공직자 교육 프로그램에 참여할 것을 고려하고 있다. 갑이 〈공직 자세 교육과정〉을 이수한다면 〈리더십 교육과정〉도 이수한다. 또한 갑이 〈글로벌 교육과정〉을 이수한다면 〈직무 교육과정〉과 〈전문성 교육과정〉도 모두 이수한다. 그런데 갑은 〈리더십 교육과정〉을 이수하지 않거나 〈전문성 교육과정〉을 이수하지 않는다.

→ 내용을 정리하면 다음과 같다.

- 공직 자세 교육과정 → 리더십 교육과정
- 글로벌 교육과정 → (직무 교육과정 ∨ 전문성 교육과정)
- ~리더십 교육과정 ∧ ~전문성 교육과정

〈보기〉

ㄱ. 갑은 〈공직 자세 교육과정〉을 이수하지 않거나 〈글로벌 교육과정〉을 이수하지 않는다. → (O) 만일 갑이 〈공직 자세 교육과정〉과 〈글로벌 교육과정〉을 모두 이수한다면, 위에서 정리한 첫 번째 명제와 두 번째 명제에 따라 갑은 다섯 개 과정 모두 이수해야 한다. 그러나 이는 세 번째 명제와 모순 관계가 되므로, 갑은 〈공직 자세 교육과정〉과 〈글로벌 교육과정〉 중 어느 한 개 이상을 이수하지 않아야 한다.

ㄴ. 갑이 〈직무 교육과정〉을 이수하지 않는다면 〈글로벌 교육과정〉도 이수하지 않는다. → (O) 위에서 정리한 두 번째 명제 관계의 대우명제는 '~(직무 교육과정 ∧ 전문성 교육과정) → ~글로벌 교육과정'이다. 따라서 〈직무 교육과정〉을 이수하지 않으면 〈글로벌 교육과정〉도 이수하지 않는다는 것을 알 수 있다.

ㄷ. 갑은 〈공직 자세 교육과정〉을 이수하지 않는다. → (X) 위에서 정리한 첫 번째 명제 관계의 대우명제에 따라 갑이 〈공직 자세 교육과정〉을 이수하지 않는 경우는 〈리더십 교육과정〉을 이수하지 않을 때이다. 그런데 세 번째 명제 관계에서 갑은 〈리더십 교육과정〉은 이수하고 〈전문성 교육과정〉을 이수하지 않을 수도 있으므로 갑이 〈공직 자세 교육과정〉을 이수하지 않는다는 것은 반드시 참이라고 할 수 없다.

① ㄱ ➡ (X)
② ㄷ ➡ (X)
③ ㄱ, ㄴ ➡ (O)
④ ㄴ, ㄷ ➡ (X)
⑤ ㄱ, ㄴ, ㄷ ➡ (X)

15 ⑤

TOP2 정답률 45.8%

| 문제 유형 | 비판적 사고 > 판단하기

| 접근 전략 | 명제를 도식화하여 정답을 찾기는 어려운 문제이다. 이러한 유형의 문제는 주어진 명제를 논리적으로 분석하면서 선지의 내용이 분석된 결과에 부합하는지를 파악해야 해결할 수 있다. 두 가지 이상의 상황을 동시에 머릿속에 넣으면서 논리를 펼쳐야 하기 때문에 고도의 집중력이 요구된다. 평소 논리 관계에 대한 충분한 연습 과정이 필요하다.

다음 글에서 갑이 새롭게 입수한 '정보'로 적절한 것은?

월요일부터 목요일까지 하루에 한 차례씩 시험 출제 회의가 열렸다. 회의에 참석한 시험위원들에 관한 자료를 정리하던 주무관 갑은 다음의 사실을 파악하였다.

○ 월요일에 참석한 시험위원은 모두 수요일에도 참석했다.
○ 화요일에 참석한 시험위원은 누구도 수요일에는 참석하지 않았다.
○ 수요일에 참석한 시험위원 중 적어도 한 사람은 목요일에도 참석했다.

갑은 이 사실에 새롭게 입수한 '정보'를 더하여 "월요일에는 참석하지 않

았지만 목요일에는 참석한 시험위원이 적어도 한 사람은 있다."는 것을 알아내었다.

① 월요일에 참석하지 않은 시험위원이 적어도 한 사람은 있다. ➡ (X) 월요일 회의에 참석하지 않은 시험위원이 있을 수 있으나, 그것만으로 월요일 회의에 참석하지 않은 시험위원이 목요일 회의에 참석한 시험위원인지를 판단할 수는 없다.

② 화요일에 참석하지 않은 시험위원이 적어도 한 사람은 있다. ➡ (X) 화요일 회의에 참석하지 않은 시험위원이 있을 수 있으나, 그것만으로 화요일 회의에 참석하지 않은 시험위원이 목요일 회의에 참석한 시험위원인지를 판단할 수는 없다.

③ 수요일에 참석한 시험위원 중 적어도 한 사람은 목요일에 참석하지 않았다. ➡ (X) 목요일 회의에는 참석하지 않았고 수요일 회의에는 참석했다는 시험위원이 있다는 것은 목요일 회의에 참석한 시험위원을 파악하는 데 단서가 되지 못하므로 새롭게 입수한 정보가 되지 않는다.

④ 목요일에는 참석하지 않았지만 월요일에는 참석한 시험위원이 적어도 한 사람은 있다. ➡ (X) '목요일에는 참석하지 않았지만 월요일에는 참석한 시험위원이 적어도 한 사람은 있다.'는 것은 그와 반대인 '월요일에는 참석하지 않았지만 목요일에는 참석한 시험위원이 적어도 한 사람은 있다.'는 결론과 배치되는 명제로 상호 연관성을 찾을 수 없다. 따라서 새롭게 입수한 정보가 되지 않는다.

⑤ 월요일에 참석한 시험위원 중에는 목요일에 참석한 시험위원은 없다. ➡ (O) 주무관 갑이 파악한 세 개의 사실을 주의 깊게 보면 수요일 회의에 참석한 시험위원은 '월요일에만 참석한 시험위원'과 '월요일과 목요일에 참석한 시험위원' 두 가지 부류로 나눌 수 있다. 이것으로 보면 수요일 회의에 참석한 모든 시험위원은 월요일 회의에도 참석했다는 것을 알 수 있다. 그런데 갑이 추가로 알아낸 사실은 '월요일에 참석하지 않았으면서 목요일에 참석한 시험위원이 있다.'는 것이다. 다시 말해, 이는 월요일과 목요일 중 목요일에만 참석한 시험위원이 있다는 것이므로, 이에 대한 전제가 되어야 할 사실은 월요일 회의에 참석한 시험위원 모두 목요일 회의에 참석하지 않았다는 ⑤와 같은 사실임을 알 수 있다.

16 ⑤

TOP1 정답률 42.9%

| 문제 유형 | 사실적 이해 > 논리 게임

| 접근 전략 | 주어진 정보를 보고 표를 그려 문제를 해결해야 한다는 생각을 갖는 것이 문제풀이의 관건이다. 네 개의 정책과 5명의 대표자를 하나의 표로 만들어 정보에 따른 찬반 의견을 채워나가는 방식으로 접근하면 정보들의 상호 연관성에 따라 미제공 추가 정보까지 추론해 낼 수 있다. 문제에 내재된 logic은 시중의 참고서들이 다루는 조건 추리 방식과 크게 다르지 않으므로 평소 조건 추리 문제에 대한 학습을 충분히 하였다면 접근 방식을 쉽게 찾아낼 수 있다.

다음 글의 내용이 참일 때, 반드시 참인 것만을 〈보기〉에서 모두 고르면?

국제해양환경회의에 5명의 대표자가 참석하여 A, B, C, D 4개 정책을 두고 토론회를 열었다. 대표자들은 모두 각 정책에 대해 찬반 중 하나의 입장을 분명하게 표명했으며, 각자 하나 이상의 정책에 찬성하고 하나 이상의 정책에 반대한 것으로 드러났다. 그들의 입장을 정리한 결과는 다음과 같다.

○ A에 찬성하는 대표자는 2명이다.
○ A에 찬성하는 대표자는 모두 B에 찬성한다.
○ B에 찬성하는 대표자 중에 C에 찬성하는 사람과 반대하는 사람은 동수이다.
○ B와 D에 모두 찬성하는 대표자는 아무도 없다.
○ D에 찬성하는 대표자는 2명이다.
○ D에 찬성하는 대표자는 모두 C에 찬성한다.

→ 가장 먼저 다음과 같은 표를 그려 직접적으로 알 수 있는 정보들부터 빈칸에 채워 넣어 보아야 한다. 5명의 대표자를 갑, 을, 병, 정, 무로 대입할 수 있다.

A에 찬성하는 대표자가 2명이라고 하였으므로 임의로 갑과 을이 이에 해당한다고 가정한다. 이에 따라 A에 찬성하는 대표자는 모두 B에 찬성한다고 하였으므로 이 역시 직접적인 정보로 기재가 가능하다. 또한 B와 D에 모두 찬성하는 대표자는 아무도 없다는 점까지 드러난 정보이므로 아래와 같이 빈칸을 채울 수 있다.

구분	갑	을	병	정	무
A	찬성	찬성	반대	반대	반대
B	찬성	찬성			
C					
D	반대	반대			

그런데 B에 찬성하는 대표자 중에 C에 찬성하는 사람과 반대하는 사람은 동수라고 하였으므로 B에 찬성하는 사람은 짝수인 2명 또는 4명이 되어야 한다. 만일 B에 찬성하는 대표자가 4명이라면 B와 D에 모두 찬성하는 대표자는 아무도 없다는 정보에 따라 D에 찬성하는 대표자는 1명이어야 할 것이다. 그러나 이는 D에 찬성하는 대표자가 2명이라는 정보와 모순되므로 결국 B에 찬성하는 사람은 2명인 것을 알 수 있다. 따라서 병, 정, 무는 B에 반대인 것을 알 수 있으며, 갑과 을은 C에 대하여 한 명씩 찬성과 반대 의견인 것도 알 수 있다. 여기까지의 정보를 정리하면 다음 표와 같다.

구분	갑	을	병	정	무
A	찬성	찬성	반대	반대	반대
B	찬성	찬성	반대	반대	반대
C	찬성 or 반대	반대 or 찬성			
D	반대	반대			

추가로 D에 찬성하는 대표자가 2명이라고 하였으므로 병과 정을 이 2명이라고 가정할 수 있으며, 무는 D에 반대한다고 볼 수 있다. 이때 병과 정은 C에도 찬성한다는 것을 알 수 있으며, 나머지 C에 대한 무의 의견만 알아내면 모든 빈칸이 채워진다. 그런데 무는 A, B, D에 대하여 이미 반대 의견임을 알았으므로 대표자들은 모두 각자 하나 이상의 정책에 찬성한다는 기본 전제에 따라 C에 대한 무의 의견은 찬성인 것을 알 수 있다. 이와 같은 정보에 따라 모든 빈칸을 채워 정리하면 다음 표와 같다.

구분	갑	을	병	정	무
A	찬성	찬성	반대	반대	반대
B	찬성	찬성	반대	반대	반대
C	찬성 or 반대	반대 or 찬성	찬성	찬성	찬성
D	반대	반대	찬성	찬성	반대

〈보기〉

ㄱ. 3개 정책에 반대하는 대표자가 있다. → (O) 3개 정책에 반대하는 대표자는 무이다.

ㄴ. B에 찬성하는 대표자는 2명이다. → (O) B에 찬성하는 대표자는 갑과 을 2명이다.

ㄷ. C에 찬성하는 대표자가 가장 많다. → (O) C에 찬성하는 대표자는 4명이며, A, B, D에 찬성하는 대표자는 각각 2명씩이므로 C에 찬성하는 대표자가 가장 많다.

① ㄱ ➡ (X)
② ㄴ ➡ (X)
③ ㄱ, ㄷ ➡ (X)
④ ㄴ, ㄷ ➡ (X)
⑤ ㄱ, ㄴ, ㄷ ➡ (O)

17 ④

정답률 69.3%

| 문제 유형 | 비판적 사고 > 판단하기

| 접근 전략 | 문장과 글의 형태로 주어진 정보를 핵심어와 화살표에 의한 요약 정보로 바꿀 수 있는 능력이 필요한 문항이다. 지문 후반부에 몇 개의 짧은 문장에 집중되어 제시된 주요 정보들을 복잡하게 생각하지 말고 곧바로 화살표를 이용하여 도식화할 수 있다면 어렵지 않게 정답을 찾아낼 수 있다.

다음 글에서 추론할 수 있는 것만을 〈보기〉에서 모두 고르면?

포유동물의 발생 과정에서 폐는 가장 늦게 그 기능을 발휘하는 기관 중 하나이다. 폐 내부의 폐포는 숨을 들이마시면 부풀어 오르는데 이때 폐포로 들어온 공기와 폐포를 둘러싸고 있는 모세혈관의 혈액 사이에 기체교환이 일어난다. 즉 공기 중의 산소를 혈액으로 전달하고 혈액에 있는 이산화탄소가 폐포 내에 있는 공기로 배출된다. 폐포가 정상적으로 기능을 발휘하려면 폐포가 접촉해도 서로 들러붙지 않도록 하는 충분한 양의 계면 활성제가 필요하다. 폐포 세포가 분비하는 이 계면 활성제는 임신 기간이 거의 끝날 때쯤, 즉 사람의 경우 임신 약 34주째쯤, 충분히 폐포에 분비되어 비로소 호흡할 수 있는 폐가 형성된다. ▶1문단

태아의 폐가 정상 기능을 하게 되면 곧이어 출산이 일어난다. 쥐 실험을 통해 호흡이 가능한 폐의 형성과 출산이 어떻게 연동되는지 확인되었다. 임신한 실험 쥐의 출산일이 다가오면, 쥐의 태아 폐포에서는 충분한 양의 계면 활성제가 분비되고 그중 일부가 양수액으로 이동하여 양수액에 있는 휴면 상태의 대식세포를 활성화시킨다. 활성화된 대식세포는 양수액에서 모태 쥐의 자궁 근육 안으로 이동하여, 자궁 근육 안에서 물질 A를 분비하게 한다. 물질 A는 비활성 상태의 효소 B에 작용하여 그것을 활성 상태로 바꾸고 활성화된 효소 B는 자궁 근육 안에서 물질 C가 만들어지게 하는데, 물질 C는 효소 B가 없으면 만들어지지 않는다. 이렇게 만들어진 물질 C가 일정 수준의 농도가 되면 자궁 근육을 수축하게 하여 쥐의 출산이 일어나게 하는데, 물질 C가 일정 수준의 농도에 이르지 않으면 자궁 근육의 수축이 일어나지 않는다. ▶2문단

〈보기〉

ㄱ. 태아 시기 쥐의 폐포에서 물질 A가 충분히 발견되지 않는다면, 그 쥐의 폐는 정상적으로 기능을 발휘할 수 없다. → (X) 물질 A의 분비에는 활성화된 대식세포가 직접적인 영향을 끼친다. 그러나 폐가 정상적으로 기능을 발휘하는 시기는 계면 활성제가 폐포에 충분히 분비되는 시점이라고 제시되어 있을 뿐, 폐의 정상적인 기능과 물질 A의 분비 여부가 직접적인 관계가 있다는 언급은 찾아볼 수 없다. 따라서 물질 A가 충분히 발견되지 않는다고 하여 폐가 정상적으로 기능을 발휘할 수 없다고 말할 수는 없다.

ㄴ. 임신 초기부터 효소 B가 모두 제거된 상태로 유지된 암쥐는 출산 시기가 되어도 자궁 근육의 수축이 일어나지 않는다. → (O) 2문단 후반부에는 효소 B가 없으면 물질 C가 만들어지지 않을 것이며, 물질 C가 일정한 농도에 이르지 않으면 자궁 근육의 수축이 일어나지 않는다고 제시되어 있다.

ㄷ. 출산을 며칠 앞둔 암쥐의 자궁 근육에 물질 C를 주입하여 물질 C가 일정 수준의 농도에 이르게 되면 출산이 유도된다. → (O) 2문단 마지막 문장에서 '물질 C가 일정 수준의 농도가 되면 자궁 근육을 수축하게 하여 쥐의 출산이 일어나게 하는데'라고 제시되어 있으므로 ㄷ의 추론은 적절하다.

① ㄱ ➡ (X)
② ㄴ ➡ (X)
③ ㄱ, ㄷ ➡ (X)
④ ㄴ, ㄷ ➡ (O)
⑤ ㄱ, ㄴ, ㄷ ➡ (X)

18 ②

정답률 79.4%

| 문제 유형 | 비판적 사고 > 지문에서 추론하기

| 접근 전략 | 지문의 길이가 길지만 수경과 압력에 관해 기술한 내용을 꼼꼼히 읽어보면 어렵지 않은 과학적 사실을 추론해 낼 수 있다. 평소에 많은 글을 읽는 훈련을 통해 어느 부분에서 선지의 내용이 구성될 것인가를 짐작할 수 있어야 한 번의 정독으로도 중요 부분을 찾아 밑줄을 그을 수 있을 것이다. 이런 연습으로 평이한 문항의 문제풀이 시간을 단축시킬 수 있어 전체 문항 풀이 시간을 여유 있게 활용할 수 있게 된다.

다음 글에서 추론할 수 없는 것은?

물속에서 눈을 뜨면 물체를 뚜렷하게 볼 수 없다. 이는 공기에 대한 각막의 상대 굴절률이 물에 대한 각막의 상대 굴절률과 달라서 물속에서는 상이 망막에 선명하게 맺히기 힘들기 때문이다. 그런데 수경을 쓰면 빛이 공기에서 각막으로 굴절되어 망막에 들어오므로 상이 망막에 선명하게 맺혀서 물체를 뚜렷하게 볼 수 있다. ▶1문단

초기 형태의 수경은 덮개 형태의 두 부분으로 구성되어 있고 두 부분은 각각 오른쪽 눈과 왼쪽 눈을 덮고 있다. 한쪽 부분 안의 공기량이 약 7.5mL인 이 수경을 쓸 경우 3m 이상 잠수하면 결막 출혈이 생길 수 있다. 이런 현상은 다음과 같은 이유로 나타난다. 잠수를 하면 몸은 물의 압력인 수압을 받게 되는데, 수압은 잠수 깊이가 깊어질수록 커진다. 잠수 시 수압에 의해 신체가 압박되어 신체의 부피가 줄어들면서 체내 압력이 커져 수압과 같아지게 되는 반면, 수경 내부 공기의 부피는 변하지 않으므로 수경 내의 공기압인 수경 내압은 변하지 않는다. 이때 체내 압력이 수경 내압보다 일정 수준 이상 커지면 안구 안팎에 큰 압력 차이가 나타나 눈의 혈관이 압력차를 견디지 못하고 파열되어 결막 출혈이 일어난다. 초기 형태의 수경을 사용하던 해녀들은 깊이 잠수해 들어갈 때 흔히 이러한 결막 출혈을 경험하였다. ▶2문단

이러한 문제를 극복할 수 있도록 만들어진 수경 '부글래기'는 기존 수경에 공기가 담긴 고무주머니를 추가한 것인데 이 고무주머니는 수경 내부와 연결되어 있다. 이 수경은 잠수 시 수압에 의해 고무주머니가 압축되면, 고무주머니 내의 공기가 수압과 수경 내압이 같아질 때까지 수경 내로 이동하여 안구 안팎에 압력 차이가 나타나는 것을 막아 잠수 시 나타날 수 있는 결막 출혈을 방지한다. 우리나라에서는 모슬포 지역의 해녀들이 부글래기를 사용한 적이 있다. ▶3문단

오늘날 해녀들은 '큰눈' 또는 '왕눈'으로 불리는, 눈뿐만 아니라 코까지 덮는 수경을 사용한다. 이런 수경을 쓰면 잠수 시 수압에 의하여 폐가 압축되어 수압과 수경 내압이 같아질 때까지 폐의 공기가 기도와 비강을 거쳐 수경 내로 들어온다. 따라서 잠수 시 결막 출혈이 일어나지 않는다. ▶4문단

① 부글래기를 쓰고 잠수하면 빛이 공기에서 각막으로 굴절되어 망막에 들어와 물체를 뚜렷하게 볼 수 있다. ➡ (O) 1문단에서 '수경을 쓰면 빛이 공기에서 각막으로 굴절되어 망막에 들어오므로 상이 망막에 선명하게 맺혀서 물체를 뚜렷하게 볼 수 있다.'고 하였다. 부글래기 역시 수경이므로 올바른 추론이다.

② 수경 내압은 큰눈을 쓰고 잠수했을 때보다 초기 형태의 수경을 쓰고 잠수했을 때가 더 크다. ➡ (X) 2문단에서 잠수 시 수압에 의해 신체가 압박되어 신체의 부피가 줄어들면서 체내 압력이 커져 수압과 같아지게 되는데, 초기 형태의 수경을 쓰면 체내 압력이 수경 내압보다 커져 결막 출혈이 일어난다고 하였다. 그러나 4문단에서 큰눈을 쓰면 폐의 공기가 수경 내로 들어와 수경 내압이 수압과 같아진다고 하였다. 이는 높아진 체내 압력만큼 수경 내압이 높아진다는 것을 의미한다. 따라서 수경 내압은 큰눈을 쓰고 잠수했을 때가 초기 형태의 수경을 쓰고 잠수했을 때보다 더 크다.

③ 잠수 시 결막 출혈을 방지할 수 있는 수경이 모슬포 지역에서 사용된 적이 있다. ➡ (O) 3문단에서 부글래기는 결막 출혈을 방지한다고 하였으며, 우리나라에서는 모슬포 지역의 해녀들이 부글래기를 사용한 적이 있다고 제시되어 있다.

④ 왕눈을 쓰고 잠수하면 수경 내압과 체내 압력이 같아진다. ➡ (O) 4문단에서 왕눈을 쓰고 잠수하면 폐의 공기가 기도와 비강을 거쳐 수경 내로 들어온다고 하였으므로 이는 3문단의 설명에서처럼 공기가 수압과 수경 내압이 같아질 때까지 수경 내로 이동하여 안구 안팎에 압력 차이가 나타나는 것을 막아준다는 것을 의미함을 알 수 있다.

⑤ 체내 압력은 잠수하기 전보다 잠수했을 때가 더 크다. ➡ (O) 2문단에서 잠수를 하면 몸은 물의 압력인 수압을 받게 되는데, 수압은 잠수 깊이가 깊어질수록 커진다고 하였으므로 체내 압력은 잠수하기 전보다 잠수를 했을 때 더 커진다는 것을 알 수 있다.

19 ④

정답률 56.1%

| 문제 유형 | 비판적 사고 > 판단하기

| 접근 전략 | 생소한 과학 용어가 등장하는 문항은 매년 출제되는 유형이다. 몇 가지 키워드인 내부 양자효율, 외부 양자효율, 불순물 함유율, 굴절률 등의 관계에 대해 명확하게 이해한 상태에서 선지를 읽으면 초급 수준의 수리적 개념만으로도 정답에 접근할 수 있다.

다음 글의 〈실험〉의 결과를 가장 잘 설명하는 것은?

소자 X는 전류가 흐르게 되면 빛을 발생시키는 반도체 소자로, p형 반도체와 n형 반도체가 접합된 구조를 가지고 있다. X에 전류가 흐르게 되면, p형 반도체 부분에 정공이 주입되고 n형 반도체 부분에 전자가 주입된다. 이때 p형 반도체와 n형 반도체의 접합 부분에서는 정공과 전자가 서로 만나 광자, 즉 빛이 발생한다. 그런데 X에 주입되는 모든 정공과 전자가 빛을 발생시키지는 않는다. 어떤 정공과 전자는 서로 만나지 못하기도 하고, 어떤 정공과 전자는 서로 만나더라도 빛을 발생시키지 못한다. 내부 양자효율은 주입된 정공-전자 쌍 중 광자로 변환된 것의 비율을 의미한다. 예를 들어, X에 정공-전자 100쌍이 주입되었을 때 이 소자 내부에서 60개의 광자가 발생하였다면, 내부 양자효율은 0.6으로 계산된다. 이는 X의 성능을 나타내는 중요한 지표 중 하나로, X의 불순물 함유율에 의해서만 결정되고, 불순물 함유율이 낮을수록 내부 양자효율은 높아진다.

X의 성능을 나타내는 또 하나의 지표로 외부 양자효율이 있다. 외부 양자효율은 X 내에서 발생한 광자가 X 외부로 방출되는 정도와 관련된 지표이다. X 내에서 발생한 광자가 X를 벗어나는 과정에서 일부는 반사되어 외부로 나가지 못한다. X 내에서 발생한 광자 중 X 외부로 벗어난 광자의 비율이 외부 양자효율로, 예를 들어 X 내에서 발생한 광자가 100개인데 40개의 광자만이 X 외부로 방출되었다면, 외부 양자효율은 0.4인 것이다. 외부 양자효율은 X의 굴절률에 의해서만 결정되며, 굴절률이 클수록 외부 양자효율은 낮아진다. 같은 개수의 정공-전자 쌍이 주입될 경우, X에서 방출되는 광자의 개수는 외부 양자효율과 내부 양자효율을 곱한 값이 클수록 많아진다.

한 연구자는 X의 세 종류 A, B, C에 대해 다음과 같은 실험을 수행하였다. A와 B의 굴절률은 서로 같았지만, 모두 C의 굴절률보다는 작았다.

〈실험〉

같은 개수의 정공-전자 쌍이 주입되는 회로에 A, B, C를 각각 연결하고 방출되는 광자의 개수를 측정하였다. 실험 결과, 방출되는 광자의 개수는 A가 가장 많았고 B와 C는 같았다.

① 불순물 함유율은 B가 가장 높고, A가 가장 낮다. ➡ (X) 불순물 함유율은 내부 양자효율에 영향을 미치는 요인이다. 방출되는 광자의 개수가 A>B=C이며, 외부 양자효율이 A=B>C이다. 이때 B의 내부 양자효율이 A보다 낮다는 것, 즉, B의 불순물 함유율이 A보다 높다는 것은 알 수 있으나, C보다 높은지는 알 수 없다. 또한 A의 방출되는 광자의 개수가 가장 많은 것은 불순물 함유율이 가장 낮기 때문이라고 단정할 수도 없다.

② 불순물 함유율은 C가 가장 높고, A가 가장 낮다. ➡ (X) 불순물 함유율은 내부 양자효율에 영향을 미치는 요인이다. 방출되는 광자의 개수가 A>B=C이며, 외부 양자효율이 A=B>C이다. 이때 C의 내부 양자효율이 B보다 높다는 것, 즉, C의 불순물 함유율이 B보다 낮다는 것을 알 수 있다. 또한 A의 방출되는 광자의 개수가 가장 많은 것은 불순물 함유율이 가장 낮기 때문이라고 단정할 수도 없다.

③ 내부 양자효율은 C가 가장 높고, A가 가장 낮다. ➡ (X) A와 B의 굴절률은 서로 같았지만, 모두 C의 굴절률보다는 작았다는 것은 외부 양자효율이 A=B>C인 것을 의미한다. 그런데 실험 결과에서 방출되는 광자의 개수는 A가 가장 많았고 B와 C는 같았다고 하였다. 이때 내부 양자효율은 B<C인 것을 알 수 있으나, C가 가장 높은지는 알 수 없으며, A가 가장 낮다고 단정할 수도 없다.

④ 내부 양자효율은 A가 B보다 높고, C가 B보다 높다. ➡ (O) A와 B의 굴절률은 서로 같았지만, 모두 C의 굴절률보다는 작았다는 것은 외부 양자효율이 A=B>C인 것을 의미한다. 그런데 실험 결과에서 방출되는 광자의 개수는 A가 가장 많았고 B와 C는 같았다고 하였다. 방출되는 광자의 개수는 외부 양자효율과 내부 양자효율을 곱한 값이 클수록 많아지는 것이므로, 외부 양자효율이 동일한 A, B의 방출되는 광자의 개수가 A>B라면 내부 양자효율이 A>B인 것을 의미한다. 또한 외부 양자효율이 B>C인데 방출되는 광자의 개수가 B=C라면 이는 내부 양자효율이 B<C인 것을 의미하므로 ④는 적절하다.

⑤ 내부 양자효율은 C가 A보다 높고, C가 B보다 높다. ➡ (X) A와 B의 굴절률은 서로 같았지만, 모두 C의 굴절률보다는 작았다는 것은 외부 양자효율이 A=B>C인 것을 의미한다. 그런데 실험 결과에서 방출되는 광자의 개수는 A가 가장 많았고 B와 C는 같았다고 하였다. 따라서 C는 방출되는 광자의 개수와 외부 양자효율 모두 A보다 낮다는 사실만으로 C의 내부 양자효율이 A보다 높은지 여부를 알 수는 없다. 다만, 외부 양자효율이 B>C인데 방출되는 광자의 개수가 B=C라면 내부는 양자효율이 B<C인 것은 알 수 있다.

20 ⑤

TOP3 정답률 49.1%

| 문제 유형 | 비판적 사고 > 논지 강화·약화하기

| 접근 전략 | 이 문제의 지문은 주어진 지문을 통해 말하고자 하는 내용 모두가 완벽하고 명확하게 설명된 것은 아니다. 특히 염기서열의 변화율, 12만 년의 계산 근거 등은 제시되어 있지 않다. 그러나 제시되지 않은 부분을 파악하는 데에 집착하지 말고 빨리 〈보기〉의 내용을 읽어 알아내야 하는 정보가 무엇인지를 파악하는 것이 문제풀이의 관건이다.

다음 글의 논증에 대한 평가로 적절한 것만을 〈보기〉에서 모두 고르면?

사람의 특징 중 하나는 옷을 입는다는 것이다. 그렇다면 사람은 언제부터 옷을 입기 시작했을까? 사람이 옷을 입기 시작한 시점을 추정하기 위해 몇몇 생물학자들은 사람에 기생하는 이에 주목하였다. 사람을 숙주로 삼아 기생하는 이에는 두 종이 있는데, 하나는 옷에서 살아가며 사람 몸에서 피를 빨아 먹는 '사람 몸니'이고 다른 하나는 사람 두피에서 피를 빨아 먹으며 사는 '사람 머릿니'이다. ▶1문단

사람 몸니가 의복류에 적응한 것을 볼 때, 그것들은 아마 사람이 옷을 입기 시작했던 무렵에 사람 머릿니에서 진화적으로 분기되었을 것이다. 생물의 DNA 염기서열은 시간이 지나면서 조금씩 무작위적으로 변하는데 특정한 서식 환경에서 특정한 염기서열이 선택되면서 해당 서식 환경에 적응한 새로운 종이 생겨난다. 그러므로 현재 사람 몸니와 사람 머릿니의 염기서열의 차이를 이용하여 두 종의 이가 공통 조상에서 분기된 시점을 추정할 수 있다. 이를 위해 우선 두 종의 염기서열을 분석하여 두 종 간의 염기서열에 차이가 나는 비율을 산출한다. 그러나 이것만으로 두 종이 언제 분기되었는지 결정할 수는 없다. ▶2문단

사람 몸니와 사람 머릿니의 분기 시점을 추정하기 위해 침팬지의 털에서 사는 침팬지 이와 사람 머릿니를 이용할 수 있다. 우선 침팬지 이와 사람 머릿니의 염기서열을 비교하여 두 종 간의 염기서열에 차이가 나는 비율을 산출한다. 침팬지와 사람이 공통 조상에서 분기되면서 침팬지 이와 사람 머릿니도 공통 조상에서 분기되었다고 볼 수 있고, 화석학적 증거에 따르면 침팬지와 사람의 분기 시점이 약 550만 년 전이므로, 침팬지 이와 사람 머릿니 사이의 염기서열 차이는 550만 년 동안 누적된 변화로 볼 수 있다. 이로부터 1만 년당 이의 염기서열이 얼마나 변화하는지 계산할 수 있다. 이렇게 계산된 이의 염기서열의 변화율을 사람 머릿니와 사람 몸니의 염기서열의 차이에 적용하면, 사람이 옷을 입기 시작한 시점을 설득력 있게 추정할 수 있다. 연구 결과, 사람이 옷을 입기 시작한 시점은 약 12만 년 전 이후인 것으로 추정된다. ▶3문단

〈보기〉

ㄱ. 염기서열의 변화가 일정한 속도로 축적되는 것이 사실이라면 이 논증은 강화된다. → (O) 3문단에서 1만 년당 이의 염기서열이 얼마나 변화하는지(이의 염기서열 변화율)를 계산하고 이를 다시 사람 머릿니와 사람 몸니의 염기서열의 차이에 적용하여 사람이 옷을 입기 시작한 시점을 추정할 수 있다고 하였다. 따라서 이것이 설득력을 얻으려면 염기서열의 변화가 일정한 속도로 축적되어야 1만 년당 이의 염기서열 변화율도 의미가 있게 된다. 그러므로 염기서열의 변화가 일정한 속도로 축적되는 것이 사실이라면 이 논증은 강화된다.

ㄴ. 침팬지 이와 사람 머릿니의 염기서열의 차이가 사람 몸니와 사람 머릿니의 염기서열의 차이보다 작다면 이 논증은 약화된다. → (O) 주어진 논증은 사람 몸니와 사람 머릿니의 염기서열의 차이에 따른 분기 시점을 추정하기 위하여 공통 조상인 침팬지 이와 사람 머릿니의 염기서열의 차이를 활용한다. 따라서 침팬지 이와 사람 머릿니의 염기서열의 차이가 사람 몸니와 사람 머릿니의 염기서열의 차이보다 더 작다면 이 논증은 약화될 수밖에 없다.

ㄷ. 염기서열 비교를 통해 침팬지와 사람의 분기 시점이 침팬지 이와 사람 머릿니의 분기 시점보다 50만 년 뒤였음이 밝혀진다면, 이 논증은 약화된다. → (O) 주어진 논증은 침팬지와 사람의 분기 시점(약 550만 년 전)과 침팬지 이와 사람 머릿니의 분기 시점이 동일하다는 전제를 통해 이루어지고 있다. 그러므로 만일 이 두 분기 시점 사이에 50만 년의 차이가 있다는 것이 밝혀진다면 1만 년당 이의 염기서열 변화율을 단순 계산하는 것이 설득력을 잃게 되어 전체 논증이 약화될 수밖에 없다.

① ㄴ ➡ (X)
② ㄷ ➡ (X)
③ ㄱ, ㄴ ➡ (X)
④ ㄱ, ㄷ ➡ (X)
⑤ ㄱ, ㄴ, ㄷ ➡ (O)

※ 다음 글을 읽고 물음에 답하시오. [문 21.～문 22.]

공리주의에 따르면, 행복은 쾌락의 총량에서 고통의 총량을 뺀 값으로 수치화하여 나타낼 수 있고, 어떤 행위에 대한 도덕적 판단은 그 행위가 산출하는 행복의 증감에 의존하고, 더 큰 행복을 낳는 선택을 하는 것이 옳은 행위이다. ▶1문단

공리주의자 A는 한 개체로 인한 행복의 증감을 다른 개체로 인한 행복의 증감으로 대체할 수 있다는 대체가능성 논제를 받아들여, 육식이 도덕적으로 옳은 행위가 될 수 있다고 주장한다. 예를 들어, 닭고기를 먹는 일은 닭에게 죽음을 발생시키지만, 더 많은 닭의 탄생에도 기여한다. 태어나는 닭의 수를 고려하면 육식을 위한 도축은 거기 연루된 고통까지 고려하더라도 닭 전체의 행복의 총량을 증진한다. 왜냐하면 한 동물이 일생 동안 누릴 쾌락의 총량은 고통의 총량보다 크기 때문이다. ▶2문단

공리주의자 B는 A의 주장이 틀렸다고 비판한다. A가 받아들이는 대체가능성 논제가 존재하지 않는 대상의 고통과 쾌락을 도덕적 판단의 근거로 삼기 때문이다. ▶3문단

이에 A는 두 여인의 임신에 관한 다음의 사고실험을 토대로 B의 주장을 반박한다. 갑은 임신 3개월 때 의사로부터 태아에게 심각하지만 쉽게 치유 가능한 건강 문제가 있다는 진단을 받았다. 갑이 부작용 없는 약 하나만 먹으면 아이의 건강 문제는 사라진다. 을은 의사로부터 만일 지금 임신하면 아이가 심각한 건강 문제를 갖게 되지만, 3개월 후에 임신하면 아무런 문제가 없을 것이라는 진단을 받았다. 이 상황에서 갑은 약을 먹지 않아서, 을은 기다리지 않고 임신해서 둘 다 심각한 건강 문제를 가진 아이를 낳았다고 하자. B의 주장에 따르면 둘 사이에는 중요한 차이가 있다. 갑의 경우에는 태어난 아이에게 해악을 끼쳤다고 할 수 있는 반면, 을의 경우는 그렇지 않다. 을이 태어난 아이에게 해악을 끼쳤다고 평가하려면 그 아이가 건강하게 태어날 수도 있었다는 전제가 필요한데, 만일 을이 3개월을 기다려 임신했다면 그 아이가 아닌 다른 아이가 잉태되었을 것이기 때문이다. 그러나 A에 따르면, 갑과 마찬가지로 을도 도덕적 잘못을 저질렀다는 것이 일반적인 직관이므로 이에 반하는 B의 주장은 수용하기 어렵다. ▶4문단

A는 B의 주장을 수용하기 어려운 이유를 미래세대에 대한 도덕적 책임 문제에서도 찾을 수 있다고 말한다. 만일 현세대가 지금과 같은 삶의 방식을 고수한다면, 온난화가 가속되어 지구 환경은 나빠질 것이다. 그 결과 미래세대의 고통이 증가되었다면 현세대는 이에 대한 도덕적 책임이 있다는 것이 일반적인 직관이다. 그러나 B의 주장에 따르면 그렇게 평가할 수 없다. 왜냐하면 현세대가 미래세대를 고려하여 기존과 다른 삶의 방식을 취하게 되면, 현세대가 기존 방식을 고수했을 때와는 다른 구성원으로 이루어진 미래세대가 생겨나기 때문이다. 그래서 을이 태어난 아이에게 잘못을 저질렀다고 말할 수 없는 것과 마찬가지로, 현세대도 미래세대가 겪는 고통에 대해 도덕적 책임이 없다고 말해야 한다. 그러나 A가 보기에 ㉠이는 수용하기 어렵다. ▶5문단

21 ⑤

정답률 70.8%

| 문제 유형 | 비판적 사고 > 판단하기

| 접근 전략 | 공리주의자 A, B의 주장, 갑과 을의 사례, 미래세대에 대한 현세대의 도덕적 책임 판단 등이 문제해결의 관건이 된다. 한 번의 정독만으로 지문의 모든 뜻을 파악하기 쉽지 않으나, ㄱ～ㄷ의 내용이 비교적 평이하므로 지문 파악을 위해 많은 시간을 들이기보다 재빨리 〈보기〉의 내용을 읽으면서 지문에서 필요한 내용만 다시 확인하는 접근법이 효과적이다.

위 글에 대한 분석으로 적절한 것만을 〈보기〉에서 모두 고르면?

〈보기〉

ㄱ. A의 주장에 따르면, 을의 행위는 도덕적으로 옳은 행위가 아니다. → (O) 4문단에서 '그러나 A에 따르면, 갑과 마찬가지로 을도 도덕적 잘못을 저질렀다는 것이 일반적인 직관이므로 이에 반하는 B의 주장은 수용하기 어렵다.'고 하였다.

ㄴ. 갑의 행위에 대한 B의 도덕적 평가는 대체가능성 논제의 수용 여부에 따라 달라지지 않는다. → (O) 3문단에서 B는 A가 받아들이는 대체가능성 논제가 존재하지 않는 대상의 고통과 쾌락을 도덕적 판단의 근거로 삼기 때문에 A의 주장이 틀렸다고 비판한다고 하였다. 그러나 갑의 행위는 임신 3개월째인 태아 즉, 이미 존재하는 대상에 관한 것이므로 이에 대한 B의 도덕적 평가는 대체가능성 논제 수용 여부에 따라 달라지지 않는다.

ㄷ. B의 주장에 따르면, 을의 행위에 대한 도덕적 평가를 할 때 잉태되지 않은 존재의 쾌락이나 고통을 고려해서는 안 된다. → (O) 3문단에서 B는 A가 받아들이는 대체가능성 논제가 존재하지 않는 대상의 고통과 쾌락을 도덕적 판단의 근거로 삼기 때문에 A의 주장이 틀렸다고 비판한다고 하였다. 따라서 B의 주장에 따르면, 잉태되지 않아 존재하지 않는 태아의 쾌락이나 고통에 대한 고려는 도덕적 평가에 개입되어서는 안 된다는 것이다.

① ㄱ ➡ (X)
② ㄷ ➡ (X)
③ ㄱ, ㄴ ➡ (X)
④ ㄴ, ㄷ ➡ (X)
⑤ ㄱ, ㄴ, ㄷ ➡ (O)

22 ③

정답률 51.4%

| 문제 유형 | 비판적 사고 > 논지 강화·약화하기

| 접근 전략 | 공리주의자 A, B의 주장, 갑과 을의 사례, 미래세대에 대한 현세대의 도덕적 책임 판단 등이 문제해결의 관건이 된다. 〈보기〉에서는 ㄱ~ㄷ이 ㉠을 약화시키는지 여부에 대해서만 물음을 던지고 있으므로 ㉠이 '존재하지 않는 미래세대의 고통에 대한 현세대의 도덕적 책임은 없다는 것은 수용하기 어렵다.'임을 기억하고 문제풀이에 접근해야 한다.

위 글의 ㉠에 대한 평가로 적절한 것만을 〈보기〉에서 모두 고르면?

〈보기〉

ㄱ. 미래세대 구성원이 달라질 경우 미래세대가 누릴 행복의 총량이 변한다면, ㉠은 약화되지 않는다. → (O) 미래세대 구성원이 달라질 경우 미래세대가 누릴 행복의 총량이 변한다면 현세대의 행위가 영향을 미치는 것이므로 이는 A의 주장에 부합한다. 따라서 B의 주장을 수용하기 어렵다는 A의 주장은 약화되지 않는다.

ㄴ. 아직 현실에 존재하지 않는다는 이유로 미래세대를 도덕적 고려에서 배제하는 것이 불합리하다면, ㉠은 약화된다. → (X) 아직 현실에 존재하지 않는다는 이유로 미래세대를 도덕적 고려에서 배제하는 것이 불합리하다는 것은 A의 주장에 부합한다. 따라서 이 경우 역시 B의 주장을 수용하기 어렵다는 A의 주장은 약화되지 않는다.

ㄷ. 일반적인 직관에 반하는 결론이 도출된다고 해도 그러한 직관이 옳은지의 여부가 별도로 평가되어야 한다면, ㉠은 약화된다. → (O) 4문단에 따르면, A의 주장은 일반적인 직관에 의존하고 있음을 알 수 있다. 따라서 일반적인 직관에 반하는 결론이 도출되거나 혹은 그러한 일반적인 직관 자체의 옳은지 여부가 별도로 평가되어야 한다면 A의 주장인 ㉠은 약화될 수밖에 없다.

① ㄱ ➡ (X)
② ㄴ ➡ (X)
③ ㄱ, ㄷ ➡ (O)
④ ㄴ, ㄷ ➡ (X)
⑤ ㄱ, ㄴ, ㄷ ➡ (X)

23 ①

정답률 78.2%

| 문제 유형 | 비판적 사고 > 판단하기

| 접근 전략 | 적극행정 담당자가 배정될 수 있는 두 가지 기준에 밑줄을 긋고 (가)~(라)가 어디에 해당하는지를 판단하면 실수를 하지 않는 한 정답을 찾아낼 수 있는 평이한 문제이다. '해당함', '해당하지 않음', '제출한 적 있음', '제출한 적 없음'이 헷갈리지 않도록 서로 다른 표시의 밑줄을 긋는 방법이 효과적인 접근법이 될 수 있다.

다음 글의 〈표〉에 대한 판단으로 적절한 것만을 〈보기〉에서 모두 고르면?

주무관 갑은 국민이 '적극행정 국민신청'을 하는 경우, '적극행정 국민신청제'의 두 기준을 충족하는지 검토한다. 이때 두 기준을 모두 충족한 신청안에만 적극행정 담당자를 배정하고, 두 기준 중 하나라도 충족하지 못한 신청안은 반려한다. ▶1문단

우선 신청안에 대해 '신청인이 같은 내용으로 민원이나 국민제안을 제출한 적이 있는지 여부'를 기준으로 하여 '제출한 적 있음'과 '제출한 적 없음'을 판단한다. 그리고 '신청인이 이전에 제출한 민원의 거부 또는 국민제안의 불채택 사유가 근거 법령의 미비나 불명확에 해당하는지 여부'를 기준으로 '해당함'과 '해당하지 않음'을 판단한다. 각각의 기준에서 '제출한 적 있음'과 '해당함'을 충족하는 신청안에만 적극행정 담당자가 배정된다. ▶2문단

최근에 접수된 안건 (가)는 신청인이 같은 내용의 민원을 제출한 적이 있으나, 근거 법령의 미비나 불명확 때문이 아니라 민원의 내용이 사인(私人) 간의 권리관계에 관한 것이어서 거부되었다. (나)는 신청인이 같은 내용의 국민제안을 제출한 적이 있으나, 근거 법령이 불명확하다는 이유로 불채택되었다. (다)는 신청인이 같은 내용으로 민원을 제출한 적이 있으나 근거 법령의 미비를 이유로 거부되었다. (라)는 신청인이 같은 내용으로 민원이나 국민제안을 제출한 적이 없었다. ▶3문단

접수된 안건 (가)~(라)에 대해 두 기준 및 그것의 충족 여부를 위의 내용을 바탕으로 다음과 같은 형식의 〈표〉로 나타내었다.

〈표〉 적극행정 국민신청안 처리 현황

기준 \ 안건	(가)	(나)	(다)	(라)
A	㉠	㉡	㉢	㉣
B	㉤	㉥	㉦	㉧

▶4문단

〈보기〉

ㄱ. A에 '신청인이 같은 내용의 민원이나 국민제안을 제출한 적이 있는지 여부'가 들어가면 ㉠과 ㉡이 같다. → (O) '신청인이 같은 내용의 민원이나 국민제안을 제출한 적이 있는지 여부'가 기준이 된다면 (라)를 제외한 (가), (나), (다)가 같아야 하므로 ㉠과 ㉡이 같게 된다.

ㄴ. ㉠과 ㉢이 서로 다르다면, B에 '신청인이 이전에 제출한 민원의 거부 또는 국민제안의 불채택 사유가 근거 법령의 미비나 불명확에 해당하는지 여부'가 들어간다. → (X) ㉠과 ㉢이 서로 다르다면, (가)와 (다)의 설명에 따라 ㉠은 '해당하지 않음', ㉢은 '해당함'이 되어야 한다. 따라서 이 경우 '신청인이 이전에 제출한 민원의 거부 또는 국민제안의 불채택 사유가 근거 법령의 미비나 불명확에 해당하는지 여부'는 B가 아닌 A에 들어가야 한다.

ㄷ. ㉤과 ㉥이 같다면 ㉦과 ㉧이 같다. → (X) ㉤과 ㉥이 같다면 (가)와 (나)의 설명에 따라 B에는 '신청인이 같은 내용으로 민원이나 국민제안을 제출한 적이 있는지 여부'가 들어가야 한다. 따라서 이 경우 ㉦에는 '제출한 적 있음'이, ㉧에는 '제출한 적 없음'이 들어가야 하므로 ㉦과 ㉧이 같지 않다.

① ㄱ ➡ (O)
② ㄴ ➡ (X)
③ ㄱ, ㄷ ➡ (X)
④ ㄴ, ㄷ ➡ (X)
⑤ ㄱ, ㄴ, ㄷ ➡ (X)

24 ⑤

정답률 77.1%

| 문제 유형 | 비판적 사고 > 빈칸 채우기

| 접근 전략 | 처음부터 집중력을 갖고 지문을 읽으면 정답을 쉽게 찾을 수 있다. 지문의 내용을 너무 자세하고 복잡하게 이해하려고 한다면 오히려 불필요한 논리에 빠질 수 있으므로 한 번의 정독 후 선지의 내용을 대입하며 정답을 찾는 접근법이 필요하다.

다음 대화의 빈칸에 들어갈 말로 가장 적절한 것은?

갑: 안녕하세요. 저는 A도의회 사무처에 근무하는 ○○○입니다. 「재난안전법」 제25조의2 제5항에 따라, 재난 상황에 대비하여 기능연속성계획을 수립해야 한다는 말씀을 듣고 문의드립니다. A도의회도 기능연속성계획을 수립해야 하는지, 만일 수립해야 한다면 그 업무는 A도의회 의장의 업무인지 궁금합니다.

을: 「재난안전법」상 기능연속성계획을 수립하도록 규정된 기관에는 재난관리책임기관인 중앙행정기관·지방자치단체, 그리고 국회·법원·헌법재

판소·중앙선거관리위원회가 있습니다. 재난관리책임기관에서는 해당 기관의 장인 장관이나 시·도지사가, 국회·법원·헌법재판소·중앙선거관리위원회에서는 해당 기관의 행정사무를 처리하는 조직의 장이 기능연속성계획을 수립해야 합니다.

갑: 그러면 도의회는 성격상 유사한 의결기관인 국회의 경우에 준하여 도의회 사무처장이 기능연속성계획을 수립하면 될까요?

을: 도의회가 국회와 같은 의결기관이기는 하지만 국회에 준하여 판단해서는 안 됩니다. 「재난안전법」은 재난관리책임기관을 제3조 제5호의 각 목에서 규정하고 있습니다. 가목에서는 중앙행정기관 및 지방자치단체를, 그리고 나목에서는 지방행정기관·공공기관·공공단체 및 재난관리의 대상이 되는 중요 시설의 관리기관 등으로서 대통령령으로 정하는 기관을 규정하고 있습니다. 그리고 「지방자치법」 제37조에 따르면 "지방자치단체에 주민의 대의기관인 의회를 둔다."라고 규정하여 도의회는 지방자치단체의 기관이기 때문에 도의회는 그 자체로 「재난안전법」에 명시된 재난관리책임기관이 아닙니다.

갑: 그렇다면 도의회에 관한 기능연속성계획은 수립되지 않아도 되는 것인가요?

을: 재난 발생 상황에서도 도의회가 연속성 있게 수행할 필요가 있는 핵심 기능이 있다고 판단되는지가 관건이겠습니다. 「재난안전법」상 그것을 판단할 권한은 해당 지방자치단체의 장에게 있습니다.

갑: 예, 그러면 [ ].

① 재난 상황이 발생하면 A도의회의 핵심 기능 유지를 위해 A도지사의 판단을 거쳐 신속하게 기능연속성계획을 수립해야 하겠군요 ➡ (X) A도의회에 핵심 기능이 있는지 여부가 확정되지 않았으므로 'A도의회의 핵심 기능 유지를 위해'라는 전제는 적절하지 않다.

② A도의회는 재난 발생 시에도 수행해야 할 핵심 기능이 있기에 자체적으로 기능연속성계획을 수립해야 하겠군요 ➡ (X) A도의회에 핵심 기능이 있는지 여부가 확정되지 않았으므로 'A도의회는 재난 발생 시에도 수행해야 할 핵심 기능이 있기에'라는 전제는 적절하지 않다.

③ A도의회는 재난관리책임기관이므로 A도의회 의장이 재난에 대비한 기능연속성계획을 수립해야 하겠군요 ➡ (X) 을은 두 번째 발언 후반부에서 '도의회는 그 자체로 「재난안전법」에 명시된 재난관리책임기관이 아닙니다.'라고 하였으므로 빈칸에 들어갈 말로 적절하지 않다.

④ A도의회는 국회 같은 차원의 의결기능을 갖고 있지 않으므로 기능연속성계획을 수립할 일이 없겠군요 ➡ (X) 을은 두 번째 발언 초반부에서 '도의회가 국회와 같은 의결기관이기는 하지만'이라고 하였으므로 빈칸에 들어갈 말로 적절하지 않다.

⑤ A도의회에 관한 기능연속성계획이 수립되어야 하는지 여부는 A도지사의 판단에 따라 결정되겠군요 ➡ (O) 을은 마지막 발언에서 "「재난안전법」상 그것을 판단할 권한은 해당 지방자치단체의 장에게 있습니다.'라고 하였다. 따라서 A도의회에 관한 기능연속성계획이 수립되어야 하는지 여부는 A도지사의 판단에 따라 결정된다는 것을 의미하므로 ⑤는 빈칸에 들어갈 말로 가장 적절하다.

25 ②

정답률 62.9%

| 문제 유형 | 비판적 사고 > 판단하기

| 접근 전략 | ㄱ~ㄷ의 내용이 적절한지 여부는 세 개의 개정 내용을 대입했을 때 'A시와 B시 어느 곳에서도 교복 구입비 지원을 받을 수 없다.'는 문제가 해결되는지를 판단하여 결정할 수 있다. 다시 말해, 이는 개정 내용에 따라 갑과 을이 적어도 어느 한 곳에서는 교복 구입비를 지원받을 수 있어야 함을 의미한다. 이를 이해하고 나면 어렵지 않게 정답을 찾을 수 있다.

다음 글의 ㉠의 내용으로 적절한 것만을 〈보기〉에서 모두 고르면?

A시에 주민등록을 두고 거주하는 갑은 B시 관내에 있는 고등학교에, B시에 주민등록을 두고 거주하는 을은 A시 관내에 있는 고등학교에 신입생으로 입학하게 되었다. 갑과 을이 입학할 예정인 고등학교는 모두 교복을 입는 학교이다. 갑과 을은 A시와 B시에서 교복 구입비 지원사업을 시행하는 것을 확인하고, 교복 구입비 지원을 받을 수 있을 것으로 기대하였다. 그러나 확인 결과, 둘 중 한 명은 A시와 B시 어느 곳에서도 교복 구입비 지원을 받을 수 없다는 문제가 드러났다. A시와 B시는 ㉠이 학생의 문제를 해결하기 위해 조례의 일부를 개정하려 한다.

「A시 교복 지원 조례」

제2조(정의) 이 조례에서 사용하는 용어의 뜻은 다음과 같다.
1. "학교"란 「초·중등교육법」 제2조에 따른 학교 중 A시 관내 중·고등학교를 말한다.

제4조(지원대상) 교복 구입비 지원대상은 다음 각 호의 어느 하나에 해당하는 사람으로 한다.
1. 교복을 입는 학교에 신입생으로 입학하는 1학년 학생
2. 다른 시·도 또는 국외에서 제1호의 학교로 전입학하거나 편입학한 학생

「B시 교복 지원 조례」

제2조(정의) 이 조례에서 사용하는 용어의 정의는 다음과 같다.
1. "학교"란 「초·중등교육법」 제2조 규정에 해당하는 학교를 말한다.

제4조(지원대상) ① 교복 구입비 지원대상은 B시에 주민등록이 되어 있고, 중·고등학교에 입학하는 학생을 대상으로 한다.
② 제1항에 따른 입학생은 당해년도 신입생으로 한다.

→ 개정 전의 조례에 따르면 A시에서는 A시 관내 고등학교에 입학할 예정인 을만 교복 구입비를 지원받을 수 있으며, 이와 마찬가지로 B시에서도 B시에 주민등록이 되어 있는 을만 교복 구입비를 지원받을 수 있다.

〈보기〉

ㄱ. 「A시 교복 지원 조례」 제2조 제1호의 '학교 중 A시 관내 중·고등학교'를 '학교'로, 제4조 제1호의 '교복을 입는 학교에 신입생으로 입학하는 1학년 학생'을 'A시에 주민등록이 되어 있고, 교복을 입는 A시 관내 학교에 입학하는 신입생'으로 개정한다. → (X) 갑과 을 모두 'A시에 주민등록이 되어 있고, 교복을 입는 A시 관내 학교에 입학하는 신입생'에 해당하지 않는다. 따라서 이때 갑은 교복 구입비를 지원받을 수 없다.

ㄴ. 「A시 교복 지원 조례」 제4조 제1호의 '교복을 입는 학교에 신입생으로 입학하는 1학년 학생'을 'A시에 주민등록이 되어 있고, 교복을 입는 학교에 신입생으로 입학하는 1학년 학생'으로 개정한다. → (X) 'A시에 주민등록이 되어 있고, 교복을 입는 학교에 신입생으로 입학하는 1학년 학생'으로 개정하여도 「A시 교복 지원 조례」 제2조 제1호의 '학교'에 대한 용어 정의에 따라 ㄱ과 동일한 내용이 되므로 여전히 갑은 교복 구입비를 지원받을 수 없다.

ㄷ. 「B시 교복 지원 조례」 제4조 제1항의 'B시에 주민등록이 되어 있고, 중·고등학교에 입학하는 학생'을 'B시 관내 중·고등학교에 입학하는 학생'으로 개정한다. → (O) 「B시 교복 지원 조례」 제4조 제1항의 'B시에 주민등록이 되어 있고, 중·고등학교에 입학하는 학생'을 'B시 관내 중·고등학교에 입학하는 학생'으로 개정한다면 갑이 해당될 수 있다. 따라서 갑과 을 모두 교복 구입비를 지원받을 수 있게 된다.

① ㄱ ➡ (X)
② ㄷ ➡ (O)
③ ㄱ, ㄴ ➡ (X)
④ ㄴ, ㄷ ➡ (X)
⑤ ㄱ, ㄴ, ㄷ ➡ (X)

정답과 분석해설

2023 | 제2영역 상황판단(인 책형)

기출 총평

전체적인 난도는 예년과 비슷하거나 좀 더 쉬웠다. 문항 제재들이 전반적으로 직무 상황과 밀접하게 관련된 내용들로 구성되어 있고, 출제 유형도 기출문제와 크게 다르지 않았기 때문에 유형을 충분히 익히고 학습했다면 크게 어렵지 않았을 것이다.

유형별 출제 특징은 다음과 같이 살펴볼 수 있다. 규정확인과 규정적용을 묻는 문항은 7문항 출제되었는데, 이러한 출제는 실제 직무 상황에서 다루게 될 법령 내용 위주로 구성되었다는 점에서 시험의 목적에 잘 부합된다고 볼 수 있다. 제시문형 문항은 3문항이 출제되었고 제시문 내용을 이해하는 데 크게 어렵지 않은 수준에서 출제되었다. 연산추론형 문제와 퍼즐형 문제는 단순하게 생각하고 접근했다면 시간 소요가 적었을 문제들이었고, 계산 자체가 복잡하지 않았기 때문에 문제 해결에는 어려움이 없었으리라 생각된다. 특히 법조문형과 제시문형 문항들은 명확한 정답이 도출되도록 출제되었기 때문에 풀이시간을 관리하는 데 큰 어려움을 겪지 않았을 것으로 예상된다.

문항 분석

문번	정답	정답률	유형
01	②	93.5%	법조문형 > 규정확인
02	①	84.5%	법조문형 > 규정적용
03	⑤	87.6%	법조문형 > 규정적용
04	③	90.7%	법조문형 > 규정적용
05	④	93%	제시문형 > 정보확인
06	①	89.1%	연산추론형 > 수리계산
07	⑤	84.9%	연산추론형 > 수리계산
08	④	91.4%	연산추론형 > 대입비교
09	①	96.3%	제시문형 > 정보확인
10	⑤	90.7%	제시문형 > 분석추론
11	④	92.6%	법조문형 > 규정확인
12	⑤	90.3%	법조문형 > 규정적용
13	②	90.7%	퍼즐형 > 논리퀴즈
14	④	80.1%	퍼즐형 > 최댓값·최솟값 도출
15	①	88.4%	퍼즐형 > 논리퀴즈
16	①	86.3%	퍼즐형 > 수리퀴즈
17	②	84.9%	연산추론형 > 수리계산
18	④	78.8%	연산추론형 > 수리계산
19	③	70%	연산추론형 > 수리계산
20	③	79.7%	연산추론형 > 수리계산
21	②	51.9%	퍼즐형 > 논리퀴즈
22	②	52.9%	퍼즐형 > 논리퀴즈
23	④	45.7%	퍼즐형 > 논리퀴즈
24	③	55.5%	퍼즐형 > 논리퀴즈
25	⑤	74.8%	법조문형 > 규정적용

※ 음영 문항은 해당 회차에서 정답률이 가장 낮은 TOP 3 문항입니다.
※ 문항별 정답률 산정 기준: 〈에듀윌 합격예측 풀서비스〉를 통해 수집된 데이터

출제 비중

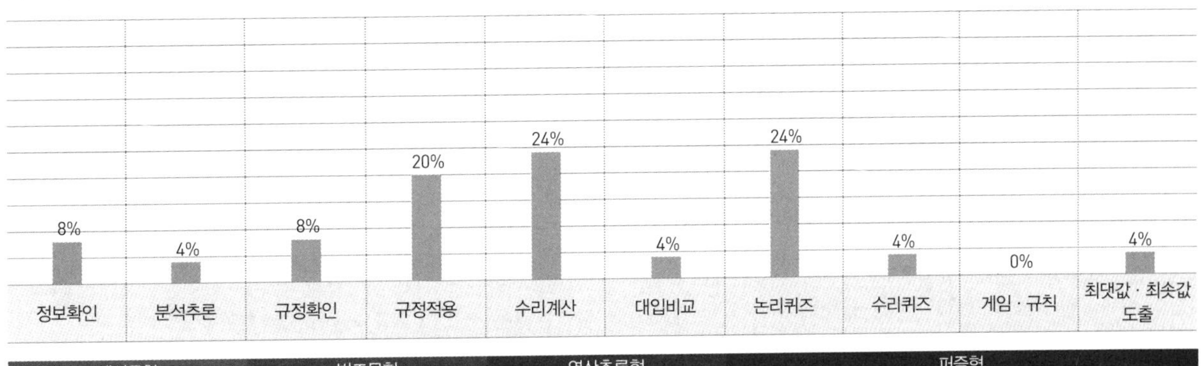

기출문제편 P.75

01	②	02	①	03	⑤	04	③	05	④
06	①	07	⑤	08	④	09	①	10	⑤
11	④	12	⑤	13	②	14	④	15	①
16	①	17	②	18	④	19	③	20	③
21	②	22	②	23	④	24	③	25	⑤

01 ②

정답률 93.5%

| 문제 유형 | 법조문형 > 규정확인

| 접근 전략 | 법령 문제는 법령을 행사하는 주체와 그 내용을 정확하게 이해하고 풀어야 한다. 천문역법과 관련한 용어의 정의와 이를 관리하고 있는 주체가 해야 할 일들을 꼼꼼하게 확인하면 어렵지 않게 문항을 해결할 수 있다.

다음 글을 근거로 판단할 때 옳은 것은?

제00조(정의) 이 법에서 사용하는 용어의 정의는 다음과 같다.
1. "천문업무"란 우주에 대한 관측업무와 그에 따른 부대업무를 말한다.
2. "천문역법"이란 천체운행의 계산을 통하여 산출되는 날짜와 천체의 출몰시각 등을 정하는 방법을 말한다.
3. "윤초"란 지구자전속도의 불규칙성으로 인하여 발생하는 세계시와 세계협정시의 차이가 1초 이내로 되도록 보정하여주는 것을 말한다.
4. "그레고리력"이란 1년의 길이를 365.2425일로 정하는 역법체계로서 윤년을 포함하는 양력을 말한다.
5. "윤년"이란 그레고리력에서 여분의 하루인 2월 29일을 추가하여 1년 동안 날짜의 수가 366일이 되는 해를 말한다.
6. "월력요항"이란 관공서의 공휴일, 기념일, 24절기 등의 자료를 표기한 것으로 달력 제작의 기준이 되는 자료를 말한다.

제00조(천문역법) ① 천문역법을 통하여 계산되는 날짜는 양력인 그레고리력을 기준으로 하되, 음력을 병행하여 사용할 수 있다.
② 과학기술정보통신부장관은 천문역법의 원활한 관리를 위하여 윤초의 결정을 관장하는 국제기구가 결정·통보한 윤초를 언론매체나 과학기술정보통신부 인터넷 홈페이지 등을 통하여 지체 없이 발표하여야 한다.
③ 과학기술정보통신부장관은 한국천문연구원으로부터 필요한 자료를 제출받아 매년 6월 말까지 다음 연도의 월력요항을 작성하여 관보에 게재하여야 한다.

① 그레고리력은 윤년을 제외하는 양력을 말한다. ➡ (X) 첫 번째 조 제4호에서 그레고리력은 윤년을 포함하는 양력을 말한다고 했으므로 적절하지 않다.

② 달력 제작의 기준이 되는 자료인 월력요항에는 24절기가 표기된다. ➡ (O) 첫 번째 조 제6호에서 월력요항은 24절기 등의 자료를 표기한 것으로 달력 제작의 기준이 되는 자료를 말한다고 했으므로 적절하다.

③ 과학기술정보통신부장관은 세계시와 세계협정시를 고려하여 윤초를 결정한다. ➡ (X) 두 번째 조 제2항에서 윤초의 결정을 관장하는 곳은 국제기구임을 알 수 있으므로 적절하지 않다.

④ 천문역법을 통해 계산되는 날짜는 음력을 사용할 수 없고, 양력인 그레고리력을 기준으로 한다. ➡ (X) 두 번째 조 제1항에서 천문역법을 통해 계산되는 날짜는 음력을 병행하여 사용할 수 있음을 알 수 있으므로 적절하지 않다.

⑤ 과학기술정보통신부장관은 한국천문연구원으로부터 자료를 제출받아 매년 6월 말까지 그해의 월력요항을 작성하여 관보에 게재하여야 한다. ➡ (X) 두 번째 조 제3항에 따르면 과학기술정보통신부장관은 매년 6월 말까지 다음 연도의 월력요항을 작성하여 관보에 게재해야 한다.

02 ①

정답률 84.5%

| 문제 유형 | 법조문형 > 규정적용

| 접근 전략 | 법령 문제 중에서 규정을 그대로 묻는 문항이 아니라 이에 대한 적용을 묻는 문항은 각각의 상황에 따른 적용 여부와 예외 규정에 대한 내용을 정확하게 이해해야 한다. 특히 예외적 내용을 반대해석하거나 반대적용하는 선지가 다수 출제되므로 법령의 내용에 해당하는 상황을 정확하게 이해하는 것이 필요하다.

다음 글을 근거로 판단할 때 옳은 것은?

제00조(법 적용의 기준) ① 새로운 법령 등은 법령 등에 특별한 규정이 있는 경우를 제외하고는 그 법령 등의 효력 발생 전에 완성되거나 종결된 사실관계 또는 법률관계에 대해서는 적용되지 아니한다.
② 당사자의 신청에 따른 처분은 법령 등에 특별한 규정이 있거나 처분 당시의 법령 등을 적용하기 곤란한 특별한 사정이 있는 경우를 제외하고는 처분 당시의 법령 등에 따른다.

제00조(처분의 효력) 처분은 권한이 있는 기관이 취소 또는 철회하거나 기간의 경과 등으로 소멸되기 전까지는 유효한 것으로 통용된다. 다만, 무효인 처분은 처음부터 그 효력이 발생하지 아니한다.

제00조(위법 또는 부당한 처분의 취소) ① 행정청은 위법 또는 부당한 처분의 전부나 일부를 소급하여 취소할 수 있다. 다만, 당사자의 신뢰를 보호할 가치가 있는 등 정당한 사유가 있는 경우에는 장래를 향하여 취소할 수 있다.
② 행정청은 제1항에 따라 당사자에게 권리나 이익을 부여하는 처분을 취소하려는 경우에는 취소로 인하여 당사자가 입게 될 불이익을 취소로 달성되는 공익과 비교·형량(衡量)하여야 한다. 다만, 다음 각 호의 어느 하나에 해당하는 경우에는 그러하지 아니하다.
1. 거짓이나 그 밖의 부정한 방법으로 처분을 받은 경우
2. 당사자가 처분의 위법성을 알고 있었거나 중대한 과실로 알지 못한 경우

① 새로운 법령 등은 법령 등에 특별한 규정이 있는 경우에는 그 법령 등의 효력 발생 전에 종결된 법률관계에 대해 적용될 수 있다. ➡ (O) 첫 번째 조 제1항의 예외 규정이다.

② 무효인 처분의 경우 그 처분의 효력이 소멸되기 전까지는 유효한 것으로 통용된다. ➡ (X) 두 번째 조에 따라 무효인 처분은 처음부터 그 효력이 발생하지 않는다.

③ 행정청은 부당한 처분의 일부는 소급하여 취소할 수 있으나 전부를 소급하여 취소할 수는 없다. ➡ (X) 세 번째 조 제1항에서 행정청은 위법 또는 부당한 처분의 전부나 일부를 소급하여 취소할 수 있다고 했으므로 전부를 소급하여 취소할 수는 없다는 설명은 적절하지 않다.

④ 당사자의 신청에 따른 처분은 처분 당시의 법령 등을 적용하기 곤란한 특별한 사정이 있는 경우에도 처분 당시의 법령 등에 따른다. ➡ (X) 첫 번째 조 제2항에 따라 당사자의 신청에 따른 처분은 처분 당시의 법령 등을 적용하기 곤란한 특별한 사정이 있는 경우에는 처분 당시의 법령 등을 따르지 않는다고 했으므로 적절하지 않다.

⑤ 당사자가 부정한 방법으로 자신에게 이익이 부여되는 처분을 받아 행정청이 그 처분을 취소하고자 하는 경우, 취소로 인해 당사자가 입게 될 불이익과 취소로 달성되는 공익을 비교·형량하여야 한다. ➡ (X) 세 번째 조 제2항 제1호에 따라 예외적 사유에 해당한다.

03 ⑤

정답률 87.6%

| 문제 유형 | 법조문형 > 규정적용

| 접근 전략 | 규정을 제시하고 이에 대한 적용을 묻는 문항이므로 각각의 상황에 따라 적용 여부를 정확하게 비교하고 판단해야 한다. 각 조항의 내용에 따라 가능한 행위와 불가능한 행위, 그리고 반드시 해야 하는 의무적인 행위 등의 적용을 살펴보면 선지의 내용을 정확하게 파악할 수 있다.

다음 글을 근거로 판단할 때 옳은 것은?

제00조(조직 등) ① 자율방범대에는 대장, 부대장, 총무 및 대원을 둔다.
② 경찰서장은 자율방범대장이 추천한 사람을 자율방범대원으로 위촉할 수 있다.
③ 경찰서장은 자율방범대원이 이 법을 위반하여 파출소장이 해촉을 요청한 경우에는 해당 자율방범대원을 해촉해야 한다.
제00조(자율방범활동 등) ① 자율방범대는 다음 각 호의 활동(이하 '자율방범활동'이라 한다)을 한다.
1. 범죄예방을 위한 순찰 및 범죄의 신고, 청소년 선도 및 보호
2. 시·도경찰청장, 경찰서장, 파출소장이 지역사회의 안전을 위해 요청하는 활동
② 자율방범대원은 자율방범활동을 하는 때에는 자율방범활동 중임을 표시하는 복장을 착용하고 자율방범대원의 신분을 증명하는 신분증을 소지해야 한다.
③ 자율방범대원은 경찰과 유사한 복장을 착용해서는 안 되며, 경찰과 유사한 도장이나 표지 등을 한 차량을 운전해서는 안 된다.
제00조(금지의무) ① 자율방범대원은 자율방범대의 명칭을 사용하여 다음 각 호의 어느 하나에 해당하는 행위를 해서는 안 된다.
1. 기부금품을 모집하는 행위
2. 영리목적으로 자율방범대의 명의를 사용하는 행위
3. 특정 정당 또는 특정인의 선거운동을 하는 행위
② 제1항 제3호를 위반한 자에 대해서는 3년 이하의 징역 또는 600만 원 이하의 벌금에 처한다.

① 파출소장은 자율방범대장이 추천한 사람을 자율방범대원으로 위촉할 수 있다. ➡ (X) 첫 번째 조 제2항에서 자율방범대장이 추천한 사람을 자율방범대원으로 위촉하는 것은 경찰서장이므로 적절하지 않다.

② 자율방범대원이 범죄예방을 위한 순찰을 하는 경우, 경찰과 유사한 복장을 착용할 수 있다. ➡ (X) 두 번째 조 제3항에서 자율방범대원은 경찰과 유사한 복장을 착용해서는 안 된다고 했으므로 적절하지 않다.

③ 자율방범대원이 영리목적으로 자율방범대의 명의를 사용한 경우, 3년 이하의 징역에 처한다. ➡ (X) 세 번째 조 제1항 제2호에서 자율방범대원이 영리목적으로 자율방범대의 명의를 사용하는 행위는 금지된 행위임을 알 수 있지만, 동조 제2항에서 3년 이하의 징역에 처하는 행위는 동조 제1항 제3호에 해당하는 행위인 특정 정당 또는 특정인의 선거운동을 하는 행위임을 알 수 있다. 따라서 영리목적으로 자율방범대의 명의를 사용하는 행위는 징역에 처하는 행위에 해당하지 않는다.

④ 자율방범대원이 청소년 선도활동을 하는 경우, 자율방범활동 중임을 표시하는 복장을 착용하면 자율방범대원의 신분을 증명하는 신분증을 소지하지 않아도 된다. ➡ (X) 두 번째 조 제1항 제1호에서 청소년 선도 및 보호 활동은 자율방범활동에 포함됨을 알 수 있고, 동조 제2항에서 자율방범대원은 자율방범활동을 하는 때에는 자율방범활동 중임을 표시하는 복장을 착용하고 자율방범대원의 신분을 증명하는 신분증을 소지해야 한다. 따라서 신분증을 소지하지 않아도 된다는 설명은 적절하지 않다.

⑤ 자율방범대원이 자율방범대의 명칭을 사용하여 기부금품을 모집했고 이를 이유로 파출소장이 그의 해촉을 요청한 경우, 경찰서장은 해당 자율방범대원을 해촉해야 한다. ➡ (O) 세 번째 조 제1항 제1호에서 자율방범대원은 자율방범대의 명칭을 사용하여 기부금품을 모집하는 행위를 금지하고 있음을 알 수 있고, 첫 번째 조 제3항에서 경찰서장은 자율방범대원이 이 법을 위반하여 파출소장이 해촉을 요청한 경우에는 해당 자율방범대원을 해촉해야 함을 알 수 있으므로 적절하다.

04 ③

정답률 90.7%

| 문제 유형 | 법조문형 > 규정적용
| 접근 전략 | 규정의 내용을 구체적인 상황에 적용하는 문항이므로, 각각의 상황에 따라 규정의 적용 여부를 꼼꼼하게 비교해야 한다. 법령의 특성상 의무적인 행위와 그렇지 않은 행위, 예외로 적용되는 행위 등이 나뉜다는 것을 염두에 두고, 각 상황에 어떤 행위가 적용 가능한지를 살펴보면 선지의 내용을 정확히 이해하는 데 도움이 된다.

다음 글과 〈상황〉을 근거로 판단할 때 옳은 것은?

제○○조(허가신청) ① 대기관리권역에서 총량관리대상 오염물질을 배출량 기준을 초과하여 배출하는 사업장을 설치하거나 이에 해당하는 사업장으로 변경하려는 자는 환경부장관으로부터 사업장 설치의 허가를 받아야 한다. 허가받은 사항을 변경하는 경우에도 같다.
② 제1항의 허가 또는 변경허가를 받으려는 자는 사업장의 설치 또는 변경의 허가신청서를 환경부장관에게 제출하여야 한다.
제□□조(허가제한) 환경부장관은 제○○조 제1항에 따른 설치 또는 변경의 허가신청을 받은 경우, 그 사업장의 설치 또는 변경으로 인하여 지역배출허용총량의 범위를 초과하게 되면 이를 허가하여서는 아니 된다.
제△△조(허가취소 등) ① 사업자가 거짓이나 그 밖의 부정한 방법으로 제○○조 제1항에 따른 허가 또는 변경허가를 받은 경우, 환경부장관은 그 허가 또는 변경허가를 취소할 수 있다.
② 환경부장관은 다음 각 호의 자에 대하여 해당 사업장의 폐쇄를 명할 수 있다.
1. 거짓이나 그 밖의 부정한 방법으로 제○○조 제1항에 따른 허가 또는 변경허가를 받은 자
2. 제○○조 제1항에 따른 허가 또는 변경허가를 받지 아니하고 사업장을 설치·운영하는 자
제◇◇조(벌칙) 다음 각 호의 어느 하나에 해당하는 자는 7년 이하의 징역 또는 2억 원 이하의 벌금에 처한다.
1. 제○○조 제1항에 따른 허가 또는 변경허가를 받지 아니하고 사업장을 설치하거나 변경한 자
2. 제△△조 제2항에 따른 사업장폐쇄명령을 위반한 자

〈상황〉

甲~戊는 대기관리권역에서 총량관리대상 오염물질을 배출량 기준을 초과하여 배출하는 사업장을 설치하려 한다.

① 甲이 사업장 설치의 허가를 받은 경우, 이후 허가받은 사항을 변경하는 때에는 별도의 허가가 필요없다. ➡ (X) 〈상황〉에서 甲은 대기관리권역에서 총량관리대상 오염물질을 배출량 기준을 초과하여 배출하는 사업장을 설치하려 함을 알 수 있고, 이러한 경우에는 제○○조 제2항에 따라 변경허가를 받으려는 자는 변경의 허가신청서를 환경부장관에게 제출하여야 함을 알 수 있으므로 변경하는 때에는 별도의 허가가 필요없다는 설명은 적절하지 않다.

② 乙이 허가를 받지 않고 사업장을 설치한 경우, 7년의 징역과 2억 원의 벌금에 처한다. ➡ (X) 〈상황〉에서 乙은 대기관리권역에서 총량관리대상 오염물질을 배출량 기준을 초과하여 배출하는 사업장을 설치하려 함을 알 수 있고, 제◇◇조 제1호에서 제○○조 제1항에 따른 허가 또는 변경허가를 받지 아니하고 사업장을 설치하거나 변경한 자는 7년 이하의 징역 또는 2억 원 이하의 벌금에 처함을 알 수 있다. 따라서 乙은 7년의 징역과 2억 원의 벌금 두 가지 모두에 처하게 되는 것이 아님을 알 수 있다.

③ 丙이 허가를 받지 않고 사업장을 설치·운영한 경우, 환경부장관은 해당 사업장의 폐쇄를 명할 수 있다. ➡ (O) 〈상황〉에서 丙은 대기관리권역에서 총량관리대상 오염물질을 배출량 기준을 초과하여 배출하는 사업장을 설치하려 함을 알 수 있고, 제△△조 제2항 제2호에서 제○○조 제1항에 따른 허가 또는 변경허가를 받지 아니하고 사업장을 설치·운영하는 자는 동조 제2항에서 환경부장관은 해당 사업장의 폐쇄를 명할 수 있음을 알 수 있다. 따라서 丙이 허락을 받지

않고 사업장을 설치·운영한 경우에는 환경부장관이 해당 사업장의 폐쇄를 명할 수 있으므로 적절하다.

④ 丁이 사업장 설치의 허가를 신청한 경우, 그 설치로 인해 지역배출허용총량의 범위를 초과하더라도 환경부장관은 이를 허가할 수 있다. ➡ (X) 〈상황〉에서 丁은 대기관리권역에서 총량관리대상 오염물질을 배출량 기준을 초과하여 배출하는 사업장을 설치하려 함을 알 수 있고, 제□□조에서 사업장의 설치 또는 변경으로 인하여 지역배출허용총량의 범위를 초과하게 되면 이를 허가하여서는 안 됨을 알 수 있다. 따라서 丁이 사업장 설치의 허가를 신청했더라도 지역배출허용총량의 범위를 초과하면 환경부장관은 이를 허가할 수 없다.

⑤ 戊가 사업장 설치의 허가를 부정한 방법으로 받은 경우에도 환경부장관은 그 허가를 취소할 수 없다. ➡ (X) 〈상황〉에서 戊는 대기관리권역에서 총량관리대상 오염물질을 배출량 기준을 초과하여 배출하는 사업장을 설치하려 함을 알 수 있고, 제△△조 제1항에서 사업장 설치의 허가를 부정한 방법으로 받은 경우에 환경부장관은 그 허가를 취소할 수 있음을 알 수 있다.

05 ④

정답률 93%

| 문제 유형 | 제시문형 > 정보확인

| 접근 전략 | 글의 내용을 읽으면서 선지와의 일치 여부를 비교함으로써 해당 정보를 확인할 수 있는 능력이 필요하다. 제시문보다 선지를 먼저 보고 주요 개념을 익힌 후 제시문을 읽으면 해당 개념과 관련한 내용이 나올 때 선지와의 비교가 쉽다.

다음 글을 근거로 판단할 때 옳은 것은?

두부의 주재료는 대두(大豆)라는 콩이다. 50여 년 전만 해도, 모내기가 끝나는 5월쯤 대두의 씨앗을 심어 벼 베기가 끝나는 10월쯤 수확했다. 두부를 만들기 위해서 먼저 콩을 물에 불리는데, 겨울이면 하루 종일, 여름이면 반나절 정도 물에 담가둬야 한다. 콩을 적당히 불린 후 맷돌로 콩을 간다. 물을 조금씩 부어가며 콩을 갈면 맷돌 가운데에서 하얀색의 콩비지가 거품처럼 새어 나온다. 이 콩비지를 솥에 넣고 약한 불로 끓인다. 맷돌에서 막 갈려 나온 콩비지에서는 식물성 단백질에서 나는 묘한 비린내가 나는데, 익히면 이 비린내는 없어진다. 함지박 안에 삼베나 무명으로 만든 주머니를 펼쳐 놓고, 끓인 콩비지를 주머니에 담는다. 콩비지가 다 식기 전에 주머니의 입을 양쪽으로 묶고 그 사이에 나무 막대를 꽂아 돌리면서 마치 탕약 짜듯이 콩물을 빼낸다. 이 콩물을 두유라고 한다. 콩에 함유된 단백질은 두유에 녹아 있다. ▶1문단

두부는 두유를 응고시킨 음식이다. 두유의 응고를 위해 응고제가 필요한데, 예전에는 응고제로 간수를 사용했다. 간수의 주성분은 염화마그네슘이다. 두유에 함유된 식물성 단백질은 염화마그네슘을 만나면 응고된다. 두유에 간수를 넣고 잠시 기다리면 응고된 하얀 덩어리와 물로 분리된다. 하얀 덩어리는 주머니에 옮겨 담는다. 응고가 아직 다 되지 않았기 때문에 덩어리를 싼 주머니에서는 물이 흘러나온다. 함지박 위에 널빤지를 올리고 그 위에 입을 단단히 묶은 주머니를 올려놓는다. 또 다른 널빤지를 주머니 위에 얹고 무거운 돌을 올려놓는다. 이렇게 한참을 누르고 있으면 주머니에서 물이 빠져나오고 덩어리는 굳어져 두부의 모양을 갖추게 된다. ▶2문단

① 50여 년 전에는 5월쯤 그해 수확한 대두로 두부를 만들 수 있었다. ➡ (X) 1문단에서 50여 년 전에는 모내기가 끝나는 5월쯤 대두의 씨앗을 심어 벼 베기가 끝나는 10월쯤 수확했음을 알 수 있다. 따라서 5월쯤 그해 수확한 대두로 두부를 만들 수 있었다고 볼 수 없다.

② 콩비지를 염화마그네슘으로 응고시키면 두부와 두유가 나온다. ➡ (X) 1문단에서 콩비지는 콩을 갈면 새어 나오는 것임을 알 수 있고, 2문단에서 염화마그네슘은 두유를 응고시키는 응고제 성분임을 알 수 있다. 따라서 콩비지를 염화마그네슘으로 응고시키면 두부와 두유가 나온다고 볼 수 없다.

③ 익힌 콩비지에서는 식물성 단백질로 인해서 비린내가 난다. ➡ (X) 1문단에서 맷돌에서 막 갈려 나온 콩비지에서는 식물성 단백질에서 나는 묘한 비린내가 나는데, 익히면 이 비린내는 없어짐을 알 수 있다. 따라서 익힌 콩비지에서는 비린내가 난다고 볼 수 없다.

④ 간수는 두유에 함유된 식물성 단백질을 응고시키는 성질이 있다. ➡ (O) 2문단에서 간수의 주성분은 염화마그네슘이며, 두유에 함유된 식물성 단백질은 염화마그네슘을 만나면 응고됨을 알 수 있으므로 적절하다.

⑤ 여름에 두부를 만들기 위해서는 콩을 하루 종일 물에 담가둬야 한다. ➡ (X) 1문단에서 두부를 만들기 위해서는 먼저 콩을 물에 불리는데, 겨울이면 하루 종일, 여름이면 반나절 정도 물에 담가둬야 함을 알 수 있다.

06 ①

정답률 89.1%

| 문제 유형 | 연산추론형 > 수리계산

| 접근 전략 | 주어진 상황에 따라 정해진 단순 계산의 결과를 정확하게 비교할 수 있어야 한다. 기본적인 계산 실수가 없이 포함된 조건들을 잘 따라간다면 쉽게 정답을 찾아낼 수 있다.

다음 글을 근거로 판단할 때, 처방에 따라 아기에게 더 먹여야 하는 해열시럽의 양은?

아기가 열이 나서 부모는 처방에 따라 해열시럽 4mL를 먹여야 하는데, 아기가 약 먹기를 거부했다. 부모는 꾀를 내어 배즙 4mL와 해열시럽 4mL를 균일하게 섞어 주었지만 아기는 맛이 이상했는지 4분의 1만 먹었다. 부모는 아기가 남긴 것 전부와 사과즙 50mL를 다시 균일하게 섞어 주었다. 아기는 그 절반을 먹더니 더 이상 먹지 않았다.

① 1.5mL ➡ (O) 처음 아기가 먹은 것은 배즙 4mL와 해열시럽 4mL가 균일하게 섞인 것의 4분의 1이다. 따라서 8mL 중에서 2mL를 먹었고, 이는 배즙 1mL와 해열시럽 1mL임을 알 수 있다. 아기가 두 번째 먹은 것은 남긴 것 전부인 배즙 3mL와 해열시럽 3mL, 그리고 사과즙 50mL가 균일하게 섞인 것임을 알 수 있다. 이 중 절반을 먹었으므로 배즙 1.5mL, 해열시럽 1.5mL, 사과즙 25mL를 먹었음을 알 수 있다. 아기가 먹은 해열시럽은 총 2.5mL이므로 처방에 따라 먹어야 할 4mL보다 1.5mL가 부족하다. 따라서 아기에게 더 먹여야 하는 해열시럽의 양은 1.5mL이다.

② 1.6mL ➡ (X)

③ 2.0mL ➡ (X)

④ 2.4mL ➡ (X)

⑤ 2.5mL ➡ (X)

07 ⑤

정답률 84.9%

| 문제 유형 | 연산추론형 > 수리계산

| 접근 전략 | 주어진 상황에 따라 정해진 단순 계산의 결과를 정확하게 비교할 수 있어야 한다. 주차를 할 때 기본요금과 이후의 추가요금을 계산할 때 시간과 분 단위의 변환, 그리고 할인율의 적용 등을 각 주차장별로 정리해서 비교한다면 답을 쉽게 찾아낼 수 있다.

다음 글을 근거로 판단할 때, 甲주무관이 이용할 주차장은?

○ 甲주무관은 출장 중 총 11시간(09:00~20:00) 동안 요금이 가장 저렴한 주차장 한 곳을 이용하고자 한다.

○ 甲주무관의 자동차는 중형차이며, 3종 저공해차량이다.

○ 주차요금은 기본요금과 추가요금을 합산하여 산정하고, 할인대상인 경우 주차요금에 대하여 할인이 적용된다.

○ 일 주차권이 있는 주차장의 경우, 甲은 주차요금과 일 주차권 중 더 저렴한 것을 선택한다.

○ 주차장별 요금에 대한 정보는 아래와 같다.

구분	기본요금 (최초 1시간)	추가요금 (이후 30분마다)	비고
A주차장	2,000원	1,000원	-
B주차장	3,000원	1,500원	- 경차 전용 주차장 - 저공해차량 30% 할인
C주차장	3,000원	1,750원	- 경차 50% 할인 - 일 주차권 20,000원 (당일 00:00~24:00 이용 가능)
D주차장	5,000원	700원	-
E주차장	5,000원	1,000원	- 경차, 저공해차량(1, 2종) 50% 할인 - 저공해차량(3종) 20% 할인 - 18:00~익일 07:00 무료

① A주차장 ➡ (X) 기본요금이 최초 1시간에 2,000원이므로 10시간은 추가요금으로 계산해야 한다. 30분마다 1,000원, 1시간에 2,000원이므로 추가요금은 10시간×2,000원=20,000원이다. 따라서 A주차장을 이용하면 총 요금이 22,000원이다.

② B주차장 ➡ (X) 기본요금이 최초 1시간 3,000원이므로 10시간은 추가요금으로 계산해야 한다. 30분마다 1,500원, 1시간에 3,000원이므로 추가요금은 10시간×3,000원=30,000원이다. 총 금액이 33,000원이지만 甲의 차량은 저공해차량이기 때문에 30% 할인을 받아 B주차장을 이용하면 요금이 23,100원이다.

③ C주차장 ➡ (X) 기본요금이 최초 1시간 3,000원이므로 10시간은 추가요금으로 계산해야 한다. 30분마다 1,750원, 1시간에 3,500원이므로 추가요금은 10시간×3,500원=35,000원이다. 총 금액이 38,000원이지만 일 주차권이 20,000원으로 더 저렴하므로 C주차장을 이용하면 요금이 20,000원이다.

④ D주차장 ➡ (X) 기본요금이 최초 1시간 5,000원이고 10시간은 추가요금으로 계산해야 한다. 30분마다 700원, 1시간에 1,400원이므로 추가요금은 10시간×1,400원=14,000원이다. 따라서 D주차장을 이용하면 요금이 19,000원이다.

⑤ E주차장 ➡ (O) 기본요금이 최초 1시간 5,000원이고 10시간은 추가요금으로 계산해야 한다. 그런데 18시부터 익일 7시까지는 무료이므로 甲이 주차하는 시간 중에 18시부터 20시까지 2시간은 요금을 내지 않는다. 따라서 추가요금은 8시간만큼만을 지불해야 한다. 30분마다 1,000원, 1시간에 2,000원이므로 추가요금은 8시간×2,000원=16,000원이다. 총 금액이 21,000원이지만 甲의 차량은 3종 저공해차량에 해당하여 20% 할인을 받아 E주차장을 이용하면 요금이 16,800원이다. 따라서 가장 저렴한 주차장은 E주차장이다.

08 ④

정답률 91.4%

| 문제 유형 | 연산추론형 > 대입비교

| 접근 전략 | 주어진 상황에 따라 조건을 만족하는지를 대입해보면 비교적 쉽게 정답을 찾아낼 수 있다. 청년자산형성적금에 가입이 가능한 모든 조건을 살펴보고, 예외가 되는 조건을 꼼꼼하게 확인하면서 각 상황의 적용 여부를 판단해야 한다.

다음 글과 〈상황〉을 근거로 판단할 때, 2023년 현재 甲~戊 중 청년자산형성적금에 가입할 수 있는 사람은?

A국은 청년의 자산형성을 돕기 위해 비과세 혜택을 부여하는 청년자산형성적금을 운영하고 있다.

청년자산형성적금은 가입일이 속한 연도를 기준으로 직전과세년도의 근로소득과 사업소득의 합이 5,000만 원 이하인 청년이 가입할 수 있다. 단, 직전과세년도에 근로소득과 사업소득이 모두 없는 사람과 직전 2개년도 중 한 번이라도 금융소득 종합과세 대상자였던 사람은 가입할 수 없다.

청년은 19~34세인 사람을 의미한다. 단, 군복무기간은 나이를 계산할 때 포함하지 않는다. 예를 들어, 3년간 군복무를 한 36세인 사람은 군복무기간 3년을 제외하면 33세이므로 청년에 해당한다.

〈상황〉

이름	나이	직전과세년도 소득		최근 금융소득 종합과세 해당년도	군복무 기간
		근로소득	사업소득		
甲	20세	0원	0원	없음	없음
乙	36세	0원	5,000만 원	없음	없음
丙	29세	3,500만 원	1,000만 원	2022년	2년
丁	35세	4,500만 원	0원	2020년	2년
戊	27세	4,000만 원	1,500만 원	2021년	없음

① 甲 ➡ (X) 甲은 직전과세년도에 근로소득과 사업소득이 모두 없으므로 가입할 수 없다.

② 乙 ➡ (X) 乙은 군복무기간이 없이 나이가 36세이므로 청년에 해당하지 않아 가입할 수 없다.

③ 丙 ➡ (X) 丙은 2023년을 기준으로 직전 2개년도에 해당하는 2022년에 금융소득 종합과세 대상자였으므로 가입할 수 없다.

④ 丁 ➡ (O) 丁은 나이가 35세이지만 군복무기간 2년을 제외하면 33세이므로 청년에 해당한다. 직전과세년도 소득이 근로소득과 사업소득을 합쳐 4,500만 원이므로 5,000만 원 이하이고, 2020년에는 금융소득 종합과세 대상자였지만, 2023년을 기준으로 직전 2개년도에 해당하는 2021년과 2022년에는 금융소득 종합과세 대상자가 아니었으므로 丁은 가입할 수 있다.

⑤ 戊 ➡ (X) 戊는 직전과세년도 소득이 근로소득과 사업소득을 합쳐 5,500만 원이고, 2023년을 기준으로 직전 2개년도에 해당하는 2021년에 금융소득 종합과세 대상자였으므로 가입할 수 없다.

※ 다음 글을 읽고 물음에 답하시오. [문 9.~문 10.]

향수를 만드는 데 사용되는 향료는 천연향료와 합성향료로 나눌 수 있다. 천연향료에는 꽃, 잎, 열매 등의 원료에서 추출한 식물성 향료와 사향, 용연향 등의 동물성 향료가 있다. 합성향료는 채취하기 어렵거나 소량 생산되는 천연향료의 성분을 화학적으로 합성한 것이다. 오늘날 향수의 대부분은 천연향료와 합성향료를 배합하여 만들어진다. ▶1문단

천연향료는 다양한 방법을 통해 얻을 수 있는데, 다음 3가지 방법이 대표적이다. 첫째, 가장 널리 쓰이는 방법은 수증기 증류법이다. 이는 향수 원료에 수증기를 통과시켜서 농축된 향의 원액인 향유를 추출하는 방법이다. 이 방법은 원료를 고온으로 처리하기 때문에 열에 약한 성분이 파괴된다는 단점이 있으나, 한꺼번에 많은 양을 값싸게 얻을 수 있다는 장점이 있다. 둘째, 압착법은 과일 껍질 등과 같은 원료를 압착해서 향유를 얻는 방법이다. 열에 비교적 강하며 물에 잘 녹지 않는 향료에는 수증기 증류법이 이용되지만, 감귤류처럼 열에 약한 것에는 압착법이 이용된다. 셋째, 흡수법은 지방과 같은 비휘발성 용매를 사용하여 향유를 추출하는 방법이다. 원료가 고가이고 향유의 함유량이 적으며 열에 약하고 물에 잘 녹는 경우에는 흡수법이 이용된다. ▶2문단

한편, A국에서 판매되는 향수는 EDC, EDT, EDP, Parfum으로 나뉜다. 이는 부향률, 즉 향료의 함유량 정도에 따른 구분이다. 향수는 부향률이 높을수록 향이 강하고 지속시간이 길다. 먼저 EDC(Eau De Cologne)는 부향률이 2~5%로 지속시간이 1~2시간이다. 향의 지속시간이 가장 짧고 잔향이 거의 없으며, 향이 가볍고 산뜻하다. EDT(Eau De Toilette)는 부향률이 5~15%로 3~5시간 지속되며 일반적으로 가장 많이 사용된다. EDP(Eau De Parfum)는 부향률이 15~20%로 5~8시간 지속된다. 풍부한 향을 가지고 있으며, 오랜 시간 향이 유지되는 것을 선호하는 사람들에게 알맞다. Parfum은 부향률이 20~30%로 8~10시간 지속되며, 가장 향이 강하고 오래간다. ▶3문단

09 ①

정답률 96.3%

| 문제 유형 | 제시문형 > 정보확인

| 접근 전략 | 문단별로 다루고 있는 글의 정보가 무엇인지를 파악하고 이를 바탕으로 각 선지의 옳고 그름을 판단할 수 있는 능력이 필요하다. 선지를 먼저 읽으며 언급된 용어들을 눈에 익히고 이를 중심으로 제시문을 읽어가는 것이 시간을 단축할 수 있다.

윗글을 근거로 판단할 때 옳은 것은?

① EDP의 부향률이 EDC의 부향률보다 높다. ➡ (O) 3문단에서 EDP의 부향률은 15~20%이고 EDC의 부향률은 2~5%임을 알 수 있다. 따라서 EDP의 부향률이 EDC의 부향률보다 높다는 설명은 적절하다.

② 흡수법은 많은 양의 향유를 값싸게 얻을 수 있는 방법이다. ➡ (X) 2문단에서 한꺼번에 많은 양을 값싸게 얻을 수 있다는 장점을 지닌 방법은 수증기 증류법임을 알 수 있으므로 흡수법이라는 설명은 적절하지 않다.

③ 오늘날 많이 사용되는 향수의 대부분은 식물성 천연향료로 만들어진다. ➡ (X) 1문단에서 오늘날 향수의 대부분은 천연향료와 합성향료를 배합해 만들어진다고 했으므로 식물성 천연향료로 만들어진다는 설명은 적절하지 않다.

④ 고가이고 향유의 함유량이 적은 원료에서 향유를 추출하고자 할 때는 흡수법보다는 압착법이 이용된다. ➡ (X) 2문단에서 원료가 고가이고 향유의 함유량이 적은 경우에는 흡수법이 이용됨을 알 수 있으므로 압착법이 이용된다는 설명은 적절하지 않다.

⑤ 부향률이 높은 향수일수록 향이 오래 지속되므로, 부향률이 가장 높은 향수가 일반적으로 가장 많이 사용된다. ➡ (X) 3문단에서 향수는 부향률이 높을수록 향이 강하고 지속시간이 길다는 것은 알 수 있지만 부향률이 EDP, Parfum보다 낮은 EDT가 일반적으로 가장 많이 사용된다고 하였으므로 적절하지 않다.

10 ⑤

정답률 90.7%

| 문제 유형 | 제시문형 > 분석추론

| 접근 전략 | 제시된 상황을 짐작하고 추측하는 과정에서 그 적절성을 판단해야 한다. 글의 내용 속 근거를 찾고 근거들이 연결되는 과정을 살펴보는 것이 중요하다. 글의 내용을 꼼꼼하게 읽고 이해한다면 선지별 옳고 그름을 쉽게 판단할 수 있다.

윗글과 〈대화〉를 근거로 판단할 때, 甲~戊 중 가장 늦은 시각까지 향수의 향이 남아 있는 사람은?

〈대화〉

甲: 나는 오늘 오후 4시에 향수를 뿌렸어. 내 향수에는 EDC라고 적혀 있었어.

乙: 난 오늘 오전 9시 30분에 향수를 뿌렸는데, 우리 중 내가 뿌린 향수의 향이 가장 강해.

丙: 내 향수의 부향률은 18%라고 적혀 있네. 나는 甲보다 5시간 전에 향수를 뿌렸어.

丁: 난 오늘 오후 2시에 戊와 함께 향수 가게에 들렀어. 난 가자마자 EDT라고 적힌 향수를 뿌렸고, 戊는 나보다 1시간 뒤에 EDP라고 적힌 걸 뿌렸어.

① 甲 ➡ (X) 甲이 뿌린 EDC는 지속시간이 1~2시간이므로 오후 4시에 뿌린 향수는 오후 5시~6시까지 지속될 것임을 알 수 있다.

② 乙 ➡ (X) 乙이 뿌린 향수가 가장 강하다고 했으므로 乙이 뿌린 향수가 Parfum임을 알 수 있다. Parfum은 지속시간이 8~10시간이므로 오전 9시 30분에 뿌린 향수는 오후 5시 30분~7시 30분까지 지속될 것임을 알 수 있다.

③ 丙 ➡ (X) 丙이 뿌린 향수는 부향률이 18%이므로 EDP임을 알 수 있고 EDP는 지속시간이 5~8시간이다. 丙은 甲이 뿌린 오후 4시보다 5시간 전에 향수를 뿌렸기 때문에 오후 4시~7시까지 지속될 것임을 알 수 있다.

④ 丁 ➡ (X) 丁이 뿌린 EDT는 지속시간이 3~5시간이다. 이에 오후 2시에 뿌린 향수는 오후 5시~7시까지 지속될 것임을 알 수 있다.

⑤ 戊 ➡ (O) 戊가 뿌린 EDP는 지속시간이 5~8시간이므로 丁이 뿌린 오후 2시보다 1시간 뒤인 오후 3시에 뿌린 향수는 오후 8시~11시까지 지속될 것임을 알 수 있다. 따라서 戊의 향수의 향이 가장 늦은 시각까지 남아 있다.

11 ④

정답률 92.6%

| 문제 유형 | 법조문형 > 규정확인

| 접근 전략 | 법령 문제는 법령을 행사하는 주체와 그 적용 대상이 무엇인지를 정확하게 이해해야 한다. 해수욕장의 관리 주체와 관리 대상, 그리고 행사할 수 있는 권한 등을 명확하게 정리하고, 이에 따른 예외 규정 및 위반 사항에 대한 내용까지 이해한다면 문항을 쉽게 해결할 수 있다.

다음 글을 근거로 판단할 때 옳은 것은?

제○○조(해수욕장의 구역) 관리청은 해수욕장을 이용하는 용도에 따라 물놀이구역과 수상레저구역으로 구분하여 관리·운영하여야 한다. 다만, 해수욕장 이용이나 운영에 상당한 불편을 초래하거나 효율성을 떨어뜨린다고 판단되는 경우에는 그러하지 아니하다.

제□□조(해수욕장의 개장기간 등) ① 관리청은 해수욕장의 특성이나 여건 등을 고려하여 해수욕장의 개장기간 및 개장시간을 정할 수 있다. 이 경우 관리청은 해수욕장협의회의 의견을 듣고, 미리 관계 행정기관의 장과 협의하여야 한다.

② 관리청은 해수욕장 이용자의 안전 확보나 해수욕장의 환경보전 등을 위하여 필요한 경우에는 해수욕장의 개장기간 또는 개장시간을 제한할 수 있다. 이 경우 제1항 후단을 준용한다.

제△△조(해수욕장의 관리·운영 등) ① 해수욕장은 관리청이 직접 관리·운영하여야 한다.

② 관리청은 제1항에도 불구하고 해수욕장의 효율적인 관리·운영을 위하여 필요한 경우 관할 해수욕장 관리·운영업무의 일부를 위탁할 수 있다.

③ 관리청은 제2항에 따라 해수욕장 관리·운영업무를 위탁하려는 경우 지역번영회·어촌계 등 지역공동체 및 공익법인 등을 수탁자로 우선 지정할 수 있다.

④ 제2항 및 제3항에 따라 수탁자로 지정받은 자는 위탁받은 관리·운영업무의 전부 또는 일부를 재위탁하여서는 아니 된다.

제◇◇조(과태료) ① 다음 각 호의 어느 하나에 해당하는 자에게는 500만 원 이하의 과태료를 부과한다.

1. 거짓이나 부정한 방법으로 제△△조에 따른 수탁자로 지정받은 자
2. 제△△조 제4항을 위반하여 위탁받은 관리·운영업무의 전부 또는 일부를 재위탁한 자

② 제1항에 따른 과태료는 관리청이 부과·징수한다.

① 관리청은 해수욕장의 효율적인 관리·운영을 위하여 필요한 경우, 관할 해수욕장 관리·운영업무의 전부를 위탁할 수 있다. ➡ (X) 제△△조 제2항에서 관리청은 해수욕장의 효율적인 관리·운영을 위하여 필요한 경우 관할 해수욕장 관리·운영업무의 일부를 위탁할 수 있지만 전부를 위탁할 수는 없다고 하였다.

② 관리청은 해수욕장을 운영함에 있어 그 효율성이 떨어진다고 판단하더라도 물놀이구역과 수상레저구역을 구분하여 관리·운영하여야 한다. ➡ (X) 제○○조에서 관리청은 해수욕장을 물놀이구역과 수상레저구역으로 구분하여 관리·운영하여야 하지만 효율성을 떨어뜨린다고 판단되는 경우에는 그러하지 아니함을 알 수 있으므로 적절하지 않다.

③ 관리청이 해수욕장 관리·운영업무를 위탁하려는 경우, 공익법인을 수탁자로 우선 지정할 수 있으나 지역공동체를 수탁자로 우선 지정할 수는 없다. ➡ (X) 제△△조 제3항에서 관리청은 지역공동체 및 공익법인 등을 수탁자로 우선 지정할 수 있음을 알 수 있으므로 지역공동체를 수탁자로 우선 지정할 수 없다는 설명은 적절하지 않다.

④ 관리청으로부터 해수욕장 관리·운영업무를 위탁받은 공익법인이 이를 타 기관에 재위탁한 경우, 관리청은 그 공익법인에 대해 300만 원의 과태료를 부과할 수 있다. ➡ (O) 제◇◇조 제1항 제2호에서 위탁받은 관리·운영업무의 전부 또는 일부를 재위탁한 자는 동조 제1항에 따라 500만 원 이하의 과태료가 부과됨을 알 수 있으므로 적절하다.

⑤ 관리청은 해수욕장의 개장기간 및 개장시간을 정함에 있어 해수욕장의 특성이나 여건 등을 고려해야 하나, 관계 행정기관의 장과 협의할 필요는 없다. ➡ (X) 제□□조 제1항에서 관리청은 해수욕장의 특성이나 여건 등을 고려하여 해수욕장의 개장기간 및 개장시간을 정할 수 있고, 이 경우 미리 관계 행정기관의 장과 협의하여야 함을 알 수 있으므로 협의할 필요가 없다는 설명은 적절하지 않다.

12 ⑤

정답률 90.3%

| 문제 유형 | 법조문형 > 규정적용

| 접근 전략 | 법령을 제시하고 이에 대한 적용을 묻는 문항은 각각의 상황에 따라 적용하는 주체와 적용 받는 대상이 달라지기 때문에 해당 법령의 내용을 정확하게 이해해야 한다. 각 조항에 따른 실시의 주체와 대상, 그리고 대상에 적용되는 다양한 기준 등을 잘 파악해야 선지의 정오를 정확하게 판단할 수 있다.

다음 글을 근거로 판단할 때 옳은 것은?

제○○조(119구조견교육대의 설치·운영 등) ① 소방청장은 체계적인 구조견 양성·교육훈련 및 보급 등을 위하여 119구조견교육대를 설치·운영하여야 한다.

② 119구조견교육대는 중앙119구조본부의 단위조직으로 한다.

③ 119구조견교육대가 관리하는 견(犬)은 다음 각 호와 같다.

1. 훈련견: 구조견 양성을 목적으로 도입되어 훈련 중인 개
2. 종모견: 훈련견 번식을 목적으로 보유 중인 개

제□□조(훈련견 교육 및 평가 등) ① 119구조견교육대는 관리하는 견에 대하여 입문 교육, 정기 교육, 훈련견 교육 등을 실시한다.

② 훈련견 평가는 다음 각 호의 평가로 구분하여 실시하고 각 평가에서 정한 요건을 모두 충족한 경우 합격한 것으로 본다.

1. 기초평가: 훈련견에 대한 기본평가
 가. 생후 12개월 이상 24개월 이하일 것
 나. 기초평가 기준에 따라 총점 70점 이상을 득점하고, 수의검진 결과 적합판정을 받을 것
2. 중간평가: 양성 중인 훈련견의 건강, 성품 변화, 발전 가능성 및 임무 분석 등의 판정을 위해 실시하는 평가
 가. 훈련 시작 12개월 이상일 것
 나. 중간평가 기준에 따라 총점 70점 이상을 득점하고, 수의진료소견 결과 적합판정을 받을 것
 다. 공격성 보유, 능력 상실 등의 결격사유가 없을 것

③ 훈련견 평가 중 어느 하나라도 불합격한 훈련견은 유관기관 등 외부기관으로 관리전환할 수 있다.

제△△조(종모견 도입) 훈련견이 종모견으로 도입되기 위해서는 제□□조 제2항에 따른 훈련견 평가에 모두 합격하여야 하며, 다음 각 호의 요건을 갖추어야 한다.

1. 순수한 혈통일 것
2. 생후 20개월 이상일 것
3. 원친(遠親) 번식에 의한 견일 것

① 중앙119구조본부의 장은 구조견 양성 및 교육훈련 등을 위하여 119구조견교육대를 설치하여야 한다. ➡ (X) 제○○조 제1항에서 119구조견교육대는 소방청장이 설치·운영한다고 했으므로 중앙119구조본부의 장이 설치해야 한다는 설명은 적절하지 않다.

② 원친 번식에 의한 생후 20개월인 순수한 혈통의 훈련견은 훈련견 평가결과에 관계없이 종모견으로 도입될 수 있다. ➡ (X) 제△△조에서 훈련견이 종모견으로 도입되기 위해서는 순수한 혈통, 생후 20개월 이상, 원천 번식에 의한 견이라는 요건을 모두 갖추고 제□□조 제2항에 따른 훈련견 평가에 모두 합격하여야 함을 알 수 있으므로, 훈련견 평가결과에 관계없이 종모견으로 도입될 수 있다는 설명은 적절하지 않다.

③ 기초평가 기준에 따라 총점 80점을 득점하고, 수의검진 결과 적합판정을 받은 훈련견은 생후 15개월에 종모견으로 도입될 수 있다. ➡ (X) 제△△조에서 훈련견이 종모견으로 도입되기 위해서는 순수한 혈통, 생후 20개월 이상, 원천 번식에 의한 견이라는 요건을 모두 갖추고 제□□조 제2항에 따른 훈련견 평가에 모두 합격하여야 함을 알 수 있으므로 기초평가 기준만 합격한 경우에는 종모견으로 도입될 수 없다.

④ 생후 12개월에 훈련을 시작해 반년이 지난 훈련견이 결격사유 없이 중간평가 기준에 따라 총점 75점을 득점하고, 수의진료소견 결과 적합판정을 받는다면 중간평가에 합격한 것으로 본다. ➡ (X) 제□□조 제2항 제2호 가목에서 중간평가는 훈련 시작 12개월 이상이어야 함을 알 수 있으므로, 반년이 지난 훈련견이 중간평가에 합격한다는 설명은 적절하지 않다.

⑤ 기초평가에서 합격했더라도 결격사유가 있어 중간평가에 불합격한 훈련견은 유관기관으로 관리전환할 수 있다. ➡ (O) 제□□조 제3항에서 훈련견 평가 중 어느 하나라도 불합격한 훈련견은 유관기관 등 외부기관으로 관리전환할 수 있으므로 적절하다.

13 ②

정답률 90.7%

| 문제 유형 | 퍼즐형 > 논리퀴즈

| 접근 전략 | 제시된 조건을 기준으로 만족할 수 있는 범위를 설정한 후에 해당 숫자를 각 조건에 하나씩 대입하여 정오를 판단하는 것이 문제를 해결할 수 있는 방법이다.

다음 글을 근거로 판단할 때, ㉠에 해당하는 수는?

○ 산타클로스는 연간 '착한 일 횟수'와 '울음 횟수'에 따라 어린이 甲~戊에게 선물 A, B 중 하나를 주거나 아무것도 주지 않는다.

○ 산타클로스가 선물을 나눠주는 방식은 다음과 같다. 어린이별로 ('착한 일 횟수'×5)−('울음 횟수'×[㉠])의 값을 계산한다. 그 값이 10 이상이면 선물 A를 주고, 0 이상 10 미만이면 선물 B를 주며, 그 값이 음수면 선물을 주지 않는다. 이때, ㉠은 자연수이다.

○ 이 방식을 적용한 결과, 甲~戊 중 1명이 선물 A를 받았고, 3명이 선물 B를 받았으며, 1명은 선물을 받지 못했다.

○ 甲~戊의 연간 '착한 일 횟수'와 '울음 횟수'는 아래와 같다.

구분	착한 일 횟수	울음 횟수
甲	3	3
乙	3	2
丙	2	3
丁	1	0
戊	1	3

→ 산타클로스가 선물을 나눠주는 방식에 의하여 ㉠에 1~3까지 대입하여 정리하면 다음과 같다.

구분	'착한 일 횟수'×5	'울음 횟수'×1	'울음 횟수'×2	'울음 횟수'×3
甲	15	3	6	9
乙	15	2	4	6
丙	10	3	6	9
丁	5	0	0	0
戊	5	3	6	9

① 1 ➡ (X) 산타클로스가 선물을 나눠주는 방식에 의하여 계산한 값이 음수이면 선물을 주지 않고, 이에 해당하는 사람은 1명이다. ('울음 횟수'×㉠)의 값이 ('착한 일 횟수'×5)의 값보다 크면 음수가 된다. ㉠에 1을 대입해보면 ('울음 횟수'×㉠)의 값이 ('착한 일 횟수'×5)보다 더 큰 경우는 없으므로 1은 적절하지 않다.

② 2 ➡ (O) 산타클로스가 선물을 나눠주는 방식에 의하여 계산한 값이 음수이면 선물을 주지 않고, 이에 해당하는 사람은 1명이다. 또한 계산한 값이 10회 이상이면 선물 A를 주고, 이에 해당하는 사람은 1명이다. ㉠에 2를 대입하여 ('착한 일 횟수'×5)−('울음 횟수'×㉠)를 계산해 보면 乙이 11회로, 10회 이상이 되어 선물 A를 받게 되고, 戊가 −1회로 음수에 해당하여 선물을 받지 못한다. 따라서 총 5명 중 선물 A를 받은 사람이 1명, 선물을 받지 못한 사람이 1명으로, 나머지 3명은 선물 B를 받게 된다. ㉠에는 2가 들어가는 것이 적절하다.

③ 3 ➡ (X) 산타클로스가 선물을 나눠주는 방식에 의하여 계산하였을 때 10회 이상이 되는 사람이 없어 3은 적절하지 않다.

④ 4 ➡ (X)

⑤ 5 ➡ (X)

14 ④

정답률 80.1%

| 문제 유형 | 퍼즐형 > 최댓값·최솟값 도출

| 접근 전략 | 조건에 따라 구성하고 있는 숫자의 경우의 수를 중심으로 하나씩 소거하여 정답을 찾아가는 것이 효과적인 방법이다.

다음 글을 근거로 판단할 때, 甲이 작성한 보고서 한 건의 쪽수의 최댓값은?

A회사 직원인 甲은 근무일마다 동일한 쪽수의 보고서를 한 건씩 작성한다. 甲은 작성한 보고서를 회사의 임원들 각각에게 당일 출력하여 전달한다. 甲은 A회사에 1개월 전 입사하였으며 총 근무일은 20일을 초과하였다. 甲이 현재까지 출력한 총량은 1,000쪽이며, 임원은 2명 이상이다.

① 5 ➡ (X)

② 8 ➡ (X)

③ 10 ➡ (X)

④ 20 ➡ (O) 甲이 출력한 총량은 1,000쪽이고 임원이 2명 이상이므로 근무일마다 작성한 보고서는 총 500쪽이 최댓값이다. 최소 20일을 근무했고 근무일마다 동일한 쪽수의 보고서를 작성했으므로 '20일×보고서 한 건의 쪽수=500쪽'의 식이 성립하고, 보고서 한 건의 쪽수는 평균 25쪽이다. 따라서 하루에 작성된 보고서 한 건의 쪽수는 25쪽을 넘을 수 없으므로 주어진 선지 중에서 최댓값은 20쪽이다.

⑤ 40 ➡ (X)

15 ①

정답률 88.4%

| 문제 유형 | 퍼즐형 > 논리퀴즈

| 접근 전략 | 명확하게 제시된 조건을 기준으로 세우고 각각의 경우의 수를 중심으로 상황을 적용하는 것이 정답을 쉽게 찾을 수 있는 방법이다.

다음 글을 근거로 판단할 때, A~E 중 한 명만 화상강의 시스템에 접속해 있던 시각으로 가능한 것은?

○ 어제 9:00부터 9:30까지 진행된 수업시간 중 학생 A~E가 화상강의 시스템에 접속해 있던 시간은 아래와 같다.

학생	A	B	C	D	E
시간(분)	13	15	17	21	25

○ 학생들의 접속 횟수는 각 1회였다.
○ A와 C가 접속해 있던 시간은 서로 겹치지 않았다.

① 9:04 ➡ (O) A와 C가 접속해 있던 시간은 서로 겹치지 않았고, 두 사람의 수강 시간을 합치면 30분임을 알 수 있다. 그리고 E의 접속 시간이 25분이므로 9:00~9:05 혹은 9:25~9:30에만 접속하지 않은 시간임을 알 수 있다. 따라서 다섯 명 중 한 명만 화상강의 시스템에 접속할 수 있는 시간은 9:00~9:05와 9:25~9:30인 것을 알 수 있으며, 이에 해당하는 시간은 9:04뿐이다.

② 9:10 ➡ (X)

③ 9:15 ➡ (X)

④ 9:21 ➡ (X)

⑤ 9:24 ➡ (X)

16 ①

정답률 86.3%

| 문제 유형 | 퍼즐형 > 수리퀴즈

| 접근 전략 | 선지에 등장하는 수를 중심으로 소인수분해를 하고, 이를 바탕으로 조건에 맞게 경우의 수를 구함으로써 해당되는 값들이 조건에 부합하는지를 비교해보면 정답을 쉽게 찾아낼 수 있다.

다음 글을 근거로 판단할 때, 甲이 만든 비밀번호 각 자리의 숫자를 모두 곱한 값은?

○ 甲은 1, 2, 3, 4 중에서 숫자를 골라 네 자리 비밀번호를 만들었다.
○ 비밀번호 각 자리의 숫자를 '모두 더한 값'과 '모두 곱한 값'이 같았다.

① 8 ➡ (O) 8을 소인수분해 하면 2^3이다. 이 값을 토대로 네 자리 비밀번호를 만들 수 있는 경우의 수는 2 2 2 1, 2 4 1 1 두 가지이다. 첫 번째의 경우는 네 자리를 더한 값이 7이고, 두 번째 경우는 네 자리를 더한 값이 8이다. 따라서 2 4 1 1로 비밀번호를 만든 경우에는 곱한 값인 8과 같으므로 적절하다.

② 9 ➡ (X) 9를 소인수분해 하면 3^2이다. 이 값을 토대로 네 자리 비밀번호를 만들 수 있는 경우의 수는 3 3 1 1 한 가지이다. 네 자리를 더한 값은 8이고, 곱한 값은 9이므로 같지 않다.

③ 10 ➡ (X) 10을 소인수분해 하면 2×5이다. 이 값을 토대로 네 자리 비밀번호를 만들 수 없다.

④ 12 ➡ (X) 12를 소인수분해 하면 $2^2 \times 3$이다. 이 값을 토대로 네 자리 비밀번호를 만들 수 있는 경우의 수는 2 2 3 1, 4 3 1 1 두 가지이다. 첫 번째의 경우는 네 자리를 더한 값이 8이고, 두 번째 경우는 네 자리를 더한 값이 9이므로 곱한 값인 12와 같지 않다.

⑤ 16 ➡ (X) 16을 소인수분해 하면 2^4이다. 이 값을 토대로 네 자리 비밀번호를 만들 수 있는 경우의 수는 2 2 2 2, 2 2 4 1, 4 4 1 1 세 가지이다. 첫 번째 경우는 네 자리를 더한 값이 8이고, 두 번째 경우는 네 자리를 더한 값이 9이고, 세 번째 경우는 네 자리를 더한 값이 10이므로 곱한 값인 16과 같지 않다.

17 ②

정답률 84.9%

| 문제 유형 | 연산추론형 > 수리계산
| 접근 전략 | 조건을 대입하여 계산해야 한다. 계산에서 실수만 하지 않는다면 정답을 쉽게 찾을 수 있다.

다음 글과 〈상황〉을 근거로 판단할 때, 甲에게 배정되는 금액은?

A부서는 소속 직원에게 원격지 전보에 따른 이전여비를 지원한다. A부서는 다음과 같은 지침에 따라 지원액을 배정하고자 한다.

○ 지원액 배정 지침
- 이전여비 지원 예산 총액: 160만 원
- 심사를 통해 원격지 전보에 해당하는 신청자만 배정대상자로 함
- 예산 한도 내에서 지원 가능한 최대의 금액 배정
- 배정대상자 신청액의 합이 지원 예산 총액을 초과할 경우에는 각 배정대상자의 '신청액 대비 배정액 비율'이 모두 같도록 삭감하여 배정

〈상황〉

다음은 이전여비 지원을 신청한 A부서 직원 甲~戊의 신청액과 원격지 전보 해당 여부이다.

구분	이전여비 신청액(원)	원격지 전보 해당 여부
甲	700,000	해당
乙	400,000	해당하지 않음
丙	500,000	해당
丁	300,000	해당
戊	500,000	해당

① 525,000원 ➡ (X)
② 560,000원 ➡ (O) 지원액 배정 지침에서 원격지 전보에 해당하는 신청자만 배정함을 알 수 있으므로 乙은 지원액을 받지 못한다. 나머지 네 사람의 신청액을 모두 합하면 700,000원 + 500,000원 + 300,000원 + 500,000원 = 2,000,000원임을 알 수 있다. 이전여비 지원 예산 총액이 160만 원이고, 예산 한도 내에서 지원 가능한 최대의 금액을 배정하고, 신청액의 합이 예산 총액을 초과할 경우에는 각 배정대상자의 '신청액 대비 배정액 비율'이 모두 같도록 삭감하여 배정함을 알 수 있다. 따라서 200만 원 대비 160만 원의 비율은 80%이므로 네 사람의 신청액은 80%에 해당하는 금액만 배정됨을 알 수 있다. 따라서 甲은 700,000원 × 0.8(80%) = 560,000원을 배정받음을 알 수 있다.
③ 600,000원 ➡ (X)
④ 620,000원 ➡ (X)
⑤ 630,000원 ➡ (X)

18 ④

정답률 78.8%

| 문제 유형 | 연산추론형 > 수리계산
| 접근 전략 | 계산한 값의 크기를 비교하는 것에 그치는 것이 아니라 각각의 조건에 따라 제외되는 경우와 포함되는 경우, 그리고 순위를 매기는 조건 등을 꼼꼼하게 비교해야 하기 때문에 해당 내용을 정확하게 이해하는 것이 문제를 해결하는 방법이다.

다음 글과 〈상황〉을 근거로 판단할 때, 甲~戊 중 사업자로 선정되는 업체는?

△△부처는 □□사업에 대하여 용역 입찰공고를 하고, 각 입찰업체의 제안서를 평가하여 사업자를 선정하려 한다.

○ 제안서 평가점수는 입찰가격 평가점수(20점 만점)와 기술능력 평가점수(80점 만점)로 이루어진다.
○ 입찰가격 평가점수는 각 입찰업체가 제시한 가격에 따라 산정한다.
○ 기술능력 평가점수는 다음과 같은 방식으로 산정한다.
- 5명의 평가위원이 평가한다.
- 각 평가위원의 평가결과에서 최고점수와 최저점수를 제외한 나머지 3명의 점수를 산술평균하여 산정한다. 이때 최고점수가 복수인 경우 하나를 제외하며, 최저점수가 복수인 경우도 마찬가지이다.

○ 기술능력 평가점수에서 만점의 85% 미만의 점수를 받은 업체는 선정에서 제외한다.
○ 입찰가격 평가점수와 기술능력 평가점수를 합산한 점수가 가장 높은 업체를 선정한다. 이때 동점이 발생할 경우, 기술능력 평가점수가 가장 높은 업체를 선정한다.

〈상황〉

○ □□사업의 입찰에 참여한 업체는 甲~戊이다.
○ 각 업체의 입찰가격 평가점수는 다음과 같다.

(단위: 점)

구분	甲	乙	丙	丁	戊
평가점수	13	20	15	14	17

○ 각 업체의 기술능력에 대한 평가위원 5명의 평가결과는 다음과 같다.

(단위: 점)

구분	甲	乙	丙	丁	戊
A위원	68	65	73	75	65
B위원	68	73	69	70	60
C위원	68	62	69	65	60
D위원	68	65	65	65	70
E위원	72	65	69	75	75

① 甲 ➡ (X) 甲의 기술능력 평가점수는 최고점 72점과 최저점 68점 하나를 제외한 나머지 3개의 평균점수가 68점이고, 입찰가격 평가점수인 13점을 합하면 총 81점을 받았다.
② 乙 ➡ (X) 乙의 기술능력 평가점수는 최고점 73점과 최저점 62점을 제외한 나머지 3개의 평균점수가 65점이고, 입찰가격 평가점수인 20점을 합하면 총 85점을 받았다. 하지만 기술능력 평가점수가 만점의 85%에 해당하는 점수인 68점 미만이므로 선정에서 제외된다.
③ 丙 ➡ (X) 丙의 기술능력 평가점수는 최고점 73점과 최저점 65점을 제외한 나머지 3개의 평균점수가 69점이고, 입찰가격 평가점수인 15점을 합하면 총 84점을 받았다.
④ 丁 ➡ (O) 丁의 기술능력 평가점수는 최고점 75점과 최저점 65점을 제외한 나머지 3개의 평균점수가 70점이고, 입찰가격 평가점수인 14점을 합하면 총 84점을 받았다. 乙의 85점보다 낮지만 乙은 기술능력 평가점수 미달로 선정에서 제외되고, 丙과 총점이 같지만 기술능력 평가점수가 높은 업체를 선정한다는 조건에 의해 丙보다 기술능력 평가점수가 1점 높은 丁이 사업자로 선정된다.
⑤ 戊 ➡ (X) 戊의 기술능력 평가점수는 최고점 75점과 최저점 60점을 제외한 나머지 3개의 평균점수가 65점이고, 입찰가격 평가점수인 17점을 합하면 총 82점이다. 하지만 기술능력 평가점수가 만점의 85%에 해당하는 점수인 68점 미만이므로 선정에서 제외된다.

19 ③

정답률 70%

| 문제 유형 | 연산추론형 > 수리계산

| 접근 전략 | 계산한 값을 바탕으로 각각의 상황에 따라 제외되는 경우와 그렇지 않은 경우, 그리고 허용되는 범위 등을 꼼꼼하게 계산해야 한다.

다음 글을 근거로 판단할 때, 甲～戊 중 금요일과 토요일의 초과근무 인정시간의 합이 가장 많은 근무자는?

○ A기업에서는 근무자가 출근시각과 퇴근시각을 입력하면 초과근무 '실적시간'과 '인정시간'이 분 단위로 자동 계산된다.
 - 실적시간은 근무자의 일과시간(월～금, 09:00～18:00)을 제외한 근무시간을 말한다.
 - 인정시간은 실적시간에서 개인용무시간을 제외한 근무시간을 말한다. 하루 최대 인정시간은 월～금요일은 4시간이며, 토요일은 2시간이다.
 - 재택근무를 하는 경우 실적시간을 인정하지 않는다.

○ A기업 근무자 甲～戊의 근무현황은 다음과 같다.

구분	금요일			토요일	
	출근시각	퇴근시각	비고	출근시각	퇴근시각
甲	08:55	20:00	–	10:30	13:30
乙	08:00	19:55	–	–	–
丙	09:00	21:30	개인용무시간 (19:00～19:30)	13:00	14:30
丁	08:30	23:30	재택근무	–	–
戊	07:00	21:30	–	–	–

① 甲 ➡ (X) 甲은 금요일에 출근시각이 08:55이므로 5분, 퇴근시각이 20:00이므로 2시간의 초과근무를 인정받고, 토요일은 총 3시간을 근무했지만 최대 인정시간이 2시간이므로 금요일, 토요일 초과근무 인정시간의 합은 4시간 5분이다.

② 乙 ➡ (X) 乙은 금요일에 출근시각이 08:00이므로 1시간, 퇴근시각이 19:55이므로 1시간 55분의 초과근무를 인정받아 총 초과근무 인정시간은 2시간 55분이다.

③ 丙 ➡ (O) 丙은 금요일에 09:00 정시에 출근하였고, 퇴근시각이 21:30이므로 3시간 30분을 인정받지만 개인용무시간인 30분은 제외하여 3시간의 초과근무를 인정받는다. 토요일은 총 1시간 30분을 근무했으므로 모두 인정받는다. 따라서 초과근무 인정시간의 합은 4시간 30분이다.

④ 丁 ➡ (X) 丁은 재택근무를 했기 때문에 실적시간을 인정하지 않는다.

⑤ 戊 ➡ (X) 戊는 금요일에 출근시각이 07:00이므로 2시간, 퇴근시각이 21:30이므로 3시간 30분을 초과근무하여 총 5시간 30분의 초과근무를 하였지만 하루 최대 인정시간이 금요일에는 4시간이므로 초과근무 인정시간의 합은 4시간이다.

20 ③

정답률 79.7%

| 문제 유형 | 연산추론형 > 수리계산

| 접근 전략 | 주어진 조건 등을 바탕으로 제시된 상황에 적절한 값을 찾아내는 것이 중요하다. 이때 제시된 자료의 값에 따른 경우의 수를 정확하게 비교하고, 이를 통해 정답을 찾아가는 것이 문제를 해결하는 방법이다.

다음 글을 근거로 판단할 때, 〈보기〉에서 甲의 시험과목별 점수로 옳은 것만을 모두 고르면?

○○국제교육과정 중에 있는 사람은 수료시험에서 5개 과목(A～E) 평균 60점 이상을 받고 한 과목도 과락(50점 미만)이 아니어야 수료할 수 있다.

甲은 수료시험에서 5개 과목 평균 60점을 받았으나 2개 과목이 과락이어서 ○○국제교육과정을 수료하지 못했다. 甲이 돌려받은 답안지에 점수는 기재되어 있지 않았고, 각 문항에 아래와 같은 표시만 되어 있었다. 이는 국적이 서로 다른 각 과목 강사가 자신의 국가에서 사용하는 방식으로 정답·오답 표시만 해놓은 결과였다.

과목	문항									
	1	2	3	4	5	6	7	8	9	10
A	○	○	×	○	×	○	×	○	○	○
B	V	×	V	V	V	×	V	×	V	V
C	/	○	○	○	○	/	/	○	/	○
D	○	○	V	V	V	○	○	V	V	V
E	/	/	/	/	×	×	/	/	/	/

※ 모든 과목은 각 10문항이며, 각 문항별 배점은 10점이다.

〈보기〉

	시험과목	점수
ㄱ.	A	70 →(O)
ㄴ.	B	30 →(X)
ㄷ.	C	60 →(X)
ㄹ.	D	40 →(O)
ㅁ.	E	80 →(O)

① ㄱ, ㄴ ➡ (X)

② ㄱ, ㄷ ➡ (X)

③ ㄱ, ㄹ, ㅁ ➡ (O) A과목과 B과목은 70점 혹은 30점, C과목과 D과목은 60점 혹은 40점, E과목은 80점 혹은 20점이다. 평균이 300점이므로 E과목이 80점이라면 220점이 필요하고, 이때 A과목과 B과목이 각각 70점이고 C과목과 D과목이 각각 40점이라면 220점이 된다. 따라서 A과목과 B과목은 70점, C과목과 D과목은 40점, E과목은 80점임을 알 수 있다. 만약 E과목이 20점이라면 280점이 필요하고, 이때는 A과목과 B과목이 각각 70점이고 C과목과 D과목이 각각 60점이어도 총점이 260점에 불과해 평균 60점이 되지 않는다. 또한 과락 과목도 E과목밖에 없다. 따라서 ㄱ, ㄹ, ㅁ이 적절하다.

④ ㄴ, ㄷ, ㄹ ➡ (X)

⑤ ㄴ, ㄷ, ㅁ ➡ (X)

21 ②

TOP2 정답률 51.9%

| 문제 유형 | 퍼즐형 > 논리퀴즈

| 접근 전략 | 정해진 요일을 제외하고, 일자가 표시된 날의 간격에 따라 남은 요일을 대입하면서 일기의 요일 순서대로 배열 가능한 조합을 찾아야 한다.

다음 글을 근거로 판단할 때, 식목일의 요일은?

다음은 가원이의 어느 해 일기장에서 서로 다른 요일의 일기를 일부 발췌하여 날짜순으로 나열한 것이다.

(1) 4월 5일 ○요일
 오늘은 식목일이다. 동생과 한 그루의 사과나무를 심었다.

(2) 4월 11일 ○요일
 오늘은 아빠와 뒷산에 가서 벚꽃을 봤다.

(3) 4월 □□일 수요일
 나는 매주 같은 요일에만 데이트를 한다. 오늘 데이트도 즐거웠다.

(4) 4월 15일 ○요일
 오늘은 친구와 미술관에 갔다. 작품들이 멋있었다.

(5) 4월 □□일 ○요일

내일은 대청소를 하는 날이어서 오늘은 휴식을 취했다.

(6) 4월 □□일 ○요일

나는 매달 마지막 일요일에만 대청소를 한다. 그래서 오늘 대청소를 했다.

→ 4월 5일 식목일에 ①~④ 순서대로 대입하여 정리하면 다음과 같다.

5일	6일	7일	8일	9일	10일	11일	12일	13일	14일	15일
월	화	수	목	금	토	일	월	화	수	목
화	수	목	금	토	일	월	화	수	목	금
목	금	토	일	월	화	수	목	금	토	일
금	토	일	월	화	수	목	금	토	일	월

① 월요일 ➡ (X) 4월 5일이 월요일이라면 4월 11일은 일요일이다. (6)은 대청소를 한 일요일이므로 (2)와 (6)이 모두 일요일이 된다. 따라서 서로 다른 요일의 일기가 되지 않으므로 식목일은 월요일이 될 수 없다.

② 화요일 ➡ (O) 4월 5일이 화요일이라면 4월 11일은 월요일이다. (3)은 수요일이고 (4)는 금요일, (5)와 (6)은 각각 토요일과 일요일이므로 서로 다른 요일의 일기가 된다. 따라서 식목일은 화요일이다.

③ 목요일 ➡ (X) 4월 5일이 목요일이라면 4월 11일은 수요일이다. (3)은 수요일이므로 (2)와 (3)이 모두 수요일이 된다. 따라서 서로 다른 요일의 일기가 되지 않으므로 식목일은 목요일이 될 수 없다.

④ 금요일 ➡ (X) 4월 5일이 금요일이라면 4월 11일은 목요일이다. (3)은 (4)인 4월 15일보다 빠른 수요일이므로 11일과 15일 사이의 수요일은 존재하지 않는다. 따라서 식목일은 금요일이 될 수 없다.

⑤ 토요일 ➡ (X) (5)는 토요일이므로 4월 5일이 토요일이라면 서로 다른 요일의 일기가 되지 않는다. 따라서 식목일은 토요일이 될 수 없다.

22 ②

TOP3 정답률 52.9%

| 문제 유형 | 퍼즐형 > 논리퀴즈

| 접근 전략 | 승객이 내려야 하는 층의 경우는 취소하고 다시 눌렀을 때 짝수의 횟수가 된다는 것과 버튼을 누른 횟수의 합을 중심으로 최종 눌린 버튼을 추론한 후에, 이를 바탕으로 〈보기〉에 제시된 경우의 수를 판단해야 한다.

다음 글을 근거로 판단할 때, 〈보기〉에서 옳은 것만을 모두 고르면?

○ 엘리베이터 안에는 각 층을 나타내는 버튼만 하나씩 있다.

○ 버튼을 한 번 누르면 해당 층에 가게 되고, 다시 누르면 취소된다. 취소된 버튼을 다시 누를 수 있다.

○ 1층에 계속해서 정지해 있던 빈 엘리베이터에 처음으로 승객 7명이 탔다.

○ 승객들이 버튼을 누른 횟수의 합은 10이며, 1층에서만 눌렀다.

○ 승객 3명은 4층에서, 2명은 5층에서 내렸다. 나머지 2명은 6층 이상의 서로 다른 층에서 내렸다.

○ 1층 외의 층에서 엘리베이터를 탄 승객은 없으며, 엘리베이터는 승객이 타거나 내린 층에서만 정지했다.

〈보기〉

ㄱ. 각 승객은 1개 이상의 버튼을 눌렀다. → (X) 승객들이 버튼을 누른 횟수의 합은 10이고 총 4개의 층에서 승객들이 내렸다. 따라서 최소 4명의 승객들이 버튼을 1회 눌렀고, 나머지 6회를 몇 명의 승객이 눌렀는지는 알 수 없으므로 각 승객이 1개 이상의 버튼을 눌렀다는 설명은 적절하지 않다.

ㄴ. 5번 누른 버튼이 있다면, 2번 이상 누른 다른 버튼이 있다. → (O) 승객이 내린 4층을 5번 눌렀다면 나머지 5번은 3개의 층에서 나눠어 눌려야 하고, 3개의 층에서 한 번씩 눌렀다면 2번은 다른 층을 눌렀다가 취소한 경우로 2번 누른 버튼이 있을 수 있다. 다른 층을 누르지 않았다면 3개의 층 중에서 한 층의 버튼을 취소했다가 다시 누르는 경우가 되기 때문에 2번 이상 누른 버튼이 존재하게 된다.

ㄷ. 4층 버튼을 가장 많이 눌렀다. → (X) 어느 층을 가장 많이 눌렀는지는 알 수 없다.

ㄹ. 승객이 내리지 않은 층의 버튼을 누른 사람은 없다. → (X) 승객들이 내린 층이 모두 눌려야 하기 때문에 4회 눌린다. 그리고 내리지 않은 층을 누르고 다시 취소하면 버튼이 2회 눌린 것이고, 나머지 4회는 승객들이 내려야 하는 층을 취소했다가 다시 누른 경우가 두 번 반복되면 가능해진다. 따라서 다른 층의 버튼을 누른 사람은 존재하는 것이 가능하다.

① ㄱ ➡ (X)

② ㄴ ➡ (O)

③ ㄱ, ㄷ ➡ (X)

④ ㄴ, ㄹ ➡ (X)

⑤ ㄷ, ㄹ ➡ (X)

23 ④

TOP1 정답률 45.7%

| 문제 유형 | 퍼즐형 > 논리퀴즈

| 접근 전략 | 가장 단순하고 제한적인 조건을 갖고 있는 사람의 상황부터 고려한 후에 그에 따라 각 사람들이 연락처를 알고 있는 자의 유무를 판단하면서 선지의 내용을 골라내야 한다.

다음 글을 근거로 판단할 때 옳은 것은?

A~E 간에 갖고 있는 상대방의 연락처에 대한 정보는 다음과 같다.

○ A는 3명의 연락처를 갖고 있는데, 그중 2명만 A의 연락처를 갖고 있다. 그런데 A의 연락처를 갖고 있는 사람은 총 3명이다.

○ B는 2명의 연락처를 갖고 있는데, 그 2명을 제외한 2명만 B의 연락처를 갖고 있다.

○ C는 A의 연락처만 갖고 있는데, A도 C의 연락처를 갖고 있다.

○ D는 2명의 연락처를 갖고 있다.

○ E는 B의 연락처만 갖고 있다.

→ 위 글에 따라 정리해 보면, E는 B의 연락처만 가지고 있고 C는 A의 연락처만 가지고 있다. 또한 C와 A는 서로의 연락처를 가지고 있고, A의 연락처를 가지고 있는 사람은 총 3명이다. 따라서 B의 연락처만 가지고 있는 E를 제외한 나머지 B, C, D가 A의 연락처를 가지고 있음을 알 수 있다.

사람 \ 연락처	A	B	C	D	E	가진 개수
A			○			3
B	○					2
C	○	×		×	×	1
D	○					2
E	×	○	×	×		1

→ A는 3명의 연락처를 가지고 있는데, 이미 알고 있는 C를 제외하고는 B, D, E 3명이 남는다. 여기서 B는 2명의 연락처를 가지고 있고, 그 2명을 제외한 나머지 2명만이 B의 연락처를 가지고 있다고 했으므로, B가 연락처를 알고 있는 A는 B의 연락처를 가지고 있지 않다. 따라서 A가 가진 3명의 연락처는 C, D, E라고 가정할 수 있다.

사람 \ 연락처	A	B	C	D	E	가진 개수
A		×	○	○	○	3
B	○					2
C	○	×		×	×	1
D	○					2
E	×	○	×	×		1

→ B는 2명의 연락처를 가지고 있고, 그 2명을 제외한 나머지 2명만이 B의 연락처를 가지고 있다고 했으므로, B에게 연락처가 없는 2명이 B의 연락처를 알고 있고, B에게 연락처가 있는 2명이 B의 연락처를 모르고 있음을 알 수 있다. E는 B의 연락처를 알고 있으므로 B가 E의 연락처를 알 수 없고, 남은 C와 D 중 C는 A의 연락처만을 가지고 있다고 했으므로 C가 B의 연락처를 가지고 있지 않음을 알 수 있다. 따라서 B가 가진 2개의 연락처는 A와 C의 연락처이다. 그렇다면 반대로 B에게 연락처가 없는 D, E는 B의 연락처를 가지고 있음을 알 수 있다.

사람＼연락처	A	B	C	D	E	가진 개수
A		×	○	○	○	3
B	○		○	×	×	2
C	○	×		×	×	1
D	○	○	×		×	2
E	×	○	×	×		1

① A는 B의 연락처를 갖고 있다. ➡ (×)
② B는 D의 연락처를 갖고 있다. ➡ (×)
③ C의 연락처를 갖고 있는 사람은 3명이다. ➡ (×) C의 연락처를 갖고 있는 사람은 A, B 2명이므로 적절하지 않다.
④ D의 연락처를 갖고 있는 사람은 A뿐이다. ➡ (○) D의 연락처를 갖고 있는 사람은 A밖에 없으므로 적절하다.
⑤ E의 연락처를 갖고 있는 사람은 2명이다. ➡ (×) E의 연락처를 갖고 있는 사람은 A밖에 없으므로 1명이다.

24 ③

정답률 55.5%

| 문제 유형 | 퍼즐형 > 논리퀴즈

| 접근 전략 | 복잡해 보이지만 시계의 움직임을 고려하면 쉽게 해결할 수 있다. 계산이 조금 어렵다고 느껴질 경우에는 선지마다 제시된 상황을 그림으로 그려보는 방법이 있지만 그런 경우에는 시간이 소요된다는 단점이 있다.

다음 글을 근거로 판단할 때, ㉠에 들어갈 내용으로 옳은 것은?

시계수리공 甲은 고장 난 시계 A를 수리하면서 실수로 시침과 분침을 서로 바꾸어 조립하였다. 잘못 조립한 것을 모르고 있던 甲은 A에 전지를 넣어 작동시킨 후, A를 실제 시각인 정오로 맞추고 작업을 마무리하였다. 그랬더니 A의 시침은 정상일 때의 분침처럼, 분침은 정상일 때의 시침처럼 움직였다. 그 후 A가 처음으로 실제 시각을 가리킨 때는 [㉠] 사이였다.

① 오후 12시 55분 0초부터 오후 1시 정각 ➡ (×)
② 오후 1시 정각부터 오후 1시 5분 0초 ➡ (×)
③ 오후 1시 5분 0초부터 오후 1시 10분 0초 ➡ (○) 시침과 분침을 바꿔서 껴졌지만 움직임은 시침이 분침처럼, 분침이 시침처럼 있었음을 알 수 있다. 따라서 원래 시각과 바뀐 시각이 일치하려면 시침과 분침이 같은 숫자를 향하는 시각일 때임을 짐작할 수 있다. 그런데 오후 1시 5분 0초일 때 1시를 나타내는 시침은 정확히 1을 가리키는 것이 아니라 1과 2 사이를 가리키고 있으므로 이때부터 1시 10분 0초 사이의 어느 지점에서 정확한 시각을 나타낼 것임을 알 수 있다.
④ 오후 1시 10분 0초부터 오후 1시 15분 0초 ➡ (×)
⑤ 오후 1시 15분 0초부터 오후 1시 20분 0초 ➡ (×)

25 ⑤

정답률 74.8%

| 문제 유형 | 법조문형 > 규정적용

| 접근 전략 | 한부모가족으로 지원대상자가 되는 범위와 복지 급여의 실시 및 중복 지원에 대한 다양한 규정을 선지에 제시된 상황에 적용하면서 꼼꼼하게 확인하는 것이 필요하다.

다음 글을 근거로 판단할 때 옳은 것은?

제○○조(정의) 이 법에서 사용하는 용어의 뜻은 다음과 같다.
1. "한부모가족"이란 모자가족 또는 부자가족을 말한다.
2. "모(母)" 또는 "부(父)"란 다음 각 목의 어느 하나에 해당하는 자로서 아동인 자녀를 양육하는 자를 말한다.
가. 배우자와 사별 또는 이혼하거나 배우자로부터 유기된 자
나. 정신이나 신체의 장애로 장기간 노동능력을 상실한 배우자를 가진 자
다. 교정시설·치료감호시설에 입소한 배우자 또는 병역복무 중인 배우자를 가진 자
라. 미혼자
3. "아동"이란 18세 미만(취학 중인 경우에는 22세 미만을 말하되, 병역의무를 이행하고 취학 중인 경우에는 병역의무를 이행한 기간을 가산한 연령 미만을 말한다)의 자를 말한다.

제□□조(지원대상자의 범위) ① 이 법에 따른 지원대상자는 제○○조 제1호부터 제3호까지의 규정에 해당하는 자로 한다.
② 제1항에도 불구하고 부모가 사망하거나 그 생사가 분명하지 아니한 아동을 양육하는 조부 또는 조모는 이 법에 따른 지원대상자가 된다.

제△△조(복지 급여 등) ① 국가나 지방자치단체는 지원대상자의 복지 급여 신청이 있으면 다음 각 호의 복지 급여를 실시하여야 한다.
1. 생계비
2. 아동교육지원비
3. 아동양육비
② 이 법에 따른 지원대상자가 다른 법령에 따라 지원을 받고 있는 경우에는 그 범위에서 이 법에 따른 급여를 실시하지 아니한다. 다만, 제1항 제3호의 아동양육비는 지급할 수 있다.
③ 제1항 제3호의 아동양육비를 지급할 때에 다음 각 호의 어느 하나에 해당하는 경우에는 예산의 범위에서 추가적인 복지 급여를 실시하여야 한다.
1. 미혼모나 미혼부가 5세 이하의 아동을 양육하는 경우
2. 34세 이하의 모 또는 부가 아동을 양육하는 경우

① 5세인 자녀를 홀로 양육하는 자가 지원대상자가 되기 위해서는 미혼자여야 한다. ➡ (×) 제□□조 제1항에서 지원대상자는 제○○조 제1호부터 제3호까지의 규정에 해당하는 자임을 알 수 있고, 제○○조의 제2호에서 가~다목에 따라 미혼자가 아니더라도 한부모가족 지원대상자가 될 수 있으므로 적절하지 않다.
② 배우자와 사별한 자가 18개월간 병역의무를 이행한 22세의 대학생 자녀를 양육하는 경우, 지원대상자가 될 수 없다. ➡ (×) 제○○조 제3호에서 아동은 취학 중인 경우에는 22세 미만을 말하되, 병역의무를 이행하고 취학 중인 경우에는 병역의무를 이행한 기간을 가산한 연령 미만인 자를 말함을 알 수 있다. 따라서 18개월간 병역 의무를 이행한 경우, 이 기간이 가산된 23세 6개월까지 아동으로 볼 수 있으므로 언급된 22세의 대학생 자녀는 지원대상자가 될 수 있다.
③ 부모의 생사가 불분명한 6세인 손자를 양육하는 조모에게는 복지 급여 신청이 없어도 생계비를 지급하여야 한다. ➡ (×) 제□□조 제2항에서 부모의 생사가 분명하지 아니한 아동을 양육하는 조부 또는 조모는 지원대상자가 되지만, 제△△조 제1항에서 지원대상자의 복지 급여 신청이 있으면 복지 급여를 실시하여야 함을 알 수 있다. 따라서 복지 급여 신청이 없어도 생계비를 지급하여야 한다고 볼 수 없으므로 적절하지 않다.

④ 30세인 미혼모가 5세인 자녀를 양육하는 경우, 아동양육비를 지급할 때 추가적인 복지 급여를 실시할 수 없다. ➡ (X) 제△△조 제2항에서 지원대상자가 다른 법령에 따라 지원을 받고 있는 경우에는 그 범위에서 급여를 실시하지 않지만, 제1항 제3호의 아동양육비는 지급할 수 있음을 알 수 있다. 동조 제3항에서 제1항 제3호의 아동양육비를 지급할 때에 해당하는 경우 중 제2호의 34세 이하의 모 또는 부가 아동을 양육하는 경우가 명시되어 있으므로 추가적인 복지 급여를 실시할 수 없다는 설명은 적절하지 않다.

⑤ 지원대상자가 다른 법령에 따른 지원을 받고 있는 경우에도 국가나 지방자치단체는 아동양육비를 지급할 수 있다. ➡ (O) 제△△조 제2항에서 지원대상자가 다른 법령에 따라 지원을 받고 있는 경우에는 그 범위에서 급여를 실시하지 않지만, 제1항 제3호의 아동양육비는 지급할 수 있음을 알 수 있으므로 적절하다.

2023 | 제3영역 자료해석(㉑ 책형)

기출 총평

2023년 자료해석 시험은 표/그림/빈칸 제시형과 계산형의 문제가 많이 출제되었다. 새로운 유형의 문제는 출제되지 않아 문제 자체를 해석하는데 어려움은 없었을 것이다. 계산이 필요 없이 바로 해결 가능한 1번 문제나 눈대중으로 해결할 수 있는 3번 문제와 같이 간단한 계산이나 비교만으로 해결할 수 있는 난이도 하의 문제들이 초반부에 많이 배치되어 있어 초반 체감 난도는 낮았을 것으로 예상된다. 중반부 이후로는 눈대중으로 계산할 수 없는 문제나 계산 자체는 간단하지만 많은 계산을 요하는 문제들이 출제되어 초반부에 시간 분배를 잘못했다면 전체 문제풀이에 어려움을 겪었을 것이다. 다만 순서대로 풀이하면 많은 계산이 필요하나 〈보기〉 조합에 따라 복잡한 계산은 하지 않아도 답을 구할 수 있거나 계산이 간단한 선지가 답이어서 실제 답을 구할 때는 많은 계산을 하지 않아도 되는 문제들이 있었으므로 평소에 어림계산으로 대소 비교를 하는 연습이나 문제풀이 순서에 대한 연습을 많이 한 경우 금방 해결하였을 것이다. 따라서 올해 자료해석 시험은 난도에 따른 문제별 시간 분배와 복잡한 계산이 필요한 문제에서의 문제풀이 순서 파악이 핵심이었다고 볼 수 있다. 다른 해에 비해 기본적인 유형의 문제들이 많이 출제되었고, 아주 쉬운 난도의 문제들도 있었지만 계산 과정이 전년도에 비해 까다로운 문제들이 있었으므로 전체적인 체감 난도는 전년도에 비해 조금 더 높을 것으로 예상된다.

문항 분석

문번	정답	정답률	유형
01	①	90.5%	자료 읽기/추론 > 매칭형
02	③	92.5%	자료 읽기/추론 > 계산형
03	②	89.3%	자료 읽기/추론 > 계산형
04	③	86.2%	자료 읽기/추론 > 계산형
05	⑤	91.8%	자료 추론 > 추가로 필요한 자료 찾기
06	④	62.7%	자료 읽기 > 표 제시형
07	①	46.4%	자료 변환응용 > 자료/보고서 전환형
08	①	80.8%	자료 변환응용 > 표/그림 전환형
09	②	81.8%	자료 읽기 > 그림 제시형
10	⑤	83.7%	자료 읽기 > 표/빈칸 제시형
11	③	57.1%	자료 읽기/추론 > 계산형
12	④	58%	자료 읽기/추론 > 계산형
13	⑤	64.7%	자료 변환응용 > 표/그림 전환형

문번	정답	정답률	유형
14	③	73.9%	자료 읽기 > 표/빈칸 제시형
15	⑤	42.4%	자료 읽기 > 표/그림 제시형
16	④	75.9%	자료 읽기 > 표/그림/빈칸 제시형
17	④	72.7%	자료 읽기 > 표/빈칸 제시형
18	④	64.3%	자료 읽기 > 표/빈칸 제시형
19	②	69.3%	자료 읽기 > 표 제시형
20	①	34.4%	자료 읽기/추론 > 계산형
21	③	63.5%	자료 읽기 > 표/빈칸 제시형
22	①	68.4%	자료 읽기/추론 > 매칭형
23	③	58%	자료 읽기 > 표/빈칸 제시형
24	④	74.3%	자료 읽기 > 표 제시형
25	②	30.8%	자료 읽기/추론 > 계산형

※ 음영 문항은 해당 회차에서 정답률이 가장 낮은 TOP 3 문항입니다.

※ 문항별 정답률 산정 기준: 〈에듀윌 합격예측 풀서비스〉를 통해 수집된 데이터

출제 비중

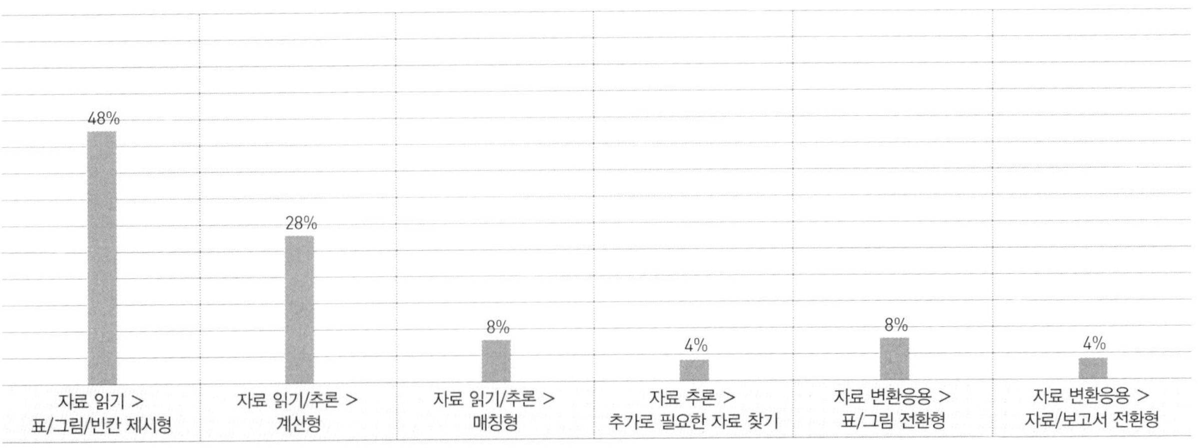

기출문제편 P.86									
01	①	02	③	03	②	04	③	05	⑤
06	④	07	①	08	①	09	②	10	⑤
11	③	12	④	13	⑤	14	③	15	⑤
16	④	17	④	18	④	19	②	20	①
21	③	22	①	23	③	24	④	25	②

01 ①

정답률 90.5%

| 문제 유형 | 자료 읽기/추론 > 매칭형

| 접근 전략 | 모든 〈조건〉을 만족하는 것을 찾는 문제는 각 〈조건〉을 만족하지 않는 것을 제외하면서 풀면 빠르게 해결할 수 있다.

다음 〈그림〉은 '갑' 지역의 리조트 개발 후보지 A～E의 지리정보 조사 결과이다. 이를 근거로 A～E 중 〈입지조건〉을 모두 만족하는 리조트 개발 후보지를 고르면?

〈그림〉 리조트 개발 후보지 A～E의 지리정보 조사 결과

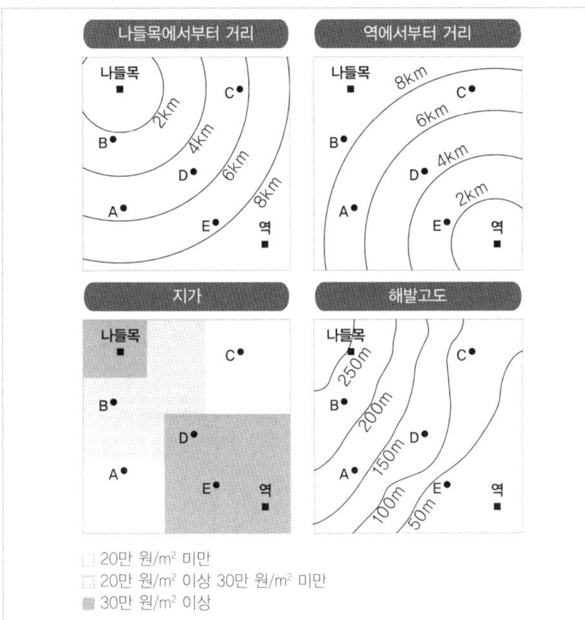

〈입지조건〉

○ 나들목에서부터 거리가 6km 이내인 장소
○ 역에서부터 거리가 8km 이내인 장소
○ 지가가 30만 원/m^2 미만인 장소
○ 해발고도가 100m 이상인 장소

① A ➡ (○) 나들목에서부터 거리가 6km 이내, 역에서부터 거리가 8km 이내, 지가가 30만 원/m^2 미만, 해발고도가 100m 이상이라는 〈입지조건〉을 모두 만족한다.
② B ➡ (×) 역에서부터 거리가 8km를 초과하므로 적절하지 않다.
③ C ➡ (×) 해발고도가 100m 미만이므로 적절하지 않다.
④ D ➡ (×) 지가가 30만 원/m^2 이상이므로 적절하지 않다.
⑤ E ➡ (×) 나들목에서부터 거리가 6km를 초과하고, 지가가 30만 원/m^2 이상이며, 해발고도가 100m 미만이므로 적절하지 않다.

02 ③

정답률 92.5%

| 문제 유형 | 자료 읽기/추론 > 계산형

| 접근 전략 | 소수점 아래 첫째 자리에서 반올림, 올림, 내림을 하라는 조건이 없으므로 진료의사 1인당 진료환자 수는 딱 떨어지는 값임을 유추할 수 있다. 580 = 29 × 20이고, 26, 32, 38은 580의 약수가 아니다. 따라서 정답은 20 또는 29이다. 4월 7일을 제외하고, 나머지 날짜의 진료의사 수의 일의 자리 수만 계산했을 때 3 + 6 + 5 + 0 + 5 + 4 = 23으로 일의 자리 수가 3이고, 4월 5일부터 11일까지의 진료의사 수의 합계의 일의 자리 수가 3이므로 4월 7일의 진료의사 수의 일의 자리 수는 0이다. 즉, 4월 7일의 진료의사 수가 20명이므로 이 날의 진료의사 1인당 진료환자 수는 29명이다.

다음 〈표〉는 4월 5일부터 4월 11일까지 종합병원 A의 날짜별 진료 실적에 관한 자료이다. 4월 7일의 진료의사 1인당 진료환자 수는?

〈표〉 종합병원 A의 날짜별 진료 실적

(단위: 명)

구분 / 날짜	진료의사 수	진료환자 수	진료의사 1인당 진료환자 수
4월 5일	23	782	34
4월 6일	26	988	38
4월 7일	( )	580	( )
4월 8일	25	700	28
4월 9일	30	1,050	35
4월 10일	15	285	19
4월 11일	4	48	12
계	143	4,433	–

① 20 ➡ (×)
② 26 ➡ (×)
③ 29 ➡ (○) 4월 7일의 진료의사 수는 143 − 23 − 26 − 25 − 30 − 15 − 4 = 20(명)이다. 따라서 4월 7일의 진료의사 1인당 진료환자 수는 580 ÷ 20 = 29(명)이다.
④ 32 ➡ (×)
⑤ 38 ➡ (×)

03 ②

정답률 89.3%

| 문제 유형 | 자료 읽기/추론 > 계산형

| 접근 전략 | 육로수입량은 모든 농산물이 비슷한 반면 해상수입량과 항공수입량의 합은 땅콩이 압도적으로 적으므로 정확하게 계산하지 않아도 땅콩의 육로수입량 비중이 가장 크다는 것을 알 수 있다. 다만 〈표〉에 나와 있는 농산물의 순서와 선지에 나와 있는 농산물의 순서가 다르므로 주의해야 한다.

다음 〈표〉는 2022년 '갑'국 주요 수입 농산물의 수입경로별 수입량에 관한 자료이다. 이를 근거로 육로수입량 비중을 농산물별로 비교할 때, 육로수입량 비중이 가장 큰 농산물은?

〈표〉 2022년 '갑'국 주요 수입 농산물의 수입경로별 수입량

(단위: 톤)

수입경로 / 농산물	육로	해상	항공
콩	2,593	105,340	246,117
건고추	2,483	78,437	86,097
땅콩	2,260	8,219	26,146
참깨	2,024	12,986	76,812
팥	2,020	7,102	42,418

※ 1) 농산물별 수입량
= 농산물별 육로수입량 + 농산물별 해상수입량 + 농산물별 항공수입량

2) 농산물별 육로수입량 비중(%) = $\frac{\text{농산물별 육로수입량}}{\text{농산물별 수입량}} \times 100$

① 건고추 ➡ (X) 건고추의 육로수입량 비중은 $\frac{2,483}{2,483+78,437+86,097} \times 100 \fallingdotseq 1.5(\%)$이다.

② 땅콩 ➡ (O) 땅콩의 육로수입량 비중은 $\frac{2,260}{2,260+8,219+26,146} \times 100 \fallingdotseq 6.2(\%)$이다. 따라서 다른 농산물에 비하여 육로수입량 비중이 가장 크다.

③ 참깨 ➡ (X) 참깨의 육로수입량 비중은 $\frac{2,024}{2,024+12,986+76,812} \times 100 \fallingdotseq 2.2(\%)$이다.

④ 콩 ➡ (X) 콩의 육로수입량 비중은 $\frac{2,593}{2,593+105,340+246,117} \times 100 \fallingdotseq 0.7(\%)$이다.

⑤ 팥 ➡ (X) 팥의 육로수입량 비중은 $\frac{2,020}{2,020+7,102+42,418} \times 100 \fallingdotseq 3.9(\%)$이다.

04 ③

정답률 86.2%

| 문제 유형 | 자료 읽기/추론 > 계산형

| 접근 전략 | 복잡한 계산은 아니나 시간 단축을 위해서는 계산해야 하는 항목의 개수를 최대한 줄여야 한다. 선지에 나와 있는 조합만 확인하면 되므로 공공정책 홍보경력이 있는 업체와 없는 업체로 나눈 뒤 두 그룹 중 더 빨리 확인 가능한 그룹부터 계산을 시작한다. 공공정책 홍보경력이 있는 홍보업체의 경우 F가 A보다 미디어채널 구독자 수와 SNS 팔로워 수가 더 적으므로 계산을 제외할 수 있고, 공공정책 홍보경력이 없는 홍보업체는 세 업체를 모두 계산해야 한다. 따라서 공공정책 홍보경력이 있는 홍보업체의 인지도부터 계산하고, C와 조합을 이룬 B, D만 계산한다. 각각 두 값을 비교하는 것이므로 각 업체들의 인지도를 정확히 구하는 것보다 A − C = (40 × 0.4) − (30 × 0.6) = 16 − 18, B − D = (100 × 0.4) − (60 × 0.6) = 40 − 36와 같이 차를 이용하여 대소를 비교하면 더욱 빠르게 해결할 수 있다.

다음 〈표〉는 '갑'시 공공정책 홍보사업에 입찰한 A~F홍보업체의 온라인 홍보매체 운영현황에 관한 자료이다. 이를 근거로 A~F홍보업체 중 〈선정방식〉에 따라 홍보업체를 고르면?

〈표〉 A~F홍보업체의 온라인 홍보매체 운영현황

(단위: 만 명)

구분 / 홍보업체	미디어채널 구독자 수	SNS 팔로워 수	공공정책 홍보경력
A	90	50	유
B	180	0	무
C	50	80	유
D	80	60	무
E	100	40	무
F	60	45	유

〈선정방식〉

○ 공공정책 홍보경력이 있는 홍보업체 중 인지도가 가장 높은 1곳과 공공정책 홍보경력이 없는 홍보업체 중 인지도가 가장 높은 1곳을 각각 선정함

○ 홍보업체 인지도 =
(미디어채널 구독자 수 × 0.4) + (SNS 팔로워 수 × 0.6)

① A, D ➡ (X)

② A, E ➡ (X)

③ B, C ➡ (O) 공공정책 홍보경력이 있는 홍보업체는 A, C, F이다. 이때, F는 A보다 미디어채널 구독자 수와 SNS 팔로워 수가 모두 적으므로 F는 인지도가 가장 높은 홍보업체가 아니다. A의 인지도는 (90 × 0.4) + (50 × 0.6) = 66, C의 인지도는 (50 × 0.4) + (80 × 0.6) = 68로 C의 인지도가 가장 높다. 따라서 답은 C가 포함된 ③ 또는 ⑤이므로 B와 D만 확인한다. B의 인지도는 180 × 0.4 = 72이고, D의 인지도는 (80 × 0.4) + (60 × 0.6) = 68이므로 B의 인지도가 가장 높다. 따라서 공공정책 홍보경력이 있는 홍보업체 중 인지도가 가장 높은 곳은 C, 공공정책 홍보경력이 없는 홍보업체 중 인지도가 가장 높은 곳은 B이다.

④ B, F ➡ (X)

⑤ C, D ➡ (X)

05 ⑤

정답률 91.8%

| 문제 유형 | 자료 추론 > 추가로 필요한 자료 찾기

| 접근 전략 | 〈보고서〉에 나온 내용이 제시된 자료에 직접적으로 주어져 있지 않더라도 해당 자료를 통해 알 수 있는 내용은 추가로 필요한 자료가 아니다.

다음은 2013～2022년 '갑'국 국방연구소가 출원한 지식재산권에 관한 자료이다. 제시된 〈표〉 이외에 〈보고서〉를 작성하기 위해 추가로 필요한 자료만을 〈보기〉에서 모두 고르면?

〈표〉 2013～2022년 '갑'국 국방연구소의 특허 출원 건수

(단위: 건)

구분 \ 연도	2013	2014	2015	2016	2017	2018	2019	2020	2021	2022
국내 출원	287	368	385	458	514	481	555	441	189	77
국외 출원	34	17	9	26	21	13	21	16	2	3

〈보고서〉

'갑'국 국방연구소는 국방에 필요한 무기와 국방과학기술을 연구·개발하면서 특허, 상표권, 실용신안 등 관련 지식재산권을 출원하고 있다. ▶1문단

2013～2022년 '갑'국 국방연구소가 출원한 연도별 특허 건수는 2017년까지 매년 증가하였고, 2019년 이후에는 매년 감소하였다. 2013～2022년 국외 출원 특허 건수를 대상 국가별로 살펴보면, 미국에 출원한 특허가 매년 가장 많았다. ▶2문단

2013～2022년 '갑'국 국방연구소는 2015년에만 상표권을 출원하였으며, 그중 국외 출원은 없었다. 또한, 2016년부터 2년마다 1건씩 총 4건의 실용신안을 국내 출원하였다. ▶3문단

〈보기〉

ㄱ. '갑'국 국방연구소의 연도별 전체 특허 출원 건수 → (X) 제시된 〈표〉의 국내 특허 출원 건수와 국외 특허 출원 건수를 합하면 '갑'국 국방연구소의 연도별 전체 특허 출원 건수를 알 수 있으므로 추가로 필요한 자료가 아니다.

(단위: 건)

연도	2013	2014	2015	2016	2017	2018	2019	2020	2021	2022
전체	321	385	394	484	535	494	576	457	191	80

ㄴ. '갑'국 국방연구소의 국외 출원 대상 국가별 특허 출원 건수 → (O) 〈보고서〉의 두 번째 문단에 '2013～2022년 국외 출원 특허 건수를 대상 국가별로 살펴보면, 미국에 출원한 특허가 매년 가장 많았다.'라고 나와 있는데 제시된 〈표〉에는 해당하는 정보가 없으므로 추가로 필요한 자료이다.

(단위: 건)

대상 국가 \ 연도	2013	2014	2015	2016	2017	2018	2019	2020	2021	2022
독일	1	1	1	0	0	0	0	0	0	0
미국	26	15	8	18	20	11	16	15	2	3
일본	0	1	0	2	0	0	1	1	0	0
영국	0	0	0	5	1	1	0	0	0	0
프랑스	7	0	0	0	0	0	0	0	0	0
호주	0	0	0	0	0	0	3	0	0	0
기타	0	0	0	1	0	1	1	0	0	0
계	34	17	9	26	21	13	21	16	2	3

ㄷ. '갑'국 국방연구소의 연도별 상표권 출원 건수 → (O) 〈보고서〉의 세 번째 문단에 '2013～2022년 '갑'국 국방연구소는 2015년에만 상표권을 출원하였으며, 그중 국외 출원은 없었다.'라고 나와 있는데 제시된 〈표〉에는 해당하는 정보가 없으므로 추가로 필요한 자료이다.

(단위: 건)

구분 \ 연도	2013	2014	2015	2016	2017	2018	2019	2020	2021	2022
국내 출원	0	0	2	0	0	0	0	0	0	0
국외 출원	0	0	0	0	0	0	0	0	0	0

ㄹ. '갑'국 국방연구소의 연도별 실용신안 출원 건수 → (O) 〈보고서〉의 세 번째 문단에 '2016년부터 2년마다 1건씩 총 4건의 실용신안을 국내 출원하였다.'라고 나와 있는데 제시된 〈표〉에는 해당하는 정보가 없으므로 추가로 필요한 자료이다.

(단위: 건)

구분 \ 연도	2013	2014	2015	2016	2017	2018	2019	2020	2021	2022
국내 출원	0	0	0	1	0	1	0	1	0	1
국외 출원	0	0	0	0	0	0	0	0	0	0

① ㄱ, ㄴ ➡ (X)
② ㄱ, ㄷ ➡ (X)
③ ㄴ, ㄷ ➡ (X)
④ ㄷ, ㄹ ➡ (X)
⑤ ㄴ, ㄷ, ㄹ ➡ (O)

06 ④

정답률 62.7%

| 문제 유형 | 자료 읽기 > 표 제시형

| 접근 전략 | 모든 값을 계산하면 시간이 오래 걸리는 문제이나 계산하는 값들의 비교를 통해 정확한 계산 없이 대소만 비교하였다면 간단하게 해결할 수 있는 문제이다. 우선 〈보기〉에 주어진 값을 계산할 수 있는 식을 세우고, 분모에 들어갈 값과 분자에 들어갈 값의 대소, 비율을 비교하고, 어림계산이 불가능한 경우만 정확히 계산한다. 또한 ㄱ, ㄷ은 비교대상이 두 개이므로 먼저 확인하고, ㄴ의 계산은 선지의 〈보기〉 조합에 따라 결정한다.

다음 〈표〉는 2022년 A～E국의 연구개발 세액감면 현황에 관한 자료이다. 이에 대한 〈보기〉의 설명 중 옳은 것만을 모두 고르면?

〈표〉 2022년 A～E국의 연구개발 세액감면 현황

(단위: 백만 달러, %)

국가 \ 구분	연구개발 세액감면액	GDP 대비 연구개발 세액감면액 비율	연구개발 총지출액 대비 연구개발 세액감면액 비율
A	3,613	0.20	4.97
B	12,567	0.07	2.85
C	2,104	0.13	8.15
D	4,316	0.16	10.62
E	6,547	0.13	4.14

〈보기〉

ㄱ. GDP는 C국이 E국보다 크다. → (X) GDP 대비 연구개발 세액감면액 비율 = (연구개발 세액감면액 ÷ GDP) × 100이므로 GDP = (연구개발 세액감면액 ÷ GDP 대비 연구개발 세액감면액 비율) × 100이다. C국의 GDP는 (2,104 ÷ 0.13) × 100, E국의 GDP는 (6,547 ÷ 0.13) × 100이다. C국은 E국보다 연구개발 세액감면액이 적고, GDP 대비 연구개발 세액감면액 비율은 같으므로 GDP는 C국이 E국보다 작다.

ㄴ. 연구개발 총지출액이 가장 큰 국가는 B국이다. → (O) 연구개발 총지출액 대비 연구개발 세액감면액 비율 = (연구개발 세액감면액 ÷ 연구개발 총지출액) × 100이므로 연구개발 총지출액 = (연구개발 세액감면액 ÷ 연구개발 총지출액 대비 연구개발 세액감면액 비율) × 100이다. B국은 다른 국가에 비해 연구개발 세액감면액이 가장 크고, 연구개발 총지출액 대비 연구개발 세액감면액 비율은 가장 작으므로 연구개발 총지출액이 가장 큰 국가는 B국이다.

ㄷ. GDP 대비 연구개발 총지출액 비율은 A국이 B국보다 높다. → (O) GDP 대비 연구개발 총지출액 비율 = {(연구개발 세액감면액 ÷ 연구개발 총지출액 대비 연구개발 세액감면액 비율) × 100} ÷ {(연구개발 세액감면액 ÷ GDP 대비 연구개발 세액감면액 비율) × 100} × 100 = (GDP 대비 연구개발 세액감면액 비율 ÷ 연구개발 총지출액 대비 연구개발 세액감면액 비율) × 100이다. A국은 GDP 대비 연구개발 세액감면액 비율이 B국의 2배 이상이고, 연구개발 총지출액 대비 연구개발 세액감면액 비율이 B국의 2배 미만이므로 GDP 대비 연구개발 총지출액 비율은 A국이 B국보다 높다.

① ㄱ ➡ (X)
② ㄴ ➡ (X)
③ ㄷ ➡ (X)
④ ㄴ, ㄷ ➡ (O)
⑤ ㄱ, ㄴ, ㄷ ➡ (X)

07 ①

정답률 46.4%

| 문제 유형 | 자료 변환응용 > 자료/보고서 전환형

| 접근 전략 | 계산이 필요 없는 기호부터 확인한다. ㉡은 계산이 필요 없는 기호이고, 옳지 않으므로 답은 ① 또는 ④이다. 따라서 ㉠은 항상 옳은 기호이므로 확인하지 않는다. ㉢에서 2014년~2018년 농업진흥지역 면적이 약 80만ha이고, 80만ha의 15%는 12만ha이다. 2014년 이후 농업진흥지역 밭 면적은 모두 12만ha 미만이고, 농업진흥지역 면적은 80만ha를 초과하므로 농업진흥지역 면적에서 밭 면적이 차지하는 비중이 15% 이하임을 알 수 있다. 따라서 2013년만 정확히 계산하면 ㉢의 옳고 그름을 바로 확인할 수 있다.

다음 〈표〉는 2013~2022년 '갑'국의 농업진흥지역 면적에 관한 자료이다. 이에 대한 〈보고서〉의 설명 중 옳은 것만을 모두 고르면?

〈표〉 2013~2022년 '갑'국의 농업진흥지역 면적

(단위: 만ha)

연도 \ 구분	전체 농지	농업진흥지역		
			논	밭
2013	180.1	91.5	76.9	14.6
2014	175.9	81.5	71.6	9.9
2015	171.5	80.7	71.0	9.7
2016	173.0	80.9	71.2	9.7
2017	169.1	81.1	71.4	9.7
2018	167.9	81.0	71.3	9.7
2019	164.4	78.0	67.9	10.1
2020	162.1	77.7	67.9	9.8
2021	159.6	77.8	68.2	9.6
2022	158.1	77.6	68.7	8.9

〈보고서〉

'갑'국은 우량농지를 보전하고 농지이용률을 높인다는 취지로 농업진흥지역을 지정하고 있다. 그러나, ㉠2014년부터 2022년까지 매년 농업진흥지역 면적은 전체 농지 면적의 50% 이하에 그치고 있다. → (O) 농업진흥지역 면적 × 2와 전체 농지를 비교하였을 때, 2013년은 농업진흥지역 면적 × 2가 전체 농지보다 크지만 2014년부터 2022년까지는 전체 농지가 더 큰 값이므로 농업진흥지역 면적이 전체 농지 면적의 50% 이하이다. 또한, ㉡같은 기간 농업진흥지역 면적은 매년 감소하여, 농업기반이 취약해지는 것으로 분석된다. → (X) 2016년, 2017년, 2021년에는 농업진흥지역 면적이 전년 대비 증가하였다.

농업진흥지역 면적은 2013년 91.5만ha에서 2022년 77.6만ha로 15% 이상 감소했으며, 이는 같은 기간 전체 농지 면적의 감소율보다 크다. 한편, ㉢농업진흥지역 면적에서 밭 면적이 차지하는 비중은 2013년 이후 매년 15% 이하이다. → (X) 농업진흥지역 면적의 15%와 밭 면적을 비교해 보았을 때, 2013년은 91.5 × 0.15 = 13.725 < 14.6으로 농업진흥지역 면적의 15%보다 밭 면적이 더 크다. 따라서 2013년의 농업진흥지역 면적에서 밭 면적이 차지하는 비중이 15%를 초과한다.

① ㄱ ➡ (O)
② ㄴ ➡ (X)
③ ㄱ, ㄴ ➡ (X)
④ ㄱ, ㄷ ➡ (X)
⑤ ㄴ, ㄷ ➡ (X)

08 ①

정답률 80.8%

| 문제 유형 | 자료 변환응용 > 표/그림 전환형

| 접근 전략 | 농촌민박과 관련된 설명에서 ①, ③에서 제시된 98,932천 원에서 67,832천 원으로 감소할 때의 비율이 ⑤에서 제시된 96,932천 원에서 70,069천 원으로 감소할 때의 비율보다 크고, ①, ⑤의 농촌융복합사업장 매출액이 동일하므로 답이 하나로 정해지기 위해서는 ①, ③만이 설명에 부합해야 한다. 마찬가지로 농촌융복합사업장과 관련된 설명에서 답이 하나로 정해지기 위해서는 ①만이 설명에 부합해야 한다. 따라서 농촌체험마을과 관련된 설명에서 정답을 ①, ③, ⑤로 추리고 난 뒤에는 계산을 하지 않아도 답을 구할 수 있다.

다음은 '갑'군의 농촌관광 사업에 관한 〈방송뉴스〉이다. 〈방송뉴스〉의 내용과 부합하는 자료는?

〈방송뉴스〉

앵커: 농촌경제 활성화를 위하여 ○○부가 추진해오고 있는 농촌관광 사업이 있습니다. 최근 감염병으로 인해 농촌관광 사업도 큰 어려움을 겪고 있다고 합니다. □□□기자가 어려움을 겪고 있는 농촌관광 사업에 대해 보도합니다.

기자: …(중략)… '갑'군은 농촌의 소득 다변화를 위하여 다양한 농촌관광 사업을 추진했습니다. 하지만 감염병 확산으로 2020년 '갑'군의 농촌관광 방문객 수와 매출액이 크게 줄었습니다. 농촌체험마을은 2020년 방문객 수와 매출액이 2019년에 비해 75% 이상 감소하였습니다. → 75% 이상 감소하였다는 것은 전년 대비 25% 이하가 되었다는 뜻이다. 선지에서 농촌체험마을의 매출액은 2019년 12,280천 원, 2020년 3,030천 원 또는 2019년 12,320천 원, 2020년 3,180천 원이다. 12,280 × 0.25 = 3,070, 12,320 × 0.25 = 3,080이므로 2020년 매출액이 2019년의 25% 이하인 선지는 ①, ③, ⑤이다. 농촌민박도 2020년 방문객 수와 매출액이 전년과 비교하여 30% 이상 줄어들었습니다. → 30% 이상 줄어들었다는 것은 전년 대비 70% 이하가 되었다는 뜻이다. ①, ③, ⑤에서 농촌민박의 매출액은 2019년 98,932천 원, 2020년 67,832천 원 또는 2019년 96,932천 원, 2020년 70,069천 원이다. 98,932 × 0.7 = 69,252.4, 96,932 × 0.7 = 67,852.4이므로 2020년 매출액이 2019년의 70% 이하인 선지는 ①, ③이다. 다만, 농촌융복합사업장은 2020년 방문객 수와 매출액이 전년과 비교해 줄어든 비율이 농촌체험마을보다는 작았습니다. → 농촌융복합사업장의 매출액은 ①의 경우 2019년 6,109천 원에서 1,827천 원으로 줄어들었고, ③의 경우 2019년 6,309천 원에서 1,290천 원으로 줄어들었다. 따라서 2019년 대비 2020년 매출액이 감소한 비율이 ①이 더 작으므로 답이 하나로 정해지기 위해서는 ①만 〈방송뉴스〉의 내용과 부합하는 자료이다.

① ➡ (O)

(단위: 명, 천 원)

구분 연도	농촌체험마을		농촌민박		농촌융복합사업장	
	방문객 수	매출액	방문객 수	매출액	방문객 수	매출액
2019	1,118	12,280	2,968	98,932	395	6,109
2020	266	3,030	2,035	67,832	199	1,827

② ➡ (X)

(단위: 명, 천 원)

구분 연도	농촌체험마을		농촌민박		농촌융복합사업장	
	방문객 수	매출액	방문객 수	매출액	방문객 수	매출액
2019	1,118	12,320	2,968	98,932	395	6,109
2020	266	3,180	2,035	67,832	199	1,827

③ ➡ (X)

(단위: 명, 천 원)

구분 연도	농촌체험마을		농촌민박		농촌융복합사업장	
	방문객 수	매출액	방문객 수	매출액	방문객 수	매출액
2019	1,118	12,280	2,968	98,932	395	6,309
2020	266	3,030	2,035	67,832	199	1,290

④ ➡ (X)

(단위: 명, 천 원)

구분 연도	농촌체험마을		농촌민박		농촌융복합사업장	
	방문객 수	매출액	방문객 수	매출액	방문객 수	매출액
2019	1,118	12,320	2,968	96,932	395	6,309
2020	266	3,180	2,035	70,069	199	1,290

⑤ ➡ (X)

(단위: 명, 천 원)

구분 연도	농촌체험마을		농촌민박		농촌융복합사업장	
	방문객 수	매출액	방문객 수	매출액	방문객 수	매출액
2019	1,118	12,280	2,968	96,932	395	6,109
2020	266	3,030	2,035	70,069	199	1,827

09 ②

정답률 81.8%

| 문제 유형 | 자료 읽기 > 그림 제시형

| 접근 전략 | 선지의 〈보기〉 조합에 따라 네 개의 〈보기〉 중 최대 세 개만 확인해도 답을 구할 수 있다. 이 중 ㄱ, ㄴ, ㄷ은 계산 없이 정오를 확인할 수 있으므로 ㄹ은 확인하지 않아도 된다.

다음 〈그림〉은 2020년과 2021년 '갑'국의 농림축수산물 종류별 수출입량에 관한 자료이다. 이에 대한 〈보기〉의 설명 중 옳은 것만을 모두 고르면?

〈그림〉 2020년과 2021년 농림축수산물 종류별 수출입량

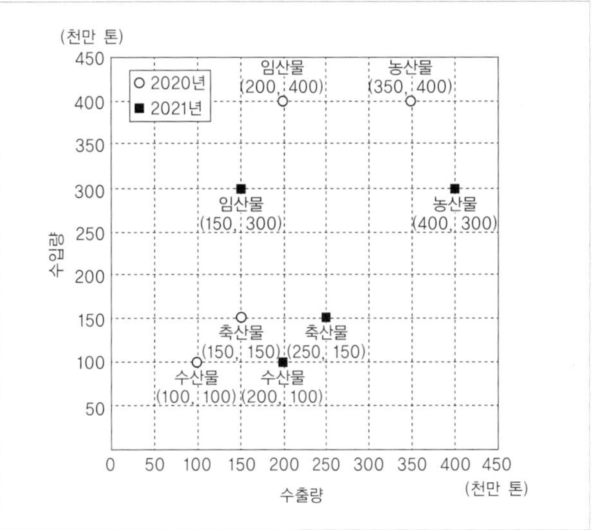

※ 농림축수산물 종류는 농산물, 임산물, 축산물, 수산물로만 구분됨

〈보기〉

ㄱ. 2021년 농산물, 축산물, 수산물의 수출량은 각각 전년 대비 증가하였다. → (O) 수출량이 x축이고, 농산물, 축산물, 수산물 모두 2021년 값인 ■이 2020년 값인 ○보다 오른쪽에 위치하므로 옳은 설명이다.

ㄴ. 2021년 농림축수산물 총수입량은 전년 대비 증가하였다. → (X) 수산물과 축산물의 수입량은 2020년과 2021년이 동일하고, 농산물과 임산물의 수입량은 2020년이 2021년보다 많다. 따라서 2021년 농림축수산물 총수입량은 전년 대비 감소하였다.

ㄷ. 수출량 대비 수입량 비율이 가장 높은 농림축수산물 종류는 2020년과 2021년이 같다. → (O) 수출량 대비 수입량 비율은 원점에서 해당 좌표까지의 기울기와 동일하다. 따라서 수출량 대비 수입량 비율이 가장 높은 농림축수산물 종류는 2020년과 2021년 모두 기울기가 가장 큰 임산물이다.

ㄹ. 2021년 수출량의 전년 대비 증가율은 축산물이 가장 높다. → (X) 수산물의 2021년 수출량은 전년 대비 2배이고, 나머지의 2021년 수출량은 전년 대비 2배 미만이므로 2021년 수출량의 전년 대비 증가율은 수산물이 가장 높다.

① ㄱ, ㄴ ➡ (X)
② ㄱ, ㄷ ➡ (O)
③ ㄱ, ㄹ ➡ (X)
④ ㄴ, ㄷ ➡ (X)
⑤ ㄴ, ㄹ ➡ (X)

10 ⑤

정답률 83.7%

| 문제 유형 | 자료 읽기 > 표/빈칸 제시형

| 접근 전략 | ㄷ에서 '큰 비'를 제외하고, 상위 5개 유형을 구하면 '천둥번개', '벼락', '우박', '짙은 안개'이다. 1401년, 1402년, 1406년을 제외하고 '큰 비'는 위 네 유형을 제외한 자연재해보다 발생 건수가 많으므로 '큰 비'는 상위 5개 유형에 속한다. 따라서 ㄷ이 옳은 〈보기〉이므로 답은 ②, ④, ⑤ 중 하나로 추릴 수 있고, ㄴ이 계산이 간단하므로 ㄴ을 먼저 확인하면 문제를 빠르게 해결할 수 있다.

다음 〈표〉는 조선왕조실록에 수록된 1401～1418년의 이상 기상 및 자연재해 발생 건수에 관한 자료이다. 이에 대한 〈보기〉의 설명 중 옳은 것만을 모두 고르면?

〈표〉 1401～1418년 이상 기상 및 자연재해 발생 건수

(단위: 건)

연도 \ 유형	천둥번개	큰 비	벼락	폭설	큰 바람	우박	한파 및 이상 고온	서리	짙은 안개	황충 피해	가뭄 및 홍수	지진 및 해일	전체
1401	2	1	6	0	2	8	3	7	5	1	3	1	39
1402	3	0	5	3	1	3	5	0	( )	2	2	2	41
1403	7	13	12	3	1	3	2	3	9	0	4	0	57
1404	1	18	0	0	1	4	2	0	3	0	0	0	29
1405	8	27	0	6	7	9	5	4	0	5	1	2	74
1406	4	( )	11	3	1	3	3	10	1	0	2	0	59
1407	4	14	8	4	1	3	4	2	2	3	4	0	49
1408	0	4	3	1	1	3	1	0	( )	3	0	0	23
1409	4	7	6	5	2	8	3	2	4	0	2	0	43
1410	14	14	5	1	2	6	1	1	5	2	6	1	58
1411	3	11	6	1	2	6	1	3	1	0	9	1	44
1412	4	8	4	2	5	6	2	0	3	2	2	0	38
1413	5	20	4	3	6	1	0	2	1	5	5	0	52
1414	5	21	7	3	3	3	5	5	0	0	6	0	58
1415	9	18	9	1	3	2	3	2	3	3	2	2	57
1416	5	11	5	1	5	2	0	3	4	1	3	0	40
1417	0	9	5	1	7	4	3	6	1	7	3	0	46
1418	5	17	0	0	6	2	0	2	0	3	3	1	39
합	83	( )	96	38	56	76	43	52	64	37	57	10	846

〈보기〉

ㄱ. 연도별 전체 발생 건수 상위 2개 연도의 발생 건수 합은 하위 2개 연도의 발생 건수 합의 3배 이상이다. → (X) 전체 발생 건수 상위 2개 연도는 1405년과 1406년으로 합은 74 + 59 = 133(건)이고, 하위 2개 연도는 1404년과 1408년으로 29 + 23 = 52(건)이다. 따라서 상위 2개 연도의 발생 건수 합은 하위 2개 연도의 발생 건수 합의 3배인 52 × 3 = 156(건)보다 적다.

ㄴ. '큰 비'가 가장 많이 발생한 해에는 '우박'도 가장 많이 발생했다. → (O) 1406년 '큰 비' 발생 건수는 59 − 4 − 11 − 3 − 1 − 3 − 3 − 10 − 1 − 2 = 21(건)이므로 '큰 비'가 가장 많이 발생한 해는 27건이 발생한 1405년이다. '우박'이 가장 많이 발생한 해는 9건이 발생한 1405년이다. 따라서 '큰 비'가 가장 많이 발생한 해와 '우박'이 가장 많이 발생한 해는 1405년으로 동일하다.

ㄷ. 1401～1418년 동안의 발생 건수 합 상위 5개 유형은 '천둥번개', '큰 비', '벼락', '우박', '짙은 안개'이다. → (O) '큰 비'의 발생 건수는 일부 해를 제외하고, 다른 자연재해보다 발생 건수가 많다. 따라서 정확히 계산하지 않아도 '큰 비'는 상위 5개 유형 중 하나에 속할 것임을 알 수 있다. '큰 비'를 제외하고, 상위 4개 유형은 많은 순서대로 '벼락', '천둥번개', '우박', '짙은 안개'이다. 따라서 상위 5개 유형은 '천둥번개', '큰 비', '벼락', '우박', '짙은 안개'이다.

ㄹ. 1402년에 가장 많이 발생한 유형은 1408년에도 가장 많이 발생했다. → (O) 1402년 '짙은 안개'는 41 − 3 − 5 − 3 − 1 − 3 − 5 − 2 − 2 − 2 = 15(건) 발생하였고, 1408년에는 23 − 4 − 3 − 1 − 1 − 3 − 1 − 3 = 7(건) 발생하였다. 따라서 1402년과 1408년 모두 '짙은 안개'가 가장 많이 발생하였다.

① ㄱ, ㄴ ➡ (X)
② ㄱ, ㄷ ➡ (X)
③ ㄴ, ㄹ ➡ (X)
④ ㄷ, ㄹ ➡ (X)
⑤ ㄴ, ㄷ, ㄹ ➡ (O)

11 ③

정답률 57.1%

| 문제 유형 | 자료 읽기/추론 > 계산형

| 접근 전략 | 모두 3인이 참석하므로 (가)～(라)의 총지급액을 정확히 계산하지 않아도 1인당 지급액의 대소 비교를 통해서 답을 구할 수 있다. (가), (다)는 회의참석비가 동일하고, (나), (라)는 회의참석비가 동일하다. (가)는 (다)보다 위원장과 위원의 1인당 안건검토비가 50천 원이 더 크고, 1인당 교통비는 13천 원 더 작다. 따라서 (가)의 총지급액이 (다)보다 크다. (나)는 (라)보다 위원장과 위원의 1인당 안건검토비가 50천 원이 더 크고, 1인당 교통비는 14천 원 더 작다. 따라서 (나)의 총지급액이 (라)보다 크다. 선지 조합에 따라 총지급액이 가장 큰 회의는 (나) 또는 (라)이므로 답은 ①, ②, ③ 중 하나이다. (가), (다)는 (라)보다 1인당 회의참석비가 50천 원 더 작다. (다)는 (라)보다 위원장과 위원의 1인당 안건검토비가 50천 원이 더 크고, 1인당 교통비는 5천 원이 더 작으므로 (다)와 (라)의 1인당 지급액 차는 50 − 50 − 5 = −5(천 원)으로 총지급액은 (다)가 더 작다. (가)는 (라)보다 위원장과 위원의 1인당 안건검토비가 100천 원이 더 크고, 1인당 교통비는 18천 원 작으므로 (가)와 (라)의 1인당 지급액 차는 100 − 50 − 18 = 32(천 원)으로 총지급액은 (가)가 더 크다. 따라서 (나), (가), (라), (다) 순이다.

다음 〈표〉는 위원회 회의참석수당 지급규정에 대한 자료이다. 이를 근거로 〈회의〉의 (가)～(라) 중 총지급액이 가장 큰 회의와 세 번째로 큰 회의를 바르게 연결한 것은?

〈표 1〉 위원회 회의참석수당 지급규정

(단위: 천 원/인)

구분		전체위원회		조정위원회		전문 위원회	기타 위원회
		전체 회의	소위	전체 회의	소위		
안건 검토비	위원장	300	250	200	150	200	150
	위원	250	200	150	100	150	100
회의참석비		회의시간이 2시간 미만인 경우 150 회의시간이 2시간 이상인 경우 200					
교통비		교통비 지급규정에 따라 정액 지급					

※1) 총지급액은 위원장과 위원의 회의참석수당 합임
2) 위원(장) 회의참석수당 = 위원(장) 안건검토비 + 회의참석비 + 교통비

〈표 2〉 교통비 지급규정

(단위: 천 원/인)

회의개최장소	1급지	2급지	3급지	4급지
교통비	12	16	25	30

※ 교통비는 회의개최장소의 등급에 따라 지급하고, 회의개최장소는 1~4급지로 구분됨

〈회의〉

(가) 1급지에서 개최되고 위원장 1인과 위원 2인이 참석하며, 회의시간이 1시간인 전체위원회 소위 → 전체위원회 소위이므로 안건검토비는 (250 × 1) + (200 × 2) = 650(천 원)이고, 회의시간이 1시간이므로 회의참석비는 150 × 3 = 450(천 원), 1급지에서 개최되었으므로 교통비는 12 × 3 = 36(천 원)이다. 따라서 총지급액은 650 + 450 + 36 = 1,136(천 원)이다.

(나) 2급지에서 개최되고 위원장 1인과 위원 2인이 참석하며, 회의시간이 3시간인 조정위원회 전체회의 → 조정위원회 전체회의이므로 안건검토비는 (200 × 1) + (150 × 2) = 500(천 원), 회의시간이 3시간이므로 회의참석비는 200 × 3 = 600(천 원), 2급지에서 개최되었으므로 교통비는 16 × 3 = 48(천 원)이다. 따라서 총지급액은 500 + 600 + 48 = 1,148(천 원)이다.

(다) 3급지에서 개최되고 위원장 1인과 위원 2인이 참석하며, 회의시간이 1시간인 전문위원회 → 전문위원회이므로 안건검토비는 (200 × 1) + (150 × 2) = 500(천 원)이고, 회의시간이 1시간이므로 150 × 3 = 450(천 원), 3급지에서 개최되었으므로 교통비는 25 × 3 = 75(천 원)이다. 따라서 총지급액은 500 + 450 + 75 = 1,025(천 원)이다.

(라) 4급지에서 개최되고 위원장 1인과 위원 2인이 참석하며, 회의시간이 4시간인 기타 위원회 → 기타위원회이므로 안건검토비는 (150 × 1) + (100 × 2) = 350(천 원)이고, 회의시간이 4시간이므로 회의참석비는 200 × 3 = 600(천 원), 4급지에서 개최되었으므로 교통비는 30 × 3 = 90(천 원)이다. 따라서 총지급액은 350 + 600 + 90 = 1,040(천 원)이다.

	총지급액이 가장 큰 회의	총지급액이 세 번째로 큰 회의	
①	(나)	(가)	➡ (X)
②	(나)	(다)	➡ (X)
③	(나)	(라)	➡ (O)
④	(라)	(나)	➡ (X)
⑤	(라)	(다)	➡ (X)

③ 해설: 총지급액이 가장 큰 순서부터 나열하면 (나), (가), (라), (다)이므로 총지급액이 가장 큰 회의는 (나)이고, 총지급액이 세 번째로 큰 회의는 (라)이다.

12 ④

정답률 58%

| 문제 유형 | 자료 읽기/추론 > 계산형

| 접근 전략 | 식이 네 개가 주어져 있고, 각 식에 대입하는 값들이 〈표〉에서 바로 제시된 것이 아니라 계산해서 알 수 있는 값이므로 많은 계산이 필요한 문제이다. 그러나 IT 분야 전체 등록특허의 피인용도 지수가 모두 동일하고, 식을 정리하여 영향력 지수는 피인용도 지수와 비례, 기술력 지수는 등록특허 피인용 횟수의 합에 비례한 것을 파악하였다면 문제를 빠르게 해결할 수 있다.

다음은 '갑'국의 특허 출원인 A~E의 IT 분야 등록특허별 피인용 횟수에 관한 자료이다. 이를 근거로 영향력 지수가 가장 큰 출원인과 기술력 지수가 가장 작은 출원인을 바르게 연결한 것은?

〈표〉 '갑'국의 특허 출원인 A~E의 IT 분야 등록특허별 피인용 횟수

(단위: 회)

특허 출원인	등록특허	피인용 횟수
A	A1	3
	A2	25
B	B1	1
	B2	3
	B3	20
C	C1	3
	C2	2
	C3	10
	C4	5
	C5	6
D	D1	12
	D2	21
	D3	15
E	E1	6
	E2	56
	E3	4
	E4	12

※ A~E는 IT 분야 외 등록특허가 없음

〈정보〉

○ 해당 출원인의 영향력 지수 = $\frac{\text{해당 출원인의 피인용도 지수}}{\text{IT 분야 전체 등록특허의 피인용도 지수}}$

○ 해당 출원인의 기술력 지수 = 해당 출원인의 영향력 지수 × 해당 출원인의 등록특허 수

○ 해당 출원인의 피인용도 지수 = $\frac{\text{해당 출원인의 등록특허 피인용 횟수의 합}}{\text{해당 출원인의 등록특허 수}}$

○ IT 분야 전체 등록특허의 피인용도 지수 = $\frac{\text{IT 분야 전체의 등록특허 피인용 횟수의 합}}{\text{IT 분야 전체의 등록특허 수}}$

	영향력 지수가 가장 큰 출원인	기술력 지수가 가장 작은 출원인	
①	A	B	➡ (×)
②	D	A	➡ (×)
③	D	C	➡ (×)
④	E	B	➡ (○)
⑤	E	C	➡ (×)

④ ➡ (○) IT 분야 전체 등록특허의 피인용도 지수는 A~E가 모두 동일하므로 영향력 지수는 피인용도 지수에 비례한다. 선지 조합에 따르면 영향력 지수가 가장 큰 출원인은 A, D, E 중 하나이므로 A, D, E의 피인용도 지수만 확인한다. A는 등록특허 수가 2개이고, 등록특허 피인용 횟수의 합은 3+25=28이므로 A의 피인용도 지수는 28÷2=14이다. D는 등록특허 수가 3개이고, 등록특허 피인용 횟수의 합은 12+21+15=48이므로 D의 피인용도 지수는 48÷3=16이다. E는 등록특허 수가 4개이고, 등록특허 피인용 횟수의 합은 6+56+4+12=78이므로 E의 피인용도 지수는 78÷4=19.5이다. 따라서 영향력 지수가 가장 큰 출원인은 피인용도 지수가 가장 큰 E이다. 선지 조합에 따라 기술력 지수는 B와 C만 확인한다. 기술력 지수는 영향력 지수×등록특허 수이고, 영향력 지수에서 IT 분야 전체 등록특허의 피인용도 지수가 동일하므로 피인용도 지수×등록특허 수만 확인한다. 피인용도 지수×등록특허 수=(등록특허 피인용 횟수의 합/등록특허 수)×등록특허 수=등록특허 피인용 횟수의 합이므로 기술력 지수는 등록특허 피인용 횟수의 합에 비례한다. B의 등록특허 피인용 횟수의 합은 1+3+20=24, C의 등록특허 피인용 횟수의 합은 3+2+10+5+6=26이므로 B의 기술력 지수가 C의 기술력 지수보다 작다.

13 ⑤

정답률 64.7%

| 문제 유형 | 자료 변환응용 > 표/그림 전환형

| 접근 전략 | ⑤에서 2021년 양자센서의 정부 R&D 투자금액은 전년 대비 감소하고, 양자기술 정부 R&D 투자금액은 전년 대비 증가하여 양자센서의 정부 R&D 투자금액 비중은 전년 대비 2021년에 감소해야 한다. 그런데 ⑤에 따르면 양자센서의 투자금액 비중이 매년 증가하고 있으므로 옳지 않은 선지이다.

다음 〈표〉는 2018~2022년 '갑'국의 양자기술 분야별 정부 R&D 투자금액에 관한 자료이다. 〈표〉를 이용하여 작성한 자료로 옳지 않은 것은?

〈표〉 양자기술 분야별 정부 R&D 투자금액

(단위: 백만 원)

분야 \ 연도	2018	2019	2020	2021	2022	합
양자컴퓨팅	61	119	200	285	558	1,223
양자내성암호	102	209	314	395	754	1,774
양자통신	110	192	289	358	723	1,672
양자센서	77	106	125	124	209	641
계	350	626	928	1,162	2,244	5,310

※ 양자기술은 양자컴퓨팅, 양자내성암호, 양자통신, 양자센서 분야로만 구분됨

① 2019~2022년 양자통신 분야 정부 R&D 투자금액의 전년 대비 증가율

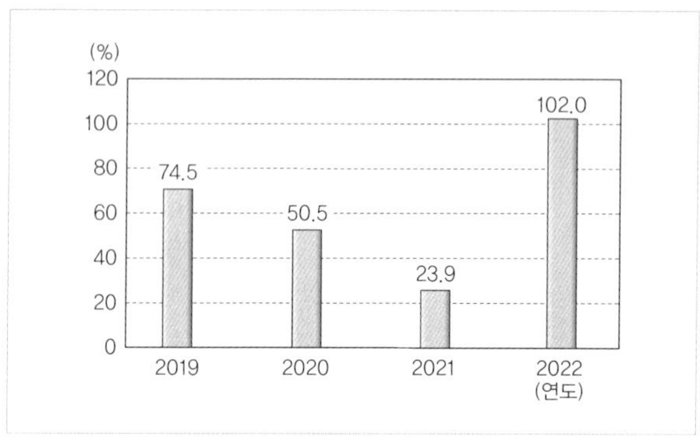

➡ (×) 2019년 $\frac{192-110}{110}\times100≒74.5(\%)$, 2020년 $\frac{289-192}{192}\times100≒50.5(\%)$, 2021년 $\frac{358-289}{289}\times100≒23.9(\%)$, 2022년 $\frac{723-358}{358}\times100≒102.0(\%)$이다.

② 연도별 양자컴퓨팅, 양자통신 분야 정부 R&D 투자금액

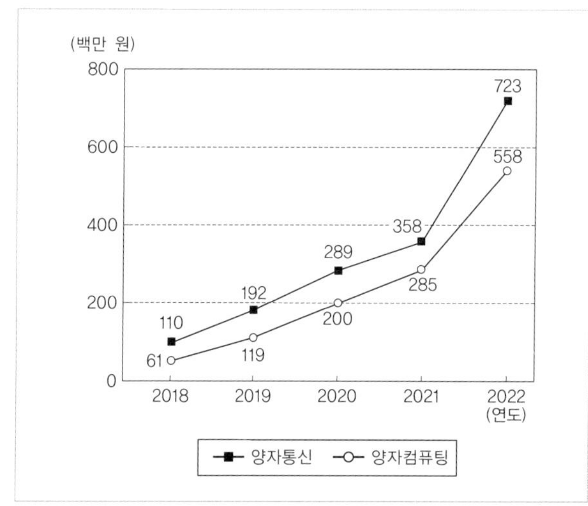

➡ (×) 정부 R&D 투자금액은 양자컴퓨팅 분야가 61백만 원 → 119백만 원 → 200백만 원 → 285백만 원 → 558백만 원으로 증가하고, 양자통신 분야가 110백만 원 → 192백만 원 → 289백만 원 → 358백만 원 → 723백만 원으로 증가하고 있다.

③ 2018~2022년 양자기술 정부 R&D 총투자금액의 분야별 구성비

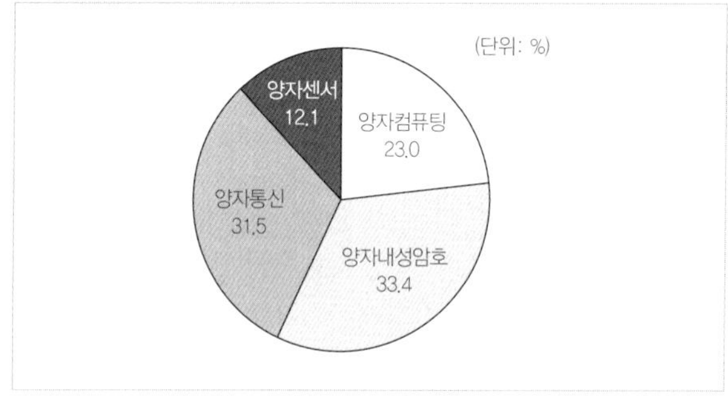

➡ (×) 2018~2022년 양자기술 정부 R&D 총투자금액의 분야별 구성비는 양자컴퓨팅 $\frac{1,223}{5,310}\times100≒23.0(\%)$, 양자내성암호 $\frac{1,774}{5,310}\times100≒33.4(\%)$, 양자통신 $\frac{1,672}{5,310}\times100≒31.5(\%)$, 양자센서 $\frac{641}{5,310}\times100≒12.1(\%)$ 이다.

④ 연도별 양자내성암호 분야 정부 R&D 투자금액 대비 양자센서 분야 정부 R&D 투자금액 비율

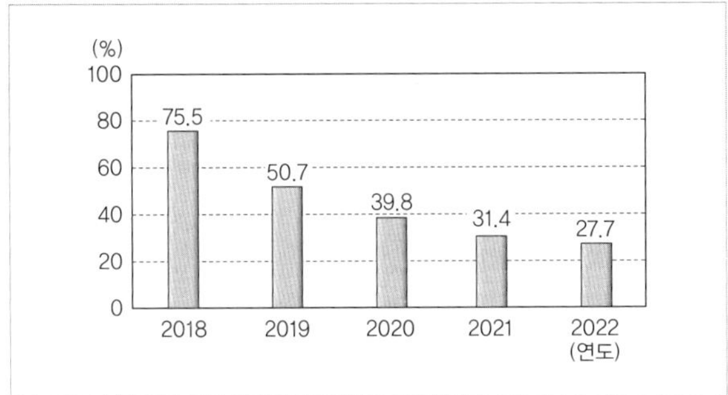

➡ (O) 연도별 양자내성암호 분야 정부 R&D 투자금액 대비 양자센서 분야 정부 R&D 투자금액 비율은 2018년 $\frac{77}{102}\times 100 \fallingdotseq 75.5(\%)$, 2019년 $\frac{106}{209}\times 100 \fallingdotseq 50.7(\%)$, 2020년 $\frac{125}{314}\times 100 \fallingdotseq 39.8(\%)$, 2021년 $\frac{124}{395}\times 100 \fallingdotseq 31.4(\%)$, 2022년 $\frac{209}{754}\times 100 \fallingdotseq 27.7(\%)$이다.

⑤ 2018～2022년 양자기술 정부 R&D 투자금액의 분야별 비중

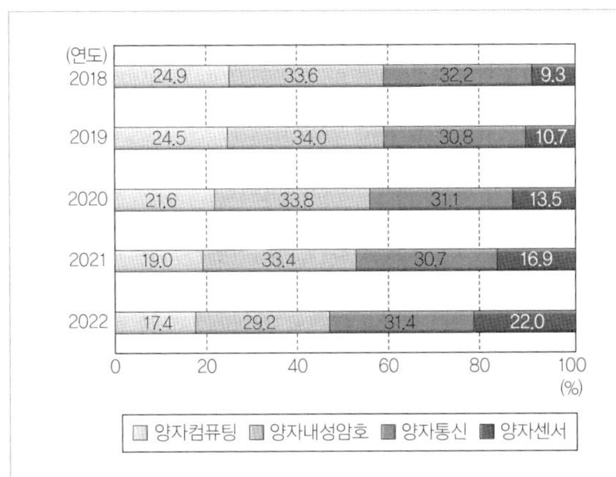

➡ (X) 2018～2022년 양자기술 정부 R&D 투자금액의 분야별 비중을 계산하면 다음과 같다. 표와 달리 바 그래프에는 연도 순서가 반대로 제시되어 있으므로 옳지 않은 자료이다.

분야 \ 연도	2018	2019	2020	2021	2022
양자컴퓨팅	17.4	19.0	21.6	24.5	24.9
양자내성암호	29.2	33.4	33.8	34.0	33.6
양자통신	31.4	30.7	31.1	30.8	32.2
양자센서	22.0	16.9	13.5	10.7	9.3

14 ③

정답률 73.9%

| 문제 유형 | 자료 읽기 > 표/빈칸 제시형

| 접근 전략 | 2022년 '참나무시들음병'의 발생면적은 ㄴ을 제외한 모든 〈보기〉에서 필요한 값이므로 먼저 계산한다. 이 값만 계산하면 ㄱ이 옳은 〈보기〉임을 알 수 있고, ㄴ과 ㄹ만 확인하면 답을 구할 수 있다. ㄹ에서 어림계산을 하면 1,487이 1,240보다 20% 이상 크고, 32,627은 28,522보다 20%에 못 미치게 크다. 따라서 2022년 병해충 발생면적의 전년 대비 증가율은 '참나무시들음병'이 '흰불나방'보다 높다.

다음 〈표〉는 2017～2022년 '갑'국의 병해충 발생면적에 관한 자료이다. 이에 대한 〈보기〉의 설명 중 옳은 것만을 모두 고르면?

〈표〉 2017～2022년 '갑'국의 병해충 발생면적

(단위: ha)

병해충 \ 연도	2017	2018	2019	2020	2021	2022
흰불나방	35,964	32,235	29,325	29,332	28,522	32,627
솔잎혹파리	35,707	38,976	( )	27,530	27,638	20,840
솔껍질깍지벌레	4,043	7,718	6,380	5,024	3,566	3,497
참나무시들음병	1,733	1,636	1,576	1,560	1,240	( )
전체	77,447	( )	69,812	63,446	60,966	58,451

〈보기〉

ㄱ. 2019～2022년 발생면적이 매년 감소한 병해충은 '솔껍질깍지벌레'뿐이다. → (O) '흰불나방'은 2020년과 2022년에 발생면적이 전년 대비 증가하였고, '솔잎혹파리'는 2021년에 발생면적이 전년 대비 증가하였고, '참나무시들음병'의 2022년 발생면적은 58,451 − 32,627 − 20,840 − 3,497 = 1,487(ha)로 전년 대비 증가하였다. '솔껍질깍지벌레'의 발생면적은 2019～2022년 매년 감소하고 있으므로 옳은 설명이다.

ㄴ. 전체 병해충 발생면적이 전년 대비 증가한 해는 2018년뿐이다. → (O) 2018년 전체 병해충 발생면적은 32,235 + 38,976 + 7,718 + 1,636 = 80,565(ha)이므로 전년 대비 증가하였고, 나머지 해는 전년 대비 감소하였으므로 옳은 설명이다.

ㄷ. 2019년 '솔잎혹파리' 발생면적은 2022년 '참나무시들음병' 발생면적의 30배 이상이다. → (X) 2019년 '솔잎혹파리' 발생면적은 69,812 − 29,325 − 6,380 − 1,576 = 32,531(ha)이고, 2022년 '참나무시들음병'의 발생면적은 58,451 − 32,627 − 20,840 − 3,497 = 1,487(ha)이다. 1,487(ha)의 30배는 44,610(ha)이므로 2019년 '솔잎혹파리' 발생면적은 2022년 '참나무시들음병' 발생면적의 30배 미만이다.

ㄹ. 2022년 병해충 발생면적의 전년 대비 증가율은 '참나무시들음병'이 '흰불나방'보다 낮다. → (X) 2022년 병해충 발생면적의 전년 대비 증가율은 '참나무시들음병'이 $\frac{1,487 - 1,240}{1,240}\times 100 \fallingdotseq 20.0(\%)$, '흰불나방'이 $\frac{32,627 - 28,522}{28,522}\times 100 \fallingdotseq 14.4(\%)$이다. 따라서 2022년 병해충 발생면적의 전년 대비 증가율은 '참나무시들음병'이 '흰불나방'보다 높다.

① ㄱ ➡ (X)
② ㄷ ➡ (X)
③ ㄱ, ㄴ ➡ (O)
④ ㄷ, ㄹ ➡ (X)
⑤ ㄱ, ㄴ, ㄹ ➡ (X)

15 ⑤

TOP3 정답률 42.4%

| 문제 유형 | 자료 읽기 > 표/그림 제시형

| 접근 전략 | 계산이 적은 선지부터 확인한다. ①은 계산이 필요 없고, ②는 합만으로 계산이 가능하므로 먼저 소거한다. ④는 가로 길이를 통해 대략적으로 확인 가능하다. 눈대중으로 가늠하였을 때, B, C, E, G, H는 가로 길이가 A에 한참 못 미치므로 A, D, F만 계산하면 A가 가장 큰 값이므로 ④도 옳은 설명이다. 남은 ③, ⑤ 중 ⑤는 각 학생의 신장과 체중의 비교를 통해 최대 다섯 번의 계산으로 확인이 가능하고, ③은 이보다 계산이 훨씬 많이 필요하므로 ⑤만 확인한다.

다음은 '갑'국의 2017년과 2022년 A~H학생의 신장 및 체중과 체질량지수 분류기준에 관한 자료이다. 이에 대한 설명으로 옳지 않은 것은?

〈그림〉 2017년과 2022년 A~H학생의 신장 및 체중

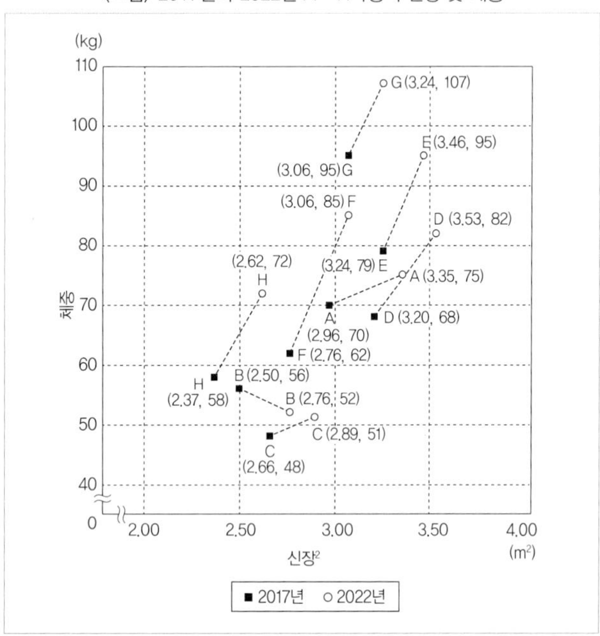

〈표〉 '갑'국의 체질량지수 분류기준

(단위: kg/m^2)

체질량지수	분류
20 미만	저체중
20 이상 25 미만	정상
25 이상 30 미만	과체중
30 이상 40 미만	비만
40 이상	고도비만

※ 체질량지수(kg/m^2) $= \frac{\text{체중}}{\text{신장}^2}$

① '저체중'으로 분류된 학생의 수는 2022년이 2017년보다 많다. ➡ (X) 체질량지수는 〈그림〉의 기울기와 같다. (2.00, 40), (2.50, 50), (3.00, 60), (3.50, 70), (4.00, 80)을 따라서 그었을 때, 이 선보다 아래에 있는 학생이 체질량지수가 20kg/m²미만 즉, '저체중'으로 분류된 학생이다. 이 선보다 아래에 있는 학생은 2017년에는 C, 2022년에는 B, C이므로 '저체중'으로 분류된 학생의 수는 2022년이 2017년보다 많다.

② 2022년 A~H학생 체중의 평균은 2017년 대비 10% 이상 증가하였다. ➡ (X) 2017년 A~H 학생의 체중의 합은 70 + 56 + 48 + 68 + 79 + 62 + 95 + 58 = 536(kg)이고, 2022년 A~H 학생의 체중의 합은 75 + 52 + 51 + 82 + 95 + 85 + 107 + 72 = 619(kg)이다. 평균에서 분모는 8로 동일하므로 평균은 합에 비례한다. 536(kg)의 10%는 53.6이며, 536 + 53.6 = 589.6(kg)이므로 2022년 체중의 합이 2017년 대비 10% 이상 증가하였다.

③ 2017년과 2022년에 모두 '정상'으로 분류된 학생은 2명이다. ➡ (X) B, C는 2022년에 '저체중'이었으므로 제외하고, 나머지만 체질량지수가 2017년과 2022년에 25kg/m²미만인지 확인한다. 신장² × 25가 체중보다 큰 값이라면 체질량지수가 25kg/m²미만이다. A는 2017년 2.96 × 25 = 74 > 70, 2022년 3.35 × 25 = 83.75 > 75이므로 두 해 모두 '정상'이다. D는 2017년 3.20 × 25 = 80 > 68, 2022년 3.53 × 25 = 88.25>82이므로 두 해 모두 '정상'이다. E는 2017년 3.24 × 25 = 81 > 79, 2022년 3.46 × 25 = 86.5 < 95로 2022년에 '정상'이 아니다. F는 2017년 2.76 × 25 = 69 > 62이고, 2022년 3.06 × 25 = 76.5 < 85이므로 2022년에 '정상'이 아니다. G의 2017년 신장²이 F의 2022년 신장²와 동일하고, 체중은 더 나가므로 2017년에 G는 '정상'이 아니다. 2017년에 정상이 아니므로 2022년은 확인하지 않아도 된다. H는 2017년에 2.37 × 25 = 59.25 > 58이고, 2022년에 2.62 × 25 = 65.5 < 72로 2022년에 '정상'이 아니다. 따라서 두 해 모두 '정상'인 학생은 A, D 2명이다.

④ 2017년과 2022년 신장의 차이가 가장 큰 학생은 A이다. ➡ (X) 2017년과 2022년 신장 차이가 클수록 신장²의 차이도 클 것이므로 신장²의 차이로 비교해본다. 신장²의 차이는 A가 3.35 − 2.96 = 0.39(m²), B가 2.76 − 2.50 = 0.26(m²), C가 2.89 − 2.66 = 0.23(m²), D가 3.53 − 3.20 = 0.33(m²), E가 3.46 − 3.24 = 0.22(m²), F가 3.06 − 2.76 = 0.30(m²), G가 3.24 − 3.06 = 0.18(m²), H가 2.62 − 2.37 = 0.25(m²)이므로 2017년과 2022년 신장의 차이가 가장 큰 학생은 A이다.

⑤ 2022년 A~H학생의 체질량지수 중 가장 큰 값은 가장 작은 값의 2배 이상이다. ➡ (O) 2022년 체질량지수가 가장 작은 학생은 B 또는 C이다. C는 B보다 신장²의 값이 크면서 체중은 더 적게 나가므로 C의 체질량지수가 가장 작다. C의 체질량지수는 51 ÷ 2.89 ≒ 17.6(kg/m²)이다. 2022년 G는 A, D, E보다 신장²이 더 작고, 체중은 더 나간다. 따라서 A, D, E는 2022년 체질량지수가 가장 큰 학생이 아니다. 따라서 F, G, H의 체질량지수만 계산해보면 F는 85 ÷ 3.06 ≒ 27.8(kg/m²), G는 107 ÷ 3.24 ≒ 33.0(kg/m²), H는 72 ÷ 2.62 ≒ 27.5(kg/m²)이므로 G의 체질량지수가 가장 크다. 17.6 × 2 = 35.2 > 33.0이므로 체질량지수가 가장 큰 값 33.0kg/m²은 가장 작은 값 17.6kg/m²의 2배 미만이다.

16 ④

정답률 75.9%

| 문제 유형 | 자료 읽기 > 표/그림/빈칸 제시형

| 접근 전략 | 계산이 많이 필요한 문제이므로 최대한 계산을 하지 않고, 비교를 통해 대소 관계를 파악할 수 있어야 한다. 또한 모든 〈보기〉를 먼저 계산하고 답을 찾지 말고, 〈보기〉를 하나 확인할 때마다 선지를 소거하면서 문제를 푼다면 적게는 두 개, 많게는 세 개의 〈보기〉만 확인해도 답을 구할 수 있다. 계산이 가장 간단한 〈보기〉는 ㄹ이므로 ㄹ을 먼저 확인한다.

다음은 2016~2022년 '갑'국의 스마트농업 정부연구비에 관한 자료이다. 이에 대한 〈보기〉의 설명 중 옳은 것만을 모두 고르면?

〈그림〉 연도별 스마트농업 정부연구비 및 연구과제 수

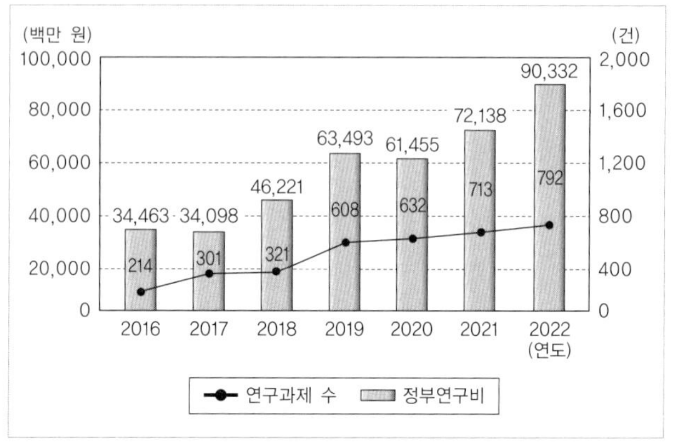

〈표〉 연도별·분야별 스마트농업 정부연구비

(단위: 백만 원)

분야 \ 연도	2016	2017	2018	2019	2020	2021	2022	전체
데이터기반구축	3,520	4,583	8,021	10,603	11,677	16,581	18,226	73,211
자동화설비기기	27,082	19,975	23,046	25,377	22,949	24,330	31,383	( )
융합연구	3,861	9,540	15,154	27,513	26,829	31,227	40,723	( )

※ 스마트농업은 데이터기반구축, 자동화설비기기, 융합연구 분야로만 구분됨

〈보기〉

ㄱ. 스마트농업의 연구과제당 정부연구비가 가장 많은 해는 2016년이다. → (O) 2017년은 2016년보다 연구과제 수가 많고, 정부연구비는 적다. 2019년, 2020년은 연구과제 수가 2016년의 2배 이상인데 정부연구비는 2배 미만이다. 2021년, 2022년은 연구과제 수가 2016년의 3배 이상인데 정부연구비는 3배 미만이다. 2018년은 연구과제 수가 2016년의 1.5배이고, 정부연구비는 1.5배 미만이다. 따라서 스마트농업의 연구과제당 정부연구비가 가장 많은 해는 2016년이다.

ㄴ. 전체 정부연구비가 가장 많은 스마트농업 분야는 '자동화설비기기'이다. → (O) 2016 ~ 2018년 '자동화설비기기'의 정부연구비는 '융합연구'에 비해 약 23,000 + 10,000 + 8,000 = 41,000(백만 원) 많고, 2019 ~ 2022년에는 2,000 + 4,000 + 7,000 + 9,000 = 22,000(백만 원) 적다. 따라서 전체 정부연구비는 '자동화설비기기'가 '융합연구'보다 많고, 모든 해에 '데이터기반구축' 정부연구비보다 '자동화설비기기' 정부연구비가 더 많으므로 전체 정부연구비가 가장 많은 스마트농업 분야는 '자동화설비기기'이다.

ㄷ. 스마트농업 정부연구비의 전년 대비 증가율이 가장 높은 해는 2022년이다. → (X) 2017년과 2020년은 전년 대비 정부연구비가 감소하였으므로 계산에서 제외한다. 우선 증가액을 계산해보면 2018년 46,221 − 34,098 = 12,123(백만 원), 2019년 63,493 − 46,221 = 17,272(백만 원), 2021년 72,138 − 61,455 = 10,683(백만 원), 2022년 90,332 − 72,138 = 18,194(백만 원)이다. 따라서 2018년과 2019년은 증가액이 전년도 정부연구비의 30% 이상이고, 2022년은 30% 미만이므로 스마트농업 정부연구비의 전년 대비 증가율이 가장 높은 해는 2022년이 아니다.

ㄹ. 2019년 대비 2022년 정부연구비 증가율이 가장 높은 스마트농업 분야는 '데이터기반구축'이다. → (O) 앞의 두 자리만 어림하여도 '자동화설비기기'는 2019년의 정부연구비가 '데이터기반구축'보다 많고, 2022년 증가액이 '데이터기반구축'보다 적은 것을 알 수 있으므로 계산에서 제외한다. 2019년 '융합연구'의 정부연구비는 '데이터기반구축'의 2.5배 이상인데 2022년 '융합연구'의 정부연구비는 '데이터기반구축'의 2.5배 미만이다. 따라서 2019년 대비 2022년 정부연구비 증가율은 '데이터기반구축'이 가장 높다.

① ㄱ, ㄴ ➡ (X)
② ㄱ, ㄷ ➡ (X)
③ ㄷ, ㄹ ➡ (X)
④ ㄱ, ㄴ, ㄹ ➡ (O)
⑤ ㄴ, ㄷ, ㄹ ➡ (X)

17 ④

정답률 72.7%

| 문제 유형 | 자료 읽기 > 표/빈칸 제시형

| 접근 전략 | ㄴ의 경우 두 번만 계산해도 답을 알 수 있으므로 먼저 확인한다. ㄹ에서 지방비 지원금액이 큰 '산림시설 복구'와 '주택 복구'를 합하면 10,800천만 원으로 '상·하수도 복구' 지원금액 10,930천만 원에 아주 근접하므로 나머지 계산을 하지 않아도 ㄹ이 옳은 〈보기〉임을 알 수 있다.

다음 〈표〉는 A지역 산불피해 복구에 대한 국비 및 지방비 지원금액에 관한 자료이다. 이에 대한 〈보기〉의 설명 중 옳은 것만을 모두 고르면?

〈표 1〉 A지역 산불피해 복구에 대한 지원항목별, 재원별 지원금액

(단위: 천만 원)

지원항목 \ 재원	국비	지방비	합
산림시설 복구	32,594	9,000	41,594
주택 복구	5,200	1,800	7,000
이재민 구호	2,954	532	3,486
상·하수도 복구	10,930	260	11,190
농경지 복구	1,540	340	1,880
생계안정 지원	1,320	660	1,980
기타	520	0	520
전체	55,058	( )	( )

〈표 2〉 A지역 산불피해 복구에 대한 부처별 국비 지원금액

(단위: 천만 원)

부처	행정안전부	산림청	국토교통부	환경부	보건복지부	그 외	전체
지원금액	2,930	33,008	( )	9,520	350	240	55,058

〈보기〉

ㄱ. 기타를 제외하고, 국비 지원금액 대비 지방비 지원금액 비율이 가장 높은 지원항목은 '주택 복구'이다. → (X) '주택 복구'의 국비는 '생계안정 지원'의 3배 이상이지만 지방비는 3배 미만이다. 따라서 '주택 복구'는 국비 지원금액 대비 지방비 지원금액 비율이 가장 높은 지원항목이 아니다.

ㄴ. 산림청의 '산림시설 복구' 지원금액은 1,000억 원 이상이다. → (O) 산림청을 제외한 부처에서 모두 '산림시설 복구'에 국비를 지원했다면 산림청을 제외한 부처의 '산림시설 복구' 지원금액은 55,058 − 33,008 = 22,050(천만 원)이다. '산림시설 복구' 국비 지원금액은 32,594천만 원이고, 32,594 − 22,050 = 10,544(천만 원)은 산림청이 지원해야 한다. 따라서 산림청의 '산림시설 복구' 지원금액은 최소 1,054.4(억 원)이다.

ㄷ. 국토교통부의 지원금액은 전체 국비 지원금액의 20% 이상이다. → (X) 국토교통부의 국비 지원금액은 55,058 − 2,930 − 33,008 − 9,520 − 350 − 240 = 9,010(천만 원)이다. 55,058 × 0.2 = 11,011.6 > 9,010이므로 국토교통부의 지원금액은 전체 국비 지원금액의 20% 미만이다.

ㄹ. 전체 지방비 지원금액은 '상·하수도 복구' 국비 지원금액보다 크다. → (O) 전체 지방비 지원금액은 9,000 + 1,800 + 532 + 260 + 340 + 660 = 12,592(천만 원)이므로, '상·하수도 복구' 국비 지원금액인 10,930천만 원보다 크다.

① ㄱ, ㄴ ➡ (X)
② ㄱ, ㄷ ➡ (X)
③ ㄴ, ㄷ ➡ (X)
④ ㄴ, ㄹ ➡ (O)
⑤ ㄷ, ㄹ ➡ (X)

18 ④

정답률 64.3%

| 문제 유형 | 자료 읽기 > 표/빈칸 제시형

| 접근 전략 | 확인하는 선지 순서 혹은 풀이법에 따라 빈칸을 몰라도 되는 경우가 있으므로 빈칸을 모두 채우고 시작하기보다는 선지를 확인하면서 필요할 때만 채운다. ④는 두 번의 차 계산만으로 확인이 가능하므로 먼저 확인한다.

다음 〈표〉는 2022년도 '갑'국의 운전면허 종류별 응시자 및 합격자 수에 관한 자료이다. 이에 대한 설명으로 옳은 것은?

〈표〉 '갑'국의 운전면허 종류별 응시자 및 합격자 수

(단위: 명)

종류 \ 구분		응시자	남자	여자	합격자	남자	여자
전체		71,976	56,330	15,646	44,012	33,150	10,862
1종		29,507	( )	1,316	16,550	15,736	814
	대형	4,199	4,149	50	995	991	4
	보통	24,388	23,133	1,255	15,346	14,536	810
	특수	920	909	11	209	209	0
2종		( )	( )	14,330	27,462	17,414	10,048
	보통	39,312	25,047	14,265	26,289	16,276	10,013
	소형	1,758	1,753	5	350	349	1
	원동기	1,399	1,339	60	823	789	34

※ 합격률(%) = $\frac{\text{합격자 수}}{\text{응시자 수}} \times 100$

① 2종 면허 응시자 수는 1종 면허 응시자 수의 2배 이상이다. ➡ (X)
2종 면허 응시자 수가 1종 면허 응시자 수의 2배 이상이라면 전체 응시자 수는 1종 면허 응시자 수의 3배 이상이어야 한다. 29,507의 3배는 약 90,000이고, 전체 응시자 수는 이에 훨씬 못 미치므로 옳지 않다.

② 전체 합격률은 60% 미만이다. ➡ (X) 전체 응시자 수의 60%는 71,976 × 0.6 = 43,185.6(명)이고, 합격자 수는 44,012명이므로 전체 합격률은 60% 이상이다.

③ 1종 보통 면허 합격률은 2종 보통 면허 합격률보다 높다. ➡ (X)
1종 보통 면허 합격률은 $\frac{15,346}{24,388} \times 100 \fallingdotseq 62.9$(%)이고, 2종 보통 면허 합격률은 $\frac{26,289}{39,312} \times 100 \fallingdotseq 66.9$(%)이므로 2종 보통 면허 합격률이 1종 보통 면허 합격률보다 높다.

④ 1종 면허 남자 응시자 수는 2종 면허 남자 응시자 수보다 많다.
➡ (O) 1종 면허 남자 응시자 수는 29,507 − 1,316 = 28,191(명)이고, 2종 면허 남자 응시자 수는 56,330 − 28,191 = 28,139(명)이므로 1종 면허 남자 응시자 수가 2종 면허 남자 응시자 수보다 많다.

⑤ 1종 대형 면허 여자 합격률은 2종 소형 면허 여자 합격률보다 높다. ➡ (X) 여자 응시자 수는 1종 대형 면허가 2종 소형 면허의 10배이고, 여자 합격자 수는 1종 대형 면허가 2종 소형 면허의 4배이다. 따라서 여자 합격률은 2종 소형 면허가 1종 대형 면허보다 높다.

19 ②

정답률 69.3%

| 문제 유형 | 자료 읽기 > 표 제시형

| 접근 전략 | ㄴ과 ㄷ은 정확한 계산을 하지 않아도 정오를 판단할 수 있으므로 먼저 확인한다. ㄴ과 ㄷ이 모두 옳지 않으므로 ㄱ과 ㄹ을 계산하지 않아도 답은 ②이다.

다음 〈표〉는 2022년 A~E국의 국방비와 GDP, 군병력, 인구에 관한 자료이다. 이에 대한 〈보기〉의 설명 중 옳은 것만을 모두 고르면?

〈표〉 2022년 A~E국의 국방비와 GDP, 군병력, 인구

(단위: 억 달러, 만 명)

국가 \ 구분	국방비	GDP	군병력	인구
A	8,010	254,645	133	33,499
B	195	13,899	12	4,722
C	502	16,652	60	5,197
D	320	20,120	17	6,102
E	684	30,706	20	6,814

〈보기〉

ㄱ. 국방비가 가장 많은 국가의 국방비는 A~E국 국방비 합의 80% 이상이다. → (O) A~E국 국방비의 합은 8,010 + 195 + 502 + 320 + 684 = 9,711(억 달러)이고, 이 값의 80%는 7,768.8억 달러이다. 따라서 국방비가 가장 많은 A국의 국방비 8,010억 달러는 A~E국 국방비 합의 80% 이상이다.

ㄴ. 인구 1인당 GDP는 B국이 C국보다 크다. → (X) C국의 인구는 B국보다 약 10% 더 많고, GDP는 C국이 B국보다 약 20% 더 많으므로 인구 1인당 GDP는 C국이 B국보다 크다.

ㄷ. 국방비가 많은 국가일수록 GDP 대비 국방비 비율이 높다. → (X) E국의 국방비는 C국의 국방비의 1.5배 미만인데 GDP는 1.5배 이상이다. 따라서 국방비는 E국이 C국보다 많지만, GDP 대비 국방비 비율은 C국이 E국보다 높다.

ㄹ. 군병력 1인당 국방비는 A국이 D국의 3배 이상이다. → (O) A국의 군병력 1인당 국방비와 D국의 군병력 1인당 국방비 × 3을 비교한다. A국의 군병력 1인당 국방비는 8,010 ÷ 133 ≒ 60.2(억 달러/만 명)이고, D국의 군병력 1인당 국방비 × 3은 (320 × 3) ÷ 17 ≒ 56.5(억 달러/만 명)이다. 따라서 군병력 1인당 국방비는 A국이 D국의 3배 이상이다.

① ㄱ, ㄴ ➡ (X)
② ㄱ, ㄹ ➡ (O)
③ ㄴ, ㄷ ➡ (X)
④ ㄱ, ㄷ, ㄹ ➡ (X)
⑤ ㄴ, ㄷ, ㄹ ➡ (X)

20 ①

TOP2 정답률 34.4%

| 문제 유형 | 자료 읽기/추론 > 계산형

| 접근 전략 | 대상액의 단위는 억 원이고, 기초액의 단위는 천 원임에 유의한다. ㄴ은 단위가 만 원으로 주어져 있으므로 만 원으로 단위를 맞추어 계산하고, ㄱ과 ㄹ은 계산하기 편한 공통된 단위로 통일하여 계산한다.

다음은 '갑'국의 건설공사 안전관리비에 관한 자료이다. 이에 대한 〈보기〉의 설명 중 옳은 것만을 모두 고르면?

〈표〉 '갑'국의 건설공사 종류 및 대상액별 안전관리비 산정 기준

대상액 / 구분 / 공사 종류	5억 원 미만	5억 원 이상 50억 원 미만		50억 원 이상
	요율(%)	요율(%)	기초액(천 원)	요율(%)
일반건설공사(갑)	2.93	1.86	5,350	1.97
일반건설공사(을)	3.09	1.99	5,500	2.10
중건설공사	3.43	2.35	5,400	2.46
철도·궤도신설공사	2.45	1.57	4,400	1.66
특수 및 기타 건설공사	1.85	1.20	3,250	1.27

〈안전관리비 산정 방식〉

○ 대상액이 5억 원 미만 또는 50억 원 이상인 경우,
안전관리비 = 대상액 × 요율

○ 대상액이 5억 원 이상 50억 원 미만인 경우,
안전관리비 = 대상액 × 요율 + 기초액

〈보기〉

ㄱ. 대상액이 10억 원인 경우, 안전관리비는 '일반건설공사(을)'가 '중건설공사'보다 적다. → (O) 대상액이 10억 원인 경우 '일반건설공사(을)'의 안전관리비는 10억 원×0.0199 + 5,500천 원 = 199십만 원 + 55십만 원 = 254(십만 원)이다. '중건설공사'의 안전관리비는 10억 원×0.0235 + 5,400천 원 = 235십만 원 + 54십만 원 = 289(십만 원)이다.

ㄴ. 대상액이 4억 원인 경우, '일반건설공사(갑)'와 '철도·궤도신설공사'의 안전관리비 차이는 200만 원 이상이다. → (X) 대상액이 4억 원인 경우 '일반건설공사(갑)'와 '철도·궤도신설공사'의 안전관리비 차이는 4억 원×(0.0293 − 0.0245) = 0.0192(억 원) = 192(만 원)이다.

ㄷ. '특수 및 기타 건설공사' 안전관리비는 대상액이 100억 원인 경우가 대상액이 10억 원인 경우의 10배 이상이다. → (X) '특수 및 기타 건설공사' 안전관리비는 대상액이 100억 원일 때, 100억 원×0.0127 = 1.27(억 원)이고, 대상액이 10억 원일 때, 10억 원×0.012 + 3,250천 원 = 0.12 + 0.03250 = 0.1525(억 원)이다. 따라서 0.1525×10 = 1.525 > 1.27이다.

① ㄱ ➡ (O)
② ㄴ ➡ (X)
③ ㄱ, ㄷ ➡ (X)
④ ㄴ, ㄷ ➡ (X)
⑤ ㄱ, ㄴ, ㄷ ➡ (X)

21 ③

정답률 63.5%

| 문제 유형 | 자료 읽기 > 표/빈칸 제시형

| 접근 전략 | ㄹ은 모든 지역에서의 제19대 선거인 수를 구하고, 제19대와 제20대 선거인 수의 차이를 구해야 하므로 계산이 복잡하고 많다. 〈보기〉 조합에 따라 ㄱ, ㄴ, ㄷ만 확인하면 문제를 빠르게 해결할 수 있다.

다음 〈표〉는 '갑'국 재외국민의 5개 지역별 투표 결과에 관한 자료이다. 이에 대한 〈보기〉의 설명 중 옳은 것만을 모두 고르면?

〈표〉 재외국민 지역별 투표 결과

(단위: 개소, 명, %)

구분 / 지역	제20대 선거				제19대 선거	
	투표소 수	선거인 수	투표자 수	투표율	투표자 수	투표율
아주	( )	110,818	78,051	70.4	106,496	74.0
미주	62	( )	50,440	68.7	68,213	71.7
유럽	47	32,591	25,629	( )	36,170	84.9
중동	21	6,818	5,658	83.0	8,210	84.9
아프리카	21	2,554	2,100	82.2	2,892	85.4
전체	219	226,162	161,878	71.6	221,981	75.3

※ 1) 투표율(%) = $\frac{\text{투표자 수}}{\text{선거인 수}} \times 100$

2) '아주'는 '중동'을 제외한 아시아 및 오세아니아 지역을 의미함

〈보기〉

ㄱ. 제20대 선거에서 투표소 수는 '아주'가 '중동'의 4배 이상이다. → (X) 제20대 선거에서 '아주'의 투표소 수는 219 − 62 − 47 − 21 − 21 = 68(개소)로 '중동' 21개소의 4배(84개소) 미만이다.

ㄴ. 제20대 선거에서 투표율이 가장 높은 지역과 가장 낮은 지역의 투표율 차이는 15%p 이상이다. → (X) 제20대 선거에서 '유럽'의 투표율은 $\frac{25,629}{32,591} \times 100 \fallingdotseq 78.6$(%)이다. 따라서 투표율이 가장 높은 지역인 '중동'과 가장 낮은 지역인 '미주'의 투표율의 차이는 83.0 − 68.7 = 14.3(%p)이다.

ㄷ. 제20대 선거에서 투표소당 선거인 수는 '미주'가 '유럽'보다 많다. → (O) 제20대 선거에서 '미주'의 선거인 수는 226,162 − 110,818 − 32,591 − 6,818 − 2,554 = 73,381(명)이다. 투표소 수는 '미주'가 '유럽'의 2배 미만이고, 선거인 수는 '미주'가 '유럽'의 2배 이상이므로 투표소당 선거인 수는 '미주'가 '유럽'보다 많다.

ㄹ. 제20대 선거와 제19대 선거의 선거인 수 차이가 큰 지역부터 순서대로 나열하면 '아주', '미주', '유럽', '중동', '아프리카' 순이다. → (O) 선거인 수는 투표자 수×100÷투표율이다. 따라서 제19대 선거에서 선거인 수를 계산해 보면 '아주'가 143,914명, '미주'가 95,137명, '유럽'이 42,603명, '중동'이 9,670명, '아프리카'가 3,386명이다. 따라서 제20대 선거와 제19대 선거의 선거인 수 차이를 구해 보면 '아주'가 33,096명, '미주'가 21,756명, '유럽'이 10,012명, '중동'이 2,852명, '아프리카'가 832명이다. 따라서 제20대 선거와 제19대 선거의 선거인 수 차이가 큰 지역부터 순서대로 나열하면 '아주', '미주', '유럽', '중동', '아프리카' 순이다.

① ㄱ ➡ (X)
② ㄹ ➡ (X)
③ ㄷ, ㄹ ➡ (O)
④ ㄱ, ㄴ, ㄷ ➡ (X)
⑤ ㄴ, ㄷ, ㄹ ➡ (X)

22 ①

정답률 68.4%

| 문제 유형 | 자료 읽기/추론 > 매칭형

| 접근 전략 | 매칭형 문제의 경우 유형을 하나로 특정할 수 있는 〈조건〉부터 확인한다. 해당하는 〈조건〉은 두 번째 〈조건〉과 다섯 번째 〈조건〉이고, 계산이 더 간단한 다섯 번째 〈조건〉부터 해결한다. 이 두 〈조건〉을 해결하면 '전복'을 하나로 특정할 수 있고, 선지 조합에 따라 '충돌'은 A 또는 E이므로 세 번째 〈조건〉만 해결하면 답을 구할 수 있다.

다음 〈표〉는 2017~2021년 '갑'국의 해양사고 유형별 발생 건수와 인명피해 인원 현황이다. 〈표〉와 〈조건〉을 근거로 A~E에 해당하는 유형을 바르게 연결한 것은?

〈표 1〉 2017~2021년 해양사고 유형별 발생 건수

(단위: 건)

유형 / 연도	A	B	C	D	E
2017	258	65	29	96	160
2018	250	46	38	119	162
2019	244	110	61	132	228
2020	277	108	69	128	203
2021	246	96	54	149	174

〈표 2〉 2017~2021년 해양사고 유형별 인명피해 인원

(단위: 명)

유형 / 연도	A	B	C	D	E
2017	35	20	25	3	60
2018	19	25	1	0	52
2019	10	19	0	16	52
2020	8	25	2	8	79
2021	9	27	3	3	76

※ 해양사고 유형은 '안전사고', '전복', '충돌', '침몰', '화재폭발' 중 하나로만 구분됨

〈조건〉

○ 2017~2019년 동안 '안전사고' 발생 건수는 매년 증가한다.
○ 2020년 해양사고 발생 건수 대비 인명피해 인원의 비율이 두 번째로 높은 유형은 '전복'이다.
○ 해양사고 발생 건수는 매년 '충돌'이 '전복'의 2배 이상이다.
○ 2017~2021년 동안의 해양사고 인명피해 인원 합은 '침몰'이 '안전사고'의 50% 이하이다.
○ 2020년과 2021년의 해양사고 인명피해 인원 차이가 가장 큰 유형은 '화재폭발'이다.

	A	B	C	D	E	
①	충돌	전복	침몰	화재폭발	안전사고	➡ (O)

유형을 특정할 수 있는 다섯 번째 〈조건〉부터 확인한다. 2020년과 2021년 해양사고 인명피해 인원 차이는 A, C가 1명, B가 2명, E가 3명, D가 5명이므로 D가 '화재폭발'이다. 두 번째 〈조건〉을 확인하면 '전복'을 하나로 특정할 수 있으므로 두 번째 〈조건〉을 다음으로 확인한다. D가 '화재폭발'이므로 선지 조합에 따라 '전복'은 B 또는 C이다. B를 기준으로 대소를 비교하면 다음과 같다. B는 A, D보다 인명피해 인원이 많으면서 해양사고 발생 건수는 적고, C보다 인명피해 인원이 12배 이상이면서, 해양사고 발생 건수는 2배 미만이다. E는 B보다 인명피해 인원은 3배 이상이면서, 해양사고 발생 건수는 2배 미만이다. 따라서 2020년 해양사고 발생 건수 대비 인명피해 인원의 비율은 B가 A, C, D보다 크고, E보다 작으므로 B가 '전복'이다. '충돌'은 A 또는 E이다. E의 해양사고 발생 건수는 2020년과 2021년에 B의 2배 미만이므로, A가 '충돌'이고, 첫 번째 〈조건〉과 네 번째 〈조건〉은 확인하지 않아도 C가 '침몰', E가 '안전사고'임을 알 수 있다.

②	충돌	전복	화재폭발	안전사고	침몰	➡ (X)
③	충돌	침몰	전복	화재폭발	안전사고	➡ (X)
④	침몰	전복	안전사고	화재폭발	충돌	➡ (X)
⑤	침몰	충돌	전복	안전사고	화재폭발	➡ (X)

23 ③

정답률 58%

| 문제 유형 | 자료 읽기 > 표/빈칸 제시형

| 접근 전략 | 빈칸을 채워서 해결 가능한 ①, ③, ⑤부터 확인한다. 각 선지는 두 개의 빈칸을 채워 해결하도록 되어 있는데 ③의 경우 2020년과 2021년의 유형별 단속건수를 비교해 보았을 때, '사업구역 외 영업'에서 2020년이 2021년보다 1,800건 가량 많고, '방범등 소등위반'과 '기타'를 합하여도 500건 미만으로 적으므로 2021년은 전체 단속건수가 가장 많은 연도가 될 수 없다. 따라서 2020년도 전체 단속건수만 계산해도 되는 ③부터 해결한다.

다음 〈표〉는 2017~2022년 '갑'시의 택시 위법행위 유형별 단속건수에 관한 자료이다. 이에 대한 설명으로 옳은 것은?

〈표〉 2017~2022년 '갑'시의 택시 위법행위 유형별 단속건수

(단위: 건)

유형 / 연도	승차거부	정류소 정차 질서문란	부당요금	방범등 소등위반	사업구역 외 영업	기타	전체
2017	( )	1,110	125	1,001	123	241	4,166
2018	1,694	701	301	( )	174	382	4,131
2019	1,991	1,194	441	825	554	349	5,354
2020	717	1,128	51	769	2,845	475	( )
2021	130	355	40	1,214	1,064	484	( )
2022	43	193	268	( )	114	187	2,067

① 위법행위 단속건수 상위 2개 유형은 2017년과 2018년이 같다.
➡ (X) 2017년 '승차거부' 단속건수는 4,166 − 1,110 − 125 − 1,001 − 123 − 241 = 1,566(건), 2018년 '방범등 소등위반' 단속건수는 4,131 − 1,694 − 701 − 301 − 174 − 382 = 879(건)이다. 따라서 2017년의 위법행위 단속건수 상위 2개 유형은 '승차거부'와 '정류소 정차 질서문란'이고, 2018년의 위법행위 단속건수 상위 2개 유형은 '승차거부'와 '방범등 소등위반'으로 다르다.

② '부당요금' 단속건수 대비 '승차거부' 단속건수 비율이 가장 높은 연도는 2017년이다. ➡ (X) 2017년과 2020년도의 '승차거부' 단속건수는 '부당요금' 단속건수의 10배 이상이고, 나머지 연도에서는 10배 미만이므로 2017년과 2020년만 정확히 계산한다. '부당요금' 단속건수 대비 '승차거부' 단속건수 비율은 2017년 1,566 ÷ 125 ≒ 12.5이고, 2020년은 717 ÷ 51 ≒ 14.1이다. 따라서 '부당요금' 단속건수 대비 '승차거부' 단속건수 비율이 가장 높은 연도는 2020년이다.

③ 전체 단속건수가 가장 많은 연도는 2020년이다. ➡ (O) 2020년 전체 단속건수는 717 + 1,128 + 51 + 769 + 2,845 + 475 = 5,985(건)이고, 2021년 전체 단속건수는 130 + 355 + 40 + 1,214 + 1,064 + 484 = 3,287(건)이므로 전체 단속건수가 가장 많은 연도는 2020년이다.

④ 전체 단속건수 중 '방범등 소등위반' 단속건수가 차지하는 비중은 매년 감소한다. ➡ (X) 2021년 '방범등 소등위반' 단속건수는 2020년보다 많고, 전체 단속건수는 2021년이 2020년보다 적으므로 전체 단속건수 중 '방범등 소등위반' 단속건수가 차지하는 비중은 2021년에 전년 대비 증가한다.

⑤ 2017년 '승차거부' 단속건수는 2022년 '방범등 소등위반' 단속건수보다 적다. ➡ (X) 2017년 '승차거부' 단속건수는 1,566건이고, 2022년 '방범등 소등위반' 단속건수는 2,067 − 43 − 193 − 268 − 114 − 187 = 1,262(건)이다. 따라서 2017년 '승차거부' 단속건수는 2022년 '방범등 소등위반' 단속건수보다 많다.

※ 다음 〈표〉는 '갑'국의 2022년 4～6월 A～D정유사의 휘발유와 경유 가격에 관한 자료이다. 다음 물음에 답하시오. [문 24.～문 25.]

〈표〉 정유사별 휘발유와 경유 가격

(단위: 원/L)

유종 / 월 / 정유사	휘발유			경유		
	4	5	6	4	5	6
A	1,840	1,825	1,979	1,843	1,852	2,014
B	1,795	1,849	1,982	1,806	1,894	2,029
C	1,801	1,867	2,006	1,806	1,885	2,013
D	1,807	1,852	1,979	1,827	1,895	2,024

※ 가격은 해당 월의 정유사별 공시가임

24 ④

정답률 74.3%

| 문제 유형 | 자료 읽기 > 표 제시형

| 접근 전략 | 계산이 필요 없는 선지부터 해결한다. 해당하는 선지는 ②, ③, ④이고, ④가 옳은 설명이므로 ①, ⑤는 계산하지 않아도 문제를 해결할 수 있다.

위 〈표〉에 대한 설명으로 옳은 것은?

① 휘발유와 경유의 가격 차이가 가장 큰 정유사는 매월 같다. ➡ (X) 휘발유와 경유 가격 차이는 4월에는 D가 20원/L로 가장 크고, 5월에는 B가 45원/L로 가장 크다.

② 4월에 휘발유 가격보다 경유 가격이 낮은 정유사는 1개이다. ➡ (X) 4월에 모든 정유사에서 휘발유 가격보다 경유 가격이 높다.

③ 5월 휘발유 가격이 가장 높은 정유사는 5월 경유 가격도 가장 높다. ➡ (X) 5월 휘발유 가격이 가장 높은 정유사는 C이고, 경유 가격이 가장 높은 정유사는 D이다.

④ 각 정유사의 경유 가격은 매월 높아졌다. ➡ (O) 모든 정유사의 경유 가격이 매월 높아졌으므로 옳은 설명이다.

⑤ 각 정유사의 5월과 6월 가격 차이는 경유가 휘발유보다 크다. ➡ (X) C의 5월과 6월 휘발유 가격 차이는 139원/L, 경유 가격 차이는 128원/L이므로 휘발유가 경유보다 크다.

25 ②

TOP1 정답률 30.8%

| 문제 유형 | 자료 읽기/추론 > 계산형

| 접근 전략 | 〈표〉에 주어진 자료는 원가가 아니라 공시가격이다. 가격을 계산하는 방법은 〈정보〉에 주어져 있으므로 각 〈보기〉별로 유류세에 관한 사항을 확인하고, 식에 대입하여 계산을 한다. ㄱ과 ㄴ에서 5월 B의 휘발유 원가, 5월 C의 경유 유류세를 정확하게 계산하는 것보다 식에 각각 1,300원/L, 600원/L를 대입하여 대소만 비교하면 비교적 빠르게 문제를 해결할 수 있다.

위 〈표〉와 다음 〈정보〉를 근거로 〈보기〉의 설명 중 옳은 것만을 모두 고르면?

〈정보〉

○ 가격 = 원가 + 유류세 + 부가가치세
○ 4월 유류세는 원가의 50%임
○ 부가가치세는 원가와 유류세를 합한 금액의 10%임

〈보기〉

ㄱ. 5월 B의 휘발유 유류세가 원가의 40%라면, 5월 B의 휘발유 원가는 1,300원/L 이상이다. → (X) 5월 B의 휘발유 원가가 P, 유류세가 원가의 40%라면 가격은 P + 0.4P + (P + 0.4P) × 0.1 = (1 + 0.4 + 0.14)P = 1.54P이다. 만약 5월 B의 휘발유 원가가 1,300원/L이라면 가격은 1.54 × 1,300 = 2,002(원/L)이다. 〈표〉에 주어진 5월 B의 휘발유 가격이 1,849원/L로 2,002원/L보다 낮으므로 5월 B의 휘발유 원가는 1,300원/L 미만이다.

ㄴ. 5월 C의 경유 원가가 전월과 같다면, 5월 C의 경유 유류세는 600원/L 이상이다. → (O) 4월 유류세는 원가의 50%이다. 따라서 4월 C의 경유 원가를 P라 하면 가격은 P + 0.5P + (P + 0.5P) × 0.1 = (1 + 0.5 + 0.15)P = 1.65P = 1,806(원)이다. 따라서 4월 C의 경유 원가는 1,806 ÷ 1.65 ≒ 1,095(원/L)이다. 5월 C의 경유 원가가 1,095원/L이고, 유류세가 600원/L라면 5월 C의 경유 가격은 1,095 + 600 + (1,095 + 600) × 0.1 = 1,864.5(원/L)이다. 〈표〉에 주어진 5월 C의 경유 가격이 1,885원/L로 1,864.5원/L보다 높으므로 유류세는 600원/L 이상이다.

ㄷ. 6월 D의 경유 유류세가 4월과 같은 금액이라면, 6월 D의 경유 유류세는 원가의 50% 이상이다. → (X) 4월 D의 경유 원가를 P라 하면 4월 D의 경유 가격은 P + 0.5P + (1.5P × 0.1) = 1.65P = 1,827(원/L)이므로 P ≒ 1,107(원/L)이다. 따라서 4월 D의 경유 유류세는 0.5 × 1,107 ≒ 554(원/L)이다. 6월 D의 경유 원가를 Q라 하면 6월 D의 경유 가격은 Q + 554 + (Q + 554) × 0.1 = 1.1Q + 609.4 = 2,024(원/L)이다. 따라서 Q = 1,286원/L이고, 1,286 × 0.5 = 643 > 609.4이므로 6월 D의 경유 유류세는 원가의 50% 미만이다.

① ㄱ ➡ (X)
② ㄴ ➡ (O)
③ ㄷ ➡ (X)
④ ㄱ, ㄴ ➡ (X)
⑤ ㄴ, ㄷ ➡ (X)

2022년 7월 23일 시행

2022년도 국가공무원 7급 공개경쟁채용 제1차 필기시험

정답과 분석해설

나의 성적

영역	점수	풀이 시간
언어논리	____점	____분
상황판단	____점	____분
자료해석	____점	____분

합격선

영역	합격 가능권	합격 확실권
언어논리	72~76점	80~84점
상황판단	64~68점	72~76점
자료해석	68~72점	76~80점

풀이 시간

영역	기본	숙련
언어논리	60분	50분
상황판단	60분	50분
자료해석	60분	50분

선발 인원 / 응시 인원 / 경쟁률

선발 인원	응시 인원	경쟁률
785명	33,527명	4.2 : 1

※경쟁률은 1차 합격자 선발 기준인 10배수로 산정

취약유형 분석표 제1영역 언어논리

문번	정답	정답률	유형	맞고 틀림
01	⑤	97.5%	사실적 이해 > 정보 확인	○ △ ×
02	①	95.7%	사실적 이해 > 정보 확인	○ △ ×
03	①	94.1%	사실적 이해 > 정보 확인	○ △ ×
04	②	94.1%	사실적 이해 > 정보 확인	○ △ ×
05	②	89%	사실적 이해 > 정보 확인	○ △ ×
06	⑤	93.2%	사실적 이해 > 중심 내용 파악	○ △ ×
07	①	80.5%	비판적 사고 > 빈칸 채우기	○ △ ×
08	⑤	82.9%	비판적 사고 > 판단하기	○ △ ×
09	①	89.7%	비판적 사고 > 지문에서 추론하기	○ △ ×
10	③	75.2%	비판적 사고 > 판단하기	○ △ ×
11	④	68.1%	비판적 사고 > 판단하기	○ △ ×
12	⑤	24.3%	비판적 사고 > 판단하기	○ △ ×
13	③	84.6%	비판적 사고 > 빈칸 채우기	○ △ ×
14	②	18.8%	비판적 사고 > 판단하기	○ △ ×
15	②	12.2%	비판적 사고 > 판단하기	○ △ ×
16	⑤	42.7%	비판적 사고 > 지문에서 추론하기	○ △ ×
17	④	57%	사실적 이해 > 논리 게임	○ △ ×
18	③	30.7%	사실적 이해 > 논리 게임	○ △ ×
19	④	32.5%	사실적 이해 > 논리 게임	○ △ ×
20	③	72.8%	비판적 사고 > 지문에서 추론하기	○ △ ×
21	④	28.9%	비판적 사고 > 판단하기	○ △ ×
22	⑤	38.6%	비판적 사고 > 판단하기	○ △ ×
23	②	38.6%	비판적 사고 > 빈칸 채우기	○ △ ×
24	⑤	57.4%	비판적 사고 > 빈칸 채우기	○ △ ×
25	④	43.9%	비판적 사고 > 판단하기	○ △ ×

- 확실히 맞힌 문항 수: ____________ 문항
- 헷갈리거나 찍은 문항 수: _________ 문항
- 틀린 문항 수: _________________ 문항

취약유형 분석표 제2영역 상황판단

문번	정답	정답률	유형	맞고 틀림
01	⑤	83.5%	법조문형 > 규정확인	○△×
02	①	87.1%	법조문형 > 규정적용	○△×
03	⑤	92.9%	법조문형 > 규정확인	○△×
04	①	82.4%	법조문형 > 규정확인	○△×
05	②	80%	제시문형 > 정보확인	○△×
06	②	76.5%	제시문형 > 분석추론	○△×
07	③	82.9%	연산추론형 > 수리계산	○△×
08	④	68.2%	제시문형 > 분석추론	○△×
09	②	70.6%	제시문형 > 정보확인	○△×
10	③	88.1%	연산추론형 > 수리계산	○△×
11	①	60%	퍼즐형 > 논리퀴즈	○△×
12	②	88.2%	연산추론형 > 대입비교	○△×
13	③	89.4%	연산추론형 > 대입비교	○△×
14	⑤	55.4%	연산추론형 > 대입비교	○△×
15	①	79.8%	연산추론형 > 대입비교	○△×
16	③	81.2%	연산추론형 > 대입비교	○△×
17	④	67.1%	퍼즐형 > 논리퀴즈	○△×
18	②	54.2%	퍼즐형 > 수리퀴즈	○△×
19	③	58.8%	퍼즐형 > 최댓값·최솟값 도출	○△×
20	③	45.8%	퍼즐형 > 수리퀴즈	○△×
21	⑤	29.5%	연산추론형 > 수리계산	○△×
22	④	52.6%	퍼즐형 > 논리퀴즈	○△×
23	①	22.9%	퍼즐형 > 논리퀴즈	○△×
24	④	25.9%	연산추론형 > 수리계산	○△×
25	④	51.2%	법조문형 > 규정적용	○△×

- 확실히 맞힌 문항 수: ____________ 문항
- 헷갈리거나 찍은 문항 수: ____________ 문항
- 틀린 문항 수: ____________ 문항

취약유형 분석표 제3영역 자료해석

문번	정답	정답률	유형	맞고 틀림
01	①	97.3%	자료 읽기/추론 > 계산형	○△×
02	⑤	80.8%	자료 읽기 > 표 제시형	○△×
03	④	95.9%	자료 변환응용 > 표/그림 전환형	○△×
04	①	86.3%	자료 읽기 > 표 제시형	○△×
05	②	83.6%	자료 읽기/추론 > 매칭형	○△×
06	①	78.1%	자료 읽기 > 표 제시형	○△×
07	④	93.2%	자료 읽기 > 표 제시형	○△×
08	①	67.1%	자료 읽기 > 그림 제시형	○△×
09	⑤	80.8%	자료 읽기/추론 > 매칭형	○△×
10	④	65.3%	자료 추론 > 추가로 필요한 자료 찾기	○△×
11	②	42.5%	자료 읽기 > 표/빈칸 제시형	○△×
12	③	84.9%	자료 읽기/추론 > 매칭형	○△×
13	③	37.3%	자료 읽기/추론 > 계산형	○△×
14	⑤	75.3%	자료 변환응용 > 표/그림 전환형	○△×
15	④	25%	자료 읽기 > 표 제시형	○△×
16	②	77.8%	자료 읽기/추론 > 매칭형	○△×
17	②	86.1%	자료 읽기 > 그림 제시형	○△×
18	⑤	82.4%	자료 읽기/추론 > 계산형	○△×
19	③	65.2%	자료 읽기 > 표/그림 제시형	○△×
20	①	55.1%	자료 읽기 > 표/빈칸 제시형	○△×
21	③	38.5%	자료 읽기/추론 > 계산형	○△×
22	⑤	37.7%	자료 읽기 > 표/빈칸 제시형	○△×
23	①	57.4%	자료 읽기/추론 > 매칭형	○△×
24	④	61.8%	자료 읽기/추론 > 계산형	○△×
25	②	49.3%	자료 읽기 > 표/빈칸 제시형	○△×

- 확실히 맞힌 문항 수: ____________ 문항
- 헷갈리거나 찍은 문항 수: ____________ 문항
- 틀린 문항 수: ____________ 문항

2022 | 제1영역 언어논리(㉮ 책형)

기출 총평

2022년 언어논리 시험은 전반적으로 쉽게 출제되어 해석이 불가능한 난이도 극상의 문항은 없었다. 후반부에 나오는 소수의 복합 유형을 제외하고는 문항 구조 자체가 단순해서 작년 기출에 비해 문제 풀이의 속도가 빨랐을 것이라 예상된다. 전반부에는 사실적 이해를 바탕으로 지문의 내용을 선지와 단순 비교하는 문제가 많았다. 게다가 추론이나 판단을 요구하는 지시문으로 구성되어 있지만 문제 풀이의 과정에서는 지문에 제시된 사실을 확인하는 수준에서 풀이가 가능한 문항도 있었다. 후반부에 지문 내용의 논리적 구조를 분석하여 글의 전체 흐름을 파악해야 하는 문항들은 다소 어렵게 느껴졌을 것이다. 지문의 논지를 파악하고 새롭게 제시된 조건이나 근거를 견주어 봤을 때 타당한지 여부를 판단하는 문제 풀이 연습을 꾸준히 하면 도움이 될 것이다.

문항 분석

문번	정답	정답률	유형
01	⑤	97.5%	사실적 이해 > 정보 확인
02	①	95.7%	사실적 이해 > 정보 확인
03	①	94.1%	사실적 이해 > 정보 확인
04	②	94.1%	사실적 이해 > 정보 확인
05	②	89%	사실적 이해 > 정보 확인
06	⑤	93.2%	사실적 이해 > 중심 내용 파악
07	①	80.5%	비판적 사고 > 빈칸 채우기
08	⑤	82.9%	비판적 사고 > 판단하기
09	①	89.7%	비판적 사고 > 지문에서 추론하기
10	③	75.2%	비판적 사고 > 판단하기
11	④	68.1%	비판적 사고 > 판단하기
12	⑤	24.3%	비판적 사고 > 판단하기
13	③	84.6%	비판적 사고 > 빈칸 채우기

문번	정답	정답률	유형
14	②	18.8%	비판적 사고 > 판단하기
15	②	12.2%	비판적 사고 > 판단하기
16	⑤	42.7%	비판적 사고 > 지문에서 추론하기
17	④	57%	사실적 이해 > 논리 게임
18	③	30.7%	사실적 이해 > 논리 게임
19	④	32.5%	사실적 이해 > 논리 게임
20	③	72.8%	비판적 사고 > 지문에서 추론하기
21	④	28.9%	비판적 사고 > 판단하기
22	⑤	38.6%	비판적 사고 > 판단하기
23	②	38.6%	비판적 사고 > 빈칸 채우기
24	⑤	57.4%	비판적 사고 > 빈칸 채우기
25	④	43.9%	비판적 사고 > 판단하기

※ 음영 문항은 해당 회차에서 정답률이 가장 낮은 TOP 3 문항입니다.

※ 문항별 정답률 산정 기준: 약 1년간 누적된 자동채점&성적결과분석 서비스의 응시데이터

출제 비중

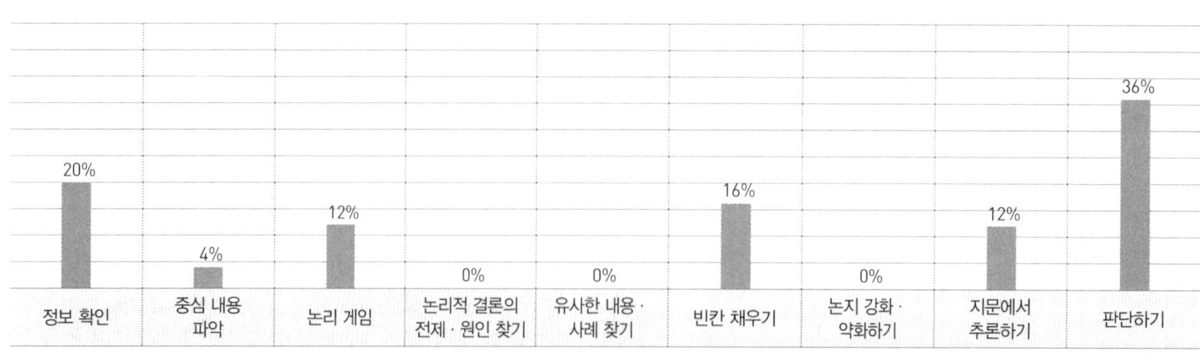

기출문제편 P.102									
01	⑤	02	①	03	①	04	②	05	②
06	⑤	07	①	08	⑤	09	①	10	③
11	④	12	⑤	13	③	14	②	15	②
16	⑤	17	④	18	③	19	④	20	③
21	④	22	⑤	23	②	24	⑤	25	④

01 ⑤

정답률 97.5%

| 문제 유형 | 사실적 이해 > 정보 확인

| 접근 전략 | 역사적 사실을 서술한 지문의 내용에 부합하는 선지를 찾는 단순한 유형의 문제이다. 지문의 내용도 익히 아는 서희의 외교 담판에 대한 것이고 선지도 단어 하나 정도만 바꿔서 오답을 만든 경우가 많아 쉬운 편이다. 글의 흐름을 따라 지문의 내용을 빠르게 파악한 후에 차례대로 선지를 읽고 가부를 판단한다.

다음 글의 내용과 부합하는 것은?

979년 송 태종은 거란을 공격하러 가는 길에 고려에 원병을 요청했다. 거란은 고려가 참전할 수도 있다는 염려에서 크게 동요했다. 하지만 고려는 송 태종의 요청에 응하지 않았다. 이후 거란은 송에 보복할 기회를 엿보는 한편, 송과 다시 싸우기 전에 고려를 압박해 앞으로도 송을 군사적으로 돕지 않겠다는 약속을 받아내고자 했다. ▶1문단

당시 거란과 고려 사이에는 압록강이 있었는데, 그 하류 유역에는 여진족이 살고 있었다. 이 여진족은 발해의 지배를 받았었지만, 발해가 거란에 의해 멸망한 후에는 어느 나라에도 속하지 않은 채 독자적 세력을 이루고 있었다. 거란은 이 여진족이 사는 땅을 여러 차례 침범해 대군을 고려로 보내는데 적합한 길을 확보했다. 이후 993년에 거란 장수 소손녕은 군사를 이끌고 고려에 들어와 몇 개의 성을 공격했다. 이때 소손녕은 "고구려 옛 땅은 거란의 것인데 고려가 감히 그 영역을 차지하고 있으니 군사를 일으켜 그 땅을 찾아가고자 한다."라는 내용의 서신을 보냈다. 이 서신이 오자 고려 국왕 성종과 대다수 대신은 "옛 고구려의 영토에 해당하는 땅을 모두 내놓아야 군대를 거두겠다는 뜻이 아니냐?"라며 놀랐다. 하지만 서희는 소손녕이 보낸 서신의 내용은 핑계일 뿐이라고 주장했다. 그는 고려가 병력을 동원해 거란을 치는 일이 없도록 하겠다는 언질을 주면 소손녕이 철군할 것이라고 말했다. 이렇게 논의가 이어지고 있을 때 안융진에 있는 고려군이 소손녕과 싸워 이겼다는 보고가 들어왔다. ▶2문단

패배한 소손녕은 진군을 멈추고 협상을 원한다는 서신을 보내왔다. 이 서신을 받은 성종은 서희를 보내 협상하게 했다. 소손녕은 서희가 오자 "실은 고려가 송과 친하고 우리와는 소원하게 지내고 있어 침입하게 되었다."라고 했다. 이에 서희는 압록강 하류의 여진족 땅을 고려가 지배할 수 있게 묵인해 준다면, 거란과 국교를 맺을 뿐 아니라 거란과 송이 싸울 때 송을 군사적으로 돕지 않겠다는 뜻을 내비쳤다. 이 말을 들은 소손녕은 서희의 요구를 수용하기로 하고 퇴각했다. 이후 고려는 북쪽 국경 너머로 병력을 보내 압록강 하류의 여진족 땅까지 밀고 들어가 영토를 넓혔으며, 그 지역에 강동 6주를 두었다. ▶3문단

① 거란은 압록강 유역에 살던 여진족이 고려의 백성이라고 주장하였다. ➡ (X) 2문단에서 압록강 하류 유역에 살고 있던 여진족은 어느 나라에도 속하지 않은 채 독자적 세력을 이루고 있었다고 하였다. 그리고 거란은 여진족이 사는 땅을 침범해 고려로 가는 길을 확보했을 뿐, 여진족이 고려의 백성이라고 주장했다는 내용은 지문에 제시되어 있지 않다.

② 여진족은 발해의 지배에서 벗어나기 위해 거란과 함께 고려를 공격하였다. ➡ (X) 2문단에 따르면 여진족은 발해의 지배를 받았었지만 발해가 거란에 의해 멸망한 후에는 어느 나라에도 속하지 않았다고 하였다. 그리고 여진족이 거란과 함께 고려를 공격했다는 내용은 지문에 나타나지 않는다.

③ 소손녕은 압록강 유역의 여진족 땅을 빼앗아 강동 6주를 둔 후 그곳을 고려에 넘겼다. ➡ (X) 3문단에서 고려는 소손녕이 퇴각한 이후 압록강 하류의 여진족 땅까지 밀고 들어가 영토를 넓히고 그 지역에 강동 6주를 두었다고 했다. 소손녕이 강동 6주를 둔 후 고려에 넘긴 것이 아니다.

④ 고려는 압록강 하류 유역에 있는 여진족의 땅으로 세력을 확대한 거란을 공격하고자 송 태종과 군사동맹을 맺었다. ➡ (X) 3문단에서 서희는 압록강 하류의 여진족 땅을 고려가 지배할 수 있게 묵인해 준다면 거란과 국교를 맺을 뿐 아니라 거란과 송이 싸울 때 송을 군사적으로 돕지 않겠다는 뜻을 보였고, 이 요구를 소손녕이 수용해 퇴각했다고 했다. 고려가 송과 군사동맹을 맺었다는 내용은 지문에 제시되어 있지 않다.

⑤ 서희는 고려가 거란에 군사적 적대 행위를 하지 않겠다고 약속하면 소손녕이 군대를 이끌고 돌아갈 것이라고 보았다. ➡ (O) 2문단에서 서희는 고려가 병력을 동원해 거란을 치는 일이 없도록 하겠다는 언질을 주면 소손녕이 철군할 것이라고 했다. 병력을 동원해 거란을 치는 일이 없도록 하겠다는 말은 군사적 적대 행위를 하지 않겠다는 말과 같고, 소손녕이 철군할 것이라는 말은 군대를 이끌고 돌아갈 것이라는 말과 같다.

02 ①

정답률 95.7%

| 문제 유형 | 사실적 이해 > 정보 확인

| 접근 전략 | 대마도 정벌과 관련된 사실적 내용의 지문을 바탕으로 이에 대해 바르게 서술한 선지를 고르는 유형이다. 지문에 등장하는 인명이나 지명을 파악하고 누가 어디에서 무엇을 했는지를 아는 것이 중요하다. 단어 하나 차이로 오답을 만든 선지가 대부분이라 난도는 쉬운 편이다.

다음 글에서 알 수 있는 것은?

세종이 즉위한 이듬해 5월에 대마도의 왜구가 충청도 해안에 와서 노략질하는 일이 벌어졌다. 이 왜구는 황해도 해주 앞바다에도 나타나 조선군과 교전을 벌인 후 명의 땅인 요동반도 방향으로 북상했다. 세종에게 왕위를 물려주고 상왕으로 있던 태종은 이종무에게 "북상한 왜구가 본거지로 되돌아가기 전에 대마도를 정벌하라!"라고 명했다. 이에 따라 이종무는 군사를 모아 대마도 정벌에 나섰다. ▶1문단

남북으로 긴 대마도에는 섬을 남과 북의 두 부분으로 나누는 중간에 아소만이라는 곳이 있는데, 이 만의 초입에 두지포라는 요충지가 있었다. 이종무는 이곳을 공격한 후 귀순을 요구하면 대마도주가 응할 것이라 보았다. 그는 6월 20일 두지포에 상륙해 왜인 마을을 불사른 후 계획대로 대마도주에게 서신을 보내 귀순을 요구했다. 하지만 대마도주는 이에 반응을 보이지 않았다. 분노한 이종무는 대마도주를 사로잡아 항복을 받아내기로 하고, 니로라는 곳에 병력을 상륙시켰다. 하지만 그곳에서 조선군은 매복한 적의 공격으로 크게 패했다. 이에 이종무는 군사를 거두어 거제도 견내량으로 돌아왔다. ▶2문단

이종무가 견내량으로 돌아온 다음 날, 태종은 요동반도로 북상했던 대마도의 왜구가 그곳으로부터 남하하던 도중 충청도에서 조운선을 공격했다는 보고를 받았다. 이 사건이 일어난 지 며칠 지나지 않았음을 알게 된 태종은 왜구가 대마도에 당도하기 전에 바다에서 격파해야 한다고 생각하고, 이종무에게 그들을 공격하라고 명했다. 그런데 이 명이 내려진 후에 새로운 보고가 들어왔다. 대마도의 왜구가 요동반도에 상륙했다가 크게 패배하는 바람에 살아남은 자가 겨우 300여 명에 불과하다는 것이었다. 이 보고를 접한 태종은 대마도주가 거느린 병사가 많이 죽어 그 세력이 꺾였으니 그에게 다시금 귀순을 요구하면 응할 것으로 판단했다. 이에 그는 이종무에게 내린 출진 명령을 취소하고, 측근 중 적임자를 골라 대마도주에게 귀순을 요구하는 사신으로 보냈다. 이 사신을 만난 대마도주는 고심 끝에 조선에 귀순하기로 했다. ▶3문단

① 해주 앞바다에 나타나 조선군과 싸운 대마도의 왜구가 요동반도를 향해 북상한 뒤 이종무의 군대가 대마도로 건너갔다. ➡ (○) 1문단에 따르면 왜구는 해주 앞바다에서 조선군과 교전을 벌인 후 요동반도 방향으로 북상했고, 이에 태종의 명으로 이종무는 군사를 모아 대마도 정벌에 나섰다.

② 조선이 왜구의 본거지인 대마도를 공격하기로 하자 명의 군대도 대마도까지 가서 정벌에 참여하였다. ➡ (×) 2문단에서 이종무가 대마도를 공격한 내용이 나오지만 명의 군대가 이 정벌에 참여했다는 내용은 지문에 제시되어 있지 않다.

③ 이종무는 세종이 대마도에 보내는 사절단에 포함되어 대마도를 여러 차례 방문하였다. ➡ (×) 제시문에 따르면 이종무는 군사를 모아 대마도 정벌에 나서거나 왜구를 바다에서 격파하기 위해 공격을 하려 했을 뿐, 사절단에 포함되어 대마도를 방문한 내용은 제시되어 있지 않다.

④ 태종은 대마도 정벌을 준비하였지만, 세종의 반대로 뜻을 이루지 못하였다. ➡ (×) 1문단에 따르면 태종은 대마도를 정벌하기 위해 이종무와 군사들을 대마도로 보냈다. 세종의 반대가 있어 뜻을 이루지 못했다는 내용은 지문에 제시되어 있지 않다.

⑤ 조선군이 대마도주를 사로잡기 위해 상륙하였다가 패배한 곳은 견내량이다. ➡ (×) 2문단에 따르면 조선군이 대마도주를 사로잡기 위해 상륙했다가 패배한 곳은 니로라는 곳이다. 견내량은 거제도에 있는데, 이종무가 대마도에서 크게 패한 후 군사를 거두어 돌아온 곳이다.

03 ①

정답률 94.1%

| 문제 유형 | 사실적 이해 > 정보 확인

| 접근 전략 | 지문은 인간에 대한 혐오의 감정에 대해 서술한 내용이고 선지는 지문에 등장하는 일부 문장을 가져와 나열한 정도의 수준이라서 쉽게 풀리는 문제이다. 다만, '알 수 없는 것'을 고르라는 문제의 발문을 잘 확인하고 풀도록 한다.

다음 글에서 알 수 없는 것은?

인간에 대한 혐오의 감정을 긍정적으로 바라보는 인식을 바탕으로, 이를 사회 안정의 도구로 활용해야 한다거나 법적 판단의 근거로 삼아야 한다는 주장은 영미법의 오래된 역사에서 그리 낯설지 않다. 그러나 혐오의 감정이 특정 개인과 집단을 배척하기 위한 강력한 무기로 이용되었다는 사실을 고려하면 이러한 주장이 얼마나 그릇된 것인지 이해할 수 있다. ▶1문단

일반적으로 우리는 분비물이나 배설물, 악취 등에 대해 그리고 시체와 같이 부패하고 퇴화하는 것들에 대해 혐오의 감정을 갖는다. 인간은 타자를 공격하는 데 이러한 오염물의 이미지를 사용한다. 이때 혐오는 특정 집단을 오염물인 것처럼 취급하고 자신은 오염되지 않은 쪽에 속함으로써 얻게 되는 심리적인 우월감 및 만족감과 연결되어 있다. 역사적으로 볼 때 이런 과정을 거쳐 오염물로 취급된 집단 중 하나가 유대인이다. ▶2문단

중세 이후 반유대주의 세력이 유대인에게 부여한 부정적 이미지는 점액성, 악취, 부패, 불결함과 같은 혐오스러운 것들과 결부되어 있다. 히틀러는 유대인을 깨끗하고 건강한 독일 민족의 몸속에 숨겨진, 썩어 가는 시체 속의 구더기라고 표현했다. 혐오스러운 적대자를 설정함으로써 자신의 야욕을 달성하려 했던 것이다. 불행하게도 대다수의 독일인은 이러한 야만적인 정치적 선동에 동의를 표했다. 심지어 유대인을 암세포, 종양, 세균 등으로 묘사하면서 이들을 비인간적 존재로 전락시키는 의학적 담론이 유행하기도 했다. 비인간적으로 묘사되는 유대인의 이미지는 나치가 만든 허상이었음에도 불구하고, 유대인과 연관된 혐오의 이미지는 아이들이 보는 당대의 동화 속에 담겨 있을 정도로 널리 퍼져 있었다. ▶3문단

① 혐오는 정치적 선동의 도구로 이용되지 않았다. ➡ (×) 3문단에 따르면 히틀러는 유대인을 혐오스러운 적대자로 설정했는데, 대다수의 독일인은 이러한 야만적인 정치적 선동에 동의를 표했다고 했다. 혐오가 정치적 선동의 도구로 이용된 예로 볼 수 있다.

② 개인뿐만 아니라 집단도 혐오의 대상이 될 수 있다. ➡ (○) 1문단에서 혐오의 감정이 특정 개인과 집단을 배척하기 위한 강력한 무기로 이용되었다고 했고, 2문단에서 혐오는 특정 집단을 오염물인 것처럼 취급한다고 하면서 역사적인 예로 유대인을 들었다. 따라서 개인뿐만 아니라 집단도 혐오의 대상이 될 수 있음을 알 수 있다.

③ 혐오의 대상이 되는 집단은 비인간적으로 묘사되기도 한다. ➡ (○) 3문단에 따르면 히틀러는 유대인을 '시체 속의 구더기'라고 표현했고, 심지어 당시에는 유대인을 암세포, 종양, 세균 등으로 묘사하면서 이들을 비인간적 존재로 전락시키는 의학적 담론이 유행하기도 했다. 따라서 혐오의 대상이 되는 집단이 비인간적으로 묘사되었음을 알 수 있다.

④ 혐오의 감정을 법적 판단의 근거로 삼아야 한다는 입장이 있었다. ➡ (○) 1문단에서 혐오의 감정을 법적 판단의 근거로 삼아야 한다는 주장이 영미법의 역사에 있었다고 했다.

⑤ 인간에 대한 혐오의 감정은 타자를 혐오함으로써 주체가 얻을 수 있는 심리적인 만족감과 연관되어 있다. ➡ (○) 2문단에서 혐오는 특정 집단을 오염물인 것처럼 취급하고 자신은 오염되지 않은 쪽에 속함으로써 얻게 되는 심리적인 우월감 및 만족감과 연결되어 있다고 했다.

04 ②

정답률 94.1%

| 문제 유형 | 사실적 이해 > 정보 확인

| 접근 전략 | '계획적 진부화'라는 마케팅 용어의 개념을 설명하고, 기업이 이러한 전략을 추진하는 이유 3가지를 제시한 다음 계획적 진부화에 대한 비판적 입장을 언급했다. 중심 내용에 밑줄을 그으며 읽은 후 선지의 가부를 판단한다. 지문의 내용에 어긋나는 선지를 골라야 한다는 점을 염두에 둔다.

다음 글에서 알 수 없는 것은?

'계획적 진부화'는 의도적으로 수명이 짧은 제품이나 서비스를 생산함으로써 소비자들이 새로운 제품을 구매하도록 유도하는 마케팅 전략 중 하나이다. 여기에는 단순히 부품만 교체하는 것이 가능함에도 불구하고 새로운 제품을 구매하도록 유도하는 것도 포함된다. ▶1문단

계획적 진부화의 이유는 무엇일까? 첫째, 기업이 기존 제품의 가격을 인상하기 곤란한 경우, 신제품을 출시한 뒤 여기에 인상된 가격을 매길 수 있기 때문이다. 특히 제품의 기능은 거의 변함없이 디자인만 약간 개선한 신제품을 내놓고 가격을 인상하는 경우도 쉽게 볼 수 있다. 둘째, 중고품 시장에서 거래되는 기존 제품과의 경쟁을 피할 수 있기 때문이다. 자동차처럼 사용 기간이 긴 제품의 경우, 기업은 동일 유형의 제품을 팔고 있는 중고품 판매 업체와 경쟁해야만 한다. 그러나 기업이 새로운 제품을 출시하면, 중고품 시장에서 판매되는 기존 제품은 진부화되고 그 경쟁력도 하락한다. 셋째, 소비자들의 취향이 급속히 변화하는 상황에서 계획적 진부화로 소비자들의 만족도를 높일 수 있기 때문이다. 전통적으로 제품의 사용 기간을 결정짓는 요인은 기능적 특성이나 노후화·손상 등 물리적 특성이 주를 이루었지만, 최근에는 심리적 특성에도 많은 영향을 받고 있다. 이처럼 소비자들의 요구가 다양해지고 그 변화 속도도 빨라지고 있어, 기업들은 이에 대응하기 위해 계획적 진부화를 수행하기도 한다. ▶2문단

기업들은 계획적 진부화를 통해 매출을 확대하고 이익을 늘릴 수 있다. 기존 제품이 사용 가능한 상황에서도 신제품에 대한 소비자들의 수요를 자극하면 구매 의사가 커지기 때문이다. 반면, 기존 제품을 사용하는 소비자 입장에서는 크게 다를 것 없는 신제품 구입으로 불필요한 지출과 실질적인 손실이 발생할 수 있다는 점에서 계획적 진부화는 부정적으로 인식된다. 또한 환경이나 생태를 고려하는 거시적 관점에서도, 계획적 진부화는 소비자들에게 제공하는 가치에 비해 에너지나 자원의 낭비가 심하다는 비판을 받고 있다. ▶3문단

① 계획적 진부화로 소비자들은 불필요한 지출을 할 수 있다. ➡ (O) 3문단에서 기존 제품을 사용하는 소비자 입장에서는 크게 다를 것 없는 신제품 구입으로 불필요한 지출을 할 수 있다고 했다.

② 계획적 진부화는 기존 제품과 동일한 중고품의 경쟁력을 높인다. ➡ (X) 2문단에서 계획적 진부화를 통해 기업이 신제품을 출시하면 중고품은 진부화되고 그 경쟁력도 하락한다고 했다. 따라서 계획적 진부화는 기존 제품과 동일한 중고품의 경쟁력을 높인다고 볼 수 없다.

③ 계획적 진부화는 소비자들의 요구에 대응하기 위하여 수행되기도 한다. ➡ (O) 2문단에서 소비자들의 취향이 급속히 변화하는 상황에서 계획적 진부화로 소비자들의 만족도를 높일 수 있다고 했다. 따라서 소비자들의 요구에 대응하기 위해 기업들은 계획적 진부화를 수행하기도 한다고 했다.

④ 계획적 진부화를 통해 기업은 기존 제품보다 비싼 신제품을 출시할 수 있다. ➡ (O) 2문단에서 기업은 신제품을 출시한 뒤 여기에 인상된 가격을 매길 수 있다고 했다.

⑤ 계획적 진부화로 인하여 제품의 실제 사용 기간은 물리적으로 사용 가능한 수명보다 짧아질 수 있다. ➡ (O) 3문단에서 기존 제품이 사용 가능한 상황에서도 신제품에 대한 소비자들의 수요를 자극하면 구매 의사가 커진다고 했다. 즉, 물리적으로 사용 가능한 제품을 가지고 있음에도 신제품을 갖고 싶은 심리적 요인으로 인해 신제품을 구입할 경우 기존 제품을 실제 사용하는 기간이 짧아질 수 있는 것이다.

05 ②

정답률 89%

| 문제 유형 | 사실적 이해 > 정보 확인

| 접근 전략 | 지문에서는 재화나 용역이 비경합적이거나 비배제적으로 소비된다는 말의 개념을 1, 2문단에서 차례로 예를 들어 설명한 후, 3문단에서 이러한 방식이 시장에서 적용될 수 없다는 점을 근거로 공공재의 개념을 제시하고 있다. 선지에는 지문의 내용을 재서술하거나 지문에서 언급한 개념을 다른 사례에 적용한 경우가 제시되어 있다.

다음 글에서 알 수 없는 것은?

재화나 용역 중에는 비경합적이고 비배제적인 방식으로 소비되는 것들이 있다. 먼저 재화나 용역이 비경합적으로 소비된다는 말은, 그것에 대한 누군가의 소비가 다른 사람의 소비 가능성을 줄어들게 하지 않는다는 것을 뜻한다. 예컨대 10개의 사탕이 있는데 내가 8개를 먹어 버리면 다른 사람이 그 사탕을 소비할 가능성은 그만큼 줄어들게 된다. 반면에 라디오 방송 서비스 같은 경우는 내가 그것을 이용한다고 해서 다른 사람의 소비 가능성이 줄어들게 되지 않는다는 점에서 비경합적이다. ▶1문단

재화나 용역이 비배제적으로 소비된다는 말은, 그것이 공급되었을 때 누군가 그 대가를 지불하지 않았다고 해서 그 사람이 그 재화나 용역을 소비하지 못하도록 배제할 수 없다는 것을 뜻한다. 이러한 의미에서 국방 서비스는 비배제적으로 소비된다. 정부가 국방 서비스를 제공받는 모든 국민에게 그 비용을 지불하도록 하는 정책을 채택했다고 하자. 이때 어떤 국민이 이런 정책에 불만을 표하며 비용 지불을 거부한다고 해도 정부는 그를 국방 서비스의 수혜에서 배제하기 어렵다. 설령 그를 구속하여 감옥에 가두더라도 그는 국방 서비스의 수혜자 범위에서 제외되지 않는다. ▶2문단

비경합적이고 비배제적인 방식으로 소비되는 재화와 용역의 생산과 배분이 시장에서 제대로 이루어질 수 있을까? 국방의 예를 이어나가 보자. 대부분의 국민은 자신의 생명과 재산을 보호받고자 하는 욕구가 있고 국방 서비스에 대한 수요도 있기 마련이다. 그러나 만약 국방 서비스를 시장에서 생산하여 판매한다면, 경제적으로 합리적인 국민은 국방 서비스를 구매하지 않을 것이다. 왜냐하면 다른 이가 구매하는 국방 서비스에 자신도 무임승차할 수 있기 때문이다. 결과적으로 국방 서비스는 과소 생산되는 문제가 발생하고, 그 피해는 모든 국민에게 돌아가게 될 것이다. 따라서 이와 같은 유형의 재화나 용역을 사회적으로 필요한 만큼 생산하기 위해서는 국가가 개입해야 하기에 이런 재화나 용역에는 공공재라는 이름을 붙이는 것이다. ▶3문단

① 유료 공연에서 일정한 돈을 지불하지 않은 사람의 공연장 입장을 차단한다면, 그 공연은 배제적으로 소비될 수 있다. ➡ (O) 2문단에 따르면 재화나 용역이 비배제적으로 소비된다는 말은 누군가 공급에 대한 대가를 지불하지 않았다고 해서 그 사람이 그 재화나 용역을 소비하지 못하도록 배제할 수 없다는 뜻이다. 따라서 유료 공연의 비용을 지불하지 않은 사람이 공연장 입장을 차단당한다면 이는 공연이 배제적으로 소비된 것이라 볼 수 있다.

② 국방 서비스를 소비하는 모든 국민에게 그 비용을 지불하도록 한다면, 그 서비스는 비경합적으로 소비될 수 없다. ➡ (X) 국방 서비스는 경합이나 비경합의 문제로 설명할 수 있는 것이 아니다. 2문단에서 어떤 국민이 비용 지불을 거부한다고 해도 정부는 그를 국방 서비스의 수혜에서 배제하기 어렵다고 했다. 즉, 국민들이 그 비용을 지불하든, 지불하지 않든 그 수혜에서 배제되지 않는다. 즉, 경합적으로 소비되는 것이 아니다.

③ 이용할 수 있는 수가 한정된 여객기 좌석은 경합적으로 소비될 수 있다. ➡ (O) 1문단에서 사탕 10개 중 내가 8개를 먹어 버리면 다른 사람이 그 사탕을 소비할 가능성이 그만큼 줄어들게 된다고 했다. 이는 사탕이 경합적으로 소비된 예이다. 이와 유사한 예로 이용자의 수가 한정된 여객기 좌석도 경합적으로 소비될 수 있다.

④ 무임승차를 쉽게 방지할 수 없는 재화나 용역은 과소 생산될 수 있다. ➡ (O) 3문단에서 국방 서비스는 비용 지불을 거부한 사람이 다른 이가 구매하는 국방 서비스에 무임승차할 수 있어 서비스가 과소 생산되는 문제가 발생할 수 있다고 했다.

⑤ 라디오 방송 서비스는 여러 사람이 비경합적으로 소비할 수 있다. ➡ (O) 1문단에서 라디오 방송 서비스는 내가 그것을 이용한다고 해서 다른 사람의 소비 가능성이 줄어들게 되지 않는다는 점에서 비경합적이라고 했다.

06 ⑤

정답률 93.2%

| 문제 유형 | 사실적 이해 > 중심 내용 파악

| 접근 전략 | 지문을 읽고 핵심 논지를 찾는 유형의 문제이다. 특정 세부 내용이나 일부 언급된 사실로 도출할 수 있는 내용이 아니라 지문 전체의 중심 내용을 아우를 수 있는 선지를 찾아야 한다. 1문단에서 독일의 통일 과정에서 보여 준 동독 주민들의 행동을 고려해야 한다고 했으므로 이에 초점을 두고 지문의 내용을 파악해야 한다.

다음 글의 핵심 논지로 가장 적절한 것은?

독일 통일을 지칭하는 '흡수 통일'이라는 용어는 동독이 일방적으로 서독에 흡수되었다는 인상을 준다. 그러나 통일 과정에서 동독 주민들이 보여준 행동을 고려하면 흡수 통일은 오해의 여지를 주는 용어일 수 있다. ▶1문단

1989년에 동독에서는 지방선거 부정 의혹을 둘러싼 내부 혼란이 발생했다. 그 과정에서 체제에 환멸을 느낀 많은 동독 주민들이 서독으로 탈출했고, 동독 곳곳에서 개혁과 개방을 주장하는 시위의 물결이 일어나기 시작했다. 초기 시위에서 동독 주민들은 여행·신앙·언론의 자유를 중심에 둔 내부 개혁을 주장했지만 이후 "우리는 하나의 민족이다!"라는 구호와 함께 동독과 서독의 통일을 요구하기 시작했다. 그렇게 변화하는 사회적 분위기 속에서 1990년 3월 18일에 동독 최초이자 최후의 자유총선거가 실시되었다. ▶2문단

동독 자유총선거를 위한 선거운동 과정에서 서독과 협력하는 동독 정당들이 생겨났고, 이들 정당의 선거운동에 서독 정당과 정치인들이 적극적으로 유세 지원을 하기도 했다. 초반에는 서독 사민당의 지원을 받으며 점진적 통일을 주장하던 동독 사민당이 우세했지만, 실제 선거에서는 서독 기민당의 지원을 받으며 급속한 통일을 주장하던 독일동맹이 승리하게 되었다. 동독 주민들이 자유총선거에서 독일동맹을 선택한 것은 그들 스스로 급속한 통일을 지지한 것이라고 할 수 있다. 이후 동독은 서독과 1990년 5월 18일에 「통화·경제·사회보장동맹의 창설에 관한 조약」을, 1990년 8월 31일에 「통일조약」을 체결했고, 마침내 1990년 10월 3일에 동서독 통일을 이루게 되었다. ▶3문단

이처럼 독일 통일의 과정에서 동독 주민들의 주체적인 참여를 확인할 수 있다. 독일 통일을 단순히 흡수 통일이라고 부른다면, 통일 과정에서 중요한 역할을 담당했던 동독 주민들을 배제한다는 오해를 불러일으킬 수 있다. 독일 통일의 과정을 온전히 이해하기 위해서는 동독 주민들의 활동에도 주목할 필요가 있다. ▶4문단

① 자유총선거에서 동독 주민들은 점진적 통일보다 급속한 통일을 지지하는 모습을 보여주었다. ➠ (X) 3문단에 있는 내용으로, 동독 주민들의 통일에 대한 입장이나 태도는 확인할 수 있지만 지문의 핵심 논지인 독일의 통일 과정에서 동독 주민들의 주체적인 참여가 큰 역할을 했다는 내용이 포함되어 있지 않다.

② 독일 통일은 동독이 일방적으로 서독에 흡수되었다는 점에서 흔히 흡수 통일이라고 부른다. ➠ (X) 1문단에서 '흡수 통일'이라는 용어가 동독이 일방적으로 서독에 흡수되었다는 인상을 주지만 이는 오해의 여지를 주는 용어라고 했다. 지문에서는 이에 반박하는 내용으로 글을 전개하고 있다.

③ 독일 통일은 분단국가가 합의된 절차를 거쳐 통일을 이루었다는 점에서 의의가 있다. ➠ (X) 2, 3문단을 통해 도출할 수 있는 내용이지만 핵심 논지로 보기는 어렵다.

④ 독일 통일 전부터 서독의 정당은 물론 개인도 동독의 선거에 개입할 수 있었다. ➠ (X) 3문단에서 동독 정당의 선거운동에 서독 정당과 정치인들이 적극적으로 유세 지원을 하기도 했다고 했으므로 맞는 내용이지만, 세부 내용에 불과하다.

⑤ 독일 통일의 과정에서 동독 주민들의 주체적 참여가 큰 역할을 하였다. ➠ (O) 4문단에서 독일 통일의 과정을 온전히 이해하기 위해서는 동독 주민들의 활동, 즉 주체적인 참여에 주목할 필요가 있다고 했으므로 핵심 논지로 적절하다.

07 ①

정답률 80.5%

| 문제 유형 | 비판적 사고 > 빈칸 채우기

| 접근 전략 | 빈칸 앞에 전개된 내용을 숙지하고 같은 논지를 반영한 선지를 찾아야 한다. 1문단에서는 서양에서 신의 진리를 드러내기 위해 인체 비례를 탐구했다는 내용이 나오므로 이를 건축에 적용해 (가)에 들어갈 말을 찾으면 되고, 2문단에서는 서양의 조형적 관점이 동양에서도 발견됐다고 했으므로 이러한 내용을 포함해 (나)에 들어갈 말을 찾으면 된다.

다음 글의 (가)와 (나)에 들어갈 말을 적절하게 나열한 것은?

서양 사람들은 옛날부터 신이 자연 속에 진리를 감추어 놓았다고 믿고 그 진리를 찾기 위해 노력했다. 그들은 숨겨진 진리가 바로 수학이며 자연물 속에 비례의 형태로 숨어 있다고 생각했다. 또한 신이 자연물에 숨겨 놓은 수많은 진리 중에서도 인체 비례야말로 가장 아름다운 진리의 정수로 여겼다. 그래서 서양 사람들은 예로부터 이러한 신의 진리를 드러내기 위해서 완벽한 인체를 구현하는 데 몰두했다. 레오나르도 다빈치의 「인체 비례도」를 보면, 원과 정사각형을 배치하여 사람의 몸을 표현하고 있다. 가장 기본적인 기하 도형이 인체 비례와 관련 있다는 점에 착안하였던 것이다. 르네상스 시대 건축가들은 이러한 기본 기하 도형으로 건축물을 디자인하면 (가) 위대한 건물을 지을 수 있다고 생각했다. ▶1문단

건축에서 미적 표준으로 인체 비례를 활용하는 조형적 안목은 서양뿐 아니라 동양에서도 찾을 수 있다. 고대부터 중국이나 우리나라에서도 인체 비례를 건축물 축조에 활용하였다. 불국사의 청운교와 백운교는 3:4:5 비례의 직각삼각형으로 이루어져 있다. 이와 같은 비례로 건축하는 것을 '구고현(勾股弦)법'이라 한다. 뒤꿈치를 바닥에 대고 무릎을 직각으로 구부린 채 누우면 바닥과 다리 사이에 삼각형이 이루어지는데, 이것이 구고현법의 삼각형이다. 짧은 변인 구(勾)는 넓적다리에, 긴 변인 고(股)는 장딴지에 대응하고, 빗변인 현(弦)은 바닥의 선에 대응한다. 이 삼각형은 고대 서양에서 신성불가침의 삼각형이라 불렀던 것과 동일한 비례를 가지고 있다. 동일한 비례를 아름다움의 기준으로 삼았다는 점에서 (나) 는 것을 알 수 있다. ▶2문단

① (가): 인체 비례에 숨겨진 신의 진리를 구현한
(나): 조형미에 대한 동서양의 안목이 유사하였다 ➠ (O)

(가): 1문단에서 서양 사람들은 예로부터 신의 진리를 드러내기 위해 완벽한 인체를 구현하는 데 몰두했다면서 기본적인 기하 도형으로 인체의 비례를 표현한 「인체 비례도」를 예로 들었다. 그 다음에 이어지는 문장도 이와 동일한 해석을 드러내야 한다. 따라서 르네상스 시대 건축가들이 기본 기하 도형으로 건축물을 디자인한 것은 인체 비례에 숨겨진 신의 진리를 구현한 건물을 지은 것으로 볼 수 있다. 지문에는 신의 진리를 탐구하는 것에 대한 내용만 있을 뿐 신의 진리를 넘어서는 또 다른 것을 구현한다는 내용은 드러나지 않았다.

(나): 2문단에서는 인체 비례를 활용하는 조형적 안목은 서양뿐 아니라 동양에서도 찾을 수 있다고 했다. 그 예로 구고현법에 따라 건축된 불국사의 청운교와 백운교를 들고 있는데, 이는 고대 서양에서 신성불가침의 삼각형이라 불렀던 것과 동일한 비례를 가진다고 했다. 인체 비례를 건축물 축조에 활용한 사례가 유사하게 드러났으므로 동서양의 조형미에 대한 안목이 유사했다고 볼 수 있다. 인체 실측에 대한 계산법이나 공간 활용법에 대한 내용은 지문에 드러나지 않았다.

② (가): 신의 진리를 넘어서는 인간의 진리를 구현한
(나): 인체 실측에 대한 동서양의 계산법이 동일하였다 ➠ (X)

③ (가): 인체 비례에 숨겨진 신의 진리를 구현한
(나): 건축물에 대한 동서양의 공간 활용법이 유사하였다 ➠ (X)

④ (가): 신의 진리를 넘어서는 인간의 진리를 구현한
(나): 조형미에 대한 동서양의 안목이 유사하였다 ➠ (X)

⑤ (가): 인체 비례에 숨겨진 신의 진리를 구현한
(나): 인체 실측에 대한 동서양의 계산법이 동일하였다 ➠ (X)

08 ⑤

정답률 82.9%

| 문제 유형 | 비판적 사고 > 판단하기

| 접근 전략 | 글의 흐름에 맞지 않는 부분을 찾아 적절하게 수정했는지의 여부를 확인하는 유형의 문제이다. 앞뒤의 문장을 잘 읽으면 흐름에 어긋나는 부분을 쉽게 찾을 수 있다. 각 문단 안에서 문장의 서술 흐름을 놓치지 않고 읽는 것이 중요하다.

다음 글의 ㉠~㉤에서 문맥에 맞지 않는 곳을 찾아 적절하게 수정한 것은?

반세기 동안 지속되던 냉전 체제가 1991년을 기점으로 붕괴되면서 동유럽 체제가 재편되었다. 동유럽에서는 연방에서 벗어나 많은 국가들이 독립하였다. 이 국가들은 자연스럽게 자본주의 시장경제를 받아들였는데, 이후 몇 년 동안 공통적으로 극심한 경제 위기를 경험하게 되었다. 급기야 IMF(국제통화기금)의 자금 지원을 받게 되는데, 이는 ㉠갑작스럽게 외부로부터 도입한 자본주의 시스템에 적응하는 일이 결코 쉽지 않다는 점을 보여준다. ▶1문단

이 과정에서 해당 국가 국민의 평균 수명이 급격하게 줄어들었는데, 이는 같은 시기 미국, 서유럽 국가들의 평균 수명이 꾸준히 늘었다는 것과 대조적이다. 이러한 현상에 대해 ㉡자본주의 시스템 도입을 적극적으로 지지했던 일부 경제학자들은 오래전부터 이어진 ㉢동유럽 지역 남성들의 과도한 음주와 흡연, 폭력과 살인 같은 비경제적 요소를 주된 원인으로 꼽았다. 즉 경제 체제의 변화와는 관련이 없다는 것이다. ▶2문단

이러한 주장에 의문을 품은 영국의 한 연구자는 해당 국가들의 건강 지표가 IMF의 자금 지원 전후로 어떻게 달라졌는지를 살펴보았다. 여러 사회적 상황을 고려하여 통계 모형을 만들고, ㉣IMF의 자금 지원을 받은 국가와 다른 기관에서 자금 지원을 받은 국가를 비교하였다. 같은 시기 독립한 동유럽 국가 중 슬로베니아만 유일하게 IMF가 아닌 다른 기관에서 돈을 빌렸다. 이때 두 곳의 차이는, IMF는 자금을 지원받은 국가에게 경제와 관련된 구조조정 프로그램을 실시하게 한 반면, 슬로베니아를 지원한 곳은 그렇게 하지 않았다는 점이다. IMF 구조조정 프로그램을 실시한 국가들은 ㉤실시 이전부터 결핵 발생률이 크게 증가했던 것으로 나타났다. 그러나 슬로베니아는 같

은 기간에 오히려 결핵 사망률이 감소했다. IMF 구조조정 프로그램의 실시 여부는 국가별 결핵 사망률과 일정한 상관관계가 있었던 것이다. ▶3문단

① ㉠을 "자본주의 시스템을 갖추지 않고 지원을 받는 일"로 수정한다. ➡ (X) 1문단에서는 냉전 체제 이후 연방에서 벗어난 동유럽 국가들이 자본주의 시장경제를 받아들이면서 극심한 경제 위기를 경험하게 됐다고 했다. 이는 이전 체제와 다른 외부의 시스템에 대한 적응이 어려웠음을 알 수 있는 내용이다. 따라서 ㉠은 문맥에 맞는 내용이므로 수정이 불필요하다.

② ㉡을 "자본주의 시스템 도입을 적극적으로 반대했던"으로 수정한다. ➡ (X) 2문단 후반에 보면 국민의 평균 수명 감소가 경제 체제의 변화와는 무관하다는 내용이 있다. 이러한 주장은 자본주의 시스템 도입을 지지하는 세력이 할 수 있는 것이다. 따라서 ㉡은 글의 흐름에 맞는 내용으로 수정이 불필요하다.

③ ㉢을 "수출입과 같은 국제 경제적 요소"로 수정한다. ➡ (X) ㉢에 이어지는 문장이 국민 평균 수명 감소와 경제 체제의 변화는 관련이 없다는 내용이므로, 국민 평균 수명 감소 현상의 원인이 비경제적인 요소라는 내용이 ㉢에 나와야 한다. 따라서 ㉢은 맞는 내용이므로 수정이 불필요하다.

④ ㉣을 "IMF의 자금 지원 직후 경제 성장률이 상승한 국가와 하락한 국가"로 수정한다. ➡ (X) ㉣의 뒷부분에 IMF에서 자금을 지원받은 국가와 다른 기관에서 자금을 지원받은 슬로베니아의 차이가 언급되어 있다. 따라서 ㉣은 적절한 내용이므로 수정이 불필요하다.

⑤ ㉤을 "실시 이후부터 결핵 사망률이 크게 증가했던 것"으로 수정한다. ➡ (O) 3문단 마지막에 IMF의 구조조정 프로그램의 실시 여부가 국가별 결핵 사망률과 상관관계가 있었다고 하였으므로 IMF의 개입 여부에 따라 그 이후 결과가 달라졌다는 내용이 나와야 한다. 따라서 ㉤은 '실시 이전'이 아니라 '실시 이후'로 수정해야 한다.

09 ①

정답률 89.7%

| 문제 유형 | 비판적 사고 > 지문에서 추론하기

| 접근 전략 | 지문에서 추론할 수 없는 것을 고르는 문제 유형이다. 지문에 〈표〉가 포함되어 고려해야 할 것이 많은 것 같지만 비교적 단순한 문제이다. 수험생 유형별로 시험 장소와 마스크 착용 규정을 연결지어 선지의 가부를 확인한다.

다음 글에서 추론할 수 없는 것은?

감염병 우려로 인해 △△시험 관리본부가 마련한 대책은 다음과 같다. 먼저 모든 수험생을 확진, 자가격리, 일반 수험생의 세 유형으로 구분한다. 그리고 수험생 유형별로 시험 장소를 안내하고 마스크 착용 규정을 준수하도록 한다.

〈표〉 수험생 유형과 증상에 따른 시험장의 구분

수험생	시험장	증상	세부 시험장
확진 수험생	생활치료센터	유·무 모두	센터장이 지정한 센터 내 장소
자가격리 수험생	특별 방역 시험장	유	외부 차단 1인용 부스
		무	회의실
일반 수험생	최초 공지한 시험장	유	소형 강의실
		무	중대형 강의실

▶1문단

모든 시험장에 공통적으로 적용되는 마스크 착용 규정은 다음과 같다. 첫째, 모든 수험생은 입실부터 퇴실 시점까지 의무적으로 마스크를 착용해야 한다. 둘째, 마스크는 KF99, KF94, KF80의 3개 등급만 허용한다. 마스크 등급을 표시하는 숫자가 클수록 방역 효과가 크다. 셋째, 마스크 착용 규정에서 특정 등급의 마스크 의무 착용을 명시한 경우, 해당 등급보다 높은 등급의 마스크 착용은 가능하지만 낮은 등급의 마스크 착용은 허용되지 않는다. ▶2문단

시험장에 따라 달리 적용되는 마스크 착용 규정은 다음과 같다. 첫째, 생활치료센터에서는 각 센터장이 내린 지침을 의무적으로 따라야 한다. 둘째, 특별 방역 시험장에서는 KF99 마스크를 의무적으로 착용해야 한다. 셋째, 소형 강의실과 중대형 강의실에서는 각각 KF99와 KF94 마스크 착용을 권장하지만 의무 사항은 아니다. ▶3문단

① 일반 수험생 중 유증상자는 KF80 마스크를 착용하고 시험을 치를 수 없다. ➡ (X) 일반 수험생 중 유증상자는 소형 강의실에서 시험을 보게 되는데, 3문단에 따르면 소형 강의실에서는 KF99 마스크 착용을 권장하지만 의무 사항은 아니라고 했다. 또한 2문단에서 마스크는 KF99, KF94, KF80의 3개 등급만 허용한다고 했다. 따라서 일반 수험생 중 유증상자가 KF80 마스크를 착용했다고 해서 시험을 치를 수 없는 것은 아니다.

② 일반 수험생 중 무증상자는 KF80 마스크를 착용하고 시험을 치를 수 있다. ➡ (O) 일반 수험생 중 무증상자는 중대형 강의실에서 시험을 보게 되는데, 3문단에 따르면 중대형 강의실에서는 KF94 마스크 착용을 권장하지만 의무 사항은 아니라고 했다. 또한 2문단에서 마스크는 KF99, KF94, KF80의 3개 등급만 허용한다고 했다. 따라서 일반 수험생 중 무증상자는 KF80 마스크를 착용하고 시험을 치를 수 있다.

③ 자가격리 수험생 중 유증상자는 KF99 마스크를 착용하고 시험을 치를 수 있다. ➡ (O) 자가격리 수험생 중 유증상자는 특별 방역 시험장의 외부 차단 1인용 부스에서 시험을 보게 되는데, 3문단에 따르면 특별 방역 시험장에서는 KF99 마스크를 의무적으로 착용해야 한다. 따라서 자가격리 수험생 중 유증상자는 KF99 마스크를 착용하고 시험을 치를 수 있다.

④ 자가격리 수험생 중 무증상자는 KF94 마스크를 착용하고 시험을 치를 수 없다. ➡ (O) 자가격리 수험생 중 무증상자는 특별 방역 시험장의 회의실에서 시험을 보게 되는데, 3문단에 따르면 특별 방역 시험장에서는 KF99 마스크를 의무적으로 착용해야 한다. 또한 2문단에 따르면 특정 등급의 마스크 의무 착용을 명시한 경우 해당 등급보다 낮은 등급의 마스크 착용은 허용되지 않는다. 따라서 자가격리 수험생 중 무증상자는 KF99보다 등급이 낮은 KF94 마스크를 착용하고 시험을 치를 수 없다.

⑤ 확진 수험생은 생활치료센터장이 허용하는 경우 KF80 마스크를 착용하고 시험을 치를 수 있다. ➡ (O) 확진 수험생은 생활치료센터에서 시험을 보게 되는데, 3문단에서 생활치료센터에서는 각 센터장이 내린 지침을 의무적으로 따라야 한다고 했다. 따라서 확진 수험생은 생활치료센터장이 허용하는 경우 KF80 마스크를 착용하고 시험을 치를 수 있다.

10 ③

정답률 75.2%

| 문제 유형 | 비판적 사고 > 판단하기

| 접근 전략 | 지문의 내용에 맞게 〈표〉를 적절하게 수정한 것을 고르는 문제이다. 2문단의 세부 내용을 빠뜨리지 않고 꼼꼼히 읽기만 하면 답을 생각보다 쉽게 찾을 수 있다. 사실적 이해를 바탕으로 지문의 내용이 제시된 〈표〉에 적절하게 반영되었는지 확인하도록 한다.

다음 글의 〈표〉를 수정한 것으로 적절한 것만을 〈보기〉에서 모두 고르면?

○○부는 철새로 인한 국내 야생 조류 및 가금류 조류인플루엔자(Avian Influenza, AI) 바이러스 감염 확산 여부를 추적 조사하고 있다. AI 바이러스는 병원성 정도에 따라 고병원성과 저병원성 AI 바이러스로 구분한다. 발표 자료에 따르면, 2020년 10월 25일 충남 천안시에서는 야생 조류 분변에서 고병원성 AI 바이러스가 검출되었으며 이는 2018년 2월 1일 충남 아산시에서 검출된 이래 2년 8개월 만의 검출 사례였다. ▶1문단

최근 야생 조류 고병원성 AI 바이러스 검출 사례는 2020년 10월 25일부터 11월 21일까지 경기도에서 3건, 충남에서 2건이 발표되었고, 가금류 고병원성 AI 바이러스 검출 사례는 전국에서 총 3건이 발표되었다. 같은 기간

에 야생 조류 저병원성 AI 바이러스 검출 후 발표된 사례는 전국에 총 8건이다. 또한 채집된 의심 야생 조류의 분변 검사 결과, 고병원성·저병원성 AI 바이러스 모두에 해당하지 않아 바이러스 미분리로 분류된 사례는 총 7건이다. 야생 조류 AI 바이러스 검출 현황은 고병원성 AI, 저병원성 AI, 검사 중으로 분류하고 바이러스 미분리는 야생 조류 AI 바이러스 검출 현황에 포함하지 않는다. 야생 조류 AI 바이러스가 검출되고 나서 고병원성 여부를 확인하기 위해 정밀 검사를 하는 데 상당한 기간이 소요되므로, 아직 검사 중인 것이 9건이다. 그중 하나인 제주도 하도리의 경우 11월 22일 고병원성 AI 바이러스 검출 여부를 발표할 예정이다. ▶2문단

○○부 주무관 갑은 2020년 10월 25일부터 11월 21일까지 발표된 야생 조류 AI 바이러스 검출 현황을 아래와 같이 〈표〉로 작성하였으나 검출 현황을 적절히 반영하지 않아 수정이 필요하다.

〈표〉 야생 조류 AI 바이러스 검출 현황

(기간: 2020년 10월 25일 ~ 2020년 11월 21일)

고병원성 AI	저병원성 AI	검사 중	바이러스 미분리
8건	8건	9건	7건

▶3문단

〈보기〉

ㄱ. 고병원성 AI 항목의 "8건"을 "5건"으로 수정한다. → (O) 2문단 전반부에서 야생 조류 고병원성 AI 바이러스 검출 사례는 경기도 3건, 충남 2건이라고 했으므로 전국 총 5건임을 알 수 있다. 다음으로 가금류 고병원성 AI 바이러스 검출 사례는 전국 총 3건이라고 했다. 〈표〉는 야생 조류 AI 바이러스 검출 현황을 나타내고 있으므로 가금류의 검출 사례는 포함하지 않아야 한다. 따라서 〈표〉의 고병원성 AI 항목의 '8건'을 '5건'으로 수정하는 것은 적절하다.

ㄴ. 검사 중 항목의 "9건"을 "8건"으로 수정한다. → (X) 2문단 후반부에서 야생 조류 AI 바이러스 검출 후 고병원성 여부를 확인하는 데 상당한 기간이 소요되어 아직 검사 중인 것이 9건이라고 했으므로 검사 중 항목의 '9건'은 수정할 필요가 없다.

ㄷ. "바이러스 미분리" 항목을 삭제한다. → (O) 2문단 중반부에서 야생 조류 AI 바이러스 검출 현황은 고병원성 AI, 저병원성 AI, 검사 중으로 분류하고 바이러스 미분리는 해당 현황에 포함하지 않는다고 했다. 따라서 〈표〉의 '바이러스 미분리' 항목은 삭제해야 한다.

① ㄱ ➡ (X)
② ㄴ ➡ (X)
③ ㄱ, ㄷ ➡ (O)
④ ㄴ, ㄷ ➡ (X)
⑤ ㄱ, ㄴ, ㄷ ➡ (X)

11 ④

정답률 68.1%

| 문제 유형 | 비판적 사고 > 판단하기

| 접근 전략 | A~C 모두 인간 존엄성에 대해 비판적이다. 다만 논지 전개의 차이가 있다. A는 인간 존엄성이라는 개념 자체의 무용성을 주장하고 있고, B와 C는 인간 존엄성을 인간 중심적 사고로 보아 다른 종이나 환경을 함부로 대하는 오만과 폭력에 대해 지적하고 있다. 즉, B와 C는 인간 존엄성을 인간 중심주의로 봤다는 점에서 입장이 유사하다.

다음 글의 A~C에 대한 평가로 적절한 것만을 〈보기〉에서 모두 고르면?

인간 존엄성은 모든 인간이 단지 인간이기 때문에 갖는 것으로서, 인간의 숭고한 도덕적 지위나 인간에 대한 윤리적 대우의 근거로 여겨진다. 다음은 인간 존엄성 개념에 대한 A~C의 비판이다.

A: 인간 존엄성은 그 의미가 무엇인지에 대해 사람마다 생각이 달라서 불명료할 뿐 아니라 무용한 개념이다. 가령 존엄성은 존엄사를 옹호하거나 반대하는 논증 모두에서 각각의 주장을 정당화하는 데 사용된다. 어떤 이는 존엄성이란 말을 '자율성의 존중'이라는 뜻으로, 어떤 이는 '생명의 신성함'이라는 뜻으로 사용한다. 결국 쟁점은 존엄성이 아니라 자율성의 존중이나 생명의 가치에 관한 문제이며, 존엄성이란 개념 자체는 그 논의에서 실질적으로 중요한 기여를 하지 않는다.

B: 인간의 권리에 대한 문서에서 존엄성이 광범위하게 사용되는 것은 기독교 신학과 같이 인간 존엄성을 언급하는 많은 종교적 문헌의 영향으로 보인다. 이러한 종교적 뿌리는 어떤 이에게는 가치 있는 것이지만, 다른 이에겐 그런 존엄성 개념을 의심할 근거가 되기도 한다. 특히 존엄성을 신이 인간에게 부여한 독특한 지위로 생각함으로써 인간이 스스로를 지나치게 높게 보도록 했다는 점은 비판을 받아 마땅하다. 이는 인간으로 하여금 인간이 아닌 종과 환경에 대해 인간 자신들이 원하는 것을 마음대로 해도 된다는 오만을 낳았다.

C: 인간 존엄성은 인간이 이성적 존재임을 들어 동물이나 세계에 대해 인간 중심적인 견해를 옹호해 온 근대 휴머니즘의 유산이다. 존엄성은 인간종이 그 자체로 다른 종이나 심지어 환경 자체보다 더 큰 가치가 있다고 생각하는 종족주의의 한 표현에 불과하다. 인간 존엄성은 우리가 서로를 가치 있게 여기도록 만들기도 하지만, 인간 외의 다른 존재에 대해서는 그 대상이 인간이라면 결코 용납하지 않았을 폭력적 처사를 정당화하는 근거로 활용된다.

〈보기〉

ㄱ. 많은 논란에도 불구하고 존엄사를 인정한 연명의료결정법의 시행은 A의 주장을 약화시키는 사례이다. → (X) A는 인간 존엄성 개념에 대한 입장을 밝히고 있는데, 인간 존엄성은 그 의미가 불명료해 무용한 개념이라고 했다. 예로 든 존엄사에 대해서도 존엄성보다는 자율성의 존중이나 생명의 가치에 관한 문제를 논해야 한다고 했다. 이는 존엄사에 대해 찬반 어느 한 쪽에 속하는 주장을 한 것이 아니다. 따라서 존엄사를 인정한 연명의료결정법이 시행된다고 해서 A의 주장을 약화시키지 않는다.

ㄴ. C의 주장은 화장품의 안전성 검사를 위한 동물실험의 금지를 촉구하는 캠페인의 근거로 활용될 수 있다. → (O) C는 인간 존엄성이 인간 중심적인 종족주의에 불과하다고 비판하고, 인간 외의 다른 존재에 대한 폭력적 처사를 정당화하기 위해 인간 존엄성을 근거로 활용한다고 했다. 따라서 C의 주장은 동물실험의 금지를 촉구하는 캠페인의 근거로 활용될 수 있다.

ㄷ. B와 C는 인간에게 특권적 지위를 부여하는 인간 중심적인 생각을 비판한다는 점에서 공통적이다. → (O) B는 종교적 뿌리를 둔 인간 존엄성이 인간이 스스로를 높게 보도록 해 인간 외의 종이나 환경에 대해 오만한 태도를 갖게 했다고 지적한다. 또한 C는 인간 존엄성은 인간 중심적인 견해로 인간종이 다른 종이나 환경보다 더 큰 가치가 있다고 생각하는 종족주의에 불과하다고 비판한다. 따라서 B와 C는 모두 인간 중심적인 생각을 비판하고 있다.

① ㄱ ➡ (X)
② ㄷ ➡ (X)
③ ㄱ, ㄴ ➡ (X)
④ ㄴ, ㄷ ➡ (O)
⑤ ㄱ, ㄴ, ㄷ ➡ (X)

12 ⑤

TOP3 정답률 24.3%

| 문제 유형 | 비판적 사고 > 판단하기

| 접근 전략 | 특정 논증에 대한 분석으로 적절한 것을 고르는 유형의 문제이다. 〈논증〉의 흐름에 따라 ㉠이 참이면 ㉡을 도출할 수 있고, ㉡이 참이면 ㉢의 부정을 도출할 수 있다. 〈보기〉는 지문에 제시되지 않은 또 다른 근거를 들어 해당 진술의 참·거짓 여부를 묻거나, 새로운 전제를 추가했을 때 결론을 이끌어 낼 수 있는지 여부를 묻고 있다. 논리적 흐름을 고려해 타당한지 판단해야 한다.

다음 글의 〈논증〉에 대한 분석으로 적절한 것만을 〈보기〉에서 모두 고르면?

우리는 죽음이 나쁜 것이라고 믿는다. 죽고 나면 우리가 존재하지 않기 때문이다. 루크레티우스는 우리가 존재하지 않기 때문에 죽음이 나쁜 것이라면 우리가 태어나기 이전의 비존재도 나쁘다고 말해야 한다고 생각했다. 그러나 우리는 태어나기 이전에 우리가 존재하지 않았다는 사실에 대해서 애석해 하지 않는다. 따라서 루크레티우스는 죽음 이후의 비존재에 대해서도 애석해 할 필요가 없다고 주장했다. 다음은 이러한 루크레티우스의 주장을 반박하는 논증이다.

〈논증〉

우리는 죽음의 시기가 뒤로 미루어짐으로써 더 오래 사는 상황을 상상해 볼 수 있다. 예를 들어, 50살에 교통사고로 세상을 떠난 누군가를 생각해 보자. 그 사고가 아니었다면 그는 70살이나 80살까지 더 살 수도 있었을 것이다. 그렇다면 50살에 그가 죽은 것은 그의 인생에 일어날 수 있는 여러 가능성 중에 하나였다. 그런데 ㉠내가 더 일찍 태어나는 것은 상상할 수 없다. 물론, 조산이나 제왕절개로 내가 조금 더 일찍 세상에 태어날 수도 있었을 것이다. 하지만 여기서 고려해야 할 것은 나의 존재의 시작이다. 나를 있게 하는 것은 특정한 정자와 난자의 결합이다. 누군가는 내 부모님이 10년 앞서 임신할 수 있었다고 주장할 수도 있다. 그러나 그랬다면 내가 아니라 나의 형제가 태어났을 것이다. 그렇기 때문에 '더 일찍 태어났더라면'이라고 말해도 그것이 실제로 내가 더 일찍 태어났을 가능성을 상상한 것은 아니다. 나의 존재는 내가 수정된 바로 그 특정 정자와 난자의 결합에 기초한다. 그러므로 ㉡내가 더 일찍 태어나는 일은 불가능하다. 나의 사망 시점은 달라질 수 있지만, 나의 출생 시점은 그렇지 않다. 그런 의미에서 출생은 내 인생 전체를 놓고 볼 때 하나의 필연적인 사건이다. 결국 죽음의 시기를 뒤로 미뤄 더 오래 사는 것은 가능하지만, 출생의 시기를 앞당겨 더 오래 사는 것은 불가능하다. 따라서 내가 더 일찍 태어나지 않은 것은 나쁜 일이 될 수 없다. 즉 죽음 이후와는 달리 ㉢태어나기 이전의 비존재는 나쁘다고 말할 수 없다.

〈보기〉

ㄱ. 냉동 보관된 정자와 난자가 수정되어 태어난 사람의 경우를 고려하면, ㉠은 거짓이다. → (O) 〈논증〉에서는 나의 존재는 부모님의 특정 정자와 난자의 결합에 기초한다고 보기 때문에 출생 시점을 앞당길 수 없다고 본다. 10년 앞선 부모님의 정자와 난자는 내 것이 아니기 때문이다. 그런데 냉동 보관된 정자와 난자로 수정한다고 했을 때는 출생 시점을 앞당길 수 있다. 따라서 더 일찍 태어나는 일을 상상할 수 있으므로 ㉠은 거짓이 된다.

ㄴ. ㉠에 "어떤 사건이 가능하면, 그것의 발생을 상상할 수 있다."라는 전제를 추가하면, ㉡을 이끌어 낼 수 있다. → (O) '어떤 사건이 가능하면, 그것의 발생을 상상할 수 있다.'는 것이 참이면 '어떤 사건의 발생을 상상할 수 없으면 그 사건은 불가능하다.'라는 것도 참이 된다. 이것을 전제로 했을 때 '내가 더 일찍 태어나는 것을 상상할 수 없다.'에서 '내가 더 일찍 태어나는 것은 불가능하다.'를 도출할 수 있다. 즉, 새로운 전제를 추가해 ㉠에서 ㉡을 이끌어 낼 수 있다.

ㄷ. ㉢에 "태어나기 이전의 비존재가 나쁘다면, 내가 더 일찍 태어나는 것이 가능하다."라는 전제를 추가하면, ㉡의 부정을 이끌어 낼 수 있다. → (O) '태어나기 이전의 비존재가 나쁘다면, 내가 더 일찍 태어나는 것이 가능하다.'라는 전제가 추가된다면 '태어나기 이전의 비존재는 나쁘다.'가 참이므로 '내가 더 일찍 태어나는 것이 가능하다.'라는 결론을 도출할 수 있다. 즉, 이는 ㉡의 부정에 해당한다.

① ㄱ ➡ (X)
② ㄷ ➡ (X)
③ ㄱ, ㄴ ➡ (X)
④ ㄴ, ㄷ ➡ (X)
⑤ ㄱ, ㄴ, ㄷ ➡ (O)

※ 다음 글을 읽고 물음에 답하시오. [문 13.～문 14.]

인간은 지구상의 생명이 대량 멸종하는 사태를 맞이하고 있지만, 다른 한편으로는 실험실에서 인공적으로 새로운 생명체를 창조하고 있다. 이런 상황에서, 자연적으로 존재하는 종을 멸종으로부터 보존해야 한다는 생물 다양성의 보존 문제를 어떤 시각으로 바라보아야 할까? A는 생물 다양성을 보존해야 한다고 주장한다. 이를 위해 A는 다음과 같은 도구적 정당화를 제시한다. 우리는 의학적, 농업적, 경제적, 과학적 측면에서 이익을 얻기를 원한다. '생물 다양성 보존'은 이를 위한 하나의 수단으로 간주될 수 있다. 바로 그 수단이 우리가 원하는 이익을 얻는 최선의 수단이라는 것이 A의 첫 번째 전제이다. 그리고 (가) 는 것이 A의 두 번째 전제이다. 이 전제들로부터 우리에게는 생물 다양성을 보존할 의무와 필요성이 있다는 결론이 나온다. ▶1문단

이에 대해 B는 생물 다양성 보존이 우리가 원하는 이익을 얻는 최선의 수단이 아님을 지적한다. 특히 합성 생물학은 자연에 존재하는 DNA, 유전자, 세포 등을 인공적으로 합성하고 재구성해 새로운 생명체를 창조하는 것을 목표로 한다. B는 우리가 원하는 이익을 얻고자 한다면, 자연적으로 존재하는 생명체들을 대상으로 보존에 애쓰는 것보다는 합성 생물학을 통해 원하는 목표를 더 합리적이고 체계적으로 성취할 수 있을 것이라고 주장한다. 인공적인 생명체의 창조가 우리가 원하는 이익을 얻는 더 좋은 수단이므로, 생물 다양성 보존을 지지하는 도구적 정당화는 설득력을 잃는다는 것이다. 그래서 B는 A가 제시하는 도구적 정당화에 근거하여 생물 다양성을 보존하자고 주장하는 것은 옹호될 수 없다고 말한다. ▶2문단

한편 C는 모든 종은 보존되어야 한다고 주장하면서 생물 다양성 보존을 옹호한다. C는 대상의 가치를 평가할 때 그 대상이 갖는 도구적 가치와 내재적 가치를 구별한다. 대상의 도구적 가치란 그것이 특정 목적을 달성하는 데 얼마나 쓸모가 있느냐에 따라 인정되는 가치이며, 대상의 내재적 가치란 그 대상이 그 자체로 본래부터 갖고 있다고 인정되는 고유한 가치를 말한다. C에 따르면 생명체는 단지 도구적 가치만을 갖는 것이 아니다. 생명체를 오로지 도구적 가치로만 평가하는 것은 생명체를 그저 인간의 목적을 위해 이용되는 수단으로 보는 인간 중심적 태도이지만, C는 그런 태도는 받아들일 수 없다고 본다. 생명체의 내재적 가치 또한 인정해야 한다는 것이다. 그 생명체들이 속한 종 또한 그 쓸모에 따라서만 가치가 있는 것이 아니다. 그리고 내재적 가치를 지니는 것은 모두 보존되어야 한다. 이로부터 모든 종은 보존되어야 한다는 결론에 다다른다. 왜냐하면 (나) 때문이다. ▶3문단

13 ③

정답률 84.6%

| 문제 유형 | 비판적 사고 > 빈칸 채우기

| 접근 전략 | 결론을 도출하기 위해 필요한 전제를 찾는 문제이다. 빈칸 두 개를 채워야 하는 문제 유형인 경우 먼저 선지를 읽고 제한된 답안의 개수를 파악하는 것이 중요하다. 이 문제는 각 빈칸에 들어갈 내용으로 세 가지 경우의 수가 있음을 알 수 있다. 빈칸 (가)에 들어갈 답을 확정하고 나면 빈칸 (나)에 들어갈 내용으로 둘 중 하나를 선택하기만 하면 된다.

위 글의 (가)와 (나)에 들어갈 내용을 적절하게 나열한 것은?

① (가): 어떤 것이 우리가 원하는 이익을 얻는 최선의 수단이라면 우리에게는 그것을 실행할 의무와 필요성이 있다

(나): 생명체의 내재적 가치는 종의 다양성으로부터 비롯되기 ➡ (X)

② (가): 어떤 것이 우리가 원하는 이익을 얻는 최선의 수단이 아니라면 우리에게는 그것을 실행할 의무와 필요성이 없다

(나): 생명체의 내재적 가치는 종의 다양성으로부터 비롯되기 ➡ (X)

③ (가): 어떤 것이 우리가 원하는 이익을 얻는 최선의 수단이라면 우리에게는 그것을 실행할 의무와 필요성이 있다

(나): 모든 종은 그 자체가 본래부터 고유의 가치를 지니기 ➡ (O)

(가): A의 첫 번째 전제는 '생물 다양성 보존이 우리가 원하는 이익을 얻는 최선의 수단이다.'이고, 여기에 두 번째 전제인 (가)를 더해 '우리에게는 생물 다양성을 보존할 의무와 필요성이 있다.'는 결론을 얻어야 한다. 따라서 두 번째 전제는 '어떤 것이 우리가 원하는 이익을 얻는 최선의 수단이라면 우리에게는 그것을 실행할 의무와 필요성이 있다.'가 되어야 첫 번째 전제와 결론을 자연스럽게 연결할 수 있다.

(나): C는 내재적 가치를 지니는 것은 모두 보존되어야 한다고 주장한다. 이로부터 모든 종은 보존되어야 한다는 결론을 얻으려면 모든 종은 내재적 가치를 지닌다는 전제가 필요하다. 따라서 모든 종은 그 자체가 본래부터 고유의 가치를 지니기' 때문에 모든 종은 보존되어야 한다는 내용이 적절하다.

④ (가): 어떤 것이 우리가 원하는 이익을 얻는 최선의 수단이 아니라면 우리에게는 그것을 실행할 의무와 필요성이 없다

(나): 모든 종은 그 자체가 본래부터 고유의 가치를 지니기 ➡ (X)

⑤ (가): 우리에게 이익을 제공하는 수단 가운데 생물 다양성의 보존보다 더 나은 수단은 없다

(나): 모든 종은 그 자체가 본래부터 고유의 가치를 지니기 ➡ (X)

14 ②

TOP2 정답률 18.8%

| 문제 유형 | 비판적 사고 > 판단하기

| 접근 전략 | 생물 다양성 보존에 대한 서로 다른 입장을 파악하고 이에 대한 분석으로 적절한 것을 고르는 유형의 문제이다. A와 C는 서로 다른 근거를 들어 생물 다양성 보존에 찬성하는 입장이고, B는 새로운 대안을 제시해 A의 주장에 반박하고 있다.

위 글에 대한 분석으로 적절한 것만을 〈보기〉에서 모두 고르면?

〈보기〉

ㄱ. A는 생물 다양성을 보존해야 한다고 주장하지만, B는 보존하지 않아도 된다고 주장한다. → (X) A가 생물 다양성을 보존해야 한다고 주장한 것은 맞지만, B가 이를 보존하지 않아도 된다고 주장한 것은 아니다. 2문단에서 B는 A가 근거로 삼는 도구적 정당화에 이의를 제기하며 설득력이 떨어진다고 지적했을 뿐, 생물 다양성을 보존해야 한다는 입장에 대해서는 찬반을 밝히지 않았다.

ㄴ. B는 A의 두 전제가 참이더라도 A의 결론이 반드시 참이 되지는 않는다고 비판한다. → (X) B는 A의 '생물 다양성이 우리가 원하는 이익을 얻는 최선의 수단이 된다.'라는 첫 번째 전제에 대해 반박하며 A의 주장이 설득력을 잃는다고 했다. A의 전제를 부정함으로써 결론의 타당성에 문제가 있음을 지적한 것이다. A의 두 전제가 참이라는 가정은 하지 않았다.

ㄷ. 자연적으로 존재하는 생명체가 도구적 가치를 가지느냐에 대한 A와 C의 평가는 양립할 수 있다. → (O) A는 생명체가 도구적 가치를 가진다는 입장이고, C는 생명체의 도구적 가치뿐만 아니라 내재적 가치도 인정해야 한다는 입장이다. 따라서 둘은 양립할 수 있다.

① ㄱ ➡ (X)

② ㄷ ➡ (O)

③ ㄱ, ㄴ ➡ (X)

④ ㄴ, ㄷ ➡ (X)

⑤ ㄱ, ㄴ, ㄷ ➡ (X)

15 ②

TOP1 정답률 12.2%

| 문제 유형 | 비판적 사고 > 판단하기

| 접근 전략 | 논리적 접근이 필요한 문제이다. 지문에 제시된 갑과 을의 진술이 참이라고 해서 해당 명제의 '역'이나 '이'도 참이 될 수는 없다. 각각의 입장이 무엇인지 파악한 후에 〈보기〉에 제시된 진술이 갑과 을의 입장을 논리적으로 반영했는지 판단한다.

다음 논쟁에 대한 분석으로 적절한 것만을 〈보기〉에서 모두 고르면?

갑: 입증은 증거와 가설 사이의 관계에 대한 것이다. 내가 받아들이는 입증에 대한 입장은 다음과 같다. 증거 발견 후 가설의 확률 증가분이 있다면, 증거가 가설을 입증한다. 즉 증거 발견 후 가설이 참일 확률에서 증거 발견 전 가설이 참일 확률을 뺀 값이 0보다 크다면, 증거가 가설을 입증한다. 예를 들어보자. 사건 현장에서 용의자 X의 것과 유사한 발자국이 발견되었다. 그럼 발자국이 발견되기 전보다 X가 해당 사건의 범인일 확률은 높아질 것이다. 그렇다면 발자국 증거는 X가 범인이라는 가설을 입증한다. 그리고 증거 발견 후 가설의 확률 증가분이 클수록, 증거가 가설을 입증하는 정도가 더 커진다.

을: 증거가 가설이 참일 확률을 높인다고 하더라도, 그 증거가 해당 가설을 입증하지 못할 수 있다. 가령, X에게 강력한 알리바이가 있다고 해보자. 사건이 일어난 시간에 사건 현장과 멀리 떨어져 있는 X의 모습이 CCTV에 포착된 것이다. 그러면 발자국 증거가 X가 범인일 확률을 높인다고 하더라도, 그가 범인일 확률은 여전히 높지 않을 것이다. 그럼에도 불구하고 갑의 입장은 이러한 상황에서 발자국 증거가 X가 범인이라는 가설을 입증한다고 보게 만드는 문제가 있다. 이 문제는 내가 받아들이는 입증에 대한 다음 입장을 통해 해결될 수 있다. 증거 발견 후 가설의 확률 증가분이 있고 증거 발견 후 가설이 참일 확률이 1/2보다 크다면, 그리고 그런 경우에만 증거가 가설을 입증한다. 가령, 발자국 증거가 X가 범인일 확률을 높이더라도 증거 획득 후 확률이 1/2보다 작다면 발자국 증거는 X가 범인이라는 가설을 입증하지 못한다.

〈보기〉

ㄱ. 갑의 입장에서, 증거 발견 후 가설의 확률 증가분이 없다면 그 증거가 해당 가설을 입증하지 못한다. → (X) 갑의 입장은 '증거 발견 후 가설의 확률 증가분이 있다면 증거가 가설을 입증한다.'이다. 갑의 입장이 맞다고 해서 이 진술의 부정에 해당하는 '증거 발견 후 가설의 확률 증가분이 없다면 그 증거가 해당 가설을 입증하지 못한다.'가 맞다고 볼 수는 없다. 명제가 참이더라도 명제의 이가 반드시 참은 아니기 때문이다.

ㄴ. 을의 입장에서, 어떤 증거가 주어진 가설을 입증할 경우 그 증거 획득 이전 해당 가설이 참일 확률은 1/2보다 크다. → (X) 을의 입장은 '증거 발견 후 가설의 확률 증가분이 있고 증거 발견 후 가설이 참일 확률이 1/2보다 크다면 증거가 가설을 입증한다.'이다. 두 가지 전제가 모두 참이어야 결론도 참인 경우이다. 을의 입장이 맞다고 해서 결론과 전제가 역전된 상황이나 증거 획득 이전의 상황까지 판단할 수는 없다.

ㄷ. 갑의 입장에서 어떤 증거가 주어진 가설을 입증하는 정도가 작더라도, 을의 입장에서 그 증거가 해당 가설을 입증할 수 있다. → (O) 어떤 증거가 주어진 가설을 입증하는 정도가 작더라도 을의 입장에서는 증거 발견 후 가설이 참일 확률이 1/2보다 크다면 그 증거가 해당 가설을 입증할 수 있다.

① ㄴ ➡ (X)
② ㄷ ➡ (O)
③ ㄱ, ㄴ ➡ (X)
④ ㄱ, ㄷ ➡ (X)
⑤ ㄱ, ㄴ, ㄷ ➡ (X)

16 ⑤

정답률 42.7%

| 문제 유형 | 비판적 사고 > 지문에서 추론하기

| 접근 전략 | 지문의 내용을 바탕으로 타당하게 추론할 수 있는 선지를 찾는 유형의 문제이다. 선지는 지문에 있는 내용 중 상관 없는 내용을 서로 연결하거나 일부 내용만을 확대 해석해 오답을 만든 경우가 많다. ISBN-10의 각 부분에 대한 설명을 꼼꼼하게 읽었으면 선지의 가부를 쉽게 확인할 수 있을 것이다.

다음 글에서 추론할 수 있는 것은?

국제표준도서번호(ISBN)는 전세계에서 출판되는 각종 도서에 부여하는 고유한 식별 번호이다. 2007년부터는 13자리의 숫자로 구성된 ISBN인 ISBN-13이 부여되고 있지만, 2006년까지 출판된 도서에는 10자리의 숫자로 구성된 ISBN인 ISBN-10이 부여되었다. ▶1문단

ISBN-10은 네 부분으로 되어 있다. 첫 번째 부분은 책이 출판된 국가 또는 언어 권역을 나타내며 1~5자리를 가질 수 있다. 예를 들면, 대한민국은 89, 영어권은 0, 프랑스어권은 2, 중국은 7 그리고 부탄은 99936을 쓴다. 두 번째 부분은 국가별 ISBN 기관에서 그 국가에 있는 각 출판사에 할당한 번호를 나타낸다. 세 번째 부분은 출판사에서 그 책에 임의로 붙인 번호를 나타낸다. 마지막 네 번째 부분은 확인 숫자이다. 이 숫자는 0에서 10까지의 숫자 중 하나가 되는데, 10을 써야 할 때는 로마 숫자인 X를 사용한다. 부여된 ISBN-10이 유효한 것이라면 이 ISBN-10의 열 개 숫자에 각각 순서대로 10, 9, …, 2, 1의 가중치를 곱해서 각 곱셈의 값을 모두 더한 값이 반드시 11로 나누어 떨어져야 한다. 예를 들어, 어떤 책에 부여된 ISBN-10인 '89-89422-42-6'이 유효한 것인지 검사해 보자. $(8 \times 10)+(9 \times 9)+(8 \times 8)+(9 \times 7)+(4 \times 6)+(2 \times 5)+(2 \times 4)+(4 \times 3)+(2 \times 2)+(6 \times 1)=352$이고, 이 값은 11로 나누어 떨어지기 때문에 이 ISBN-10은 유효한 번호이다. 만약 어떤 ISBN-10의 숫자 중 어느 하나를 잘못 입력했다면 서점에 있는 컴퓨터는 즉시 오류 메시지를 화면에 보여줄 것이다. ▶2문단

① ISBN-10의 첫 번째 부분에 있는 숫자가 같으면 같은 나라에서 출판된 책이다. ➡ (X) 첫 번째 부분은 책이 출판된 국가 또는 언어 권역을 나타낸다. 즉, 다른 나라에서 출판된 책이더라도 언어 권역이 같다면 나라에 상관없이 같은 번호를 부여받는 것이다. 따라서 첫 번째 부분의 숫자가 같다고 해서 같은 나라에서 출판된 책이라고 단정할 수 없다.

② 임의의 책의 ISBN-10에 숫자 3자리를 추가하면 그 책의 ISBN-13을 얻는다. ➡ (X) 2006년까지 출판된 도서에는 10자리의 숫자로 구성된 ISBN인 ISBN-10이 부여되었고, 2007년부터는 13자리의 숫자로 구성된 ISBN-13이 부여되고 있다. ISBN은 책마다 고유하게 부여되는 식별 번호이므로 임의의 책에 부여된 ISBN-10에 숫자 3자리를 추가한다고 해서 ISBN-13을 얻는 것이 아니다.

③ ISBN-10이 '0-285-00424-7'인 책은 해당 출판사에서 424번째로 출판한 책이다. ➡ (X) ISBN-10의 세 번째 부분은 출판사에서 그 책에 임의로 붙인 번호이다. 출판된 순서를 나타내는지 아니면 다른 기준에 의해 번호를 부여하는지 제시문에 나타나 있지 않다. 따라서 세 번째 부분이 '00424'인 것을 보고 해당 출판사에서 424번째 출판된 책이라고 볼 수 없다.

④ ISBN-10의 두 번째 부분에 있는 숫자가 같은 서로 다른 두 권의 책은 동일한 출판사에서 출판된 책이다. ➡ (X) ISBN-10의 두 번째 부분은 국가별 ISBN 기관에서 그 국가에 있는 각 출판사에 할당한 번호이다. 따라서 국가마다 각 출판사에 할당하는 번호가 다를 수 있다. 나라가 다른데 단지 두 번째 부분의 숫자가 같다고 해서 동일한 출판사라고 볼 수는 없다.

⑤ 확인 숫자 앞의 아홉 개의 숫자에 정해진 가중치를 곱하여 합한 값이 11의 배수인 ISBN-10이 유효하다면 그 확인 숫자는 반드시 0이어야 한다. ➡ (O) 2문단 따르면 부여된 ISBN-10이 유효한 것이라면 열 개의 숫자에 정해진 가중치를 곱해서 각 곱셈의 값을 모두 더한 값이 반드시 11로 나누어 떨어져야 한다. 확인 숫자를 제외하고 아홉 개의 숫자만을 곱해서 합한 값이 11의 배수가 되어 ISBN-10이 유효하다면 확인 숫자는 0이 될 수밖에 없다.

17 ④

정답률 57%

| 문제 유형 | 사실적 이해 > 논리 게임

| 접근 전략 | 제시된 조건이 모두 참일 때 반드시 참인 것을 찾는 문제이다. 각 조건을 한눈에 보기 쉽게 도식화하고 연결해 주면 반드시 참인 명제가 보일 것이다.

다음 글의 내용이 참일 때, 갑이 반드시 수강해야 할 과목은?

갑은 A~E 과목에 대해 수강신청을 준비하고 있다. 갑이 수강하기 위해 충족해야 하는 조건은 다음과 같다.

○ A를 수강하면 B를 수강하지 않고, B를 수강하지 않으면 C를 수강하지 않는다.
○ D를 수강하지 않으면 C를 수강하고, A를 수강하지 않으면 E를 수강하지 않는다.
○ E를 수강하지 않으면 C를 수강하지 않는다.

→ 내용을 정리하면 다음과 같다.

• A → ~B, ~B → ~C
• ~D → C, ~A → ~E
• ~E → ~C

각각의 명제를 연결하면 'E → A → ~B → ~C → D' 또는 'B → ~A → ~E → ~C → D'를 도출할 수 있다. A, B, E는 수강할 수도 있고 수강하지 않을 수도 있다. 그리고 C는 반드시 수강하지 않고, D는 반드시 수강한다.

① A ➡ (X)
② B ➡ (X)
③ C ➡ (X)
④ D ➡ (O)
⑤ E ➡ (X)

18 ③

정답률 30.7%

| 문제 유형 | 사실적 이해 > 논리 게임

| 접근 전략 | 주어진 조건이 모두 참일 때 반드시 참인 진술을 고르는 유형의 문제이다. 후보자의 수가 확정되지 않았지만 자격증의 종류가 4개로 한정되어 있으므로, 가능한 경우의 수를 생각해 본 후에 〈보기〉에 제시된 진술의 참·거짓 여부를 판단한다.

다음 글의 내용이 참일 때, 반드시 참인 것만을 〈보기〉에서 모두 고르면?

△△처에서는 채용 후보자들을 대상으로 A, B, C, D 네 종류의 자격증 소지 여부를 조사하였다. 그 결과 다음과 같은 사실이 밝혀졌다.

○ A와 D를 둘 다 가진 후보자가 있다.
○ B와 D를 둘 다 가진 후보자는 없다.
○ A나 B를 가진 후보자는 모두 C는 가지고 있지 않다.
○ A를 가진 후보자는 모두 B는 가지고 있지 않다는 것은 사실이 아니다.

〈보기〉

ㄱ. 네 종류 중 세 종류의 자격증을 가지고 있는 후보자는 없다. → (O) A나 B를 가진 후보자는 모두 C는 가지고 있지 않고, B와 D를 둘 다 가진 후보자는 없다. 그렇다면 나올 수 있는 것은 'A, A-B, A-D, B, C, C-D, D'이다. 세 종류의 자격증을 가지고 있는 후보자가 없음을 알 수 있다.

ㄴ. 어떤 후보자는 B를 가지고 있지 않고, 또 다른 후보자는 D를 가지고 있지 않다. → (O) 'A, A-D, C, C-D, D'의 경우는 B를 가지고 있지 않고, 'A, A-B, B, C'의 경우는 D를 가지고 있지 않다.

ㄷ. D를 가지고 있지 않은 후보자는 누구나 C를 가지고 있지 않다면, 네 종류 중 한 종류의 자격증만 가지고 있는 후보자가 있다. → (X) 'D를 가지고 있지 않은 후보자는 누구나 C를 가지고 있지 않다.'를 기호화하면 ~D → ~C가 되고 이 명제의 대우인 C → D가 도출된다. 즉, C를 가진 후보자는 항상 D를 가지므로 한 종류의 자격증을 가지기 위해서는 A만 가지거나 B만 가지거나 D만 가져야 한다. 그런데 두 종류의 자격증을 가진 후보자의 경우도 지문의 참인 사실에 위배되지 않으므로 한 종류의 자격증만 가지고 있는 후보자가 있다는 말은 반드시 참이라고 볼 수 없다.

① ㄱ ➡ (X)
② ㄷ ➡ (X)
③ ㄱ, ㄴ ➡ (O)
④ ㄴ, ㄷ ➡ (X)
⑤ ㄱ, ㄴ, ㄷ ➡ (X)

19 ④

정답률 32.5%

| 문제 유형 | 사실적 이해 > 논리 게임

| 접근 전략 | 먼저 지문의 내용을 간단하게 구조화해 각 명제 간의 관계를 파악해야 한다. 신입사원이 몇 명인지는 나타나 있지 않지만, 갑과 을의 단서를 통해 참이라고 확정지을 수 있는 전제를 바탕으로 다른 경우의 수를 따져보도록 한다.

다음 글의 내용이 참일 때, 반드시 참인 것만을 〈보기〉에서 모두 고르면?

신입사원을 대상으로 민원, 홍보, 인사, 기획 업무에 대한 선호를 조사하였다. 조사 결과 민원 업무를 선호하는 신입사원은 모두 홍보 업무를 선호하였지만, 그 역은 성립하지 않았다. 모든 업무 중 인사 업무만을 선호하는 신입사원은 있었지만, 민원 업무와 인사 업무를 모두 선호하는 신입사원은 없었다. 그리고 넷 중 세 개 이상의 업무를 선호하는 신입사원도 없었다. 신입사원 갑이 선호하는 업무에는 기획 업무가 포함되어 있었으며, 신입사원 을이 선호하는 업무에는 민원 업무가 포함되어 있었다.

→ 내용을 정리하면 다음과 같다.

- 민원 → 홍보
- ~(홍보 → 민원)
- ~민원 ∧ ~홍보 ∧ 인사 ∧ ~기획
- ~(민원∧인사)
- 한 개나 두 개의 업무 선호
- 갑: 기획 포함 / 을: 민원 포함

〈보기〉

ㄱ. 어떤 업무는 갑도 을도 선호하지 않는다. → (X) 을은 민원 업무를 선호하기 때문에 홍보 업무도 선호한다. 세 개 이상의 업무를 선호하는 신입사원은 없으므로, 을은 민원 업무와 홍보 업무를 선호하고 인사 업무와 기획 업무를 선호하지 않는다. 갑은 기획 업무를 선호하고, 민원 업무를 선호하면 홍보 업무도 선호하게 되어 세 개 이상이 되므로 민원 업무는 선호하지 않는다. 그리고 홍보와 인사 업무는 둘 중 하나를 선호할 수도 있고 둘 다 선호하지 않을 수도 있다. 그런데 만약 갑이 인사 업무를 선호하면 갑도 을도 선호하지 않는 업무는 없게 되므로 ㄱ은 반드시 참이 아니다.

ㄴ. 적어도 두 명 이상의 신입사원이 홍보 업무를 선호한다. → (O) 을이 홍보 업무를 선호하므로 한 명의 신입사원은 반드시 홍보 업무를 선호한다. 또 한 업무에 대한 선호 조사를 한 결과 홍보 업무를 선호하지만 민원 업무를 선호하지 않는 신입사원이 있었다. 을은 민원과 홍보 업무를 모두 선호하므로 여기에 해당되지 않는다. 따라서 을을 제외한 다른 신입사원 가운데 홍보 업무는 선호하나 민원 업무는 선호하지 않는 신입사원이 1명 이상 있을 것이므로 을을 포함해 적어도 두 명 이상의 신입사원이 홍보 업무를 선호함을 알 수 있다.

ㄷ. 조사 대상이 된 업무 중에, 어떤 신입사원도 선호하지 않는 업무는 없다. → (O) 갑은 기획 업무를 선호하고 을은 민원과 홍보 업무를 선호한다는 것은 참이다. 그리고 인사 업무만을 선호하는 신입사원이 있다고 했으므로, 어떤 신입사원도 선호하지 않는 업무는 없다.

① ㄱ ➡ (X)
② ㄷ ➡ (X)
③ ㄱ, ㄴ ➡ (X)
④ ㄴ, ㄷ ➡ (O)
⑤ ㄱ, ㄴ, ㄷ ➡ (X)

20 ③

정답률 72.8%

| 문제 유형 | 비판적 사고 > 지문에서 추론하기

| 접근 전략 | 식물의 기공 개폐 원리를 2문단에서 설명한 후에 예외적인 경우를 3, 4문단에 제시하여, 글의 내용에서 추론할 수 있는 것을 고르는 문제이다. 기공은 공변세포의 부피가 커지면 열리는데 '청색광 → 양성자 펌프 작동 → 칼륨 및 염소이온 유입 → 물 유입 → 공변세포 부피 증가 → 기공 열림'의 순서를 파악한 후에 이러한 원리를 무시하고 나타나는 예외적인 경우를 파악하도록 한다.

다음 글에서 추론할 수 있는 것만을 〈보기〉에서 모두 고르면?

식물의 잎에 있는 기공은 대기로부터 광합성에 필요한 이산화탄소를 흡수하는 통로이다. 기공은 잎에 있는 세포 중 하나인 공변세포의 부피가 커지면 열리고 부피가 작아지면 닫힌다. ▶1문단

그렇다면 무엇이 공변세포의 부피에 변화를 일으킬까? 햇빛이 있는 낮에, 햇빛 속에 있는 청색광이 공변세포에 있는 양성자 펌프를 작동시킨다. 양성자 펌프의 작동은 공변세포 밖에 있는 칼륨이온과 염소이온이 공변세포 안으로 들어오게 한다. 공변세포 안에 이 이온들의 양이 많아짐에 따라 물이 공변세포 안으로 들어오고, 그 결과로 공변세포의 부피가 커져서 기공이 열린다. 햇빛이 없는 밤이 되면, 공변세포에 있는 양성자 펌프가 작동하지 않고 공변세포 안에 있던 칼륨이온과 염소이온은 밖으로 빠져나간다. 이에 따라 공변세포 안에 있던 물이 밖으로 나가면서 세포의 부피가 작아져서 기공이 닫힌다. ▶2문단

공변세포의 부피는 식물이 겪는 수분스트레스 반응에 의해 조절될 수도 있다. 식물 안의 수분량이 줄어듦으로써 식물이 수분스트레스를 받는다. 수분스트레스를 받은 식물은 호르몬 A를 분비한다. 호르몬 A는 공변세포에 있는 수용체에 결합하여 공변세포 안에 있던 칼륨이온과 염소이온이 밖으로 빠져나가게 한다. 이에 따라 공변세포 안에 있던 물이 밖으로 나가면서 세포의 부피가 작아진다. 결국 식물이 수분스트레스를 받으면 햇빛이 있더라도 기공이 열리지 않는다. ▶3문단

또한 기공의 여닫힘은 미생물에 의해 조절되기도 한다. 예를 들면, 식물을 감염시킨 병원균 α는 공변세포의 양성자 펌프를 작동시키는 독소 B를 만든다. 이 독소 B는 공변세포의 부피를 늘려 기공이 닫혀 있어야 하는 때에도 열리게 하고, 결국 식물은 물을 잃어 시들게 된다. ▶4문단

〈보기〉

ㄱ. 한 식물의 동일한 공변세포 안에 있는 칼륨이온의 양은, 햇빛이 있는 낮에 햇빛의 청색광만 차단하는 필름으로 식물을 덮은 경우가 덮지 않은 경우보다 적다. → (O) 2문단에 따르면 햇빛의 청색광이 있으면 양성자 펌프가 작동해 밖에 있던 칼륨이온과 염소이온이 공변세포 안으로 들어오게 된다. 그런데 낮에 햇빛의 청색광을 차단하는 필름으로 식물을 덮으면 양성자 펌프가 작동하지 않아 밖에 있던 칼륨이온은 공변세포 안으로 들어오지 않을 것이다. 따라서 필름으로 식물을 덮은 경우가 덮지 않은 경우보다 공변세포 안의 칼륨이온의 양이 적을 것이라 추론할 수 있다.

ㄴ. 수분스트레스를 받은 식물에 양성자 펌프의 작동을 못하게 하면 햇빛이 있는 낮에 기공이 열린다. → (X) 3문단 마지막에 식물이 수분스트레스를 받으면 햇빛이 있더라도 기공이 열리지 않는다고 했다. 즉, 수분스트레스를 받은 식물은 낮에도 기공이 열리지 않는다. 식물이 수분스트레스를 받으면 호르몬 A를 분비해 공변세포 안의 칼륨이온과 염소이온이 밖으로 빠져나가게 한다고 했는데, 양성자 펌프의 작동까지 못하게 한다면 공변세포 밖의 칼륨이온과 염소이온이 공변세포 안으로 들어오지 않을 것이므로 기공은 열리지 않을 것이다.

ㄷ. 호르몬 A를 분비하는 식물이 햇빛이 있는 낮에 보이는 기공 개폐 상태와 병원균 α에 감염된 식물이 햇빛이 없는 밤에 보이는 기공 개폐 상태는 다르다. → (O) 3문단에 따르면 호르몬 A를 분비하는 식물은 햇빛이 있는 낮에도 기공이 열리지 않는다. 또한 4문단에 따르면 병원균 α에 감염된 식물은 독소 B를 만들어 공변세포의 부피를 늘려 기공이 닫혀 있어야 하는 때에도 열리게 한다. 즉, 햇빛이 없어 기공이 닫히는 밤에도 기공이 열릴 것이다. 따라서 이 둘의 기공 개폐 상태는 다르다.

① ㄱ ➡ (X)
② ㄴ ➡ (X)
③ ㄱ, ㄷ ➡ (O)
④ ㄴ, ㄷ ➡ (X)
⑤ ㄱ, ㄴ, ㄷ ➡ (X)

21 ④

정답률 28.9%

| 문제 유형 | 비판적 사고 > 판단하기

| 접근 전략 | 수컷 개구리의 울음소리 톤은 C > A > B의 순으로 일정하고, 울음소리 빈도는 A > B > C 순으로 높다. 상황 1은 수컷 두 마리, 상황 2는 수컷 세 마리의 울음소리를 들려준 경우이다. 상황 1에서의 수컷 두 마리가 무엇인지 파악한 후에 상황 1, 2 각각의 상황에 적용된 기준이 무엇인지 확인해야 한다.

다음 글의 ㉠과 ㉡에 대한 평가로 적절한 것만을 〈보기〉에서 모두 고르면?

진화론에 따르면 개체는 배우자 선택에 있어서 생존과 번식에 유리한 개체를 선호할 것으로 예측된다. 그런데 생존과 번식에 유리한 능력은 한 가지가 아니므로 합리적 선택은 단순하지 않다. 예를 들어 배우자 후보 α와 β가 있는데, 사냥 능력은 α가 우수한 반면, 위험 회피 능력은 β가 우수하다고 하자. 이 경우 개체는 더 중요하다고 판단하는 능력에 기초하여 배우자를 선택하는 것이 합리적이다. 이를테면 사냥 능력에 가중치를 둔다면 α를 선택하는 것이 합리적이라는 것이다. 그런데 α와 β보다 사냥 능력은 떨어지나 위험 회피 능력은 β와 α의 중간쯤 되는 새로운 배우자 후보 γ가 나타난 경우를 생각해 보자. 이때 개체는 애초의 판단 기준을 유지할 수도 있고 변경할 수도 있다. 즉 애초의 판단 기준에 따르면 선택이 바뀔 이유가 없음에도 불구하고, 새로운 후보의 출현에 의해 판단 기준이 바뀌어 위험 회피 능력이 우수한 β를 선택할 수 있다.

한 과학자는 동물의 배우자 선택에 있어 새로운 배우자 후보가 출현하는 경우, ㉠애초의 판단 기준을 유지한다는 가설과 ㉡판단 기준에 변화가 발생한다는 가설을 검증하기 위해 다음과 같은 실험을 수행하였다.

〈실험〉

X 개구리의 경우, 암컷은 두 가지 기준으로 수컷을 고르는데, 수컷의 울음소리 톤이 일정할수록 선호하고 울음소리 빈도가 높을수록 선호한다. 세 마리의 수컷 A~C는 각각 다른 소리를 내는데, 울음소리 톤은 C가 가장 일정하고 B가 가장 일정하지 않다. 울음소리 빈도는 A가 가장 높고 C가 가장 낮다. 과학자는 A~C의 울음소리를 발정기의 암컷으로부터 동일한 거리에 있는 서로 다른 위치에서 들려주었다. 상황 1에서는 수컷 두 마리의 울음소리만을 들려주었으며, 상황 2에서는 수컷 세 마리의 울음소리를 모두 들려주고 각 상황에서 암컷이 어느 쪽으로 이동하는지 비교하였다. 암컷은 들려준 울음소리 중 가장 선호하는 쪽으로 이동한다.

〈보기〉

ㄱ. 상황 1에서 암컷에게 들려준 소리가 A, B인 경우 암컷이 A로, 상황 2에서는 C로 이동했다면, ㉠은 강화되지 않지만 ㉡은 강화된다. → (X) 상황 1에서는 A와 B 중 A로 이동하고 상황 2에서는 A~C 중 C로 이동했다면, 암컷은 두 기준에서 모두 우월한 쪽으로 이동한 것이다. 따라서 어느 쪽 기준에 가중치를 뒀는지를 알 수 없으므로 ㉠과 ㉡을 강화했는지 여부를 판단할 수 없다. 만약, 울음소리 톤에 가중치를 뒀다면 애초의 판단 기준을 유지한 것이 되어 ㉠은 강화되고 ㉡은 강화되지 않지만, 울음소리 빈도에 가중치를 뒀다면 판단 기준에 변화가 발생한 것으로 ㉠은 강화되지 않고 ㉡이 강화되기 때문이다.

ㄴ. 상황 1에서 암컷에게 들려준 소리가 B, C인 경우 암컷이 B로, 상황 2에서는 A로 이동했다면, ㉠은 강화되지만 ㉡은 강화되지 않는다. → (O) 상황 1에서 암컷에게 들려준 소리가 B, C인 경우 암컷이 B로 이동했다면 가중치를 둔 기준은 울음소리 빈도이고, 상황 2에서는 A로 이동했다면 여전히 울음소리 빈도를 기준으로 이동한 것이 된다. 즉, ㉠은 강화되지만 ㉡은 강화되지 않는다.

ㄷ. 상황 1에서 암컷에게 들려준 소리가 A, C인 경우 암컷이 C로, 상황 2에서는 A로 이동했다면, ㉠은 강화되지 않지만 ㉡은 강화된다. → (O) 상황 1에서 암컷에게 들려준 소리가 A, C인 경우 암컷이 C로 이동했다면 가중치를 둔 기준은 울음소리 톤이고, 상황 2에서는 A로 이동했다면 가중치를 둔 기준이 울음소리 빈도로 변경된 것이다. 즉, ㉠은 강화되지 않지만 ㉡은 강화된다.

① ㄱ ➡ (X)
② ㄷ ➡ (X)
③ ㄱ, ㄴ ➡ (X)
④ ㄴ, ㄷ ➡ (O)
⑤ ㄱ, ㄴ, ㄷ ➡ (X)

22 ⑤

정답률 38.6%

| 문제 유형 | 비판적 사고 > 판단하기

| 접근 전략 | 지문에 등장하는 핵심어에 대한 평가로 적절한 것을 고르는 문제이나, 〈보기〉는 논지의 강화 및 약화 여부를 판단한 내용으로 구성되어 있어 복합 유형에 속한다. 실험의 조건이 달라졌을 때 나타나는 결과가 어떤 의미를 가지는지 정확하게 해석해야 한다. ㉠은 입자이론으로 물속에서 빛의 속도가 더 빠르며 색깔에 따른 속도 변화는 없다고 보는 입장이고, ㉡은 파동이론으로 물속에서 빛의 속도가 더 느리며 색깔에 따른 속도 변화가 있다고 보는 입장이다.

다음 글의 ㉠과 ㉡에 대한 평가로 적절한 것만을 〈보기〉에서 모두 고르면?

18세기에는 빛의 본성에 관한 두 이론이 경쟁하고 있었다. ㉠입자이론은 빛이 빠르게 운동하고 있는 아주 작은 입자들의 흐름으로 구성되어 있다고 설명한다. 이에 따르면, 물속에서 빛이 굴절하는 것은 물이 빛을 끌어당기기 때문이며, 공기 중에서는 이런 현상이 발생하지 않기 때문에 결과적으로 물속에서의 빛의 속도가 공기 중에서보다 더 빠르다. 한편 ㉡파동이론은 빛이 매질을 통하여 파동처럼 퍼져 나간다는 가설에 기초한다. 이에 따르면, 물속에서 빛이 굴절하는 것은 파동이 전파되는 매질의 밀도가 달라지기 때문이며, 밀도가 높아질수록 파동의 속도는 느려지므로 결과적으로 물속에서의 빛의 속도가 공기 중에서보다 더 느리다. ▶1문단

또한 파동이론에 따르면 빛의 색깔은 파장에 따라 달라진다. 공기 중에서는 파장에 따라 파동의 속도가 달라지지 않지만, 물속에서는 파장에 따라 파동의 속도가 달라진다. 반면 입자이론에 따르면 공기 중에서건 물속에서건 빛의 속도는 색깔에 따라 달라지지 않는다. ▶2문단

두 이론을 검증하기 위해 다음과 같은 실험이 고안되었다. 두 빛이 같은 시점에 발진하여 경로 1 또는 경로 2를 통과한 뒤 빠른 속도로 회전하는 평면거울에 도달한다. 두 개의 경로에서 빛이 진행하는 거리는 같으나, 경로 1에서는 물속을 통과하고, 경로 2에서는 공기만을 통과한다. 평면거울에서 반사된 빛은 반사된 빛이 향하는 방향에 설치된 스크린에 맺힌다. 평면거울에 도달한 빛 중 속도가 빠른 빛은 먼저 도달하고 속도가 느린 빛은 나중에 도달하게 되는데, 평면거울이 빠르게 회전하고 있으므로 먼저 도달한 빛과 늦게 도달한 빛은 반사 각도에 차이가 생기게 된다. 따라서 두 빛이 서로 다른 속도를 가진다면 반사된 두 빛이 도착하는 지점이 서로 달라지며, 더 빨리 평면거울에 도달한 빛일수록 스크린의 오른쪽에, 더 늦게 도달한 빛일수록 스크린의 왼쪽에 맺히게 된다. ▶3문단

〈보기〉

ㄱ. 색깔이 같은 두 빛이 각각 경로 1과 2를 통과했을 때, 경로 1을 통과한 빛이 경로 2를 통과한 빛보다 스크린의 오른쪽에 맺힌다면 ㉠은 강화되고 ㉡은 약화된다. → (O) 1문단에서 입자이론은 빛의 속도가 공기 중에서보다 물속에서 더 빠르다고 했다. 반면, 파동이론은 빛의 속도가 공기 중에서보다 물속에서 더 느리다고 했다. 경로 1은 물속을 통과하는데 공기만을 통과한 경로 2보다 스크린의 오른쪽에 맺혔다면 더 빨리 평면거울에 도달했다는 뜻이다. 즉, 물속을 통과한 빛의 속도가 더 빨랐다는 결과이므로 ㉠은 강화되고 ㉡은 약화된다.

ㄴ. 색깔이 다른 두 빛 중 하나는 경로 1을, 다른 하나는 경로 2를 통과했을 때, 경로 1을 통과한 빛이 경로 2를 통과한 빛보다 스크린의 왼쪽에 맺힌다면 ㉠은 약화되고 ㉡은 강화된다. → (O) 2문단에 따르면 파동이론은 빛의 색깔이 달라질 경우 공기 중에서는 파동 속도가 달라지지 않지만 물속에서는 파동의 속도가 달라진다고 봤다. 파동의 속도가 달라진다면 빛의 속도도 달라진 것이다. 반면, 입자이론은 공기 중이나 물속에서 색깔에 따라 빛의 속도가 달라지지 않는다는 입장이다. 색깔이 다른 두 빛 중 하나가 경로 1의 물속을 통과했을 때 경로 2의 공기만을 통과한 빛보다 속도가 느려졌다면 ㉠은 약화되고 ㉡은 강화된다.

ㄷ. 색깔이 다른 두 빛이 모두 경로 1을 통과했을 때, 두 빛이 스크린에 맺힌 위치가 다르다면 ㉠은 약화되고 ㉡은 강화된다. → (O) 색깔이 다른 두 빛이 모두 경로 1의 물속을 통과했을 때 두 빛이 스크린에 맺힌 위치가 달랐다면 이는 색깔에 따라 빛의 속도가 다르다는 말이다. 색깔이 다른 두 빛이 물속을 통과하면 빛의 속도가 달라진다는 파동이론을 뒷받침하는 근거이므로 ㉠은 약화되고 ㉡은 강화된다.

① ㄱ ➡ (X)
② ㄴ ➡ (X)
③ ㄱ, ㄷ ➡ (X)
④ ㄴ, ㄷ ➡ (X)
⑤ ㄱ, ㄴ, ㄷ ➡ (O)

23 ② 정답률 38.6%

| 문제 유형 | 비판적 사고 > 빈칸 채우기

| 접근 전략 | 두 사람의 대화를 읽고 보조금 신청 자격 요건을 파악하는 문제이다. '민원인의 농업인 및 농지 등록 여부'는 고려할 대상이 아니므로 관련된 선지는 과감히 소거한다. 마지막으로 이의 제기가 인용된 건이나 심의 진행 중인 건이 아니라 기각 건에 대해서만 알면 나머지는 신청 자격이 되기 때문에 '이의 제기 기각 건에 민원인이 제기한 건이 포함되었는지 여부'를 포함한 선지를 선택한다.

다음 대화의 빈칸에 들어갈 내용으로 가장 적절한 것은?

갑: 2022년에 A보조금이 B보조금으로 개편되었다고 들었습니다. 2021년에 A보조금을 수령한 민원인이 B보조금의 신청과 관련하여 문의하였습니다. 민원인이 중앙부처로 바로 연락하였다는데 B보조금 신청 자격을 알 수 있을까요?

을: B보조금 신청 자격은 A보조금과 같습니다. 해당 지자체에 농업경영정보를 등록한 농업인이어야 하고 지급 대상 토지도 해당 지자체에 등록된 농지 또는 초지여야 합니다.

갑: 네. 민원인의 자격 요건에 변동 사항은 없다는 것을 확인했습니다. 그 외에 다른 제한 사항은 없을까요?

을: 대상자 및 토지 요건을 모두 충족하더라도 전년도에 A보조금을 부정한 방법으로 수령했다고 판정된 경우에는 B보조금을 신청할 수가 없어요. 다만 부정한 방법으로 수령했다고 해당 지자체에서 판정하더라도 수령인은 일정 기간 동안 중앙부처에 이의를 제기할 수 있습니다. 이의 제기 심의 기간에는 수령인이 부정한 방법으로 수령하지 않은 것으로 봅니다.

갑: 우리 중앙부처의 2021년 A보조금 부정 수령 판정 현황이 어떻게 되죠?

을: 2021년 A보조금 부정 수령 판정 이의 제기 신청 기간은 만료되었습니다. 부정 수령 판정이 총 15건이 있었는데, 그중 11건에 대한 이의 제기 신청이 들어왔고 1건은 심의 후 이의 제기가 받아들여져 인용되었습니다. 9건은 이의 제기가 받아들여지지 않아 기각되었고 나머지 1건은 아직 이의 제기 심의 절차가 진행 중입니다.

갑: 그렇다면 제가 추가로 [　　　　　　]만 확인하고 나면 다른 사유를 확인하지 않고서도 민원인이 현재 B보조금 신청 자격이 되는지를 바로 알 수 있겠네요.

① 민원인의 부정 수령 판정 여부, 민원인의 이의 제기 여부, 이의 제기 심의 절차 진행 중인 건이 민원인이 제기한 건인지 여부 ➡ (X)

② 민원인의 부정 수령 판정 여부, 민원인의 이의 제기 여부, 이의 제기 기각 건에 민원인이 제기한 건이 포함되었는지 여부 ➡ (O)
갑과 을의 대화 중 전반부의 내용을 보면 보조금 신청 자격에는 변동이 없음을 알 수 있다. 따라서 '민원인의 농업인 및 농지 등록 여부'는 확인할 필요가 없고 제한 사항만 살펴보면 된다. 을의 두 번째 발화에 따라 보조금을 부정 수령했다고 판정된 경우에는 신청이 제한되므로 '민원인의 부정 수령 판정 여부'를 확인해야 한다. 또한 판정 후에 이의 제기를 할 수 있는데 이의 제기 심의 기간에는 수령인이 부정한 방법으로 수령하지 않은 것으로 보기 때문에 '민원인의 이의 제기 여부'와 함께 '이의 제기 기각 건에 민원인이 제기한 건이 포함되었는지 여부'를 확인해야 한다. 이의 제기 기각 건에 민원인이 제기한 건이 포함되어 있지 않다면 이의 제기가 인용되었거나 심의 절차 진행 중이라는 의미이므로 보조금을 신청할 자격이 되기 때문이다.

③ 민원인의 농업인 및 농지 등록 여부, 민원인의 이의 제기 여부, 이의 제기 심의 절차 진행 중인 건의 심의 완료 여부 ➡ (X)

④ 민원인의 부정 수령 판정 여부, 민원인의 이의 제기 여부, 이의 제기 인용 건이 민원인이 제기한 건인지 여부 ➡ (X)

⑤ 민원인의 농업인 및 농지 등록 여부, 민원인의 부정 수령 판정 여부, 민원인의 이의 제기 여부 ➡ (X)

24 ⑤ 정답률 57.4%

| 문제 유형 | 비판적 사고 > 빈칸 채우기

| 접근 전략 | 갑이 제기하는 입장과 다른 을의 입장이 무엇인지 파악해야 빈칸에 들어갈 말을 찾을 수 있다. 오답이 되는 선지들은 대화 내용과 일부 어긋나는 내용으로 구성되기 때문에 전체 대화의 내용과 가장 어울리는 것을 찾는다.

다음 대화의 빈칸에 들어갈 내용으로 가장 적절한 것은?

갑: 안녕하십니까? 저는 공립학교인 A고등학교 교감입니다. 우리 학교의 교육 방침을 명확히 밝히는 조항을 학교 규칙(이하 '학칙')에 새로 추가하려고 합니다. 이때 준수해야 할 것이 무엇입니까?

을: 네. 학교에서 학칙을 제정하고자 할 때에는 「초·중등교육법」(이하 '교육법')에 어긋나지 않는 범위에서 제정이 이루어져야 합니다.

갑: 그렇군요. 그래서 교육법 제8조 제1항의 학교의 장은 '법령'의 범위에서 학칙을 제정할 수 있다는 규정에 근거해서 학칙을 만들고 있습니다. 그런데 최근 우리 도(道) 의회에서 제정한 「학생인권조례」의 내용을 보니, 우리 학교에서 만들고 있는 학칙과 어긋나는 것이 있습니다. 이러한 경우에 법적 판단은 어떻게 됩니까?

을: [ ]

갑: 교육법 제8조 제1항에서는 '법령'이라는 용어를 사용하고, 제10조 제2항에서는 '조례'라는 용어를 사용하고 있으니 교육법에서는 법령과 조례를 구분하는 것으로 보입니다.

을: 그것은 다른 문제입니다. 교육법 제10조 제2항의 조례는 법령의 위임을 받아 제정되는 위임 입법입니다. 제8조 제1항에서의 법령에는 조례가 포함된다고 해석하고 있으며, 이 경우에 제10조 제2항의 조례와는 그 성격이 다르다고 할 수 있습니다.

갑: 교육법 제8조 제1항은 초·중등학교 운영의 자율과 책임을 위한 것인데 이러한 조례로 인해서 오히려 학교 교육과 운영이 침해당하는 것 아닙니까?

을: 교육법 제8조 제1항의 목적은 학교의 자율과 책임을 당연히 존중하는 것입니다. 다만 학칙을 제정할 때에도 국가나 지자체에서 반드시 지킬 것을 요구하는 최소한의 한계를 법령의 범위라는 말로 표현한 것입니다. 더욱이 학생들의 학습권, 개성을 실현할 권리 등은 헌법에서 보장된 기본권에서 나오고 교육법 제18조의4에서도 학생의 인권을 보장하도록 규정하고 있습니다. 최근 「학생인권조례」도 이러한 취지에서 제정되었습니다.

① 학칙의 제정을 통하여 학교 운영의 자율과 책임뿐 아니라 학생들의 학습권과 개성을 실현할 권리가 제한될 수 있습니다 ➡ (X) 이 대화는 법령의 범위 안에서 학칙을 제정하는데 「학생인권조례」와 어긋나는 것이 있을 경우에 어떤 판단을 내려야 할지에 대한 논의이다. 학칙 제정 자체가 학교 운영과 학생들의 권리를 제한할 수 있다는 것은 논지에서 벗어난 내용이다.

② 법령에 조례가 포함된다고 해석할 여지는 없지만 교육법의 체계상 「학생인권조례」를 따라야 합니다 ➡ (X) 을은 세 번째 발화에서 제8조 제1항에서의 법령에는 조례가 포함된다고 해석하고 있다는 말을 했다. 따라서 법령에 조례가 포함된다고 해석할 여지가 없다는 것은 대화 내용에 어긋난다.

③ 교육법 제10조 제2항에 따라 조례는 입법 목적이나 취지와 관계없이 법령에 포함됩니다 ➡ (X) 을의 세 번째 발화에 따르면 교육법 제10조 제2항의 조례는 법령의 위임을 받아 제정되는 위임 입법이다. 법령에 포함되는 조례와는 그 성격이 다르다고 했다. 조례가 법령에 포함된다고 해석하는 것은 제8조 제1항이다.

④ 「학생인권조례」에는 교육법에 어긋나는 규정이 있지만 학칙은 이 조례를 따라야 합니다 ➡ (X) 을은 마지막 발화에서 교육법 제18조의4에서 학생의 인권을 보장하도록 규정하고 있으며 「학생인권조례」도 이러한 취지에서 제정되었다고 했다. 따라서 「학생인권조례」가 교육법에 어긋나는 규정이라는 말은 옳지 않다.

⑤ 법령의 범위에 있는 「학생인권조례」의 내용에 반하는 학칙은 교육법에 저촉됩니다 ➡ (O) 빈칸 앞에서는 갑이 조례의 내용이 학칙과 어긋나는 것에 대한 법적 판단을 묻고 있고, 빈칸 뒤에서는 갑이 법령과 조례를 구분하며 조례로 인해 학교 교육과 운영이 침해되는 것이 아닌지 묻고 있다. 이에 대해 을은 조례가 법령에 포함되며 학칙을 제정할 때도 반드시 지켜야 하는 최소한의 한계를 법령의 범위로 표현한다고 했다. 이어서 「학생인권조례」는 이러한 법령의 취지 아래 제정되었다고 했다. 따라서 법령의 범위에 있는 「학생인권조례」의 내용에 반하는 학칙은 교육법에도 저촉된다는 내용이 빈칸에 들어가야 한다.

25 ④ 정답률 43.9%

| 문제 유형 | 비판적 사고 > 판단하기

| 접근 전략 | 법 조문과 쟁점 세 가지를 제시하고 특정 사실이 확정되었을 경우 어느 쪽 주장의 근거가 되는지를 판단하는 유형의 문제이다. 우선 법 조항의 항목별 내용을 파악하고 각 쟁점에 제기된 갑과 을의 서로 다른 논지를 이해해야 하며, 〈보기〉에 제시된 조건은 어떤 입장을 강화하는지 판단해야 한다.

다음 글의 〈논쟁〉에 대한 분석으로 적절한 것만을 〈보기〉에서 모두 고르면?

갑과 을은 △△국 「주거법」 제○○조의 해석에 대해 논쟁하고 있다. 그 조문은 다음과 같다.

> 제○○조(비거주자의 구분) ① 다음 각 호에 해당하는 △△국 국민은 비거주자로 본다.
> 1. 외국에서 영업활동에 종사하고 있는 사람
> 2. 2년 이상 외국에 체재하고 있는 사람. 이 경우 일시 귀국하여 3개월 이내의 기간 동안 체재한 경우 그 기간은 외국에 체재한 기간에 포함되는 것으로 본다.
> 3. 외국인과 혼인하여 배우자의 국적국에 6개월 이상 체재하는 사람
>
> ② 국내에서 영업활동에 종사하였거나 6개월 이상 체재하였던 외국인으로서 출국하여 외국에서 3개월 이상 체재 중인 사람의 경우에도 비거주자로 본다.

〈논쟁〉

쟁점 1: △△국 국민인 A는 일본에서 2년 1개월째 학교에 다니고 있다. A는 매년 여름방학과 겨울방학 기간에 일시 귀국하여 2개월씩 체재하였다. 이에 대해, 갑은 A가 △△국 비거주자로 구분된다고 주장하는 반면, 을은 그렇지 않다고 주장한다.

쟁점 2: △△국과 미국 국적을 모두 보유한 복수 국적자 B는 △△국 C법인에서 임원으로 근무하였다. B는 올해 C법인의 미국 사무소로 발령받아 1개월째 영업활동에 종사 중이다. 이에 대해, 갑은 B가 △△국 비거주자로 구분된다고 주장하는 반면, 을은 그렇지 않다고 주장한다.

쟁점 3: △△국 국민인 D는 독일 국적의 E와 결혼하여 독일에서 체재 시작 직후부터 5개월째 길거리 음악 연주를 하고 있다. 이에 대해, 갑은 D가 △△국 비거주자로 구분된다고 주장하는 반면, 을은 그렇지 않다고 주장한다.

〈보기〉

ㄱ. 쟁점 1과 관련하여, 일시 귀국하여 체재한 '3개월 이내의 기간'이 귀국할 때마다 체재한 기간의 합으로 확정된다면, 갑의 주장은 옳고 을의 주장은 그르다. → (X) A가 일시 귀국하여 2개월씩 체재한 기간에 대해 갑은 제1항 제2호에 의해 이것도 외국에 체재한 기간에 포함시켜 A를 비거주자로 구분했다. 그러나 '3개월 이내의 기간'이 귀국할 때마다 국내에 체재한 기간의 합으로 확정된다면 갑의 주장은 그르고 을의 주장은 옳다.

ㄴ. 쟁점 2와 관련하여, 갑은 B를 △△국 국민이라고 생각하지만 을은 외국인이라고 생각하기 때문이라고 하면, 갑과 을 사이의 주장 불일치를 설명할 수 있다. → (O) B가 미국에서 한 달째 영업활동에 종사하고 있는 것에 대해 갑은 제1항 제1호에 의해 외국에서 영업활동에 종사하고 있

는 국민으로 보고 B를 비거주자로 구분했다. 그러나 을은 제2항에 의해 미국 국적을 지닌 외국인이 국내 C 법인에서 임원으로 근무하다가 현재 한 달째 외국에서 체재 중인 것으로 보고 B를 거주자로 구분했다. 즉, 복수 국적자인 B를 국민으로 볼지 외국인으로 볼지에 따라 주장 불일치가 일어난 것이라고 설명할 수 있다.

ㄷ. 쟁점 3과 관련하여, D의 길거리 음악 연주가 영업활동이 아닌 것으로 확정된다면, 갑의 주장은 그르고 을의 주장은 옳다. → (O) D가 외국인과 혼인하여 배우자의 국적국인 독일에서 5개월째 길거리 음악 연주를 하고 있는데, 갑은 제1항 제1호에 의해 이를 영업활동으로 보고 D를 비거주자로 구분했다. 그러나 을은 제1항 제3호에 의해 외국인과 혼인하여 배우자의 국적국에 6개월 이상 체재한 것은 아니므로 D를 거주자로 구분했다. D의 길거리 음악 연주가 영업활동이 아닌 것으로 확정된다면 갑의 주장은 그르고 을의 주장은 옳다.

① ㄱ ➡ (X)
② ㄷ ➡ (X)
③ ㄱ, ㄴ ➡ (X)
④ ㄴ, ㄷ ➡ (O)
⑤ ㄱ, ㄴ, ㄷ ➡ (X)

정답과 분석해설

2022 | 제2영역 상황판단(㉮ 책형)

기출 총평

2022년 상황판단 시험은 전년도 시험에 비하여 법조문형 문항이 줄고 연산추론형 문항이 늘어났다. 비교적 평이한 연산추론형 문항이 제시된 전반부는 보통 수준이었고, 퍼즐형과 다소 까다로운 연산추론형 문항이 제시된 후반부는 중상 정도의 수준으로 보이며, 이전과 다소 달라진 출제 비중에 체감 난도는 다소 높았을 것으로 보인다.

법조문형 문항과 제시문형의 정보확인 문항은 내용 일치 여부 확인을 통해 어렵지 않게 판단할 수 있는 수준이므로 독해 연습을 통해 이 부분에서 실수하지 않는 것이 중요하다. 연산추론형은 계산해야 할 부분을 찾아 계산식을 세우거나 비교할 수치 등을 파악하는 것이 관건인데, 기존 유형이 유사하게 출제되므로 기출 문항 등을 통해 풀이법을 익혀 두어야 한다. 퍼즐형 역시 풀이법을 알고 나면 간단한 문항들이 대다수이지만 막상 시험 문제로 접했을 때 이 지점을 파악하지 못하면 복잡한 풀이 과정으로 해결해야 하므로 다양한 기출, 예비 문항들을 통해 여러 유형을 연습해 보는 것이 필요하다.

문항 분석

문번	정답	정답률	유형
01	⑤	83.5%	법조문형 > 규정확인
02	①	87.1%	법조문형 > 규정적용
03	⑤	92.9%	법조문형 > 규정확인
04	①	82.4%	법조문형 > 규정확인
05	②	80%	제시문형 > 정보확인
06	②	76.5%	제시문형 > 분석추론
07	③	82.9%	연산추론형 > 수리계산
08	④	68.2%	제시문형 > 분석추론
09	②	70.6%	제시문형 > 정보확인
10	③	88.1%	연산추론형 > 수리계산
11	①	60%	퍼즐형 > 논리퀴즈
12	②	88.2%	연산추론형 > 대입비교
13	③	89.4%	연산추론형 > 대입비교

문번	정답	정답률	유형
14	⑤	55.4%	연산추론형 > 대입비교
15	①	79.8%	연산추론형 > 대입비교
16	③	81.2%	연산추론형 > 대입비교
17	④	67.1%	퍼즐형 > 논리퀴즈
18	②	54.2%	퍼즐형 > 수리퀴즈
19	③	58.8%	퍼즐형 > 최댓값·최솟값 도출
20	③	45.8%	퍼즐형 > 수리퀴즈
21	⑤	29.5%	연산추론형 > 수리계산
22	④	52.6%	퍼즐형 > 논리퀴즈
23	①	22.9%	퍼즐형 > 논리퀴즈
24	④	25.9%	연산추론형 > 수리계산
25	④	51.2%	법조문형 > 규정적용

※ 음영 문항은 해당 회차에서 정답률이 가장 낮은 TOP 3 문항입니다.

※ 문항별 정답률 산정 기준: 약 1년간 누적된 자동채점&성적결과분석 서비스의 응시데이터

출제 비중

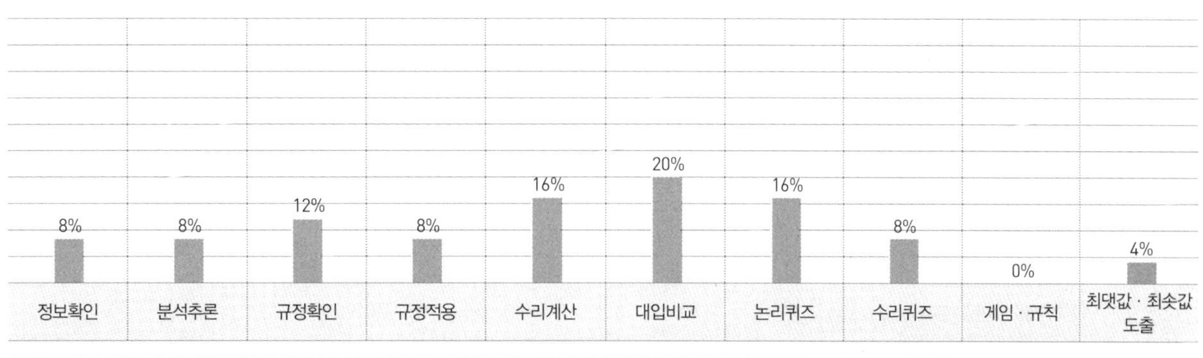

기출문제편 P.115									
01	⑤	02	①	03	⑤	04	①	05	②
06	②	07	③	08	④	09	②	10	③
11	①	12	②	13	③	14	⑤	15	①
16	③	17	④	18	②	19	③	20	③
21	⑤	22	④	23	①	24	④	25	④

01 ⑤

정답률 83.5%

| 문제 유형 | 법조문형 > 규정확인

| 접근 전략 | 법령을 확인, 이해하는 문항에서는 제시된 기준과 함께 그 기준이 모두 충족되어야 하는지, 예외가 있다면 어느 경우이며 어떻게 적용되는지를 잘 살펴보아야 한다. 즉 '모든 요건을 갖춘 경우', '조건으로 인증'과 같은 부분을 주의 깊게 살피고, '~할 수 있다', '~하여야 한다'와 같은 표현의 차이를 구분하도록 한다.

다음 글을 근거로 판단할 때 옳은 것은?

제00조 재해경감 우수기업(이하 '우수기업'이라 한다)이란 재난으로부터 피해를 최소화하기 위한 재해경감활동으로 우수기업 인증을 받은 기업을 말한다.

제00조 ① 우수기업으로 인증받고자 하는 기업은 A부 장관에게 신청하여야 한다.

② A부 장관은 제1항에 따라 신청한 기업의 재해경감활동에 대하여 다음 각 호의 기준에 따라 평가를 실시하고 우수기업으로 인증할 수 있다.

1. 재난관리 전담조직을 갖출 것
2. 매년 1회 이상 종사자에게 재난관리 교육을 실시할 것
3. 재해경감활동 비용으로 총 예산의 5% 이상 할애할 것
4. 방재관련 인력을 총 인원의 2% 이상 갖출 것

③ 제2항 각 호의 충족 여부는 매년 1월 말을 기준으로 평가하며, 모든 요건을 갖춘 경우 우수기업으로 인증한다. 다만 제3호의 경우 최초 평가에 한하여 해당 기준을 3개월 내에 충족할 것을 조건으로 인증할 수 있다.

④ 제3항에서 정하는 평가 및 인증에 소요되는 비용은 신청하는 자가 부담한다.

제00조 A부 장관은 인증받은 우수기업을 6개월마다 재평가하여 다음 각 호의 어느 하나에 해당하는 때에는 인증을 취소할 수 있다. 다만 제1호의 경우에는 인증을 취소하여야 한다.

1. 거짓이나 그 밖의 부정한 방법으로 인증을 받은 경우
2. 인증 평가기준에 미달되는 경우
3. 양도·양수·합병 등에 의하여 인증받은 요건이 변경된 경우

① 처음 우수기업 인증을 받고자 하는 甲기업이 총 예산의 4%를 재해경감활동 비용으로 할애하였다면, 다른 모든 기준을 충족하였더라도 우수기업으로 인증받을 여지가 없다. ➡ (X) 두 번째 조 제3항에 따르면 제2항 각 호의 모든 요건을 갖춘 경우 우수기업으로 인증하는데, 다만 제3호 '재해경감활동 비용으로 총 예산의 5% 이상 할애할 것'의 경우 최초 평가에 한하여 해당 기준을 3개월 내에 충족할 것을 조건으로 인증할 수 있다고 하였다. 처음 우수기업 인증을 받고자 하는 甲기업이 다른 모든 기준을 충족하였다면 충족시키지 못한 제3호의 기준을 3개월 내에 충족할 것을 조건으로 우수기업으로 인증받을 여지가 있다.

② A부 장관이 乙기업을 평가하여 2022. 2. 25. 우수기업으로 인증한 경우, A부 장관은 2022. 6. 25.까지 재평가를 해야 한다. ➡ (X) 세 번째 조에 따르면 A부 장관은 인증받은 우수기업을 6개월마다 재평가하여 일정한 경우 인증을 취소할 수 있다.

③ 丙기업이 우수기업 인증을 신청하는 경우, 인증에 소요되는 비용은 A부 장관이 부담한다. ➡ (X) 두 번째 조 제4항에 따르면 평가 및 인증에 소요되는 비용은 신청하는 자가 부담한다.

④ 丁기업이 재난관리 전담조직을 갖춘 것처럼 거짓으로 신청서를 작성하여 우수기업으로 인증을 받은 경우라도, A부 장관은 인증을 취소하지 않을 수 있다. ➡ (X) 세 번째 조에 따르면 A부 장관은 재평가 시 인증을 받은 기업이 제1호 '거짓이나 그 밖의 부정한 방법으로 인증을 받은 경우'에 해당하면 인증을 취소하여야 한다.

⑤ 우수기업인 戊기업이 己기업을 흡수합병하면서 재평가 당시 일시적으로 방재관련 인력이 총 인원의 1.5%가 되었더라도, A부 장관은 戊기업의 인증을 취소하지 않을 수 있다. ➡ (O) 두 번째 조 제2항의 평가 기준에서 재해경감 우수기업은 방재관련 인력을 총 인원의 2% 이상 갖추어야 함을 알 수 있다. 또한 세 번째 조에 따르면 A부 장관은 재평가 시 제3호 '양도·양수·합병 등에 의하여 인증받은 요건이 변경된 경우'에 해당할 때에 인증을 취소할 수 있다. 우수기업인 戊기업이 己기업을 흡수합병하면서 재평가 당시 방재관련 인력이 총 인원의 1.5%가 되었다면 합병으로 인증받은 요건이 변경된 경우에 해당하므로 인증을 취소할 수 있지만, 이는 반드시 인증을 취소하여야 하는 경우는 아니므로 A부 장관은 戊기업의 인증을 취소하지 않을 수도 있다.

02 ①

정답률 87.1%

| 문제 유형 | 법조문형 > 규정적용

| 접근 전략 | 규정을 구체적인 상황에 적용하는 문항으로, 선지에 가족관계등록부에 기록해야 할 내용으로 제시된 내용이 규정에서 제시한 기록해야 하는 사항 중 무엇에 해당하는지 파악하여 빠르게 해결할 수 있다. 등록기준지가 둘 다 선지에 제시되어 있으므로, 규정에서 등록기준지를 어떻게 정하는지 찾아 둘 중 어느 쪽이 옳은지 판단하도록 한다.

다음 글과 〈상황〉을 근거로 판단할 때, 김가을의 가족관계등록부에 기록해야 하는 내용이 아닌 것은?

제○○조 ① 가족관계등록부는 전산정보처리조직에 의하여 입력·처리된 가족관계 등록사항에 관한 전산정보자료를 제□□조의 등록기준지에 따라 개인별로 구분하여 작성한다.

② 가족관계등록부에는 다음 사항을 기록하여야 한다.

1. 등록기준지
2. 성명·본·성별·출생연월일 및 주민등록번호
3. 출생·혼인·사망 등 가족관계의 발생 및 변동에 관한 사항

제□□조 출생을 사유로 처음 등록을 하는 경우에는 등록기준지를 자녀가 따르는 성과 본을 가진 부 또는 모의 등록기준지로 한다.

〈상황〉

경기도 과천시 ☆☆로 1-11에 거주하는 김여름(金海 김씨)과 박겨울(密陽 박씨) 부부 사이에 2021년 10월 10일 경기도 수원시 영통구 소재 병원에서 남자아이가 태어났다. 이 부부는 태어난 아이의 이름을 김가을로 하고 과천시 ▽▽주민센터에 출생신고를 하였다. 김여름의 등록기준지는 부산광역시 남구 ◇◇로 2-22이며, 박겨울은 서울특별시 마포구 △△로 3-33이다.

① 서울특별시 마포구 △△로 3-33 ➡ (X) 제□□조에 따르면 출생을 사유로 처음 등록을 하는 경우에는 등록기준지를 자녀가 따르는 성과 본을 가진 부 또는 모의 등록기준지로 한다. 〈상황〉에서 태어난 아이의 이름은 '김여름'의 성을 따라 '김가을'로 하였으므로, 박겨울의 등록기준지에 해당하는 '마포구 △△로 3-33'는 가족관계등록부에 기록하지 않아도 된다.

② 부산광역시 남구 ◇◇로 2-22 ➡ (O) 제○○조 제2항 제1호에 따르면 가족관계등록부에는 '등록기준지'를 기록해야 하며, 제□□조에 따르면 이는 자녀가

따르는 성과 본을 가진 부 또는 모의 등록기준지로 한다. <상황>에서 태어난 아이의 이름은 '김여름'의 성을 따라 '김가을'로 하였으므로 '김여름'의 등록기준지인 '부산광역시 남구 ◇◇로 2-22'를 가족관계등록부에 기록해야 한다.

③ 2021년 10월 10일 ➡ (O) 제○○조 제2항 제2호에 따르면 가족관계등록부에는 출생연월일을 기록해야 하므로, <상황>에서 태어난 아이의 출생연월일인 '2021년 10월 10일'을 가족관계등록부에 기록해야 한다.

④ 金海 ➡ (O) 제○○조 제2항 제2호에 따르면 가족관계등록부에는 본을 기록해야 하는데, <상황>에서 태어난 아이는 '김여름'의 성과 본을 따랐으므로 '김여름'의 본인 '金海'를 가족관계등록부에 기록해야 한다.

⑤ 남 ➡ (O) 제○○조 제2항 제2호에 따르면 가족관계등록부에는 성별을 기록해야 하는데, <상황>에서 태어난 아이의 성별은 남자아이이므로 성별인 '남'을 가족관계등록부에 기록해야 한다.

03 ⑤

정답률 92.9%

| 문제 유형 | 법조문형 > 규정확인

| 접근 전략 | 규정의 내용을 이해하기 위해서는 우선 각 항목의 주어를 정확히 파악하는 것이 중요하다. 즉 '시장 등'에 해당하는 범위를 확인하여 각 선지의 주어가 어느 쪽에 속하는지 파악해야 한다. 또한 준공인가 및 공사완료 고시와 관련한 세부 사항들을 정확하게 파악하여 선지와 비교해 보도록 한다.

다음 글을 근거로 판단할 때 옳은 것은?

제00조 정비사업이란 도시기능을 회복하기 위하여 정비구역에서 정비사업시설을 정비하거나 주택 등 건축물을 개량 또는 건설하는 주거환경개선사업, 재개발사업, 재건축사업 등을 말한다.

제00조 특별자치시장·특별자치도지사·시장·군수·구청장(이하 '시장 등'이라 한다)은 노후불량건축물이 밀집하는 구역에 대하여 정비계획에 따라 정비구역을 지정할 수 있다.

제00조 시장 등이 아닌 자가 정비사업을 시행하려는 경우에는 토지 등 소유자로 구성된 조합을 설립해야 한다.

제00조 ① 시장 등이 아닌 사업시행자가 정비사업 공사를 완료한 때에는 시장 등의 준공인가를 받아야 한다.

② 제1항에 따라 준공인가신청을 받은 시장 등은 지체 없이 준공검사를 실시해야 한다.

③ 시장 등은 제2항에 따른 준공검사를 실시한 결과 정비사업이 인가받은 사업시행 계획대로 완료되었다고 인정되는 때에는 준공인가를 하고 공사의 완료를 해당 지방자치단체의 공보에 고시해야 한다.

④ 시장 등은 직접 시행하는 정비사업에 관한 공사가 완료된 때에는 그 완료를 해당 지방자치단체의 공보에 고시해야 한다.

제00조 ① 정비구역의 지정은 공사완료의 고시가 있은 날의 다음 날에 해제된 것으로 본다.

② 제1항에 따른 정비구역의 해제는 조합의 존속에 영향을 주지 않는다.

① 甲특별자치시장이 직접 정비사업을 시행하려는 경우에는 토지 등 소유자로 구성된 조합을 설립해야 한다. ➡ (X) 세 번째 조에 따르면 시장 등이 아닌 자가 정비사업을 시행하려는 경우에 토지 등 소유자로 구성된 조합을 설립해야 한다.

② A도 乙군수가 직접 시행하는 정비사업에 관한 공사가 완료된 때에는 A도지사에게 준공인가신청을 해야 한다. ➡ (X) 네 번째 조 제1항에 따르면 시장 등이 아닌 사업시행자가 정비사업 공사를 완료한 때 시장 등에게 준공인가를 신청해야 하는 것이다.

③ 丙시장이 사업시행자 B의 정비사업에 관해 준공인가를 하면, 토지 등 소유자로 구성된 조합은 해산된다. ➡ (X) 네 번째 조 제1항과 제3항에 따르면 시장 등이 아닌 사업시행자가 정비사업 공사를 완료한 때 시장 등에게 준공인가를 신청하고, 준공인가를 받으면 공사완료가 고시된다. 그리고 다섯 번째 조 제2항에 따르면 공사완료 고시로 정비구역의 지정이 해제되었을 때, 이 해제는 조합의 존속에 영향을 주지 않는다.

④ 丁시장이 사업시행자 C의 정비사업에 관해 공사완료를 고시하면, 정비구역의 지정은 고시한 날 해제된다. ➡ (X) 다섯 번째 조 제1항에 따르면 공사완료가 고시된 경우 정비구역의 지정은 고시가 있을 날의 다음 날 해제된다.

⑤ 戊시장이 직접 시행하는 정비사업에 관한 공사가 완료된 때에는 그 완료를 戊시의 공보에 고시해야 한다. ➡ (O) 네 번째 조 제4항에서 시장 등은 직접 시행하는 정비사업에 관한 공사가 완료된 때에는 그 완료를 해당 지방자치단체의 공보에 고시해야 한다고 한 것을 통해 알 수 있다.

04 ①

정답률 82.4%

| 문제 유형 | 법조문형 > 규정확인

| 접근 전략 | 규정의 이해를 묻는 문항으로 규정에 나타난 적용 범위와 단서, 담당 등을 정확히 파악해야 한다. 규정에 선박 및 소형선박의 종류가 제시되어 있으므로 이를 바탕으로 각 선지가 선박과 소형선박 중 어느 것을 다루고 있는지 파악하도록 한다. 그리고 선박의 종류에 따라 선박의 소유권 이전과 등기, 등록은 어떻게 이루어지는지 차이를 파악하는 한편 선박의 등기와 등록신청을 어디에서 담당하는지 파악하면 쉽게 해결할 수 있다.

다음 글을 근거로 판단할 때 옳은 것은?

제00조 ① 선박이란 수상 또는 수중에서 항행용으로 사용하거나 사용할 수 있는 배 종류를 말하며 그 구분은 다음 각 호와 같다.

1. 기선: 기관(機關)을 사용하여 추진하는 선박과 수면비행선박(표면효과 작용을 이용하여 수면에 근접하여 비행하는 선박)
2. 범선: 돛을 사용하여 추진하는 선박
3. 부선: 자력(自力) 항행능력이 없어 다른 선박에 의하여 끌리거나 밀려서 항행되는 선박

② 소형선박이란 다음 각 호의 어느 하나에 해당하는 선박을 말한다.

1. 총톤수 20톤 미만인 기선 및 범선
2. 총톤수 100톤 미만인 부선

제00조 ① 매매계약에 의한 선박 소유권의 이전은 계약당사자 사이의 양도합의만으로 효력이 생긴다. 다만 소형선박 소유권의 이전은 계약당사자 사이의 양도합의와 선박의 등록으로 효력이 생긴다.

② 선박의 소유자(제1항 단서의 경우에는 선박의 매수인)는 선박을 취득(제1항 단서의 경우에는 매수)한 날부터 60일 이내에 선적항을 관할하는 지방해양수산청장에게 선박의 등록을 신청하여야 한다. 이 경우 총톤수 20톤 이상인 기선과 범선 및 총톤수 100톤 이상인 부선은 선박의 등기를 한 후에 선박의 등록을 신청하여야 한다.

③ 지방해양수산청장은 제2항의 등록신청을 받으면 이를 선박원부(船舶原簿)에 등록하고 신청인에게 선박국적증서를 발급하여야 한다.

제00조 선박의 등기는 등기할 선박의 선적항을 관할하는 지방법원, 그 지원 또는 등기소를 관할 등기소로 한다.

① 총톤수 80톤인 부선의 매수인 甲이 선박의 소유권을 취득하기 위해서는 매도인과 양도합의를 하고 선박을 등록해야 한다. ➡ (O) 두 번째 조 제1항에 따르면 소형선박 소유권의 이전은 계약당사자 사이의 양도합의와 선박의 등록으로 효력이 생긴다. 첫 번째 조 제2항에서 총톤수 100톤 미만인 부선은 소형선박에 해당한다고 하였으므로, 소형선박인 총톤수 80톤인 부선의 소유권 이전을 위해서는 양도합의와 선박의 등록이 필요함을 알 수 있다.

② 총톤수 100톤인 기선의 소유자 乙이 선박의 등기를 하기 위해서는 먼저 관할 지방해양수산청장에게 선박의 등록을 신청해야 한다. ➡ (X) 두 번째 조 제2항에 따르면 총톤수 20톤 이상인 기선은 선박의 등기를 한 후에 선박의 등록을 신청하여야 한다.

③ 총톤수 60톤인 기선의 소유자 丙은 선박을 매수한 날부터 60일 이내에 해양수산부장관에게 선박의 등록을 신청해야 한다. ➡ (X) 두 번째 조 제2항에 따르면 선박의 소유자는 선박을 취득한 날부터 60일 이내에 선적항의 관할 지방해양수산청장에게 선박의 등록을 신청하여야 한다.

④ 총톤수 200톤인 부선의 소유자 丁이 선적항을 관할하는 등기소에 선박의 등기를 신청하면, 등기소는 丁에게 선박국적증서를 발급해야 한다. ➡ (X) 두 번째 조 제2항과 제3항에 따르면 총톤수 100톤 이상인 부선은 선박의 등기를 한 후에 선박의 등록을 신청하여야 하고, 이 등록신청을 받은 지방해양수산청장은 신청인에게 선박국적증서를 발급하여야 한다.

⑤ 총톤수 20톤 미만인 범선의 매수인 戊가 선박의 등록을 신청하면, 관할 법원은 이를 선박원부에 등록하고 戊에게 선박국적증서를 발급해야 한다. ➡ (X) 두 번째 조 제2항과 제3항에 따르면 선박의 등록신청을 받아 이를 선박원부에 등록하고 신청인에게 선박국적증서를 발급하여야 하는 것은 관할 지방해양수산청장이다.

05 ② 정답률 80%

| 문제 유형 | 제시문형 > 정보확인

| 접근 전략 | 제시된 글의 정보를 바탕으로 선지의 내용을 판단하는 문항이다. 글의 내용과 선지 내용을 비교하여 바로 판단할 수 있는 선지를 먼저 해결한 뒤, 글의 정보를 종합, 비교하여 판단해야 하는 선지를 꼼꼼히 살피도록 한다. 즉 공통점과 차이점을 파악해야 하는 대상이 제시된 경우 각 대상에 대해 설명한 내용을 확인하여 선지에서 잘못된 부분을 찾아내도록 한다.

다음 글을 근거로 판단할 때 옳은 것은?

조선 시대 쌀의 종류에는 가을철 논에서 수확한 벼를 가공한 흰색 쌀 외에 밭에서 자란 곡식을 가공함으로써 얻게 되는 회색 쌀과 노란색 쌀이 있었다. 회색 쌀은 보리의 껍질을 벗긴 보리쌀이었고, 노란색 쌀은 조의 껍질을 벗긴 좁쌀이었다. ▶1문단

남부 지역에서는 보리가 특히 중요시되었다. 가을 곡식이 바닥을 보이기 시작하는 봄철, 농민들의 희망은 들판에 넘실거리는 보리뿐이었다. 보리가 익을 때까지는 주린 배를 움켜쥐고 생활할 수밖에 없었고, 이를 보릿고개라 하였다. 그것은 보리를 수확하는 하지, 즉 낮이 가장 길고 밤이 가장 짧은 시기까지 지속되다가 사라지는 고개였다. 보리 수확기는 여름이었지만 파종 시기는 보리 종류에 따라 달랐다. 가을철에 파종하여 이듬해 수확하는 보리는 가을보리, 봄에 파종하여 그해 수확하는 보리는 봄보리라고 불렀다. ▶2문단

적지 않은 농부들은 보리를 수확하고 그 자리에 다시 콩을 심기도 했다. 이처럼 같은 밭에서 1년 동안 보리와 콩을 교대로 경작하는 방식을 그루갈이라고 한다. 그렇지만 모든 콩이 그루갈이로 재배된 것은 아니었다. 콩 수확기는 가을이었으나, 어떤 콩은 봄철에 파종해야만 제대로 자랄 수 있었고 어떤 콩은 여름에 심을 수도 있었다. 한편 조는 보리, 콩과 달리 모두 봄에 심었다. 그래서 봄철 밭에서는 보리, 콩, 조가 함께 자라는 것을 볼 수 있었다. ▶3문단

① 흰색 쌀과 여름에 심는 콩은 서로 다른 계절에 수확했다. ➡ (X) 1문단에서 흰색 쌀은 가을철 논에서 수확한 벼를 가공한 것이라고 하였고, 3문단에서 콩은 종에 따라 봄철에 파종해야 하는 경우도 있지만 여름에 심을 수도 있었는데 콩의 수확기는 가을이라고 하였다. 따라서 흰색 쌀과 여름에 심는 콩은 모두 가을에 수확함을 알 수 있다.

② 봄보리의 재배 기간은 가을보리의 재배 기간보다 짧았다. ➡ (O) 2문단에서 봄보리는 봄에 파종하여 그해 여름에 수확하는 보리, 가을보리는 가을철에 파종하여 이듬해 여름에 수확하는 보리임을 알 수 있다. 따라서 봄보리의 재배 기간은 가을보리의 재배 기간보다 짧았을 것이다.

③ 흰색 쌀과 회색 쌀은 논에서 수확된 곡식을 가공한 것이었다. ➡ (X) 1문단에서 흰색 쌀은 가을철 논에서 수확한 벼를 가공한 것이라고 하였다. 그러나 회색 쌀은 밭에서 자란 곡식, 즉 보리의 껍질을 벗긴 보리쌀이라고 하였다.

④ 남부 지역의 보릿고개는 가을 곡식이 바닥을 보이는 하지가 지나면서 더 심해졌다. ➡ (X) 2문단에서 남부 지역의 보릿고개는 보리를 수확하는 하지까지 지속되다가 사라지는 고개였다고 하였으므로, 하지가 지나면서 더 심해졌다고 볼 수 없다.

⑤ 보리와 콩이 함께 자라는 것은 볼 수 있었지만, 조가 이들과 함께 자라는 것은 볼 수 없었다. ➡ (X) 3문단에서 봄철 밭에서는 보리, 콩, 조가 함께 자라는 것을 볼 수 있었다고 하였다.

06 ② 정답률 76.5%

| 문제 유형 | 제시문형 > 분석추론

| 접근 전략 | 주어진 정보를 바탕으로 선지 내용의 적절성을 추론적으로 파악하는 문항이다. 글에서 주어진 정보를 바탕으로 甲이 평균속력이 더 높을 것으로 예상되는 경로를 항상 선택하며 대안경로는 잔여거리와 잔여시간을 알려준다는 점을 파악하고, 〈보기〉의 상황에서 대안경로의 평균속력이 높아지는지 낮아지는지 또는 항상 높거나 낮다고 판단할 수 없는지 등을 판단하도록 한다.

다음 글을 근거로 판단할 때, 〈보기〉에서 옳은 것만을 모두 고르면?

甲의 자동차에 장착된 내비게이션 시스템은 목적지까지 운행하는 도중 대안경로를 제안하는 경우가 있다. 이때 이 시스템은 기존경로와 비교하여 남은 거리와 시간이 어떻게 달라지는지 알려준다. 즉 목적지까지의 잔여거리(A)가 몇 km 증가·감소하는지, 잔여시간(B)이 몇 분 증가·감소하는지 알려준다. 甲은 기존경로와 대안경로 중 출발지부터 목적지까지의 평균속력이 더 높을 것으로 예상되는 경로를 항상 선택한다.

〈보기〉

ㄱ. A가 증가하고 B가 감소하면 甲은 항상 대안경로를 선택한다. → (O) 甲은 기존경로와 대안경로 중 출발지부터 목적지까지의 평균속력이 더 높을 것으로 예상되는 경로를 항상 선택한다고 하였다. 대안경로의 목적지까지의 잔여거리(A)가 증가하고 잔여시간(B)이 감소하면 평균속력이 더 높을 것이므로 甲은 항상 대안경로를 선택할 것이다.

ㄴ. A와 B가 모두 증가하면 甲은 항상 대안경로를 선택한다. → (X) 대안경로의 목적지까지의 잔여거리(A)와 잔여시간(B)이 모두 증가하면 대안경로의 평균속력이 항상 기존경로의 평균속력보다 더 높지는 않을 것이므로 甲이 항상 대안경로를 선택하지는 않을 것이다.

ㄷ. A와 B가 모두 감소할 때 甲이 대안경로를 선택하는 경우가 있다. → (O) 대안경로의 목적지까지의 잔여거리(A)와 잔여시간(B)이 모두 감소하면 기존경로에 비해 대안경로의 평균속력이 기존경로의 평균속력보다 높을 수 있으므로, 甲이 대안경로를 선택하는 경우가 있을 수 있다.

ㄹ. A가 감소하고 B가 증가할 때 甲이 대안경로를 선택하는 경우가 있다. → (X) 대안경로의 목적지까지의 잔여거리(A)가 감소하고 잔여시간(B)이 증가하면 그에 따라 대안경로의 평균속력은 기존경로의 평균속력에 비해 낮아질 것이다. 따라서 이때 甲이 대안경로를 선택하는 경우는 없다.

① ㄱ, ㄴ ➡ (X)
② ㄱ, ㄷ ➡ (O)
③ ㄴ, ㄷ ➡ (X)
④ ㄴ, ㄹ ➡ (X)
⑤ ㄷ, ㄹ ➡ (X)

07 ③

정답률 82.9%

| 문제 유형 | 연산추론형 > 수리계산

| 접근 전략 | 결제해야 할 금액과 실제 결제 금액의 차이를 확인한 뒤 과일 1상자당 가격을 통해 이 금액 차이가 나타날 수 있는 경우를 파악해 보면 답을 어렵지 않게 찾을 수 있다. 나머지 선지에 대해서도 제시된 상황의 결제 금액을 따져 봄으로써 오답을 검토하도록 한다.

다음 글을 근거로 판단할 때 옳은 것은?

甲은 정기모임의 간식을 준비하기 위해 과일 가게에 들렀다. 甲이 산 과일의 가격과 수량은 아래 표와 같다. 과일 가게 사장이 준 영수증을 보니, 총 228,000원이어야 할 결제 금액이 총 237,300원이었다.

구분	사과	귤	복숭아	딸기
1상자 가격(원)	30,700	25,500	14,300	23,600
구입 수량(상자)	2	3	3	2

① 한 과일이 2상자 더 계산되었다. ➡ (X) 한 과일이 2상자 더 계산되었다면 실제 결제 금액이 더 컸을 것이다.

② 두 과일이 각각 1상자 더 계산되었다. ➡ (X) 두 과일이 각각 1상자 더 계산되었다면 실제 결제 금액이 더 컸을 것이다.

③ 한 과일이 1상자 더 계산되고, 다른 한 과일이 1상자 덜 계산되었다. ➡ (O) 결제해야 할 금액 228,000원과 실제 결제 금액 237,300원의 차액은 9,300원이다. 이는 딸기 1상자 가격인 23,600원과 복숭아 한 상자 가격인 14,300원의 차액과 같다. 따라서 딸기가 1상자 더 계산되고, 복숭아 1상자가 덜 계산되었다고 볼 수 있다.

④ 한 과일이 1상자 더 계산되고, 다른 두 과일이 각각 1상자 덜 계산되었다. ➡ (X) 결제해야 할 금액보다 실제 결제 금액이 더 커야 하므로 1상자 가격이 가장 높은 사과가 1상자 더 계산되고, 가격이 낮은 복숭아와 딸기가 각각 1상자 덜 계산된 경우를 생각해 볼 수 있다. 이때 차액은 30,700 − (14,300 + 23,600) = −7,200원으로, 실제 결제 금액이 더 작아진다.

⑤ 두 과일이 각각 1상자 더 계산되고, 다른 두 과일이 각각 1상자 덜 계산되었다. ➡ (X) 두 과일이 각각 1상자 더 계산되고, 다른 두 과일이 각각 1상자 덜 계산되는 경우로는 다음의 세 가지 경우를 생각해 볼 수 있는데, 이때 실제 결제 금액이 총 237,300원인 경우는 없다.

더 계산된 두 과일의 가격	덜 계산된 두 과일의 가격	차액
사과 + 귤 56,200원	복숭아 + 딸기 37,900원	18,300원
사과 + 딸기 54,300원	귤 + 복숭아 39,800원	14,500원
귤 + 딸기 49,100원	사과 + 복숭아 45,000원	4,100원

08 ④

정답률 68.2%

| 문제 유형 | 제시문형 > 분석추론

| 접근 전략 | 글에 주어진 정보를 바탕으로 사업 참여 대상에 해당하는 경우를 고르는 문항이다. 기본적인 참여 대상을 확인한 후 그에 속하지만 참여가 제외되는 경우, 참여 대상에 제외되나 참여 가능한 경우를 정확히 파악하면 해결할 수 있다.

다음 글과 〈상황〉을 근거로 판단할 때, 甲～戊 중 휴가지원사업에 참여할 수 있는 사람만을 모두 고르면?

〈2023년 휴가지원사업 모집 공고〉

□ 사업 목적
- ○ 직장 내 자유로운 휴가문화 조성 및 국내 여행 활성화

□ 참여 대상
- ○ 중소기업·비영리민간단체·사회복지법인·의료법인 근로자. 단, 아래 근로자는 참여 제외
  - – 병·의원 소속 의사
  - – 회계법인 및 세무법인 소속 회계사·세무사·노무사
  - – 법무법인 소속 변호사·변리사
- ○ 대표 및 임원은 참여 대상에서 제외하나, 아래의 경우는 참여 가능
  - – 중소기업 및 비영리민간단체의 임원
  - – 사회복지법인의 대표 및 임원

〈상황〉

甲～戊의 재직정보는 아래와 같다.

구분	직장명	직장 유형	비고
간호사 甲	A병원	의료법인	근로자
→(O) 의료법인 근로자이므로 참여 대상에 해당한다.			
노무사 乙	B회계법인	중소기업	근로자
→(X) 회계법인 소속 노무사는 참여 대상에서 제외된다.			
사회복지사 丙	C복지센터	사회복지법인	대표
→(O) 대표는 참여 대상에서 제외하나, 사회복지법인의 대표인 경우이므로 참여 가능하다.			
회사원 丁	D물산	대기업	근로자
→(X) 이 사업의 참여 대상은 중소기업·비영리민간단체·사회복지법인·의료법인 근로자이므로 대기업 근로자는 참여 대상에 해당하지 않는다.			
의사 戊	E재단	비영리민간단체	임원
→(O) 병원 소속 의사나 임원은 참여 대상에서 제외하나, 비영리민간단체 소속 의사이면서 비영리민간단체의 임원인 경우이므로 참여 가능하다.			

① 甲, 丙 ➡ (X)
② 甲, 戊 ➡ (X)
③ 乙, 丁 ➡ (X)
④ 甲, 丙, 戊 ➡ (O)
⑤ 乙, 丙, 丁 ➡ (X)

※ 다음 글을 읽고 물음에 답하시오. [문 9. ~ 문 10.]

'국민참여예산제도'는 국가 예산사업의 제안, 심사, 우선순위 결정과정에 국민을 참여케 함으로써 예산에 대한 국민의 관심도를 높이고 정부 재정운영의 투명성을 제고하기 위한 제도이다. 이 제도는 정부의 예산편성권과 국회의 예산심의·의결권 틀 내에서 운영된다. ▶1문단

국민참여예산제도는 기존 제도인 국민제안제도나 주민참여예산제도와 차이점을 지닌다. 먼저 '국민제안제도'가 국민들이 제안한 사항에 대해 관계부처가 채택 여부를 결정하는 방식이라면, 국민참여예산제도는 국민의 제안 이후 사업심사와 우선순위 결정과정에도 국민의 참여를 가능하게 함으로써 국민의 역할을 확대하는 방식이다. 또한 '주민참여예산제도'가 지방자치단체의 사무를 대상으로 하는 반면, 국민참여예산제도는 중앙정부가 재정을 지원하는 예산사업을 대상으로 한다. ▶2문단

국민참여예산제도에서는 3 ~ 4월에 국민사업제안과 제안사업 적격성 검사를 실시하고, 이후 5월까지 각 부처에 예산안을 요구한다. 6월에는 예산국민참여단을 발족하여 참여예산 후보사업을 압축한다. 7월에는 일반국민 설문조사와 더불어 예산국민참여단 투표를 통해 사업선호도 조사를 한다. 이러한 과정을 통해 선호순위가 높은 후보사업은 국민참여예산사업으로 결정되며, 8월에 재정정책자문회의의 논의를 거쳐 국무회의에서 정부예산안에 반영된다. 정부예산안은 국회에 제출되며, 국회는 심의·의결을 거쳐 12월까지 예산안을 확정한다. ▶3문단

예산국민참여단은 일반국민을 대상으로 전화를 통해 참여의사를 타진하여 구성한다. 무작위로 표본을 추출하되 성·연령·지역별 대표성을 확보하는 통계적 구성방법이 사용된다. 예산국민참여단원은 예산학교를 통해 국가재정에 대한 교육을 이수한 후, 참여예산 후보사업을 압축하는 역할을 맡는다. 예산국민참여단이 압축한 후보사업에 대한 일반국민의 선호도는 통계적 대표성이 확보된 표본을 대상으로 한 설문을 통해, 예산국민참여단의 사업선호도는 오프라인 투표를 통해 조사한다. ▶4문단

정부는 2017년에 2018년도 예산을 편성하면서 국민참여예산제도를 시범 도입하였는데, 그 결과 6개의 국민참여예산사업이 선정되었다. 2019년도 예산에는 총 39개 국민참여예산사업에 대해 800억 원이 반영되었다. ▶5문단

09 ②

정답률 70.6%

| 문제 유형 | 제시문형 > 정보확인

| 접근 전략 | 제시된 글의 정보를 바탕으로 선지의 내용을 판단하는 문항이다. 각 선지에서 다루고 있는 내용이 제시된 부분을 찾아 글의 정보와 선지를 비교해 봄으로써 쉽게 해결할 수 있다. 특히 2문단에 제시된 제도 간의 차이점과 3문단에서 제시된 제도 시행 과정을 꼼꼼히 파악하는 것이 필요하다.

윗글을 근거로 판단할 때 옳은 것은?

① 국민제안제도에서는 중앙정부가 재정을 지원하는 예산사업의 우선순위를 국민이 정할 수 있다. ➡ (X) 2문단에 따르면 국민제안제도는 국민들이 제안한 사항에 대해 관계부처가 채택 여부를 결정하는 방식이고, 이와 달리 국민참여예산제도는 중앙정부가 재정을 지원하는 예산사업을 대상으로 하여 우선순위 결정과정에 국민의 참여를 가능하게 한 방식이라고 하였다.

② 국민참여예산사업은 국회 심의·의결 전에 국무회의에서 정부예산안에 반영된다. ➡ (O) 3문단에서 국민참여예산사업으로 결정된 사업은 국무회의에서 정부예산안에 반영되고, 이 정부예산안이 국회에 제출되어 국회의 심의·의결을 거치게 됨을 알 수 있다.

③ 국민참여예산제도는 정부의 예산편성권 범위 밖에서 운영된다. ➡ (X) 1문단에 따르면 국민참여예산제도는 정부의 예산편성권과 국회의 예산심의·의결권 틀 내에서 운영된다고 하였다.

④ 참여예산 후보사업은 재정정책자문회의의 논의를 거쳐 제안된다. ➡ (X) 3문단에서 예산국민참여단이 참여예산 후보사업을 압축한 뒤 설문조사와 투표 과정을 통해 선호순위가 높은 후보사업을 국민참여예산사업으로 결정하고, 이를 바탕으로 재정정책자문회의에서 논의함을 알 수 있다.

⑤ 예산국민참여단의 사업선호도 조사는 전화설문을 통해 이루어진다. ➡ (X) 3문단에 따르면 일반국민은 설문조사로, 예산국민참여단은 투표를 통해 사업선호도 조사를 한다고 하였다.

10 ③

정답률 88.1%

| 문제 유형 | 연산추론형 > 수리계산

| 접근 전략 | 제시된 글과 상황을 바탕으로 예산안에서 한 영역의 예산이 차지하는 비율을 계산해야 하는 문항이다. 글에서 파악해야 하는 정보는 2019년도 국민참여예산사업의 예산안이 800억 원이라는 부분이고, 이후에는 〈상황〉에 제시된 수치를 바탕으로 계산식을 세워야 한다. 먼저 구해야 하는 것이 무엇인지 파악하고 각각을 구하는 식을 세운 뒤 그 식에 들어갈 숫자를 구하여 계산하도록 한다.

윗글과 〈상황〉을 근거로 판단할 때, 甲이 보고할 수치를 옳게 짝지은 것은?

〈상황〉

2019년도 국민참여예산사업 예산 가운데 688억 원이 생활밀착형사업 예산이고 나머지는 취약계층지원사업 예산이었다. 2020년도 국민참여예산사업 예산 규모는 2019년도에 비해 25% 증가했는데, 이 중 870억 원이 생활밀착형사업 예산이고 나머지는 취약계층지원사업 예산이었다. 국민참여예산제도에 관한 정부부처 담당자 甲은 2019년도와 2020년도 각각에 대해 국민참여예산사업 예산에서 취약계층지원사업 예산이 차지한 비율을 보고하려고 한다.

	2019년도	2020년도	
①	13%	12%	➡ (X)
②	13%	13%	➡ (X)
③	14%	13%	➡ (O)
④	14%	14%	➡ (X)
⑤	15%	14%	➡ (X)

③ 해설: 甲이 보고하고자 하는 수치는 2019년도와 2020년도 각각에 대해 국민참여예산사업 예산에서 취약계층지원사업 예산이 차지한 비율이다.

5문단에서 2019년도 예산에는 국민참여예산사업에 대해 800억 원이 반영되었다고 하였는데, 〈상황〉에서는 이 예산 가운데 688억 원이 생활밀착형사업 예산이고 나머지는 취약계층지원사업 예산이라고 하였다. 따라서 2019년도에 국민참여예산사업 예산에서 취약계층지원사업 예산이 차지한 비율은 (800억 원 − 688억 원)/800억 원 × 100 = 14%이다. 〈상황〉에서 2020년도 국민참여예산사업 예산 규모는 2019년도에 비해 25% 증가했다고 하였으므로 2020년도 국민참여예산사업 예산 규모는 800억 원 + (800억 원 × 0.25) = 1,000억 원이다. 그리고 이 중 870억 원이 생활밀착형사업 예산이고 나머지는 취약계층지원사업 예산이라고 하였으므로 2020년도에 국민참여예산사업 예산에서 취약계층지원사업 예산이 차지한 비율은 (1,000억 원 − 870억 원)/1,000억 원 × 100 = 13%이다.

11 ①

정답률 60%

| 문제 유형 | 퍼즐형 > 논리퀴즈

| 접근 전략 | 주어진 기준에 따라 보고가 진행되는 순서를 판단하는 문항이다. 제시된 세 가지 기준 중 상황에 가장 먼저 적용해야 하는 기준을 찾고 이후 기준을 차례로 적용하여 보고 순서를 파악하도록 한다. 즉 '이상의 모든 기준과 무관하게'라는 표현을 바탕으로 기준 3을 가장 먼저 적용해야 함을 판단한 뒤, 기준 1에 따라 법 개정안 중 먼저 보고해야 하는 것을 파악하되 기준 2의 '위 기준에도 불구하고'라는 표현에 유의하여 두 번째, 세 번째로 보고해야 하는 것을 차례로 파악하도록 한다.

다음 글을 근거로 판단할 때, 네 번째로 보고되는 개정안은?

△△처에서 소관 법규 개정안 보고회를 개최하고자 한다. 보고회는 아래와 같은 기준에 따라 진행한다.

○ 법규 체계 순위에 따라 법-시행령-시행규칙의 순서로 보고한다. 법규 체계 순위가 같은 개정안이 여러 개 있는 경우 소관 부서명의 가나다순으로 보고한다. ▶기준 1

○ 한 부서에서 보고해야 하는 개정안이 여럿인 경우, 해당 부서의 첫 번째 보고 이후 위 기준에도 불구하고 그 부서의 나머지 소관 개정안을 법규 체계 순위에 따라 연달아 보고한다. ▶기준 2

○ 이상의 모든 기준과 무관하게 보고자가 국장인 경우 가장 먼저 보고한다. ▶기준 3

보고 예정인 개정안은 다음과 같다.

개정안명	소관 부서	보고자
A법 개정안	예산담당관	甲사무관
B법 개정안	기획담당관	乙과장
C법 시행령 개정안	기획담당관	乙과장
D법 시행령 개정안	국제화담당관	丙국장
E법 시행규칙 개정안	예산담당관	甲사무관

① A법 개정안 ➡ (O) 기준 3에 따라 보고자가 국장인 D법 시행령 개정안을 가장 먼저 보고한다. 기준 1에 따르면 법-시행령의 순서로 보고하되 같은 순위는 소관 부서명의 가나다순으로 보고해야 하므로 A법 개정안과 B법 개정안 중 소관 부서가 기획담당관인 B법 개정안을 두 번째 순서로 보고한다. 또한 기준 2에 따르면 한 부서에서 보고해야 하는 개정안이 여럿인 경우 해당 부서의 첫 번째 보고 이후 그 부서의 나머지 소관 개정안을 연달아 보고해야 하므로 기획담당관의 C법 시행령 개정안을 세 번째 순서로 보고한다. 그리고 그 다음 네 번째 순서로 A법 개정안을 보고한다.

② B법 개정안 ➡ (X) 기준 1에 따라 두 번째 순서로 보고한다.

③ C법 시행령 개정안 ➡ (X) 기준 2에 따라 B법 개정안에 이어 세 번째 순서로 보고한다.

④ D법 시행령 개정안 ➡ (X) 보고자가 국장이므로 기준 3에 따라 가장 먼저 보고한다.

⑤ E법 시행규칙 개정안 ➡ (X) 가장 마지막으로 보고한다.

12 ②

정답률 88.2%

| 문제 유형 | 연산추론형 > 대입비교

| 접근 전략 | 주어진 조건을 바탕으로 상황에 적용되는 계산을 하여 두 가지 경우의 결괏값을 비교하는 문항이다. 조건에서 사업 A와 사업 B에서 지원하는 내용을 확인한 뒤, 〈상황〉에서 甲이 수리하고자 하는 창호와 쉼터에 대해 각각 지원받을 수 있는 금액을 계산한다. 창호가 내부, 쉼터가 외부에 해당한다는 점과 본인부담 금액을 파악했을 때 선택할 수 있는 선지가 줄어들게 되므로 어렵지 않게 해결할 수 있다.

다음 글과 〈상황〉을 근거로 판단할 때, 甲이 선택할 사업과 받을 수 있는 지원금을 옳게 짝지은 것은?

○○군은 집수리지원사업인 A와 B를 운영하고 있다. 신청자는 하나의 사업을 선택하여 지원받을 수 있다. 수리 항목은 외부(방수, 지붕, 담장, 쉼터)와 내부(단열, 설비, 창호)로 나누어진다.

〈사업 A의 지원기준〉

○ 외부는 본인부담 10%를 제외한 나머지 소요비용을 1,250만 원 한도 내에서 전액 지원

○ 내부는 지원하지 않음

〈사업 B의 지원기준〉

○ 담장과 쉼터는 둘 중 하나의 항목만 지원하며, 각각 300만 원과 50만 원 한도 내에서 소요비용 전액 지원

○ 담장과 쉼터를 제외한 나머지 항목은 내·외부와 관계없이 본인부담 50%를 제외한 나머지 소요비용을 1,200만 원 한도 내에서 전액 지원

〈상황〉

甲은 본인 집의 창호와 쉼터를 수리하고자 한다. 소요비용은 각각 500만 원과 900만 원이다. 甲은 사업 A와 B 중 지원금이 더 많은 사업을 선택하여 신청하려고 한다.

	사업	지원금
①	A	1,250만 원 ➡ (X)
②	A	810만 원 ➡ (O)
③	B	1,250만 원 ➡ (X)
④	B	810만 원 ➡ (X)
⑤	B	300만 원 ➡ (X)

② 사업 A는 외부의 수리비용을 본인부담 10%를 제외하고 1,250만 원 한도 내에서 지원하며, 내부는 지원하지 않는다. 甲이 사업 A를 선택할 경우 내부에 해당하는 창호에 대해서는 지원받을 수 없고, 외부에 해당하는 쉼터의 수리비용 900만 원에 대해서는 본인부담 10%를 제외하고 810만 원을 지원받을 수 있다.

사업 B는 쉼터의 경우 50만 원 한도 내에서 소요비용 전액을 지원하고, 그 외 항목에 대해서는 본인부담 50%를 제외한 나머지 소요비용을 1,200만 원 한도 내에서 지원한다. 甲이 사업 B를 선택할 경우 쉼터의 수리비용은 50만 원까지 지원받을 수 있으며, 창호의 수리비용 500만 원에 대해서는 본인부담 50%를 제외하고 250만 원까지 지원받을 수 있으므로 총 300만 원을 지원받을 수 있다.

따라서 甲은 810만 원을 지원받을 수 있는 사업 A를 선택할 것이다.

13 ③

정답률 89.4%

| 문제 유형 | 연산추론형 > 대입비교

| 접근 전략 | 주어진 조건을 바탕으로 방식 1~3에서 처리하게 되는 업무량과, 이를 주어진 기본업무량과 비교하여 칭찬 또는 꾸중을 듣는 경우를 정리한 표를 간단히 작성하도록 한다. 그리고 이 표를 바탕으로 〈보기〉 선지의 적절성을 판단하면 풀이 시간을 줄일 수 있다.

다음 글을 근거로 판단할 때, 〈보기〉에서 옳은 것만을 모두 고르면?

이번 주 甲의 요일별 기본업무량은 다음과 같다.

요일	월	화	수	목	금
기본업무량	60	50	60	50	60

甲은 기본업무량을 초과하여 업무를 처리한 날에 '칭찬'을, 기본업무량 미만으로 업무를 처리한 날에 '꾸중'을 듣는다. 정확히 기본업무량만큼 업무를 처리한 날에는 칭찬도 꾸중도 듣지 않는다.

이번 주 甲은 방식1~방식3 중 하나를 선택하여 업무를 처리한다.

방식1: 월요일에 100의 업무량을 처리하고, 그다음 날부터는 매일 전날 대비 20 적은 업무량을 처리한다.

방식2: 월요일에 0의 업무량을 처리하고, 그다음 날부터는 매일 전날 대비 30 많은 업무량을 처리한다.

방식3: 매일 60의 업무량을 처리한다.

→ 방식 1~3에 따라 처리하게 되는 업무량과 그에 따라 '칭찬'을 듣는 경우는 ○, '꾸중'을 듣는 경우는 △로 정리하면 다음과 같다.

요일	월	화	수	목	금
기본업무량	60	50	60	50	60
방식1	100(○)	80(○)	60	40(△)	20(△)
방식2	0(△)	30(△)	60	90(○)	120(○)
방식3	60	60(○)	60	60(○)	60

〈보기〉

ㄱ. 방식1을 선택할 경우 화요일에 꾸중을 듣는다. → (X) 방식1을 선택할 경우 화요일에는 기본 업무량 50을 초과한 80의 업무량을 처리하게 되므로 칭찬을 들을 것이다.

ㄴ. 어느 방식을 선택하더라도 수요일에는 칭찬도 꾸중도 듣지 않는다. → (O) 방식 1~3 중 어느 방식을 선택하더라도 수요일에는 기본 업무량과 동일한 60의 업무량을 처리하게 되므로 칭찬도 꾸중도 듣지 않을 것이다.

ㄷ. 어느 방식을 선택하더라도 칭찬을 듣는 날수는 동일하다. → (O) 방식1을 선택하면 월요일과 화요일에, 방식2를 선택하면 목요일과 금요일에, 방식 3을 선택하면 화요일과 목요일에 각각 칭찬을 듣게 되므로 어느 방식을 선택하더라도 칭찬을 듣는 날수는 이틀로 동일하다.

ㄹ. 칭찬을 듣는 날수에서 꾸중을 듣는 날수를 뺀 값을 최대로 하려면 방식2를 선택하여야 한다. → (X) 방식1과 방식2는 칭찬을 듣는 날수와 꾸중을 듣는 날수가 각각 이틀씩으로 동일하고, 방식3은 칭찬을 듣는 날수는 이틀이고 꾸중을 듣는 날은 없다. 따라서 칭찬을 듣는 날수에서 꾸중을 듣는 날수를 뺀 값을 최대로 하려면 방식3을 선택해야 한다.

① ㄱ, ㄷ ➡ (X)
② ㄱ, ㄹ ➡ (X)
③ ㄴ, ㄷ ➡ (O)
④ ㄴ, ㄹ ➡ (X)
⑤ ㄴ, ㄷ, ㄹ ➡ (X)

14 ⑤

정답률 55.4%

| 문제 유형 | 연산추론형 > 대입비교

| 접근 전략 | 제시된 비율을 바탕으로 구체적인 수치를 계산하여 〈보기〉 선지의 적절성을 판단하는 문항이다. 乙의 첫 번째 발언을 바탕으로 남녀 직원의 수와 연수를 희망하는 남녀 직원의 수를 구하여 ㄱ, ㄴ에 대하여 판단하고, 乙의 두 번째 발언을 바탕으로 B지역을 희망하는 남녀 직원의 수를 구하여 ㄷ, ㄹ에 대하여 판단하도록 한다.

다음 글을 근거로 판단할 때, 〈보기〉에서 옳은 것만을 모두 고르면?

○○부의 甲국장은 직원 연수 프로그램을 마련하기 위하여 乙주무관에게 직원 1,000명 전원을 대상으로 연수 희망 여부와 희망 지역에 대한 의견을 수렴할 것을 요청하였다. 이에 따라 乙은 설문조사를 실시하였고, 甲과 乙은 그 결과에 대해 대화를 나누고 있다.

甲: 설문조사는 잘 시행되었나요?

乙: 예. 직원 1,000명 모두 연수 희망 여부에 대해 응답하였습니다. 연수를 희망하는 응답자는 43%였으며, 남자직원의 40%와 여자직원의 50%가 연수를 희망하는 것으로 나타났습니다.

→ 乙의 첫 번째 발언에서 알 수 있는 내용을 정리하면 다음과 같다.

- 연수 희망자 수: 직원 1,000명 중 43% = 430명
- 남자직원 수(A)와 여자직원 수: 0.4A + 0.5(1,000 − A) = 430
  남자직원 수: 700명, 연수를 희망하는 남자직원 수: 280명
  여자직원 수: 300명, 연수를 희망하는 여자직원 수: 150명

甲: 연수 희망자 전원이 희망 지역에 대해 응답했나요?

乙: 예. A지역과 B지역 두 곳 중에서 희망하는 지역을 선택하라고 했더니 B지역을 희망하는 비율이 약간 더 높았습니다. 그리고 연수를 희망하는 여자직원 중 B지역 희망 비율은 연수를 희망하는 남자직원 중 B지역 희망 비율의 2배인 80%였습니다.

→ 乙의 두 번째 발언에서 알 수 있는 내용을 정리하면 다음과 같다.

- B지역을 희망하는 남자직원 수: 연수를 희망하는 남자직원(280명) 중 40% = 112명
- B지역을 희망하는 여자직원 수: 연수를 희망하는 여자직원(150명) 중 80% = 120명

〈보기〉

ㄱ. 전체 직원 중 남자직원의 비율은 50%를 넘는다. → (O) 전체 직원 1,000명 중 남자직원의 수는 700명이므로 전체 직원 중 남자직원의 비율은 50%를 넘는다.

ㄴ. 연수 희망자 중 여자직원의 비율은 40%를 넘는다. → (X) 연수 희망자 430명 중 여자직원은 150명이다. 따라서 연수 희망자 중 여자직원의 비율은 150/430 × 100 = 약 34%이다.

ㄷ. A지역 연수를 희망하는 직원은 200명을 넘지 않는다. → (O) 연수 희망자 중 B지역을 희망하는 인원은 남자직원 112명(남자 희망자의 40%)과 여자직원 120명(여자 희망자의 80%)으로 총 232명이다. 따라서 연수 희망자 430명 중 A지역 연수를 지망하는 직원은 198명이다.

ㄹ. B지역 연수를 희망하는 남자직원은 100명을 넘는다. → (O) 연수를 희망하는 남자직원 280명 중 B지역 희망 비율은 40%라고 하였으므로, B지역 연수를 희망하는 남자직원은 112명이다.

① ㄱ, ㄷ ➡ (X)
② ㄴ, ㄷ ➡ (X)
③ ㄴ, ㄹ ➡ (X)
④ ㄱ, ㄴ, ㄹ ➡ (X)
⑤ ㄱ, ㄷ, ㄹ ➡ (O)

15 ①

정답률 79.8%

| 문제 유형 | 연산추론형 > 대입비교

| 접근 전략 | 주어진 조건과 공식을 바탕으로 〈보기〉에 나타난 상황의 이익 변화를 파악하여 그 결과를 비교하는 문제이다. 이익은 매출액−변동원가−고정원가이고, 이익이 감소한 경우에 지원금을 지급한다는 점을 파악하고, 〈보기〉의 각 상황에서 이 세 요소가 어떻게 변화하는지 살펴보도록 한다.

다음 글을 근거로 판단할 때, 〈보기〉에서 甲이 지원금을 받는 경우만을 모두 고르면?

○ 정부는 자영업자를 지원하기 위하여 2020년 대비 2021년의 이익이 감소한 경우 이익 감소액의 10%를 자영업자에게 지원금으로 지급하기로 하였다.

○ 이익은 매출액에서 변동원가와 고정원가를 뺀 금액으로, 자영업자 甲의 2020년 이익은 아래와 같이 계산된다.

구분	금액	비고
매출액	8억 원	판매량(400,000단위) × 판매가격(2,000원)
변동원가	6.4억 원	판매량(400,000단위) × 단위당 변동원가(1,600원)
고정원가	1억 원	판매량과 관계없이 일정함
이익	0.6억 원	8억 원 − 6.4억 원 − 1억 원

〈보기〉

ㄱ. 2021년의 판매량, 판매가격, 단위당 변동원가, 고정원가는 모두 2020년과 같았다. → (X) 2020년 대비 2021년의 매출액, 변동원가, 고정원가에 변함이 없으므로 이익이 감소하지 않았을 것이다. 2020년 대비 2021년의 이익이 감소한 경우 이익 감소액의 10%를 지원금으로 지급한다고 하였으므로 甲은 지원금을 받을 수 없다.

ㄴ. 2020년에 비해 2021년에 판매가격을 5% 인하하였고, 판매량, 단위당 변동원가, 고정원가는 2020년과 같았다. → (O) 2020년에 비해 2021년에 판매가격을 5% 인하하였다면 매출액은 감소할 것이고 변동원가, 고정원가에 변함이 없으므로 이익이 감소하였을 것이다.

ㄷ. 2020년에 비해 2021년에 판매량은 10% 증가하고 고정원가는 5% 감소하였으나, 판매가격과 단위당 변동원가는 2020년과 같았다. → (X) 2021년 판매량은 10% 증가하였으므로 매출액과 변동원가도 각각 10% 증가하여 8.8억 원과 7.04억 원이 될 것이다. 그리고 고정원가는 1억 원에서 5% 감소했다고 하였으므로, 2021년의 이익은 8.8억−7.04억−0.95억=0.81억 원이다.

ㄹ. 2020년에 비해 2021년에 판매가격을 5% 인상했음에도 불구하고 판매량이 25% 증가하였고, 단위당 변동원가와 고정원가는 2020년과 같았다. → (X) 2021년에는 판매량과 판매가격의 증가로 매출액이 커져 매출액과 변동원가의 차이가 증가하였는데 고정원가는 그대로이므로 2021년의 이익은 2020년에 비해 증가하였다.

① ㄴ ➡ (O)
② ㄹ ➡ (X)
③ ㄱ, ㄴ ➡ (X)
④ ㄴ, ㄷ ➡ (X)
⑤ ㄷ, ㄹ ➡ (X)

16 ③

정답률 81.2%

| 문제 유형 | 연산추론형 > 대입비교

| 접근 전략 | 주어진 조건과 근거를 바탕으로 수리 연산을 활용하는 문제이다. 선지를 보면 작년 대비 올해 성과급 증가 여부와 성과급 상승률을 다루고 있으므로 작년과 올해 성과급을 계산하여 정리한 뒤 선지를 검토하는 편이 좋다.

다음 글과 〈상황〉을 근거로 판단할 때 옳지 않은 것은?

□□시는 부서 성과 및 개인 성과에 따라 등급을 매겨 직원들에게 성과급을 지급하고 있다.

○ 부서 등급과 개인 등급은 각각 S, A, B, C로 나뉘고, 등급별 성과급 산정비율은 다음과 같다.

성과 등급	S	A	B	C
성과급 산정비율(%)	40	20	10	0

○ 작년까지 부서 등급과 개인 등급에 따른 성과급 산정비율의 산술평균을 연봉에 곱해 직원의 성과급을 산정해왔다.

성과급 = 연봉 × {(부서 산정비율 + 개인 산정비율)/2}

○ 올해부터 부서 등급과 개인 등급에 따른 성과급 산정비율 중 더 큰 값을 연봉에 곱해 성과급을 산정하도록 개편하였다.

성과급 = 연봉 × max{부서 산정비율, 개인 산정비율}

※ max{a, b} = a와 b 중 더 큰 값

〈상황〉

작년과 올해 □□시 소속 직원 甲~丙의 연봉과 성과 등급은 다음과 같다.

구분	작년			올해		
	연봉(만 원)	성과 등급		연봉(만 원)	성과 등급	
		부서	개인		부서	개인
甲	3,500	S	A	4,000	A	S
乙	4,000	B	S	4,000	S	A
丙	3,000	B	A	3,500	C	B

→ 甲~丙의 작년과 올해 성과급을 정리하면 다음과 같다.

구분	작년	올해
甲	3,500만 원 × {(0.4+0.2/2)} = 1,050만 원	4,000만 원 × 0.4 = 1,600만 원
乙	4,000만 원 × {(0.1+0.4/2)} = 1,000만 원	4,000만 원 × 0.4 = 1,600만 원
丙	3,000만 원 × {(0.1+0.2/2)} = 450만 원	3,500만 원 × 0.1 = 350만 원

① 甲의 작년 성과급은 1,050만 원이다. ➡ (O) 甲의 작년 성과급은 3,500만 원 × {(0.4 + 0.2/2)}이므로 1,050만 원이다.

② 甲과 乙의 올해 성과급은 동일하다. ➡ (O) 甲과 乙은 올해 연봉이 4,000만 원이고 성과 등급 'S'를 적용받으므로 올해 성과급은 동일하다.

③ 甲~丙 모두 작년 대비 올해 성과급이 증가한다. ➡ (X) 甲과 乙은 작년 대비 올해 성과급이 증가하였지만, 丙은 450만 원에서 350만 원으로 감소하였다.

④ 올해 연봉과 성과급의 합이 가장 작은 사람은 丙이다. ➡ (O) 丙은 올해 연봉이 3,500만 원으로 가장 작고, 성과 등급 또한 甲, 乙과 달리 B이므로 연봉과 성과급의 합이 셋 중 가장 작다.

⑤ 작년 대비 올해 성과급 상승률이 가장 큰 사람은 乙이다. ➡ (O) 丙은 작년 대비 올해 성과급이 감소하였고, 甲의 작년 성과급은 1,050만 원, 乙의 작년 성과급은 1,000만 원인데 甲과 乙의 올해 성과급은 동일하므로 작년 대비 올해 성과급 상승률이 가장 큰 사람은 乙이다.

17 ④

정답률 67.1%

| 문제 유형 | 퍼즐형 > 논리퀴즈

| 접근 전략 | 주어진 상황과 조건 등을 종합적으로 고려하여 정답을 판단할 수 있어야 한다. 각 과목 성적을 제시한 내용을 바탕으로 비교 대상을 정확히 파악하여 더 높은 점수 간의 관계를 파악하는 한편, 전공시험, 영어시험, 적성시험 점수가 각각 일정 점수 이상인 응시자는 모두 합격하였다는 점을 바탕으로 선지에 대해 판단하도록 한다.

다음 글을 근거로 판단할 때 옳은 것은?

甲부처 신입직원 선발시험은 전공, 영어, 적성 3개 과목으로 이루어진다. 3개 과목 합계 점수가 높은 사람순으로 정원까지 합격한다. 응시자는 7명(A~G)이며, 7명의 각 과목 성적에 대해서는 다음과 같은 사실이 알려졌다.

○ 전공시험 점수: A는 B보다 높고, B는 E보다 높고, C는 D보다 높다.
○ 영어시험 점수: E는 F보다 높고, F는 G보다 높다.
○ 적성시험 점수: G는 B보다도 높고 C보다도 높다.

합격자 선발 결과, 전공시험 점수가 일정 점수 이상인 응시자는 모두 합격한 반면 그 점수에 달하지 않은 응시자는 모두 불합격한 것으로 밝혀졌고, 이는 영어시험과 적성시험에서도 마찬가지였다.

① A가 합격하였다면, B도 합격하였다. ➡ (X) B는 전공시험 점수가 A보다 낮으므로, B의 전공시험 점수가 일정 점수 이상이 아니라면 B는 불합격했을 것이다.
② G가 합격하였다면, C도 합격하였다. ➡ (X) C는 적성시험 점수가 G보다 낮으므로, C의 적성시험 점수가 일정 점수 이상이 아니라면 C는 불합격했을 것이다.
③ A와 B가 합격하였다면, C와 D도 합격하였다. ➡ (X) A와 B의 성적이 C와 D의 성적에 비해 높거나 낮은지 판단할 수 없다.
④ B와 E가 합격하였다면, F와 G도 합격하였다. ➡ (O) 전공시험 점수는 B>E이고, 영어시험 점수는 E>F>G이며, 적성시험 점수는 G>B이다. 각 과목 시험 점수가 일정 점수 이상인 응시자는 모두 합격하였다고 했으므로, B가 합격하였다면 적성시험 점수가 B보다 높은 G도 합격하였을 것이다. 그리고 G가 합격하였다면 영어시험 점수가 G보다 높은 F도 합격하였을 것이다.
⑤ B가 합격하였다면, B를 포함하여 적어도 6명이 합격하였다. ➡ (X) 전공시험 점수는 A>B이고, 적성시험 점수는 G>B이므로, B가 합격하였다면 A와 G도 합격하였을 것이다. 또한 영어시험 점수는 E>F>G이므로 G가 합격하였다면 E와 F도 합격하였을 것이다. 따라서 B가 합격하였다면 B를 포함하여 적어도 5명(A, B, E, F, G)이 합격하였을 것이다.

18 ②

정답률 54.2%

| 문제 유형 | 퍼즐형 > 수리퀴즈

| 접근 전략 | 주어진 상황과 조건 등을 종합적으로 고려하여 정답을 판단할 수 있어야 한다. 주어진 조건에서 실패하면 1점을 감점하는 것 등의 단서를 유의 깊게 보고, 각 상황에서 비교해야 하는 것이 甲과 乙이 얻을 수 있는 최대 점수 또는 최소 점수라는 점을 파악하여 그 점수가 나올 수 있는 경우를 구해 비교해 본다.

다음 글을 근거로 판단할 때, 〈보기〉에서 옳은 것만을 모두 고르면?

○ 甲과 乙이 아래와 같은 방식으로 농구공 던지기 놀이를 하였다.
– 甲과 乙은 각 5회씩 도전하고, 합계 점수가 더 높은 사람이 승리한다.
– 2점 슛과 3점 슛을 자유롭게 선택하여 도전할 수 있으며, 성공하면 해당 점수를 획득한다.
– 5회의 도전 중 4점 슛 도전이 1번 가능한데, '4점 도전'이라고 외친 후 뒤돌아서서 슛을 하여 성공하면 4점을 획득하고, 실패하면 1점을 잃는다.

○ 甲과 乙의 던지기 결과는 다음과 같았다.

(성공: ○, 실패: ×)

구분	1회	2회	3회	4회	5회
甲	○	×	○	○	○
乙	○	○	×	×	○

〈보기〉

ㄱ. 甲의 합계 점수는 8점 이상이었다. → (X) 甲이 성공한 4번 모두 2점 슛을 하였고, 실패한 1번은 4점 슛에 도전하였다면 합계 점수는 7점이 된다.
ㄴ. 甲이 3점 슛에 2번 도전하였고 乙이 승리하였다면, 乙은 4점 슛에 도전하였을 것이다. → (O) 乙이 4점 슛에 도전하지 않았을 때 얻을 수 있는 최대 점수는 3점×3=9점이다. 甲이 3점 슛에 2번 도전하였다고 할 때 최소 점수를 얻게 되는 경우는 2회에 3점 슛을 했을 때(3+2+2+2)와 4점 슛을 했을 때(3−1+3+2+2)로 모두 9점을 얻게 된다. 따라서 乙이 승리하였다면 乙은 4점 슛에 도전하여 성공하였을 것이다.
ㄷ. 4점 슛뿐만 아니라 2점 슛, 3점 슛에 대해서도 실패 시 1점을 차감하였다면, 甲이 승리하였을 것이다. → (X) 2점 슛, 3점 슛에 대해서도 실패 시 1점을 차감하는 경우, 乙이 얻을 수 있는 최대 점수는 4+3−1−1+3=8점이다. 이때 甲이 얻을 수 있는 최소 점수인 7점(2×4−1)을 얻었다면 乙이 승리할 수 있다.

① ㄱ ➡ (X)
② ㄴ ➡ (O)
③ ㄱ, ㄴ ➡ (X)
④ ㄱ, ㄷ ➡ (X)
⑤ ㄴ, ㄷ ➡ (X)

19 ③

정답률 58.8%

| 문제 유형 | 퍼즐형 > 최댓값·최솟값 도출

| 접근 전략 | 주어진 조건들을 통해 양봉농가가 위치할 수 있는 지점들을 원 위에 그려 볼 수 있다. 이를 통해 원의 중심과 둘레에 양봉농가가 위치할 때 양봉농가가 최대로 있을 수 있다는 점을 파악하고 원의 둘레의 길이를 바탕으로 원의 둘레에 위치할 수 있는 양봉농가의 개수를 구하도록 한다.

다음 글을 근거로 판단할 때, A군 양봉농가의 최대 수는?

○ A군청은 양봉농가가 안정적으로 꿀을 생산할 수 있도록 양봉농가 간 거리가 12km 이상인 경우에만 양봉을 허가하고 있다.
○ A군은 반지름이 12km인 원 모양의 평지이며 군 경계를 포함한다.
○ A군의 외부에는 양봉농가가 존재하지 않는다.

※ 양봉농가의 면적은 고려하지 않음

① 5개 ➡ (X)
② 6개 ➡ (X)
③ 7개 ➡ (O) A군은 원 모양의 평지이고 군 경계를 포함하며, 양봉농가는 12km 간격으로 위치할 수 있는데 그 면적은 고려하지 않는다고 하였다. 따라서 A군에 양봉농가가 최대 수로 있기 위해서는 양봉농가가 원의 중심과 이로부터 12km 떨어진 원의 둘레에 해당하는 부분에 위치해야 한다. 또한 원의 둘레 부분에 위치하는 양봉농가들도 서로 간의 거리가 12km 이상이어야 하므로, 원의 중심과 원의 둘레에 꼭짓점을 둔 한 변의 길이가 12km인 정삼각형의 꼭짓점 위치에 양봉농가가 위치해야 한다. 이러한 정삼각형을 원 안에 그리면 다음과 같이 원 안에 내접한 정육각형의 형태가 나타나고, 양봉농가가 원의 중심과 정육각형의 각 꼭짓점에 모두 위치한다고 할 때 양봉농가는 총 7개가 있을 수 있다.

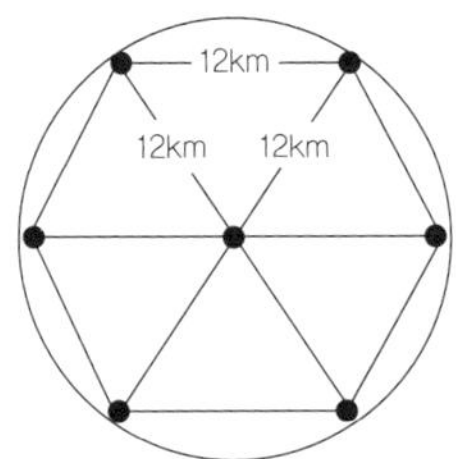

④ 8개 ➡ (X)
⑤ 9개 ➡ (X)

20 ③

정답률 45.8%

| 문제 유형 | 퍼즐형 > 수리퀴즈

| 접근 전략 | 만 나이에 대한 상식을 바탕으로 생일을 추측하고, 이를 바탕으로 연산을 해야 하는 문제이다. 만 나이는 생일에 한 살이 더해진다는 점을 바탕으로 그저께와 현재의 만 나이를 통해 생일을 추론하도록 한다.

다음 글을 근거로 판단할 때, ㉠에 해당하는 수는?

甲: 그저께 나는 만 21살이었는데, 올해 안에 만 23살이 될 거야.
乙: 올해가 몇 년이지?
甲: 올해는 2022년이야.
乙: 그러면 네 주민등록번호 앞 6자리의 각 숫자를 모두 곱하면 [㉠] 이구나.
甲: 그래, 맞아!

① 0 ➡ (X)
② 81 ➡ (X)
③ 486 ➡ (O) 올해 만 23살이 된다는 것을 통해 태어난 해는 2022년의 23년 전인 1999년임을 알 수 있다.
만 나이는 생일이 지날 때 올라간다. 올해 안에 만 23살이 된다는 것은 오늘은 지난해 생일에 만 22살이 된 상태이며, 아직 올해 생일은 지나지 않은 상태라는 의미이다. 그런데 그저께 만 21살이었다고 했으므로 만 22살이 된 것은 어제(= 지난해 생일)이고 오늘은 2022년이다. 그러므로 생일인 어제는 2021년 12월 31일이다.

그저께	어제 (2021년 생일)	오늘 (2022년)	……	2022년 생일
만 21살	만 22살	만 22살		만 23살

따라서 甲의 주민등록번호 앞 6자리의 숫자는 '991231'이며 각 숫자를 모두 곱하면 486이 된다.
④ 648 ➡ (X)
⑤ 2,916 ➡ (X)

21 ⑤

TOP3 정답률 29.5%

| 문제 유형 | 연산추론형 > 수리계산

| 접근 전략 | 주어진 상황과 조건 등을 바탕으로 제시된 수리 연산을 활용하여 정답을 찾는 문항이다. 구해야 하는 것이 증원 요청 인원임을 파악한 뒤, 이를 계산하기 위해서 올해 검사 건수, 내년 예상 검사 건수, 내년의 직원당 검사 건수를 알아야 함을 확인한다. 그리고 이를 계산하는 식을 차례로 세운 뒤 알아야 할 증원 요청 인원을 구하는 식을 세워 답을 찾도록 한다.

다음 글과 <상황>을 근거로 판단할 때, 올해 말 A검사국이 인사부서에 증원을 요청할 인원은?

농식품 품질 검사를 수행하는 A검사국은 매년 말 다음과 같은 기준에 따라 인사부서에 인력 증원을 요청한다.

○ 다음 해 A검사국의 예상 검사 건수를 모두 검사하는 데 필요한 최소 직원 수에서 올해 직원 수를 뺀 인원을 증원 요청한다.
○ 직원별로 한 해 동안 수행할 수 있는 최대 검사 건수는 매년 정해지는 '기준 검사 건수'에서 아래와 같이 차감하여 정해진다.
 – 국장은 '기준 검사 건수'의 100%를 차감한다.
 – 사무 처리 직원은 '기준 검사 건수'의 100%를 차감한다.
 – 국장 및 사무 처리 직원을 제외한 모든 직원은 매년 근무시간 중에 품질 검사 교육을 이수해야 하므로, '기준 검사 건수'의 10%를 차감한다.
 – 과장은 '기준 검사 건수'의 50%를 추가 차감한다.

<상황>

○ 올해 A검사국에는 국장 1명, 과장 9명, 사무 처리 직원 10명을 포함하여 총 100명의 직원이 있다.
○ 내년에도 국장, 과장, 사무 처리 직원의 수는 올해와 동일하다.
○ 올해 '기준 검사 건수'는 100건이나, 내년부터는 검사 품질 향상을 위해 90건으로 하향 조정한다.
○ A검사국의 올해 검사 건수는 현 직원 모두가 한 해 동안 수행할 수 있는 최대 검사 건수와 같다.
○ 내년 A검사국의 예상 검사 건수는 올해 검사 건수의 120%이다.

→ • A검사국의 올해 검사 건수는 다음과 같다.
 – 국장과 사무 처리 직원은 100%를 차감하므로 0건
 – 과장은 기준 검사 건수의 10% + 50%를 차감하므로 1인당 40건
 – 국장, 사무 처리 직원, 과장 외 나머지 직원은 10%를 차감하므로 1인당 90건
따라서 올해 검사 건수는 {40 × 9(과장 수)} + {90 × 80(직원 수)}이다.

구분	국장	과장	사무 처리 직원	일반 직원
직원 수	1명	9명	10명	80명
1인당 검사 건수	0건	40건	0건	90건

• A검사국의 내년 예상 검사 건수는 올해 검사 건수의 120%이므로 {(40 × 9) + (90 × 80)} × 1.2이다.
• 내년에는 기준 검사 건수를 90건으로 하향 조정한다고 하였으므로, 과장은 1인당 90건에서 60%를 차감한 36건을, 나머지 직원은 1인당 10%를 차감한 81건을 검사할 수 있다.

구분	국장	과장	사무 처리 직원	일반 직원
직원 수	1명	9명	10명	80 + A명
1인당 검사 건수	0건	36건	0건	81건

• 다음 해 A검사국의 예상 검사 건수를 모두 검사하는 데 필요한 최소 직원 수에서 올해 직원 수를 뺀 인원을 증원 요청한다고 하였는데, 내년에도 국장, 과장, 사무 처리 직원의 수는 올해와 동일하다고 하였으므로 증원 요청할 직원은 모두 나머지 직원이다. 따라서 증원 요청할 인원을 A로 하면 다음과 같이 계산할 수 있다.

<u>내년 예상 검사 건수</u> <u>과장 검사 건수</u> <u>나머지 직원 검사 건수</u>
{(40 × 9) + (90 × 80)} × 1.2 = 36 × 9 + 81 × (80 + A)
따라서 증원 요청할 인원은 28명이다.

① 10명 ➡ (X)
② 14명 ➡ (X)
③ 18명 ➡ (X)
④ 21명 ➡ (X)
⑤ 28명 ➡ (O)

22 ④

정답률 52.6%

| 문제 유형 | 퍼즐형 > 논리퀴즈

| 접근 전략 | 주어진 상황과 조건에 따라 각 사람이 푼 문제 번호를 파악하면서 4, 5회차의 정답 여부를 확인하여 정리한 뒤 〈보기〉를 검토하도록 한다. 정리하다 보면 乙의 경우가 가장 쉽게 파악되므로 이를 먼저 파악한 뒤 여기에서 얻을 수 있는 근거를 바탕으로 나머지 경우에 대해서도 파악하는 것이 좋다.

다음 글을 근거로 판단할 때, 〈보기〉에서 옳은 것만을 모두 고르면?

○ 甲, 乙, 丙 세 사람은 25개 문제(1~25번)로 구성된 문제집을 푼다.
○ 1회차에는 세 사람 모두 1번 문제를 풀고, 2회차부터는 직전 회차 풀이 결과에 따라 풀 문제가 다음과 같이 정해진다.
 – 직전 회차가 정답인 경우: 직전 회차의 문제 번호에 2를 곱한 후 1을 더한 번호의 문제
 – 직전 회차가 오답인 경우: 직전 회차의 문제 번호를 2로 나누어 소수점 이하를 버린 후 1을 더한 번호의 문제
○ 풀 문제의 번호가 25번을 넘어갈 경우, 25번 문제를 풀고 더 이상 문제를 풀지 않는다.
○ 7회차까지 문제를 푼 결과, 세 사람이 맞힌 정답의 개수는 같았고 한 사람이 같은 번호의 문제를 두 번 이상 푼 경우는 없었다.
○ 4, 5회차를 제외한 회차별 풀이 결과는 아래와 같다.

(정답: ○, 오답: ×)

구분	1	2	3	4	5	6	7
甲	○	○	×			○	×
乙	○	○	○			×	○
丙	○	×	○			○	×

→ 각 회차의 정오답 여부와 문제 번호를 정리하면 다음과 같다.

구분	1	2	3	4	5	6	7
甲	1(○)	3(○)	7(×)	4(○)	9(○)	19(○)	25(×)

4회차가 오답이라면 5회차에는 3번을 풀게 되는데 한 사람이 같은 번호의 문제를 두 번 이상 푼 경우는 없었다고 하였으므로 4회차는 정답이다. 7회차까지 문제를 푼 결과 세 사람이 맞힌 정답의 개수는 같았다고 하였는데 乙이 맞힌 정답의 개수는 5개이므로, 甲 또한 정답의 개수가 5개이기 위해서는 5회차가 정답이어야 한다.

구분	1	2	3	4	5	6	7
乙	1(○)	3(○)	7(○)	15(×)	8(○)	17(×)	9(○)

4회차가 정답이라면 5회차에는 25번 문제를 풀고 더 이상 문제를 풀지 않게 되는데, 6, 7회차까지 풀었으므로 4회차는 오답이다. 5회차가 오답이라서 6회차에 5번을 풀었다면 7회차에 3번을 풀게 되므로 5회차가 정답이어야 한다.

구분	1	2	3	4	5	6	7
丙	1(○)	3(×)	2(○)	5(○)	11(○)	23(○)	25(×)

4회차가 오답이라면 5회차에는 3번을 풀게 되므로 4회차는 정답이다. 乙이 맞힌 정답의 개수는 5개이므로, 丙 또한 정답의 개수가 5개이기 위해서는 5회차가 정답이어야 한다.

〈보기〉

ㄱ. 甲과 丙이 4회차에 푼 문제 번호는 같다. → (X) 甲은 4회차에 4번을, 丙은 4회차에 5번을 푼다.

ㄴ. 4회차에 정답을 맞힌 사람은 2명이다. → (O) 4회차에 정답을 맞힌 사람은 甲과 丙 2명이다.

ㄷ. 5회차에 정답을 맞힌 사람은 없다. → (X) 5회차에는 세 사람 모두 정답을 맞혔다.

ㄹ. 乙은 7회차에 9번 문제를 풀었다. → (O) 乙은 4회차에 15번을 푸는데 4회차가 정답이라면 5회차에는 25번 문제를 풀고 더 이상 문제를 풀지 않게 된다. 그러나 乙은 7회차까지 풀었으므로 4회차는 오답이고, 5회차에는 8번을 푼다. 한편 5회차가 오답이라면 6회차에는 5번을 풀고, 6회차는 오답이므로 7회차에 3번을 풀게 된다. 하지만 3번은 2회차에 푼 문제인데 한 사람이 같은 번호의 문제를 두 번 이상 푼 경우는 없다고 했으므로 7회차에 3번을 풀었다고 볼 수 없다. 따라서 5회차는 정답이고, 이에 따라 6회차, 7회차에는 각각 17번, 9번을 풀게 된다.

① ㄱ, ㄴ ➡ (X)
② ㄱ, ㄷ ➡ (X)
③ ㄴ, ㄷ ➡ (X)
④ ㄴ, ㄹ ➡ (O)
⑤ ㄷ, ㄹ ➡ (X)

23 ①

TOP1 정답률 22.9%

| 문제 유형 | 퍼즐형 > 논리퀴즈

| 접근 전략 | 주어진 조건을 정확히 이해하고 각 선지를 조건에 따라 이해해 본다. 함께 식사하는 총 인원은 4명 이하여야 하므로 甲 외에 팀원은 3명까지 참석이 가능하다는 점과, 함께 식사하는 이들과 함께 식사하지 않는 이들을 파악하여 선지의 각 상황에 맞는 조를 짤 수 있는지 판단해 본다.

다음 글을 근거로 판단할 때 옳지 않은 것은?

△△팀원 7명(A~G)은 새로 부임한 팀장 甲과 함께 하는 환영식사를 계획하고 있다. 모든 팀원은 아래 조건을 전부 만족시키며 甲과 한 번씩만 식사하려 한다.

○ 함께 식사하는 총 인원은 4명 이하여야 한다.
○ 단둘이 식사하지 않는다.
○ 부팀장은 A, B뿐이며, 이 둘은 함께 식사하지 않는다.
○ 같은 학교 출신인 C, D는 함께 식사하지 않는다.
○ 입사 동기인 E, F는 함께 식사한다.
○ 신입사원 G는 부팀장과 함께 식사한다.

① A는 E와 함께 환영식사에 참석할 수 있다. ➡ (X) 부팀장 A와 E가 함께 식사한다면 F도 이 인원에 포함되어야 한다. 이때 G가 부팀장 B와 함께 식사하려면 함께 식사하지 않는 C, D가 남게 되므로 적절하지 않다.

② B는 C와 함께 환영식사에 참석할 수 있다. ➡ (O) 부팀장 A는 G와, D는 E, F와 각각 조를 이루면 부팀장 B와 C가 함께 환영식사에 참석할 수 있다.

③ C는 G와 함께 환영식사에 참석할 수 있다. ➡ (O) C와 G가 함께 환영식사에 참석한다면 이 자리에는 부팀장이 1명 있어야 한다. 그리고 다른 부팀장과 D, E와 F가 각각 조를 이루면 C와 G가 함께 참석하는 것이 가능하다.

④ D가 E와 함께 환영식사에 참석하는 경우, C는 부팀장과 함께 환영식사에 참석하게 된다. ➡ (O) D가 E와 함께 환영식사에 참석하면, 이 자리에는 F가 함께 하게 된다. 이때 부팀장 1명과 C, 다른 부팀장과 G가 각각 조를 이룰 수 있다.

⑤ G를 포함하여 총 4명이 함께 환영식사에 참석하는 경우, F가 참석하는 환영식사의 인원은 총 3명이다. ➡ (O) G를 포함하여 총 4명이 함께 환영식사를 한다면 여기에는 甲과 부팀장 1명, C, D 중 1명이 포함될 수 있다. 그리고 이때 F가 참석하는 환영식사에는 E가 함께해야 하므로 甲까지 총 3명이 함께 하게 된다.

24 ④

TOP2 정답률 25.9%

| 문제 유형 | 연산추론형 > 수리계산

| 접근 전략 | 주어진 상황을 정리한 뒤 이끌어 낼 수 있는 사실을 추론하여 빈칸에 들어갈 적절한 수를 찾는 문항이다. 다양한 접근 방법이 있을 수 있으나 약속한 시간보다 몇 분 일찍 출발했는지 묻고 있다는 점에 초점을 맞춰 가장 빠르게 문제를 해결할 수 있는 방법을 찾는 것이 관건이다.

다음 글을 근거로 판단할 때, ㉠에 해당하는 수는?

甲과 乙은 같은 층의 서로 다른 사무실에서 근무하고 있다. 각 사무실은 일직선 복도의 양쪽 끝에 위치하고 있으며, 두 사람은 복도에서 항상 자신만의 일정한 속력으로 걷는다.

甲은 약속한 시각에 乙에게 서류를 직접 전달하기 위해 자신의 사무실을 나섰다. 甲은 乙의 사무실에 도착하여 서류를 전달하고 곧바로 자신의 사무실로 돌아올 계획이었다.

한편 甲을 기다리고 있던 乙에게 甲의 사무실 쪽으로 가야 할 일이 생겼다. 그래서 乙은 甲이 도착하기로 약속한 시각보다 [㉠]분 일찍 자신의 사무실을 나섰다. 乙은 출발한 지 4분 뒤 복도에서 甲을 만나 서류를 받았다. 서류 전달 후 곧바로 사무실로 돌아온 甲은 원래 예상했던 시각보다 2분 일찍 사무실로 복귀한 사실을 알게 되었다.

① 2 ➡ (X)

② 3 ➡ (X)

③ 4 ➡ (X)

④ 5 ➡ (O) 乙은 甲이 도착하기로 약속한 시각보다 ㉠분 일찍 자신의 사무실을 나섰고 4분 뒤 복도에서 甲을 만났다. 그리고 甲은 서류 전달 후 사무실로 돌아왔을 때 예상 시각보다 2분 일찍 복귀했다. 만약 甲이 약속 장소인 乙의 사무실까지 왕복했다면 2분 더 걸렸을 것이라는 의미이므로, 乙과 만난 장소에서 1분 더 이동했다면 乙의 사무실에 도착했을 것이다. 이는 乙이 일찍 출발하여 이동한 4분만큼의 거리를 甲은 자신의 걷는 속력으로 1분 만에 이동한다는 의미이다. 따라서 ㉠분은 乙이 이동한 4분과 甲이 이동해야 할 1분을 더한 시간이다. 즉, 乙은 甲이 도착하기로 약속한 시각보다 5분 일찍 출발했다.

⑤ 6 ➡ (X)

25 ④

정답률 51.2%

| 문제 유형 | 법조문형 > 규정적용

| 접근 전략 | 제시된 규정을 구체적인 상황에 적용하는 문항이다. 재외공무원이 공관장인 경우와 아닌 경우, 일시귀국하는 사유가 공무인 경우와 공무 외인 경우, 공무 외인 경우 중 일시귀국의 횟수 및 기간에 산입하지 않는 경우 등과 이에 따라 신고가 필요한지 허가가 필요한지 등을 각각 파악, 정리하고 〈상황〉과 선지에 제시된 사례와 연결 지음으로써 쉽게 해결할 수 있다.

다음 글과 〈상황〉을 근거로 판단할 때 옳은 것은?

제00조 ① 재외공관에 근무하는 공무원(이하 '재외공무원'이라 한다)이 공무로 일시귀국하고자 하는 경우에는 장관의 허가를 받아야 한다.

② 공관장이 아닌 재외공무원이 공무 외의 목적으로 일시귀국하려는 경우에는 공관장의 허가를, 공관장이 공무 외의 목적으로 일시귀국하려는 경우에는 장관의 허가를 받아야 한다. 다만 재외공무원 또는 그 배우자의 직계존·비속이 사망하거나 위독한 경우에는 공관장이 아닌 재외공무원은 공관장에게, 공관장은 장관에게 각각 신고하고 일시귀국할 수 있다.

③ 재외공무원이 공무 외의 목적으로 일시귀국할 수 있는 기간은 연 1회 20일 이내로 한다. 다만 다음 각 호의 어느 하나에 해당하는 경우에는 이를 일시귀국의 횟수 및 기간에 산입하지 아니한다.

1. 재외공무원의 직계존·비속이 사망하거나 위독하여 일시귀국하는 경우
2. 재외공무원 또는 그 동반가족의 치료를 위하여 일시귀국하는 경우

④ 제2항에도 불구하고 다음 각 호의 어느 하나에 해당하는 경우에는 장관의 허가를 받아야 한다.

1. 재외공무원이 연 1회 또는 20일을 초과하여 공무 외의 목적으로 일시귀국하려는 경우
2. 재외공무원이 일시귀국 후 국내 체류기간을 연장하는 경우

〈상황〉

A국 소재 대사관에는 공관장 甲을 포함하여 총 3명의 재외공무원(甲~丙)이 근무하고 있다. 아래는 올해 1월부터 7월 현재까지 甲~丙의 일시귀국 현황이다.

○ 甲: 공무상 회의 참석을 위해 총 2회(총 25일)

○ 乙: 동반자녀의 관절 치료를 위해 총 1회(치료가 더 필요하여 국내 체류기간 1회 연장, 총 17일)

○ 丙: 직계존속의 회갑으로 총 1회(총 3일)

① 甲은 일시귀국 시 장관에게 신고하였을 것이다. ➡ (X) 제1항에 따르면 재외공무원이 공무로 일시귀국하고자 하는 경우에는 장관의 허가를 받아야 한다. 甲은 공무상 회의 참석을 위해 일시귀국하였으므로 장관의 허가를 받았을 것이다.

② 甲은 배우자의 직계존속이 위독하여 올해 추가로 일시귀국하기 위해서는 장관의 허가를 받아야 한다. ➡ (X) 제2항에 따르면 재외공무원 배우자의 직계존속이 위독한 경우에 공관장은 장관에게 신고하고 일시귀국할 수 있다. 甲은 공관장이므로 배우자의 직계존속이 위독하여 일시귀국하고자 할 때는 장관에게 신고해야 한다.

③ 乙이 직계존속의 회갑으로 인해 올해 3일간 추가로 일시귀국하기 위해서는 장관의 허가를 받아야 한다. ➡ (X) 제3항에서 재외공무원 동반가족의 치료를 위하여 일시귀국하는 경우에는 일시귀국의 횟수 및 기간에 산입하지 않는다고 하였으므로 동반자녀의 치료를 위해 일시귀국한 乙의 일시귀국 횟수 및 기간은 일시귀국할 수 있는 기간에 산입되지 않는다. 따라서 乙이 직계존속의 회갑으로 인해 올해 추가로 일시귀국할 때는 제2항에서 재외공무원이 공무 외의 목적으로 일시귀국하려는 경우에 공관장의 허가를 받아야 한다고 한 것에 따라 공관장의 허가를 받아야 한다.

④ 乙이 공관장의 허가를 받아 일시귀국하였더라도 국내 체류기간을 연장하였을 때에는 장관의 허가를 받았을 것이다. ➡ (O) 제4항에 따르면 재외공무원이 일시귀국 후 국내 체류기간을 연장하는 경우에는 장관의 허가를 받아야 한다. 따라서 乙이 일시귀국 이후 국내 체류기간을 연장하였을 때는 장관의 허가를 받았을 것이다.

⑤ 丙이 자신의 혼인으로 인해 올해 추가로 일시귀국하기 위해서는 공관장의 허가를 받아야 한다. ➡ (X) 제4항에 따르면 재외공무원이 연 1회를 초과하여 공무 외의 목적으로 일시귀국하려는 경우에는 장관의 허가를 받아야 한다. 丙은 직계존속의 회갑으로 총 1회 일시귀국하였으므로, 올해 혼인으로 인해 추가로 일시귀국하기 위해서는 장관의 허가를 받아야 한다.

정답과 분석해설

2022 | 제3영역 자료해석(㉮ 책형)

기출 총평

2022년 7급 자료해석은 평이하게 출제되었으며 전체적인 문제 유형이 5급 공채와 매우 유사하였다. 따라서 시험 전 반드시 5급 공채 PSAT을 분석하고 새로운 유형에 익숙해져야 한다. 올해는 인포그래픽스 유형의 문제가 출제되지 않았으며 〈보고서〉 유형의 문제가 많이 출제되었다. 공식이 주어진 계산 형태의 문제도 많았으나 정확한 값을 도출하기보다 대소 관계를 비교하는 문제들이 많았기 때문에 무작정 계산을 시작하는 것보다 최대한 식을 간단하게 만든 다음 곱해지는 값과 나누어지는 값들의 대소 비교를 통해 최종 값의 대소를 비교하면 문제를 쉽게 해결할 수 있었다. 13번 문제가 가장 어렵게 느껴졌을 수 있지만 이 또한 A와 D를 먼저 제외하면 (가), (나)에 해당하는 업체는 B 또는 C이므로 (가)에 해당하는 업체만 찾으면 (다)의 값은 쉽게 계산이 가능하였다. 올해와 같이 난이도가 평이한 시험은 실수를 하지 않는 것이 관건이다. 많은 선지들이 대소 비교를 통해 구할 수 있는 선지이므로 정확한 계산을 하지 않아도 대소 비교를 하는 연습이 반드시 필요하다.

문항 분석

문번	정답	정답률	유형
01	①	97.3%	자료 읽기/추론 > 계산형
02	⑤	80.8%	자료 읽기 > 표 제시형
03	④	95.9%	자료 변환응용 > 표/그림 전환형
04	①	86.3%	자료 읽기 > 표 제시형
05	②	83.6%	자료 읽기/추론 > 매칭형
06	①	78.1%	자료 읽기 > 표 제시형
07	④	93.2%	자료 읽기 > 표 제시형
08	①	67.1%	자료 읽기 > 그림 제시형
09	⑤	80.8%	자료 읽기/추론 > 매칭형
10	④	65.3%	자료 추론 > 추가로 필요한 자료 찾기
11	②	42.5%	자료 읽기 > 표/빈칸 제시형
12	③	84.9%	자료 읽기/추론 > 매칭형
13	③	37.3%	자료 읽기/추론 > 계산형

문번	정답	정답률	유형
14	⑤	75.3%	자료 변환응용 > 표/그림 전환형
15	④	25%	자료 읽기 > 표 제시형
16	②	77.8%	자료 읽기/추론 > 매칭형
17	②	86.1%	자료 읽기 > 그림 제시형
18	⑤	82.4%	자료 읽기/추론 > 계산형
19	③	65.2%	자료 읽기 > 표/그림 제시형
20	①	55.1%	자료 읽기 > 표/빈칸 제시형
21	③	38.5%	자료 읽기/추론 > 계산형
22	⑤	37.7%	자료 읽기 > 표/빈칸 제시형
23	①	57.4%	자료 읽기/추론 > 매칭형
24	④	61.8%	자료 읽기/추론 > 계산형
25	②	49.3%	자료 읽기 > 표/빈칸 제시형

※ 음영 문항은 해당 회차에서 정답률이 가장 낮은 TOP 3 문항입니다.

※ 문항별 정답률 산정 기준: 약 1년간 누적된 자동채점&성적결과분석 서비스의 응시데이터

출제 비중

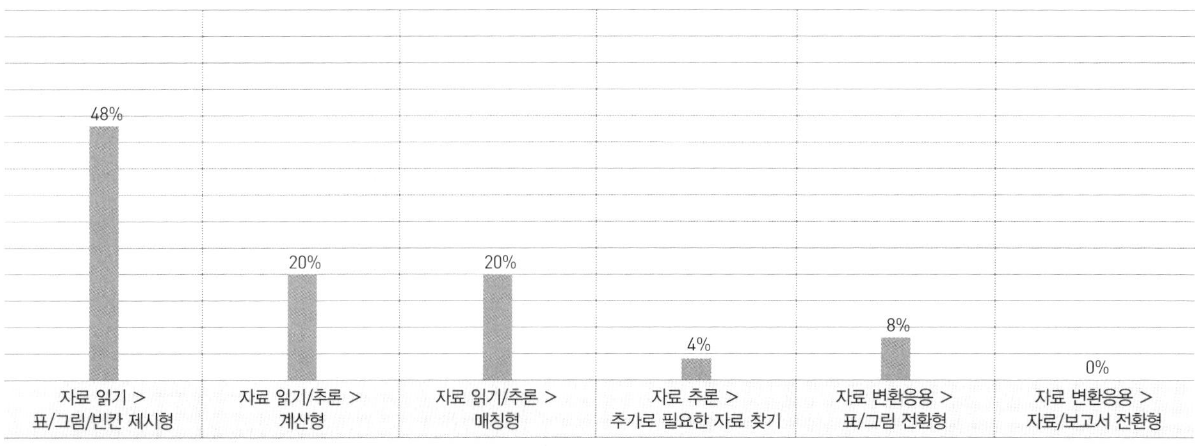

기출문제편 P.127

01	①	02	⑤	03	④	04	①	05	②
06	①	07	④	08	①	09	⑤	10	④
11	②	12	③	13	③	14	⑤	15	④
16	②	17	②	18	⑤	19	③	20	①
21	③	22	⑤	23	①	24	④	25	②

01 ①

정답률 97.3%

| 문제 유형 | 자료 읽기/추론 > 계산형

| 접근 전략 | 전년 대비 증감량을 이용하여 A와 B에 들어갈 값을 알맞게 계산하는 문제이다. B의 경우 이미 주어진 값을 빼기만 하면 되므로 먼저 계산한다. B에 해당하는 선지들의 천의 자리가 모두 다르므로 천의 자리만 계산하면 7－1＝6이므로 B는 169만 6천이다. A도 천의 자리가 다르므로 천의 자리만 계산하면 5－7＝－2이고, －2－3＝－5이므로 (A)는 －4만 5천이다.

다음 〈그림〉은 2021년 7월 '갑'지역의 15세 이상 인구를 대상으로 한 경제활동인구조사 결과를 정리한 자료이다. 〈그림〉의 A, B에 해당하는 값을 바르게 나열한 것은?

〈그림〉 2021년 7월 경제활동인구조사 결과

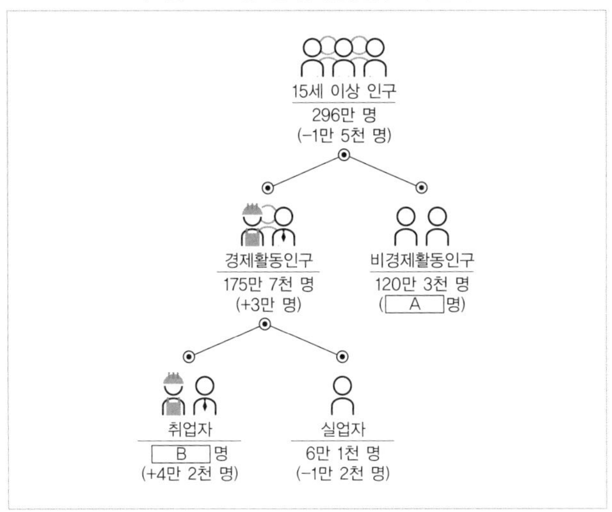

※ ( )는 2020년 7월 대비 증감 인구수임

	A	B
①	−4만 5천	169만 6천
②	−4만 5천	165만 4천
③	−1만 2천	172만 7천
④	−1만 2천	169만 6천
⑤	+4만 2천	172만 7천

① ➡ (O) 2020년 15세 이상 인구는 296만 명＋1만 5천 명＝297만 5천 명이고, 2020년 경제활동인구는 175만 7천 명－3만 명＝172만 7천 명이므로 2020년 비경제활동인구는 297만 5천 명－172만 7천 명＝124만 8천 명이다. 따라서 2020년 비경제활동인구 A는 120만 3천 명－124만 8천 명＝－4만 5천 명이다. 2021년 경제활동인구가 175만 7천 명이고, 실업자가 6만 1천 명이므로 2021년 취업자 B는 175만 7천 명－6만 1천 명＝169만 6천 명이다.

② ➡ (X)

③ ➡ (X)

④ ➡ (X)

⑤ ➡ (X)

02 ⑤

정답률 80.8%

| 문제 유형 | 자료 읽기 > 표 제시형

| 접근 전략 | 청구인과 피청구인에 따른 특허심판 청구건수 자료를 바탕으로 옳은 것을 찾는 문제이다. 간단한 〈보기〉인 ㄱ, ㄷ을 먼저 확인하였을때 ㄱ와 ㄷ이 옳은 〈보기〉이므로 ㄴ을 확인하지 않아도 답은 ⑤임을 알 수 있다.

다음 〈표〉는 2017～2021년 '갑'국의 청구인과 피청구인에 따른 특허심판 청구건수에 관한 자료이다. 이에 대한 〈보기〉의 설명 중 옳은 것만을 모두 고르면?

〈표〉 청구인과 피청구인에 따른 특허심판 청구건수

(단위: 건)

청구인 / 피청구인 / 연도	내국인		외국인	
	내국인	외국인	내국인	외국인
2017	765	270	204	172
2018	889	1,970	156	119
2019	795	359	191	72
2020	771	401	93	230
2021	741	213	152	46

〈보기〉

ㄱ. 2019년 청구인이 내국인인 특허심판 청구건수의 전년 대비 감소율은 50% 이상이다. → (O) 청구인이 내국인인 특허심판 청구건수는 2018년 889＋1,970＝2,859(건), 2019년 795＋359＝1,154(건)으로 1,154×2＝2,308＜2,859이므로 감소율이 50% 이상이다.

ㄴ. 2021년 피청구인이 내국인인 특허심판 청구건수는 피청구인이 외국인인 특허심판 청구건수의 3배 이상이다. → (O) 213×3＝639＜741, 46×3＝138＜152이다. 즉, 2021년 청구인이 내국인일 때와 외국인일 때 모두 피청구인이 내국인인 특허심판 청구건수는 피청구인인 외국인인 특허심판 청구건수의 3배 이상이므로 2021년 피청구인이 내국인인 특허심판 청구건수는 피청구인이 외국인인 특허심판 청구건수의 3배 이상이다.

ㄷ. 2017년 내국인이 외국인에게 청구한 특허심판 청구건수는 2020년 외국인이 외국인에게 청구한 특허심판 청구건수보다 많다. → (O) 2017년 내국인이 외국인에게 청구한 특허심판 청구건수는 270건이고, 2020년 외국인이 외국인에게 청구한 특허심판 청구건수는 230건이므로 옳은 설명이다.

① ㄱ ➡ (X)

② ㄷ ➡ (X)

③ ㄱ, ㄴ ➡ (X)

④ ㄴ, ㄷ ➡ (X)

⑤ ㄱ, ㄴ, ㄷ ➡ (O)

03 ④

정답률 95.9%

| 문제 유형 | 자료 변환응용 > 표/그림 전환형

| 접근 전략 | 〈보고서〉의 내용을 〈그림〉 또는 〈표〉로 알맞게 전환하는 유형이다. 〈보고서〉의 내용을 모두 확인하기보다는 각 선지의 제목을 읽고, 해당하는 내용을 〈보고서〉에서 찾은 뒤 값을 대조하면 빠르게 해결할 수 있다.

다음 〈보고서〉는 2018～2021년 '갑'국의 생활밀접업종 현황에 대한 자료이다. 〈보고서〉의 내용과 부합하지 않는 자료는?

〈보고서〉

생활밀접업종은 소매, 음식, 숙박, 서비스 등과 같이 일상생활과 밀접하게 관련된 재화 또는 용역을 공급하는 업종이다. 생활밀접업종 사업자 수는 2021년 현재 2,215천 명으로 2018년 대비 10% 이상 증가하였다. 2018년 대비 2021년 생활밀접업종 중 73개 업종에서 사업자 수가 증가하였는데, 이 중 스포츠시설운영업이 가장 높은 증가율을 기록하였고 펜션·게스트하우스, 애완용품점이 그 뒤를 이었다. ▶1문단

그러나 혼인건수와 출생아 수가 줄어드는 사회적 현상은 관련 업종에도 직접 영향을 미친 것으로 나타났다. 산부인과 병·의원 사업자 수는 2018년 이후 매년 감소하였다. 또한, 2018년 이후 예식장과 결혼상담소의 사업자 수도 각각 매년 감소하는 것으로 나타났다. ▶2문단

한편 복잡한 현대사회에서 전문직에 대한 수요는 꾸준히 증가하고 있다. 생활밀접업종을 소매, 음식, 숙박, 병·의원, 전문직, 교육, 서비스의 7개 그룹으로 분류했을 때 전문직 그룹의 2018년 대비 2021년 사업자 수 증가율이 17.6%로 가장 높았다. ▶3문단

① 생활밀접업종 사업자 수

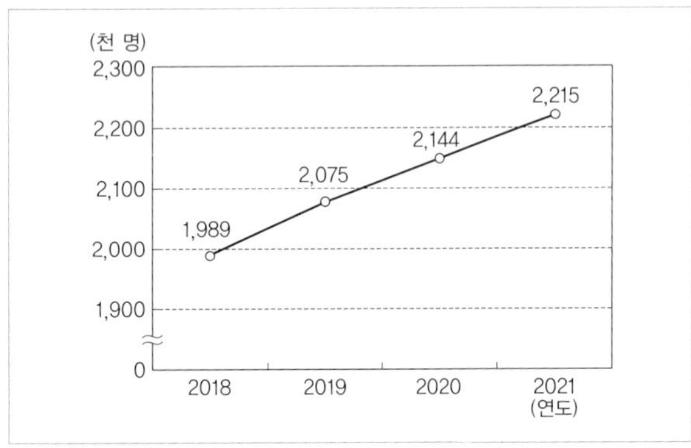

➡ (O) 〈보고서〉의 첫 번째 문단, 두 번째 문장에 "생활밀접업종 사업자 수는 2021년 현재 2,215천 명으로 2018년 대비 10% 이상 증가하였다."라고 되어 있다. 제시된 〈그림〉에서 2021년 생활밀접업종 사업자 수가 2,215천 명이고, 1,989 × 1.1 = 2,187.9 < 2,215로 2018년 대비 10% 이상 증가하였으므로 〈보고서〉에 부합한다.

② 2018년 대비 2021년 생활밀접업종 사업자 수 증가율 상위 10개 업종

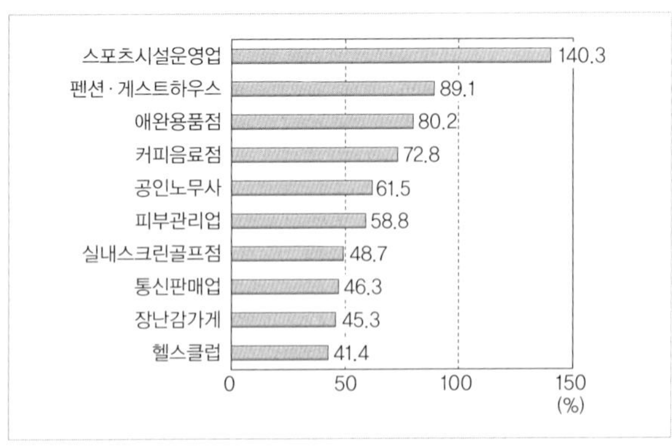

➡ (O) 〈보고서〉의 첫 번째 문단, 세 번째 문장에 "2018년 대비 2021년 생활밀접업종 중 73개 업종에서 사업자 수가 증가하였는데, 이 중 스포츠시설운영업이 가장 높은 증가율을 기록하였고 펜션·게스트하우스, 애완용품점이 그 뒤를 이었다."라고 되어 있다. 제시된 〈그림〉에서 스포츠시설운영업, 펜션·게스트하우스, 애완용품점 순으로 증가율이 높으므로 〈보고서〉에 부합한다.

③ 주요 진료과목별 병·의원 사업자 수

(단위: 명)

진료과목 \ 연도	2018	2019	2020	2021
신경정신과	1,270	1,317	1,392	1,488
가정의학과	2,699	2,812	2,952	3,057
피부과·비뇨의학과	3,267	3,393	3,521	3,639
이비인후과	2,259	2,305	2,380	2,461
안과	1,485	1,519	1,573	1,603
치과	16,424	16,879	17,217	17,621
일반외과	4,282	4,369	4,474	4,566
성형외과	1,332	1,349	1,372	1,414
내과·소아과	10,677	10,861	10,975	11,130
산부인과	1,726	1,713	1,686	1,663

➡ (O) 〈보고서〉의 두 번째 문단, 두 번째 문장에 "산부인과 병·의원 사업자 수는 2018년 이후 매년 감소하였다."라고 되어 있다. 제시된 〈표〉에서 산부인과는 2018년 이후 1,726명, 1,713명, 1,686명, 1,663명으로 매년 감소하므로 〈보고서〉의 내용과 부합한다.

④ 예식장 및 결혼상담소 사업자 수

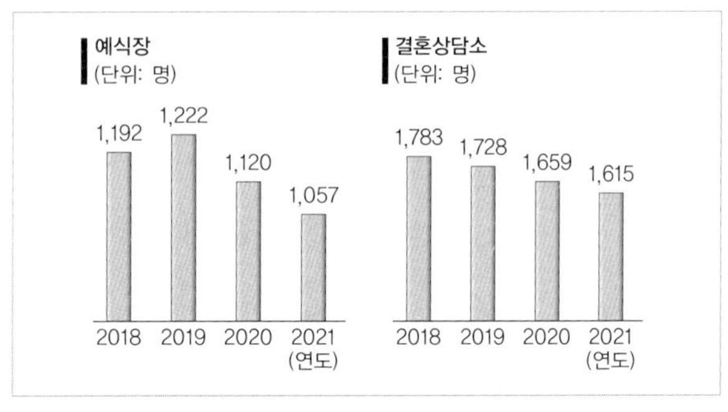

➡ (X) 〈보고서〉의 두 번째 문단, 세 번째 문장에 "또한, 2018년 이후 예식장과 결혼상담소의 사업자 수도 각각 매년 감소하는 것으로 나타났다."라고 되어 있다. 제시된 〈그림〉에서 결혼상담소 사업자 수는 2018년 이후 매년 감소하고 있으나 예식장 사업자 수는 2018년 1,192명에서 2019년 1,222명으로 증가하였으므로 〈보고서〉의 내용과 부합하지 않는다.

⑤ 2018년 대비 2021년 생활밀접업종의 7개 그룹별 사업자 수 증가율

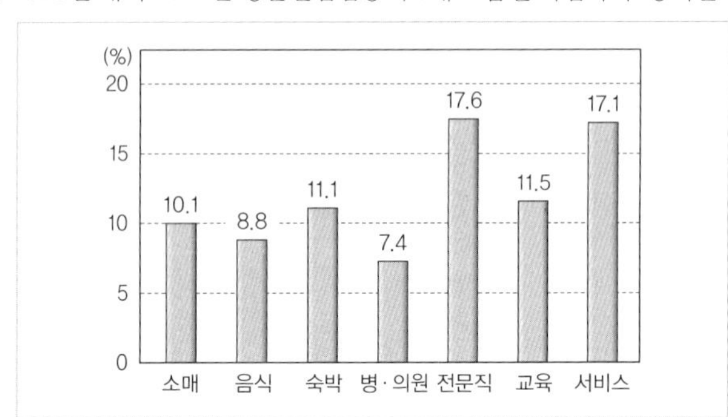

➡ (O) 〈보고서〉의 세 번째 문단, 두 번째 문장에 "생활밀접업종을 소매, 음식, 숙박, 병·의원, 전문직, 교육, 서비스의 7개 그룹으로 분류했을 때 전문직 그룹의 2018년

대비 2021년 사업자 수 증가율이 17.6%로 가장 높았다."라고 되어 있다. 제시된 〈그림〉에서 생활밀접업종이 소매, 음식, 숙박, 병·의원, 전문직, 교육, 서비스의 7개 그룹으로 분류되어 있고, 이 중 전문직의 2018년 대비 2021년 사업자 수 증가율이 17.6%로 가장 높으므로 〈보고서〉의 내용과 부합한다.

04 ① 정답률 86.3%

| 문제 유형 | 자료 읽기 > 표 제시형

| 접근 전략 | A위원회의 24~26차 회의 심의결과에 대해 옳은 것을 찾는 문제이다. 단순히 동의, 부동의 수만 세어봐도 답을 구할 수 있는 문제이다. 가장 간단한 〈보기〉인 ㄴ을 먼저 확인해보면 옳지 않으므로 답은 ① 또는 ③이다. 따라서 ㄷ만 확인해도 답을 구할 수 있다.

다음 〈표〉는 '갑'국 A위원회의 24~26차 회의 심의결과에 관한 자료이다. 이에 대한 〈보기〉의 설명 중 옳은 것만을 모두 고르면?

〈표〉 A위원회의 24~26차 회의 심의결과

회차 / 위원 \ 동의 여부	24		25		26	
	동의	부동의	동의	부동의	동의	부동의
기획재정부장관	○		○		○	
교육부장관	○			○	○	
과학기술정보통신부장관	○		○			○
행정안전부장관	○			○	○	
문화체육관광부장관	○			○	○	
농림축산식품부장관		○	○		○	
산업통상자원부장관		○		○		○
보건복지부장관	○		○		○	
환경부장관		○	○			○
고용노동부장관		○		○	○	
여성가족부장관	○		○		○	
국토교통부장관	○		○		○	
해양수산부장관	○		○		○	
중소벤처기업부장관		○	○			○
문화재청장	○		○		○	
산림청장	○			○	○	

※ 1) A위원회는 〈표〉에 제시된 16명의 위원으로만 구성됨
2) A위원회는 매 회차 개최 시 1건의 안건만을 심의함

〈보기〉

ㄱ. 24~26차 회의의 심의안건에 모두 동의한 위원은 6명이다. → (O) 기획재정부장관, 보건복지부장관, 여성가족부장관, 국토교통부장관, 해양수산부장관, 문화재청장 여섯 명의 위원이 24~26차 회의의 심의안건에 모두 동의하였다.

ㄴ. 심의안건에 부동의한 위원 수는 매 회차 증가하였다. → (X) 25차에 6명, 26차에 4명으로 감소하였으므로 옳지 않다.

ㄷ. 전체 위원의 $\frac{2}{3}$ 이상이 동의해야 심의안건이 의결된다면, 24~26차 회의의 심의안건은 모두 의결되었다. → (X) 주석에서 A위원회의 위원이 16명이라고 제시되어 있고, 16명의 $\frac{2}{3}$ 이상은 11명 이상이다. 부동의 위원 수가 5명 이하인지만 확인하면 되므로 옳지 않다는 것을 알 수 있다.

① ㄱ ➡ (O)
② ㄴ ➡ (X)
③ ㄱ, ㄷ ➡ (X)
④ ㄴ, ㄷ ➡ (X)
⑤ ㄱ, ㄴ, ㄷ ➡ (X)

05 ② 정답률 83.6%

| 문제 유형 | 자료 읽기/추론 > 매칭형

| 접근 전략 | 〈보고서〉에서 설명하고 있는 도시를 〈표〉에서 찾는 문제이다. 〈보고서〉를 읽으면서 해당하지 않는 도시를 제외하면서 문제를 푼다.

다음 〈표〉는 1990년대 이후 A~E도시의 시기별 및 자본금액별 창업 건수에 관한 자료이고, 〈보고서〉는 A~E 중 한 도시의 창업 건수에 관한 설명이다. 이를 근거로 판단할 때, 〈보고서〉의 내용에 부합하는 도시는?

〈표〉 A~E도시의 시기별 및 자본금액별 창업 건수

(단위: 건)

시기 / 자본금액 / 도시	1990년대		2000년대		2010년대		2020년 이후	
	1천만 원 미만	1천만 원 이상	1천만 원 미만	1천만 원 이상	1천만 원 미만	1천만 원 이상	1천만 원 미만	1천만 원 이상
A	198	11	206	32	461	26	788	101
B	46	0	101	5	233	4	458	16
C	12	2	19	17	16	17	76	14
D	27	3	73	34	101	24	225	27
E	4	0	25	0	53	3	246	7

〈보고서〉

이 도시의 시기별 및 자본금액별 창업 건수는 다음과 같은 특징이 있다. 첫째, 1990년대 이후 모든 시기에서 자본금액 1천만 원 미만 창업 건수가 자본금액 1천만 원 이상 창업 건수보다 많다. 둘째, 자본금액 1천만 원 미만 창업 건수와 1천만 원 이상 창업 건수의 차이는 2010년대가 2000년대의 2배 이상이다. 셋째, 2020년 이후 전체 창업 건수는 1990년대 전체 창업 건수의 10배 이상이다. 넷째, 2020년 이후 전체 창업 건수 중 자본금액 1천만 원 이상 창업 건수의 비중은 3% 이상이다.

① A ➡ (X)
② B ➡ (O) C의 경우 2010년대에 자본금액 1천만 원 미만 창업 건수가 자본금액 1천만 원 이상 창업 건수보다 적으므로 "첫째" 설명에 부합하지 않는다. D의 경우 2000년대 자본금액 1천만 원 미만 창업 건수와 1천만 원 이상 창업 건수의 차이는 73 − 34 = 39(건)이고, 2010년대 자본금액 1천만 원 미만 창업 건수와 1천만 원 이상 창업 건수의 차이는 101 − 24 = 77(건)이다. 39 × 2 = 78 > 77이므로 D는 "둘째" 설명에 부합하지 않는다. A의 2020년 이후 전체 창업 건수는 788 + 101 = 889(건), 1990년대 전체 창업 건수는 198 + 11 = 209(건)으로 10배 미만이므로 A는 "셋째" 설명에 부합하지 않는다. B의 2020년 이후 전체 창업 건수는 458 + 16 = 474(건)이고, 474 × 0.03 = 14.22 < 16이므로 자본금액 1천만 원 이상 창업 건수의 비중은 3% 이상이다. E의 2020년 이후 전체 창업 건수는 246 + 7 = 253(건)이고, 253 × 0.03 = 7.59 > 7이므로 자본금액 1천만 원 이상 창업 건수의 비중은 3% 미만이다. 따라서 E는 "넷째" 설명에 부합하지 않는다. 즉, 〈보고서〉의 모든 설명에 부합하는 도시는 B이다.
③ C ➡ (X)
④ D ➡ (X)
⑤ E ➡ (X)

06 ①

정답률 78.1%

| 문제 유형 | 자료 읽기 > 표 제시형

| 접근 전략 | 가공비용 = 가공단가 × 가공량 공식을 이용하여 A~C 지역의 쌀, 현미, 보리 가공비용을 구하는 문제이다. 정확한 값을 물어보는 선지가 아니므로 곱하는 값들의 대소를 비교하면 계산을 하지 않아도 답을 구할 수 있다.

다음 〈표〉는 '갑'국의 원료곡종별 및 등급별 가공단가와 A~C지역의 가공량에 관한 자료이다. 이에 대한 〈보기〉의 설명 중 옳은 것만을 모두 고르면?

〈표 1〉 원료곡종별 및 등급별 가공단가

(단위: 천 원/톤)

원료곡종 \ 등급	1등급	2등급	3등급
쌀	118	109	100
현미	105	97	89
보리	65	60	55

〈표 2〉 A~C지역의 원료곡종별 및 등급별 가공량

(단위: 톤)

지역	원료곡종 \ 등급	1등급	2등급	3등급	합계
A	쌀	27	35	25	87
	현미	43	20	10	73
	보리	5	3	7	15
B	쌀	23	25	55	103
	현미	33	25	21	79
	보리	9	9	5	23
C	쌀	30	35	20	85
	현미	30	37	25	92
	보리	8	30	2	40
전체	쌀	80	95	100	275
	현미	106	82	56	244
	보리	22	42	14	78

※ 가공비용 = 가공단가 × 가공량

〈보기〉

ㄱ. A지역의 3등급 쌀 가공비용은 B지역의 2등급 현미 가공비용보다 크다. → (O) A지역의 3등급 쌀 가공비용은 100 × 25천 원이고, B지역의 2등급 현미 가공비용은 97 × 25천 원이다. 가공량은 동일하고, 가공단가는 A지역의 3등급 쌀이 더 높으므로 가공비용은 A지역의 3등급 쌀이 더 크다.

ㄴ. 1등급 현미 전체의 가공비용은 2등급 현미 전체 가공비용의 2배 이상이다. → (X) 1등급 현미의 전체 가공비용은 106 × 105 = (100 + 6)(100 + 5) = 10,000 + 1,100 + 30 = 11,130(천 원)이고, 2등급 현미의 전체 가공비용은 82 × 97 = (90 − 8)(90 + 7) = 8,100 − 90 − 56 = 7,954(천 원)이다. 7,954 × 2 = 15,908 > 11,130이므로 1등급 현미 전체의 가공비용은 2등급 현미 전체 가공비용의 2배 미만이다.

ㄷ. 3등급 쌀과 3등급 보리의 가공단가가 각각 90천 원/톤, 50천 원/톤으로 변경될 경우, 지역별 가공비용 총액 감소폭이 가장 작은 지역은 A이다. → (X) 감소폭을 물었으므로 3등급 쌀과 3등급 보리 가공단가의 차이만 계산한다. A는 (10 × 25 + 5 × 7)천 원, B는 (10 × 55 + 5 × 5)천 원, C는 (10 × 20 + 5 × 2)천 원 감소한다. C는 A, B보다 3등급 쌀과 3등급 보리의 가공량이 모두 적으므로 감소폭은 C가 가장 적다.

① ㄱ ➡ (O)
② ㄷ ➡ (X)
③ ㄱ, ㄴ ➡ (X)
④ ㄱ, ㄷ ➡ (X)
⑤ ㄴ, ㄷ ➡ (X)

07 ④

정답률 93.2%

| 문제 유형 | 자료 읽기 > 표 제시형

| 접근 전략 | 재해위험지구 정비사업 투자의 우선순위를 구하는 문제이다. 〈표 1〉의 등급 옆에 점수를 써놓으면 〈보기〉에 대한 내용을 한 눈에 파악하기 쉽다.

다음 〈표〉는 재해위험지구 '갑', '을', '병'지역을 대상으로 정비사업 투자의 우선순위를 결정하기 위한 자료이다. '편익', '피해액', '재해발생위험도' 3개 평가 항목 점수의 합이 큰 지역일수록 우선순위가 높다. 이에 대한 〈보기〉의 설명 중 옳은 것만을 모두 고르면?

〈표 1〉 '갑'~'병'지역의 평가 항목별 등급

지역 \ 평가 항목	편익	피해액	재해발생위험도
갑	C	A	B
을	B	D	A
병	A	B	C

〈표 2〉 평가 항목의 등급별 배점

(단위: 점)

등급 \ 평가 항목	편익	피해액	재해발생위험도
A	10	15	25
B	8	12	17
C	6	9	10
D	4	6	0

→ '갑'~'병'지역의 평가 항목별 점수 및 총합(우선순위)을 정리하면 다음과 같다.

지역 \ 평가 항목	편익	피해액	재해발생 위험도	총합 (우선순위)
갑	C(6)	A(15)	B(17)	38(2)
을	B(8)	D(6)	A(25)	39(1)
병	A(10)	B(12)	C(10)	32(3)

〈보기〉

ㄱ. '재해발생위험도' 점수가 높은 지역일수록 우선순위가 높다. → (O) '재해발생위험도' 점수는 을, 갑, 병 순으로 높고, 우선순위도 을, 갑, 병 순으로 높으므로 옳은 설명이다.

ㄴ. 우선순위가 가장 높은 지역과 가장 낮은 지역의 '피해액' 점수 차이는 '재해발생위험도' 점수 차이보다 크다. → (X) 우선순위가 가장 높은 지역은 '을'지역, 가장 낮은 지역은 '병'지역이고, 두 지역의 '피해액' 점수 차이는 12 − 6 = 6(점), '재해발생위험도' 점수 차이는 25 − 10 = 15(점)이므로 옳지 않다.

ㄷ. '피해액' 점수와 '재해발생위험도' 점수의 합이 가장 큰 지역은 '갑'이다. → (O) '피해액' 점수와 '재해발생위험도' 점수의 합은 '갑'지역이 15 + 17 = 32(점), '을'지역이 6 + 25 = 31(점), '병'지역이 12 + 10 = 22(점)이므로 '갑'지역이 가장 크다.

ㄹ. '갑'지역의 '편익' 등급이 B로 변경되면, 우선순위가 가장 높은 지역은 '갑'이다. → (O) '갑'지역의 '편익' 등급이 B로 변경되면 2점이 높아지므로 총합이 40점이 되어 '갑'지역의 우선순위가 가장 높아진다.

① ㄱ, ㄴ ➡ (X)
② ㄱ, ㄷ ➡ (X)
③ ㄴ, ㄹ ➡ (X)
④ ㄱ, ㄷ, ㄹ ➡ (O)
⑤ ㄴ, ㄷ, ㄹ ➡ (X)

08 ①

정답률 67.1%

| 문제 유형 | 자료 읽기 > 그림 제시형

| 접근 전략 | 2017~2021년 반료동물 사료 유형별 특허 출원건수를 바탕으로 해결하는 문제이다. 정확한 값을 구하기보다는 비율을 비교하여 대소 관계를 구하면 쉽게 해결할 수 있다.

다음 〈그림〉은 2017~2021년 '갑'국의 반려동물 사료 유형별 특허 출원건수에 관한 자료이다. 이에 대한 〈보기〉의 설명 중 옳은 것만을 모두 고르면?

〈그림〉 반려동물 사료 유형별 특허 출원건수

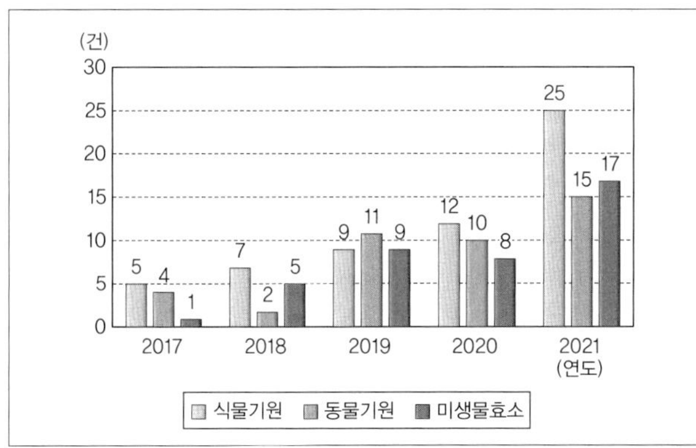

※ 반려동물 사료 유형은 식물기원, 동물기원, 미생물효소로만 구분함

〈보기〉

ㄱ. 2017~2021년 동안의 특허 출원건수 합이 가장 작은 사료 유형은 '미생물효소'이다. → (O) '미생물효소' 특허 출원건수는 매년 '식물기원' 특허 출원건수 이하이고, '동물기원'보다 2017년에 −3건, 2018년에 +3건, 2019년에 −2건, 2020년에 −2건, 2021년에 +2건으로 총합은 '동물기원'보다 2건이 적다. 따라서 2017~2021년 동안의 특허 출원건수 합이 가장 작은 사료 유형은 '미생물효소'이다.

ㄴ. 연도별 전체 특허 출원건수 대비 각 사료 유형의 특허 출원건수 비율은 '식물기원'이 매년 가장 높다. → (X) 전체 특허 출원건수 대비 특허 출원건수 비율에서 전체 특허 출원건수의 값은 동일하므로 해당 비율의 대소는 각 사료 유형의 특허 출원건수의 대소와 동일하다. 2019년의 경우 '동물기원'이 '식물기원'보다 특허 출원건수가 더 많으므로 2019년의 전체 특허 출원건수 대비 특허 출원건수 비율은 '동물기원'이 더 높다.

ㄷ. 2021년 특허 출원건수의 전년 대비 증가율이 가장 높은 사료 유형은 '식물기원'이다. → (X) 2021년 '식물기원'과 '미생물효소'의 특허 출원건수는 전년 대비 2배 이상이다. '식물기원'은 전년 대비 $\frac{25}{12}=\left(2+\frac{1}{12}\right)$배이고, '미생물효소'는 전년 대비 $\frac{17}{8}=\left(2+\frac{1}{8}\right)$배이다. $\frac{1}{8}$이 $\frac{1}{12}$보다 크므로 '미생물효소'의 증가율이 '식물기원'보다 더 높다.

① ㄱ ➡ (O)
② ㄷ ➡ (X)
③ ㄱ, ㄴ ➡ (X)
④ ㄱ, ㄷ ➡ (X)
⑤ ㄴ, ㄷ ➡ (X)

09 ⑤

정답률 80.8%

| 문제 유형 | 자료 읽기/추론 > 매칭형

| 접근 전략 | 〈표〉의 2019년, 2020년 지역별 전체주택 및 빈집 현황을 바탕으로 〈보고서〉의 빈칸을 채우는 문제이다. B에 주어진 선지는 광주광역시 또는 전라북도이므로 B를 구할 때는 광주광역시와 전라북도의 값만 비교하면 쉽게 답을 찾을 수 있다.

다음 〈표〉는 2019년과 2020년 지역별 전체주택 및 빈집 현황에 관한 자료이다. 이를 바탕으로 작성한 〈보고서〉의 A~C에 해당하는 내용을 바르게 나열한 것은?

〈표〉 2019년과 2020년 지역별 전체주택 및 빈집 현황

(단위: 호, %)

연도 구분 지역	2019			2020		
	전체주택	빈집	빈집비율	전체주택	빈집	빈집비율
서울특별시	2,953,964	93,402	3.2	3,015,371	96,629	3.2
부산광역시	1,249,757	109,651	8.8	1,275,859	113,410	8.9
대구광역시	800,340	40,721	5.1	809,802	39,069	4.8
인천광역시	1,019,365	66,695	6.5	1,032,774	65,861	6.4
광주광역시	526,161	39,625	7.5	538,275	41,585	7.7
대전광역시	492,797	29,640	6.0	496,875	26,983	5.4
울산광역시	391,596	33,114	8.5	394,634	30,241	7.7
세종특별자치시	132,257	16,437	12.4	136,887	14,385	10.5
경기도	4,354,776	278,815	6.4	4,495,115	272,358	6.1
강원도	627,376	84,382	13.4	644,023	84,106	13.1
충청북도	625,957	77,520	12.4	640,256	76,877	12.0
충청남도	850,525	107,609	12.7	865,008	106,430	12.3
전라북도	724,524	91,138	12.6	741,221	95,412	12.9
전라남도	787,816	121,767	15.5	802,043	122,103	15.2
경상북도	1,081,216	143,560	13.3	1,094,306	139,770	12.8
경상남도	1,266,739	147,173	11.6	1,296,944	150,982	11.6
제주특별자치도	241,788	36,566	15.1	246,451	35,105	14.2
전국	18,126,954	1,517,815	8.4	18,525,844	1,511,306	8.2

※ $\text{빈집비율(\%)} = \frac{\text{빈집}}{\text{전체주택}} \times 100$

〈보고서〉

2020년 우리나라 전체주택 수는 전년 대비 39만 호 이상 증가하였으나 빈집 수는 6천 호 이상 감소하여 빈집비율은 전년 대비 감소하였다. 특히 세종특별자치시의 빈집비율이 가장 큰 폭으로 감소하였다.

하지만 2020년에는 [A]개 지역에서 빈집 수가 전년 대비 증가하였고, 전년 대비 빈집비율이 가장 큰 폭으로 증가한 지역은 [B]였다. 빈집비율이 가장 높은 지역과 가장 낮은 지역의 빈집 비율 차이는 2019년에 비해 2020년이 [C]하였다.

	A	B	C
①	5	광주광역시	감소 ➡ (X)
②	5	전라북도	증가 ➡ (X)
③	6	광주광역시	증가 ➡ (X)
④	6	전라북도	증가 ➡ (X)
⑤	6	전라북도	감소 ➡ (O)

➡ (O) 2020년에 전년 대비 빈집 수가 증가한 지역은 서울특별시, 부산광역시, 광주광역시, 전라북도, 전라남도, 경상남도로 여섯 개 지역이다. 따라서 A는 6이다. 광주광역시는 2020년 빈집비율이 전년 대비 0.2%p 증가하였고, 전라북도는 0.3%p 증가하였다. 따라서 B는 전라북도이다. 2019년 빈집비율이 가장 높은 지역은 전라남도로 15.5%이고, 가장 낮은 지역은 서울특별시로 3.2%이다. 2020년 빈집비율이 가장 높은 지역은 전라남도로 15.2%이고, 가장 낮은 지역은 서울특별시로 3.2%이다. 서울특별시의 빈집비율은 동일하고, 전라남도의 빈집비율은 2019년 대비 2020년 감소하였으므로 두 지역의 빈집비율 차이는 2019년 대비 2020년에 감소하였다.

10 ④

정답률 65.3%

| 문제 유형 | 자료 추론 > 추가로 필요한 자료 찾기

| 접근 전략 | 〈보고서〉를 작성하기 위하여 추가로 필요한 자료를 찾는 문제이다. 〈표〉에서 이미 주어진 내용일 수도 있으므로 〈보고서〉에 있는 내용이라도 추가로 필요한 자료가 아닐 수 있음에 유의한다. 〈표〉에 오후, 저녁 돌봄교실의 학년별 학생 수와 비율, 지원대상 유형별 오후돌봄교실 이용학생 현황이 나와 있으므로 〈보고서〉에서 이 자료 이외의 내용을 확인한다.

다음 〈표〉와 〈보고서〉는 2021년 '갑'국의 초등돌봄교실에 관한 자료이다. 제시된 〈표〉 이외에 〈보고서〉를 작성하기 위해 추가로 필요한 자료만을 〈보기〉에서 모두 고르면?

〈표 1〉 2021년 초등돌봄교실 이용학생 현황

(단위: 명, %)

구분 \ 학년		1	2	3	4	5	6	합
오후돌봄교실	학생 수	124,000	91,166	16,421	7,708	3,399	2,609	245,303
	비율	50.5	37.2	6.7	3.1	1.4	1.1	100.0
저녁돌봄교실	학생 수	5,215	3,355	772	471	223	202	10,238
	비율	50.9	32.8	7.5	4.6	2.2	2.0	100.0

〈표 2〉 2021년 지원대상 유형별 오후돌봄교실 이용학생 현황

(단위: 명, %)

구분 \ 지원대상 유형		우선지원대상					일반지원대상	합
		저소득층	한부모	맞벌이	기타	소계		
오후돌봄교실	학생 수	23,066	6,855	174,297	17,298	221,516	23,787	245,303
	비율	9.4	2.8	71.1	7.1	90.3	9.7	100.0

〈보고서〉

2021년 '갑'국의 초등돌봄교실 이용학생은 오후돌봄교실 245,303명, 저녁돌봄교실 10,238명이다. 오후돌봄교실의 경우 2021년 기준 전체 초등학교의 98.9%가 참여하고 있다. ▶1문단

오후돌봄교실의 우선지원대상은 저소득층 가정, 한부모 가정, 맞벌이 가정, 기타로 구분되며, 맞벌이 가정이 전체 오후돌봄교실 이용학생의 71.1%로 가장 많고 다음으로 저소득층 가정이 9.4%로 많다. ▶2문단

저녁돌봄교실의 경우 17시부터 22시까지 운영하고 있으나, 19시를 넘는 늦은 시간까지 이용하는 학생 비중은 11.2%에 불과하다. 2021년 현재 저녁돌봄교실 이용학생은 1~2학년이 8,570명으로 전체 저녁돌봄교실 이용학생의 83.7%를 차지한다. ▶3문단

초등돌봄교실 담당인력은 돌봄전담사, 현직교사, 민간위탁업체로 다양하다. 담당인력 구성은 돌봄전담사가 10,237명으로 가장 많고, 다음으로 현직교사 1,480명, 민간위탁업체 565명 순이다. 그중 돌봄전담사는 무기계약직이 6,830명이고 기간제가 3,407명이다. ▶4문단

〈보기〉

ㄱ. 연도별 오후돌봄교실 참여 초등학교 수 및 참여율

(단위: 개, %)

구분 \ 연도	2016	2017	2018	2019	2020	2021
학교 수	5,652	5,784	5,938	5,972	5,998	6,054
참여율	96.0	97.3	97.3	96.9	97.0	98.9

→ (O) 〈보고서〉 첫 번째 문단의 두 번째 문장에 "오후돌봄교실의 경우 2021년 기준 전체 초등학교의 98.9%가 참여하고 있다."라고 되어 있다. 그러나 해당 내용은 〈표〉에 주어져 있지 않으므로 2021년 초등학교의 오후돌봄교실 참여율이 포함된 자료가 추가로 필요하다.

ㄴ. 2021년 저녁돌봄교실 이용학생의 이용시간별 분포

(단위: 명, %)

구분 \ 이용시간	17~18시	17~19시	17~20시	17~21시	17~22시	합
이용학생 수	6,446	2,644	1,005	143	0	10,238
비율	63.0	25.8	9.8	1.4	0.0	100.0

→ (O) 〈보고서〉 세 번째 문단의 첫 번째 문장에 "저녁돌봄교실의 경우 17시부터 22시까지 운영하고 있으나, 19시를 넘는 늦은 시간까지 이용하는 학생 비중은 11.2%에 불과하다."라고 되어 있다. 저녁돌봄교실 이용학생 비율이 주어져 있으나 시간대별로 나와 있지는 않으므로 2021년 저녁돌봄교실 이용학생의 이용시간별 분포가 포함된 자료가 추가로 필요하다.

ㄷ. 2021년 저녁돌봄교실 이용학생의 학년별 분포

(단위: 명, %)

구분 \ 학년	1~2	3~4	5~6	합
이용학생 수	8,570	1,243	425	10,238
비율	83.7	12.1	4.2	100.0

→ (X) 2021년 저녁돌봄교실 이용학생의 학년별 분포는 〈표 1〉에서 확인할 수 있으므로 추가로 필요하지 않다.

ㄹ. 2021년 초등돌봄교실 담당인력 현황

(단위: 명, %)

구분	돌봄전담사			현직 교사	민간위탁 업체	합
	무기계약직	기간제	소계			
인력	6,830	3,407	10,237	1,480	565	12,282
비율	55.6	27.7	83.3	12.1	4.6	100.0

→ (O) 〈보고서〉 세 번째 문단에 초등돌봄교실 담당인력 현황에 대해 제시되어 있다. 그러나 해당 내용은 〈표〉에서 확인할 수 없으므로 초등돌봄교실 담당인력 현황이 포함된 자료가 추가로 필요하다.

① ㄱ, ㄴ ➡ (X)
② ㄱ, ㄷ ➡ (X)
③ ㄷ, ㄹ ➡ (X)
④ ㄱ, ㄴ, ㄹ ➡ (O)
⑤ ㄴ, ㄷ, ㄹ ➡ (X)

11 ②

정답률 42.5%

| 문제 유형 | 자료 읽기 > 표/빈칸 제시형

| 접근 전략 | 2016~2020년 해양사고 심판현황을 바탕으로 옳은 〈보기〉를 고르는 문제이다. 〈보기〉가 네 개이고, 선지 구성이 〈보기〉 두 개로 조합되어 있으므로 최소 두 개, 최대 세 개의 〈보기〉만 해결하면 답을 구할 수 있다. 따라서 ㄱ, ㄴ, ㄷ, ㄹ 중 단순 비교로 해결 가능한 ㄴ, ㄹ을 먼저 확인한다. ㄴ, ㄹ이 옳지 않은 〈보기〉이므로 답은 ㄱ, ㄷ이다.

다음 〈표〉는 2016~2020년 '갑'국의 해양사고 심판현황이다. 이에 대한 〈보기〉의 설명 중 옳은 것만을 모두 고르면?

〈표〉 2016~2020년 해양사고 심판현황

(단위: 건)

구분 \ 연도	2016	2017	2018	2019	2020
전년 이월	96	100	( )	71	89
해당 연도 접수	226	223	168	204	252
심판대상	322	( )	258	275	341
재결	222	233	187	186	210

※ '심판대상' 중 '재결'되지 않은 건은 다음 연도로 이월함

〈보기〉

ㄱ. '심판대상' 중 '전년 이월'의 비중은 2018년이 2016년보다 높다. → (O) 2017년 '심판대상' 건수는 100 + 223 = 323(건)이고, 2018년 '전년 이월' 건수는 323 − 233 = 90(건)이다. 2016년의 '심판대상'은 2018년보다 20% 이상 더 많은데 '전년 이월' 건수는 10% 미만으로 많으므로 '심판대상' 중 '전년 이월'의 비중은 2018년이 2016년보다 더 높다.

ㄴ. 다음 연도로 이월되는 건수가 가장 많은 연도는 2016년이다. → (X) '전년 이월' 건수는 전년도의 다음 연도 이월 건수와 동일하다. 2020년의 다음 연도 이월 건수는 341 − 210 = 131(건)이다. 따라서 2016년~2020년 중 다음 연도 이월 건수가 가장 많은 연도는 2020년이다.

ㄷ. 2017년 이후 '해당 연도 접수' 건수의 전년 대비 증가율이 가장 높은 연도는 2020년이다. → (O) 2017년 이후 '해당 연도 접수' 건수가 전년 대비 증가한 해는 2019년, 2020년이다. 전년 대비 증가율은 2019년이 $\frac{36}{168} \times 100$, 2020년이 $\frac{48}{204} \times 100$이다. 따라서 분자는 2020년이 2019년의 $\frac{4}{3}$배이다. $168 \times \frac{4}{3} = 224$이므로 $\frac{36}{168} \times 100 = \frac{48}{224} \times 100$이다. 따라서 $\frac{48}{224} < \frac{48}{204}$이므로 '해당 연도 접수' 건수의 전년 대비 증가율이 가장 높은 연도는 2020년이다.

ㄹ. '재결' 건수가 가장 적은 연도에는 '해당 연도 접수' 건수도 가장 적다. → (X) '재결' 건수가 가장 적은 연도는 2019년이고, '해당 연도 접수' 건수가 가장 적은 해는 2018년이므로 옳지 않다.

① ㄱ, ㄴ ➡ (X)
② ㄱ, ㄷ ➡ (O)
③ ㄴ, ㄷ ➡ (X)
④ ㄴ, ㄹ ➡ (X)
⑤ ㄷ, ㄹ ➡ (X)

12 ③

정답률 84.9%

| 문제 유형 | 자료 읽기/추론 > 매칭형

| 접근 전략 | 〈보고서〉의 내용을 바탕으로 A, B에 해당하는 해양포유류를 찾는 문제이다. C, D에 해당하는 해양포유류가 있다면 이 해양포유류는 A, B에 해당하지 않는 것임에 유의한다.

다음 〈표〉는 '갑'주무관이 해양포유류 416종을 4가지 부류(A~D)로 나눈 후 2022년 기준 국제자연보전연맹(IUCN) 적색 목록 지표에 따라 분류한 자료이다. 이를 근거로 작성한 〈보고서〉의 A, B에 해당하는 해양포유류 부류를 바르게 연결한 것은?

〈표〉 해양포유류의 IUCN 적색 목록 지표별 분류 현황

(단위: 종)

지표 \ 해양포유류 부류	A	B	C	D	합
절멸종(EX)	3	−	2	8	13
야생절멸종(EW)	−	−	−	2	2
심각한위기종(CR)	−	−	−	15	15
멸종위기종(EN)	11	1	−	48	60
취약종(VU)	7	2	8	57	74
위기근접종(NT)	2	−	−	38	40
관심필요종(LC)	42	2	1	141	186
자료부족종(DD)	2	−	−	24	26
미평가종(NE)	−	−	−	−	0
계	67	5	11	333	416

〈보고서〉

국제자연보전연맹(IUCN)의 적색 목록(Red List)은 지구 동식물종의 보전 상태를 나타내며, 각 동식물종의 보전 상태는 9개의 지표 중 1개로만 분류된다. 이 중 심각한위기종(CR), 멸종위기종(EN), 취약종(VU) 3개 지표 중 하나로 분류되는 동식물종을 멸종우려종(threatened species)이라 한다. ▶1문단

조사대상 416종의 해양포유류를 '고래류', '기각류', '해달류 및 북극곰', '해우류' 4가지 부류로 나눈 후, IUCN의 적색 목록 지표에 따라 분류해 보면 전체 조사대상의 약 36%가 멸종우려종에 속하고 있다. 특히, 멸종우려종 중 '고래류'가 차지하는 비중은 80% 이상이다. 또한 '해달류 및 북극곰'은 9개의 지표 중 멸종우려종 또는 관심필요종(LC)으로만 분류된 것으로 나타났다. ▶2문단

한편 해양포유류에 대한 과학적인 이해가 부족하여 26종은 자료부족종(DD)으로 분류되고 있다. 다만 '해달류 및 북극곰'과 '해우류'는 자료부족종(DD)으로 분류된 종이 없다. ▶3문단

	A	B	
①	고래류	기각류	➡ (X)
②	고래류	해우류	➡ (X)
③	기각류	해달류 및 북극곰	➡ (O)

③ ➡ (O) 〈보고서〉의 첫 번째 문단에 따르면 심각한위기종(CR), 멸종위기종(EN), 취약종(VU) 3개 지표 중 하나로 분류되는 동식물종이 멸종우려종이라 하였다. 두 번째 문단에서 멸종우려종 중 '고래류'가 차지하는 비중이 80% 이상이라 하였으므로 세 개 종의 합이 가장 큰 D가 '고래류'이다. 또 '해달류 및 북극곰'은 멸종우려종 또는 관심필요종으로만 분류되었다고 했는데 A, C는 절멸종으로도 분류되었으므로 B가 '해달류 및 북극곰'이다. '해달류 및 북극곰'과 '해우류'는 자료부족종으로 분류된 종이 없다. B, C가 이에 해당하는데 B가 '해달류 및 북극곰'이므로 C가 '해우류'이다. 따라서 A는 '기각류'이다.

	A	B	
④	기각류	해우류	➡ (X)
⑤	해우류	해달류 및 북극곰	➡ (X)

13 ③

TOP2 정답률 37.3%

| 문제 유형 | 자료 읽기/추론 > 계산형

| 접근 전략 | 공유킥보드 대여요금 산정방식을 이용하여 A～D의 공유킥보드 대여요금을 계산하는 문제이다. 운영사 A는 5분 이하로 대여하였을 때 가장 저렴하고, 운영사 D는 분당대여료가 가장 낮으므로 어느 시점에는 대여요금이 가장 낮아진다. 따라서 (가), (나)에 해당하는 운영사는 B와 C만 가능하다는 것을 이용해서 문제를 해결한다.

다음 〈표〉와 〈조건〉은 공유킥보드 운영사 A～D의 2022년 1월 기준 대여요금제와 대여방식이고 〈보고서〉는 공유킥보드 대여요금제 변경 이력에 관한 자료이다. 〈보고서〉에서 (다)에 해당하는 값은?

〈표〉 공유킥보드 운영사 A～D의 2022년 1월 기준 대여요금제

(단위: 원)

구분 \ 운영사	A	B	C	D
잠금해제료	0	250	750	1,600
분당대여료	200	150	120	60

〈조건〉

○ 대여요금 = 잠금해제료 + 분당대여료 × 대여시간

○ 공유킥보드 이용자는 공유킥보드 대여시간을 분단위로 미리 결정하고 운영사 A～D의 대여요금을 산정한다.

○ 공유킥보드 이용자는 산정된 대여요금이 가장 낮은 운영사의 공유킥보드를 대여한다.

〈보고서〉

2022년 1월 기준 대여요금제에 따르면 운영사 [(가)]는 이용자의 대여시간이 몇 분이더라도 해당 대여시간에 대해 운영사 A～D 중 가장 낮은 대여요금을 제공하지 못하는 것으로 나타났다. 자사 공유킥보드가 1대도 대여되지 않고 있음을 확인한 운영사 [(가)]는 2월부터 잠금해제 이후 처음 5분간 분당대여료를 면제하는 것으로 대여요금제를 변경하였다.

운영사 [(나)]가 2월 기준 대여요금제로 운영사 A～D의 대여요금을 재산정한 결과, 이용자의 대여시간이 몇 분이더라도 해당 대여시간에 대해 운영사 A～D 중 가장 낮은 대여요금을 제공하지 못하는 것을 파악하였다. 이에 운영사 [(나)]는 3월부터 분당대여료를 50원 인하하는 것으로 대여요금제를 변경하였다.

그 결과 대여시간이 20분일 때, 3월 기준 대여요금제로 산정된 운영사 [(가)]와 [(나)]의 공유킥보드 대여요금 차이는 [(다)]원이다.

① 200 ➡ (X)

② 250 ➡ (X)

③ 300 ➡ (O) t분 뒤 운영사 A의 대여요금은 200t원, 운영사 B의 대여요금은 250 + 150t원, 운영사 C의 대여요금은 750 + 120t원, 운영사 D의 대여요금은 1,600 + 60t원이다. 따라서 t분 뒤 운영사 A의 대여요금이 운영사 B보다 높다면 $200t-(250+150t)>0$, $50t-250>0$, $t>5$이다. t분 뒤 운영사 B의 대여요금이 운영사 C보다 높다면 $(250+150t)-(750+120t)>0$, $30t-500>0$, $t>16.7$이다. t분 뒤 운영사 B의 대여요금이 운영사 D보다 높다면 $(250+150t)-(1,600+60t)>0$, $90t-1,350>0$, $t>15$이다. 즉, 운영사 A는 5분 이하일 때, 운영사 B는 6～15분일 때, 운영사 D는 15분 이상일 때부터 이용하는 것이 가장 저렴하므로 대여시간에 관계없이 운영사 C는 가장 저렴하지 않다. 따라서 (가)는 운영사 C이고, 2월 기준 요금제의 경우 C가 B보다 항상 저렴하므로 (나)는 운영사 B이다. 운영사 C가 5분간 분당대여료를 면제한다면 20분 대여 시 대여요금은 750 + 15 × 120 = 2,550(원)이고, 운영사 B가 분당대여료를 50원 인하한다면 20분 대여 시 대여요금은 250 + 20 × 100 = 2,250(원)이다. 따라서 두 운영사의 공유킥보드 대여요금 차이는 2,550 − 2,250 = 300(원)이다.

④ 350 ➡ (X)

⑤ 400 ➡ (X)

14 ⑤

정답률 75.3%

| 문제 유형 | 자료 변환응용 > 표/그림 전환형

| 접근 전략 | 〈보고서〉의 내용을 〈그림〉 또는 〈표〉로 알맞게 전환하는 유형이다. 〈보고서〉보다는 각 선지의 제목을 먼저 읽고, 해당하는 내용을 〈보고서〉에서 찾은 뒤 값을 대조하면 문제를 빠르게 해결할 수 있다.

다음 〈보고서〉는 2021년 '갑'국 사교육비 조사결과에 대한 자료이다. 〈보고서〉의 내용과 부합하지 않는 자료는?

〈보고서〉

2021년 전체 학생 수는 532만 명으로 전년보다 감소하였지만, 사교육비 총액은 23조 4천억 원으로 전년 대비 20% 이상 증가하였다. 또한, 사교육의 참여율과 주당 참여시간도 전년 대비 증가한 것으로 나타났다. ▶1문단

2021년 전체 학생의 1인당 월평균 사교육비는 전년 대비 20% 이상 증가하였고, 사교육 참여학생의 1인당 월평균 사교육비 또한 전년 대비 6% 이상 증가하였다. 2021년 전체 학생 중 월평균 사교육비를 20만 원 미만 지출한 학생의 비중은 전년 대비 감소하였으나, 60만 원 이상 지출한 학생의 비중은 전년 대비 증가한 것으로 나타났다. ▶2문단

한편, 2021년 방과후학교 지출 총액은 4,434억 원으로 2019년 대비 50% 이상 감소하였으며, 방과후학교 참여율 또한 28.9%로 2019년 대비 15.0%p 이상 감소하였다. ▶3문단

① 전체 학생 수와 사교육비 총액

(단위: 만 명, 조 원)

구분 \ 연도	2020	2021
전체 학생 수	535	532
사교육비 총액	19.4	23.4

➡ (O) 〈보고서〉의 첫 번째 문단, 첫 번째 문장에 '2021년 전체 학생 수는 532만 명으로 전년보다 감소하였지만, 사교육비 총액은 23조 4천억 원으로 전년 대비 20% 이상 증가하였다.'라고 되어 있다. 〈표〉에서 2021년 전체 학생 수가 532만 명으로 전년도 535만 명보다 감소하였고, 2021년 사교육비 총액은 23.4조 원으로 19.4×1.2=23.28<23.4이므로 전년 대비 20% 이상 증가하였다. 따라서 〈보고서〉의 내용과 부합하는 자료이다.

② 사교육의 참여율과 주당 참여시간

(단위: %, 시간)

구분 \ 연도	2020	2021
참여율	67.1	75.5
주당 참여시간	5.3	6.7

➡ (O) 〈보고서〉의 첫 번째 문단, 두 번째 문장에 '사교육의 참여율과 주당 참여시간도 전년 대비 증가한 것으로 나타났다.'라고 되어 있다. 〈표〉에서 사교육 참여율이 67.1%에서 75.5%로 증가하였고, 주당 참여시간이 5.3시간에서 6.7시간으로 증가하였다. 따라서 〈보고서〉의 내용과 부합하는 자료이다.

③ 학생 1인당 월평균 사교육비

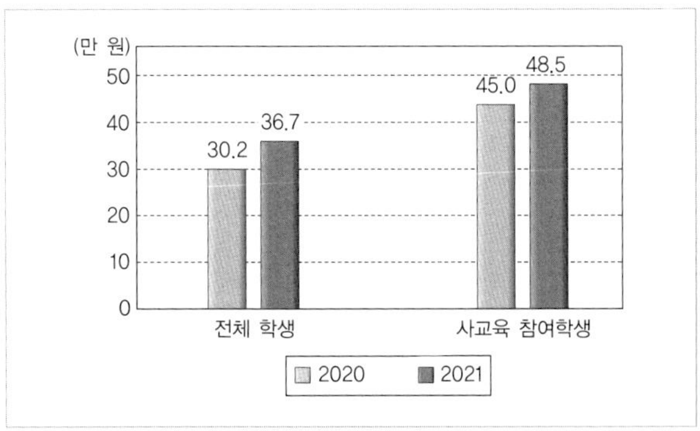

➡ (O) 〈보고서〉의 두 번째 문단, 첫 번째 문장에 '2021년 전체 학생의 1인당 월평균 사교육비는 전년 대비 20% 이상 증가하였고, 사교육 참여학생의 1인당 월평균 사교육비 또한 전년 대비 6% 이상 증가하였다.'라고 되어 있다. 〈그림〉에서 전체 학생 1인당 월평균 사교육비가 30.2×1.2=36.24<36.7로 20% 이상 증가하였고, 사교육 참여학생 1인당 월평균 사교육비가 45.0×1.06=47.7<48로 6% 이상 증가하였다. 따라서 〈보고서〉의 내용과 부합하는 자료이다.

④ 전체 학생의 월평균 사교육비 지출 수준에 따른 분포

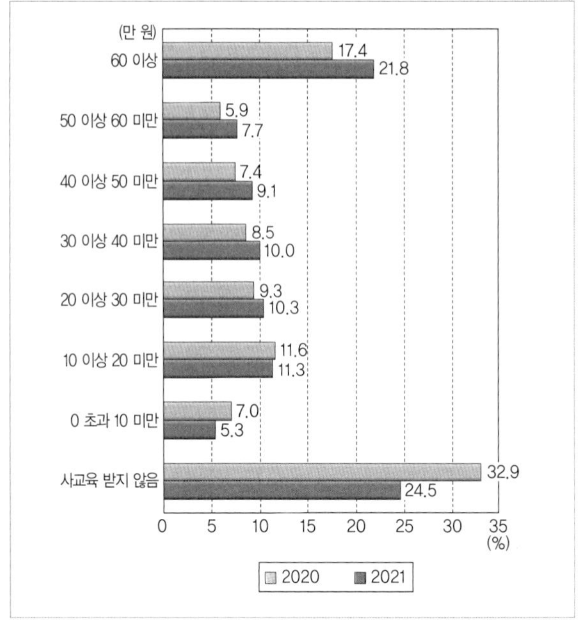

➡ (O) 〈보고서〉의 두 번째 문단, 두 번째 문장에 '2021년 전체 학생 중 월평균 사교육비를 20만 원 미만 지출한 학생의 비중은 전년 대비 감소하였으나, 60만 원 이상 지출한 학생의 비중은 전년 대비 증가한 것으로 나타났다.'라고 되어 있다. 〈그림〉에서 월평균 사교육비를 20만 원 미만으로 지출한 학생의 비중은 2020년 11.6+7.0+32.9=51.5(%)에서 2021년 11.3+5.3+24.5=41.1(%)로 감소하였고, 60만 원 이상 지출한 학생의 비중은 2020년 17.4%에서 2021년 21.8%로 증가하였다. 따라서 〈보고서〉의 내용과 부합하는 자료이다.

⑤ 방과후학교의 지출 총액과 참여율

(단위: 억 원, %)

구분 \ 연도	2019	2021
지출 총액	8,250	4,434
참여율	48.4	28.9

➡ (X) 〈보고서〉의 세 번째 문단에 '2021년 방과후학교 지출 총액은 4,434억 원으로 2019년 대비 50% 이상 감소하였으며, 방과후학교 참여율 또한 28.9%로 2019년 대비 15.0%p 이상 감소하였다.'라고 되어 있다. 〈표〉에 제시된 2019년 방과후학교 지출 총액의 50%는 8,250×0.5=4,125(억 원)이고, 2021년 방과후학교 지출 총액은 4,434억 원이다. 즉, 4,125<4,434이므로 2021년 방과후학교 지출 총액은 2019년 대비 50% 미만으로 감소하였다. 따라서 〈보고서〉의 내용과 부합하지 않는 자료이다.

15 ④

TOP1 정답률 25%

| 문제 유형 | 자료 읽기 > 표 제시형

| 접근 전략 | 〈표〉의 학교급별 여성 교장 수와 비율을 바탕으로 옳은 것을 찾는 문제이다. 각 학교당 교장은 반드시 1명이므로 여성 교장 수와 비율을 알면 전체 교장 수와 전체 학교 수, 남자 교장 수를 알 수 있다.

다음 〈표〉는 '갑'국의 학교급별 여성 교장 수와 비율을 1980년부터 5년마다 조사한 자료이다. 이에 대한 설명으로 옳은 것은?

〈표〉 학교급별 여성 교장 수와 비율

(단위: 명, %)

학교급 / 구분 / 조사연도	초등학교		중학교		고등학교	
	여성 교장 수	비율	여성 교장 수	비율	여성 교장 수	비율
1980	117	1.8	66	3.6	47	3.4
1985	122	1.9	98	4.9	60	4.0
1990	159	2.5	136	6.3	64	4.0
1995	222	3.8	181	7.6	66	3.8
2000	490	8.7	255	9.9	132	6.5
2005	832	14.3	330	12.0	139	6.4
2010	1,701	28.7	680	23.2	218	9.5
2015	2,058	34.5	713	24.3	229	9.9
2020	2,418	40.3	747	25.4	242	10.4

※ 1) 학교급별 여성 교장 비율(%) = $\frac{\text{학교급별 여성 교장 수}}{\text{학교급별 전체 교장 수}} \times 100$

2) 교장이 없는 학교는 없으며, 각 학교의 교장은 1명임

① 2000년 이후 중학교 여성 교장 비율은 매년 증가한다. ➡ (X) 주어진 자료는 '5년마다' 조사한 자료이다. 따라서 '매년' 증가하는지는 알 수 없다.

② 초등학교 수는 2020년이 1980년보다 많다. ➡ (X) 1980년 초등학교 여성 교장 수는 117명, 비율은 1.8%이고, 2020년 초등학교 여성 교장 수는 2,418명, 비율은 40.3%이다. $\frac{2,418}{40.3} \times 100 = 6,000$(명)이다. 만약 1980년대 초등학교 전체 교장 수가 6,000명이라면 이 중 1.8%는 $6,000 \times 0.018 = 108$(명)이다. 그런데 1980년 초등학교 여성 교장 수가 117명으로 108명보다 많으므로 초등학교 전체 교장 수 6,000명보다 많다. 교장은 한 학교당 한 명이므로 초등학교 수는 1980년이 2020년보다 많다.

③ 고등학교 남성 교장 수는 1985년이 1990년보다 많다. ➡ (X) 1985년, 1990년 고등학교 여성 교장 비율은 4.0%로 동일하고, 고등학교 여성 교장 수는 1990년이 1985년보다 많다. 따라서 고등학교 전체 교장 수도 더 많을 것이다. 고등학교 여성 교장 비율이 4.0%라면 고등학교 남성 교장 비율은 96.0%로 두 해가 동일하고, 고등학교 전체 교장 수가 더 많으므로 고등학교 남성 교장 수도 1990년이 1985년보다 많다.

④ 1995년 초등학교 수는 같은 해 중학교 수와 고등학교 수의 합보다 많다. ➡ (O) 1995년 초등학교 수는 $\frac{222}{3.8} \times 100 = \frac{444}{7.6} \times 100$개이고, 중학교 수는 $\frac{181}{7.6} \times 100$개, 고등학교 수는 $\frac{66}{3.8} \times 100 = \frac{132}{7.6} \times 100$개이다. $181 + 132 = 313 < 444$이므로 1995년 초등학교 수는 같은 해 중학교 수와 고등학교 수의 합보다 많다.

⑤ 초등학교 여성 교장 수는 2020년이 2000년의 5배 이상이다. ➡ (X) $490 \times 5 = 2,450 > 2,418$이므로 초등학교 여성 교장 수는 2020년이 2000년의 5배 미만이다.

16 ②

정답률 77.8%

| 문제 유형 | 자료 읽기/추론 > 매칭형

| 접근 전략 | 〈보고서〉에서 설명하고 있는 지역을 〈표〉에서 찾는 문제이다. 〈보고서〉를 읽으면서 해당하지 않는 지역을 제외하면서 문제를 푼다. 응답자는 '후보자 A 지지', '후보자 B 지지'뿐만 아니라 '지지 후보자 없음'도 있음에 유의한다.

다음 〈표〉는 도지사 선거 후보자 A와 B의 TV 토론회 전후 '가'~'마'지역 유권자의 지지율에 대한 자료이고, 〈보고서〉는 이 중 한 지역의 지지율 변화를 분석한 자료이다. 〈보고서〉의 내용에 해당하는 지역을 '가'~'마' 중에서 고르면?

〈표〉 도지사 선거 후보자 TV 토론회 전후 지지율

(단위: %)

시기 / 후보자 / 지역	TV 토론회 전		TV 토론회 후	
	A	B	A	B
가	38	52	50	46
나	28	40	39	41
다	31	59	37	36
라	35	49	31	57
마	29	36	43	41

※ 1) 도지사 선거 후보자는 A와 B뿐임

2) 응답자는 '후보자 A 지지', '후보자 B 지지', '지지 후보자 없음' 중 하나만 응답하고, 무응답은 없음

〈보고서〉

도지사 선거 후보자 TV 토론회를 진행하기 전과 후에 실시한 이 지역의 여론조사 결과, 도지사 후보자 지지율 변화는 다음과 같다. TV 토론회 전에는 B후보자에 대한 지지율이 A후보자보다 10%p 이상 높게 집계되어 B후보자가 선거에 유리한 것으로 보였으나, TV 토론회 후에는 지지율 양상에 변화가 있는 것으로 분석된다. ▶1문단

TV 토론회 후 '지지 후보자 없음'으로 응답한 비율이 줄어 TV 토론회가 그동안 어떤 후보자에 투표할지 고민하던 유권자의 선택에 영향을 미친 것으로 판단된다. 또한, A후보자에 대한 지지율 증가폭이 B후보자보다 큰 것으로 나타나 TV 토론회를 통해 A후보자의 강점이 더 잘 드러났던 것으로 분석된다. 그러나 TV 토론회 후 두 후보자간 지지율 차이가 3%p 이내에 불과하여 이 지역에서 선거의 결과는 예측하기 어렵다. ▶2문단

① 가 ➡ (X)

② 나 ➡ (O) 〈보고서〉 첫 번째 문단에서는 TV 토론회 전에는 B후보자에 대한 지지율이 A후보자보다 10%p 이상 높게 집계되었다고 하였는데 '마' 지역은 B후보자가 A후보자보다 7%p 높으므로 제외한다. 〈보고서〉 두 번째 문단에서는 TV 토론회 후 '지지 후보자 없음'으로 응답한 비율이 줄었다고 하였는데 '다' 지역은 지지 후보자가 있는 비율이 $31 + 59 = 90$(%)에서 $37 + 36 = 73$(%)로 줄었으므로 '지지 후보자 없음'으로 응답한 비율이 늘었다. 따라서 '다' 지역은 제외한다. 그다음으로 TV 토론회 후 A후보자에 대한 지지율 증가폭이 B후보자보다 큰 것으로 나타났다고 하였는데, '라' 지역은 A후보자의 지지율이 감소하였고, B후보자의 지지율이 증가하였으므로 제외한다. TV 토론회 후 두 후보자 간 지지율 차이가 3%p 이내에 불과하였다고 하였는데 '가' 지역은 $50 - 46 = 4$(%p)이므로 제외한다. 따라서 남은 지역은 '나' 지역이고, 〈보고서〉의 모든 내용에 부합한다.

③ 다 ➡ (X)

④ 라 ➡ (X)

⑤ 마 ➡ (X)

17 ②

정답률 86.1%

| 문제 유형 | 자료 읽기 > 그림 제시형

| 접근 전략 | 업종별 스마트시스템 도입률 및 고도화율을 바탕으로 옳은 설명을 찾는 문제이다. 도입률과 고도화율식을 이용하면 업종별 스마트시스템 도입 업체 수, 업종별 스마트시스템 고도화 업체 수를 알 수 있다. 모든 〈보기〉에서 정확한 값을 요구하지 않으므로 도입률, 고도화율, 업체 수 비교를 통해 정오를 판단할 수 있다.

다음 〈그림〉은 '갑'공업단지 내 8개 업종 업체 수와 업종별 스마트시스템 도입률 및 고도화율에 관한 자료이다. 이에 대한 〈보기〉의 설명 중 옳은 것만을 모두 고르면?

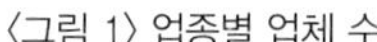

〈그림 1〉 업종별 업체 수

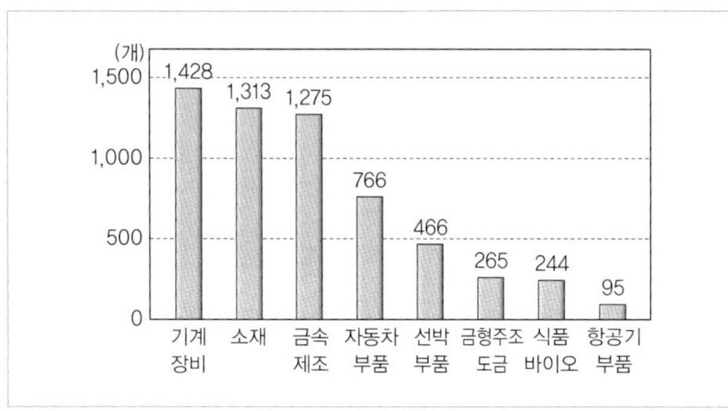

〈그림 2〉 업종별 스마트시스템 도입률 및 고도화율

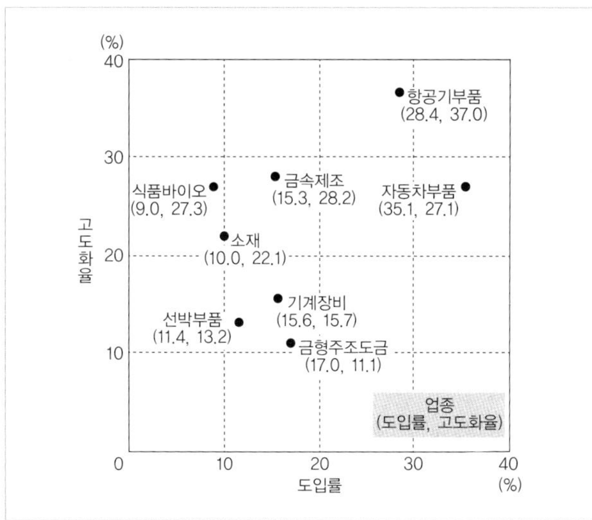

※ 1) 도입률(%) = $\frac{\text{업종별 스마트시스템 도입 업체 수}}{\text{업종별 업체 수}} \times 100$

2) 고도화율(%) = $\frac{\text{업종별 스마트시스템 고도화 업체 수}}{\text{업종별 스마트시스템 도입 업체 수}} \times 100$

〈보기〉

ㄱ. 스마트시스템 도입 업체 수가 가장 많은 업종은 '자동차부품'이다.
→ (O) 스마트시스템 도입 업체 수는 도입률 × 업체 수 ÷ 100이다. ÷ 100은 모두 동일한 값이므로 대소 비교는 도입률 × 업체 수만 계산한다. '자동차부품'은 '선박부품', '금형주조도금', '식품바이오', '항공기부품'보다 도입률과 업체 수가 모두 많으므로 스마트시스템 도입 업체 수도 더 많다. '기계장비', '소재', '금속제조'는 '자동차부품'보다 업체 수가 2배 미만이면서 도입률은 '자동차부품'이 2배 이상 크다. 따라서 도입률 × 업체 수 ÷ 100은 '자동차부품'이 가장 크다.

ㄴ. 고도화율이 가장 높은 업종은 스마트시스템 고도화 업체 수도 가장 많다. → (X) 도입률 × 고도화율 = $\frac{\text{업종별 스마트시스템 고도화 업체 수}}{\text{업종별 업체 수}} \times$ 10,000이므로 업종별 스마트시스템 고도화 업체 수는 도입률 × 고도화율 × 업종별 업체 수 ÷ 10,000이다. ÷ 10,000은 모두 동일한 값이므로 대소 비교는 도입률 × 고도화율 × 업종별 업체 수만 계산한다. 고도화율이 가장 높은 업종은 '항공기부품'이다. '항공기부품'의 스마트시스템 고도화 업체 수는 28.4 × 37.0 × 95이고, '자동차부품'의 스마트시스템 고도화 업체 수는 35.1 × 27.1 × 766이다. 즉, 도입률 × 고도화율 값은 비슷하면서 업종별 업체 수는 '자동차부품'이 훨씬 많으므로 스마트시스템 고도화 업체 수는 '자동차부품'이 '항공기부품'보다 많다. 따라서 '항공기부품'의 스마트시스템 고도화 업체 수가 가장 많지 않으므로 옳지 않은 설명이다.

ㄷ. 업체 수 대비 스마트시스템 고도화 업체 수가 가장 높은 업종은 '항공기부품'이다.
→ (O) 도입률 × 고도화율 ÷ 10,000 = $\frac{\text{업종별 스마트시스템 고도화 업체 수}}{\text{업종별 업체 수}}$이다. '자동차부품'을 제외한 업종은 '항공기부품'보다 도입률과 고도화율이 모두 더 낮으므로 '자동차부품'과 '항공기부품'만 계산해서 비교한다. ÷ 10,000은 모두 동일한 값이므로 대소는 도입률 × 고도화율만 계산하여 확인한다. '항공기부품'은 28.4 × 37.0 = 1,050.8, '자동차부품'은 35.1 × 27.1 = 951.21이다. 따라서 업체 수 대비 스마트시스템 고도화 업체 수가 가장 높은 업종은 '항공기부품'이다.

ㄹ. 도입률이 가장 낮은 업종은 고도화율도 가장 낮다. → (X) 도입률이 가장 낮은 업종은 '식품바이오'이고, 고도화율이 가장 낮은 업종은 '금형주조도금'이다.

① ㄱ, ㄴ ➡ (X)
② ㄱ, ㄷ ➡ (O)
③ ㄱ, ㄹ ➡ (X)
④ ㄴ, ㄷ ➡ (X)
⑤ ㄴ, ㄹ ➡ (X)

18 ⑤

정답률 82.4%

| 문제 유형 | 자료 읽기/추론 > 계산형

| 접근 전략 | 〈정보〉의 계산식을 이용하여 맑은 날 정지시거, 비 오는 날 정지시거를 계산하는 문제이다. 운행속력이 모두 20m/초로 동일하고, 마찰계수가 0.1, 0.2, 0.4, 0.8로 배수 관계에 있으므로 제동거리는 하나의 값만 계산하면 나머지 값을 쉽게 구할 수 있다.

다음 〈표〉는 운전자 A～E의 정지시거 산정을 위해 '갑'시험장에서 측정한 자료이다. 〈표〉와 〈정보〉에 근거하여 맑은 날과 비 오는 날의 운전자별 정지시거를 바르게 연결한 것은?

〈표〉 운전자 A~E의 정지시거 산정을 위한 자료

(단위: m/초, 초, m)

운전자 \ 구분	자동차	운행속력	반응시간	반응거리	마찰계수	
					맑은 날	비 오는 날
A	가	20	2.0	40	0.4	0.1
B	나	20	2.0	( )	0.4	0.2
C	다	20	1.6	( )	0.8	0.4
D	나	20	2.4	( )	0.4	0.2
E	나	20	1.4	( )	0.4	0.2

〈정보〉

○ 정지시거 = 반응거리 + 제동거리

○ 반응거리 = 운행속력 × 반응시간

○ 제동거리 = $\dfrac{(\text{운행속력})^2}{2 \times \text{마찰계수} \times g}$

(단, g는 중력가속도이며 10m/초^{2}으로 가정함)

→ A의 비 오는 날 제동거리는 $\dfrac{20^2}{2 \times 0.1 \times 10}$ = 200(m)이다. 따라서 B, D, E의 비 오는 날 제동거리는 100m, A, B, D, E의 맑은 날과 C의 비 오는 날 제동거리는 50m, C의 맑은 날 제동거리는 25m이다. 운행속력이 모두 동일하므로 B의 반응거리도 40m이고, C의 반응거리는 40 × 0.8 = 32(m), D의 반응거리는 40 × 1.2 = 48(m), E의 반응거리는 40 × 0.7 = 28(m)이다.

	운전자	맑은 날 정지시거[m]	비 오는 날 정지시거[m]
①	A	120	240

➡ (X) A의 맑은 날 정지시거는 40 + 50 = 90(m)이고, 비 오는 날 정지시거는 40 + 200 = 240(m)이다. A의 맑은 날 정지시거가 틀렸으므로 옳지 않다.

② B 90 160

➡ (X) B의 맑은 날 정지시거는 40 + 50 = 90(m)이고, 비 오는 날 정지시거는 40 + 100 = 140(m)이다. B의 비 오는 날 정지시거가 틀렸으므로 옳지 않다.

③ C 72 82

➡ (X) C의 맑은 날 정지시거는 32 + 25 = 57(m)이고, 비 오는 날 정지시거는 32 + 50 = 82(m)이다. C의 맑은 날 정지시거가 틀렸으므로 옳지 않다.

④ D 98 158

➡ (X) D의 맑은 날 정지시거는 48 + 50 = 98(m), 비 오는 날 정지시거는 48 + 100 = 148(m)이다. D의 비 오는 날 정지시거가 틀렸으므로 옳지 않다.

⑤ E 78 128

➡ (O) E의 맑은 날 정지시거는 28 + 50 = 78(m), 비 오는 날 정지시거는 28 + 100 = 128(m)이다. 맑은 날 정지시거와 비 오는 날 정지시거가 모두 옳다.

19 ③

정답률 65.2%

| 문제 유형 | 자료 읽기 > 표/그림 제시형

| 접근 전략 | 8개 어종의 2020년 어획량과 전년비 및 평년비를 이용하여 옳은 설명을 찾는 문제이다. 전년비가 100을 초과하면 2020년 어획량이 더 많은 것이고, 100 미만이면 2020년 어획량이 더 적은 것이다.

다음 〈표〉와 〈그림〉은 '갑'국 8개 어종의 2020년 어획량에 관한 자료이다. 이에 대한 〈보기〉의 설명 중 옳은 것만을 모두 고르면?

〈표〉 8개 어종의 2020년 어획량

(단위: 톤)

어종	갈치	고등어	광어	멸치	오징어	전갱이	조기	참다랑어
어획량	20,666	64,609	5,453	26,473	23,703	19,769	23,696	482

〈그림〉 8개 어종 2020년 어획량의 전년비 및 평년비

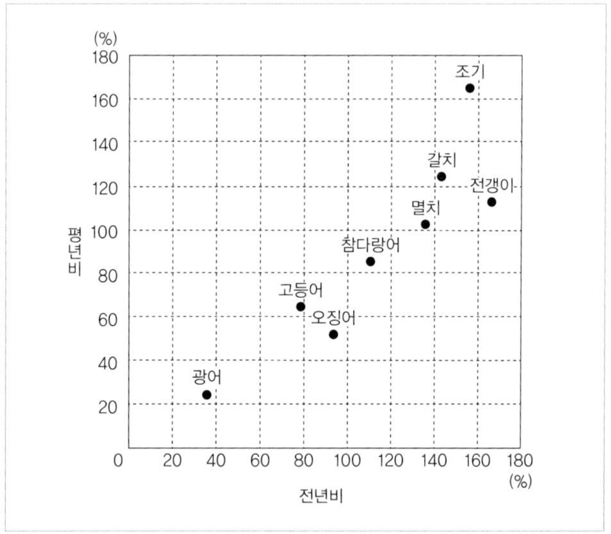

※ 1) 전년비(%) = $\dfrac{\text{2020년 어획량}}{\text{2019년 어획량}} \times 100$

2) 평년비(%) = $\dfrac{\text{2020년 어획량}}{\text{2011～2020년 연도별 어획량의 평균}} \times 100$

〈보기〉

ㄱ. 8개 어종 중 2019년 어획량이 가장 많은 어종은 고등어이다. → (O) 광어를 제외한 어종은 고등어보다 전년비가 높으면서 2020년 어획량이 더 적다. 따라서 2019년 어획량 또한 고등어가 더 많다. 광어는 전년비가 고등어의 절반이나 2020년 어획량이 고등어의 10분의 1 미만이므로 2019년 어획량 또한 고등어가 광어보다 많다.

ㄴ. 8개 어종 각각의 2019년 어획량은 해당 어종의 2011～2020년 연도별 어획량의 평균보다 적다. → (X) 평년비 ÷ 전년비를 계산하면 2011～2020년 연도별 어획량의 평균 대비 2019년 어획량을 알 수 있다. 평년비 ÷ 전년비가 1보다 작은 경우 2011～2020년 연도별 어획량 평균 대비 2019년 어획량이 더 적은 것이고, 이는 결국 평년비가 전년비보다 작다는 것을 의미한다. 조기의 경우 평년비가 160% 초과, 전년비가 160% 미만이므로 평년비가 전년비보다 크다. 따라서 조기의 2019년 어획량은 2011～2020년 연도별 어획량의 평균보다 많으므로 옳지 않다.

ㄷ. 2021년 갈치 어획량이 2020년과 동일하다면, 갈치의 2011~2021년 연도별 어획량의 평균은 2011~2020년 연도별 어획량의 평균보다 크다. → (O) 갈치의 평년비가 120% 초과이므로 2020년 갈치의 어획량은 2011~2020년 연도별 어획량의 평균보다 많다. 따라서 2021년 갈치의 어획량도 2011~2020년 연도별 어획량의 평균보다 더 많고, 더 큰 값을 포함해 평균을 낸다면 2011~2021년 연도별 어획량의 평균은 더 커질 것이다.

① ㄱ ➡ (X)
② ㄴ ➡ (X)
③ ㄱ, ㄷ ➡ (O)
④ ㄴ, ㄷ ➡ (X)
⑤ ㄱ, ㄴ, ㄷ ➡ (X)

20 ①

정답률 55.1%

| 문제 유형 | 자료 읽기 > 표/빈칸 제시형

| 접근 전략 | A시 개최 철인3종경기 기록을 바탕으로 옳은 설명을 찾는 문제이다. 빈칸을 먼저 채우기보다는 〈보기〉에서 필요한 경우 계산하여 풀이 시간을 줄이도록 한다.

다음 〈표〉는 2021년 A시에서 개최된 철인3종경기 기록이다. 이에 대한 〈보기〉의 설명 중 옳은 것만을 모두 고르면?

〈표〉 A시 개최 철인3종경기 기록

(단위: 시간)

종합기록 순위	국적	종합	수영	T1	자전거	T2	달리기
1	러시아	9:22:28	0:48:18	0:02:43	5:04:50	0:02:47	3:23:50
2	브라질	9:34:36	0:57:44	0:02:27	5:02:30	0:01:48	3:30:07
3	대한민국	9:37:41	1:04:14	0:04:08	5:04:21	0:03:05	3:21:53
4	대한민국	9:42:03	1:06:34	0:03:33	5:11:01	0:03:33	3:17:22
5	대한민국	9:43:50	(　　)	0:03:20	5:00:33	0:02:14	3:17:24
6	일본	9:44:34	0:52:01	0:03:28	5:25:59	0:02:56	3:20:10
7	러시아	9:45:06	1:08:32	0:03:55	5:07:46	0:03:02	3:21:51
8	독일	9:46:48	1:03:49	0:03:53	4:59:20	0:03:00	(　　)
9	영국	(　　)	1:07:01	0:03:37	5:07:07	0:03:55	3:26:27
10	중국	9:48:18	1:02:28	0:03:29	5:16:09	0:03:47	3:22:25

※ 1) 기록 '1:01:01'은 1시간 1분 1초를 의미함
2) 'T1', 'T2'는 각각 '수영'에서 '자전거', '자전거'에서 '달리기'로 전환하는 데 걸리는 시간임
3) 경기 참가 선수는 10명뿐이고, 기록이 짧을수록 순위가 높음

〈보기〉

ㄱ. '수영'기록이 한 시간 이하인 선수는 'T2'기록이 모두 3분 미만이다. → (O) 5위 선수는 4위 선수보다 종합기록이 1분 47초 늦고, '자전거'는 10분 30초 가량 빠르며, 'T2'는 1분 20초 가량 빠르고, 'T1', '달리기'는 비슷하다. 따라서 4위 선수의 '수영'기록이 5위 선수보다 12분 가량 빨라야 하므로 5위 선수의 '수영'기록은 1:18:34 부근일 것이다. 따라서 '수영'기록이 한 시간 이하인 선수는 1위, 2위, 6위 선수이다. 이 선수들의 'T2'기록은 각각 2분 47초, 1분 48초, 2분 56초로 3분 미만이다.

ㄴ. 종합기록 순위 2~10위인 선수 중, 종합기록 순위가 한 단계 더 높은 선수와의 '종합'기록 차이가 1분 미만인 선수는 3명뿐이다. → (O) 9위 영국 선수의 '종합'기록은 9시간 48분 7초이다. 따라서 종합기록 순위가 한 단계 더 높은 선수와의 '종합'기록 차이가 1분 미만인 선수는 6위, 7위, 10위인 선수 세 명뿐이다.

ㄷ. '달리기'기록 상위 3명의 국적은 모두 대한민국이다. → (X) 대한민국 국적 선수 중 종합기록 순위가 3위인 선수는 6위, 7위 선수보다 '달리기'기록이 늦다. 따라서 '달리기'기록 상위 3명의 국적이 모두 대한민국인 것은 아니다.

ㄹ. 종합기록 순위 10위인 선수의 '수영'기록 순위는 '수영'기록과 'T1'기록의 합산 기록 순위와 다르다. → (X) 종합기록 순위 10위인 선수의 '수영'기록 순위는 종합기록 순위 1위, 2위, 6위인 선수에 이어 4위이다. 1위, 2위, 6위 선수의 'T1'기록은 10위 선수보다 짧다. 따라서 10위 선수는 '수영'과 'T1'기록 합이 여전히 1위, 2위, 6위 선수보다 작다. 이 세 선수를 제외하고, 10위인 선수보다 'T1'기록이 짧은 선수는 5위 선수이다. 이 선수의 'T1'기록은 10위 선수보다 9초가 빠르나 '수영'기록은 1시간 18분 부근일 것으로 예측하였으므로 '수영'기록은 약 14분이 더 느리므로 10위인 선수의 순위에 영향을 주지 않는다. 따라서 종합기록 순위 10위인 선수의 '수영'기록 순위는 '수영'기록과 'T1'기록의 합산 기록 순위와 동일하게 4위이다.

① ㄱ, ㄴ ➡ (O)
② ㄱ, ㄷ ➡ (X)
③ ㄷ, ㄹ ➡ (X)
④ ㄱ, ㄴ, ㄹ ➡ (X)
⑤ ㄴ, ㄷ, ㄹ ➡ (X)

21 ③

정답률 38.5%

| 문제 유형 | 자료 읽기/추론 > 계산형

| 접근 전략 | 고정원가, 변동원가율, 제조원가율과 제조원가와 각 원가율 계산식을 이용하여 해결하는 문제이다. 모든 값을 하나씩 구하려면 시간이 너무 많이 소요되므로 주어진 식을 변형하여 〈표〉에 주어진 값으로 매출액을 구하는 식을 먼저 세운다. 제조원가 = 고정원가 + 변동원가이므로 고정원가율 + 변동원가율 = 100이다. 이를 이용하여 고정원가율을 구하고, 고정원가율 × 제조원가율 = $\frac{\text{고정원가}}{\text{매출액}}$ × 10,000이므로 매출액은 $\frac{\text{고정원가}}{\text{고정원가율} \times \text{제조원가율}}$ × 10,000이다. × 10,000은 동일한 값이므로 $\frac{\text{고정원가}}{\text{고정원가율} \times \text{제조원가율}}$만 계산하면 알 수 있다. 이때 정확한 매출액을 구하는 것이 아니라 대소만 비교하는 것이므로 고정원가율, 제조원가율, 고정원가의 비율 대소 비교를 통해 답을 쉽게 찾을 수 있다.

다음 〈표〉는 제품 A～E의 제조원가에 관한 자료이다. 제품 A～E 중 매출액이 가장 작은 제품은?

〈표〉 제품 A～E의 고정원가, 변동원가율, 제조원가율

(단위: 원, %)

구분 제품	고정원가	변동원가율	제조원가율
A	60,000	40	25
B	36,000	60	30
C	33,000	40	30
D	50,000	20	10
E	10,000	50	10

※ 1) 제조원가 = 고정원가 + 변동원가

2) 고정원가율(%) = $\frac{\text{고정원가}}{\text{제조원가}}$ × 100

3) 변동원가율(%) = $\frac{\text{변동원가}}{\text{제조원가}}$ × 100

4) 제조원가율(%) = $\frac{\text{제조원가}}{\text{매출액}}$ × 100

① A ➡ (X)

② B ➡ (X)

③ C ➡ (O) $\frac{\text{고정원가}}{\text{고정원가율} \times \text{제조원가율}}$를 통해 대소를 비교한다. 고정원가가 클수록, 고정원가율과 제조원가율이 작을수록 매출액이 더 크다. A, C의 고정원가율은 60%, B의 고정원가율은 40%, D의 고정원가율은 80%, E의 고정원가율은 50%이다. A는 C보다 고정원가가 크고, 제조원가율이 작으면서 고정원가율은 동일하므로 C의 매출액이 더 작다. B는 C보다 고정원가가 크고, 제조원가율이 동일하면서 고정원가율은 더 작으므로 C의 매출액이 더 작다. C는 D보다 제조원가율이 3배이고, 고정원가율이 0.75배이면서 고정원가는 D가 C보다 크다. 따라서 C의 매출액이 더 작다. C의 고정원가는 E 고정원가의 3.3배이고, 제조원가율이 3배, 고정원가율이 1.2배이다. 따라서 C의 분자는 E의 3.3배이고, 분모는 3 × 1.2 = 3.6배이므로 C의 매출액이 E보다 더 작다. 따라서 매출액이 가장 작은 제품은 C이다.

④ D ➡ (X)

⑤ E ➡ (X)

※ 다음 〈표〉는 2018～2020년 '갑'국 방위산업의 매출액 및 종사자 수에 관한 자료이다. 다음 물음에 답하시오. [문 22.～문 23.]

〈표 1〉 2018～2020년 '갑'국 방위산업의 국내외 매출액

(단위: 억 원)

연도 구분	2018	2019	2020
총매출액	136,493	144,521	153,867
국내 매출액	116,502	( )	( )
국외 매출액	19,991	21,048	17,624

〈표 2〉 2020년 '갑'국 방위산업의 기업유형별 매출액 및 종사자 수

(단위: 억 원, 명)

구분 기업유형	총매출액	국내 매출액	국외 매출액	종사자 수
대기업	136,198	119,586	16,612	27,249
중소기업	17,669	16,657	1,012	5,855
전체	153,867	( )	17,624	33,104

〈표 3〉 2018～2020년 '갑'국 방위산업의 분야별 매출액

(단위: 억 원)

연도 분야	2018	2019	2020
항공유도	41,984	45,412	49,024
탄약	24,742	21,243	25,351
화력	20,140	20,191	21,031
함정	18,862	25,679	20,619
기동	14,027	14,877	18,270
통신전자	14,898	15,055	16,892
화생방	726	517	749
기타	1,114	1,547	1,931
전체	136,493	144,521	153,867

〈표 4〉 2018～2020년 '갑'국 방위산업의 분야별 종사자 수

(단위: 명)

연도 분야	2018	2019	2020
A	9,651	10,133	10,108
B	6,969	6,948	6,680
C	3,996	4,537	4,523
D	3,781	3,852	4,053
E	3,988	4,016	3,543
화력	3,312	3,228	3,295
화생방	329	282	228
기타	583	726	674
전체	32,609	33,722	33,104

※ '갑'국 방위산업 분야는 기타를 제외하고 항공유도, 탄약, 화력, 함정, 기동, 통신전자, 화생방으로만 구분함

22 ⑤

TOP3 정답률 37.7%

| 문제 유형 | 자료 읽기 > 표/빈칸 제시형

| 접근 전략 | 〈표〉에 주어진 2018~2020년 '갑'국 방위산업 자료를 바탕으로 옳은 설명을 찾는 문제이다. 2020년의 국내 매출액은 〈표 1〉과 〈표 2〉에 동일하게 빈칸으로 제시되어 있다. 두 빈칸이 같은 값이므로 두 번 계산하지 않고, 〈보기〉에서 필요한 경우에만 빈칸을 계산한다. ㄴ의 경우 증가율을 한 눈에 파악하기 힘들고, 계산이 복잡하므로 가장 마지막으로 확인한다. ㄱ과 ㄹ이 옳은 〈보기〉이므로 ㄴ과 ㄷ은 계산하지 않아도 답이 ⑤임을 알 수 있다.

위 〈표〉에 근거한 〈보기〉의 설명 중 옳은 것만을 모두 고르면?

〈보기〉

ㄱ. 방위산업의 국내 매출액이 가장 큰 연도에 방위산업 총매출액 중 국외 매출액 비중이 가장 작다. → (O) 방위산업의 국내 매출액이 가장 큰 연도는 총매출액이 가장 크고, 국외 매출액이 가장 적은 2020년이다. 다른 해보다 총매출액이 크고, 국외 매출액이 더 적으므로 국외 매출액 비중은 2020년이 가장 적다.

ㄴ. '기타'를 제외하고, 2018년 대비 2020년 매출액 증가율이 가장 낮은 방위산업 분야는 '탄약'이다. → (O) 〈보기〉에 주어진 방위산업의 2018년 대비 2020년 매출액 증가율을 먼저 계산하고, 나머지 방위산업에 대입해서 비교한다. '탄약'의 2018년 대비 2020년 매출액 증가율은 $\frac{25,351-24,742}{24,742}\times 100 \fallingdotseq 2.5(\%)$이다. '항공유도', '함정', '기동', '통신전자'는 모두 10% 부근이거나 더 증가하였고, '화력'은 4% 가량 증가하였다. '화생방'은 $\frac{749-726}{726}\times 100 \fallingdotseq 3.2(\%)$이므로 '기타'를 제외하고, 2018년 대비 2020년 매출액 증가율이 가장 낮은 방위산업 분야는 '탄약'이다.

ㄷ. 2020년 방위산업의 기업유형별 종사자당 국외 매출액은 대기업이 중소기업의 4배 이상이다. → (X) 2020년 방위산업의 종사자당 국외 매출액은 대기업의 경우 $\frac{16,612}{27,249}\fallingdotseq 0.61$(억 원), 중소기업의 경우 $\frac{1,012}{5,855}\fallingdotseq 0.17$(억 원)이다. $0.17\times 4=0.68>0.61$이므로 2020년 방위산업 종사자당 국외 매출액은 대기업이 중소기업의 4배 미만이다.

ㄹ. 2020년 '항공유도' 분야 대기업 국내 매출액은 14,500억 원 이상이다. → (O) 만약 2020년 중소기업의 총매출액이 '항공유도' 분야 매출액이라면 '항공유도' 분야 대기업의 매출액은 49,024 − 17,669 = 31,355(억 원)이다. 만약 2020년 대기업 국외 매출액이 모두 '항공유도' 분야 매출액이라면 '항공유도' 분야 대기업 국내 매출액은 31,355 − 16,612 = 14,743(억 원)이다. 따라서 대기업의 '항공유도' 분야 국내 매출액이 최소 14,743억 원이므로 항상 14,500억 원 이상이다.

① ㄱ, ㄴ ➡ (X)
② ㄱ, ㄷ ➡ (X)
③ ㄴ, ㄹ ➡ (X)
④ ㄷ, ㄹ ➡ (X)
⑤ ㄱ, ㄴ, ㄹ ➡ (O)

23 ①

정답률 57.4%

| 문제 유형 | 자료 읽기/추론 > 매칭형

| 접근 전략 | 〈보고서〉의 설명을 바탕으로 '항공유도'에 해당하는 방위산업을 〈표〉에서 찾는 문제이다. 〈보고서〉를 읽으면서 해당하지 않는 방위산업을 제외하면서 문제를 풀어나간다. 이미 확인한 분야에 대한 설명은 확인하지 말고, 〈표 4〉는 종사자 수에 관해 나와 있으므로 〈보고서〉에서 종사자 수에 관한 설명만 확인한다.

위 〈표〉와 다음 〈보고서〉를 근거로 '항공유도'에 해당하는 방위산업 분야를 〈표 4〉의 A~E 중에서 고르면?

〈보고서〉

2018년 대비 2020년 '갑'국 방위산업의 총매출액은 약 12.7% 증가하였으나 방위산업 전체 종사자 수는 약 1.5% 증가하는 데 그쳤다. '기타'를 제외한 7개 분야에 대해 이를 구체적으로 분석하면 다음과 같다. ▶1문단

2018년 대비 2020년 방위산업 분야별 매출액은 모두 증가하였으나 종사자 수는 '통신전자', '함정', '항공유도' 분야만 증가하고 나머지 분야는 감소한 것으로 나타났다. 2018~2020년 동안 매출액과 종사자 수 모두 매년 증가한 방위산업 분야는 '통신전자'뿐이고, '탄약'과 '화생방' 분야는 종사자 수가 매년 감소하였다. 특히, '기동' 분야는 2018년 대비 2020년 매출액 증가율이 방위산업 분야 중 가장 높았지만 종사자 수는 가장 많이 감소하였다. 2018년 대비 2020년 '함정' 분야 매출액 증가율은 방위산업 전체 매출액 증가율보다 낮았으나 종사자 수는 방위산업 분야 중 가장 많이 증가하였다. 이에 따라 방위산업의 분야별 종사자당 매출액 순위에도 변동이 있었다. 2018년에는 '화력' 분야의 종사자당 매출액이 가장 컸고, 다음으로 '함정', '항공유도' 순으로 컸다. 한편, 2020년에는 '화력' 분야의 종사자당 매출액이 가장 컸고, 다음으로 '기동', '항공유도' 순으로 컸다. ▶2문단

① A ➡ (O) 〈보고서〉 두 번째 문단 전반부에서 2018년 대비 2020년 종사자 수는 '통신전자', '함정', '항공유도' 분야만 증가하였다고 하였다. A~E 중 2018년 대비 2020년 종사자 수가 감소한 방위산업은 B, E이므로 B와 E는 '항공유도'가 아니다. 또한 2018~2020년 동안 매출액과 종사자 수가 매년 증가한 방위산업 분야는 '통신전자'뿐이라 하였으므로 이에 해당하는 방위산업은 D이다. 따라서 A 또는 C가 '함정' 또는 '항공유도'이다. 따라서 〈보고서〉에서 '함정' 또는 '항공유도'를 설명한 부분만 확인해 본다. 2018년 대비 2020년 '함정' 분야 종사자 수는 방위산업 분야 중 가장 많이 증가하였다고 하였다. A는 500명 미만, C는 500명 이상 증가하였으므로 C가 '함정', A가 '항공유도'이다.
② B ➡ (X)
③ C ➡ (X)
④ D ➡ (X)
⑤ E ➡ (X)

24 ④

정답률 61.8%

| 문제 유형 | 자료 읽기/추론 > 계산형

| 접근 전략 | 국가별 국내총생산, 1인당 국내총생산, 1인당 이산화탄소 배출량과 주어진 식을 이용하여 이산화탄소 총배출량을 계산하는 문제이다. 1)에서 총인구 = $\frac{\text{국내총생산}}{\text{1인당 국내총생산}}$, 2)에서 이산화탄소 총배출량 = 1인당 이산화탄소 배출량 × 총인구임을 알 수 있다. 따라서 이산화탄소 총배출량 = 1인당 이산화탄소 배출량 × $\frac{\text{국내총생산}}{\text{1인당 국내총생산}}$이다. 모든 값을 구하기 전에 우선 두 개의 값을 비교해 선지를 추린다. 만약 A가 B보다 이산화탄소 총배출량이 많다면 답은 ④ 또는 ⑤이고, D와 A, B, C 중 하나의 값 비교를 통해 답을 구할 수 있다. 만약 A가 B보다 이산화탄소 총배출량이 적다면 답은 ①, ②, ③ 중 하나이고, A와 C, C와 D의 대소 비교를 통해 답을 구할 수 있다.

다음 〈표〉는 2021년 국가 A～D의 국내총생산, 1인당 국내총생산, 1인당 이산화탄소 배출량에 관한 자료이다. 이를 근거로 국가 A～D를 이산화탄소 총배출량이 가장 적은 국가부터 순서대로 바르게 나열한 것은?

〈표〉 국가별 국내총생산, 1인당 국내총생산, 1인당 이산화탄소 배출량

(단위: 달러, 톤CO_2eq.)

구분 / 국가	국내총생산	1인당 국내총생산	1인당 이산화탄소 배출량
A	20조 4,941억	62,795	16.6
B	4조 9,709억	39,290	9.1
C	1조 6,194억	31,363	12.4
D	13조 6,082억	9,771	7.0

※ 1) 1인당 국내총생산 = $\frac{\text{국내총생산}}{\text{총인구}}$

2) 1인당 이산화탄소 배출량 = $\frac{\text{이산화탄소 총배출량}}{\text{총인구}}$

① A, C, B, D ➡ (X)

② A, D, C, B ➡ (X)

③ C, A, D, B ➡ (X)

④ C, B, A, D ➡ (O) A는 1인당 이산화탄소 배출량이 B, C보다 크고, 국내총생산이 4배 이상이면서 1인당 국내총생산은 2배 미만이다. 따라서 A의 이산화탄소 총배출량은 B, C보다 크다. 이에 해당하는 선지는 ④ 또는 ⑤이다. 따라서 D가 A, B, C 중 하나의 값보다 작다면 ⑤, 크다면 ④가 답이다. D의 국내총생산은 C의 10배 이상이고, 1인당 국내 총생산은 약 $\frac{1}{4}$이지만 1인당 이산화탄소 배출량은 2배 미만이다. 따라서 D의 이산화탄소 총배출량이 C보다 크므로 답은 ④이다.

⑤ D, B, C, A ➡ (X)

25 ②

정답률 49.3%

| 문제 유형 | 자료 읽기 > 표/빈칸 제시형

| 접근 전략 | 연도별·장소별 전기차 급속충전기 수에 대한 설명으로 옳은 것을 찾는 문제이다. ㄱ을 제외하고, 모든 〈보기〉가 빈칸을 알아야 하는 문제이므로 빈칸을 먼저 계산한다. 일반시설의 빈칸을 채우는 것이 더 간단하므로 '공공시설'을 먼저 채운다. ㄷ을 확인하기 위해서는 2021년 '주유소', '공공시설', 2019년 '휴게소', '공동주택'의 값을 모두 계산하고, 증가율까지 계산해야 하므로 가장 마지막으로 확인한다. 따라서 ㄱ, ㄴ, ㄹ만 확인하면 ㄱ은 옳은 〈보기〉, ㄴ과 ㄹ은 옳지 않은 〈보기〉이므로 ㄷ은 확인하지 않아도 답은 ②이다.

다음 〈표〉는 2019～2021년 '갑'국의 장소별 전기차 급속충전기 수에 관한 자료이다. 이에 대한 〈보기〉의 설명 중 옳은 것만을 모두 고르면?

〈표〉 장소별 전기차 급속충전기 수

(단위: 대)

구분	장소 \ 연도	2019	2020	2021
다중이용시설	쇼핑몰	807	1,701	2,701
	주유소	125	496	( )
	휴게소	( )	( )	2,099
	문화시설	757	1,152	1,646
	체육시설	272	498	604
	숙박시설	79	146	227
	여객시설	64	198	378
	병원	27	98	152
	소계	2,606	5,438	8,858
일반시설	공공시설	1,595	( )	( )
	주차전용시설	565	898	1,275
	자동차정비소	119	303	375
	공동주택	( )	102	221
	기타	476	499	522
	소계	2,784	4,550	6,145
전체		5,390	9,988	15,003

〈보기〉

ㄱ. 전체 급속충전기 수 대비 '다중이용시설' 급속충전기 수의 비율은 매년 증가한다. → (O) 2019년 전체 급속충전기 수는 '다중이용시설' 급속충전기 수의 2배 이상이고, 2020년은 2배 미만이므로 2019년 대비 2020년 전체 급속충전기 수 대비 '다중이용시설' 급속충전기 수 비율은 증가하였다. 2020년 대비 2021년 전체 급속충전기 수는 9,988 × 1.5 = 14,982 < 15,003으로 약 50% 증가하였으나 '다중이용시설' 급속충전기 수는 5,438 × 1.6 = 87,008 < 8,858로 60% 이상 증가하였다. 따라서 2020년 대비 2021년 전체 급속충전기 수 대비 '다중이용시설' 급속충전기 수 비율도 증가하였다. 따라서 전체 급속충전기 수 대비 '다중이용시설' 급속충전기 수 비율은 매년 증가한다.

ㄴ. '공공시설' 급속충전기 수는 '주차전용시설'과 '쇼핑몰' 급속충전기 수의 합보다 매년 많다. → (X) '공공시설' 급속충전기 수는 2020년의 경우 4,550 − 898 − 303 − 102 − 499 = 2,748(대), 2021년의 경우 6,145 − 1,275 − 375 − 221 − 522 = 3,752(대)이다. '주차전용시설'과 '쇼핑몰' 급속충전기 수의 합은 2019년의 경우 565 + 807 = 1,372(대), 2020년의 경우 898 + 1,701 = 2,599(대), 2021년의 경우 1,275 + 2,701 = 3,976(대)이므로 2021년에는 '공공시설' 급속충전기 수가 '주차전용시설'과 '쇼핑몰' 급속충전기 수의 합보다 적다.

ㄷ. '기타'를 제외하고, 2019년 대비 2021년 급속충전기 수의 증가율이 가장 큰 장소는 '주유소'이다. → (O) 2021년 '주유소'의 급속충전기 수는 8,858 – 2,701 – 2,099 – 1,646 – 604 – 227 – 378 – 152 = 1,051(대)이고, 2019년 '휴게소'의 급속충전기 수는 2,606 – 807 – 125 – 757 – 272 – 79 – 64 – 27 = 475(대)이고, 2019년 '공동주택'의 급속충전기 수는 2,784 – 1,595 – 565 – 119 – 476 = 29(대)이고, 2021년 '공공시설'의 급속충전기 수는 3,752대이다. 따라서 2021년 '주유소'의 급속충전기 수는 2019년의 8배 이상이다. '주유소'를 제외한 모든 장소의 2019년 값에 8을 곱하였을 때 2021년의 급속충전기 수보다 큰 값이 나오므로 2019년 대비 2021년 급속충전기 수의 증가율은 '주유소'가 가장 크다.

ㄹ. 급속충전기 수는 '휴게소'가 '문화시설'보다 매년 많다. → (X) 2019년 '휴게소'의 급속 충전기 수는 475대이고, 2020년 '휴게소'의 급속 충전기 수는 5,438 – 1,701 – 496 – 1,152 – 498 – 146 – 198 – 98 = 1,149(대)이다. 따라서 2019년, 2020년의 '휴게소' 급속 충전기 수는 '문화시설'보다 적으므로 옳지 않다.

① ㄱ, ㄴ ➡ (X)
② ㄱ, ㄷ ➡ (O)
③ ㄱ, ㄹ ➡ (X)
④ ㄴ, ㄷ ➡ (X)
⑤ ㄴ, ㄹ ➡ (X)

2021년 7월 10일 시행

2021년도 국가공무원 7급 공개경쟁채용 제1차 필기시험

정답과 분석해설

나의 성적

영역	점수	풀이 시간
언어논리	____점	____분
자료해석	____점	____분
상황판단	____점	____분

합격선

영역	합격 가능권	합격 확실권
언어논리	72~76점	80~84점
자료해석	68~72점	76~80점
상황판단	70~74점	78~82점

풀이 시간

영역	기본	숙련
언어논리	60분	50분
자료해석	60분	50분
상황판단	60분	50분

선발 인원 / 응시 인원 / 경쟁률

선발 인원	응시 인원	경쟁률
815명	24,723명	3 : 1

※경쟁률은 1차 합격자 선발 기준인 10배수로 산정

취약유형 분석표 제1영역 언어논리

문번	정답	정답률	유형	맞고 틀림
01	④	66.1%	사실적 이해 > 정보 확인	○ △ ×
02	①	34.2%	비판적 사고 > 빈칸 채우기	○ △ ×
03	①	92.3%	비판적 사고 > 판단하기	○ △ ×
04	④	79.9%	비판적 사고 > 지문에서 추론하기	○ △ ×
05	⑤	68.1%	비판적 사고 > 지문에서 추론하기	○ △ ×
06	①	33.3%	비판적 사고 > 빈칸 채우기	○ △ ×
07	③	50.8%	사실적 이해 > 논리 게임	○ △ ×
08	④	39.8%	사실적 이해 > 논리 게임	○ △ ×
09	③	60.9%	사실적 이해 > 논리 게임	○ △ ×
10	②	90.5%	비판적 사고 > 지문에서 추론하기	○ △ ×
11	③	65.5%	비판적 사고 > 판단하기	○ △ ×
12	④	63.1%	비판적 사고 > 판단하기	○ △ ×
13	⑤	53.4%	비판적 사고 > 판단하기	○ △ ×
14	②	40.9%	비판적 사고 > 판단하기	○ △ ×
15	④	42.6%	비판적 사고 > 판단하기	○ △ ×
16	⑤	39.8%	비판적 사고 > 판단하기	○ △ ×
17	③	85.8%	비판적 사고 > 빈칸 채우기	○ △ ×
18	③	62.9%	비판적 사고 > 판단하기	○ △ ×
19	③	69.1%	비판적 사고 > 유사한 내용·사례 찾기	○ △ ×
20	①	70.9%	비판적 사고 > 지문에서 추론하기	○ △ ×
21	①	83.9%	비판적 사고 > 빈칸 채우기	○ △ ×
22	②	66.1%	비판적 사고 > 판단하기	○ △ ×
23	⑤	45.6%	비판적 사고 > 빈칸 채우기	○ △ ×
24	④	47.3%	비판적 사고 > 유사한 내용·사례 찾기	○ △ ×
25	③	60.6%	비판적 사고 > 판단하기	○ △ ×

- 확실히 맞힌 문항 수: __________ 문항
- 헷갈리거나 찍은 문항 수: __________ 문항
- 틀린 문항 수: __________ 문항

취약유형 분석표 제2영역 자료해석

문번	정답	정답률	유형	맞고 틀림
01	②	77.4%	자료 추론 > 추가로 필요한 자료 찾기	○ △ ×
02	⑤	86.5%	자료 변환응용 > 자료/보고서 전환형	○ △ ×
03	②	75.8%	자료 읽기 > 그림 제시형	○ △ ×
04	①	90.9%	자료 읽기 > 표/빈칸 제시형	○ △ ×
05	④	71.8%	자료 읽기/추론 > 계산형	○ △ ×
06	③	84.8%	자료 읽기/추론 > 매칭형	○ △ ×
07	④	72.5%	자료 읽기 > 표/빈칸 제시형	○ △ ×
08	⑤	45%	자료 읽기 > 표/빈칸 제시형	○ △ ×
09	⑤	56.3%	자료 읽기 > 표 제시형	○ △ ×
10	②	86.2%	자료 읽기/추론 > 매칭형	○ △ ×
11	③	62.9%	자료 읽기/추론 > 계산형	○ △ ×
12	③	61.4%	자료 읽기 > 그림 제시형	○ △ ×
13	④	59.7%	자료 읽기 > 표 제시형	○ △ ×
14	①	53.7%	자료 읽기 > 그림 제시형	○ △ ×
15	③	58.4%	자료 변환응용 > 자료/보고서 전환형	○ △ ×
16	①	55.9%	자료 읽기 > 그림 제시형	○ △ ×
17	④	83.6%	자료 읽기/추론 > 계산형	○ △ ×
18	③	74.4%	자료 변환응용 > 자료/보고서 전환형	○ △ ×
19	③	67%	자료 읽기/추론 > 계산형	○ △ ×
20	④	57.1%	자료 읽기 > 표/그림 제시형	○ △ ×
21	②	37.6%	자료 읽기 > 빈칸 제시형	○ △ ×
22	②	60.9%	자료 읽기 > 표 제시형	○ △ ×
23	⑤	33.3%	자료 읽기/추론 > 매칭형	○ △ ×
24	①	16.8%	자료 변환응용 > 표/그림 전환형	○ △ ×
25	⑤	50.5%	자료 읽기 > 빈칸 제시형	○ △ ×

- 확실히 맞힌 문항 수: ______________ 문항
- 헷갈리거나 찍은 문항 수: __________ 문항
- 틀린 문항 수: ____________________ 문항

취약유형 분석표 제3영역 상황판단

문번	정답	정답률	유형	맞고 틀림
01	④	85.8%	법조문형 > 규정적용	○ △ ×
02	①	83.2%	법조문형 > 규정확인	○ △ ×
03	⑤	80.5%	법조문형 > 규정적용	○ △ ×
04	④	51.8%	연산추론형 > 수리계산	○ △ ×
05	④	61.3%	퍼즐형 > 최댓값 · 최솟값 도출	○ △ ×
06	①	57.5%	퍼즐형 > 최댓값 · 최솟값 도출	○ △ ×
07	①	63.6%	퍼즐형 > 논리퀴즈	○ △ ×
08	③	79.2%	퍼즐형 > 논리퀴즈	○ △ ×
09	②	48.2%	퍼즐형 > 수리퀴즈	○ △ ×
10	③	66.1%	퍼즐형 > 논리퀴즈	○ △ ×
11	②	83.9%	퍼즐형 > 최댓값 · 최솟값 도출	○ △ ×
12	⑤	70.9%	퍼즐형 > 수리퀴즈	○ △ ×
13	③	68.5%	연산추론형 > 대입비교	○ △ ×
14	④	69.1%	연산추론형 > 대입비교	○ △ ×
15	③	74.8%	법조문형 > 규정적용	○ △ ×
16	④	86.6%	법조문형 > 규정적용	○ △ ×
17	③	75.5%	법조문형 > 규정적용	○ △ ×
18	④	60.7%	법조문형 > 규정확인	○ △ ×
19	⑤	70.3%	제시문형 > 분석추론	○ △ ×
20	⑤	77.3%	제시문형 > 정보확인	○ △ ×
21	②	45.5%	퍼즐형 > 논리퀴즈	○ △ ×
22	⑤	23.3%	퍼즐형 > 수리퀴즈	○ △ ×
23	①	71.6%	제시문형 > 정보확인	○ △ ×
24	②	27.2%	제시문형 > 분석추론	○ △ ×
25	②	41.6%	퍼즐형 > 논리퀴즈	○ △ ×

- 확실히 맞힌 문항 수: ______________ 문항
- 헷갈리거나 찍은 문항 수: __________ 문항
- 틀린 문항 수: ____________________ 문항

2021 | 제1영역 언어논리(㉯ 책형)

기출 총평

전체적으로 판단하기 유형의 문항 수가 많은 편이었는데 대부분 복합 유형의 형태로, 지시문은 판단하기 유형에 속하는 질문 형태이나 지문과 〈보기〉를 함께 독해할 때 논지 강화·약화하기나 구체적인 내용·사례 찾기, 지문에서 추론하기 유형의 풀이 과정을 동시에 적용해야 하는 문제가 적지 않았다. 정보 확인이나 지문에서 추론하기 유형의 문제에서는 지문에 개념어나 추상어가 다수 노출되어 독해에 어려움을 주는 경우가 있어 가능하면 빠르게 논지를 파악해야 시간을 단축할 수 있었을 것이다. 논리 게임 유형의 경우에는 논리적 구조를 쉽게 도식화할 수 있는 문항보다 다소 열린 구조로 경우의 수를 모두 따져보며 선지의 진위를 판별해야 하는 문항들이 있었다. 시간이 다소 소요될 수 있으므로 평소에 논리적 흐름에 따라 서술 문장의 구조를 파악하는 연습을 하는 것이 좋다. 후반부에는 실무에 가까운 구체적인 사례를 지문에 제시해 법 조항이나 조례를 적용해 보거나 제도나 규정을 개선해 보는 풀이 과정을 요구하는 문항들이 많았다. 일반적인 상식 여부를 평가하는 문항뿐만 아니라 실제 상황에 대처하는 실무 능력을 평가하는 문항들이 앞으로도 이와 같이 출제될 가능성이 높아 보인다.

문항 분석

문번	정답	정답률	유형
01	④	66.1%	사실적 이해 > 정보 확인
02	①	34.2%	비판적 사고 > 빈칸 채우기
03	①	92.3%	비판적 사고 > 판단하기
04	④	79.9%	비판적 사고 > 지문에서 추론하기
05	⑤	68.1%	비판적 사고 > 지문에서 추론하기
06	①	33.3%	비판적 사고 > 빈칸 채우기
07	③	50.8%	사실적 이해 > 논리 게임
08	④	39.8%	사실적 이해 > 논리 게임
09	③	60.9%	사실적 이해 > 논리 게임
10	②	90.5%	비판적 사고 > 지문에서 추론하기
11	③	65.5%	비판적 사고 > 판단하기
12	④	63.1%	비판적 사고 > 판단하기
13	⑤	53.4%	비판적 사고 > 판단하기

문번	정답	정답률	유형
14	②	40.9%	비판적 사고 > 판단하기
15	④	42.6%	비판적 사고 > 판단하기
16	⑤	39.8%	비판적 사고 > 판단하기
17	③	85.8%	비판적 사고 > 빈칸 채우기
18	③	62.9%	비판적 사고 > 판단하기
19	③	69.1%	비판적 사고 > 유사한 내용·사례 찾기
20	①	70.9%	비판적 사고 > 지문에서 추론하기
21	①	83.9%	비판적 사고 > 빈칸 채우기
22	②	66.1%	비판적 사고 > 판단하기
23	⑤	45.6%	비판적 사고 > 빈칸 채우기
24	④	47.3%	비판적 사고 > 유사한 내용·사례 찾기
25	③	60.6%	비판적 사고 > 판단하기

※ 음영 문항은 해당 회차에서 정답률이 가장 낮은 TOP 3 문항입니다.

※ 정답률 산정 기준: 약 1년간 누적된 자동채점&성적결과분석 서비스의 응시 데이터

출제 비중

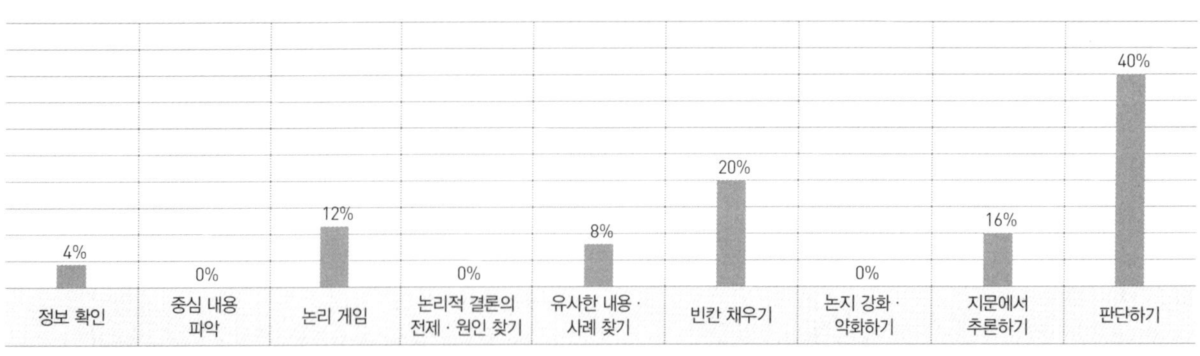

기출문제편 P.144									
01	④	02	①	03	①	04	④	05	⑤
06	①	07	③	08	④	09	③	10	②
11	③	12	④	13	⑤	14	②	15	④
16	⑤	17	③	18	③	19	③	20	①
21	①	22	②	23	⑤	24	④	25	③

01 ④

정답률 66.1%

| 문제 유형 | 사실적 이해 > 정보 확인

| 접근 전략 | 태극기를 시기와 만든 이에 따라 개항 이전에 사용된 태극 문양의 기, 이응준이 만든 '조선의 기', 박영효가 만들고 고종이 채택한 조선 국기, 오늘날의 태극기로 구분할 수 있다. 우선 서술 대상과 각각의 서술 내용이 일치하는지 파악하고 시기별 특정 위치의 괘가 무엇인지를 정확하게 확인해야 한다.

다음 글에서 알 수 있는 것은?

우리나라 국기인 태극기에는 태극 문양과 4괘가 그려져 있는데, 중앙에 있는 태극 문양은 만물이 음양 조화로 생장한다는 것을 상징한다. 또 태극 문양의 좌측 하단에 있는 이괘는 불, 우측 상단에 있는 감괘는 물, 좌측 상단에 있는 건괘는 하늘, 우측 하단에 있는 곤괘는 땅을 각각 상징한다. 4괘가 상징하는 바는 그것이 처음 만들어질 때부터 오늘날까지 변함이 없다. ▶1문단

태극 문양을 그린 기는 개항 이전에도 조선 수군이 사용한 깃발 등 여러 개가 있는데, 태극 문양과 4괘만 사용한 기는 개항 후에 처음 나타났다. 1882년 5월 조미수호조규 체결을 위한 전권대신으로 임명된 이응준은 회담 장소에 내걸 국기가 없어 곤란해 하다가 회담 직전 태극 문양을 활용해 기를 만들고 그것을 회담장에 걸어두었다. 그 기에 어떤 문양이 담겼는지는 오랫동안 알려지지 않았다. 그런데 2004년 1월 미국 어느 고서점에서 미국 해군부가 조미수호조규 체결 한 달 후에 만든 『해상 국가들의 깃발들』이라는 책이 발견되었다. 이 책에는 이응준이 그린 것으로 짐작되는 '조선의 기'라는 이름의 기가 실려 있다. 그 기의 중앙에는 태극 문양이 있으며 네 모서리에 괘가 하나씩 있는데, 좌측 상단에 감괘, 우측 상단에 건괘, 좌측 하단에 곤괘, 우측 하단에 이괘가 있다. ▶2문단

조선이 국기를 공식적으로 처음 정한 것은 1883년의 일이다. 1882년 9월에 고종은 박영효를 수신사로 삼아 일본에 보내면서, 그에게 조선을 상징하는 기를 만들어 사용해 본 다음 귀국하는 즉시 제출하게 했다. 이에 박영효는 태극 문양이 가운데 있고 4개의 모서리에 각각 하나씩 괘가 있는 기를 만들어 사용한 후 그것을 고종에게 바쳤다. 고종은 이를 조선 국기로 채택하고 통리교섭사무아문으로 하여금 각국 공사관에 배포하게 했다. 이 기는 일본에 의해 강제 병합되기까지 국기로 사용되었는데, 언뜻 보기에 『해상 국가들의 깃발들』에 실린 '조선의 기'와 비슷하다. 하지만 자세히 보면 두 기는 서로 다르다. 조선 국기 좌측 상단에 있는 괘가 '조선의 기'에는 우측 상단에 있고, '조선의 기'의 좌측 상단에 있는 괘는 조선 국기의 우측 상단에 있다. 또 조선 국기의 좌측 하단에 있는 괘는 '조선의 기'의 우측 하단에 있고, '조선의 기'의 좌측 하단에 있는 괘는 조선 국기의 우측 하단에 있다. ▶3문단

① 미국 해군부는 통리교섭사무아문이 각국 공사관에 배포한 국기를 『해상 국가들의 깃발들』에 수록하였다. ➡ (X) 2문단에서 미국 해군부는 조미수호조규 체결 시기인 1882년 5월에서 한 달 후에 『해상 국가들의 깃발들』이라는 책을 만들었으며 이 책에는 이응준이 만든 '조선의 기'가 실려있다고 했다. 3문단에 따르면 고종이 박영효가 만든 조선 국기를 공식적으로 정하고 통리교섭사무아문을 통해 각국 공사관에 배포한 것은 1883년의 일이다. 따라서 서명과 수록된 기의 명칭이 일치하지 않는다.

② 조미수호조규 체결을 위한 회담 장소에서 사용하고자 이응준이 만든 기는 태극 문양이 담긴 최초의 기다. ➡ (X) 2문단에서 태극 문양을 그린 기는 개항 이전에도 조선 수군이 사용했다고 하였으므로 1882년 5월 조미수호조규 체결 당시 이응준이 만든 기는 태극 문양이 담긴 최초의 기가 아니다.

③ 통리교섭사무아문이 배포한 기의 우측 상단에 있는 괘와 '조선의 기'의 좌측 하단에 있는 괘가 상징하는 것은 같다. ➡ (X) 3문단에 따르면 통리교섭사무아문이 배포한 기인 조선 국기의 우측 상단에 있는 괘는 '조선의 기'의 좌측 하단이 아니라 좌측 상단에 있는 괘임을 알 수 있다.

④ 오늘날 태극기의 우측 하단에 있는 괘와 고종이 조선 국기로 채택한 기의 우측 하단에 있는 괘는 모두 땅을 상징한다. ➡ (O) 1문단에서 오늘날 태극기의 우측 하단에는 땅을 상징하는 곤괘가 있다고 했다. 그리고 3문단에서 고종이 조선 국기로 채택한 기의 우측 하단의 괘는 '조선의 기'에서 좌측 하단에 있다고 했다. 2문단에 따르면 '조선의 기'의 좌측 하단에는 곤괘가 있으므로 오늘날 태극기와 고종이 조선 국기로 채택한 기의 우측 하단의 괘는 모두 땅을 상징함을 알 수 있다.

⑤ 박영효가 그린 기의 좌측 상단에 있는 괘는 물을 상징하고 이응준이 그린 기의 좌측 상단에 있는 괘는 불을 상징한다. ➡ (X) 3문단에서 박영효가 그린 기는 고종이 조선 국기로 채택한 것으로, 조선 국기 좌측 상단에 있는 괘는 이응준이 그린 '조선의 기'의 우측 상단에 있다고 했다. 또한 1~2문단에 따르면 '조선의 기' 우측 상단의 괘는 건괘로 하늘을 상징하고, 좌측 상단에 있는 괘는 감괘로 물을 상징한다. 따라서 각 괘가 상징하는 바가 다르다.

02 ①

TOP2 정답률 34.2%

| 문제 유형 | 비판적 사고 > 빈칸 채우기

| 접근 전략 | 갑과 을의 발언을 바탕으로 현재 시점에서 판단할 수 있는 내용이 무엇인지 찾는 유형이다. 지문에 제시되지 않은 것을 단정적으로 말할 수 없으므로 지나친 추측은 지양하도록 한다. 더불어 올해 조례 제정 상황은 1월 1일부터 7월 10일까지에 해당하는 내용임을 간과한다면 함정에 빠질 수 있다.

다음 대화의 빈칸에 들어갈 내용으로 가장 적절한 것은?

갑: 국회에서 법률들을 제정하거나 개정할 때, 법률에서 조례를 제정하여 시행하도록 위임하는 경우가 있습니다. 그리고 이런 위임에 따라 지방자치단체에서는 조례를 새로 제정하게 됩니다. 각 지방자치단체가 법률의 위임에 따라 몇 개의 조례를 제정했는지 집계하여 '조례 제정 비율'을 계산하는데, 이 지표는 작년에 이어 올해도 지방자치단체의 업무 평가 기준에 포함되었습니다.

을: 그렇군요. 그 평가 방식이 구체적으로 어떻게 되고, A시의 작년 평가 결과는 어땠는지 말씀해 주세요.

갑: 먼저 그 해 1월 1일부터 12월 31일까지 법률에서 조례를 제정하도록 위임한 사항이 몇 건인지 확인한 뒤, 그중 12월 31일까지 몇 건이나 조례로 제정되었는지로 평가합니다. 작년에는 법률에서 조례를 제정하도록 위임한 사항이 15건이었는데, 그중 A시에서 제정한 조례는 9건으로 그 비율은 60%였습니다.

을: 그러면 올해는 조례 제정 상황이 어떻습니까?

갑: 1월 1일부터 7월 10일 현재까지 법률에서 조례를 제정하도록 위임한 사항은 10건인데, A시는 이 중 7건을 조례로 제정하였으며 조례로 제정하기 위하여 입법 예고 중인 것은 2건입니다. 현재 시의회에서 조례로 제정되기를 기다리며 계류 중인 것은 없습니다.

을: 모든 조례는 입법 예고를 거친 뒤 시의회에서 제정되므로, 현재 입법 예고 중인 2건은 입법 예고 기간이 끝나야만 제정될 수 있겠네요. 이 2건의 제정 가능성은 예상할 수 있나요?

갑: 어떤 조례는 신속히 제정되기도 합니다. 그러나 때로는 시의회가 계속 파행하기도 하고 의원들의 입장에 차이가 커 공전될 수도 있기 때문에 현재 시점에서 조례 제정 가능성을 단정하기는 어렵습니다.

을: 그러면 A시의 조례 제정 비율과 관련하여 알 수 있는 것은 무엇이 있을까요?
갑: A시는 [   ]

① 현재 조례로 제정하기 위하여 입법 예고가 필요한 것이 1건입니다. ➡ (O) 모든 조례는 입법 예고를 거친 후 제정된다고 하였다. 현재 총 10건의 사항 중 7건을 조례로 제정했고 2건은 입법 예고 중이다. 따라서 입법 예고가 필요한 것은 나머지 1건이므로 빈칸에 들어갈 내용으로 적절하다.
② 올 한 해의 조례 제정 비율이 작년보다 높아집니다. ➡ (X) 갑이 말한 올해의 조례 제정 상황은 1월 1일부터 7월 10일 현재까지에 해당하는 것으로, 한 해 전체를 말한 것이 아니다. 따라서 하반기에 법률에서 조례를 제정하도록 위임하는 사항이 더 있다면 조례 제정 비율이 작년보다 높다고 단정할 수 없다.
③ 올 한 해 총 9건의 조례를 제정하게 됩니다. ➡ (X) 이미 제정된 것과 입법 예고 중인 조례를 제외하고 나머지 1건이 추후에 입법 예고될 수도 있고, 하반기에 조례를 제정하도록 위임하는 사항이 더 추가될 수도 있다. 따라서 올 한 해 제정된 조례의 건수를 확정할 수는 없다.
④ 현재 시점을 기준으로 평가를 받으면 조례 제정 비율이 90%입니다. ➡ (X) 입법 예고 기간이 끝나야만 제정될 수 있으므로 현 시점에 제정된 조례는 7건이다. 따라서 70%가 된다.
⑤ 올 한 해 법률에서 조례를 제정하도록 위임 받은 사항이 작년보다 줄어듭니다. ➡ (X) 7월 10일까지 법률에서 조례를 제정하도록 위임한 사항은 10건이지만 하반기에 더 늘어날 수 있으므로 ⑤는 제시문의 갑과 을의 발언으로 알 수 없다.

03 ①

정답률 92.3%

| 문제 유형 | 비판적 사고 > 판단하기
| 접근 전략 | 판단하기와 정보 확인 유형의 복합적인 형태이다. 지문의 표와 A, B, C 모형에 대해 설명한 각 문단의 내용이 명시적으로 드러나 있으므로 어렵지 않게 풀 수 있다.

다음 글의 A~C에 대한 판단으로 가장 적절한 것은?

정책 네트워크는 다원주의 사회에서 정책 영역에 따라 실질적인 정책 결정권을 공유하고 있는 집합체이다. 정책 네트워크는 구성원 간의 상호 의존성, 외부로부터 다른 사회 구성원들의 참여 가능성, 의사결정의 합의 효율성, 지속성의 특징을 고려할 때 다음 세 가지 모형으로 분류될 수 있다.

특징 / 모형	상호 의존성	외부 참여 가능성	합의 효율성	지속성
A	높음	낮음	높음	높음
B	보통	보통	보통	보통
C	낮음	높음	낮음	낮음

▶1문단

A는 의회의 상임위원회, 행정 부처, 이익집단이 형성하는 정책 네트워크로서 안정성이 높아 마치 소정부와 같다. 행정부 수반의 영향력이 작은 정책 분야에서 집중적으로 나타나는 형태이다. A에서는 참여자 간의 결속과 폐쇄적 경계를 강조하며, 배타성이 매우 강해 다른 이익집단의 참여를 철저하게 배제하는 것이 특징이다. ▶2문단

B는 특정 정책과 관련해 이해관계를 같이하는 참여자들로 구성된다. B가 특정 이슈에 대해 유기적인 연계 속에서 기능하면, 전통적인 관료제나 A의 방식보다 더 효과적으로 정책 목표를 달성할 수 있다. B의 주요 참여자는 정치인, 관료, 조직화된 이익집단, 전문가 집단이며, 정책 결정은 주요 참여자 간의 합의와 협력에 의해 일어난다. ▶3문단

C는 특정 이슈를 중심으로 이해관계나 전문성을 가진 이익집단, 개인, 조직으로 구성되고, 참여자는 매우 자율적이고 주도적인 행위자이며 수시로 변경된다. 배타성이 강한 A만으로 정책을 모색하면 정책 결정에 영향을 미칠 수 있는 C와 같은 개방적 참여자들의 네트워크를 놓치기 쉽다. C는 관료제의 영향력이 작고 통제가 약한 분야에서 주로 작동하는데, 참여자가 많아 합의가 어려워 결국 정부가 위원회나 청문회를 활용하여 의견을 조정하려는 경우가 종종 발생한다. ▶4문단

① 외부 참여 가능성이 높은 모형은 관료제의 영향력이 작고 통제가 약한 분야에서 나타나기 쉽다. ➡ (O) 외부 참여 가능성이 높은 모형은 C로, 4문단에서 C는 관료제의 영향력이 작고 통제가 약한 분야에서 작동한다고 했으므로 C에 대한 판단으로 적절하다.
② 상호 의존성이 보통인 모형에서는 배타성이 강해 다른 이익집단의 참여를 철저하게 배제한다. ➡ (X) 상호 의존성이 보통인 모형은 B로, 2문단에 따르면 배타성이 강해 다른 이익집단의 참여를 철저하게 배제하는 것은 A의 특징임을 알 수 있으므로 이는 적절하지 않다.
③ 합의 효율성이 높은 모형이 가장 효과적으로 정책 목표를 달성할 수 있다. ➡ (X) 합의 효율성이 높은 모형은 A인데, 3문단에서 B가 A의 방식보다 더 효과적으로 정책 목표를 달성할 수 있다고 했다. 따라서 A가 가장 효과적으로 정책 목표를 달성할 수 있다는 판단은 적절하지 않다.
④ A에 참여하는 이익집단의 정책 결정 영향력이 B에 참여하는 이익집단의 정책 결정 영향력보다 크다. ➡ (X) B에서는 정책 결정이 참여자 간의 합의에 의해 일어난다. A에서는 정책 결정의 방법이나 이에 대한 구성원들의 영향력이 나타나 있지 않으므로, 이는 알 수 없는 내용이다.
⑤ C에서는 참여자의 수가 많아질수록 네트워크의 지속성이 높아진다. ➡ (X) C는 지속성이 낮은 특징을 보이는데, 4문단에서 C는 참여자가 많아 합의가 어려워 결국 정부가 개입해 의견을 조정하려는 경우가 종종 발생한다고 한 것을 바탕으로 참여자의 수가 많아질수록 네트워크의 지속성이 높아진다고 판단한 것은 적절하지 않다.

04 ④

정답률 79.9%

| 문제 유형 | 비판적 사고 > 지문에서 추론하기
| 접근 전략 | 첫 문단에 다소 낯선 용어들이 등장해 개념을 잡기 쉽지 않을 수도 있는데, 결국 서로 다른 조건을 바탕으로 경우의 수를 따지는 문제 유형이다. 양자 상태가 두 가지 이상이면 MB 방식의 경우의 수가 가장 크고 FD 방식의 경우의 수가 가장 작다.

다음 글에서 추론할 수 있는 것만을 〈보기〉에서 모두 고르면?

두 입자만으로 이루어지고 이들이 세 가지의 양자 상태 1, 2, 3 중 하나에만 있을 수 있는 계(system)가 있다고 하자. 여기서 양자 상태란 입자가 있을 수 있는 구별 가능한 어떤 상태를 지시하며, 입자는 세 가지 양자 상태 중 하나에 반드시 있어야 한다. 이때 그 계에서 입자들이 어떻게 분포할 수 있는지 경우의 수를 세는 문제는, 각 양자 상태에 대응하는 세 개의 상자 [1][2][3]에 두 입자가 있는 경우의 수를 세는 것과 같다. 경우의 수는 입자들끼리 서로 구별 가능한지와 여러 개의 입자가 하나의 양자 상태에 동시에 있을 수 있는지에 따라 달라진다. ▶1문단

두 입자가 구별 가능하고, 하나의 양자 상태에 여러 개의 입자가 있을 수 있다고 가정하자. 이것을 'MB 방식'이라고 부르며, 두 입자는 각각 a, b로 표시할 수 있다. a가 1의 양자 상태에 있는 경우는 [ab][ ][ ], [a][b][ ], [a][ ][b]의 세 가지이고, a가 2의 양자 상태에 있는 경우와 a가 3의 양자 상태에 있는 경우도 각각 세 가지이다. 그러므로 MB 방식에서 경우의 수는 9이다. ▶2문단

두 입자가 구별되지 않고, 하나의 양자 상태에 여러 개의 입자가 있을 수 있다고 가정하자. 이것을 'BE 방식'이라고 부른다. 이때에는 두 입자 모두 a로 표시하게 되므로 [aa][ ][ ], [ ][aa][ ], [ ][ ][aa], [a][a][ ], [a][ ][a], [ ][a][a]가 가능하다. 그러므로 BE 방식에서 경우의 수는 6이다. ▶3문단

두 입자가 구별되지 않고, 하나의 양자 상태에 하나의 입자만 있을 수 있다고 가정하자. 이것을 'FD 방식'이라고 부른다. 여기에서는 BE 방식과 달리 하나의 양자 상태에 두 개의 입자가 동시에 있는 경우는 허용되지 않으므로 [a|a|], [a| |a], [|a|a]만 가능하다. 그러므로 FD 방식에서 경우의 수는 3이다. ▶4문단

양자 상태의 가짓수가 다를 때에도 MB, BE, FD 방식 모두 위에서 설명한 대로 입자들이 놓이게 되고, 이때 경우의 수는 달라질 수 있다. ▶5문단

〈보기〉

ㄱ. 두 개의 입자에 대해, 양자 상태가 두 가지이면 BE 방식에서 경우의 수는 2이다. → (X) BE 방식은 두 입자가 구별되지 않고 하나의 양자 상태에 여러 개의 입자가 있을 수 있다. 따라서 이 경우 [aa|], [|aa], [a|a]의 세 가지가 가능하다. 즉, 경우의 수는 3이다.

ㄴ. 두 개의 입자에 대해, 양자 상태의 가짓수가 많아지면 FD 방식에서 두 입자가 서로 다른 양자 상태에 각각 있는 경우의 수는 커진다. → (O) FD 방식은 두 입자가 구별되지 않고 하나의 양자 상태에 하나의 입자만 있다. 이 경우에 양자 상태의 가짓수가 많아지면 경우의 수는 커질 수밖에 없다. 예를 들어 양자 상태의 가짓수가 3일 경우에는 경우의 수가 3이지만, 양자 상태의 가짓수가 4일 경우에는 6이 된다.

ㄷ. 두 개의 입자에 대해, 양자 상태가 두 가지 이상이면 경우의 수는 BE 방식에서보다 MB 방식에서 언제나 크다. → (O) MB 방식은 두 입자가 구별되지만, BE 방식은 두 입자가 구별되지 않기 때문에 MB 방식의 경우의 수가 항상 클 수밖에 없다.

① ㄱ ➡ (X)
② ㄷ ➡ (X)
③ ㄱ, ㄴ ➡ (X)
④ ㄴ, ㄷ ➡ (O)
⑤ ㄱ, ㄴ, ㄷ ➡ (X)

05 ⑤

정답률 68.1%

| 문제 유형 | 비판적 사고 > 지문에서 추론하기

| 접근 전략 | 1문단에서 소리 자극 신호의 일반적인 경로를 언급한 후, 그 다음 문단에서 공포와 안정을 학습시킨 서로 다른 실험을 대비하여 각 과정이 어떻게 다른지를 기술하고 있다. 이처럼 과정의 흐름을 파악해야 하는 지문은 어휘 하나를 다르게 하여 오답을 만들 수 있으므로 지문을 읽을 때 순서대로 핵심어를 표시해 두는 것이 좋다.

다음 글에서 추론할 수 있는 것은?

생쥐가 새로운 소리 자극을 받으면 이 자극 신호는 뇌의 시상에 있는 청각시상으로 전달된다. 청각시상으로 전달된 자극 신호는 뇌의 편도에 있는 측핵으로 전달된다. 측핵에 전달된 신호는 편도의 중핵으로 전달되고, 중핵은 신체의 여러 기관에 전달할 신호를 만들어서 반응이 일어나게 한다. ▶1문단

연구자 K는 '공포' 또는 '안정'을 학습시켰을 때 나타나는 신경생물학적 특징을 탐구하기 위해 두 개의 실험을 수행했다. ▶2문단

첫 번째 실험에서 공포를 학습시켰다. 이를 위해 K는 생쥐에게 소리 자극을 준 뒤에 언제나 공포를 일으킬 만한 충격을 가하여, 생쥐에게 이 소리가 충격을 예고한다는 것을 학습시켰다. 이렇게 학습된 생쥐는 해당 소리 자극을 받으면 방어적인 행동을 취했다. 이 생쥐의 경우, 청각시상으로 전달된 소리 자극 신호는 학습을 수행하기 전 상태에서 전달되는 것보다 훨씬 센 강도의 신호로 증폭되어 측핵으로 전달된다. 이 증폭된 강도의 신호는 중핵을 거쳐 신체의 여러 기관에 전달되고 이는 학습된 공포 반응을 일으킨다. ▶3문단

두 번째 실험에서는 안정을 학습시켰다. 이를 위해 K는 다른 생쥐에게 소리 자극을 준 뒤에 항상 어떤 충격도 주지 않아서, 생쥐에게 이 소리가 안정을 예고한다는 것을 학습시켰다. 이렇게 학습된 생쥐는 이 소리를 들어도 방어적인 행동을 전혀 취하지 않았다. 이 경우 소리 자극 신호를 받은 청각시상에서 만들어진 신호가 측핵으로 전달되는 것이 억제되기 때문에 측핵에 전달된 신호는 매우 미약해진다. 대신 청각시상은 뇌의 선조체에서 반응을 일으킬 수 있는 자극 신호를 만들어서 선조체에 전달한다. 선조체는 안정 상태와 같은 긍정적이고 좋은 느낌을 느낄 수 있게 하는 것에 관여하는 뇌 영역인데, 선조체에서 반응이 세게 나타나면 안정감을 느끼게 되어 학습된 안정 반응을 일으킨다. ▶4문단

① 중핵에서 만들어진 신호의 세기가 강한 경우에는 학습된 안정 반응이 나타난다. ➡ (X) 3문단에 따르면 공포를 학습한 경우 청각시상으로 전달된 소리 자극 신호는 센 강도의 신호로 증폭되어 측핵으로 전달되고 이 신호는 중핵을 거쳐 여러 기관에 전달된다고 하였다. 따라서 중핵에서 만들어진 신호의 세기가 강한 경우에는 안정 반응이 아닌 공포 반응이 나타날 것이라고 추론할 수 있다.

② 학습된 공포 반응을 일으키지 않는 소리 자극은 선조체에서 약한 반응이 일어나게 한다. ➡ (X) 지문에서는 학습된 공포 반응과 학습된 안정 반응에 대한 설명은 제시되어 있지만, 학습된 공포 반응을 일으키지 않는 소리 자극에 대한 설명은 제시되어 있지 않다. 따라서 학습된 공포 반응을 일으키지 않는 소리 자극이 선조체에서 약한 반응이 일어나게 하는지는 알 수 없다.

③ 학습된 공포 반응을 일으키는 소리 자극은 청각시상에서 선조체로 전달되는 자극 신호를 억제한다. ➡ (X) 3문단에 따르면 학습된 공포 반응을 일으키는 소리 자극은 청각시상에서 측핵으로 전달되고 중핵을 거쳐 신체의 여러 기관으로 전달될 뿐 선조체로 전달되는 자극 신호를 억제하지는 않는다.

④ 학습된 안정 반응을 일으키는 청각시상에서 받는 소리 자극 신호는 학습된 공포 반응을 일으키는 청각시상에서 받는 소리 자극 신호보다 약하다. ➡ (X) 4문단에 따르면 학습된 안정 반응을 일으키는 청각시상에서 받는 소리 자극 신호는 측핵에 미약하게 전달되는 대신 선조체에 강하게 전달되기 때문에 그 소리 자극 신호 자체가 약한 것은 아니다.

⑤ 학습된 안정 반응을 일으키는 경우와 학습된 공포 반응을 일으키는 경우 모두, 청각시상에서 측핵으로 전달되는 신호의 세기가 학습하기 전과 달라진다. ➡ (O) 3문단에 따르면 학습된 공포 반응을 일으키는 경우에는 학습을 수행하기 전 상태에서 전달되는 신호보다 훨씬 센 강도의 신호로 전달된다. 그리고 4문단에 따르면 학습된 안정 반응을 일으키는 경우에는 청각시상에서 만들어진 신호가 측핵으로 전달되는 것이 억제되어 매우 미약해진다. 따라서 학습 후의 신호 세기가 학습 전과 다르다는 것을 추론할 수 있다.

06 ①

TOP1 정답률 33.3%

| 문제 유형 | 비판적 사고 > 빈칸 채우기

| 접근 전략 | 1문단에 공연 예술단의 수석대표가 갖춰야 할 조건이 나열되어 있고, 2문단에 따라 갑이나 을 둘 중 하나가 이 조건을 충족하면 된다. 가장 필수적인 세 가지 조건은 '정부 관료가 아닌 사람', '고전음악 지휘자나 대중음악 제작자', '전체 세대를 아우르는 사람'이 두 가지이다.

다음 글의 빈칸에 들어갈 내용으로 가장 적절한 것은?

민간 문화 교류 증진을 목적으로 열리는 국제 예술 공연의 개최가 확정되었다. 이번 공연이 민간 문화 교류 증진을 목적으로 열린다면, 공연 예술단의 수석대표는 정부 관료가 맡아서는 안 된다. 만일 공연이 민간 문화 교류 증진을 목적으로 열리고 공연 예술단의 수석대표는 정부 관료가 맡아서는 안 된다면, 공연 예술단의 수석대표는 고전음악 지휘자나 대중음악 제작자가 맡아야 한다. 현재 정부 관료 가운데 고전음악 지휘자나 대중음악 제작자는 없다. 예술단에 수석대표는 반드시 있어야 하며 두 사람 이상이 공동으로 맡을 수도 있다. 전체 세대를 아우를 수 있는 사람이 아니라면 수석대표를 맡아서는 안 된다. 전체 세대를 아우를 수 있는 사람이 극히 드물기에, 위에 나열된 조건을 다 갖춘 사람은 모두 수석대표를 맡는다. ▶1문단

누가 공연 예술단의 수석대표를 맡을 것인가와 더불어, 참가하는 예술인이 누구인가도 많은 관심의 대상이다. 그런데 아이돌 그룹 A가 공연 예술단에 참가하는 것은 분명하다. 왜냐하면 만일 갑이나 을이 수석대표를 맡는다면 A가 공연 예술단에 참가하는데, [   ] 때문이다.

▶2문단

→ 내용을 정리하면 다음과 같다.

㉠ 민간 문화 교류 증진 목적

㉡ 민간 문화 교류 증진 목적 → ~정부 관료

㉢ (민간 문화 교류 증진 목적 ∧ ~정부 관료) → (고전음악 ∨ 대중음악)

㉣ 정부 관료 → (~고전음악 ∧ ~대중음악)

㉤ 대표 반드시 있음. 두 사람 이상 공동으로 가능. 대표는 전체 세대를 아우를 수 있는 사람

㉥ 이상의 조건을 모두 갖춘 경우 모두 수석대표

㉦ (갑 ∨ 을) → A 참가

A가 반드시 참가한다고 하였으므로, '갑 ∨ 을'이 생략된 전제임을 알 수 있다. 따라서 빈칸에는 '갑 ∨ 을'이 반드시 도출될 수 있는 내용이 들어가야 한다.

먼저 ㉠, ㉡으로부터 '~정부 관료'가 도출된다. 한편, ㉢으로부터 '고전음악 ∨ 대중음악'을 도출해 낼 수 있다.

따라서 갑 또는 을이 수석대표가 되기 위해서는 이하의 조건 1, 2를 모두 갖추어야 한다.

- 조건 1: '~정부 관료' 또는, '고전음악 ∨ 대중음악'이어야 한다.
- 조건 2: 세대 전체를 아우를 수 있어야 한다.

① 갑은 고전음악 지휘자이며 전체 세대를 아우를 수 있기 ➡ (O) 갑이 고전음악 지휘자라면 정부 관료가 아니고, 여기에 더해 세대 전체를 아우를 수 있다면 수석대표로서의 조건을 충족하므로 정답이다.

② 갑이나 을은 대중음악 제작자 또는 고전음악 지휘자이기 ➡ (X) 대중음악 제작자 또는 고전음악 지휘자이면서 세대 전체를 아우를 수 있어야 한다는 조건도 충족시켜야 한다.

③ 갑과 을은 둘 다 정부 관료가 아니며 전체 세대를 아우를 수 있기 ➡ (X) 고전음악 지휘자나 대중음악 제작자여야 한다는 조건을 충족시켜야 한다.

④ 을이 대중음악 제작자가 아니라면 전체 세대를 아우를 수 없을 것이기 ➡ (X) 대중음악 제작자인 것과 전체 세대를 아우를 수 있는지 여부는 연결지어 생각해야 할 문제가 아니라 수석대표가 충족해야 할 각각의 조건이다. 따라서 두 조건을 모두 충족하지 않으므로 적절하지 않다.

⑤ 대중음악 제작자나 고전음악 지휘자라면 누구나 전체 세대를 아우를 수 있기 ➡ (X) 대중음악 제작자나 고전음악 지휘자인 것과 전체 세대를 아우를 수 있는지 여부는 연결지어 생각해야 할 문제가 아니라 수석대표가 충족해야 할 각각의 조건이다. 따라서 두 조건을 모두 충족하지 않으므로 적절하지 않다.

07 ③

정답률 50.8%

| 문제 유형 | 사실적 이해 > 논리 게임

| 접근 전략 | 용의자의 말을 제시하고 이들 중 참만을 말하거나 거짓만을 말한 사람이 있다고 하는, 경우의 수가 다양하게 나올 수 있는 문제 유형이다. 이 경우에는 지문을 빠르게 읽어 내용을 파악한 후 〈보기〉 각 항목의 진위를 판단하는 데에 시간을 더 들이는 것이 좋다. 지문의 내용만으로 반드시 참인 것을 확정지을 수 없기 때문이다.

다음 글의 내용이 참일 때, 반드시 참인 것만을 〈보기〉에서 모두 고르면?

A 기술원 해수자원화기술 연구센터는 2014년 세계 최초로 해수전지 원천기술을 개발한 바 있다. 연구센터는 해수전지 상용화를 위한 학술대회를 열었는데 학술대회로 연구원들이 자리를 비운 사이 누군가 해수전지 상용화를 위한 핵심 기술이 들어 있는 기밀 자료를 훔쳐 갔다. 경찰은 수사 끝에 바다, 다은, 은경, 경아를 용의자로 지목해 학술대회 당일의 상황을 물으며 이들을 심문했는데 이들의 답변은 아래와 같았다.

바다: 학술대회에서 발표된 상용화 아이디어 중 적어도 하나는 학술대회에 참석한 모든 사람들의 관심을 받았어요. 다은은 범인이 아니에요.

다은: 학술대회에 참석한 사람들은 누구나 학술대회에서 발표된 하나 이상의 상용화 아이디어에 관심을 가졌어요. 범인은 은경이거나 경아예요.

은경: 학술대회에 참석한 몇몇 사람은 학술대회에서 발표된 상용화 아이디어 중 적어도 하나에 관심이 있었어요. 경아는 범인이 아니에요.

경아: 학술대회에 참석한 모든 사람들이 어떤 상용화 아이디어에도 관심이 없었어요. 범인은 바다예요.

수사 결과 이들은 각각 참만을 말하거나 거짓만을 말한 것으로 드러났다. 그리고 네 명 중 한 명만 범인이었다는 것이 밝혀졌다.

〈보기〉

ㄱ. 바다와 은경의 말이 모두 참일 수 있다. → (O) '몇몇 사람은 상용화된 아이디어 중 적어도 하나에 관심이 있었다'라는 은경의 말은 '상용화 아이디어 중 적어도 하나는 모두의 관심을 받았다'는 바다의 말에 포함되므로 모두 참일 수 있다. 또한 경아의 진술은 거짓이 되고, 이를 바다와 다은, 은경의 진술과 양립 가능하도록 하려면 바다는 범인이 아니라는 사실이 도출된다. 한편 다은이 거짓인 경우, 은경과 양립할 수 없기 때문에 다은의 진술은 참이 된다. 따라서 이 경우 은경만이 범인이다.

ㄴ. 다은과 은경의 말이 모두 참인 것은 가능하지 않다. → (X) '누구나 하나 이상의 상용화 아이디어에 관심을 가졌다'는 다은의 말과 '몇몇 사람은 상용화된 아이디어 중 적어도 하나에 관심이 있었다'는 은경의 말은 모두 참일 수 있다. 또한 경아의 진술은 거짓이 되고 이는 다은, 은경의 진술과 양립 가능하다. 바다의 진술이 참인 경우 은경만이 범인이 되고, 이는 다은, 은경의 진술 및 경아가 거짓일 경우의 경아의 진술과 양립 가능하다.

ㄷ. 용의자 중 거짓말한 사람이 단 한 명이면, 은경이 범인이다. → (O) 경아가 거짓말을 하고 바다, 다은, 은경이 참말을 한 경우, 범인은 바다가 아니고 은경 한 사람이므로 성립 가능하다. 한편 경아의 진술은 바다, 다은, 은경 각각의 진술과 동시에 참일 수 없다. 결국 경아가 거짓말을 한 경우만이 성립 가능하고, 이때 범인은 은경이다.

① ㄱ ➡ (X)

② ㄴ ➡ (X)

③ ㄱ, ㄷ ➡ (O)

④ ㄴ, ㄷ ➡ (X)

⑤ ㄱ, ㄴ, ㄷ ➡ (X)

08 ④

TOP3 정답률 39.8%

| 문제 유형 | 사실적 이해 > 논리 게임

| 접근 전략 | 우선 문장으로 서술된 명제를 도식화하여 관계를 파악하는 것이 중요하다. 마지막 부분에 거짓으로 판명난 명제가 풀이의 핵심이므로 거기에서 출발하도록 한다.

다음 글의 내용이 참일 때, 반드시 참인 것만을 〈보기〉에서 모두 고르면?

최근 두 주 동안 직원들은 다음 주에 있을 연례 정책 브리핑을 준비해 왔다. 브리핑의 내용과 진행에 관해 알려진 바는 다음과 같다. 개인건강정보 관리 방식 변경에 관한 가안이 정책제안에 포함된다면, 보건정보의 공적 관리에 관한 가안도 정책제안에 포함될 것이다. 그리고 정책제안을 위해 구성되었던 국민건강 2025팀이 재편된다면, 앞에서 언급한 두 개의 가안이 모두 정책제안에 포함될 것이다. 개인건강정보 관리 방식 변경에 관한 가안이 정책제안에 포함되고 국민건강 2025팀 리더인 최 팀장이 다음 주 정책 브리핑을 총괄한다면, 프레젠테이션은 국민건강 2025팀의 팀원인 손공정씨가 맡게 될 것이다. 그런데 보건정보의 공적 관리에 관한 가안이 정책제안에 포함될 경우, 국민건강 2025팀이 재편되거나 다음 주 정책 브리핑을 위해 준비한 보도자료가 대폭 수정될 것이다. 한편, 직원들 사이에서는, 최 팀장이 다음 주 정책 브리핑을 총괄하면 팀원 손공정씨가 프레젠테이션을 담당한다는 말이 돌았는데 그 말은 틀린 것으로 밝혀졌다.

→ 내용을 정리하면 다음과 같다.

ⓐ 개인건강정보 관리 방식 변경에 관한 가안이 정책제안에 포함

ⓑ 보건정보의 공적 관리에 관한 가안이 정책제안에 포함

ⓒ 정책제안을 위해 구성되었던 국민건강 2025팀이 재편

ⓓ 국민건강 2025팀 리더 최 팀장이 다음 주 정책 브리핑 총괄

ⓔ 정책 브리핑 프레젠테이션은 국민건강 2025팀의 팀원 손공정씨가 담당

ⓕ 다음 주 정책 브리핑 보도자료가 대폭 수정

㉠ ⓐ → ⓑ

㉡ ⓒ → (ⓐ∧ⓑ)

㉢ (ⓐ∧ⓓ) → ⓔ

㉣ ⓑ → (ⓒ∨ⓕ)

㉤ (ⓓ → ⓔ)는 거짓

㉤은 ~(~ⓓ∨ⓔ)와 동치이므로 ⓓ∧~ⓔ가 도출된다. 즉, ~ⓔ이므로 ㉢의 대우에 의하여 ~ⓐ∨~ⓓ가 성립하는데, ⓓ이므로 ~ⓐ가 도출된다. 또한 ~ⓐ로부터 ㉡의 대우에 의해 ~ⓒ가 도출된다.

〈보기〉

ㄱ. 개인건강정보 관리 방식 변경에 관한 가안과 보건정보의 공적 관리에 관한 가안 중 어느 것도 정책제안에 포함되지 않는다. → (X) ⓑ는 ㉠, ㉡의 후건이므로 ~ⓐ, ~ⓒ만으로는 ⓑ의 참과 거짓을 알 수 없다.

ㄴ. 국민건강 2025팀은 재편되지 않고, 이 팀의 최 팀장이 다음 주 정책 브리핑을 총괄한다. → (O) ~ⓒ, ⓓ가 도출되었으므로 반드시 참이다.

ㄷ. 보건정보의 공적 관리에 관한 가안이 정책제안에 포함된다면, 다음 주 정책 브리핑을 위해 준비한 보도자료가 대폭 수정될 것이다. → (O) ~ⓒ가 도출되었으므로 ㉣은 ⓑ → ⓕ로 표현될 수 있다. 따라서 반드시 참이다.

① ㄱ ➡ (X)

② ㄴ ➡ (X)

③ ㄱ, ㄷ ➡ (X)

④ ㄴ, ㄷ ➡ (O)

⑤ ㄱ, ㄴ, ㄷ ➡ (X)

09 ③

정답률 60.9%

| 문제 유형 | 사실적 이해 > 논리 게임

| 접근 전략 | 각각의 진술을 바탕으로 반드시 참인 것을 고르는 문제 유형으로, 전체 범주나 가짓수를 제한적으로 제시한 것이 아니므로 경우의 수를 따져봐야 한다. 먼저 확정된 사실을 전제로 참이라고 할 수 있는 진술을 하나씩 확보해 나가야 한다.

다음 글의 내용이 참일 때, 반드시 참인 것은?

A, B, C, D를 포함해 총 8명이 학회에 참석했다. 이들에 관해서 알려진 정보는 다음과 같다.

○ 아인슈타인 해석, 많은 세계 해석, 코펜하겐 해석, 보른 해석 말고도 다른 해석들이 있고, 학회에 참석한 이들은 각각 하나의 해석만을 받아들인다.

○ 상태 오그라듦 가설을 받아들이는 이들은 모두 5명이고, 나머지는 이 가설을 받아들이지 않는다.

○ 상태 오그라듦 가설을 받아들이는 이들은 코펜하겐 해석이나 보른 해석을 받아들인다.

○ 코펜하겐 해석이나 보른 해석을 받아들이는 이들은 상태 오그라듦 가설을 받아들인다.

○ B는 코펜하겐 해석을 받아들이고, C는 보른 해석을 받아들인다.

○ A와 D는 상태 오그라듦 가설을 받아들인다.

○ 아인슈타인 해석을 받아들이는 이가 있다.

① 적어도 한 명은 많은 세계 해석을 받아들인다. ➡ (X) 해석의 종류는 다양하고 학회에 참석한 이들이 받아들이는 해석이 각각 다른 것이 아니라 동일한 것일 수도 있으므로, 많은 세계 해석을 받아들이는 이가 적어도 한 명은 있다고 단정할 수 없다. 따라서 이 진술은 반드시 참이라고 할 수 없다.

② 만일 보른 해석을 받아들이는 이가 두 명이면, A와 D가 받아들이는 해석은 다르다. ➡ (X) 보른 해석을 받아들이는 이가 두 명이면 그중 하나는 C일 것이고 다른 하나는 특정할 수 없다. A와 D가 상태 오그라듦 가설을 받아들이므로 코펜하겐 해석이나 보른 해석을 받아들인다는 것은 참이지만 둘 다 코펜하겐 해석을 받아들일 수도 있기 때문이다. C 외에 보른 해석을 받아들이는 이가 A와 D가 아닌 다른 4명 중에 있을 수도 있으므로 이 진술은 반드시 참이라고 할 수 없다.

③ 만일 A와 D가 받아들이는 해석이 다르다면, 적어도 두 명은 코펜하겐 해석을 받아들인다. ➡ (O) A와 D는 상태 오그라듦 가설을 받아들이므로 코펜하겐 해석이나 보른 해석을 받아들일 것이다. 그런데 A와 D가 받아들이는 해석이 다르다면 A가 코펜하겐 해석을 받아들일 경우 D는 보른 해석을 받아들이고, A가 보른 해석을 받아들일 경우 D는 코펜하겐 해석을 받아들일 것이다. 또한 B가 코펜하겐 해석을 받아들인다고 했으므로, 적어도 두 명은 코펜하겐 해석을 받아들인다는 진술은 반드시 참이다.

④ 만일 오직 한 명만이 많은 세계 해석을 받아들인다면, 아인슈타인 해석을 받아들이는 이는 두 명이다. ➡ (X) 학회에 참석하는 이는 8명으로 제한되어 있지만, 해석의 경우는 지문에 제시된 것 외에 더 있다고 했으므로 해석의 가짓수는 제한되지 않는다. 따라서 A~D 외의 참석자들이 어떤 해석을 받아들이는지는 지문의 내용만으로 알 수 없다. 더불어 많은 세계 해석을 받아들이는 것과 아인슈타인 해석을 받아들이는 것 사이의 연관 관계는 파악하기 어렵다.

⑤ 만일 코펜하겐 해석을 받아들이는 이가 세 명이면, A와 D 가운데 적어도 한 명은 보른 해석을 받아들인다. ➡ (X) 코펜하겐 해석을 받아들이는 이가 세 명이면 B 외에 두 명이 더 있다는 말인데, 대상자는 A와 D, 그리고 상태 오그라듦 가설을 받아들이는 또 다른 한 명이 더 있다. 그런데 이 셋 중 A와 D가 모두 코펜하겐 해석을 받아들인다는 경우의 수가 있으므로, A와 D 중 적어도 한 명은 보른 해석을 받아들인다는 진술은 반드시 참이 아니다.

10 ②

정답률 90.5%

| 문제 유형 | 비판적 사고 > 지문에서 추론하기

| 접근 전략 | 지문의 내용을 근거로 추론할 수 있는 것을 찾는 문제 유형이다. 인과 관계를 역으로 해석하거나 서로 관계없는 것을 연관 지어 해석하는 오류는 범하지 않도록 한다.

다음 글의 〈실험 결과〉에서 추론할 수 있는 것은?

연구자 K는 동물의 뇌 구조 변화가 일어나는 방식을 규명하기 위해 다음의 실험을 수행했다. 실험용 쥐를 총 세 개의 실험군으로 나누었다. 실험군 1의 쥐에게는 운동은 최소화하면서 학습을 시키는 '학습 위주 경험'을 하도록 훈련시켰다. 실험군 2의 쥐에게는 특별한 기술을 학습할 필요 없이 수행할 수 있는 쳇바퀴 돌리기를 통해 '운동 위주 경험'을 하도록 훈련시켰다. 실험군 3의 쥐에게는 어떠한 학습이나 운동도 시키지 않았다.

〈실험 결과〉

○ 뇌 신경세포 한 개당 시냅스의 수는 실험군 1의 쥐에서 크게 증가했고 실험군 2와 3의 쥐에서는 거의 변하지 않았다.

○ 뇌 신경세포 한 개당 모세혈관의 수는 실험군 2의 쥐에서 크게 증가했고 실험군 1과 3의 쥐에서는 거의 변하지 않았다.

○ 실험군 1의 쥐에서는 대뇌 피질의 지각 영역에서 구조 변화가 나타났고, 실험군 2의 쥐에서는 대뇌 피질의 운동 영역과 더불어 운동 활동을 조절하는 소뇌에서 구조 변화가 나타났다. 실험군 3의 쥐에서는 뇌 구조 변화가 거의 나타나지 않았다.

① 대뇌 피질의 구조 변화는 학습 위주 경험보다 운동 위주 경험에 더 큰 영향을 받는다. ➡ (X) 세 번째 실험 결과에 따르면 실험군 1의 쥐에서 대뇌 피질의 지각 영역에서 구조 변화가 나타났고, 실험군 2의 쥐에서 대뇌 피질의 운동 영역과 소뇌에서 구조 변화가 나타났다. 지문을 통해 대뇌 피질의 구조 변화가 서로 다른 영역에서 나타났다는 것을 알 수 있을 뿐, 구조 변화에 미치는 영향력의 차이는 추론할 수는 없다.

② 학습 위주 경험은 뇌의 신경세포당 시냅스의 수에, 운동 위주 경험은 뇌의 신경세포당 모세혈관의 수에 영향을 미친다. ➡ (O) 첫 번째 실험 결과를 통해 '학습 위주의 경험'은 시냅스의 수에, 두 번째 실험 결과를 통해 '운동 위주의 경험'은 모세혈관의 수에 영향을 미치는 것을 추론할 수 있다.

③ 학습 위주 경험과 운동 위주 경험은 뇌의 특정 부위에 있는 신경세포의 수를 늘려 그 부위의 뇌 구조를 변하게 한다. ➡ (X) 뇌 신경세포 한 개당 시냅스의 수나 모세혈관의 수에 영향을 미치는 것이지 신경세포의 수를 늘리는 것은 아니다.

④ 특정 형태의 경험으로 인해 뇌의 특정 영역에 발생한 구조 변화가 뇌의 신경세포당 모세혈관 또는 시냅스의 수를 변화시킨다. ➡ (X) 첫 번째, 두 번째 실험 결과를 통해 특정 형태의 경험으로 인해 뇌의 신경세포 한 개당 시냅스나 모세혈관의 수가 변화한다는 사실을 알 수 있고, 세 번째 실험 결과를 통해 뇌의 특정 영역에 구조 변화가 발생한다는 것은 알 수 있다. 하지만 뇌의 특정 영역의 구조 변화가 모세혈관 또는 시냅스의 수에 변화를 주는지는 알 수 없다. 즉, 'A → B'와 'A → C'를 통해 'C → B'를 추론할 수는 없다.

⑤ 뇌가 영역별로 특별한 구조를 갖는 것이 그 영역에서 신경세포당 모세혈관 또는 시냅스의 수를 변화시켜 특정 형태의 경험을 더 잘 수행할 수 있게 한다. ➡ (X) 특정 형태의 경험이 뇌의 특정 영역에 변화를 주거나 신경세포당 모세혈관 또는 시냅스 수에 변화를 주는 것이지 뇌가 영역별로 특별한 구조를 갖는 것이 특정 형태의 경험을 더 잘 수행하게 하는지는 알 수 없다.

11 ③

정답률 65.5%

| 문제 유형 | 비판적 사고 > 판단하기

| 접근 전략 | 각각의 실험군에 적용된 조건이 서로 어떻게 다른지 파악하고 그에 따른 실험 결과를 통해 X가 각각의 실험군에서 어떤 방법을 사용하였는지 추론해야 한다. 방 1은 어떠한 조작도 가하지 않은 대조군이고, 방 2와 3은 실험군에 해당한다. 방 2와 3에는 서로 다른 변인을 적용했는데 표적과 유사한 소리를 추가한 것이 방 2이고 표적과 전혀 다른 소리를 추가한 것이 방 3이다. 방 1에 비해 방 2와 3에서 어떤 실험 결과를 얻었는지 비교해 본다.

다음 글의 〈실험 결과〉에 대한 판단으로 적절한 것만을 〈보기〉에서 모두 고르면?

박쥐 X가 잡아먹을 수컷 개구리의 위치를 찾기 위해 사용하는 방법에는 두 가지가 있다. 하나는 수컷 개구리의 울음소리를 듣고 위치를 찾아내는 '음탐지' 방법이다. 다른 하나는 X가 초음파를 사용하여, 울음소리를 낼 때 커졌다 작아졌다 하는 울음주머니의 움직임을 포착하여 위치를 찾아내는 '초음파탐지' 방법이다. 울음주머니의 움직임이 없으면 이 방법으로 수컷 개구리의 위치를 찾을 수 없다.

〈실험〉

한 과학자가 수컷 개구리를 모방한 두 종류의 로봇개구리를 제작했다. 로봇개구리 A는 수컷 개구리의 울음소리를 내고, 커졌다 작아졌다 하는 울음주머니도 가지고 있다. 로봇개구리 B는 수컷 개구리의 울음소리만 내고, 커졌다 작아졌다 하는 울음주머니는 없다. 같은 수의 A 또는 B를 크기는 같지만 서로 다른 환경의 세 방 안에 같은 위치에 두었다. 세 방의 환경은 다음과 같다.

○ 방 1: 로봇개구리 소리만 들리는 환경

○ 방 2: 로봇개구리 소리뿐만 아니라, 로봇개구리가 있는 곳과 다른 위치에서 로봇개구리 소리와 같은 소리가 추가로 들리는 환경

○ 방 3: 로봇개구리 소리뿐만 아니라, 로봇개구리가 있는 곳과 다른 위치에서 로봇개구리 소리와 전혀 다른 소리가 추가로 들리는 환경

각 방에 같은 수의 X를 넣고 실제로 로봇개구리를 잡아먹기 위해 공격하는 데 걸리는 평균 시간을 측정했다. X가 로봇개구리의 위치를 빨리 알아낼수록 공격하는 데 걸리는 시간은 짧다.

〈실험 결과〉

○ 방 1: A를 넣은 경우는 3.4초였고 B를 넣은 경우는 3.3초로 둘 사이에 유의미한 차이는 없었다.

○ 방 2: A를 넣은 경우는 8.2초였고 B를 넣은 경우는 공격하지 않았다.

○ 방 3: A를 넣은 경우는 3.4초였고 B를 넣은 경우는 3.3초로 둘 사이에 유의미한 차이는 없었다.

〈보기〉

ㄱ. 방 1과 2의 〈실험 결과〉는, X가 음탐지 방법이 방해를 받는 환경에서는 초음파탐지 방법을 사용한다는 가설을 강화한다. → (O) 실험 결과에 따르면 X가 방 1에서는 A와 B를 모두 비슷한 시간 내에 찾아냈지만 방 2에서는 A의 위치만 찾아냈다. 방 1에 비해 방 2에는 표적의 소리에 방해가 되는 유사한 소리를 추가했기 때문인데, 여기에서 A만 찾고 B를 찾지 못했다는 것은 B에 울음주머니가 없다는 요인 때문이다. X가 방해가 되는 다른 유사한 소리가 섞여 있을 때 음탐지 방법으로 표적을 찾을 수 있었다면 방 2에서도 A와 B를 모두 찾았을 것이다. 그러나 A만 찾았다는 것은 음탐지가 방해를 받는 환경에서는 초음파탐지 방법을 사용한다는 가설을 강화한다.

ㄴ. 방 2와 3의 〈실험 결과〉는, X가 소리의 종류를 구별할 수 있다는 가설을 강화한다. → (O) 방 2와 3에는 표적 이외의 방해가 되는 소리가 추가되고 있다. 다만, 방 2에서는 표적의 소리와 유사한 소리가, 방 3에서는 표적의 소리와 전혀 다른 소리가 추가되었다는 점이 차이를 보인다. 그런데 방 3에서는 방해 요인이 추가되지 않은 대조군과 동일하게 A와 B를 찾았다. 따라서 X가 음탐지 방법을 통해 소리의 종류를 구별할 수 있다는 가설을 강화한다.

ㄷ. 방 1과 3의 〈실험 결과〉는, 수컷 개구리의 울음소리와 전혀 다른 소리가 들리는 환경에서는 X가 초음파탐지 방법을 사용한다는 가설을 강화한다. →(X) B가 울음주머니가 없음에도 불구하고 X가 방 1과 3에서 모두 B를 찾아냈으므로 초음파탐지 방법이 아닌 음탐지 방법으로 표적과 전혀 다른 소리를 구별할 수 있었음을 알 수 있다. 따라서 표적의 소리와 전혀 다른 소리가 들리는 방 3과 같은 환경에서 X가 초음파탐지 방법을 사용한다는 가설을 강화하지 못한다.

① ㄱ ➡ (X)
② ㄷ ➡ (X)
③ ㄱ, ㄴ ➡ (O)
④ ㄴ, ㄷ ➡ (X)
⑤ ㄱ, ㄴ, ㄷ ➡ (X)

12 ④

정답률 63.1%

| 문제 유형 | 비판적 사고 > 판단하기

| 접근 전략 | 익숙하지 않은 관념어들이 등장해 낯설게 느껴질 수 있지만 〈논증〉의 과정을 차례로 따라가며 지문의 내용을 이해하면 된다. 목표가 추가되거나 조건을 일부 수정하더라도 (3)에 의해 전통적 인식론은 폐기되어야 한다는 점이 확정되면서 마지막 결론이 도출될 수밖에 없는 구조이다.

다음 글에 대한 분석으로 적절한 것만을 〈보기〉에서 모두 고르면?

'자연화'란 자연과학의 방법론에 따라 자연과학이 수용하는 존재론을 토대 삼아 연구를 수행한다는 의미이다. 심리학을 자연과학의 하나라고 생각하는 철학자 A는, 인식론의 자연화를 주장하기 위해 다음의 〈논증〉을 제시하였다.

〈논증〉

(1) 전통적 인식론은 적어도 다음의 두 가지 목표를 가진다. 첫째, 세계에 관한 믿음을 정당화하는 것이고, 둘째, 세계에 관한 믿음을 나타내는 문장을 감각 경험을 나타내는 문장으로 번역하는 것이다.
(2) 전통적 인식론은 첫째 목표도 달성할 수 없고 둘째 목표도 달성할 수 없다.
(3) 만약 전통적 인식론이 이 두 가지 목표 중 어느 하나라도 달성할 수가 없다면, 전통적 인식론은 폐기되어야 한다.
(4) 전통적 인식론은 폐기되어야 한다.
(5) 만약 전통적 인식론이 폐기되어야 한다면, 인식론자는 전통적 인식론 대신 심리학을 연구해야 한다.
(6) 인식론자는 전통적 인식론 대신 심리학을 연구해야 한다.

〈보기〉

ㄱ. 전통적 인식론의 목표에 (1)의 '두 가지 목표' 외에 "세계에 관한 믿음이 형성되는 과정을 규명하는 것"이 추가된다면, 위 논증에서 (6)은 도출되지 않는다. →(X) (1)에서 두 가지 목표 외에 다른 것이 추가되더라도 (2)에 의해 두 가지 목표를 달성할 수 없다고 했을 때 (3)에 의해 전통적 인식론이 폐기되어야 한다는 결론이 나온다면 (6)은 도출될 것이다. 따라서 ㉠은 적절한 분석이 아니다.

ㄴ. (2)를 "전통적 인식론은 첫째 목표를 달성할 수 없거나 둘째 목표를 달성할 수 없다."로 바꾸어도 위 논증에서 (6)이 도출된다. →(O) (2)를 이와 같이 바꿔도 (3)에 의해 전통적 인식론은 폐기되어야 한다는 결론으로 이어져 (6)이 도출될 수 있으므로 적절한 분석이다.

ㄷ. (4)는 논증 안의 어떤 진술들로부터 나오는 결론일 뿐만 아니라 논증 안의 다른 진술의 전제이기도 하다. →(O) (4)는 (1)~(3)으로부터 나오는 결론이자, (5)~(6)의 전제가 되기도 하므로 적절한 분석이다.

① ㄱ ➡ (X)
② ㄷ ➡ (X)
③ ㄱ, ㄴ ➡ (X)
④ ㄴ, ㄷ ➡ (O)
⑤ ㄱ, ㄴ, ㄷ ➡ (X)

13 ⑤

정답률 53.4%

| 문제 유형 | 비판적 사고 > 판단하기

| 접근 전략 | 논리 영역의 기본적인 원리를 이해하고 있다면 수월하게 풀 수 있는 문제이다. 즉 'A or B'는 둘 중 적어도 하나는 참이라는 점, 이 명제가 거짓이라면 '∼A and ∼B'가 참이라는 점, 진술 문장의 긍정과 부정이 모두 성립할 경우 모순 관계가 되므로 해당 진술은 참이 될 수 없다는 점 등 기본적인 개념에 대한 설명을 포함하고 있다.

다음 글에 대한 분석으로 적절한 것만을 〈보기〉에서 모두 고르면?

어떤 사람이 당신에게 다음과 같이 제안했다고 하자. 당신은 호화 여행을 즐기게 된다. 다만 먼저 10만 원을 내야 한다. 여기에 하나의 추가 조건이 있다. 그것은 제안자의 말인 아래의 (1)이 참이면 그는 10만 원을 돌려주지 않고 약속대로 호화 여행은 제공하는 반면, (1)이 거짓이면 그는 10만 원을 돌려주고 약속대로 호화 여행도 제공한다는 것이다.

(1) 나는 당신에게 10만 원을 돌려주거나 ⓐ 당신은 나에게 10억 원을 지불한다.

당신은 이 제안을 받아들였고 10만 원을 그에게 주었다.

이때 어떤 결과가 따를지 검토해 보자. (1)은 참이거나 거짓일 것이다. (1)이 거짓이라고 가정해 보자. 그러면 추가 조건에 따라 그는 당신에게 10만 원을 돌려준다. 또한 가정상 (1)이 거짓이므로, ㉠ 그는 당신에게 10만 원을 돌려주지 않는다. 결국 (1)이 거짓이라고 가정하면 그는 당신에게 10만 원을 돌려준다는 것과 돌려주지 않는다는 것이 모두 성립한다. 이는 가능하지 않다. 따라서 ㉡ (1)은 참일 수밖에 없다. 그런데 (1)이 참이라면 추가 조건에 따라 그는 당신에게 10만 원을 돌려주지 않는다. 따라서 ⓐ가 반드시 참이어야 한다. 즉, ㉢ 당신은 그에게 10억 원을 지불한다.

〈보기〉

ㄱ. ㉠을 추론하는 데는 'A이거나 B'의 형식을 가진 문장이 거짓이면 A도 B도 모두 반드시 거짓이라는 원리가 사용되었다. →(O) (1)은 '나는 당신에게 10만 원을 돌려준다'와 '당신은 나에게 10억 원을 지불한다' 중 적어도 하나는 수행된다는 것으로 'A or B'로 기호화할 수 있다. 이를 거짓이라고 했을 때 '∼A and ∼B'가 되므로 A와 B가 둘 다 거짓이 된다.

ㄴ. ㉡을 추론하는 데는 어떤 가정 하에서 같은 문장의 긍정과 부정이 모두 성립하는 경우 그 가정의 부정은 반드시 참이라는 원리가 사용되었다. →(O) (1)이 거짓이라고 할 경우에 '나는 당신에게 10만 원을 돌려준다'와 그의 반대인 '나는 당신에게 10만 원을 돌려주지 않는다'가 모두 성립하여 모순되므로 (1)은 반드시 참일 수밖에 없다. 즉 어떤 가정에 의해 같은 문장의 긍정과 부정이 모두 성립하게 되면 그 가정은 거짓이고 그 부정이 반드시 참이라는 원리가 사용된 것이다.

ㄷ. ㉢을 추론하는 데는 'A이거나 B'라는 형식의 참인 문장에서 A가 거짓인 경우 B는 반드시 참이라는 원리가 사용되었다. →(O) (1)이 참일 경우 A와 B 중 적어도 하나는 성립한다. 그러나 ㉢ 앞의 진술에 의해 '∼A'이므로 B는 반드시 참일 수밖에 없다.

① ㄱ ➡ (X)
② ㄷ ➡ (X)
③ ㄱ, ㄴ ➡ (X)
④ ㄴ, ㄷ ➡ (X)
⑤ ㄱ, ㄴ, ㄷ ➡ (O)

14 ②

정답률 40.9%

| 문제 유형 | 비판적 사고 > 판단하기

| 접근 전략 | 지문에서 두 가지 견해를 파악한 후에 〈보기〉에 나오는 각각의 주장이 이들을 반박하는 것인지 판단해야 하는 유형이다. ㉠과 ㉡에 대해 논의할 때 사용한 근거가 〈보기〉에서 혼용되어 나타나고 있으므로 이를 잘 분별해야 한다.

다음 글의 ㉠과 ㉡에 대한 평가로 적절한 것만을 〈보기〉에서 모두 고르면?

연역과 귀납, 이 두 종류의 방법은 지적 작업에서 사용될 수 있는 모든 추론을 포괄한다. 철학과 과학을 비롯한 모든 지적 작업에 연역적 방법이 필수적이라는 것을 부정하는 사람은 아무도 없다. 귀납적 방법의 경우 사정은 크게 다르다. 귀납적 방법이 철학적 작업에 들어설 여지가 없다고 믿는 사람이 있는가 하면, 한 걸음 더 나아가 어떠한 지적 작업에도 귀납적 방법이 불필요하다고 주장하는 사람들도 있다. ▶1문단

㉠ 귀납적 방법이 철학이라는 지적 작업에서 불필요하다는 견해는 독단적인 철학관에 근거한다. 이런 견해에 따르면 철학적 주장의 정당성은 선험적인 것으로, 경험적 지식을 확장하기 위해 사용되는 귀납적 방법에 의존할 수 없다. 그러나 이런 견해는 철학적 주장이 경험적 가설에 의존해서는 안 된다는 부당하게 편협한 철학관과 '귀납적 방법'의 모호성을 딛고 서 있다. 실제로 철학사에 나타나는 목적론적 신 존재 증명이나 외부 세계의 존재에 관한 형이상학적 논증 가운데는 귀납적 방법인 유비 논증과 귀추법을 교묘히 적용하고 있는 것도 있다. ▶2문단

㉡ 모든 지적 작업에서 귀납적 방법의 필요성을 부정하는 견해는 중요한 철학적 성과를 낳기도 하였다. 포퍼의 철학이 그런 사례 가운데 하나이다. 포퍼는 귀납적 방법의 정당화 가능성에 관한 회의적 결론을 받아들이고, 과학의 탐구가 귀납적 방법으로 진행된다는 견해는 근거가 없음을 보인다. 그에 따르면, 과학의 탐구 과정은 연역 논리 법칙에 따라 전개되는 추측과 반박의 작업으로 이루어진다. 이런 포퍼의 이론은 귀납적 방법의 필요성에 대한 전면적인 부정이 낳을 수 있는 흥미로운 결과 가운데 하나라고 할 수 있다. ▶3문단

〈보기〉

ㄱ. 과학의 탐구가 귀납적 방법에 의해 진행된다는 주장은 ㉠을 반박한다. → (X) ㉠은 귀납적 방법이 철학적 작업에 불필요하다는 견해이므로, 과학의 탐구가 귀납적 방법에 의해 진행된다는 주장이 이를 지지하지도 반박하지도 않는다.

ㄴ. 철학의 일부 논증에서 귀추법의 사용이 불가피하다는 주장은 ㉡을 반박한다. → (O) ㉡은 철학을 포함한 모든 지적 작업에 귀납적 방법이 불필요하다는 견해인데, 2문단에 따르면 귀납적 방법인 귀추법이 철학적 논증에 적용되기도 한다고 했으므로 이 주장은 ㉡을 반박한다.

ㄷ. 연역 논리와 경험적 가설 모두에 의존하는 지적 작업이 있다는 주장은 ㉠과 ㉡을 모두 반박한다. → (X) 연역과 귀납의 방법에 모두 의존하는 지적 작업이 있다는 주장은 ㉡을 반박하지만, ㉠은 철학적 작업에 국한된 견해이므로 전적으로 반박되지 않는다.

① ㄱ ➡ (X)
② ㄴ ➡ (O)
③ ㄱ, ㄷ ➡ (X)
④ ㄴ, ㄷ ➡ (X)
⑤ ㄱ, ㄴ, ㄷ ➡ (X)

15 ④

정답률 42.6%

| 문제 유형 | 비판적 사고 > 판단하기

| 접근 전략 | 부당한 삼단논법에서 오류가 발생하는 이유를 세 가지 관점에서 서술하고, 구체적인 사례를 적용해 보는 문제 유형이다. 내용적으로는 논리 게임 유형에 해당하지만 문제 풀이 과정에서는 구체적인 사례에 적용하는 작업이 필요하다.

다음 글의 갑~병에 대한 판단으로 적절한 것만을 〈보기〉에서 모두 고르면?

다음 두 삼단논법을 보자.

(1) 모든 춘천시민은 강원도민이다.
모든 강원도민은 한국인이다.
따라서 모든 춘천시민은 한국인이다.

(2) 모든 수학 고득점자는 우등생이다.
모든 과학 고득점자는 우등생이다.
따라서 모든 수학 고득점자는 과학 고득점자이다.

(1)은 타당한 삼단논법이지만 (2)는 부당한 삼단논법이다. 하지만 어떤 사람들은 (2)도 타당한 논증이라고 잘못 판단한다. 왜 이런 오류가 발생하는지 설명하기 위해 세 가지 입장이 제시되었다.

갑: 사람들은 '모든 A는 B이다'를 '모든 B는 A이다'로 잘못 바꾸는 경향이 있다. '어떤 A도 B가 아니다'나 '어떤 A는 B이다'라는 형태에서는 A와 B의 자리를 바꾸더라도 아무런 문제가 없다. 하지만 '모든 A는 B이다'라는 형태에서는 A와 B의 자리를 바꾸면 논리적 오류가 생겨난다.

을: 사람들은 '모든 A는 B이다'를 약한 의미로 이해해야 하는데도 강한 의미로 이해하는 잘못을 저지르는 경향이 있다. 여기서 약한 의미란 그것을 'A는 B에 포함된다'로 이해하는 것이고, 강한 의미란 그것을 'A는 B에 포함되고 또한 B는 A에 포함된다'는 뜻에서 'A와 B가 동일하다'로 이해하는 것이다.

병: 사람들은 전제가 모두 '모든 A는 B이다'라는 형태의 명제로 이루어진 것일 경우에는 결론도 그런 형태이기만 하면 타당하다고 생각하고, 전제 가운데 하나가 '어떤 A는 B이다'라는 형태의 명제로 이루어진 것일 경우에는 결론도 그런 형태이기만 하면 타당하다고 생각하는 경향이 있다.

〈보기〉

ㄱ. 대다수의 사람이 "어떤 과학자는 운동선수이다. 어떤 철학자도 과학자가 아니다."라는 전제로부터 "어떤 철학자도 운동선수가 아니다."를 타당하게 도출할 수 있는 결론이라고 응답했다는 심리 실험 결과는 갑에 의해 설명된다. → (X) '어떤 A는 B이다'는 형태의 전제로부터 '어떤 A는 B이다'는 형태의 결론을 도출했으므로 이는 병에 의해 설명된다.

ㄴ. 대다수의 사람이 "모든 적색 블록은 구멍이 난 블록이다. 모든 적색 블록은 삼각 블록이다."라는 전제로부터 "모든 구멍이 난 블록은 삼각 블록이다."를 타당하게 도출할 수 있는 결론이라고 응답했다는 심리 실험 결과는 을에 의해 설명된다. → (O) '모든 적색 블록은 구멍이 난 블록이다.'와 '모든 적색 블록은 삼각 블록이다.'를 강한 의미로 이해해 A가 B와 동일한 것으로 이해한 경우이다. 'a=b, a=c'를 통해 'b=c'라고 판단해 '모든 구멍이 난 블록은 삼각 블록이다.'라는 결론을 얻었기 때문이다. 따라서 이는 을에 의해 설명된다.

ㄷ. 대다수의 사람이 "모든 물리학자는 과학자이다. 어떤 컴퓨터 프로그래머는 과학자이다."라는 전제로부터 "어떤 컴퓨터 프로그래머는 물리학자이다."를 타당하게 도출할 수 있는 결론이라고 응답했다는 심리 실험 결과는 병에 의해 설명된다. → (O) 두 가지 전제 중 '어떤 컴퓨터 프로그래머는 과학자이다'라는 전제가 있어 그와 유사한 형태인 '어떤 컴퓨터 프로그래머는 물리학자이다'를 타당한 결론이라고 본 것이다. 전제 가운데 하나가 '어떤 A는 B이다'라는 형태의 명제로 이루어진 경우에는 결론도 그런 형태이기만 하면 타당하다고 생각하는 병에 의해 설명이 가능하다.

① ㄱ ➡ (X)
② ㄷ ➡ (X)
③ ㄱ, ㄴ ➡ (X)
④ ㄴ, ㄷ ➡ (O)
⑤ ㄱ, ㄴ, ㄷ ➡ (X)

16 ⑤

정답률 39.8%

| 문제 유형 | 비판적 사고 > 판단하기
| 접근 전략 | 발언자 을과 병의 의견에 따라 계획안을 적절하게 수정하였는지를 확인하는 문제 유형이다. 추론이나 판단의 사고 과정보다는 내용 일치 여부를 확인하는 과정이 필요한 문제로 난도가 쉬운 편이다.

다음 대화의 ㉠에 따라 〈계획안〉을 수정한 것으로 적절하지 않은 것은?

갑: 나눠드린 'A시 공공 건축 교육 과정' 계획안을 다 보셨죠? 이제 계획안을 어떻게 수정하면 좋을지 각자의 의견을 자유롭게 말씀해 주십시오.
을: 코로나19 상황을 고려해 대면 교육보다 온라인 교육이 좋겠습니다. 그리고 방역 활동에 모범을 보이는 차원에서 온라인 강의로 진행한다는 점을 강조하는 것이 좋겠습니다. 온라인 강의는 편안한 시간에 접속하여 수강하게 하고, 수강 가능한 기간을 명시해야 합니다. 게다가 온라인으로 진행하면 교육 대상을 A시 시민만이 아닌 모든 희망자로 확대하는 장점이 있습니다.
병: 좋은 의견입니다. 여기에 덧붙여 교육 대상을 공공 건축 업무 관련 공무원과 일반 시민으로 구분하는 것이 좋겠습니다. 관련 공무원과 일반 시민은 기반 지식에서 차이가 커 같은 내용으로 교육하기에 적합하지 않습니다. 업무와 관련된 직무 교육 과정과 일반 시민 수준의 교양 교육 과정으로 따로 운영하는 것이 좋겠습니다.
을: 교육 과정 분리는 좋습니다만, 공무원의 직무 교육은 참고할 자료가 많아 온라인 교육이 비효율적입니다. 직무 교육 과정은 다음에 논의하고, 이번에는 시민 대상 교양 과정으로만 진행하는 것이 좋겠습니다. 그리고 A시의 유명 공공 건축물을 활용해서 A시를 홍보하고 관심을 끌 수 있는 주제의 강의가 있으면 좋겠습니다.
병: 그게 좋겠네요. 마지막으로 덧붙이면 신청 방법이 너무 예전 방식입니다. 시 홈페이지에서 신청 게시판을 찾아가는 방법을 안내할 필요는 있지만, 요즘 같은 모바일 시대에 이것만으로는 부족합니다. A시 공식 어플리케이션에서 바로 신청서를 작성하고 제출할 수 있도록 하면 좋겠습니다.
갑: ㉠ 오늘 회의에서 나온 의견을 반영하여 계획안을 수정하도록 하겠습니다. 감사합니다.

〈계획안〉

A시 공공 건축 교육 과정
○ 강의 주제: 공공 건축의 미래/A시의 조경
○ 일시: 7. 12.(월) 19:00 ~ 21:00/7. 14.(수) 19:00 ~ 21:00
○ 장소: A시 청사 본관 5층 대회의실
○ 대상: A시 공공 건축에 관심 있는 A시 시민 누구나
○ 신청 방법: A시 홈페이지 → '시민참여' → '교육' → '공공 건축 교육 신청 게시판'에서 신청서 작성

① 강의 주제에 "건축가협회 선정 A시의 유명 공공 건축물 TOP 3"를 추가한다. ➡ (O) 을의 두 번째 발언에 A시의 유명 공공 건축물을 활용하여 A시를 홍보하자는 의견이 있으므로 이와 같이 강의 주제를 추가하는 것은 적절하다.
② 일시 항목을 "○ 기간: 7. 12.(월) 06:00 ~ 7. 16.(금) 24:00"으로 바꾼다. ➡ (O) 을의 첫 번째 발언에 온라인 강의는 편안한 시간에 접속하되 수강 가능한 기간을 명시해야 한다는 의견이 있다. 기간은 12 ~ 16일로 제한하되 시간은 오전 6시부터 자정까지로 수정한 것은 을의 의견에 따라 적절하게 수정한 것이다.
③ 장소 항목을 "○ 교육방식: 코로나19 확산 방지를 위해 온라인 교육으로 진행"으로 바꾼다. ➡ (O) 을의 첫 번째 발언에 대면 교육보다는 온라인 교육으로 진행하자는 의견이 있으므로 교육 방식을 비대면으로 수정한 것은 적절하다.
④ 대상을 "A시 공공 건축에 관심 있는 사람 누구나"로 바꾼다. ➡ (O) 을의 첫 번째 발언에 따라 A시 시민만이 아닌 일반 시민 중 모든 희망자로 교육 대상을 확대한 것은 적절하다.
⑤ 신청 방법을 "A시 공식 어플리케이션을 통한 A시 공공 건축 교육 과정 간편 신청"으로 바꾼다. ➡ (X) 병의 두 번째 발언을 보면 홈페이지에서 신청하는 방법 외에도 모바일 어플리케이션을 활용해 신청서를 작성, 제출하도록 하자는 의견이 있다. 따라서 신청 방법을 모바일 어플리케이션으로 전면 전환하는 것이 아닌 홈페이지와 모바일 어플리케이션을 모두 활용할 수 있도록 〈계획안〉을 수정해야 한다.

17 ③

정답률 85.8%

| 문제 유형 | 비판적 사고 > 빈칸 채우기
| 접근 전략 | 지문의 내용을 도표로 정리할 수 있는지를 확인하는 문제 유형이다. 글의 순서에 따라 내용을 요약하고 중심 내용을 구조화할 수 있어야 한다.

다음 글의 ㉠~㉢에 들어갈 내용에 대한 설명으로 가장 적절한 것은?

○○도는 2022년부터 '공공 기관 통합 채용' 시스템을 운영하여 공공 기관의 채용에 대한 체계적 관리와 비리 발생 예방을 도모할 계획이다. 기존에는 ○○도 산하 공공 기관들이 채용 전(全) 과정을 각기 주관하여 시행하였으나, 2022년부터는 ○○도가 채용 과정에 참여하기로 하였다. ○○도와 산하 공공 기관들이 '따로, 또 같이'하는 통합 채용을 통해 채용 과정의 투명성을 확보하고 기관별 특성에 맞는 인재 선발을 용이하게 하려는 것이다. ▶1문단

○○도는 채용 공고와 원서 접수를 하고 필기시험을 주관한다. 나머지 절차는 ○○도 산하 공공 기관이 주관하여 서류 심사 후 면접시험을 거쳐 합격자를 발표한다. 기존 채용 절차에서 서류 심사에 이어 필기시험을 치던 순서를 맞바꾸었는데, 이는 지원자에게 응시 기회를 확대 제공하기 위해서이다. 절차 변화에 대한 지원자의 혼란을 줄이기 위해 기존의 나머지 채용 절차는 그대로 유지하였다. 또 ○○도는 기존의 필기시험 과목인 영어·한국사·일반상식을 국가직무능력표준 기반 평가로 바꾸어 기존과 달리 실무 능력을 평가해서 인재를 선발할 수 있도록 제도를 보완하였다. ○○도는 이런 통합 채용 절차를 알기 쉽게 기존 채용 절차와 개선 채용 절차를 비교해서 도표로 나타내었다. ▶2문단

〈기존〉

주관 기관	㉠					
채용 절차	채용 공고	원서 접수	㉡	㉢	㉣	합격자 발표

〈개선〉

주관 기관	㉤			㉥		
채용 절차	채용 공고	원서 접수	㉦	㉧	㉨	합격자 발표

① 개선 이후 ㉠에 해당하는 기관이 주관하는 채용 업무의 양은 이전과 동일할 것이다. ➡ (X) 기존의 주관 기관은 ○○도 산하 공공 기관이었으나, 개선 후에는 ○○도가 채용 공고와 원서 접수를 하고 필기시험을 주관하면 나머지 절차는 ○○도 산하 공공 기관이 주관한다. 따라서 ㉠에 해당하는 산하 공공 기관이

기존에는 전 과정을 주관하여 시행하였으나, 개선 후에는 ○○도가 필기시험까지 주관하므로 산하 공공 기관의 업무는 줄어들 것이다.

② ㉠과 같은 주관 기관이 들어가는 것은 ㉥이 아니라 ㉤이다. ➡ (X) 채용 공고부터 필기시험까지 채용 과정의 전반부는 ○○도가 진행하고 서류 심사와 면접시험은 산하 공공 기관이 진행하므로 ㉤은 ○○도, ㉥은 산하 공공 기관임을 알 수 있다. ㉠과 같은 주관 기관이 들어가는 것은 ㉥이 아닌 ㉤이다.

③ ㉡과 ㉧에는 같은 채용 절차가 들어간다. ➡ (O) 2문단에서 기존 채용 절차에서 서류 심사에 이어 필기시험을 치던 순서를 맞바꾸었다고 했으므로 ㉡과 ㉧에는 동일한 채용 절차인 서류 심사가 들어갈 것이다.

④ ㉢과 ㉦에서 지원자들이 평가받는 능력은 같다. ➡ (X) ㉢과 ㉦에는 필기시험이 들어가는데, 2문단에서 기존의 필기시험 과목인 영어·한국사·일반상식을 국가직무능력표준 기반 평가로 바꾸어 기존과 달리 실무 능력을 평가한다고 하였다. 따라서 기존과 개선 후의 필기시험에서 지원자들을 평가하는 능력이 달라짐을 알 수 있다.

⑤ ㉣을 주관하는 기관과 ㉨을 주관하는 기관은 다르다. ➡ (X) ㉣과 ㉨에는 면접시험이 들어가는데 둘 다 ○○도 산하 공공 기관이 주관한다.

18 ③

정답률 62.9%

| 문제 유형 | 비판적 사고 > 판단하기

| 접근 전략 | 1문단을 통해 분류 기준을 파악하고 2문단을 통해 (가)~(다)의 결과를 확인하여 〈표〉에 대입하면 된다. 다만 기준 A와 B가 확정되지 않았으므로 〈보기〉의 내용을 바탕으로 A와 B의 빈칸에 들어갈 말을 정하고 나머지 빈칸에 어떤 결과를 대입해야 할지 판단하면 된다.

다음 글의 〈표〉에 대한 판단으로 적절한 것만을 〈보기〉에서 모두 고르면?

법제처 주무관 갑은 지방자치단체를 대상으로 조례 입안을 지원하고 있다. 갑은 지방자치단체가 조례 입안 지원 신청을 하는 경우, 두 가지 기준에 따라 나누어 신청 안들을 정리하고 있다. 해당 조례안의 입법 예고를 완료하였는지 여부를 기준으로 '완료'와 '미완료'로 나누고, 과거에 입안을 지원하였던 조례안 중에 최근에 접수된 조례안과 내용이 유사한 사례가 있는지를 판단하여 유사 사례 '있음'과 '없음'으로 나눈다. 유사 사례가 존재하지 않는 경우에만 갑은 팀장인 을에게 그 접수된 조례안의 주요 내용을 보고해야 한다. ▶1문단

최근 접수된 조례안 (가)는 지난 분기에 지원하였던 조례안과 많은 부분 유사한 내용을 담고 있다. 입법 예고는 현재 진행 중이다. 조례안 (나)의 경우는 입법 예고가 완료된 후에 접수되었고, 그 주요 내용이 지난해에 지원한 조례안의 주요 내용과 유사하다. 조례안 (다)는 주요 내용이 기존에 지원하였던 조례안과 유사성이 전혀 없는 새로운 내용을 규정하고 있으며, 입법 예고가 진행되지 않았다. ▶2문단

이상의 내용을 다음과 같은 형식으로 나타낼 수 있다.

〈표〉 입안 지원 신청 조례안별 분류

조례안 / 기준	(가)	(나)	(다)
A	㉠	㉡	㉢
B	㉣	㉤	㉥

▶3문단

→ 제시된 〈표〉를 정리하면 다음과 같다.

ㄱ에 따라 A에 유사 사례의 유무를 따지는 기준, B에 입법 예고 완료 여부를 따지는 기준이 들어간다고 하면 다음과 같이 표를 완성할 수 있다.

조례안 / 기준	(가)	(나)	(다)
A	㉠ 있음	㉡ 있음	㉢ 없음
B	㉣ 미완료	㉤ 완료	㉥ 미완료

〈보기〉

ㄱ. A에 유사 사례의 유무를 따지는 기준이 들어가면, ㉣과 ㉥이 같다.
→ (O) A에 유사 사례의 유무를 따지는 기준이 들어가면 B에는 입법 예고 완료 여부를 따지는 기준이 들어갈 것이다. (가)는 입법 예고가 현재 진행 중이므로 ㉣에는 미완료가, (다)는 입법 예고가 진행되지 않았으므로 ㉥에도 미완료가 들어갈 것이므로 ㉣과 ㉥은 같다.

ㄴ. B에 따라 을에 대한 갑의 보고 여부가 결정된다면, ㉠과 ㉢은 같다.
→ (O) 1문단에 따르면 유사 사례가 존재하지 않는 경우에만 팀장에게 보고해야 한다. B에 따라 을에 대한 갑의 보고 여부가 결정된다면 B에 유사 사례의 유무를 따지는 기준이 들어가는 것이다. 그렇다면 A에는 입법 예고 완료 여부를 따지는 기준이 들어가고 (가)와 (다)의 입법 예고 완료 여부는 각각 미완료 상태이므로 ㉠과 ㉢은 같다.

ㄷ. ㉣과 ㉤이 같으면, ㉠과 ㉡이 같다. → (X) ㉣과 ㉤이 같으면 B에 유사 사례의 유무를 따지는 기준이 들어갈 것이다. 그렇다면 A에는 입법 예고 완료 여부를 따지는 기준이 들어가므로 ㉠에는 미완료, ㉡에는 완료가 들어갈 것이므로 ㉠과 ㉡은 서로 다른 상태가 들어감을 알 수 있다.

① ㄱ ➡ (X)
② ㄷ ➡ (X)
③ ㄱ, ㄴ ➡ (O)
④ ㄴ, ㄷ ➡ (X)
⑤ ㄱ, ㄴ, ㄷ ➡ (X)

19 ③

정답률 69.1%

| 문제 유형 | 비판적 사고 > 유사한 내용·사례 찾기

| 접근 전략 | 지문에 제시된 대화의 주제는 '장애인 스포츠 강좌 지원사업의 집행 실적 저조에 대한 문제점 파악'이다. 이에 대해 을, 병, 정이 각기 다른 관점에서 의견을 개진했는데 이를 뒷받침할 근거 자료로 적절한 것을 〈보기〉에서 모두 고르면 된다.

다음 대화의 ㉠으로 적절한 것만을 〈보기〉에서 모두 고르면?

갑: 우리 지역 장애인의 체육 활동을 지원하기 위한 '장애인 스포츠 강좌 지원사업'의 집행 실적이 저조하다고 합니다. 지원 바우처를 제대로 사용하지 못하고 있다는 의미인데요. 비장애인을 대상으로 하는 '일반 스포츠 강좌 지원사업'은 인기가 많아 예산이 금방 소진된다고 합니다. 과연 어디에 문제점이 있는 것일까요?

을: 바우처를 수월하게 사용하려면 사용 가능한 가맹 시설이 많이 있어야 합니다. 우리 지역의 '장애인 스포츠 강좌 지원사업' 가맹 시설은 10개소이며 '일반 스포츠 강좌 지원사업' 가맹 시설은 300개소입니다. 그런데 장애인들은 비장애인들에 비해 바우처를 사용하기 훨씬 어렵습니다. 혹시 장애인의 수에 비해 장애인 대상 가맹 시설의 수가 비장애인의 경우보다 턱없이 적어서 그런 것 아닐까요?

병: 글쎄요, 제 생각은 조금 다릅니다. 바우처 지원액이 너무 적은 것은 아닐까요? 장애인을 대상으로 하는 스포츠 강좌는 보조인력 비용 등 추가 비용으로 인해, 비장애인 대상 강좌보다 수강료가 높을 수 있습니다. 바우처를 사용한다 해도 자기 부담금이 여전히 크다면 장애인들은 스포츠 강좌를 이용하기 어려울 것입니다.

정: 하지만 제가 보기엔 장애인들의 주요 연령대가 사업에서 제외된 것 같습니다. 현재 본 사업의 대상 연령은 만 12세에서 만 49세까지인데, 장애인 인구의 고령자 인구 비율이 비장애인 인구에 비해 높다는 사실을 고려하면, 대상 연령의 상한을 적어도 만 64세까지 높여야 한다고 생각합니다.

갑: 모두들 좋은 의견 감사합니다. 오늘 회의에서 논의된 내용을 확인하기 위해 ㉠ 필요한 자료를 조사해 주세요.

〈보기〉

ㄱ. 장애인 및 비장애인 각각의 인구 대비 '스포츠강좌 지원사업' 가맹 시설 수 → (O) 을은 장애인을 대상으로 한 가맹 시설의 수가 비장애인의 경우보다 적어 실적이 저조한 것이라고 보았으므로 ㄱ은 을의 의견을 뒷받침할 수 있는 자료로 적절하다.

ㄴ. 장애인과 비장애인 각각 '스포츠강좌 지원사업'에 참여하기 위해 본인이 부담해야 하는 금액 → (O) 병은 장애인 대상의 스포츠 강좌는 추가 비용으로 인해 수강료가 높을 수 있으나 바우처 지원액이 적어 장애인의 자기 부담금이 높아지면 스포츠강좌를 이용하기 어려울 것이라고 지적하였다. 따라서 ㄴ은 병의 의견을 뒷받침할 수 있는 자료로 적절하다.

ㄷ. 만 50세에서 만 64세까지의 장애인 중 스포츠 강좌 수강을 희망하는 인구와 만 50세에서 만 64세까지의 비장애인 중 스포츠 강좌 수강을 희망하는 인구 → (X) 정은 주요 연령대가 사업에 제외되었다는 점을 지적하며 현재 만 49세까지인 대상 연령을 만 64세까지 높여야 한다는 의견을 제시하고 있다. 그렇다면 현재 본 사업에서 제외된 만 50세～만 64세까지의 장애인 중 수강을 희망하는 인구를 파악할 필요가 있을 것이다. 그러나 비장애인 경우는 조사할 필요가 없으므로 이는 정의 의견을 뒷받침할 자료로 불필요하다.

① ㄴ ➠ (X)
② ㄷ ➠ (X)
③ ㄱ, ㄴ ➠ (O)
④ ㄱ, ㄷ ➠ (X)
⑤ ㄱ, ㄴ, ㄷ ➠ (X)

20 ①

정답률 70.9%

| 문제 유형 | 비판적 사고 > 지문에서 추론하기

| 접근 전략 | 조출생률과 합계 출산율이라는 두 개념을 정의하고 예를 들어 설명하는 지문을 바탕으로 그에 대한 추론으로 적절한 것을 고르는 문제 유형이다. 각 개념에 작용하는 요인이 무엇인지 파악할 필요가 있다.

다음 글에서 추론할 수 있는 것만을 〈보기〉에서 모두 고르면?

갑: 조(粗)출생률은 인구 1천 명당 출생아 수를 의미합니다. 조출생률은 인구 규모가 상이한 지역이나 시점 간의 출산 수준을 간편하게 비교할 때 유용한 지표입니다. 예를 들어, 2016년에 세종시보다 인구 규모가 훨씬 큰 경기도의 출생아 수는 10만 5천 명으로 세종시의 3천 명보다 많지만, 조출생률은 경기도가 8.4명이고 세종시는 14.6명입니다. 출산 수준은 세종시가 더 높다는 의미입니다.

을: 그렇군요. 그럼 합계 출산율은 무엇인가요?

갑: 합계 출산율은 여성 한 명이 평생 동안 낳을 것으로 예상되는 출생아 수를 의미합니다. 여성이 실제 평생 동안 낳은 아이 수를 측정하는 것은 가임 기간 35년이 지나야 산출할 수 있다는 문제가 있습니다. 이에 비해 합계 출산율은 여성 1명이 출산 가능한 시기를 15세부터 49세까지로 가정하고 그 사이의 각 연령대 출산율을 모두 합해서 얻습니다. 15～19세 연령대 출산율은 한 해 동안 15～19세 여성에게서 태어난 출생아 수를 15～19세 여성의 수로 나눈 수치인데, 15～19세부터 45～49세까지 7개 구간 각각의 연령대 출산율을 모두 합한 것이 합계 출산율입니다. 합계 출산율은 한 여성이 가임 기간 내내 특정 시기의 연령대 출산율 패턴을 그대로 따른다는 가정을 전제로 산출하므로 실제 출산 현실과 차이가 있을 수 있습니다.

을: 그렇다면 조출생률과 합계 출산율을 구별하는 이유가 뭐죠?

갑: 조출생률과 달리 합계 출산율은 성비 및 연령 구조에 따른 출산 수준의 차이를 표준화할 수 있는 장점이 있습니다. 예를 들어, 이스라엘의 합계 출산율은 3.0인 반면 남아프리카공화국은 2.5가량입니다. 하지만 조출생률은 거의 비슷하지요. 이것은 남아프리카공화국의 경우 전체 인구 대비 젊은 여성의 비율이 이스라엘보다 높기 때문입니다.

〈보기〉

ㄱ. 조출생률을 계산할 때는 전체 인구 대비 여성의 비율은 고려하지 않는다. → (O) 조출생률은 인구 1천 명당 출생아 수를 의미하므로 인구 대비 여성의 비율은 고려 대상이 아니다.

ㄴ. 두 나라가 인구 수와 조출생률에 차이가 없다면 각 나라의 합계 출산율에는 차이가 없다. → (X) 두 나라가 인구 수와 조출생률에 차이가 없더라도 인구 대비 여성의 비율이 다르면 합계 출산율에 차이가 있을 수 있다.

ㄷ. 합계 출산율은 한 명의 여성이 일생 동안 출산한 출생아의 수를 집계한 자료를 바탕으로 산출한다. → (X) 합계 출산율은 여성 1명의 일생이 아니라 출산 가능한 시기를 한정한 후 그 사이의 각 연령대 출산율을 모두 합해서 얻는다.

① ㄱ ➠ (O)
② ㄴ ➠ (X)
③ ㄱ, ㄷ ➠ (X)
④ ㄴ, ㄷ ➠ (X)
⑤ ㄱ, ㄴ, ㄷ ➠ (X)

※ 다음 글을 읽고 물음에 답하시오. [문 21.～문 22.]

미국의 일부 주에서 판사는 형량을 결정하거나 가석방을 허가하는 판단의 보조 자료로 양형 보조 프로그램 X를 활용한다. X는 유죄가 선고된 범죄자를 대상으로 그 사람의 재범 확률을 추정하여 그 결과를 최저 위험군을 뜻하는 1에서 최고 위험군을 뜻하는 10까지의 위험 지수로 평가한다. ▶1문단

2016년 A는 X를 활용하는 플로리다 주 법정에서 선고받았던 7천여 명의 초범들을 대상으로 X의 예측 결과와 석방 후 2년간의 실제 재범 여부를 조사했다. 이 조사 결과를 토대로 한 ㉠ A의 주장은 X가 흑인과 백인을 차별한다는 것이다. 첫째 근거는 백인의 경우 위험 지수 1로 평가된 사람이 가장 많고 10까지 그 비율이 차츰 감소한 데 비하여 흑인의 위험 지수는 1부터 10까지 고르게 분포되었다는 관찰 결과이다. 즉 고위험군으로 분류된 사람의 비율이 백인보다 흑인이 더 크다는 것이었다. 둘째 근거는 예측의 오류와 관련된 것이다. 2년 이내 재범을 (가) 사람 중에서 (나) 으로 잘못 분류되었던 사람의 비율은 흑인의 경우 45%인 반면 백인은 23%에 불과했고, 2년 이내 재범을 (다) 사람 중에서 (라) 으로 잘못 분류되었던 사람의 비율은 흑인의 경우 28%인 반면 백인은 48%로 훨씬 컸다. 종합하자면, 재범을 저지른 사람이든 그렇지 않은 사람이든, 흑인은 편파적으로 고위험군으로 분류된 반면 백인은 편파적으로 저위험군으로 분류된 것이다. ▶2문단

X를 개발한 B는 A의 주장을 반박하는 논문을 발표하였다. B는 X의 목적이 재범 가능성에 대한 예측의 정확성을 높이는 것이며, 그 정확성에는 인종 간에 차이가 나타나지 않는다고 주장했다. B에 따르면, 예측의 정확성을 판단하는 데 있어 중요한 것은 고위험군으로 분류된 사람 중 2년 이내 재범을 저지른 사람의 비율과 저위험군으로 분류된 사람 중 2년 이내 재범을 저지르지 않은 사람의 비율이다. B는 전자의 비율이 백인 59%, 흑인 63%, 후자의 비율이 백인 71%, 흑인 65%라고 분석하고, 이 비율들은 인종 간에 유의미한 차이를 드러내지 않는다고 주장했다. 또 B는 X에 의해서 고위험군 혹은 저위험군으로 분류되기 이전의 흑인과 백인의 재범률, 즉 흑인의 기저재범률과 백인의 기저재범률 간에는 이미 상당한 차이가 있었으며, 이런 애초의 차이가 A가 언급한 예측의 오류 차이를 만들어 냈다고 설명한다. 결국 ㉡ B의 주장은 X가 편파적으로 흑인과 백인의 위험 지수를 평가하지 않는다는 것이다. ▶3문단

하지만 기저재범률의 차이로 인종 간 위험 지수의 차이를 설명하여, X가 인종차별적이라는 주장을 반박하는 것은 잘못이다. 기저재범률에는 미국 사회의 오래된 인종차별적 특징, 즉 흑인이 백인보다 범죄자가 되기 쉬운 사회 환경이 반영되어 있기 때문이다. 처음 범죄를 저질러서 재판을 받아야 하는

흑인을 생각해 보자. 그의 위험 지수를 판정할 때 사용되는 기저재범률은 그와 전혀 상관없는 다른 흑인들이 만들어 낸 것이다. 그런 기저재범률이 전혀 상관없는 사람의 형량이나 가석방 여부에 영향을 주는 것은 잘못이다. 더 나아가 이런 식으로 위험 지수를 평가받아 형량이 정해진 흑인들은 더 오랜 기간 교도소에 있게 될 것이며, 향후 재판받을 흑인들의 위험 지수를 더욱 높이는 결과를 가져오게 될 것이다. 따라서 ㉢ X의 지속적인 사용은 미국 사회의 인종차별을 고착화한다. ▶4문단

21 ①

정답률 83.9%

| 문제 유형 | 비판적 사고 > 빈칸 채우기

| 접근 전략 | A의 주장은 X가 흑인과 백인을 차별한다는 것이고, 이에 대한 해석의 내용은 2문단 마지막 부분에 나와 있다. 흑인은 고위험군으로 잘못 분류된 비율이 크고 백인은 저위험군으로 잘못 분류된 비율이 컸다는 것인데, (가)와 (나)는 전자에 해당하고 (다)와 (라)는 후자에 해당한다는 것을 파악할 수 있어야 한다.

위 글의 (가)~(라)에 들어갈 말을 적절하게 나열한 것은?

	(가)	(나)	(다)	(라)	
①	저지르지 않은	고위험군	저지른	저위험군	➡ (O)

2문단 마지막 문장에서 흑인은 편파적으로 고위험군으로 분류된 반면, 백인은 편파적으로 저위험군으로 분류되었다고 했다. 그러므로 흑인의 경우 재범을 저지르지 않았으나 고위험군으로 잘못 분류된 비율이 크고, 백인의 경우 재범을 저질렀으나 저위험군으로 분류된 비율이 큰 것으로 조사 결과가 나왔다는 것을 알 수 있다.

	(가)	(나)	(다)	(라)	
②	저지르지 않은	고위험군	저지른	고위험군	➡ (X)
③	저지르지 않은	저위험군	저지른	저위험군	➡ (X)
④	저지른	고위험군	저지르지 않은	저위험군	➡ (X)
⑤	저지른	저위험군	저지르지 않은	고위험군	➡ (X)

22 ②

정답률 66.1%

| 문제 유형 | 비판적 사고 > 판단하기

| 접근 전략 | 서로 다른 A와 B의 주장을 제시한 후에 구체적인 사례를 가정하여 어느 주장을 강화하는지 판단하는 유형이다. A는 X가 인종차별을 한다는 입장이고 B는 이에 반박하고 있다. ㉢은 A의 주장과 같은 입장이다. X를 사용할 때 인종 차이가 정확성에 영향을 미친다면 ㉠을 강화하고, 인종 차이의 요인이 제거된다면 ㉡을 강화할 것이다.

위 글의 ㉠~㉢에 대한 평가로 적절한 것만을 〈보기〉에서 모두 고르면?

〈보기〉

ㄱ. 강력 범죄자 중 위험지수가 10으로 평가된 사람의 비율이 흑인과 백인 사이에 차이가 없다면, ㉠은 강화된다. → (X) 최고 위험지수에 해당하는 10으로 평가된 사람 가운데 인종 간 차이가 없다면, X가 흑인과 백인을 차별한다는 ㉠은 약화된다.

ㄴ. 흑인의 기저재범률이 높을수록 흑인에 대한 X의 재범 가능성 예측이 더 정확해진다면, ㉡은 약화된다. → (X) B는 X의 목적이 재범 가능성에 대한 정확한 예측이며 여기에는 인종 간 차이가 나타나지 않는다고 했다. 따라서 흑인에 대한 X의 재범 가능성 예측 정확도가 커져도 ㉡은 강화되거나 약화되지 않는다.

ㄷ. X가 특정 범죄자의 재범률을 평가할 때 사용하는 기저재범률이 동종 범죄를 저지른 사람들로부터 얻은 것이라면, ㉢은 강화되지 않는다. → (O) 3문단에서 흑인의 기저재범률과 백인의 기저재범률 간에는 이미 상당한 차이가 있다고 했으며, 4문단에서 흑인이 재판받을 때 그와 전혀 상관없는 다른 흑인들에 의해 만들어진 기저재범률을 사용한다고 했다. 이를 통해 인종에 따라 기저재범률은 차이를 보인다는 것을 알 수 있다. 그런데 이 기저재범률이 같은 인종이 아니라 동종 범죄를 저지른 사람으로부터 얻은 것이라면 ㉢은 강화되지 않는다.

① ㄱ ➡ (X)
② ㄷ ➡ (O)
③ ㄱ, ㄴ ➡ (X)
④ ㄴ, ㄷ ➡ (X)
⑤ ㄱ, ㄴ, ㄷ ➡ (X)

23 ⑤

정답률 45.6%

| 문제 유형 | 비판적 사고 > 빈칸 채우기

| 접근 전략 | 을의 발언을 통해 청탁금지법의 규정 내용을 서술하고 갑의 발언으로 구체적인 사례 세 가지를 제시한 후 각 사례의 법 위반 여부를 법률에 따라 판단하는 문제 유형이다. 선지에는 각 사례의 위반 여부와 그 근거가 제시되어 있으므로 용어 하나라도 잘못 설명된 것은 없는지 세부적으로 따져 봐야 한다.

다음 글의 빈칸에 들어갈 내용으로 가장 적절한 것은?

갑: 안녕하십니까. 저는 시청 토목정책과에 근무합니다. 부정 청탁을 받은 때는 신고해야 한다고 들었습니다.

을: 예, 「부정청탁 및 금품 등 수수의 금지에 관한 법률」(이하 '청탁금지법')에서는, 공직자가 부정 청탁을 받았을 때는 명확히 거절 의사를 표현해야 하고, 그랬는데도 상대방이 이후에 다시 동일한 부정 청탁을 해 온다면 소속 기관의 장에게 신고해야 한다고 규정합니다.

갑: '금품 등'에는 접대와 같은 향응도 포함되지요?

을: 물론이지요. 청탁금지법에 따르면, 공직자는 동일인으로부터 명목에 상관없이 1회 100만 원 혹은 매 회계연도에 300만 원을 초과하는 금품이나 접대를 받을 수 없습니다. 직무 관련성이 있는 경우에는 100만 원 이하라도 대가성 여부와 관계없이 처벌을 받습니다.

갑: '동일인'이라 하셨는데, 여러 사람이 청탁을 하는 경우는 어떻게 되나요?

을: 받는 사람을 기준으로 하여 따지게 됩니다. 한 공직자에게 여러 사람이 동일한 부정 청탁을 하며 금품을 제공하려 하였을 때에도 이들의 출처가 같다고 볼 수 있다면 '동일인'으로 해석됩니다. 또한 여러 행위가 계속성 또는 시간적·공간적 근접성이 있다고 판단되면, 합쳐서 1회로 간주될 수 있습니다.

갑: 실은, 연초에 있었던 지역 축제 때 저를 포함한 우리 시청 직원 90명은 행사에 참여한다는 차원으로 장터에 들러 1인당 8천 원씩을 지불하고 식사를 했는데, 이후에 그 식사는 X 회사 사장인 A의 축제 후원금이 1인당 1만 2천 원씩 들어간 것이라는 사실을 알게 되었습니다. 이에 대하여는 결국 대가성 있는 접대도 아니고 직무 관련성도 없는 것으로 확정되었으며, 추가된 식사비도 축제 주최 측에 돌려주었습니다. 그리고 이달 초에는 Y 회사의 임원인 B가 관급 공사 입찰을 도와달라고 청탁하면서 100만 원을 건네려 하길래 거절한 적이 있습니다. 그런데 어제는 고교 동창인 C가 찾아와 X 회사 공장 부지의 용도 변경에 힘써 달라며 200만 원을 주려고 해서 단호히 거절하였습니다.

을: 그러셨군요. 말씀하신 것을 바탕으로 설명드리겠습니다. [ ]

① X 회사로부터 받은 접대는 시간적·공간적 근접성으로 보아 청탁금지법을 위반한 향응을 받은 것이 됩니다. ➡ (X) X 회사로부터 받은 접대는 시청 직원 90명이 받은 것이므로 받는 사람을 기준으로 따졌을 때 청탁금지법을 위반한 향응이라고 보기 어렵다.

② Y 회사로부터 받은 제안의 내용은 청탁금지법상의 금품이라고는 할 수 없지만 향응에는 포함될 수 있습니다. ➡ (X) Y 회사로부터 받은 100만 원은 청탁금지법상의 금품이라고 할 수 있다.

③ 청탁금지법상 A와 C는 동일인으로서 부정 청탁을 한 것이 됩니다. ➡ (X) A의 축제 후원금은 결과적으로 대가성도 없고 직무 관련성도 없는 것으로 확정되었는데, C는 X 회사의 공장 부지 용도 변경과 관련해 부정 청탁을 한 것이다.

④ 직무 관련성이 없다면 B와 C가 제시한 금액은 청탁금지법상의 허용 한도를 벗어나지 않습니다. ➡ (X) 을의 두 번째 발언에 제시된 청탁금지법에 따르면 명목에 상관없이 100만 원을 초과하는 금품을 받을 수 없으므로 B는 청탁금지법상의 허용 한도를 벗어났다.

⑤ 현재는 청탁금지법상 C의 청탁을 신고할 의무가 생기지 않지만, C가 같은 청탁을 다시 한다면 신고해야 합니다. ➡ (O) 을의 첫 번째 발언에 제시된 청탁금지법에 따르면 부정 청탁을 받았을 때 명확히 거절 의사를 표현해야 하고 동일한 부정 청탁을 다시 할 경우에는 소속 기관의 장에게 신고해야 한다. C의 부정 청탁을 거절한 후에 동일한 청탁을 다시 해 온다면 신고의 의무가 생긴다.

24 ④

정답률 47.3%

| 문제 유형 | 비판적 사고 > 유사한 내용·사례 찾기

| 접근 전략 | B 카페는 조례 제9조의 설치 대상 자격 요건에 해당되지 않아 지원금을 받을 수 없는 상태이다. 조례 제9조 제1항에 따르면 주차단위구획 100개 이상을 갖춘 시설이어야 하는데, B 카페는 50여 구획만을 갖추고 있다. 따라서 설치 대상의 기준이 되는 주차단위구획의 수를 줄이는 방법으로 개정하거나 설치 대상에 포함되지 못하더라도 다른 요건을 충족하면 지원을 받을 수 있도록 추가 조항을 신설하면 된다.

다음 글의 ㉠에 해당하는 내용으로 가장 적절한 것은?

A 시에 거주하면서 1세, 2세, 4세의 세 자녀를 기르는 갑은 육아를 위해 집에서 15km 떨어진 키즈 카페인 B 카페에 자주 방문한다. B 카페는 지역 유일의 키즈 카페라서 언제나 50여 구획의 주차장이 꽉 찰 정도로 성업 중이다. 최근 자동차를 교체하게 된 갑은 친환경 추세에 부응하여 전기차로 구매하였는데, B 카페는 전기차 충전시설이 없었다. 세 자녀를 돌보느라 거주지에서의 자동차 충전 시기를 놓치는 때가 많은 갑은 이러한 불편함을 호소하며 B 카페에 전기차 충전시설 설치를 요청하였다. 하지만 B 카페는, 충전시설을 설치하고 싶지만 비용이 문제라서 A 시의 「환경 친화적 자동차의 보급 및 이용 활성화를 위한 조례」(이하 '조례')에 따른 지원금이라도 받아야 간신히 설치할 수 있는 상황인데, 아래의 조문에서 보듯이 B 카페는 그에 해당하지 않는다고 설명하였다.

「환경 친화적 자동차의 보급 및 이용 활성화를 위한 조례」

제9조(충전시설 설치대상) ① 주차단위구획 100개 이상을 갖춘 다음 각호의 시설은 전기자동차 충전시설을 설치하여야 한다.
1. 판매·운수·숙박·운동·위락·관광·휴게·문화시설
2. 500세대 이상의 아파트, 근린생활시설, 기숙사

② 시장은 제1항의 설치대상에 대하여는 설치비용의 반액을 지원하여야 한다.

③ 시장은 제1항의 설치대상에 해당하지 않는 사업장에 대하여도 전기자동차 충전시설의 설치를 권고할 수 있다.

갑은 영유아와 같이 보호가 필요한 이들이 많이 이용하는 키즈 카페 등과 같은 사업장에도 전기차 충전시설의 설치를 지원해 줄 수 있는 근거를 조례에 마련해 달라는 민원을 제기하였다. 갑의 민원을 검토한 A 시 의회는 관련 규정의 보완이 필요하다고 인정하여, ㉠ 조례 제9조를 개정하였고, B 카페는 이에 근거한 지원금을 받아 전기차 충전시설을 설치하게 되었다.

① 제1항 제3호로 "다중이용시설(극장, 음식점, 카페, 주점 등 불특정다수인이 이용하는 시설을 말한다)"을 신설 ➡ (X) B 카페는 제1항 제1호에서 지정한 시설에 이미 포함되므로 이 조항을 신설할 필요는 없다.

② 제1항 제3호로 "교통약자(장애인·고령자·임산부·영유아를 동반한 사람, 어린이 등 일상생활에서 이동에 불편을 느끼는 사람을 말한다)를 위한 시설"을 신설 ➡ (X) B 카페는 제1항 제1호에서 지정한 시설에 이미 포함되므로 이 조항을 신설할 필요는 없다.

③ 제4항으로 "시장은 제2항에 따른 지원을 할 때 교통약자(장애인·고령자·임산부·영유아를 동반한 사람, 어린이 등 일상생활에서 이동에 불편을 느끼는 사람을 말한다)를 위한 시설을 우선적으로 지원하여야 한다."를 신설 ➡ (X) B 카페는 주차단위구획이 100개 미만이어서 설치 대상에 포함되지 못하였다. 이 조항은 선행하는 제1항을 전제로 하고 있으므로 신설하더라도 B 카페는 지원금을 받을 수 없다.

④ 제4항으로 "시장은 제3항의 권고를 받아들이는 사업장에 대하여는 설치비용의 60퍼센트를 지원하여야 한다."를 신설 ➡ (O) 주차단위구획이 50여 개인 B 카페는 제1항에 해당하는 시설이 아니므로 설치 대상이 아니지만, 제3항에 의해 설치 대상에 해당되지 않는 사업장이 시장의 권고를 받아들일 경우에 설치 비용을 지원한다는 조항이 추가된다면 지원금을 받아 전기차 충전시설을 설치할 수 있을 것이다.

⑤ 제4항으로 "시장은 전기자동차 충전시설의 의무 설치대상으로서 조기 설치를 희망하는 사업장에는 설치 비용의 전액을 지원할 수 있다."를 신설 ➡ (X) B 카페는 주차단위구획이 100개 미만이기에 의무 설치 대상에 포함되지 못한 것이다. 이 조항은 선행하는 제1항을 전제로 하고 있으며 지원 비율의 차이에 대한 내용이므로 신설하더라도 B 카페는 지원금을 받을 수 없다.

25 ③

정답률 60.6%

| 문제 유형 | 비판적 사고 > 판단하기

| 접근 전략 | 규정을 제시하고 그에 대한 논쟁을 쟁점 3개로 제시하고 있다. 각 쟁점에는 구체적인 사례가 나와 있는데 이에 대한 갑과 을의 상반된 입장이 나타나 있다. 이를 파악한 후에 〈보기〉의 분석이 적절한지 판단해야 하기 때문에 고려해야 할 사항이 많다. 시간 관계상 '쟁점 1-ㄱ, 쟁점 2-ㄴ, 쟁점 3-ㄷ'의 순서로 짝지어 독해하도록 한다.

다음 글의 〈논쟁〉에 대한 분석으로 적절한 것만을 〈보기〉에서 모두 고르면?

갑과 을은 「위원회의 운영에 관한 규정」 제8조에 대한 해석을 놓고 논쟁하고 있다. 그 조문은 다음과 같다.

제8조(위원장 및 위원) ① 위원장은 위촉된 위원들 중에서 투표로 선출한다.

② 위원장과 위원은 한 차례만 연임할 수 있다.

③ 위원장의 사임 등으로 보선된 위원장의 임기는 전임 위원장 임기의 남은 기간으로 한다.

〈논쟁〉

쟁점 1: A는 위원을 한 차례 연임하던 중 그 임기의 마지막 해에 위원장으로 선출되어, 2년에 걸쳐 위원장으로 활동하고 있다. 이에 대해, 갑은 A가 규정을 어기고 있다고 주장하지만, 을은 그렇지 않다고 주장한다.

쟁점 2: B가 위원장을 한 차례 연임하여 활동하던 중에 연임될 때의 투표 절차가 적법하지 않다는 이유로 위원장의 직위가 해제되었는데, 이후

의 보선에 B가 출마하였다. 이에 대해, 갑은 B가 선출되면 규정을 어기게 된다고 주장하지만, 을은 그렇지 않다고 주장한다.

쟁점 3: C는 위원장을 한 차례 연임하였고, 다음 위원장으로 선출된 D는 임기 만료 직전에 사퇴하였는데, 이후의 보선에 C가 출마하였다. 이에 대해, 갑은 C가 선출되면 규정을 어기게 된다고 주장하지만, 을은 그렇지 않다고 주장한다.

〈보기〉

ㄱ. 쟁점 1과 관련하여, 갑은 위원으로서의 임기가 종료되면 위원장으로서의 자격도 없는 것으로 생각하지만, 을은 위원장이 되는 경우에는 그 임기나 연임 제한이 새롭게 산정된다고 생각하기 때문이라고 하면, 갑과 을 사이의 주장 불일치를 설명할 수 있다. → (O) A의 경우 위원을 연임하던 중 마지막 해에 위원장으로 선출되었는데 쟁점 1은 위원으로서의 임기를 기준으로 볼 것인가, 또는 위원으로서의 임기와 위원장으로서의 임기를 구별해서 볼 것인가의 문제이다. 따라서 ㄱ은 적절한 분석이다.

ㄴ. 쟁점 2와 관련하여, 갑은 위원장이 부적법한 절차로 당선되었더라도 그것이 연임 횟수에 포함된다고 생각하지만, 을은 그렇지 않다고 생각하기 때문이라고 하면, 갑과 을 사이의 주장 불일치를 설명할 수 있다. → (O) B의 경우 갑이 B가 선출되면 규정을 어긴다고 본 것은 부적합한 이유로 위원장에 선출되었더라도 연임을 한 것이라 보았기 때문이다. 따라서 ㄴ은 적절한 분석이다.

ㄷ. 쟁점 3과 관련하여, 위원장 연임 제한의 의미가 '단절되는 일 없이 세 차례 연속하여 위원장이 되는 것만을 막는다'는 것으로 확정된다면, 갑의 주장은 옳고, 을의 주장은 그르다. → (X) C의 경우 연임한 후 단절되었다가 다시 위원장에 선출되려고 출마했다. 여기에서 위원장 연임 제한의 의미가 '단절되는 일 없이 세 차례 연속하여 위원장이 되는 것만을 막는다'라는 것으로 확정되면 연속 두 차례 연임만 불가하고 단절되었다가 다시 선출되는 것은 가능한 일이 된다. 따라서 갑의 주장은 그르고, 을의 주장은 옳다.

① ㄱ ➡ (X)
② ㄷ ➡ (X)
③ ㄱ, ㄴ ➡ (O)
④ ㄴ, ㄷ ➡ (X)
⑤ ㄱ, ㄴ, ㄷ ➡ (X)

2021 | 제2영역 자료해석(㉯ 책형)

기출 총평

국가직 7급 PSAT 시험은 2021년에 첫 시행되었다. 처음 시행된 만큼 난도에 대해 많은 관심이 쏠렸는데 5, 7급 민경채 PSAT 시험보다는 난도가 높고, 5급 공채 PSAT 시험보다는 난도가 낮았다. 대체적으로 예상했던 것보다 높은 난도로 출제되었다는 평가를 보였다. 문제 유형은 7급 PSAT 예시문항, 인사혁신처 모의평가와 유사하게 출제되었다. 2021년도 5급 공채 PSAT 자료해석 시험에서 인포그래픽 문제가 다수 출제되었는데 이와 마찬가지로 7급 PSAT 시험에서도 인포그래픽 문제가 출제되었고, 일반적인 〈보고서〉나 줄글 형태의 매칭형 문제 외에 대화문, 보도자료 등과 같이 실무형 문제가 출제되었다. 이는 5급 공채, 5, 7급 민경채 PSAT 시험에서도 같은 경향을 보이는 만큼 앞으로 실무형 문제들이 더 늘어날 것으로 예상된다. 한편 국가직 7급 PSAT 시험은 5, 7급 민경채 PSAT 시험과 동일한 날에 시행되었는데 자료해석의 경우 25문제 중 1~15번까지의 문제가 동일하게 출제되었다. 후반 10문제의 난도가 높고, 계산이 필요한 문제들이 앞의 15문제보다 더 많이 포진되어 있어 문제를 끝까지 풀지 못한 수험생들이 다수 있었을 것으로 예상된다. 기존 5, 7급 민경채 PSAT과 5급 공채 PSAT 기출문제를 통해 유형별 접근 방법과 어림셈으로 계산하는 법, 선지 구성에 따라 모든 선지를 풀지 않고도 답을 찾아낼 수 있는 법을 연습하여 문제 풀이 시간을 단축해야 한다.

문항 분석

문번	정답	정답률	유형
01	②	77.4%	자료 추론 > 추가로 필요한 자료 찾기
02	⑤	86.5%	자료 변환응용 > 자료/보고서 전환형
03	②	75.8%	자료 읽기 > 그림 제시형
04	①	90.9%	자료 읽기 > 표/빈칸 제시형
05	④	71.8%	자료 읽기/추론 > 계산형
06	③	84.8%	자료 읽기/추론 > 매칭형
07	④	72.5%	자료 읽기 > 표/빈칸 제시형
08	⑤	45%	자료 읽기 > 표/빈칸 제시형
09	⑤	56.3%	자료 읽기 > 표 제시형
10	②	86.2%	자료 읽기/추론 > 매칭형
11	③	62.9%	자료 읽기/추론 > 계산형
12	③	61.4%	자료 읽기 > 그림 제시형
13	④	59.7%	자료 읽기 > 표 제시형

문번	정답	정답률	유형
14	①	53.7%	자료 읽기 > 그림 제시형
15	③	58.4%	자료 변환응용 > 자료/보고서 전환형
16	①	55.9%	자료 읽기 > 그림 제시형
17	④	83.6%	자료 읽기/추론 > 계산형
18	③	74.4%	자료 변환응용 > 자료/보고서 전환형
19	③	67%	자료 읽기/추론 > 계산형
20	④	57.1%	자료 읽기 > 표/그림 제시형
21	②	37.6%	자료 읽기 > 빈칸 제시형
22	②	60.9%	자료 읽기 > 표 제시형
23	⑤	33.3%	자료 읽기/추론 > 매칭형
24	①	16.8%	자료 변환응용 > 표/그림 전환형
25	⑤	50.5%	자료 읽기 > 빈칸 제시형

※ 음영 문항은 해당 회차에서 정답률이 가장 낮은 TOP 3 문항입니다.

※ 정답률 산정 기준: 약 1년간 누적된 자동채점&성적결과분석 서비스의 응시 데이터

출제 비중

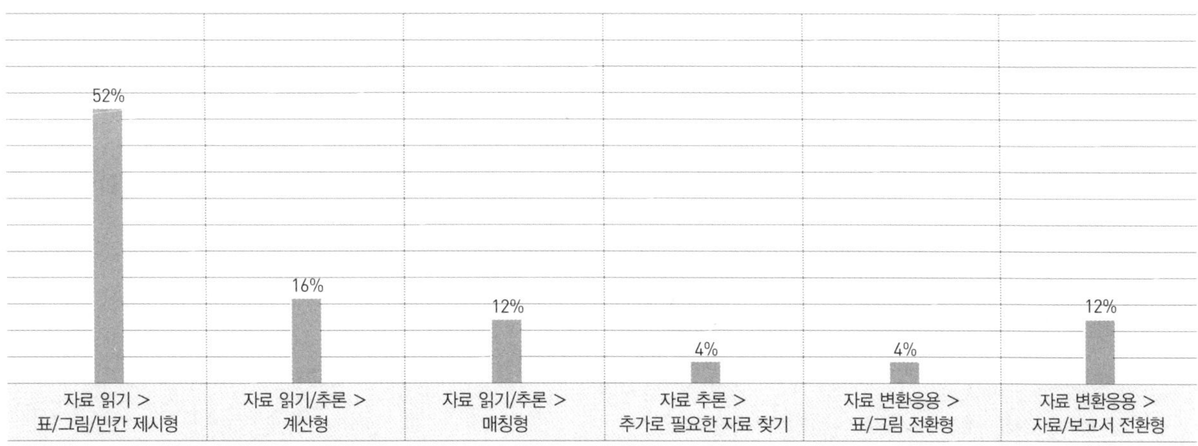

기출문제편 P.158									
01	②	02	⑤	03	②	04	①	05	④
06	③	07	④	08	⑤	09	⑤	10	②
11	③	12	③	13	④	14	①	15	③
16	①	17	④	18	③	19	③	20	④
21	②	22	②	23	⑤	24	①	25	⑤

01 ②

정답률 77.4%

| 문제 유형 | 자료 추론 > 추가로 필요한 자료 찾기

| 접근 전략 | 〈보고서〉 작성에 필요한 자료를 찾는 문제이다. 이 문제에서 〈표〉는 문제 풀이에 의미가 없는 자료이므로 〈표〉와 중복되는 〈보기〉가 존재하는지 여부만 확인하고 넘어간다. 〈보기〉에 주어진 자료의 제목이 〈보고서〉에 나와 있는지 먼저 확인하고, 〈보고서〉와 해당 자료가 일치하는지 확인하면 문제를 빠르게 풀 수 있다.

다음 〈표〉와 〈보고서〉는 2019년 전국 안전체험관과 생활안전에 관한 자료이다. 제시된 〈표〉 이외에 〈보고서〉를 작성하기 위해 추가로 이용한 자료만을 〈보기〉에서 모두 고르면?

〈표〉 2019년 전국 안전체험관 규모별 현황

(단위: 개소)

전체	대형		중형		소형
	일반	특성화	일반	특성화	
473	25	7	5	2	434

〈보고서〉

2019년 생활안전 통계에 따르면 전국 473개소의 안전체험관이 운영 중인 것으로 확인되었다. 전국 안전체험관을 규모별로 살펴보면, 대형이 32개소, 중형이 7개소, 소형이 434개소였다. 이 중 대형 안전체험관은 서울이 가장 많고 경북, 충남이 그 뒤를 이었다. ▶1문단

전국 안전사고 사망자 수는 2015년 이후 매년 감소하다가 2018년에는 증가하였다. 교통사고 사망자 수는 2015년 이후 매년 줄어들었고, 특히 2018년에 전년 대비 11.2% 감소하였다. ▶2문단

2019년 분야별 지역안전지수 1등급 지역을 살펴보면 교통사고 분야는 서울, 경기, 화재 분야는 광주, 생활안전 분야는 경기, 부산으로 나타났다. ▶3문단

〈보기〉

ㄱ. 연도별 전국 교통사고 사망자 수

(단위: 명)

연도	2015	2016	2017	2018
사망자 수	4,380	4,019	3,973	3,529

→ (O) 〈보고서〉 2문단에 "교통사고 사망자 수는 2015년 이후 매년 줄어들었고, 특히 2018년에 전년 대비 11.2% 감소하였다"라고 나와 있고, 이는 〈표〉의 자료와 일치한다. 따라서 ㄱ은 〈보고서〉를 작성하기 위해 추가로 이용되었다.

ㄴ. 분야별 지역안전지수 4년 연속(2015~2018년) 1등급, 5등급 지역(시·도)

등급 \ 분야	교통사고	화재	범죄	생활안전	자살
1등급	서울, 경기	–	세종	경기	경기
5등급	전남	세종	제주	제주	부산

→ (X) 〈보고서〉에는 2019년 분야별 지역안전지수 1등급 지역에 대해 제시되어 있지만, ㄴ은 2015년부터 2018년까지 4년 연속 분야별 지역안전지수 1등급, 5등급 지역에 대한 것이므로 〈보고서〉 작성에 이용되지 않았다.

ㄷ. 연도별 전국 안전사고 사망자 수

(단위: 명)

연도	2015	2016	2017	2018
사망자 수	31,582	30,944	29,545	31,111

→ (O) 〈보고서〉 2문단에 따르면 "전국 안전사고 사망자 수는 2015년 이후 매년 감소하다가 2018년에는 증가하였다"라고 제시되어 있고, 이는 〈표〉의 자료와 일치한다. 따라서 ㄷ은 〈보고서〉를 작성하기 위해 추가로 이용되었다.

ㄹ. 2018년 지역별 안전체험관 수

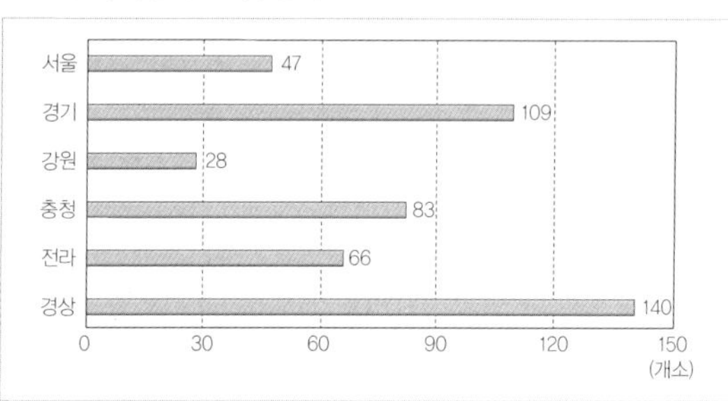

→ (X) 〈보고서〉에는 2019년 안전체험관 수에 대해 제시되어 있지만 ㄹ은 2018년 지역별 안전체험관 수에 대한 것이므로 〈보고서〉 작성에 이용되지 않았다.

① ㄱ, ㄴ ➡ (X)
② ㄱ, ㄷ ➡ (O)
③ ㄴ, ㄹ ➡ (X)
④ ㄱ, ㄷ, ㄹ ➡ (X)
⑤ ㄴ, ㄷ, ㄹ ➡ (X)

02 ⑤

정답률 86.5%

| 문제 유형 | 자료 변환응용 > 자료/보고서 전환형

| 접근 전략 | 〈표〉에 주어진 임무단의 평화유지활동 자료를 바탕으로 〈보고서〉 내용의 옳고 그름을 판단하는 문제이다. 〈보고서〉에서 밑줄 친 부분만 읽으면 문제를 빠르게 해결할 수 있다.

다음 〈표〉는 아프리카연합이 주도한 임무단의 평화유지활동에 관한 자료이다. 이를 바탕으로 작성한 〈보고서〉의 설명 중 옳지 않은 것은?

〈표〉 임무단의 평화유지활동(2021년 5월 기준)

(단위: 명)

임무단	파견지	활동 기간	주요 임무	파견 규모
부룬디 임무단	부룬디	2003. 4.～ 2004. 6.	평화협정 이행 지원	3,128
수단 임무단	수단	2004. 10.～ 2007. 12.	다르푸르 지역 정전 감시	300
코모로 선거감시 지원 임무단	코모로	2006. 3.～ 2006. 6.	코모로 대통령 선거 감시	462
소말리아 임무단	소말리아	2007. 1.～ 현재	구호 활동 지원	6,000
코모로 치안 지원 임무단	코모로	2007. 5.～ 2008. 10.	앙주앙 섬 치안 지원	350
다르푸르 지역 임무단	수단	2007. 7.～ 현재	민간인 보호	6,000
우간다 임무단	우간다	2012. 3.～ 현재	반군 소탕작전	3,350
말리 임무단	말리	2012. 12.～ 2013. 7.	정부 지원	1,450
중앙아프리카 공화국 임무단	중앙아프리카 공화국	2013. 12.～ 2014. 9.	안정 유지	5,961

〈보고서〉

아프리카연합은 아프리카 지역 분쟁 해결 및 평화 구축을 위하여 2021년 5월 현재까지 9개의 임무단을 구성하고 평화유지활동을 주도하였다. ㉠ 평화유지활동 중 가장 오랜 기간 동안 활동한 임무단은 '소말리아 임무단'이다. → (O) 현재는 2021년 5월이다. 따라서 '소말리아 임무단'은 2007년 1월부터 2021년 5월까지 14년 이상 활동하고 있으므로 다른 임무단에 비해 평화유지활동을 오래하였다. 이 임무는 소말리아 과도 연방정부가 아프리카연합에 평화유지군을 요청한 것을 계기로 시작되어 현재에 이르고 있다. 한편, ㉡ '코모로 선거감시 지원 임무단'은 가장 짧은 기간 동안 활동하였다. → (O) '코모로 선거감시 지원 임무단'은 4개월간 활동하였으므로 다른 임무단에 비해 평화유지활동을 짧게 하였다. 2006년 코모로는 대통령 선거를 앞두고 아프리카연합에 지원을 요청하였고 같은 해 3월 시작된 평화유지활동은 선거가 끝난 6월에 임무가 종료되었다.

㉢ 아프리카연합이 현재까지 평화유지활동을 위해 파견한 임무단의 총규모는 25,000명 이상이며, → (O) 현재까지 총규모는 3,128 + 300 + 462 + 6,000 + 350 + 6,000 + 3,350 + 1,450 + 5,961 = 27,001(명)이다. 현재 활동 중인 임무단의 규모는 소말리아 6,000명, 수단 6,000명, 우간다 3,350명으로 총 15,000여 명이다.

아프리카연합은 아프리카 내의 문제를 자체적으로 해결하기 위해 다양한 임무단 활동을 활발히 수행하였다. 특히 ㉣ 수단과 코모로에서는 각각 2개의 임무단이 활동하였다. → (O) 수단에서는 '수단 임무단'과 '다르푸르 지역 임무단'이 임무단 활동을 수행하였고, 코모로에서는 '코모로 선거감시 지원 임무단'과 '코모로 치안 지원 임무단'이 임무단 활동을 수행하였다.

현재 평화유지활동을 수행 중인 임무단은 3개이지만 ㉤ 2007년 10월 기준 평화유지활동을 수행 중이었던 임무단은 5개였다. → (X) 2007년 10월 기준 평화유지활동을 수행 중이었던 임무단은 '수단 임무단', '소말리아 임무단', '코모로 치안 지원 임무단', '다르푸르 지역 임무단'으로 총 4개이다.

① ㄱ ➡ (O)
② ㄴ ➡ (O)
③ ㄷ ➡ (O)
④ ㄹ ➡ (O)
⑤ ㅁ ➡ (X)

03 ②

정답률 75.8%

| 문제 유형 | 자료 읽기 > 그림 제시형

| 접근 전략 | 〈그림〉에 주어진 국가채무 및 GDP에 관한 자료를 바탕으로 GDP 대비 금융성채무와 국가채무, 적자성채무, 금융성채무를 구하는 문제이다. GDP 대비 채무 비율에 GDP를 곱하면 항목별 채무를 구할 수 있고, 금융성채무는 '국가채무 – 적자성채무'의 식을 이용하여 구할 수 있다.

다음 〈그림〉은 2014～2020년 연말 기준 '갑'국의 국가채무 및 GDP에 관한 자료이다. 이에 대한 〈보기〉의 설명 중 옳은 것만을 모두 고르면?

〈그림 1〉 GDP 대비 국가채무 및 적자성채무 비율 추이

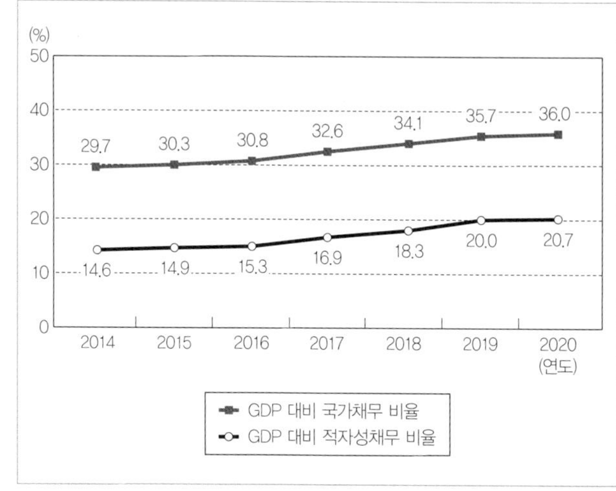

※ 국가채무 = 적자성채무 + 금융성채무

〈그림 2〉 GDP 추이

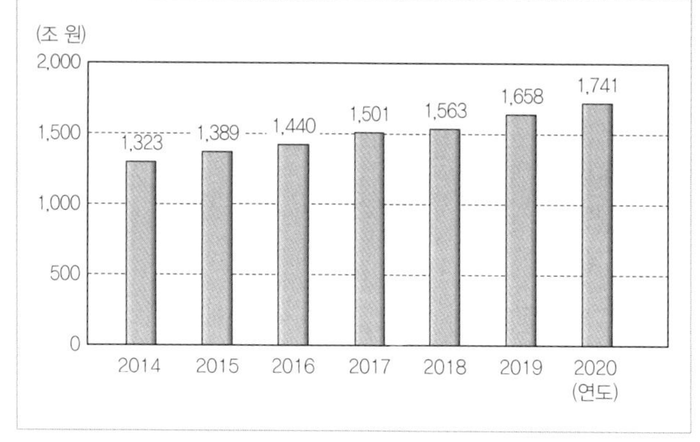

〈보기〉

ㄱ. 2020년 국가채무는 2014년의 1.5배 이상이다. → (O) 2020년 국가채무는 0.36 × 1,741 = 626.76(조 원)이고, 2014년 국가채무는 0.297 × 1,323 = 392.931(조 원)이다. 400의 1.5배가 600인데 2014년 국가채무는 400 이하, 2020년 국가채무는 600 이상이므로 2020년 국가채무는 2014년 국가채무의 1.5배 이상이다.

ㄴ. GDP 대비 금융성채무 비율은 매년 증가한다. → (X) 국가채무는 적자성채무와 금융성채무의 합이다. GDP 대비 금융성채무 비율은 GDP 대비 국가채무 비율에서 GDP 대비 적자성채무 비율을 뺀 값이다. 따라서 GDP 대비 금융성채무는 '15.1 → 15.4 → 15.5 → 15.7 → 15.8 → 15.7 → 15.3'으로 2019년부터 감소한다.

ㄷ. 적자성채무는 2019년부터 300조 원 이상이다. → (O) GDP 대비 적자성채무 비율과 GDP는 매년 증가하므로 적자성채무도 매년 증가한다. 적자성채무는 2018년 1,563 × 0.183 ≒ 286(조 원), 2019년 1,658 × 0.2 = 331.6(조 원)이다. 따라서 적자성채무는 2019년부터 300조 원 이상이다.

ㄹ. 금융성채무는 매년 국가채무의 50% 이상이다. → (X) 국가채무 대비 금융성채무 비율은 GDP 대비 국가채무 비율 대비 GDP 대비금융성채무 비율과 동일하다. '국가채무 = 적자성채무 = 금융성채무'이므로 GDP 대비 국가채무 비율의 50% 이상을 GDP 대비 적자성채무 비율이 차지한다면 GDP 대비 금융성채무 비율은 50% 미만이 된다. 2017년의 GDP 대비 국가채무 비율이 32.6%이고 GDP 대비 적자성채무 비율은 18.3%로 GDP 대비 국가채무 비율의 절반인 32.6 × 0.5 = 16.3(%)를 초과한다. 따라서 GDP 대비 적자성채무 비율이 GDP 대비 국가채무 비율의 50% 이상이므로 GDP 대비 금융성채무 비율은 GDP 대비 국가채무 비율의 50% 미만이다.

① ㄱ, ㄴ ➡ (X)
② ㄱ, ㄷ ➡ (O)
③ ㄴ, ㄹ ➡ (X)
④ ㄱ, ㄷ, ㄹ ➡ (X)
⑤ ㄴ, ㄷ, ㄹ ➡ (X)

04 ①

정답률 90.9%

| 문제 유형 | 자료 읽기 > 표/빈칸 제시형

| 접근 전략 | 이사 전후 주택 규모를 계산하여 비교하는 문제이다. 가로 또는 세로의 합을 이용하여 빈칸을 채우는 문제이므로 빈칸이 하나인 항목을 먼저 공략하여 빈칸을 채운다.

다음 〈표〉는 최근 이사한 100가구의 이사 전후 주택 규모에 관한 조사 결과이다. 이에 대한 〈보기〉의 설명 중 옳은 것만을 모두 고르면?

〈표〉 이사 전후 주택 규모 조사 결과

(단위: 가구)

이사 전 / 이사 후	소형	중형	대형	합
소형	15	10	( )	30
중형	( )	30	10	( )
대형	5	10	15	( )
계	( )	( )	( )	100

※ 주택 규모는 '소형', '중형', '대형'으로만 구분하며, 동일한 주택 규모는 크기도 같음

〈보기〉

ㄱ. 주택 규모가 이사 전 '소형'에서 이사 후 '중형'으로 달라진 가구는 없다. → (O) '대형'으로 이사한 가구는 총 5 + 10 + 15 = 30(가구)이다. 전체 가구의 합이 100가구이므로 '중형' 가구의 합은 100 − 30 − 30 = 40(가구)이다. '중형'으로 이사한 가구는 총 30 + 10 = 40(가구)이므로 이사 전 '소형'에서 이사 후 '중형'으로 달라진 가구는 없다.

ㄴ. 이사 전후 주택 규모가 달라진 가구 수는 전체 가구 수의 50% 이하이다. → (O) 이사 전후 주택 규모가 달라진 가구 수 비율은 100에서 이사 전후 주택 규모가 동일한 가구 수 비율을 뺀 값과 동일하다. 이사 전후 주택 규모가 동일한 가구 수는 15 + 30 + 15 = 60(가구)이고, 전체 가구는 100가구이므로 이사 전후 주택 규모가 동일한 가구 수 비율은 60%이다. 따라서 이사 전후 주택 규모가 달라진 가구 수는 100 − 60 = 40(%)이다.

ㄷ. 주택 규모가 '대형'인 가구 수는 이사 전이 이사 후보다 적다. → (X) 이사 전 '대형'에서 이사 후 '소형'으로 달라진 가구는 30 − 15 − 10 = 5(가구)이다. 따라서 이사 전 주택 규모가 '대형'인 가구 수는 5 + 10 + 15 = 30(가구)이고, 이사 후 주택 규모가 '대형'인 가구 수는 5 + 10 + 15 = 30(가구)로 동일하다.

ㄹ. 이사 후 주택 규모가 커진 가구 수는 이사 후 주택 규모가 작아진 가구 수보다 많다. → (X) 이사 전 '소형'에서 이사 후 '중형', '대형'으로 달라진 가구 수는 0 + 5 = 5(가구)이고, 이사 전 '중형'에서 '대형'으로 달라진 가구 수는 10(가구)이다. 따라서 이사 후 주택 규모가 커진 가구 수는 총 5 + 10 = 15(가구)이다. 이사 전 '중형'에서 이사 후 '소형'으로 달라진 가구 수는 10(가구)이고, 이사 전 '대형'에서 이사 후 '소형', '중형'으로 달라진 가구 수는 5 + 10 = 15(가구)이다. 따라서 이사 후 주택 규모가 작아진 가구 수는 10 + 15 = 25(가구)이다.

① ㄱ, ㄴ ➡ (O)
② ㄱ, ㄷ ➡ (X)
③ ㄴ, ㄹ ➡ (X)
④ ㄷ, ㄹ ➡ (X)
⑤ ㄱ, ㄴ, ㄷ ➡ (X)

05 ④

정답률 71.8%

| 문제 유형 | 자료 읽기/추론 > 계산형

| 접근 전략 | 〈그림〉에 주어진 플라스틱 제품의 제조공정도를 바탕으로 '폐기처리' 공정에 전달되어 투입되는 재료의 총량을 계산하는 문제이다. '폐기처리' 공정의 선행 공정을 먼저 파악하고, 각 공정 순서에 따른 직진율의 곱을 합한 뒤 1,000kg을 곱하여 계산한다.

다음 〈그림〉은 A사 플라스틱 제품의 제조공정도이다. 1,000kg의 재료가 '혼합' 공정에 투입되는 경우, '폐기 처리' 공정에 전달되어 투입되는 재료의 총량은 몇 kg인가?

〈그림〉 A사 플라스틱 제품의 제조공정도

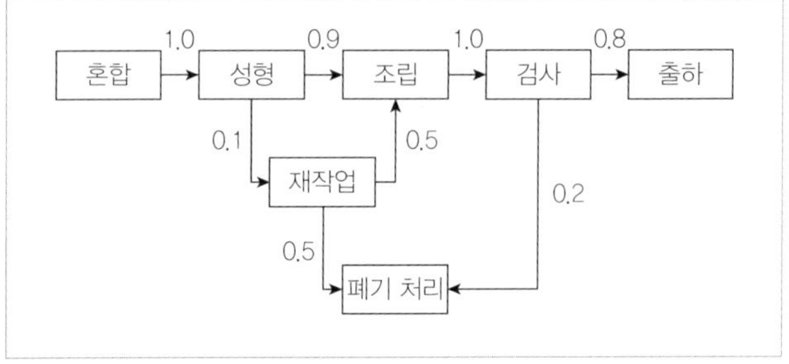

※ 제조공정도 내 수치는 직진율$\left(=\frac{\text{다음 공정에 전달되는 재료의 양}}{\text{해당 공정에 투입되는 재료의 양}}\right)$을 의미함. 예를 들어, [가] —0.2→ [나]는 해당 공정 '가'에 100kg의 재료가 투입되면 이 중 20kg (= 100kg × 0.2)의 재료가 다음 공정 '나'에 전달되어 투입됨을 의미함

① 50 ➡ (X)
② 190 ➡ (X)
③ 230 ➡ (X)
④ 240 ➡ (O) '혼합 → 성형 → 재작업 → 폐기 처리', '혼합 → 성형 → 조립 → 검사 → 폐기 처리', '혼합 → 성형 → 재작업 → 조립 → 검사 → 폐기 처리'의 세 가지 방식으로 폐기 처리가 이루어진다. 따라서 '폐기 처리' 공정에 전달되어 투입되는 재료의 총량은 1,000 × {(1 × 0.1 × 0.5) + (1 × 0.9 × 1 × 0.2) + (1 × 0.1 × 0.5 × 1 × 0.2)} = 1,000 × (0.05 + 0.18 + 0.01) = 240(kg)이다.
⑤ 280 ➡ (X)

06 ③

정답률 84.8%

| 문제 유형 | 자료 읽기/추론 > 매칭형

| 접근 전략 | 〈조건〉을 바탕으로 〈그림〉에서 A~H에 해당하는 국가를 찾는 문제이다. 첫 번째 〈조건〉을 제외한 〈조건〉들은 모두 국가를 하나로 특정할 수 있다. 가장 많은 국가를 찾을 수 있는 세 번째 〈조건〉을 가장 먼저 확인한다.

다음 〈그림〉은 12개 국가의 수자원 현황에 관한 자료이며, A~H는 각각 특정 국가를 나타낸다. 〈그림〉과 〈조건〉을 근거로 판단할 때, 국가명을 알 수 없는 것은?

〈그림〉 12개 국가의 수자원 현황

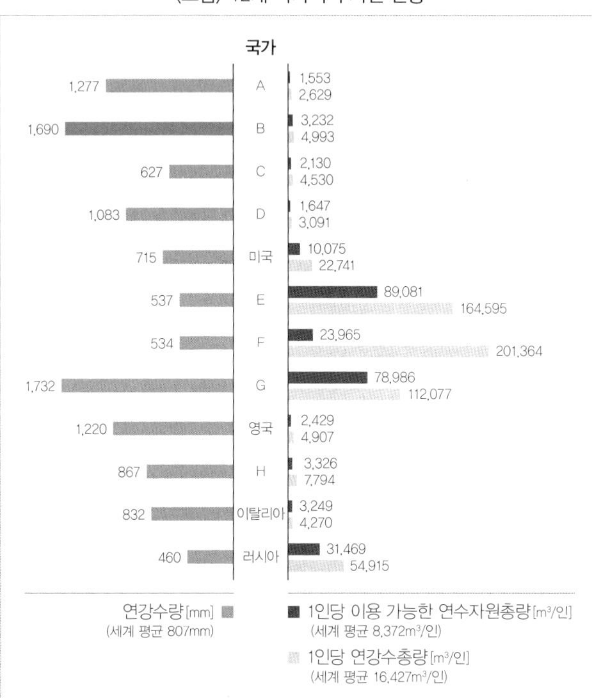

〈조건〉

○ '연강수량'이 세계 평균의 2배 이상인 국가는 일본과 뉴질랜드이다. → '연강수량'의 세계 평균이 807mm이므로 세계 평균의 2배는 1,614mm이다. '연강수량'이 1,614mm 이상인 국가는 B와 G이다.

○ '연강수량'이 세계 평균보다 많은 국가 중 '1인당 이용 가능한 연수자원총량'이 가장 적은 국가는 대한민국이다. → A는 '연강수량'이 807mm보다 많으면서 '1인당 이용 가능한 연수자원총량'이 $1,553m^3$/인으로 가장 적다. 따라서 A는 대한민국이다.

○ '1인당 연강수총량'이 세계 평균의 5배 이상인 국가를 '연강수량'이 많은 국가부터 나열하면 뉴질랜드, 캐나다, 호주이다. → '1인당 연강수총량'의 세계 평균은 $16,427m^3$/인이므로 세계 평균의 5배는 $82,135m^3$/인이다. '1인당 연강수총량'이 $82,135m^3$/인보다 많은 국가는 E, F, G이다. 이 국가들 중 '연강수량'이 많은 국가부터 나열하면 G, E, F이므로 뉴질랜드가 G, 캐나다가 E, 호주가 F이다. 따라서 일본이 B이다.

○ '1인당 이용 가능한 연수자원총량'이 영국보다 적은 국가 중 '1인당 연강수총량'이 세계 평균의 25% 이상인 국가는 중국이다. → 영국의 '1인당 이용 가능한 연수자원총량'은 $2,429m^3$/인으로 이보다 적은 국가는 C, D이고, '1인당 연강수총량'의 세계 평균의 25%는 16,427 × 0.25 ≒ 4,106.8(m^3/인)이다. 따라서 중국에 해당하는 국가는 C이다.

○ '1인당 이용 가능한 연수자원총량'이 6번째로 많은 국가는 프랑스이다. → '1인당 이용 가능한 연수자원총량'은 E, G, 러시아, F, 미국, H 순이므로 프랑스는 H이다.

① B ➡ (O)
② C ➡ (O)
③ D ➡ (X) D는 주어진 〈조건〉을 통해 알 수 없다.
④ E ➡ (O)
⑤ F ➡ (O)

07 ④

정답률 72.5%

| 문제 유형 | 자료 읽기 > 표/빈칸 제시형

| 접근 전략 | 〈표〉에 주어진 '갑'~'무'의 중간고사 과목 점수를 바탕으로 학생별 평균, 과목별 평균 등을 계산하는 문제이다. 평균은 가평균+{(가평균과 변량의 차이)의 합 ÷ 자료의 개수}로 구할 수 있다. 또한 평균은 $\frac{\text{자료의 총합}}{\text{자료의 개수}}$이므로 '평균 × 자료의 개수 = 자료의 총합'임을 이용하면 문제를 빠르게 풀 수 있다.

다음 〈표〉는 학생 '갑'~'무'의 중간고사 3개 과목 점수에 관한 자료이다. 이에 대한 〈보기〉의 설명 중 옳은 것만을 모두 고르면?

〈표〉 '갑'~'무'의 중간고사 3개 과목 점수

(단위: 점)

과목 \ 학생	갑	을	병	정	무
성별	남	여	( )	여	남
국어	90	85	60	95	75
영어	90	85	100	65	100
수학	75	70	85	100	100

〈보기〉

ㄱ. 국어 평균 점수는 80점 이상이다. → (O) 가평균을 80점이라고 하였을 때 가평균과 변량의 차이의 합이 0 이상이면 평균 점수는 80점 이상, 0 미만이면 평균 점수가 80점 미만이다. 따라서 차이의 합은 10+5+(−20)+15+(−5) = 5(점)이므로 평균은 80점 이상이다.

ㄴ. 3개 과목 평균 점수가 가장 높은 학생과 가장 낮은 학생의 평균 점수 차이는 10점 이하이다. → (X) 3개 과목 평균 점수 순위는 3개 과목 총합 순위와 동일하다. 학생별 과목 총합은 '갑'이 90 + 90 + 75 = 255(점), '을' 85 + 85 + 70 = 240(점), '병'이 60 + 100 + 85 = 245(점), '정'이 95 + 65 + 100 = 260(점), '무'가 75 + 100 + 100 = 275(점)이다. 따라서 평균 점수가 가장 높은 학생은 '무', 가장 낮은 학생은 '을'이고, 두 학생의 점수 차이가 275 − 240 = 35(점)이므로 평균은 $\frac{35}{3}$ ≒ 11.7(점) 차이 난다.

ㄷ. 국어, 영어, 수학 점수에 각각 0.4, 0.2, 0.4의 가중치를 곱한 점수의 합이 가장 큰 학생은 '정'이다. → (O) '을'은 모든 과목의 점수가 '갑'보다 낮으므로 합이 가장 큰 학생이 아니다. '병'은 '무'보다 모든 과목의 점수가 낮거나 같으므로 합이 가장 큰 학생이 아니다. 따라서 '갑', '정', '무'만 계산해 본다. 0.4 × 국어 + 0.2 × 영어 + 0.4 × 수학 = 0.2 × {2 × (국어 + 수학) + 영어}와 같으므로 순위는 2 × (국어 + 수학) + 영어로 비교한다. '갑'이 2 × (90 + 75) + 90 = 420(점), '정'이 2 × (95 + 100) + 65 = 455(점), '무'가 2 × (75 + 100) + 100 = 450(점)이므로 합이 가장 큰 학생은 '정'이다.

ㄹ. '갑'~'무'의 성별 수학 평균 점수는 남학생이 여학생보다 높다. → (O) 만약 '병'을 제외하고 남학생과 여학생의 평균을 구하면 남학생의 수학 점수 평균은 87.5점, 여학생의 수학 점수 평균은 85점이 된다. '병'의 수학 점수가 85점이므로 만약 '병'이 남학생이라면 남학생의 수학 점수 평균은 85점 초과 87.5점 미만이므로 여학생의 수학 점수 평균보다 높고, 만약 '병'이 여학생이라면 여학생의 수학 점수 평균은 그대로 85점이므로 남학생의 수학 점수 평균보다 낮을 것이다. 따라서 '병'의 성별에 관계없이 항상 남학생의 수학 점수 평균이 여학생보다 높다.

① ㄱ, ㄷ ➡ (X)
② ㄱ, ㄹ ➡ (X)
③ ㄴ, ㄷ ➡ (X)
④ ㄱ, ㄷ, ㄹ ➡ (O)
⑤ ㄴ, ㄷ, ㄹ ➡ (X)

08 ⑤ 정답률 45%

| 문제 유형 | 자료 읽기 > 표/빈칸 제시형

| 접근 전략 | 〈표〉에 주어진 자료를 바탕으로 연도별 인공지능반도체 비중, 시스템반도체 시장 규모를 계산하는 문제이다. 모든 〈보기〉가 빈칸을 알아야 해결할 수 있는 문제이므로 빈칸을 먼저 채우고 시작한다.

다음 〈표〉는 2021～2027년 시스템반도체 중 인공지능반도체의 세계 시장 규모 전망이다. 이에 대한 〈보기〉의 설명 중 옳은 것만을 모두 고르면?

〈표〉 시스템반도체 중 인공지능반도체의 세계 시장 규모 전망

(단위: 억 달러, %)

구분 \ 연도	2021	2022	2023	2024	2025	2026	2027
시스템반도체	2,500	2,310	2,686	2,832	(　)	3,525	(　)
인공지능반도체	70	185	325	439	657	927	1,179
비중	2.8	8.0	(　)	15.5	19.9	26.3	31.3

〈보기〉

ㄱ. 인공지능반도체 비중은 매년 증가한다. → (O) 2023년 인공지능반도체 비중은 $\frac{325}{2,686} \times 100 \fallingdotseq 12.1$(%)이다. 따라서 인공지능반도체 비중은 매년 증가한다.

ㄴ. 2027년 시스템반도체 시장 규모는 2021년보다 1,000억 달러 이상 증가한다. → (O) 2027년 시스템반도체 시장 규모는 $\frac{1,179}{0.313} \fallingdotseq 3,767$(억 달러)이다. 따라서 2021년보다 약 3,767 − 2,500 = 1,267(억 달러) 증가한다.

ㄷ. 2022년 대비 2025년의 시장 규모 증가율은 인공지능반도체가 시스템반도체의 5배 이상이다. → (O) 2025년 시스템반도체 시장 규모는 $\frac{657}{0.199} \fallingdotseq 3,302$(억 달러)이다. 2022년 대비 2025년 시스템반도체 시장 규모 증가율은 $\frac{3,302-2,310}{2,310} \times 100 \fallingdotseq 42.9$(%), 인공지능반도체 시장 규모 증가율은 $\frac{657-185}{185} \times 100 \fallingdotseq 255.1$(%)이다. 시스템반도체 시장 규모 증가율의 5배는 5 × 42.9 = 214.5(%)이므로 인공지능반도체 시장 규모 증가율이 시스템반도체 시장 규모 증가율의 5배 이상이다.

① ㄷ ➡ (X)
② ㄱ, ㄴ ➡ (X)
③ ㄱ, ㄷ ➡ (X)
④ ㄴ, ㄷ ➡ (X)
⑤ ㄱ, ㄴ, ㄷ ➡ (O)

09 ⑤ 정답률 56.3%

| 문제 유형 | 자료 읽기 > 표 제시형

| 접근 전략 | 〈표〉에 주어진 화물의 지역 내, 지역 간 이동 현황을 바탕으로 지역별 출발 화물과 도착 화물을 비교하는 문제이다. 세로가 출발 지역, 가로가 도착 지역이므로 출발 화물의 합은 세로, 도착 화물의 합은 가로에 주어진다는 것을 헷갈리지 말아야 한다. 정확한 값을 물어보는 것이 아니라 대소 관계를 묻는 〈보기〉가 많으므로 정확히 계산하기보다는 대략적인 값으로 비교하고 넘어간다. 또한 ㄱ, ㄴ은 계산이 필요 없는 〈보기〉이므로 먼저 해결하면 ㄱ은 옳은 〈보기〉, ㄴ은 옳지 않은 〈보기〉이므로 답은 ② 또는 ⑤이고, ㄷ은 확인하지 않아도 된다.

다음 〈표〉는 A～H 지역의 화물 이동 현황에 관한 자료이다. 이에 대한 〈보기〉의 설명 중 옳은 것만을 모두 고르면?

〈표〉 화물의 지역 내, 지역 간 이동 현황

(단위: 개)

출발 지역 \ 도착 지역	A	B	C	D	E	F	G	H	합
A	65	121	54	52	172	198	226	89	977
B	56	152	61	55	172	164	214	70	944
C	29	47	30	22	62	61	85	30	366
D	24	61	30	37	82	80	113	45	472
E	61	112	54	47	187	150	202	72	885
F	50	87	38	41	120	188	150	55	729
G	78	151	83	73	227	208	359	115	1,294
H	27	66	31	28	94	81	116	46	489
계	390	797	381	355	1,116	1,130	1,465	522	6,156

※ 출발 지역과 도착 지역이 동일한 경우는 해당 지역 내에서 화물이 이동한 것임

〈보기〉

ㄱ. 도착 화물보다 출발 화물이 많은 지역은 3개이다. → (O) A, B, D 3개 지역은 도착 화물보다 출발 화물이 많다.

ㄴ. 지역 내 이동 화물이 가장 적은 지역은 도착 화물도 가장 적다. → (X) C 지역은 지역 내 이동 화물이 30개로 가장 적지만, 도착 화물은 D 지역이 355개로 가장 적다.

ㄷ. 지역 내 이동 화물을 제외할 때, 출발 화물과 도착 화물의 합이 가장 작은 지역은 출발 화물과 도착 화물의 차이도 가장 작다. → (O) 출발 화물과 도착 화물의 차이를 먼저 구한다. 차이를 구할 때는 지역 내 이동 화물이 제외되므로 |출발 화물 계 − 도착 화물 계|로 계산 가능하다. C, H를 제외한 지역은 모두 출발 화물과 도착 화물의 차이가 100개 이상이다. C는 381 − 366 = 15(개), H는 522 − 489 = 33(개)이다. 따라서 C 지역이 출발 화물과 도착 화물의 차이가 가장 작다. C 지역의 지역 내 이동 화물을 제외한 출발 화물과 도착 화물의 합은 366 + 381 − (2 × 30) = 687(개)이다. A, B, E, F, G 지역은 출발 화물이 687개 이상이면서 '도착 화물 − 2 × 지역 내 이동 화물'이 양수이므로 지역 내 이동 화물을 제외한 출발 화물과 도착 화물의 합이 687개를 초과한다. D 지역은 472 + 355 − (2 × 37) = 753(개), H 지역은 489 + 522 − (2 × 46) = 919(개)이므로 지역 내 이동 화물을 제외한 출발 화물과 도착 화물의 합 또한 C 지역이 가장 작다.

ㄹ. 도착 화물이 가장 많은 지역은 출발 화물 중 지역 내 이동 화물의 비중도 가장 크다. → (O) 도착 화물이 가장 많은 지역은 G 지역이다. G 지역의 출발 화물 중 지역 내 이동 화물 비중은 $\frac{359}{1,294} \times 100 \fallingdotseq 27.7$(%)이므로 약 $\frac{1}{4}$이다. 모든 지역의 출발 화물 합을 4로 나누었을 때 값이 지역 내 이동 화

물보다 훨씬 큰 값이므로 출발 화물 중 지역 내 이동 화물의 비중은 25%에 크게 미치지 못한다. 따라서 G 지역은 도착 화물도 가장 많고, 출발 화물 중 지역 내 이동 화물의 비중도 가장 크다.

① ㄱ, ㄴ ➡ (X)
② ㄱ, ㄷ ➡ (X)
③ ㄴ, ㄷ ➡ (X)
④ ㄴ, ㄹ ➡ (X)
⑤ ㄱ, ㄷ, ㄹ ➡ (O)

10 ②

정답률 86.2%

| 문제 유형 | 자료 읽기/추론 > 매칭형

| 접근 전략 | 지자체별 자가격리자 및 모니터링 요원에 관한 〈대화〉를 바탕으로 〈표〉의 A~D 지역을 찾는 문제이다. 〈대화〉에서 해당하는 지자체를 찾는 것보다 해당하지 않는 지자체를 찾는 것이 빠르다.

다음 〈표〉와 〈대화〉는 4월 4일 기준 지자체별 자가격리자 및 모니터링 요원에 관한 자료이다. 〈표〉와 〈대화〉를 근거로 C와 D에 해당하는 지자체를 바르게 나열한 것은?

〈표〉 지자체별 자가격리자 및 모니터링 요원 현황(4월 4일 기준)

(단위: 명)

구분 \ 지자체		A	B	C	D
내국인	자가격리자	9,778	1,287	1,147	9,263
	신규 인원	900	70	20	839
	해제 인원	560	195	7	704
외국인	자가격리자	7,796	508	141	7,626
	신규 인원	646	52	15	741
	해제 인원	600	33	5	666
모니터링 요원		10,142	710	196	8,898

※ 해당일 기준 자가격리자 = 전일 기준 자가격리자 + 신규 인원 − 해제 인원

〈대화〉

갑: 감염병 확산에 대응하기 위한 회의를 시작합시다. 오늘은 대전, 세종, 충북, 충남의 4월 4일 기준 자가격리자 및 모니터링 요원 현황을 보기로 했는데, 각 지자체의 상황이 어떤가요?

을: 4개 지자체 중 세종을 제외한 3개 지자체에서 4월 4일 기준 자가격리자가 전일 기준 자가격리자보다 늘어났습니다. → A, C, D 지역은 내국인과 외국인 모두 신규 인원이 해제 인원보다 많으므로 자가격리자가 증가하였다. 따라서 B 지역이 세종이다.

갑: 모니터링 요원의 업무 부담과 관련된 통계 자료도 있나요?

을: 4월 4일 기준으로 대전, 세종, 충북은 모니터링 요원 대비 자가격리자의 비율이 1.8 이상입니다. → A 지역의 모니터링 요원의 1.8배가 10,142 × 1.8 = 18,255.6(명)이고, 자가격리자는 9,778 + 7,796 = 17,574(명)이다. 따라서 모니터링 요원 대비 자가격리자의 비율이 1.8 미만이므로 A 지역 충남이다.

갑: 지자체에 모니터링 요원을 추가로 배치해야 할 것 같습니다. 자가격리자 중 외국인이 차지하는 비중이 4개 지자체 가운데 대전이 가장 높으니, 외국어 구사가 가능한 모니터링 요원을 대전에 우선 배치하는 방향으로 검토해 봅시다. → C 지역과 D 지역 중 C 지역은 내국인이 외국인의 약 10배에 가깝고, D 지역은 내국인이 외국인의 1.5배에 미치지 못한다. 따라서 D 지역이 대전, C 지역이 충북이다.

	C	D	
①	충북	충남	➡ (X)
②	충북	대전	➡ (O)
③	충남	충북	➡ (X)
④	세종	대전	➡ (X)
⑤	대전	충북	➡ (X)

11 ③

정답률 62.9%

| 문제 유형 | 자료 읽기/추론 > 계산형

| 접근 전략 | 〈그림〉에 주어진 '갑'~'병'의 출근 관련 정보를 〈조건〉에 주어진 수식에 대입하여 월간 출근 교통비를 구하는 문제이다. 사칙연산은 '소괄호 → 중괄호 → 대괄호' 순으로 계산하고, '곱셈(나눗셈) → 덧셈(뺄셈)' 순으로 계산한다.

다음 〈그림〉과 〈조건〉은 직장인 '갑'~'병'이 마일리지 혜택이 있는 알뜰교통카드를 사용하여 출근하는 방법 및 교통비에 관한 자료이다. 이에 근거하여 월간 출근 교통비를 많이 지출하는 직장인부터 순서대로 나열하면?

〈그림〉 직장인 '갑'~'병'의 출근 방법 및 교통비 관련 정보

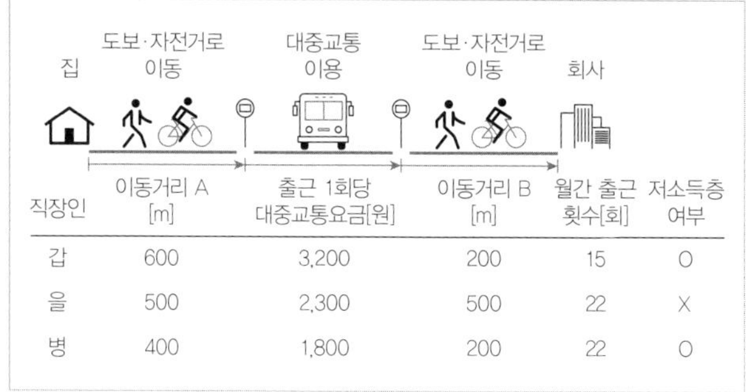

직장인	이동거리 A [m]	출근 1회당 대중교통요금[원]	이동거리 B [m]	월간 출근 횟수[회]	저소득층 여부
갑	600	3,200	200	15	O
을	500	2,300	500	22	X
병	400	1,800	200	22	O

〈조건〉

○ 월간 출근 교통비 = {출근 1회당 대중교통요금 − (기본 마일리지 + 추가 마일리지) × $\left(\frac{\text{마일리지 적용거리}}{800}\right)$} × 월간 출근 횟수

○ 기본 마일리지는 출근 1회당 대중교통요금에 따라 다음과 같이 지급함

출근 1회당 대중교통요금	2천 원 이하	2천 원 초과 3천 원 이하	3천 원 초과
기본 마일리지(원)	250	350	450

○ 추가 마일리지는 저소득층에만 다음과 같이 지급함

출근 1회당 대중교통요금	2천 원 이하	2천 원 초과 3천 원 이하	3천 원 초과
추가 마일리지(원)	100	150	200

○ 마일리지 적용거리(m)는 출근 1회당 도보·자전거로 이동한 거리의 합이며 최대 800m까지만 인정함

① 갑, 을, 병 ➡ (X)
② 갑, 병, 을 ➡ (X)
③ 을, 갑, 병 ➡ (O) '갑'의 월간 출근 교통비가 3,200원이므로 기본 마일리지는 450원이고, 저소득층이므로 200원의 추가 마일리지를 얻는다. 마일리지 적용거리는 600 + 200 = 800(m)이다. 따라서 '갑'의 월간 출근 교통비는 $\left\{3,200-(450+200)\times\left(\frac{800}{800}\right)\right\}\times 15=38,250$(원)이다.

'을'의 월간 출근 교통비가 2,300원이므로 기본 마일리지는 350원이고, 추가 마일리지는 없다. 총 이동거리가 500 + 500 = 1,000(m)이므로 마일리지 적용거리는 800m이다. 따라서 '을'의 월간 출근 교통비는 $\left\{2,300-350\times\left(\frac{800}{800}\right)\right\}\times 22=42,900$(원)이다.

'병'의 월간 출근 교통비가 1,800원이므로 기본 마일리지는 250원이고, 저소득층이므로 100원의 추가 마일리지를 얻는다. 마일리지 적용거리는 400 + 200 = 600(m)이다. 따라서 '병'의 월간 출근 교통비는 $\left\{1,800-(250+100)\times\left(\frac{600}{800}\right)\right\}\times 22=33,825$(원)이다.

따라서 월간 출근 교통비는 '을, 갑, 병' 순으로 많다.

④ 을, 병, 갑 ➡ (X)
⑤ 병, 을, 갑 ➡ (X)

12 ③ 정답률 61.4%

| 문제 유형 | 자료 읽기 > 그림 제시형

| 접근 전략 | 〈그림 1〉과 〈그림 2〉의 공적개발원조액 및 국민총소득 대비 공적개발원조액 비율을 바탕으로 계산하는 문제이다. 개발원조위원회 회원국은 29개이고, 〈그림〉에 주어진 국가는 상위 15개국이다. 상위 16위 이하인 국가의 공적개발원조액 및 국민총소득 대비 공적개발원조액 비율은 상위 15위 국가보다 낮다는 것을 이용한다.

다음 〈그림〉은 개발원조위원회 29개 회원국 중 공적개발원조액 상위 15개국과 국민총소득 대비 공적개발원조액 비율 상위 15개국 자료이다. 이에 대한 〈보기〉의 설명 중 옳은 것만을 모두 고르면?

〈그림 1〉 공적개발원조액 상위 15개 회원국

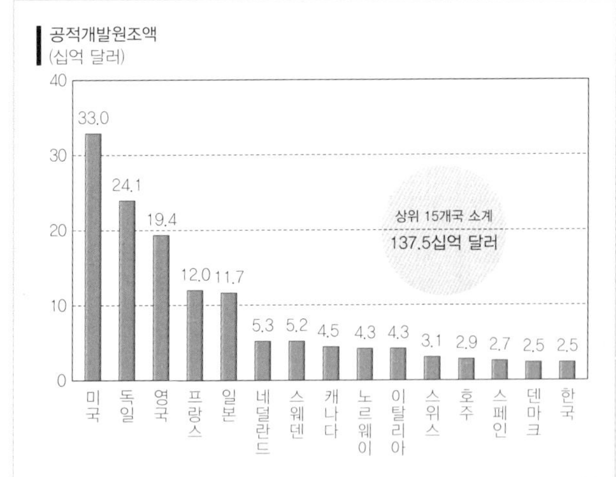

〈그림 2〉 국민총소득 대비 공적개발원조액 비율 상위 15개 회원국

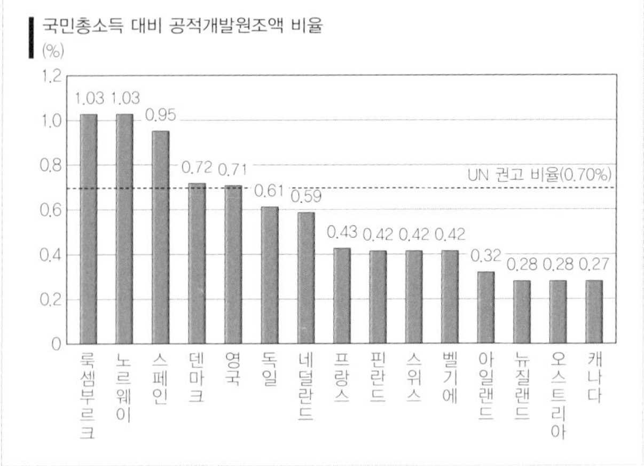

〈보기〉

ㄱ. 국민총소득 대비 공적개발원조액 비율이 UN 권고 비율보다 큰 국가의 공적개발원조액 합은 250억 달러 이상이다. → (O) 해당하는 국가는 룩셈부르크, 노르웨이, 스페인, 덴마크, 영국이다. 노르웨이, 스페인, 덴마크, 영국의 공적개발원조액의 합은 4.3 + 2.7 + 2.5 + 19.4 = 28.9(십억 달러)이므로 룩셈부르크의 공적개발원조액에 상관없이 해당 국가들의 공적개발원조액의 합은 250억 달러 이상이다.

ㄴ. 공적개발원조액 상위 5개국의 공적개발원조액 합은 개발원조위원회 29개 회원국 공적개발원조액 합의 50% 이상이다. → (O) 공적개발원조액 상위 5개국의 공적개발원조액의 합은 33.0 + 24.1 + 19.4 + 12.0 + 11.7 = 100.2(십억 달러)이다. 상위 15위 국가의 공적개발원조액이 2.5십억 달러이므로 공적개발원조액 상위 16위에서 29위 국가의 공적개발원조액은 최대 2.5십억 달러이다. 따라서 개발원조위원회 29개 회원국의 공적개발원조액 합은 최대 상위 15개국 소계 137.5십억 달러에 14 × 2.5 = 35(십억 달러)를 합한 172.5십억 달러이다. 이때 공적개발원조액 상위 5개국의 공적개발원조액의 합은 전체 개발원조위원회 공적개발원조액 합의 50% 이상이다.

ㄷ. 독일이 공적개발원조액만 30억 달러 증액하면 독일의 국민총소득 대비 공적개발원조액 비율은 UN 권고 비율 이상이 된다. → (X) 독일의 국민총소득은 $\frac{24.1}{0.0061}\fallingdotseq 3,950.8$(십억 달러)이다. 만약 공적개발원조액을 3십억 달러 증액하면 공적개발원조액은 27.1십억 달러이고, 국민총소득은 3,953.8십억 달러이다. 이때 공적개발원조액의 권고액은 3,953.8 × 0.007 = 27.6766(십억 달러)로 27.1십억 달러 이상이므로 국민총소득 대비 공적개발원조액 비율은 0.7% 미만이다.

① ㄱ ➡ (X)
② ㄷ ➡ (X)
③ ㄱ, ㄴ ➡ (O)
④ ㄴ, ㄷ ➡ (X)
⑤ ㄱ, ㄴ, ㄷ ➡ (X)

13 ④

정답률 59.7%

| 문제 유형 | 자료 읽기 > 표 제시형

| 접근 전략 | 〈표〉의 2020년 농업 생산액 현황 및 전년 대비 생산액 변화율 전망치에 따라 2021~2023년의 생산액을 계산하는 문제이다. 계산이 간단한 〈보기〉부터 해결하면 모든 〈보기〉를 계산하지 않고 답을 구할 수 있다.

다음 〈표〉는 '갑'국의 2020년 농업 생산액 현황 및 2021~2023년의 전년 대비 생산액 변화율 전망치에 관한 자료이다. 이에 대한 〈보기〉의 설명 중 옳은 것만을 모두 고르면?

〈표〉 농업 생산액 현황 및 변화율 전망치

(단위: 십억 원, %)

구분	2020년 생산액	전년 대비 생산액 변화율 전망치		
		2021년	2022년	2023년
농업	50,052	0.77	0.02	1.38
재배업	30,270	1.50	−0.42	0.60
축산업	19,782	−0.34	0.70	2.57
소	5,668	3.11	0.53	3.51
돼지	7,119	−3.91	0.20	1.79
닭	2,259	1.20	−2.10	2.82
달걀	1,278	5.48	3.78	3.93
우유	2,131	0.52	1.12	0.88
오리	1,327	−5.58	5.27	3.34

※ 축산업은 소, 돼지, 닭, 달걀, 우유, 오리의 6개 세부 항목으로만 구성됨

〈보기〉

ㄱ. 2021년 '오리' 생산액 전망치는 1.2조 원 이상이다. → (O) 2021년 '오리' 생산액 전망치는 1,327×(1−0.0558)≒1,253(십억 원)=1.253(조 원)이다.

ㄴ. 2021년 '돼지' 생산액 전망치는 같은 해 '농업' 생산액 전망치의 15% 이상이다. → (X) 2021년 '돼지' 생산액 전망치는 7,119×(1−0.0391)≒6,840.6(십억 원)이고, '농업' 생산액 전망치는 50,052×(1+0.0077)≒50,437.4(십억 원)이다. '농업' 생산액 전망치의 15%는 50,437.4×0.15=7,565.61(십억 원)으로 '돼지' 생산액 전망치보다 높다.

ㄷ. '축산업' 중 전년 대비 생산액 변화율 전망치가 2022년보다 2023년이 낮은 세부 항목은 2개이다. → (O) '우유'와 '오리'는 2023년의 전년 대비 생산액 변화율 전망치가 2022년보다 낮다.

ㄹ. 2020년 생산액 대비 2022년 생산액 전망치의 증감폭은 '재배업'이 '축산업'보다 크다. → (O) '재배업'의 2022년 생산액 전망치는 30,270×(1+0.015)×(1−0.0042)≒30,595(십억 원)이고, 증감폭은 30,595−30,270=325(십억 원)이다. '축산업'의 2022년 생산액 전망치는 19,782×(1−0.0034)×(1+0.007)≒19,853(십억 원)이고, 증감폭은 19,853−19,782=71(십억 원)이다. 따라서 증감폭은 '재배업'이 더 크다.

① ㄱ, ㄴ ➡ (X)
② ㄱ, ㄷ ➡ (X)
③ ㄴ, ㄹ ➡ (X)
④ ㄱ, ㄷ, ㄹ ➡ (O)
⑤ ㄴ, ㄷ, ㄹ ➡ (X)

14 ①

정답률 53.7%

| 문제 유형 | 자료 읽기 > 그림 제시형

| 접근 전략 | 〈그림〉에 주어진 2020년 기준 A공제회 현황을 바탕으로 각 공제제도별 회원 수 및 자산 규모를 계산하는 문제이다. 나눗셈보다 곱셈이 간편하므로 정확한 비율을 묻는 문제가 아니라면 곱셈식을 이용하여 비교한다.

다음 〈그림〉은 2020년 기준 A공제회 현황에 관한 자료이다. 이에 대한 설명으로 옳지 않은 것은?

〈그림〉 2020년 기준 A공제회 현황

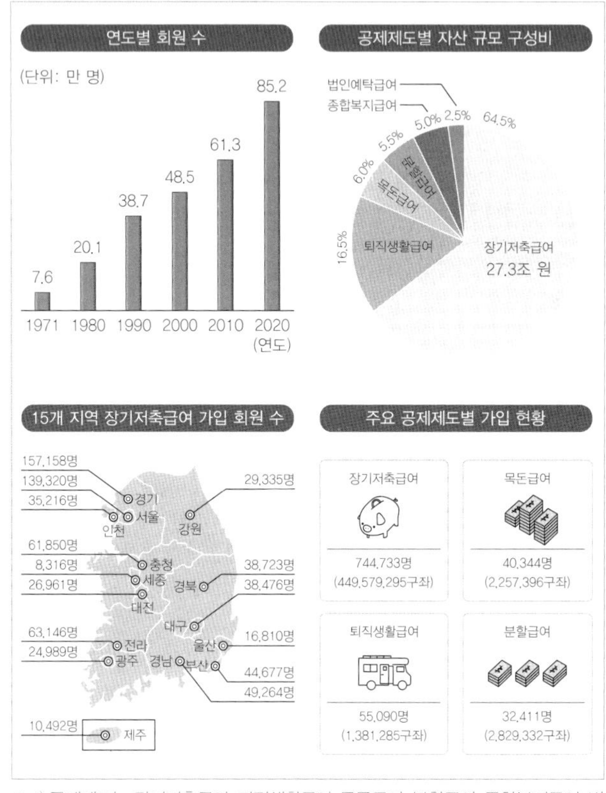

※ 1) 공제제도는 장기저축급여, 퇴직생활급여, 목돈급여, 분할급여, 종합복지급여, 법인예탁급여로만 구성됨
2) 모든 회원은 1개 또는 2개의 공제제도에 가입함

① 장기저축급여 가입 회원 수는 전체 회원의 85% 이하이다. ➡ (X) 장기저축급여 가입 회원 수는 744,733명이고, 전체 회원은 852,000명이다. 전체 회원의 85%는 852,000×0.85=724,200(명)이므로 장기저축급여 가입 회원 수가 전체 회원의 85%를 초과한다.

② 공제제도의 총자산 규모는 40조 원 이상이다. ➡ (O) 장기저축급여는 27.3조 원이고, 비율은 64.5%이다. 따라서 총자산 규모는 27.3÷0.645≒42.3(조 원)이다. 만약 공제제도 총자산 규모가 40조 원이라면 장기저축급여가 40×0.645=25.8(조 원)이 되는데 실제 장기저축급여는 이보다 큰 값이므로 공제제도의 총자산 규모도 40조 원을 초과할 것이라는 점을 이용해서 문제를 풀 수도 있다.

③ 자산 규모 상위 4개 공제제도 중 2개의 공제제도에 가입한 회원은 2만 명 이상이다. ➡ (O) 상위 4개 공제제도 가입자 수는 744,733+40,344+55,090+32,411=872,578(명)이고, 전체 가입자 수는 852,000명이다. 따라서 872,578−852,000=20,578(명)이 두 개의 주요 공제제도에 가입하였다.

④ 충청의 장기저축급여 가입 회원 수는 15개 지역 평균 장기저축급여 가입 회원 수보다 많다. ➡ (O) 장기저축급여 총 회원 수가 744,733명이므로 15개 지역 평균 장기저축급여 가입 회원 수는 744,733÷15≒49,649(명)이다. 충청의 장기저축급여 가입 회원 수는 61,850명으로 15개 지역 평균 장기저축급여 가입 회원 수보다 많다. 충청의 장기저축급여 가입 회원 수의 15배는 61,850×15=927,750

(명)으로 744,733명을 초과하므로 충청의 장기저축급여 가입 회원 수가 더 많다는 점을 이용해서 문제를 풀 수 있다.

⑤ 공제제도별 1인당 구좌 수는 장기저축급여가 분할급여의 5배 이상이다. ➡ (O) 장기저축급여의 1인당 구좌 수는 449,579,295 ÷ 744,733 ≒ 603.7(구좌)이고, 분할급여의 1인당 구좌 수는 2,829,332 ÷ 32,411 ≒ 87.3(구좌)이다. 87.3 × 5 = 436.5 < 603.7이므로 ⑤의 설명은 옳다.

15 ③

정답률 58.4%

| 문제 유형 | 자료 변환응용 > 자료/보고서 전환형

| 접근 전략 | 국내 광고산업에 대한 〈보도자료〉의 내용을 올바르게 표시한 자료를 찾는 문제이다. 〈보도자료〉 형태가 생소하긴 하지만 내용은 〈보고서〉와 다를 바 없다. 〈보도자료〉는 읽을 필요가 없고, 각 자료의 제목이 〈보도자료〉에 나와 있는지를 확인한 후 내용이 일치하는지를 확인하면 문제를 빠르게 풀 수 있다.

다음은 국내 광고산업에 관한 문화체육관광부의 보도자료이다. 이에 부합하지 않는 자료는?

문화체육관광부 **보도자료** 사람이 있는 문화

보도일시	배포 즉시 보도해 주시기 바랍니다.		
배포일시	2020. 2. XX.	담당부서	□□□□국
담당과장	○○○ (044-203-○○○○)	담당자	사무관 △△△ (044-203-○○○○)

2018년 국내 광고산업 성장세 지속

○ 문화체육관광부는 국내 광고사업체의 현황과 동향을 조사한 '2019년 광고산업조사(2018년 기준)' 결과를 발표했다.

○ 이번 조사 결과에 따르면 2018년 기준 광고산업 규모는 17조 2,119억 원(광고사업체 취급액* 기준)으로, 전년 대비 4.5% 이상 증가했고, 광고사업체당 취급액 역시 증가했다.

* 광고사업체 취급액은 광고주가 매체(방송국, 신문사 등)와 매체 외 서비스에 지불하는 비용 전체(수수료 포함)임

– 업종별로 살펴보면 광고대행업이 6조 6,239억 원으로 전체 취급액의 38% 이상을 차지했으나, 취급액의 전년 대비 증가율은 온라인광고대행업이 16% 이상으로 가장 높다.

○ 2018년 기준 광고사업체의 매체 광고비* 규모는 11조 362억 원(64.1%), 매체 외 서비스 취급액은 6조 1,757억 원(35.9%)으로 조사됐다.

* 매체 광고비는 방송매체, 인터넷매체, 옥외광고매체, 인쇄매체 취급액의 합임

– 매체 광고비 중 방송매체 취급액은 4조 266억 원으로 가장 큰 비중을 차지하고 있으며, 그 다음으로 인터넷매체, 옥외광고매체, 인쇄매체 순으로 나타났다.

– 인터넷매체 취급액은 3조 8,804억 원으로 전년 대비 6% 이상 증가했다. 특히, 모바일 취급액은 전년 대비 20% 이상 증가하여 인터넷 광고시장의 성장세를 이끌었다.

– 한편, 간접광고(PPL) 취급액은 전년 대비 14% 이상 증가하여 1,270억 원으로 나타났으며, 그중 지상파TV와 케이블TV 간 비중의 격차는 5%p 이하로 조사됐다.

① 광고사업체 취급액 현황(2018년 기준)

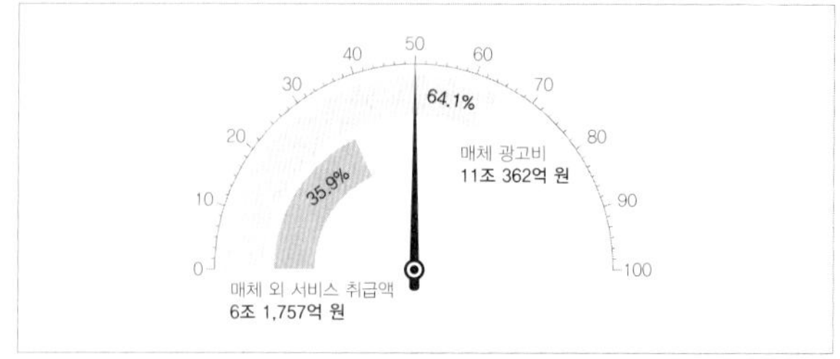

➡ (O) 〈보도자료〉의 세 번째 내용을 보면 "2018년 기준 광고사업체의 매체 광고비 규모는 11조 362억 원(64.1%), 매체 외 서비스 취급액은 6조 1,757억 원(35.9%)으로 조사됐다"라고 제시되어 있다. 이는 〈그림〉과 일치하므로 〈보도자료〉에 부합한다.

② 인터넷매체(PC, 모바일) 취급액 현황

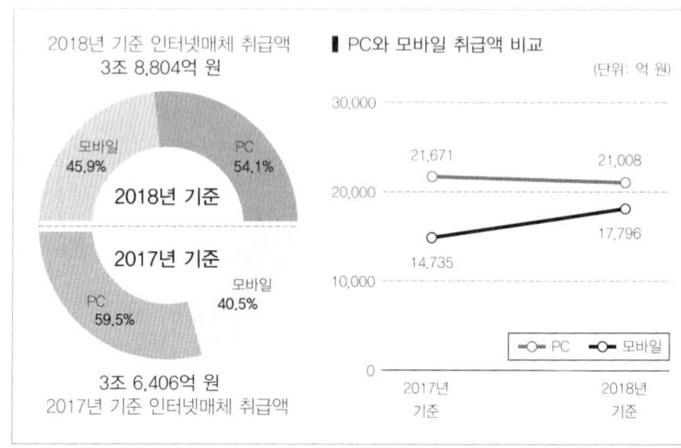

➡ (O) 〈보도자료〉의 세 번째 내용을 보면 "인터넷매체 취급액은 3조 8,804억 원으로 전년 대비 6% 이상 증가했다. 특히, 모바일 취급액은 전년 대비 20% 이상 증가하여 인터넷 광고시장의 성장세를 이끌었다"라고 제시되어 있다. 이는 〈그림〉과 일치하므로 〈보도자료〉에 부합한다.

③ 간접광고(PPL) 취급액 현황

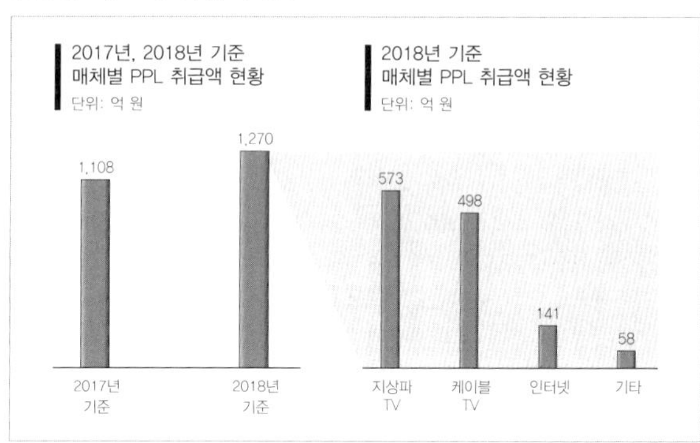

➡ (X) 〈보도자료〉의 세 번째 내용을 보면 "간접광고(PPL) 취급액은 전년 대비 14% 이상 증가하여 1,270억 원으로 나타났으며, 그중 지상파TV와 케이블TV 간 비중의 격차는 5%p 이하로 조사됐다"라고 제시되어 있다. 〈그림〉에 따르면 간접광고(PPL) 취급액은 전년 대비 $\frac{1,270-1,108}{1,108} \times 100 \fallingdotseq 14.6(\%)$ 증가하였으므로 〈보도자료〉에 부합하지만 지상파TV와 케이블TV 간 비중의 격차는 $\frac{573-498}{1,270} \times 100 \fallingdotseq 5.9(\%p)$로 5%p를 초과하므로 〈보도자료〉에 부합하지 않는다.

④ 업종별 광고사업체 취급액 현황

(단위: 개소, 억 원)

업종 \ 구분	2018년 조사(2017년 기준)		2019년 조사(2018년 기준)	
	사업체 수	취급액	사업체 수	취급액
전체	7,234	164,133	7,256	172,119
광고대행업	1,910	64,050	1,887	66,239
광고제작업	1,374	20,102	1,388	20,434
광고전문서비스업	1,558	31,535	1,553	33,267
인쇄업	921	7,374	921	8,057
온라인광고대행업	780	27,335	900	31,953
옥외광고업	691	13,737	607	12,169

➡ (O) 〈보도자료〉의 두 번째 내용을 보면 "업종별로 살펴보면 광고대행업이 6조 6,239억 원으로 전체 취급액의 38% 이상을 차지했으나, 취급액의 전년 대비 증가율은 온라인광고대행업이 16% 이상으로 가장 높다"라고 제시되어 있다. 이는 〈표〉와 일치하므로 〈보도자료〉에 부합한다.

⑤ 매체별 광고사업체 취급액 현황(2018년 기준)

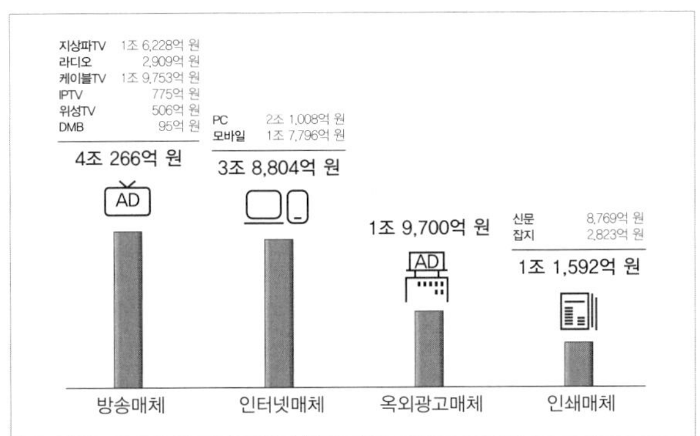

➡ (O) 〈보도자료〉의 세 번째 내용을 보면 "매체 광고비 중 방송매체 취급액은 4조 266억 원으로 가장 큰 비중을 차지하고 있으며, 그 다음으로 인터넷매체, 옥외광고매체, 인쇄매체 순으로 나타났다"라고 제시되어 있다. 이는 〈그림〉과 일치하므로 〈보도자료〉에 부합한다.

16 ①

정답률 55.9%

| 문제 유형 | 자료 읽기 > 그림 제시형

| 접근 전략 | 2020년 월별 교통사고 사상자 및 교통사고 건수, 교통사고 건수의 사고원인별 구성비 자료를 통해 계산하는 문제이다. ㄱ~ㄹ이 모두 계산이 필요한 〈보기〉이므로 상대적으로 계산이 간단한 ㄱ과 ㄷ을 먼저 구한다. ㄱ, ㄷ을 확인하면 ㄴ은 반드시 옳은 〈보기〉이므로 ㄹ만 추가로 계산하면 된다.

다음 〈그림〉은 2020년 '갑'시의 교통사고에 관한 자료이다. 이에 대한 〈보기〉의 설명 중 옳은 것만을 모두 고르면?

〈그림 1〉 2020년 월별 교통사고 사상자

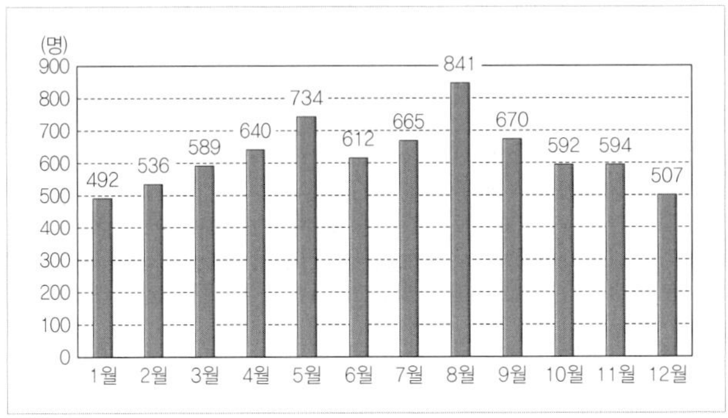

〈그림 2〉 2020년 월별 교통사고 건수

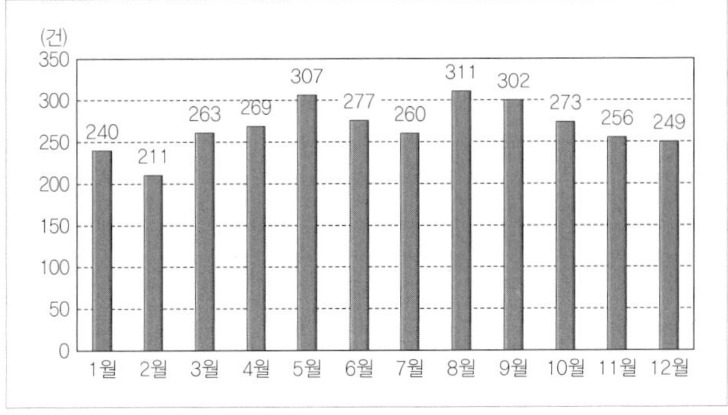

〈그림 3〉 2020년 교통사고 건수의 사고원인별 구성비

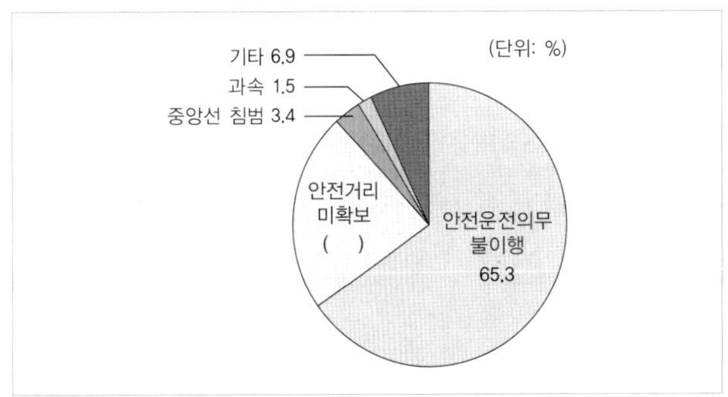

〈보기〉

ㄱ. 월별 교통사고 사상자는 가장 적은 달이 가장 많은 달의 60% 이하이다. → (O) 월별 교통사고 사상자가 가장 적은 달은 1월로 492명이고, 가장 많은 달은 8월로 841명이다. 841 × 0.6 = 504.6 ≥ 492이므로 ㄱ은 옳은 설명이다.

ㄴ. 2020년 교통사고 건당 사상자는 1.9명 이상이다. → (O) 2020년 연간 교통사고 사상자는 492 + 536 + 589 + 640 + 734 + 612 + 665 + 841 + 670 + 592 + 594 + 507 = 7,472(명)이고, 교통사고 건수는 240 + 211 + 263 + 269 + 307 + 277 + 260 + 311 + 302 + 273 + 256 + 249 = 3,218(건)이다.

따라서 교통사고 건당 사상자는 $\frac{7,472}{3,218}$ ≒ 2.3(명)이므로 ㄴ의 설명은 옳다. 계산을 하지 않고도 매월 교통사고 건당 사상자가 2명 이상이므로 연간 교통사고 건당 사상자도 2명 이상이 됨을 알 수 있다.

ㄷ. '안전거리 미확보'가 사고원인인 교통사고 건수는 '중앙선 침범'이 사고원인인 교통사고 건수의 7배 이상이다. → (X) 비율로 계산 가능하다. '안전거리 미확보'의 구성비는 100 − 65.3 − 3.4 − 1.5 − 6.9 = 22.9(%)이다. 따라서 3.4 × 7 = 23.8 > 22.9이므로 '안전거리 미확보'가 사고원인인 교통사고 건수는 '중앙선 침범'이 사고원인인 교통사고 건수의 7배 미만이다.

ㄹ. 사고원인이 '안전운전의무 불이행'인 교통사고 건수는 2,000건 이하이다. → (X) 2020년 교통사고 건수는 3,218건이다. 사고원인이 '안전운전의무 불이행'인 교통사고의 구성비는 65.3%이므로 3,218 × 0.653 ≒ 2,101(건)으로 2,000건을 초과한다. 만약 사고원인이 '안전운전의무 불이행'인 교통사고가 2,000건이라면 총 교통사고 건수는 2,000 × $\frac{100}{63.2}$ ≒ 3,165(건)이다. 따라서 월평균 사고 건수가 255건이 되어야 하는데 3개 달을 제외하고는 모두 264건을 많이 초과한다. 따라서 월평균 사고 건수가 264건을 많이 초과하므로 총 교통사고 건수는 3,063건을 많이 초과할 것이고, 사고원인이 '안전운전의무 불이행'인 교통사고 건수도 2,000건을 초과할 것임을 이용하여 문제를 풀 수도 있다.

① ㄱ, ㄴ ➡ (O)
② ㄱ, ㄷ ➡ (X)
③ ㄴ, ㄷ ➡ (X)
④ ㄷ, ㄹ ➡ (X)
⑤ ㄱ, ㄴ, ㄹ ➡ (X)

17 ④

정답률 83.6%

| 문제 유형 | 자료 읽기/추론 > 계산형

| 접근 전략 | 〈정보〉를 바탕으로 〈표〉의 가~라 값을 유추하는 문제이다. 가~라의 값이 하나의 특정 값이 아니라 범위로 주어지므로 가~라의 값이 어떤 값보다 크고, 어떤 값보다 작은지 범위를 정확하게 구해야 한다.

다음 〈표〉와 〈정보〉는 A~J 지역의 지역발전 지표에 관한 자료이다. 이를 근거로 '가'~'라'에 들어갈 수 있는 값으로만 나열한 것은?

〈표 1〉 A ~ J 지역의 지역발전 지표

(단위: %, 개)

지표 / 지역	재정자립도	시가화 면적 비율	10만 명당 문화시설 수	10만 명당 체육시설 수	주택 노후화율	주택 보급률	도로 포장률
A	83.8	61.2	4.1	111.1	17.6	105.9	92.0
B	58.5	24.8	3.1	(다)	22.8	93.6	98.3
C	65.7	35.7	3.5	103.4	13.5	91.2	97.4
D	48.3	25.3	4.3	128.0	15.8	96.6	100.0
E	(가)	20.7	3.7	133.8	12.2	100.3	99.0
F	69.5	22.6	4.1	114.0	8.5	91.0	98.1
G	37.1	22.9	7.7	110.2	20.5	103.8	91.7
H	38.7	28.8	7.8	102.5	19.9	(라)	92.5
I	26.1	(나)	6.9	119.2	33.7	102.5	89.6
J	32.6	21.3	7.5	113.0	26.9	106.1	87.9

〈정보〉

○ 재정자립도가 E보다 높은 지역은 A, C, F임 → A, C, F 중 재정자립도가 가장 낮은 지역은 C이고, E의 재정자립도는 C의 재정자립도인 65.7보다 낮다. A, C, F 외의 지역은 재정자립도가 E보다 낮아야 한다. 나머지 지역 중 재정자립도가 가장 큰 지역은 B로 58.5이다. 따라서 C의 재정자립도는 58.5보다 높으므로 E가 될 수 있는 값은 58.5 < (가) < 65.7이므로 ⑤는 답이 아니다.

○ 시가화 면적 비율이 가장 낮은 지역은 주택노후화율이 가장 높은 지역임 → 주택노후화율이 가장 높은 지역은 I이다. 따라서 I의 시가화 면적 비율이 가장 낮아야 한다. I를 제외하고 시가화 면적 비율이 가장 낮은 지역은 E이므로 I의 시가화 면적 비율은 E의 시가화 면적 비율 20.7보다 낮다. 따라서 (나) < 20.7이므로, ①은 답이 아니다.

○ 10만 명당 문화시설수가 가장 적은 지역은 10만 명당 체육시설 수가 네 번째로 많은 지역임 → 10만 명당 문화시설 수가 가장 적은 지역은 B이다. B의 10만 명당 체육시설 수가 네 번째로 많다고 하였을 때, 10만 명당 체육시설 수가 세 번째로 많은 지역은 I로 119.2개이고, 10만 명당 체육시설 수가 다섯 번째로 많은 지역은 F로 114.0이다. 따라서 114.0 < (다) < 119.2이므로, ①, ②는 답이 아니다.

○ 주택보급률이 도로포장률보다 낮은 지역은 B, C, D, F임 → B, C, D, F를 제외하고는 주택보급률이 도로포장률보다 같거나 더 높다. 따라서 (라) ≥ 92.5이므로 ③은 답이 아니다.

	가	나	다	라	
①	58.6	20.9	100.9	92.9	➡ (X)
②	60.8	19.8	102.4	92.5	➡ (X)
③	63.5	20.1	115.7	92.0	➡ (X)
④	65.2	20.3	117.1	92.6	➡ (O)
⑤	65.8	20.6	118.7	93.7	➡ (X)

18 ③

정답률 74.4%

| 문제 유형 | 자료 변환응용 > 자료/보고서 전환형

| 접근 전략 | 〈표〉의 내용을 바탕으로 〈보고서〉를 작성하는 문제이다. 〈보고서〉 문제는 전체 내용을 읽지 않고, 밑줄 친 부분만 읽으면 되지만 이 문제에서 ⓒ의 경우 묻고자 하는 내용의 주어가 밑줄 앞부분에 주어져 있다는 것에 주의한다.

다음 〈표〉는 '갑'국 대학 기숙사 수용 및 기숙사비 납부 방식에 관한 자료이다. 이에 대한 〈보고서〉의 설명 중 옳은 것만을 모두 고르면?

〈표 1〉 2019년과 2020년 대학 기숙사 수용 현황

(단위: 명, %)

연도 / 구분 / 대학 유형		2020 수용 가능 인원	2020 재학생 수	2020 수용률	2019 수용 가능 인원	2019 재학생 수	2019 수용률
전체(196개교)		354,749	1,583,677	22.4	354,167	1,595,436	22.2
설립주체	국공립(40개교)	102,025	381,309	26.8	102,906	385,245	26.7
	사립(156개교)	( )	1,202,368	21.0	251,261	1,210,191	20.8
소재지	수도권(73개교)	122,099	672,055	18.2	119,940	676,479	( )
	비수도권(123개교)	232,650	911,622	25.5	234,227	918,957	25.5

※ 수용률(%) = $\frac{\text{수용 가능 인원}}{\text{재학생 수}}$ × 100

〈표 2〉 2020년 대학 기숙사비 납부 방식 현황

(단위: 개교)

대학 유형 \ 납부 방식 / 기숙사 유형		카드납부 가능				현금분할납부 가능			
		직영	민자	공공	합계	직영	민자	공공	합계
전체(196개교)		27	20	0	47	43	25	9	77
설립 주체	국공립 (40개교)	20	17	0	37	18	16	0	34
	사립 (156개교)	7	3	0	10	25	9	9	43
소재지	수도권 (73개교)	3	2	0	5	16	8	4	28
	비수도권 (123개교)	24	18	0	42	27	17	5	49

※ 각 대학은 한 가지 유형의 기숙사만 운영함

〈보고서〉

2020년 대학 기숙사 수용률은 22.4%로, 2019년의 22.2%에 비해 증가하였지만 여전히 20%대 초반에 그쳤다. 대학 유형별 기숙사 수용률은 사립대학보다는 국공립대학이 높고, 수도권대학보다는 비수도권 대학이 높았다. 한편, ㉠ 2019년 대비 2020년 대학 유형별 기숙사 수용률은 국공립대학보다 사립대학이, 비수도권대학보다 수도권대학이 더 큰 폭으로 증가하였다. → (O) 2019년 수도권대학의 기숙사 수용률은 $\frac{119,940}{676,479} \times 100 \fallingdotseq 17.7(\%)$이다. 2019년 대비 2020년 국공립대학의 기숙사 수용률은 0.1%p 증가, 사립대학의 기숙사 수용률은 0.2%p 증가, 수도권대학의 기숙사 수용률은 0.5%p 증가, 비수도권대학의 기숙사 수용률은 동일하다. 따라서 기숙사 수용률의 증가폭이 '사립대학 > 국공립대학, 수도권대학 > 비수도권대학'이므로 옳은 설명이다.

2020년 대학 기숙사 수용가능 인원의 변화를 설립주체별로 살펴보면, ㉡ 국공립대학은 전년 대비 800명 이상 증가하였으나, 사립대학은 전년 대비 1,400명 이상 감소하였다. → (X) 국공립대학의 2019년도 기숙사 수용 가능 인원은 102,906명, 2020년도 기숙사 수용 가능 인원은 102,025명으로 800명 이상 감소하였으므로 옳지 않다. 소재지별로 살펴보면 수도권 대학의 기숙사 수용 가능 인원은 2019년 119,940명에서 2020년 122,099명으로 2,100명 이상 증가하였으나, 비수도권 대학은 2019년 234,227명에서 2020년 232,650명으로 1,500명 이상 감소하였다.

2020년 대학 기숙사비 납부 방식을 살펴보면, ㉢ 전체 대학 중 기숙사비 카드납부가 가능한 대학은 37.9%에 불과하였다. → (X) 전체 대학은 196개교이고, 기숙사비 카드납부가 가능한 대학은 47개교이므로 $\frac{47}{196} \times 100 \fallingdotseq 24.0(\%)$이다. 이를 기숙사 유형별로 자세히 보면, ㉣ 카드납부가 가능한 공공기숙사는 없었고, 현금분할납부가 가능한 공공기숙사도 사립대학 9개교뿐이었다. → (O) 공공기숙사 중 카드납부가 가능한 곳은 없고, 현금분할납부가 가능한 공공기숙사 또한 국공립대학은 0개교, 사립대학은 9개교로 ㉣의 설명은 옳다.

① ㄱ ➡ (X)
② ㄱ, ㄴ ➡ (X)
③ ㄱ, ㄹ ➡ (O)
④ ㄷ, ㄹ ➡ (X)
⑤ ㄴ, ㄷ, ㄹ ➡ (X)

19 ③

정답률 67%

| 문제 유형 | 자료 읽기/추론 > 계산형

| 접근 전략 | 〈조건〉과 〈표〉를 바탕으로 각 연도별 직원들의 성과등급을 계산하는 문제이다. '갑~기' 간의 성과등급이나 연봉에 관한 정보는 주어져 있지 않고, 각 직원들별 연도별 성과급의 변화만 알 수 있다. A등급의 지급비율은 B의 2배, S등급의 지급비율은 A등급의 2배, B등급의 4배이고, S등급 인원수는 1명, A등급 인원수는 2명, B등급의 인원수는 3명임을 이용하여 문제를 푼다.

다음 〈조건〉과 〈표〉는 2018~2020년 '가'부서 전체 직원 성과급에 관한 자료이다. 이를 근거로 판단할 때, '가'부서 전체 직원의 2020년 기본 연봉의 합은?

〈조건〉

○ 매년 각 직원의 기본 연봉은 변동 없음
○ 성과급은 전체 직원에게 각 직원의 성과등급에 따라 매년 1회 지급함
○ 성과급 = 기본 연봉 × 지급비율
○ 성과등급별 지급비율 및 인원수

구분 \ 성과등급	S	A	B
지급비율	20%	10%	5%
인원수	1명	2명	3명

〈표〉 2018 ~ 2020년 '가'부서 전체 직원 성과급

(단위: 백만 원)

직원 \ 연도	2018	2019	2020
갑	12.0	6.0	3.0
을	5.0	20.0	5.0
병	6.0	3.0	6.0
정	6.0	6.0	12.0
무	4.5	4.5	4.5
기	6.0	6.0	12.0

① 430백만 원 ➡ (X)
② 460백만 원 ➡ (X)
③ 490백만 원 ➡ (O) '갑'의 2018년도 성과급은 2020년도의 4배이다. 가능한 조합은 2018년도 성과등급이 S등급, 2020년도 성과등급이 B등급일 때뿐이다. 따라서 2019년도 성과등급은 A등급이다. S등급은 매년 1명이므로 2018년도에는 더 이상 S등급인 직원이 없다. '을'의 2019년도 성과급이 2018년도, 2020년도의 4배이다. 가능한 조합은 2019년도 성과등급이 S등급, 2018년도와 2020년도의 성과등급이 B등급일 때뿐이다. S등급은 매년 1명이므로 2019년도에는 더 이상 S등급인 직원이 없다. '병'의 2018년도, 2020년도 성과급이 2019년도의 2배이다. 따라서 A등급, S등급 조합이거나 B등급, A등급 조합이 되는데 2018년도에는 '갑'이 이미 S등급이므로 '병'은 S등급이 될 수 없고, A등급이다. 따라서 2018년도와 2020년도의 성과등급이 A등급이고, 2019년도의 성과등급이 B등급이다. '무'는 매년 성과급이 동일하다. 따라서 S등급일 수 없으므로 매년 B등급이거나 A등급이 된다. '갑', '을', '병', '무'의 2020년도 성과등급이 S등급이 아니므로 '정' 또는 '기'의 성과등급이 S등급이다. '정'과 '기'의 성과급이 매년 서로 동일하므로 누가 S등급이 되더라도 전체 연봉 합은 동일하다. '정'의 2020년도 성과등급이 S등급이라면 2018년도와 2019년도 성과등급은 A등급이다. 따라서 '기'의 2020년도 성과등급은 A등급, 2018년도와 2019년도 성과등급은 B등급이 되어야 한다. 2018년도, 2019년도, 2020년도 모두 현재 S등급이 1명, A등급이 2명, B등급이 2명이므로 남은 등급은 B등급이다. 따라서 '무'는 매년 B등급이다. 따라서

2020년도에 '갑', '을', '무'가 B등급, '병', '기'가 A등급, '정'이 S등급이므로 '가'부서 전체 직원의 2020년 기본 연봉의 합은 $\frac{(3.0+5.0+4.5)}{0.05}+\frac{(6.0+12.0)}{0.1}+\frac{12.0}{0.2}=$ 490(백만 원)이다.

④ 520백만 원 ➡ (X)

⑤ 550백만 원 ➡ (X)

20 ④ 정답률 57.1%

| 문제 유형 | 자료 읽기 > 표/그림 제시형

| 접근 전략 | 〈표〉의 하수처리장 1일 하수처리용량 및 지역등급별 방류수를 기준으로 〈그림〉에 주어진 하수처리장의 1일 하수처리용량 및 지역등급별 방류수를 구하는 문제이다. 계산 문제가 아니므로 〈보기〉 자체는 어렵지 않지만 기준이 여러 가지이고, 〈그림〉에서 두 가지 내용을 파악해야 하므로 시간이 많이 소요되는 문제이다. 한눈에 파악하기 위해 각 하수처리장 위에 지역등급과 1일 하수처리용량을 간단하게 적어두면 문제를 빠르게 푸는 데 도움이 될 수 있다.

(1, 1) 4등급, 500↑	(1, 2) 4등급, 50↓	(1, 3) 3등급, 50-500	(1, 4) 3등급, 500↑	(1, 5) 4등급, 50-500	(1, 6) 4등급, 500↑
(2, 1) 4등급, 50↓	(2, 2) 3등급, 500↑	(2, 3) 3등급, 50-500	(2, 4) 3등급, 50-500	(2, 5) 3등급, 50↓	(2, 6) 4등급, 50↓
(3, 1) 4등급, 500↑	(3, 2) 2등급, 50-500	(3, 3) 2등급, 50↓	(3, 4) 2등급, 50-500	(3, 5) 3등급, 500↑	(3, 6) 3등급, 50↓
(4, 1) 2등급, 50-500	(4, 2) 1등급, 500↑	(4, 3) 1등급, 500↑	(4, 4) 1등급, 50-500	(4, 5) 1등급, 500↑	(4, 6) 2등급, 50-500
(5, 1) 2등급, 500↑	(5, 2) 2등급, 50↓	(5, 3) 3등급, 50↓	(5, 4) 2등급, 500↑	(5, 5) 2등급, 50-500	(5, 6) 2등급, 50↓
(6, 1) 3등급, 500↑	(6, 2) 3등급, 50-500	(6, 3) 3등급, 50↓	(6, 4) 4등급, 500↑	(6, 5) 4등급, 50-500	(6, 6) 4등급, 500↑

다음 〈표〉는 '갑'국 하수처리장의 1일 하수처리용량 및 지역등급별 방류수 기준이고, 〈그림〉은 지역등급 및 36개 하수처리장 분포이다. 이에 근거한 〈보기〉의 설명 중 옳은 것만을 모두 고르면?

〈표〉 하수처리장 1일 하수처리용량 및 지역등급별 방류수 기준

(단위: mg/L)

1일 하수처리용량	항목 지역등급	생물학적 산소요구량	화학적 산소요구량	총질소	총인
500m³ 이상	Ⅰ	5 이하	20 이하	20 이하	0.2 이하
	Ⅱ	5 이하	20 이하	20 이하	0.3 이하
	Ⅲ	10 이하	40 이하	20 이하	0.5 이하
	Ⅳ	10 이하	40 이하	20 이하	2.0 이하
50m³ 이상 500m³ 미만	Ⅰ~Ⅳ	10 이하	40 이하	20 이하	2.0 이하
50m³ 미만	Ⅰ~Ⅳ	10 이하	40 이하	40 이하	4.0 이하

〈그림〉 지역등급 및 하수처리장 분포

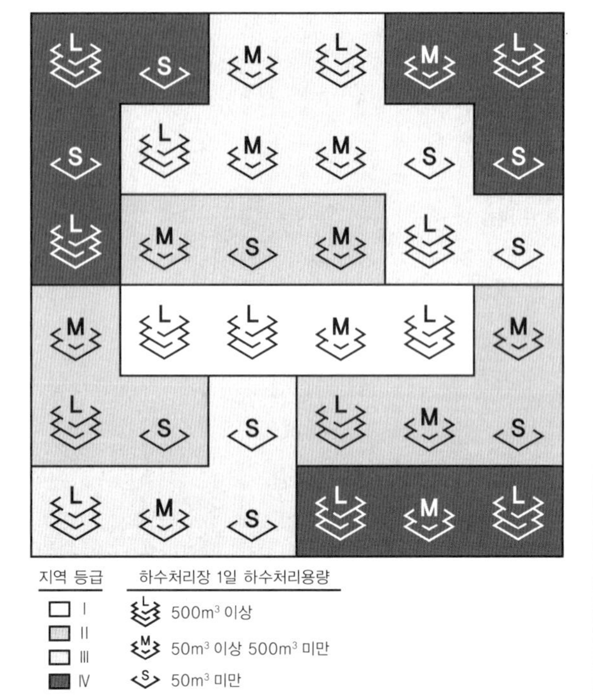

〈보기〉

ㄱ. 방류수의 생물학적 산소요구량 기준이 '5mg/L 이하'인 하수처리장 수는 5개이다. → (O) 생물학적 산소요구량 기준이 '5mg/L 이하'이려면 1일 하수처리용량이 500m³ 이상이고, 지역등급이 Ⅰ등급 또는 Ⅱ등급이어야 한다. 이에 해당하는 하수처리장은 (4, 2), (4, 3), (4, 5), (5, 1), (5, 4)으로 5개이다.

ㄴ. 1일 하수처리용량 500m³ 이상인 하수처리장 수는 1일 하수처리용량 50m³ 미만인 하수처리장 수의 1.5배 이상이다. → (X) 1일 하수처리용량이 500m³ 이상인 하수처리장은 (1, 1), (1, 4), (1, 6), (2, 2), (3, 1), (3, 5), (4, 2), (4, 3), (4, 5), (5, 1), (5, 4), (6, 1), (6, 4), (6, 6)으로 14개이고, 50m³ 미만인 하수처리장 수는 (1, 2), (2, 1), (2, 5), (2, 6), (3, 3), (3, 6), (5, 2), (5, 3), (5, 6), (6, 3)으로 10개이다. 따라서 1일 하수처리용량 500m³ 이상인 하수처리장 수는 1일 하수처리용량 50m³ 미만인 하수처리장 수의 1.4배이다.

ㄷ. Ⅱ등급 지역에서 방류수의 총인 기준이 '0.3mg/L 이하'인 하수처리장의 1일 하수처리용량 합은 최소 1,000m³이다. → (O) Ⅱ등급 지역에서 방류수의 총인 기준이 '0.3mg/L 이하'이려면 1일 하수처리용량이 500m³ 이상이어야 한다. 따라서 해당하는 하수처리장은 (5, 1), (5, 4) 두 군데이므로 1일 하수처리용량의 합은 최소 2×500=1,000(m³)이다.

ㄹ. 방류수의 총질소 기준이 '20mg/L 이하'인 하수처리장 수는 방류수의 화학적 산소요구량 기준이 '20mg/L 이하'인 하수처리장 수의 5배 이상이다. → (O) 방류수의 총질소 기준이 '20mg/L 이하'이려면 1일 하수처리용량이 50m³ 이상이기만 하면 된다. 따라서 해당하는 하수처리장 수는 전체 36개 하수처리장 중 1일 하수처리용량이 50m³인 하수처리장 10개를 제외한 26개이다. 방류수의 화학적 산소요구량 기준이 '20mg/L 이하'이려면 1일 하수처리용량이 500m³이고, 지역등급이 Ⅰ등급 또는 Ⅱ등급이어야 한다. 따라서 해당하는 하수처리장 수는 (4, 2), (4, 3), (4, 5), (5, 1), (5, 4)으로 5개이다. 5×5=25〈26이므로 옳은 설명이다.

① ㄱ, ㄴ ➡ (X)

② ㄱ, ㄷ ➡ (X)

③ ㄴ, ㄹ ➡ (X)

④ ㄱ, ㄷ, ㄹ ➡ (O)

⑤ ㄴ, ㄷ, ㄹ ➡ (X)

21 ② TOP3 정답률 37.6%

| 문제 유형 | 자료 읽기 > 빈칸 제시형

| 접근 전략 | 각주의 종합점수 계산 방법을 바탕으로 A ~ E가 '갑' ~ '무'에게 부여한 점수를 추론하는 문제이다. 빈칸을 제외한 직무평가 점수 중 평가점수가 가장 높은 것과 가장 낮은 것을 제외하고는 반드시 종합점수에 포함된다. 따라서 종합점수 × 3 = 값이 주어진 직무평가 점수 중 두 번째 값 + 값이 주어진 직무평가 점수 중 세 번째 값 + □이므로 □ = 종합점수 × 3 − 값이 주어진 직무평가 점수 중 두 번째 값 − 값이 주어진 직무평가 점수 중 세 번째 값이다. □에 해당하는 값은 값이 주어진 직무평가 점수 중 가장 낮은 점수일 수도 있고, 가장 높은 점수일 수도 있고, 그 사이의 값일 수도 있다. □가 세 가지 중 어떤 값이 나올 수 있는지 경우의 수를 나누어 문제를 푼다.

다음 〈표〉는 직원 '갑' ~ '무'에 대한 평가자 A ~ E의 직무평가 점수이다. 이에 대한 〈보기〉의 설명 중 옳은 것만을 모두 고르면?

〈표〉 직원 '갑' ~ '무'에 대한 평가자 A ~ E의 직무평가 점수

(단위: 점)

직원 \ 평가자	A	B	C	D	E	종합점수
갑	91	87	( )	89	95	89.0
을	89	86	90	88	( )	89.0
병	68	76	( )	74	78	( )
정	71	72	85	74	( )	77.0
무	71	72	79	85	( )	78.0

※ 1) 직원별 종합점수는 해당 직원이 평가자 A~E로부터 부여받은 점수 중 최댓값과 최솟값을 제외한 점수의 평균임
2) 각 직원은 평가자 A~E로부터 각각 다른 점수를 부여받았음
3) 모든 평가자는 1~100점 중 1점 단위로 점수를 부여하였음

〈보기〉

ㄱ. '을'에 대한 직무평가 점수는 평가자 E가 가장 높다. → (O) 주어진 '을'의 점수 중 두 번째, 세 번째 값은 88점, 89점이고, 종합점수 × 3 = 89.0 × 3 = 267(점)이다. 따라서 종합점수에 반영된 점수는 267 − 88 − 89 = 90(점)이다. 이는 C가 부여한 값이므로 B와 E의 직무평가 점수가 제외된 것이다. 따라서 B는 가장 낮은 값이고, E는 가장 높은 값이다.

ㄴ. '병'의 종합점수로 가능한 최댓값과 최솟값의 차이는 5점 이상이다. → (X) 만약 C가 부여한 점수가 68점보다 낮다면 종합점수의 값은 $\frac{68+74+76}{3}$ ≒ 72.7(점)으로 가장 낮고, C가 부여한 점수가 78점보다 높다면 종합점수의 값은 $\frac{74+76+78}{3}$ ≒ 76(점)으로 가장 높다. 따라서 가능한 최댓값과 최솟값의 차이는 76 − 72.7 = 3.3(점)이다.

ㄷ. 평가자 C의 '갑'에 대한 직무평가 점수는 '갑'의 종합점수보다 높다. → (X) □ = 3 × 89.0 − 89 − 91 = 87(점)으로 B가 부여한 점수이다. 따라서 평가자 C의 '갑'에 대한 직무평가 점수는 87점 미만으로 '갑'의 종합점수 89.0점보다 낮다.

ㄹ. '갑' ~ '무'의 종합점수 산출 시, 부여한 직무평가 점수가 한 번도 제외되지 않은 평가자는 없다. → (O) ㄷ에 따르면 '갑'의 종합점수 산출 시 평가자 C와 E가 부여한 직무평가 점수가 제외되었으며, ㄱ에 따르면 '을'의 종합점수 산출 시 평가자 B와 E가 부여한 직무평가 점수가 제외되었다. '정'의 경우 □ = 3 × 77.0 − 72 − 74 = 85(점)으로 평가자 C가 부여한 점수이다. 즉, 평가자 A와 E가 부여한 직무평가 점수가 제외되었다. '무'의 경우 □ = 3 × 78.0 − 72 − 79 = 83(점)이므로 평가자 A와 D가 부여한 직무평가 점수가 아니다. 즉, 평가자 E가 부여한 직무평가 점수가 83점이고, 평가자 A와 D가 부여한 직무평가 점수가 제외되었다. 따라서 종합점수 산출 시 평가자 A ~ E가 부여한 직무평가 점수는 적어도 1명이 제외되었다.

① ㄱ ➡ (X)
② ㄱ, ㄹ ➡ (O)
③ ㄴ, ㄷ ➡ (X)
④ ㄱ, ㄴ, ㄹ ➡ (X)
⑤ ㄴ, ㄷ, ㄹ ➡ (X)

※ 다음 〈표 1〉과 〈표 2〉는 '갑'국 A ~ E 5개 도시의 지난 30년 월평균 지상 10m 기온과 월평균 지표면 온도이고, 〈표 3〉과 〈표 4〉는 도시별 설계적설하중과 설계기본풍속이다. 다음 글을 읽고 물음에 답하시오. [문 22. ~ 문 23.]

〈표 1〉 도시별 월평균 지상 10m 기온

(단위: ℃)

월 \ 도시	A	B	C	D	E
1	−2.5	1.6	−2.4	−4.5	−2.3
2	−0.3	3.2	−0.5	−1.8	−0.1
3	5.2	7.4	4.5	4.2	5.1
4	12.1	13.1	10.7	11.4	12.2
5	17.4	17.6	15.9	16.8	17.2
6	21.9	21.1	20.4	21.5	21.3
7	25.9	25.0	24.0	24.5	24.4
8	25.4	25.7	24.9	24.3	25.0
9	20.8	21.2	20.7	18.9	19.7
10	14.4	15.9	14.5	12.1	13.0
11	6.9	9.6	7.2	4.8	6.1
12	−0.2	4.0	0.6	−1.7	−0.1

〈표 2〉 도시별 월평균 지표면 온도

(단위: ℃)

월 \ 도시	A	B	C	D	E
1	−2.4	2.7	−1.2	−2.7	0.3
2	−0.3	4.8	0.8	−0.7	2.8
3	5.6	9.3	6.3	4.8	8.7
4	13.4	15.7	13.4	12.6	16.3
5	19.7	20.8	19.4	19.1	22.0
6	24.8	24.2	24.5	24.4	25.9
7	26.8	27.7	26.8	26.9	28.4
8	27.4	28.5	27.5	27.0	29.0
9	22.5	19.6	22.8	21.4	23.5
10	14.8	17.9	15.8	13.5	16.9
11	6.2	10.8	7.5	5.3	8.6
12	−0.1	4.7	1.1	−0.7	2.1

〈표 3〉 도시별 설계적설하중

(단위: kN/m^2)

도시	A	B	C	D	E
설계적설하중	0.5	0.5	0.7	0.8	2.0

〈표 4〉 도시별 설계기본풍속

(단위: m/s)

도시	A	B	C	D	E
설계기본풍속	30	45	35	30	40

22 ②

정답률 60.9%

| 문제 유형 | 자료 읽기 > 표 제시형

| 접근 전략 | 〈표 1〉~〈표 4〉에 주어진 '갑'국 A~E 5개 도시의 지난 30년 월평균 지상 10m 기온과 월평균 지표면 온도, 도시별 설계적설하중과 설계기본풍속 자료를 바탕으로 비교하는 문제이다. 계산이 필요한 〈보기〉가 하나밖에 없으므로 〈표〉만 꼼꼼히 확인하면 쉽게 해결할 수 있는 문제이다.

위 〈표〉를 근거로 〈보기〉의 설명 중 옳은 것만을 모두 고르면?

〈보기〉

ㄱ. '월평균 지상 10m 기온'이 가장 높은 달과 '월평균 지표면 온도'가 가장 높은 달이 다른 도시는 A뿐이다. → (X) D 또한 '월평균 지상 10m 기온'이 가장 높은 달이 7월이고, '월평균 지표면 온도'가 가장 높은 달이 8월이므로 서로 다르다.

ㄴ. 2월의 '월평균 지상 10m 기온'은 영하이지만 '월평균 지표면 온도'가 영상인 도시는 C와 E이다. → (O) 2월의 '월평균 지상 10m 기온'이 영하인 도시는 A, C, D, E이고, '월평균 지표면 온도'가 영상인 도시는 B, C, E이므로 두 조건을 모두 만족하는 도시는 C와 E이다.

ㄷ. 1월의 '월평균 지표면 온도'가 A~E 도시 중 가장 낮은 도시의 설계적설하중은 5개 도시 평균 설계적설하중보다 작다. → (O) 1월의 '월평균 지표면 온도'가 가장 낮은 도시는 D이다. D의 설계적설하중은 0.8로 5개 도시 평균 설계적설하중은 $\frac{0.5+0.5+0.7+0.8+2.0}{5}=0.9$보다 작다.

ㄹ. 설계기본풍속이 두 번째로 큰 도시는 8월의 '월평균 지상 10m 기온'도 A~E 도시 중 두 번째로 높다. → (X) 설계기본풍속이 두 번째로 큰 도시는 E이고, 8월의 '월평균 지상 10m 기온'이 두 번째로 높은 도시는 A이다.

① ㄱ, ㄴ ➡ (X)
② ㄴ, ㄷ ➡ (O)
③ ㄴ, ㄹ ➡ (X)
④ ㄷ, ㄹ ➡ (X)
⑤ ㄱ, ㄷ, ㄹ ➡ (X)

23 ⑤

TOP2 정답률 33.3%

| 문제 유형 | 자료 읽기/추론 > 매칭형

| 접근 전략 | 〈규칙〉을 바탕으로 각 단계별 설계적설하중을 계산하는 문제이다. 문제에서 묻고자 하는 것은 단계 4까지 완료하고 난 후의 설계적설하중이 아니라 원래의 설계적설하중 대비 단계 4까지 완료하고 난 후의 설계적설하중의 증가폭임에 주의한다.

폭설피해 예방대책으로 위 〈표 3〉에 제시된 도시별 설계적설하중을 수정하고자 한다. 〈규칙〉에 따라 수정하였을 때, A~E 도시 중 설계적설하중 증가폭이 두 번째로 큰 도시와 가장 작은 도시를 바르게 연결한 것은?

〈규칙〉

각 단계를 거친 후 각 도시별 설계적설하중이 다음과 같다.

단계 1: 각 도시의 설계적설하중을 50% 증가시킨다. → A: 0.5 × 1.5 = 0.75(kN/m²), B: 0.5 × 1.5 = 0.75(kN/m²), C: 0.7 × 1.5 = 1.05(kN/m²), D: 0.8 × 1.5 = 1.2(kN/m²), E: 2.0 × 1.5 = 3.0(kN/m²)

단계 2: '월평균 지상 10m 기온'이 영하인 달이 3개 이상인 도시만 단계 1에 의해 산출된 값을 40% 증가시킨다. → '월평균 지상 10m 기온'이 영하인 달이 3개 이상인 도시는 A, D, E이다. A: 0.75 × 1.4 = 1.05(kN/m²), B: 0.75(kN/m²), C: 1.05(kN/m²), D: 1.2 × 1.4 = 1.68(kN/m²), E: 3.0 × 1.4 = 4.2(kN/m²)

단계 3: 설계기본풍속이 40m/s 이상인 도시만 단계 1~2를 거쳐 산출된 값을 20% 감소시킨다. → 설계기본풍속이 40m/s 이상인 도시는 B와 E이다. A: 1.05(kN/m²), B: 0.75 × 0.8 = 0.6(kN/m²), C: 1.05(kN/m²), D: 1.68(kN/m²), E: 4.2 × 0.8 = 3.36(kN/m²)

단계 4: 단계 1~3을 거쳐 산출된 값을 수정된 설계적설하중으로 한다. 단, 1.0kN/m² 미만인 경우 1.0kN/m²으로 한다. → B만 설계적설하중이 1.0kN/m²미만이므로 1.0(kN/m²)으로 한다. A: 1.05(kN/m²), B: 1.0(kN/m²), C: 1.05(kN/m²), D: 1.68(kN/m²), E: 3.36(kN/m²)

	두 번째로 큰 도시	가장 작은 도시	
①	A	B	➡ (X)
②	A	C	➡ (X)
③	B	D	➡ (X)
④	D	B	➡ (X)
⑤	D	C	➡ (O)

설계적설하중의 증가폭은 A는 1.05 − 0.5 = 0.55(kN/m²), B는 1.0 − 0.5 = 0.5(kN/m²), C는 1.05 − 0.7 = 0.35(kN/m²), D는 1.68 − 0.8 = 0.88(kN/m²), E는 3.36 − 2.0 = 1.36(kN/m²)이다. 따라서 증가폭이 두 번째로 큰 도시는 D이고, 증가폭이 가장 작은 도시는 C이다.

24 ①

TOP1 정답률 16.8%

| 문제 유형 | 자료 변환응용 > 표/그림 전환형

| 접근 전략 | 〈표〉에 주어진 '갑'국 운항 항공사별 현황을 그래프로 변형하는 문제이다. 제시된 그래프는 모두 〈표〉를 바탕으로 작성할 수 있고, 계산이 필요하므로 그래프별로 하나의 값만 번갈아가며 틀린 값이 나올 때까지만 확인한다.

다음 〈표〉는 2017년과 2018년 '갑'국에 운항하는 항공사의 운송실적 및 피해구제 현황에 관한 자료이다. 〈표〉를 이용하여 작성한 그래프로 옳지 않은 것은?

〈표 1〉 2017년과 2018년 국적항공사의 노선별 운송실적

(단위: 천 명)

국적항공사 \ 노선, 연도		국내선 2017	국내선 2018	국제선 2017	국제선 2018
대형 항공사	태양항공	7,989	6,957	18,925	20,052
	무지개항공	5,991	6,129	13,344	13,727
저비용 항공사	알파항공	4,106	4,457	3,004	3,610
	에어세종	0	0	821	1,717
	청렴항공	3,006	3,033	2,515	2,871
	독도항공	4,642	4,676	5,825	7,266
	참에어	3,738	3,475	4,859	5,415
	동해항공	2,935	2,873	3,278	4,128
합계		32,407	31,600	52,571	58,786

〈표 2〉 2017년 피해 유형별 항공사의 피해구제 접수 건수 비율

(단위: %)

항공사 \ 피해 유형	취소환불 위약금	지연 결항	정보제공 미흡	수하물 지연 파손	초과 판매	기타	합계
국적항공사	57.14	22.76	5.32	6.81	0.33	7.64	100.00
외국적항공사	49.06	27.77	6.89	6.68	1.88	7.72	100.00

〈표 3〉 2018년 피해 유형별 항공사의 피해구제 접수 건수

(단위: 건)

항공사 \ 피해 유형		취소 환불 위약금	지연 결항	정보 제공 미흡	수하물 지연 파손	초과 판매	기타	합계	전년 대비 증가
대형 항공사	태양항공	31	96	0	7	0	19	153	13
	무지개항공	20	66	0	5	0	15	106	−2
저비용 항공사	알파항공	9	9	0	1	0	4	23	−6
	에어세종	19	10	2	1	0	12	44	7
	청렴항공	12	33	3	4	0	5	57	16
	독도항공	34	25	3	9	0	27	98	−35
	참에어	33	38	0	6	0	8	85	34
	동해항공	19	32	1	10	0	10	72	9
국적항공사		177	309	9	43	0	100	638	36
외국적항공사		161	201	11	35	0	78	486	7

① 2017년 피해 유형별 외국적항공사의 피해구제 접수 건수 대비 국적항공사의 피해구제 접수 건수 비

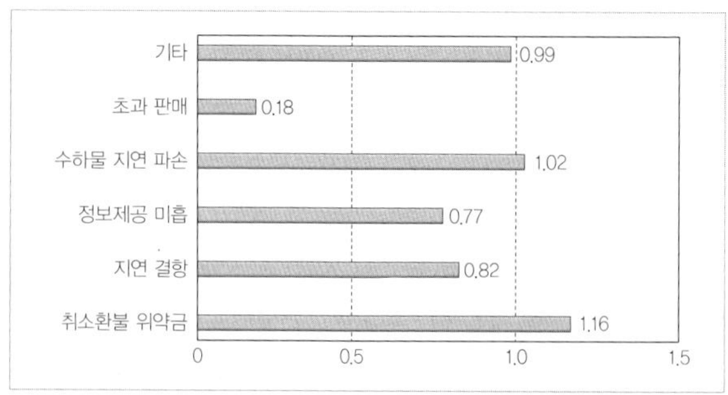

➡ (X) 〈표 3〉에서 2018년도 국적항공사의 피해구제 접수 건수가 638건이고, 전년 대비 36건이 증가하였으므로 2017년도 국적항공사의 피해구제 접수 건수는 638−36=602(건)이다. 2018년도 외국적항공사의 피해구제 접수 건수가 486건이고, 전년 대비 7건이 증가하였으므로 2017년도 외국적항공사의 피해구제 접수 건수는 486−7=479(건)이다. 〈표 2〉는 2017년 피해 유형별 항공사의 피해구제 접수 건수 비율이므로 국적항공사의 비율에 602, 외국적항공사의 비율에 479를 곱하면 각 피해 유형별 접수 건수를 알 수 있다. 따라서 국적항공사와 외국적항공사의 피해구제 접수 건수와 외국적항공사 대비 국적항공사의 피해구제 접수 건수 비는 다음과 같다.

〈표〉 2017년 피해 유형별 항공사의 피해구제 접수 건수 및 외국적항공사 대비 국적항공사의 피해구제 접수 건수 비

(단위: 건)

항공사 \ 피해 유형	취소환불 위약금	지연 결항	정보제공 미흡	수하물 지연 파손	초과 판매	기타
국적항공사(A)	344	137	32	41	2	46
외국적항공사(B)	235	133	33	32	9	37
A/B	1.46	1.03	0.97	1.28	0.22	1.24

따라서 계산 결과와 그래프가 일치하지 않으므로 옳지 않다. 모든 값이 다르므로 이 중 하나의 값만 비교해도 답을 구할 수 있다.

② 2017년 국적항공사별 피해구제 접수 건수 비중

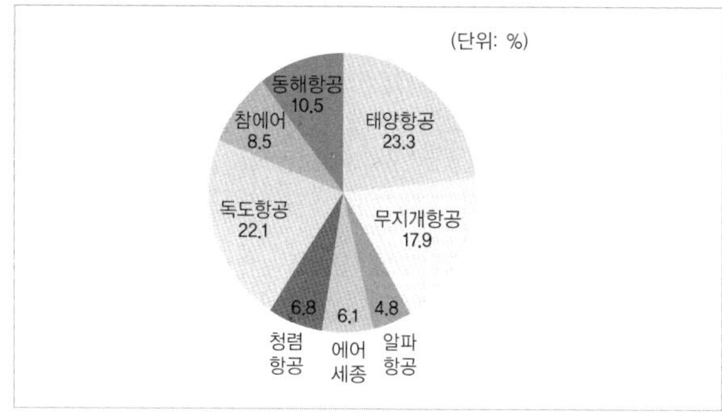

➡ (O) 〈표 3〉에서 2017년 국적항공사별 피해구제 접수 건수 비중을 알 수 있다. 태양항공은 153−13=140(건), 무지개항공은 106−(−2)=108(건), 알파항공은 23−(−6)=29(건), 에어세종은 44−7=37(건), 청렴항공은 57−16=41(건), 독도항공은 98−(−35)=133(건), 참에어는 85−34=51(건), 동해항공은 72−9=63(건)이고, 전체는 638−36=602(건)이다. 따라서 2017년 국적항공사별 피해구제 접수 건수 비중은 '해당 국적항공사의 피해구제 접수 건수 ÷ 전체 국적항공사의 피해구제 접수 건수 × 100'을 통해 구할 수 있고, 계산 결과는 다음과 같다.

〈표〉 2017년 국적항공사별 피해구제 접수 건수 비중

(단위: %)

태양항공	무지개항공	알파항공	에어세종	청렴항공	독도항공	참에어	동해항공
23.3	17.9	4.8	6.1	6.8	22.1	8.5	10.5

따라서 계산 결과와 그래프가 일치하므로 옳다.

③ 2017년 피해 유형별 국적항공사의 피해구제 접수 건수

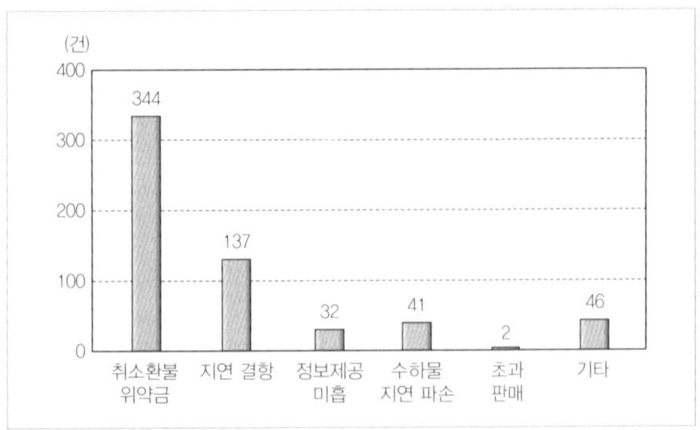

➡ (O) 〈표 3〉에서 2018년도 국적항공사의 피해구제 접수 건수가 638건이고, 전년 대비 36건이 증가하였으므로 2017년도 국적항공사의 피해구제 접수 건수는 638−36=602(건)이다. 〈표 2〉는 2017년 피해 유형별 항공사의 피해구제 접수 건수 비율이므로 국적항공사의 비율에 602를 곱하면 각 피해 유형별 접수 건수를 알 수 있고, 계산 결과는 다음과 같다.

〈표〉 2017년 피해 유형별 국적항공사의 피해구제 접수

(단위: 건)

피해 유형 / 항공사	취소환불 위약금	지연 결항	정보제공 미흡	수하물 지연 파손	초과 판매	기타	합계
국적항공사(A)	344	137	32	41	2	46	602

따라서 계산 결과와 그래프가 일치하므로 옳다.

④ 2017년 대비 2018년 저비용 국적항공사의 전체 노선 운송실적 증가율

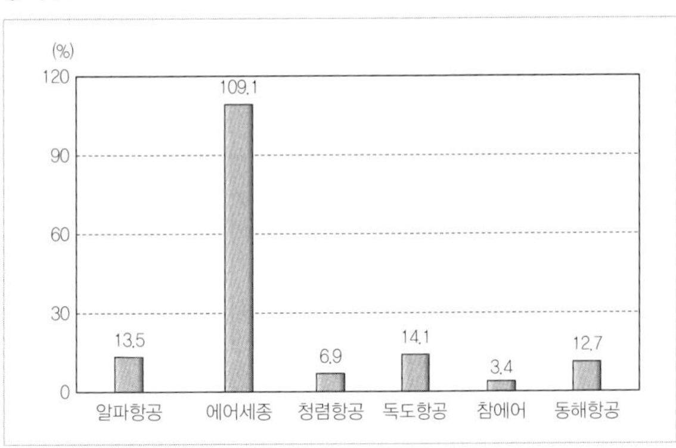

➡ (O) 〈표 1〉에서 저비용 국적항공사의 2017년, 2018년 전체 노선 운송실적(국내선+국제선 운송실적)과 2017년 대비 2018년의 전체 노선 운송실적 증가율을 계산하면 다음과 같다.

〈표〉 2017년, 2018년 저비용 국적항공사의 전체 노선 운송실적

(단위: 천 명, %)

구분	알파항공	에어세종	청렴항공	독도항공	참에어	동해항공
2017년(A)	7,110	821	5,521	10,467	8,597	6,213
2018년(B)	8,067	1,717	5,904	11,942	8,890	7,001
(B−A)/A×100	13.5	109.1	6.9	14.1	3.4	12.7

따라서 계산 결과와 그래프가 일치하므로 옳다.

⑤ 대형 국적항공사의 전체 노선 운송실적 대비 피해구제 접수 건수 비

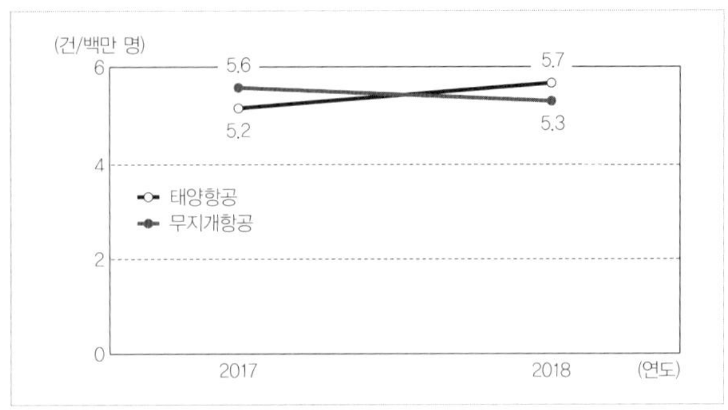

➡ (O) 태양항공의 2017년도 전체 노선 운송실적은 7,989+18,925=26,914(천 명)≒26.9(백만 명), 2018년도 전체 노선 운송실적은 6,957+20,052=27,009(천 명)≒27.0(백만 명), 2017년도 피해구제 접수 건수는 153−13=140(건), 2018년도 피해구제 접수 건수는 153건이다. 무지개항공의 2017년도 전체 노선 운송실적은 5,991+13,344=19,335(천 명)≒19.3(백만 명), 2018년도 전체 노선 운송실적은 6,129+13,727=19,856(건)≒19.9(백만 명), 2017년도 피해구제 접수 건수는 106−(−2)=108(건), 2018년도 피해구제 접수 건수는 106건이다. 따라서 연도별 대형 국적항공사의 전체 노선 운송실적(백만 명) 대비 피해구제 접수 건수 비는 2017년도 태양항공은 $\frac{140}{26.9}$≒5.2(건/백만 명), 2018년도 태양항공은 $\frac{153}{27.0}$≒5.7(건/백만 명), 2017년도 무지개항공은 $\frac{108}{19.3}$≒5.6(건/백만 명), 2018년도 무지개항공은 $\frac{106}{19.9}$≒5.3(건/백만 명)이다. 따라서 계산 결과와 그래프가 일치하므로 옳다.

25 ⑤

정답률 50.5%

| 문제 유형 | 자료 읽기 > 빈칸 제시형

| 접근 전략 | 2011~2020년 산불 건수 및 산불 가해자 검거 현황, 2020년 산불 원인별 가해자 검거 현황 자료를 바탕으로 빈칸을 계산하는 문제이다. 빈칸이 많으므로 빈칸을 먼저 채우고 〈보기〉를 확인하는 것보다 〈보기〉를 먼저 읽고, 필요한 빈칸만 계산한다.

다음 〈표〉는 2011~2020년 산불 건수 및 산불 가해자 검거 현황과 2020년 산불 원인별 가해자 검거 현황에 관한 자료이다. 이에 대한 〈보기〉의 설명 중 옳은 것만을 모두 고르면?

〈표 1〉 2011~2020년 산불 건수 및 산불 가해자 검거 현황

(단위: 건, %)

구분 / 연도	산불 건수	가해자 검거 건수	검거율
2011	277	131	47.3
2012	197	73	( )
2013	296	137	46.3
2014	492	167	33.9
2015	623	240	38.5
2016	391	( )	( )
2017	692	305	( )
2018	496	231	46.6
2019	653	239	36.6
2020	620	246	39.7
계	( )	1,973	( )

〈표 2〉 2020년 산불 원인별 산불 건수 및 가해자 검거 현황

(단위: 건, %)

구분 산불 원인	산불 건수	가해자 검거 건수	검거율
입산자 실화	(　)	32	(　)
논밭두렁 소각	49	45	(　)
쓰레기 소각	65	(　)	(　)
담뱃불 실화	75	17	22.7
성묘객 실화	9	6	(　)
어린이 불장난	1	1	100.0
건축물 실화	54	33	61.1
기타	150	52	34.7
전체	(　)	246	39.7

※ 1) 산불 1건은 1개의 산불 원인으로만 분류함

2) 가해자 검거 건수는 해당 산불 발생 연도를 기준으로 집계함

3) 검거율(%) = $\frac{\text{가해자 검거 건수}}{\text{산불 건수}} \times 100$

〈보기〉

ㄱ. 2011~2020년 연평균 산불 건수는 500건 이하이다. → (O) 500과의 차이를 합해서 0 이하의 값이 나오면 옳다. −223 − 303 − 204 − 8 + 123 − 109 + 192 − 4 + 153 + 120 = −263이므로 옳다.

ㄴ. 산불 건수가 가장 많은 연도의 검거율은 산불 건수가 가장 적은 연도의 검거율보다 높다. → (O) 산불 건수가 가장 많은 연도는 2017년이고, 검거율은 $\frac{305}{692} \times 100 ≒ 44.1$(%)이다. 산불 건수가 가장 적은 연도는 2012년이고, 검거율은 $\frac{73}{197} \times 100 ≒ 37.1$(%)로 2017년도가 더 높다.

ㄷ. 2020년에는 기타를 제외하고 산불 건수가 적은 산불 원인일수록 검거율이 높다. → (X) 논밭두렁 소각의 검거율은 $\frac{45}{49} \times 100 ≒ 91.8$(%)이다. 성묘객 실화로 인한 검거율은 $\frac{6}{9} \times 100 ≒ 66.7$(%)이다. 따라서 논밭두렁 소각으로 인한 산불 건수는 성묘객 실화로 인한 산불 건수보다 많고, 검거율 또한 더 높으므로 옳지 않다.

ㄹ. 2020년 전체 산불 건수 중 입산자 실화가 원인인 산불 건수의 비율은 35%이다. → (O) 2020년 전체 산불 건수는 620건이다. 이 중 입산자 실화가 원인인 산불 건수는 620 − 49 − 65 − 75 − 9 − 1 − 54 − 150 = 217(건)이다. 620 × 0.35 = 217이므로 옳다.

① ㄱ, ㄴ ➡ (X)
② ㄴ, ㄹ ➡ (X)
③ ㄷ, ㄹ ➡ (X)
④ ㄱ, ㄴ, ㄷ ➡ (X)
⑤ ㄱ, ㄴ, ㄹ ➡ (O)

2021 | 제3영역 상황판단(㉯ 책형)

기출 총평

전반적으로 규정이나 제시문의 내용을 묻는 문항이 상당히 많이 출제되었다. 문항의 난도가 크게 높은 수준은 아니었지만, 수식 계산이나 논리적인 추론을 요구하는 선지들도 포함되어 있어 수험생의 입장에서는 꼼꼼하게 살펴보아야 할 필요가 있었다. 연산추론형의 문항들은 이미 기출문제를 통해 익숙해진 수험생들에게는 크게 어렵지 않았을 것으로 판단된다. 논리퀴즈 문항의 경우도 난도가 높은 편은 아니었고 7급을 준비하는 과정에서 5급 PSAT도 함께 풀어본 수험생이라면 제시된 정보의 활용 여부를 쉽게 판단하고 선지를 골라낼 수 있었을 것으로 생각된다. 또한 경우에 따라서는 제시된 정보와 선지들을 끝까지 읽지 않아도 소거하는 방식으로도 쉽게 정답을 골라낼 수 있었을 것으로 보인다. 한편 7급 PSAT 상황판단영역의 경우 5급 공채나 5, 7급 민간경력자 PSAT 시험과 문제 유형이 비슷하였다. 따라서 꾸준히 5급 공채나 5, 7급 민간경력자 PSAT 기출문제의 유형들을 풀이하고 정리하면서 시간을 조절한 수험생이라면 충분히 고득점을 노려볼 수 있다.

문항 분석

문번	정답	정답률	유형
01	④	85.8%	법조문형 > 규정적용
02	①	83.2%	법조문형 > 규정확인
03	⑤	80.5%	법조문형 > 규정적용
04	④	51.8%	연산추론형 > 수리계산
05	④	61.3%	퍼즐형 > 최댓값·최솟값 도출
06	①	57.5%	퍼즐형 > 최댓값·최솟값 도출
07	①	63.6%	퍼즐형 > 논리퀴즈
08	③	79.2%	퍼즐형 > 논리퀴즈
09	②	48.2%	퍼즐형 > 수리퀴즈
10	③	66.1%	퍼즐형 > 논리퀴즈
11	②	83.9%	퍼즐형 > 최댓값·최솟값 도출
12	⑤	70.9%	퍼즐형 > 수리퀴즈
13	③	68.5%	연산추론형 > 대입비교

문번	정답	정답률	유형
14	④	69.1%	연산추론형 > 대입비교
15	③	74.8%	법조문형 > 규정적용
16	④	86.6%	법조문형 > 규정적용
17	③	75.5%	법조문형 > 규정적용
18	④	60.7%	법조문형 > 규정확인
19	⑤	70.3%	제시문형 > 분석추론
20	⑤	77.3%	제시문형 > 정보확인
21	②	45.5%	퍼즐형 > 논리퀴즈
22	⑤	23.3%	퍼즐형 > 수리퀴즈
23	①	71.6%	제시문형 > 정보확인
24	②	27.2%	제시문형 > 분석추론
25	②	41.6%	퍼즐형 > 논리퀴즈

※ 음영 문항은 해당 회차에서 정답률이 가장 낮은 TOP 3 문항입니다.

※ 정답률 산정 기준: 약 1년간 누적된 자동채점&성적결과분석 서비스의 응시 데이터

출제 비중

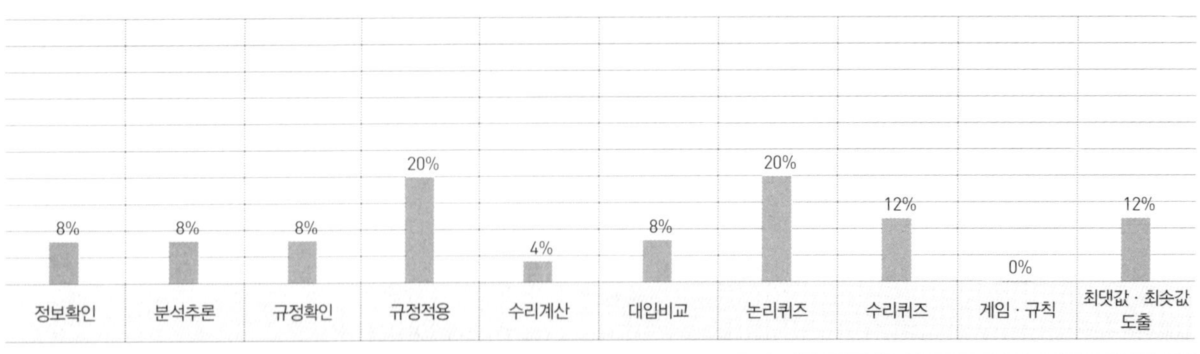

기출문제편 P.172									
01	④	02	①	03	⑤	04	④	05	④
06	①	07	①	08	③	09	②	10	③
11	②	12	⑤	13	③	14	④	15	③
16	④	17	③	18	④	19	⑤	20	⑤
21	②	22	⑤	23	①	24	②	25	②

01 ④

정답률 85.8%

| 문제 유형 | 법조문형 > 규정적용

| 접근 전략 | 제시된 조항의 내용을 바탕으로 주어진 상황을 판단하는 문항이다. 주민등록번호 변경과 관련해서 청구할 수 있는 조건, 청구받는 기관, 변경이 이루어지는 절차 등을 꼼꼼하게 살펴보고 제시된 상황과 하나씩 비교하며 소거해 가는 방식으로 문항을 풀면 정답을 골라낼 수 있다.

다음 글과 〈상황〉을 근거로 판단할 때 옳은 것은?

제00조 ① 다음 각 호의 어느 하나에 해당하는 사람은 주민등록지의 시장(특별시장·광역시장은 제외하고 특별자치도지사는 포함한다. 이하 같다)·군수 또는 구청장에게 주민등록번호(이하 '번호'라 한다)의 변경을 신청할 수 있다.

1. 유출된 번호로 인하여 생명·신체에 위해를 입거나 입을 우려가 있다고 인정되는 사람
2. 유출된 번호로 인하여 재산에 피해를 입거나 입을 우려가 있다고 인정되는 사람
3. 성폭력피해자, 성매매피해자, 가정폭력피해자로서 유출된 번호로 인하여 피해를 입거나 입을 우려가 있다고 인정되는 사람

② 제1항의 신청 또는 제5항의 이의신청을 받은 주민등록지의 시장·군수·구청장(이하 '시장 등'이라 한다)은 ○○부의 주민등록번호변경위원회(이하 '변경위원회'라 한다)에 번호변경 여부에 관한 결정을 청구해야 한다.

③ 주민등록지의 시장 등은 변경위원회로부터 번호변경 인용결정을 통보받은 경우에는 신청인의 번호를 다음 각 호의 기준에 따라 지체 없이 변경하고 이를 신청인에게 통지해야 한다.

1. 번호의 앞 6자리(생년월일) 및 뒤 7자리 중 첫째 자리는 변경할 수 없음
2. 제1호 이외의 나머지 6자리는 임의의 숫자로 변경함

④ 제3항의 번호변경 통지를 받은 신청인은 주민등록증, 운전면허증, 여권, 장애인등록증 등에 기재된 번호의 변경을 위해서는 그 번호의 변경을 신청해야 한다.

⑤ 주민등록지의 시장 등은 변경위원회로부터 번호변경 기각결정을 통보받은 경우에는 그 사실을 신청인에게 통지해야 하며, 신청인은 통지를 받은 날부터 30일 이내에 그 시장 등에게 이의신청을 할 수 있다.

〈상황〉

甲은 주민등록번호 유출로 인해 재산상 피해를 입게 되자 주민등록번호 변경신청을 하였다. 甲의 주민등록지는 A광역시 B구이고, 주민등록번호는 980101－23456□□이다.

① A광역시장이 주민등록번호변경위원회에 甲의 주민등록번호 변경 여부에 관한 결정을 청구해야 한다. ➡ (X) 제2항에 따르면 주민등록번호 변경 여부에 관한 결정을 청구하는 것은 주민등록지의 시장 등이나, 제1항에서 광역시장은 제외한다고 하였으므로 B구의 구청장이 甲의 주민등록번호의 변경 여부에 관한 결정을 청구해야 한다.

② 주민등록번호변경위원회는 번호변경 인용결정을 하면서 甲의 주민등록번호를 다른 번호로 변경할 수 있다. ➡ (X) 제3항에서 주민등록지의 시장 등은 변경위원회로부터 번호변경 인용결정을 통보받은 경우에는 신청인의 번호를 지체 없이 변경함을 알 수 있다. 즉 주민등록번호변경위원회가 번호를 변경하는 것이 아니다.

③ 주민등록번호변경위원회의 번호변경 인용결정이 있는 경우, 甲의 주민등록번호는 980101－45678□□으로 변경될 수 있다. ➡ (X) 제3항 제1호에 따르면 번호의 뒤 7자리 중 첫째 자리는 변경할 수 없다.

④ 甲의 주민등록번호가 변경된 경우, 甲이 운전면허증에 기재된 주민등록번호를 변경하기 위해서는 변경신청을 해야 한다. ➡ (O) 제4항에서 번호변경 통지를 받은 신청인은 운전면허증 등에 기재된 번호의 변경을 신청해야 함을 알 수 있다.

⑤ 甲은 번호변경 기각결정을 통지받은 날부터 30일 이내에 주민등록번호변경위원회에 이의신청을 할 수 있다. ➡ (X) 제5항에서 번호변경 기각결정을 통보받은 신청인은 30일 이내에 그 시장 등에게 이의신청을 할 수 있다. 주민등록번호변경위원회에 신청하는 것이 아니다.

02 ①

정답률 83.2%

| 문제 유형 | 법조문형 > 규정확인

| 접근 전략 | 제시된 법조문을 올바르게 해석하고 그 내용을 이해하여 옳은 것을 고르는 문항으로, 물품출납과 관련해 각 역할에 대한 이해와 과정 등을 꼼꼼하게 살펴보아야 한다. 또한 선지에서 진술의 내용 자체는 조항과 동일하더라도 행위의 주체 혹은 청구를 할 수 있는 대상 등에 따라 정오가 갈릴 수 있으므로 각 내용들을 꼼꼼하게 파악해야 정답을 정확하게 찾아낼 수 있다.

다음 글을 근거로 판단할 때 옳은 것은?

제00조 ① 각 중앙관서의 장은 그 소관 물품관리에 관한 사무를 소속 공무원에게 위임할 수 있고, 필요하면 다른 중앙관서의 소속 공무원에게 위임할 수 있다.

② 제1항에 따라 각 중앙관서의 장으로부터 물품관리에 관한 사무를 위임받은 공무원을 물품관리관이라 한다.

제00조 ① 물품관리관은 물품수급관리계획에 정하여진 물품에 대하여는 그 계획의 범위에서, 그 밖의 물품에 대하여는 필요할 때마다 계약담당공무원에게 물품의 취득에 관한 필요한 조치를 할 것을 청구하여야 한다.

② 계약담당공무원은 제1항에 따른 청구가 있으면 예산의 범위에서 해당 물품을 취득하기 위한 필요한 조치를 하여야 한다.

제00조 물품은 국가의 시설에 보관하여야 한다. 다만 물품관리관이 국가의 시설에 보관하는 것이 물품의 사용이나 처분에 부적당하다고 인정하거나 그 밖에 특별한 사유가 있으면 국가 외의 자의 시설에 보관할 수 있다.

제00조 ① 물품관리관은 물품을 출납하게 하려면 물품출납공무원에게 출납하여야 할 물품의 분류를 명백히 하여 그 출납을 명하여야 한다.

② 물품출납공무원은 제1항에 따른 명령이 없으면 물품을 출납할 수 없다.

제00조 ① 물품출납공무원은 보관 중인 물품 중 사용할 수 없거나 수선 또는 개조가 필요한 물품이 있다고 인정하면 그 사실을 물품관리관에게 보고하여야 한다.

② 물품관리관은 제1항에 따른 보고에 의하여 수선이나 개조가 필요한 물품이 있다고 인정하면 계약담당공무원이나 그 밖의 관계 공무원에게 그 수선이나 개조를 위한 필요한 조치를 할 것을 청구하여야 한다.

① 물품출납공무원은 물품관리관의 명령이 없으면 자신의 재량으로 물품을 출납할 수 없다. ➡ (O) 네 번째 조 제2항에 따르면 물품출납공무원은 제1항에 따른 물품관리관의 명령이 없으면 물품을 출납할 수 없다.

② A중앙관서의 장이 그 소관 물품관리에 관한 사무를 위임하고자 할 경우, B중앙관서의 소속 공무원에게는 위임할 수 없다. ➡ (X) 첫 번째 조 제1항에서 필요하면 다른 중앙관서의 소속 공무원에게 위임할 수 있음을 알 수 있다.

③ 계약담당공무원은 물품을 국가의 시설에 보관하는 것이 그 사용이나 처분에 부적당하다고 인정하는 경우, 그 물품을 국가 외의 자의 시설에 보관할 수 있다. ➡ (X) 세 번째 조에 따르면 물품을 국가의 시설에 보관하는 것이 물품의 사용이나 처분에 부적당하다고 인정할 수 있는 사람은 계약담당공무원이 아닌 물품관리관이다.

④ 물품수급관리계획에 정해진 물품 이외의 물품이 필요한 경우, 물품관리관은 필요할 때마다 물품출납공무원에게 물품의 취득에 관한 필요한 조치를 할 것을 청구해야 한다. ➡ (X) 두 번째 조 제1항에서 물품수급관리계획에 정하여진 물품 이외의 물품을 취득하기 위한 필요한 조치를 청구할 대상은 물품출납공무원이 아닌 계약담당공무원임을 알 수 있다.

⑤ 물품출납공무원은 보관 중인 물품 중 수선이 필요한 물품이 있다고 인정하는 경우, 계약담당공무원에게 수선에 필요한 조치를 할 것을 청구해야 한다. ➡ (X) 다섯 번째 조 제1항과 제2항에 따르면 물품출납공무원은 수선 및 개조가 필요한 물품이 있다고 인정하면 그 사실을 물품관리관에게 보고해야 하고, 물품관리관이 계약담당공무원이나 그 밖의 관계 공무원에게 그 수선이나 개조를 위한 필요한 조치를 할 것을 청구하여야 한다.

03 ⑤

정답률 80.5%

| 문제 유형 | 법조문형 > 규정적용

| 접근 전략 | 규정이 제시되고 이에 대한 적용을 묻는 문항은 각각의 상황에 따라 적용의 여부가 달라지기 때문에 해당 규정의 내용을 정확하게 이해해야 한다. 우편물이나 전기통신의 감청 등에 관한 법률에 따라 처벌의 대상 혹은 예외 사항이 어떤 경우인지를 정확하게 이해하고 선지에 적용해야 정답을 골라낼 수 있다.

다음 글을 근거로 판단할 때 옳은 것은?

제○○조 ① 누구든지 법률에 의하지 아니하고는 우편물의 검열·전기통신의 감청 또는 통신사실확인자료의 제공을 하거나 공개되지 아니한 타인 상호간의 대화를 녹음 또는 청취하지 못한다.

② 다음 각 호의 어느 하나에 해당하는 자는 1년 이상 10년 이하의 징역과 5년 이하의 자격정지에 처한다.

1. 제1항에 위반하여 우편물의 검열 또는 전기통신의 감청을 하거나 공개되지 아니한 타인 상호간의 대화를 녹음 또는 청취한 자
2. 제1호에 따라 알게 된 통신 또는 대화의 내용을 공개하거나 누설한 자

③ 누구든지 단말기기 고유번호를 제공하거나 제공받아서는 안 된다. 다만 이동전화단말기 제조업체 또는 이동통신사업자가 단말기의 개통처리 및 수리 등 정당한 업무의 이행을 위하여 제공하거나 제공받는 경우에는 그러하지 아니하다.

④ 제3항을 위반하여 단말기기 고유번호를 제공하거나 제공받은 자는 3년 이하의 징역 또는 1천만 원 이하의 벌금에 처한다.

제□□조 제○○조의 규정에 위반하여, 불법검열에 의하여 취득한 우편물이나 그 내용, 불법감청에 의하여 지득(知得) 또는 채록(採錄)된 전기통신의 내용, 공개되지 아니한 타인 상호간의 대화를 녹음 또는 청취한 내용은 재판 또는 징계절차에서 증거로 사용할 수 없다.

① 甲이 불법검열에 의하여 취득한 乙의 우편물은 징계절차에서 증거로 사용할 수 있다. ➡ (X) 제□□조에 따르면 불법검열에 의해 취득한 우편물은 증거로 사용할 수 없다.

② 甲이 乙과 정책용역을 수행하면서 乙과의 대화를 녹음한 내용은 재판에서 증거로 사용할 수 없다. ➡ (X) 제□□조에 따르면 공개되지 아니한 타인 상호간의 대화를 녹음 또는 청취한 내용은 증거로 사용할 수 없지만, 甲이 자신과 乙의 대화를 녹음한 내용을 재판에서 증거로 사용할 수 없다는 규정은 없다.

③ 甲이 乙과 丙 사이의 공개되지 않은 대화를 녹음하여 공개한 경우, 1천만 원의 벌금에 처해질 수 있다. ➡ (X) 제○○조 제2항 제1호와 제2호에서 공개되지 아니한 타인 상호간의 대화를 녹음하거나 청취 또는 공개, 누설한 자는 1년 이상 10년 이하의 징역과 5년 이하의 자격정지에 처해짐을 알 수 있다.

④ 이동통신사업자 甲이 乙의 단말기를 개통하기 위하여 단말기기 고유번호를 제공받은 경우, 1년의 징역에 처해질 수 있다. ➡ (X) 제○○조 제3항에서 누구든지 단말기기 고유번호를 제공받아서는 안 되나, 이동통신사업자가 단말기 개통처리 및 수리 등 정당한 업무의 이행을 위해 단말기기 고유번호를 제공받는 경우에는 처벌받지 않음을 알 수 있다.

⑤ 甲이 乙과 丙 사이의 우편물을 불법으로 검열한 경우, 2년의 징역과 3년의 자격정지에 처해질 수 있다. ➡ (O) 제○○조 제2항 제1호에 따르면 타인의 우편물을 불법으로 검열한 경우, 1년 이상 10년 이하의 징역과 5년 이하의 자격정지에 처해진다.

04 ④

정답률 51.8%

| 문제 유형 | 연산추론형 > 수리계산

| 접근 전략 | 조건과 구체적인 수치를 제시하고 조건에 따라 결괏값을 계산해야 하는 문항으로, 정확한 계산은 물론이고 제시된 조건들을 꼼꼼하게 살펴보아야 한다. 지원금을 받을 수 있는 조건과 제외되는 사유, 우선적으로 지원되는 경우 등을 확인해야 한다. 또한 최대 지원금의 범위를 확인하여 이를 비교해 가며 계산하는 것이 문항을 쉽게 해결할 수 있는 방법이다.

다음 글과 〈지원대상 후보 현황〉을 근거로 판단할 때, 기업 F가 받는 지원금은?

□□부는 2021년도 중소기업 광고비 지원사업 예산 6억 원을 기업에 지원하려 하며, 지원대상 선정 및 지원금 산정 방법은 다음과 같다.

○ 2020년도 총매출이 500억 원 미만인 기업만 지원하며, 우선 지원대상 사업분야는 백신, 비대면, 인공지능이다. → 총매출이 500억 원 미만인 기업만 지원한다고 했으므로 A, B는 제외된다. 그리고 백신, 비대면, 인공지능이 우선 지원대상 사업분야이므로 D, E, G가 이에 해당된다.

○ 우선 지원대상 사업분야 내 또는 우선 지원대상이 아닌 사업분야 내에서는 '소요 광고비 × 2020년도 총매출'이 작은 기업부터 먼저 선정한다. → 우선 지원대상이 아닌 사업분야 내에서는 '소요 광고비 × 2020년도 총매출'이 작은 기업부터 먼저 선정한다고 했고 '소요 광고비 × 총매출'이 C는 1200억 원, F는 600억 원이므로 F가 먼저 선정된다.

○ 지원금 상한액은 1억 2,000만 원이나, 해당 기업의 2020년도 총매출이 100억 원 이하인 경우 상한액의 2배까지 지원할 수 있다. 단, 지원금은 소요 광고비의 2분의 1을 초과할 수 없다. → 지원금 상한액은 1억 2,000만 원이지만 해당 기업의 2020년도 총매출이 100억 원 이하인 경우 상한액의 2배까지 지원이 가능하고 소요 광고비의 2분의 1을 초과할 수 없다. D와 E는 2020년도 총매출이 100억 원을 넘고, 소요 광고비의 2분의 1이 각각 2억 원과 2억 5천만 원이므로 각각 1억 2천만 원씩 지원받는다. G는 총매출이 100억 원 이하이므로 2억 4천만 원까지 지원이 가능하지만, 소요 광고비의 2분의 1인 2억 원까지 지원받을 수 있다.

○ 위의 지원금 산정 방법에 따라 예산 범위 내에서 지급 가능한 최대 금액을 예산이 소진될 때까지 지원대상 기업에 순차로 배정한다.

〈지원대상 후보 현황〉

기업	2020년도 총매출(억 원)	소요 광고비 (억 원)	사업분야
A	600	1	백신
B	500	2	비대면
C	400	3	농산물
D	300	4	인공지능
E	200	5	비대면
F	100	6	의류
G	30	4	백신

① 없음 ➡ (X)

② 8,000만 원 ➡ (X)

③ 1억 2,000만 원 ➡ (X)

④ 1억 6,000만 원 ➡ (O) F는 총매출이 100억 원 이하이므로 2억 4천만 원까지 지원 가능하고, 소요 광고비의 2분의 1은 3억 원이므로 전액이 가능하다. 하지만 지원사업 예산은 6억 원으로, D, E, G의 지원금 4억 4천만 원을 제외하면 남은 지원사업 예산은 1억 6천만 원이므로 F가 받게 될 지원금은 1억 6천만 원이다.

⑤ 2억 4,000만 원 ➡ (X)

05 ④

정답률 61.3%

| 문제 유형 | 퍼즐형 > 최댓값·최솟값 도출

| 접근 전략 | 주어진 조건에 따라 상황을 판단하여 최솟값 혹은 최댓값을 도출해 내는 문항이다. 이 문항은 반드시 구성되어야 하는 소조직과 그 구성원의 숫자를 배제한 다음 문제를 풀어 나가는 것이 편리하다. 그 다음으로 구성 형태가 확정되지 않은 소조직에 대하여 문항에서 요구하는 5명으로 구성되는 소조직의 최솟값과 최댓값을 구하여 문제를 푸는 것이 관건이다.

다음 글의 ㉠과 ㉡에 해당하는 수를 옳게 짝지은 것은?

甲담당관: 우리 부서 전 직원 57명으로 구성되는 혁신조직을 출범시켰으면 합니다.

乙주무관: 조직은 어떻게 구성할까요?

甲담당관: 5～7명으로 구성된 10개의 소조직을 만들되, 5명, 6명, 7명 소조직이 각각 하나 이상 있었으면 합니다. 단, 각 직원은 하나의 소조직에만 소속되어야 합니다.

乙주무관: 그렇게 할 경우 5명으로 구성되는 소조직은 최소 (㉠)개, 최대 (㉡)개가 가능합니다.

	㉠	㉡	
①	1	5	➡ (X)
②	3	5	➡ (X)
③	3	6	➡ (X)
④	4	6	➡ (O)
⑤	4	7	➡ (X)

④ 4 6 ➡ (O) 조건을 보면 소조직을 10개로 만들되, 소조직의 구성 인원은 5명～7명이고 구성원이 5명, 6명, 7명인 소조직이 반드시 각각 하나 이상 있어야 한다. 이때 전 직원 중 소조직의 형태가 결정되지 않은 인원은 57－(5＋6＋7)＝39(명)이다. 또한 형태가 결정되지 않은 7개의 소조직에는 최소한 각 5명이 소속되어야 하므로, 7개의 소조직에 각각 5명씩 총 35명이 소속된다. 따라서 소조직에 소속되지 않은 나머지 4명의 직원을 배분하여 정답을 찾을 수 있다.

- ㉠: 5명으로 구성되는 소조직의 수가 최소가 되려면, 소조직에 소속되지 않은 4명이 최대한 많은 수의 소조직에 소속되어야 하므로 소조직마다 1명씩 소속하게 되어, 5명으로 구성된 소조직은 3개가 되고 6명으로 구성된 소조직은 4개가 된다. 이때 이미 결정된 소조직까지 모두 더하면 구성 인원이 5명인 소조직은 4개, 6명인 소조직은 5개, 7명인 소조직은 1개가 된다. 따라서 5명으로 구성되는 소조직의 최솟값은 4이다.
- ㉡: 5명으로 구성되는 소조직의 수가 최대가 되려면, 소조직에 소속되지 않은 4명이 최대한 적은 수의 소조직에 소속되어야 하므로 소조직마다 2명씩 소속하게 되어, 5명으로 구성된 소조직은 5개가 되고 7명으로 구성된 소조직은 2개가 된다. 이때 이미 결정된 소조직까지 모두 더하면 구성 인원이 5명인 소조직은 6개, 6명인 소조직은 1개, 7명인 소조직은 3개가 된다. 따라서 5명으로 구성되는 소조직의 최댓값은 6이다.

06 ①

정답률 57.5%

| 문제 유형 | 퍼즐형 > 최댓값·최솟값 도출

| 접근 전략 | 주어진 조건들을 가지고 특정 목적을 달성하기 위한 최솟값을 구하는 문항이다. 각 업무역량의 값에 따라 최대의 조건을 설정하고, 이 상황에서 각 선지의 값을 하나씩 소거하는 방식으로 해결할 수 있다.

다음 글을 근거로 판단할 때, 甲이 통합력에 투입해야 하는 노력의 최솟값은?

○ 업무역량은 기획력, 창의력, 추진력, 통합력의 4가지 부문으로 나뉜다.

○ 부문별 업무역량 값을 수식으로 나타내면 다음과 같다.

> 부문별 업무역량 값
> ＝(해당 업무역량 재능 × 4)＋(해당 업무역량 노력 × 3)
> ※ 재능과 노력의 값은 음이 아닌 정수이다.

○ 甲의 부문별 업무역량의 재능은 다음과 같다.

기획력	창의력	추진력	통합력
90	100	110	60

○ 甲은 통합력의 업무역량 값을 다른 어떤 부문의 값보다 크게 만들고자 한다. 단, 甲이 투입 가능한 노력은 총 100이며 甲은 가능한 노력을 남김없이 투입한다.

① 67 ➡ (O) 각 부문별 업무역량 값은 해당 업무역량 재능에 4를 곱한 것과 해당 업무역량 노력에 3을 곱한 것을 더한 값이다. 업무역량 재능에 4를 곱한 값을 비교해 보면, 각각 360, 400, 440, 240으로, 통합력 업무역량 재능과 가장 큰 값인 추진력 업무역량 재능을 비교했을 때 200의 차이가 나고 선지들의 값에 3을 곱하면 각각 201, 204, 207, 210, 213이다. 67을 대입하면 통합력은 240＋(67 × 3)＝441이 되고, 추진력에는 노력을 전혀 기울이지 말아야 한다. 창의력의 재능 × 4는 400이므로 39까지 역량을 더할 수 있고, 이를 3으로 나누면 노력은 13까지 투입가능하다. 나머지 20은 기획력에 투입하면 총 60이 더해지므로 420이다. 따라서 67이 甲이 통합력에 투입해야 하는 노력의 최솟값이다.

② 68 ➡ (X)

③ 69 ➡ (X)

④ 70 ➡ (X)

⑤ 71 ➡ (X)

07 ①

정답률 63.6%

| 문제 유형 | 퍼즐형 > 논리퀴즈

| 접근 전략 | 주어진 규칙과 상황 등을 종합적으로 고려하여 정답을 판단할 수 있어야 한다. 어느 위치에서 시작하더라도 하나의 경우를 반복하고 난 후의 상황을 송편을 먹은 상황으로 적용하면 정답을 쉽게 찾아낼 수 있다.

다음 글을 근거로 판단할 때, 마지막에 송편을 먹었다면 그 직전에 먹은 떡은?

원 쟁반의 둘레를 따라 쑥떡, 인절미, 송편, 무지개떡, 팥떡, 호박떡이 순서대로 한 개씩 시계방향으로 놓여 있다. 이 떡을 먹는 순서는 다음과 같은 규칙에 따른다. 특정한 떡을 시작점(첫 번째)으로 하여 시계방향으로 떡을 세다가 여섯 번째에 해당하는 떡을 먹는다. 떡을 먹고 나면 시계방향으로 이어지는 바로 다음 떡이 새로운 시작점이 된다. 이 과정을 반복하여 떡이 한 개 남게 되면 마지막으로 그 떡을 먹는다.

① 무지개떡 ➡ (O) 쑥떡을 시작점으로 가정하면, 여섯 번째 떡인 호박떡을 가장 처음 먹게 된다. 그러면 쑥떡이 다시 새로운 시작점이 되고 이로부터 여섯 번째 떡을 계산하면 쑥떡을 두 번째로 먹게 된다. 또다시 인절미가 새로운 시작점이 되고 여섯 번째 떡을 계산하면 송편을 세 번째로 먹게 된다. 그 다음 무지개떡이 새로운 시작점이 되고 여섯 번째 떡을 계산하면 인절미를 네 번째로 먹게 되고, 무지개떡과 팥떡 두 개가 남는다. 그리고 다시 무지개떡이 새로운 시작점이 되어 여섯 번째 떡을 계산하면 팥떡을 다섯 번째로 먹게 된다. 무지개떡이 하나만 남은 경우, 그 직전에 먹은 떡은 시계방향으로 다음 차례에 있는 팥떡이므로, 이를 송편에 적용하면 마지막에 송편을 먹었을 때 그 직전에 먹은 떡은 시계방향으로 다음 차례에 있는 무지개떡이다.

② 쑥떡 ➡ (X)

③ 인절미 ➡ (X)

④ 팥떡 ➡ (X)

⑤ 호박떡 ➡ (X)

08 ③

정답률 79.2%

| 문제 유형 | 퍼즐형 > 논리퀴즈

| 접근 전략 | 주어진 조건을 종합적으로 따져 정답을 판단할 수 있어야 한다. 네 가지 상품을 두 개씩 저울에 무게 측정을 할 수 있는 경우의 수를 파악하고, 이에 따라 각각의 경우의 수에 따른 무게값을 찾고, 조건에 맞는 값을 골라내면 쉽게 해결할 수 있다.

다음 글을 근거로 판단할 때, 甲이 구매하려는 두 상품의 무게로 옳은 것은?

○○마트에서는 쌀 상품 A～D를 판매하고 있다. 상품 무게는 A가 가장 무겁고, B, C, D 순서대로 무게가 가볍다. 무게 측정을 위해 서로 다른 두 상품을 저울에 올린 결과, 각각 35kg, 39kg, 44kg, 45kg, 50kg, 54kg으로 측정되었다. 甲은 가장 무거운 상품과 가장 가벼운 상품을 제외하고 두 상품을 구매하기로 하였다.

※ 상품 무게(kg)의 값은 정수이다.

① 19kg, 25kg ➡ (X)

② 19kg, 26kg ➡ (X)

③ 20kg, 24kg ➡ (O) A가 가장 무겁고 B, C, D 순서대로 무게가 가볍다고 했으므로 서로 다른 두 상품을 저울에 올렸을 때 A + B > A + C > A + D 또는 B + C > B + D > C + D 순서대로 무게가 무겁다. 각각을 저울에 올린 결과와 대입하면 아래 표와 같이 정리할 수 있다.

A+B	A+C	A+D 또는 B+C	B+D	C+D
54	50	45 또는 44	39	35

이때 A + B − (B + D) = 54 − 39 = A − D = 15가 되고, A = 15 + D가 된다. 이 식을 A + D에 대입하면 15 + D + D = 2D + 15가 되고, 결괏값은 홀수가 된다. 따라서 A + D의 결괏값은 홀수인 45가 되고 B + C는 44가 된다. 선지에서 44kg에 해당하는 것이 ①과 ③이므로 B와 C의 값에 각각 대입해 보면 된다. B가 25kg이고, C가 19kg이면 A와 B가 더한 값을 통해 A가 29kg임을 알 수 있고, A와 C를 더한 값이 48kg이어야 함을 알 수 있다. 이 값이 50kg와 차이가 있으므로 B는 24kg, C는 20kg이다. 참고로 해설은 B > C > D 순으로 무게가 가볍다고 가정하고 풀이했으나, 'B, C, D 순서대로 무게가 가볍다.'라는 표현은 B < C < D 순으로 가볍다는 의미로 이해될 수도 있다. 이때에는 위의 해설의 B와 D를 바꾸어 풀이를 진행하면 된다.

④ 21kg, 25kg ➡ (X)

⑤ 22kg, 26kg ➡ (X)

09 ②

정답률 48.2%

| 문제 유형 | 퍼즐형 > 수리퀴즈

| 접근 전략 | 주어진 상황과 조건 등을 바탕으로 제시된 수리 연산을 활용하여 정답을 판단하는 문항으로, 예시로 제시된 상황을 바탕으로 조건을 만족하는지 판단하며 풀어 가는 것이 도움이 된다.

다음 글을 근거로 판단할 때, A 괘종시계가 11시 정각을 알리기 위한 마지막 종을 치는 시각은?

A 괘종시계는 매시 정각을 알리기 위해 매시 정각부터 일정한 시간 간격으로 해당 시의 수만큼 종을 친다. 예를 들어 7시 정각을 알리기 위해서는 7시 정각에 첫 종을 치기 시작하여 일정한 시간 간격으로 총 7번의 종을 치는 것이다. 이 괘종시계가 정각을 알리기 위해 2번 이상 종을 칠 때, 종을 치는 시간 간격은 몇 시 정각을 알리기 위한 것이든 동일하다. A 괘종시계가 6시 정각을 알리기 위한 마지막 6번째 종을 치는 시각은 6시 6초이다.

① 11시 11초 ➡ (X)

② 11시 12초 ➡ (O) A 괘종시계가 6시 정각을 알리기 위해 마지막 6번째 종을 치는 시각은 6시 6초이다. 6시 정각에 첫 종을 치기 시작했으므로, 5번의 종이 치는 동안 6초가 지나간다. 따라서 종을 치는 시간 간격은 1.2초이다. 또한 괘종시계는 일정한 시간 간격으로 종을 친다고 했으므로, 11시를 알리기 위해서는 11시 정각에 첫 종을 친 이후로 10번의 종이 울려야 하고 12초가 필요하다. 따라서 11시 12초에 마지막 종이 울린다.

③ 11시 13초 ➡ (X)

④ 11시 14초 ➡ (X)

⑤ 11시 15초 ➡ (X)

10 ③

정답률 66.1%

| 문제 유형 | 퍼즐형 > 논리퀴즈

| 접근 전략 | 주어진 상황과 조건 등을 종합적으로 고려하여 정답을 판단할 수 있어야 한다. 각 사람들이 해야 할 일의 양과 한 일의 양, 그리고 각 사람들의 업무량을 비교하는 내용들을 꼼꼼하게 확인하고 비교하면 쉽게 정답을 찾을 수 있다.

다음 글을 근거로 판단할 때, 현재 시점에서 두 번째로 많은 양의 일을 한 사람은?

A부서 주무관 5명(甲～戊)은 오늘 해야 하는 일의 양이 같다. 오늘 업무 개시 후 현재까지 한 일을 비교해 보면 다음과 같다.

甲은 丙이 아직 하지 못한 일의 절반에 해당하는 양의 일을 했다. 乙은 丁이 남겨 놓고 있는 일의 2배에 해당하는 양의 일을 했다. 丙은 자신이 현재까지 했던 일의 절반에 해당하는 일을 남겨 놓고 있다. 丁은 甲이 남겨 놓고 있는 일과 동일한 양의 일을 했다. 戊는 乙이 남겨 놓은 일의 절반에 해당하는 양의 일을 했다.

① 甲 ➡ (X)

② 乙 ➡ (X)

③ 丙 ➡ (O) 다섯 명의 주무관 중에서 丙만 다른 사람과의 비교가 없이 업무량을 설정할 수 있도록 제시되어 있다. 편의상 丙이 현재까지 했던 일을 100으로 설정하면, 절반에 해당하는 일을 남겨 놓았으므로 50이 남아 있고, 오늘 해야 하는 일의 양은 150이다. 甲은 丙이 하지 못한 일의 절반에 해당하는 양의 일을 했으므로 25만큼 했다. 丁은 甲이 남겨 놓고 있는 일과 동일한 양의 일을 했으므로 150 − 25 = 125만큼 했다. 乙은 丁이 남겨 놓고 있는 일의 2배에 해당하는 양의 일을 했으므로 25 × 2 = 50만큼 했다. 戊는 乙인 남겨 놓은 일의 절반에 해당하는 양의 일을 했으므로 100 ÷ 2 = 50만큼 했다. 따라서 일을 가장 많이 한 사람은 丁이고, 두 번째로 많은 양의 일을 한 사람은 丙이다.

④ 丁 ➡ (X)
⑤ 戊 ➡ (X)

11 ② 정답률 83.9%

| 문제 유형 | 퍼즐형 > 최댓값·최솟값 도출
| 접근 전략 | 주어진 조건에 따라 〈대화〉에서 제시된 상황을 판단하여 丙이 받을 수 있는 성과점수의 최댓값을 도출해 내는 문항이다. 네 사람의 요구조건 중에서 구체적인 수치가 나온 점수를 바탕으로, 다른 사람들의 조건들을 모두 고려하며 경우의 수를 찾으면 쉽게 구할 수 있다.

다음 글과 〈대화〉를 근거로 판단할 때, 丙이 받을 수 있는 최대 성과점수는?

○ A과는 과장 1명과 주무관 4명(甲~丁)으로 구성되어 있으며, 주무관의 직급은 甲이 가장 높고, 乙, 丙, 丁 순으로 낮아진다.
○ A과는 프로젝트를 성공적으로 마친 보상으로 성과점수 30점을 부여받았다. 과장은 A과에 부여된 30점을 자신을 제외한 주무관들에게 분배할 계획을 세우고 있다.
○ 과장은 주무관들의 요구를 모두 반영하여 성과점수를 분배하려 한다.
○ 주무관들이 받는 성과점수는 모두 다른 자연수이다.

〈대화〉

甲: 과장님이 주시는 대로 받아야죠. 아! 그렇지만 丁보다는 제가 높아야 합니다.
乙: 이번 프로젝트 성공에는 제가 가장 큰 기여를 했으니, 제가 가장 높은 성과점수를 받아야 합니다.
丙: 기여도를 고려했을 때, 제 경우에는 상급자보다는 낮게 받고 하급자보다는 높게 받아야 합니다.
丁: 저는 내년 승진에 필요한 최소 성과점수인 4점만 받겠습니다.

① 6 ➡ (X)
② 7 ➡ (O) A과 과장은 주무관들의 요구를 모두 반영할 것이므로, 丁의 요구대로 丁에게 4점을 줄 것이다. 丙은 자신의 상급자보다는 낮게, 자신의 하급자보다는 높게 점수를 받아야 한다고 했고, 甲, 乙, 丙 중 丙의 직급이 가장 낮으므로, 남은 26점을 순차적으로 주어야 한다. 3명에게 9점씩 주면 27점이므로, 9점, 9점, 8점을 주면 26점이 된다. 하지만 乙이 가장 높은 점수를 받아야 하므로, 甲은 9점, 乙은 10점, 丙은 7점을 받게 된다.
③ 8 ➡ (X)
④ 9 ➡ (X)
⑤ 10 ➡ (X)

12 ⑤ 정답률 70.9%

| 문제 유형 | 퍼즐형 > 수리퀴즈
| 접근 전략 | 주어진 조건과 근거를 바탕으로 수리 연산을 활용하여 정답을 판단하는 문항이다. 집을 짓기 위해 소요되는 단위 면적당 비용과 집을 지을 수 있는 총 면적 및 각 아기 돼지의 집 면적 등을 비교함으로써 문항을 해결할 수 있다.

다음 글을 근거로 판단할 때, 아기 돼지 삼형제와 각각의 집을 옳게 짝지은 것은?

○ 아기 돼지 삼형제는 엄마 돼지로부터 독립하여 벽돌집, 나무집, 지푸라기집 중 각각 다른 한 채씩을 선택하여 짓는다.
○ 벽돌집을 지을 때에는 벽돌만 필요하지만, 나무집은 나무와 지지대가, 지푸라기집은 지푸라기와 지지대가 재료로 필요하다. 지지대에 소요되는 비용은 집의 면적과 상관없이 나무집의 경우 20만 원, 지푸라기집의 경우 5만 원이다.
○ 재료의 1개당 가격 및 집의 면적 $1m^2$당 필요 개수는 아래와 같다.

구분	벽돌	나무	지푸라기
1개당 가격(원)	6,000	3,000	1,000
$1m^2$당 필요 개수	15	20	30

○ 첫째 돼지 집의 면적은 둘째 돼지 집의 2배이고, 셋째 돼지 집의 3배이다. 삼형제 집의 면적의 총합은 $11m^2$이다.
○ 모두 집을 짓고 나니, 둘째 돼지 집을 짓는 재료 비용이 가장 많이 들었다.

	첫째	둘째	셋째	
①	벽돌집	나무집	지푸라기집	➡ (X)
②	벽돌집	지푸라기집	나무집	➡ (X)
③	나무집	벽돌집	지푸라기집	➡ (X)
④	지푸라기집	벽돌집	나무집	➡ (X)
⑤	지푸라기집	나무집	벽돌집	➡ (O)

제시된 조건에서 벽돌집은 $1m^2$당 9만 원, 나무집은 6만 원, 지푸라기집은 3만 원이 필요하다. 그리고 나무집과 지푸라기집은 지지대 비용으로 각각 20만 원과 5만 원이 별도로 소요된다. 아기 돼지 삼형제의 집 면적은 첫째 돼지 집이 둘째 돼지 집의 2배이므로, 둘째 돼지 집의 면적을 a라고 했을 때, 첫째 돼지 집의 면적은 2a가 되고, 셋째 돼지 집의 면적을 b라고 했을 때, 첫째 돼지 집의 면적은 3b가 된다. 이를 바탕으로 방정식을 풀면 a는 1.5b이므로 3b+1.5b+b=11이 되고, b는 2가 된다. 따라서 첫째 돼지 집의 면적은 $6m^2$, 둘째 돼지 집의 면적은 $3m^2$, 셋째 돼지 집의 면적은 $2m^2$이다. 이를 바탕으로 각 돼지들의 집 종류별 소요되는 비용을 정리하면 다음과 같다.

구분	첫째 돼지	둘째 돼지	셋째 돼지
벽돌집	6,000 × 15 × 6 = 54(만 원)	6,000 × 15 × 3 = 27(만 원)	6,000 × 15 × 2 = 18(만 원)
나무집	3,000 × 20 × 6 + 지지대 비용(20만 원) = 56(만 원)	3,000 × 20 × 3 + 지지대 비용(20만 원) = 38(만 원)	3,000 × 20 × 2 + 지지대 비용(20만 원) = 32(만 원)
지푸라기집	1,000 × 30 × 6 + 지지대 비용(5만 원) = 23(만 원)	1,000 × 30 × 3 + 지지대 비용(5만 원) = 14(만 원)	1,000 × 30 × 2 + 지지대 비용(5만 원) = 11(만 원)

둘째 돼지 집의 소요 비용이 가장 많이 들었으므로 둘째 돼지는 나무집을 지어야 하고, 이때 들어간 비용 38만 원을 넘지 않는 선에서 첫째 돼지가 집을 지어야 하므로 첫째 돼지는 지푸라기집을 지어야 한다. 그리고 셋째 돼지는 벽돌집을 지어야 한다.

13 ③ 정답률 68.5%

| 문제 유형 | 연산추론형 > 대입비교
| 접근 전략 | 구체적인 수치를 바탕으로 제시된 〈상황〉에 적용하며 해결해야 하는 문항은 상황이 제시되기 전과 이후에 달라지는 계산 값에 대해 유의하며 접근해야 한다. 보수 지급 기준에 따라 최대로 받을 수 있는 착수금과 그에 따른 사례금 등을 정확하게 비교하면 문항을 쉽게 해결할 수 있다.

다음 〈A기관 특허대리인 보수 지급 기준〉과 〈상황〉을 근거로 판단할 때, 甲과 乙이 지급받는 보수의 차이는?

〈A기관 특허대리인 보수 지급 기준〉

○ A기관은 특허출원을 특허대리인(이하 '대리인')에게 의뢰하고, 이에 따라 특허출원 건을 수임한 대리인에게 보수를 지급한다.
○ 보수는 착수금과 사례금의 합이다.

○ 착수금은 대리인이 작성한 출원서의 내용에 따라 〈착수금 산정 기준〉의 세부항목을 합산하여 산정한다. 단, 세부항목을 합산한 금액이 140만 원을 초과할 경우 착수금은 140만 원으로 한다.

〈착수금 산정 기준〉

세부항목	금액(원)
기본료	1,200,000
독립항 1개 초과분(1개당)	100,000
종속항(1개당)	35,000
명세서 20면 초과분(1면당)	9,000
도면(1도당)	15,000

※ 독립항 1개 또는 명세서 20면 이하는 해당 항목에 대한 착수금을 산정하지 않는다.

○ 사례금은 출원한 특허가 '등록결정'된 경우 착수금과 동일한 금액으로 지급하고, '거절결정'된 경우 0원으로 한다.

〈상황〉

○ 특허대리인 甲과 乙은 A기관이 의뢰한 특허출원을 각각 1건씩 수임하였다.
○ 甲은 독립항 1개, 종속항 2개, 명세서 14면, 도면 3도로 출원서를 작성하여 특허를 출원하였고, '등록결정'되었다.
○ 乙은 독립항 5개, 종속항 16개, 명세서 50면, 도면 12도로 출원서를 작성하여 특허를 출원하였고, '거절결정'되었다.

① 2만 원 ➡ (X)
② 8만 5천 원 ➡ (X)
③ 123만 원 ➡ (O) 두 사람이 받을 수 있는 착수금은 각각 최대 140만 원이고, '등록결정'이 되면 착수금의 2배를, '거절결정'이 되면 착수금만 받게 된다. 乙은 종속항만으로도 이미 56만 원이며, '거절결정'이 되었기 때문에 최종 보수가 140만 원이다. 甲은 독립항과 명세서는 별도의 착수금을 받지 못하고, 종속항 2개 7만 원, 도면 3도 4만 5천 원을 추가로 받아 총 131만 5천 원의 착수금을 받는다. 그리고 '등록결정'이 되었으므로 총 263만 원의 보수를 받는다. 乙의 140만 원을 빼면 두 사람 보수의 차이는 123만 원이 된다.
④ 129만 5천 원 ➡ (X)
⑤ 259만 원 ➡ (X)

14 ④

정답률 69.1%

| 문제 유형 | 연산추론형 > 대입비교

| 접근 전략 | 구체적인 수치를 바탕으로 여러 상황들에 대해 비교하며 해결해야 하는 문항은 상황이 제시되기 전과 이후에 달라지는 계산 값에 대해 유의하며 접근해야 한다. 사업자 자격 요건에 따른 기본심사 점수와 감점 요소 등을 각 사업자별로 정확하게 계산하여 판단하면 정답을 쉽게 찾아낼 수 있다.

다음 글과 〈상황〉을 근거로 판단할 때, 〈보기〉에서 옳은 것만을 모두 고르면?

□□부서는 매년 △△사업에 대해 사업자 자격 요건 재허가 심사를 실시한다.

○ 기본심사 점수에서 감점 점수를 뺀 최종심사 점수가 70점 이상이면 '재허가', 60점 이상 70점 미만이면 '허가 정지', 60점 미만이면 '허가 취소'로 판정한다.
  – 기본심사 점수: 100점 만점으로, ㉮~㉱의 4가지 항목(각 25점 만점) 점수의 합으로 한다. 단, 점수는 자연수이다.
  – 감점 점수: 과태료 부과의 경우 1회당 2점, 제재 조치의 경우 경고 1회당 3점, 주의 1회당 1.5점, 권고 1회당 0.5점으로 한다.

〈상황〉

2020년 사업자 A~C의 기본심사 점수 및 감점 사항은 아래와 같다.

사업자	기본심사 항목별 점수			
	㉮	㉯	㉰	㉱
A	20	23	17	?
B	18	21	18	?
C	23	18	21	16

사업자	과태료 부과 횟수	제재 조치 횟수		
		경고	주의	권고
A	3	–	–	6
B	5	–	3	2
C	4	1	2	–

〈보기〉

ㄱ. A의 ㉱ 항목 점수가 15점이라면 A는 재허가를 받을 수 있다. → (X) 사업자 A의 감점 점수는 과태료 6점(3회 × 2점), 권고 3점(6회 × 0.5점)으로 총 9점이다. A의 ㉱가 15점이라면 기본 점수 75점에서 9점이 감점되어 총 66점이다. 66점은 '허가 정지'이다.
ㄴ. B의 허가가 취소되지 않으려면 B의 ㉱ 항목 점수가 19점 이상이어야 한다. → (O) 사업자 B의 감점 점수는 과태료 10점(5회 × 2점), 주의 4.5점(3회 × 1.5점), 권고 1점(2회 × 0.5점)으로 총 15.5점이다. ㉱가 19점이면 기본 점수 76점에서 15.5점이 감점되어 60.5점이 되므로 '허가 취소' 판정을 받지 않게 된다.
ㄷ. C가 2020년에 과태료를 부과받은 적이 없다면 판정 결과가 달라진다. → (O) 사업자 C의 감점 점수는 과태료 8점(4회 × 2점), 경고 3점(1회 × 3점), 주의 3점(2회 × 1.5점)으로 총 14점이다. 기본심사 점수가 78점이므로 과태료가 없다면 '재허가'이지만, 14점을 뺀 점수는 64점이므로 '허가 정지' 처분을 받게 된다.
ㄹ. 기본심사 점수와 최종심사 점수 간의 차이가 가장 큰 사업자는 C이다. → (X) 감점이 가장 큰 사업자는 B이므로 기본심사 점수와 최종심사 점수 간의 차이가 가장 큰 사업자는 B이다.

① ㄱ ➡ (X)
② ㄴ ➡ (X)
③ ㄱ, ㄴ ➡ (X)
④ ㄴ, ㄷ ➡ (O)
⑤ ㄷ, ㄹ ➡ (X)

15 ③

정답률 74.8%

| 문제 유형 | 법조문형 > 규정적용

| 접근 전략 | 제시된 규정을 해석하고 이를 구체적인 상황에 적용하는 능력을 평가하는 문항이다. 제시된 상황에 어긋나는 규정이나 예외 규정 등이 무엇인지 꼼꼼하게 확인하는 것이 가장 중요하다.

다음 글과 〈상황〉을 근거로 판단할 때, 수질검사빈도와 수질기준을 둘 다 충족한 검사지점만을 모두 고르면?

□□법 제00조(수질검사빈도와 수질기준) ① 기초자치단체의 장인 시장·군수·구청장은 다음 각 호의 구분에 따라 지방상수도의 수질검사를 실시하여야 한다.

1. 정수장에서의 검사
   가. 냄새, 맛, 색도, 탁도(濁度), 잔류염소에 관한 검사: 매일 1회 이상
   나. 일반세균, 대장균, 암모니아성 질소, 질산성 질소, 과망간산칼륨 소비량 및 증발잔류물에 관한 검사: 매주 1회 이상
   단, 일반세균, 대장균을 제외한 항목 중 지난 1년간 검사를 실시한 결과, 수질기준의 10퍼센트를 초과한 적이 없는 항목에 대하여는 매월 1회 이상
2. 수도꼭지에서의 검사
   가. 일반세균, 대장균, 잔류염소에 관한 검사: 매월 1회 이상
   나. 정수장별 수도관 노후지역에 대한 일반세균, 대장균, 암모니아성 질소, 동, 아연, 철, 망간, 잔류염소에 관한 검사: 매월 1회 이상
3. 수돗물 급수과정별 시설(배수지 등)에서의 검사
   일반세균, 대장균, 암모니아성 질소, 동, 수소이온 농도, 아연, 철, 잔류염소에 관한 검사: 매 분기 1회 이상

② 수질기준은 아래와 같다.

항목	기준	항목	기준
대장균	불검출/100mL	일반세균	100CFU/mL 이하
잔류염소	4mg/L 이하	질산성 질소	10mg/L 이하

〈상황〉

甲시장은 □□법 제00조에 따라 수질검사를 실시하고 있다. 甲시 관할의 검사지점(A～E)은 이전 검사에서 매번 수질기준을 충족하였고, 이번 수질검사에서 아래와 같은 결과를 보였다.

검사지점	검사대상	검사결과	검사빈도
정수장 A	잔류염소	2mg/L	매일 1회
정수장 B	질산성 질소	11mg/L	매일 1회
정수장 C	일반세균	70CFU/mL	매월 1회
수도꼭지 D	대장균	불검출/100mL	매주 1회
배수지 E	잔류염소	2mg/L	매주 1회

※ 제시된 검사대상 외의 수질검사빈도와 수질기준은 모두 충족한 것으로 본다.

- 정수장 A: 제1항 제1호 가목에 따르면 정수장은 잔류염소에 관한 검사를 매일 1회 이상 해야 하고, 제2항에서 잔류염소의 기준은 4mg/L 이하임을 알 수 있다.
- 정수장 B: 제1항 제1호 나목에 따르면 정수장은 질산성 질소에 관한 검사를 매주 1회 이상 해야 하고, 제2항에서 질산성 질소의 기준은 10mg/L 이하임을 알 수 있다. B는 검사결과 11mg/L이므로 기준을 충족하지 못했다.
- 정수장 C: 제1항 제1호 나목에 따르면 정수장은 일반세균에 관한 검사를 매주 1회 이상 해야 하지만, C는 매월 1회 했으므로 기준을 충족하지 못했다.
- 수도꼭지 D: 제1항 제2호 가목에 따르면 수도꼭지는 대장균에 관한 검사를 매월 1회 이상 해야 하고, 제2항에서 대장균의 기준은 불검출/100mL임을 을 알 수 있다.
- 배수지 E: 제1항 제3호에 따르면 배수지는 잔류염소에 관한 검사를 매 분기 1회 이상 해야 하고, 제2항에서 잔류염소의 기준은 4mg/L 이하임을 알 수 있다.

① A, D ➡ (X)
② B, D ➡ (X)
③ A, D, E ➡ (O)
④ A, B, C, E ➡ (X)
⑤ A, C, D, E ➡ (X)

16 ④

정답률 86.6%

| 문제 유형 | 법조문형 > 규정적용

| 접근 전략 | 규정이 제시되고 이에 대한 적용을 묻는 문항은, 각각의 상황에 따라 적용의 여부가 달라지기 때문에 해당 규정의 내용을 정확하게 이해해야 한다. 민원의 종류에 따라 신청, 접수, 이송, 통지 등의 방법이 달라지고, 이러한 방법들에 대하여 선지들이 구성되었으므로 제시된 법령을 꼼꼼하게 확인하는 것이 필요하다.

다음 글과 〈상황〉을 근거로 판단할 때 옳은 것은?

○ 민원의 종류
법정민원(인가·허가 등을 신청하거나 사실·법률관계에 관한 확인 또는 증명을 신청하는 민원), 질의민원(법령·제도 등에 관하여 행정기관의 설명·해석을 요구하는 민원), 건의민원(행정제도의 개선을 요구하는 민원), 기타민원(그 외 상담·설명 요구, 불편 해결을 요구하는 민원)으로 구분함

○ 민원의 신청
문서(전자문서를 포함, 이하 같음)로 해야 하나, 기타민원은 구술 또는 전화로 가능함

○ 민원의 접수
민원실에서 접수하고, 접수증을 교부하여야 함(단, 기타민원, 우편 및 전자문서로 신청한 민원은 접수증 교부를 생략할 수 있음)

○ 민원의 이송
접수한 민원이 다른 행정기관의 소관인 경우, 접수된 민원문서를 지체 없이 소관 기관에 이송하여야 함

○ 처리결과의 통지
접수된 민원에 대한 처리결과를 민원인에게 문서로 통지하여야 함(단, 기타민원의 경우와 통지에 신속을 요하거나 민원인이 요청하는 경우, 구술 또는 전화로 통지할 수 있음)

○ 반복 및 중복 민원의 처리
민원인이 동일한 내용의 민원(법정민원 제외)을 정당한 사유 없이 3회 이상 반복하여 제출한 경우, 2회 이상 그 처리결과를 통지하였다면 그 후 접수되는 민원에 대하여는 바로 종결 처리할 수 있음

〈상황〉

○ 甲은 인근 공사장 소음으로 인한 불편 해결을 요구하는 민원을 A시에 제기하려고 한다.
○ 乙은 자신의 영업허가를 신청하는 민원을 A시에 제기하려고 한다.

① 甲은 구술 또는 전화로 민원을 신청할 수 없다. ➡ (X) 甲이 제기하는 민원은 불편 해결을 요구하는 것이므로 기타민원에 해당하고, 기타민원은 구술 또는 전화로 신청이 가능하다.

② 乙은 전자문서로 민원을 신청할 수 없다. ➡ (X) 乙이 제기하는 민원은 영업허가를 신청하는 것이므로 법정민원에 해당하고, 법정민원은 문서(전자문서 포함)로 해야 한다.

③ 甲이 신청한 민원이 다른 행정기관 소관 사항인 경우라도, A시는 해당 민원을 이송 없이 처리할 수 있다. ➡ (X) 접수한 민원이 다른 행정기관의 소관인 경우에는 지체 없이 소관 기관에 이송해야 한다.

④ A시는 甲이 신청한 민원에 대한 처리결과를 전화로 통지할 수 있다. ➡ (O) 접수된 민원 중에서 기타민원의 경우는 구술 또는 전화로 통지할 수 있다.

⑤ 乙이 동일한 내용의 민원을 이미 2번 제출하여 처리결과를 통지 받았으나 정당한 사유 없이 다시 신청한 경우, A시는 해당 민원을 바로 종결 처리할 수 있다. ➡ (X) 乙이 제기하는 민원은 법정민원이므로 2회 이상 그 처리결과를 통지하였더라도 그 후 접수되는 민원에 대해 바로 종결 처리할 수 없다.

17 ③

정답률 75.5%

| 문제 유형 | 법조문형> 규정적용

| 접근 전략 | 규정이 제시되고 이에 대한 적용을 묻는 문항은 각각의 상황에 따라 적용의 여부가 달라지기 때문에 해당 규정의 내용을 정확하게 이해해야 한다. 건축물의 건축 허가와 취소, 제한 등의 규정과 관련해서 승인 및 허가의 주체와 각각의 방법들에 대해 정확하게 파악하고 문항에서 제시된 사례에 적용하여 문항을 해결해야 한다.

다음 글과 〈상황〉을 근거로 판단할 때 옳지 않은 것은?

제00조 ① 건축물을 건축하거나 대수선하려는 자는 특별자치시장·특별자치도지사 또는 시장·군수·구청장의 허가를 받아야 한다. 다만 21층 이상의 건축물이나 연면적 합계 10만 제곱미터 이상인 건축물을 특별시나 광역시에 건축하려면 특별시장이나 광역시장의 허가를 받아야 한다.

② 허가권자는 제1항에 따른 허가를 받은 자가 다음 각 호의 어느 하나에 해당하면 허가를 취소하여야 한다. 다만 제1호에 해당하는 경우로서 정당한 사유가 있다고 인정되면 1년의 범위에서 공사의 착수기간을 연장할 수 있다.

1. 허가를 받은 날부터 2년 이내에 공사에 착수하지 아니한 경우
2. 제1호의 기간 이내에 공사에 착수하였으나 공사의 완료가 불가능하다고 인정되는 경우

제00조 ① ○○부 장관은 국토관리를 위하여 특히 필요하다고 인정하거나 주무부장관이 국방, 문화재보존, 환경보전 또는 국민경제를 위하여 특히 필요하다고 인정하여 요청하면 허가권자의 건축허가나 허가를 받은 건축물의 착공을 제한할 수 있다.

② 특별시장·광역시장·도지사(이하 '시·도지사'라 한다)는 지역계획이나 도시·군계획에 특히 필요하다고 인정하면 시장·군수·구청장의 건축허가나 허가를 받은 건축물의 착공을 제한할 수 있다.

③ ○○부 장관이나 시·도지사는 제1항이나 제2항에 따라 건축허가나 건축허가를 받은 건축물의 착공을 제한하려는 경우에는 주민의견을 청취한 후 건축위원회의 심의를 거쳐야 한다.

④ 제1항이나 제2항에 따라 건축허가나 건축물의 착공을 제한하는 경우 제한기간은 2년 이내로 한다. 다만 1회에 한하여 1년 이내의 범위에서 제한기간을 연장할 수 있다.

〈상황〉

甲은 20층의 연면적 합계 5만 제곱미터인 건축물을, 乙은 연면적 합계 15만 제곱미터인 건축물을 각각 A광역시 B구에 신축하려고 한다.

① 甲은 B구청장에게 건축허가를 받아야 한다. ➠ (○) 첫 번째 조 제1항에서 21층 이상의 건축물이나 연면적 합계 10만 제곱미터 이상인 건축물이 아니면 구청장의 허가를 받아야 함을 알 수 있다. 甲은 20층의 연면적 합계 5만 제곱미터의 건축물이므로 구청장의 허가를 받아야 한다.

② 甲이 건축허가를 받은 경우에도 A광역시장은 지역계획에 특히 필요하다고 인정하면 일정한 절차를 거쳐 甲의 건축물 착공을 제한할 수 있다. ➠ (○) 두 번째 조 제2항에서 광역시장은 지역계획에 특히 필요하다고 인정하면 구청장의 건축허가를 받은 건축물의 착공을 제한할 수 있음을 알 수 있다.

③ B구청장은 주민의견을 청취한 후 건축위원회의 심의를 거쳐 건축허가를 받은 乙의 건축물 착공을 제한할 수 있다. ➠ (×) 두 번째 조 제3항에서 건축허가를 받은 건축물의 착공을 제한하려는 경우에는 주민의견을 청취한 후 건축위원회의 심의를 거쳐야 함을 알 수 있다. 동조 제1항, 제2항에 따르면 이때의 주체는 장관이나 시·도지사이므로 B구청장은 해당되지 않는다.

④ 乙이 건축허가를 받은 날로부터 2년 이내에 정당한 사유 없이 공사에 착수하지 않은 경우, A광역시장은 건축허가를 취소하여야 한다. ➠ (○) 첫 번째 조 제2항 제1호에서 허가권자는 허가를 받은 날부터 2년 이내에 공사에 착수하지 아니한 경우에는 정당한 사유가 없다면 허가를 취소하여야 함을 알 수 있다.

⑤ 주무부장관이 문화재보존을 위하여 특히 필요하다고 인정하여 요청하는 경우, ○○부 장관은 건축허가를 받은 乙의 건축물에 대해 최대 3년간 착공을 제한할 수 있다. ➠ (○) 두 번째 조 제1항에서 주무부장관이 문화재보존을 위하여 특히 필요하다고 인정하여 요청하면 ○○부 장관은 허가를 받은 건축물의 착공을 제한할 수 있음을 알 수 있고, 동조 제4항에서 제한기간은 2년 이내이지만 1회에 한하여 1년 이내의 범위에서 제한기간을 연장할 수 있음을 알 수 있다. 따라서 최대 3년간 착공을 제한할 수 있다.

18 ④

정답률 60.7%

| 문제 유형 | 법조문형 > 규정확인

| 접근 전략 | 법령 문제는 법령의 단서나 예외 부분, 그리고 법령 행사의 주체, 법령 적용의 대상을 가장 신경 써서 풀어야 한다. 정보공개심의회의 구성 요건과 관련된 사항을 확인해야 하고, 위원들의 임기 및 심의회가 개의되고 찬성으로 의결되는 각각의 조건들을 꼼꼼하게 이해해야 문항을 정확하게 풀어낼 수 있다.

다음 글을 근거로 판단할 때 옳지 않은 것은?

제00조 ① 정보공개심의회(이하 '심의회'라 한다)는 다음 각 호의 구분에 따라 10인 이내의 위원으로 구성한다.

1. 내부 위원: 위원장 1인(○○실장)과 각 부서의 정보공개담당관 중 지명된 3인
2. 외부 위원: 관련분야 전문가 중에서 총 위원수의 3분의 1 이상 위촉

② 위원은 특정 성별이 다른 성별의 2분의 1 이하가 되지 않도록 한다.

③ 위원장을 비롯한 내부 위원의 임기는 그 직위에 재직하는 기간으로 하며, 외부 위원의 임기는 2년으로 하되 2회에 한하여 연임할 수 있다.

④ 심의회는 위원장이 소집하고, 회의는 위원장을 포함한 재적위원 3분의 2 이상의 출석으로 개의하고 출석위원 3분의 2 이상의 찬성으로 의결한다.

⑤ 위원은 부득이한 이유로 참석할 수 없는 경우에는 서면으로 의견을 제출할 수 있다. 이 경우 해당 위원은 심의회에 출석한 것으로 본다.

① 외부 위원의 최대 임기는 6년이다. ➠ (○) 제3항에 따르면 외부 위원의 임기는 2년으로 하되 2회에 한하여 연임할 수 있으므로 최대 임기는 6년이다.

② 정보공개심의회는 최소 6명의 위원으로 구성된다. ➠ (○) 제1항 제1호에 따르면 내부 위원은 최소 4명이고, 동조 제2호에 따르면 외부 위원은 총 위원수의 3분의 1 이상 위촉해야 하므로 최소 2명임을 알 수 있다. 따라서 정보공개심의회는 최소 6명의 위원으로 구성된다.

③ 정보공개심의회 내부 위원이 모두 여성일 경우, 정보공개심의회는 7명의 위원으로 구성될 수 있다. ➠ (○) 제2항에서 위원은 특정 성별이 다른 성별의 2분의 1 이하가 되지 않아야 하므로, 내부 위원 4명이 모두 여성일 경우, 총 위원수를 감안하면 남성은 3명 이상 6명 이하여야 한다. 따라서 내부 위원이 모두 여성일 경우, 정보공개심의회는 7명의 위원으로 구성될 수 있다.

④ 정보공개심의회가 8명의 위원으로 구성되면, 위원 3명의 찬성으로 의결되는 경우가 있다. ➠ (×) 제4항에서 심의회는 재직위원 3분의 2 이상의 출석으로 개의하고 출석위원 3분의 2 이상의 찬성으로 의결함을 알 수 있다. 정보공개심의회가 8명이면 3분의 2 이상인 6명이 출석해야 개의가 되고, 이 중 4명 이상이 찬성해야 의결이 됨을 알 수 있다.

⑤ 위원장을 포함한 위원 5명이 직접 출석하여 이들 모두 안건에 찬성하고, 위원 2명이 부득이한 이유로 서면으로 의견을 제출한 경우, 제출된 서면 의견에 상관없이 해당 안건은 찬성으로 의결된다. ➠ (○) 제5항에서 부득이 참석할 수 없는 경우에는 서면으로 의견을 제출할 수 있고, 이 경우 해당 위원은 심의회에 출석한 것으로 본다. 5명이 직접 출석하고 2명이 서면으로 의견을 제출하면 총 7명이 출석한 것이고, 3분의 2 이상인 5명 이상의 의결이 필요하므로 서면으로 제출한 의견에 상관없이 의결된다.

19 ⑤

정답률 70.3%

| 문제 유형 | 제시문형 > 분석추론

| 접근 전략 | 제시문을 이해하고 이에 대한 내용을 적용하여 추론하는 문항은 각각의 경우에 따라 적용 여부를 정확하게 이해하고 비교할 수 있어야 한다. 인재개발원 강의의 분반 허용 기준을 바탕으로 제시된 상황을 꼼꼼하게 비교해야 하고, 분반이 허용되는 예외 사항을 바탕으로 어떤 경우에 분반이 불가능한지를 추론할 수 있어야 한다.

다음 글을 근거로 판단할 때, 〈보기〉에서 옳은 것만을 모두 고르면?

2021년에 적용되는 ○○인재개발원의 분반 허용 기준은 아래와 같다.

○ 분반 허용 기준
- 일반강의: 직전 2년 수강인원의 평균이 100명 이상이거나, 그 2년 중 1년의 수강인원이 120명 이상
- 토론강의: 직전 2년 수강인원의 평균이 60명 이상이거나, 그 2년 중 1년의 수강인원이 80명 이상
- 영어강의: 직전 2년 수강인원의 평균이 30명 이상이거나, 그 2년 중 1년의 수강인원이 50명 이상
- 실습강의: 직전 2년 수강인원의 평균이 20명 이상

○ 이상의 기준에도 불구하고 직전년도 강의만족도 평가점수가 90점 이상이었던 강의는 위에서 기준으로 제시한 수강인원의 90% 이상이면 분반을 허용한다.

〈보기〉

ㄱ. 2019년과 2020년의 수강인원이 각각 100명과 80명이고 2020년 강의만족도 평가점수가 85점인 일반강의 A는 분반이 허용된다. →(X) 일반강의 A는 직전 2년 수강인원의 평균이 100명을 넘지 않고, 2년 중 1년의 수강인원이 120명을 넘지 않으며, 직전년도 강의만족도 평가점수도 90점 이상이 아니므로 분반이 불가능하다.

ㄴ. 2019년과 2020년의 수강인원이 각각 10명과 45명인 영어강의 B의 분반이 허용되지 않는다면, 2020년 강의만족도 평가점수는 90점 미만이었을 것이다. →(O) 영어강의 B는 직전 2년 수강인원의 평균이 30명을 넘지 않고, 2년 중 1년의 수강인원이 50명을 넘지 않으므로 분반이 불가능하다. 하지만 직전년도인 2020년 강의만족도 평가 점수가 90점을 넘으면 기준으로 제시한 수강인원의 90% 이상이면 분반이 허용되므로, 2년 중 1년의 수강인원 50명의 90%인 45명을 충족한다. 그런데 분반이 허용되지 않았다면 직전년도의 평가점수가 90점을 넘지 않았음을 추론할 수 있다.

ㄷ. 2019년 수강인원이 20명이고 2020년 강의만족도 평가점수가 92점인 실습강의 C의 분반이 허용되지 않는다면, 2020년 강의의 수강인원은 15명을 넘지 않았을 것이다. →(O) 실습강의 C는 직전 2년 수강인원의 평균이 20명을 넘으면 분반이 가능하고, 20명이 넘지 않으면 직전년도인 2020년 강의만족도 평가 점수가 90점을 넘으면 분반이 가능하다. 해당 강의의 평가 점수가 92점인데 분반이 허용되지 않았다면, 2년간 수강인원의 평균이 20명을 넘지 않았어야 하고, 그 인원의 90%인 18명도 넘지 않아야 한다. 2020년 강의의 수강인원이 16명일 경우부터 직전 2년 수강인원의 평균이 18명이 되므로, 15명을 넘지 않았음을 추론할 수 있다.

① ㄴ ➡ (X)
② ㄷ ➡ (X)
③ ㄱ, ㄴ ➡ (X)
④ ㄱ, ㄷ ➡ (X)
⑤ ㄴ, ㄷ ➡ (O)

20 ⑤

정답률 77.3%

| 문제 유형 | 제시문형 > 정보확인

| 접근 전략 | 제시된 글의 정보를 바탕으로 선택지의 내용을 판단하는 문항이다. 수정이 된 문서의 내용을 새롭게 전달된 다양한 상황들과 비교하여 수정의 여부를 판단해야 하므로, 꼼꼼하게 내용을 비교하는 것이 필요하다.

다음 글과 〈상황〉을 근거로 판단할 때, 〈사업 공모 지침 수정안〉의 밑줄 친 ㉮~㉲ 중 '관계부처 협의 결과'에 부합한 것만을 모두 고르면?

○ '대학 캠퍼스 혁신파크 사업'을 담당하는 A주무관은 신청 조건과 평가지표 및 배점을 포함한 〈사업 공모 지침 수정안〉을 작성하였다. 평가지표는 I~IV의 지표와 그 하위 지표로 구성되어 있다.

〈사업 공모 지침 수정안〉

㉮ □ <u>신청 조건</u>
최소 1만m^2 이상의 사업부지 확보. 단, 사업부지에는 건축물이 없어야 함

□ 평가지표 및 배점

평가지표	배점	
	현행	수정
㉯ <u>I. 개발 타당성</u>	20	25
– 개발계획의 합리성	10	10
– 관련 정부사업과의 연계가능성	5	10
– 학습여건 보호 가능성	5	5
㉰ <u>II. 대학의 사업 추진 역량과 의지</u>	10	15
– 혁신파크 입주기업 지원 방안	5	5
– 사업 전담조직 및 지원체계	5	5
– 대학 내 주체 간 합의 정도	–	5
㉱ <u>III. 기업 유치 가능성</u>	10	10
– 기업의 참여 가능성	7	3
– 참여 기업의 재무건전성	3	7
㉲ <u>IV. 시범사업 조기 활성화 가능성</u>	10	삭제
– 대학 내 주체 간 합의 정도	5	이동
– 부지 조기 확보 가능성	5	삭제
합계	50	50

〈상황〉

A주무관은 〈사업 공모 지침 수정안〉을 작성한 후 뒤늦게 '관계부처 협의 결과'를 전달받았다. 그 내용은 다음과 같다.

○ 대학이 부지를 확보하는 것이 쉽지 않으므로 신청 사업부지 안에 건축물이 포함되어 있어도 신청 허용
○ 도시재생뉴딜사업, 창업선도대학 등 '관련 정부사업과의 연계가능성' 평가비중 확대
○ 시범사업 기간이 종료되었으므로 시범사업 조기 활성화와 관련된 평가지표를 삭제하되 '대학 내 주체 간 합의 정도'는 타 지표로 이동하여 계속 평가
○ 논의된 내용 이외의 하위 지표의 항목과 배점은 사업의 안정성을 위해 현행 유지

- ㉮ → (X) 신청 사업 부지 안에 건축물이 포함되어 있어도 신청이 허용됨을 알 수 있다.
- ㉯ → (O) 정부사업과의 연계가능성 평가비중은 확대해야 하는데, 5점에서 10점으로 확대되었다.
- ㉰ → (O) 대학 내 주체 간 합의 정도가 옮겨져 5점을 배정하였다.
- ㉱ → (X) 논의된 내용 이외의 하위 지표의 항목과 배점은 현행 유지해야 하지만 두 지표 모두 달라졌다.
- ㉲ → (O) 시범사업 조기 활성화 가능성은 삭제하되, 대학 내 주체 간 합의 정도는 이동되었다.

① ㉮, ㉯ ➡ (X)
② ㉮, ㉱ ➡ (X)
③ ㉯, ㉱ ➡ (X)
④ ㉰, ㉲ ➡ (X)
⑤ ㉯, ㉰, ㉲ ➡ (O)

21 ②

정답률 45.5%

| 문제 유형 | 퍼즐형 > 논리퀴즈

| 접근 전략 | 주어진 조건에 따라 〈보기〉에서 제시된 상황을 판단하여 해당 문항의 옳고 그름을 판단할 수 있어야 한다. 각 대화자들의 대화를 통해 각자가 식당에 간 시점을 정확하게 특정할 수 있는 조건을 제시한 내용을 골라낼 수 있어야 한다.

다음 글과 〈대화〉를 근거로 판단할 때, ㉠에 들어갈 丙의 대화내용으로 옳은 것은?

주무관 丁은 다음과 같은 사실을 알고 있다.

○ 이번 주 개업한 A식당은 평일 '점심(12시)'과 '저녁(18시)'으로만 구분해 운영되며, 해당 시각 이전에 예약할 수 있다.
○ 주무관 甲~丙은 A식당에 이번 주 월요일부터 수요일까지 서로 겹치지 않게 예약하고 각자 한 번씩 다녀왔다.

〈대화〉

甲: 나는 이번 주 乙의 방문후기를 보고 예약했어. 음식이 정말 훌륭하더라!
乙: 그렇지? 나도 나중에 들었는데 丙은 점심 할인도 받았대. 나도 다음에는 점심에 가야겠어.
丙: 월요일은 개업일이라 사람이 많을 것 같아서 피했어. [㉠]
丁: 너희 모두의 말을 다 들어보니, 각자 식당에 언제 갔는지를 정확하게 알겠다!

① 乙이 다녀온 바로 다음날 점심을 먹었지. ➡ (X) 甲은 乙의 방문후기를 보고 식당을 방문했고, 乙은 저녁을 먹었으므로 월요일과 화요일 중에 방문했으며, 丙은 화요일과 수요일 중에 점심에 방문했다. 乙이 다녀온 바로 다음날 甲이 점심을 먹었다 하더라도 乙이 월요일 저녁, 甲이 화요일 점심, 丙이 수요일 점심 또는 乙이 화요일 저녁, 丙이 화요일 점심, 甲이 수요일 점심에 방문한 경우의 수가 가능하므로 특정할 수 없다.
② 甲이 먼저 점심 할인을 받고 나에게 알려준 거야. ➡ (O) 甲이 丙보다 먼저 점심 할인을 받았다면 甲은 화요일 점심, 丙은 수요일 점심으로 특정되고, 乙은 월요일 저녁으로 특정할 수 있다.
③ 甲이 우리 중 가장 늦게 갔었구나. ➡ (X) 甲이 가장 늦게 갔을 때 乙이 월요일 저녁, 丙이 화요일 점심에 갔다면, 甲은 수요일 점심 또는 저녁 모두 가능하므로 특정할 수 없다.
④ 월요일에 갔던 사람은 아무도 없구나. ➡ (X) 월요일에 갔던 사람이 아무도 없을 때 乙이 화요일 저녁, 丙이 화요일 점심에 갔다면, 甲이 수요일 점심 또는 저녁 모두 가능하므로 특정할 수 없다.
⑤ 같이 가려고 했더니 이미 다들 먼저 다녀왔더군. ➡ (X) 丙이 가장 마지막에 갔다고 했을 때 乙이 월요일 저녁, 丙이 수요일 점심에 갔다면, 甲은 화요일 점심 또는 저녁 모두 가능하므로 특정할 수 없다.

22 ⑤

TOP1 정답률 23.3%

| 문제 유형 | 퍼즐형 > 수리퀴즈

| 접근 전략 | 주어진 조건에 따라 〈보기〉에서 제시된 상황을 판단하여 해당 문항의 옳고 그름을 판단할 수 있어야 한다. 제시된 내용이 많아 정보가 많을 것처럼 보일 수 있지만, 의외로 주어진 조건을 바탕으로 단순하게 해결할 수 있는 문항이다.

다음 글과 〈상황〉을 근거로 판단할 때, 날씨 예보 앱을 설치한 잠재 사용자의 총수는?

내일 비가 오는지를 예측하는 날씨 예보시스템을 개발한 A청은 다음과 같은 날씨 예보 앱의 '사전테스트전략'을 수립하였다.

○ 같은 날씨 변화를 경험하는 잠재 사용자의 전화번호를 개인의 동의를 얻어 확보한다.
○ 첫째 날에는 잠재 사용자를 같은 수의 두 그룹으로 나누어, 한쪽은 "비가 온다"로 다른 한쪽에는 "비가 오지 않는다"로 메시지를 보낸다.
○ 둘째 날에는 직전일에 보낸 메시지와 날씨가 일치한 그룹을 다시 같은 수의 두 그룹으로 나누어, 한쪽은 "비가 온다"로 다른 한쪽에는 "비가 오지 않는다"로 메시지를 보낸다.
○ 이후 날에도 같은 작업을 계속 반복한다.
○ 보낸 메시지와 날씨가 일치하지 않은 잠재 사용자를 대상으로도 같은 작업을 반복한다. 즉, 직전일에 보낸 메시지와 날씨가 일치하지 않은 잠재 사용자를 같은 수의 두 그룹으로 나누어, 한쪽은 "비가 온다"로 다른 한쪽에는 "비가 오지 않는다"로 메시지를 보낸다.

〈상황〉

A청은 사전테스트전략대로 200,000명의 잠재 사용자에게 월요일부터 금요일까지 5일간 메시지를 보냈다. 받은 메시지와 날씨가 3일 연속 일치한 경우, 해당 잠재 사용자는 날씨 예보 앱을 그날 설치한 후 제거하지 않았다.

① 12,500명 ➡ (X)
② 25,000명 ➡ (X)
③ 37,500명 ➡ (X)
④ 43,750명 ➡ (X)
⑤ 50,000명 ➡ (O) 비가 오거나 오지 않는 경우 두 경우만이 존재하므로 메시지를 받은 사람의 절반은 받은 메시지와 날씨가 일치하고, 다른 절반은 일치하지 않는다. 따라서 연속해서 3일간 메시지와 날씨가 일치하려면, 월요일부터 3일간 일치하는 경우, 월요일에는 불일치 하였으나 화요일부터 일치하는 경우, 화욜일에는 불일치하였으나 수요일부터 일치하는 경우가 있다.

i) 월요일부터 수요일까지 날씨와 메시지가 일치하는 사람은

$200{,}000 \times \frac{1}{2} \times \frac{1}{2} \times \frac{1}{2} = 25{,}000$(명)이 된다.

ii) 월요일에는 불일치 하였으나, 화요일부터 목요일까지 날씨와 메시지가 일치하는 사람은 $200{,}000 \times \frac{1}{2} \times \frac{1}{2} \times \frac{1}{2} \times \frac{1}{2} = 12{,}500$(명)이 된다.

iii) 화요일에는 불일치 하였으나, 화요일부터 목요일까지 날씨와 메시지가 일치하는 사람은 월요일에는 일치한 경우와 월요일에도 일치하지 않은 경우 모두가 가능하므로 $200{,}000 \times \frac{1}{2} \times \frac{1}{2} \times \frac{1}{2} \times \frac{1}{2} \times \frac{1}{2} \times 2 = 12{,}500$(명)이 된다.

따라서 위 i), ii), iii)의 인원을 더하면 $25{,}000 + 12{,}500 + 12{,}500 = 50{,}000$(명)이 된다.

※ 다음 글을 읽고 물음에 답하시오. [문 23.～문 24.]

○ 국가는 지방자치단체인 시·군·구의 인구, 지리적 여건, 생활권·경제권, 발전가능성 등을 고려하여 통합이 필요한 지역에 대하여는 지방자치단체 간 통합을 지원해야 한다.

○ △△위원회(이하 '위원회')는 통합대상 지방자치단체를 발굴하고 통합방안을 마련한다. 지방자치단체의 장, 지방의회 또는 주민은 인근 지방자치단체와의 통합을 위원회에 건의할 수 있다. 단, 주민이 건의하는 경우에는 해당 지방자치단체의 주민투표권자 총수의 50분의 1 이상의 연서(連書)가 있어야 한다. 지방자치단체의 장, 지방의회 또는 주민은 위원회에 통합을 건의할 때 통합대상 지방자치단체를 관할하는 특별시장·광역시장 또는 도지사(이하 '시·도지사')를 경유해야 한다. 이 경우 시·도지사는 접수받은 통합건의서에 의견을 첨부하여 지체 없이 위원회에 제출해야 한다. 위원회는 위의 건의를 참고하여 시·군·구 통합방안을 마련해야 한다.

○ □□부 장관은 위원회가 마련한 시·군·구 통합방안에 따라 지방자치단체 간 통합을 해당 지방자치단체의 장에게 권고할 수 있다. □□부 장관은 지방자치단체 간 통합권고안에 관하여 해당 지방의회의 의견을 들어야 한다. 그러나 □□부 장관이 필요하다고 인정하여 해당 지방자치단체의 장에게 주민투표를 요구하여 실시한 경우에는 그렇지 않다. 지방자치단체의 장은 시·군·구 통합과 관련하여 주민투표의 실시 요구를 받은 때에는 지체 없이 이를 공표하고 주민투표를 실시해야 한다.

○ 지방의회 의견청취 또는 주민투표를 통하여 지방자치단체의 통합의사가 확인되면 '관계지방자치단체(통합대상 지방자치단체 및 이를 관할하는 특별시·광역시 또는 도)'의 장은 명칭, 청사 소재지, 지방자치단체의 사무 등 통합에 관한 세부사항을 심의하기 위하여 공동으로 '통합추진공동위원회'를 설치해야 한다.

○ 통합추진공동위원회의 위원은 관계지방자치단체의 장 및 그 지방의회가 추천하는 자로 한다. 통합추진공동위원회를 구성하는 각각의 관계지방자치단체 위원 수는 다음에 따라 산정한다. 단, 그 결과값이 자연수가 아닌 경우에는 소수점 이하의 수를 올림한 값을 관계지방자치단체 위원 수로 한다.

> 관계지방자치단체 위원 수 = [(통합대상 지방자치단체 수) × 6 + (통합대상 지방자치단체를 관할하는 특별시·광역시 또는 도의 수) × 2 + 1] ÷ (관계지방자치단체 수)

○ 통합추진공동위원회의 전체 위원 수는 위에 따라 산출된 관계지방자치단체 위원 수에 관계지방자치단체 수를 곱한 값이다.

23 ①

정답률 71.6%

| 문제 유형 | 제시문형 > 정보확인

| 접근 전략 | 제시된 글의 정보를 바탕으로 선택지의 내용을 판단하는 문항이다. 문단별로 다루어지고 있는 글의 정보가 무엇인지를 파악하고 이를 바탕으로 선택지의 옳고 그름을 판단할 수 있는 능력이 필요하다. 선택지를 먼저 읽고 각 선택지에 언급된 용어들을 중심으로 글을 읽어가는 것이 시간을 단축할 수 있다.

윗글을 근거로 판단할 때 옳은 것은?

① □□부 장관이 요구하여 지방자치단체의 통합과 관련한 주민투표가 실시된 경우에는 통합권고안에 대해 지방의회의 의견을 청취하지 않아도 된다. ➡ (O) 세 번째 항목에서 □□부 장관이 필요하다고 인정하여 해당 지방자치단체의 장에게 주민투표를 요구하여 실시한 경우에는 해당 지방의회의 의견을 듣지 않아도 됨을 알 수 있다.

② 지방의회가 의결을 통해 다른 지방자치단체와의 통합을 추진하고자 한다면 통합건의서는 시·도지사를 경유하지 않고 △△위원회에 직접 제출해야 한다. ➡ (X) 두 번째 항목에서 지방의회가 통합을 건의하는 경우에는 시·도지사를 경유해야 함을 알 수 있다.

③ 주민투표권자 총수가 10만 명인 지방자치단체의 주민들이 다른 인근 지방자치단체와의 통합을 △△위원회에 건의하고자 할 때, 주민 200명의 연서가 있으면 가능하다. ➡ (X) 두 번째 항목에서 주민이 건의하는 경우 주민투표권자 총수의 50분의 1 이상의 연서가 있어야 함을 알 수 있다. 주민투표권자 총수가 10만 명일 때 50분의 1은 2천 명이다.

④ 통합추진공동위원회의 위원은 □□부 장관과 관계지방자치단체의 장이 추천하는 자로 한다. ➡ (X) 다섯 번째 항목에서 통합추진공동위원회의 위원은 관계지방자치단체의 장 및 그 지방의회가 추천하는 자로 함을 알 수 있다.

⑤ 지방자치단체의 장은 해당 지방자치단체의 통합을 △△위원회에 건의할 때, 지방의회의 의결을 거쳐야 한다. ➡ (X) 두 번째 항목에서 지방자치단체의 장은 지방자치단체의 통합을 위원회에 건의할 수 있음을 알 수 있다. 이때 지방의회의 의결을 거쳐야 한다는 것은 제시되지 않았다.

24 ②

TOP2 정답률 27.2%

| 문제 유형 | 제시문형 > 분석추론

| 접근 전략 | 제시된 글의 정보를 바탕으로 제시된 상황을 파악하고 적용해야 하는 문항이다. 미루어 짐작해서 추론하고 그 추론 내용의 적절성을 판단하는 것이지만, 근거가 되는 것은 제시문의 내용이므로 제시문의 내용과 정확하게 연결되는지를 살펴보는 것이 중요하다. 해당 제시문의 내용을 꼼꼼하게 읽고 내용을 이해한다면 선택지의 옳고 그름을 쉽게 판단할 수 있다.

윗글과 〈상황〉을 근거로 판단할 때, '통합추진공동위원회'의 전체 위원 수는?

〈상황〉

> 甲도가 관할하는 지방자치단체인 A군과 B군, 乙도가 관할하는 지방자치단체인 C군, 그리고 丙도가 관할하는 지방자치단체인 D군은 관련 절차를 거쳐 하나의 지방자치단체로 통합을 추진하고 있다. 현재 관계지방자치단체장은 공동으로 '통합추진공동위원회'를 설치하고자 한다.

① 42명 ➡ (X)

② 35명 ➡ (O) 여섯 번째 항목에서 통합추진공동위원회의 전체 위원 수는 다섯 번째 항목을 통해 산출된 관계지방자치단체 위원 수를 먼저 구하고, 그 수에 관계지방자치단체 수를 곱함을 알 수 있다. 관계지방자치단체 위원 수를 구하기 위해 통합대상 지방자치단체 수와 이를 관할하는 특별시, 광역시 또는 도의 수를 알아야 한다. 통합대상 지방자치단체 수는 A군, B군, C군, D군으로 총 4개, 이를 관할하는 단체의 수는 甲도, 乙도, 丙도로 총 3개이다. 이를 바탕으로 식을 만들면, $[(4\times6)+(3\times2+1)]\div7=$ 약 4.3이다. 이때 결과값이 자연수가 아닌 경우에는 소수점 이하의 수를 올림한 값을 관계지방자치단체 위원 수로 하므로, 관계지방자치단체 위원 수는 5명이고, 여기에 관계지방자치단체 수인 7을 곱한 35명이 통합추진공동위원회의 전체 위원 수임을 알 수 있다.

③ 32명 ➡ (X)

④ 31명 ➡ (X)

⑤ 28명 ➡ (X)

25 ②

TOP3 정답률 41.6%

| 문제 유형 | 퍼즐형 > 논리퀴즈

| 접근 전략 | 주어진 조건에 따라 〈보기〉에서 제시된 상황을 판단하여 해당 문항의 옳고 그름을 판단할 수 있어야 한다. 행정구역분류코드를 부여하는 방식에 대해 정확하게 살펴보아야 하고, 경우에 따라 숫자가 달라지는 상황을 정확하게 이해해야 한다. 이를 바탕으로 제시된 상황에 적용하면 문항을 쉽게 해결할 수 있다.

다음 글과 〈상황〉을 근거로 판단할 때, 괄호 안의 ㉠과 ㉡에 해당하는 것을 옳게 짝지은 것은?

○ 행정구역분류코드는 다섯 자리 숫자로 구성되어 있다.

○ 행정구역분류코드의 '처음 두 자리'는 광역자치단체인 시·도를 의미하는 고유한 값이다.

○ '그 다음 두 자리'는 광역자치단체인 시·도에 속하는 기초자치단체인 시·군·구를 의미하는 고유한 값이다. 단, 광역자치단체인 시에 속하는 기초자치단체는 군·구이다.

○ '마지막 자리'에는 해당 시·군·구가 기초자치단체인 경우 0, 자치단체가 아닌 경우 0이 아닌 임의의 숫자를 부여한다.

○ 광역자치단체인 시에 속하는 구는 기초자치단체이며, 기초자치단체인 시에 속하는 구는 자치단체가 아니다.

〈상황〉

○○시의 A구와 B구 중 B구의 행정구역분류코드의 첫 네 자리는 1003이며, 다섯 번째 자리는 알 수 없다.

甲은 ○○시가 광역자치단체인지 기초자치단체인지 모르는 상황에서, A구의 행정구역분류코드는 ○○시가 광역자치단체라면 (㉠), 기초자치단체라면 (㉡)이/가 가능하다고 판단하였다.

	㉠	㉡	
①	10020	10021	➡ (X)
②	10020	10033	➡ (O)

- ㉠ → ○○시 B구의 행정구역분류코드의 첫 네 자리는 1003이라고 할 때, 10은 광역자치단체인 ○○시의 고유한 값이다. 따라서 A구의 첫 두 자리는 10이다. 다음 두 자리는 기초자치단체인 각각의 구의 고유한 값이므로, A구의 다음 두 자리는 B구의 고유한 값인 03과는 달라야 하고, 마지막 숫자는 0이어야 한다.
- ㉡ → ○○시가 기초자치단체라면, 첫 두 자리 10은 ○○시가 속한 광역자치단체인 도의 고유번호이다. 다음 두 자리는 A구와 B구가 속한 공통의 기초단체인 ○○시의 고유한 값이다. 따라서 첫 네 자리는 1003이어야 한다. 또한 A구는 자치단체가 아님을 알 수 있으므로, 마지막 숫자는 0이외의 모든 수가 가능하다.
- 결국 이를 모두 만족하는 값은 ㉠ 10020, ㉡ 10033이다.

	㉠	㉡	
③	10033	10034	➡ (X)
④	10050	10027	➡ (X)
⑤	20030	10035	➡ (X)

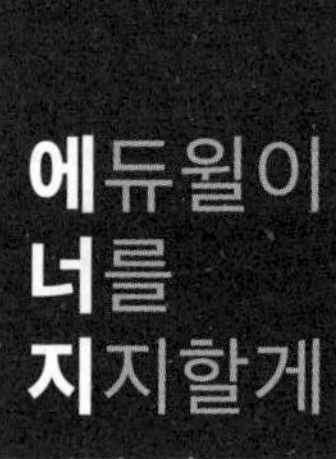

모든 꽃이 봄에 피지는 않는다.

– 노먼 프랜시스(Norman Francis)

2020년 11월 23일 시행

2020년도 국가공무원 7급 PSAT 모의평가

정답과 분석해설

나의 성적

영역	점수	풀이 시간
언어논리	____점	____분
자료해석	____점	____분
상황판단	____점	____분

합격선

영역	합격 가능권	합격 확실권
언어논리	72~76점	82~84점
자료해석	68~72점	76~80점
상황판단	68~72점	77~81점

풀이 시간

영역	기본	숙련
언어논리	60분	50분
자료해석	60분	50분
상황판단	60분	50분

선발 인원 / 응시 인원 / 경쟁률

선발 인원	응시 인원	경쟁률
–	–	–

취약유형 분석표 제1영역 언어논리

문번	정답	정답률	유형	맞고 틀림
01	⑤	86.9%	사실적 이해 > 정보 확인	○△✕
02	③	98%	사실적 이해 > 정보 확인	○△✕
03	④	70.7%	사실적 이해 > 정보 확인	○△✕
04	④	88.9%	비판적 사고 > 빈칸 채우기	○△✕
05	⑤	84.8%	사실적 이해 > 정보 확인	○△✕
06	⑤	99%	비판적 사고 > 빈칸 채우기	○△✕
07	①	83.8%	사실적 이해 > 정보 확인	○△✕
08	④	80.8%	비판적 사고 > 판단하기	○△✕
09	②	93.9%	비판적 사고 > 유사한 내용·사례 찾기	○△✕
10	①	80.8%	비판적 사고 > 빈칸 채우기	○△✕
11	①	34.3%	비판적 사고 > 지문에서 추론하기	○△✕
12	②	62.6%	비판적 사고 > 논리적 결론의 전제·원인 찾기	○△✕
13	①	78.6%	비판적 사고 > 빈칸 채우기	○△✕
14	②	34.7%	비판적 사고 > 유사한 내용·사례 찾기	○△✕
15	⑤	87.6%	사실적 이해 > 논리 게임	○△✕
16	③	45.5%	사실적 이해 > 논리 게임	○△✕
17	①	42.7%	사실적 이해 > 논리 게임	○△✕
18	③	49%	비판적 사고 > 판단하기	○△✕
19	⑤	24%	사실적 이해 > 논리 게임	○△✕
20	②	55.7%	비판적 사고 > 유사한 내용·사례 찾기	○△✕
21	③	85.7%	비판적 사고 > 논지 강화·약화하기	○△✕
22	①	81.4%	비판적 사고 > 논지 강화·약화하기	○△✕
23	①	58.8%	비판적 사고 > 판단하기	○△✕
24	④	67.4%	비판적 사고 > 판단하기	○△✕
25	②	67.4%	비판적 사고 > 판단하기	○△✕

• 확실히 맞힌 문항 수: ____________ 문항
• 헷갈리거나 찍은 문항 수: ________ 문항
• 틀린 문항 수: ______________ 문항

취약유형 분석표 제2영역 자료해석

문번	정답	정답률	유형	맞고 틀림
01	⑤	93.8%	자료 변환응용 > 자료/보고서 전환형	○ △ ×
02	①	98.7%	자료 읽기 > 표/빈칸 제시형	○ △ ×
03	①	86.3%	자료 읽기 > 표 제시형	○ △ ×
04	⑤	71.3%	자료 읽기 > 표 제시형	○ △ ×
05	④	91.3%	자료 읽기 > 표/그림 제시형	○ △ ×
06	②	82.5%	자료 읽기/추론 > 계산형	○ △ ×
07	③	50%	자료 변환응용 > 자료/보고서 전환형	○ △ ×
08	②	73.8%	자료 읽기/추론 > 계산형	○ △ ×
09	①	59%	자료 읽기 > 그림 제시형	○ △ ×
10	③	67.5%	자료 변환응용 > 표/그림 전환형	○ △ ×
11	④	58.4%	자료 읽기/추론 > 매칭형	○ △ ×
12	③	83.1%	자료 읽기 > 그림 제시형	○ △ ×
13	③	76.3%	자료 읽기 > 그림 제시형	○ △ ×
14	④	72.7%	자료 읽기 > 표/그림 제시형	○ △ ×
15	①	39.2%	자료 읽기/추론 > 계산형	○ △ ×
16	②	89.7%	자료 읽기 > 표/빈칸 제시형	○ △ ×
17	⑤	43.8%	자료 읽기 > 표/빈칸 제시형	○ △ ×
18	⑤	43.8%	자료 읽기 > 표/빈칸 제시형	○ △ ×
19	⑤	36.6%	자료 읽기 > 표/빈칸 제시형	○ △ ×
20	④	27.9%	자료 읽기 > 표 제시형	○ △ ×
21	④	53.6%	자료 변환응용 > 자료/보고서 전환형	○ △ ×
22	①	52.2%	자료 읽기/추론 > 매칭형	○ △ ×
23	③	50.7%	자료 읽기/추론 > 계산형	○ △ ×
24	③	54.3%	자료 추론 > 추가로 필요한 자료 찾기	○ △ ×
25	②	20.9%	자료 읽기 > 표/빈칸 제시형	○ △ ×

• 확실히 맞힌 문항 수: ____________ 문항
• 헷갈리거나 찍은 문항 수: __________ 문항
• 틀린 문항 수: __________________ 문항

취약유형 분석표 제3영역 상황판단

문번	정답	정답률	유형	맞고 틀림
01	④	61.1%	법조문형 > 규정적용	○ △ ×
02	⑤	35.7%	법조문형 > 규정확인	○ △ ×
03	⑤	72.2%	제시문형 > 분석추론	○ △ ×
04	⑤	48.6%	제시문형 > 분석추론	○ △ ×
05	③	87.5%	법조문형 > 규정적용	○ △ ×
06	②	63.4%	법조문형 > 규정적용	○ △ ×
07	①	62%	연산추론형 > 대입비교	○ △ ×
08	③	91.7%	제시문형 > 분석추론	○ △ ×
09	④	46.5%	제시문형 > 정보확인	○ △ ×
10	④	94.4%	퍼즐형 > 수리퀴즈	○ △ ×
11	②	45.8%	연산추론형 > 대입비교	○ △ ×
12	⑤	90.3%	연산추론형 > 대입비교	○ △ ×
13	②	64.3%	퍼즐형 > 수리퀴즈	○ △ ×
14	④	93.1%	퍼즐형 > 게임·규칙	○ △ ×
15	③	93.1%	연산추론형 > 대입비교	○ △ ×
16	③	72.5%	퍼즐형 > 논리퀴즈	○ △ ×
17	⑤	93.1%	연산추론형 > 대입비교	○ △ ×
18	②	83.3%	연산추론형 > 대입비교	○ △ ×
19	①	79.2%	연산추론형 > 대입비교	○ △ ×
20	③	76.4%	연산추론형 > 대입비교	○ △ ×
21	③	71.4%	연산추론형 > 대입비교	○ △ ×
22	①	38.1%	퍼즐형 > 수리퀴즈	○ △ ×
23	②	76.1%	제시문형 > 정보확인	○ △ ×
24	①	70.8%	제시문형 > 분석추론	○ △ ×
25	⑤	53.1%	퍼즐형 > 논리퀴즈	○ △ ×

• 확실히 맞힌 문항 수: ____________ 문항
• 헷갈리거나 찍은 문항 수: __________ 문항
• 틀린 문항 수: __________________ 문항

정답과 분석해설

모의평가 | 제1영역 언어논리

기출 총평

2020년도 7급 PSAT 모의평가 언어논리 영역은 전반적으로 난이도가 평이하게 출제되었다. 전체적으로 주어진 지문을 이해하는 데 있어 누가 더 빨리 도식화된 자료나 도표를 활용하여 한눈에 이해할 수 있는 문제풀이 구조를 만들어 내느냐가 관건이 되는 문항, 서술된 사실 간의 논리적 연결고리를 중간에 놓치지 않고 결론을 도출할 때까지 유지할 수 있느냐가 관건이 되는 문항, 법령을 실제 상황에 활용하여 논리에 의한 명확한 인과관계를 적용할 수 있느냐가 관건이 되는 문항 등으로 구성되었다. 특히 명제를 기호화한 후 대우 명제를 활용해 복잡하게 얽힌 문장 간의 연결 관계를 파악하고 결론을 도출하는 문항이 출제되지 않은 것이 눈에 띄는 특징으로 보인다. 언어논리는 말 그대로 언어로 구성된 문장으로부터 정보를 습득해야 하는 영역이다. 짧은 문장에 나타난 간단한 정보라 할지라도 글을 읽어가며 머릿속에 저장해야 할 문장이 2~3개 추가되면 점차 복잡한 구조로 빠져들게 되어 어느새 논리적인 흐름을 놓치게 되는 경우가 많다. 또한 순차적인 논리의 흐름에 따라 이해하기 쉽게 설명된 지문보다 문장의 순서를 바꾸거나 인과관계를 섞어 놓은 문항들은 전체 글을 이해하는 데 더 어려움이 따른다. 이를 위해 평소 집중해 글을 읽으며 문장 간의 논리관계와 상관관계를 냉철하게 파악해 보는 습관을 갖는 것이 주효할 것이다. 특히 한 번에 이해하기 어렵고 용어나 행동양식 등이 생소한 과학, 역사, 법학 분야의 글을 자주 접하여 글 속에 내재된 논리를 찾아 도식화해 보는 연습은 언어논리 영역의 실력 향상에 많은 도움이 될 수 있다.

문항 분석

문번	정답	정답률	유형
01	⑤	86.9%	사실적 이해 > 정보 확인
02	③	98%	사실적 이해 > 정보 확인
03	④	70.7%	사실적 이해 > 정보 확인
04	④	88.9%	비판적 사고 > 빈칸 채우기
05	⑤	84.8%	사실적 이해 > 정보 확인
06	⑤	99%	비판적 사고 > 빈칸 채우기
07	①	83.8%	사실적 이해 > 정보 확인
08	④	80.8%	비판적 사고 > 판단하기
09	②	93.9%	비판적 사고 > 유사한 내용·사례 찾기
10	①	80.8%	비판적 사고 > 빈칸 채우기
11	①	34.3%	비판적 사고 > 지문에서 추론하기
12	②	62.6%	비판적 사고 > 논리적 결론의 전제·원인 찾기
13	①	78.6%	비판적 사고 > 빈칸 채우기
14	②	34.7%	비판적 사고 > 유사한 내용·사례 찾기
15	⑤	87.6%	사실적 이해 > 논리 게임
16	③	45.5%	사실적 이해 > 논리 게임
17	①	42.7%	사실적 이해 > 논리 게임
18	③	49%	비판적 사고 > 판단하기
19	⑤	24%	사실적 이해 > 논리 게임
20	②	55.7%	비판적 사고 > 유사한 내용·사례 찾기
21	③	85.7%	비판적 사고 > 논지 강화·약화하기
22	①	81.4%	비판적 사고 > 논지 강화·약화하기
23	①	58.8%	비판적 사고 > 판단하기
24	④	67.4%	비판적 사고 > 판단하기
25	②	67.4%	비판적 사고 > 판단하기

※ 음영 문항은 해당 회차에서 정답률이 가장 낮은 TOP 3 문항입니다.

※ 정답률 산정 기준: 약 1년간 누적된 자동채점&성적결과분석 서비스의 응시 데이터

출제 비중

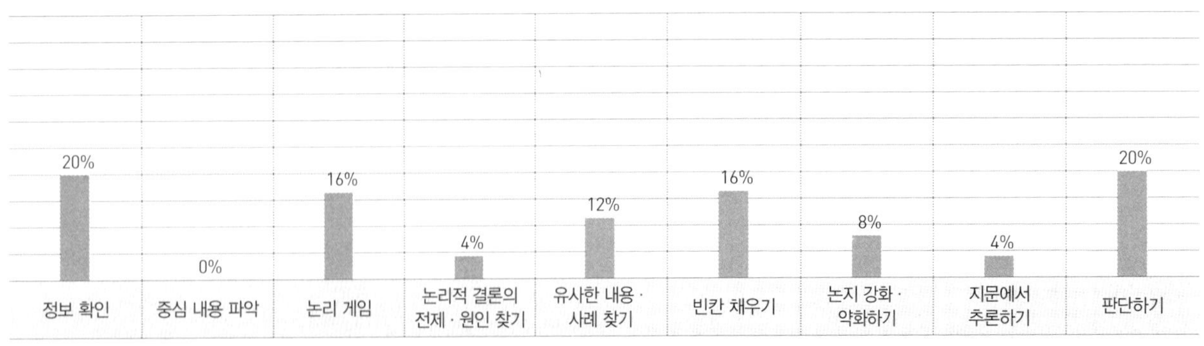

								기출문제편 P.186	
01	⑤	02	③	03	④	04	④	05	⑤
06	⑤	07	①	08	④	09	②	10	①
11	①	12	②	13	①	14	②	15	⑤
16	③	17	①	18	③	19	⑤	20	②
21	③	22	①	23	①	24	④	25	②

01 ⑤

정답률 86.9%

| 문제 유형 | 사실적 이해 > 정보 확인

| 접근 전략 | 대한민국 국호가 3·1운동 직후 구성된 대한민국 임시정부에서 채택한 대한민국임시헌장에서부터 시작되었고, 건국강령과 제헌헌법을 통해 확정되었음을 서사적으로 서술하고 있다. 글의 흐름을 파악하며 지문을 읽으면서 주요 키워드를 중심으로 선지를 소거해 나가야 한다.

다음 글에서 알 수 있는 것은?

3·1운동 직후 상하이에 모여든 독립운동가들은 임시정부를 만들기 위한 첫걸음으로 조소앙이 기초한 대한민국임시헌장을 채택했다. 대한민국임시헌장을 기초할 때 조소앙은 국호를 '대한민국'으로 하고 정부 명칭도 '대한민국 임시정부'로 하자고 했다. 그 제안이 받아들여졌기 때문에 대한민국임시헌장 제1조에 "대한민국은 민주공화제로 함."이라는 문구가 담기게 된 것이다. ▶1문단

'대한민국'이란 한국인들이 만든 '민국'이라는 뜻이다. 여기서 '민국'이란 국민이 주인인 나라라는 의미가 담긴 용어다. 조소앙은 3·1운동이 일어나기 전, 대한제국 황제가 국민의 동의 없이 마음대로 국권을 일제에 넘겼다고 말하면서 국민은 국권을 포기한 적이 없다고 밝힌 대동단결선언을 발표한 적이 있다. 이 선언에는 "구한국 마지막 날은 신한국 최초의 날"이라는 문구가 담겨 있다. '신한국'이란 말 그대로 '새로운 한국'을 의미한다. 조소앙은 대한제국을 대신할 '새로운 한국'이란 다름 아닌 한국 국민이 주인인 나라라고 말했다. ▶2문단

조소앙의 주장은 대한민국 임시정부에 참여한 독립운동가들로부터 열렬한 지지를 받았다. 독립운동가들은 황제나 일본 제국주의자들이 지배하는 나라가 아니라 국민이 주권을 가진 나라를 만들어야 한다는 데 뜻을 모았다. 1941년에 대한민국 임시정부는 이러한 의지를 보다 선명하게 드러낸 건국강령을 발표하기도 했다. 1948년에 소집된 제헌국회도 대한민국임시헌장에 담긴 정신을 계승했다. 잘 알려진 것처럼 제헌국회는 제헌헌법을 만들었는데, 이 헌법에 우리나라의 명칭을 '대한민국'이라고 한 내용이 있다. ▶3문단

① 대한민국 임시정부는 건국강령을 통해 대한민국임시헌장을 공포했다. ➡ (X) 3문단에 따르면 건국강령은 1941년에 발표되었고, 1문단에 따르면 대한민국임시헌장은 3·1운동 직후에 채택되었다. 따라서 시기적으로 건국강령보다 대한민국임시헌장이 빠르므로 적절하지 않다.

② 조소앙은 대한민국 임시정부의 요청을 받아들여 대동단결선언을 만들었다. ➡ (X) 2문단에 따르면 조소앙은 3·1운동이 일어나기 전에 대동단결선언을 발표하였음을 알 수 있고, 1문단에 따르면 '대한민국 임시정부'는 3·1운동 이후 구성되었다.

③ 대한민국임시헌장이 공포되기 전에는 '한국'이라는 명칭을 사용한 독립운동가가 없었다. ➡ (X) 2문단에서 대동단결선언의 '구한국'이라는 표현을 보았을 때 대한제국도 '한국'으로 불렸음을 알 수 있다.

④ 제헌국회는 대한제국의 정치 제도를 계승하기 위해 '대한민국'이라는 국호를 사용했다. ➡ (X) 3문단에 따르면 제헌국회는 대한민국임시헌장에 담긴 정신("대한민국은 민주공화제로 함.")을 계승했다고 하였다. 제헌국회는 대한제국의 정치 제도인 제정(帝政, 황제가 다스리는 군주 제도의 정치)을 계승하지 않았다.

⑤ 대한민국 임시정부를 만드는 데 참여한 독립운동가들은 민주공화제를 받아들이는 데 합의했다. ➡ (O) 1문단에 따르면 대한민국임시헌장 제1조에 "대한민국은 민주공화제로 함."이라는 문구에 임시정부에 참여한 인사들이 민주공화제를 받아들이는 데 합의했음이 담긴 것으로 알 수 있으므로 ⑤는 적절하다.

02 ③

정답률 98%

| 문제 유형 | 사실적 이해 > 정보 확인

| 접근 전략 | 인조가 남한산성에 고립되어 있던 시절 신하들은 주화론과 척화론으로 나뉘었고 인조는 결국 주화론을 따랐으나, 이후 효종과 송시열의 시대부터는 주화론을 주장했던 사람들과 그 후손의 요직 진출을 막으면서 대표적 척화론자인 김상헌의 가문인 안동 김씨가 정계의 요직을 차지하게 된 내용을 서사 구조로 설명하고 있다. 키워드 중심으로 선지를 소거해 나가야 한다.

다음 글에서 알 수 있는 것은?

인조가 남한산성에서 청군에 포위되어 있을 때, 신하들은 척화론과 주화론으로 나뉘어 서로 대립했다. 척화론을 주장한 김상헌은 청에 항복하는 것은 있을 수 없는 일이라며 끝까지 저항하자고 했다. 그는 중화인 명을 버리고 오랑캐와 화의를 맺는 일은 군신의 의리를 버리는 것이라고 말했다. 그와 달리 주화론을 주장한 최명길은 "나아가 싸워 이길 수도 없고 물러나 지킬 수도 없으면 타협하는 수밖에 없다."라고 했다. 그는 명을 섬겨야 한다는 김상헌의 주장에는 동의하지만, 그보다 나라를 보존하는 것이 우선이라고 말했다. 나라가 없어지면 명을 섬기는 것도 불가능하므로 일단 항복한 후 후일을 기약하자는 것이었다. ▶1문단

주화론과 척화론 사이에서 고심하던 인조는 결국 최명길의 입장을 받아들여 청에 항복하는 길을 선택했다. 청군이 물러난 후에 척화론자들은 국왕이 항복의 수모를 당한 것이 모두 주화론자들 탓이라며 비난했다. 그들은 주화론자들을 배신자라고 공격하는 한편 김상헌을 절개 있는 인물이라고 추켜세웠다. ▶2문단

인조 때에는 척화론을 주장했던 사람들이 정국을 주도하지 못했기 때문에 주화론을 내세웠던 사람들이 정계에서 쫓겨나가는 일은 벌어지지 않았다. 그러나 인조의 뒤를 이은 효종이 청에 복수하겠다는 북벌론을 내세우고, 예전에 척화론을 주장했던 자들을 중용하면서 최명길의 편에 섰던 사람들의 입지가 좁아졌다. 효종에 의해 등용되어 정계에 진출할 수 있었던 송시열은 인조가 남한산성에 피신해 있을 때 주화론을 주장했던 사람들과 그 후손들을 정계에서 배제해야 한다고 했다. 송시열 사후에 나타난 노론 세력은 최명길의 주장에 동조했던 사람들의 후손이 요직에 오르지 못하게 막았다. 이는 송시열의 뜻에 따른 것이었다. 이로써 김상헌의 가문인 안동 김씨들은 정계의 요직을 차지할 수 있었다. ▶3문단

① 최명길은 중화 중심의 세계관에서 벗어나야 한다는 생각에서 주화론을 주장했다. ➡ (X) 1문단에 따르면 최명길은 명을 섬겨야 한다는 주장에는 동의하였으나 다만, 일단 항복한 후 후일을 기약하자는 입장이었다.

② 효종은 송시열의 주장에 따라 청군의 항복 요구를 받아들이지 않기로 결정했다. ➡ (X) 3문단에 따르면 효종 때는 이미 청군에 항복한 이후이다.

③ 김상헌은 명에 대한 군신의 의리를 지켜야 한다고 주장하면서 주화론에 맞섰다. ➡ (O) 1문단의 "그는 중화인 명을 버리고 오랑캐와 화의를 맺는 일은 군신의 의리를 버리는 것"에서 확인할 수 있듯, 명에 대한 군신의 의리를 지키자는 김상헌의 주장에 부합하는 적절한 선지이다.

④ 인조는 청에 항복한 후 척화론을 받아들여 주화론자들을 정계에서 내쫓았다. ➡ (X) 3문단에 따르면 인조 때에는 척화론을 주장했던 사람들이 정국을 주도하지 못했기 때문에 주화론을 내세웠던 사람들이 정계에서 쫓겨나가지 않았다.

⑤ 노론 세력은 주화론을 받아들여야 한다고 인조를 설득했으나 뜻을 이루지 못했다. ➡ (X) 3문단에 따르면 노론 세력은 주화론을 주장했던 사람들의 후손이 요직에 오르지 못하게 막았음을 알 수 있다. 즉, 척화론에 가까웠다.

03 ④

정답률 70.7%

| 문제 유형 | 사실적 이해 > 정보 확인

| 접근 전략 | 질병의 원인이 개인적 요인에 그치지 않고 사회적 요인과도 관련될 수 있으며, 질병에 대처할 때도 사회적 요인을 고려해야 함을 대립구조형으로 설명하고 있다. 질병의 원인을 파악하는 것에 대한 개인적·사회적 요인의 내용을 비교하며 지문을 읽어나가면서 각 문단의 중심 내용을 요약하고 필자의 주장이 무엇인지 파악해야 한다.

다음 글의 논지로 가장 적절한 것은?

사람들은 보통 질병이라고 하면 병균이나 바이러스를 떠올리고, 병에 걸리는 것은 개인적 요인 때문이라고 생각하곤 한다. 어떤 사람이 바이러스에 노출되었다면 그 사람이 평소에 위생 관리를 철저히 하지 않았기 때문이라고 여기는 것이다. 이는 발병 책임을 전적으로 질병에 걸린 사람에게 묻는 생각이다. 꾸준히 건강을 관리하지 않은 사람이나 비만, 허약 체질인 사람이 더 쉽게 병균에 노출된다고 생각하는 경향도 강하다. 그러나 발병한 사람들 전체를 고려하면, 성별, 계층, 직업 등의 사회적 요인에 따라 건강 상태나 질병 종류 및 그 심각성 등이 다르게 나타난다. 따라서 어떤 질병의 성격을 파악할 때 질병의 발생이 개인적 요인뿐만 아니라 계층이나 직업 등의 요인과도 관련될 수 있음을 고려해야 한다. **▶1문단**

질병에 대처할 때도 사회적 요인을 고려해야 한다. 물론 어떤 사람들에게는 질병으로 인한 고통과 치료에 대한 부담이 가장 심각한 문제일 수 있다. 그러나 또 다른 사람들에게는 질병에 대한 사회적 편견과 낙인이 오히려 더 심각한 문제일 수 있다. 그들에게는 그러한 편견과 낙인이 더 큰 고통을 안겨주기 때문이다. 질병이 나타나는 몸은 개인적 영역이면서 동시에 가족이나 직장과도 연결된 사회적인 것이다. 질병의 치료 역시 개인의 문제만으로 그치지 않고 가족과 사회의 문제로 확대되곤 한다. 나의 질병은 내 삶의 위기이자 가족의 근심거리가 되며 나아가 회사와 지역사회에도 긴장을 조성하기 때문이다. 요컨대 질병의 치료가 개인적 영역을 넘어서서 사회적 영역과 관련될 수밖에 없다는 것은 질병의 대처 과정에서 사회적 요인을 반드시 고려해야 한다는 점을 잘 보여준다. **▶2문단**

① 병균이나 바이러스로 인한 신체적 이상 증상은 가정이나 지역사회에 위기를 야기할 수 있기에 중요한 사회적 문제이다. ➡ (X) 지문의 내용 중 일부의 미시적 내용만 다루고 있어 논지로 적절하지 않다.

② 한 사람의 몸은 개인적 영역인 동시에 사회적 영역이기에 발병의 책임을 질병에 걸린 사람에게만 묻는 것은 옳지 않다. ➡ (X) 지문의 내용 중 일부의 미시적 내용만 다루고 있어 논지로 적절하지 않다.

③ 질병으로 인한 신체적 고통보다 질병에 대한 사회적 편견으로 인한 고통이 더 크므로 이에 대한 사회적 대책이 필요하다. ➡ (X) 지문의 내용 중 일부의 미시적 내용만 다루고 있어 논지로 적절하지 않다.

④ 질병의 성격을 파악하고 질병에 대처하기 위해서는 사회적인 측면을 고려해야 한다. ➡ (O) 질병의 성격을 파악하고 질병에 대처하기 위해서는 개인적 요인을 넘어서서 사회적 요인을 고려해야 한다는 것이 지문의 논지이다.

⑤ 질병의 치료를 위해서는 개인적 차원보다 사회적 차원의 노력이 더 중요하다. ➡ (X) 지문의 내용 중 일부의 미시적 내용만 다루고 있어 논지로 적절하지 않다.

04 ④

정답률 88.9%

| 문제 유형 | 비판적 사고 > 빈칸 채우기

| 접근 전략 | '공범 원리'의 의미에 대한 설명과 사례를 제시하고 있다. 지문의 내용과 선지가 일치하는지 확인하면서 빈칸에 들어갈 내용이 무엇인지 파악해야 한다.

다음 글의 빈칸에 들어갈 내용으로 가장 적절한 것은?

어떤 사람이 오존층을 파괴하는 냉각제를 사용하는 경우를 고려해보자. 오존층 파괴로 인해 무수히 많은 사람이 해악을 입었다고 하더라도, 이 한 사람의 행위가 어떤 특정 개인에게 미친 해악은 매우 미미하다고 말할 수 있을 것이다. 이때 그 사람은 그다지 죄책감을 느끼지 않을 수 있고, 따라서 자신에게 도덕적 책임이 있다는 것을 쉽게 인정하지 않을 수 있다. 이는 다음과 같은 사례를 통해 잘 설명된다.

〈사례〉

가난한 마을에 갑훈을 포함한 산적 100명이 들이닥쳐 약탈을 저질렀다. 을훈을 포함한 주민 100명에게는 각각 콩 100알씩이 있었는데 산적들은 각자 주민 한 명을 맡아 그 사람의 콩을 몽땅 빼앗았다. 그 결과 모든 주민이 굶주리게 되었다. 이때 갑훈이 콩을 빼앗은 상대가 을훈이었다. 각자가 특정 개인에게 큰 해악을 입혔다는 사실에 죄책감을 느낀 산적들은 두 번째 약탈에서는 방법을 바꾸기로 하였다. 갑훈을 포함한 산적 100명은 이번에는 각자가 을훈을 포함한 모든 주민 100명에게서 각각 콩 한 알씩만 빼앗기로 했다. 콩 한 알의 손실은 미미한 해악에 지나지 않으므로 이번에는 어떤 산적도 특정 주민에게 큰 고통을 준 것은 아니었다. 결과적으로 모든 주민은 이번에도 굶주리게 되었지만, 산적들은 별로 죄책감을 느끼지 않았다.

하지만 이른바 '공범 원리'를 받아들이는 사람들은, 타인의 악행에 가담한 경우 결과에 얼마나 영향을 주었는지와 무관하게 도덕적 책임이 있다고 주장한다. 냉각제의 집단적 사용에서 한 사람의 가담 여부가 특정 개인에게 단지 미미한 해악만을 보탠 것이라서 별로 죄책감이 느껴지지 않는다고 하더라도, 그 사람은 단지 그 해악의 공범이라는 이유만으로 그에 따른 도덕적 책임을 져야 한다는 것이다. 그러므로 '공범 원리'에 따른다면, ______________________

① 갑훈은 두 번째 저지른 약탈 행위에 대해서 더 큰 죄책감을 느껴야 한다. ➡ (X)

② 전체 해악의 크기가 커질수록 해악에 가담한 사람들의 도덕적 책임도 커진다. ➡ (X)

③ 첫 번째 약탈과 두 번째 약탈에서 갑훈이 을훈에게 입힌 해악에는 차이가 없다. ➡ (X)

④ 갑훈에게 도덕적 책임이 있다는 점에서 첫 번째 약탈과 두 번째 약탈은 차이가 없다. ➡ (O) 〈사례〉에 따르면 '공범 원리'는 타인의 악행에 가담한 경우 결과에 얼마나 영향을 주었는지와 무관하게 도덕적 책임이 있다고 보고 있음을 알 수 있다. 따라서 '공범 원리'에 따른다면 갑훈이 을훈의 콩을 몽땅 빼앗은 첫 번째 약탈이나 을훈의 콩을 한 알만 빼앗은 두 번째 약탈이나 동일하게 도덕적 책임이 있다는 것이다.

⑤ 두 차례 약탈에서 갑훈이 빼앗은 전체 콩알의 수가 같기 때문에 갑훈이 져야 할 도덕적 책임에는 차이가 없다. ➡ (X)

05 ⑤

정답률 84.8%

| 문제 유형 | 사실적 이해 > 정보 확인

| 접근 전략 | 7급 PSAT 시험에서 다수 출제되고 있는 실무형 지문으로서 업무 담당자 간의 대화 내용을 파악해야 하는 문제 유형이다. '갑'과 '을'의 질문과 답변에서 사전연명의료의향서 제출 절차에 대한 정보를 파악해야 한다.

다음 글에서 알 수 있는 것은?

갑: 사전연명의료의향서를 제출하여 연명의료 거부 의사를 표명한 사람에 대해서 병원이 연명의료를 실행하지 않는다는 제도가 2018년 2월부터 도입되었습니다. 이 제도 도입 후에 실제로 사전연명의료의향서를 내는 사람이 날로 늘어나고, 민원을 제기하는 사람도 많아지는 것 같습니다. 어떤 민원들이 들어오고 있습니까?

을: 자신이 사는 곳에 사전연명의료의향서를 접수하는 곳이 없어 불편하다는 민원이 많았습니다. 연명의료 전문 상담사의 수가 적어 접수 현장에서 너무 오래 기다렸다고 불만을 표시하는 사람도 많습니다. 이러한 민원에 대응해 2020년 1월 1일부터 전화로 상담을 예약할 수 있는 시스템을 도입해 지금까지 원활하게 운영하고 있으며, 2020년 4월 1일부터 전국 모든 보건소에서 사전연명의료의향서를 받도록 조치했습니다. 더 말씀드리자면, 어떤 사람은 연명의료 전문 상담사로부터 상담을 받지 않아도 사전연명의료의향서를 낼 수 있게 해달라고 요청했습니다.

갑: 연명의료를 거부하는 것은 중대한 사안이니 신중히 사전연명의료의향서를 작성하게 해야 합니다. 지금까지 한 것처럼 연명의료 전문 상담사의 상담을 받게 하는 조치를 유지해 주시기 바랍니다. 한 가지 더 확인하고자 합니다. 전국 모든 보건소에서 사전연명의료의향서를 받기로 했지만, 연명의료 전문 상담사를 모든 보건소에 배치할 수 있는 것은 아니라고 합니다. 혹시 그에 대한 대책을 마련했습니까?

을: 연명의료 전문 상담사 배치가 어려운 보건소의 직원들을 대상으로 연명의료 관련 기본 필수교육을 실시하고, 그 교육을 이수한 직원이 민원인에게 연명의료에 대해 간단히 설명하게 할 방침입니다. 민원인들이 보건소 직원으로부터 설명을 들은 후 그 자리에서 전화로 연명의료 전문 상담사로부터 구체적인 내용을 상담받을 수 있도록 하겠습니다.

① 2018년 2월부터 전국 모든 보건소에서 연명의료 전문 상담사가 사전연명의료의향서를 접수하기 시작했다. ➡ (X) '을'의 첫 번째 발언에 따르면 2020년 4월 1일부터 전국의 모든 보건소에서 사전연명의료의향서를 받도록 조치하였음을 알 수 있다. 갑의 두 번째 발언에 따르면 연명의료 전문 상담사를 배치할 수 있는 것은 아니라고 하였다.

② 2020년 4월부터 연명의료를 실행하지 않고자 하는 병원은 보건소에 사전연명의료의향서를 제출해야 한다. ➡ (X) '갑'의 두 번째 발언에 따르면 병원이 아닌 연명의료를 거부하는 개인이 사전연명의료의향서를 제출하는 것이다.

③ 연명의료를 받고자 하는 사람은 주소지 관할 보건소가 지정한 연명의료 전문 상담사로부터 기본 필수교육을 받아야 한다. ➡ (X) '을'의 두 번째 발언에 따르면 연명의료 전문 상담사를 배치하기 어려운 보건소 직원들을 대상으로 연명의료 관련 기본 필수교육을 실시할 방침이다.

④ 사전연명의료의향서 접수기관이 있는 곳의 거주자 중 연명의료 전문 상담사의 상담을 받으려는 사람은 전화 예약 시스템을 이용해야 한다. ➡ (X) 모든 경우에 전화 예약 시스템을 이용해야 하는 것은 아니다. 연명의료 전문 상담사를 배치하기 어려운 보건소의 경우, 민원인들이 보건소 직원으로부터 설명을 들은 후 그 자리에서 전화로 연명의료 전문 상담사로부터 상담을 받을 수 있도록 하겠다고 제시되어 있다.

⑤ 연명의료 거부 의사가 있는 사람이 연명의료 전문 상담사의 상담을 받지 않은 상태에서 작성한 사전연명의료의향서는 받아들여지지 않는다. ➡ (O) '갑'의 두 번째 발언에 따르면 사전연명의료의향서 작성 시 연명의료 전문 상담사의 상담을 받게 하는 조치는 유지하라고 하였으므로 적절하다.

06 ⑤

정답률 99%

| 문제 유형 | 비판적 사고 > 빈칸 채우기

| 접근 전략 | 코로나 재난지원금을 지출하는 기준과 관련하여 실무자들이 대화하고 있다. '을'이 이야기하는 코로나 재난지원금 신청 기준을 범주화하여 파악한 후 선지의 정오를 판단한다.

다음 대화의 빈칸에 들어갈 내용으로 가장 적절한 것은?

갑: 아시는 바와 같이 코로나 19로 인한 위기 상황 속에서 어려움을 겪는 국민의 생계를 지원하기 위해 정부가 지난 5월에 전 국민을 대상으로 긴급재난지원금을 지급했습니다. 그런데 정부는 코로나 19로 영업이 어려워진 소상공인 및 자영업자, 생계가 어려운 가구 등을 대상으로 지원금을 다시금 지급하기로 8월에 결정했습니다. 이 소식을 듣고 지원금 수령 가능 여부를 문의하는 민원인들이 많습니다. 문구점을 운영하는 A씨는 소상공인 및 자영업자에게 주는 지원금을 신청할 수 있는지 문의했습니다.

을: 이번에는 소상공인 및 자영업자의 일부, 생계 위기 가구 등에 지원금을 주게 되어 있습니다. 사회적 거리두기 2단계의 실시로 출입이 금지된 집합금지 및 집합제한업종의 자영업자는 특별한 증빙서류 없이 소상공인 및 자영업자 대상 지원금을 받을 수 있습니다. 또 사회적 거리두기 2.5단계부터 운영이 제한된 수도권의 카페나 음식점 등도 집합제한업종에 해당하여 지원금을 받을 수 있습니다. 집합금지 및 집합제한업종에 속하지 않더라도 연 매출 4억 원 이하라는 사실을 증명할 수 있는 자료와 함께 코로나 19 확산으로 매출이 감소했음을 증빙하는 자료를 제출하면 지원금을 받을 수도 있습니다. A씨가 운영하는 가게가 집합금지 및 집합제한업종에 해당하는지 확인하셨습니까?

갑: 네, A씨가 운영하는 문구점은 집합금지 및 집합제한업종에 해당하지 않는 것으로 확인되었습니다.

을: 그렇다면 제가 말씀드린 내용을 바탕으로 A씨에게 적절한 답변을 해주시기 바랍니다.

갑: 잘 알겠습니다. 민원인 A씨에게 [　　　　　] 고 말씀 드리겠습니다.

① 문구점은 일반 업종에 해당하지 않으므로 긴급재난지원금을 신청할 수 없다 ➡ (X) 을의 발언에 따르면 일반 업종도 연 매출이 4억 원 이하이고 코로나 19 확산으로 매출이 감소했음을 증빙하는 자료를 제출하면 긴급재난지원금을 받을 수 있다.

② 지난 5월에 긴급재난지원금을 받았다는 사실을 증명하는 서류를 제출해야 한다 ➡ (X) 지문에 지난번에 긴급재난지원금을 받은 사실을 증명하는 서류를 제출해야 한다는 내용은 제시되어 있지 않다.

③ 문구점은 집합금지 및 집합제한업종에 해당하지 않는 것으로 확인되었기 때문에 지원금을 받을 수 없다 ➡ (X) 일반 업종도 연 매출이 4억 원 이하이고 코로나 19 확산으로 매출이 감소했음을 증빙하는 자료를 제출하면 긴급재난지원금을 받을 수 있다.

④ 사회적 거리두기 2.5단계부터 운영이 제한되거나 금지된 업종이 아니면 긴급재난지원금을 받을 수 없다 ➡ (X) 집합금지 및 집합제한업종 외에 일반 업종도 연 매출이 4억 원 이하이고 코로나 19 확산으로 매출이 감소했음을 증빙하는 자료를 제출하면 긴급재난지원금을 받을 수 있다.

⑤ 연 매출 4억 원에 미치지 못하고 코로나 19로 매출이 감소한 자영업자라면 증빙서류를 갖추어 신청할 수 있다 ➡ (O) A씨가 운영하는 문구점은 집합금지 및 집합제한업종에 해당하지 않는 일반 업종이다. 이 경우 연 매출이 4억 원 이하이고 코로나 19 확산으로 매출이 감소했음을 증빙할 수 있는 자료를 갖추어 긴급재난지원금을 신청할 수 있다.

07 ① 정답률 83.8%

| 문제 유형 | 사실적 이해 > 정보 확인

| 접근 전략 | '보고서 작성법 특강'과 관련된 〈계획안〉을 수정하기 위한 실무자들 간의 대화 내용이다. 실무자들의 의견을 파악한 후 선지의 정오를 판단한다.

다음 대화의 ㉠에 따라 〈계획안〉을 수정한 것으로 적절하지 않은 것은?

갑: 지금부터 회의를 시작하겠습니다. 이 자리는 '보고서 작성법 특강'의 개최계획 검토를 위한 자리입니다. 특강을 성공적으로 개최하기 위해서 어떻게 해야 하는지 각자의 의견을 자유롭게 말씀해주시기 바랍니다.

을: 특강 참석 대상을 명확하게 정하고 그에 따라 개최 일시가 조정되었으면 좋겠습니다. 주중에 계속 근무하는 현직 공무원인 경우, 아무래도 주말에는 특강 참석률이 저조합니다. 특강을 평일에 개최하되 참석 시간을 근무시간으로 인정해 준다면 참석률이 높아질 것 같습니다.

병: 공무원이 되기 위해 준비하고 있는 예비공무원들에게는 서울이 더 낫겠지만, 중앙부처 소속 공무원에게는 세종시가 접근성이 더 좋습니다. 특강 참석 대상이 누구인가에 따라 장소를 조정할 필요가 있습니다.

정: 주제가 너무 막연하게 표현되어 있습니다. 보고서의 형식이나 내용은 누구에게 보고하느냐에 따라 크게 달라집니다. 보고 대상이 명시적으로 드러날 수 있도록 주제를 더 구체적으로 표현하면 좋겠습니다.

무: 특강과 관련된 정보가 부족합니다. 강의에 관심이 있는 사람이라면 별도 비용이 있는지, 있다면 구체적으로 금액은 어떠한지 등이 궁금할 겁니다.

갑: 얼마 전에 비슷한 특강이 서울에서 개최되었으니 이번 특강은 현직 중앙부처 소속 공무원을 대상으로 진행하도록 하겠습니다. 참고로 특강 수강 비용은 무료입니다. ㉠ 오늘 회의에서 논의된 내용을 반영하여 특강 계획을 수정하도록 하겠습니다. 감사합니다.

〈계획안〉

보고서 작성법 특강

○ 주제: 보고서 작성 기법
○ 일시: 2021. 11. 6.(토) 10:00~12:00
○ 장소: 정부서울청사 본관 5층 대회의실
○ 대상: 현직 공무원 및 공무원을 꿈꾸는 누구나

① 주제를 '효율적 정보 제시를 위한 보고서 작성 기법'으로 변경한다. ➡ (X) '정'은 보고 대상이 명시적으로 드러날 수 있도록 주제를 더 구체적으로 표현하면 좋겠다고 했으나 주제를 수정한 ①에는 보고 대상이 명시적으로 드러나지 않는다.

② 일시를 '2021. 11. 10.(수) 10:00~12:00(특강 참여 시 근무시간으로 인정)'으로 변경한다. ➡ (O) '을'이 특강 개최일을 평일로 조정하고 특강에 참석하는 시간을 근무 시간으로 인정해 준다면 참석률이 높아질 것 같다고 말한 의견이 반영되어 있으므로 적절하다.

③ 장소를 '정부세종청사 6동 대회의실'로 변경한다. ➡ (O) '병'이 현직 중앙부처 소속 공무원에게는 세종시가 접근성이 더 좋다고 한 내용이 반영되어 있으므로 적절하다.

④ 대상을 '보고서 작성 능력을 키우고 싶은 현직 중앙부처 공무원'으로 변경한다. ➡ (O) '을'의 의견을 반영해 특강 참석 대상을 명확하게 제시하였으며, '갑'의 마지막 발화에서 "이번 특강은 현직 중앙부처 소속 공무원을 대상으로 진행"하겠다고 한 내용이 반영되어 있으므로 적절하다.

⑤ 특강을 듣기 위한 별도 부담 비용이 없다고 안내하는 항목을 추가한다. ➡ (O) '무'의 의견을 반영하여 비용에 대한 정보를 추가한 것으로, '갑'이 마지막 발화에서 특강 수강 비용이 무료라고 하였으므로 이를 안내하는 항목을 추가하는 것은 적절하다.

08 ④ 정답률 80.8%

| 문제 유형 | 비판적 사고 > 판단하기

| 접근 전략 | 근육의 종류에는 뼈대근육, 내장 근육, 심장근육이 있고 줄무늬의 유무, 근육의 움직임에 대한 통제 여부에 따라 줄무늬근과 민무늬근, 수의근과 불수의근으로 분류됨을 설명하면서 각 근육의 종류에 맞는 특성을 제시하고 있다. 지문의 내용을 기반으로 〈표〉를 채우면 아래와 같다.

기준 \ 종류	뼈대근육	내장근육	심장근육
줄무늬/민무늬	줄무늬	민무늬	줄무늬
수의근/불수의근	수의근	불수의근	불수의근

이와 같이 지문의 내용을 기준으로 〈표〉를 정리하여 〈보기〉의 정오를 파악해야 한다.

다음 글의 〈표〉에 대한 판단으로 옳은 것만을 〈보기〉에서 모두 고르면?

우리 몸에는 세 종류의 중요한 근육이 있는데 이것들은 서로 다른 두 기준에 따라 각각 두 종류로 분류될 수 있다. 두 기준은 근육을 구성하는 근섬유에 줄무늬가 있는지의 여부와 근육의 움직임을 우리가 의식적으로 통제할 수 있는지의 여부이다.

세 종류의 중요한 근육 중 뼈대근육은 우리가 의식적으로 통제하여 사용할 수 있기 때문에 수의근이라고 하며 뼈에 부착되어 있다. 이 근육에 있는 근섬유에는 줄무늬가 있어서 줄무늬근으로 분류된다. 뼈대근육은 달리기, 들어 올리기와 같은 신체적 동작을 일으킨다. 우리가 신체적 운동을 통해 발달시키고자 하는 근육이 바로 뼈대근육이다.

뼈대근육과 다른 종류로서 내장근육이 있는데, 이 근육은 소화기관, 혈관, 기도에 있는 근육으로서 의식적인 통제하에 있는 것이 아니다. 내장근육에 있는 근섬유에는 줄무늬가 없어서 민무늬근으로 분류된다. 위나 다른 소화기관에 있는 근육은 꿈틀운동을 일으킨다. 혈관에 있는 근육은 혈관의 직경을 변화시켜서 피의 흐름을 촉진시킨다. 기도에 있는 근육은 기도의 직경을 변화시켜서 공기의 움직임을 촉진시킨다.

심장근육은 심장에서만 발견되는데 심장근육에 있는 근섬유에는 줄무늬가 있다. 심장근육은 심장벽을 구성하고 있고 심장을 수축시키는 역할을 하는데, 이 근육은 우리가 의식적으로 통제할 수 있는 것이 아니기 때문에 불수의근으로 분류된다.

지금까지 기술한 내용을 정리하면 다음과 같다.

〈표〉 근육의 종류와 특징

기준 \ 종류	뼈대근육	내장근육	심장근육
A	㉠	㉡	㉢
B	㉣	㉤	㉥

〈보기〉

ㄱ. ㉡과 ㉢이 같은 특징이라면, A에는 근섬유에 줄무늬가 있는지를 따지는 기준이 들어간다. → (X) ㉡과 ㉢이 같은 특징이라면 A에는 수의근인지 불수의근인지 여부가 들어가야 하므로 적절하지 않다.

ㄴ. ㉣과 ㉥이 다른 특징이라면, B에는 근육의 움직임을 의식적으로 통제할 수 있는지를 따지는 기준이 들어간다. → (O) 뼈대근육과 심장근육은 근육의 움직임을 의식적으로 통제할 수 있는지의 여부의 차이가 있으므로 ㄴ의 설명은 적절하다.

ㄷ. ㉠에 '수의근'이 들어간다면, ㉤에는 '민무늬근'이 들어가야 한다. → (O) ㉠에 '수의근'이 들어간다면 A에는 '근육의 움직임을 의식적으로 통제

할 수 있는지의 여부'라는 기준이 들어가고 B에는 '근섬유에 줄무늬가 있는지의 여부'라는 기준이 들어가므로, ⓜ에는 '민무늬근'이 들어간다.

① ㄱ ➡ (X)
② ㄷ ➡ (X)
③ ㄱ, ㄴ ➡ (X)
④ ㄴ, ㄷ ➡ (O)
⑤ ㄱ, ㄴ, ㄷ ➡ (X)

09 ②

정답률 93.9%

| 문제 유형 | 비판적 사고 > 유사한 내용·사례 찾기
| 접근 전략 | 호기성 세균과 혐기성 세균의 정의를 파악한 뒤, ㉠~㉤의 그림이 각각 어느 것에 대응하는지 찾아야 한다. 지문 내용에 비추어 보았을 때 ㉠은 절대 호기성 세균, ㉡은 절대 혐기성 세균, ㉢은 통성 세균, ㉣은 미세 호기성 세균, ㉤은 내기 혐기성 세균에 해당한다는 것을 파악해야 한다.

다음 글의 ㉠~㉤에 대한 설명으로 가장 적절한 것은?

세균은 산소에 대한 요구성과 내성에 따라 구분된다. '절대 호기성 세균'은 산소에 대한 내성이 있고 대사 과정에서 산소 호흡을 하기 때문에 산소의 농도가 높은 곳에서 잘 자랄 수 있다. 반면에 '미세 호기성 세균'은 산소 호흡을 하지만 산소에 대한 내성이 '절대 호기성 세균'보다 낮아서 '절대 호기성 세균'이 살아가는 환경의 산소 농도보다 낮은 농도의 산소에서만 살 수 있다. 두 종류의 세균은 모두 산소를 이용하는 호흡이 필수적이므로 산소가 없거나 너무 낮은 농도에서는 살 수 없다. '통성 세균'은 산소에 대한 내성이 있고, 산소가 있는 곳에서는 산소 호흡을 하고 산소가 없거나 너무 낮은 농도에서는 산소 호흡 대신 발효 과정을 통해 에너지를 만들어낼 수 있기 때문에 산소가 있는 환경과 없는 환경 모두에서 자랄 수 있다. 그러나 산소 호흡이 발효 과정보다 많은 에너지를 만들어내기 때문에 산소 농도가 높은 환경에서 더 잘 자란다. '혐기성 세균'은 산소 호흡을 할 수 없는 세균으로 발효 과정만을 통해 에너지를 만들어낸다. '혐기성 세균'은 산소에 대한 내성을 가지고 있어 산소가 있어도 자랄 수 있는 '내기 혐기성 세균'과 산소에 대한 내성이 없어 일정 농도 이상의 산소에 노출되면 사멸하는 '절대 혐기성 세균'으로 나뉜다. '내기 혐기성 세균'의 생장은 산소 농도와는 무관하다. ▶1문단

티오글리콜레이트 배양액을 담고 있는 시험관에서 배양액의 위쪽은 공기와 접하고 있어 산소가 충분하다. 시험관 배양액의 산소 농도는 시험관 아래쪽으로 갈수록 감소하며, 시험관의 맨 아래쪽에는 산소가 거의 없다. 아래 그림은 티오글리콜레이트 배양액을 담고 있는 5개의 시험관(㉠~㉤)에 '절대 호기성 세균', '미세 호기성 세균', '통성 세균', '내기 혐기성 세균', '절대 혐기성 세균' 중 하나를 배양한 결과를 나타내며, 각 시험관에는 서로 다른 세균이 배양되었다. 그림에서 검은색 점 각각은 살아있는 하나의 세균을 나타낸다. ▶2문단

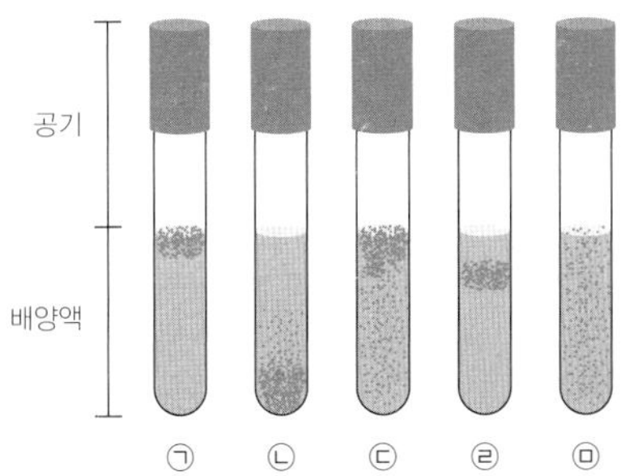

① ㉠은 '통성 세균'이 자란 시험관이다. ➡ (X) 1문단에 따르면 ㉠은 산소의 농도가 높은 곳에서 잘 자랄 수 있는 '절대 호기성 세균'이 자란 시험관이다.

② ㉡에서 자란 세균은 발효 과정으로 에너지를 만들어 낸다. ➡ (O) 1문단에 따르면 ㉡은 산소에 대한 내성이 없어 일정 농도 이상의 산소에 노출되면 사멸되는 '절대 혐기성 세균'이다. 혐기성 세균은 발효 과정만을 통해 에너지를 만들어 내므로 ㉡에 대한 설명으로 적절하다.

③ ㉢에서 자란 세균은 산소에 대한 내성이 없다. ➡ (X) 1문단에 따르면 ㉢에서 자란 세균은 '통성 세균'으로, 이는 산소에 대한 내성이 있어 산소가 있어도 잘 자랄 수 있다.

④ ㉣에서 자란 세균은 산소 호흡을 할 수 없다. ➡ (X) 1문단에 따르면 ㉣에서 자란 세균은 '미세 호기성 세균'으로, 호기성 세균은 산소 호흡을 한다. 다만, 산소에 대한 내성이 '절대 호기성 세균'인 ㉠보다 낮아서 ㉠이 살아가는 환경의 산소 농도보다 낮은 농도의 산소에서만 살 수 있다.

⑤ ㉣과 ㉤은 모두 '혐기성 세균'이 자란 시험관이다. ➡ (X) 1문단에 따르면 ㉣은 '미세 호기성 세균', ㉤은 '내기 혐기성 세균'이 자란 시험관이다.

10 ①

정답률 80.8%

| 문제 유형 | 비판적 사고 > 빈칸 채우기
| 접근 전략 | 토지 문제를 파악할 때 거시경제적 변수와 사회 정의를 고려해야 한다는 A학파와 시장의 수요·공급 원칙에 맡겨 두어야 한다는 B학파의 주장을 대립구조형으로 제시하고 있다. 이 두 학파의 공통점과 차이점을 파악하여 빈칸에 들어갈 가장 알맞은 문장을 찾아야 한다.

다음 글의 ㉠과 ㉡에 들어갈 진술로 가장 적절한 것은?

A학파의 가장 큰 특징은 토지 문제를 토지 시장에 국한시키지 않고 경제 전체의 흐름과 밀접하게 연결해서 파악한다는 점이다. A학파의 주장에 따르면, 토지 문제는 이용의 효율에만 관련되는 단순한 문제가 아니라 경제 성장, 실업, 물가 등의 거시경제적 변수를 함께 고려해야만 하는 복잡한 문제이다. 그런 점에서 A학파는 토지 문제가 경기 변동과 직결될 뿐만 아니라 사회 정의와도 관련되는 것이라고 주장한다.

이와 달리 B학파는 다른 모든 종류의 상품과 마찬가지로 토지 문제 역시 수요·공급의 법칙에 따라 시장이 자율적으로 조정하도록 맡겨 두면 된다고 주장한다. B학파의 관점에 따르면, [㉠] 토지는 귀금속, 주식, 채권, 은행 예금만큼이나 좋은 투자 대상이다. 부동산의 자본 이득이 충분히 클 경우, 좋은 투자 대상이 되어 막대한 자금이 금융권으로부터 부동산 시장으로 흘러 들어간다. 반대로 자본 이득이 떨어지면 부동산에 투입되었던 자금이 금융권을 통해 회수되어 다른 시장으로 흘러 들어간다. 이와 같이 부동산의 자본 이득은 부동산 시장과 금융권 사이의 연결고리 역할을 한다.

A학파는 B학파와 달리 상품 투자와 토지 투자를 엄격히 구분한다. 상품 투자는 해당 상품의 가격을 상승시켜 상품 공급을 증가시킨다. 공급 증가는 다시 상품 투자의 억제 요인으로 작용하기 때문에 상품 투자에는 내재적 한계가 있기 마련이다. 그러나 [㉡] 그러므로 토지 투자의 경우에는 지가 상승이 투자를 조장하고 투자는 지가 상승을 더욱 부채질하는 악순환이 반복된다. A학파는 이런 악순환의 결과로 토지를 포함한 부동산 가격에 거품이 잔뜩 끼게 된다고 주장한다.

① ㉠: 토지에 대한 투자는 상품 투자의 일종으로 이해된다.
㉡: 토지 공급은 한정되어 있으므로 토지 투자는 상품 투자의 경우와는 달리 제어장치가 없다.
➡ (O) ㉠에는 B학파의 주장을 요약하는 내용이 들어가야 한다는 점에서 "토지에 대한 투자는 상품 투자의 일종으로 이해된다"가 가장 적절하다. 또한 ㉡에는 토지 문제는 시장의 수요·공급 원칙에 맡겨 두어야 한다는 B학파 주장에 대한 A학파 반론의 근거가 들어가야 하므로 "토지 공급은 한정되어 있으므로 토지 투자는 상품 투자의 경우와는 달리 제어장치가 없다"가 적절하다.

② ㉠: 토지에 대한 투자는 상품 투자의 일종으로 이해된다.
㉡: 토지 투자는 다른 상품의 생산 비용을 상승시켜 상품의 가격 상승으로 이어진다.
➡ (X)

③ ㉠: 토지에 대한 투자는 상품 생산의 수단으로 활용된다.
㉡: 토지 공급은 한정되어 있으므로 토지 투자는 상품 투자의 경우와는 달리 제어장치가 없다.
➡ (X)

④ ㉠: 토지 투자와 상품 투자는 거시경제적인 관점에서 상호 보완적 역할을 수행한다.
㉡: 토지 투자는 다른 상품의 생산 비용을 상승시켜 상품의 가격 상승으로 이어진다.
➡ (X)

⑤ ㉠: 토지 투자와 상품 투자는 거시경제적인 관점에서 상호 보완적 역할을 수행한다.
㉡: 토지 공급은 한정되어 있으므로 토지 투자는 상품 투자의 경우와는 달리 제어장치가 없다.
➡ (X)

11 ①

TOP2 정답률 34.3%

| 문제 유형 | 비판적 사고 > 지문에서 추론하기

| 접근 전략 | ABO 혈액형의 응집원과 응집소에 의한 응집 반응과 이를 통한 수혈도 작성에 대해 설명하는 지문이다. 지문의 전반적인 내용 흐름과 표를 통하여 선지의 정오를 파악해야 한다. 참고로, 관련된 내용을 알고 있다면 표를 분석하는 것만으로도 충분히 내용을 추론할 수 있다.

다음 글로부터 추론할 수 있는 것은?

사람의 혈액은 적혈구, 백혈구, 혈소판처럼 혈액 내에 존재하는 세포인 혈구 성분과 이러한 혈구 성분을 제외한 나머지 액상 성분인 혈장으로 나뉜다. 사람의 혈액을 구별하는 대표적인 방법은 혈액의 성분을 기준으로 삼는 ABO형 방법이다. 이에 따르면, 혈액은 적혈구의 표면에 붙어 있는 응집원과 혈장에 들어 있는 응집소의 유무 또는 종류를 기준으로 다음 표와 같이 구분할 수 있다.

혈액형	응집원	응집소
A	A형 응집원	응집소 β
B	B형 응집원	응집소 α
AB	A형 응집원 및 B형 응집원	없음
O	없음	응집소 α 및 응집소 β

이때, A형 응집원이 응집소 α와 결합하거나 B형 응집원이 응집소 β와 결합하면, 응집 반응이 일어난다. 이 반응은 혈액의 응고를 일으키는데, 혈액이 응고되면 혈액의 정상적인 흐름이 방해되어 심각한 문제가 발생할 수 있다. 혈액의 이러한 특성을 활용하면 수혈도를 작성할 수 있다.

① A형 응집원만을 선택적으로 제거한 A형 적혈구를 B형인 사람에게 수혈해도 응집 반응이 일어나지 않는다. ➡ (O) 응집원이 제거되면 응집소만으로는 아무런 응집 반응이 일어나지 않을 것이라는 점에서 적절한 추론이다.

② B형 응집원만을 선택적으로 제거한 AB형 적혈구를 A형인 사람에게 수혈하면 응집 반응이 일어난다. ➡ (X) B형 응집원이 모두 제거되었다면 A형 응집소 β와 아무런 응집 반응이 일어나지 않을 것이다.

③ 응집소를 선택적으로 제거한 O형 혈장을 A형인 사람에게 수혈해도 응집 반응이 일어나지 않는다. ➡ (X) 응집소 β를 선택적으로 제거했다면 응집소 α가 여전히 남아서 A형 응집원과 반응을 일으킬 것이므로 응집 반응이 일어날 것이다.

④ AB형인 사람은 어떤 혈액을 수혈 받아도 응집 반응이 일어나지 않는다. ➡ (X) AB형인 사람은 A형, B형, O형 중 어떤 혈액형을 수혈 받아도 응집 반응이 일어날 수 있다.

⑤ O형인 사람은 어떤 적혈구를 수혈 받아도 응집 반응이 일어나지 않는다. ➡ (X) O형인 사람은 A형, B형, AB형 중 어떤 혈액형을 수혈 받아도 응집 반응이 일어날 수 있다.

12 ②

정답률 62.6%

| 문제 유형 | 비판적 사고 > 논리적 결론의 전제·원인 찾기

| 접근 전략 | 교육 제도 개선 방안의 네 가지 조건을 설명하고 결론을 제시한 뒤, 결론이 성립되기 위해 추가적으로 필요한 전제를 묻는 문항이다. 결론이 몇 가지 조건을 충족하는지 확인한 후 빠져 있는 것이 무엇인지 찾는다.

다음 글의 ㉠을 이끌어내기 위해 추가해야 할 전제로 가장 적절한 것은?

A국에서는 교육 제도 개선을 추진하고 있다. 이와 관련하여 현재 거론되고 있는 방안 중 다음 네 조건을 모두 충족시키는 방안이 있다면, 정부는 그 방안을 추진해야 한다. 첫째, 공정한 기회 균등과 교육의 수월성을 함께 이룩할 수 있는 방안이어야 한다. 둘째, 신뢰할 수 있는 설문조사에서 가장 많은 국민이 선호하는 방안으로 선택한 것이어야 한다. 셋째, 정부의 기존 교육 재정만으로 실행될 수 있는 방안이어야 한다. 넷째, 가계의 교육 부담을 줄일 수 있는 방안이어야 한다.

현재 거론되고 있는 방안들 중 선호하는 것에 대하여 국민 2,000명을 대상으로 한 설문조사 결과, 300명이 대학교 평준화 도입을 꼽았고, 400명이 고등학교 자체 평가 확대를 꼽았으며, 600명이 대입 정시 확대와 수시 축소를 꼽았고, 700명이 고교 평준화 강화를 꼽았다. 이 설문조사는 표본을 치우치지 않게 잡아 신뢰할 수 있다.

현재 거론된 방안들 가운데 정부의 기존 교육 재정만으로 실행될 수 없는 것은 대학교 평준화 도입 방안뿐이다. 대입 정시 확대와 수시 축소 방안은 가계의 교육 부담을 감소시키지 못하지만 다른 방안들은 그렇지 않다. 고교 평준화 강화 방안은 공정한 기회 균등을 이룰 수 있는 방안임이 분명하다. 따라서 ㉠ 정부는 고교 평준화 강화 방안을 추진해야 한다.

① 고교 평준화 강화는 가장 많은 국민이 선호하는 방안이다. ➡ (X)

② 고교 평준화 강화는 교육의 수월성을 이룩할 수 있는 방안이다. ➡ (O) 지문에서 고교 평준화 강화 방안은 네 가지 조건 중 가장 많은 국민이 선호하는 방안으로 선택되었고, 정부의 기존 교육 재정만으로 실행 가능하며, 가계의 교육 부담을 줄일 수 있는 방안이자 공정한 기회 균등을 이루 수 있는 방안이다. 따라서 교육의 수월성 조건만 추가하면 교육 제도 개선 방안으로 선택될 수 있다.

③ 고교 평준화 강화는 가계의 교육 부담을 줄일 수 있는 방안이다. ➡ (X)

④ 고교 평준화 강화는 정부의 기존 교육 재정만으로도 실행될 수 있는 방안이다. ➡ (X)

⑤ 정부가 고교 평준화 강화 방안을 추진하지 않아도 된다면, 그 방안은 공정한 기회 균등과 교육의 수월성을 함께 이룩할 수 없는 방안이다. ➡ (X)

※ 다음 글을 읽고 물음에 답하시오. [문 13.～문 14.]

개정 근로기준법이 적용되면서 일명 '52시간 근무제'에 사람들이 큰 관심을 보였다. 하지만 개정 근로기준법에는 1주 최대 근로시간을 52시간으로 규정하는 조문이 명시적으로 추가된 것이 아니다. 다만, 기존 근로기준법에 "1주'란 휴일을 포함한 7일을 말한다'는 문장 하나가 추가되었을 뿐이다. 이 문장이 말하는 바는 상식처럼 보이는데, 이를 추가해서 어떻게 52시간 근무제를 확보할 수 있었을까?

월요일에서 금요일까지 1일 8시간씩 소정근로시간 동안 일하는 근로자를 생각해보자. 여기서 '소정근로시간'이란 근로자가 사용자와 합의하여 정한 근로시간을 말한다. 사실 기존 근로기준법에서도 최대 근로시간은 52시간으로 규정되어 있는 것처럼 보인다. 1일의 최대 소정근로시간이 8시간, 1주의 최대 소정근로시간이 40시간이고, 연장근로는 1주에 12시간까지만 허용되어 있으므로, 이를 단순 합산하면 총 52시간이 되기 때문이다. 그러나 기존 근로기준법에서는 최대 근로시간이 68시간이었다. 이는 휴일근로의 성격을 무엇으로 보느냐에 달려 있다. 기존 근로기준법에서 휴일근로는 소정근로도 아니고 연장근로도 아닌 것으로 간주되었다. 그래서 소정근로 40시간과 연장근로 12시간을 시키고 나서 추가로 휴일근로를 시키더라도 법 위반이 아니었다.

그런데 일요일은 휴일이지만, 토요일은 휴일이 아니라 근로의무가 없는 휴무일이기에 특별한 규정이 없는 한 근로를 시킬 수가 없다. 따라서 기존 근로기준법하에서 더 근로를 시키고 싶던 기업들은 단체협약 등으로 '토요일을 휴일로 한다'는 특별규정을 두는 일종의 꼼수를 쓰는 경우가 많았다. 이렇게 되면 토요일과 일요일, 2일 간 휴일근로를 추가로 시킬 수 있기에 최대 근로시간이 늘어나게 된다. 이것이 기존 판례의 입장이었다.

개정 근로기준법과 달리 왜 기존 판례는 [빈칸] 그 이유는 연장근로를 소정근로의 연장으로 보았고, 1주의 최대 소정근로시간을 정할 때 기준이 되는 1주를 5일에 입각하여 보았기 때문이다. 즉, 1주 중 소정근로일을 월요일부터 금요일까지의 5일로 보았기에 이 기간에 하는 근로만이 근로기준법상 소정근로시간의 한도에 포함된다고 본 것이다. 다만 이 입장에 따르더라도, 연장근로가 아닌 한 1일의 근로시간은 8시간을 초과할 수 없다고 기존 근로기준법에 규정되어 있기 때문에, 이미 52시간을 근로한 근로자에게 휴일에 1일 8시간을 넘는 근로를 시킬 수 없다. 그 결과 휴일근로로 가능한 시간은 16시간이 되어, 1주 68시간이 최대 근로시간이 된 것이다.

13 ① 　　정답률 78.6%

| 문제 유형 | 비판적 사고 > 빈칸 채우기

| 접근 전략 | 개정 근로기준법에 "1주'란 휴일을 포함한 7일을 말한다'라는 문장 하나가 추가되었을 뿐인데 52시간 근무제가 확보된 이유가 무엇인지를 설명하고 있다. 빈칸 뒤에 나온 내용을 중심으로 빈칸에 들어갈 내용을 파악해야 한다.

위 글의 빈칸에 들어갈 내용으로 가장 적절한 것은?

① 휴일근로가 연장근로가 아니라고 보았을까? ➡ (O) 빈칸 뒤에는 연장근로를 소정근로의 연장으로 보았고, 소정근로일은 월요일부터 금요일까지의 5일로 보았다는 내용 등이 이어지고 있다. 따라서 빈칸의 질문에는 휴일근로를 연장근로로 보지 않았던 이유를 묻는 질문이 들어가는 것이 가장 적절하다.

② 토요일에 연장근로를 할 수 있다고 보았을까? ➡ (X)

③ 1주의 최대 소정근로시간을 40시간으로 인정하였을까? ➡ (X)

④ 1일의 최대 소정근로시간은 8시간을 초과할 수 없다고 보았을까? ➡ (X)

⑤ 휴일에는 근로자의 합의가 없는 한 연장근로를 할 수 없다고 보았을까? ➡ (X)

14 ② 　　TOP3 정답률 34.7%

| 문제 유형 | 비판적 사고 > 유사한 내용·사례 찾기

| 접근 전략 | 개정 근로기준법에서 "1주'란 휴일을 포함한 7일을 말한다'라는 문장 하나가 추가되었을 뿐인데 52시간 근무제가 확보된 이유가 무엇인지를 설명하고 있다. 이를 파악하고 〈보기〉 내용이 바르게 적용되어 있는지 확인해 나가야 한다.

위 글의 내용을 바르게 적용한 사람만을 〈보기〉에서 모두 고르면?

〈보기〉

갑: 개정 근로기준법에 의하면, 1주 중 3일 동안 하루 15시간씩 일한 사람의 경우, 총 근로시간이 45시간으로 52시간보다 적으니 법에 어긋나지 않아. → (X) 3일 동안 최대 근로시간은 소정근로시간 24시간에 연장근로시간 12시간을 더한 36시간 이내여야 하므로 적절하지 않다.

을: 개정 근로기준법에 의하면, 월요일부터 목요일까지 매일 10시간씩 일한 사람의 경우, 금요일에 허용되는 최대 근로시간은 12시간이야. → (O) 개정 근로기준법에 따르면 1주의 최대 근로 시간은 52시간이므로 적절한 내용이다.

병: 기존 근로기준법에 의하면, 일요일 12시간을 일했으면 12시간 전부가 휴일근로시간이지, 연장근로시간이 아니야. → (X) 기존 근로기준법에는 연장근로가 아닌 한 1일의 근로시간은 8시간을 초과할 수 없다고 규정되어 있다. 따라서 일요일에 12시간을 일할 수 없으므로 적절하지 않다.

① 갑 ➡ (X)

② 을 ➡ (O)

③ 갑, 병 ➡ (X)

④ 을, 병 ➡ (X)

⑤ 갑, 을, 병 ➡ (X)

15 ⑤ 　　정답률 87.6%

| 문제 유형 | 사실적 이해 > 논리 게임

| 접근 전략 | 지문에서 알 수 있는 인물들의 상태를 아래와 같이 표로 정리하거나 도식화하여 문제를 해결한다.

구분	커피	흡연	치석 제거
갑돌	○	○	
을순			○
병돌			○
정순	○	○	

다음 글의 내용이 참일 때, 반드시 참인 것은?

갑돌과 정순은 매일 커피를 마시는 흡연자이다. 을순과 병돌은 매년 치석을 없앤다. 그리고 치아의 색깔에 관한 다음의 사실이 알려져 있다.

○ 치석을 매년 없애지 않고 매일 커피를 마시는 사람의 경우, 그의 이가 노랄 확률은 60% 이상이다.

○ 치석을 매년 없애지 않는 흡연자의 경우, 그의 이가 노랄 확률은 80% 이상이다.

○ 치석을 매년 없애지 않고 매일 커피를 마시는 흡연자의 경우, 그의 이가 노랄 확률은 90% 이상이다.

○ 치석을 매년 없애는 사람의 경우, 그의 이가 노랄 확률은 그의 커피 섭취 및 흡연 여부와 무관하게 20% 미만이다.

① 갑돌의 이가 노랄 확률은 80% 이상이다. ➡ (X) 지문의 정보만으로는 갑돌이 매년 치석을 없애는지 알 수 없으므로 반드시 참이라 할 수 없다.

② 을순의 이가 노랗지 않을 확률은 80% 미만이다. ➡ (X) 을순은 매년 치석을 없애므로 이가 노랄 확률은 20% 미만이다. 따라서 을순의 이가 노랗지 않을 확률은 80% 이상이다.

③ 병돌이 흡연자라면, 그의 이가 노랄 확률은 20% 이상이다. ➡ (X) 병돌은 매년 치석을 없애므로 흡연 여부와 무관하게 이가 노랄 확률은 20% 미만이다.

④ 병돌이 매일 커피를 마신다면, 그의 이가 노랄 확률은 20% 이상이다. ➡ (X) 병돌은 매년 치석을 없애므로 커피 섭취 여부와 무관하게 이가 노랄 확률은 20% 미만이다.

⑤ 정순이 치석을 매년 없애지 않는다면, 그의 이가 노랄 확률은 90% 이상이다. ➡ (O) 정순은 매일 커피를 마시는 흡연자이므로 치석을 매년 없애지 않는다면, 그의 이가 노랄 확률은 90% 이상이다.

16 ③

정답률 45.5%

| 문제 유형 | 사실적 이해 > 논리 게임

| 접근 전략 | 지문의 명제를 아래와 같이 정리한 후, 대우 명제를 활용해서 문제를 해결한다.

- A → B and C
- ~ C
- D → A or E

다음 글의 내용이 참일 때, 반드시 참인 것만을 〈보기〉에서 모두 고르면?

인접한 지방자치단체인 ○○군을 △△시에 통합하는 안건은 △△시의 5개 구인 A, B, C, D, E 중 3개 구 이상의 찬성으로 승인된다. 안건에 관한 입장은 찬성하거나 찬성하지 않거나 둘 중 하나이다. 각 구의 입장은 다음과 같다.

○ A가 찬성한다면 B와 C도 찬성한다.
○ C는 찬성하지 않는다.
○ D가 찬성한다면 A와 E 중 한 개 이상의 구는 찬성한다.

〈보기〉

ㄱ. B가 찬성하지 않는다면, 안건은 승인되지 않는다. → (O) 'A → B and C'의 대우 명제는 '~ B or ~ C → ~ A'이다. 또한 지문의 내용에 따르면 '~C'는 참이므로, B가 찬성하지 않을 경우 A, B, C 모두 찬성하지 않게 되어 찬성하는 구가 3개 이상이 될 수 없으므로 안건은 승인되지 않는다.

ㄴ. B가 찬성하는 경우 E도 찬성한다면, 안건은 승인된다. → (X) B와 E가 찬성한다고 해서 A와 D의 찬성 여부를 알 수 없어 3개의 구가 찬성할 것인지 확정할 수 없으므로 적절하지 않다.

ㄷ. E가 찬성하지 않는다면, D도 찬성하지 않는다. → (O) '~C'이고 '~ B or ~C → ~A' 이므로, 두 명제에 의해 '~ A'와 '~C'는 확정이다. 'D → A or E'의 대우 명제는 '~A and ~ E → ~D'이다. 따라서 E가 찬성하지 않는다면, A와 E가 찬성하지 않으므로 D도 찬성하지 않는다는 것은 반드시 참이다.

① ㄱ ➡ (X)
② ㄴ ➡ (X)
③ ㄱ, ㄷ ➡ (O)
④ ㄴ, ㄷ ➡ (X)
⑤ ㄱ, ㄴ, ㄷ ➡ (X)

17 ①

정답률 42.7%

| 문제 유형 | 사실적 이해 > 논리 게임

| 접근 전략 | 지문의 발언을 표로 정리하면 다음과 같다. 상호 모순적인 가인이 거짓인 경우와 라연이 거짓인 경우를 나누어 판단한다.

구분	행정안전부	고용노동부	보건복지부
가인	을현	갑진	병천
나운	을현 ⟶	갑진	
다은	~을현 → 병천		
라연	병천	갑진	을현

다음 글의 내용이 참일 때, 반드시 참인 것만을 〈보기〉에서 모두 고르면?

일반행정 직렬 주무관으로 새로 채용된 갑진, 을현, 병천은 행정안전부, 고용노동부, 보건복지부에 한 명씩 배치되는 것으로 정해졌다. 가인, 나운, 다은, 라연은 배치 결과를 궁금해 하며 다음과 같이 예측했는데, 이 중 한 명의 예측만 틀렸음이 밝혀졌다.

가인: 을현은 행정안전부에, 병천은 보건복지부에 배치될 거야.
나운: 을현이 행정안전부에 배치되면, 갑진은 고용노동부에 배치될 거야.
다은: 을현이 행정안전부에 배치되지 않으면, 병천이 행정안전부에 배치될 거야.
라연: 갑진은 고용노동부에, 병천은 행정안전부에 배치될 거야.

〈보기〉

ㄱ. 갑진은 고용노동부에 배치된다. → (O) 가인이 거짓인 경우나 라연이 거짓인 경우에도 갑진은 고용노동부에 배치되므로 반드시 참이다.

ㄴ. 을현은 행정안전부에 배치된다. → (X) 가인이 거짓인 경우 참이 아니다.

ㄷ. 라연의 예측은 틀렸다. → (X) 가인이 거짓일 수도 있고 라연이 거짓일 수도 있으므로 반드시 참은 아니다.

① ㄱ ➡ (O)
② ㄴ ➡ (X)
③ ㄱ, ㄷ ➡ (X)
④ ㄴ, ㄷ ➡ (X)
⑤ ㄱ, ㄴ, ㄷ ➡ (X)

18 ③

정답률 49%

| 문제 유형 | 비판적 사고 > 판단하기

| 접근 전략 | 실험의 결과를 아래와 같이 정리하면 ㉠에 대한 판단의 정오를 찾기가 수월하다.

구분	A	B	C	D	E	F	G	H
구매 전	×	×	광고	광고	할인	할인	광고/할인	광고/할인
사후	○	×	○	×	○	×	○	×
구매율	d	d	c	c	b	b	b	b
만족도	c	d	b	c	b	b	a	b

※ a > b > c > d

다음 글의 ㉠에 대한 판단으로 적절한 것만을 〈보기〉에서 모두 고르면?

어떤 회사가 소비자들을 A부터 H까지 8개의 동질적인 집단으로 나누어, 이들을 대상으로 마케팅 활동의 효과를 살펴보는 실험을 하였다. 마케팅 활동은 구매 전 활동과 구매 후 활동으로 구성되는데, 구매 전 활동에는 광고와 할인 두 가지가 있고 구매 후 활동은 사후 서비스 한 가지뿐이다. 구매 전 활동이 끝난 뒤 구매율을 평가하고, 구매 후 활동까지 모두 마친 뒤 구매 전과 구매 후의 마케팅 활동을 종합하여 마케팅 만족도를 평가하였다. 구매율과 마케팅 만족도는 모두 a, b, c, d로 평가하였는데, a가 가장 높고 d로 갈수록 낮다. 이 회사가 수행한 ㉠ 실험의 결과는 다음과 같다.

○ A와 B를 대상으로는 구매 전 활동을 실시하지 않았는데 구매율은 d였다. 이 중 A에 대해서는 사후 서비스를 하였고 B에 대해서는 하지 않았는데, 마케팅 만족도는 각각 c와 d였다.

○ C와 D를 대상으로 구매 전 활동 중 광고만 하였더니 구매율은 c였다. 이 중 C에 대해서는 사후 서비스를 하였고 D에 대해서는 하지 않았는데, 마케팅 만족도는 각각 b와 c였다.

○ E와 F를 대상으로 구매 전 활동 중 할인 기회만 제공하였더니 구매율은 b였다. 이 중 E에 대해서는 사후 서비스를 하였고 F에 대해서는 하지 않았는데, 마케팅 만족도는 모두 b였다.

○ G와 H를 대상으로 구매 전 활동으로 광고와 함께 할인 기회를 제공하였더니 구매율은 b였다. 이 중 G에 대해서는 사후 서비스를 하였고 H에 대해서는 하지 않았는데, 마케팅 만족도는 각각 a와 b였다.

〈보기〉

ㄱ. 할인 기회를 제공한 경우가 제공하지 않은 경우보다 구매율이 높다. → (O) 할인 기회가 제공된 E, F, G, H가 제공되지 않은 A, B, C, D보다 구매율이 더 높은 것을 접근 전략에 정리한 표를 통해 알 수 있다.

ㄴ. 광고를 할 때, 사후 서비스를 한 경우가 하지 않은 경우보다 마케팅 만족도가 낮지 않다. → (O) 광고와 사후 서비스를 모두 한 경우는 C, G이며 광고만 하고 사후 서비스를 하지 않은 경우는 D, H이다. C, G의 마케팅 만족도는 b, a이며, D, H는 c, b이므로 동일한 만족도인 b가 있어 어느 쪽의 마케팅 만족도가 다른 한쪽보다 낮다고 말할 수 없다.

ㄷ. 사후 서비스를 하지 않을 때, 광고를 한 경우가 하지 않은 경우보다 마케팅 만족도가 높다. → (X) D와 F를 비교하면 광고를 하지 않고 할인한 경우의 마케팅 만족도가 더 높으므로 ㄷ의 내용은 적절하지 않다.

① ㄱ ➡ (X)
② ㄷ ➡ (X)
③ ㄱ, ㄴ ➡ (O)
④ ㄴ, ㄷ ➡ (X)
⑤ ㄱ, ㄴ, ㄷ ➡ (X)

19 ⑤

TOP1 정답률 24%

| 문제 유형 | 사실적 이해 > 논리 게임

| 접근 전략 | 'A ⊂ B'라는 진술 U의 참과 거짓을 판단할 때, A가 공집합이라면 U가 참인지 거짓인지를 판단하는 것과 관련된 진술들의 정오를 판단하는 문제 유형이다. 형식 논리적으로 옳은지를 기준으로 판단해야 한다.

다음 글의 갑~병의 견해에 대한 분석으로 적절한 것만을 〈보기〉에서 모두 고르면?

우리는 'A라는 성질을 가진 대상이 모두 B라는 성질을 가진다.'고 주장할 때 'A는 모두 B이다.'라는 형식의 진술 U를 사용한다. A라는 성질을 가진 대상이 존재할 때, U가 언제 참이고 언제 거짓인지에 대한 어떤 의견 차이도 없다. 즉 A라는 성질을 가진 대상이 존재할 때, 그 대상들이 모두 B라는 성질을 가진다면 U는 참이고, 그 대상들 중 B라는 성질을 가지지 않는 대상이 있다면 U는 거짓이다. 하지만 A라는 성질을 가진 대상이 존재하지 않을 때, U가 언제 참이고 언제 거짓인지를 둘러싸고 여러 견해가 있다.

갑: U는 'A이면서 B가 아닌 대상은 하나도 없다.'는 주장으로 이해해야 한다. 만약 A인 대상이 존재하지 않는다면, A이면서 B가 아닌 대상은 당연히 존재하지 않는다. 따라서 A인 대상이 존재하지 않는 경우, U는 참이다.

을: U에는 'A이면서 B가 아닌 대상은 하나도 없다.'는 주장과 더불어 'A인 대상이 존재한다.'는 주장까지 담겨 있다. 그러므로 A인 대상이 존재하지 않는다면, 후자의 주장이 거짓이 되므로 U 역시 거짓이다.

병: A인 대상이 존재하지 않는다는 사실만 갖고 U가 참이라거나 거짓이라고 말해서는 안 된다. 오히려 A인 대상이 존재해야 한다는 것은 U를 참이나 거짓으로 판단하기 위해 먼저 성립해야 할 조건이다. 그러므로 A인 대상이 존재하지 않는다면, 이 조건을 충족하지 못한 것이므로 U는 참도 거짓도 아니다.

〈보기〉

ㄱ. 갑과 을은 'A인 대상이 존재하지만 B인 대상이 존재하지 않는다면, U는 거짓이다.'라는 것에 동의한다. → (O) '갑'과 '을'은 A가 반드시 존재해야 하는지에 대해서만 의견이 나뉜다. 따라서 B가 존재하지 않는 경우에는 진술 U가 거짓이라는 것에 동의한다.

ㄴ. 을과 병은 'U가 참이라면, A인 대상이 존재한다.'는 것에 동의한다. → (O) '을'과 '병'은 진술 U가 참이라면 A는 반드시 존재해야 함을 전제하고 있다는 점에서 공통되므로 적절한 진술이다.

ㄷ. 갑과 병은 'U가 거짓이라면, A인 대상이 존재한다.'는 것에 동의한다. → (O) '갑'과 '병'은 U가 거짓이라면 A는 반드시 존재해야 함을 전제하고 있다는 점에서 공통되므로 적절한 진술이다.

① ㄱ ➡ (X)
② ㄷ ➡ (X)
③ ㄱ, ㄴ ➡ (X)
④ ㄴ, ㄷ ➡ (X)
⑤ ㄱ, ㄴ, ㄷ ➡ (O)

20 ②

정답률 55.7%

| 문제 유형 | 비판적 사고 > 유사한 내용·사례 찾기

| 접근 전략 | 귀납논증의 종류로서 보편적 일반화, 통계적 일반화, 통계적 삼단논법, 유비추론을 각각 병렬적으로 설명하고 있다. 주어진 선지가 각 개념의 요건에 해당하는지를 판단하는 방식으로 해결한다.

다음 글의 내용을 적용한 것으로 가장 적절한 것은?

연역논증은 전제를 통해 결론이 참이라는 사실을 100% 보장하려는 논증인데, 이 가운데 결론의 참을 100% 보장하는 논증을 '타당한 논증'이라 한다. 반면 귀납논증은 전제를 통해 결론을 개연적으로 뒷받침하려는 논증이다. 귀납논증 중에는 뒷받침하는 정도가 강한 것도 있고 약한 것도 있다. 귀납논증은 형식의 측면에서도 여러 가지로 분류될 수 있는데, 이 중 우리가 자주 쓰는 귀납논증은 다음과 같은 것이다.

○ 보편적 일반화: 유형 I에 속하는 n개의 개체를 조사해 보니 이들 모두에서 속성 P를 발견하였다. 따라서 유형 I에 속하는 모든 개체들은 속성 P를 가질 것이다.

○ 통계적 일반화: 유형 I에 속하는 n개의 개체를 조사해 보니 이들 가운데 m개에서 속성 P를 발견하였다. 따라서 유형 I에 속하는 모든 개체 중 m/n이 속성 P를 가질 것이다. 단, m/n은 0보다 크고 1보다 작다.

○ 통계적 삼단논법: 유형 I에 속하는 개체 중 m/n에서 속성 P를 발견하였다. 개체 α는 유형 I에 속한다. 따라서 개체 α는 속성 P를 가질 것이다. 단, m/n은 0보다 크고 1보다 작다.

○ 유비추론: 유형 I에 속하는 개체 α가 속성 P_1, P_2, P_3을 갖고, 유형 II에 속하는 개체 β도 똑같이 속성 P_1, P_2, P_3을 갖는다. 개체 α가 속성 P_4를 가진다는 사실이 발견되었다. 따라서 개체 β는 속성 P_4를 가질 것이다.

① '우리나라 공무원 중 여행과 음악을 모두 좋아하는 이들의 비율은 전체의 80%를 넘지 않는다. 따라서 우리나라 공무원 중 여행을 좋아하는 이들의 비율은 전체의 80%를 넘지 않을 것이다.'는 타당한 논증으로 분류된다. ➡ (X) 여행만을 좋아하는 사람이 계산되지 않았으므로 여행을 좋아하는 사람들의 비율이 80%를 넘지 않는다고 말할 수 없다.

② '우리나라 전체 공무원 중 100명을 조사해 보니 이들은 업무의 70% 이상을 효과적으로 수행하고 있다. 따라서 우리나라 전체 공무원들은 업무의 70% 이상을 효과적으로 수행하고 있을 것이다.'는 보편적 일반화로 분류된다. ➡ (O) 보편적 일반화는 일부 개체에서 발견된 속성이 모든 개체에게 적용될 것이라는 개념이다. ②에서는 전체 공무원 중 일부가 업무의 70% 이상을 효과적으로 수행하고 있다고 하였고 따라서 공무원 모두가 이러한 속성을 가질 것으로 보고 있으므로 보편적 일반화에 해당한다.

③ '우리나라 공무원 중 30%가 운동을 좋아한다. 따라서 우리나라 20대 공무원 중 30%는 운동을 좋아할 것이다.'는 통계적 일반화로 분류된다. ➡ (X) 우리나라 공무원(전체) 중 30%가 운동을 좋아한다고 해서 20대 공무원(일부 집단) 중 30%가 운동을 좋아한다는 결론을 내리는 것은 통계적 일반화라 볼 수 없다.

④ '해외연수를 다녀온 공무원의 95%가 정부 정책을 지지한다. 공무원 갑은 정부 정책을 지지하고 있다. 따라서 갑은 해외연수를 다녀왔을 것이다.'는 통계적 삼단논법으로 분류된다. ➡ (X) '정부 정책을 지지한다'는 것을 유형 I에 속하는 개체로 보기 어려우므로 통계적 삼단논법이라 볼 수 없다.

⑤ '임신과 출산으로 태어난 을과 그를 복제하여 만든 병은 유전자와 신경 구조가 똑같다. 따라서 을과 병은 둘 다 80세 이상 살 것이다.'는 유비추론으로 분류된다. ➡ (X) 복제해서 만들었다 하여 모든 속성이 같다고 보기 힘들다는 점에서 유비추론으로 분류할 수 없다. 또한 '80세 이상 살 것'이라는 속성은 을과 병의 속성이 아니라는 점에서 이 속성이 을과 병 모두에게 나타날 것이라고 추론하는 것을 유비추론으로 볼 수 없다.

21 ③

정답률 85.7%

| 문제 유형 | 비판적 사고 > 논지 강화·약화하기

| 접근 전략 | 자극 X가 뇌에 미치는 영향을 밝히기 위해 자극 X를 가한 A그룹의 쥐와 자극 X를 가하지 않은 B그룹의 쥐의 차이를 비교하고 있다. 각각의 대조가 되는 지점을 파악하여 〈보기〉의 내용 중 실험 결과가 강화하는 것을 판단한다.

다음 글의 실험 결과가 강화하는 것만을 〈보기〉에서 모두 고르면?

한 연구진은 자극 X가 뇌에 미치는 영향을 밝히기 위한 실험을 수행하였다. 그들은 자극 X가 있는 환경에서 성장한 동물과 자극 X가 없는 환경에서 성장한 동물을 비교했을 때 뇌에 차이가 있을 것이라고 추측했다. **▶1문단**

실험을 위해 동일한 조건의 연구용 쥐 100마리를 절반씩 나누어 각각 A와 B그룹으로 배정하였다. A그룹의 쥐는 자극 X에 노출된 반면, B그룹의 쥐는 자극 X에 노출되지 않았다. 자극 X를 제외한 다른 조건은 두 그룹에서 동일하였다. 일정 기간이 지나고 두 그룹 쥐의 뇌에 대해서 부위별로 무게 측정과 화학 분석이 이루어졌다. 그 결과 A그룹의 쥐는 B그룹의 쥐와 다른 점을 보여주었다. **▶2문단**

두 그룹에서 나타난 가장 두드러진 차이점은 전체 뇌 무게에 대한 대뇌피질의 무게 비율이었다. 대뇌피질은 경험에 반응하고 운동, 기억, 학습, 감각적 입력을 관장하는 뇌의 한 부위이다. A그룹 쥐의 대뇌피질은 B그룹 쥐의 대뇌피질보다 더 무겁고 더 치밀했지만, 뇌의 나머지 부위의 무게에는 차이가 없었다. **▶3문단**

또한 B그룹의 쥐의 뇌보다 A그룹의 쥐의 뇌에서는 크기가 큰 신경세포뿐만 아니라 신경교세포도 더 많이 발견되었다. 신경교세포는 뇌의 신경세포를 성장시켜 크기를 키우는 역할을 하는 세포이다. 세포의 DNA에 대한 RNA의 비율은 세포가 성장하지 않을 때보다 세포가 성장하여 크기가 커질 때 높아진다. 두 그룹의 쥐의 뇌를 분석한 결과, DNA에 대한 RNA의 비율이 높아진 뇌 신경세포가 B그룹보다 A그룹에 더 많이 있다는 사실이 확인되었다. A그룹의 쥐의 뇌에서는 신경전달물질 α가 더 많이 분비되었는데, 신경전달물질 α의 양은 A그룹 쥐의 뇌보다 B그룹 쥐의 뇌에서 약 30% 이상 더 적은 것으로 확인되었다. **▶4문단**

〈보기〉

ㄱ. 자극 X가 있으면 없을 때보다 신경교세포의 수와 신경전달물질의 분비량이 많아진다. → (O) 4문단에 따르면 A그룹 쥐의 뇌에서 신경교세포가 더 많이 발견되고 신경전달물질 α가 더 많이 분비되었으므로, 실험 결과가 강화하는 이론이다.

ㄴ. 자극 X가 있으면 없을 때보다 전체 뇌 무게에 대한 대뇌피질의 무게 비율이 높아지고 대뇌피질이 촘촘해진다. → (O) 3문단에서 A그룹 쥐의 대뇌피질이 더 무겁고 더 치밀하다고 했으므로, 실험 결과가 강화하는 이론이다.

ㄷ. 자극 X가 없으면 있을 때보다 뇌 신경세포의 크기와 수가 늘어난다. → (X) 4문단에 따르면 A그룹 쥐의 뇌에서 신경교세포가 더 많이 발견되었으며, 신경교세포는 뇌의 신경세포를 성장시켜 크기를 키우는 역할을 한다고 하였다. 따라서 자극 X가 없을 때 뇌 신경세포의 크기가 더 커진다고 한 것은 지문에 제시된 실험 결과에 배치되는 내용으로 ㄷ은 적절하지 않다.

① ㄱ ➡ (X)
② ㄷ ➡ (X)
③ ㄱ, ㄴ ➡ (O)
④ ㄴ, ㄷ ➡ (X)
⑤ ㄱ, ㄴ, ㄷ ➡ (X)

22 ① 정답률 81.4%

| 문제 유형 | 비판적 사고 > 논지 강화·약화하기

| 접근 전략 | 사카린과 암의 상관관계에 대한 연구가 사카린 과다 투여의 방식으로 진행된 이유에 대하여 논증하고 있는 지문이다. 주장의 근거로 지문에 제시된 내용에 부합하는 적절한 〈보기〉를 찾아야 한다.

다음 글의 ㉠을 강화하는 것만을 〈보기〉에서 모두 고르면?

1977년 캐나다의 실험에서 연구진은 인공 조미료 사카린이 인간에게 암을 일으킬 수 있는지를 밝히려고 약 200마리의 쥐를 사용해 실험했다. 실험 결과가 발표되자 그 활용의 타당성에 관해 비판이 제기되었다. 투여된 사카린의 양이 쥐가 먹는 음식의 5%로 너무 많다는 것이었다. 인간에게 그 양은 음료수 800병에 함유된 사카린 양인데, 누가 하루에 음료수를 800병이나 마시겠느냐는 비판이었다.

일리가 없는 말은 아니지만 ㉠ 이것은 합당한 비판이 아니다. 물론 인간에게 적용할 실험 결과를 얻으려면 인간이 사카린에 노출되는 상황을 그대로 재현하여 실험하는 것이 바람직하다. 그러나 일상적인 환경에서 대개의 발암물질은 유효성이 아주 낮아서 수천 명 중 한 명 정도의 비율로만 그 효과를 확인할 수 있다. 발암물질의 유효성은 몸에 해당 물질을 받아들인 개체들 가운데 암에 걸리는 개체의 비율에 의존하는데, 이 비율이 낮을수록 발암물질의 유효성이 낮아진다. 물론 발암물질의 유효성이 낮아도 그 피해는 클 수 있다. 예를 들어 유효성이 매우 낮은 경우라도, 관련 모집단이 수천만 명이라면 그로 인해 암에 걸리는 사람은 수만 명에 이를 수 있다. 이런 상황에서 발암물질의 효과를 확인하려는 동물 실험은 최소한 수만 마리의 쥐를 이용한 실험을 해야 유의미한 결과를 얻을 수 있다. 하지만 그렇게 많은 쥐를 이용해서 실험하는 것은 불가능하다.

이럴 때 택하는 전형적인 전략은 실험 대상의 수를 줄이고 발암물질의 투여량을 늘리는 것이다. 예를 들어 어떤 발암물질을 통상적인 수준에서 투여한다면 200마리의 쥐 가운데 암이 발생한 것은 거의 없을 것이다. 하지만 그 발암물질을 전체 음식의 5%로 늘리게 되면 200마리의 쥐 가운데에서도 암이 발생한 쥐의 수는 제법 늘어나게 될 것이다. 이렇게 발암물질의 투여량을 늘리면 실험 대상의 수를 줄이더라도 유의미한 실험 결과를 확보할 수 있는 것이다. 결국 사카린과 암 사이의 인과관계를 밝히려 한 1977년 실험과 그 활용의 타당성에 근본적인 잘못이 있다고 할 수 없다.

〈보기〉

ㄱ. 인간이든 쥐든 암이 발생하는 사례의 수는 발암물질의 섭취량에 비례한다. → (O) 쥐에게서 유의미한 실험 결과를 얻기 위해서 발암물질의 투여량을 늘려야 한다는 지문의 내용은 쥐의 사례가 인간에게 적용될 수 있음을 전제하고 있다. 따라서 ㄱ은 실험의 타당성을 강화하는 내용이 될 수 있다.

ㄴ. 쥐에게 다량 투입하였을 때 암을 일으킨 물질 중에는 인간에게 발암물질이 아닌 것이 있다. → (X) ㄴ은 쥐와 인간이 유사할 것이라는 전제에 대한 반례가 되므로 ㉠을 약화시킨다.

ㄷ. 발암물질의 유효성이 클수록 더 많은 수의 실험 대상을 확보해야 유의미한 실험 결과를 얻을 수 있다. → (X) ㄷ은 실험 대상 수를 많이 확보하기 어려운 경우 투여량을 늘림으로써 비슷한 결과를 얻을 수 있다는 지문의 내용을 반박하는 것이므로 ㉠을 약화시킨다.

① ㄱ ➡ (O)
② ㄷ ➡ (X)
③ ㄱ, ㄴ ➡ (X)
④ ㄴ, ㄷ ➡ (X)
⑤ ㄱ, ㄴ, ㄷ ➡ (X)

23 ① 정답률 58.8%

| 문제 유형 | 비판적 사고 > 판단하기

| 접근 전략 | A는 종 차별주의의 입장, B는 종 차별주의를 거부하더라도 의식이 없는 생물에 대한 차별적 대우는 가능하다는 입장, C는 종 평등주의의 입장이다. 각각의 입장에 대한 정확한 이해를 기반으로 〈보기〉의 적절성을 판단한다.

다음 논쟁을 분석한 것으로 적절한 것만을 〈보기〉에서 모두 고르면?

A: 종 차별주의란 인간 종이 다른 생물 종과 생김새가 다르다는 이유만으로 특별한 대우를 받아야 한다는 주장이다. 이런 종 차별주의가 옳지 않다는 주장은 모든 종을 동등하게 대우해야 한다는 종 평등주의가 옳다는 말과 같다. 하지만 종 평등주의는 너무나 비상식적인 견해이다.

B: 종 차별주의를 거부하는 것과 종 평등주의를 받아들이는 것은 별개다. 모든 생명체를 동등하게 대우해야 한다는 종 평등주의는 이웃 사람을 죽이는 것이 그른 만큼 양배추를 뽑아 버리는 것도 그르다는 것을 암시한다. 그러나 양배추는 신경계와 뇌가 없으므로 어떠한 경험을 할 수도 어떠한 의식을 가질 수도 없다. 그런 양배추를 뽑아 버리는 것이, 의식을 가지고 높은 수준의 경험을 누리는 이웃 사람을 죽이는 행위와 같을 수 없다. 종 차별주의에 대한 거부는 생김새가 아닌 의식에 의한 차별적 대우를 부정하지 않는다.

C: 의식에 의한 차별이 정당하다는 주장이 옳다면, 각 인간이 가진 가치도 달라야 한다. 왜냐하면 인간마다 의식적 경험의 정도가 다르기 때문이다. 그러나 모든 인간이 동일한 존엄성과 무한한 생명 가치를 가진다는 것은 거부할 수 없는 윤리의 대전제이다. 따라서 의식을 이용하여 종 사이의 차별을 정당화한다면 이런 윤리의 대전제를 부정할 수밖에 없다.

〈보기〉

ㄱ. A는 종 차별주의와 종 평등주의가 서로 모순된다고 보지만 B는 그렇지 않다. → (O) A는 종 차별주의와 종 평등주의를 모순관계로 보는 반면, B는 모순관계로 보지 않는다는 점에서 ㄱ은 적절하다.

ㄴ. B와 C는 모든 인간이 동일한 존엄성과 무한한 생명 가치를 가진다는 견해에 동의한다. → (X) B는 인간 중에서도 의식을 가지지 못하는 인간에 대해서는 존엄성과 생명 가치가 동일하지 않다는 해석이 가능하므로, B와 C가 모든 인간이 동일한 존엄성과 무한한 생명 가치를 가진다는 데에 동의한다는 설명은 적절하지 않다.

ㄷ. C는 인간과 인간이 아닌 것 사이의 차별적 대우를 정당화하는 근거가 있다는 것에 동의하지만, A는 그렇지 않다. → (X) C는 "그러나 모든 인간이 동일한 존엄성과 무한한 생명 가치를 가진다는 것은 거부할 수 없는 윤리의 대전제이다. 따라서 의식을 이용하여 종 사이의 차별성을 정당화한다면 이런 윤리의 대전제를 부정할 수밖에 없다"라고 하였다. 따라서 C가 인간과 인간이 아닌 것 사이의 차별을 인정한다고 보기 어려우므로 ㄷ은 적절하지 않다.

① ㄱ ➡ (O)
② ㄴ ➡ (X)
③ ㄱ, ㄷ ➡ (X)
④ ㄴ, ㄷ ➡ (X)
⑤ ㄱ, ㄴ, ㄷ ➡ (X)

24 ④

정답률 67.4%

| 문제 유형 | 비판적 사고 > 판단하기

| 접근 전략 | 법학적성시험 추리논증 문항에서 많이 출제되는 법학논증 유형 문항이다. 이러한 문항은 지문의 요건에 맞게 법률을 해석하고 적용하거나 그 요건에 맞춰 법률의 내용을 수정하는 형태로 출제된다. 먼저 지문에 제시된 법률의 요건을 명확히 파악해야 한다.

다음 글의 ㉠의 내용으로 가장 적절한 것은?

2020년 7월 2일이 출산 예정일이었던 갑은 2020년 6월 28일 아이를 출산하여, 2020년 7월 10일에 ○○구 건강관리센터 산모·신생아 건강관리 서비스를 신청하였다. 2020년 1월 1일에 ○○구에 주민등록이 된 이후 갑은 주민등록지를 변경하지 않았으며, 실제로 ○○구에 거주하였다. 갑의 신청을 검토한 ○○구는 「○○구 산모·신생아 건강관리 지원에 관한 조례」(이하 "조례"라 한다)와 「○○구 건강관리센터 운영규정」(이하 "운영규정"이라 한다)이 불일치한다는 문제를 발견하였다. 이에 ㉠ 운영규정과 조례 중 무엇도 위반하지 않고 갑이 30만 원 이하의 본인 부담금만으로 해당 서비스를 이용할 수 있도록 조례 또는 운영규정을 일부 개정하였다.

「○○구 산모·신생아 건강관리 지원에 관한 조례」

제8조(산모·신생아 건강관리 지원) ① 구청장은 출산 예정일 또는 출산일을 기준으로 6개월 전부터 계속하여 ○○구에 주민등록을 두고 있는 산모와 출산 예정일 또는 출산일을 기준으로 1년 전부터 계속하여 ○○구를 국내 체류지로 하여 외국인 등록을 하고 ○○구에 체류하는 외국인 산모에게 산모·신생아 건강관리 서비스를 제공할 수 있다.

② 구청장은 제1항에 따른 서비스의 본인 부담금을 이용금액 기준에 따라 30만 원 한도 내에서 서비스 수급자에게 부과할 수 있다.

「○○구 건강관리센터 운영규정」

제21조(산모·신생아 건강관리 지원) ① 다음 각 호의 어느 하나에 해당하는 사람은 산모·신생아 건강관리 서비스를 이용할 수 있다.

1. 출산일을 기준으로 6개월 전부터 계속하여 ○○구에 주민등록을 두고 실제로 ○○구에 거주하고 있는 산모
2. 출산일을 기준으로 6개월 전부터 ○○구를 국내 체류지로 하여 외국인 등록을 하고 실제로 ○○구에 체류하고 있는 외국인 산모

② 제1항에 따른 서비스를 이용하는 경우 서비스 수급자에게 본인 부담금이 부과될 수 있다. 그 산정은 「○○구 산모·신생아 건강관리 지원에 관한 조례」의 기준에 따른다.

① 운영규정 제21조 제3항과 조례 제8조 제3항으로 '신청일은 출산일 기준 10일을 경과할 수 없다.'를 신설한다. ➡ (X)

② 운영규정 제21조 제1항의 '실제로 ○○구에 거주하고'와 '실제로 ○○구에 체류하고'를 삭제한다. ➡ (X)

③ 운영규정 제21조 제2항의 '본인 부담금'을 '30만 원 이하의 본인 부담금'으로 개정한다. ➡ (X)

④ 운영규정 제21조 제1항의 '출산일'을 모두 '출산 예정일 또는 출산일'로 개정한다. ➡ (O) 조례에는 '출산 예정일 또는 출산일'로 규정되어 있으나 운영규정에는 '출산일'만 규정되어 있어 둘 사이의 불일치가 발생하였다. 이에 '갑'이 해당 조례와 운영규정에 모두 부합하게 서비스를 받을 수 있도록 하려면 운영규정의 내용을 조례에 맞추어 '출산 예정일 또는 출산일'로 개정하여야 한다.

⑤ 조례 제8조 제1항의 '1년'을 '6개월'로 개정한다. ➡ (X)

25 ②

정답률 67.4%

| 문제 유형 | 비판적 사고 > 판단하기

| 접근 전략 | 「보험업법」상 손해사정사를 두어야 하는 기준에 대하여 쟁점 1과 쟁점 2에서 '갑'과 '을'이 「보험업법」의 내용을 위반한 것인지에 대한 견해로 대립하고 있다. 전형적인 법률 삼단논법과 법학적 해석이 적용되는 사례로서 법률의 요건에 쟁점이 해당되는지를 판단하여 〈보기〉에 대한 적절성을 판단한다.

다음 글의 〈논쟁〉에 대한 분석으로 적절한 것만을 〈보기〉에서 모두 고르면?

갑과 을은 M국의 손해사정을 업으로 하는 법인 A, B의 「보험업법」 위반 여부에 대해 논쟁하고 있다. 이 논쟁은 「보험업법」의 일부 규정 속 손해사정사가 상근인지 여부, 그리고 각 법인의 손해사정사가 상근인지 여부가 불분명함에서 비롯되었다. 해당 법의 일부 조항은 다음과 같다.

「보험업법」

제○○조(손해사정업의 영업기준) ① 손해사정을 업으로 하려는 법인은 2명 이상의 상근 손해사정사를 두어야 한다. 이 경우 총리령으로 정하는 손해사정사의 구분에 따라 수행할 업무의 종류별로 1명 이상의 상근 손해사정사를 두어야 한다.

② 제1항에 따른 법인이 지점 또는 사무소를 설치하려는 경우에는 각 지점 또는 사무소별로 총리령으로 정하는 손해사정사의 구분에 따라 수행할 업무의 종류별로 1명 이상의 손해사정사를 두어야 한다.

〈논쟁〉

쟁점 1: 법인 A는 총리령으로 정하는 손해사정사의 구분에 따른 업무의 종류가 4개이고 각 종류마다 2명의 손해사정사를 두고 있는데, 갑은 법인 A가 「보험업법」 제○○조 제1항을 어기고 있다고 주장하지만 을은 그렇지 않다고 주장한다.

쟁점 2: 법인 B의 지점 및 사무소 각각은 총리령으로 정하는 손해사정사의 구분에 따른 업무의 종류가 2개씩이고 각 종류마다 1명의 손해사정사를 두고 있는데, 갑은 법인 B가 「보험업법」 제○○조 제2항을 어기고 있다고 주장하지만 을은 그렇지 않다고 주장한다.

〈보기〉

ㄱ. 쟁점 1과 관련하여, 법인 A에는 비상근 손해사정사가 2명 근무하고 있지만 이들이 수행하는 업무의 종류가 다르다는 사실이 밝혀진다면 갑의 주장은 옳지만 을의 주장은 옳지 않다. → (X) 쟁점 1에 따르면 법인 A에는 총 8명의 손해사정사가 근무하고 있다. 그런데 그중 2명이 비상근이고 각기 다른 업무를 수행하고 있다면 나머지 6명은 상근이고 모든 업무마다 상근이 1명 이상 있으므로 법인 A는 「보험업법」을 위반하지 않았다. 따라서 '갑'의 주장은 옳지 않고 '을'의 주장이 옳다.

ㄴ. 쟁점 2와 관련하여, 법인 B의 지점에 근무하는 손해사정사가 비상근일 경우에, 갑은 제○○조 제2항의 '손해사정사'가 반드시 상근이어야 한다고 생각하지만 을은 비상근이어도 무방하다고 생각한다는 사실은 법인 B에 대한 갑과 을 사이의 주장 불일치를 설명할 수 있다. → (O) 현재 법인 B는 「보험업법」 제00조 제2항의 문언에 맞게 손해사정사를 고용하고 있다. 그러나 이들 손해사정사가 비상근일 경우 「보험업법」 제00조 제2항의 손해사정사를 상근으로 해석하느냐, 비상근으로 해석하느냐에 따라 법인 B가 해당 조항을 위배하는지 여부에 대한 판단이 달라질 수 있다는 점에서 ㄴ은 적절한 설명이다.

ㄷ. 법인 A 및 그 지점 또는 사무소에 근무하는 손해사정사와 법인 B 및 그 지점 또는 사무소에 근무하는 손해사정사가 모두 상근이라면, 을의 주장은 쟁점 1과 쟁점 2 모두에서 옳지 않다. → (X) 법인 A와 B의 손해사정사가 모두 상근이라면 쟁점 1과 쟁점 2 모두에서 을의 주장은 옳다.

① ㄱ ➡ (X)
② ㄴ ➡ (O)
③ ㄱ, ㄷ ➡ (X)
④ ㄴ, ㄷ ➡ (X)
⑤ ㄱ, ㄴ, ㄷ ➡ (X)

모의평가 | 제2영역 자료해석

기출 총평

처음으로 시행되는 국가공무원 7급 PSAT 필기시험을 대비하기 위해 시행된 모의고사이다. 자료해석 영역의 출제 비중은 5급 공채 PSAT, 민경채 PSAT과 유사하였으며 난이도는 민경채 PSAT 자료해석보다는 5급 공채 PSAT 자료해석에 가까웠다. 5급 공채 PSAT처럼 계산이 복잡하거나 자료 길이가 아주 길지는 않았으나, 문제와 계산방법을 올바르게 파악해야 하는 문제들이 다수 출제되었다. 이러한 문제를 빨리 해결할 수 있도록 각주에 주어진 수식을 변형하여 적절한 수치를 계산하는 연습과 어림셈으로 계산하는 연습이 필요하다. 〈그림〉 제시형 문제에서는 X축과 Y축을 모두 파악해야 하는 점 그래프, 13번과 같은 새로운 형태의 〈그림〉, 22번의 공정도가 출제되었다. 실제 2021년도 7급 PSAT 자료해석에서도 공정도와 인포그래픽이 출제된 것으로 보아 앞으로 다양한 형태의 〈그림〉을 파악해 해결하는 문제들이 다수 출제될 것으로 예상된다. 이외의 유형들은 5급 공채 PSAT, 민경채 PSAT의 출제 경향에 크게 벗어나지 않으므로 유형별로 접근 전략을 익혀두면 7급 PSAT을 공략할 수 있을 것이다.

문항 분석

문번	정답	정답률	유형
01	⑤	93.8%	자료 변환응용 > 자료/보고서 전환형
02	①	98.7%	자료 읽기 > 표/빈칸 제시형
03	①	86.3%	자료 읽기 > 표 제시형
04	⑤	71.3%	자료 읽기 > 표 제시형
05	④	91.3%	자료 읽기 > 표/그림 제시형
06	②	82.5%	자료 읽기/추론 > 계산형
07	③	50%	자료 변환응용 > 자료/보고서 전환형
08	②	73.8%	자료 읽기/추론 > 계산형
09	①	59%	자료 읽기 > 그림 제시형
10	③	67.5%	자료 변환응용 > 표/그림 전환형
11	④	58.4%	자료 읽기/추론 > 매칭형
12	③	83.1%	자료 읽기 > 그림 제시형
13	③	76.3%	자료 읽기 > 그림 제시형

문번	정답	정답률	유형
14	④	72.7%	자료 읽기 > 표/그림 제시형
15	①	39.2%	자료 읽기/추론 > 계산형
16	②	89.7%	자료 읽기 > 표/빈칸 제시형
17	⑤	43.8%	자료 읽기 > 표/빈칸 제시형
18	⑤	43.8%	자료 읽기 > 표/빈칸 제시형
19	⑤	36.6%	자료 읽기 > 표/빈칸 제시형
20	④	27.9%	자료 읽기 > 표 제시형
21	④	53.6%	자료 변환응용 > 자료/보고서 전환형
22	①	52.2%	자료 읽기/추론 > 매칭형
23	③	50.7%	자료 읽기/추론 > 계산형
24	③	54.3%	자료 추론 > 추가로 필요한 자료 찾기
25	②	20.9%	자료 읽기 > 표/빈칸 제시형

※ 음영 문항은 해당 회차에서 정답률이 가장 낮은 TOP 3 문항입니다.

※ 정답률 산정 기준: 약 1년간 누적된 자동채점&성적결과분석 서비스의 응시 데이터

출제 비중

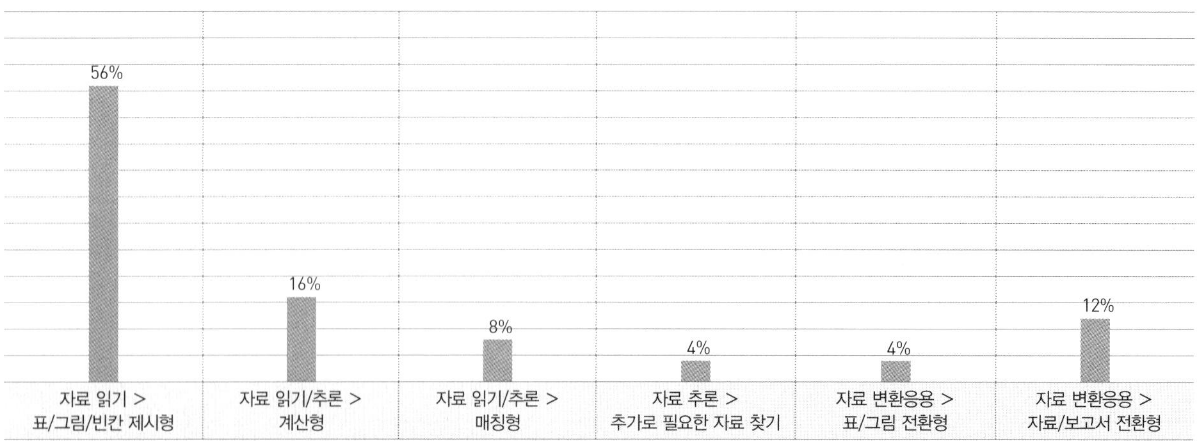

기출문제편 P.199

01	⑤	02	①	03	①	04	⑤	05	④
06	②	07	③	08	②	09	①	10	③
11	④	12	③	13	③	14	④	15	①
16	②	17	⑤	18	⑤	19	⑤	20	④
21	④	22	①	23	③	24	③	25	②

01 ⑤

정답률 93.8%

| 문제 유형 | 자료 변환응용 > 자료/보고서 전환형

| 접근 전략 | 〈보고서〉의 내용과 일치하는 자료를 확인하는 문제이다. 〈보고서〉의 각 문장마다 사용된 자료들을 찾으면서 순차적으로 탐색하는 과정이 필요하다.

다음 〈보고서〉는 2019년 '갑'시의 5대 축제(A~E)에 관한 조사 결과이다. 이에 부합하지 않는 자료는?

〈보고서〉

'갑'시의 5대 축제를 분석·평가한 결과, 우수축제로 선정된 A 축제는 관람객 수, 인지도, 콘텐츠 영역에서 B 축제보다 높은 점수를 받았으나 경제적 효과 영역에서는 B 축제보다 낮은 점수를 받았다. 한편, 5대 축제의 관람객 만족도를 보면, 먹거리 만족도가 매년 떨어지고 있고 2019년에는 살거리 만족도도 2018년보다 낮아져 대책 마련이 시급하다는 평가도 있다. ▶1문단

설문조사에 따르면 축제 관련 정보 획득 매체는 연령대별로 차이를 보였다. 20대 이하와 30~40대는 각각 인터넷을 통해 정보를 획득한 관람객 수가 가장 많았다. 반면, 50대 이상은 현수막을 통해 정보를 획득한 관람객 수가 가장 많아 관람객의 연령대별 맞춤형 홍보 전략이 필요하다는 것을 보여준다. ▶2문단

축제로 인한 경제적 효과도 중요한 분석 대상이다. D 축제의 경우 취업자 수와 고용인 수 모두 가장 적지만, 고용인 1인당 취업자 수는 가장 많았다. 관람객 1인당 총지출액에서 숙박비의 비중이 가장 높은 축제는 C 축제이고 먹거리 비용의 비중이 가장 높은 축제는 E 축제이다. ▶3문단

① 5대 축제별 취업자 수와 고용인 수

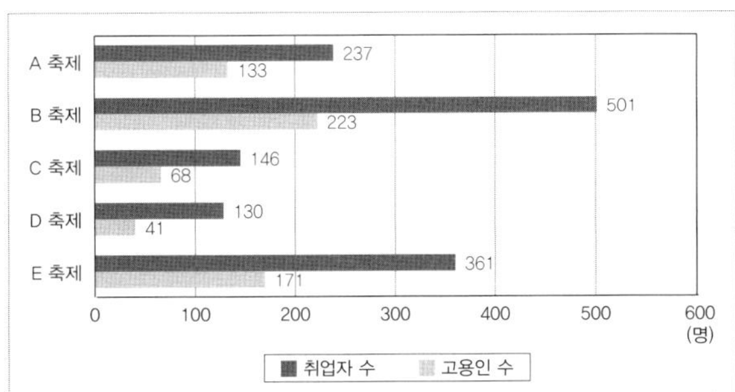

➡ (O) 〈보고서〉 3문단의 "D 축제의 경우 취업자 수와 고용인 수 모두 가장 적지만, 고용인 1인당 취업자 수는 가장 많았다."라는 것은 ①의 자료에 부합한다. 취업자 및 고용인의 수는 바로 확인할 수 있지만 고용인 1인당 취업자 수는 계산이 필요하다. D 축제의 고용인 1인당 취업자 수는 3명이 넘지만, 나머지 축제들은 3명을 넘지 못한다.

② 5대 축제의 관람객 만족도

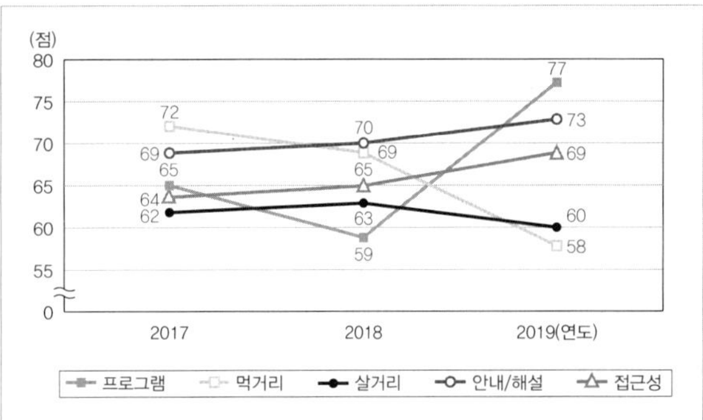

➡ (O) 〈보고서〉 1문단의 "5대 축제의 관람객 만족도를 보면, 먹거리 만족도가 매년 떨어지고 있고 2019년에는 살거리 만족도도 2018년보다 낮아져 대책 마련이 시급하다는 평가도 있다."라는 것은 ②의 자료와 비교한다. 대책 마련이 시급하다는 내용에 대한 자료는 찾을 수 없지만 이는 만족도를 바탕으로 분석한 내용임을 알 수 있다. 먹거리 만족도는 2017년부터 2019년까지 72점, 69점, 58점으로 지속적으로 떨어지고 있으며, 살거리 만족도 역시 2018년 63점에서 2019년 60점으로 낮아졌다.

③ 5대 축제별 관람객 1인당 지출액

(단위: 원)

구분 \ 축제	A	B	C	D	E
숙박비	22,514	9,100	27,462	3,240	4,953
먹거리 비용	18,241	19,697	15,303	8,882	20,716
왕복 교통비	846	1,651	9,807	1,448	810
상품 구입비	17,659	4,094	6,340	3,340	411
기타	9	48	102	255	1,117
총지출액	59,269	34,590	59,014	17,165	28,007

➡ (O) 〈보고서〉 3문단의 "관람객 1인당 총지출액에서 숙박비의 비중이 가장 높은 축제는 C 축제이고 먹거리 비용의 비중이 가장 높은 축제는 E 축제이다."라는 것은 ③의 자료에 부합한다. 비중이란 총지출액에서 해당 항목이 차지하고 있는 만큼을 뜻하므로, 총지출액을 분모로 하여 계산해야 한다. 숙박비가 총지출액에서 차지하는 비중이 큰 것은 A와 C이다. 총지출액은 C가 A보다 적지만, 숙박비는 C가 A보다 더 많으므로 숙박비의 비중이 가장 높은 축제는 C 축제이다. 또한 먹거리의 비중이 50%가 넘는 것은 B, D, E이다. E는 B보다 총지출액은 더 적지만 먹거리 비용이 더 많으므로, E의 먹거리 비용의 비중이 더 높다. E의 총지출액은 D의 2배 미만이지만, 먹거리 비용은 2배 이상이므로 E의 먹거리 비용의 비중이 더 높다. 따라서 먹거리 비용의 비중이 가장 높은 축제는 E 축제이다.

④ A, B 축제의 영역별 평가점수

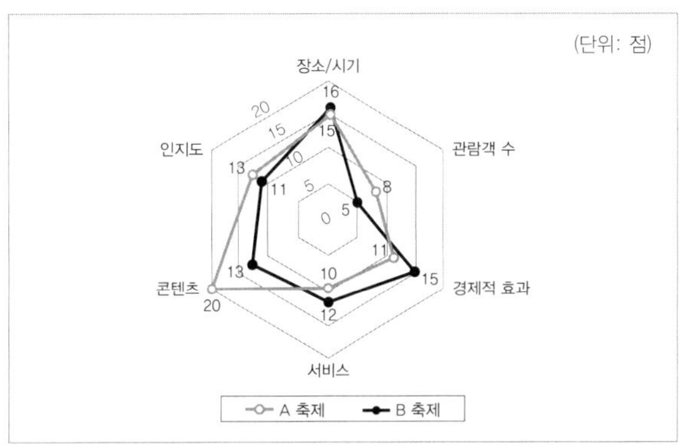

➡ (O) 〈보고서〉 1문단의 "A 축제는 관람객 수, 인지도, 콘텐츠 영역에서 B 축제보다 높은 점수를 받았으나 경제적 효과 영역에서는 B 축제보다 낮은 점수를 받았다."라는 것은 ④의 자료에 부합한다. 관람객 수(8점 > 5점), 인지도(13점 > 11점), 콘텐츠(20점 > 13점) 영역에서 A 축제의 점수가 B 축제의 점수보다 높다. 반면, 경제적 효과(11점 < 15점) 영역에서는 B 축제가 A 축제보다 높은 점수를 받았다.

⑤ 관람객의 연령대별 5대 축제 관련 정보 획득 매체

(단위: %)

연령대 \ 매체	TV	인터넷	신문	현수막	기타
20대 이하	22.0	58.6	10.8	17.5	11.5
30~40대	25.4	35.0	16.5	18.0	9.0
50대 이상	35.0	20.2	21.0	29.5	8.0
전체	26.0	41.5	15.1	20.1	9.8

※ 중복응답 가능함

➡ (X) 〈보고서〉 2문단 "설문조사에 따르면 축제 관련 정보 획득 매체는 연령대별로 차이를 보였다. 20대 이하와 30~40대는 각각 인터넷을 통해 정보를 획득한 관람객 수가 가장 많았다. 반면, 50대 이상은 현수막을 통해 정보를 획득한 관람객 수가 가장 많아 관람객의 연령대별 맞춤형 홍보 전략이 필요하다는 것을 보여준다."라는 것은 ⑤의 자료와 관련 있다. 하지만 ⑤의 자료에 따르면 20대 이하와 30~40대는 인터넷을 통한 정보 획득이, 50대 이상은 TV를 통한 정보 획득이 가장 많은 비중을 차지한다. 따라서 이는 〈보고서〉의 내용에 부합하지 않는다.

02 ①

정답률 98.7%

| 문제 유형 | 자료 읽기 > 표/빈칸 제시형

| 접근 전략 | 주어진 〈조건〉을 통해 하나의 간편식으로 전체 간편식의 합을 표현할 수 있는 식을 도출해야 한다. 평균이 제시되어 있으므로 이를 이용하여 총합을 구하면 답을 구할 수 있다.

다음 〈표〉는 2019년 10월 첫 주 '갑' 편의점의 간편식 A~F의 판매량에 관한 자료이다. 〈표〉와 〈조건〉을 이용하여 간편식 B, E의 판매량을 바르게 나열한 것은?

〈표〉 간편식 A ~ F의 판매량

(단위: 개)

간편식	A	B	C	D	E	F	평균
판매량	95	( )	( )	( )	( )	43	70

〈조건〉

○ A와 C의 판매량은 같다.
○ B와 D의 판매량은 같다.
○ E의 판매량은 D보다 23개 적다.

	B	E

① 70 47 ➡ (O) 첫 번째 〈조건〉을 통해 C는 95(개)임을 알 수 있다. 두 번째 〈조건〉에서 B = D임을 확인한다. 세 번째 〈조건〉에서 E = D − 23 = B − 23(개)임을 확인한다.

간편식	A	B	C	D	E	F	평균
판매량	95	B	95	B	B−23	43	70

평균이 70개임을 이용하여 계산식을 세운다.

A + B + C + D + E + F = 70 × 6 = 420(개)

95 + B + 95 + B + (B − 23) + 43 = 420(개)

3B = 420 − 95 − 95 + 23 − 43 = 210(개)

따라서 B의 판매량은 70개, E의 판매량은 47개이다.

② 70 57 ➡ (X)

③ 83 47 ➡ (X)

④ 83 60 ➡ (X)

⑤ 85 62 ➡ (X)

03 ①

정답률 86.3%

| 문제 유형 | 자료 읽기 > 표 제시형

| 접근 전략 | 〈보기〉에서 먼저 구해야 하는 것과 나중에 구해야 하는 것을 구분한 후 내용을 확인하는 것이 풀이시간을 줄일 수 있는 방법이다.

다음 〈표〉는 2015~2019년 '갑'국의 가스사고 현황에 관한 자료이다. 이에 대한 〈보기〉의 설명 중 옳은 것만을 모두 고르면?

〈표 1〉 원인별 사고건수

(단위: 건)

원인 \ 연도	2015	2016	2017	2018	2019
사용자 취급부주의	41	41	41	38	31
공급자 취급부주의	23	16	22	26	29
제품노후	4	12	19	12	18
고의사고	21	16	16	12	9
타공사	2	6	4	8	7
자연재해	12	9	5	3	3
시설미비	18	20	11	23	24
전체	121	120	118	122	121

〈표 2〉 사용처별 사고건수

(단위: 건)

사용처 \ 연도	2015	2016	2017	2018	2019
주택	48	50	39	42	47
식품접객업소	21	10	27	14	20
특수허가업소	14	14	16	16	12
공급시설	3	7	5	5	6
차량	4	5	4	5	6
제1종 보호시설	3	8	6	8	5
공장	9	6	7	6	4
다중이용시설	0	0	0	0	1
야외	19	20	14	26	20
전체	121	120	118	122	121

〈보기〉

ㄱ. 2015년 대비 2019년 사고건수의 증가율은 '공급자 취급부주의'가 '시설미비'보다 작다. → (O) 〈표 1〉을 통해 2015년 대비 2019년 사고건수의 증가율을 구할 수 있다. '공급자 취급부주의'의 경우 $\frac{29-23}{23} \times 100 = \frac{6}{23} \times 100$이고, '시설미비'의 경우 $\frac{24-18}{18} \times 100 = \frac{6}{18} \times 100$이다. 분자는 같으나 분모는 '공급자 취급부주의'가 '시설미비'보다 더 크다. 따라서 '공급자 취급부주의'의 증가율이 '시설미비'의 증가율보다 작다.

ㄴ. '주택'과 '차량'의 연도별 사고건수 증감 방향은 같다. → (O) 〈표 2〉를 통해 구할 수 있다. '주택'의 각 연도별 증감 방향은 ╱╲╱╱이다. '차량'의 각 연도별 증감 방향 역시 ╱╲╱╱이다. 따라서 두 사용처의 연도별 사고건수 증감 방향은 일치한다.

ㄷ. 2016년에는 사고건수 기준 상위 2가지 원인에 의한 사고건수의 합이 나머지 원인에 의한 사고건수의 합보다 적다. → (X) ㄷ은 2016년 상위 2가지 원인에 의한 사고건수의 합이 전체 사고건수의 절반이 넘는지, 넘지 않는지를 묻는 내용이다. 2016년 사고건수 기준 상위 2가지 원인은 '사용자 취급부주의(41건)'와 '시설미비(20건)'이다. 두 가지 원인에 의한 사고건수의 합은 61건으로 원인별 전체 사고건수는 120건이므로 틀린 내용이다.

ㄹ. 전체 사고건수에서 '주택'이 차지하는 비중은 매년 35% 이상이다. → (X) ㄹ에서 '매년 35% 이상'이라고 하였으므로 '주택'이 가장 적게 차지하고 있는 연도의 비중이 35%를 넘는지 확인한다. 매년 전체 사고건수는 약 120건으로 유사하고, '주택'의 사고건수가 가장 적은 연도는 2017년(39건)이다. 2017년 '주택'이 차지하는 비중은 $\frac{39}{118}$ × 100으로 약 33%이다.

① ㄱ, ㄴ ➡ (O)
② ㄱ, ㄹ ➡ (X)
③ ㄴ, ㄷ ➡ (X)
④ ㄱ, ㄷ, ㄹ ➡ (X)
⑤ ㄴ, ㄷ, ㄹ ➡ (X)

04 ⑤

정답률 71.3%

| 문제 유형 | 자료 읽기 > 표 제시형

| 접근 전략 | 주어진 〈표〉가 복잡해 보이지만, 선지에서 요구하는 부분을 차근차근 따라가면 어렵지 않게 풀 수 있는 문제이다. 해양수질을 기준에 따라 정확하게 판단하는 것이 관건이다.

다음 〈표〉는 2015 ~ 2019년 A ~ D 지역의 해양수질, 해조류 군집 및 해양 저서동물 출현종수에 관한 자료이다. 이에 대한 설명으로 옳지 않은 것은?

〈표 1〉 A ~ D 지역의 해양수질

(단위: mg/L)

측정항목	연도 지역	2015	2016	2017	2018	2019
용존 산소량 (DO)	A	8.22	8.13	7.95	8.40	7.60
	B	8.18	8.23	8.12	8.60	8.10
	C	10.20	8.06	8.73	8.10	8.50
	D	7.51	6.97	7.39	8.43	8.35
화학적 산소 요구량 (COD)	A	1.73	1.38	1.19	1.54	1.34
	B	1.38	1.40	1.26	1.47	1.54
	C	2.35	2.29	1.71	1.59	1.69
	D	0.96	0.82	0.70	1.30	1.59
총질소 (Total－N)	A	0.16	0.14	0.16	0.15	0.12
	B	0.16	0.13	0.20	0.15	0.12
	C	0.45	0.51	0.68	0.11	0.08
	D	0.20	0.06	0.05	0.57	0.07

※ 해양수질 등급은 아래 기준으로 판정함
- 1등급은 DO가 7.50mg/L 이상이고 COD는 1.00mg/L 이하이며 Total－N이 0.30mg/L 이하인 경우임
- 2등급은 1등급에 해당하지 않으면서 DO가 2.00mg/L 이상이고 COD는 2.00mg/L 이하이며 Total－N이 0.60mg/L 이하인 경우임
- 등급 외는 1, 2등급에 해당하지 않는 경우임

〈표 2〉 A ~ D 지역의 해조류 군집 및 해양 저서동물 출현종수

(단위: 개)

항목	연도 지역	2015	2016	2017	2018	2019
해조류 군집 출현종수	A	108	77	46	48	48
	B	102	77	49	49	52
	C	26	27	28	29	27
	D	102	136	199	86	87
해양 저서동물 출현종수	A	147	79	126	134	153
	B	90	73	128	142	141
	C	112	34	58	85	102
	D	175	351	343	303	304

① 2015 ~ 2019년 A와 B 지역의 총질소(Total－N)의 연간 증감 방향은 매년 동일하다. ➡ (O) A 지역과 B 지역의 총질소의 연간 증감 방향은 ╲╱╲╲으로 동일하다.

② 2016년 B 지역은 해조류 군집 출현종수의 전년 대비 증감률이 해양 저서동물 출현종수의 전년 대비 증감률보다 크다. ➡ (O) 2016년 B 지역의 해조류 군집 출현종수의 전년 대비 증감률은 $\frac{102-77}{102}$ × 100 ≒ 24.5(%)이고, 해양 저서동물 출현종수의 전년 대비 증감률은 $\frac{90-73}{90}$ × 100 ≒ 18.9(%)이다. 따라서 해조류 군집 출현종수의 증감률이 해양 저서동물 출현종수의 증감률보다 크다.

③ 2019년에는 해양 저서동물 출현종수가 가장 많은 지역이 총질소(Total－N)가 가장 낮다. ➡ (O) 2019년 해양 저서동물 출현종수가 가장 많은 지역은 D 지역이며, 2019년 총질소가 가장 낮은 지역도 D 지역이다.

④ 2015년에 해양수질이 1등급인 지역은 D가 유일하다. ➡ (O) 해양수질 1등급을 판정하는 기준은 OR이 아닌 AND로 판단해야 한다. 용존 산소량, 화학적 산소 요구량, 총질소의 세 가지 조건을 모두 만족해야 1등급이 될 수 있다. 2015년에 세 가지 조건을 모두 충족한 지역은 D가 유일하다.

⑤ A와 C 지역의 해양수질은 2015년부터 2017년까지 2등급으로 일정하다. ➡ (X) A 지역은 2015년부터 2017년까지 2등급 수질을 판단하는 기준을 모두 충족하고 있다. 따라서 A 지역은 2등급으로 일정하다. 반면 C 지역은 용존 산소량의 경우 기준에 부합하지만 화학적 산소 요구량은 2015년과 2016년이, 총질소는 2017년이 기준에 어긋났다. 따라서 C 지역은 2015년부터 2017년까지 2등급이 아니다.

05 ④

정답률 91.3%

| 문제 유형 | 자료 읽기 > 표/그림 제시형

| 접근 전략 | 월별 최대 전력수요를 나타낸 〈그림〉과 전력수급현황을 보여주는 〈표〉를 이용하여 공급예비력과 공급예비율을 정확하게 구해야 한다.

다음 〈그림〉과 〈표〉는 2018 ~ 2019년 '갑'국의 월별 최대전력수요와 전력수급현황에 관한 자료이다. 이에 대한 설명으로 옳은 것은?

〈그림〉 '갑'국의 월별 최대전력수요

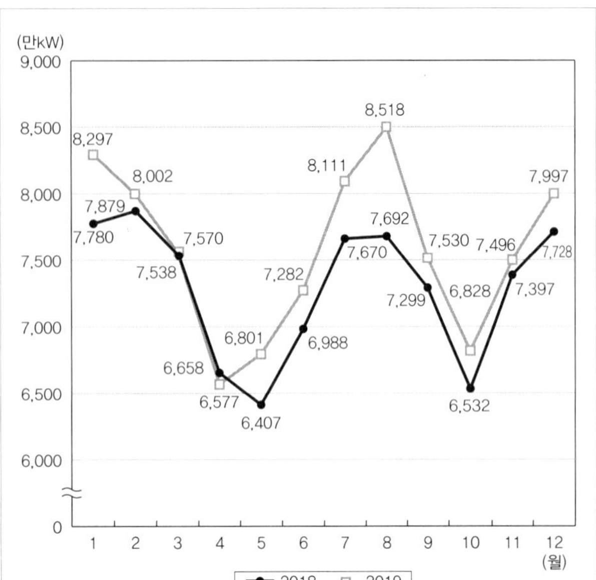

〈표〉 '갑'국의 전력수급현황

(단위: 만kW)

구분 \ 시기	2018년 2월	2019년 8월
최대전력수요	7,879	8,518
전력공급능력	8,793	9,240

※ 1) 공급예비력 = 전력공급능력 – 최대전력수요

2) 공급예비율(%) = $\frac{\text{공급예비력}}{\text{최대전력수요}} \times 100$

① 공급예비력은 2018년 2월이 2019년 8월보다 작다. ➡ (X) 2018년 2월의 공급예비력은 8,793 – 7,879 = 914(만kW)이다. 2019년 8월의 공급예비력은 9,240 – 8,518 = 722(만kW)이다. 따라서 공급예비력은 2018년 2월보다 2019년 8월이 작다.

② 공급예비율은 2018년 2월이 2019년 8월보다 낮다. ➡ (X) 2018년 2월의 공급예비율은 $\frac{914}{7,879} \times 100$이고, 2019년 8월의 공급예비율은 $\frac{722}{8,518} \times 100$이다. 두 값을 비교해보면 $\frac{914}{7,879}$(2018년 2월) $> \frac{1}{9} > \frac{722}{8,518}$(2019년 8월)이다.

③ 2019년 1～12월 동안 최대전력수요의 월별 증감 방향은 2018년과 동일하다. ➡ (X) 〈그림〉에서 두 연도의 최대전력수요의 증감 방향은 대체로 일치하지만, 1월에서 2월, 4월에서 5월의 경우 증감 방향은 반대이다.

④ 해당 연도 1～12월 중 최대전력수요가 가장 큰 달과 가장 작은 달의 최대전력수요 차이는 2018년이 2019년보다 작다. ➡ (O) 2018년의 최대전력수요가 가장 큰 달은 2월로 7,879만kW이고, 가장 작은 달은 5월로 6,407만kW이다. 이 둘의 차이는 1,472만kW이다. 2019년의 최대전력수요가 가장 큰 달은 8월로 8,518만kW이며, 최대전력수요가 가장 작은 달은 4월로 6,577만kW이다. 이 둘의 차이는 1,941만kW이다. 따라서 최대전력수요가 가장 큰 달과 가장 작은 달의 차이는 2019년보다 2018년이 작다.

⑤ 2019년 최대전력수요의 전년동월 대비 증가율이 가장 높은 달은 1월이다. ➡ (X) 〈그림〉에서 1월보다 8월의 차이가 더 크므로 1월과 8월을 우선 비교해 본다. 1월의 경우 7,780만kW에서 8,297만kW로 변화하였고, 8월의 경우 7,692만kW에서 8,518만kW로 변화하였다. 즉, 2018년 월별 최대전력수요는 8월이 더 낮으면서 2019년 월별 최대전력수요는 1월보다 8월이 더 높다. 따라서 2019년 최대전력수요의 전년동월 대비 증가율은 1월보다 8월이 더 높다.

06 ②

정답률 82.5%

| 문제 유형 | 자료 읽기/추론 > 계산형

| 접근 전략 | 〈평가 방법〉의 위험인자 순으로 점수를 하나씩 넣는 과정에서 실수하지 않아야 한다. 이상과 미만을 잘 구분하여 평가점수를 책정하면 쉽게 해결할 수 있는 문제이다.

다음 〈표〉는 2018년 '갑'국 A～E 지역의 산사태 위험인자 현황에 관한 자료이다. 〈평가 방법〉에 근거하여 산사태 위험점수가 가장 높은 지역과 가장 낮은 지역을 바르게 나열한 것은?

〈표〉 A～E 지역의 산사태 위험인자 현황

위험인자 \ 지역	A	B	C	D	E
경사길이(m)	180	220	150	80	40
모암	화성암	퇴적암	변성암(편마암)	변성암(천매암)	변성암(편마암)
경사위치	중하부	중상부	중하부	상부	중상부
사면형	상승사면	복합사면	하강사면	복합사면	평형사면
토심(cm)	160	120	70	110	80
경사도(°)	30	20	25	35	55

〈평가 방법〉

○ 산사태 위험인자의 평가점수는 다음과 같다.

위험인자 \ 평가점수	0점	10점	20점	30점
경사길이(m)	50 미만	50 이상 100 미만	100 이상 200 미만	200 이상
모암	퇴적암	화성암	변성암(천매암)	변성암(편마암)
경사위치	하부	중하부	중상부	상부
사면형	상승사면	평형사면	하강사면	복합사면
토심(cm)	20 미만	20 이상 100 미만	100 이상 150 미만	150 이상
경사도(°)	40 이상	30 이상 40 미만	25 이상 30 미만	25 미만

○ 개별 지역의 산사태 위험점수는 6개 위험인자에 대한 평가점수의 합임

	가장 높은 지역	가장 낮은 지역	
①	B	A	➡ (X)
②	B	E	➡ (O) 〈평가 방법〉의 위험인자 순

으로 점수를 채우면 다음과 같다.

위험인자 \ 지역	A	B	C	D	E
경사길이(m)	20점	30점	20점	10점	0점
모암	10점	0점	30점	20점	30점
경사위치	10점	20점	10점	30점	20점
사면형	0점	30점	20점	30점	10점
토심(cm)	30점	20점	10점	20점	10점
경사도(°)	10점	30점	20점	10점	0점

총합을 내면,

- A: 20 + 10 + 10 + 0 + 30 + 10 = 80(점)
- B: 30 + 0 + 20 + 30 + 20 + 30 = 130(점)
- C: 20 + 30 + 10 + 20 + 10 + 20 = 110(점)
- D: 10 + 20 + 30 + 30 + 20 + 10 = 120(점)
- E: 0 + 30 + 20 + 10 + 10 + 0 = 70(점)

따라서 가장 높은 지역은 B이고, 가장 낮은 지역은 E이다.

③	D	A	➡ (X)
④	D	C	➡ (X)
⑤	D	E	➡ (X)

07 ③ 정답률 50%

| 문제 유형 | 자료 변환응용 > 자료/보고서 전환형

| 접근 전략 | 총매출액은 (특선식 이용자 수 × 매출액)+(일반식 이용자 수 × 매출액)을 이용하여 계산해야 하므로 시간이 오래 걸린다. 따라서 메뉴 가격 변동에 따라 특선식 이용자 수, 일반식 이용자 수가 보고서에 맞게 변화하였는지 먼저 확인한 후 알맞지 않은 선지는 먼저 제거하고 남은 선지에 대해서만 총매출액을 구한다.

다음 〈표〉는 '갑' 회사 구내식당의 월별 이용자 수 및 매출액에 관한 자료이고, 〈보고서〉는 '갑' 회사 구내식당 가격인상에 관한 내부검토 자료이다. '2019년 1월의 이용자 수 예측'에 대한 그래프로 〈표〉와 〈보고서〉의 내용에 부합하는 것은?

〈표〉 2018년 '갑' 회사 구내식당의 월별 이용자 수 및 매출액

(단위: 명, 천 원)

구분 월	특선식		일반식		총매출액
	이용자 수	매출액	이용자 수	매출액	
7	901	5,406	1,292	5,168	10,574
8	885	5,310	1,324	5,296	10,606
9	914	5,484	1,284	5,136	10,620
10	979	5,874	1,244	4,976	10,850
11	974	5,844	1,196	4,784	10,628
12	952	5,712	1,210	4,840	10,552

※ 총매출액은 특선식 매출액과 일반식 매출액의 합임

〈보고서〉

2018년 12월 현재 회사 구내식당은 특선식(6,000원)과 일반식(4,000원)의 두 가지 메뉴를 판매하고 있다. 2018년 11월부터 구내식당 총매출액이 감소하고 있어 지난 2년 동안 동결되었던 특선식과 일반식 중 한 가지 메뉴의 가격을 2019년 1월부터 1,000원 인상할지를 검토하였다.

메뉴 가격에 변동이 없을 경우, 일반식 이용자와 특선식 이용자의 수가 모두 2018년 12월에 비해 감소하여 → 메뉴 가격에 변동이 없는 경우 일반식 이용자 수는 210명 미만, 특선식 이용자 수는 52명 미만이다. ①은 메뉴 가격에 변동이 없을 때 일반식 이용자수가 220명이므로 옳지 않다. 2019년 1월의 총매출액은 2018년 12월보다 감소할 것으로 예측된다. → 일반식 이용자와 특선식 이용자의 수가 모두 감소한다면 총매출액 또한 감소할 것이므로 확인할 필요가 없다.

특선식 가격만을 1,000원 인상하여 7,000원으로 할 경우, 특선식 이용자 수는 2018년 7월 이후 최저치 이하로 감소하지만, → 특선식 가격만을 1,000원 인상한 경우, 특선식 이용자 수는 85명 이하여야 한다. ②는 특선식만 1,000원 인상하였을 때 특선식 이용자 수가 90명이므로 옳지 않다. 가격 인상의 영향 등으로 총매출액은 2018년 10월 이상으로 증가할 것으로 예측된다. → 이용자 수 변화를 먼저 확인하였을 때 ① ② ⑤가 답이 아니므로 ③ ④만 확인하면 된다. 특선식만 1,000원 인상하였을 때 특선식 이용자 수와 일반식이용자 수가 모두 ④보다 ③이 많다. 따라서 총매출액 또한 ③이 더 클 것이므로 반드시 ③이 답이 되어야 한다.

일반식 가격만을 1,000원 인상하여 5,000원으로 할 경우, 일반식 이용자 수는 2018년 12월 대비 10% 이상 감소하며, → 일반식만 1,000원 인상한 경우 일반식 이용자 수는 1,210 × 0.9 = 1,089(명) 이하로 감소한다. ⑤는 일반식만 1,000원 인상하였을 때 일반식 이용자 수가 1,090명이므로 옳지 않다. 특선식 이용자 수는 2018년 10월보다 증가하지는 않으리라 예측된다. → 일반식만 1,000원 인상한 경우 특선식 이용자 수는 79명 이하이다. 모든 선지가 이를 만족한다.

①

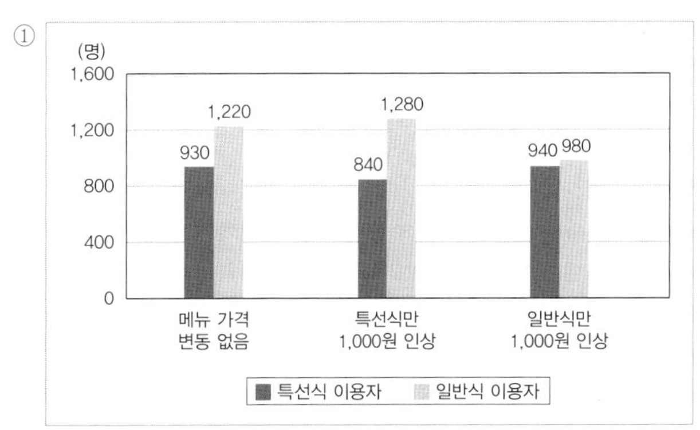

➡ (X) 메뉴 가격이 변동 없을 때, 일반식 이용자 수가 1,210명 이상이므로 옳지 않다.

②

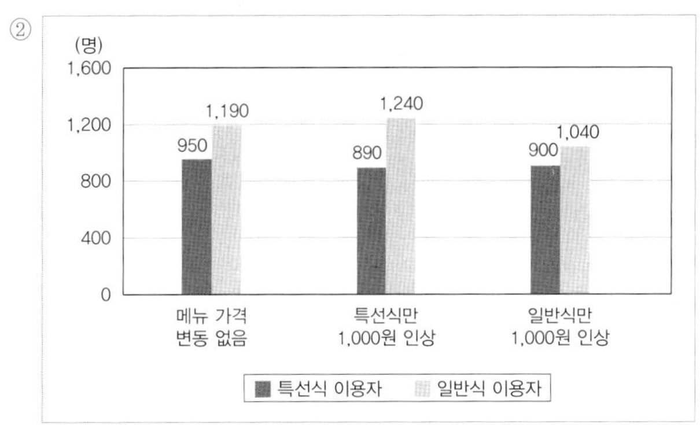

➡ (X) 특선식만 1,000원 인상하였을 때, 특선식 이용자 수가 885명을 초과하므로 옳지 않다.

③

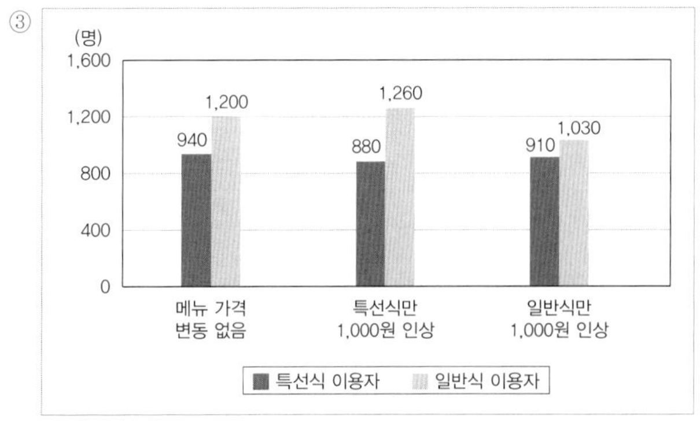

➡ (O) 이용자 수에 관한 설명을 모두 만족하고, 특선식만 1,000원 인상하였을 때, 특선식 이용자 수와 일반식 이용자 수가 모두 ④보다 많으므로 총매출액도 ④보다 많다. 만약 ④가 옳은 선지라면 ③도 옳은 선지가 되므로 모순이다. 따라서 ③만 옳다.

④

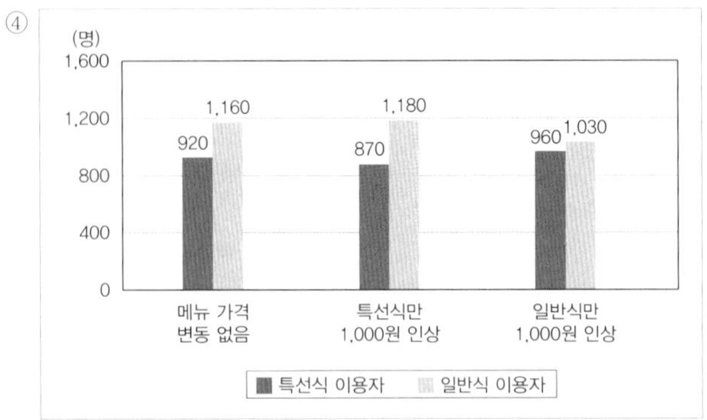

➡ (X) 이용자 수에 관한 설명을 모두 만족하지만 특선식만 1,000원 인상하였을 때, 특선식 이용자 수와 일반식 이용자 수가 모두 ③보다 적으므로 답이 될 수 없다.

⑤

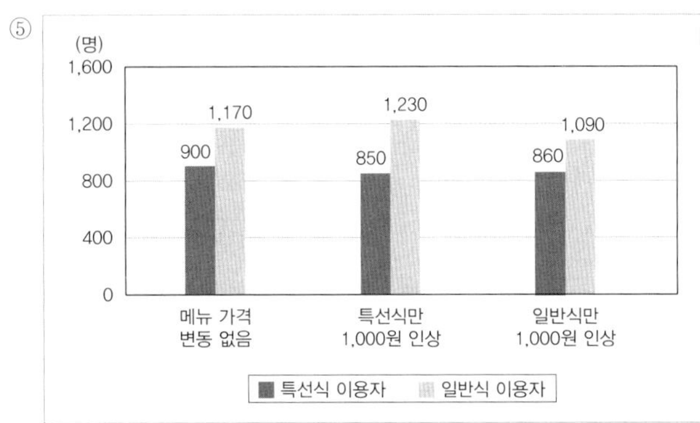

➡ (X) 일반식만 1,000원 인상하였을 때, 일반식 이용자 수가 1,089명을 초과하므로 옳지 않다.

08 ②

정답률 73.8%

| 문제 유형 | 자료 읽기/추론 > 계산형

| 접근 전략 | 단순한 수치들이 나와 있지만 하나하나 계산했을 때 많은 시간이 소요되므로 최대한 간소하게 계산하는 것이 필요하다.

다음 〈표〉는 '갑'시에서 주최한 10km 마라톤 대회에 참가한 선수 A ~ D의 구간별 기록이다. 이에 대한 〈보기〉의 설명 중 옳은 것만을 모두 고르면?

〈표〉 선수 A ~ D의 10km 마라톤 대회 구간별 기록

구간 \ 선수	A	B	C	D
0~1km	5분 24초	5분 44초	6분 40초	6분 15초
1~2km	5분 06초	5분 42초	5분 27초	6분 19초
2~3km	5분 03초	5분 50초	5분 18초	6분 00초
3~4km	5분 00초	6분 18초	5분 15초	5분 54초
4~5km	4분 57초	6분 14초	5분 24초	5분 35초
5~6km	5분 10초	6분 03초	5분 03초	5분 27초
6~7km	5분 25초	5분 48초	5분 14초	6분 03초
7~8km	5분 18초	5분 39초	5분 29초	5분 24초
8~9km	5분 10초	5분 33초	5분 26초	5분 11초
9~10km	5분 19초	5분 03초	5분 36초	5분 15초
계	51분 52초	( )	54분 52초	57분 23초

※ 1) A~D는 출발점에서 동시에 출발하여 휴식 없이 완주함
2) A~D는 각 구간 내에서 일정한 속도로 달림

〈보기〉

ㄱ. 출발 후 6km 지점을 먼저 통과한 선수부터 나열하면 A, C, D, B 순이다. → (O) 출발 후 6km 지점을 먼저 통과한 선수는 6km 지점까지의 누적 기록이 더 짧을 것이다. A의 경우 5~6km 구간을 제외하고 모든 구간에서 나머지 선수보다 기록이 짧다. 5~6km 구간에서는 C보다 7초가 느린데 다른 구간에서는 C보다 7초 이상 더 빠르다. 따라서 A의 누적 기록이 가장 짧다. C는 0~1km 구간을 제외하고, B와 D보다 기록이 짧다. 다른 구간에서 B와 D보다 기록이 월등히 짧으므로 C의 누적 기록은 B, D보다 짧다. 6분을 기준으로 B와 D의 기록을 더해 보면 B는 $-16-18-10+18+14+3=-9$(초)이고, D는 $15+19+0-6-25-33=-30$(초)이다. 따라서 D의 누적 기록은 B보다 짧다. 따라서 출발 후 6km 지점을 먼저 통과한 선수는 A, C, D, B 순이다.

ㄴ. B의 10km 완주기록은 60분 이상이다. → (X) B가 총 10개의 구간을 평균 6분의 기록으로 달렸을 때 완주기록이 60분이 된다. 각 구간별로 6분을 기준으로 ±를 구해서 합을 냈을 때 +라면 완주기록이 60분 이상이다. 6분을 기준으로 구간별 기록을 더해 보면 -126(초)로 음수이므로 B의 10km 완주기록은 60분 이하이다.

ㄷ. 3~4km 구간에서 B는 C에게 추월당한다. → (O) 0~1km 구간에서 B는 C보다 56초 빨랐다. 1~2km 구간에서는 C가 B보다 15초 빨랐다. 2~3km 구간에서는 C가 B보다 32초 빨랐다. 정리하면 3km가 되는 지점에서 B는 C보다 9초 빠르다. 3~4km 구간에서 C는 B보다 1분 3초 빠른 페이스로 달린다. 구간 내에서 일정한 속도로 달린다고 했기 때문이므로 즉, 3~4km 구간 초반에 C는 B를 추월하게 될 것이다.

ㄹ. A가 10km 지점을 통과한 순간, D는 7~8km 구간을 달리고 있다. → (X) ㄹ은 A가 완주한 순간 D가 달리고 있는 구간이 어디인지 파악하라는 것을 의미한다. A가 완주한 순간 D는 5분 31초 뒤쳐져 있는 상황이다. 9~10km 구간을 D는 5분 15초만에 달렸기 때문에 8~9km 구간을 달리고 있을 것이다.

① ㄱ, ㄴ ➡ (X)
② ㄱ, ㄷ ➡ (O)
③ ㄱ, ㄹ ➡ (X)
④ ㄴ, ㄷ ➡ (X)
⑤ ㄷ, ㄹ ➡ (X)

09 ①

정답률 59%

| 문제 유형 | 자료 읽기 > 그림 제시형

| 접근 전략 | 전기요금 지수를 바탕으로 전기요금을 도출해낼 수 있는지를 묻는 문제이다. 〈그림〉 각주에 제시된 한국의 전기요금을 이용하여 OECD 평균 전기요금을 구할 수 있어야 한다. 그리고 지수가 나타내는 바를 정확하게 이해해야 한다.

다음 〈그림〉은 OECD 회원국 중 5개국의 2018년 가정용, 산업용 전기요금 지수를 나타낸 것이다. 이에 대한 〈보기〉의 설명 중 옳은 것만을 모두 고르면?

〈그림〉 OECD 회원국 중 5개국의 가정용, 산업용 전기요금 지수

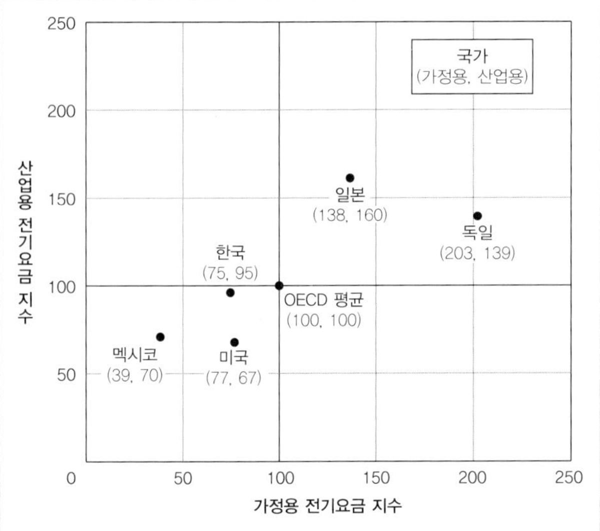

※ 1) OECD 각 국가의 전기요금은 100kWh당 평균 금액($)임

2) 가정용(산업용) 전기요금 지수 = $\frac{\text{해당 국가의 가정용(산업용) 전기요금}}{\text{OECD 평균 가정용(산업용) 전기요금}} \times 100$

3) 2018년 한국의 가정용, 산업용 전기요금은 100kWh당 각각 $120, $95임

〈보기〉

ㄱ. 산업용 전기요금은 일본이 가장 비싸고 가정용 전기요금은 독일이 가장 비싸다. → (O) OECD 평균이라는 같은 기준을 사용하기 때문에 지수의 크기 비교를 통해 가장 비싼 요금인지를 판단할 수 있다. 일본의 산업용 전기요금 지수는 160으로 가장 비싸고 독일의 가정용 전기요금 지수는 203으로 가장 비싸다.

ㄴ. OECD 평균 전기요금은 가정용이 산업용의 1.5배 이상이다. → (O) 〈그림〉 각주를 통해 식을 세울 수 있다. OECD 평균 가정용(산업용) 전기요금은 $\frac{\text{해당국 가정용(산업용) 전기요금}}{\text{해당국 가정용(산업용) 전기요금 지수}} \times 100$으로 구할 수 있다. 한국의 전기요금을 통해 OECD 평균 전기요금을 구하면 OECD 평균 가정용 전기요금은 $\frac{120}{75} \times 100 = 160$($)이고, OECD 평균 산업용 전기요금은 $\frac{95}{95} \times 100 = 100$($)이다. 따라서 가정용이 산업용의 1.5배 이상이다.

ㄷ. 가정용 전기요금이 한국보다 비싼 국가는 산업용 전기요금도 한국보다 비싸다. → (X) 가정용 전기요금 지수가 한국보다 큰 나라들이 산업용 전기요금 지수도 큰지 확인하면 된다. 한국보다 가정용 전기요금 지수가 큰 나라는 미국, 일본, 독일이다. 이 가운데 미국은 한국보다 산업용 전기요금 지수가 낮다.

ㄹ. 일본은 산업용 전기요금이 가정용 전기요금보다 비싸다. → (X) OECD 평균 전기요금은 가정용이 $160, 산업용이 $100이므로 일본의 가정용 전기요금은 $\frac{160 \times 138}{100} = 220.8$($)이고, 산업용 전기요금은 $\frac{100 \times 160}{100} = 160$($)이다. 따라서 일본의 가정용 전기요금이 산업용 전기요금보다 비싸므로 ㄹ은 적절하지 않다.

① ㄱ, ㄴ ➡ (O)
② ㄱ, ㄷ ➡ (X)
③ ㄴ, ㄹ ➡ (X)
④ ㄷ, ㄹ ➡ (X)
⑤ ㄱ, ㄴ, ㄹ ➡ (X)

10 ③

정답률 67.5%

| 문제 유형 | 자료 변환응용 > 표/그림 전환형

| 접근 전략 | 〈표〉에서 제시된 자료를 바탕으로 정보를 가공할 수 있는지를 묻는 문제이다. 〈표〉를 바탕으로 도출할 수 없거나 잘못 도출한 〈그림〉을 찾아야 한다. 전체에서 일부가 차지하고 있는 만큼을 나타내는 비중이나 전년 대비 증가율과 같은 용어에 대한 이해가 필요하다.

다음 〈표〉는 2014 ~ 2018년 공공기관 신규채용 합격자 현황에 관한 자료이다. 이를 이용하여 작성한 그래프로 옳지 않은 것은?

〈표 1〉 공공기관 신규채용 합격자 현황

(단위: 명)

합격자 \ 연도	2014	2015	2016	2017	2018
전체	17,601	19,322	20,982	22,547	33,832
여성	7,502	7,664	8,720	9,918	15,530

〈표 2〉 공공기관 유형별 신규채용 합격자 현황

(단위: 명)

유형	합격자 \ 연도	2014	2015	2016	2017	2018
공기업	전체	4,937	5,823	5,991	6,805	9,070
	여성	1,068	1,180	1,190	1,646	2,087
준정부기관	전체	5,055	4,892	6,084	6,781	9,847
	여성	2,507	2,206	2,868	3,434	4,947
기타 공공기관	전체	7,609	8,607	8,907	8,961	14,915
	여성	3,927	4,278	4,662	4,838	8,496

※ 공공기관은 공기업, 준정부기관, 기타 공공기관으로만 구성됨

① 공공기관 유형별 신규채용 합격자 현황

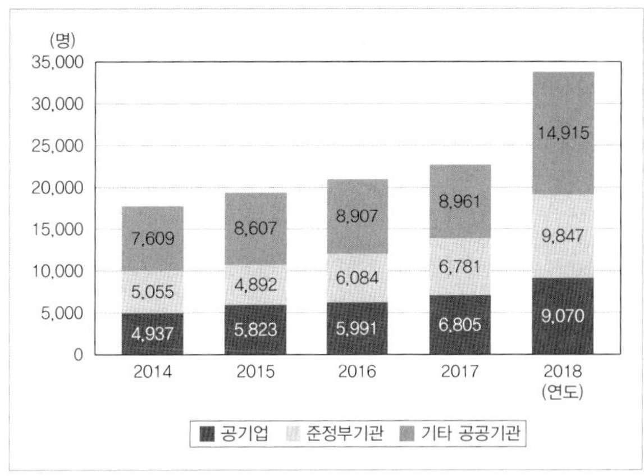

➡ (O) 〈표 2〉에서 확인할 수 있는 정보이다. 공기업, 준정부기관, 기타 공공기관의 2014년부터 2018년까지 합격자가 몇 명이었는지 확인함으로써 진위를 확인할 수 있다.

② 2016년 공공기관 유형별 신규채용 남성 합격자 현황

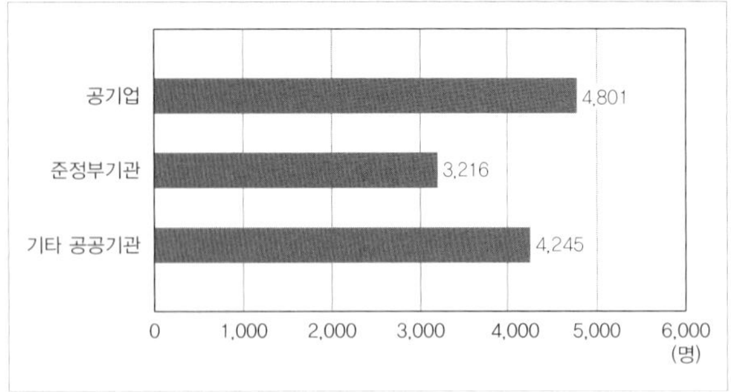

➡ (O) 〈표 2〉에서 구할 수 있는 정보이다. 전체 합격자에서 여성 합격자의 수를 빼면 남성 합격자의 수이다. 2016년도 신규채용 합격자 현황을 바탕으로 계산해 보면 옳은 자료임을 확인할 수 있다.

③ 공공기관 유형별 신규채용 합격자 중 여성 비중

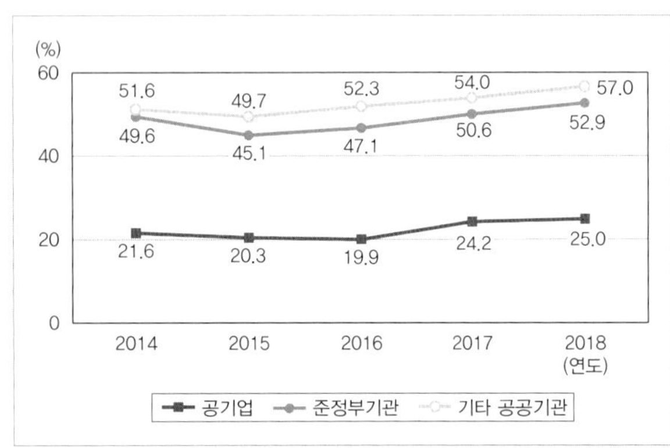

➡ (X) 여성 비중은 $\frac{\text{여성 합격자 수}}{\text{전체 합격자 수}}$ × 100으로 구할 수 있다. 예를 들어 2018년 공기업을 계산을 해 보면 여성의 비중은 $\frac{2,087}{9,070}$ × 100 ≒ 23(%)임을 확인할 수 있다. 위 〈그림〉에서는 25.0%이므로 해당 자료를 이용하여 작성한 그래프로 적절하지 않다.

④ 공공기관 신규채용 합격자의 전년 대비 증가율

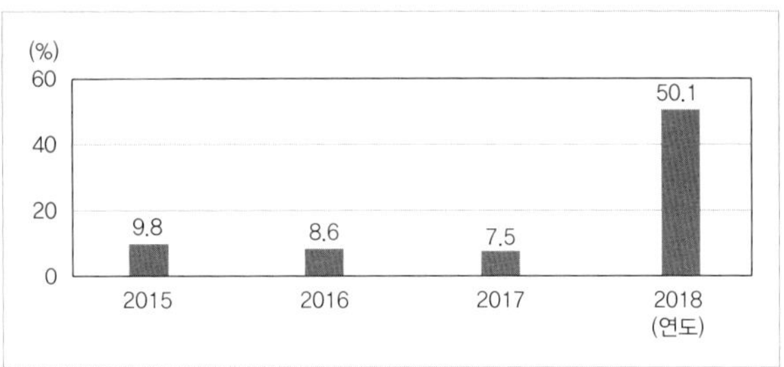

➡ (O) 공공기관 신규채용 합격자의 전년 대비 증가율은 2015년의 경우 $\frac{(19,322-17,601)}{17,601}$ × 100 ≒ 9.8(%), 2016년의 경우 $\frac{(20,982-19,322)}{19,322}$ × 100 ≒ 8.6(%), 2017년의 경우 $\frac{(22,547-20,982)}{20,982}$ × 100 ≒ 7.5(%), 2018년의 경우 $\frac{(33,832-22,547)}{22,547}$ × 100 ≒ 50.1(%)이다. 따라서 〈그림〉과 일치한다.

⑤ 2018년 공공기관 신규채용 합격자의 공공기관 유형별 구성비

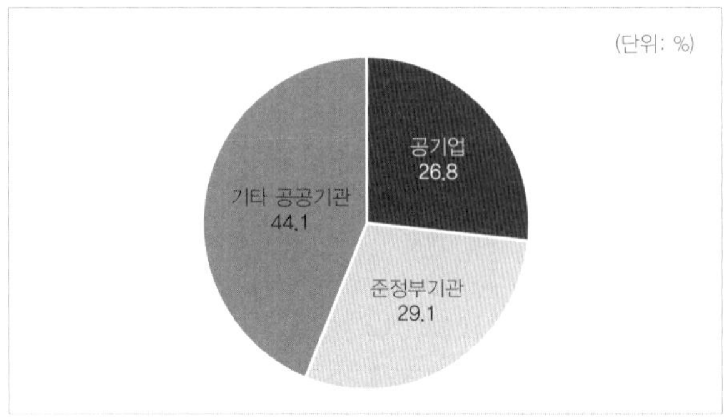

➡ (O) 2018년 공공기관 신규채용 합격자의 공공기관 유형별 구성비는 공기업의 경우 $\frac{9,070}{33,832}$ × 100 ≒ 26.8(%), 준정부기관의 경우 $\frac{9,847}{33,832}$ × 100 ≒ 29.1(%), 기타 공공기관의 경우 $\frac{14,915}{33,832}$ × 100 ≒ 44.1(%)이다.

11 ④

정답률 58.4%

| 문제 유형 | 자료 읽기/추론 > 매칭형

| 접근 전략 | 〈조건〉이 제시되는 문제의 경우 어떤 〈조건〉을 가장 먼저 해결할 것인지를 정하는 것이 중요하다. 하나의 값을 확정할 수 있는 〈조건〉을 먼저 해결하고, 그 다음 첫 번째 〈조건〉과 같은 범주에 있는 〈조건〉들을 선택하여 해결한다.

다음 〈표〉는 2019년 기관 A～D 소속 퇴직예정공직자의 재취업을 위한 직무관련성 심사결과에 대한 자료이다. 〈표〉와 〈조건〉을 근거로 A～D에 해당하는 기관을 바르게 나열한 것은?

〈표〉 직무관련성 심사결과

(단위: 건)

구분 기관	관련 있음	관련 없음	각하	전체
A	8	33	4	45
B	17	77	3	97
C	99	350	59	508
D	0	9	0	9

〈조건〉

○ 우주청의 전체 심사결과 중 '관련 없음'의 비중은 혁신청의 전체 심사결과 중 '관련 없음'의 비중보다 작다.
○ 기관별 전체 심사결과 중 '관련 없음'의 비중은 문화청이 가장 크다.
○ '각하' 건수는 과학청이 혁신청보다 많다.
○ '관련 없음' 대비 '관련 있음' 건수의 비는 과학청이 우주청보다 높다.

	A	B	C	D
①	과학청	문화청	혁신청	우주청 ➡ (X)
②	과학청	혁신청	우주청	문화청 ➡ (X)
③	문화청	혁신청	우주청	과학청 ➡ (X)
④	우주청	혁신청	과학청	문화청 ➡ (O)

가장 확실하게 구할 수 있는 두 번째 〈조건〉부터 구한다. 전체 심사 가운데 '관련 없음'이 100% 차지하고 있는 D가 문화청임을 확인할 수 있다. 다음으로는 세 번째 〈조건〉이다. 과학청이 혁신청보다 '각하' 건수는 많기 때문에 과학청은 '각하' 건수가 가장 작을 수는 없다. 따라서 과학청은 B가 될 수 없다. 즉, B는 혁신청이나 우주청이다. 다음은 첫 번째

〈조건〉을 고려한다. 남은 A, B, C의 '관련 없음'의 비중을 각각 구해 본다.

- $A = \frac{33}{45} < \frac{33}{44} = 0.75$
- $B = \frac{77}{97} > \frac{77}{100} = 0.77$
- $C = \frac{350}{508} < \frac{700}{1{,}000} = 0.7$

B > 0.77 > 0.75 > A > 0.7 > C이다. 비중은 B, A, C 순이다. 따라서 B는 혁신청이 된다. B가 우주청이라면 첫 번째 〈조건〉은 성립하지 않는다. 마지막으로 네 번째 〈조건〉을 구한다. A와 C 는 각각 우주청과 과학청 중 하나이다. '관련 없음' 대비 '관련 있음' 건수의 비를 구해 본다.

- $A = \frac{8}{33} \fallingdotseq 0.24$
- $C = \frac{99}{350} \fallingdotseq 0.28$

C가 A보다 더 크다. 따라서 과학청은 C, 우주청은 A가 된다.

⑤ 혁신청 우주청 과학청 문화청 ➡ (X)

12 ③

정답률 83.1%

| 문제 유형 | 자료 읽기 > 그림 제시형

| 접근 전략 | 〈그림 2〉 각주에 제시된 '필수생활비 = 식비 + 의복비'라는 식을 통해 식비와 주거비를 표시한 〈그림 1〉과 식비와 필수생활비를 표시한 〈그림 2〉를 분석하여 의복비를 도출할 수 있는지를 묻는 문제이다. 특히 정확한 비용이 도출되지 않고 범위로만 파악할 수 있는 가구들이 존재하므로 그 범위를 잘 찾아야 한다.

다음 〈그림〉은 가구 A ~ L의 2020년 1월 주거비와 식비, 필수생활비에 관한 자료이다. 이에 대한 설명으로 옳은 것은?

〈그림 1〉 가구 A ~ L의 주거비와 식비

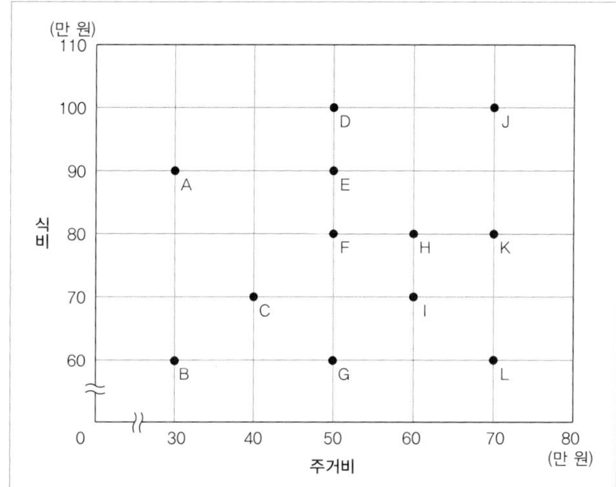

〈그림 2〉 가구 A ~ L의 식비와 필수생활비

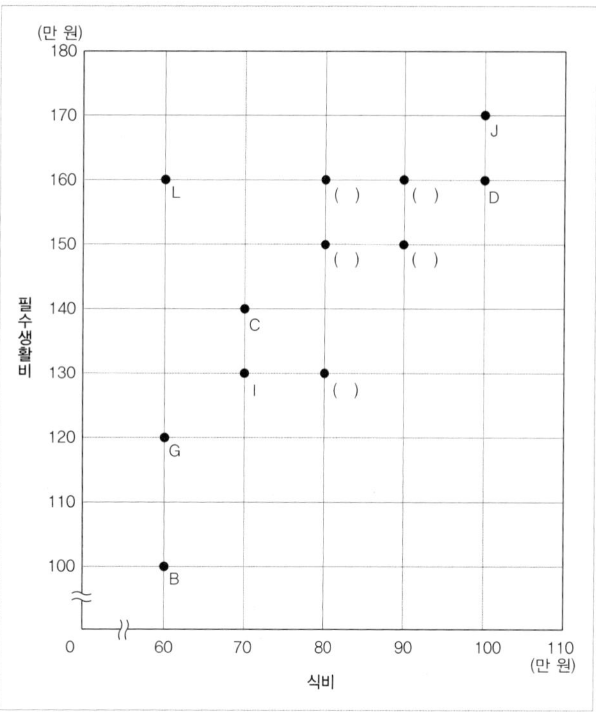

※ 필수생활비 = 주거비 + 식비 + 의복비

① 의복비는 가구 A가 가구 B보다 작다. ➡ (X) B의 식비와 주거비의 합은 90만 원이고 필수생활비가 100만 원이므로 의복비는 10만 원이다. A의 식비는 90만 원으로 〈그림 2〉에서 식비 90만 원에 해당하는 것은 두 개이다. A의 식비와 주거비를 합치면 120만 원이다. 필수생활비 150만 원과 160만 원 가운데 어느 쪽이 A가 된다고 해도 A의 의복비 범위는 30 ~ 40만 원으로 의복비는 가구 B가 가구 A보다 작다.

② 의복비가 0원인 가구는 1곳이다. ➡ (X) 식비와 주거비를 합친 값이 필수생활비와 동일한 곳을 구하라는 뜻이다. J의 경우 식비와 주거비의 합이 170만 원이고, 필수생활비도 170만 원으로 의복비가 0원이다. I 역시 식비와 주거비의 합이 130만 원이고, 필수생활비도 130만 원이므로 의복비가 0원이다. 따라서 의복비가 0원인 가구는 2곳이다.

③ 주거비가 40만 원 이하인 가구의 의복비는 각각 10만 원 이상이다. ➡ (O) 주거비가 40만 원 이하인 가구는 A, B, C이다. ①에서 A와 B의 의복비는 10만 원 이상임을 확인할 수 있다. C의 식비와 주거비의 합이 110만 원이고 필수생활비가 140만 원이므로 의복비는 30만 원이다. 따라서 주거비가 40만 원 이하인 가구 A, B, C 모두 의복비가 각각 10만 원 이상이다.

④ 식비 하위 3개 가구 의복비의 합은 60만 원 이상이다. ➡ (X) 식비 하위 3개 가구는 B, G, L이다. B의 의복비는 10만 원이다. G는 식비와 주거비의 합이 110만 원이고 필수생활비는 120만 원이므로 의복비는 10만 원이다. L은 식비와 주거비의 합이 130만 원이고 필수생활비는 160만 원이므로 의복비는 30만 원이다. 따라서 식비 하위 3개 가구 의복비의 합은 10 + 10 + 30 = 50(만 원)이다.

⑤ 식비가 80만 원이면서 필수생활비가 130만 원인 가구는 K이다. ➡ (X) 식비가 80만 원인 가구는 F, H, K이다. K는 식비와 주거비의 합이 150만 원이다. 따라서 K의 필수생활비는 130만 원이 될 수 없다.

13 ③ 정답률 76.3%

| 문제 유형 | 자료 읽기 > 그림 제시형

| 접근 전략 | 자료 읽기 유형에서 일반적으로 출제되는 〈그림〉보다 더 복잡한 〈그림〉이 등장하였다. 이륙, 비행, 착륙의 세 유형의 사고 발생 시점을 하나로 묶어 놓은 〈그림〉이므로 〈보기〉에서 요구하는 바를 쫓아가면서 혼동하지 않는 것이 중요하다.

다음 〈그림〉은 추락사고가 발생한 항공기 800대의 사고 발생 시점과 사고 원인을 정리한 자료이다. 이에 대한 〈보기〉의 설명 중 옳은 것만을 모두 고르면?

〈그림〉 항공기 추락사고의 사고 발생 시점과 사고 원인

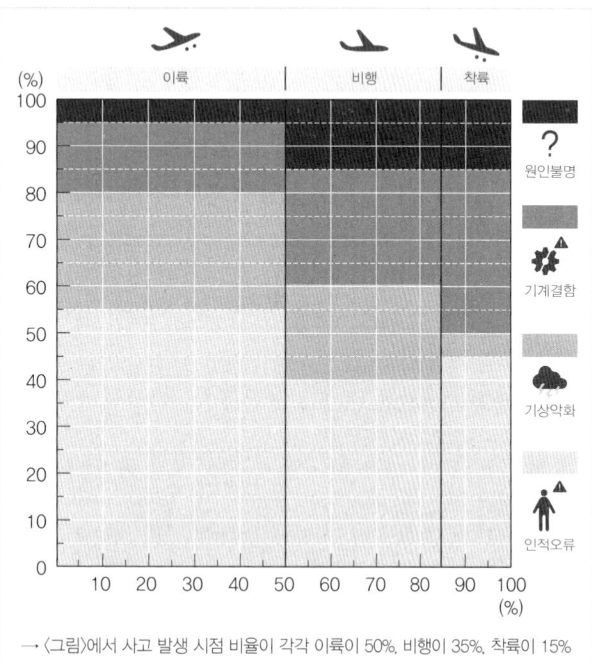

→ 〈그림〉에서 사고 발생 시점 비율이 각각 이륙이 50%, 비행이 35%, 착륙이 15%를 차지하고 있음을 파악해야 한다. 즉, 사고 발생 시점별 항공기 수는 이륙이 400대, 비행이 280대, 착륙이 120대이다.

※ 사고 발생 시점은 이륙, 비행, 착륙 중 하나이며, 사고 원인은 인적오류, 기상악화, 기계결함, 원인불명 중 하나임

〈보기〉

ㄱ. 이륙 중에 인적오류로 추락한 항공기 수는 착륙 중에 원인불명으로 추락한 항공기 수의 12배 이상이다. → (O) 이륙 중에 인적오류로 추락한 항공기 수는 400 × 0.55 = 220(대)이다. 착륙 중에 원인불명으로 추락한 항공기 수는 120 × 0.15 = 18(대)이다. 따라서 이륙 중에 인적오류로 추락한 항공기 수는 착륙 중에 원인불명으로 추락한 항공기 수의 약 12.2배이므로 ㄱ은 옳다.

ㄴ. 비행 중에 원인불명으로 추락한 항공기 수는 착륙 중에 기계결함으로 추락한 항공기 수보다 많다. → (X) 비행 중에 원인불명으로 추락한 항공기 수는 280 × 0.15 = 42(대)이고, 착륙 중에 기계결함으로 추락한 항공기 수는 120 × 0.35 = 42(대)이다. 따라서 비행 중 원인불명으로 추락한 항공기 수와 착륙 중 기계결함으로 추락한 항공기 수는 같다.

ㄷ. 비행 중에 인적오류로 추락한 항공기 수는 이륙 중에 기계결함으로 추락한 항공기 수보다 56대 더 많다. → (X) 비행 중에 인적오류로 추락한 항공기 수는 280 × 0.4 = 112(대)이고, 이륙 중에 기계결함으로 추락한 항공기 수는 400 × 0.15 = 60(대)이다. 따라서 비행 중 인적오류로 추락한 항공기 수는 이륙 중에 기계결함으로 추락한 항공기 수보다 52대 더 많다.

ㄹ. 기계결함으로 추락한 항공기 수는 추락사고가 발생한 항공기 수의 20% 이상이다. → (O) 기계결함으로 추락한 항공기 수는 (400 × 0.15) + (280 × 0.25) + (120 × 0.35) = 60 + 70 + 42 = 172(대)이다. 추락사고가 발생한 항공기 수의 20%는 800 × 0.2 = 160(대)이므로 옳은 설명이다.

① ㄱ, ㄴ ➡ (X)
② ㄱ, ㄷ ➡ (X)
③ ㄱ, ㄹ ➡ (O)
④ ㄴ, ㄷ ➡ (X)
⑤ ㄷ, ㄹ ➡ (X)

14 ④ 정답률 72.7%

| 문제 유형 | 자료 읽기 > 표/그림 제시형

| 접근 전략 | 〈보기〉 선지를 선택해서 풀 수 있는 문제가 아니라 모두 구해야만 정답을 얻을 수 있는 문제이다. 특히 비행과 촬영을 위한 〈조건〉이 서로 다르다는 점을 파악해야 한다.

다음 〈표〉는 '갑'국의 2020년 3월 1 ~ 15일 기상상황과 드론 비행 및 촬영 허가신청 결과에 관한 자료이다. 〈표〉와 〈조건〉에 근거한 〈보기〉의 설명으로 옳은 것만을 모두 고르면?

〈표〉 기상상황과 드론 비행 및 촬영 허가신청 결과

구분 / 날짜 \ 항목	기상상황			허가신청 결과	
	지자기지수	풍속(m/s)	날씨	비행	촬영
3월 1일	1	3	🌧	불허	불허
3월 2일	2	2	☼	불허	불허
3월 3일	3	3	☁	허가	허가
3월 4일	4	1	🌧	허가	허가
3월 5일	5	7	☁	허가	허가
3월 6일	5	12	☁	허가	허가
3월 7일	5	5	☼	허가	허가
3월 8일	4	3	☼	허가	허가
3월 9일	6	6	☼	허가	허가
3월 10일	3	4	☁	허가	불허
3월 11일	4	3	☁	허가	불허
3월 12일	2	2	☼	허가	허가
3월 13일	2	13	☼	허가	허가
3월 14일	3	5	🌧	허가	허가
3월 15일	1	3	☼	허가	허가

〈조건〉

○ 기상상황 항목별 드론 비행 및 촬영 기준

항목 \ 구분	비행	촬영
지자기지수	5 미만	10 미만
풍속(m/s)	10 미만	5 미만
날씨	☼ 또는 ☁	☼ 또는 ☁

○ 기상상황 항목별 비행 기준을 모두 충족하고 비행 허가신청 결과가 '허가'일 때, 비행에 적합함
○ 기상상황 항목별 촬영 기준을 모두 충족하고 촬영 허가신청 결과가 '허가'일 때, 촬영에 적합함
○ 기상상황 항목별 비행 및 촬영 기준을 모두 충족하고 비행 및 촬영 허가신청 결과가 모두 '허가'일 때, 항공촬영에 적합함

〈보기〉

ㄱ. 비행에 적합한 날은 총 6일이다. → (O) 첫 번째 〈조건〉에 따라 비행에 적합한 날은 지자기지수가 5 미만, 풍속이 100m/s 미만, 날씨가 맑음 또는 구름, 비행 허가신청 결과가 '허가'를 모두 충족하는 날이다. 비가 오는 날씨에는 비행이 불가능하다. 따라서 3월 1일, 3월 4일, 3월 14일은 제외한다. 비행 허가신청 결과가 허가여야 하므로 남은 날 중 3월 2일은 제외한다. 남은 날 중 지자기지수와 풍속, 비행기준을 모두 충족하는 날은 3월 3일, 3월 8일, 3월 10일, 3월 11일, 3월 12일, 3월 15일이다.

ㄴ. 촬영에 적합한 날은 총 5일이다. → (X) 두 번째 〈조건〉에 따라 촬영에 적합한 날은 지자기지수가 0 미만, 풍속이 5m/s 미만, 날씨가 맑음 또는 구름, 촬영 허가신청 결과가 '허가'를 모두 충족하는 날이다. 풍속 및 날씨 기준은 비행 허가신청 기준과 동일하고, 지자기지수 기준은 더 높다. 또한 비행이 불허인 날은 촬영도 불허이므로 비행을 할 수 있는 날 중 촬영 허가신청 결과가 '허가'인 날이 촬영에 적합한 날이다. 따라서 해당하는 날은 3월 10일, 3월 11일을 제외한 3월 3일, 3월 8일, 3월 12일, 3월 15일이다.

ㄷ. 항공촬영에 적합한 날은 총 4일이다. → (O) 세 번째 〈조건〉에 따라 비행 및 촬영기준을 모두 충족하고 비행 및 촬영 허가신청 결과가 모두 허가일 때 항공 촬영에 적합하다. 비행기준을 만족하면 촬영기준도 만족하고 촬영이 허가인 날은 비행도 허가이므로 촬영에 적합한 날은 곧 항공 촬영에 적합한 날이다. 따라서 해당하는 날은 3월 3일, 3월 8일, 3월 12일, 3월 15일이다.

① ㄱ ➡ (X)
② ㄷ ➡ (X)
③ ㄱ, ㄴ ➡ (X)
④ ㄱ, ㄷ ➡ (O)
⑤ ㄴ, ㄷ ➡ (X)

15 ①

정답률 39.2%

| 문제 유형 | 자료 읽기/추론 > 계산형

| 접근 전략 | 짧지만 다양한 변환 과정을 거쳐야만 정답에 도달할 수 있는 문제이다. 길이와 비율과 밀도의 관계를 살펴서 산림경영단지 면적을 구할 수 있는 식을 도출하는 것이 가장 빠르게 풀 수 있는 방법이다. 분석이 정확하게 되면 간단한 계산으로 구할 수 있는 문제이다.

다음 〈표〉는 산림경영단지 A ~ E의 임도 조성 현황에 관한 자료이다. 이 경우 면적이 가장 넓은 산림경영단지는?

〈표〉 산림경영단지 A ~ E의 임도 조성 현황

(단위: %, km, km/ha)

산림경영단지 \ 구분	작업임도 비율	간선임도 길이	임도 밀도
A	30	70	15
B	20	40	10
C	30	35	20
D	50	20	10
E	40	60	20

※ 1) 임도 길이(km) = 작업임도 길이 + 간선임도 길이

2) 작업임도 비율(%) = $\frac{\text{작업임도 길이}}{\text{임도 길이}} \times 100$

3) 간선임도 비율(%) = $\frac{\text{간선임도 길이}}{\text{임도 길이}} \times 100$

4) 임도 밀도(km/ha) = $\frac{\text{임도 길이}}{\text{산림경영단지 면적}}$

① A ➡ (O) 구해야 하는 것은 산림경영단지 면적이다. 면적과 관련된 식을 최우선으로 찾는다. 산림경영단지 면적은 $\frac{\text{임도 길이}}{\text{임도 밀도}}$이다. 임도는 작업임도와 간선임도로 구성되어 있다. 즉, 간선임도 비율은 '100 − 작업임도 비율'이다. 간선임도 비율과 간선임도 길이를 알기 때문에 임도 길이도 구할 수 있다. 간선임도 길이를 간선임도 비율로 나누어 임도 길이를 계산한다.

- A 임도 길이 = 70 ÷ 70% = 100(km)
- B 임도 길이 = 40 ÷ 80% = 50(km)
- C 임도 길이 = 35 ÷ 70% = 50(km)
- D 임도 길이 = 20 ÷ 50% = 40(km)
- E 임도 길이 = 60 ÷ 60% = 100(km)

이제 면적을 구해 보면,

- A 면적 = 100 ÷ 15 ≒ 6.7(km/ha)
- B 면적 = 50 ÷ 10 = 5(km/ha)
- C 면적 = 50 ÷ 20 = 2.5(km/ha)
- D 면적 = 40 ÷ 10 = 4(km/ha)
- E 면적 = 100 ÷ 20 = 5(km/ha)

따라서 면적이 가장 큰 산림경영단지는 A이다.

② B ➡ (X)
③ C ➡ (X)
④ D ➡ (X)
⑤ E ➡ (X)

16 ②

정답률 89.7%

| 문제 유형 | 자료 읽기 > 표/빈칸 제시형

| 접근 전략 | 먼저 권역별로 각 정당들이 국회의원선거 당선자를 몇 명이나 배출했는지를 구해야 한다. 주어진 〈보기〉 가운데 먼저 해결할 수 있는 선지와 나중에 해결할 수 있는 선지를 정하는 것이 관건이다.

다음 〈표〉는 2019년 '갑'국 국회의원선거의 당선자 수에 관한 자료이다. 이에 대한 〈보기〉의 설명 중 옳은 것만을 모두 고르면?

〈표〉 '갑'국 국회의원선거의 당선자 수

(단위: 명)

권역 \ 정당	A	B	C	D	E	합
가	48	( )	0	1	7	65

나	2	( )	( )	0	0	( )
기타	55	98	2	1	4	160
전체	105	110	25	2	11	253

※ '갑'국의 정당은 A~E만 존재함

→ 〈표〉의 빈칸을 채우면 다음과 같다.

권역 \ 정당	A	B	C	D	E	합
가	48	9	0	1	7	65
나	2	3	23	0	0	28
기타	55	98	2	1	4	160
전체	105	110	25	2	11	253

〈보기〉

ㄱ. E 정당 전체 당선자 중 '가' 권역 당선자가 차지하는 비중은 60% 이상이다. → (O) E 정당의 '가' 권역 당선자가 차지하는 비중은 $\frac{7}{11}\times 100$이다. $\frac{7}{11}>\frac{6}{10}$이므로 ㄱ은 옳은 내용이다.

ㄴ. 당선자 수의 합은 '가' 권역이 '나' 권역의 3배 이상이다. → (X) '가' 권역의 총 당선자 수는 65명, '나' 권역의 총 당선자 수는 28명이다. 따라서 당선자 수의 합은 '가' 권역이 '나' 권역의 3배 미만이다.

ㄷ. C 정당 전체 당선자 중 '나' 권역 당선자가 차지하는 비중은 A 정당 전체 당선자 중 '가' 권역 당선자가 차지하는 비중의 2배 이상이다. → (O) C 정당의 '나' 권역 당선자가 차지하는 비중은 $\frac{23}{25}\times 100=92(\%)$이다. A 정당의 '가' 권역 당선자가 차지하는 비중은 $\frac{48}{105}\times 100 \fallingdotseq 46(\%)$이다.

ㄹ. B 정당 당선자 수는 '나' 권역이 '가' 권역보다 많다. → (X) B 정당의 '가' 권역의 당선자는 9명, '나' 권역의 당선자는 3명이므로 '가' 권역이 '나' 권역보다 많다.

① ㄱ, ㄴ ➡ (X)
② ㄱ, ㄷ ➡ (O)
③ ㄴ, ㄷ ➡ (X)
④ ㄴ, ㄹ ➡ (X)
⑤ ㄷ, ㄹ ➡ (X)

17 ⑤

정답률 43.8%

| 문제 유형 | 자료 읽기 > 표/빈칸 제시형

| 접근 전략 | 각 영역별 순위와 종합순위 사이의 차이를 이해하여 종합순위 10위 안에 들지 못하더라도 존재하는 국가가 있다는 사실을 파악해야 한다.

다음 〈표〉는 소프트웨어 경쟁력 종합점수 산출을 위한 영역별 가중치와 소프트웨어 경쟁력 종합순위 1~10위 국가의 영역별 순위 및 원점수에 관한 자료이다. 이에 대한 설명으로 옳지 않은 것은?

〈표 1〉 소프트웨어 경쟁력 종합점수 산출을 위한 영역별 가중치

영역	환경	인력	혁신	성과	활용
가중치	0.15	0.20	0.25	0.15	0.25

〈표 2〉 소프트웨어 경쟁력 평가대상 국가 중 종합순위 1~10위 국가의 영역별 순위 및 원점수

(단위: 점)

종합순위	종합점수	국가	환경		인력		혁신		성과		활용	
			순위	원점수	순위	원점수	순위	원점수	순위	원점수	순위	원점수
1	72.41	미국	1	67.1	1	89.6	1	78.5	2	54.8	2	66.3
2	47.04	중국	28	20.9	8	35.4	2	66.9	18	11.3	1	73.6
3	41.48	일본	6	50.7	10	34.0	3	44.8	19	10.5	7	57.2
4	( )	호주	5	51.6	6	37.9	7	33.1	22	9.2	3	62.8
5	( )	캐나다	17	37.7	15	29.5	4	42.9	16	13.3	6	57.6
6	38.35	스웨덴	9	42.6	5	38.9	8	28.1	3	26.5	10	52.7
7	38.12	영국	12	40.9	3	46.3	12	20.3	6	23.3	8	56.6
8	( )	프랑스	11	41.9	2	53.6	11	22.5	15	13.8	11	49.3
9	( )	핀란드	10	42.5	14	30.5	10	22.6	4	24.9	4	59.4
10	( )	한국	2	62.9	19	27.5	5	41.5	25	6.7	21	41.1

※ 1) 점수가 높을수록 순위가 높음
2) 영역점수 = 영역 원점수 × 영역 가중치
3) 종합점수는 5개 영역점수의 합임

① 종합순위가 한국보다 낮은 국가 중에 '성과' 영역 원점수가 한국의 8배 이상인 국가가 있다. ➡ (O) 한국의 '성과' 영역 원점수의 8배는 53.6점이다. '성과' 영역에서 전체 2위인 미국의 원점수는 54.8점이다. 종합점수 상위 10개국 가운데 '성과' 영역에서 1위를 한 나라가 없다. 즉, '성과' 영역에서 1위를 한 나라는 종합순위 10위 밖이다. 따라서 한국의 8배 이상인 국가가 있음을 알 수 있다.

② 종합순위 3~10위 국가의 종합점수 합은 320점 이하이다. ➡ (O) 종합순위 3~10위 국가의 종합점수 산술평균이 40점 이하인지를 묻는 것이다. 만약 3, 4, 5위 국가의 종합점수가 41.4점 이상이라고 해도 40점 이상인 부분은 1.4 × 3 = 4.2(점) 정도이다. 반면 8위부터 10위까지 3개국의 종합점수가 38.1점 이상이라고 하여도 40점 이하인 부분은 1.9 × 3 = 5.7(점)으로 40점 이상인 부분보다 크다. 6위와 7위도 40점 이하이기 때문에 3~10위 국가의 종합점수 합은 320점 이하이다.

③ 소프트웨어 경쟁력 평가대상 국가는 28개국 이상이다. ➡ (O) 〈표〉에서 가장 낮은 순위를 기록한 나라는 '환경' 영역의 중국으로 28위이다. 따라서 적어도 28개국이 있다는 것을 알 수 있다.

④ 한국은 5개 영역점수 중 '혁신' 영역점수가 가장 높다. ➡ (O) 한국의 '인력', '성과', '활용' 영역은 원점수와 가중치 모두 '혁신' 영역보다 낮거나 같다. 따라서 '인력', '성과', '활용' 영역점수는 '혁신' 영역점수보다 낮다. '환경'은 62.9 × 0.15 = 9.435(점), '혁신'은 41.5 × 0.25 = 10.375(점)이므로 '환경' 영역점수가 '혁신' 영역점수보다 낮다.

⑤ 일본의 '활용' 영역 원점수가 중국의 '활용' 영역 원점수로 같아지면 국가별 종합순위는 바뀐다. ➡ (X) 일본의 '활용' 영역 원점수가 57.2점에서 73.6점으로 변하게 되면 16.4점이 증가한다. 여기에 '활용' 영역의 가중치인 0.25를 적용하면 종합점수는 16.4 × 0.25 = 4.1(점) 증가한다. 종합점수에서 중국과 일본의 차이는 47.04 − 41.48 = 5.56(점)으로 국가별 종합순위는 변함이 없다.

18 ⑤

정답률 43.8%

| 문제 유형 | 자료 읽기 > 표/빈칸 제시형

| 접근 전략 | 계산해서 풀기에는 제시된 수치와 단위가 지나치게 난해한 문제이다. 간략한 계산으로 구할 수 있는 것부터 풀어가는 현명함이 필요하다.

다음 〈표〉는 2019년 주요 7개 지역(A～G)의 재해 피해 현황이다. 이에 대한 설명으로 옳지 않은 것은?

〈표〉 2019년 주요 7개 지역의 재해 피해 현황

구분 지역	피해액 (천 원)	행정면적 (km²)	인구 (명)	1인당 피해액(원)
전국	187,282,994	100,387	51,778,544	3,617
A	2,898,417	1,063	2,948,542	983
B	2,883,752	10,183	12,873,895	224
C	3,475,055	10,540	3,380,404	1,028
D	7,121,830	16,875	1,510,142	4,716
E	24,482,562	8,226	2,116,770	11,566
F	86,648,708	19,031	2,691,706	32,191
G	(　　)	7,407	1,604,432	36,199

※ 피해밀도(원/km²) = $\frac{\text{피해액}}{\text{행정면적}}$

① G 지역의 피해액은 전국 피해액의 35% 이하이다. ➡ (O) G 지역의 1인당 피해액에 인구 수를 곱하면 전체 피해액이 나온다. G 지역의 피해액은 58,078,834천 원이다. 이를 전국 피해액에 대비해 보면 약 31%이다.

② 주요 7개 지역을 합친 지역의 1인당 피해액은 나머지 전체 지역의 1인당 피해액보다 크다. ➡ (O) 주요 7개 지역의 피해액은 2,898,417 + 2,883,752 + 3,475,055 + 7,121,830 + 24,482,562 + 86,648,708 + 58,078,834 = 185,589,158(천 원)이고, 인구는 2,948,542 + 12,873,895 + 3,380,404 + 1,510,142 + 2,116,770 + 2,691,706 + 1,604,432 = 27,125,891(명)이다. 즉, 주요 7개 지역의 피해액은 전국 피해액의 대부분을 차지하지만 인구는 총 인구의 절반을 약간 넘는다. 따라서 주요 7개 지역은 나머지 전체 지역과 인구 수는 비슷하지만 피해액은 훨씬 크므로 주요 7개 지역을 합친 지역의 1인당 피해액이 나머지 전체 지역의 1인당 피해액보다 크다.

③ D 지역과 F 지역을 합친 지역의 1인당 피해액은 전국 1인당 피해액의 5배 이상이다. ➡ (O) 전국 1인당 피해액의 5배는 3,617 × 5 = 18,085(원)이다. D 지역과 F 지역을 합친 지역의 1인당 피해액을 구해야 한다. 만약 D 지역과 F 지역의 인구 수가 같다면 평균은 약 18,453원이다. 그러나 실제로는 F 지역의 인구가 D 지역의 인구보다 훨씬 많다. 따라서 두 지역을 합친 지역의 1인당 피해액은 18,453원 이상일 것이다. 즉, 5배 이상이라는 것은 옳은 내용이다.

④ 피해밀도는 A 지역이 B 지역의 9배 이상이다. ➡ (O) 면적을 비교하면 B 지역은 A 지역의 9.58배 정도이다. 하지만 피해액이 거의 비슷하므로 피해밀도는 A 지역이 B 지역의 9배 이상이 된다.

⑤ 주요 7개 지역 중 피해밀도가 가장 낮은 지역은 D 지역이다. ➡ (X) C 지역과 비교한다. C 지역은 D 지역에 비해 피해액은 절반 이하이지만 행정면적은 절반 이하가 아니다. 즉, C 지역의 피해밀도가 D 지역보다 낮다.

19 ⑤

TOP3 정답률 36.6%

| 문제 유형 | 자료 읽기 > 표/빈칸 제시형

| 접근 전략 | 95%의 합격률은 5%의 불합격률을 의미한다. 즉, 합격률을 통해 불합격률을 떠올려 푼다면 더 간단한 계산을 통해 답을 구할 수 있다.

다음 〈표〉는 A사에서 실시한 철근강도 평가 샘플 수 및 합격률에 관한 자료이다. 이에 대한 설명으로 옳은 것은?

〈표〉 철근강도 평가 샘플 수 및 합격률

(단위: 개, %)

종류 구분		SD400	SD500	SD600	전체
샘플 수		35	(　　)	25	(　　)
평가 항목별 합격률	항복강도	100.0	95.0	92.0	96.0
	인장강도	100.0	100.0	88.0	(　　)
최종 합격률		100.0	(　　)	84.0	(　　)

※ 1) 평가한 철근 종류는 SD400, SD500, SD600뿐임

2) 항복강도와 인장강도 평가에서 모두 합격한 샘플만 최종 합격임

3) 합격률(%) = $\frac{\text{합격한 샘플 수}}{\text{샘플 수}} \times 100$

4) 평가 결과는 합격 또는 불합격임

① SD500 샘플 수는 50개 이상이다. ➡ (X) SD500의 샘플 수를 A라고 했을 때, 전체 샘플 수는 A + 60이다. 항복강도 평가에서 불합격한 샘플 수에 관한 식을 세워 계산하면 A를 구할 수 있다.

$(A \times 0.05) + (25 \times 0.08) = (A + 60) \times 0.04$

$0.05A + 2 = 0.04A + 2.4$

$0.01A = 0.4$

$\therefore A = 40$

따라서 SD500의 샘플 수는 40개이다.

② 인장강도 평가에서 합격한 SD600 샘플은 항복강도 평가에서도 모두 합격하였다. ➡ (X) 항복강도와 인장강도를 모두 합격한 샘플만 최종 합격이다. 만약 인장강도 평가에서 합격한 모든 샘플이 항복강도 평가에서도 합격했다면 최종 합격률은 84.0%가 아닌 88.0% 이상이어야 한다. 인장강도 평가를 합격한 샘플이 88.0%이기 때문이다.

③ 항복강도 평가에서 불합격한 SD500 샘플 수는 4개이다. ➡ (X) 불합격한 SD500 샘플 수는 40 × 0.05 = 2(개)이다.

④ 최종 불합격한 전체 샘플 수는 5개 이하이다. ➡ (X) SD500의 최종 불합격 샘플 수는 2개이고, SD600의 최종 불합격 샘플 수는 25 × 0.16 = 4(개)이다. 따라서 최종 불합격한 전체 샘플 수는 6개이다.

⑤ 항복강도 평가에서 불합격한 SD600 샘플 수는 최종 불합격한 SD500 샘플 수와 같다. ➡ (O) 항복강도 평가에서 불합격한 SD600 샘플 수는 25 × 0.08 = 2(개)이다. 그리고 최종 불합격한 SD500 샘플 수 역시 2개이다.

20 ④

TOP2 정답률 27.9%

| 문제 유형 | 자료 읽기 > 표 제시형

| 접근 전략 | 2013년 생산량 대비 증가율이 +라면 2015년의 수치는 커진 것이고, 2013년 생산량 대비 증가율이 −라면 2015년의 수치는 작아진 것이다. 2013년 생산량 대비 증가율을 이용하여 2015년이나 2013년의 수치를 구할 수 있다면 어렵지 않게 해결할 수 있다.

다음 〈표〉는 2015년 와인 생산량 및 소비량 상위 8개국 현황에 관한 자료이다. 이에 대한 〈보기〉의 설명 중 옳은 것만을 모두 고르면?

〈표 1〉 2015년 와인 생산량 상위 8개국 현황

(단위: 천 L, %)

국가 \ 구분	2015년 생산량	구성비	2013년 생산량 대비 증가율
이탈리아	4,950	17.4	−8.3
프랑스	4,750	16.7	12.8
스페인	3,720	13.1	−18.0
미국	2,975	10.4	−4.5
아르헨티나	1,340	4.7	−10.7
칠레	1,290	4.5	0.8
호주	1,190	4.2	−3.3
남아프리카공화국	1,120	3.9	22.4
계	21,335	74.9	−3.8

〈표 2〉 2015년 와인 소비량 상위 8개국 현황

(단위: 천 L, %)

국가 \ 구분	2015년 생산량	구성비	2013년 생산량 대비 증가율
미국	3,320	13.3	6.5
프랑스	2,720	10.9	−3.5
이탈리아	2,050	8.2	−5.9
독일	2,050	8.2	1.0
중국	1,600	6.4	−8.4
영국	1,290	5.2	1.6
아르헨티나	1,030	4.1	−0.4
스페인	1,000	4.0	2.0
계	15,060	60.2	−0.8

※ 1) 구성비는 세계 와인 생산(소비)량에서 각 국가 생산(소비)량이 차지하는 비율임
2) 구성비와 증가율은 소수 둘째 자리에서 반올림한 값임

〈보기〉

ㄱ. 2015년 와인 생산량 상위 8개국 중 와인 소비량이 생산량보다 많은 국가는 1개이다. → (O) 미국의 경우 2015년 와인 생산량(2,975천 L)보다 와인 소비량(3,320천 L)이 더 많았다. 나머지 상위 국가들은 와인 생산량이 와인 소비량보다 많았다.

ㄴ. 2015년 와인 생산량 상위 8개국만 와인 생산량이 각각 10%씩 증가했다면, 2015년 세계 와인 생산량은 30,000천L 이상이었을 것이다. → (O) 2015년 와인 생산량 상위 8개국의 와인 생산량은 전체 와인 생산량의 약 75%이다. 따라서 전체 와인 생산량은 $21,335 \times \frac{4}{3} \fallingdotseq 28,447$(천 L)이다. 와인 생산량 상위 8개국만 와인 생산량이 10% 증가한다면 세계 와인 생산량은 $21,335 \times 0.1 = 2,133.5$(천 L) 증가한다. 따라서 세계 와인 생산량이 $28,447 + 2,133.5 = 30,580.5$(천 L)로 30,000천 L 이상이었을 것이다.

ㄷ. 2015년 중국 와인 소비량은 같은 해 세계 와인 생산량의 6% 미만이다. → (O) 2015년 중국 와인 소비량은 1,600천 L이다. 같은 해 세계 와인 생산량은 $21,335 \div 0.75 \fallingdotseq 28,447$(천 L)이다. 세계 와인 생산량의 6%는 $28,447 \times 0.06 \fallingdotseq 1,707$(천 L)이다. 따라서 2015년 중국 와인 소비량은 같은 해 세계 와인 생산량의 6% 미만이다.

ㄹ. 2013년 스페인 와인 생산량은 같은 해 영국 와인 소비량의 3배 미만이다. → (X) 2013년 스페인 와인 생산량은 $3,720 \div 0.82 \fallingdotseq 4,537$(천 L)이고, 2013년 영국 와인 소비량은 $1,290 \div 1.016 \fallingdotseq 1,270$(천 L)이다. 따라서 2013년 스페인 와인 생산량은 같은 해 영국 와인 소비량의 3배 이상이다.

① ㄱ, ㄷ ➡ (X)
② ㄴ, ㄹ ➡ (X)
③ ㄷ, ㄹ ➡ (X)
④ ㄱ, ㄴ, ㄷ ➡ (O)
⑤ ㄱ, ㄴ, ㄹ ➡ (X)

21 ④

정답률 53.6%

| 문제 유형 | 자료 변환응용 > 자료/보고서 전환형

| 접근 전략 | 각 사업체에 대한 설명을 보고 어떤 사업체인지 유추하는 문제이다. 주어진 자료가 많다고 느낄 수 있으나 〈보고서〉에서 주어진 〈조건〉에 부합하는 사업체를 찾아가는 과정으로 풀이하면 의외로 쉽게 답을 구할 수 있는 문제이다.

다음 〈표〉는 2017년 부산항 해운항만산업 사업실적에 관한 자료이다. 이에 대한 〈보고서〉의 내용 중 업종 A ~ D에 해당하는 사업체 수의 합은?

〈표〉 2017년 부산항 해운항만산업 사업실적

(단위: 억 원, 개)

업종 \ 구분	매출액	영업비용	영업이익	사업체 수
여객운송업	957	901	56	18
화물운송업	58,279	56,839	1,440	359
대리중개업	62,276	59,618	2,658	1,689
창고업	14,480	13,574	906	166
하역업	15,298	12,856	2,442	65
항만부대업	14,225	13,251	974	323
선용품공급업	58,329	54,858	3,471	1,413
수리업	8,275	7,493	782	478
전체	232,119	219,390	12,729	4,511

※ 영업이익률(%) = $\frac{영업이익}{매출액} \times 100$

〈보고서〉

2017년 부산항 해운항만산업 전체 매출액은 232,119억 원이다. 업종별로 보면, 매출액은 대리중개업이 가장 많고, 영업이익은 [A] 이 가장 많다. → 영업이익은 선용품공급업이 가장 많다. 이는 〈표〉에서 바로 확인할 수 있다. 선용품공급업의 사업체 수는 1,413개이다.

2017년 부산항 해운항만산업 전체의 영업이익률은 약 5.5%이다. [B]을 제외한 모든 업종이 10% 이하의 영업이익률을 기록하여 해운항만산업 고도화를 통한 부가가치 증대의 필요성을 보여준다. → B는 10%를 초과하는 영업이익률을 기록하였다고 볼 수 있다. 영업이익률이 10%를 초과하는 업종은 하역업이다. 하역업의 사업체 수는 65개이다.

2017년 부산항 해운항만산업 전체의 사업체당 매출액은 51억 원 이상이다. [C]은 사업체당 매출액이 부산항 해운항만산업 전체의 사업체당 매출액보다 적지만, 사업체당 영업이익이 3억 원을 초과한다. → 매출액이 사업체당 51억 원을 곱했을 때보다 작으면서 영업이익이 사업체당 3억 원을 곱했을 때보다 큰 업종은 항만부대업이다. 항만부대업의 사업체 수는 323개이다. 반면, [D]은 부산항 해운항만산업 업종 중 사업체당 영업비용과 사업체당 매출액이 모두 가장 적다. → 수리업의 사업체당 영업비용은 약 15.7억 원이고 사업체당 매출액은 약 17.3억 원으로 모든 해운항만산업 가운데 가장 적다. 수리업의 사업체 수는 478개이다.

따라서 A～D에 해당하는 사업체 수의 합은 1,413 + 65 + 323 + 478 = 2,279(개)이다.

① 1,032 ➡ (X)
② 1,967 ➡ (X)
③ 2,232 ➡ (X)
④ 2,279 ➡ (O)
⑤ 3,333 ➡ (X)

22 ①

정답률 52.2%

| 문제 유형 | 자료 읽기/추론 > 매칭형

| 접근 전략 | 〈정보〉에서 제공된 '제품 품질 측정 및 가공 작업 공정'은 코딩 작업과 동일한 과정이다. 화살표 방향에 맞춰서 주어진 조건들을 판단하는 작업을 해야 한다. 각 분기점에서 '예'와 '아니오'를 나누는 기준점들을 정확하게 파악해야만 올바른 판단을 내릴 수 있다. 그리고 오염도와 강도에는 폐기가 있지만 치수에서는 폐기가 없고 치수를 맞추는 과정만 있다는 것을 기억해 두어야 한다.

다음 〈표〉는 제품 A～E의 회수 시점의 평가 항목별 품질 상태를 나타낸 자료이다. 〈정보〉에 근거하여 재사용 또는 폐기까지의 측정 및 가공 작업에 소요되는 비용이 가장 적은 제품과 가장 많은 제품을 바르게 나열한 것은?

〈표〉 제품 A～E의 회수 시점의 평가 항목별 품질 상태

제품 \ 평가 항목	오염도	강도	치수
A	12	11	12
B	6	8	8
C	5	11	7
D	5	3	8
E	10	9	12

〈정보〉

○ 제품 품질 측정 및 가공 작업 공정

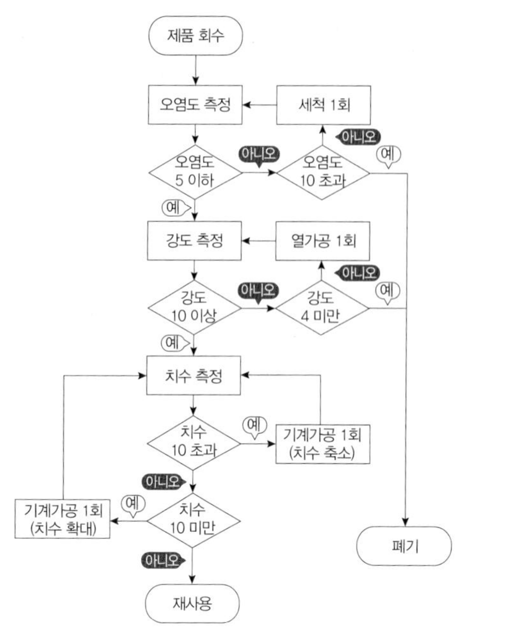

○ 단위작업별 내용 및 1회당 비용

(단위: 천 원)

단위작업	내용		비용
측정 작업	오염도 측정		5
	강도 측정		10
	치수 측정		2
가공 작업	세척		5
	열가공		50
	기계가공	치수 확대	20
		치수 축소	10

※ 세척 1회 시 오염도 1 감소, 열가공 1회 시 강도 1 증가, 기계가공 1회 시 치수 1만큼 확대 또는 축소됨

	비용이 가장 적은 제품	비용이 가장 많은 제품
①	A	B

➡ (O) 각 제품별 공정은 다음과 같다.

- A: 오염도 측정 1회, 폐기
- B: 오염도 측정 2회, 세척 1회, 강도 측정 3회, 열가공 2회, 치수 측정 3회, 치수 확대 2회
- C: 오염도 측정 1회, 강도 측정 1회, 치수 측정 4회, 치수 확대 3회
- D: 오염도 측정 1회, 강도 측정 1회, 폐기
- E: 오염도 측정 6회, 세척 5회, 강도 측정 2회, 열가공 1회, 치수 측정 3회, 치수 축소 2회

따라서 각 제품별 비용은 다음과 같다.

- A: 5 × 1 = 5(천 원)
- B: (5 × 2) + (5 × 1) + (10 × 3) + (50 × 2) + (2 × 3) + (20 × 2) = 191(천 원)
- C: (5 × 1) + (10 × 1) + (2 × 4) + (20 × 3) = 83(천 원)
- D: (5 × 1) + (10 × 1) = 15(천 원)
- E: (5 × 6) + (5 × 5) + (10 × 2) + (50 × 1) + (2 × 3) + (10 × 2) = 151(천 원)

따라서 소요되는 비용이 가장 적은 제품은 A이고, 가장 많은 제품은 B이다.

②	A	C	➡ (X)
③	C	E	➡ (X)
④	D	B	➡ (X)
⑤	D	C	➡ (X)

23 ③

정답률 50.7%

| 문제 유형 | 자료 읽기/추론 > 계산형

| 접근 전략 | 교통사고 건수와 교통사고 사망자 수를 알려주는 정보를 놓치지 말아야 한다. 또한 문제에서 요구하는 단위가 1만 명당인지, 10만 명당인지에 따라 계산값이 달라지므로 단위에 표시하며 문제를 읽어 나간다.

다음 〈그림〉은 '갑'국의 2003 ~ 2019년 교통사고 현황에 관한 자료이다. 이를 근거로 2003년 인구와 2019년 인구 1만 명당 교통사고 건수를 바르게 나열한 것은?

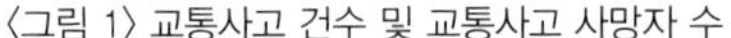

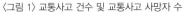

〈그림 1〉 교통사고 건수 및 교통사고 사망자 수

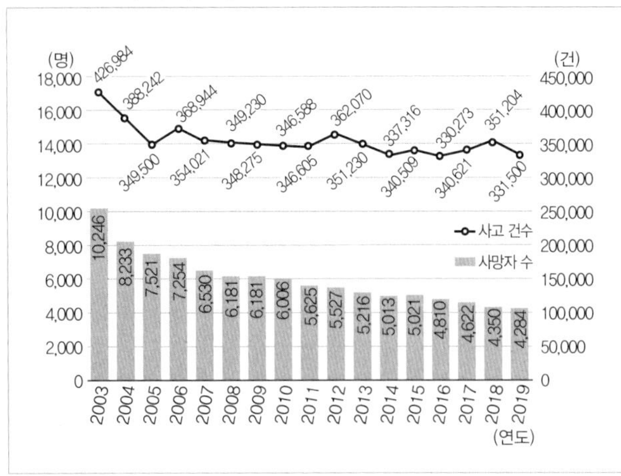

〈그림 2〉 인구 10만 명당 교통사고 사망자 수

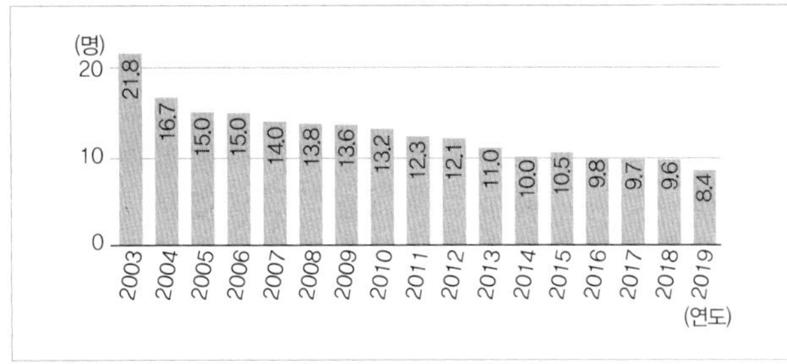

	2003년 인구(백만 명)	2019년 인구 1만 명당 교통사고 건수(건)	
①	44	65	➡ (X)
②	44	650	➡ (X)
③	47	65	➡ (O)

2003년 교통사고 사망자 수를 인구 10만 명당 교통사고 사망자 수로 나누면 2003년 전체 인구를 알 수 있다. 즉, 2003년 인구는 10,246 ÷ 21.8 = 470(10만 명)이다. 그런데 선지에서는 백만 명 단위로 인구 수를 구하기 때문에 10만 명당 교통사고 사망자 수로 얻은 수치에서 자릿수를 하나 줄여야 한다. 따라서 47백만 명이 된다.
2019년 인구 1만 명당 교통사고 건수를 구하기 위해 먼저 2019년 인구를 구해야 한다. 2019년 교통사고 사망자 수를 2019년 인구 10만 명당 교통사고 사망자 수로 나누면 된다. 즉, 2019년 인구는 4,284 ÷ 8.4 = 510(십만 명)이다. 이는 10만 명당으로 구한 것이다. 선지에서는 1만 명당으로 묻고 있기 때문에 10을 곱해 자릿수를 하나 늘리면 5,100만 명이 된다. 따라서 2019년 인구 1만 명당 교통사고 건수는 331,500 ÷ 5,100 = 65(건)이다.

④	47	650	➡ (X)
⑤	49	65	➡ (X)

※ 다음 〈그림〉과 〈표〉는 세계 및 국내 조선업 현황에 대한 자료이다. 다음 물음에 답하시오. [문 24.~문 25.]

〈그림〉 세계 조선업 수주량 추이

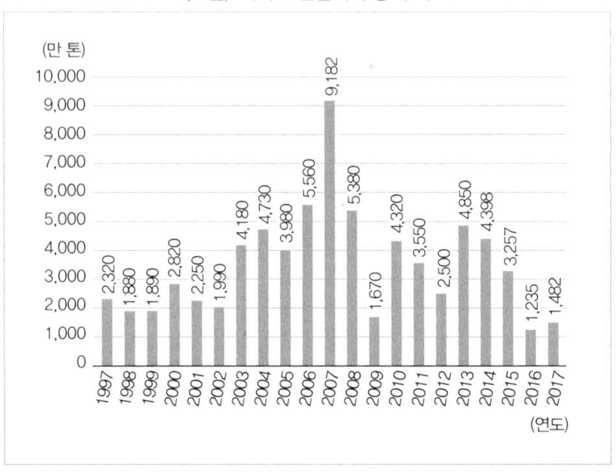

〈표 1〉 2014~2017년 국내 조선업 수주량 및 수주잔량

(단위: 만 톤, %)

구분 연도	수주량	전년 대비 증가율	수주잔량	전년 대비 증가율
2014	1,286	−30.1	3,302	−1.6
2015	1,066	( )	3,164	−4.2
2016	221	( )	2,043	( )
2017	619	( )	1,761	−13.8

※ 해당 연도 수주잔량 = 전년도 수주잔량 + 해당 연도 수주량 − 해당 연도 건조량

〈표 2〉 2014~2016년 국내 조선기자재업체 기업 규모별 업체 수 및 이자보상배율이 1 미만인 업체 비율

(단위: 개, %)

기업 규모	업체 수 \ 연도	2014	2015	2016
대형	20	15.0	20.0	25.0
중형	35	25.7	17.1	34.3
소형	96	19.8	28.1	38.5
전체	151	20.5	24.5	35.8

※ 1) 2014년 이후 기업 규모별 업체 수는 변화 없음
2) 비율은 소수 둘째 자리에서 반올림한 값임

24 ③

정답률 54.3%

| 문제 유형 | 자료 추론 > 추가로 필요한 자료 찾기

| 접근 전략 | 〈표 1〉과 〈표 2〉에서 제공하는 정보를 면밀히 살펴보지 않고, 문제를 급하게 푼다면 피하기 힘든 함정이 있는 문제이다. 〈표 1〉 각주를 통해 건조량을 구할 수 있다는 것을 파악하고 끝까지 신중하게 읽어야 한다.

제시된 〈그림〉과 〈표〉 이외에 〈보고서〉를 작성하기 위해 추가로 필요한 자료만을 〈보기〉에서 모두 고르면?

〈보고서〉

세계 조선업 경기는 최악의 부진에서 벗어나는 모습이다. 2016년 세계 조선업의 수주량은 1997년 이후 최저치였다. 2017년 한국은 중국을 밀어내고 수주량 1위를 차지했는데, 이는 2012년 중국에 1위 자리를 내어준 이후 6년 만이다. 3대 조선강국으로 분류되는 일본은 자국 발주 확대에도 불구하고 세계 수주량의 5.8%까지 비중이 하락하였다. ▶1문단

2016년 국내 조선업은 전년대비 79.3% 감소한 수주량을 기록하면서 유례없는 수주절벽을 경험하였다. 그리고 수주량 급감의 영향으로 2016년 수주잔량은 2,043만 톤까지 줄어든 것으로 조사되었다. 2014~2016년 3년간 국내 조선업 평균 건조량이 약 1,295만 톤이었음을 고려하면 수주잔량은 2년 치 미만 일감에 불과한 것으로 나타나 우려는 더욱 커졌다. ▶2문단

2017년 국내 대형 조선사는 해양플랜트 수주량 증가에 힘입어 실적이 개선되고 있다. 그러나 국내 중소형 조선사는 여전히 부진에서 벗어나지 못하고 있으며 국내 조선기자재업체의 실적 회복도 어려울 것으로 전망된다. ▶3문단

→ 〈보고서〉의 내용을 살펴보면 다음과 같다.

- 〈보고서〉 1문단의 "세계 조선업 경기는 최악의 부진에서 벗어나는 모습이다. 2016년 세계 조선업의 수주량은 1997년 이후 최저치였다."라는 내용은 〈그림〉에서 확인할 수 있다.
- 〈보고서〉 1문단의 "2017년 한국은 중국을 밀어내고 수주량 1위를 차지했는데, 이는 2012년 중국에 1위 자리를 내어준 이후 6년 만이다."라는 내용은 〈그림〉과 〈표〉에서 확인할 수 없다. 따라서 '2010~2017년 세계 조선업 수주량의 국가별 점유율' 자료가 추가로 필요하다.
- 〈보고서〉 1문단의 "3대 조선강국으로 분류되는 일본은 자국 발주 확대에도 불구하고 세계 수주량의 5.8%까지 비중이 하락하였다."라는 내용 역시 '2010~2017년 세계 조선업 수주량의 국가별 점유율' 자료를 통해 구할 수 있다.
- 〈보고서〉 2문단의 "2016년 국내 조선업은 전년 대비 79.3% 감소한 수주량을 기록하면서 유례없는 수주절벽을 경험하였다. 그리고 수주량 급감의 영향으로 2016년 수주잔량은 2,043만 톤까지 줄어든 것으로 조사되었다."라는 것은 〈표 1〉을 통해 구할 수 있다.
- 〈보고서〉 2문단의 "2014~2016년 3년간 국내 조선업 평균 건조량이 약 1,295만 톤이었음을 고려하면 수주잔량은 2년 치 미만 일감에 불과한 것으로 나타나 우려는 더욱 커졌다."라는 내용은 해당 연도 건조량은 '전년도 수주잔량+해당 연도 수주량−해당 연도 수주잔량'으로 구할 수 있는데, 이는 〈표 1〉에서 확인 가능하다.
- 〈보고서〉 3문단의 "2017년 국내 대형 조선사는 해양플랜트 수주량 증가에 힘입어 실적이 개선되고 있다."라는 것은 〈그림〉과 〈표〉에서 확인할 수 없다. 따라서 '2010~2017년 국내 조선사 규모별 해양플랜트 수주량' 자료가 추가로 필요하다.

〈보기〉

ㄱ. 2010~2017년 세계 조선업 수주량의 국가별 점유율 → (O) 이는 〈그림〉과 〈표〉에서 확인할 수 없다. 따라서 2010~2017년 세계 조선업 수주량의 국가별 점유율이 추가 자료로 필요하다.

ㄴ. 2014~2016년 국내 조선업 건조량 → (X) 이는 〈표 1〉을 바탕으로 구할 수 있는 수치이므로 추가로 필요한 자료에 해당하지 않는다.

ㄷ. 2014~2016년 중국 조선기자재업체 실적 → (X) 〈보고서〉에서는 중국 조선기자재업체 실적에 대한 내용이 언급되어 있지 않다. 따라서 추가로 필요한 자료에 해당하지 않는다.

ㄹ. 2010~2017년 국내 조선사 규모별 해양플랜트 수주량 → (O) 이는 〈그림〉과 〈표〉에서 확인할 수 없다. 따라서 2010~2017년 국내 조선사 규모별 해양플랜트 수주량이 추가 자료로 필요하다.

① ㄱ, ㄴ ➡ (X)
② ㄱ, ㄷ ➡ (X)
③ ㄱ, ㄹ ➡ (O)
④ ㄴ, ㄷ ➡ (X)
⑤ ㄴ, ㄹ ➡ (X)

25 ②

TOP1 정답률 20.9%

| 문제 유형 | 자료 읽기 > 표/빈칸 제시형

| 접근 전략 | 증감률은 비율(%)이지만, 증감폭은 수치(개)이다. 증감폭이 가장 크다고 하더라도 증감률 또한 가장 큰 것이 아닐 수 있다는 점에 유의하도록 한다.

위 〈표〉에 근거한 〈보기〉의 설명 중 옳은 것만을 모두 고르면?

〈보기〉

ㄱ. 2014~2016년 중 국내 조선업 건조량이 가장 적은 해는 2016년이다. → (X) 해당 연도 건조량은 '전년도 수주잔량+해당 연도 수주량−해당 연도 수주잔량'으로 구할 수 있다. 2014년의 건조량은 계산이 복잡하므로 2015년부터 확인한다. 2015년 이후 연도별 건조량은 2015년의 경우 3,302+1,066−3,164=1,204(만 톤), 2016년의 경우 3,164+221−2,043=1,342(만 톤)이다. 따라서 건조량이 가장 적은 해는 2016년이 아니다.

ㄴ. 2014년 이후 국내 조선업 수주량의 전년 대비 증감률이 가장 큰 해는 2017년이다. → (O) 2015년과 2016년은 수주량이 전년 대비 감소하였고, 2017년은 증가하였다. 따라서 2014년 이후 국내 조선업 수주량의 전년 대비 증감률이 양수인 해는 2017년이 유일하므로 ㄴ은 적절하다.

ㄷ. 2014년 이자보상배율이 1 미만인 국내 조선기자재업체 수는 중형이 대형의 3배이다. → (O) 2014년 이자보상배율이 1 미만인 국내 조선기자재업체 수는 중형이 35×0.257≒9(개), 대형이 20×0.15=3(개)이므로 ㄷ은 적절하다.

ㄹ. 이자보상배율이 1 미만인 국내 조선기자재업체 수의 2015년 대비 2016년 증감폭이 가장 큰 기업 규모는 중형이다. → (X) 2014년 이후 기업 규모별 업체 수가 동일하므로 증감폭은 '업체 수×(해당 연도의 비율−전년도의 비율)'로 구할 수 있다. 2015년 대비 2016년 증감폭은 대형의 경우 20×(0.25−0.20)=1(개), 중형의 경우 35×(0.343−0.171)≒6(개), 소형의 경우 96×(0.385−0.281)≒10(개)이다. 따라서 소형의 증감폭이 가장 크다.

① ㄱ, ㄴ ➡ (X)
② ㄴ, ㄷ ➡ (O)
③ ㄴ, ㄹ ➡ (X)
④ ㄷ, ㄹ ➡ (X)
⑤ ㄱ, ㄷ, ㄹ ➡ (X)

정답과 분석해설

모의평가 | 제3영역 상황판단

기출 총평

전반적으로 최근 PSAT 유형과 경향과 유사하였다. 규정이나 제시문을 묻는 문항이 10문항 출제되었는데, 단순하게 내용만 확인하도록 하는 문항보다는 간단한 수리적 추론이나 논리적 추론을 함께 묻는 경우가 많아 내용을 꼼꼼하게 살펴보도록 구성되어 있다. 퍼즐형 문항의 경우 다양한 영역들을 묻고 있고, 난도는 실제 기출 문항과 크게 다르지 않았을 것으로 판단된다. 그리고 일부 문항의 경우는 제시된 선지로부터 소거하는 방식을 활용해 정답을 쉽게 골라낼 수 있었을 것으로 보인다. 연산추론형에서 수리계산 유형의 문제는 없었지만, 퍼즐형에서 수리퀴즈의 비율이 가장 높고, 규정이나 제시문 유형에서 수리적 추론을 함께 묻고 있는 문항들이 일부 포함되어 있기 때문에 실제 PSAT를 준비하는 데에 크게 도움이 되는 세트라고 볼 수 있다. 5급뿐만 아니라 민경채 시험에서의 상황판단 영역 문항들과 비교해 보아도 그 유형이 크게 다르지 않다. 한편 본 모의평가는 최근의 이슈가 될 만한 제재들과 직무 상황들을 다루고 있다. 따라서 실제 출제될 가능성이 있는 제재들을 중심으로 자신의 문제풀이능력을 직접적으로 테스트해 볼 수 있다. 또한 실제 소요되는 시간을 정확하게 측정하여 자신의 학습 방법을 점검하고, 틀린 문항의 유형에 대한 분석까지 병행된다면 실제 시험에서 자신이 원하는 점수를 달성하는 데 본 모의평가가 효과적으로 활용될 수 있을 것으로 판단된다.

문항 분석

문번	정답	정답률	유형
01	④	61.1%	법조문형 > 규정적용
02	⑤	35.7%	법조문형 > 규정확인
03	⑤	72.2%	제시문형 > 분석추론
04	⑤	48.6%	제시문형 > 분석추론
05	③	87.5%	법조문형 > 규정적용
06	②	63.4%	법조문형 > 규정적용
07	①	62%	연산추론형 > 대입비교
08	③	91.7%	제시문형 > 분석추론
09	④	46.5%	제시문형 > 정보확인
10	④	94.4%	퍼즐형 > 수리퀴즈
11	②	45.8%	연산추론형 > 대입비교
12	⑤	90.3%	연산추론형 > 대입비교
13	②	64.3%	퍼즐형 > 수리퀴즈

문번	정답	정답률	유형
14	④	93.1%	퍼즐형 > 게임·규칙
15	③	93.1%	연산추론형 > 대입비교
16	③	72.5%	퍼즐형 > 논리퀴즈
17	⑤	93.1%	연산추론형 > 대입비교
18	②	83.3%	연산추론형 > 대입비교
19	①	79.2%	연산추론형 > 대입비교
20	③	76.4%	연산추론형 > 대입비교
21	③	71.4%	연산추론형 > 대입비교
22	①	38.1%	퍼즐형 > 수리퀴즈
23	②	76.1%	제시문형 > 정보확인
24	①	70.8%	제시문형 > 분석추론
25	⑤	53.1%	퍼즐형 > 논리퀴즈

※ 음영 문항은 해당 회차에서 정답률이 가장 낮은 TOP 3 문항입니다.

※ 정답률 산정 기준: 약 1년간 누적된 자동채점&성적결과분석 서비스의 응시 데이터

출제 비중

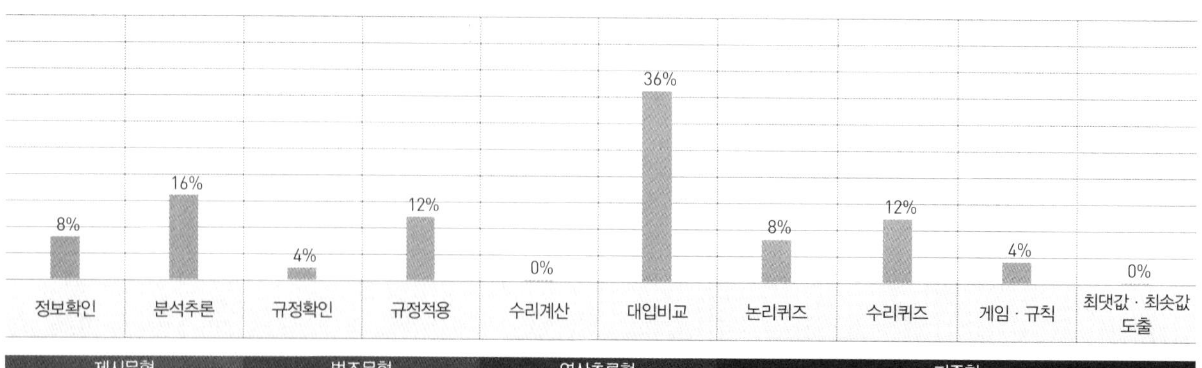

기출문제편 P.214

01	④	02	⑤	03	⑤	04	⑤	05	③
06	②	07	①	08	③	09	④	10	④
11	②	12	⑤	13	②	14	④	15	③
16	③	17	⑤	18	②	19	①	20	③
21	③	22	①	23	②	24	①	25	⑤

01 ④

정답률 61.1%

| 문제 유형 | 법조문형 > 규정적용

| 접근 전략 | 법조문의 제목을 통해 해당 법조항의 내용을 빠르게 파악한 후, 〈상황〉을 확인하여 선지를 소거해 나가면 된다. 총 사업비가 50억 원 이상인 국제행사는 원칙적으로 타당성조사 대상이지만, 국고지원 비율이 총 사업비의 20% 이내인 경우 타당성조사를 전문위원회 검토로 대체할 수 있음에 주의한다.

다음 글과 〈상황〉을 근거로 판단할 때 옳은 것은?

제00조(적용범위) 이 규정은 중앙행정기관, 광역자치단체(광역자치단체와 기초자치단체 공동주관 포함)가 국제행사를 개최하기 위하여 10억 원 이상의 국고지원을 요청하는 경우에 적용한다.

제00조(정의) "국제행사"라 함은 5개국 이상의 국가에서 외국인이 참여하고, 총 참여자 중 외국인 비율이 5% 이상(총 참여자 200만 명 이상은 3% 이상)인 국제회의·체육행사·박람회·전시회·문화행사·관광행사 등을 말한다.

제00조(국고지원의 제외) 국제행사 중 다음 각 호에 해당하는 행사는 국고지원의 대상에서 제외된다. 이 경우 제외되는 시기는 다음 각 호 이후 최초 개최되는 행사의 해당 연도부터로 한다.

1. 매년 1회 정기적으로 개최하는 국제행사로서 국고지원을 7회 받은 경우
2. 그 밖의 주기로 개최하는 국제행사로서 국고지원을 3회 받은 경우

제00조(타당성조사, 전문위원회 검토의 대상 등) ① 국고지원의 타당성조사 대상은 국제행사의 개최에 소요되는 총 사업비가 50억 원 이상인 국제행사로 한다.

② 국고지원의 전문위원회 검토 대상은 국제행사의 개최에 소요되는 총 사업비가 50억 원 미만인 국제행사로 한다.

③ 제1항에도 불구하고 국고지원 비율이 총 사업비의 20% 이내인 경우 타당성조사를 전문위원회 검토로 대체할 수 있다.

〈상황〉

甲광역자치단체는 2021년에 제6회 A박람회를 국고지원을 받아 개최할 예정이다. A박람회는 매년 1회 총 250만 명이 참여하는 행사로서 20여 개국에서 8만 명 이상의 외국인들이 참여해 왔다. 2021년에도 동일한 규모의 행사가 예정되어 있다. 한편 2020년에 5번째로 국고지원을 받은 A박람회의 총 사업비는 40억 원이었으며, 이 중 국고지원 비율은 25%였다.

① 2021년에 총 250만 명의 참여자 중 외국인 참여자가 감소하여 6만 명이 되더라도 A박람회는 국제행사에 해당된다. ➡ (X) 두 번째 조항에 따르면 총 참여자 200만 명 이상인 국제회의 등은 총 참여자 중 외국인 비율이 3% 이상이어야 국제행사에 해당된다. 총 250만 명의 참여자 중 외국인 참여자가 6만 명이라면 총 참여자 중 외국인 비율이 3% 미만이므로 국제행사에 해당되지 않는다.

② 2021년에 A박람회가 예정대로 개최된다면, A박람회는 2022년에 국고지원의 대상에서 제외된다. ➡ (X) 세 번째 조항 제1호에 따르면 매년 1회 정기적으로 개최하는 국제행사로서 국고지원을 7회 받은 경우, 이후 최초 개최되는 행사의 해당 연도부터는 국고지원의 대상에서 제외된다. A박람회는 매년 1회 정기적으로 개최되는 국제행사이다. 따라서 2021년에 A박람회가 예정대로 개최된다면, A박람회는 2021년에 6번째로 국고지원을 받는 것이므로 2022년 국고지원 대상에서 제외되지 않는다.

③ 2021년 총 사업비가 52억 원으로 증가하고 국고지원은 8억 원을 요청한다면, A박람회는 타당성조사 대상이다. ➡ (X) 첫 번째 조항에 따르면 국제행사를 개최하기 위하여 10억 원 이상의 국고지원을 요청하는 경우에만 제시된 법률이 적용된다. 따라서 국고지원을 8억 원 요청한다면 제시된 법률 자체가 적용되지 않으므로 A박람회가 타당성조사 대상인지는 알 수 없다.

④ 2021년 총 사업비가 60억 원으로 증가하고 국고지원은 전년과 동일한 금액을 요청한다면, A박람회는 전문위원회 검토를 받을 수 있다. ➡ (O) 2020년 A박람회의 총 사업비는 40억 원이었으며, 이 중 국고지원 비율이 25%이므로 2020년 A박람회의 국고지원 액수는 10억 원이었다. 네 번째 조항의 제3항에 따르면 국고지원 비율이 총 사업비의 20% 이내인 경우 타당성조사를 전문위원회 검토로 대체할 수 있다고 하였으므로 2021년 A박람회의 총 사업비가 60억 원이고, 국고지원은 전년과 동일하게 10억 원이라면, 국고지원 비율이 총 사업비의 20%(12억 원) 이내가 되어 2021년 개최될 A박람회는 전문위원회 검토를 받을 수 있다.

⑤ 2021년 甲광역자치단체와 乙기초자치단체가 공동주관하여 전년과 동일한 총 사업비로 A박람회를 개최한다면, A박람회는 타당성조사 대상이다. ➡ (X) 네 번째 조항의 제1항 및 제2항에 따르면 국제행사의 개최에 소요되는 총 사업비가 50억 원 이상인 국제행사는 타당성조사 대상이 되고, 50억 원 미만인 국제행사는 전문위원회 검토 대상이 된다. 2020년 A박람회의 총 사업비는 40억 원이었으므로, 2021년 甲광역자치단체와 乙기초자치단체가 공동주관하여 전년과 동일한 총 사업비로 A박람회를 개최한다면, A박람회는 전문위원회 검토 대상이다.

02 ⑤

TOP1 정답률 35.7%

| 문제 유형 | 법조문형 > 규정확인

| 접근 전략 | 주어진 법조문의 내용을 올바르게 해석하고 파악하였는지를 평가하는 규정확인 문제에 해당한다. 전체 법조항의 구체적인 내용을 이해하려고 하기보다는 선지의 진위를 파악하는 데 필요한 정보들이 어디에 있는지를 빠르게 찾아 확인한 후 정오를 파악하여 문제풀이 시간을 절약하도록 한다.

다음 글을 근거로 판단할 때 옳은 것은?

제○○조(진흥기금의 징수) ① 영화위원회(이하 "위원회"라 한다)는 영화의 발전 및 영화·비디오물산업의 진흥을 위하여 영화상영관에 입장하는 관람객에 대하여 입장권 가액의 100분의 5의 진흥기금을 징수한다. 다만, 직전 연도에 제△△조 제1호에 해당하는 영화를 연간 상영일수의 100분의 60 이상 상영한 영화상영관에 입장하는 관람객에 대해서는 그러하지 아니하다.

② 영화상영관 경영자는 관람객으로부터 제1항의 규정에 따른 진흥기금을 매월 말일까지 징수하여 해당 금액을 다음 달 20일까지 위원회에 납부하여야 한다.

③ 위원회는 영화상영관 경영자가 제2항에 따라 관람객으로부터 수납한 진흥기금을 납부기한까지 납부하지 아니하였을 때에는 체납된 금액의 100분의 3에 해당하는 금액을 가산금으로 부과한다.

④ 위원회는 제2항에 따른 진흥기금 수납에 대한 위탁수수료를 영화상영관 경영자에게 지급한다. 이 경우 수수료는 제1항에 따른 진흥기금 징수액의 100분의 3을 초과할 수 없다.

제△△조(전용상영관에 대한 지원) 위원회는 청소년 관객의 보호와 영화예술의 확산 등을 위하여 다음 각 호의 어느 하나에 해당하는 영화를 연간 상영일수의 100분의 60 이상 상영하는 영화상영관을 지원할 수 있다.

1. 애니메이션영화·단편영화·예술영화·독립영화
2. 제1호에 해당하지 않는 청소년관람가영화
3. 제1호 및 제2호에 해당하지 않는 국내영화

① 영화상영관 A에서 직전 연도에 연간 상영일수의 100분의 60 이상 청소년관람가 애니메이션영화를 상영한 경우 진흥기금을 징수한다. ➡ (X) 제○○조 제1항 및 제△△조 제1호에 따르면 직전 연도에 애니메이션영화·단편영화·예술영화·독립영화를 연간 상영일수의 100분의 60 이상 상영한 영화상영관에 입장하는 관람객에 대해서는 진흥기금을 징수하지 않는다. 따라서 영화상영관 A에는 진흥기금을 징수하지 않는다.

② 영화상영관 경영자 B가 8월분 진흥기금 60만 원을 같은 해 9월 18일에 납부하는 경우, 가산금을 포함하여 총 61만 8천 원을 납부하여야 한다. ➡ (X) 제○○조 제2항에 따르면 영화상영관 경영자는 관람객으로부터 진흥기금을 매월 말일까지 징수하여 다음 달 20일까지 위원회에 납부하여야 한다. 따라서 영화상영관 경영자 B가 8월분 진흥기금을 같은 해 9월 18일에 납부했다면 가산금이 부과되지 않는다.

③ 관람객 C가 입장권 가액과 그 진흥기금을 합하여 영화상영관에 지불하는 금액이 12,000원이라고 할 때, 지불 금액 중 진흥기금은 600원이다. ➡ (X) 제○○조 제1항에 따르면 영화위원회가 징수하는 진흥기금은 입장권 가액의 100분의 5이다. 따라서 관람객 C가 지불하는 진흥기금이 600원이라면 입장권 가액은 12,000원이 되고, 입장권 가액과 그 진흥기금을 합하여 영화상영관에 지불하는 금액은 12,600원이 되어야 한다.

④ 연간 상영일수가 매년 200일인 영화상영관 D에서 직전 연도에 단편영화를 40일, 독립영화를 60일 상영했다면 진흥기금을 징수하지 않는다. ➡ (X) 제○○조 제1항 및 제△△조 제1호에 따르면 직전 연도에 애니메이션영화·단편영화·예술영화·독립영화를 연간 상영일수의 100분의 60 이상 상영한 영화상영관에 입장하는 관람객에 대해서는 진흥기금을 징수하지 않는다. 따라서 연간 상영일수가 매년 200일인 영화상영관 D에서 직전 연도에 단편영화와 독립영화를 합쳐 총 100일 상영하였다면, 200일의 60%인 120일에 미달하기 때문에 진흥기금을 징수하여야 한다.

⑤ 영화상영관 경영자 E가 7월분 진흥기금과 그 가산금을 합한 금액인 103만 원을 같은 해 8월 30일에 납부한 경우, 위원회는 E에게 최대 3만 원의 수수료를 지급할 수 있다. ➡ (O) 제○○조 제3항에 따르면 가산금은 체납된 진흥기금 금액의 100분의 3이다. 영화상영관 경영자 E가 납부한 7월분 진흥기금과 그 가산금을 합한 금액이 103만 원이라면 진흥기금은 100만 원, 가산금은 3만 원임을 알 수 있다. 그런데 제○○조 제4항에서 진흥기금 수납에 대한 위탁수수료는 진흥기금 징수액의 100분의 3을 초과할 수 없다고 하였으므로, 진흥기금 징수액이 100만 원인 경우 위원회는 E에게 최대 3만 원의 수수료를 지급할 수 있다.

03 ⑤

정답률 72.2%

| 문제 유형 | 제시문형 > 분석추론

| 접근 전략 | 제시문에 따르면 시·군법원은 소송물가액이 3,000만 원 이하인 금전지급청구소송을 전담하여 재판한다. 〈상황〉에서 주어진 금전지급청구가 아닌 인도청구의 경우에는 시·군법원에서 재판할 수 없음에 주의한다.

다음 글과 〈상황〉을 근거로 판단할 때 옳은 것은?

민사소송의 1심을 담당하는 법원으로는 지방법원과 지방법원지원(이하 "그 지원"이라 한다)이 있다. 지방법원과 그 지원이 재판을 담당하는 관할구역은 지역별로 정해져 있는데, 피고의 주소지를 관할하는 지방법원 또는 그 지원이 재판을 담당한다. 다만 금전지급청구소송은 원고의 주소지를 관할하는 지방법원 또는 그 지원도 재판할 수 있다. ▶1문단

한편, 지방법원이나 그 지원의 재판사무의 일부를 처리하기 위해서 그 관할구역 안에 시법원 또는 군법원(이하 "시·군법원"이라 한다)이 설치되어 있는 경우가 있다. 시·군법원은 지방법원 또는 그 지원이 재판하는 사건 중에서 소송물가액이 3,000만 원 이하인 금전지급청구소송을 전담하여 재판한다. 즉, 이러한 소송의 경우 원고 또는 피고의 주소지를 관할하는 시·군법원이 있으면 지방법원과 그 지원은 재판할 수 없고 시·군법원만이 재판한다. ▶2문단

※ 소송물가액: 원고가 승소하면 얻게 될 경제적 이익을 화폐 단위로 평가한 것

〈상황〉

○ 甲은 乙에게 빌려준 돈을 돌려받기 위해 소송물가액 3,000만 원의 금전지급청구의 소(이하 "A청구"라 한다)와 乙에게서 구입한 소송물가액 1억 원의 고려청자 인도청구의 소(이하 "B청구"라 한다)를 각각 1심 법원에 제기하려고 한다.

○ 甲의 주소지는 김포시이고 乙의 주소지는 양산시이다. 이들 주소지와 관련된 법원명과 그 관할구역은 다음과 같다.

법원명	관할구역
인천지방법원	인천광역시
인천지방법원 부천지원	부천시, 김포시
김포시법원	김포시
울산지방법원	울산광역시, 양산시
양산시법원	양산시

① 인천지방법원 부천지원은 A청구를 재판할 수 있다. ➡ (X) 1문단에 따르면 금전지급청구소송은 원고 또는 피고의 주소지를 관할하는 지방법원 또는 그 지원이 재판할 수 있다. 또한 2문단에 따르면 시·군법원은 소송물가액이 3,000만 원 이하인 금전지급청구소송을 전담하여 재판하는데, 이 경우 원고 또는 피고의 주소지를 관할하는 시·군법원이 있으면 지방법원과 그 지원은 재판할 수 없고 시·군법원만이 재판한다. A청구는 甲이 乙에게 빌려준 돈을 돌려받기 위한 소송물가액 3,000만 원의 금전지급청구의 소로서, 원고 甲의 주소지는 김포시, 피고 乙의 주소지는 양산시이므로 김포시법원과 양산시법원에서만 재판할 수 있다. 따라서 지방법원지원인 인천지방법원 부천지원은 A청구를 재판할 수 없다.

② 인천지방법원은 A청구를 재판할 수 있다. ➡ (X) A청구는 甲이 乙에게 빌려준 돈을 돌려받기 위한 소송물가액 3,000만 원의 금전지급청구의 소로서, 원고 甲의 주소지는 김포시, 피고 乙의 주소지는 양산시이므로, 김포시법원과 양산시법원에서만 재판할 수 있어 인천지방법원은 A청구를 재판할 수 없다.

③ 양산시법원은 B청구를 재판할 수 있다. ➡ (X) B청구는 甲이 乙에게서 구입한 고려청자 인도청구의 소로서, 소송물가액이 1억 원이므로, 시·군법원에서 재판할 수 없다. 따라서 피고 乙의 주소지는 양산시이므로, 울산지방법원이 재판을 담당한다.

④ 김포시법원은 B청구를 재판할 수 있다. ➡ (X) B청구는 甲이 乙에게서 구입한 고려청자 인도청구의 소로서, 소송물가액이 1억 원이다. 따라서 피고 乙의 주소지는 양산시이므로 울산지방법원이 재판을 담당한다.

⑤ 울산지방법원은 B청구를 재판할 수 있다. ➡ (O) 1문단에 따르면 민사소송은 피고의 주소지를 관할하는 지방법원 또는 그 지원이 담당한다. B청구는 甲이 乙에게서 구입한 고려청자 인도청구의 소로서, 소송물가액이 1억 원이다. 따라서 乙의 주소지는 양산시이므로 울산지방법원이 재판을 담당한다.

04 ⑤

정답률 48.6%

| 문제 유형 | 제시문형 > 분석추론

| 접근 전략 | 선출원된 발명이 신규성 상실로 특허권이 부여되지 못한 경우에는 후출원에 대해서도 특허권이 부여되지 않음에 유의하도록 한다.

다음 글과 〈상황〉을 근거로 판단할 때 옳은 것은?

발명에 대해 특허권이 부여되기 위해서는 다음의 두 가지 요건 모두를 충족해야 한다. ▶1문단

첫째, 발명은 지금까지 세상에 없는 새로운 것, 즉 신규성이 있는 발명이어야 한다. 이미 누구나 알고 있는 발명에 대해서 독점권인 특허권을 부여하는 것은 부당하기 때문이다. 이때 발명이 신규인지 여부는 특허청에의 특허출원 시점을 기준으로 판단한다. 따라서 신규의 발명이라도 그에 대한 특허출원 전에 발명 내용이 널리 알려진 경우라든지, 반포된 간행물에 게재된 경우에는 특허출원 시점에는 신규성이 상실되었기 때문에 특허권이 부여되지 않는다. 그러나 발명자가 자발적으로 위와 같은 신규성을 상실시키는 행위를 하고 그날로부터 12개월 이내에 특허를 출원하면 신규성이 상실되지 않은 것으로 취급된다. 이를 '신규성의 간주'라고 하는데, 신규성을 상실시킨 행위를 한 발명자가 특허출원한 경우에만 신규성이 있는 것으로 간주된다. ▶2문단

둘째, 여러 명의 발명자가 독자적인 연구를 하던 중 우연히 동일한 발명을 완성하였다면, 발명의 완성 시기에 관계없이 가장 먼저 특허청에 특허출원한 발명자에게만 특허권이 부여된다. 이처럼 가장 먼저 출원한 발명자에게만 특허권이 부여되는 것을 '선출원주의'라고 한다. 따라서 특허청에 선출원된 어떤 발명이 신규성 상실로 특허권이 부여되지 못한 경우, 동일한 발명에 대한 후출원은 선출원주의로 인해 특허권이 부여되지 않는다. ▶3문단

〈상황〉

○ 발명자 甲, 乙, 丙은 각각 독자적인 연구개발을 수행하여 동일한 A 발명을 완성하였다.
○ 甲은 2020. 3. 1. A발명을 완성하였지만 그 발명 내용을 비밀로 유지하다가 2020. 9. 2. 특허출원을 하였다.
○ 乙은 2020. 4. 1. A발명을 완성하자 2020. 6. 1. 간행되어 반포된 학술지에 그 발명 내용을 논문으로 게재한 후, 2020. 8. 1. 특허출원을 하였다.
○ 丙은 2020. 7. 1. A발명을 완성하자마자 바로 당일에 특허출원을 하였다.

① 甲이 특허권을 부여받는다. ➡ (X)
② 乙이 특허권을 부여받는다. ➡ (X)
③ 丙이 특허권을 부여받는다. ➡ (X)
④ 甲, 乙, 丙이 모두 특허권을 부여받는다. ➡ (X)
⑤ 甲, 乙, 丙 중 어느 누구도 특허권을 부여받지 못한다. ➡ (O) 2문단에 따르면 신규의 발명이라도 그에 대한 특허출원 전에 발명 내용이 널리 알려진 경우라든지, 반포된 간행물에 게재된 경우에는 특허출원 시점에는 신규성이 상실되었기 때문에 특허권이 부여되지 않는다. 丙은 2020. 7. 1. 가장 먼저 특허출원을 하였으나, 乙이 이보다 앞선 2020. 6. 1. 간행되어 반포된 학술지에 그 발명 내용을 논문으로 게재하였으므로, 丙의 특허출원 시점에는 신규성이 상실되어 특허권이 부여되지 않는다. 한편 3문단에 따르면 특허청에 선출원된 어떤 발명이 신규성 상실로 특허권이 부여되지 못한 경우, 동일한 발명에 대한 후출원은 선출원주의로 인해 특허권이 부여되지 않는데 甲과 乙은 丙보다 늦은 2020. 9. 2., 2020. 8. 1.에 각각 특허출원을 하였으므로, 선출원주의로 인해 특허권이 부여되지 않는다. 따라서 甲, 乙, 丙 모두 특허권을 부여받지 못한다. 특히 乙은 '신규성의 간주'에 의해 특허권을 부여받을 수 있다고 판단할 수 있으나, '선출원주의'에 의해 특허권을 부여받을 수 없게 된 것이다.

05 ③

정답률 87.5%

| 문제 유형 | 법조문형 > 규정적용

| 접근 전략 | 〈보기〉 항목의 진위를 파악하는 데 필요한 정보들을 주택담보노후연금대출과 관련한 법조문에서 확인한 후 주어진 〈상황〉에 적용하여 해결하는 문제로, 주택소유자 또는 주택소유자의 배우자 중 한 사람이 60세 이상이기만 하면 주택담보노후연금대출이 가능함에 유의하도록 한다.

다음 글과 〈상황〉을 근거로 판단할 때, 〈보기〉에서 옳은 것만을 모두 고르면?

제00조 ① "주택담보노후연금보증"이란 주택소유자가 주택에 저당권을 설정하고 금융기관으로부터 제2항에서 정하는 연금 방식으로 노후생활자금을 대출(이하 "주택담보노후연금대출"이라 한다)받음으로써 부담하는 금전채무를 주택금융공사가 보증하는 행위를 말한다. 이 경우 주택소유자 또는 주택소유자의 배우자는 60세 이상이어야 한다.

② 제1항의 연금 방식이란 다음 각 호의 어느 하나에 해당하는 방식을 말한다.

1. 주택소유자가 생존해 있는 동안 노후생활자금을 매월 지급받는 방식
2. 주택소유자가 선택하는 일정한 기간 동안 노후생활자금을 매월 지급받는 방식
3. 제1호 또는 제2호의 어느 하나의 방식과, 주택소유자가 다음 각 목의 어느 하나의 용도로 사용하기 위하여 일정한 금액(단, 주택담보노후연금대출 한도의 100분의 50 이내의 금액으로 한다)을 지급받는 방식을 결합한 방식

가. 해당 주택을 담보로 대출받은 금액 중 잔액을 상환하는 용도
나. 해당 주택의 임차인에게 임대차보증금을 반환하는 용도

〈상황〉

A주택의 소유자 甲(61세)은 A주택에 저당권을 설정하여 주택담보노후연금보증을 통해 노후생활자금을 대출받고자 한다. 甲의 A주택에 대한 주택담보노후연금대출 한도액은 3억 원이다.

〈보기〉

ㄱ. 甲은 A주택의 임차인에게 임대차보증금을 반환하는 용도로 1억 원을 지급받고, 생존해 있는 동안 노후생활자금을 매월 지급받을 수 있다. → (O) 제00조 제2항 제3호에 따르면 주택소유자가 생존해 있는 동안 노후생활자금을 매월 지급받는 방식과 해당 주택의 임차인에게 임대차보증금을 반환하는 용도로 사용하기 위하여 일정한 금액(주택담보노후연금대출 한도의 100분의 50 이내)을 지급받는 방식을 결합할 수 있다. 따라서 甲은 A주택의 임차인에게 임대차보증금을 반환하는 용도로 주택담보노후연금대출 한도액(3억 원)의 50% 이내인 1억 원을 지급받고, 생존해 있는 동안 노후생활자금을 매월 지급받을 수 있다.

ㄴ. 甲의 배우자의 연령이 60세 이상이어야 주택담보노후연금보증을 통해 노후생활자금을 대출받을 수 있다. → (X) 제00조 제1항에 따르면 주택담보노후연금보증을 통해 노후생활자금을 대출받기 위해서는 주택소유자 또는 주택소유자의 배우자 중 한 사람이 60세 이상이어야 하므로 甲의 연령이 61세여서 甲의 배우자의 연령이 60세 미만이더라도 주택담보노후연금보증을 통해 노후생활자금을 대출받는 것이 가능하다.

ㄷ. 甲은 A주택을 담보로 대출받은 금액 중 잔액을 상환하는 용도로 1억 5천만 원을 지급받고, 향후 10년간 노후생활자금을 매월 지급받을 수 있다. → (O) 제00조 제2항 제3호에 따르면 주택소유자가 선택하는 일정한 기간 동안 노후생활자금을 매월 지급받는 방식과 해당 주택을 담보로 대출받은 금액 중 잔액을 상환하는 용도로 사용하기 위하여 일정한 금액(주택담보노후연금대출 한도의 100분의 50 이내)을 지급받는 방식을 결합할 수 있으므로, 따라서 甲은 A주택을 담보로 대출받은 금액 중 잔액을 상환하는 용도로 주택담보노후연금대출 한도액(3억 원)의 50% 이내인 1억 5천만 원을 지급받고, 향후 10년간 노후생활자금을 매월 지급받을 수 있다.

① ㄱ ➡ (X)
② ㄴ ➡ (X)
③ ㄱ, ㄷ ➡ (O)
④ ㄴ, ㄷ ➡ (X)
⑤ ㄱ, ㄴ, ㄷ ➡ (X)

06 ② 정답률 63.4%

| 문제 유형 | 법조문형 > 규정적용

| 접근 전략 | 상당히 높은 난도의 문제로, 특히 지역개발 신청을 하기 위한 동의 요건 및 동의자의 수 산정 기준에 유의하여 문제를 해결하도록 한다.

다음 글과 〈상황〉을 근거로 판단할 때 옳은 것은?

제00조(지역개발 신청 동의 등) ① 지역개발 신청을 하기 위해서는 지역개발을 하고자 하는 지역의 총 토지면적의 3분의 2 이상에 해당하는 토지의 소유자의 동의 및 지역개발을 하고자 하는 지역의 토지의 소유자 총수의 2분의 1 이상의 동의를 받아야 한다.

② 지역개발 신청을 하기 위해서 필요한 동의자의 수는 다음 각 호의 기준에 따라 산정한다.

1. 토지는 지적도상 1필의 토지를 1개의 토지로 한다.
2. 1개의 토지를 여러 명이 공동소유하는 경우에는 다른 공동소유자들을 대표하는 대표 공동소유자 1인만을 해당 토지의 소유자로 본다.
3. 1인이 여러 개의 토지를 소유하고 있는 경우에는 소유하는 토지의 수와 무관하게 1인으로 본다.
4. 지역개발을 하고자 하는 지역에 국유지가 있는 경우 국유지도 포함하여 토지면적을 산정하고, 그 토지의 재산관리청을 토지 소유자로 본다.

〈상황〉

○ X지역은 100개의 토지로 이루어져 있고, 토지면적 합계가 총 6km²이다.
○ 동의자 수 산정 기준에 따라 산정된 X지역 토지의 소유자는 모두 82인(이하 "동의대상자"라 한다)이고, 이 중에는 국유지 재산관리청 2인이 포함되어 있다.
○ 甲은 X지역에 토지 2개를 소유하고 있고, 해당 토지면적 합계는 X지역 총 토지면적의 4분의 1이다.
○ 乙은 X지역에 토지 10개를 소유하고 있고, 해당 토지면적 합계는 총 2km²이다.
○ 丙, 丁, 戊, 己는 X지역에 토지 1개를 공동소유하고 있고, 해당 토지 면적은 1km²이다.

① 乙이 동의대상자 31인의 동의를 얻으면 지역개발 신청을 위한 X지역 토지의 소유자 총수의 2분의 1 이상의 동의 조건은 갖추게 된다. ➠ (X) 제00조 제2항에 따르면 지역개발을 하고자 하는 지역의 토지 소유자 총수의 2분의 1 이상의 동의 조건을 충족해야 한다. 제00조 제2항 제3호에 따르면 1인이 여러 개의 토지를 소유하고 있는 경우에는 소유하는 토지의 수와 무관하게 1인으로 보게 되므로, 乙은 1인의 소유자로 산정된다. 즉 乙이 동의대상자 31인의 동의를 얻으면 총 32인의 토지 소유자의 동의를 얻은 것이 되어 지역개발 신청을 위한 X지역 토지 소유자 총수의 2분의 1 이상의 동의 조건을 충족할 수 없다.

② X지역에 대한 지역개발 신청에 甲~己 모두 동의한 경우, 나머지 동의대상자 중 38인의 동의를 얻으면 신청할 수 있다. ➠ (O) 제00조 제1항에 따르면 지역개발 신청을 하기 위해서는 지역개발을 하고자 하는 지역의 총 토지면적의 3분의 2 이상에 해당하는 토지 소유자의 동의 및 지역개발을 하고자 하는 지역의 토지 소유자 총수의 2분의 1 이상의 동의가 필요하다.

X지역에 대한 지역개발 신청에 甲~己 모두 동의한 경우, 이들이 소유한 토지면적의 합을 따져보면, 甲이 X지역에 소유한 토지면적 합계는 X지역 총 토지면적의 4분의 1, 즉 1.5km²이고 乙이 X지역에 소유한 토지면적 합계는 총 2km², 丙, 丁, 戊, 己가 X지역에 공동으로 소유한 토지면적의 합계는 1km²이다. 그러므로 甲~己가 소유한 토지면적을 모두 합하면 4.5km²로서 X지역의 총 토지면적의 3분의 2 이상에 해당한다. 따라서 지역개발을 하고자 하는 지역의 총 토지면적의 3분의 2 이상에 해당하는 토지의 소유자의 동의 요건을 충족하였다.

한편 X지역 토지의 소유자는 모두 82인이므로, 지역개발을 하고자 하는 지역의 토지 소유자 총수의 2분의 1 이상 동의 요건을 충족하려면, X지역 토지 소유자 중 41인 이상의 동의를 받아야 한다. 제00조 제2항 제3호에 따르면 1인이 여러 개의 토지를 소유하고 있는 경우에는 소유하는 토지의 수와 무관하게 1인으로 보게 되므로, 甲과 乙은 각각 1인의 소유자로 산정된다. 또한 제00조 제2항 제2호에 따르면 1개의 토지를 여러 명이 공동소유하는 경우에는 다른 공동소유자들을 대표하는 대표 공동소유자 1인만을 해당 토지의 소유자로 보게 되므로, 丙, 丁, 戊, 己 네 사람 중 대표 공동소유자 1인만이 소유자로 산정된다. 따라서 X지역에 대한 지역개발 신청에 甲~己 모두 동의한 경우 甲~己는 총 3인으로 산정되므로, 나머지 동의대상자 중 38인의 동의가 있다면 총 41인의 토지 소유자의 동의를 얻은 것이 되어 지역개발을 하고자 하는 지역의 토지 소유자 총수의 2분의 1 이상의 동의 요건을 충족하게 된다.

③ X지역에 토지 2개 이상을 소유하는 자는 甲, 乙뿐이다. ➠ (X) X지역은 100개의 토지로 이루어져 있는데 甲은 이 중 토지 2개를, 乙은 토지 10개를, 丙, 丁, 戊, 己는 토지 1개를 공동소유하고 있다. 따라서 甲~己가 소유하고 있는 토지는 모두 13개이고 남는 토지는 87개가 된다. 한편 X지역 토지의 소유자는 모두 82인이므로 3인으로 산정된 甲~己를 제외한 나머지 토지 소유자는 79인이 되며 그렇다면 79인이 87개의 토지를 소유하고 있는 것이므로 甲, 乙 이외에도 X지역에 토지 2개 이상을 소유한 자가 있음을 알 수 있다.

④ X지역의 1필의 토지면적은 0.06km²로 모두 동일하다. ➠ (X) 제00조 제2항 제1호에 따르면 지적도상 1필의 토지를 1개의 토지로 한다. 만약 X지역의 1필의 토지면적이 0.06km²로 모두 동일하다면, 甲은 X지역에 토지 2개를 소유하고 있으므로 甲이 X지역에 소유한 토지면적 합계는 0.12km²이어야 하는데, 甲이 X지역에 소유한 토지면적 합계는 X지역 총 토지면적의 4분의 1, 즉 1.5km²라고 하였으므로, X지역의 1필의 토지면적이 모두 0.06km²로 동일한 것은 아님을 알 수 있다.

⑤ X지역 안에 있는 국유지의 면적은 1.5km²이다. ➠ (X) X지역 토지의 소유자는 모두 82인이므로 3인으로 산정된 甲~己를 제외한 나머지 토지 소유자는 79인이 된다. 또한 甲~己가 소유한 토지면적을 모두 합하면 4.5km²가 되므로, 甲~己를 제외한 나머지 토지 소유자 79인이 소유한 토지면적은 1.5km²이어야 한다. 그런데 나머지 토지 소유자 79인 중 국유지 재산관리청은 2인에 불과하므로, 나머지 토지면적인 1.5km² 전체가 국유지일 수는 없다.

07 ① 정답률 62%

| 문제 유형 | 연산추론형 > 대입비교

| 접근 전략 | 주어진 규칙이나 지침 등을 이용하여 나타날 결과를 추론하거나 상황을 평가하는 대입비교 문제에 해당한다. 주어진 〈유연근무제〉 요건을 정확히 파악한 후, 甲~丁이 제출한 근무계획이 제시된 〈유연근무제〉 요건에 부합하는지 빠르게 확인하여 올바른 선지를 골라내야 한다. 제시문상의 기준을 〈상황〉에 그대로 적용하는 문제로 난도가 낮은 문항이기 때문에 실수하지 않도록 주의한다.

다음 글과 〈상황〉을 근거로 판단할 때, 甲~丁 가운데 근무계획이 승인될 수 있는 사람만을 모두 고르면?

〈유연근무제〉

□ 개념
　○ 주 40시간을 근무하되, 근무시간을 유연하게 관리하여 1주일에 5일 이하로 근무하는 제도
□ 복무관리
　○ 점심 및 저녁시간 운영
　　– 근무 시작과 종료 시각에 관계없이 점심시간은 12:00~13:00, 저녁시간은 18:00~19:00의 각 1시간으로 하고 근무시간으로는 산정하지 않음
　○ 근무시간 제약
　　– 근무일의 경우, 1일 최대 근무시간은 12시간으로 하고 최소 근무시간은 4시간으로 함
　　– 하루 중 근무시간으로 인정하는 시간대는 06:00~24:00로 한정함

〈상황〉

다음은 甲~丁이 제출한 근무계획을 정리한 것이며 위의 〈유연근무제〉에 부합하는 근무계획만 승인된다.

직원 \ 요일	월	화	수	목	금
甲	08:00 ~ 18:00	08:00 ~ 18:00	09:00 ~ 13:00	08:00 ~ 18:00	08:00 ~ 18:00
乙	08:00 ~ 22:00	08:00 ~ 22:00	–	08:00 ~ 22:00	08:00 ~ 12:00
丙	08:00 ~ 24:00	08:00 ~ 24:00	–	08:00 ~ 22:00	–
丁	06:00 ~ 16:00	08:00 ~ 22:00	–	09:00 ~ 21:00	09:00 ~ 18:00

① 乙 ➡ (O) 乙은 월, 화, 목요일에 점심, 저녁시간을 제외하고 12시간씩 근무하고, 금요일에 4시간을 근무하여 총 주 40시간을 근무하게 된다. 따라서 〈유연근무제〉에 부합하는 근무계획으로 승인될 수 있다.

② 甲, 丙 ➡ (X) 甲은 수요일 근무시간이 점심시간을 제외하고 3시간이어서, 1일 최소 근무시간 요건인 4시간을 충족하지 못하고 월, 화, 목, 금요일은 점심, 저녁시간을 제외하고 각각 9시간, 수요일은 3시간 근무로 주 40시간 근무 요건도 충족하지 못한다. 또한 丙은 월, 화요일 근무시간이 점심, 저녁시간을 제외하고 14시간이어서, 1일 최대 근무시간 요건인 12시간을 충족하지 못한다.

③ 甲, 丁 ➡ (X) 甲은 수요일 근무시간이 점심시간을 제외하고 3시간이어서, 1일 최소 근무시간 요건인 4시간을 충족하지 못할 뿐만 아니라 총 주 39시간 근무로 주 40시간 근무 요건도 충족하지 못한다. 또한 丁은 월, 화, 목, 금요일에 점심, 저녁시간을 제외하고 각각 9시간, 12시간, 10시간, 8시간을 근무하여 총 주 39시간을 근무하게 되므로 주 40시간 근무 요건을 충족하지 못한다.

④ 乙, 丙 ➡ (X) 乙은 월, 화, 목요일에 점심, 저녁시간을 제외하고 각각 12시간, 금요일에 4시간을 근무하여 총 주 40시간을 근무하게 된다. 따라서 〈유연근무제〉에 부합하는 근무계획으로 승인될 수 있으나 丙은 월, 화요일 근무시간이 점심, 저녁시간을 제외하고 14시간이어서, 1일 최대 근무시간 요건인 12시간을 충족하지 못한다.

⑤ 乙, 丁 ➡ (X) 乙은 근무계획이 승인될 수 있으나 丁은 월, 화, 목, 금요일에 점심, 저녁시간을 제외하고 각각 9시간, 12시간, 10시간, 8시간을 근무하여 총 주 39시간을 근무하게 되므로 주 40시간 근무 요건을 충족하지 못해 근무계획이 승인될 수 없다.

08 ③ 정답률 91.7%

| 문제 유형 | 제시문형 > 분석추론

| 접근 전략 | 제시문에서 주어진 하계 올림픽과 동계 올림픽의 차수를 산정하는 기준을 정확히 파악한 후 이를 주어진 상황에 적용하여 답을 도출하되, 하계 올림픽의 차수는 대회가 개최되지 못하더라도 무조건 4년마다 1회씩 추가되고, 동계 올림픽의 차수는 실제로 열린 대회만으로 정해짐에 유의한다.

다음 글을 근거로 판단할 때, ㉠과 ㉡에 들어갈 수를 옳게 짝지은 것은?

올림픽은 원칙적으로 4년에 한 번씩 개최되는 세계 최대 규모의 스포츠 대회이다. 제1회 하계 올림픽은 1896년 그리스 아테네에서, 제1회 동계 올림픽은 1924년 프랑스 샤모니에서 개최되었다. 그런데 두 대회의 차수(次數)를 계산하는 방식은 서로 다르다. ▶1문단

올림픽 사이의 기간인 4년을 올림피아드(Olympiad)라 부르는데, 하계 올림픽의 차수는 올림피아드를 기준으로 계산한다. 이전 대회부터 하나의 올림피아드만큼 시간이 흐르면 올림픽 대회 차수가 하나씩 올라가게 된다. 대회가 개최되지 못해도 올림피아드가 사라지는 것은 아니기 때문에 대회 차수에는 영향을 미치지 않는다. 실제로 하계 올림픽은 제1·2차 세계대전으로 세 차례(1916년, 1940년, 1944년) 개최되지 못하였는데, 1912년 제5회 스톡홀름 올림픽 다음으로 1920년에 벨기에 안트베르펜에서 개최된 올림픽은 제7회 대회였다. 마찬가지로 1936년 제11회 베를린 올림픽 다음으로 개최된 1948년 런던 올림픽은 제(㉠)회 대회였다. 반면에 동계 올림픽의 차수는 실제로 열린 대회만으로 정해진다. 동계 올림픽은 제2차 세계대전으로 두 차례(1940년, 1944년) 열리지 못하였는데, 1936년 제4회 동계 올림픽 다음 대회인 1948년 동계 올림픽은 제5회 대회였다. 이후 2020년 전까지 올림픽이 개최되지 않은 적은 없다. ▶2문단

1992년까지 동계·하계 올림픽은 같은 해 치러졌으나 그 이후로는 IOC 결정에 따라 분리되어 2년 격차로 개최되었다. 1994년 노르웨이 릴레함메르에서 열린 동계 올림픽 대회는 이 결정에 따라 처음으로 하계 올림픽에 2년 앞서 치러진 대회였다. 이를 기점으로 동계 올림픽은 지금까지 4년 주기로 빠짐없이 개최되고 있다. ▶3문단

대한민국은 1948년 런던 하계 올림픽에 처음 출전하여, 1976년 제21회 몬트리올 하계 올림픽과 1992년 제(㉡)회 알베르빌 동계 올림픽에서 각각 최초로 금메달을 획득하였다. ▶4문단

	㉠	㉡	
①	12	16	➡ (X)
②	12	21	➡ (X)
③	14	16	➡ (O)

- ㉠: 2문단에 따르면 하계 올림픽의 차수는 4년의 올림피아드를 기준으로 계산하며, 대회가 개최되지 못하더라도 대회 차수에는 영향을 미치지 않는다고 하였다. 따라서 1936년 제11회 베를린 올림픽 다음으로 개최된 1948년 런던 올림픽은 베를린 올림픽으로부터 12년이 지났으니, 11회에서 3회가 추가되어 ㉠은 14회가 된다.
- ㉡: 2문단에 따르면 동계 올림픽의 차수는 실제로 열린 대회만으로 정해지며, 1948년 제5회 동계 올림픽 이후 2020년 전까지 올림픽이 개최되지 않은 적은 없다. 따라서 1992년 알베르빌 동계 올림픽은 1948년 제5회 동계 올림픽과 44년의 차이가 있으므로 5회에서 11회가 추가되어 ㉡은 16회가 된다.

따라서 ㉠은 14이고, ㉡은 16이다.

	㉠	㉡	
④	14	19	➡ (X)
⑤	14	21	➡ (X)

09 ④ 정답률 46.5%

| 문제 유형 | 제시문형 > 정보확인

| 접근 전략 | 제시문의 내용을 〈보기〉의 지문과 비교하여 정오를 판단하면 간단히 해결할 수 있는 문제로, 〈보기〉의 정오를 판단하는 데 필요한 키워드에 체크를 하면서 읽으면 시간을 단축할 수 있다.

다음 글을 근거로 판단할 때, 〈보기〉에서 옳은 것만을 모두 고르면?

기상예보는 일기예보와 기상특보로 구분할 수 있다. 일기예보는 단기예보, 중기예보, 장기예보 등 시간에 따른 것이고, 기상특보는 주의보, 경보 등 기상현상의 정도에 따른 것이다. ▶1문단

일기예보 중 가장 짧은 기간을 예보하는 단기예보는 3시간 예보와 일일예보로 나뉜다. 3시간 예보는 오늘과 내일의 날씨를 예보하며, 매일 0시 발표부터 시작하여 3시간 간격으로 1일 8회 발표한다. 일일예보는 오늘과 내일, 모레의 날씨를 1일 단위(0시~24시)로 예보하며 매일 5시, 11시, 17시, 23시에 발표한다. 다음으로 중기예보에는 주간예보와 1개월 예보가 있다. 주

간예보는 일일예보를 포함하여 일일예보가 예보한 기간의 다음 날부터 5일간의 날씨를 추가로 예보하며 매일 발표한다. 1개월 예보는 앞으로 한 달간의 기상전망을 발표한다. 마지막으로 장기예보는 계절예보로서 봄, 여름, 가을, 겨울의 각 계절별 기상전망을 발표한다. ▶2문단

기상특보는 주의보와 경보로 나뉜다. 주의보는 재해가 일어날 가능성이 있는 경우에, 경보는 중대한 재해가 예상될 때 발표하는 것이다. 주의보가 발표된 후 기상현상의 경과가 악화된다면 경보로 승격 발표되기도 한다. 또한 기상특보의 기준은 지역마다 다를 수도 있다. 대설주의보의 예보 기준은 24시간 신(新)적설량이 대도시일 때 5cm 이상, 일반지역일 때 10cm 이상, 울릉도일 때 20cm 이상이다. 대설경보의 예보 기준은 24시간 신적설량이 대도시일 때 20cm 이상, 일반지역일 때 30cm 이상, 울릉도일 때 50cm 이상이다. ▶3문단

〈보기〉

ㄱ. 월요일에 발표되는 주간예보에는 그 다음 주 월요일의 날씨가 포함된다. → (O) 2문단에 따르면 주간예보는 일일예보를 포함하여 일일예보가 예보한 기간의 다음 날부터 5일간의 날씨를 추가로 예보한다. 일일예보는 오늘과 내일, 모레의 날씨를 예보하므로, 여기에 5일을 더하면 주간예보는 오늘로부터 7일 후의 날까지 예보하게 된다. 따라서 월요일에 발표되는 주간예보에는 그 다음 주 월요일의 날씨가 포함된다.

ㄴ. 일일예보의 발표 시각과 3시간 예보의 발표 시각은 겹치지 않는다. → (O) 2문단에 따르면 3시간 예보는 매일 0시부터 3시간 간격으로 1일 8회 발표하며, 일일예보는 매일 5시, 11시, 17시, 23시에 발표한다. 따라서 3시간 예보는 0시, 3시, 6시, 9시, 12시, 15시, 18시, 21시에 발표하기 때문에 일일예보의 발표 시각과 3시간 예보의 발표 시각은 겹치지 않는다.

ㄷ. 오늘 23시에 발표된 일일예보는 오늘 5시에 발표된 일일예보보다 18시간 더 먼 미래의 날씨까지 예보한다. → (X) 2문단에 따르면 일일예보는 오늘과 내일, 모레의 날씨를 1일 단위(0시~24시)로 예보하므로 같은 날 발표된 일일예보는 모두 모레 24시까지의 날씨를 예보한다. 따라서 오늘 23시에 발표된 일일예보가 오늘 5시에 발표된 일일예보보다 18시간 더 먼 미래의 날씨까지 예보하지는 않는다.

ㄹ. 대도시 A의 대설경보 예보 기준은 울릉도의 대설주의보 예보 기준과 같다. → (O) 3문단에 따르면 대도시의 대설경보 예보 기준은 24시간 신적설량이 20cm 이상, 울릉도의 대설주의보 예보 기준 또한 24시간 신적설량이 20cm 이상이므로 대도시 A의 대설경보 예보 기준은 울릉도의 대설주의보 예보 기준과 같음을 알 수 있다.

① ㄱ, ㄴ ➡ (X)
② ㄱ, ㄷ ➡ (X)
③ ㄷ, ㄹ ➡ (X)
④ ㄱ, ㄴ, ㄹ ➡ (O)
⑤ ㄴ, ㄷ, ㄹ ➡ (X)

10 ④

정답률 94.4%

| 문제 유형 | 퍼즐형 > 수리퀴즈

| 접근 전략 | 제시문에서 주어진 사무용품의 총 개수와 〈사무용품 배분방법〉을 바탕으로 사무용품을 배분받은 직원 수를 알아내도록 한다. 이때 D는 8인당 1개씩 배분하므로 최소 8명의 직원이 필요함을 빠르게 인지하는 것이 문제풀이의 핵심이 된다.

다음 글과 〈사무용품 배분방법〉을 근거로 판단할 때, 11월 1일 현재 甲기관의 직원 수는?

甲기관은 사무용품 절약을 위해 〈사무용품 배분방법〉으로 한 달 동안 사용할 네 종류(A, B, C, D)의 사무용품을 매월 1일에 배분한다. 이에 따라 11월 1일에 네 종류의 사무용품을 모든 직원에게 배분하였다. 甲기관이 배분한 사무용품의 개수는 총 1,050개였다.

〈사무용품 배분방법〉

○ A는 1인당 1개씩 배분한다.
○ B는 2인당 1개씩 배분한다.
○ C는 4인당 1개씩 배분한다.
○ D는 8인당 1개씩 배분한다.

① 320명 ➡ (X)
② 400명 ➡ (X)
③ 480명 ➡ (X)
④ 560명 ➡ (O) 사무용품 A의 개수를 a라 하면, 배분 인원에 의해 사무용품 B, C, D의 개수는 각각 $\frac{a}{2}$, $\frac{a}{4}$, $\frac{a}{8}$가 된다. 이를 모두 더한 것이 1,050개라 하였으므로 $a+\frac{a}{2}+\frac{a}{4}+\frac{a}{8}=1{,}050$이고 이를 풀면, $\frac{8a+4a+2a+a}{8}=\frac{15a}{8}=1{,}050$이므로 $a=560$이다. 따라서 甲기관의 직원 수는 560명이다.
⑤ 640명 ➡ (X)

11 ②

TOP3 정답률 45.8%

| 문제 유형 | 연산추론형 > 대입비교

| 접근 전략 | 제시문을 바탕으로 각 펜션 예약 시 워크숍 비용을 산정한 후 이를 비교하여 워크숍 비용이 가장 낮은 펜션을 최종 선택하면 쉽게 정답을 골라낼 수 있다. 특히 워크숍 비용은 왕복 교통비를 기준으로 계산하므로 '렌터카 비용×2'를 해야 한다는 점에 주의하도록 한다.

다음 글을 근거로 판단할 때, 예약할 펜션과 워크숍 비용을 옳게 짝지은 것은?

甲은 팀 워크숍을 추진하기 위해 펜션을 예약하려 한다. 팀원은 총 8명으로 한 대의 렌터카로 모두 같이 이동하여 워크숍에 참석한다. 워크숍 기간은 1박 2일이며, 甲은 워크숍 비용을 최소화하고자 한다.

○ 워크숍 비용은 아래와 같다.

워크숍 비용 = 왕복 교통비 + 숙박요금

○ 교통비는 렌터카 비용을 의미하며, 렌터카 비용은 거리 10km당 1,500원이다.

○ 甲은 다음 펜션 중 한 곳을 1박 예약한다.

구분	A 펜션	B 펜션	C 펜션
펜션까지 거리(km)	100	150	200
1박당 숙박요금(원)	100,000	150,000	120,000
숙박기준인원(인)	4	6	8

○ 숙박인원이 숙박기준인원을 초과할 경우, A~C 펜션 모두 초과 인원 1인당 1박 기준 10,000원씩 요금이 추가된다.

	예약할 펜션	워크숍 비용	
①	A	155,000원	➡ (X)

② A 170,000원 ➠ (O) 워크숍 비용은 왕복 교통비+숙박요금이다. 교통비는 거리 10km당 1,500원이므로, 거리 1km당 교통비는 150원이며, 왕복 교통비를 구하기 위해서는 편도 교통비의 2배를 구해야 한다. 따라서 A 펜션 예약 시 왕복 교통비는 100km × 150원 × 2 = 30,000원, B 펜션 예약 시 왕복 교통비는 150km × 150원 × 2 = 45,000원, C 펜션 예약 시 왕복 교통비는 200km × 150원 × 2 = 60,000원이다. 한편 숙박인원이 숙박기준인원을 초과할 경우 초과 인원 1인당 1박 기준 10,000원씩 요금이 추가되는데 甲의 팀원은 총 8명이므로, A 펜션 예약 시에는 1박당 숙박요금 100,000원에 40,000원의 추가요금이, B 펜션 예약 시에는 1박당 숙박요금 150,000원에 20,000원의 추가요금이 발생하고 C 펜션 예약 시에는 1박당 숙박요금 120,000원 외에 추가요금은 발생하지 않는다. 따라서 A 펜션 예약 시 숙박요금은 140,000원, B 펜션 예약 시 숙박요금은 170,000원, C 펜션 예약 시 숙박요금은 120,000원이다. 그러므로 워크숍 비용은 A 펜션 예약 시 30,000 + 140,000 = 170,000(원), B 펜션 예약 시 45,000 + 170,000 = 215,000(원), C 펜션 예약 시 60,000 + 120,000 = 180,000(원)이 되어 결국 A 펜션 예약 시 170,000원으로 가장 저렴하므로, 甲이 워크숍 비용을 최소화하기 위해서는 A 펜션을 예약해야 한다.

③ B 215,000원 ➠ (X)

④ C 150,000원 ➠ (X)

⑤ C 180,000원 ➠ (X)

12 ⑤

정답률 90.3%

| 문제 유형 | 연산추론형 > 대입비교

| 접근 전략 | 제시문을 바탕으로 각 국으로부터 X 수입 시의 1톤당 수입비용을 산정한 후 이를 비교, 평가하여 〈보기〉의 옳고 그름을 판단해 내야 한다. 이때 FTA를 체결하면 그 국가에서 수입하는 X에 대한 관세율이 0%가 됨을 잊지 않도록 한다.

다음 글을 근거로 판단할 때, 〈보기〉에서 옳은 것만을 모두 고르면?

○ 甲국은 매년 X를 100톤 수입한다. 甲국이 X를 수입할 수 있는 국가는 A국, B국, C국 3개국이며, 甲국은 이 중 한 국가로부터 X를 전량 수입한다.

○ X의 거래조건은 다음과 같다.

국가	1톤당 단가	관세율	1톤당 물류비
A국	12달러	0%	3달러
B국	10달러	50%	5달러
C국	20달러	20%	1달러

○ 1톤당 수입비용은 다음과 같다.

1톤당 수입비용 = 1톤당 단가 + (1톤당 단가 × 관세율) + 1톤당 물류비

○ 특정 국가와 FTA를 체결하면 그 국가에서 수입하는 X에 대한 관세율이 0%가 된다.

○ 甲국은 지금까지 FTA를 체결한 A국으로부터만 X를 수입했다. 그러나 최근 A국으로부터 X의 수입이 일시 중단되었다.

〈보기〉

ㄱ. 甲국이 B국과도 FTA를 체결한다면, 기존에 A국에서 수입하던 것과 동일한 비용으로 X를 수입할 수 있다. → (O) 1톤당 수입비용 = 1톤당 단가+(1톤당 단가 × 관세율)+1톤당 물류비가 되며, 특정 국가와 FTA를 체결하면 그 국가에서 수입하는 X에 대한 관세율이 0%가 된다. 따라서 甲국이 B국과 FTA를 체결한다면, B국에서 수입되는 X의 1톤당 수입비용은 단가와 물류비만 더한 10달러 + 5달러 = 15달러가 된다. A국에서 수입되는 X의 1톤당 수입비용 역시 12달러 + 3달러 = 15달러이므로, 甲국이 B국과도 FTA를 체결한다면 기존에 A국에서 수입하던 것과 동일한 비용으로 X를 수입할 수 있다.

ㄴ. C국이 A국과 동일한 1톤당 단가를 제시하였다면, 甲국은 기존에 A국에서 수입하던 것보다 저렴한 비용으로 C국으로부터 X를 수입할 수 있다. → (X) C국에서 수입되는 X의 1톤당 단가가 A국과 동일하게 12달러라면, C국에서 수입되는 X의 1톤당 수입비용은 12달러 + (12달러 × 20%) + 1달러 = 15.4달러가 된다. 그런데 A국에서 수입되는 X의 1톤당 수입비용은 12달러 + 3달러 = 15달러이므로, C국이 A국과 동일한 1톤당 단가를 제시하더라도 기존에 A국에서 수입하는 비용이 더 저렴하다.

ㄷ. A국으로부터 X의 수입이 다시 가능해졌으나 1톤당 6달러의 보험료가 A국으로부터의 수입비용에 추가된다면, 甲국은 A국보다 B국에서 X를 수입하는 것이 수입비용 측면에서 더 유리하다. → (O) A국에서 수입되는 X의 기존 1톤당 수입비용은 15달러인데, 여기에 1톤당 6달러의 보험료가 추가된다면 A국에서 수입되는 X의 1톤당 수입비용은 21달러가 된다. B국에서 수입되는 X의 1톤당 수입비용은 10달러 + (10달러 × 50%) + 5달러 = 20달러이므로 甲국은 A국보다 B국에서 X를 수입하는 것이 더 유리하다.

① ㄱ ➠ (X)

② ㄴ ➠ (X)

③ ㄷ ➠ (X)

④ ㄱ, ㄴ ➠ (X)

⑤ ㄱ, ㄷ ➠ (O)

13 ②

정답률 64.3%

| 문제 유형 | 퍼즐형 > 수리퀴즈

| 접근 전략 | 올바른 우편번호의 첫자리와 끝자리 숫자 두 개만 알아내면 되므로, 우편번호 전체를 알아낼 필요가 없다는 점에 유의한다.

다음 글을 근거로 판단할 때, 올바른 우편번호의 첫자리와 끝자리 숫자의 합은?

다섯 자리 자연수로 된 우편번호가 있다. 甲과 乙은 실수로 '올바른 우편번호'에 숫자 2를 하나 추가하여 여섯 자리로 표기하였다. 甲은 올바른 우편번호의 끝자리 뒤에 2를 추가하였고, 乙은 올바른 우편번호의 첫자리 앞에 2를 추가하였다. 그 결과 甲이 잘못 표기한 우편번호 여섯 자리 수는 乙이 잘못 표기한 우편번호 여섯 자리 수의 3배가 되었다.

올바른 우편번호와 甲과 乙이 잘못 표기한 우편번호는 아래와 같다.

○ 올바른 우편번호: □□□□□

○ 甲이 잘못 표기한 우편번호: □□□□□[2]

○ 乙이 잘못 표기한 우편번호: [2]□□□□□

① 11 ➠ (X)

② 12 ➠ (O) 甲이 잘못 표기한 우편번호 여섯 자리 수는 乙이 잘못 표기한 우편번호 여섯 자리 수의 3배가 되므로, 이를 수식으로 표현하면 [a][b][c][d][e]2=2[a][b][c][d][e] × 3이 된다. 이때 [e]에 3을 곱하였을 때 나오는 일의 자리 수가 甲이 잘못 표기한 우편번호의 끝자리 숫자인 2와 같아야 한다. 3을 곱하였을 때 일의 자리가 2가 나오는 숫자는 4뿐이므로, [e]는 4이다. 또한 [a]는 2[a]에 3을 곱하여 나온 첫자리 숫자와 같아야 하는데 28 × 3=84이므로 여기에 부합하는 숫자는 8뿐이다. 즉 [a]는 8이다. 따라서 올바른 우편번호의 첫자리와 끝자리 숫자의 합은 [a]+[e]=8+4=12가 된다.
또는 다음과 같이 간단하게 풀 수 있다. ([2][a][b][c][d][e]) × 3=[a][b][c][d][e][2]이고, 이때 [a][b][c][d][e]를 x라고 하면, (200,000+x) × 3=10x+2이므로, x는 85714임을 알 수 있다.

③ 13 ➠ (X)

④ 14 ➠ (X)

⑤ 15 ➠ (X)

14 ④

정답률 93.1%

| 문제 유형 | 퍼즐형 > 게임·규칙

| 접근 전략 | 게임에 관한 규칙과 조건들을 종합하여 나타날 수 있는 결과를 논리적으로 추론하는 게임·규칙 문제에 해당한다. 제시문에서 나타난 전제조건에 따르면 甲과 乙은 서로 같은 것을 낸 적이 한 번도 없었으므로, 한 사람이 가위를 낼 때 다른 사람은 바위 또는 보를 냈음을 알 수 있고, 이에 따라 승패를 추론할 수 있어야 한다.

다음 글을 근거로 판단할 때, 甲의 승패 결과는?

甲과 乙이 10회 실시한 가위바위보에 대해 다음과 같은 사실이 알려져 있다.

○ 甲은 가위 6회, 바위 1회, 보 3회를 냈다.
○ 乙은 가위 4회, 바위 3회, 보 3회를 냈다.
○ 甲과 乙이 서로 같은 것을 낸 적은 10회 동안 한 번도 없었다.

① 7승 3패 ➡ (X)

② 6승 4패 ➡ (X)

③ 5승 5패 ➡ (X)

④ 4승 6패 ➡ (O) 甲과 乙은 서로 같은 것을 낸 적이 10회 동안 한 번도 없었으므로, 甲이 가위를 낼 때 乙은 바위나 보를 냈고, 乙이 가위를 낼 때 甲은 바위나 보를 냈음을 알 수 있다. 甲이 가위를 낸 것이 6회인데 이때 乙은 바위 3회, 보 3회를 냈으므로 甲은 3승 3패가 된다. 한편 乙이 가위를 낸 것이 4회인데 이때 甲은 바위 1회, 보 3회를 냈으므로 乙은 3승 1패가 되고, 甲을 기준으로 하면 1승 3패가 된다. 따라서 甲은 총 4승 6패를 하였다.

⑤ 3승 7패 ➡ (X)

15 ③

정답률 93.1%

| 문제 유형 | 연산추론형 > 대입비교

| 접근 전략 | 인사교류는 각 신청자가 속한 두 기관의 교류 승인 조건을 모두 충족해야 하므로, 甲이 속한 ○○기관의 교류 승인 조건뿐만 아니라 인사교류 신청자의 소속에 따라 □□기관 또는 △△기관의 교류 승인 조건도 따져보아야 한다.

다음 글을 근거로 판단할 때, 甲과 인사교류를 할 수 있는 사람만을 모두 고르면?

○ 甲은 인사교류를 통해 ○○기관에서 타 기관으로 전출하고자 한다. 인사교류란 동일 직급 간 신청자끼리 1:1로 교류하는 제도로서, 각 신청자가 속한 두 기관의 교류 승인 조건을 모두 충족해야 한다.
○ 기관별로 교류를 승인하는 조건은 다음과 같다.
  ○○기관: 신청자 간 현직급임용년월은 3년 이상 차이나지 않고, 연령은 7세 이상 차이나지 않는 경우
  □□기관: 신청자 간 최초임용년월은 5년 이상 차이나지 않고, 연령은 3세 이상 차이나지 않는 경우
  △△기관: 신청자 간 최초임용년월은 2년 이상 차이나지 않고, 연령은 5세 이상 차이나지 않는 경우
○ 甲(32세)의 최초임용년월과 현직급임용년월은 2015년 9월로 동일하다.
○ 甲과 동일 직급인 인사교류 신청자(A~E)의 인사 정보는 다음과 같다.

신청자	연령(세)	현 소속 기관	최초임용년월	현직급임용년월
A	30	□□	2016년 5월	2019년 5월
B	37	□□	2009년 12월	2017년 3월
C	32	□□	2015년 12월	2015년 12월
D	31	△△	2014년 1월	2014년 1월
E	35	△△	2017년 10월	2017년 10월

① A, B ➡ (X) 甲의 현직급임용년월은 2015년 9월인데, A의 현직급임용년월은 2019년 5월이어서 현직급임용년월이 3년 이상 차이가 나므로, 甲이 속한 ○○기관의 교류 승인 조건에 따라 甲은 A와 인사교류를 할 수 없다. 또한 甲의 최초임용년월은 2015년 9월인데 B의 최초임용년월은 2009년 12월이어서 최초임용년월이 5년 이상 차이가 나며, 甲은 32세인데 B는 37세여서 연령 또한 3세 이상 차이가 나므로 □□기관의 교류 승인 조건에 따라 B와도 인사교류를 할 수 없다.

② B, E ➡ (X) 甲의 최초임용년월은 2015년 9월인데 B의 최초임용년월은 2009년 12월이므로 최초임용년월이 5년 이상 차이가 나며, 甲은 32세인데 B는 37세여서 연령 또한 3세 이상 차이가 난다. 따라서 B가 속한 □□기관의 교류 승인 조건에 따라 B는 甲과 인사교류를 할 수 없다. 또한 甲의 최초임용년월은 2015년 9월인데 E의 최초임용년월은 2017년 10월이어서 최초임용년월이 2년 이상 차이가 나므로, E가 속한 △△기관의 교류 승인 조건에 따라 E는 甲과 인사교류를 할 수 없다.

③ C, D ➡ (O) 인사교류는 각 신청자가 속한 두 기관의 교류 승인 조건을 모두 충족해야 한다. 먼저 甲이 속한 ○○기관의 교류 승인 조건을 살펴보면, 신청자 간 현직급임용년월은 3년 이상 차이나지 않고, 연령은 7세 이상 차이나지 않아야 한다.

- A: 연령을 살펴보면 甲은 32세이고 A~E 중 甲과 연령이 7세 이상 차이나는 사람은 존재하지 않는다. 그러나 甲의 현직급임용년월이 2015년 9월인데, A의 현직급임용년월은 2019년 5월이어서 현직급임용년월이 3년 이상 차이가 난다. 따라서 A는 甲과 인사교류를 할 수 없다.
- B: B가 속한 □□기관의 교류 승인 조건을 살펴보면, 신청자 간 최초임용년월은 5년 이상 차이나지 않고, 연령은 3세 이상 차이나지 않아야 한다. 甲의 최초임용년월은 2015년 9월이고 B의 최초임용년월은 2009년 12월이므로 최초임용년월이 5년 이상 차이가 나며, 甲은 32세, B는 37세로 연령 또한 3세 이상 차이가 난다. 따라서 B는 甲과 인사교류를 할 수 없다.
- C: C가 속한 □□기관의 교류 승인 조건을 살펴보면, 신청자 간 최초임용년월은 5년 이상 차이나지 않고, 연령은 3세 이상 차이나지 않아야 한다. C의 경우에는 최초임용년월이 2015년 12월로 甲의 최초임용년월과 5년 이상 차이나지 않고, 연령도 3세 이상 차이나지 않아서 甲과 인사교류를 할 수 있다.
- D: D가 속한 △△기관의 교류 승인 조건을 살펴보면, 신청자 간 최초임용년월은 2년 이상 차이나지 않고, 연령은 5세 이상 차이나지 않아야 한다. D의 경우에는 최초임용년월이 2014년 1월로 甲의 최초임용년월과 2년 이상 차이나지 않고, 연령도 5세 이상 차이나지 않으므로 甲과 인사교류를 할 수 있다.
- E: E가 속한 △△기관의 교류 승인 조건을 살펴보면, 신청자 간 최초임용년월은 2년 이상 차이나지 않고, 연령은 5세 이상 차이나지 않아야 한다. 甲의 최초임용년월은 2015년 9월인데 E의 최초임용년월은 2017년 10월이어서 최초임용년월이 2년 이상 차이가 난다. 따라서 E는 甲과 인사교류를 할 수 없다.

④ A, B, D ➡ (X) D는 甲과 인사교류를 할 수 있으나 A의 경우 현직급임용년월이 2019년 5월이어서 甲과 현직급임용년월이 3년 이상 차이가 나므로, 甲이 속한 ○○기관의 교류 승인 조건에 따라 甲과 인사교류를 할 수 없고 B 또한 甲과 최초임용년월이 5년 이상 차이가 나며, 연령도 3세 이상 차이가 나므로 □□기관의 교류 승인 조건에 따라 甲과 인사교류를 할 수 없다.

⑤ C, D, E ➡ (X) C, D는 甲과 인사교류를 할 수 있으나 E의 경우 최초임용년월이 2017년 10월이어서 甲과 최초임용년월이 2년 이상 차이가 나므로, E가 속한 △△기관의 교류 승인 조건에 따라 甲과 인사교류를 할 수 없다.

16 ③

정답률 72.5%

| 문제 유형 | 퍼즐형 > 논리퀴즈
| 접근 전략 | 주어진 상황에서 남은 카드는 1, 2, 4, 4, 5이며, 각 카드에 적혀 있는 수는 바로 왼쪽 카드에 적혀 있는 수보다 작거나, 같거나, 1만큼 커야 하므로 A에는 2와 4가 들어갈 수 있다는 점에서 출발하여 가능한 카드 배열을 추론해 본다.

다음 글을 근거로 판단할 때 옳지 않은 것은?

1에서부터 5까지 적힌 카드가 각 2장씩 10장이 있다. 5가 적힌 카드 중 하나를 맨 왼쪽에 놓고, 나머지 9장의 카드를 일렬로 배열하려고 한다. 카드는 왼쪽부터 1장씩 놓는데, 각 카드에 적혀 있는 수는 바로 왼쪽 카드에 적혀 있는 수보다 작거나, 같거나, 1만큼 커야 한다.

이 규칙에 따라 카드를 다음과 같이 배열하였다.

5	1	2	3	A	3	B	C	D	E

① A로 가능한 수는 2가지이다. ➡ (O) 1에서부터 5까지 적힌 카드가 각 2장씩 10장이 있으므로, 남은 카드는 1, 2, 4, 4, 5이다. 각 카드에 적혀 있는 수는 바로 왼쪽 카드에 적혀 있는 수보다 작거나, 같거나, 1만큼 커야 하므로 A가 1일 경우 오른쪽 카드 3이 1보다 2만큼 크기 때문에 조건을 충족하지 못하고, A가 5인 경우도 왼쪽의 카드 3보다 2만큼 크기 때문에 역시 조건을 충족하지 못한다. 따라서 A에는 2와 4가 들어갈 수 있으므로 A로 가능한 수는 2가지이다.

② B는 4이다. ➡ (O) B가 5라면, 왼쪽의 카드 3보다 2만큼 크기 때문에 조건을 충족하지 못하고 B가 1이라면 C는 2가 되고 A는 4가 된다. 이 경우 남은 수는 4와 5뿐인데 둘 다 C의 2보다 2 이상 크기 때문에 D가 될 수 없으므로 B는 1이 아니다. B가 2라면, A는 4가 되고 남은 수는 1, 4, 5인데 이 경우 C에는 2보다 작거나, 같거나, 1만큼 큰 수만 들어갈 수 있어 1이 들어가게 되는데 남은 수인 4, 5 둘 다 C의 1보다 3 이상 크기 때문에 D가 될 수 없으므로 B는 2도 아니다. 따라서 B는 4임을 알 수 있다.

③ C는 5가 아니다. ➡ (X) 1에서부터 5까지 적힌 카드가 각 2장씩 10장이 있으므로, 남은 카드는 1, 2, 4, 4, 5이다. 각 카드에 적혀 있는 수는 바로 왼쪽 카드에 적혀 있는 수보다 작거나, 같거나, 1만큼 커야 하므로 A가 1일 경우 오른쪽 카드 3이 1보다 2만큼 크기 때문에 조건을 충족하지 못하고, A가 5인 경우도 왼쪽의 카드 3보다 2만큼 크기 때문에 역시 조건을 충족하지 못한다. 따라서 A에는 2와 4가 들어갈 수 있다. A에 2와 4가 들어갈 경우 가능한 카드의 배열은 다음과 같다.

i) A가 2일 경우(남는 수는 1, 4, 4, 5)

5	1	2	3	A 2	3	B 4	C 4	D 5	E 1
						B 4	C 5	D 4	E 1

ii) A가 4일 경우(남는 수는 1, 2, 4, 5)

5	1	2	3	A 4	3	B 4	C 5	D 2	E 1
						B 4	C 5	D 1	E 2

두 경우의 남는 숫자인 1, 2, 4, 5 중 2와 4가 2만큼의 차이라는 점에 주목하면, 1과 2는 4와 5보다 오른쪽에 위치해야 한다는 점을 알 수 있다. 따라서 B와 C에는 4와 5 중에서 들어갈 수 있으며 여섯 번째 숫자가 3이므로 B에는 4, C에는 5 또는 B, C에 모두 4가 들어가야 한다. 그러므로 위와 같은 4가지의 가능한 수 배열이 생긴다. 따라서 C에는 5가 들어갈 수 있다.

④ D가 2라면 A, B, C, E를 모두 알 수 있다. ➡ (O) D가 2라면 A, B, C, E를 모두 알 수 있을 뿐 아니라, D의 숫자가 확정되기만 하면 나머지 A, B, C, E의 모든 수 배열을 알 수 있다.

⑤ E는 1이나 2이다. ➡ (O) 주어진 상황에서 남은 카드는 1, 2, 4, 4, 5이므로, E에 4나 5가 들어갈 수 있는지를 살펴보아야 한다. E가 4라면, ②에서 설명한 바와 같이 B는 4이므로, A는 2가 된다. 그렇다면 남은 카드인 1, 5가 C, D에 위치해야 하는데, C가 1일 경우 D는 이보다 4만큼 큰 수인 5가 될 수 없고, C가 5일 경우 D는 1이 되는데, 이 경우 E인 4가 1보다 3만큼 커서 조건을 충족하지 못한다. 따라서 E는 4가 될 수 없다. 한편 E가 5라면 앞서 설명한 바와 같이 B는 4이고, A가 2일 경우 남은 카드인 1, 4가 C, D에 위치해야 하는데, C가 1일 경우 D에는 이보다 3만큼 큰 수인 4가 들어갈 수 없고, C가 4일 경우 D는 1이 되는데, 이 경우 E에 들어간 5가 1보다 4만큼 커서 조건을 충족하지 못한다. 만약 A가 4일 경우 남은 카드인 1, 2가 C, D에 위치해야 하는데, C가 1일 경우 D는 2가 되고 이 경우 E에 위치한 5가 2보다 3만큼 커서 조건을 충족하지 못한다. 그리고 C가 2일 경우 D는 1이 되는데, 이 경우에도 E에 위치한 5가 1보다 4만큼 커서 조건을 충족하지 않으므로 E는 5가 될 수 없다. 즉 E는 4나 5가 될 수 없으므로 1 또는 2임을 알 수 있다.

17 ⑤

정답률 93.1%

| 문제 유형 | 연산추론형 > 대입비교
| 접근 전략 | 제시문에 나타난 각 수산자원별 포획·채취 금지 기준과 〈상황〉에 주어진 그 예외 요건을 잘 적용하여 포획·채취 금지 대상을 빠르게 골라내도록 한다.

다음 글과 〈상황〉을 근거로 판단할 때, 2021년 포획·채취 금지 고시의 대상이 되는 수산자원은?

매년 A~H 지역에서 포획·채취 금지가 고시되는 수산자원은 아래 〈기준〉에 따른다.

〈기준〉

수산자원	금지기간	금지지역
대구	5월 1일~ 7월 31일	A, B
전어	9월 1일~12월 31일	E, F, G
꽃게	6월 1일~ 7월 31일	A, B, C
소라	3월 1일~ 5월 31일	E, F
	5월 1일~ 6월 30일	D, G
새조개	3월 1일~ 3월 31일	H

〈상황〉

정부는 경제상황을 고려해서 2021년에 한하여 다음 중 어느 하나에 해당하는 경우, 〈기준〉에 따른 포획·채취 금지 고시의 대상에서 제외한다.

○ 소비장려 수산자원: 전어
○ 소비촉진 기간: 4월 1일~7월 31일
○ 지역경제활성화 지역: C, D, E, F

① 대구 ➡ (X) 4월 1일~7월 31일은 소비촉진 기간이므로, 〈기준〉에 따른 금지기간이 이 기간에 속하는 대구는 2021년 포획·채취 금지 고시의 대상에서 제외된다.

② 전어 ➡ (X) 전어는 소비장려 수산자원이므로, 2021년 포획·채취 금지 고시의 대상에서 제외된다.

③ 꽃게 ➡ (X) 4월 1일~7월 31일은 소비촉진 기간이므로, 〈기준〉에 따른 금지기간이 이 기간에 속하는 꽃게는 2021년 포획·채취 금지 고시의 대상에서 제외된다.

④ 소라 ➡ (X) 〈기준〉에 따른 두 번째 행의 소라 포획·채취 금지기간이 소비촉진 기간에 속하고, 첫 번째 행의 소라 포획·채취 금지지역이 지역경제활성화 지역에 속하므로 소라는 2021년 포획·채취 금지 고시의 대상에서 제외된다.

⑤ 새조개 ➡ (O) 새조개는 〈기준〉에 따른 금지기간과 금지지역이 모두 포획·채취 금지 고시 대상 제외 요건에 해당하지 않으므로, 2021년 포획·채취 금지 고시의 대상이 된다.

18 ②

정답률 83.3%

| 문제 유형 | 연산추론형 > 대입비교

| 접근 전략 | 제시문을 바탕으로 각 자동차 구매 시 지불 금액을 산정한 후 그 크기를 비교하면 어렵지 않게 정답을 골라낼 수 있는 문제이다.

다음 글과 〈상황〉을 근거로 판단할 때, A~C 자동차 구매 시 지불 금액을 비교한 것으로 옳은 것은?

○ 甲국은 전기차 및 하이브리드 자동차 보급을 장려하기 위해 다음과 같이 보조금과 세제 혜택을 제공한다.
- 정부는 차종을 고려하여 자동차 1대 당 보조금을 정액 지급한다. 중형 전기차에 대해서는 1,500만 원, 소형 전기차에 대해서는 1,000만 원, 하이브리드차에 대해서는 500만 원을 지급한다.
- 정부는 차종을 고려하여 아래 〈기준〉에 따라 세제 혜택을 제공한다. 자동차 구입 시 발생하는 세금은 개별소비세, 교육세, 취득세뿐이며, 개별소비세는 자동차 가격의 10%, 교육세는 2%, 취득세는 5%의 금액이 책정된다.

〈기준〉

구분	개별소비세	교육세	취득세
중형 전기차	비감면		전액감면
소형 전기차	전액감면	전액감면	전액감면
하이브리드차	전액감면		비감면

○ 자동차 구매 시 지불 금액은 다음과 같다.

지불 금액 = 자동차 가격 − 보조금 + 세금

〈상황〉

(단위: 만 원)

자동차	차종	자동차 가격
A	중형 전기차	4,000
B	소형 전기차	3,500
C	하이브리드차	3,500

① A<B<C ➡ (X)

② B<A<C ➡ (O)

- A: 중형 전기차에 대해서는 1,500만 원의 보조금이 지급되며, 개별소비세는 비감면, 교육세 및 취득세는 전액감면이 된다. 개별소비세는 자동차 가격의 10%이므로, 자동차 가격이 4,000만 원인 A 자동차 구매 시 총 지불 금액은 4,000만 원 − 1,500만 원 + 400만 원 = 2,900만 원이다.
- B: 소형 전기차에 대해서는 1,000만 원의 보조금이 지급되며, 세금은 모두 전액감면되므로 자동차 가격이 3,500만 원인 B 자동차 구매 시 총 지불 금액은 3,500만 원 − 1,000만 원 = 2,500만 원이다.
- C: 하이브리드차에 대해서는 500만 원의 보조금이 지급되며, 취득세는 비감면, 개별소비세 및 교육세는 전액감면이 된다. 취득세는 자동차 가격의 5%이므로, 자동차 가격이 3,500만 원인 C 자동차의 총 지불 금액은 3,500만 원 − 500만 원 + 175만 원 = 3,175만 원이다.

따라서 A~C 자동차 구매 시 지불 금액을 비교하면 B<A<C이다.

③ B<C<A ➡ (X)

④ C<A<B ➡ (X)

⑤ C<B<A ➡ (X)

19 ①

정답률 79.2%

| 문제 유형 | 연산추론형 > 대입비교

| 접근 전략 | 제시문을 바탕으로 각 선정후보 농가에 부여되는 점수를 산정한 후 이를 비교하여 국가인증 농가를 최종 선정한다. 이때 동일 지역의 농가를 2곳 이상 선정할 수 없다는 점을 통해 A, B와 E, F 중 각각 한 곳씩만 선정할 수 있음을 유추하여야 한다.

다음 글을 근거로 판단할 때, △△부가 2021년에 국가인증 농가로 선정할 곳만을 모두 고르면?

○ △△부에서는 2021년 고품질·안전 농식품 생산을 선도하는 국가인증 농가를 3곳 선정하려고 한다. 선정 기준은 다음과 같다.
- 친환경인증을 받으면 30점, 전통식품인증을 받으면 40점을 부여한다. 단, 두 인증을 모두 받은 경우 전통식품인증 점수만을 인정한다.
- (나)와 (다) 지역 농가에는 친환경인증 또는 전통식품인증 유무에 의한 점수와 도농교류 활성화 점수 합의 10%를 가산점으로 부여한다.
- 친환경인증 또는 전통식품인증 유무에 의한 점수, 도농교류 활성화 점수, 가산점을 합산하여 점수가 높은 순으로 선정한다.
- 도농교류 활성화 점수가 50점 미만인 농가는 선정하지 않는다.
- 동일 지역의 농가를 2곳 이상 선정할 수 없다.

○ 2021년 선정후보 농가(A~F) 현황은 다음과 같다.

농가	친환경 인증 유무	전통식품 인증 유무	도농교류 활성화 점수	지역
A	○	○	80	(가)
B	×	○	60	(가)
C	×	○	55	(나)
D	○	○	40	(다)
E	○	×	75	(라)
F	○	○	70	(라)

① A, C, F ➡ (O) 먼저, 도농교류 활성화 점수가 50점 미만인 농가는 선정하지 않는다고 하였으므로 이 점수가 40점인 D를 제일 먼저 선정에서 제외한다.

또한 동일 지역의 농가를 2곳 이상 선정할 수 없으므로, (가) 지역에 속하는 A, B와 (라) 지역에 속하는 E, F 중 각각 한 곳씩만 선정될 수 있는데 국가인증 농가를 총 3곳 선정해야 하므로, C는 반드시 선정된다.

(가) 지역에 속하는 A, B를 비교하면 A, B는 둘 다 전통식품인증을 받았으므로 동일하게 40점을 부여받고(A는 친환경인증도 받았으나 두 인증을 모두 받은 경우 전통식품인증 점수만을 인정하므로 40점만을 부여받는다), 도농교류 활성화 점수는 A가 20점 더 높으므로, A와 B 중에서는 A가 선정된다.

(라) 지역에 속하는 E, F를 비교하면 E는 친환경인증을 받았으므로 30점을 부여받고, F는 친환경인증과 전통식품인증을 모두 받았으므로 전통식품인증 점수 40점을 부여받는다. 도농교류 활성화 점수는 각각 75점, 70점으로 F가 5점 낮으나 총점은 F가 5점 높으므로 E와 F 중에서는 F가 선정된다.

따라서 A, C, F가 국가인증 농가로 선정된다.

② A, D, E ➡ (X)

③ A, E, F ➡ (X)

④ B, C, E ➡ (X)

⑤ B, D, F ➡ (X)

20 ③

정답률 76.4%

| 문제 유형 | 연산추론형 > 대입비교

| 접근 전략 | 제시문 및 〈보기〉를 바탕으로 각각의 A법률 개정안에 부여되는 점수를 산정한 후, 이를 비교하여 〈보기〉의 옳고 그름을 판단해 낸다. 특히 이때 개정안의 개별 평가항목 점수 중 어느 하나라도 2점 미만인 경우 해당 개정안은 채택하지 않음에 주의하도록 한다.

다음 글을 근거로 판단할 때, 〈보기〉에서 옳은 것만을 모두 고르면?

○ 甲주무관은 A법률 개정안으로 (가), (나), (다) 총 세 가지를 준비하고 있다.

○ 이해관계자, 관계부처, 입법부의 수용가능성 및 국정과제 관련도의 4개 평가항목에 따라 평가점수를 부여하고 평가점수 총합이 가장 높은 개정안을 채택한다. 단, 다음의 사항을 고려한다.

– 평가점수 총합이 동일한 경우, 국정과제 관련도 점수가 가장 높은 개정안을 채택한다.

– 개정안의 개별 평가항목 점수 중 어느 하나라도 2점 미만인 경우, 해당 개정안은 채택하지 않는다.

○ 수용가능성 평가점수를 높일 수 있는 추가 절차는 아래와 같다. 단, 각 절차는 개정안마다 최대 2회 진행할 수 있다.

– 이해관계자 수용가능성: 관계자간담회 1회당 1점 추가

– 관계부처 수용가능성: 부처간회의 1회당 2점 추가

– 입법부 수용가능성: 국회설명회 1회당 0.5점 추가

○ 수용가능성 평가항목별 점수를 높일 수 있는 추가 절차를 진행하지 않은 상태에서 개정안별 평가점수는 아래와 같다.

〈A법률 개정안 평가점수〉

개정안	수용가능성			국정과제 관련도	총합
	이해관계자	관계부처	입법부		
(가)	5	3	1	4	13
(나)	3	4	3	3	13
(다)	4	3	3	2	12

〈보기〉

ㄱ. 추가 절차를 진행하지 않는 경우, (나)가 채택된다. → (O) 평가점수 총합이 가장 높은 개정안을 채택하되, 개정안의 개별 평가항목 점수 중 어느 하나라도 2점 미만인 경우 해당 개정안을 채택하지 않는다. (가), (나)가 총합 13점으로 평가점수의 총합이 가장 높으나, (가)의 입법부 수용가능성 점수가 1점이어서 (가)는 채택될 수 없다. 따라서 추가 절차를 진행하지 않는 경우, (나)가 채택된다.

ㄴ. 3개 개정안 모두를 대상으로 입법부 수용가능성을 높이는 절차를 최대한 진행하는 경우, (가)가 채택된다. → (O) 입법부 수용가능성을 높이려면 국회설명회를 진행하면 되고, 국회설명회 1회당 0.5점이 추가된다. 추가 절차는 개정안마다 최대 2회 진행할 수 있으므로, 모든 개정안에 대해 입법부 수용가능성을 높이는 절차를 최대한 진행하는 경우 모든 개정안마다 국회설명회를 2회 진행하여 1점씩 추가하면 된다. 이 경우 (가), (나)가 14점으로 평가점수의 총합이 가장 높고, (가)의 입법부 수용가능성 점수가 2점이 되어 2점 미만 경우에 해당하지 않는다. 평가점수 총합이 동일한 경우 국정과제 관련도 점수가 가장 높은 개정안을 채택하므로, 국정과제 관련도 점수가 더 높은 (가)가 채택된다. 즉 3개 개정안 모두를 대상으로 입법부 수용가능성을 높이는 절차를 최대한 진행하는 경우, (가)가 채택된다.

ㄷ. (나)에 대한 부처간회의를 1회 진행하고 (다)에 대한 관계자간담회를 2회 진행하는 경우, (다)가 채택된다. → (X) 관계자간담회 1회당 1점, 부처간회의 1회당 2점이 추가되므로, (나)에 대한 부처간회의를 1회 진행하면 2점, (다)에 대한 관계자간담회를 2회 진행하면 2점이 추가된다. 이 경우 (나)의 총점이 15점, (다)의 총점이 14점이 되므로, 평가점수 총합이 가장 높은 (나)가 채택된다. 따라서 (나)에 대한 부처간회의를 1회 진행하고 (다)에 대한 관계자간담회를 2회 진행하는 경우, (나)가 채택된다.

① ㄱ ➡ (X)
② ㄷ ➡ (X)
③ ㄱ, ㄴ ➡ (O)
④ ㄴ, ㄷ ➡ (X)
⑤ ㄱ, ㄴ, ㄷ ➡ (X)

21 ③

정답률 71.4%

| 문제 유형 | 연산추론형 > 대입비교

| 접근 전략 | 점수가 모두 제시된 참가자들의 총 점수를 먼저 구해 놓고 각 참가자의 점수를 비교해 보되, UCC 조회수 등급에 따른 점수는 인접 등급 간의 점수 차이가 0.3점에 불과하다는 점에 유의한다.

다음 글을 근거로 판단할 때, 〈보기〉에서 옳은 것만을 모두 고르면?

○ △△부는 적극행정 UCC 공모전에 참가한 甲~戊의 영상을 심사한다.

○ 총 점수는 UCC 조회수 등급에 따른 점수와 심사위원 평가점수의 합이고, 총 점수가 높은 순위에 따라 3위까지 수상한다.

○ UCC 조회수 등급에 따른 점수는 조회수에 따라 5등급(A, B, C, D, E)으로 나누어 부여된다. 최상위 A를 10점으로 하며 인접 등급 간의 점수 차이는 0.3점이다.

○ 심사위원 평가점수는 심사위원 (가)~(마)가 각각 부여한 점수(1~10의 자연수)에서 최고점 및 최저점을 제외한 3개 점수의 평균으로 계산한다. 이때 최고점이 복수인 경우에는 그중 한 점수만 제외하여 계산한다. 최저점이 복수인 경우에도 이와 동일하다.

○ 심사 결과는 다음과 같다.

참가자	조회수 등급	심사위원별 평가점수				
		(가)	(나)	(다)	(라)	(마)
甲	B	9	(㉠)	7	8	7
乙	B	9	8	7	7	7
丙	A	8	7	(㉡)	10	5
丁	B	5	6	7	7	7
戊	C	6	10	10	7	7

→ 점수가 모두 제시되어 빈칸이 없는 참가자들의 총 점수를 구해 보면, 乙은 (8+7+7)의 평균+B(9.7점)이고, 丁은 (7+7+6)의 평균+B(9.7점), 戊는 (10+7+7)의 평균+C(9.4점)가 된다.

〈보기〉

ㄱ. ㉠이 5점이라면 乙의 총 점수가 甲의 총 점수보다 높다. → (X) ㉠이 5점이라면, 甲의 최고점은 9점, 최저점은 5점이 되어 총 점수는 (8+7+7)의 평균+B(9.7점)가 된다. 이때 乙의 총 점수 역시 (8+7+7)의 평균+B(9.7점)이므로 동점이 되어 乙의 총 점수가 甲의 총 점수보다 높다고 할 수 없다.

ㄴ. 丁은 ㉠과 ㉡에 상관없이 수상하지 못한다. → (O) 丁의 총 점수는 이미 乙과 戊의 총 점수보다 낮다. 따라서 丁이 3위로 수상하기 위해서는 甲, 丙의 총 점수보다 모두 높아야 하는데 甲의 ㉠이 7보다 작더라도 甲의 총 점수는 (8+7+7)의 평균+B(9.7점)가 되어 丁의 총 점수보다 높고 丙의 ㉡이 5보다 작더라도 丙의 총 점수는 (8+7+5)의 평균+A(10점)가 되어 丁의 총 점수보다 높다. 따라서 丁은 ㉠과 ㉡에 상관없이 수상하지 못한다.

ㄷ. 戊는 조회수 등급을 D로 받았더라도 수상한다. → (O) 戊의 조회수 등급이 D이더라도 戊의 총 점수는 (10 + 7 + 7)의 평균 + D(9.1점)로 여전히 乙과 丁의 총 점수보다 높다. 따라서 甲, 丙의 총 점수와 상관없이 戊는 최소 3위 안에 들게 되므로, 戊는 조회수 등급을 D로 받았더라도 수상한다.

ㄹ. ㉠>㉡이면 甲의 총 점수가 丙의 총 점수보다 높다. → (X) ㉠이 10점, ㉡이 9점이라고 가정하면, 甲의 총 점수는 (9 + 8 + 7)의 평균 + B(9.7점)가 되고, 丙의 총 점수는 (9 + 8 + 7)의 평균 + A(10점)가 되어 丙의 총 점수가 甲의 총 점수보다 높아지게 된다. 따라서 ㉠>㉡이면 반드시 甲의 총 점수가 丙의 총 점수보다 높다고 할 수 없다.

① ㄱ, ㄴ ➡ (X)
② ㄱ, ㄷ ➡ (X)
③ ㄴ, ㄷ ➡ (O)
④ ㄴ, ㄹ ➡ (X)
⑤ ㄷ, ㄹ ➡ (X)

22 ①

TOP2 정답률 38.1%

| 문제 유형 | 퍼즐형 > 수리퀴즈

| 접근 전략 | C기관의 전기평가점수 및 후기평가점수와 최종 순위가 나와 있으므로, 이를 바탕으로 순위를 역순으로 살펴나가면 〈보기〉의 정오를 판단할 수 있을 것이다. 이때 C를 제외한 각 기관의 구체적인 점수를 알 수 없으므로 최소 점수를 구하도록 한다.

다음 글과 〈상황〉을 근거로 판단할 때, 〈보기〉에서 옳은 것만을 모두 고르면?

甲국에서는 4개 기관(A ~ D)에 대해 전기, 후기 두 번의 평가를 실시하고 있다. 전기평가에서 낮은 점수를 받은 기관이 후기평가를 포기하는 것을 막기 위해 다음과 같은 최종평가점수 산정 방식을 사용하고 있다.

최종평가점수 = Max[0.5 × 전기평가점수 + 0.5 × 후기평가점수, 0.2 × 전기평가점수 + 0.8 × 후기평가점수]

여기서 사용한 Max[X, Y]는 X와 Y 중 큰 값을 의미한다. 즉, 전기평가점수와 후기평가점수의 가중치를 50:50으로 하여 산정한 점수와 20:80으로 하여 산정한 점수 중 더 높은 것이 해당 기관의 최종평가점수이다.

〈상황〉

4개 기관의 전기평가점수(100점 만점)는 다음과 같다.

기관	A	B	C	D
전기평가점수	60	70	90	80

4개 기관의 후기평가점수(100점 만점)는 모두 자연수이고, C기관의 후기평가점수는 70점이다. 최종평가점수를 통해 확인된 기관 순위는 1등부터 4등까지 A－B－D－C 순이며 동점인 기관은 없다.

→ 전기평가점수와 후기평가점수의 가중치를 50:50으로 하여 산정한 점수와 20:80으로 하여 산정한 점수 중 더 높은 것이 해당 기관의 최종평가점수이므로, 후기평가점수가 전기평가점수보다 높으면 후기평가점수의 가중치가 높은 20:80으로 점수를 산정하게 되고, 전기평가점수가 후기평가점수보다 높으면 50:50으로 점수를 산정하게 된다. 한편 A, B, D 모두 최종평가점수가 80을 초과하여야 하므로, 후기평가점수가 전기평가점수보다 높아야 한다. 따라서 A, B, D의 최종평가점수는 후기평가의 가중치가 높은 20:80으로 산정하여야 한다.

〈보기〉

ㄱ. A기관의 후기평가점수는 B기관의 후기평가점수보다 최소 3점 높다. → (O) A기관의 후기평가점수를 a, B기관의 후기평가점수를 b라고 하면, A기관의 최종평가점수가 B기관의 최종평가점수보다 높으므로 0.2 × 60 + 0.8 × a > 0.2 × 70 + 0.8 × b가 성립한다. 따라서 a > b + 2.5가 도출되고, a와 b는 자연수이므로 a ≥ b + 3이 성립한다.

ㄴ. B기관의 후기평가점수는 83점일 수 있다. → (X) C기관의 전기평가점수는 90, 후기평가점수는 70점이므로, C기관의 최종평가점수는 80점이다. 최종평가점수를 통해 확인된 기관 순위는 1등부터 4등까지 A－B－D－C 순이므로, 전기평가점수가 80점인 D가 C보다 높은 최종평가점수를 받기 위해서는 D의 후기평가점수가 80점보다 높아야 해서 최소 81점이어야 하고 이 경우 D의 최종평가점수는 최소 80.8점이 된다.
전기평가점수가 70점인 B가 D보다 높은 최종평가점수를 받기 위해서는 B의 최종평가점수가 80.8점보다 높아야 하는데 이를 위해서는 B의 후기평가점수가 전기평가점수보다 높아야 할 것이므로, B의 최종평가점수 = (70점 × 0.2) + (후기평가점수 × 0.8) > 80.8점이어야 한다. 이때 B의 최종평가점수가 80.8점보다 높기 위한 B의 후기평가점수의 최소 자연수는 84가 되므로, B는 후기평가점수로 최소 84점을 받아야 하며 이 경우 B의 최종평가점수는 최소 81.2점이 된다. 이를 종합하면 B기관의 후기평가점수는 최소 84점이어야 하므로 B기관의 후기평가점수는 83점일 수 없다.

ㄷ. A기관과 D기관의 후기평가점수 차이는 5점일 수 있다. → (X) A기관의 후기평가점수를 a, B기관의 후기평가점수를 b, D기관의 후기평가점수를 d라고 하면, B기관의 최종평가점수가 D기관의 최종평가점수보다 높으므로 0.2 × 70 + 0.8 × b > 0.2 × 80 + 0.8 × d가 성립한다. 따라서 b > d + 2.5가 도출되고, b와 d는 자연수이므로 b ≥ d + 3이 성립한다. 한편 ㄱ에서 본 바와 같이 a ≥ b + 3이므로, 이를 종합하면 a ≥ b + 3 ≥ d + 6 이 성립한다.

① ㄱ ➡ (O)
② ㄴ ➡ (X)
③ ㄱ, ㄴ ➡ (X)
④ ㄱ, ㄷ ➡ (X)
⑤ ㄴ, ㄷ ➡ (X)

※ 다음 글을 읽고 물음에 답하시오. [문 23. ~ 문 24.]

독립운동가 김우전 선생은 일제강점기 광복군으로 활약한 인물로, 광복군의 무전통신을 위한 한글 암호를 만든 것으로 유명하다. 1922년 평안북도 정주 태생인 선생은 일본에서 대학에 다니던 중 재일학생 민족운동 비밀결사단체인 '조선민족 고유문화유지계몽단'에 가입했다. 1944년 1월 일본군에 징병돼 중국으로 파병됐지만 같은 해 5월 말 부대를 탈출해 광복군에 들어갔다. ▶1문단

1945년 3월 미 육군 전략정보처는 일본이 머지않아 패망할 것으로 보아 한반도 진공작전을 계획하고 중국에서 광복군과 함께 특수훈련을 하고 있었다. 이 시기에 선생은 한글 암호인 W－K(우전킴) 암호를 만들었다. W－K 암호는 한글의 자음과 모음, 받침을 구분하여 만들어진 암호체계이다. 자음과 모음을 각각 두 자리 숫자로, 받침은 자음을 나타내는 두 자리 숫자의 앞에 '00'을 붙여 네 자리로 표시한다. ▶2문단

W－K 암호체계에서 자음은 '11 ~ 29'에, 모음은 '30 ~ 50'에 순서대로 대응된다. 받침은 자음 중 ㄱ ~ ㅎ을 이용하여 '0011'부터 '0024'에 순서대로 대응된다. 예를 들어 '김'은 W－K 암호로 변환하면 'ㄱ'은 11, 'ㅣ'는 39, 받침 'ㅁ'은 0015이므로 '11390015'가 된다. 같은 방식으로 '1334001114390016'은 '독립'으로, '1340243000121334001114390016153000121742'는 '대한독립만세'로 해독된다. 모든 숫자를 붙여 쓰기 때문에 상당히 길지만 네 자리씩 끊어 읽으면 된다. ▶3문단

하지만 어렵사리 만든 W-K 암호는 결국 쓰이지 못했다. 작전 준비가 한창이던 1945년 8월 일본이 갑자기 항복했기 때문이다. 이 암호에 대한 기록은 비밀에 부쳐져 미국 국가기록원에 소장되었다가 1988년 비밀이 해제되어 세상에 알려졌다. ▶4문단

※ W-K 암호체계에서 자음의 순서는 ㄱ, ㄴ, ㄷ, ㄹ, ㅁ, ㅂ, ㅅ, ㅇ, ㅈ, ㅊ, ㅋ, ㅌ, ㅍ, ㅎ, ㄲ, ㄸ, ㅃ, ㅆ, ㅉ 이고, 모음의 순서는 ㅏ, ㅑ, ㅓ, ㅕ, ㅗ, ㅛ, ㅜ, ㅠ, ㅡ, ㅣ, ㅐ, ㅒ, ㅔ, ㅖ, ㅘ, ㅙ, ㅚ, ㅝ, ㅞ, ㅟ, ㅢ 이다.

23 ②

정답률 76.1%

| 문제 유형 | 제시문형 > 정보확인

| 접근 전략 | 주요 키워드를 표시하고 내용을 체크해 가면서 제시문을 속독한 후 〈보기〉와 비교한다. 특히 3문단에 나타난 W-K 암호체계의 설계 및 표기방법을 이해하는 것이 문제를 해결하는 데 있어 핵심이 된다.

윗글을 근거로 판단할 때, 〈보기〉에서 옳은 것만을 모두 고르면?

〈보기〉

ㄱ. 김우전 선생은 일본군에 징병되었을 때 무전통신을 위해 W-K 암호를 만들었다. → (X) 1문단에 의하면 김우전 선생은 1944년 1월 일본군에 징병돼 중국으로 파병됐지만 같은 해 5월 말 부대를 탈출해 광복군에 들어갔고 그 후 1945년 3월 미 육군 전략정보처가 중국에서 광복군과 함께 특수훈련을 하고 있을 시기에 W-K(우전킴) 암호를 만들었다. 따라서 김우전 선생이 일본군에 징병되었을 때 무전통신을 위해 W-K 암호를 만든 것이 아니다.

ㄴ. W-K 암호체계에서 한글 단어를 변환한 암호문의 자릿수는 4의 배수이다. → (O) 2문단에서 W-K 암호체계에서는 자음과 모음을 각각 두 자리 숫자로, 받침은 자음을 나타내는 두 자리 숫자의 앞에 '00'을 붙여 네 자리로 표시함을 알 수 있다. 따라서 W-K 암호체계에서 한글 단어를 변환한 암호문의 자릿수는 받침이 없는 글자는 네 자리 숫자, 받침이 있는 글자는 여덟 자리 숫자가 되므로 결국 4의 배수가 된다.

ㄷ. W-K 암호체계에서 '183000152400'은 한글 단어로 해독될 수 없다. → (O) '183000152400'을 네 자리씩 끊어 읽으면, 가운데 '0015'는 받침임을 알 수 있다. 그렇다면 마지막 네 자리인 '2400' 중 '00'은 모음이어야 하는데, 모음은 '30~50'에 순서대로 대응되므로, '00'이 모음이 될 수는 없어 한글 단어로 해독될 수 없다.

ㄹ. W-K 암호체계에서 한글 '궤'는 '11363239'로 변환된다. → (X) 제시문의 주석에 따르면 'ㅞ'는 19번째 모음이며, 'ㅜ + ㅓ + ㅣ'로 나누어 변환하지 않는다. 따라서 W-K 암호체계에서 한글 '궤'는 '11363239'가 아니라 '1148'로 변환된다.

① ㄱ, ㄴ ➡ (X)
② ㄴ, ㄷ ➡ (O)
③ ㄷ, ㄹ ➡ (X)
④ ㄱ, ㄴ, ㄹ ➡ (X)
⑤ ㄱ, ㄷ, ㄹ ➡ (X)

24 ①

정답률 70.8%

| 문제 유형 | 제시문형 > 분석추론

| 접근 전략 | 제시문에 나타난 W-K 암호체계의 표기방법을 발문에 제시된 '3·1운동!'에 올바르게 적용하면 쉽게 정답을 골라낼 수 있다. 특히 각 선지에서 숫자가 다른 부분이 어느 글자에 해당하는지 확인한 후, 규칙을 대입해 보면 문제를 더 빠르게 해결할 수 있다.

윗글과 다음 〈조건〉을 근거로 판단할 때, '3·1운동!'을 옳게 변환한 것은?

〈조건〉

숫자와 기호를 표현하기 위하여 W-K 암호체계에 다음의 규칙이 추가되었다.

○ 1~9의 숫자는 차례대로 '51~59', 0은 '60'으로 변환하고, 끝에 '00'을 붙여 네 자리로 표시한다.

○ 온점(.)은 '70', 가운뎃점(·)은 '80', 느낌표(!)는 '66', 물음표(?)는 '77'로 변환하고, 끝에 '00'을 붙여 네 자리로 표시한다.

① 53008000510018360012133400186600 ➡ (O) '3·1운동!'의 각 글자를 W-K 암호체계로 변환하면, 3은 '5300', 가운뎃점(·)은 '8000', 1은 '5100', 운은 ㅇ이 8번째 자음이고, ㅜ가 7번째 모음, ㄴ이 2번째 자음인 받침이므로 '18360012', 동은 ㄷ이 3번째 자음이고, ㅗ가 5번째 모음, ㅇ이 8번째 자음인 받침이므로 '13340018', 느낌표(!)는 '6600'으로 표시된다. 따라서 '3·1운동!'을 W-K 암호체계로 변환하면 53008000510018360012133400186600이 된다.
② 53008000510018360012133500186600 ➡ (X)
③ 53007000510018360012133400187700 ➡ (X)
④ 5370005118360012133400176600 ➡ (X)
⑤ 5380005118360012133500177700 ➡ (X)

25 ⑤

정답률 53.1%

| 문제 유형 | 퍼즐형 > 논리퀴즈

| 접근 전략 | 주어진 기본조건 속에서 〈대화〉의 진행에 따라 경우를 따져 접근하는 문제이다. 즉 제시문에서 부서의 총원과 내선번호 배정 조건을 제공해 주었으므로, 이를 기초로 4명의 〈대화〉를 살펴보면서 확정적인 정보를 대입하여 가능한 경우를 따지거나 가능하지 않은 경우를 소거해 나가는 방식을 사용하면 4명 각각의 소속 과와 과 총원을 판단해 낼 수 있다.

다음 글과 〈대화〉를 근거로 판단할 때, 乙~丁의 소속 과와 과 총원을 옳게 짝지은 것은?

○ A부서는 제1과부터 제4과까지 4개 과, 총 35명으로 구성되어 있다.

○ A부서 각 과 총원은 과장 1명을 포함하여 7명 이상이며, 그 수가 모두 다르다.

○ A부서에 '부여'된 내선번호는 7001번부터 7045번이다.

○ 제1과~제4과 순서대로 연속된 오름차순의 내선번호가 부여되는데, 각 과에는 해당 과 총원 이상의 내선번호가 부여된다.

○ 모든 직원은 소속 과의 내선번호 중 서로 다른 번호 하나를 각자 '배정'받는다.

○ 각 과 과장에게 배정된 내선번호는 해당 과에 부여된 내선번호 중에 제일 앞선다.

○ 甲~丁은 모두 A부서의 서로 다른 과 소속이다.

〈대화〉

甲: 홈페이지에 내선번호 알림을 새로 해야겠네요. 저희 과는 9명이고, 부여된 내선번호는 7016~7024번입니다.

乙: 甲주무관님 과는 총원과 내선번호 개수가 같네요. 저희 과 총원이 제일 많은데, 내선번호는 그보다 4개 더 있어요.

丙: 저희 과는 총원보다 내선번호가 3개 더 많아요. 아, 丁주무관님! 제 내선번호는 7034번이고, 저희 과장님 내선번호는 7025번이에요.

丁: 저희 과장님 내선번호 끝자리와 丙주무관님 과의 과장님 내선번호 끝자리가 동일하네요.

	직원	소속 과	과 총원

① 乙 제1과 10명 ➡ (X) 乙이 속한 과는 총원 11명이다.

② 乙 제4과 11명 ➡ (X) 乙이 속한 과는 제1과이다.

③ 丙 제3과 8명 ➡ (X) 丙이 속한 과는 총원 7명이다.

④ 丁 제1과 7명 ➡ (X) 丁이 속한 과는 제4이고 총원은 8명이다.

⑤ 丁 제4과 8명 ➡ (O) 甲이 속한 과는 9명이고, 부여된 내선번호는 7016~7024번이다. 또한 丙이 속한 과는 과장의 내선번호가 7025번이고 丙의 내선번호가 7034번이므로 최소한 7025번부터 7034번까지는 丙이 속한 과의 내선번호가 되며, 丙이 속한 과는 총원보다 내선번호가 3개 더 많다. 그리고 丁이 속한 과의 과장의 내선번호 끝자리와 丙이 속한 과의 과장의 내선번호 끝자리가 동일하다고 하였으므로, 丁이 속한 과의 과장의 내선번호 끝자리는 5여야 하고 7005, 7015, 7035, 7045 중 하나가 될 것이다. 그러나 제시문에서 각 과 총원은 과장 1명을 포함하여 7명 이상이며, 각 과 과장의 내선번호는 해당 과에 부여된 내선번호 중에 제일 앞선다는 조건이 있으므로 丁이 속한 과의 과장의 내선번호가 7005일 수는 없다. 이 경우 그 앞의 내선번호 7001~7004번으로 구성된 과가 존재해야 하는데 4명으로 구성된 과는 존재할 수 없기 때문이다. 그리고 甲이 속한 과의 내선번호가 7016부터 시작되기 때문에 이와 이어지는 7015번은 해당 과의 마지막 내선번호가 되므로 과장의 번호가 될 수 없고, 7045의 경우에도 마지막 내선번호이므로 과장의 번호가 될 수 없다. 따라서 丁이 속한 과의 과장의 내선번호는 7035가 되어야 한다.

그렇다면 丁이 속한 과의 내선번호는 과장의 내선번호인 7035번부터 7045번까지가 되며, 丙이 속한 과의 내선번호는 7025번부터 7034번까지로 확정된다. 丙이 속한 과는 총원보다 내선번호가 3개 더 많다고 하였으므로 丙이 속한 과의 총원은 7명. 甲이 속한 과의 내선번호는 7016번부터 7024번까지이고 총원은 9명이므로, 자연히 乙이 속한 과의 내선번호는 나머지 번호인 7001번부터 7015번이 된다. 乙이 속한 과는 내선번호가 총원보다 4개 더 있다고 하였으므로, 총원은 11명이며 A부서의 총원은 35명이므로, 丁이 속한 과의 총원은 나머지 8명임을 알 수 있다.

제1과~제4과 순서대로 연속된 오름차순의 내선번호가 부여된다고 하였으므로, 甲~丁이 소속된 과의 결론을 정리하면 다음과 같다.

구분	甲의 과	乙의 과	丙의 과	丁의 과	합계
과별 인원수	9명	11명	7명	8명	35명
과별 내선번호 개수	9개	15개	10개	11개	45개
과별 내선번호	7016~7024	7001~7015	7025~7034	7035~7045	–
	↓ 제2과	↓ 제1과	↓ 제3과	↓ 제4과	

국가공무원 7급 공채 PSAT,

에듀윌에서

전략적으로 준비하십시오.

국가공무원 7급 공채 PSAT,

에듀윌에서

전략적으로 준비하십시오.

분석해설편

eduwill

2025

에듀윌 7급공무원

PSAT 기출문제집

언어논리·상황판단·자료해석

고객의 꿈, 직원의 꿈, 지역사회의 꿈을 실현한다

에듀윌 도서몰
book.eduwill.net

• 부가학습자료 및 정오표: 에듀윌 도서몰 > 도서자료실
• 교재 문의: 에듀윌 도서몰 > 문의하기 > 교재(내용, 출간) / 주문 및 배송